2010年12月12日，中国资本市场二十周年成就展在北京举行。图为参加会议的领导同志。

2012年1月9日，全国证券期货监管工作会议在北京召开。

2011年8月31日，2011年第一期上市公司董事长、总经理培训班在北京举行。

中国上市公司协会第一次会员代表大会暨成立大会图片集锦

2012年2月15日，中国证监会主席郭树清和中国上市公司协会会长陈清泰为中国上市公司协会成立揭牌。

2012年2月15日，中国上市公司协会第一次会员代表大会暨成立大会在北京召开。图为大会会场。

中国证监会主席郭树清在中国上市公司协会第一次会员代表大会暨成立大会上讲话。

中国人民银行行长周小川在中国上市公司协会第一次会员代表大会暨成立大会上致辞。

中国上市公司协会会长陈清泰在中国上市公司协会第一次会员代表大会暨成立大会上讲话。

2012年2月15日，李小雪同志在中国上市公司协会第一次会员代表大会暨成立大会上作《中国上市公司协会筹备工作情况报告》。

杨桦同志在中国上市公司协会第一次会员代表大会暨成立大会上作《中国上市公司协会第一届常务理事、会长、副会长、秘书长候选人建议名单的说明》。

安青松同志在中国上市公司协会第一次会员代表大会暨成立大会上作《关于提请中国上市公司协会第一次会员代表大会审议相关文件说明》。

刘森同志在中国上市公司协会第一次会员代表大会暨成立大会上作《中国上市公司协会筹备期间财务收支情况的报告》。

新希望集团董事长刘永好在中国上市公司协会成立大会上代表会员发言。

中国船舶工业集团公司总经理、中国船舶工业股份有限公司董事长谭作钧在中国上市公司协会成立大会上代表会员发言。

2012年2月15日，在中国上市公司协会成立大会上，中国银监会主席尚福林与中国上市公司协会会长陈清泰亲切交谈。

民政部民间组织管理局杨岳副局长在中国上市公司协会第一次会员代表大会暨成立大会上宣读《民政部关于中国上市公司协会筹备成立的批复》。

2012年2月15日，中国证监会主席郭树清在中国上市公司协会第一次会员代表大会暨成立大会上签名留念。

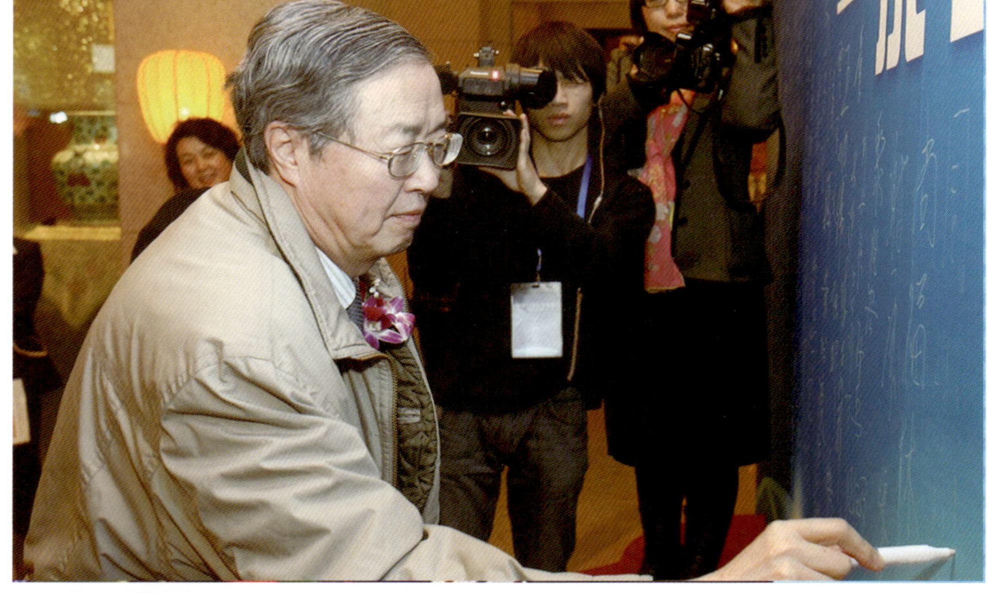

中国人民银行行长周小川在中国上市公司协会第一次会员代表大会暨成立大会上签名留念。

中国保监会主席项俊波在中国上市公司协会第一次会员代表大会暨成立大会上签名留念。

2012年2月15日，在中国上市公司协会第一次会员代表大会暨成立大会上，当选的与会中国上市公司协会会长、副会长与会员见面。

2012年2月15日，在中国上市公司协会第一次会员代表大会暨成立大会上，当选的与会中国上市公司协会第一届监事会监事长、副监事长与会员见面。

2010年3月12日，葛洲坝集团与中国农业银行全面战略合作协议签约仪式在中国农业银行总部举行。图为葛洲坝集团董事长杨继学（右）与中国农业银行行长张云。

2011年9月3日，新希望集团董事长刘永好出席2011年度中国企业500强发布暨中国大企业高峰会。

2011年3月28日，中国神华召开2010年度业绩发布会，神华集团党组书记、董事长张喜武（左二）出席会议与投资者交流公司业绩。

2011年1月11日，我国西部地区通往东部最便捷的铁路通道——太（原）中（卫）银（川）铁路建成通车。图为大秦铁路股份有限公司董事长杨绍清主持开通仪式。

2011年8月，中国铝业股份有限公司将原计划举办十周年庆典的活动经费500万元全部捐赠给全国妇联中国妇女发展基金会，用以支持开展“母亲健康快车”公益项目。

格力电器总裁董明珠女士（前排左四）和嘉宾共同为国家产业形象倡议书揭幕。

2011年10月29日，东风汽车与日产、江山三方合作的湖北江山汽车变速箱有限公司举行奠基仪式。

2011年1月18日，北京燕京啤酒股份有限公司董事长兼总经理李福成荣膺2010CCTV中国经济年度人物。

2010年10月26日，中集集团与挪威船级社在烟台签订战略合作协议，中集集团总裁麦伯良、副总裁李锐庭、副总裁于亚出席会议。

2010年12月6日，上海港外高桥六期港区开港仪式。

2011年5月24日，中国联通在深圳召开2010年度股东大会。

2011年5月10日，歌华有线公司与中国移动北京公司举行战略合作签约仪式。

特变电工总承包的塔吉克斯坦220KV-250KV输变电成套项目工程提前竣工，项目建成节能高效的南北主电网，实现了自动化、信息化、智能化，有效促进塔吉克斯坦经济社会的发展。2010年6月18日，塔吉克斯坦总统拉赫蒙专程莅临特变电工视察，公司董事长张新（右一）做专项介绍。

本书图片由下列单位提供：

中国证监会上市公司监管部　　中国上市公司协会

中国证监会党委宣传部

中国证监会信息中心

中国证监会各省、自治区、直辖市、计划单列市监管局

中国上市公司年鉴

ALMANAC OF THE CHINESE LISTED COMPANIES

2011

中国证券监督管理委员会
中国上市公司协会/编

中国财政经济出版社

图书在版编目（CIP）数据

中国上市公司年鉴．2011/中国证券监督管理委员会，中国上市公司协会编．—北京：中国财政经济出版社，2012.3

ISBN 978－7－5095－3415－1

Ⅰ．①中…　Ⅱ．①中…　②中…　Ⅲ．①上市公司－中国－2011－年鉴　Ⅳ．①F279.246－54

中国版本图书馆CIP数据核字(2012)第021527号

责任编辑：蔺红英　陈嘉曦　　　　责任校对：张　凡

封面设计：田　晗　　　　　　　　版式设计：孙俪铭

中国财政经济出版社出版

URL：http：//www.cfeph.cn

E－mail：cfeph@cfeph.cn

社址：北京市海淀区阜成路甲28号　邮政编码：100142

发行电话：88190949　年鉴编辑部：88060610　ssgsnj@sina.com

北京联兴盛业印刷股份有限公司印刷　各地新华书店经销

889×1194毫米　16开　57.5印张　1 255.82字

2012年3月第1版　2012年3月北京第1次印刷

定价：680.00元

ISBN 978－7－5095－3415－1/F·2890

（图书出现印装问题，本社负责调换）

本社质量投诉电话：010－88190744

《中国上市公司年鉴》(2011)
编辑委员会

左　红	中国证券监督管理委员会江苏监管局	局　长
刘　燕	中国证券监督管理委员会上市部	副主任
刘能元	中国证券监督管理委员会天津监管局	局　长
吕逸君	中国证券监督管理委员会浙江监管局	局　长
孙才仁	中国证券监督管理委员会山西监管局	局　长
严伯进	中国证券监督管理委员会上市部	副主任
初乃祯	中国证券监督管理委员会黑龙江监管局	局　长
张　宁	中国证券监督管理委员会上海监管局	局　长
张云东	中国证券监督管理委员会深圳监管局	局　长
李秉恒	中国证券监督管理委员会广西监管局	局　长
杨勇平	中国证券监督管理委员会四川监管局	局　长
杨晓嘉	中国证券监督管理委员会湖南监管局	局　长
芮跃华	中国证券监督管理委员会湖北监管局	局　长
邱　勇	中国证券监督管理委员会厦门监管局	局　长
邵锡秋	中国证券监督管理委员会宁波监管局	局　长
陆泽峰	中国证券监督管理委员会上市部	副主任
陈士轰	中国证券监督管理委员会宁夏监管局	局　长
陈小澎	中国证券监督管理委员会福建监管局	局　长
欧阳泽华	中国证券监督管理委员会上市部	副主任（巡视员）
侯外林	中国证券监督管理委员会广东监管局	局　长
侯丽春	中国证券监督管理委员会新疆监管局	局　长
姜　岩	中国证券监督管理委员会青岛监管局	局　长
赵立新	中国证券监督管理委员会上市部	副主任
夏业成	中国证券监督管理委员会江西监管局	局　长
徐　铁	中国证券监督管理委员会山东监管局	局　长
郭润伟	中国证券监督管理委员会河北监管局	局　长

陈昊飞　周　芊　周　宠　周小波　周星辰　周衍长　庞立威
松　隅　林　鸽　林开盛　林隽婕　罗友平　罗　胤　范永武
范勇福　金国斌　姚　俊　姜　岩　姜　娅　宫衍海　施金晶
段　寒　洪　忆　洪建强　胡媛赟　赵金厚　赵春志　赵晓光
赵晓闯　赵雪芹　钟文林　钟丽琼　钟晓婷　奚怀亮　徐　欢
徐　哲　徐　萌　殷　刚　聂旺标　袁兆霞　袁同济　袁宏生
郭　昊　郭　斌　高　莉　崔晓超　盛峰英　黄　忠　黄　洁
黄兴浪　黄迎淮　黄锡成　龚　凯　龚　林　湛　津　程绪兰
童　惟　缑丽萍　舒　萍　董志刚　董雅娟　韩小玉　韩永宁
蓝　翔　鲍荣富　蔡素梅　潘春生

参与编写单位：（排名不分先后）

申银万国证券股份有限公司　　中国国际金融有限公司
天相投资顾问有限公司　　中信证券股份有限公司
国泰君安证券股份有限公司　　招商证券股份有限公司
安信证券股份有限公司　　华泰联合证券有限责任公司
东方高圣投资顾问公司　　世纪证券有限责任公司
山西证券股份有限公司
《中国证券报》　《上海证券报》　《证券时报》　《证券日报》

编写说明

一、《中国上市公司年鉴》由中国证监会、中国上市公司协会组织编撰，是一部全面反映中国上市公司经营、发展和改革状况，以及上市公司监管政策、法律法规体系的专业性、权威性、综合性年鉴。《中国上市公司年鉴》从2007年起，每年一卷，以作为上市公司、投资者、监管工作者、研究机构、证券公司、基金公司、有关中介机构等共享和沟通上市公司信息资源的平台。

二、《中国上市公司年鉴》(2011) 全方位、多角度、跨地区、跨行业地汇集了上市公司2010年度的基本状况，尤其是对不同行业、不同地区上市公司经营状况及相关数据进行了详尽的采集和深度的分析，使读者可以全面、细致、深入地了解上市公司的经营状况和发展前景。

三、《中国上市公司年鉴》(2011) 共设有10个篇目，各篇目下按具体内容分为章、节、目、段多个层次。篇目内容为：重要文献篇、综合发展篇、上市公司行业篇、上市公司地区篇、上市公司治理篇、上市公司并购重组篇、专辑、法律法规篇、统计篇及大事记。为方便读者，本年鉴配有CD－ROM电子出版物，因篇幅所限，政策法规篇和统计篇的内容只收录在电子出版物中。

四、《中国上市公司年鉴》(2011) 由中国证监会上市公司监管部、中国上市公司协会负责组织编辑，会内各相关部门、各证监局、上海证券交易所、深圳证券交易所、部分证券公司、《中国证券报》等单位及部分专家、学者共同参与编写，各种资料和数据权威、可靠，均经各撰稿单位审阅。

五、《中国上市公司年鉴》(2011) 由全国政协委员、原中国证监会副主席范福春同志任编委会名誉主任，中纪委委员、中国上市公司协会执行副会长李小雪同志任编委会主任，中国上市公司协会副会长杨桦、上海证券交易所和深圳证券交易所的总经理分别担任编委会副主任，各地证监局负责人、上市部副主任任编委会委员。

六、《中国上市公司年鉴》(2011) 上市公司行业篇中的数据，除特别说明外，大部分由天相投资顾问有限公司提供。

七、《中国上市公司年鉴》(2011) 中的资料、数据，除特别说明外，一般截止时间为2010年12月31日。

八、《中国上市公司年鉴》（2011）的编撰工作，得到了各撰稿单位及撰稿人的大力支持，在此谨表示衷心的感谢！对本年鉴的不足之处，诚请提出批评和改进意见，以使《中国上市公司年鉴》日臻完善。

《中国上市公司年鉴》编辑部

2012年2月　北京

># CONTENTS 目 录

第一篇 重要文献篇

第二篇 综合发展篇

第三篇　上市公司行业篇

第四篇　上市公司地区篇

第五篇　上市公司治理篇

第六篇　上市公司并购重组篇

第七篇　中国上市公司协会筹备成立专辑

大　事　记

注：限于篇幅，以下内容只进入随书CD-ROM，目录只做列示。

统　计　篇

政策法规篇

第一篇

重要文献篇

- 坚持稳中求进　改善资本市场结构　促进实体经济健康成长
  （中国证监会主席　郭树清）
- 服务为先　自律规范　持续提高上市公司质量
  （中国证监会主席　郭树清）
- 关于公司治理的几点思考
  （中国人民银行行长　周小川）
- 在中国上市公司协会成立大会上的讲话
  （中国上市公司协会会长　陈清泰）
- 在中国上市公司协会成立大会上的致辞
  （民政部副部长　姜　力）
- 中国上市公司协会筹备工作情况报告
  （中国上市公司协会执行副会长　李小雪）

坚持稳中求进　改善资本市场结构 促进实体经济健康成长

中国证监会主席　郭树清

（2012 年 1 月 9 日）

证券期货监管系统要全面贯彻落实党中央、国务院在中央经济工作会议和全国金融工作会议上作出的重要决策部署，牢牢把握资本市场服务实体经济的方向，坚持“稳中求进”的总体要求，积极稳妥地推进证券期货领域的改革开放，进一步优化资本市场结构，完善市场基础制度，强化市场透明度建设，加强和改进市场监管，推进我国资本市场持续健康发展，更好地服务经济社会发展大局。

2011 年资本市场改革和监管工作取得了显著成绩

过去一年，证券期货监管系统坚持以科学发展观为指导，坚决贯彻落实党中央、国务院的决策和部署，稳步推进改革创新和对外开放，切实加强和改进市场监管，证券期货市场保持了平稳健康运行态势。

首先，股票市场继续得到发展完善。全面落实新股发行体制改革措施，督促市场主体归位尽责，新股发行的市场约束有所增强。实施保荐项目问核制度，加强对保荐机构执业行为监管。完善发行审核监管工作，做好主板、创业板发审委换届与管理。2011 年共有 282 家企业在 A 股市场首发上市，220 家企业实施股权再融资，全年融资总额 5 073 亿元。

第二，债券市场的统一规范迈出坚实步伐。将债券融资审核与股权融资审核相分离，优化债券审核机制与流程。启动创业板公司非公开发行公司债券。全年上市公司债券融资 1 707. 4 亿元，创历史最高记录。加强与发改委、人民银行的联系协调，相关部门之间在市场准入、信息披露、投资者适当性安排和风险防范等多个方面形成广泛共识。截至 2011 年底，我国全部公司类信用债余额约 4. 9 万亿元，在世界上排名估计居第三位。

第三，期货市场改革创新焕发出勃勃生机。成功推出铅、焦炭和甲醇 3 个商品期货新品种。修改完善天然橡胶、燃料油、棕榈油等已上市期货合约和交割规则，试点铅、黄金等期货品种套保制度改革。铜、铝期货保税交割试点进展顺利。推动合格境外机构投资者（QFII）、信托公司参与股指期货市场。建立期货品种功能发挥评估指标体系并进行首次评估。启动期货市场历史账户清理和规范工作。

第四，继续大力推动上市公司质量提升。督促上市公司完善公司治理和决策机制，明确回报规划和分红政策，增强红利分配透明度。修改上市公司重大资产重组与配套融资相关规定。推动部分改制上市公司整体上市，136 家重点公司中有 92 家完成整改。规范并购重组行政审批工作，公开审核标准，完善审核流程，提高审核质量。全年核准上市公司资产重组 69 项，交易金额 2 369 亿元。稳步推进上市公司退市制度改革，拟定《关于完善创业板退市制度的方案》并向社会公开征求意见。

第五，努力促进各类投资中介机构规范健康发展。加强证券公司风险监控，组织开展全行业统一压力测试。支持符合条件的证券公司上市和并购重组。鼓励开展债券质押式报价回购和现金管理等产品创新试点。有序推进融资融券业务由试点转向常规，成立了证券金融公司。截至去年 11 月底，109 家证券公司表内总资产 1.65 万亿元，净资本 4 633 亿元，净利润 343 亿元。实行基金产品分类审核，探索实施创新基金绿色通道审核机制。修订基金公司特定客户资产管理业务相关规定，扩大专户理财等私募业务试点。全年新设基金公司 6 家。截至 2011 年底，69 家基金公司共管理基金 915 只，基金持股市值约 1.29 万亿元。完善期货公司分类监管指标体系，推出了期货投资咨询业务并核准 47 家期货公司业务资格。

第六，进一步加强市场法治和诚信建设。集中力量调查内幕交易案件 118 起，推动司法机关审判中山公用、天山纺织等大要案，有力震慑了内幕交易违法犯罪行为。在上市公司和证券期货监管系统，全面实施内幕信息知情人登记管理制度。严厉查处市场操纵、“老鼠仓”、虚假披露等违法违规行为，全年共调查各类案件 209 起，作出行政处罚决定与市场禁入决定 68 项，罚没款 3.48 亿元。按照国务院部署，稳步有序推进交易场所清理整顿工作。推动最高法院出台关于内幕交易等刑事案件、期货纠纷、证券行政处罚证据等的司法解释。推进资本市场诚信档案数据库升级，查询诚信记录已成为行政许可工作的必经程序。

第七，对外开放和国际合作取得新的突破。启动离岸人民币投资境内资本市场（RQFII）试点，批准 9 家基金公司、12 家证券公司的业务资格。完成了境内投资港股交易所交易基金（港股 ETF）的各项准备工作。新批 29 家机构合格境外机构投资者（QFII）资格，研究修订合格境内机构投资者（QDII）办法及配套规则，新批基金 22 只。积极支持企业境外上市融资，11 家公司境外筹资 113.2 亿美元。与美国证监会、公众公司会计监察委员会就跨境执法和会计监管等问题进行谈判协商，与加拿大、澳大利亚监管机构开展跨境执法合作。

牢牢把握资本市场服务实体经济的方向

在社会主义市场经济体制的框架内，资本市场与实体经济之间存在着紧密的相互依存关系。实体经济是基础，是根本，只有百业兴，才有金融兴。同时，资本市场作为优化资源配置的重要平台，对于引导社会储蓄转化为长期投资，促进经济发展具有不可替代的重要作用。资本市场由于具有风险共担、利益共享的特点，比较容易组织动员资金、人才等资源从事风险较高的创新创业活动，天然具有推动高科技和文化创意产业发展的优势。发达国家的经验表明，资本市场在推动国家经济转型和战略性新兴产业发展过程中，起着至关重要的作用。过去30年全球最重要的四大新兴产业——计算机、通讯、互联网和生物制药，都是通过资本市场发现和推动成长起来的。美国资本市场与高科技的紧密结合，支撑了其科技的持续领先。国际上许多有识之士认为，欧洲高科技产业落后于美国，并不是由于欧洲科技发明的落后，而是由于风险投资和资本市场的落后。

经过20多年的风雨历程，我国已建立起一个市值排名世界第三的股票市场，一个余额居世界第五位的债券市场，还有一个交易量名列前茅的期货市场。我国资本市场服务实体经济的能力不断增强，在推动经济发展方式转变、加快结构调整和产业升级、落实创新型国家战略等方面发挥了不可替代的重要作用。但必须看到，我国直接金融仍然严重滞后于实体经济发展的需求。例如，我国资本市场确实支持了一大批高新技术企业发行上市，但是，目前这些已上市公司大多是比较成熟的企业，而大量真正初创的、新兴业态的、新商业模式的企业，还没有得到资本市场的服务。必须下大力气增强我国资本市场的弹性和包容能力，使不同发展阶段、不同类型、不同特点的创新型企业都能得到支持，推动我国科技潜力转化为现实生产力。要支持符合条件的文化企业发行上市、债券融资和并购重组，更好地发挥市场机制配置文化资源的作用，推动文化产业成为国民经济支柱性产业。要通过发展创业基金和风险投资，吸引社会资本进入文化产业，推动形成富有活力的文化产品生产经营机制，支持文化创意人才和团队加速发展，使各种美好创意都能转化成提高人民生活质量的产品和服务，为我国经济社会和文化进步插上强有力的金融“翅膀”。此外，资本市场在服务中小企业、“三农”、基础设施甚至环保等方面也大有可为。

实体经济与资本市场关系还有另外一个非常重要的方面，就是企业股本、社会保障、金融体系之间可以形成密不可分的互相联系和互相支持。战后欧美发达国家经济社会长期保持稳定繁荣，与此关系极大。目前我国还没有建立起这种稳定坚固的经济金融关系。但是全国社保基金过去10多年的尝试已经揭示了这种互惠互利、共同促进的可能性和可行性。在这个领域我们应当也能够大有作为。

2012年，是“十二五”时期承上启下的关键一年，是党的十八大的召开之年，同时也是资本市场改革发展极为重要的一年。当前及今后一个时期，要重点做好以下工作：

一是积极稳妥地推进证券期货领域的改革开放。继续深化发行体制改革，以充分、完整、准确的信息披露为中心，强化资本约束、市场约束和诚信约束。完善新股价格形成机制，改革股票承销办法，使新股定价与发行人基本面密切关联。继续完善预先披露和发行审核信息公开制度，落实和强化保荐机构、律师和会计师事务所等中介机构的责任。按照统一准入条件、信息披露标准、资信评级要求、投资者适当性制度和投资者保护制度的要求，大力推进债券市场改革，进一步促进场内、场外市场互联互通，建设规范统一的债券市场。以柜台交易为基础，加快建立统一监管的场外交易市场，为非上市股份公司提供阳光化、规范化的股份转让平台。以优化市场优胜劣汰机制为导向，积极推进退市制度改革，逐步形成市场化和多元化的退市标准体系。大力推进行政审批制度改革，坚持市场优先和社会自治的原则，主动改变监管理念和方式，大幅减少事前准入和审批。加快培育和发展市场中介机构，进一步扩大对外开放，引进成熟市场的机构、人才、产品和技术，有效提升境内机构的专业服务水平。抓紧建设原油等国际大宗商品期货市场，逐步使我国成为能源等大宗商品的国际期货交易中心之一。

二是努力推动资本市场的结构调整和服务能力提升。显著提高公司类债券融资在直接融资中的比重，研究探索和试点推出高收益企业债、市政债、机构债等债券新品种。进一步优化股本和期货市场的层次结构。进一步改善股票市场价格结构不合理状况，切实解决新股发行价格过高和恶炒绩差公司股票问题。积极研究开发股票、债券、基金相关的新品种，稳妥推出国债、白银等期货品种以及期权等金融工具。推动基金公司向现代资产管理机构转型。鼓励社保基金、企业年金、保险公司等机构投资者增加对资本市场的投资比重，积极推动全国养老保险基金、住房公积金等长期资金入市。适当加快引进合格境外机构投资者（QFII）的步伐，增加其投资额度。逐步扩大人民币合格境外机构投资者（RQFII）试点范围和投资额度。适时推出双向跨境的交易所交易基金（ETF）。

三是以公开透明为核心加快市场制度建设。推动《基金法》、《期货交易管理条例》、《上市公司监督管理条例》等的修订或制定工作。主动公开行政许可、常规监管、稽查执法和复议诉讼等政务信息。出台诚信监督管理办法，扎实推进资本市场电子化信息披露体系建设，促进上市公司、中介机构提升商务诚信水平。要强化上市公司对股东的回报，切实加强对其红利分配决策过程和执行情况的监管，强化对未按承诺比例分红、长期不履行分红义务公司的监管约束。推行上市公司分类管理制度。加强和改进新闻宣传工作，通过及时、广泛、深入的执法宣传，警示各种违法违规行为。按照“贴近大众，贴近市场，深入浅出，注重效果”的原则，坚持不懈地抓好投资者教育工作。

四是以防范系统性区域性风险为重点做好市场监管。大力提高常规监管的规范化、精细化水平。有效落实相关市场主体的基础管理和内部控制，逐步健全市场化的监管机制。尽快推出《非上市公众公司管理办法》，将非上市公众公司监管纳入法制轨道。加大对内幕交易、市场操纵、欺诈上市、虚假披露等行为的打击力度。认真做好各类交易场所清理整顿工作。深入推进打击非法证券活动。切实加强行业信息安全管理。加强对国际资本流动和跨境风险的监控和防范，牢牢守住不发生系统性风险的底线。

五是加强组织领导和干部队伍建设。继续抓好思想和作风建设，严格规范行政执法，坚决杜绝不文明行政、有法不依、执法不严、失职渎职等行为。注意改进工作方法，注重在精细化上下功夫。继续做好人才和干部队伍建设工作，以改革创新精神推动人才引进、培养和使用工作。切实加强廉政建设，加强对重点领域、重点岗位和重要环节的监督，完善预防腐败机制。厘清会机关与派出机构、自律组织的职责边界，完善协作体系，增强系统合力。

（本文是作者在2012年全国证券期货监管工作会议上的讲话，发表时略有删节）

服务为先 自律规范 持续提高上市公司质量

——在中国上市公司协会成立大会上的致辞

中国证监会主席 郭树清

（2012 年 2 月 15 日）

尊敬的清泰会长、小川行长、各位代表、各位来宾，同志们：

大家下午好！

经过长期认真细致的准备，中国上市公司协会今天正式成立了。这是我国资本市场发展历程中的一件大事。党中央国务院对协会的成立高度重视，国务院总理温家宝、副总理李克强、回良玉、王岐山、国务委员马凯同志专门作出重要批示。借此机会，我代表中国证监会，向长期以来关心和支持协会筹建工作的民政部、国资委、发改委、财政部、商务部、人民银行、税务总局和各相关部委、有关地方政府表示衷心的感谢！向清泰会长及上市公司的全体与会代表们表示热烈的祝贺！

一、中国上市公司协会的成立对我国经济金融发展具有重要意义

20 多年来，伴随着我国经济的崛起和资本市场的发展，我国上市公司群体快速增长，资产质量稳步提高，核心竞争力不断增强。截至 2011 年底，上市公司总数 2 342 家，市值 21.48 万亿元，居全球第三位。上市公司是名副其实的国民经济的脊梁。首先是国有控股企业，其市值和资产份额占据绝对的主体地位，超过 80% 是国有控股企业。其次是民营企业，一大批民营企业借助资本市场的平台实现了跨越式发展。目前新上市公司中，绝大多数是民营企业。第三是外商投资企业，在上市公司中也非常重要，迄今为止，有外资参股控股的企业比重超过 70%。我国上市公司不仅在建立现代企业制度方面成为企业典范，而且已经成为国民经济运行中最具影响力和成长优势的企业群体，为我国形成世界第二的经济规模和全球瞩目的综合国力发挥了不可替代的作用。

“十二五”时期是全面建设小康社会的关键时期，是深化改革开放、加快转变经济发展方式的攻坚时期。成立中国上市公司协会，必将对我国资本市场和经济社会发展产生重要而深远的影响，至少表现在以下三个方面：

一是推动上市公司更好地实现科学发展。在国民经济“转方式、调结构”过程中，中国上市公司协会作为跨行业、跨地

区、跨所有制的全国性中介组织，能够有效协调各方力量，支持和带动企业加快产业转型升级，率先走上依靠创新驱动、内涵增长、集约使用资源的发展道路，同时充分发挥上市公司的示范引导作用，在全社会营造加快转变经济发展方式的浓厚氛围。

二是提升政府和市场对上市公司的有效监管。随着市场经济导向的改革不断深化，放松管制，发挥市场主体自治功能是大势所趋。国际证监会组织在《证券监管目标与原则》中也指出，“自律组织是监管机构实现监管目标的有益补充”。目前我国资本市场体制机制还不健全，监管还不能有效满足市场发展的需要。协会的成立，将进一步理顺自律规范和行政监管的关系，强化上市公司自我约束和相互制衡，推动市场主体归位尽责，全面提高市场整体的运行效率。

三是促进上市公司不断改进和完善其公司治理结构。我国上市公司已形成一个规模巨大的群体。可以说，我们最先进的技术设备、最优秀的管理人才，大多数都集中在上市公司。同时，上市公司也最容易暴露出公司治理方面的缺点和问题。协会具有贴近企业、贴近市场的天然优势，有利于构建包容顺畅的工作平台，推动上市公司自律规范，建立先进的治理机制，不断夯实资本市场稳定健康发展的基础。

二、办好上市公司协会必须从实际出发大胆探索和创新

中国上市公司协会的成立，承载着全体上市公司的重托和社会各界的殷切希望。中国证监会高度重视发挥上市公司协会的作用，将和相关部委、地方政府一道，大力支持协会依法自主开展各项工作，充分发挥协会自律规范职能。协会要全面履行“服务、自律、规范、提高”的职能，与时俱进，求真务实，切实加强自身建设。

第一，要始终把服务放在第一位，寓自律和规范于服务之中。“服务、自律、规范、提高”，这是协会的基本职责和定位。服务是协会第一位的职责，协会要努力当好上市公司的服务员；自律、规范是协会经常性的工作内容，实质上是服务经济社会发展大局的主要途径；提高就是提高上市公司质量，进而提高整个资本市场的质量，这是我们工作的目标。

第二，要帮助企业树立强烈的市场意识和回报股东的观念。由于种种历史原因，我们的经济中股本约束和投资回报的机制还比较薄弱，不少企业管理人员对股东出资的概念比较淡漠，没有充分认识到投资者的每一分钱都不是白来的，都不能被无偿占用，更不能随意浪费。在大幅减少事前准入和行政审批的同时，我们将强化上市公司常规监管、过程监督、行为监管和事后问责，重点是以提高透明度为抓手，进一步推动上市公司完善投资者回报机制，加强合规与风险管理，坚决遏制大股东资金占用、违规担保问题复发，努力消除同业竞争，减少关联交易，严惩违法违规，切实维护投资者合法权益。

第三，从多方面采取措施推动上市公司做优做强。当前，我国上市公司在科技创新能力、核心竞争能力、个性化经营方式等方面与国际先进水平还有不小的差距。要把提高上市公司质量摆在更加突出的位置，大力推进市场化并购重组，支持上市公司主动实施结构调整与产业升级。监管部门和市场中介也将逐步推行上市公司分类管理制度，对

运作规范、公开透明、符合国家产业政策导向的公司，在融资安排、并购重组审核、股权激励等方面给予优先支持，促进上市公司做优做强，使社会资金资源真正向优质上市公司集聚。

第四，通过培育市场文化来发挥自律规范作用。坚持市场优先和社会自治的原则，充分发挥自律组织对上市公司监管的延伸和补充作用。引导上市公司认真学习借鉴国际治理准则，自觉承担起改善公司治理、持续信息披露、规范资本运作等法定义务。

第五，强化公司治理的外部约束。上市公司是公众公司，必须坚持阳光化运作，主动接受社会监督。要把新闻媒体作为强化社会监督的重要渠道和手段。对于媒体反映的问题，要建立快速、快捷的舆论监督反馈机制。总之，要创新思路，加强合作，全面推动形成包括行政监管、自律规范、社会监督等相互配合、互为补充的上市公司发展工作格局，发挥好主体自治、相互制衡、外部约束三种机制的协同效应。

第六，要强化上市公司社会责任建设。协会要通过履行职责和组织开展活动，引导全体上市公司会员，不断加深对国家大政方针、产业政策和资本市场功能的认识，牢固树立公众公司意识，带头遵纪守法，自觉规范运作。

第七，要大胆探索各种符合实际的工作方法。全国性的上市公司协会是新生事物，要进一步明晰职能定位，努力在行政监管部门不应管或不便管、管不了也管不好的事情上发挥“补位”作用。

第八，要切实加强协会组织建设，充分尊重会员实现会员自治。协会成立伊始，就要旗帜鲜明地去行政化、去机关化，充分体现尊重会员自治和民主管理的原则，为上市公司治理结构规范树立榜样。会员代表大会、理事会和常务理事会要各司其职，不能搞成摆样子、花架子。协会党委要在重大问题上发挥把关定向作用，同时必须严格执行章程，尊重和支持会员代表大会、理事会、常务理事会依法行使职权。广大上市公司会员要发挥主人翁精神，遵守协会章程，支持协会工作，自觉维护协会权威，监督协会履职。

三、我国上市公司的素质和结构亟待提高

目前的2000多家上市公司毫无疑问是中国最优秀企业的代表。相对于发达国家和地区来说，我们这些公司总体上的成长潜力更大，而估值水平平均只有15倍左右的市盈率。其中沪深300等蓝筹股的静态市盈率不足13倍，动态市盈率为11.2倍，显示出比较罕见的投资价值，这意味即时投资的年收益率平均可以达到8%以上。

然而，我们必须看到，与发达国家相比，我国的上市公司结构依然不那么理想，主要原因在于三个方面的机制尚不够健全。

一是科技创新与资本市场的对接还很不理想。我国资本市场确实支持了一批高新技术企业发行上市。但是，目前这些已上市公司大多是比较成熟的企业，而大量真正初创的、新兴业态的、新商业模式的企业，还没有得到资本市场的服务，市场对科技创新的包容能力还有待提升。我们必须研究如何为处于不同发展阶段，特别是处于早期创业阶段的高新技术企业、小型微型企业提供股本和债券融资。

二是农业食品与资本市场的关联还不那

么紧密。农业和食品安全对国家和社会的重要性无须多言。但是我国的农业、食品工业及仓储运输业还非常落后，远远跟不上国民经济现代化的需要，面向“三农”的金融服务是关系全局的薄弱环节。以种子产业为例，目前我们已经有7家上市公司，但是没有一家具有国际竞争力。食品行业也一样，上市公司数量已经不少，但是从全球来看，我们的企业没有一家真正达到影响市场的水平。整个农业依然高度分散，那么多的农民，那么多的农副产品，如何科学组织生产，如何有效开展交易流通，如何发现价格，如何规避风险，这些都是建设现代农业体系必须解决的课题，也是国民经济工作中的大事。在主动贴近“三农”的需求，开发出更多面向农业和农民的证券期货产品方面，我们的改进空间还很大。

三是社会保障与资本市场没有形成紧密的相互促进作用。战后欧美发达国家经济社会长期保持稳定繁荣，一个重要原因就是企业股本、社会保障、金融体系之间形成了密不可分的互相联系和互相支持。以美国为例，目前全部养老基金已超过16万亿美元，相当于国内生产总值的1.1倍，另外还有国家政策鼓励的个人养老储蓄计划资金4万亿美元。资本市场和社会保障互惠互利、共同促进的效果非常显著。目前我国还没有建立起这种稳定坚固的经济金融关系。在这个领域我们应该大有作为。社会保障资金投入资本市场，不是一个救市的概念，也不是一个简单的促进资本市场发展的概念，这是一个互利互惠，互相支持，互相促进的关系。美国的资本市场发展得很好，在一定程度上是因为养老金的介入。社会保障本身的积累和保值增值，也将通过资本市场的发展而实现。

我国的上市公司中无疑还需要有更多的绿色环保企业，还需要有更多的研究设计企业，也还需要有更多的消费服务企业。对消费服务企业，我们过去往往有某种计划经济的偏见，以为像商店、饭馆、旅馆都不那么重要，都不那么复杂，其实是完全错误的。世界上最大的公司是沃尔玛，这不是简单的，也不是偶然的。在这些服务领域，我国上市公司结构还可以进一步的改善。我就讲这么多，供大家参考，谢谢！

（本文根据录音整理，未经本人审阅）

关于公司治理的几点思考

——在中国上市公司协会成立大会上的讲话

中国人民银行行长　周小川

（2012 年 2 月 15 日）

各位领导、各位嘉宾：

下午好！

首先让我们热烈祝贺中国上市公司协会正式成立！

上市公司是我国企业建立现代企业制度的先锋群体，荟萃了国民经济各个行业的龙头企业。经过多年的培育和发展，我国上市公司规模大幅增加，盈利能力不断增强，行业结构持续优化，公司治理水平不断提高，已经成为国民经济发展的重要力量。上市公司不仅承担着推动我国经济发展和社会进步的责任，而且还是转变经济发展方式、建立社会主义市场经济的重要带动力量。中国上市公司协会的成立，标志着国民经济中最具活力、最代表公司治理前沿的市场群体有了自己的行业协会和自律组织，对于不断提高上市公司的质量将发挥积极作用。

下面，我就公司治理问题讲几点认识，供大家参考。

一、完善公司治理是推动金融改革发展的重要力量

首先，中国公司治理的建立和完善与经济体制改革是相互推动、相辅相成的过程。我国的公司治理是在国有企业改革和股份制企业发展中逐步得以探索和建立的，其建立和完善的过程，就是经济体制改革不断向纵深发展的过程。我国公司治理的发端、演进与发展，是经济体制由计划经济向市场经济转变、资本市场从无到有并逐步发展，以及企业由行政附属产物向现代公司制度迈进过程中的一种内在需要。公司治理机制的建立，不仅是经济体制改革的客观要求，也不断巩固和扩大了经济体制改革的成果。而且，我们在探索中结合中国国情，形成了有中国特色的公司治理经验和模式。

其二，上市公司治理的不断完善，促进了公司素质的提高和资本市场的健康发展。上市公司治理的不断完善是由政府指导、市场主体参与共同推动发展的过程，监管部门对公司治理的建立和完善发挥了重要作用。20 多年来，各方面在推动完善上市公司治理方面，开展了大量工作。一是建立健全独立董事、董事会秘书制度；二是健全信息披露制度，增强透明度，形成外部治理机制；三是推动股权分置改革，构建公司治理的股东共同利益基础；四是清理大股东占用资金

问题，维护法人财产的独立性。这些举措有力地促进了上市公司治理制度的完善及治理水平的提升，提高了上市公司群体的整体质量，夯实了资本市场基础，增强了资本市场的吸引力和活力。

其三，上市公司治理水平的不断提高，推动了金融业的健康发展。金融机构必须建立完备的公司治理机制，不仅对我国金融类企业提出了特殊要求，也是国际市场发展的共同经验。从我国情况看，系统重要性金融机构，如中国银行、建设银行、农业银行、工商银行、中国平安、中国太保、中国人寿等，都已经成功发行上市；其他资产规模比较大、盈利能力比较强的金融机构，也都已经或正在积极追求成为公开上市的公众公司。金融机构改制上市的过程，就是建立现代公司治理机制、理顺股权关系、推动稳健运营的过程。金融机构按照现代公司治理要求，完善决策、经营权力分配和监督机制，建立内控体系，构建风险控制体系，提高了经营和风险管理能力，同时也有助于金融业整体的稳定发展。

二、公司治理原则的发展和在我国的实践

公司治理的国际准则和最新进展是在总结国际经验、尤其是总结这次国际金融危机教训的基础上不断发展的。良好的公司治理是一个国家和企业树立市场信心、吸引外部投资的重要手段，也是增加市场透明度，保护投资者利益，促进资本市场持续稳定发展的重要制度基础。从国际上看，1992 年成立了 Cadbury 委员会，对多家上市公司的经营失败问题进行了分析，提交了名为《公司治理的财务视角》的报告（即“Cadbury 报告”），对公司董事会和会计体系等问题提出了综合建议。该报告的相关建议被发达国家以及世界银行等国际组织广泛采纳，也成为后来经合组织（OECD）撰写《关于公司治理原则》的基础。

1999 年 6 月，OECD 发布了《关于公司治理的五项原则》，在尊重各个国家自身实践及经验的前提下，承认公司治理不存在着一个万能的、统一的模式，但可归纳出有关公司治理的一些共同原则。这些原则是各国公司治理经验的一个交集，成为国际组织和各国评价完善公司治理的重要参考依据。2004 年，OECD 发表了《关于公司治理原则》（修订版），在保护股东权益、关注利益冲突、重视利益相关者、强调董事会责任方面又取得了一些新的进展。应该说，这些内容对于我国完善公司治理、推进资本市场改革发展乃至当前各国反思国际金融危机教训、提出新的治理框架和准则等，都是需予以重点关注和考虑的问题。

本次国际金融危机后，公司治理原则成为金融稳定理事会（FSB）推动各国金融稳定评估的 12 个重要原则之一，也是国际金融组织推进标准和准则执行的重要组成部分。OECD 在 2010 年发布了改善公司治理状况的 34 条建议。2011 年美国金融危机调查委员会公布了金融危机调查报告指出，很多大而复杂的金融机构在公司治理和风险管理方面的不善和失效是危机的关键因素之一。30 国集团（G30）专门成立了公司治理小组，形成了《金融机构有效治理原则》的初稿。以上，都是各国际组织和有关国家在危机后反思、改进公司治理方面做出努力的组成部分，相信后面还会有新的进展和成果。

在我国经济体制改革过程中，国际上公司治理的概念也经历了一个从最初引进、认识、讨论、争议、实施和不断改进的过程。1993 年的十四届三中全会文件中提出了“出资人、董事会、管理层和职工”之间的相互制约关系，应该说已经描述出了公司治理的基本概念和框架。到 1999 年 9 月的十五届四中全会，“公司治理”这一名词被正式写入文件，很多人也都从那个时候才开始接触、研究和运用这一概念。总体而言，虽然我国起步较晚，但坚持研究国际经验。国内有关部门先后发布了一些很好的公司治理指引和准则，如 2002 年人民银行发布了《股份制商业银行公司治理指引》；2002 年证监会和国家经贸委联合发布了《上市公司治理准则》；银监会 2004 年发布了《中国银行、中国建设银行公司治理改革与监管指引》，2006 年发布了《国有股份制商业银行公司治理指引》和《国有商业银行公司治理及相关监管指引》等。这些指引都借鉴了《OECD 公司治理原则》的主要内容。

从实践效果看，我国在公司治理方面做得最好的主要是上市公司。上市公司总体上按照《公司法》建立了比较规范的现代企业制度架构，有监管部门对公司治理的指引，要遵从投资者、公众和市场的监督。因此，提高上市公司质量的一个重要方面，就是要不断推进上市公司完善公司治理。上市公司的实践也使人们认识到，股份制改革、公开发行上市、成为公众企业是国有企业（包括国有银行）改革的一个主要方向。事实证明，这条路子是走对了，而且，我们根据中国的国情、借鉴国际经验，初步形成了具有中国特色的公司治理经验和模式，改革的总体效果是好的。

我国于 2009 年开始正式参加由国际货币基金组织（IMF）和世界银行组织的金融部门评估规划（FSAP），这也是 G20 峰会授权国际组织开展的工作。在去年的评估规划中，我国国内有关参与各方都做了很多工作，FSAP 对中国各金融部门的状况，包括对公司治理原则的内容总体上给予了肯定，同时也指出了一些需要探讨的问题。

三、完善我国公司治理的几点思考

总体看，我国公司治理还有很多需要进一步推进和完善的方面。

从国际经验看，各个国家公司治理都有很多可以探讨并作出选择的余地，也需要根据自己的国情和制度特点来加以实践和探索。从我国的情况看，我国不仅是在推进企业改革中不断实践和完善国内企业、尤其是上市公司的公司治理，而且我国近年来还发展了一大批境外上市公司，未来国内的资本市场的对外开放程度也会稳步提高。因此，需要国内和国外相互间对公司治理的规则、模式、实践有更多的了解。从中国的角度来讲，投资者需要明确了解 OECD 公司治理原则以及几种主要的公司治理模式，如盎格鲁·撒克逊模式、欧洲大陆的莱茵河模式、日韩模式等各自的特点和区别。从外国的角度看，投资者需要了解中国在哪些方面是赞成和实践 OECD 公司治理原则的，在哪些方面有自己的特点和要求，等等。这些进一步的了解对于我国资本市场的深化发展都将起到积极的作用。

国际上普遍重视利益相关者在公司治理中的作用。我注意到这次上市公司协会准备的有关会议文件中，也特别强调了重视利益相关者的权利和责任。《OECD 公司治理原则》将利益相关者在公司治理中的作用作为单独的五项原则之一来加以阐述，并突出强调保护员工作为利益相关者的权利，鼓励公司和利益相关者在创造财富、提供就业机会和确保公司财务稳健性方面积极合作，体现在促使员工“提高参与度的机制”，如在董事会中增加职工代表、实施员工持股计划、职工养老金投入等。我国走的是社会主义市场经济道路，在提高员工地位，鼓励员工参与管理、参与公司治理等方面，应该说具有更好的基础和条件。因此，在推进国有企业股份制改革、完善公司治理的过程中，更应重视发挥他们在公司治理中的作用。总体而言，关于利益相关者，我们还没有明确的界定，使其发挥作用更缺乏制度性或原则性的框架，需要在今后的实践中不断探索、不断总结。

中国公司治理方面的另一个特征是我们有比较多的国有控股上市公司，国有控股上市公司的公司治理如何进一步探索、搞好、健全，是一个重要的题目。目前在我国大型企业中，国有控股公司还相当多，资本市场市值也相当大，总体而言业绩不错。较一般企业的公司治理，国有控股上市公司有其自身的特殊性，这也是探讨有中国特色社会主义市场经济的一个重要方面，需要进一步深入研究、处理好国有股东的控制力和资本市场各项规则之间的关系问题。国有控股本身有个委托—代理问题，需要处理好所有权和经营权的关系。此外，还需要协调各个方面，使有关制度能够更好地磨合。

目前我国有关公司治理的规章制度在法律层次来讲还不足够高，而国际上关于公司治理的原则有很多是在政府层面或在法律层面上加以制定的。在这方面，我国还可以进一步提升公司治理原则的层次，这样有助于解决公司治理原则与其他法律之间的协调、配合关系，也有助于各有关部门在推进、完善我国公司治理的过程中，加强协调配合、减少摩擦，从而增强实践的力度，达到更好的效果。

各位领导、各位来宾，上市公司治理的制度建设和实践已经取得了很多重要的成果，并向纵深方向发展。金融危机后，我国公司治理发展面临着新的机遇和挑战，现在正处于发展中的关键节点，需要各方共同努力。我相信，中国上市公司协会这样的自律组织成立后，能够在我国公司治理的深化改革和发展中发挥更重要的作用。

预祝中国上市公司协会成立大会圆满成功！

谢谢大家！

在中国上市公司协会成立大会上的讲话

中国上市公司协会会长　陈清泰

（2012 年 2 月 15 日）

各位领导、各位会员、各位来宾：

经过各方面的共同努力，中国上市公司协会今天正式成立了。请允许我代表中国上市公司协会，向关心和支持协会成立的政府部门、向协会发起单位和全体会员，表示衷心的感谢！

树清主席、小川行长和姜力副部长的精彩讲话对上市公司协会今后的工作具有重要指导意义，我们要认真领会，贯彻到工作中去。

政府、企业和社会中间组织是现代市场体系中的三大支柱。政府创造和维护市场环境，企业在竞争中创造财富，社会中间组织表达成员企业的诉求，维护他们的整体利益，提供服务、进行自律。三方各司其职、相互独立又相互协调，将在我国经济转型中构建起更高效率的市场体制。

上市公司作为资本市场的主角，面对诸多共同的议题，也有许多共同的诉求。如市场和监管环境的改善、与投资者关系、与政府关系、信息披露，以及改善公司治理、诚信自律、企业的社会责任等。上市公司协会正是为了集中反映会员企业的群体诉求，维护会员整体利益，提高公司价值而由会员发起设立。

上市公司协会是在面临进一步完善社会主义市场经济体制的情况下，在聚集重大改革成果的资本市场范畴设立的中间组织。它应当以全新的面貌、新的机制展现于社会。

下面我想就协会的任务、宗旨和工作方针讲一点想法和意见。

一、上市公司协会应当承担起四项任务

一是致力于提高上市公司的质量。资本市场是现代经济体系中资本资源配置的中枢。资本拥有者“投资—获益，再投资—再获益”与上市公司“融资—发展，再融资—再发展”形成良性互动、实现双赢，是我国繁荣资本市场、振兴实业产业的一条主线。现在我国总体上不缺资金，但金融资本能不能源源不断地、顺畅地转化为产业资本，很大程度上取决于上市公司的质量。中国处于工业化重要阶段，是培育具有全球竞争力企业最重要的时期。上市公司总体上是我国企业中最优秀的群体。它们不仅有企业制度的优势、融通资金的优势，而且接受市场和投资者的实时评估，并受到更为严格的市场监管，是我国培育具有国际竞争力企业

最重要的生长点。协会应从维护会员企业长远利益出发，发挥贴近市场、了解企业的优势，通过调研总结、交流研讨、咨询培训等形式为提高公司价值、培育具有全球竞争力的企业做出贡献。

二是促进完善公司治理。刚才，小川行长讲到的一段我认为非常重要，希望在座的会员公司认真思考，尽可能贯彻到工作中。公司法人治理结构的本质是妥善处理由于所有权与经营权分离而产生的委托代理关系。建立有效公司治理是当前我国微观经济领域最重要的制度建设。良好的公司治理，既可以保障股东包括小股东的利益，又可以保障公司的独立经营，是所有权与经营权分离的制度基础，是公司重要“软实力”。良好的公司治理加之良好的经营，会受到投资者的青睐，不好的公司治理将迫使投资者“用脚投票”。多年来，上市公司在监管部门的指导下，在建立有效公司治理方面进行了大量的探索，走在了各类企业的前面。但就建立规范、良好的公司治理来说，还有很长的路要走。目前，一些企业还处于“貌似而神不是”的阶段。改善公司治理不仅涉及公司自身，还涉及公司治理的社会环境，包括法律环境、监管环境、市场中介组织、人才市场、投资者和社会意识等，不是单个企业所能左右的。协会要发挥既联系企业又可以与投资者和监管部门沟通的优势，通过调研，总结成功经验，与投资者和有关部门协调，改善公司治理的外部环境，推进会员企业公司治理水平的提高。

三是推动建立良好的公司文化。资本市场的投资者无意干预企业经营，但他们要求投资的企业有良好的公司文化。作为一个公众公司，如何改善与投资者、消费者、供应商和社区的关系，如何处理公共关系等都是绕不过去的问题。公司的契约观念、诚实守信、依法经营、社会责任、与投资者关系等都直接影响公司的信誉、社会形象，直至公司的竞争力。大股东侵权、内幕交易、虚假披露、重筹资轻分红等都是公司文化不正的表现。企业的行为有一些是需要由法律和法规来约束，但更多的则需要由企业的经营理念、价值观和企业文化形成的“软约束”来规范。强大的制度惯性，使得今天公司文化的重建具有很大的难度。协会要发挥贴近市场、贴近公司、联系监管部门的优势，引导和促进上市公司建立良好的公司文化。

四是为会员企业服务。协会是会员公司发起设立的。主要任务是表达会员企业的群体诉求，维护会员企业的群体利益，协调上市公司涉及的公共事务和进行自律。概括地讲，就是为会员企业提供良好的服务。

二、协会的宗旨

首先就是去行政化。这是会员企业非常关注的一件事，也是市场中间组织必须具有的一个特征。协会的业务指导部门是证监会，但协会的定位不是监管部门简单的职能延伸。证监会是国务院设立的有行政授权、依法进行监管的政府机构；协会则是由会员企业发起设立的、依照章程服务于会员群体的非政府组织。这两个组织性质不同，行使职能的依据、工具和机制都有不同。协会工作人员不是公务员，是服务员；协会没有行政权力，也不应谋求行政权力；协会绝不是“二政府”，也不能当“新婆婆”。证监会作为协会的业务主管，对协会工作的指导非常重要，但协会必须厘清自己与监管部门的职能边界，绝不应借助业务主管机关的权威，混淆了自己的定位。协会应当按照市场中间组织归位尽职的原则，做好自己该做的事，尽好自己该尽的责。协会不是以行政权力开展工作、树立形象，而是通过良好的服务赢得会员的拥护，以有效的信息沟通和协调取得投资者和相关部门的信任。就是说我们要以有益于会员、有益于社会的工作确立自己的社会地位。我们要依靠主管部门和广大会员，努力把协会办成一个去行政化的真正意义的市场自律中间组织。

第二，坚守非营利性原则。这是协会区别于企业和各类营利机构的一个基本特征。坚持非营利性可以使协会从商业利益的漩涡中抽身，做到“心底无私天地宽”。以此保障协会能从会员整体利益出发，公正地对待每个会员、倾心竭力地为会员群体服务、为资本市场健康发展服务。协会自身不进行商业活动、不谋求商业利益，活动经费来自于会费、社会捐助和服务收费，经费的支出要用之于会员和社会。协会按非营利机构的财务和财产管理规则运行，聘请独立审计机构，定期对协会经费的收支情况进行审计，并向会员企业公布。

第三，协会要办成一个高层次、高水平的服务平台。面对上市公司这个企业群体的高层次需求，协会应当提供更高水平的服务。主要的是与投资者、监管部门、政府机构建立沟通协调机制，及时反映会员企业的呼声，积极争取参与与上市公司相关的公共政策的制定，维护会员企业的整体利益；开展调查研究，发现问题、提出问题，向有关方面提出政策建议，营造好的发展环境；总结成功企业的经验，组织制定自律性指引，促进改善公司治理，提高公司水平；为会员企业提供专业化的服务、培训和咨询等。

三、协会的指导方针和工作

“服务、自律、规范、提高”是协会工作的指导方针，也是上市公司协会的基本职责。协会将紧紧围绕这八个字，以服务为基础，以自律规范为核心，以提高上市公司质量为目标，团结广大会员，创新工作理念，用专业、高效的工作树立协会的公信力，提高协会影响力。

服务是协会立会之本。协会将从维护上市公司合法权益出发，在上市公司、投资者、监管部门，以及公司与公司之间建立沟通渠道，发挥桥梁纽带作用；积极参与与上市公司相关公共政策制定和相关公共事务的处理；为会员提供智力型服务，拓宽上市公司发展空间，以良好的服务使协会成为“上市公司之家”。

上市公司协会是一个新型的“自律性组织”。“自律性”的基本含义是，会员企业在一些重要的可以取得共识的领域，为维护共同利益而建立自律机制，以“准则”、“指引”、“公约”之类的企业公民道德规范自愿进行自我约束。以此，提升会员公司的道德文化层次，防止“劣币驱逐良币”，保障资本市场健康发展，不断改善公司与投资者和利益相关者关系，营造良好的发展环境。协会将组织会员研讨建立“自律性准则”。如公司治理指引、诚信准则、投资者关系指引、企业社会责任公约等，提升上市公司社会形象。

“提高”是会员企业最关注的议题，也是协会工作的一个重点。目前，是我国培育具有全球竞争力公司最重要、最有利的时期。协会要从改善企业发展环境，改善公司治理，建立良好公司文化和股权文化，促进资本市场健康发展的角度，促进上市公司竞争力的提升。

我国有关非政府组织的法律、法规建设还在不断完善之中，社会中间组织的成长、运作还有较大的探索空间。上市公司协会要按照现代社会中间组织的标准和要求，以创新的思维，建立新的工作机制，践行协会的任务、宗旨和工作方针。

协会要遵守国家法律法规，在业务主管部门和登记监督部门的指导下开展工作。

按照市场中间组织的特点构建协会的治理结构。会员大会是最高权力机构，要使会员大会、理事会、监事会各司其职，协调运转，有效制衡。

在机构设置上，力求小而精，小而专，杜绝机构臃肿、人浮于事。

在人员配置上，着力组建一支较高层次、精干、专业化、具有进取精神的员工队伍。

在工作流程上，要科学管理，制度完善，效率为先。

在工作方式上，要注重调研，务实深入，敢于创新，不墨守成规。

在工作作风上，要深入实际，专业敬业、善于沟通、热心服务，节约清廉。

各位代表，我有幸担任上市公司协会的第一任会长，为广大会员提供服务，是我的荣幸！我相信，在业务主管部门和登记监管部门指导下，在各有关方面的关心帮助下，在广大会员的支持下，我们一定能把协会的事情办好，不辜负大家的期望！

谢谢大家。

在中国上市公司协会成立大会上的致辞

民政部副部长　姜　力

（2012 年 2 月 15 日）

尊敬的郭树清主席，各位代表，同志们：

新春伊始，中国上市公司协会举行成立大会，这是我国资本市场规范、稳健运行的一件大事。我对协会的成立表示热烈的祝贺！

上市公司是我国资本市场的核心主体，在我国国民经济和社会发展中具有重要作用。经过多年的发展，上市公司已经成长为一个资产规模庞大、行业分布广泛的群体，成为推动企业改革、带动行业成长的中坚力量。随着我国资本市场的规模日益扩大，投资者数量快速增加，加强市场运行规范管理，强化上市公司自律意识，显得尤为重要和紧迫。中国上市公司协会的成立，适应了市场规模扩大、创新步伐加快等新形势的需要，对于健全完善我国资本市场监管体制、加强行业自律管理、优化上市公司结构和培育市场主体诚信文化有重要的推动作用。

中国上市公司协会是由上市公司组成的全国性行业协会，是我国资本市场的重要自律组织。经验表明，企业自我管理、行业中观调节、政府宏观调控，是更好地发挥市场在资源配置中基础性作用的重要保证，是形成有利于科学发展的宏观调控体系的内在要求。党中央、国务院高度重视行业协会培育和管理工作，要求按照市场化原则规范和发展各类行业协会、商会等自律性组织，发挥行业组织提供服务、反映诉求、规范行为的作用，为经济社会发展服务。在中央的重视和社会各界共同努力下，我国的行业协会已有 7 万余家，基本覆盖国民经济各个门类，在服务政府、指导协调行业发展方面发挥了参谋助手作用，在服务社会、积极承担社会责任方面发挥了支持倡导作用，在服务行业、促进行业规范发展方面发挥了组织协调作用，在服务会员、提供多元化服务方面发挥了支撑保障作用，已经成为我国社会主义现代化建设的重要力量。

当前，我国行业协会的发展面临着重大的机遇与挑战。一方面，世界经济增长放缓，国际金融市场剧烈动荡，要求行业协会积极承担责任，努力应对贸易纠纷，促进对外贸易增长；另一方面，行政管理体制改革继续深化，社会管理体系创新发展，特别是中央不断强调加快转变经济发展方式，调整经济结构，要求行业协会在完善市场经济体制，维护良好市场环境，实现产业结构优化升级等方面切实发挥作用。为进一步推动行业协会改革发展，民政部和有关部门将积极配合，认真贯彻落实党中央、国务院的指示，坚持市场化的方向和原则，努力做好四方面的工作。一是完善法规政策体系，推动政府转移职能，完善财政、税收、社会保障等相关政策，加大政府购买行业协会服务的力度，探索建立政府与行业协会对话、沟通、协调机制以及行业重大决策意见征询制度。二是加强和改进行业协会登记工作，建立竞争和退出机制，完善行业协会评估体系，合理配置行业协会资源，优化行业协会结构。三是加大对行业协会内部治理的规范，形成权责明确、有效制衡的法人治理结构，健全会员（代表）大会、理事会、监事会等制度，建立健全党组织，创新党建工作方式，建立诚信自律机制。四是建立科学的行业协会管理体制，切实做好政会分开，加强监督管理，保证行业协会规范运作。

今年，我们党将召开十八大，也是实施“十二五”规划承上启下的重要一年。做好今年的工作，意义重大。当前，全党全国上下正在深入学习实践科学发展观，全面贯彻落实中央经济工作会议精神，全力应对国际金融危机的挑战，奋力实现中央稳增长、惠民生、促和谐的目标。希望中国上市公司协会在证监会的指导和支持下，在第一届领导班子的带领下，坚持市场化、国际化的发展方向，秉承协会宗旨，履行“服务、自律、规范、提高”的职责，开拓创新，完善内部治理，加强自身建设，提高服务水平，努力维护行业整体利益，向政府有关部门提出政策建议，完成好政府委托的行业管理职能，不断开创协会工作新局面。同时，积极提升上市公司人力资源水平，引导上市公司规范运作，倡导会员单位承担社会责任，增强行业影响力和社会公信力，为推动行业科学发展、促进资本市场完善、保持经济平稳较快发展和社会和谐稳定作出更大的贡献。

最后，祝大会圆满成功！

谢谢大家！

中国上市公司协会筹备工作情况报告

中国上市公司协会执行副会长　李小雪

（2012 年 2 月 15 日）

尊敬的各位代表：

今天我们在这里召开中国上市公司协会第一次会员代表大会，这标志着经过大家共同努力，以资本市场规范发展为纽带，以提高上市公司质量为目标，为维护会员合法权益而结成的全国上市公司自律组织——中国上市公司协会即将正式成立。请允许我代表协会筹备组，对参会的各位代表表示热烈欢迎，对所有支持协会筹建的单位和个人表示衷心感谢！

下面，我代表协会筹备组向大会做工作情况报告，请审议。

中国资本市场迅速发展的历史，也是我国上市公司快速成长的历史。20 多年来，2 000多家企业扬帆驶入资本市场的海洋，通过股份制改造、完善公司治理，促进了现代企业制度在中国的逐步建立和完善，并通过募集公众资金迅速做大做强。目前，我国上市公司正日益成为国民经济的中坚力量，为形成世界第二的经济规模和全球瞩目的综合国力作出了重要贡献。中国资本市场在短短的 20 多年里，成长为市值排名世界第三的股票市场，同时充满旺盛生机，拥有极大的潜力和广阔的前景，堪称创造了奇迹。辉煌成就，来自于包括在座各位在内的上市公司全体成员多年不懈的辛勤努力。正是你们，构建了中国经济的脊梁，筑就了中国资本市场的基石！

上市公司承载着推动经济发展和社会进步的重任，是转变经济发展方式，实现社会和谐稳定的重要带动力量。随着市场经济的深化，放松政府管制、发挥市场主体自律功能是必然趋势。2004 年，国务院发布了《关于推进资本市场改革开放和稳定发展的若干意见》，明确提出，要“进一步提高上市公司质量，推进上市公司规范运作”。为将上述精神落到实处，国务院于 2005 年 10 月发布了《国务院批转证监会关于提高上市公司质量的通知》，提出了要“充分发挥自律监管作用”的要求。为此，中国证监会和部分上市公司开始酝酿筹建中国上市公司协会。

协会的批准筹建过程是国务院领导亲自关怀、有关各方鼎力支持、上市公司群策群力的过程。

2007 年，证监会就成立中国上市公司协会一事，向国务院作了专门汇报，并于 2007 年和 2010 年先后向国务院报送了关于筹备成立中国上市公司协会的请示。发改委、财政部、人民银行、国资委、商务部、国税总局等六部委，对筹备成立上市公司协会均表示赞成。2011 年 1 月，国务院主要领导同志正式同意成立中国上市公司协会，民政部同意协会预登记。

国资委主要负责同志在听取协会筹备情况介绍时表示，希望协会成立后与国资委共同促进国有控股和参股上市公司的规范发展。全国工商联领导表示，成立跨所有制的、统一的上市公司协会很有必要，对协会寄予很高的期望。除证监会外，发改委、财政部、人民银行、国资委、商务部、国税总局、人社部、公安部、科技部、工信部、银监会、保监会、社保基金理事会、中央汇金公司都同意委派司局级干部担任协会非会员常务理事，全力支持协会开展工作。

为进一步做好协会筹备成立工作，2011 年 6 月中国证监会党委决定，选派骨干力量组成筹备工作组，负责推进筹备工作。半年多来，筹备组主要开展了以下工作：

通过深入公司调研、广泛邀请座谈，依托各地证监局的发动和推荐，筹备组与 228 家上市公司签订了发起人协议书，使发起人覆盖了 31 个省、自治区、直辖市，13 个行业和主板、中小板、创业板。因此，第一次会员代表大会具有广泛的代表性。

根据《公司法》、《证券法》、《社团登记管理条例》，筹备组草拟了《中国上市公司协会章程（草案）》、《中国上市公司协会会费标准及管理办法（草案）》、《中国上市公司协会会员管理办法（草案）》等协会运作的基本文件，通过快递送达、电子邮件、短信提示等方式向 228 家发起人广泛征求意见，充实完善相关内容。在组织架构建设方面，根据代表性、积极性、自愿性原则，适当考虑了代表性企业的轮值，并征求多方意见，酝酿形成了副会长、副监事长、常务理事、理事、监事候选单位名单。

从 2008 年开始，52 家发起人各缴纳了 50 万元作为协会启动经费，后续增加的发起人也延续了这个标准。为确保经费安全、合理、有效使用，筹备组制定了筹备期间资金使用管理办法，严格审批程序，并专门聘请了民政部指定的会计师事务所进行审计。审计情况将向大会做专题汇报。

各位代表，中国上市公司协会即将诞生。这个协会将是怎样的组织，上市公司为什么要加入这个组织，是全体上市公司和所有关心中国资本市场发展的人共同关注的问题。概括地讲，中国上市公司协会，将是会员自己的组织，是上市公司共同利益的代言人和守护人。这个组织将推动上市公司质量的提高，让上市公司更好地利用资本市场加快发展。

中国证监会主席郭树清同志明确指出，上市公司协会可以在转变政府职能的过程中大有作为，特别是在推动证监会深化监管体制改革方面发挥重要作用。就上市公司协会的基本职责，郭主席提出了“服务、自律、规范、提高”的八字方针。他强调指出，服务是第一位的，要把服务会员作为最重要的职责；自律、规范是协会经常性的工作内容，实质上是服务经济社会发展大局的主要途径；提高即提高上市公司质量，进而促进整个资本市场体系的完善和成熟。这八个字，既是相互独立，又是相互联系、相互促进的有机整体，是我们今后工作的指导方针。

协会成立后，如何准确、深入地贯彻执行这八字方针，协会工作班子要努力探索、不断完善，也希望广大会员积极参与、监督执行。服务是上市公司协会的安身立命之本，我们将努力创新服务方式，为上市公司提供专业服务、传导服务和维权服务，为上市公司的持续、健康成长营造良好环境。服务的形式要做到会员喜闻乐见，内容更要围绕上市公司关切的重大主题展开。只有服务到位，善于自律规范，协会才能得到上市公司的认可，让会员有归属感。要推动公司治理规范从外部压力转变为内生需要，以会员自我规范、自我约束、自我教育、自我监督为基础，注重体现公司自治和市场经济的法制原则。所有工作的目标，是推动上市公司质量的提高，逐步增强中国企业的核心竞争力和国际影响力，培育有中国特色的现代公司文化和成熟市场文化。

协会成立后，将切实把服务意识融入日常工作，充分发挥社会中间组织的桥梁和纽带作用，建立会员交流、合作和资源共享平台，在会员内部形成需求互济、优势互补、联合互动、共同发展的良好运作机制，构建会员与资本市场顺畅对接的平台。

根据上市公司发展需要，结合国内外市场形势，充分利用协会的资源优势，“分层次、分类型、分专题”地组织实施对上市公司董事、监事、高级管理人员的培训，推进多样化、实用化的培训体系建设。

组织制定上市公司自律准则；制定董事、监事、高级管理人员行为指引、职业道德规范等自律性管理规则；实施独立董事、董事会秘书等自律认证和诚信管理。

组织建立科学的上市公司治理及相关评价体系；建立、健全上市公司诚信评价制度和诚信管理体系，推进资本市场诚信建设；探索对上市公司内控规范、投资者关系管理、社会责任以及创新能力的评价工作；加强上市公司数据的统计分析和权威发布。

聚集社会、市场和会员的力量，大力开展与上市公司发展密切相关的前沿课题研究，积极探索促进上市公司可持续发展的核心要素及共性规律，为会员持续健康发展提供支持，为政府宏观政策和监管部门决策提供参考和依据。

加强上市公司和拟上市企业与券商、律师、会计师、评估师等中介的联系，降低沟通成本，推动中介服务质量的提高。

发挥协会人才、专业和信息等优势，为会员提供投融资、并购重组、完善治理结构、推进股权激励等业务的政策、会计、法律等咨询服务，支持会员利用资本市场做优做强。

传导监管政策信息，反映会员诉求，积极参与监管部门的政策论证与政策制定，提出与上市公司行政监管、持续发展和外部环境有关的意见和建议。协会将致力于降低上市公司信息披露成本，提高披露效率和透明度。

作为上市公司合法权益的代言人，协会还要努力营造有利于上市公司发展的外部环境。

协助理顺企业与政府之间的关系，推动政府放松管制、减少行政审批，并且推动公共政策的科学制定。协会将协调各方力量，代表会员积极向政府部门反映市场和企业的诉求，参与相关法律法规、宏观调控和产业政策的制定，参与资本市场发展规划、准入条件的制定，争取更多的公共政策支持和良好生态环境的形成。

帮助会员做好公共关系管理，努力协调会员与投资人、社会公众、媒体的沟通与联系，真实体现上市公司的整体形象，宣传上市公司在国民经济中的代表性和影响力，以取得广大投资人和社会公众的信任和支持，为会员规范发展营造良好的舆论环境。协助会员开展维权工作，依法维护上市公司的合法权益和声誉。

协会还是会员开展国际交流与合作的平台。我们将与国际相关组织建立合作机制，协调境内外多种资源，帮助上市公司多渠道、多层次开拓国际市场，为上市公司实施“走出去”战略、实现国际化发展提供服务。

中国上市公司协会是新生事物，在今后的工作中，我们将循着“新理念、新形象、新机制、新方式”的思路，大胆探索、勇于实践，与广大会员共同努力，把上市公司协会建成新型社团组织。

首先，协会将始终坚持“服务第一，会员利益至上”的宗旨，寓自律和规范于服务之中，科学界定职能，大胆拓展服务空间和创新空间，在政府监管部门不应管或不便管、管不了也管不好的事情上发挥作用，全力维护上市公司的整体利益，在创造性的探索实践中树立协会的权威和公信力。

同时，协会在常设机构层面将完善治理机制，体现开放性、包容性。要去行政化、去机关化，尊重会员自治和民主管理，做实会员代表大会、理事会、常务理事会和监事会，各负其责，各履其职。

协会工作的顺利开展，服务质量的提高，将依赖具有专业经验和知识的人才。一方面，协会充分依靠会员，凝聚会员的智慧和力量；另一方面，将采取灵活多样的方式吸引高素质人才，组建一支高效、精干、年轻、专业的工作队伍，建立、完善激励和约束机制，留住专业化、高素质的人才。筹备期间，证监会调派了少数骨干参与工作，筹备组也从上市公司借调了十余人。协会成立以后，更多人员拟从上市公司聘用和借调。这些人熟悉上市公司，能够更好地服务会员，同时也可以减轻协会负担。请大家不吝推荐得力的人员，这既是对协会的人才支持，也是借助协会平台为上市公司培养人才。

协会没有政府经常性经费支持，经费来源主要靠自筹，从会员筹集一些会费开展活动是必要的。协会的专职人员经费将主要依靠特别会员解决，同时纳入协会预算管理和证监会监管，以减轻上市公司会员负担。上市公司会员缴纳的会费将主要用于服务会员和促进上市公司发展的事业上，也包括必要的基础设施建设，例如租赁办公场地、逐步进行 IT 建设，等等。协会将建立、完善内部监察和外部审计，经费透明，账目向会员公开，请上市公司会员和特别会员监督会费的使用情况。总之，协会将做到取之于会员，用之于会员，用好钱、办好事，还要多办事。

按照中国证监会建立全国统一的上市公司自律组织的要求，中国上市公司协会成立后，将紧密团结地方协会开展工作。全国协会和地方协会在法律上是各自独立的，人员和经费也是相互独立的，工作上是业务指导关系。协会成立后将开展调研和相应的规范工作，逐步形成规范、高效、透明的工作网络。

协会成立后，我们还将本着谨慎的原则，吸收更多的交易所等市场核心机构成为特别会员，进一步提高协会的专业服务层次。同时，欢迎基金公司、未上市的证券公司，以及会计、法律、评估机构和科研院校等与上市公司密切相关的单位，以联系会员的形式加入协会。今后将进一步发展 B 股、H 股上市公司入会，吸收红筹股上市公司成为联系会员。

中国上市公司协会的一个重要任务，是

在2 000多家上市公司的基础上构建一个全国范围的会员交流平台。因此，会员队伍建设尤其重要。会员不仅是我们的服务对象，也是我们开展工作的重要依托。协会的发起人会员，大多是各行业的龙头企业，运营规范，质量较高，具有良好的代表性，因此，我们请全部发起人会员进入理事会或监事会。希望大家能够发挥种子的作用，不仅要生根，还要开花、结果。请大家在协会成立后，积极带动其他上市公司履行入会手续，以尽快将上市公司的力量有效地聚集在一起，共谋发展之道，共尽发展之力。

协会成立后的一项重要工作是调动会员的积极性，组建各种专业委员会和工作委员会。委员会成员的构成以会员为主，自主出题，自主研讨。协会工作人员参与组织、协调，做好服务工作，经归纳、提炼后形成政策建议，并代表上市公司与相应的政府机构沟通协商，推动政策出台。初步考虑，可在法人治理、政策环境、中小企业发展、大集团整合、创新型企业构建、跨国投资并购等若干领域开展探讨，以满足会员的发展需求，进而推动市场发展，使投资者能够分享更多回报。委员会是会员交流的平台、办事的平台，集中广大会员的智慧，凝聚广大会员的力量，就能办成事、办大事。希望大家热情参与，积极支持。

在此，我要特别说明的是，由于协会筹备工作是在2011年下半年才正式启动，而民政部批准成立的最后期限临近，时间紧、任务重，筹备工作还有许多不完善之处，有些方面是过渡性质的。这些过渡性的安排是为了简化程序，让协会尽快运作起来。不周全之处请大家多指正，也请大家多理解、多担待。

尊敬的各位代表，中国上市公司协会是上市公司在资本市场里的共同家园，上市公司是资本市场的基石。我们在此共建家园、共襄盛举，就是同心协力搞好大后方建设，携手并肩促进中国资本市场基业稳固。我相信，在国务院、中国证监会和其他政府部门的大力支持下，通过广大会员的共同努力，中国上市公司协会终将成为凝聚中国上市公司共同智慧和力量的大家庭，为进一步夯实市场基础、推动中国资本市场在更高层次上加速发展作出应有的贡献！

谢谢大家！

第二篇

综合发展篇

- 2010 年上市公司基本情况
- 2010 年沪市上市公司年报分析报告
- 2010 年深市主板公司年报业绩分析
- 2010 年中小板上市公司年报业绩简析
- 2010 年创业板上市公司业绩总体情况分析
- 2010 年央企上市公司运行情况分析报告
- 2010 年上市公司执行企业会计准则监管报告
- 分行业分规模条件下沪深交易所上市公司对比分析
- 深交所多层次资本市场上市公司 2010 年年报实证分析报告

2010 年上市公司基本情况

2010 年是我国经济强劲增长的一年，尽管通货膨胀超预期，但仍不影响基本面。2008～2009 年是我国经济周期的拐点。在经历了长期的高速增长后，我国经济进入新一轮的调整期，加之国际金融危机爆发，两者叠加使得我国的宏观经济形势出现异常复杂的局面。经过 2008 年底到 2009 年初的低谷后，我国经济迅速复苏，并在 2010 年逐步走稳。同时，通货膨胀在 2010 年下半年开始抬头，促使央行加快货币政策正常化进程。总体说来，2010 年我国经济增长趋稳，工业增长由回落到企稳，经济内生增长动力强劲，通货膨胀有所抬头；三大需求全面复苏，增长平稳；股市低迷，楼市历经调控依然坚挺；证券市场作为国民经济的晴雨表，很好的反映了我国经济的快速复苏。上市公司是我国国民经济中最为活跃、最具创造力和竞争力的部分，作为我国现代企业制度的排头兵和先行者，经营业绩随宏观经济景气度上升而出现了明显好转，主营业务不断突出，核心竞争力不断增强，在国民经济中的地位更加突出。

截至 2010 年底，我国境内上市公司达到 2 063 家，上市公司总资产规模达到 86. 22 万亿元，净资产规模达到 13. 42 万亿元，归属于上市公司净利润规模达到 1. 64 万亿元。中国宏观经济政策从保增长改为促转变，我国经济迅速复苏逐步走稳。2010 年上市公司数量大幅提升，在国民经济中的作用愈加突出。

2010 年中国经济逐步走稳，上市公司整体经营业绩继续好转。上市公司在提升经济运行质量和制度创新方面取得了积极成果；盈利结构进一步优化，大盘蓝筹公司作为市场业绩中坚力量的地位体现得更加突出。

一、上市公司数量大幅提升

从 20 世纪 90 年代初上海证券交易所和深圳证券交易所成立以来，我国证券市场经历了从无到有、从弱到强的发展过程。从 1990 年中国证券市场起步时的沪市“老八家”、深市“老五家”，到 2010 年底的上市公司总数 2 063 家，20 年间我国上市公司队伍得到了空前壮大。与此同时，上市公司在国民经济中的地位和作用日益重要，成为推动国民经济发展的“助推器”和中坚力量。一批上市公司在证券市场中迅速成长起来，成为行业经济、区域经济的龙头，促进了产业结构调整，带动了国内企业整体竞争力的提升。

截至 2010 年底，我国股票市场的上市公司数量达到 2 063 家，超过中国香港证券交易所上市公司数量。从上市交易地点来看，上海证券交易所上市的公司有 894 家，深圳证券交易所上市的公司有 1 169 家。2010 年上市公司数量大幅增加主要是深圳证券交易所上市公司数量增幅较大，达到1 169家，较去年增长37.85%，得益于一批成长性较好的中小企业成功发行上市。2010年，深圳证券交易所中小企业板和创业板公司数量增幅较大，其中主板公司485家（与2009年持平），中小企业板公司576家（2009年为395家），创业板公司209家（2009年为58家）。2010年，上海证券交易所新增上市公司26家，是过去五年中新增上市公司最多的一年，即使市场最火的2007年，上海证券交易所年度新增上市公司也不过24家。

1997～2010年中国大陆证券市场上市公司数量见图1。

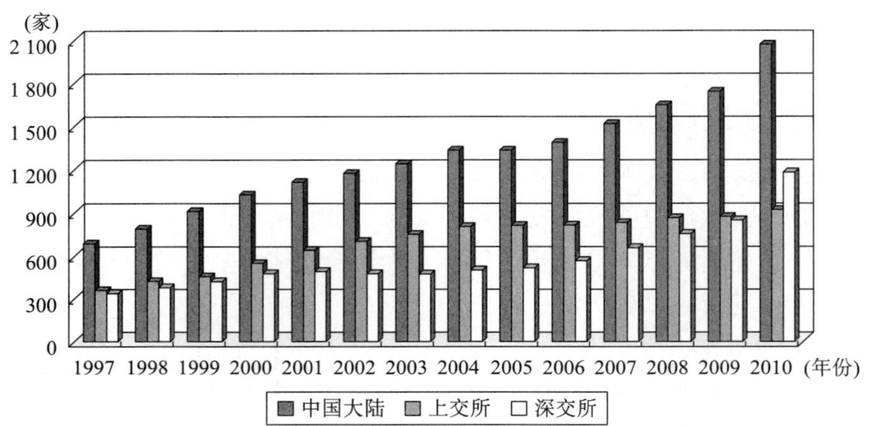

图1　1997～2010年中国大陆证券市场上市公司数量

截至2010年底，在2 063家上市公司中，仅发行A股的上市公司有1 886家，仅发行B股的上市公司有22家，A+B股上市公司86家，A+B+H股上市公司1家，A+H股上市公司68家。

二、上市公司股本规模继续快速扩张

随着上市公司数量的增加，上市公司股本规模持续扩大。其中，股本在100亿元以上的公司多为银行业上市公司。2010年上市银行进行了大规模再融资，在大规模再融资的带动下，上市公司总股本迅速扩张。截至2010年12月31日，中国大陆上市公司总股本（包括A股、B股和H股）达33 276亿股，其中境内股本（包括A股和B股）达27 062亿股，境内流通股本（包括流通A股和流通B股）达19 441亿股。上市公司平均总股本达到16.13亿股，其中平均境内总股本及平均境内流通股本分别为12.95亿股和9.42亿股。

统计数据显示：股本规模在5亿股以上的上市公司在1996年底仅为35家，到2010年底增加至669家；股本规模在10亿股以上的特大型企业在1996年底仅为10家，到2010年底增加至327家；股本规模超过100亿股的公司在2010年底达到了38家，分别为工商银行（3 490亿股）、农业银行(3 248亿股)、中国银行（2 791亿股）、建设银行（2 500亿股）、中国石油（1 830亿股）、中国石化（867亿股）、交通银行（563亿股）、光大银行（404亿股）、中信银行（390亿股）、中国建筑（300亿股）、中国人寿（283亿股）、民生银行（267亿股）、招商银行（216亿股）、中国中铁（213亿股）、中国联通（212 亿股）、上港集团（210 亿股）、中国神华（199 亿股）、中国中冶（191 亿股）、宝钢股份（175 亿股）、长江电力（165 亿股）、国电电力（154 亿股）、大秦铁路（149 亿股）、紫金矿业（145 亿股）、浦发银行（143 亿股）、华能国际（141 亿股）、中国铝业（135 亿股）、中煤能源（133 亿股）、中国国航（129 亿股）、上海电气（128 亿股）、宁波港（128 亿股）、中国铁建（123 亿股）、大唐发电（123 亿股）、中国南车（118 亿股）、中海集运（117 亿股）、东方航空（113 亿股）、京东方 A（113 亿股）、万科 A（110 亿股）、中国远洋（102 亿股）。

2010 年底上市公司按股本规模数量分布见表 1。

表 1　　2010 年底上市公司按股本规模数量分布

总股本规模	上海证券交易所（家）	深圳证券交易所（家）	合计（家）
1 亿股以下	11	177	188
1 亿股至 2 亿股	109	338	447
2 亿股至 3 亿股	115	220	335
3 亿股至 5 亿股	228	196	424
5 亿股至 10 亿股	204	138	342
10 亿股以上	227	100	327
合计	894	1 169	2 063

2010 年底总股本超过 100 亿股的 38 家公司股本情况见表 2。

表 2　　2010 年底总股本超过 100 亿股的 38 家公司股本情况

代码	名称	总股本（亿股）	A 股（亿股）	H 股（亿股）
601398	工商银行	3 490	2 622	868
601288	农业银行	3 248	2 941	307
601988	中国银行	2 791	1 955	836
601939	建设银行	2 500	96	2 404
601857	中国石油	1 830	1 619	211
600028	中国石化	867	699	168
601328	交通银行	563	297	265
601818	光大银行	404	404	0
601998	中信银行	390	266	124
601668	中国建筑	300	300	0
601628	中国人寿	283	208	74
600016	民生银行	267	226	41
600036	招商银行	216	177	39
601390	中国中铁	213	171	42
600050	中国联通	212	212	0

续表

代码	名称	总股本（亿股）	A股（亿股）	H股（亿股）
600018	上港集团	210	210	0
601088	中国神华	199	165	34
601618	中国中冶	191	162	29
600019	宝钢股份	175	175	0
600900	长江电力	165	165	0
600795	国电电力	154	154	0
601006	大秦铁路	149	149	0
601899	紫金矿业	145	105	40
600000	浦发银行	143	143	0
600011	华能国际	141	105	36
601600	中国铝业	135	96	39
601898	中煤能源	133	92	41
601111	中国国航	129	83	46
601727	上海电气	128	99	30
601018	宁 波 港	128	128	0
601186	中国铁建	123	103	21
601991	大唐发电	123	90	33
601766	中国南车	118	98	20
601866	中海集运	117	79	38
600115	东方航空	113	78	35
000725	京东方A	113	102	11
000002	万　科A	110	97	13
601919	中国远洋	102	76	26

三、上市公司地区分布不平衡的问题仍然存在，行业分布合理

中国在经济增长上呈现较为明显的区域增长不平衡，由于资源条件、市场结构、投资环境等多方面发展的差别，各省市在经济发展上面临不同的挑战和机遇，不平衡的经济增长对上市公司的区域分布及业绩增长有一定影响。

在地区构成上，上市公司遍布我国除台湾地区以外的各个省、自治区、直辖市。截至2010年底，在拥有上市公司数量上，最多的是浙江、上海、江苏、北京、广东、深圳等经济发达地区，上述地区拥有的上市公司数量分别为185家、175家、170家、164家、148家和146家，符合中国经济增长的区域格局。目前，中国经济发展形成了长江三角洲、珠江三角洲和北京三大快速增长的经济圈，这三个地区在产业密集度、市场成熟度和开放度上具备了经济快速增长的条件，以这三个地区为中心形成的辐射作用带动更大范围的地区经济获得较快增长。

经济落后地区的资本证券化发展慢于发达地区。2010年，少数民族地区的上市公司数量没有显著增长，与东部地区的差距仍然较大。截至2010年底，西藏、青海、宁

夏、贵州等西部少数民族地区上市公司数量分别为9家、10家、12家和20家，与2009年底相比，青海地区上市公司数量保持不变、其余三省份上市公司数量有所增加，西藏、宁夏和贵州的上市公司数量分别增加1家、1家和3家。

2010年底上市公司按省市区数量分布见表3。

表3　　2010年底上市公司按省市区数量分布

地　区	上市公司数量（家）	地　区	上市公司数量（家）
浙　江	185	陕　西	37
上　海	175	新　疆	36
江　苏	170	吉　林	35
北　京	164	重　庆	33
广　东	148	山　西	31
深　圳	146	黑龙江	30
山　东	126	江　西	30
四　川	82	云　南	28
福　建	73	广　西	27
湖　北	73	甘　肃	22
安　徽	66	海　南	22
湖　南	62	内蒙古	20
辽　宁	58	贵　州	20
河　南	52	宁　夏	12
河　北	44	青　海	10
天　津	37	西　藏	9

目前，东部经济保持较高的增长水平，而西部大开发政策的实行对西部经济的成长，创造了越来越良好的环境，新启动的振兴东北老工业基地计划无疑会对东北经济未来产生深远的影响。在上市公司区域分布上，华东地区有上市公司825家，占全部上市公司的比例为39.99%，比重最大；中南地区次之，有上市公司530家，比重为25.69%；最少的是西北地区，拥有上市公司仅117家，占全部上市公司的5.67%。上市公司数量在区域分布上不均衡的状况与我国目前的经济格局基本一致。

2010年底全国上市公司分区域分布见表4。

表4　　2010年底全国上市公司分区域分布

地　　区	包括省份	数量（家）	比例（%）
东北地区	辽、吉、黑	123	5.96
华北地区	京、津、冀、晋、内蒙古	296	14.35
西北地区	陕、甘、宁、青、新	117	5.67
华东地区	鲁、苏、皖、浙、沪、赣、闽	825	39.99
中南地区	鄂、湘、桂、粤、琼、豫	530	25.69
西南地区	滇、黔、蜀、藏、渝	172	8.34
合　计		2 063	100.00

上市公司行业布局更趋合理，产业结构正由以往的以工业、商业和综合类为主转向以金融保险、房地产、机械、冶金钢铁、石油化工、能源电力、信息技术等基础产业和新兴产业为主导的新格局。总体而言，上市公司浓缩了我国各个重要产业的企业精华，已经成为我国企业中的一个精英群体，为社会作出了巨大贡献。

2010年底全国上市公司按行业比例分布见表5。

表5　　2010年底全国上市公司按行业比例分布

行　业	上市公司家数	占比（%）	行　业	上市公司家数	占比（%）
机械、设备、仪表	363	17.60	纺织、服装、皮毛	71	3.44
石油、化学、塑胶、塑料	219	10.62	社会服务业	60	2.91
金属、非金属	165	8.00	综合类	57	2.76
信息技术业	150	7.27	采掘业	47	2.28
医药、生物制品	131	6.35	建筑业	43	2.08
房地产业	123	5.96	农、林、牧、渔业	42	2.04
电子	120	5.82	造纸、印刷	39	1.89
批发和零售贸易	114	5.53	金融、保险业	38	1.84
食品、饮料	81	3.93	传播与文化产业	24	1.16
交通运输、仓储业	73	3.54	其他制造业	21	1.02
电力、煤气及水的生产和供应业	72	3.49	木材家具	10	0.48

截至2010年底，我国工业类上市公司占上市公司总数的比例继续提高。其中，机械仪表、石油化工、金属非金属三个行业公司合计占全部公司的36.22%，与2009年底相比提升1.00个百分点；商业和房地产类上市公司数量比重由2009年的5.47%和4.71%分别上升到5.53%和5.96%。上市公司的产业结构比例进一步优化。

2010年底上市公司按行业数量分布见图2。

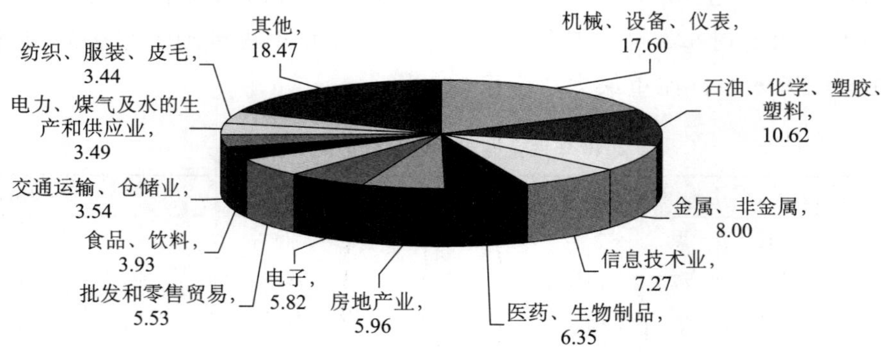

注：其他行业包括综合类、社会服务业、农林牧渔、建筑业、农林牧渔业、造纸印刷、采掘业、传播与文化产业、木材家具和其他制造业等行业。

图2　2010年底上市公司按行业数量分布

四、股指期货和融资融券试点业务相继获批

中国证监会分别于2010年1月12日和2010年1月22日发表公文，同意中国金融期货交易所组织股指期货交易以及发出了证券公司融资融券业务将正式启动的明确信号。股指期货和融资融券业务的相继获批，说明中国资本市场持续了20年的单边市场已然成为历史，对中国的股市发展具有深远的意义。

股指期货是国际市场成熟的期货品种和风险管理工具，股指期货作为重要的资产配置工具，有利于投资者迅速、灵活地调整和优化资产结构，是构建具有规避系统性风险特征金融产品的基础。融资和融券是两种证券信用交易模式，是一种风险可控的交易机制，排除不持有任何证券的“裸卖空”交易后，整个卖空制度的风险是完全可控和有限的，能够直接促成股票市场双边行情，保持个股和整个市场处于相对合理的估值范围内，A股市场的上涨与宏观经济直接挂钩，最终A股市场将真正成为经济晴雨表。

从政策面的角度来看，股指期货和融资融券两项制度的推出，是中国资本市场基础性制度建设、不断丰富证券交易方式、完善市场功能的一次里程碑式的改革。两项制度的推出，最大的意义莫过于中国股市终于拥有了做空机制，结束单边市场。做空机制是资本市场的稳定器，可以避免市场的大起大落。同时，将有效地修正市场的非理性波动，缓解一次性出现的卖压，防止股市大起大落，使股票价格更趋于合理估值。两项制度的推出对产业影响也是深远的，对内地券商行业来说，也是一个重大的利好，直接带来市场活跃程度的提高，从而增加市场成交量，促进佣金收入的提升。对上市公司而言，利用融资融券和股指期货来进行积极的风险管理，将使市值管理的水平得到进一步提升。

五、2010年上市公司经营概况

根据上市公司2010年披露的年报数据统计显示：2010年度全部上市公司共实现营业收入180 924亿元，营业利润47 605亿元，归属于母公司所有者净利润16 473亿元。

2010年，在新的经济形势下，上市公司积极调整自己的经营计划，努力克服后金融危机时期的不利影响，营业收入和盈利能力都有较大提升。按可比口径计算（剔除2010年新上市公司）：上市公司2010年实现营业收入171 039亿元，同比增长41.11%；营业利润43 072亿元，同比大幅增长362.00%；归属于母公司净利润14 856亿元，同比增长87.22%。

上市公司2010年年报数据呈现出以下特点：

（一）上市公司经营状况与国民经济齐头并进

国民经济向好促进了证券市场的发展和壮大，推动了上市公司数量和质量的提高，而上市公司良好的经营状况推动了国民经济的发展，这一现象具体体现在上市公司的盈利能力与国民经济越趋紧密的相关性，逐渐发挥了证券市场作为宏观经济晴雨表的功能。上市公司2010年净利润的行业分布充分反映了两者的相关程度。

2010年上市公司净利润分行业构成见图3。

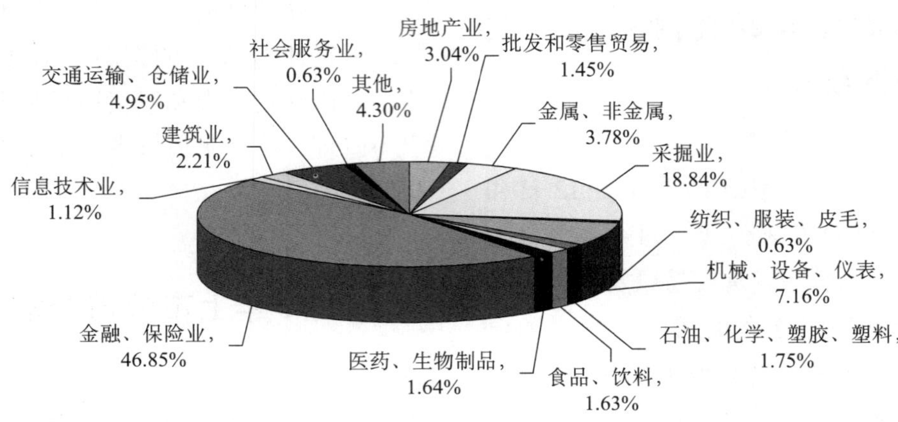

注：其他包括电子、农林牧渔、造纸印刷、电力煤气及水的生产和供应业、传播与文化产业、木材家具、其他制造业和综合类等行业。

图3　2010年上市公司净利润分行业构成

（二）整体盈利能力显著提升，亏损公司数量继续减少

伴随国家宏观调控有序有力进行，国内经济迎来强势复苏。2010年度，上市公司盈利公司数量为1 947家，占全部上市公司总数的94.38%，同比增加27.59个百分点。按可比口径计算：2010年度亏损公司数量为116家，较2009年减少76家。上市公司2010年盈利能力显著提升，这与国家宏观经济政策以及经济环境的好转密切相关。

根据上市公司盈利水平分布状况统计，2010年度实现归属于母公司净利润超过6 000万元水平的上市公司数量为1 242家，比2009年的897家增加345家，增长幅度为38.46%；实现归属于母公司净利润超过1亿元的上市公司数量为943家，较2009年的683家增加260家，增长幅度为38.07%；实现归属于母公司净利润超过10亿元的有160家，较2009年的117家增加43家；超过100亿元的有21家，较2009年的14家增加7家。

根据上市公司2010年年报数据统计显示：上市公司的主营业务收入、净资产和总资产等指标都实现了稳步增长，归属于母公司净利润和净资产收益率也有了较大提升。上市公司盈利收益质量明显有了较大改善。

2010年上市公司分行业收益统计见图4～图9。

（三）“二八”现象明显，两极分化差距显著

根据年报数据统计：2010年，占全部上市公司总数20%的上市公司（盈利居前的413家公司）实现营业收入143 844亿元，占所有上市公司营业收入的82.27%；实现归属于母公司净利润15 264亿元，占所有盈利上市公司净利润的91.67%，占全部上市公司所有净利润的92.66%。

2010年，所有上市公司中归属于母公司净利润排名前10位的分别是工商银行、中国石油、建设银行、中国银行、农业银行、中国石化、交通银行、中国神化、中国人寿和招商银行。这10家上市公司共实现

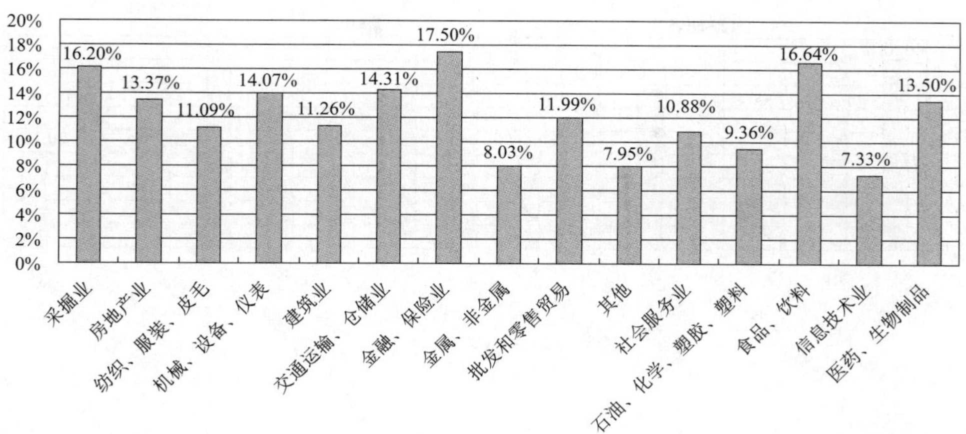

注：其他包括电子、农林牧渔、造纸印刷、电力煤气及水的生产和供应业、传播与文化产业、木材家具、其他制造业和综合类等行业。

图 4　2010 年上市公司分行业净资产收益率

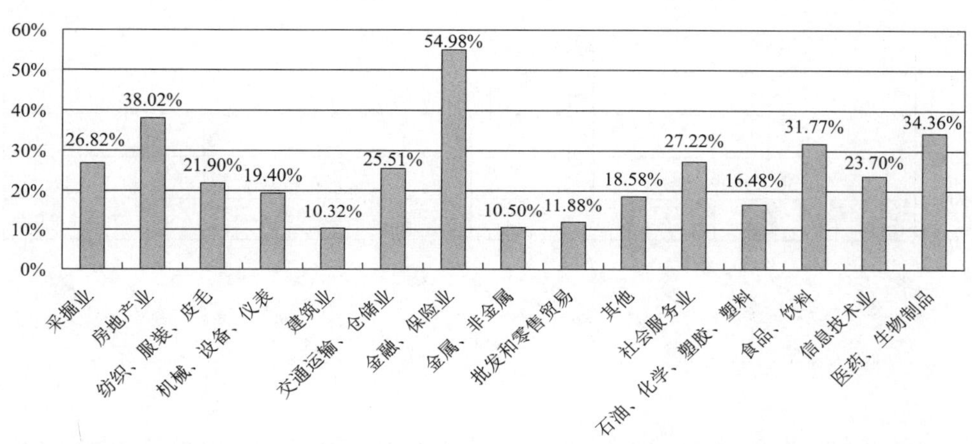

注：其他包括电子、农林牧渔、造纸印刷、电力煤气及水的生产和供应业、传播与文化产业、木材家具、其他制造业和综合类等行业。

图 5　2010 年上市公司分行业毛利率

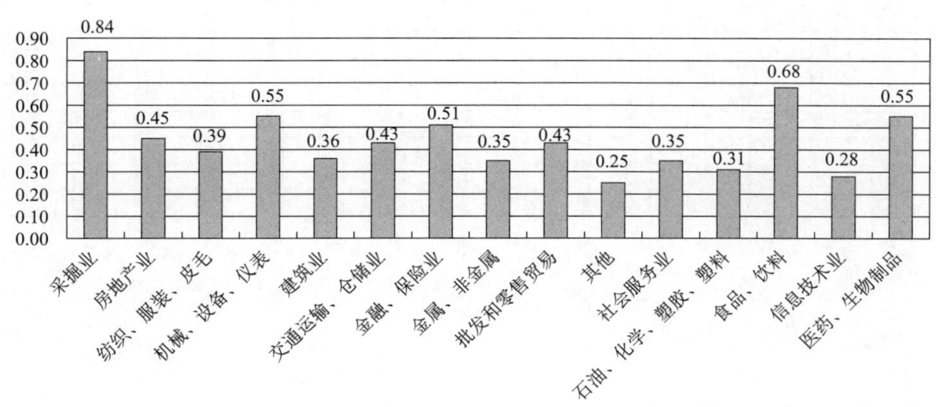

注：其他包括电子、农林牧渔、造纸印刷、电力煤气及水的生产和供应业、传播与文化产业、木材家具、其他制造业和综合类等行业。

图 6　2010 年上市公司分行业平均每股收益

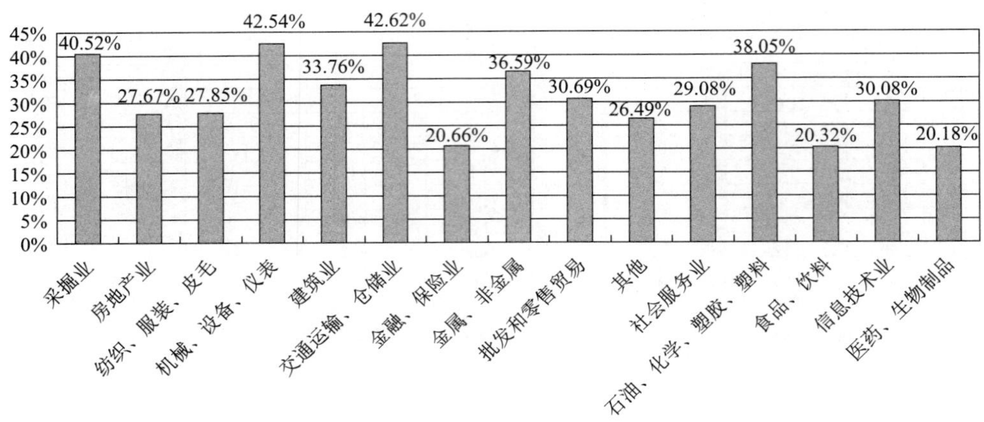

注：其他包括电子、农林牧渔、造纸印刷、电力煤气及水的生产和供应业、传播与文化产业、木材家具、其他制造业和综合类等行业。

图 7　2010 年上市公司分行业主营业务收入增长率

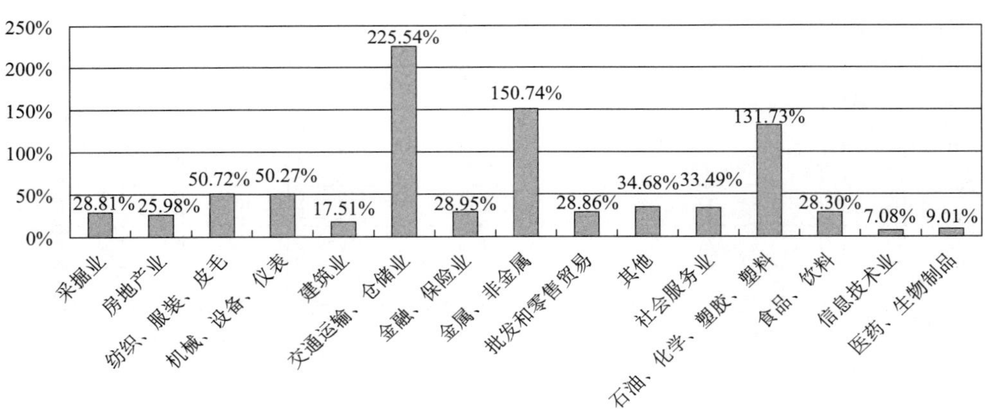

注：其他包括电子、农林牧渔、造纸印刷、电力煤气及水的生产和供应业、传播与文化产业、木材家具、其他制造业和综合类等行业。

图 8　2010 年上市公司分行业净利润增长率

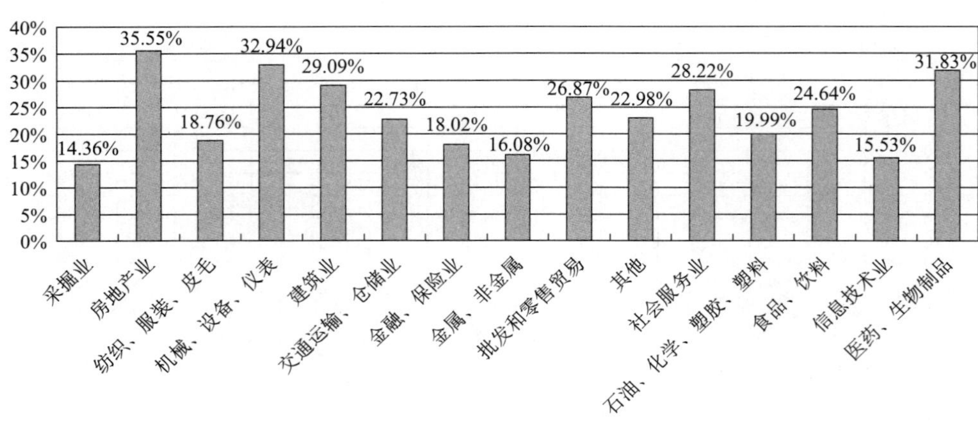

注：其他包括电子、农林牧渔、造纸印刷、电力煤气及水的生产和供应业、传播与文化产业、木材家具、其他制造业和综合类等行业。

图 9　2010 年上市公司分行业总资产增长率

营业收入59 406亿元，占全部上市公司营业收入的32.83%；实现营业利润23 814亿元，占全部上市公司营业利润的50.02%；实现归属于母公司净利润8 455亿元，占全部上市公司净利润的51.33%。

上述统计数据表明：在经济恢复发展的过程中，2010年我国上市公司的盈利能力两极分化较2009年有所改善，但“二八”现象依然存在。随着今后国有大型企业整体上市、资产注入步伐加快以及优质红筹公司的回归，上市公司的“二八”现象将会持续，并在恢复过程中不断带动经济复苏。我国证券市场上市公司呈现出两极分化的趋势与国际成熟市场的发展趋势相似，这一趋势也说明随着市场主体结构的变化和投资者的日趋成熟，我国证券市场也在不断的发展和成熟。

（四）周期性行业步入恢复发展时期

受2009年一系列的消费刺激政策的继续推动，2010年国内消费快速增长，我国将逐渐步入内需增长的时代。除政策因素推动之外，人均收入的继续提高，促进了消费升级，表现为汽车消费的快速增长。2010年农村居民收入实际增速继1998年后再次超过城镇居民收入增速，相关受消费刺激政策影响的行业持续受益。整体来看对家电、汽车、食品饮料、商业、酒店旅游等受益内需拉动行业的影响非常明显。

2010年国内投资继续强劲增长。2010年全社会固定资产投资27.81万亿元，同比增长23.8%，较上一年回落6.2个百分点。分行业来看，交通运输、仓储业继续保持高增长，实现净利润增长率225.54%，同时金属、非金属业以及石油化学塑胶塑料业也实现了较高的净利润增长率，分别达到了150.74%和131.73%。

2010年上市公司分行业净利润增长率见图10。

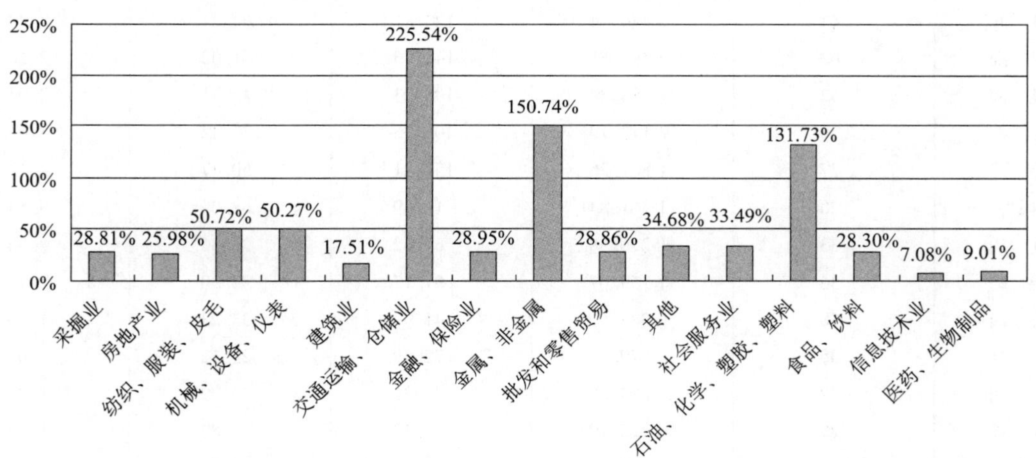

注：其他包括电子、农林牧渔、造纸印刷、电力煤气及水的生产和供应业、传播与文化产业、木材家具、其他制造业和综合类等行业。

图10　2010年上市公司分行业净利润增长率

（五）各地上市公司的经营状况与各地整体经济发展水平基本一致

根据上市公司2010年年报，比较各省、市、自治区平均每家上市公司的主营业务收入状况。平均每家上市公司营业收入靠前的省市依次是北京、上海、山西和江西，排名靠后的依次是海南、陕西、宁夏和西藏。天津地区上市公司整体盈利状况变化较大。北京的上市公司平均营业收入达531.31亿元/家，是最后一位西藏上市公司平均营业收入的45倍，差距虽然有所减少但依然巨大。我国这种各地上市公司经营成果悬殊的状况同我国大部分国有大型企业总部设在北京且注册在北京的背景相符。

2010年全国各省区上市公司平均营业收入和归属于母公司净利润状况见表6。

表6　2010年全国各省区上市公司平均营业收入和归属于母公司净利润状况

省　区	上市公司数量（家）	营业收入（亿元）	归属于母公司净利润（亿元）	平均营业收入（亿元/家）	平均净利润（亿元/家）
北　京	164	87 134.29	9 406.43	531.31	57.36
上　海	175	20 609.69	1 601.35	117.77	9.15
广　东	148	7 897.62	630.47	53.36	4.26
深　圳	146	7 467.46	921.73	51.15	6.31
山　东	126	6 439.68	431.64	51.11	3.43
江　苏	170	5 599.29	403.79	32.94	2.38
浙　江	185	4 492.77	395.09	24.29	2.14
福　建	73	3 703.07	363.30	50.73	4.98
安　徽	66	3 237.25	214.40	49.05	3.25
辽　宁	58	3 214.82	133.28	55.43	2.30
山　西	31	3 067.91	242.48	98.96	7.82
四　川	82	3 043.05	179.70	37.11	2.19
湖　北	73	3 024.45	145.01	41.43	1.99
河　北	44	2 826.44	122.81	64.24	2.79
湖　南	62	2 543.51	142.85	41.02	2.30
河　南	52	2 358.29	106.23	45.35	2.04
江　西	30	2 112.70	108.35	70.42	3.61
天　津	37	1 867.26	154.91	50.47	4.19
内蒙古	20	1 361.841	10.89	68.09	5.54
重　庆	33	1 216.38	67.62	36.86	2.05
新　疆	36	1 159.07	97.17	32.20	2.70
云　南	28	986.50	41.94	35.23	1.50
吉　林	35	879.16	72.39	25.12	2.07
广　西	27	804.26	49.36	29.79	1.83
甘　肃	22	722.10	30.13	32.82	1.37
黑龙江	30	712.66	52.58	23.76	1.75
陕　西	37	705.70	48.61	19.07	1.31
贵　州	20	506.16	85.28	25.31	4.26
青　海	10	484.58	44.36	48.46	4.44
海　南	22	471.15	48.86	21.42	2.22
宁　夏	12	168.08	8.03	14.01	0.67
西　藏	9	106.92	12.34	11.88	1.37
合　计	2 063	180 924.12	16 473.37	1 890.14	155.56

东部经济发达地区不仅拥有较多上市公司，并且它们的上市公司有着更好的经营业绩；西部经济欠发达地区的上市公司则不仅数量偏少而且盈利能力偏弱。2010 年，平均每家上市公司归属于母公司净利润靠前的省市依次是北京、上海、山西、深圳和内蒙古，排名靠后的依次是云南、西藏、甘肃、陕西和宁夏。2010 年北京上市公司的平均净利润达 57.36 亿元/家，整体反映出我国经济实力东强西弱的整体格局。

2010 年平均每家上市公司归属于母公司净利润排名前五名和后五名省份见图 11。

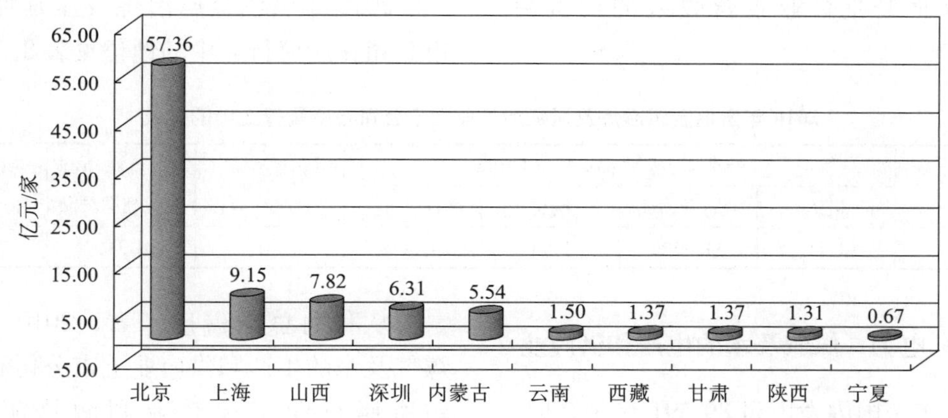

图 11　2010 年平均每家上市公司归属于母公司净利润排名前五名和后五名省份

六、能源及国民经济支柱产业上市公司在所属行业中的影响力

（一）石油和天然气开采业

2010 年，国内石油和天然气开采业原油总产量 2.03 亿吨，天然气产量 967.62 亿立方米。按证监会行业划分，归属石油和天然气开采业的上市公司原油产量 1.63 亿吨，占全行业原油产量比重为 80.30%；天然气产量 753.97 亿立方米，占全行业天然气产量比重为 77.92%。从营业收入占比来看，2010 年上市公司营业收入在国内石油和天然气开采业工业企业主营收入中的比重为 68.94%。

2010 年石油和天然气开采业的上市公司在全行业中的地位见表 7。

表 7　　2010 年石油和天然气开采业的上市公司在全行业中的地位

年份	上市公司主要产品产量				营业收入/所属行业工业企业主营收入
	原油（亿吨）	全行业占比	天然气（亿立方米）	全行业占比	
2010	1.63	80.30%	753.97	77.92%	68.94%

（二）黑色金属冶炼及压延加工业

2010 年，国内粗钢产量 6.26 亿吨。按证监会行业划分，归属黑色金属冶炼及压延加工业的上市公司粗钢产量 2.11 亿吨，占全行业粗钢产量的比重为 33.60%。

2010年，国内钢材产量7.99亿吨。按证监会行业划分，归属黑色金属冶炼及压延加工业的上市公司钢材产量1.98亿吨，占全行业钢材产量的比重为24.80%。

从营业收入占比来看，2010年黑色金属冶炼及压延加工业上市公司营业收入占所属行业工业企业主营收入的比例为21.41%。

从利润总额占比来看，2010年黑色金属冶炼及压延加工业上市公司利润总额占所属行业工业企业利润总额的比例为26.34%。

从总资产占比来看，2010年黑色金属冶炼及压延加工业上市公司总资产占所属行业工业企业总资产的比例为23.28%。

2010年黑色金属冶炼及压延加工业上市公司在所属行业中的地位见表8。

表8　　2010年黑色金属冶炼及压延加工业上市公司在所属行业中的地位

年份	上市公司主要产品产量（亿吨）				营业收入/工业企业主营收入	利润总额/工业企业利润总额	总资产/工业企业总资产
	粗钢	全行业占比	钢材	全行业占比			
2010	2.11	33.60%	1.98	24.80%	21.41%	26.34%	23.28%

（三）电力、煤气及水的生产和供应业

2010年，国内发电量89 391亿千瓦时。按证监会行业划分，归属电力、煤气及水的生产和供应业上市公司发电量17 074亿千瓦时，占全行业发电量的比重为19.10%。

从营业收入占比来看，2010年电力、煤气及水的生产和供应业上市公司营业收入占所属行业工业企业主营收入的比例为11.51%。

从利润总额占比来看，2010年电力、煤气及水的生产和供应业上市公司利润总额占所属行业工业企业利润总额的比例为20.37%。

从总资产占比来看，2010年电力、煤气及水的生产和供应业上市公司总资产占所属行业工业企业总资产的比例为18.20%。

2010年电力、煤气及水的生产和供应业上市公司在所属行业中的地位见表9。

表9　　2010年电力、煤气及水的生产和供应业上市公司在所属行业中的地位

年份	上市公司主要产品产量		营业收入/工业企业主营收入	利润总额/工业企业利润总额	总资产/工业企业总资产
	发电量（亿千瓦时）	全行业占比			
2010	17 073.64	19.10%	11.51%	20.37%	18.20%

（四）煤炭开采和洗选业

2010年，国内煤炭产量34.13亿吨。按证监会行业划分，归属煤炭开采和洗选业上市公司的煤炭产量为1.72亿吨，占全行业煤炭产量的比重为5.04%。

从营业收入占比来看，2010年煤炭开采和洗选业上市公司营业收入占所属行业工业企业主营收入的比例为22.09%。

从利润总额占比来看，2010年煤炭开采和洗选业上市公司利润总额占所属行业工业企业利润总额的比例为32.69%。

从总资产占比来看，2010年煤炭开采和洗选业上市公司总资产占所属行业工业企

业总资产的比例为27.93%。

2010年煤炭开采和洗选业上市公司在所属行业中的地位见表10。

表10　2010年煤炭开采和洗选业上市公司在所属行业中的地位

年份	上市公司主要产品产量		营业收入/工业企业主营收入	利润总额/工业企业利润总额	总资产/工业企业总资产
	煤炭（亿吨）	全行业占比			
2010	1.72	5.04%	22.09%	32.69%	27.93%

注：由于三季报有披露产量的标的上市公司较少，导致（上市公司产量/全行业产量）数据相较于其他比较指标的差异较大。

（五）交通运输设备制造业

2010年，国内汽车销量1 804万辆。按证监会行业划分，归属交通运输设备制造业上市公司汽车销量842万辆，占全行业汽车销量的比重为46.68%。

从营业收入占比来看，2010年归属交通运输设备制造业上市公司营业收入占所属行业工业企业主营收入的比例为19.00%。

从利润总额占比来看，2010年归属交通运输设备制造业上市公司利润总额占所属行业工业企业利润总额的比例为17.10%。

从总资产占比来看，2010年归属交通运输设备制造业上市公司总资产占所属行业工业企业总资产的比例为19.20%。

2010年交通运输设备制造业上市公司在所属行业中的地位见表11。

表11　2010年交通运输设备制造业上市公司在所属行业中的地位

年份	上市公司主要产品销量		营业收入/工业企业主营收入	利润总额/工业企业利润总额	总资产/工业企业总资产
	汽车（万辆）	全行业占比			
2010	842.23	46.68%	19.00%	17.10%	19.20%

（六）航运

2010年，航运业上市公司运输总周转量为435.70亿吨公里，占全行业的比例为81.24%。

航运业上市公司旅客周转量为3 398.80亿客公里，占全行业的比例为84.30%。

航运业上市公司货邮周转量为129.50亿吨公里，占全行业的比例为73.30%。

2010年航运业上市公司在所属行业中的地位见表12。

表12　2010年航运业上市公司在所属行业中的地位

年份	上市公司运输总周转量（亿吨公里）	全行业占比	上市公司旅客周转量（亿客公里）	全行业占比	上市公司货邮周转量（亿吨公里）	全行业占比
2010	435.70	81.24%	3 398.80	84.30%	129.50	73.30%

（七）金融

2010年，银行业上市公司总资产为63.84万亿元；上市公司总负债60.06万亿元；银行业上市公司贷款总额33.30万亿元；上市公司存款总额50.57万亿元；各项指标占全行业的比重均在69.00%左右。

2010年银行业上市公司在所属行业中的地位见表13。

表13　2010年银行业上市公司在所属行业中的地位　单位：万亿元

年份	上市公司总资产	全行业占比	上市公司总负债	全行业占比	上市公司总权益	全行业占比	上市公司贷款总额	全行业占比	上市公司存款总额	全行业占比
2010	63.84	67.00%	60.06	67.10%	3.77	64.70%	33.30	65.4%	50.57	69.00%

2010年，保险业上市公司总资产为0.84万亿元；上市公司原保费收入为0.68万亿元，占全行业的比例为47.10%；上市公司财产险总额为0.11万亿元；上市公司人身险总额为0.57万亿元，占全行业的比例为53.70%。

2010年保险业上市公司在所属行业中的地位见表14。

表14　2010年保险业上市公司在所属行业中的地位　单位：万亿元

年份	上市公司总资产	全行业占比	上市公司原保费收入	全行业占比	上市公司财产险	全行业占比	上市公司人身险	全行业占比
2010	0.84	66.98%	0.68	47.10%	0.11	29.20%	0.57	53.70%

2010年，证券期货上市公司总资产为8 692.62亿元，占全行业的比例为72.99%；净资产为2 944.30亿元，占全行业的比例为51.89%；营业收入为921.41亿元，占全行业的比例为47.83%；净利润为377.97亿元，占全行业的比例为48.21%；代理买卖收入为428.29亿元，占全行业的比例为39.80%。

2010年证券期货上市公司在所属行业中的地位见表15。

表15　2010年证券期货上市公司在所属行业中的地位　单位：亿元

2010年	营业收入	净利润	总资产	净资产	代理买卖收入
上市券商	921.41	377.97	8 692.62	2 944.30	428.29
全行业	1 926.53	784.06	11 909.34	5 674.36	1 076.12
上市占比	47.83%	48.21%	72.99%	51.89%	39.80%

七、金融类上市公司在证券市场的主导地位更为突出

截至2010年12月31日，我国证券市场共有金融类上市公司38家，其中银行类上市公司16家、保险类上市公司3家、证券期货类上市公司15家、信托类上市公司3家、其他金融业上市公司1家。38家金融类上市公司占全部上市公司数量的1.84%，其总股本、境内流通股本分别为15 232亿股、6 836亿股，占全部上市公司总股本、境内流通总股本的45.77%和35.16%；主营业务收入和归属于母公司净利润分别为33 159亿元和7 717亿元，占所有上市公司

的18.32%和46.85%。金融类公司作为资本市场的中坚力量体现得更加突出。

2010年底金融类公司股本、市值情况见表16。

表16　　2010年底金融类公司股本、市值情况

代码	证券简称	总股本（亿股）	境内流通股本（亿股）	境内总股本（亿股）	境内总市值（亿元）	行业简称
601398	工商银行	3 490.19	2 622.25	2 622.25	11 118.32	银行业
601288	农业银行	3 247.94	153.42	2 940.55	7 880.68	银行业
601988	中国银行	2 791.47	1 955.25	1 955.25	6 315.46	银行业
601939	建设银行	2 500.11	95.94	95.94	440.35	银行业
601328	交通银行	562.60	297.36	297.36	1 629.51	银行业
601818	光大银行	404.35	40.00	404.35	1 601.22	银行业
601998	中信银行	390.33	264.18	266.32	1 398.16	银行业
600016	民生银行	267.15	225.88	225.88	1 133.90	银行业
600036	招商银行	215.77	176.66	176.66	2 263.03	银行业
600000	浦发银行	143.49	114.79	143.49	1 777.82	银行业
601169	北京银行	62.28	62.28	62.28	712.43	银行业
601166	兴业银行	59.92	59.92	59.92	1 441.18	银行业
600015	华夏银行	49.91	37.84	49.91	543.97	银行业
000001	深发展A	34.85	31.05	34.85	550.28	银行业
601009	南京银行	29.69	29.69	29.69	295.11	银行业
002142	宁波银行	28.84	24.74	28.84	357.59	银行业
600030	中信证券	99.46	98.56	99.46	1 252.16	证券、期货业
600837	海通证券	82.28	82.28	82.28	793.16	证券、期货业
601688	华泰证券	56.00	7.85	56.00	768.32	证券、期货业
600999	招商证券	35.85	18.89	35.85	679.80	证券、期货业
000776	广发证券	25.07	0.92	25.07	1 332.24	证券、期货业
002500	山西证券	24.00	3.20	24.00	291.82	证券、期货业
600369	西南证券	23.23	3.79	23.23	270.11	证券、期货业
601377	兴业证券	22.00	2.10	22.00	356.40	证券、期货业
000783	长江证券	21.71	21.71	21.71	245.35	证券、期货业
000728	国元证券	19.64	19.64	19.64	240.80	证券、期货业
601099	太平洋	15.03	14.47	15.03	163.26	证券、期货业
000562	宏源证券	14.61	14.61	14.61	244.61	证券、期货业
600109	国金证券	10.00	4.27	10.00	146.24	证券、期货业
000686	东北证券	6.39	6.39	6.39	142.50	证券、期货业
000750	国海证券	2.15	1.22	2.15	9.44	证券、期货业
600643	爱建股份	8.20	7.65	8.20	78.10	金融信托业
600816	安信信托	4.54	4.54	4.54	61.76	金融信托业
000563	陕国投A	3.58	3.58	3.58	35.48	金融信托业
601628	中国人寿	282.65	208.24	208.24	4 435.41	保险业
601601	中国太保	86.00	62.08	62.87	1 439.65	保险业
601318	中国平安	76.44	47.86	47.86	2 688.05	保险业
601788	光大证券	34.18	10.93	34.18	510.99	其他金融业

2010 年沪市上市公司年报分析报告

一、2010 年年报披露的业绩情况分析

截至 2011 年 4 月 30 日，沪市共有 906 家①上市公司披露了年报，根据沪市上市公司 2010 年年报披露数据，上市公司业绩的总体情况如下：

（一）整体业绩向好，亏损面大幅缩小

根据统计，2010 年度沪市上市公司的营业总收入为 138 714.01 亿元，同比增长 34.34%；营业利润总额为 18 654.84 亿元，同比增长 37.12%；净利润为 14 167.67 亿元，同比增长 37.25%。2010 年沪市上市公司的加权平均每股收益为 0.50 元，净资产收益率为 15.17%，较 2009 年同期的加权平均每股收益 0.40 元及净资产收益率 13.39% 分别增长了 25.02% 和 13.25%。沪市上市公司主要财务指标统计见表 1。

表 1　沪市上市公司主要财务指标统计

指　　标	2010 年	2009 年	同比增长率
加权平均基本每股收益	0.50 元	0.40 元	25.02%
加权平均每股净资产	3.30 元	2.99 元	10.39%
加权平均净资产收益率	15.17%	13.39%	13.25%

2010 年度，沪市上市公司盈利能力增强，亏损面大幅缩小。共计 686 家上市公司 2010 年净利润较 2009 年有所增长，占全体沪市上市公司的 76%。55 家上市公司亏损，亏损面为 6%，仅为 2009 年的一半。2010 年报披露后，沪市共有两家公司因连续三年亏损导致暂停上市，分别为 * ST 博通和 * ST 海鸟。2010 年年报披露后，本所共受理 5 家暂停上市公司恢复上市申请，分别为 * ST 中农、* ST 白猫、* ST 鲁北、* ST 宏盛、* ST 三联，五家公司年报均显示为盈利，其中 * ST 三联公司主营业务恢复正常，具备了持续经营能力，其他四家公司均通过非经常性损益实现盈利。

（二）大盘蓝筹股影响举足轻重，金融业和采掘业利润贡献最大

大盘蓝筹股对市场整体业绩的影响举足轻重，作为沪市蓝筹指标股代表的上证 50 指数样本股 2010 年末的总资产、净资产分别占上市公司总和的 90.25% 和 72.64%，2010 年共实现营业收入 86 203.31 亿元，净利润 11 316.48 亿元，分别占全部上市公司总营业收入和净利润的 62.14% 和 79.88%，营业收入和净利润分别比 2009 年度增长

① 截至 2011 年 4 月 30 日，沪市共 906 家上市公司全部如期披露了 2010 年年报（其中 4 家以招股说明书形式披露年度财务资料）。

36.88%和34.45%，其业绩高于沪市平均水平，但增速略低于沪市整体水平。沪市2010年前十大盈利公司（工商银行、中国石油、建设银行、中国银行、农业银行、中国石化、交通银行、中国神华、中国人寿、招商银行）共实现净利润8 454.99亿元，占全部公司的59.68%。上述情况说明沪市上市公司盈利能力比较集中，充分体现了大盘蓝筹股作为沪市上市公司中流砥柱的地位。上证50指数样本股主要财务指标统计见表2。

表2 上证50指数样本股主要财务指标统计

类别	加权平均基本每股收益	同比增长	加权平均净资产收益率	同比增幅
上证50指数股	0.56元	22.93%	16.68%	增加1.53个百分点
全体上市公司	0.50元	25.02%	15.17%	增加1.78个百分点

从主要行业的业绩变动看，除信息技术业外，2010年度所有行业的业绩都有不同程度的增长。对总体利润贡献最大的行业依然为金融保险业和采掘业，行业实现净利润分别占全体上市公司净利润总额的53.26%和21.20%，其中，金融保险业和采掘业的六巨头（工商银行、建设银行、中国银行、农业银行、中国石油和中国石化）净利润占全部上市公司净利润的一半左右（50.11%）。

（三）半数以上公司提出了含送转股的利润分配方案

2010年度共有528家公司（占沪市全体上市公司的58%）推出利润分配预案或拟进行资本公积金转增股本①，总派现金额达到4 328.49亿元，占2010年上市公司净利润总额的30.55%。2010年派现金额超过100亿元的公司有8家，即工商银行、中国石油、建设银行、中国银行、中国石化、农业银行、中国神华和中国人寿，分别占其净利润的18%到45%不等（最高为中国石油45.04%，最低为中国石化18.49%）。

另外，年度末共有129家上市公司提出了含送转股的利润分配方案，其中送转比例在每10股送转5股以上的有67家公司，更是有34家公司推出了10送转10股以上的方案，其中，梅花集团拟每10股转增16.861股，同仁堂拟每10股送5股转增10股，迪康药业拟每10股转增15股。

（四）公允价值变动损益较2009年大幅减少

沪市上市公司2010年年报显示，共有269家上市公司发生公允价值变动损益，其中124家公司产生公允价值变动收益，总额为109.48亿元，145家公司发生公允价值变动损失，总额为21.31亿元，两者合计反映为净收益88.17亿元，较2009年同期下降27.61%。

公允价值变动收益主要来源于交易性金融资产和衍生金融工具价值。其中，中国银行公允价值变动损益扭亏为盈，主要原因系公司外汇衍生金融工具产生未实现损失17.72亿元，较2009年的142.31亿元大幅减少。

（五）业绩受非经常性损益的影响有所下降

总体上看，2010年沪市上市公司获得584.06亿元的非经常性收益，占当期净利

① 统计数据含中期利润分配情况。

润的 4.12%，而 2009 年沪市上市公司 612.87 亿元的非经常性收益相当于当期净利润的 5.94%。2010 年度非经常性损益总额较 2009 年减少，相对净利润[①]总额的比重也同比下降。扣除非经常性损益后净利润的 39.90% 的涨幅略高于净利润的同比涨幅 37.25%，表明上市公司业绩质量有所提升。沪市上市公司非经常性损益统计见表 3。

表 3　　沪市上市公司非经常性损益统计

年　度	2010	2009②	2010 比 2009 增长
归属于上市公司股东净利润总额（单位：亿元）	14 167.67	10 322.46	37.25%
非经常性损益净额合计数（单位：亿元）	584.06	612.87	-4.70%
扣除非经常性损益后的净利润总额（单位：亿元）	13 583.61	9 709.60	39.90%
非经常性损益净额占净利润比重	4.12%	5.94%	减少 1.82 个百分点
加权平均每股收益	0.50 元/股	0.40 元/股	25%
加权平均每股非经常性损益	0.021 元/股	0.024 元/股	-12.5%

超过 85% 公司的非经常性损益为正值，总体公司业绩受非经常性损益的影响较 2009 年有所减少。非经常性损益为负值的公司在数量上减少了 15 家，净亏损的合计金额也减少 17 亿元。从上述两方面看出，2010 年公司业绩受非经常性损益的影响较 2009 年小。

2010 年 75% 公司的非经常性损益对其净利润未构成重大影响，61% 的公司非经常性损益占净利润的比重在 20% 以下。2010 年 114 家公司的非经常性损益直接影响了盈亏，仅 ST 兴业主要因担保等或有事项产生的非经常性损益导致亏损，其余 113 家公司均是因非经常性损益扭亏为盈。通过非经常性损益扭亏的公司比 2009 年增加了 9 家，40 家公司在 2009 年、2010 年连续两年依赖非经常性损益扭亏，以避免公司股票被 * ST。

二、上市公司的公司治理情况

（一）董监高履职情况基本稳定

1. 董事出席董事会会议情况良好

据统计，2010 年度沪市上市公司累计召开董事会会议 8 026 次，其中，以现场方式召开为 3 756 次，占比为 46.80%；以通讯方式召开为 3 968 次，占比为 49.44%；以现场结合通讯方式召开为 302 次，占比 3.76%。2010 年度，沪市上市公司平均每家召开董事会为 8.89 次。报告期内，沪市召开董事会次数最多的五家公司是南方航空（56 次）、中华企业（47 次）、复星医药（38 次）、景谷林业（33 次）、华发股份（32 次）；召开董事会次数最少的五家公司是中煤能源、杭州解百、大连热电、* ST 得亨和海螺水泥，均为 3 次。从董事会召开方

① 本文净利润均指归属于母公司股东的净利润。

② 2009 年度数据除特别说明外，以 2010 年年报披露的上期数以准。由原东北高速分拆而成吉林高速和龙江交通无 2009 年可比数据，因此 2009 年数据不含此两家公司，按 904 家公司的口径统计。

式来看，通讯表决方式逐渐成为董事会召开的主要形式。董事亲自出席董事会的平均出席率95.71%、委托出席率3.87%、缺席率为0.43%。可见，董事出席董事会会议情况总体良好。

2. 独立董事兼任多家上市公司的比例较低

经统计，截至报告期末，沪市共有2 632名在任独立董事（已扣除535人次的兼任因素）。独立董事亲自出席25 773次，平均每人9.79次，占应参会的95.59%；委托出席1 092次，占应参会比例的4.05%，缺席96次，占应参会比例的0.36%。可见，独立董事出席董事会会议情况总体良好，委托出席和缺席情况占比合计4.41%。另外，49位独立董事连续两次未亲自参加董事会。

从独立董事任职分布情况来看，在2 632名在任独立董事中，同时担任两家上市公司独立董事的有285名，占总数的10.83%；同时担任三家上市公司独立董事的有89名，占总数的3.38%；同时担任四家上市公司独立董事的有17名，占总数的0.65%；同时担任五家的有5人，占总数的0.19%。

3. 监事会在公司治理中的作用有限

据统计，2010年度沪市上市公司累计召开监事会会议4 299次，均每家公司召开监事会事会4.75次。报告期内，沪市召开监事会次数最多的五家公司是综艺股份（15次）、福建南纸（12次）、中孚实业（12次）、航天机电（12次）；召开监事会次数最少的公司是*ST得亨（1次）。只有极个别的公司监事会对相关事项提出了异议①，绝大多数公司的监事均对公司相关事项发表了肯定或积极的意见。

4. 高管人员兼任董事的比例较高

从年报披露的数据来看，公司高管人员兼任董事的比例较高（约占1/3），大部分公司（82.6%）的总经理均兼任公司的董事，公司管理层和董事会出现一定程度的重叠情况②。管理层和治理层实现局部的统一，有利于治理效率的提高，一方面方便董事会了解公司实际运作情况，就重大问题做出决策时能够更加审慎地发表意见，做好“决策和监督”工作；另一方面利于高管人员更好地理解并执行董事会和股东大会的各项决议，并将经营中遇到的问题及时反馈给董事会，做好“管理和经营”工作。但是，若高管人员和董事会成员高度重叠，或者关键岗位由同一人兼任（如总经理兼任董事长），则会限制董事会对经理层的有效监督与制约，易于形成内部人控制的局面，公司和股东的利益难以得到有效保证，不利于公司治理的优化。

（二）内部控制制度建设取得了长足的进步

沪市共有884家公司在2010年年报“公司治理结构”章节中填报了公司内部控制制度建设的基本情况。884家公司中的417家披露了董事会内部控制自我评估报告，较2009年的406家增加了2.7%，较2008年的352家增加了18.5%。其中，130家公司为自愿披露，与2009年的127家基本持平，较2008年的96家增加了34.4%。417家公司中，229家公司自愿聘请了审计

---

① 由于公司披露的年报无相关的量化数据，均为文字意见，故在分析监事会意见情况时，根据各公司填报的XBRL统计数据并结合阅读部分上市公司的年报。

② 按照证监会《上市公司章程指引》第九十六条规定“董事可以由经理或者其他高级管理人员兼任，但兼任经理或者其他高级管理人员职务的董事以及由职工代表担任的董事总计不得超过公司董事总数的1/2。

机构对公司内控进行了核实评价，占本年度披露内控报告公司数量的 54.9%，与 2009 年基本持平。

以上数据表明，在经过 2007 年、2008 年内部控制报告披露数量大幅增长之后，2009 年、2010 年内部控制报告披露数量基本保持稳定，而且自愿披露内部控制报告的公司数量和自愿聘请审计机构对公司内部控制进行了核实评价的公司数量也都基本保持稳定。另外，在 884 家公司中，467 家公司表示其已建立内部控制体系建设部门，占全部公司数量的 52.8%。但是，上市公司在内部控制建设的责任追究方面仍然存在很多亟待改进之处，这一切都说明上市公司内部控制建设依然任重道远。

（三）社会责任报告的披露质量不断提高

从总体披露指标看，2010 年度社会责任报告的披露基本稳定。2010 年度，必须披露年度社会责任报告的三类公司，分别是"上证公司治理板块"样本公司 241 家、发行境外上市外资股的公司 56 家以及金融类公司 28 家。扣除重复计算后，共有 275 家公司应披露 2010 年度社会责任报告。275 家公司中，赤天化和中航重机未能在披露年报的同时披露社会责任报告，经督促后，两家公司召开董事会审议并补充披露了年度社会责任报告。另外，沪市上市公司中有 52 家公司自愿披露了其社会责任报告。2010 年度沪市共有 327 家上市公司披露了社会责任报告，比 2009 年度的 318 家增加了 9 家。

从上市公司的所有权性质来看，发布社会责任报告的 327 家公司中，273 家为国有企业，57 家为民营企业。在聘请第三方机构审验的 15 家上市公司中，14 家为国有企业（其中 8 家为中央企业），1 家为民营企业（复星医药）。从 327 份上市公司社会责任报告编制的内容情况看，也明显呈现出国有企业编制质量好于民营企业，中央企业编制质量好于地方企业的特点。虽然部分企业还存在涉嫌粉饰社会责任报告的行为，但总体上看，社会责任报告的编制质量正在不断提高。

（四）关联交易数额随公司经营规模扩大而有所增加

2010 年年报统计显示，沪市有 415 家公司报告期内存在向关联方销售货物的交易，占全部上市公司家数的 45.81%，关联销售额达到 6 550.45 亿元，比 2009 年同期增加 1 982.73 亿元，同比增长 43.41%，占沪市上市公司同期营业收入总额的 4.72%；438 家上市公司报告期内存在向关联方采购商品的交易，占全部上市公司家数的 48.34%，关联采购额达到 8 086.50 亿元，比 2009 年同期增加 298.06 亿元，同比增长 3.83%，占沪市上市公司同期营业总成本额的 8.89%。

（五）非经营性资金占用以国企和 ST 类公司为主

自 2006 年清欠以来，现在新增大股东恶意非经营性占用上市公司资金的情况已基本杜绝，大部分未解决的非经营性资金占用属历史遗留问题，这证明监管部门清理并防范大股东非经营性占用上市公司资金的工作成效显著。根据沪市上市公司 2010 年年报披露数据，沪市披露年报的 906 家上市公司中仅有 29 家公司存在被控股股东及其关联方非经营性占用资金的情况，占用余额合计约 35.35 亿元，存在非经营性资金占用的公司家数仅占沪市上市公司总数的 3.2%。这其中已有16家清偿完毕，清欠金额合计约9.48亿元。仍存在非经营性资金占用问题的13家公司中，有3家业已对外承诺于2011年上半年前解决资金被占用问题，剩下被占用资金仍未获得清偿且无切实可行清偿计划的10家公司中有9家公司的资金是被前任大股东占用的，仅剩的1家（ST黄海）被现任大股东占用的公司也属于被动占用情况。

从所有制类型看，国有企业存在非经营性资金占用的家数和金额均比民营企业多。根据2010年年报数据，29家存在非经营性资金占用的公司中，有21家国有企业，占用金额合计约28.98亿元，公司家数占比72.41%，占用金额占比81.98%。

从公司的经营情况看，ST/*ST类基本面较差的公司存在非经营性资金占用的比例较高，且绝大部分没有明确可行的清偿计划。11家公司已被上海证券交易所实施了ST或者*ST处理，被占用的金额合计约达17.81亿元，占2010年末资金占用总额的50.38%。而且，到目前为止尚有9家公司未提出切实可行的清欠计划，彻底完成清欠工作存在很多不确定性和困难。

三、相关的会计问题分析

（一）非标审计意见公司总数占比稳步下降

沪市如期披露2010年报的906家公司中，有59家公司的年度财务报告被出具了非标准无保留意见的审计报告（以下简称“非标意见”），占全部公司的比例为6.51%。与2009年比较看，“非标意见”的数量与2009年相同，但“非标意见”占全部公司比例有所下降。

2010年度“非标意见”情况的主要特点有：（1）从数量上看，“非标意见”家数及占全部公司的比例均达到最低；（2）从涉及“非标意见”公司的类别看，ST类公司所占比例达到统计期的最高水平，该比例达到72.9%；（3）从“非标意见”类型看，最大特点是无法表示意见数量大幅度降低，仅有*ST东碳一家，而2009年该非标类型达10家；（4）从“非标意见”公司与2009年度的比较看，两年的“非标意见”均为59家，本年度“非标意见”公司中的46家2009年度也是“非标意见”，比例达78%。其中，两年同为保留意见或无法表示意见的公司为9家，可见2009年度“非标意见”公司所涉及问题在2010年度多数未能解决；（5）“非标意见”与公司业绩的有很强的相关性。统计表明，59家“非标意见”公司中的18家公司归属于母公司股东净利润为负数，50家公司扣除非经常性损益后的净利润为负数。

（二）会计师事务所变更家数有所减少

根据沪市906家公司披露的2010年年度报告，共计60家公司变更了会计师事务所，其中因会计师事务所合并而变更的5家，因其他原因变更事务所的55家，占全部沪市公司的6.07%。除因会计师事务所合并原因外，2010年变更事务所的公司相比2009年的59家（占当时公司总数的6.75%）有所减少。

2010年度较大特点是因会计师事务所合并导致上市公司聘任的会计师事务所变更的情况大幅减少，相比2009年的85家公司，2010年出现该种情况的只有5家。在前述55家公司中，共计有33家公司披露了更换会计师事务所的原因，而未披露原因或披露内容与原因明显无关的公司多达22家，公司家数相比2009年的12家出现了大幅的增加。

（三）会计估计变更和会计差错更正数量稳步下降

2010年共有135家公司进行了法定会计政策变更，其中因子公司少数股东分担超额损失的会计处理而变更的公司最多，达到107家，包括宝钢股份、南方航空、中国铝业、中国建筑、中国远洋、中信银行等。另外有中国联通等16家公司进行了其他会计政策的变更。

2010年共有67家公司进行了会计估计变更，占全部906家公司的7.40%，合计调减当年净利润4.33亿元。变更家数、占比以及对净利润的影响分别较2009年减少1家、下降0.34个百分点和减少8.52亿元。从这些企业会计估计变更的情况来看，部分公司针对自身行业特点对估计变更进行了梳理，通过变更固定资产折旧年限、坏账计提比例等方式加大准备的计提，从而使公司的财务状况更加稳健。

2010年共有55家公司进行了会计差错更正，占全部906家公司的6.07%，合计调减历年股东权益7.81亿元。变更家数、占比分别较2009年减少22家、下降2.69个百分点。会计差错更正对历年影响分别为：2008年调增2 061.80万元，2009年调减6.60亿元，2010年调减4 138.13万元。从这些公司会计差错更正的情况来看，由于政府部门稽查（包括审计、财政、税务等）导致的会计差错更正家数为19家，占当年总家数的34.55%，较2009年的58.44%有较大幅度下降；17家ST公司进行了会计差错更正，占当年总家数的30.91%，家数较2009年减少2家。总体上看，2010年发生会计差错更正的公司家数明显下降，会计差错更正的原因更趋分散，ST公司仍是发生会计差错更正的主要板块。

四、并购重组情况分析

（一）国有公司是资产收购和重大资产重组的主力军

根据wind数据统计，2010年度内，共有395家公司发生810项收购资产交易，占沪市披露年报的906家公司（其中4家以招股说明书形式披露年度财务资料）的43.6%，涉及资产总金额2 730.5亿元，平均每项交易金额达3.37亿元。从收购资产公司主体性质看，国有公司占据了绝大部分，达到总家数的64.5%，而收购金额的比例也高达81%。

2010年年报披露显示，涉及重大资产重组的公司为87家，其中，17家公司取消了该次重组，25家公司已经完成了重大资产重组，45家目前还正在重组进程中。以上市公司实际控制人为标准，统计发现：(1) 2010年内完成重大资产重组的25家上市公司中，国有控股上市公司有17家，占比68%；(2) 报告期内正在进行重组的45家公司中，国有控股上市公司有29家，占比64%；(3) 报告期内已完成或正在进行重组的70家上市公司中有40%以上是地方国有上市公司。

（二）超过1/3的公司盈利预测未能实现

根据年报披露，25家已经完成重组的

上市公司中，扣除9家未曾披露盈利预测的上市公司，有6家重组后的上市公司没有达到其披露的盈利预测要求，占比37.5%，最差的是ST华龙和芜湖港，实际盈利均未到其预测数据的50%，其次是ST百花完成了盈利预测的65%，剩下三家公司相对较好，完成比例都在80%以上，分别是安琪酵母82%、上海医药94%以及南钢股份99%。对于10家重组后实现盈利预测目标的上市公司，其平均实现利润数超过预测数约40%。

（三）重组对于公司市值和净利润提升效果显著

除3家上市公司数据缺失外，剩余22家报告期内完成重组的上市公司，在扣除大盘波动的情况下，只有2家上市公司市值出现下跌，其他上市公司市值都有不同程度上涨，其中72%的上市公司市值增长超过100%。可见，重大资产重组对于提升投资者信心方面，促进上市公司市场规模具有显著作用。重大资产重组可以显著提升上市公司的净利润水平，25家统计样本的上市公司中，超过3/4的上市公司的净利润出现了提升，其中净利润翻番的上市公司家数共计16家，约占全部完成重组的上市公司家数的2/3。

（四）资产注入成为现阶段上市公司重大资产重组的主要形式

2010年5月，证监会发布了《关于开展解决同业竞争、减少关联交易，进一步提高上市公司独立性工作的通知》，要求支持和鼓励控股股东将优质资产与核心业务注入上市公司，通过并购重组、定向增发等多种方式实现整体上市，从根本上解决同业竞争、减少关联交易，增强上市公司独立性，降低违规风险，提高上市公司核心竞争力。

在这一政策推动下，控股股东、实际控制人及其关联方的资产注入占到上市公司重大资产重组中的66%，剩余1/3主要为涉及独立第三方的借壳上市（27%）和上市公司行业整合（7%）。2010年沪市重大资产重组类型情况见表4。

表4　2010年沪市重大资产重组类型情况　单位：家

重组类型	已实施	尚未实施	报告期内启动	报告期前启动	合计	占比
资产注入	19	14	9	4	46	66%
借壳上市	4	2	6	7	19	27%
行业整合	2	—	3	—	5	7%
总　计	25	16	18	11	70	100%

以股份作为支付手段，购买资产已经成为上市公司增强核心竞争力的主要手段。70家重组公司中有58家（占比73%）采取了发行股份购买资产的交易方式。据统计上述重组已实施完毕的25家公司，重组交易金额合计506.73亿元，其中21家公司通过发行股份购买资产的方式进行，合计发行股份约60.8亿股，以2010年末市价计算合计增加市值1 686.13亿元。

五、年度信息披露分析

（一）XBRL（可扩展商业报告语言）实例文档实施有条不紊

2011年1月19日，林海股份率先开启2010年年度报告披露大幕，在法定披露时间内，所有公司均已提交年报XBRL实例文档。统计显示，仅1家公司未同步提交XBRL实例文档，属历史最好水平。

（二）XBRL应用取得预期效果

在上市公司、服务商、监管人员和实施小组的共同努力下，本次年报披露的XBRL应用圆满结束。2010年年度报告和后续的2011年第一季度报告均实现了同步提交、同时披露。就应用效果而言，主要有以下几方面：

1. 全面提高上市公司信息披露的规范性、完整性和准确性

对上市公司的信息披露，财政部的会计准则、中国证监会发布的各类格式准则、编报规则、规范问答及解释性公告等均有明确的要求。所有这些要求均体现在上海证券交易所开发的信息披露报送系统的业务模版中。该报送系统有着非常友好的用户界面，使得上市公司可以在完全不知道XBRL为何物的情况下使用XBRL。对于上市公司已填写信息，报送系统提供了强大的校验工具和强大的勾稽关系检查。所有这些功能保证了上市公司按既定要求全面、准确、规范地披露有关信息。

2. 帮助上海证券交易所在第一时间获取监管对象的第一手的监管信息

以2010年年度报告为例，报送系统将年报全文细化成近四千个元素，供年报事后审核、年报分析专题撰写及上级监管部门使用。最近的两次年度报告，上级监管部门均要求在2010年4月29日晚提供上一年度报告和当年第一季度报告的主要会计数据和财务指标。没有报送系统的强力支持，根本无法在第一时间完成这么艰巨的任务。

3. 建立完善各专项数据库，以便于日常监管

为杜绝上市公司董事会、监事会超期“服役”的现象，我们从上市公司年报XBRL实例文档中抽取董事、监事及高级管理人员任职信息，在部门业务系统中建立董监高任职信息数据库。另外，为监督公司或持股5%以上股东在股权分置改革、资产置换及发行上市时承诺事项的履行，我们从上市公司年报XBRL实例文档中抽取相关信息建立股东承诺事项数据库，供监管人员随时检索。

此外，本所网站“XBRL Online”专栏同步披露上市公司定期报告的XBRL实例文档后，访问量持续增长。除常规的PDF文件查阅外，该专栏为投资者提供了一个更为便捷的查阅信息披露文件的方式。从反馈邮件内容来看，绝大多数也是持赞赏肯定态度。

六、投融资情况分析

（一）约1/4上市公司实现融资

根据2010年沪市906家披露年报的公司统计，有208家上市公司通过各种方式进行了融资，占所有上市公司总数的

22.96%，上市公司通过各种途径共融得资金 8 872.04 亿元。公司家数与 2009 年全年相比，融资公司增加了 34 家，增长幅度为 19.54%，融资金额增长 1 562.97 亿元，增长幅度为 21.38%。

以 2010 年通过 IPO 方式融资的 26 家公司为例，上市公司上市以后，除大连港以外，25 家上市公司的资产负债率都得到了大幅下降，极大地优化了上市公司的资本结构。除少数公司每股收益（以发行后股本摊薄计算）有所下降外，大部分公司的盈利能力都得到了大幅提高。2010 年沪市上市公司融资总体情况见表 5。

表 5　　2010 年沪市上市公司融资总体情况

融资方式	2010 年				2009 年			
	家数	占比（%）	金额（亿元）	占比（%）	家数	占比（%）	金额（亿元）	占比（%）
IPO	26	12.5	1 899.7	21.4	10	5.8	1 318.2	18.0
配股	17	8.2	1 460.3	16.5	5	2.9	59.3	0.8
增发	57	27.4	1 720.3	19.4	56	32.2	977.8	13.4
中期票据	21	10.1	844.0	9.5	20	11.5	1 161.0	15.9
公司债	10	4.8	384.8	4.3	27	15.5	321.1	4.4
企业债及其他	77	37.0	2 563.0	28.9	56	32.2	3 471.6	47.54
合　计	208	100.0	8 872.0	100.0	174	100.0	7 309.1	100.0

数据来源：根据 wind 资讯整理。

从融资总额来看，2010 年上市公司通过各类融资方式融资金额大幅增加。2010 年上市公司融资呈现出如下几个特点：（1）从融资方式上看，通过 IPO 直接融资公司所占的比重大幅上升；通过配股方式进行融资的上市公司数量大幅增加，配股融资主要受益公司为上市银行；上市公司通过增发方式获得再融资金额大幅增加。（2）沪市获得融资公司以大盘蓝筹公司为主，越来越多的上市公司通过发行债券等方式进行融资。（3）少数上市公司连续两年再融资，部分上市公司综合运用各种融资方式进行融资。（4）中期票据已经成为上市公司代替贷款的一种重要融资方式。

（二）上市公司项目投资情况良好

根据披露情况，2010 年度共有 310 家公司涉及募集资金使用，有 548 家公司存在非募集资金投资的重大项目情况。根据 wind 资讯提供的统计数据，2010 年度募集资金及以前年度募集资金的使用延续到 2010 年度的，共涉及 310 家公司，其募集资金总额为 1.01 万亿元，平均每家公司募集资金额为 32.67 亿元。上述募集资金总额中，报告年度内使用金额为 3 972.46 亿元，占募集资金总额的比例为 39.22%；截至 2010 年末，累计使用金额为 7 924.71 亿元，占募集资金总额的比例为 78.24%。从上述数据可以估算出，募集资金从募集到投入使用需要的时间平均为 2.55 年。2010 年度沪市上市公司募集资金使用情况见表 6。

表 6　　2010 年度沪市上市公司募集资金使用情况

	募集资金金额（亿元）	2010 年度使用		累计使用	
		金额	比例	金额	比例
沪市总体	10 128.70	3 972.46	39.22%	7 924.71	78.24%
平均	32.67	12.81	—	25.56	—

沪市上市公司募集资金总额 1.01 万亿元共投资于1 917个项目。其中，9 322.57 亿元（涉及1 633个项目）投资于承诺的募集资金使用项目，占募集资金总额的 92.04%（占项目总数的 85.19%）；806.13 亿元（涉及 284 个项目）募集资金改变了用途，占募集资金总额的 7.96%（占项目总数的 14.81%）。由此可以看出，募集资金使用变更的比例相对较低，募集资金总体上能够按照承诺进行使用。根据统计数据，募集资金项目中有 696 个项目披露了预计收益实现情况。从披露的项目总体情况来看，70.26% 的项目实现了预计收益。比较未变更项目和变更项目的预计收益实现情况发现，未变更项目中实现预计收益的比例（76.12%），明显高于变更项目中实现预计收益的比例（41.53%）。

（三）上市公司持股或参股盈利有所下降

据 2010 年年报披露统计，有 187 家上市公司报告期内进行了证券投资，占所有上市公司总数的 20.64%；有 236 家上市公司 2010 年年末持有其他上市公司股权，占所有上市公司总数的 26.05%；有 152 家上市公司披露报告期内参与过买卖其他上市公司股权，占所有上市公司总数的 16.78%；有 305 家上市公司披露 2010 年年末持有非上市金融企业股份，占所有上市公司总数的 33.66%。

沪市上市公司 2010 年度因证券投资一项盈利共计 29.62 亿元，较 2009 年度同期证券投资 81.52 亿元的盈利下降 63.66%。在披露该项内容的 187 家沪市上市公司中，有 71 家上市公司通过证券投资获得收益，有 66 家上市公司遭遇证券投资损失。

七、分行业情况分析

（一）银行盈利情况突出，保险类上市公司业绩稳步增长

2010 年度上市银行的净利润增幅大于其他非银行类公司，与 2009 年度的情况刚好相反。沪市 14 家银行仍为沪市 2010 年利润的贡献大户；从利润增速来看，银行与非银行企业在 2010 年和 2009 年正好相反，前者 2010 年度的增速超过了非银行企业，而 2009 年度刚好相反。2010 年度沪市银行与非银行类上市公司主要财务指标见表 7。

从 2010 年数据看，上市银行总资产占沪市整体的 78%，导致沪市结构银行化的趋向更为突出。此外，其他指标显示银行在沪市中的地位举足轻重，股本（50%）、总资产（78%）和净利润（47%）在所有行业中都名列前茅。

2010 年上市的农业银行和光大银行通过 A 股市场融资净额为 902.29 亿元，另外 12 家 2010 年之前已上市银行通过再融资在 A 股市场融资净额 2 003.17 亿元。从 14 家银行整体来看，2008 年至 2010 年三年间，在保持不良贷款率稳步下降的同时，拨备覆

表7　　2010年度沪市银行与非银行类上市公司主要财务指标

类　别	2010年共实现归属于上市公司股东的净利润（亿元）	2009年共实现归属于上市公司股东的净利润（亿元）	2010年度净利润较2009年度同比（%）	2009年度净利润较2008年度同比（%）
沪市全部上市公司	14 168	10 322	37.3	26.9
沪市非银行类公司	7 480	6 039	23.8	41.6
沪市14家上市银行	6 688	4 283	56.1	15.3

注：2010年度为公布年报的906家上市公司，上市银行为14家；2009年度为公布年报的879家上市公司，上市银行为12家。

盖率呈逐年提高的态势。

在保险类金融机构方面，截止到2010年，沪市共有中国平安、中国人寿和中国太保三家保险类上市公司，共实现总保费收入6 171亿元，比2009年同期增长27%；共实现净利润594亿元，同比增10%；期末净资产4 009亿元，比2009年末增长8.1%；2010年新业务价值414亿元，同比增长17%；期末内含价值6 089亿元，比2009年末增长13%。从上述的年报分析中可以看出：（1）三家公司业务结构趋同，2010年保费增长很大程度上依赖车险的增长，车险保费增速大大高于非车险增长。（2）2010年下半年保监会出台的新政策，并未对各家大类资产配置产生明显影响。中国人寿存款占比提高3.7个百分点至33.1%，中国平安在维持较高的债券投资的同时，致力于构建多元化的投资平台。中国太保的重点则在于通过配置中长期国债锁定收益及拉长久期。

（二）民企类上市公司仍处于逐渐发展阶段

沪市共有254家民营上市公司披露了2010年年报，占沪市上市公司总数的28.04%，这一比例比2009年度略有上升。沪市民营上市公司遍布我国除港、澳、台地区的31个省、市、自治区，尤以东南沿海地区较为集中。其中浙江地区38家，是民营上市公司家数最多、比例最高的地区，浙江省内70家上市公司中54.29%是民营公司。

254家民营上市公司均如期披露2010年度报告。2010年度民营上市公司共实现营业收入7 138.28亿元，比2009年度增长34.39%；实现归属上市公司股东的净利润563.84亿元，比2009年度增长42.69%。254家民营上市公司中231家实现盈利，23家发生亏损，亏损家数占民营上市公司总数的9%，占沪市全部亏损家数（55家）的42%。相对于2009年，民营上市公司的亏损情况大为好转。

民营上市公司股本及资产规模均相对较小，254家民营公司总股本为1 443.87亿股，仅为沪市公司总股本28 289.52亿股的5.1%，总股本的90%以上为国有上市公司占据。资产规模方面，254家民营上市公司总资产10 556.04亿元，净资产3 972.56亿元，平均每股净资产2.75元，而600家国有上市公司总资产708 336.25亿元，净资产82 208.50亿元，平均每股净资产3.21元。民营上市公司总资产仅占全部沪市公司的1.3%，平均每股净资产也低于国有和总体水平。

八、2010 年年报审核存在的问题及建议

（一）董事会召开和表决形式需加以适当性约束，公司高管人员履职信息的披露监管有待完善

从 2010 年年报披露情况来看，近一半的董事会是以通讯表决方式召开，超过了以现场方式召开次数。开会方式和表决形式的多样化，对我们如何评价董事勤勉尽责提出了更高的监管要求。建议通过日常信息披露监管把关，对以通讯方式召开或以通讯方式参与表决的董事会适用范围，根据表决事项的不同加以不同程度的限制。对于需要以董事会决议的方式审议通过，但是董事之间交流讨论的必要性不大的议案，可以进行通讯表决；对于一些重大议案，或者对董事参与度要求较高的议案，应该以现场方式召开会议。并且，对于以通讯方式参与表决的现场会议，在年报中不应将该董事此次参会方式归类为“亲自参会”。

从年报披露情况来看，亲自出席董事会会议的董事占大多数，但是，个别董事仍然存在较多的委托出席甚至缺席行为。为了督促董事切实勤勉尽责，特别是防止为规避董事责任而刻意缺席敏感董事会情况的发生，公司年报中应披露相关董事委托、缺席或者连续两次未亲自出席董事会的详细原因和后续补充工作，要求公司必须说明详细原因，不能以模糊或概括性字眼代替，同时披露该董事在会后是否采取审查会议记录、向相关人员询问或质疑、要求公司纠正等方式，补充履行职责。

按照目前年报披露要求，对高级管理人员履职信息披露内容较少，多数公司此方面披露重视程度不高，填写内容简单、形式趋于统一、信息含量不高。关于公司高管履职情况的披露，目前的披露要求仅集中在人员构成、兼职情况、任职期限、持股变动和薪酬待遇等方面，而关于高管本年度如何履行职责、维护公司和股东利益方面的内容，则未做强制性的信息披露。因此，建议在年报中增加披露高级管理人员的履职情况，如管理层对董事会决议的执行情况、总经理工作报告的部分内容、公司利用职业经理人市场完善高管队伍的情况等。

（二）建立内部控制建设的责任追究制度，进一步提升公司社会责任报告披露的质量

上海证券交易所从 2006 年年报开始鼓励上市公司披露内部控制报告，至今已逾五年。五年来，上市公司从无法可依到有规则可循；从一开始的每年几十份内部控制报告到 2010 年度的近半数上市公司披露内部控制报告；从基本没有公司聘请会计师事务所进行内部控制审计到近 1/4 的上市公司进行内部控制审计，内部控制建设无疑取得了长足的进步。当然，在内部控制信息披露的有用性方面、财务报告内部控制的理解方面、内控建设真正对上市公司的日常经营活动发挥应有的作用等方面仍然存在很多亟待改进之处，这一切都说明上市公司内部控制建设依然任重道远。为此，需要逐步建立内部控制建设的责任追究制度，加强对于内部控制报告的审计监督（截至 2010 年沪市上市公司的内部控制审计报告仍没有出现过一份“非标意见”），把上市公司的内部控制制度建设落到实处，更好地支持公司的长远发展。

从2010年度社会责任报告的披露情况来看，经过三年的实践，许多公司已经在履行社会责任的工作中有了踏实而具成效的实践。但是，从2010年度报告披露的形式和内容看，仍有大量的报告编制过于简化，更有部分上市公司在其社会责任报告中存在着过度粉饰功绩，而刻意隐瞒缺陷的一些行为，其社会责任报告的信息披露质量有待进一步的提升。交易所有必要进一步总结社会责任披露工作中的特点，有针对性地在社会贡献值的计算、第三方审验、报告编制的模式、社会责任绩效指标的设计等方面作出更多的探索，引导沪市上市公司践行可持续发展理念，推动企业社会责任在更大范围、更高层次的范围实践。

（三）关注上市公司与关联财务公司间的资金往来，持续加强关联交易的监管

关联交易不仅内容复杂，而且形式多种多样。对关联交易进行有效治理一直是理论界和实务界的难题。关联交易越来越隐蔽，我们的监管也要跟上。长期以来，我国的企业集团一直将其控制的上市公司视为集团内的融资平台，既对上市公司进行“掏空”，也有对上市公司进行“利益输入”，但其最终的目的就是要控制和利用上市公司的现金流，而关联财务公司的形式为其提供了一个极好的平台。通过对2010年年报分析，发现很多公司在控股股东控制的财务公司内有存贷款业务，上市公司与关联财务公司的资金往来披露也不规范，建议加强对此类关联交易的监管和披露。

通过对监管经验的总结，我们建议对关联交易的监管经验予以规则化，明确上市公司的审计委员会或者关联交易委员会履行关联交易控制和日常管理的职责；针对上市公司向关联人高溢价购买资产（溢价100%以上）的重大关联交易，强化对该类交易披露和决策程序的要求。上市公司还应提供关联交易标的资产的盈利预测报告，为股东提供网络投票等便利。这些措施将会有效地弥补过去对关联交易事后监管的不足。

（四）强化对以审计范围受限为由不编制合并报表公司的监管，重视对*ST公司营业外收入的审核

监管中发现，少数公司2010年年报以审计范围受限制为由不编制合并报表，也未对长期投资计提减值准备。这种情况一方面不利于投资者对财务报表的正确理解，另一方面也为少数公司操纵利润留下了可乘之机。为此，我们建议监管部门应强化对以审计范围受限制为由不编制合并报表的信息披露要求及事后监管，如单独披露未纳入合并范围公司的前期财务数据、董事会对未纳入合并范围公司当年经营情况的基本了解和判断、是否需对采用成本法核算的长期投资计提减值准备及理由等。一旦在未来发现公司有以审计范围受限制为由不编制合并报表而操纵利润的情况，需追究公司及会计师事务所的责任。

监管中发现，2010年*ST公司利用营业外收入避免连续三年亏损，或暂停上市公司利用营业外收入避免退市的情况相当突出。对2010年出现的这一于往年相比更为突出的现象，监管部门应引起高度重视，并采取措施予以妥善处理。

（五）关注高溢价资产交易，重大资产重组预案的披露质量有待进一步提高

资产交易中的溢价过高包括两个部分：一是评估增值大，评估值远高于账面值；二是，评估值和账面值相差不大，而实际交易金额远高于评估值。实务中以前者居多，但后者偶尔也存在。应同时关注收购、出售资产的高溢价程度。以高于合理水平的溢价收购资产涉嫌掏空上市公司，会损害公司的持续经营能力，这一类已是监管重点；但以明显不合理的高溢价出售资产，也未必是好事，特别是上市公司处于退市边缘或者交易对象是关联方的时候，这可能是向上市公司利益输送，为公司摘帽或者存在股价炒作意图等。受国家宏观调控政策影响，及商品市场价格大幅波动的影响，高溢价矿产资源注入上市公司是现阶段上市公司重组中的一个焦点。

在上市公司重大资产重组过程中，由于重大资产重组预案披露后公司股票即可恢复交易，因此，重组预案的披露质量十分关键，信息披露不充分可能误导投资者的投资决策，上市公司股价在预案披露后往往也会发生大幅波动。从对上市公司重大资产重组预案的信息披露监管实践看，目前存在的主要问题包括：（1）上市公司重大资产重组预案的披露质量不高；（2）少数公司预案中披露的交易标的预估值和二次董事会确定的最终定价存在重大差异（20%为重大）；（3）少数公司在购买资产过程中披露的预估值与评估值存在着显著差异，但缺乏对应的详细说明。对于上述问题，建议进一步细化和明确上市公司重大资产重组预案的编制标准和格式，要求公司就预案与草案内容存在重大差异的部分进行详细说明，同时要加大对于中介机构执业情况的评价，要求中介结构切实承担中介职责。

撰稿人：喻立勇、刘尚鑫

2010年深市主板公司年报业绩分析

截至2011年4月30日，深市主板485家上市公司全部完成2010年年度报告披露。统计数据表明，主板公司2010年末总资产规模达44 212.56亿元，净资产12 700.10亿元；全年实现营业收入26 678.62亿元，净利润1 508.13亿元，净资产收益率为11.87%。2010年共有49家公司出现亏损。年报披露后，新增2家暂停上市公司，共有22家公司处于暂停上市状态。

一、总体业绩分析

（一）总体业绩增长明显

2010年，深圳交易所主板公司业绩保持平稳增长势头。主板485家公司共计实现营业收入26 678.62亿元，同比增长35.20%；实现净利润1 508.13亿元，同比增长42.10%。175家公司净利润增长超过50%，公司整体盈利能力较2009年度大幅提高，同时亏损面有所缩小。2010年，共有49家公司出现亏损，而2009年亏损的公司数为69家，同比下降28.99%。2010年深市主板公司总体业绩情况见表1。

截至2010年末，深市主板上市公司资产总额达44 212.56亿元，较2009年年期末增长20.76%，净资产总额达12 700.10亿元，同比增长18.08%。2010年度深市主板公司在资产规模扩大的同时实现了11.87%的净资产收益率，较2009年度上升1.60个百分点。

表1　　2010年深市主板公司总体业绩情况

项　　目	2010年	2009年	同期相比增长	同期增长率
资产总额（亿元）	44 212.56	36 611.38	7 601.18	20.76%
净资产（亿元）	12 700.10	10 755.18	1 944.91	18.08%
营业收入（亿元）	26 678.62	19 587.63	7 090.79	35.20%
营业利润（亿元）	1 844.04	1 343.47	500.57	37.26%
经营性现金流净额（亿元）	1 131.69	3 098.46	-1 966.76	-63.49%
净利润（亿元）	1 508.13	1 061.32	446.81	42.10%
基本每股收益（元）	0.4212	0.3321	0.09	26.83%
净资产收益率	11.87%	10.27%	1.60%	—
资产负债率	0.6772	0.6721	0.01	—
盈利公司数量	436	416	20.00	4.81%
亏损公司数量	49	69	-20.00	-28.99%
总股本数量（亿股）	3 579.49	3 234.67	344.82	10.66%

（二）增长质量有所提高

在业绩增长明显的基础上，深市主板公司的业绩增长质量也有所提高，主要表现在以下两个方面：

一是业绩增长源于主营，非经常性损益占比下降。2010 年，深市主板公司实现扣除非经常性损益后的净利润 1 304.22 亿元，较 2009 年的 831.45 亿元同比增加 56.86%，超出净利润增幅 14.76 个百分点；非经常性损益占当期净利润比例为 13.06%，同比下降 8.22 个百分点。

二是毛利率略有增长，各项费用控制合理。2010 年通货膨胀压力逐步凸显，主板公司在原材料及人工等各项成本上涨压力较大的情况下，积极采取各项举措，实现了毛利率稳中有长。2010 年主板公司平均毛利率为 19.76%，同比增长 1.09 个百分点。

（三）蓝筹公司业绩突出

2010 年，净利润排名前 20 位的公司合计实现净利润 700.23 亿元，占主板公司总体净利润的 46.43%，成为主板公司的中流砥柱。上述公司的净利润增速也高于主板公司总体 4.28 个百分点。20 家公司均为大盘蓝筹公司，行业分布颇具代表性，基本涵盖了机械制造、金融证券、家用电器、通讯设备等传统优势行业。

净利润增长额排名前 20 位的公司也多为大盘蓝筹公司，如潍柴动力、中联重科、中集集团、格力电器等。20 家公司合计贡献了主板 73.19% 的利润增长，平均每家公司增长净利润 16.35 亿元，平均净利润增长率高达 125.71%。

（四）并购重组效应显著

2010 年，主板共有 19 家公司完成重大资产重组，重组效果显现。19 家公司的平均总资产由 2009 年同期的 92.21 亿元增至 163.14 亿元，增幅为 76.93%；平均营业收入由 75.85 亿元增至 112.02 亿元，增幅为 47.68%；平均净利润由 2.18 亿元增至 6.61 亿元，增幅高达 203.51%。2010 年完成重大资产重组的深市主板公司见表 2。

表 2　　2010 年完成重大资产重组的深市主板公司

公司代码	公司名称	总资产（亿元）		营业总收入（亿元）		净利润（亿元）	
		2010 年	2009 年	2010 年	2009 年	2010 年	2009 年
000159	国际实业	32.45	23.02	7.47	5.18	6.50	1.51
000883	湖北能源	283.79	47.75	113.27	46.57	10.37	0.71
000882	华联股份	53.31	26.45	5.84	4.29	0.49	0.75
000738	中航动控	38.48	37.45	15.14	16.10	1.69	1.39
000801	四川九洲	23.37	22.69	33.28	25.72	0.47	0.40
000921	ST 科 龙	80.19	61.28	176.90	129.72	5.85	1.56
000937	冀中能源	252.29	211.11	302.89	202.46	23.96	16.73
000901	航天科技	10.65	9.16	10.08	7.28	0.70	0.63
000598	兴蓉投资	25.88	23.07	6.12	5.62	2.36	2.23
000732	ST 三农	51.81	52.37	27.12	15.32	3.36	3.98
000536	华映科技	47.14	43.86	30.24	18.85	3.49	2.56
000776	广发证券	959.47	3.47	102.19	0.50	40.27	-0.08
000979	中弘地产	55.08	35.73	36.61	12.10	9.21	3.65

续表

公司代码	公司名称	总资产（亿元）		营业总收入（亿元）		净利润（亿元）	
		2010 年	2009 年	2010 年	2009 年	2010 年	2009 年
000709	河北钢铁	1 049.38	1 027.34	1 169.19	871.86	14.11	9.44
000564	西安民生	27.79	19.21	23.43	21.77	0.59	0.50
000561	烽火电子	12.83	11.35	8.29	7.23	0.83	0.70
001896	豫能控股	67.95	71.44	42.38	34.27	0.21	-1.06
000639	西王食品	9.00	12.01	12.03	10.07	0.84	0.70
000722	* ST 金果	18.81	13.17	5.87	6.34	0.25	-4.94
合　计		3 099.66	1 751.94	2 128.35	1 441.23	125.57	41.37
同比增长金额		1 347.72		687.12		84.20	
同比增长比例		76.93%		47.68%		203.51%	

此外，在净利润排名前 20 位的公司中，一半以上实施过整体上市、重大重组、海外收购等不同形式的并购重组。

（五）经营性现金流出现萎缩

数据显示，2010 年深市主板公司总体业绩增长的同时，公司经营活动产生现金流净额与 2009 年同期相比呈现较大程度下降。2010 年，主板经营性现金流量净额为 1 131.69亿元，较 2009 年同比减少 1 966.76 亿元，下降幅度达到 63.49%。

2010 年经营性现金流的下降，一方面源于不断紧缩的经济政策对部分行业上市公司的经营性现金流产生约束，另一方面也是受到生产资料价格上涨及通货膨胀预期不断加强的影响，使得部分上市公司主动采取增加库存等经营措施以应对经济形势的起伏，致使上市公司经营性现金支出同比大幅增长。

在企业经营性现金流普遍下降的同时，也有少数景气行业存在例外。例如，2010 年机械制造行业的经营性现金流基本保持稳定，汽车及配件行业的经营性现金流还出现了同比 23.41% 的增长。

（六）去库存化压力增大

2009 年和 2010 年，深市主板公司存货账面余额分别为 5 945 亿元和 8 256 亿元，占当年资产总额的比重分别为 17.02% 和 18.66%，绝对金额和占比均有所上升。在存货结构方面，比重大的主要有三项，分别是原材料、在产品和库存商品。其中，2009 年、2010 年深市主板公司原材料的账面余额分别为 1 193 亿元、1 733 亿元，在产品的账面余额分别为 2 173 亿元、2 988 亿元，库存商品的账面余额分别为 1 320 亿元、1 804 亿元。

2010 年，企业原材料的增加，可能是受到通货膨胀预期的影响，使得部分公司主动增加库存。在宏观经济政策紧缩的背景下，上市公司经营性现金流同比大幅下降，在产品和库存商品水平却继续大幅攀升，则反映出企业可能面临较大的去库存化的压力。

（七）业绩分化情况明显

主板公司总体业绩增长的同时，绩优和绩差公司的分化情况较为明显。净利润排名前 20 位的公司贡献了 46.43% 的净利润，45 家公司每股收益高于 1 元，175 家公司净利润增长超过 50%；同时，也有 49 家公司亏损，133 家公司每股收益低于 0.1 元，78 家公司净利润减少超过 50%。统计显示，2010 年亏损的 49 家公司中，有 25 家为 ST 或＊ST 公司。

受宏观经济形势的影响，不同行业公司的业绩分化情况也很明显。其中，机械制造行业的净利润增幅高达 96.92%；汽车及配件行业的净利润增幅为 70.06%，经营性现金流同比增长了 23.41%；而房地产行业公司的平均经营性现金流则由 2009 年的 4.89 亿元下降至 2010 年的 -9.74 亿元。

（八）非经常性损益仍然是少数 ST、＊ST 公司的“救命稻草”

2010 年，深市主板公司的非经常性损益合计 203.61 亿元，与 2009 年同期相比，下降了 25.96 亿元。进一步分析非经常性损益的构成，可以发现，2010 年深市主板公司的非经常损益主要集中在非流动资产处置、债务重组、政府补助、交易性金融资产及交易性金融负债的公允价值变动及其处置收益 4 个项目上。4 个项目贡献的收益金额分别为 55.30 亿元、42.30 亿元、85.80 亿元和 32.09 亿元，占全部非经常性损益的比例分别为 27.16%、20.78%、42.14% 和 15.76%，合计已超出全部非经常性损益 5.83 个百分点。其中，非流动资产处置、债务重组成为少数 ST、＊ST 公司公司避免亏损的“救命稻草”。

二、重点行业业绩分析

2010 年宏观经济形势存在诸多不确定因素，深市主板公司业绩实现稳步增长的同时，不同行业公司的业绩表现差异较大。我们对主板 485 家上市公司中银行、房地产、机器软硬件及元器件、民航业、钢铁、机械、汽车及配件、家电、农产品、纺织服装等 10 大重点行业进行了比较研究。10 大重点行业公司的主要业绩指标见表 3。

表 3　　10 大重点行业主要业绩指标

行业	公司家数（家）	营业收入（亿元）			归属于上市公司股东的净利润（亿元）			经营活动产生的现金流量净额（亿元）		
		2010 年	2009 年	增幅	2010 年	2009 年	增幅	2010 年	2009 年	增幅
银行	1	180.22	151.14	19.24%	62.84	50.31	24.91%	217.46	321.94	-32.45%
房地产	67	1 898.56	1 566.69	21.18%	258.82	204.28	26.70%	-320.32	322.61	-199.29%
计算机软硬件及元器件	26	1 460.81	690.33	111.61%	3.06	18.48	-83.45%	-0.08	48.21	-100.16%
民航业	2	27.79	24.70	12.48%	8.37	6.87	21.88%	12.13	7.21	68.29%
钢铁	14	5 580.04	4 280.27	30.37%	70.24	15.67	348.19%	206.67	265.56	-22.17%
机械	35	1 923.81	1 209.53	59.05%	150.27	76.31	96.92%	65.89	65.80	0.14%
汽车及配件	23	2 454.54	1 696.71	44.66%	166.20	97.73	70.06%	185.74	150.50	23.41%
家电	15	2 522.65	1 825.04	38.22%	107.55	42.09	155.53%	87.83	147.75	-40.56%
农产品	12	293.35	276.69	6.02%	15.08	11.96	26.09%	-0.55	9.27	-105.98%
纺织服装	11	148.42	118.98	24.74%	12.85	6.16	108.74%	11.55	11.96	-3.41%

从表3中可以看出，钢铁、家电、纺织服装、机械行业、汽车及配件的全年业绩表现抢眼，2010年净利润分别同比增长348.19%、155.53%、108.74%、96.92%和70.06%。其中，汽车及配件行业的盈利质量最优，在业绩大幅增长的同时，经营性现金流也同比增长了23.41%。

计算机软硬件及元器件的业绩表现最差。虽然2010年营业收入增长超过100%，但净利润和经营性现金流双双出现大幅下降。前者的下降幅度为83.45%，后者的下降幅度为100.16%。

房地产行业全年净利润增长26.70%，受国家房地产调控政策的影响，经营性现金流却由2009年的322.61亿元下降至2010年的－320.32亿元，盈利质量存在隐忧。

三、分析结论

2010年深市主板公司总体业绩增长明显、增长质量有所提高、蓝筹公司业绩突出、并购重组效应显著。但同时也存在着经营性现金流萎缩、去库存化压力增大、少数ST、*ST公司主要依靠非经常性损益盈利等问题。此外，2010年经济形势的复杂多变，使得不同行业公司的业绩表现差异较大。

撰稿人：徐正刚

2010 年中小板上市公司年报业绩简析

截至 2010 年 4 月 30 日，中小板共有 576 家上市公司。从已公布的年报及年报数据来看，2010 年中小板上市公司平均营业收入为 16.12 亿元，较 2009 年增长 33.29%；平均净利润为 1.44 亿元，较 2009 年增长 32.54%。平均基本每股收益为 0.61 元，平均净资产收益率为 15.30%。总体而言，中小板上市公司 2010 年业绩继续保持了平稳增长的态势。

一、2010 年业绩总体情况分析

2010 年，中小板公司在全球经济缓慢复苏，国内外经济发展的不确定因素增大的前提下，抓住机遇，积极开拓市场，对内有效控制成本，经营业绩取得持续、稳定增长。中小板 2010 年主要经营业绩指标见表 1。

表 1　　2010 年中小板主要业绩指标

	2010 年（亿元）	2009 年（亿元）	变动幅度
公司总数	576	395	45.82%
平均营业收入	16.12	12.10	33.29%
平均净利润	1.44	1.09	32.54%
扣除非经常性损益后的平均净利润	1.35	1.00	34.96%
平均经营性现金流量净额	1.79	1.69	5.60%
基本每股收益	0.61	0.49	24.49%
净资产收益率	15.30%	12.55%	2.75%
亏损公司比例	2.26%	3.29%	-1.03%
	2010 年末	2009 年末	变动幅度
平均总资产	26.89	18.07	49%
平均净资产	12.64	7.37	72%
平均总股本	2.53	2.01	26%

（一）业绩指标的分布情况

报告期内中小板公司营业收入和净利润保持增长的公司分别有 534 家和 465 家，占比分别为 93% 和 81%。

中小板实现营业收入和净利润双增长的公司为 452 家，占比 78.47%。

具体来看，中小板公司报告期内营业收入、净利润指标变动情况的分布见图 1。

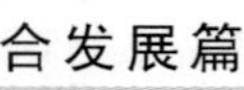

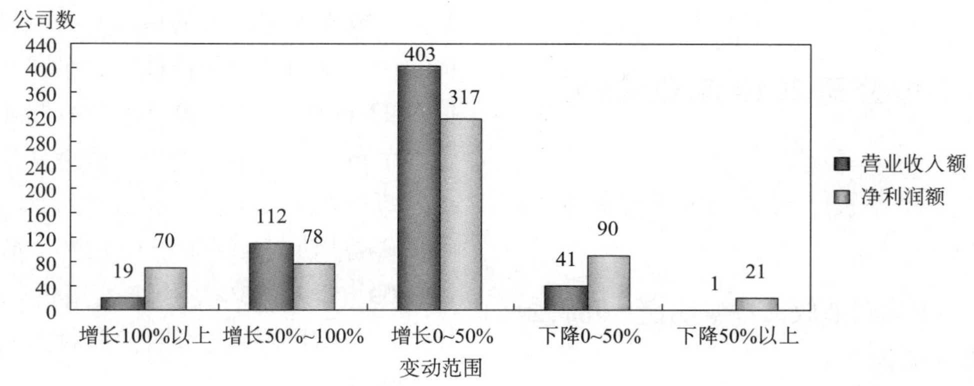

图1　2010年中小板公司营业收入及净利润变动幅度分布

（二）盈利构成分析

报告期内中小板披露了年报的554家公司平均毛利率为23.94%，与2009年的23.90%基本持平。

报告期内中小板公司积极应对国内外复杂多变的经济环境，采取多项措施严格控制费用支出，效果明显。如表2所示，2010年中小板公司的三项费用所占利润总额的比重与2009年相比均有小幅下降。此外，资产减值损失、公允价值变动收益、投资收益及营业外收支等项目占利润总额的比重也基本保持稳定，对中小板的业绩影响较小。

表2　　2010年中小板公司业绩变化影响因素分析　　单位：万元

项　目	2010年		2009年		变动幅度
	平均额	占利润比重	平均额	占利润比重	
销售费用	9 676	52%	7 556	55%	-3%
管理费用	8 909	48%	6 761	50%	-1%
财务费用	1 212	7%	1 138	8%	-2%
资产减值损失	828	4%	565	4%	0%
公允价值变动收益（损失）	-16.68	0%	6	0%	0%
投资收益	638	3%	568	4%	-1%
营业外收支净额	1 132	6%	875	6%	0%

（三）年报审计意见类型

从年报的审计意见来看，已披露年报的554家上市公司中出具标准无保留意见的为548家，占比98.92%。年报被出具非标审计意见的公司比例较2009年同期有所下降。2010年中小板公司非标审计意见情况见表3。

表3　　2010年中小板公司非标审计意见情况

项　目	2010年	2009年
非标准无保留意见公司数	6	5
当年披露年报公司数	554	358
非标意见占比	1.08%	1.40%
非标意见公司列表		
无法表示意见：* ST大地 保留意见：* ST钛白 带强调事项段的无保留意见：ST琼花、* ST德棉、安妮股份、彩虹精化		

二、中小板公司2010年业绩特点

2010年中小板上市公司的业绩呈现出以下特点：

（一）平均营业收入增幅明显，九成公司实现收入增长

2009年，中小板公司营业收入的增长率仅为7.59%，远低于同期净利润增长率。2010年，一方面，受国际大宗商品价格企稳回升、国内通货膨胀压力严峻的影响下，中小板公司产品价格整体呈上涨趋势；另一方面，中小板公司积极顺应市场变化，拓宽销售渠道，调整产品结构，增大市场份额，产品销量也有所增加。2010年中小板公司平均营业收入为16.12亿元，较2009年增长33.1%。从营业收入实现增长的公司比例来看，有534家公司的营业收入实现增长，占比93%，同时实现营业收入与净利润双增长的公司有452家，占比79%，这两个比例均较2009年有明显提升。

（二）业绩增长源于主营，非经常性损益所占比例较低

2010年中小板公司平均实现净利润1.44亿元，较2009年增长32.54%，扣除非经常性损益后的平均净利润为1.38亿元，较2009年增长34.96%，略高于净利润的增长水平。中小板公司非经常性损益占净利润的比重约为6%，较2009年下降2个百分点。主营业务突出，非经常性损益项目的主要构成仍为政府补助。

（三）盈利能力稳定，三项费用控制合理

2010年中小板公司在普遍面临原材料及人工成本上涨压力的情况下，积极采取各项举措，盈利能力保持稳定，平均毛利率保持在23.60%，与2009年基本保持不变。此外，中小板公司销售费用、管理费用及财务费用等三费增长也保持在合理水平之内，其中销售费用较2009年增长28%，管理费用较2009年增长33%，财务费用较2009年增长7%，三项费用占当期营业收入的比重均与2009年持平。

（四）绩优公司不断涌现，龙头公司业绩增长稳定

随着中小板上市公司规模的逐步扩大，绩优公司也不断涌现，如2010年上市的海康威视、荣盛石化，均跻身中小板净利润排名前10名。而海宁皮城、齐翔腾达、国电清新、广田股份等42家新公司增长势头迅猛，净利润增幅均在50%以上。与此同时，以苏宁电器、金风科技、露天煤业、荣盛发展、东华软件为代表的一批资深绩优公司也继续保持开拓进取的势头，净利润增幅连续三年保持在30%以上。2010年，中小板净利润排名前10名的公司在比较基数较大的前提下，平均净利润增幅达到48.60%，远高于中小板的平均业绩增幅，业绩增长稳定。

（五）亏损公司比例下降，平均亏损额下降

2010年中小板的亏损公司家数为13家，占比2.28%，较2009年的3.29%有所下降。亏损公司的平均亏损额为0.86亿元。较2009年平均额0.94亿元下降8.5%。其中，ST天润、鑫富药业、华星化工亏损额居于前三位。ST天润亏损额达3.4亿元，因连续两年亏损，年报披露后将被退市风险

警示。

（六）业绩分化趋势继续，盈利集中度进一步提高

中小板2010年净利润前10名的公司实现净利润182.03亿元，占中小板整体净利润总额的21.91%，比2009年提高1.3个百分点。净利润排名前10%的58家公司实现净利润389.48亿元，占中小板整体净利润的46.87%，与2009年基本持平；2010年中小板有13家公司出现亏损，合计亏损额为11.54亿元，平均亏损约0.89亿元。总体而言，中小板公司业绩分化趋势继续，盈利集中度进一步提高。

（七）经营性现金流逐季有所好转，全年仍呈下降态势

从已披露年报的公司情况来看，2010年全年平均经营性现金流为净流入1.78亿元，同比增长5.6%，其中主要是由于宁波银行经营性现金流净额大幅增加，如剔除宁波银行这一因素，中小板平均经营性现金流净额同比下降43.3%。虽然较上半年经营性现金流为负的情况呈现出逐季好转的态势，但与2009年相比仍大幅下降。在已披露年报的554家公司中，实现净利润与现金流双增长的公司181家，占比仅为32.67%，较2009年过半数的中小板公司实现净利润与现金流双增长的比例有所下降。从报表余额变动来看，中小板公司应收款项（应收账款+应收票据）平均余额较2009年增长48%。预付款项平均余额较2009年增长66%，存货平均余额较2009年增长39.48%，导致公司经营性现金流大幅下降。

（八）部分公司上市当年业绩下滑

2010年中小板新上市的公司达204家，占中小板公司总数的35%。2010年年报显示，这批公司2010年平均实现净利润1.26亿元，较2009年同期增长23.8%，低于中小板平均水平。其中，业绩出现下滑的公司有49家，占当年上市公司总数的24%，下滑幅度在20%以上的公司有26家，占当年上市公司总数的12.75%。业绩下滑公司较多集中在石油、化工类和机械、设备、仪表类，其中，科冕木业、联信永益及浩宁达下滑幅度居于前三位。

这些公司业绩下滑主要是受到原材料、人力成本上涨影响，加上所处行业竞争加剧，盈利能力受到一定影响。如浩宁达，由于产品销售价格下滑、原材料成本增加，导致毛利率同比大幅下降13.58%。此外，财政部［2010］25号规定，上市公司发行权益性证券过程中发生的广告费、路演费等费用应计入当期损益，这一规定也对新公司2010年业绩产生一定不利影响。

值得关注的是，2010年当年上市的新公司由于上市时间较短，绝大多数募集资金投资项目尚在建设当中，未能对公司盈利作出明显贡献。随着募集资金项目的逐步投产和效益释放，新公司的业绩能否实现提升将有待进一步观察。

三、2010年中小板公司行业业绩分析

中小板披露年报的554家公司分属13个行业，其中制造业公司达到了420家，占比75.81%。中小板行业业绩情况见表4。

表 4 中小板行业业绩情况 单位：万元

行　业	公司数（家）	平均营业收入		平均净利润		平均经营性现金净流量	
		2010 年	增幅	2010 年	增幅	2010 年	增幅
采掘业	6	178 721	35%	35 124	53%	36 364	26%
传播与文化产业	2	56 942	7%	5 121	-775%	20 266	20%
电力、煤气及水的生产和供应业	3	161 172	37%	20 247	26%	69 931	56%
房地产业	7	262 882	83%	41 049	50%	-24 574	-212%
建筑业	13	292 689	37%	15 908	66%	-3 649	-127%
交通运输、仓储业	5	26 286	11%	7 382	30%	11 443	21%
金融、保险业	2	370 386	30%	138 025	33%	2 720 226	141%
农、林、牧、渔业	11	93 419	37%	12 450	113%	7 945	-32%
批发和零售贸易	15	953 042	28%	45 647	32%	33 022	-48%
社会服务业	16	170 465	46%	8 186	14%	-1 016	-110%
信息技术业	52	90 070	21%	10 081	23%	2 956	-69%
制造业	420	138 882	34%	12 871	30%	7 937	-27%
综合业	2	149 769	77%	15 670	213%	44 685	57%

如表 4 所示，2010 年中小板公司除传播与文化产业外，其他 12 个行业全部实现了业绩同比增长，且其中 8 个行业增幅均在 30% 以上。增幅最大的三个行业依次为综合业，农、林、牧、渔业和建筑业，增幅分别达到 21.32%、11.34% 及 66%。

从现金流情况看，金融、保险业和综合业等 6 个行业实现经营性现金流增长，房地产业、建筑业等 7 个行业经营性现金流同比呈下降态势。值得注意的是，房地产业、建筑业、社会服务业 3 个行业经营性现金流为负。其中，房地产业及建筑业在净利润分别平均实现 4.1 亿、1.59 亿元的同时，经营性现金流平均为 -2.46 亿元及 -3 649 万元，表明在国家对房地产行业的宏观调控力度不断加大的情况下，房地产业、建筑业等相关行业的现金流逐渐紧绷。

报告期内，中小板制造业公司平均营业收入增幅为 34%，净利润增幅为 30%，平均经营性现金流降幅为 27%。具体子类业绩见表 5。

表 5 中小板制造业子类公司业绩情况 单位：万元

制造业子类	公司数（家）	平均营业收入		平均净利润		平均经营性现金净流量	
		2010 年	增幅	2010 年	增幅	2010 年	增幅
电子	51	100 912	56%	12 581	53%	7 296	-19%
纺织、服装、皮毛	26	131 361	29%	10 392	51%	7 830	-17%
机械、设备、仪表	124	120 220	33%	13 748	23%	4 582	-51%
金属、非金属	56	220 462	29%	10 272	26%	6 283	-40%
木材、家具	5	120 321	40%	6 978	82%	189	-99%
其他制造业	15	75 809	26%	7 813	26%	2 795	-64%
石油、化学、塑胶、塑料	76	145 190	36%	11 978	29%	9 300	-35%
食品、饮料	21	224 849	39%	18 132	41%	23 781	85%
医药、生物制品	29	84 928	25%	19 102	25%	9 944	-24%
造纸、印刷	17	150 435	28%	12 762	14%	17 669	32%

报告期内制造业子类行业全部实现营业收入、净利润的同比增长，其中，木材家具、电子及纺织服装三个子类行业的净利润增幅均在50%以上。除食品饮料及造纸印刷两个子类行业的经营性现金流保持增长外，其他8个子类行业的现金流均呈下降趋势。

四、中小板2010年利润分配情况

2010年，在中小板554家披露年报的公司中，有434家推出现金分红方案，其中共有34家同时推出送红股方案，共有215家公司同时推出资本公积金转增股本方案，有22家公司同时采取采用派现、送股和转增三种方式。2010年，中小板每10股送转10股的公司共有87家，占比15.7%，其中76家公司推出10转增10方案。此外，中小板送转比例在5股至10股（不含10股）之间的公司共有105家。

2010年中小板的利润分配体现出以下特点：

（一）积极回报投资者，连年保持高分红比例

2010年，中小板公司继续保持了积极回报投资者的优良传统，推出了优厚的现金分红方案，在554家公司中，共有434家公司推出了现金分红方案，占比达78%。这些公司合计拟分红251.43亿元，占当年净利润总和的31%，其中56家公司现金分红超过1亿元。中小板公司最近三年现金分红比例连续保持在30%以上。

（二）新上市公司分红及送转比例较高，股本扩张冲动明显

在已披露年报的公司中，2010年及以后上市的新公司平均分红额为4 798万元，占当年实现净利润的38.41%，高于中小板平均现金分红水平。此外，在中小板87家每10股送转10股的公司中，有58家公司是2010年及以后上市的公司，占小板10股送转10公司总数的67%，占新公司总数的28.43%。2010年及以后新上市的公司普遍存在超募资金比例较高的情况，客观上具备高转增的条件，而这些新公司主观上也有进行股本、做大公司市值的意愿。

五、2011年第一季报情况

2011年第一季度中小板上市公司实现平均营业收入为4.20亿元，同比增长29.53%；归属于母公司所有者的平均净利润为3 804.10万元，同比增长28.47%。平均每股收益0.13元/股，净资产收益率为2.68%。扣除非经营性损益后的平均净利润为3 387.54万元，经营性现金净流量平均为－11 801万元，而2009年同期数值为－2 656万元。

披露一季报的572家公司中，有382家公司预计业绩增长，占公司总数的66.78%，其中101家公司预计同比增幅在50%以上，6家公司扭亏为盈；另有103家公司的业绩预计增减变动幅度小于30%，占公司总数的18.01%；62家公司业绩预计下降，占比为10.84%，有19家公司亏损。第二季度受抑制通货膨胀、房地产调控等宏观调控因素影响，中小板公司业绩持续增长存在一定不确定性，但上半年业绩同比增幅预计仍将保持大幅增势。据一季报的预测，预计今年上半年平均净利润范围约在7 243.76万元至8 894.51 万元之间，同比增幅在13.07%～38.83%之间。

撰稿人：孙晓芳

2010 年创业板上市公司业绩总体情况分析

一、创业板上市公司业绩特点分析

（一）业绩保持持续快速增长，呈现出一批高成长公司

2010 年，创业板上市公司仍然保持了快速增长趋势。194 家公司营业收入保持正增长，其中增长超过 100% 公司有 8 家，48 家公司增幅在 50% 以上，增长 30% 以上的公司共计 114 家，占 54.6%，其中东方日升增长率达到 182.1%；177 家公司净利润保持正增长，其中增长超过 100% 的公司有 7 家，47 家公司增幅在 50% 以上，增长 30% 以上的公司共计 100 家，占 48%。2010 年创业板上市公司营业收入与净利润增长率分布见表 1。

表 1　　2010 年创业板上市公司营业收入与净利润增长率分布

	营业收入增长率		净利润增长率	
	公司家数（家）	占比	公司家数（家）	占比
50% 以上	48	23.0%	47	22.5%
30% ~50%	66	31.6%	53	25.4%
0 ~30%	80	38.3%	77	36.8%
负增长	15	7.2%	32	15.3%
合　计	209	100.0%	209	100.0%

2008 年至 2010 年，创业板净利润复合增长率达到 38.4%，高于中小板。主板公司由于受金融危机影响更显著，2008 年基数较低，净利润复合增长率较高；营业总收入复合增长率达到 29.58%，在深市三个板块最高。2008 ~2010 年深市三板上市公司成长性指标对比见表 2。

表 2　　2008 ~2010 年深市三板上市公司成长性指标对比

利润项目	板块	2008 年（亿元）	2009 年（亿元）	2010 年（亿元）	最近一期增长率（%）	复合增长率（%）
平均营业总收入	主板	37.55	40.64	55.59	35.20	21.67
	中小板	10.84	11.84	16.10	33.29	21.87
	创业板	2.43	2.96	4.08	38.02	29.58
平均归属母公司股东的净利润	主板	1.31	2.07	3.13	42.10	54.57
	中小板	0.83	1.08	1.44	32.53	31.72
	创业板	0.37	0.54	0.71	31.20	38.4

大多数创业板公司的成长性具有可持续性。创业板上市公司营业收入复合增长率超过50%的公司达30家，占16%，净利润复合增长率超过50%的公司有43家，占23%，其中4家公司净利润复合增长率超过100%。目前，创业板已涌现一批高成长公司，广泛分布于信息技术、新材料、现代服务业及新能源等新经济领域。

（二）创业板公司受宏观环境影响大，少数公司业绩出现下滑

伴随全球货币量化宽松政策推出，原材料价格与人工成本较金融危机期间有大幅上涨，而创业板公司规模较小，对大客户依赖性较强，议价能力与转嫁成本能力较弱，经营业绩受到较大影响。同时，新的募集项目还没有产生效益，而公司上市后，公司纷纷拓展营销网络、加大市场推广力度，导致销售费用与管理费用上涨较快。

2010年，受宏观环境等因素影响，10家公司净利润下滑30%以上；15家公司营业收入出现下降，其中万邦达下滑44%，宝德股份下滑43.6%。

（三）主营业务收入突出，各项费用控制合理

创业板上市公司主业突出，2010年，利润总额中九成以上来源于主营业务，其中投资收益、营业外收支净额及公允价值变动损益等非经常性项目占当期利润总额比例分别仅为0.2%、8.7%与0.7%。

在三项费用方面，销售费用、管理费用占比有所增长，分别占营业总收入8.01%与9.31%，总体保持在合理水平之内。创业板上市公司三项费用占比见表3。

表3　创业板上市公司三项费用占比

项　目	2008年（亿元）	占营业总收入比（%）	2009年（亿元）	占营业总收入比（%）	2010年（亿元）	占营业总收入比（%）
销售费用	0.18	7.60	0.23	7.90	0.33	8.01
管理费用	0.20	8.25	0.26	8.94	0.38	9.31
财务费用	0.04	1.47	0.03	0.94	0.0004	0.01

（四）毛利率略有下降，产品服务继续保持良好的竞争力

2010年通胀压力逐步凸显，在原材料及人工等各项成本上涨压力较大的情况下，创业板公司总体毛利率水平较2009年略有下降，但仍高达37.07%，其中56家公司毛利率高于50%。

与深市主板及中小板相比，2010年创业板公司平均毛利率高出主板上市公司17个百分点，高出中小板上市公司13个百分点，反映出创业板公司产品及服务仍保持了良好的市场竞争力。2008～2010年深市三个板块上市公司平均销售毛利率比较见图1。

（五）研发投入加大，有效提升公司创新能力

2010年，创业板188家披露年报的上市公司研发支出金额总计36亿元，较上年增长38.1%，平均每家公司研发投入1 909.9万元，占营业收入的比重5.97%。

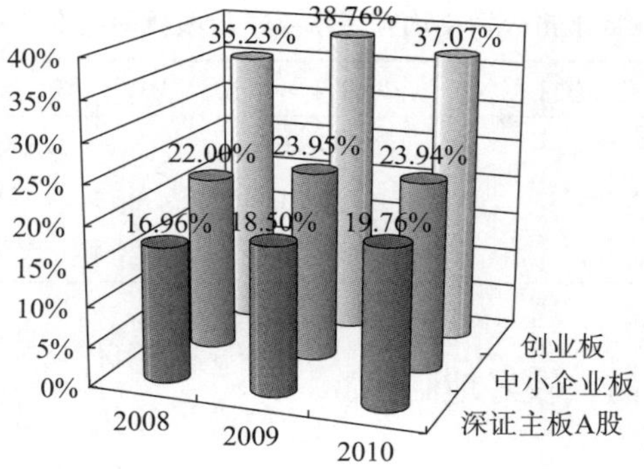

图1　2008～2010年深市三个板块上市公司平均销售毛利率比较

2010年，97家公司研发投入增长率超过了营业收入增长，3家公司研发投入上亿元，出现一批重研发投入，业绩高成长公司。

（六）现金流净额下降，存货水平上升

2010年创业板上市公司平均经营现金流量净额为2 776万元，较2009年4 741万元下降41.4%。对经营现金流量各支出项目分析发现，“购买商品、接受劳务支付的现金”较2009年增长52.6%，“支付给职工以及为职工支付的现金”较2009年增长46.2%，这两项是导致上市公司经营现金流净额减少主要原因。2010年创业板上市公司经营现金流流出项目分析见表4。

表4　　2010年创业板上市公司经营现金流流出项目分析　　单位：万元

项　　目	2009年	2010年	增长率
购买商品、接受劳务支付的现金	17 897	27 315	52.6%
支付给职工以及为职工支付的现金	2 868	4 192	46.2%
支付的各项税费	2 600	3 128	20.3%
支付其他与经营活动有关的现金	3 595	4 730	31.6%
经营活动现金流出小计	26 960	39 365	46.0%
经营活动产生的现金流量净额	4 741	2 776	-41.4%

一般而言，上市公司平均存货水平具有明显的季节性特征，第四季度通常也是该会计年度平均存货水平最低的季度。但在2010年第四季度，受宏观经济环境影响，上市公司的平均存货水平较第三季度环比有所上升。

从存货结构看，2010年创业板上市公司平均存货水平增加的主要原因是原材料和产成品增长较快所致，2010年公司的平均原材料与产成品存货增加值分别为0.267亿和0.369亿，分别增长50.9%和62.32%。上市公司的平均存货水平上升，尤其是原材料与产成品的库存增长更为明显，反映了上市公司在通货膨胀预期显著上升时的经营特点。2010年创业板上市公司平均存货水平不同项目同比增长额及增长率见表5。

表5　　2010年创业板上市公司平均存货水平不同项目同比增长额及增长率

存货项目	2009年（亿元）	2010年（亿元）	增长额（亿元）	增长率
原材料	0.177	0.267	0.09	50.90%
在产品	0.148	0.211	0.06	43.29%
产成品	0.227	0.369	0.14	62.32%

（七）利润分配比例较高，较好地回报投资者

2010年，188家上市公司中有156家提出现金分派，占公司总数83%，10派5元及以上的公司29家，派现总额达48.03亿元，占净利润的35.8%，平均每家派现2 555万元。

创业板新上市公司显著特点是注册资本少，而资本公积高。为尽快扩大公司资本规模，公司有强烈扩张股本的愿望，以满足业务门槛的需要，提高参与并购、对外投资、招投标等竞争力。2010年，送股加资本公积金转增比例在10送转10及以上的公司有69家，占36.7%，10送转5及以上的公司达108家，占57.4%。

二、未来需关注的问题

（一）创业板公司业绩分化可能将加剧

创业板全部是新上市公司，规模较小，利润集中度低，板块中尚未出现中流砥柱型公司，排名前20%公司占利润总额44%，而中小板、深圳主板与沪市分别为63.5%、89%和94%。在竞争性市场中，公司的业绩会逐步分化，部分公司会在竞争中发展壮大，形成板块领导型企业，利润集中度随之提高。

在中小板、主板公司利润集中度提高的同时，也出现了部分亏损企业。目前，创业板已有4家公司净利润低于2 000万元，未来少数公司可能出现亏损。

（二）公司持续增长需要有等待期

创业板公司上市时间较短，大部分募投项目还在建设中，短期内募投项目的效益难以显现。同时，公司上市后规范化运作提高了显性成本，投资规模扩大、研发投入增加均提高了管理费用与销售费用，要保持上市前的利润增长速度，创业板公司普遍面临着较大的压力。

从中小板2004年以来的实证数据分析发现，我国中小企业上市公司的成长性在IPO后具有典型的“耐克曲线”特征，即在上市后一两年内其成长性普遍有所下降，但之后随着募投项目产生效益，成长性开始回升，在图形上表现出“✓”型曲线。目前，创业板开板不足两年，整体上处于上市初期，2010年报告期中有近76.5%的企业为新上市公司，这些企业的成长性在未来可能很大程度上将出现“耐克曲线”特征。

2010 年央企上市公司运行情况分析报告

一、总体情况概述

（一）央企上市公司数量达到 348 家

截至 2010 年 12 月 31 日，国务院国资委、财政部、教育部、铁道部等 12 部委通过 130 家集团公司或高校、科研院所等事业单位控制央企类上市公司 348 家，较 2009 年末增加 23 家。其中，293 家为沪深主板上市公司，占比 84%；48 家在中小板和创业板上市，占比 14%。

央企境内上市公司数量见表 1。

表 1　　央企境内上市公司数量　　单位：家

	2008 年末	2009 年中	2009 年末	2010 年中	2011 年末
央企上市公司数量	305	310	325	341	348
在全部上市公司占比	18.77%	19.10%	18.92%	18.03%	16.87%
其中：国资委控制	250	254	267	283	290
财政部控制	13	16	21	20	19
其他	42	40	37	38	39
深交所上市央企	126	127	134	145	150
其中：深市主板	92	92	96	97	97
中小板	29	30	30	38	39
创业板	—	—	3	5	9
B 股	5	5	5	5	5
上交所上市央企	179	183	191	196	198
其中：沪市主板	177	181	189	194	196
B 股	2	2	2	2	2
中央企业集团数量	142	138	129	125	121

从整体占比看，央企上市公司数量在全部上市公司中比重有所降低。2010 年末，央企上市公司数量在全部上市公司中比重 16.87%，较 2009 年底降低 1.13 个百分点。随着多层次资本市场体系的建设和完善，中小板、创业板市场保持快速发展的趋势下，以主板上市存量为主的央企公司在全部上市公司中比重预计将进一步减轻。从控股构成看，国资委控股企业依然占主导且数量持续小幅增加，其数量由 2009 年的 267 家增至

290家。财政部和其他部委控制的上市公司数量近几年无明显变化，保持在58家。

（二）央企上市公司规模持续平稳增长

从股本数量看，央企上市公司规模继续增长，但增速低于市场平均水平。截至2010年末，央企上市公司股本合计8 732亿股，占全部上市公司的26.24%，比年初占比降低近5个百分点。虽然近两年央企上市公司总股本保持了10%的年复合增长率，但在新股发行提速、A股市场进入扩容高峰期的背景下，该指标较全部上市公司17%的年复合增长仍显平缓。

央企上市公司资产、股本趋势见图1。

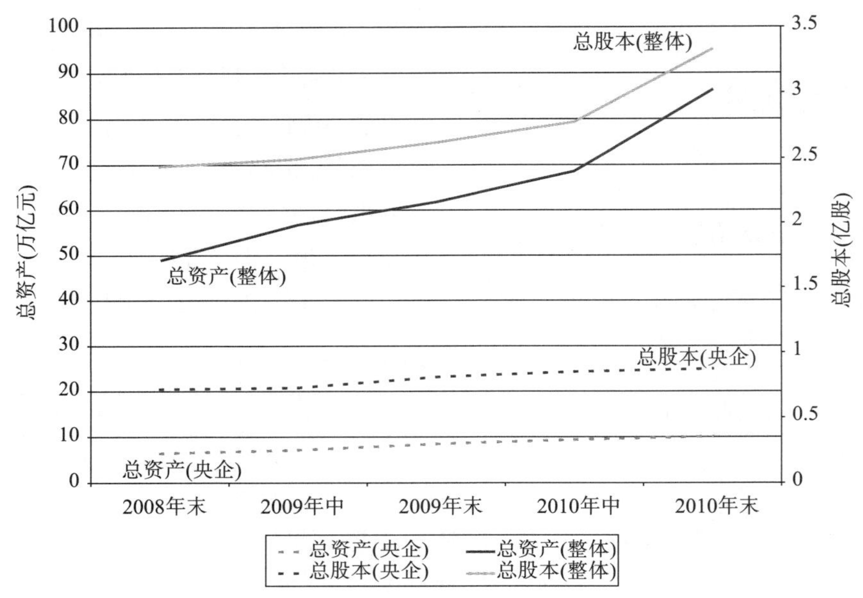

图1 央企上市公司资产、股本趋势

资产总额方面，央企上市公司总资产首次突破十万亿元。在央企上市公司数量增加及部分央企集团加大资产整合力度等因素影响下，2010年末央企上市公司总资产较年初增加18.15%，首次突破十万亿元大关，达到10.09万亿元，占全国规模以上工业企业总资产的五分之一。净资产规模方面，央企在全部上市公司中占比超过50%，占绝对主导地位。2010年末，央企上市公司归属于母公司股东的权益合计3.59万亿元，全年增长14.49%，在扣除金融行业后的全部上市公司中占比51.22%。2000余家非金融上市企业逾一半净资产集中在348家央企上市公司中。

（三）央企上市公司行业构成、市值占比和大股东持股情况未发生显著变化

从行业构成和市值占比看，348家央企上市公司广泛分布于制造业、采掘业、信息技术业等12个行业。其中，198家集中在制造行业，占全部央企上市公司总数的56.90%；而市值的40.89%集中在包含中国石油、中国石化等的采掘行业。

从持股比例看，113家央企上市公司大股东持股比例在30%以下，107家央企上市公司大股东持股比例超过50%。其中，持股比例低于30%的行业主要为市场竞争相对分散和行业集中度不高的制造业，而在市

场较为垄断的采掘业中，71%的央企大股东对上市公司绝对控股。

央企上市公司股权比例行业分布见表2。

表2　　央企上市公司股权比例行业分布

大股东持股比例	央企数量	低于30%		30%～50%		50%以上	
		数量	行业占比	数量	行业占比	数量	行业占比
制造业	198	70	35.35%	75	37.88%	53	26.77%
信息技术业	34	8	23.53%	13	38.24%	13	38.24%
电力煤气及水的生产供应业	25	11	44.00%	9	36.00%	5	20.00%
交通运输、仓储业	20	4	20.00%	10	50.00%	6	30.00%
批发和零售贸易	16	6	37.50%	7	43.75%	3	18.75%
采掘业	14	0	0.00%	4	28.57%	10	71.43%
其他	14	7	50.00%	5	35.71%	2	14.29%
建筑业	11	1	9.09%	3	27.27%	7	63.64%
房地产业	9	4	44.44%	2	22.22%	3	33.33%
社会服务业	7	2	28.57%	0	0.00%	5	71.43%
合　　计	348	113	32.47%	128	36.78%	107	30.75%

二、生产经营情况

（一）业绩大幅增加，每股收益首次超上市公司均值，创历史最好水平

2010年度，央企上市公司利润总额为6 518.18亿元，同比增长45.8%，约占规模以上工业企业2009年累计实现利润的15%。实现归属于母公司股东的净利润4 655.25亿元，在全部上市公司中占比28.26%，比2009年同期实现的净利润增加47.64%，高出上市公司37.34%的平均水平10个百分点。每股收益0.5331元，首次超过上市公司（含金融）0.4949元的平均水平，央企上市公司盈利能力较2009年大幅增强，创历史最高水平。

从各企业业绩情况看，94%的公司实现盈利，75%的公司业绩同比增长。中国石油、中国石化、中国神华、宝钢股份、中国国航和大秦铁路等6家企业盈利过百亿元，其中，中国石油的净利润为1 398.71亿元，是央企上市公司中最高的，中国石化和中国神华以707亿元和372亿元的净利润分列第二、第三位，而南方航空则以1 521.51%排名业绩增幅首位（剔除ST公司）。

（二）央企上市公司创造全部上市公司近六成营业收入

受益于金融危机影响消退，宏观调控加强，经济较快增长，央企上市公司2010年的盈利能力在2009年回升的基础上进一步提高。数据显示，央企上市公司2010年度完成营业收入8.58万亿元，同比增长38%；占同期GDP的22%，比2009年提高4个百分点；为全国规模以上工业企业2010年实现工业总产值的14%，比2009年增加3个百分点。

从整体占比看，央企上市公司实现的营

业收入在全部非金融上市公司中占比达到58%，数量占比不足二成的央企上市公司创造了近六成营业收入。

（三）资产运行质量显著改善

2010 年，央企上市公司综合毛利率为19.82%，按可比口径计算与2009 年基本保持持平。净资产收益率13.86%，比2009 年同期增加约4 个百分点，高于非金融上市公司12.5%的平均水平，也超过民营、地方国资两类上市公司净资产收益率1.5 个百分点。央企上市公司资本运营效率较高。

从利润增幅看，2010 年央企上市公司实现的净利润增幅高于同期营业收入增长水平近 10%，而三项费用率由 2009 年的8.47%降为7.34%，显示出央企上市公司费用控制水平的提高和其盈利从规模向效益转化的趋势。

从盈利构成看，央企上市公司由经营活动获得的净收益在利润总额中的占比从2009 年的 87.34% 加大到 2010 年的88.70%；而依赖投资和公允价值变动取得的收益占利润总额比重由2009 年的9.28%下降到8.11%；非经常性损益在净利润中的占比从 16.85% 下降 2.53 个百分点到14.32%。央企上市公司2010 年主业资产运行质量显著改善。

（四）采掘业最赚钱，交通运输仓储业业绩增长最显著，电力业绩下降最明显

与2009 年相比，业绩排名靠前的公司较为稳定，14 家采掘业公司以平均每家189 亿元的净利润排名央企行业盈利首位。而交通运输仓储业业绩增长最明显，行业利润同比增幅超过17 倍。此外，制造业和社会服务业业绩增长也非常显著，行业业绩增幅分别达到96.5%和63%。

业绩下降较为明显的行业中，电力行业最为严重。受政策因素影响，23 家电力央企公司中一半以上出现利润下降，6 家利润降幅超过100%，其中漳泽电力以亏损7.49 亿元在央企上市公司中业绩排名末尾。

（五）地产、建筑行业业绩继续增长，但增速已放缓

2009 年严厉的调控，并没有对房地产公司业绩大幅增长构成阻碍。2010 年，地产和建筑业央企业绩分别增长 32.66% 和15.37%，但低于 2009 年 38.88% 和112.03%的增速，行业增长放缓。

三、央企上市公司筹融资情况

（一）在证券市场中，股权融资大于债权融资

2010 年，央企上市公司在证券市场筹集资金1 605.56 亿元，占全部证券市场筹资额的15.63%，与2009 年同期基本持平。其中，股权融资1 264.06 亿元，债权融资341.50 亿元，仅为股权融资规模的四分之一。

股权融资方面，中国西电、二重重装等19 家企业首发融资445.73 亿元；岳阳纸业等5 家企业配股筹资46.48 亿元；南方航空等20 家企业通过定向增发募集现金合计511 亿元，占央企上市公司再融资家数的74%，总金额的62%。定向增发成为央企再融资的主要手段。

债权融资方面，中国石化、中国中铁等9 家公司发行公司债融资335 亿元，占2010

年度全部上市公司公司债融资额的56%。虽然央企上市公司债权融资规模较股权融资小，但与2009年比较，债权融资规模增长2.5倍，增长迅速。

中央企业上市公司融资情况见表3。

表3　　中央企业上市公司融资情况　　单位：亿元

融资方式	2009年度		2010年度	
	融资家次	募集金额	融资家次	募集金额
股权融资合计	35	1 498.33	46	1 264.06
其中：首发	10	1 011.05	19	445.73
配股	5	37.27	5	46.48
增发	20	450.01	2	260.70
定向增发（现金）	—	—	20	511.14
债权融资合计	6	99.10	10	341.50
其中：公司债	5	91.60	9	335.00
可转债	1	7.50	1	6.50
可分离债	—	—	—	—
资本市场融资合计	41	1 597.43	30	1 605.56
中期票据和短融	29	2 716.00	60	1 839.50

（二）银行间债券市场融资额大于证券市场融资额

2010年央企上市公司在银行间债券市场通过发行中期票据和短期融资券融资1 839.50亿元，较2009年减少876.5亿元，但发行家数增加超过一倍。

从市场间比较看，央企上市公司在银行间债券市场融资超过证券市场融资总额的14%，但平均交易规模和总交易金额较2009年已有明显收窄趋势。

四、央企上市公司分红情况

（一）分红央企上市公司家数和分红金额有所增加，但增速低于业绩增幅

2010年度，在经营业绩创造历史最好水平同时，220家央企上市公司提出了利润分配预案，占央企上市公司数量的63%，比2009年度进行利润分配的央企家数增加了16%。分红总额也创新高，达到1 519亿元（含税），比2009年增加34%。但由于低于净利润47.64%的增速，央企上市公司2010年年度股利支付率[①]比2009年减少4个百分点，仅为32.64%。

（二）中小型央企对分红更积极且倾向采取送转股方式

从分红公司构成看，100%的创业板央企和85%的中小板央企提出了分红，与此对应分红的主板央企只有60%，中小企业对分红更为积极。从分红方式看，由于中小板和创业板企业股本规模小，且高发行溢价导致资本公积高，存在股本扩张欲望并具备

① 股利支付率=红利分配总额÷实现净利润。

高送转能力。2010 年度央企上市公司分红中，78% 的创业板公司和 51% 的中小板公司采取送转股方式分红，而主板公司采取送转股方式的仅有 15%。

（三）近三年石化双雄分红金额最高，中钢天源分红比例最大

2008～2010 年三年时间中，中国石油、中国石化和中国神华由于盈利能力强，累计分红 1 610 亿元、442 亿元和 346 亿元，位居分红总额的前三。从分红比例角度来看，中钢天源 335.86% 的股息支付率最高，该企业三年累计分红额是其三年净利润总和的 3.36 倍。华能国际、北化股份、东信和平三家企业三年分红总额也均大于三年全部盈利。

（四）14 家企业具备分红能力却三年未分红

在 348 家央企上市公司中，94 家企业近三年未曾分红送股，占央企上市公司的 27%，其中扣除由于合并报表或母公司报表中有未弥补亏损无分红能力的公司外，剩余公司 14 家。该 14 家具备分红能力却三年未分红的公司在 2010 年年报中均以补充流动资金、新项目资金需求等原因，不向股东进行利润分配。

五、违法和违规情况分析

2010 年，有 2 家央企上市公司受到交易所谴责或证监会公开处罚，原因主要为上市公司及其股东未及时披露重大事项，或存在虚假披露。上述违规事项与 2009 年度受到处罚的 5 家央企上市公司主要违规类型相似，央企上市公司信息合规披露方面的意识有待进一步加强。证监会及交易所已对相关公司和责任人予以罚款和通报批评等处罚。

2010 年上市公司执行企业会计准则监管报告

2010 年是上市公司执行企业会计准则的第四年，为进一步提高上市公司财务信息披露质量，中国证监会始终密切关注上市公司年报披露情况，积极研究会计确认、计量和披露中涉及的各类实务问题，不断完善和统一证监会系统会计监管标准，切实加强对上市公司会计实务的监督和指导，坚决纠正违反会计准则和财务信息披露规范的各类问题。从上市公司 2010 年年报财务信息披露情况看，绝大多数上市公司能够严格按照企业会计准则的要求，选择稳健的会计政策、恰当运用会计估计，真实、完整地反映公司财务状况和经营成果。同时，随着多层次资本市场体系的建设和国民经济的平稳较快发展，上市公司及其经济活动不断呈现出新的特点，年报财务信息披露的内容更加丰富，新的业务模式和交易特点不断涌现，反映出会计准则执行过程中一些值得进一步讨论和规范的新问题。

总体看，上市公司 2010 年年报财务信息披露具有以下特点：

第一，信息披露格式更加规范。从年报披露情况看，绝大多数上市公司能够按照《公开发行证券的公司信息披露编报规则第 15 号——财务报告的一般规定》（2010 年修订）的要求，披露财务报告及其附注，披露格式比较规范、不同公司对同类交易和事项的披露格式较为统一，有利于投资者阅读和理解公司的财务信息。

第二，信息披露内容更加丰富。年报分析中发现，越来越多的上市公司能够结合自身的实际情况，在遵循基本披露要求和原则的前提下，对会计政策和会计估计作出更体现公司自身经营特点的个性化披露，帮助投资者了解公司的运作模式、业务操作情况等，有针对性地评价公司的各类财务指标，财务信息的可读性得到进一步提升。

第三，对复杂事项的会计处理更加符合规定。企业会计准则执行 4 年来，上市公司对股份支付等交易事项以及公允价值确定等涉及复杂会计估计事项的理解和运用能力不断增强。2010 年度相关交易的会计处理更加规范，公司对复杂交易所涉及的背景、内容、处理方法以及处理结果的披露更加清晰和完整，上市公司财务信息的可靠性进一步提高。

第四，以原则为导向的会计处理理念更加深入。企业会计准则以原则为基础，对控制权的认定、资产转让时点的确定等需要上市公司结合实际交易情况按照会计准则的原则性规定进行具体判断。从年报披露情况看，企业会计准则体系执行以来，随着有关监管原则和理念的进一步宣传贯彻，上市公司运用基本会计原则处理具体交易事项的意识和能力逐步增强，公司会计核算人员和会计师在充分获取证据的基础上进行会计专业判断的主动性和积极性有所增强，专业判断对财务处理结果的影响更加突出。

第五，会计信息可比性进一步增强。企业会计准则执行以来，随着各类解释文件的出台和监管标准的细化，特别是针对一些会计准则未予规范的交易在有关监管规范出台以后，实务中对同类交易采取不同做法的会计处理个案进一步减少，上市公司财务信息可比性进一步提高。

我们在年报分析中重点关注了企业合并、金融工具等对会计报表影响较大的会计处理难点问题，并关注了《企业会计准则解释第4号》等新的会计处理规定的执行情况及对年报的影响。下面将分总体情况和专题分析两部分，结合上市公司年报披露的财务信息和年报涉及的典型会计处理案例，详细说明上市公司2010年财务信息披露情况，并重点分析年报披露中反映出的会计准则执行中问题。专题分析包括收入确认、资产减值、会计估计变更和差错更正、企业合并和长期股权投资、非经常性损益及所得税相关会计处理等六个专题。

一、上市公司2010年度财务报告总体情况

截至2010年12月31日，沪深证券交易所共有2 063家上市公司，其中主板1 379家、中小板531家、创业板153家。除2010年2月终止上市的太行水泥外，2 062家公司均按期公布了2010年年度报告。本分析以上述2 062家上市公司公开披露的年报数据为基础。

（一）收入规模快速增长，收益质量进一步提高

总体看，2010年上市公司业绩普遍出现大幅增长，共实现营业收入人民币173 442.28亿元，较2009年增加人民币45 428.39亿元，同比增长35.49%；盈亏相抵后，实现净利润人民币16 471.80亿元，较2009年增加人民币4 634.57亿元，同比增长39.15%。2010年上市公司平均每股收益人民币0.50元，同比增加人民币0.10元，增长25.64%；平均净资产收益率为14.44%，同比增加1.44个百分点，增长11.10%。其中，1 945家公司实现盈利，占全部上市公司的94.33%。

从实现利润的总额和收益质量看，2010年上市公司净利润水平较2009年有较大提高。2010年营业收入大幅增加，营业利润相应增加，同时扣除非经常性损益后的净利润也有较大幅度增长，反映了收益质量的进一步提高。与2009年情况相似，公允价值变动和营业外收支对净利润的影响总体不明显。

2 062家上市公司共实现利润总额为人民币22 223.51亿元，较2009年增加人民币6 277.05亿元，同比增长39.36%。从利润构成看，2010年营业利润为人民币16 471.80亿元，较2009年增加人民币4 634.57亿元，同比增长39.15%；2010年公允价值变动显示为净收益，金额为人民币86.98亿元，较2009年下降人民币47.55亿元，同比下降35.34%；2010年营业外收支净额为人民币771.51亿元，较2009年增加人民币252.55亿元，同比增加48.67%；2010年投资收益为人民币3 449.98亿元，较2009年增加人民币424.35亿元，同比增长14.03%；资产减值损失人民币2 360.31亿元，较2009年增加人民币377.61亿元，同比增长19.05%。从收益质量看，2010年扣除非经常性损益的净利润人民币15 637.09亿元，较2009年增加人民币4 680.25亿元，同比

增长 42.72%。

从各行业实现营业收入和净利润的情况看，2010 年按照证监会行业分类的 14 个行业的营业收入和净利润均实现同比增长，且 14 个行业均为整体盈利。其中，收入增幅最大与净利润增幅最大的行业均为交通运输、仓储业。

（二）专业判断能力进一步提升，判断结果对会计处理影响更加明显

在以原则为基础的会计准则框架下，上市公司能够按照会计准则和信息披露规则的要求编制和披露年报，财务信息列报质量较以往年度进一步提高。特别是针对复杂的经济交易事项，上市公司能够运用会计准则的原则规定，充分结合实际情况进行判断和处理，反映出上市公司整体专业判断能力进一步提升。同时，会计专业判断结果对财务报表的影响更加明显，也给监管工作带来更大的压力和挑战。

合并报表合并范围以控制为基础予以确定，因而控制的认定是几乎每家持有对被投资单位投资的上市公司都面临的问题。按照企业会计准则的规定，控制是指一个企业能够决定另一个企业的财务和经营政策，并能据以从另一个企业的经营活动中获取利益的权利。从年报披露看，上市公司能够按照准则的要求，不仅仅依照股权比例来认定控制，特别是在股权比例与控制权不对等的情况下，公司能够根据实质重于形式的原则确定对被投资单位的具体核算方法。例如，上市公司与第三方公司合资设立项目公司从事房地产开发等项目经营时，虽然上市公司和第三方公司从法律形式上均表现为对项目公司出资，但按照合同规定上市公司享有项目公司全部管理及经营决策权，第三方公司每年获得其出资额固定比例的投资回报，并且上市公司保证第三方公司最低收益金额及保证本金的收回。在此情况下，第三方公司对于项目公司的出资从实质上应视为债权性投资，在编制上市公司合并报表时，应按照 100% 的比例确认项目公司归属于母公司的净利润和所有者权益。

递延所得税资产的确认是多数上市公司普遍存在的需要实施专业判断的问题。按照企业会计准则的规定，资产、负债的账面价值与其计税基础不同产生可抵扣暂时性差异的，在估计未来期间能够取得足够的应纳税所得额用以利用该可抵扣暂时性差异时，应当以很可能取得用来抵扣可抵扣暂时性差异的应纳税所得额为限，确认相关的递延所得税资产。递延所得税的确认较大程度上依赖专业判断，而递延所得税资产的确认会影响当期的所得税费用，并最终影响当期净利润的实现情况。从 2010 年报披露看，多数上市公司能够按照企业会计准则的规定，谨慎确认递延所得税资产并作出充分披露。但我们也关注到，有个别盈利公司本期计提大额减值准备但未确认任何递延所得税资产，也有个别累计亏损金额较大的公司本期确认较大金额递延所得税资产，但在报表附注中未披露任何相关的确认依据。

（三）个别交易、事项的会计处理仍存在模糊认识，有待于进一步明确和统一

根据我们在监管中发现公司在会计处理过程中存在的共性问题，2010 年中国证监会以系统内问题解答的形式对会计估计与会计差错的区别、发行权益性证券相关的费用等进行了规范，并就其中涉及的某些问题在 2010 年年报通知（《证监会公告［2010］37 号》）中进行了强调。从年报披露情况看，

少数上市公司对会计估计变更的生效日期、会计估计变更与会计差错的区别等尚存在模糊认识，有待进一步统一。

会计估计变更，是指由于资产和负债的当前状况及预期经济利益和义务发生了变化，从而对资产或负债的账面价值或者资产的定期消耗金额进行调整。上市公司对会计估计变更应当采用未来适用法处理，即会计估计变更仅影响变更当期的，其影响数应当在变更当期予以确认；会计估计变更既影响变更当期又影响未来期间的，其影响数应当在变更当期和未来期间予以确认。因此，会计估计变更应自该估计变更被正式批准后生效，为方便实务操作，新会计估计最早可以自最近一期尚未公布的定期报告开始使用，原则上不能追溯到更早会计期间。实务中，有些公司因需要作出会计估计变更的内外部因素可能因并购重组等交易发生后即存在，但董事会作出变更会计估计的日期较晚的，原则上作为会计差错更正调整至需要进行会计估计变更的情况发生时，同时公司应在会计报表附注中予以说明。

部分公司在报表中涉及补缴前期所得税、增值税、营业税等税款，由于确定应缴纳税款的金额涉及会计估计和判断，应当按照会计准则对会计估计的相关规定进行处理，是否调整前期报表项目视具体情况而定，对此我们在有关的监管问答中曾经予以明确。如果有证据表明公司前期会计估计存在重大差错，应当按照重大会计差错进行追溯调整处理；如果没有明确的证据表明公司前期进行的会计估计存在差错，则补缴税款的影响应计入补缴当期。

（四）需要进一步研究和关注的会计处理问题

从年报披露情况反映的问题看，并购重组等过程中有关股权交易以及所得税相关的会计处理仍是企业会计准则执行以来会计处理的持续性难点，同时随着准则的修订和新交易事项的不断出现，年报中也反映出其他一些需要进一步研究和关注的新问题。

1. 同一控制下企业合并涉及的部分会计处理问题仍然需要进一步规范和明确

尽管会计准则不断对同一控制下企业合并的具体处理予以补充和完善，但实务中仍存在一些争议事项。例如，在最终控制方并未持有相关企业全部股权的情况下，对合并前利润的计算存在不同理解和做法。按照企业会计准则的规定，对于同一控制下的企业合并，视同参与合并各方在最终控制方开始实施控制时即以目前的状态存在，即不仅要合并被合并方自合并日起实现的净利润，而且要合并在合并日之前的净利润。年报分析中发现，在被合并方并非最终控制方的全资子公司，且合并方在合并交易中取得被合并方的股权比例大于最终控制方持股比例的情况下，准则并未明确规定对合并日之前相关净资产和利润的合并比例。从同一控制下企业合并的理念上来讲，应纳入前期比较报表的股权比例原则上不应超过合并中取得的同一集团内企业原已持股比例部分。

2. 以商誉为代表的长期资产减值计提成为企业会计处理的顽疾，需要从方法上和可操作性角度重新审视

从会计准则规定看，商誉的减值是最复杂的会计处理之一。按照企业会计准则的规定，企业合并所形成的商誉，至少应当在每年年度终了进行减值测试。由于商誉难以独立产生现金流量，应当结合与其相关的资产组或者资产组组合进行减值测试，准则同时规定了进行商誉减值测试的具体方法。从执行新准则以来的年报披露情况看，期末商誉

有余额的公司均披露了本期减值测试情况，但单项商誉计提减值的金额或者是零或者是全额。从商誉减值的结果推断，即使存在减值迹象，会计准则规定的方法并未在实务中得到广泛应用，需进一步研究现行商誉减值测试方法的合理性和可行性。

3.《企业会计准则解释第 4 号》对分步实现的企业合并、或有对价等的会计处理方法进行了修订，企业合并的过程设计对上市公司损益产生较大影响

分步实现的企业合并方法调整以后，对于形成合并前的股权要求采用公允价值在购买日重新计量，并要求确认相关的损益。从执行情况来看，达到购买日时，先期已持有股权的公允价值如何确定，不同的上市公司往往有不同的方法，而采用不同的方法最终结果会差别很大。另外，按照企业会计准则的规定，购买方应当将合并协议约定的或有对价作为企业合并转移对价的一部分，按照其在购买日的公允价值计入企业合并成本，期后或有对价实际情况与合并日的判断不同的，直接计入当期损益。2010 年年报分析中发现，越来越多的企业合并涉及或有对价。或有对价主要表现为对未来业绩的对赌条款，如约定被合并单位合并后几年的业绩分别达到某一标准，购买方需向股权转让方追加支付一定的款项，另外也有部分或有对价涉及被合并方能否取得某项经营许可权等不确定事项。在年报中还发现有个别公司将少量股份的转移与或有对价条件相结合，在交易设计上更为复杂。例如，上市公司从第三方购买某公司 75% 股权，先支付 72% 股权对应的价款并获得 72% 股权，其余 3% 的股权在合并日后每年再购买 1%，购买价格根据被合并方后三年的经营情况分别确定。尽管会计准则及有关解释中对或有对价的处理作出了原则性规定，但结合具体交易情况如何运用仍需要进一步考虑。

二、上市公司 2010 年度财务报告专题分析

（一）公允价值确认、计量与披露

无论在我国企业会计准则或是国际财务报告准则下，公允价值都是引发最多争议的问题之一。近年来公允价值的重要性被多次强调，公允价值的确认、计量与披露也不断得到规范，按照财政部 2010 年年报通知的规定，在运用公允价值时，需进一步披露公允价值的三个层次计量的详细信息。

1. 公允价值变动对损益的影响继续维持较低水平

公允价值变动损益主要包括交易性金融资产、交易性金融负债、衍生金融工具和采用公允价值计量的投资性房地产等产生的公允价值变动损益。全部上市公司 2010 年公允价值变动净收益总额为 86.98 亿元，占利润总额的 0.39%，较 2009 年下降 47.55 亿元，绝对值占利润总额的比重下降 0.45 个百分点。公允价值连续两年对公司业绩的影响都维持在较低水平。

2010 年公允价值变动损益对上市公司整体的影响并不广泛，对公司利润的影响也较小。有 509 家上市公司涉及公允价值变动损益，较 2009 年增加 19 家，涉及公允价值变动损益的公司数占上市公司总数的比例由 2009 年的 28.59% 下降到 2010 年的 24.68%。在涉及公允价值变动损益的 509 家上市公司中，245 家为公允价值变动净收益，总额为 120.61 亿元；264 家为公允价

值变动净损失，总额为33.60亿元。与2009年相比，产生公允价值净损失的公司数量增加，但损失总金额减小。

从公允价值变动损益对利润总额的影响看，绝大部分公司公允价值变动损益相对较小。2010年公允价值变动损益占利润总额的比例在10%以内的公司占存在公允价值变动损益公司总数的90%，这一比例较2009年增加4个百分点；其中，占利润总额比例在1%以内的公司为67%，较2009年增加12个百分点。同时，2010年没有因公允价值变动而改变盈亏方向的公司，而2009年和2008年分别有7家和4家上市公司因公允价值变动损益而使税前盈利或亏损。

2. 公允价值计量相关会计问题

从2010年年报情况看，限售股和非上市公司股权的公允价值确定在实务中存在不同理解。

2010年年报披露的情况显示，上市公司对持有的附有限售条件的股票估值采用的方法各异，具体包括以下几种方式：（1）采用市价估值；（2）按照《关于证券投资基金执行〈企业会计准则〉估值业务及份额净值计价有关事项的通知》（证监会计字［2007］21号）中的公式估值；（3）采用期权定价模型估值；（4）按成本计量。由于不同公司对相似情况下限售股票价格确定的方法不一致，应结合我国实际情况加以研究并力求统一。

根据会计准则规定，企业对被投资单位不具有控制、共同控制或重大影响，且在活跃市场中没有报价、公允价值不能可靠计量的权益性投资，应作为长期股权投资并采用成本法核算。从年报披露情况看，绝大部分公司对于持有的非上市公司的权益性投资，都视同公允价值无法可靠计量，作为成本法核算的长期股权投资；也有公司本年度因为其持有股份的上市公司暂停上市，以无法取得该投资的公允价值为由，将其从金融资产重分类至长期股权投资。仅从会计准则规定看，上市交易并非判断公允价值是否可以取得的唯一标准。在何种情况下应视为公允价值无法可靠取得，会计准则层面应提供具体原则，以指导实践。

3. 公允价值三个层次的披露情况

在2010年年报中，公司应按照公允价值三个层次披露以公允价值计量的各类金融工具的公允价值信息。三个层次公允价值分别按照以下方式确定：第一层次是企业在计量日能获得相同资产或负债在活跃市场上报价的，以该报价为依据确定公允价值；第二层次是企业在计量日能获得类似资产或负债在活跃市场上的报价，或相同、类似资产或负债在非活跃市场上报价的，以该报价为依据做必要调整确定公允价值；第三层次是企业无法获得相同或类似资产可比市场交易价格的，以其他反映市场参与者对资产或负债定价时所使用的参数为依据确定公允价值。

我们选择2010年资产负债表日交易性金融资产和可供出售金融资产合计或交易性金融负债超过10亿元的上市公司进行了分析，从披露的信息情况看，大部分以公允价值计量的金融资产和负债集中在第二层次，采用第一层次（公开市场报价）的金融资产和负债占比分别为12%和3%。在按照第二层次确定公允价值的情况下，对具体在同类或类似资产价值的基础上考虑什么因素进行调整、如何调整披露不尽理想。

（二）资产减值现状及影响

1. 对上市公司净利润的影响继续降低

2010年上市公司资产减值损失合计为2 357.47亿元，较2009年增加394.96亿元，同比增长为20.13%；2010年减值损失占净利润的比例为14.31%，较2009年下降19.05%，同比下降57.10%，2010年资产减值损失对净利润的影响较2009年进一步降低。

实务中资产减值损失主要包括坏账损失、存货跌价损失、可供出售金融资产减值损失、持有至到期投资减值损失、商誉减值损失等共17项。从各项资产减值损失增减变动情况来看，2010年增加的资产减值损失主要集中在贷款损失、商誉减值损失和存货跌价损失三个项目，这三个项目增加的金额占总增加金额的81%。其中，商誉减值损失是2010年资产减值损失增加比例最大的项目，增幅近9倍。2010年变动比例比较大的项目还有可供出售金融资产减值损失和持有至到期投资减值损失，变动比例均在5倍以上。

从各项资产减值损失占资产减值损失总额的比例看，两个年度占比最高的项目都是贷款损失项目，占比均在65%以上。由于贷款减值损失主要存在于银行类上市公司，若扣除该类公司，非银行类上市公司2010年各项资产减值损失较2009年增加了168.89亿元，增幅为29.02%，其中增减变动比较大的项目依次为：商誉减值损失较2009年增加68.50亿元，增长889.61%；存货跌价损失较2009年增加55.72亿元，增长61.41%；坏账损失较2009年增加25.27亿元，增长13.45%；长期股权投资减值损失较2009年减少24.18亿元，减少64.21%。非银行类上市公司2010年资产减值损失主要集中在固定资产减值损失、坏账损失和存货跌价损失等三个项目，三项金额合计占比为76.22%。

2. 应收款项坏账准备计提情况

2010年年报中，上市公司应收款项坏账准备的计提方法按使用的公司数量排列依次为：个别认定法结合账龄分析法、个别认定法结合账龄之外的风险组合分析法、个别认定法结合余额百分比法，以及个别认定法。

企业会计准则规定，企业对单项金额重大的应收账款应当单独进行减值测试，如有客观证据表明其已发生减值，应当计提坏账准备。虽然准则对单项金额重大的应收款项提出了单独测试的要求，但是并没有规定金额重大的具体判断标准，公司需要根据自身具体情况确定单项金额重大的标准。2010年年报中，上市公司确认单项金额重大的标准主要有以下几种类型：按照某一具体金额；按照某一占比，比如10%以上；按照排名，如余额前几名。

从年报披露情况看，上市公司一般对以下两种应收款项按照个别认定法不计提坏账准备：一是合并报表内母子公司往来及子公司往来不计提坏账准备；二是对上缴政府保证金、银行保函等保证金性质的款项不计提坏账准备。另外，对于应收关联方款项，有的公司将其包含在一般应收款项中测试并计提坏账准备，有的公司单独规定相应的减值计提方法，也有个别公司规定对应收关联方的款项不计提坏账准备。从上市公司实际情况看，应收关联方款项并不因为关联方关系就没有损失风险，仅以关联方关系为由不计提坏账准备没有足够的依据。

3. 商誉减值的会计处理

商誉产生于非同一控制下的企业合并，系购买方付出的企业合并成本大于合并中取得的被购买方可辨认净资产公允价值份额的差额。根据会计准则规定，企业合并所形成的商誉，持有期间不要求摊销，但至少应当在每年年度终了进行减值测试。由于商誉难以独立产生现金流量，商誉的减值测试应结合与其相关的资产组或者资产组组合进行，按照账面价值与可收回金额孰低的原则计量。

在年报分析中，我们关注到部分公司商誉减值发生时间与商誉确认时间非常接近。通常情况下，由于商誉产生于公平交易中，并且包含在合并成本内，在相应的企业合并发生时，购买方能够预计该差额今后将从合并项目的未来现金流量中逐步得到补偿。然而，个别上市公司在合并事项完成后不久，甚至就在产生商誉的合并交易发生的当年，就对相关商誉计提了全部或部分减值。如有关商誉的确认并非产生于购买日股价相对协议日股价大幅变动的情况，且被合并方经营情况、财务情况等未发生重大变化的，此类减值计提与之前的合并目的似乎相悖。

（三）会计估计变更和会计差错更正

1. 会计估计变更

会计估计，是指企业对结果不确定的交易或者事项以最近可利用的信息为基础所作的判断。由于商业活动中内在的不确定因素影响，财务报表中相当部分的项目不能精确地计量，而只能根据最近可利用的、可靠的信息为基础进行估计。

2010 年报中有 107 家上市公司披露了会计估计变更，变更原因主要集中在以下几个方面：改变固定资产的折旧方法和折旧期限、调整固定资产残值率、改变无形资产摊销年限、改变应收账款坏账计提的比例、变更制造费用分摊和约当产量的确定方法以及可供出售金融资产公允价值确定方法等。

2010 年会计估计变更导致利润减少的上市公司有 56 家，减少利润合计 114 888 万元，会计估计变更导致利润增加的上市公司有 39 家，累计增加利润 1 000 460 万元。有两家公司通过会计估计变更改变了公司的盈亏方向。另外，有 7 家上市公司披露会计估计变更对 2010 年度净利润无影响，有 4 家公司未具体披露会计估计变更对公司利润的影响金额。

2. 会计差错更正

前期差错，是指由于没有运用或错误运用下列两种信息，而对前期财务报表造成省略或错报：（1）编报前期财务报表时预期能够取得并加以考虑的可靠信息；（2）前期财务报告批准报出时能够取得的可靠信息。前期差错通常包括计算错误、应用会计政策错误、疏忽或曲解事实以及舞弊产生的影响等。

前期会计差错更正分为主动更正和被动更正两种情况，主动更正是指公司通过自查形式，发现了以前年度的会计差错，并自愿进行更正；被动更正是指有关监管机关在对上市公司会计信息进行检查时发现会计政策、会计估计应用错误或会计处理错误、计算错误等，并以书面文件要求公司进行更正。2010 年报中共有 88 家上市公司披露了会计差错更正，其中主动更正 73 家，被动更正 15 家。

上市公司主动进行前期差错更正涉及的原因比较复杂，常见的有税金补缴、资产减值准备计提、收入成本费用的确认时间或金额有误，另外也有公司调整以前年度的递延所得税资产确认、联营公司的投资收益等。有一家上市公司因会计差错更正改变公司 2009 年度盈亏方向。在被动进行前期差错更正的公司中，纳税汇算清缴问题占据主导地位。

3. 会计政策变更、会计估计变更和会计差错更正的误用和混淆

由于会计差错更正和会计政策变更均涉及对以往年度报表数据的追溯调整，个别公司混淆会计政策变更和会计差错更正，将本应是会计差错更正的事项作为会计政策变更。例如，2009 年会计准则已经对母公司在不丧失控制权的情况下部分处置对子公司的长期股权投资的会计处理作出规定，但某公司并未根据该规定进行会计处理。2010 年年报中该公司对 2009 年的相关会计处理进行更正，并调整了 2009 年报表相关数字，却作为会计政策变更披露。由于公司在披露 2009 年报时已经有相关会计处理政策，并可以合理预期公司能够知悉该政策，如果 2009 年未按要求处理应属于会计差错。

另外，由于会计估计本身具有不确定性，也有公司在以往年度会计估计结果与日后实际情况不符时，简单作为会计差错处理。例如，某公司披露“预收账款某项余额属长期挂账未予处理的历史遗留问题，经批准，本报告期公司将该余额调整以前年度营业外收入”。如果该事项在最初入账时，根据当时取得的信息列于预收账款是正确的，则不能判定为前期差错。又如，某公司披露“公司以前年度根据与各债权人签订的借款协议计提借款利息，同时在借款协议约定的范围内计提逾期罚息及复利。本期经管理人审核并经法院裁定确认的对各金融机构欠付利息与财务报表存在较大差异，公司做会计差错更正追溯调整以前年度计提的利息和相关税金”。如果公司编制前期报表时，依据当时能够取得的可靠信息确认利息及逾期罚息，则后续新情况出现或原有合同的变化导致的调整不应作为会计差错。

（四）企业合并和长期股权投资

1. 股权和债权的分类

从 2010 年年报分析看，部分公司划分作为长期股权投资核算的项目实质上应属于债权性质。如某上市公司和 A 公司（独立第三方，非上市公司）分别持有 B 公司 49% 和 51% 的股权，而且各方约定，在未来三年中，该上市公司不参与 B 公司的生产经营决策和经营管理。协议约定期满后，若上市公司决定退出，可将对 B 公司的投资按不低于其享有 B 公司的股东权益为基准价格转让给 A 公司。协议同时约定，若 B 公司提前终止清算，保证清算时上市公司将取得不低于其在 B 公司中所享有的股东权益价值，不足部分由 A 公司补足，同时由另外一家公司为此提供担保。此外，B 公司承诺在约定期限内按照出资额的 15% 向上市公司分配固定利益，不足部分由 A 公司补足，多余部分由 A 公司享有。从该协议分析，上市公司对 B 公司投出的资金虽然从形式上表现为股权投资，实质上主要承担的是利率风险和信用风险，并没有承担被投资单位的经营风险，因此应分类为长期应收款等债权类资产。

2. 同一控制下企业合并中合并日的确定

同一控制下的企业合并通常发生于同一集团之内，因此判断该业务或股权的控制权转移时点有时会存在一定争议。从 2010 年报披露情况看，在上市公司以发行股份为对价进行企业合并的情况下，大部分交易中以上市公司股份发行的当天作为合并日，也有以上市公司股份发行的当月初或当月末，或以董事会改选当期的期末作为合并日的情况。尽管选择期初或期末作为合并日更多的是为了满足实务操作的需要，例如为了合理

界定合并日前后期的利润等，但从披露情况看，公司普遍对控制权转移作出了不同的判断。

合并日的判断原则与购买日一致，即控制权转移的时点。在发行股份收购股权的企业合并案例中，控制权转移判断涉及的几个重要日期按先后顺序排列通常是：（1）股东大会批准日，代表企业合并合同或协议已获股东大会等内部权力机构通过；（2）证监会等部门批准日，代表合并事项已获得相关部门的批准；（3）资产交接日或股权过户日，代表参与合并各方已办理了必要的财产权交接手续；（4）董事会改选日，代表购买方实际上已经控制了被购买方的财务和经营政策，享有相应的收益并承担相应的风险；（5）上市公司股份发行日，代表购买方已支付了购买价款。在上市公司股份发行日，合并方通常能够全部满足判断控制权转移的条件，所以大部分上市公司将其判断为控制权转移日，但不排除实务中有控制权转移的时点在合并方股份实际发行日之前或之后的情况。

3. 以发行股份为对价的企业合并中合并成本的确定

根据企业会计准则的规定，合并成本是购买方在购买日为取得被购买方的控制权而付出的资产、发生或承担的负债以及发行的权益性证券的公允价值。一般情况下，对于购买日存在公开报价的权益性证券，其公开报价提供了确定公允价值的依据，除非购买方能够证明权益性证券在购买日的公开报价不能可靠地代表其公允价值，并且用其他的证据和估价方法能够更好地计量公允价值时，可以考虑其他的证据和估价方法。

从年报披露情况看，上市公司计算企业合并成本的依据包括购买日股票的收盘价格、以估值技术确定的股票价格和被购买方资产的评估价格三种。一般情况下，在董事会决议公告日到购买日之间时间间隔较长，并且在此期间股票市场整体出现较大幅度波动的情况下，如果作为合并对价发行的股票同时带有较长的限售期和严格的限售条件，可以采用适当的估值技术确定公司发行股份的价值，并据此计算企业合并成本。如果确实无法选择适当的估值技术可靠确定公司发行股份公允价值的，也可以考虑以购买日被购买资产的公允价值为基础确定企业合并成本。

（五）所得税相关问题分析

1. 所得税相关披露情况

2010 年上市公司所得税费用共 4 680. 22 亿元，较 2009 年增加 1 500. 79 亿元，实际所得税负担为 21. 08%，较 2009 年下降 0. 77%。2010 年有 1 898 家公司确认了递延所得税资产，递延所得税资产期末余额为 2 465. 03亿元，较 2009 年增加 741. 68 亿元，同比增长 43. 04%。2010 年有 816 家公司确认了递延所得税负债，递延所得税负债期末余额 1 209. 66 亿元，较 2009 年增加 154. 32 亿元，增长 14. 62%。

2. 所得税相关会计问题

所得税相关的会计问题主要包括所得税率的判断和对补缴前期税款的会计处理。

以高新技术企业为例，个别公司 2010 年末高新技术企业认定已到期，2011 年度需要复审，公司在编制 2010 年年报时需要估计暂时性差异在未来转回年度的适用税率，并据此计算相关递延所得税。对所得税税率的判断属于会计估计，公司应根据年报编制时可以获得的可靠信息，结合实际情况对是否能继续获得税收优惠进行估计，即根据对《中华人民共和国企业所得税法》、《关于实施高新技术企业所得税优惠有关问题的通知》及其他相关规定的理解判断未来期间适用的税率。如果后续情况证明公司的会计估计结果与实际情况存在差异，只要公司在编制前期报表时并不存在错误，相关影响均按照会计估计变更处理。

2010 年年报中，部分公司涉及由于税收稽查等原因补缴税款的问题。如果是因为在过去纳税的过程中出现了漏交、计算错误等差错引致当前的补缴，且影响重大的，应按前期重大会计差错更正的原则，追溯到差错发生的期间；如果是由于资产负债表日后政策变化（例如资产负债表日后新出台或者新修订的税务政策），则不属于前期会计差错，应将补缴税款计入当期。

（六）非经常性损益情况

非经常性损益是客观评价上市公司持续盈利能力的一项重要监管指标。从 2010 年年报披露情况看，非经常性损益对上市公司整体损益影响不大，但对个别上市公司的盈亏仍具有实质性影响。

1. 对上市公司整体损益影响不大

2010 年上市公司净利润合计为 16 471. 80 亿元，扣除非经常性损益的净利润合计为 15 637. 22 亿元，非经常性损益净额合计数为 834. 58 亿元，非经常性损益净额占归属于上市公司股东净利润的比例为 5. 07%，该比例较 2009 年度的 7. 42% 下降了 2. 35 个百分点。多数上市公司 2010 年度非经常性损益对财务业绩的影响不大，非经常性损益对净利润的影响小于 50% 的公司有 1 681 家，占全部上市公司的比例为 81. 52%，其中影响小于 10% 的公司有 1 088 家，占比 52. 76%，非经常性损益在上市公司整体上不属于主要收益来源。

2. 对个别公司的盈亏产生较大影响

2010 年有 175 家公司非经常性损益占净利润比例的绝对值在 50% 以上、100% 以下，占上市公司整体的 8. 49%；其中 ST 类公司为 24 家，占全部 ST 类公司的 13. 95%。206 家公司非经常性损益占净利润比例的绝对值在 100% 以上，占上市公司总数的 9. 98%；其中 ST 类公司为 88 家，占 ST 类公司总数的 51. 17%。2010 年扣除非经常性损益后，194 家公司当年净利润由盈转亏，12 家公司由亏转盈。

从近三年的情况看，2 062 家上市公司中近三年均依靠非经常性损益实现盈利的有 27 家，占公司总数的 1. 31%，其中 ST 类公司为 10 家。

对于 2009 年亏损的公司，2010 年有 168 家公司实现盈利，其中有 84 家公司扣除非经常性损益后为亏损。

3. 主要非经常性损益项目

从影响金额看，非经常性损益主要集中在“计入当期损益的政府补助（与企业业务密切相关，按照国家统一标准定额或定量享受的政府补助除外）”、“非流动性资产处置损益（包括已计提资产减值准备的冲销部分）”和“除同公司正常经营业务相关的有效套期保值业务外，持有交易性金融资产、交易性金融负债产生的公允价值变动损益，以及处置交易性金融资产、交易性金融负债和可供出售金融资产取得的投资收益”三个项目。这三个项目合计 713. 62 亿元，占 2010 年非经常性损益总额的 85. 51%。

从公司的影响面看，“除上述各项之外的其他营业外收入和支出”出现的频率最高，有 1 995 家公司涉及此项目，占上市公司总数的 96. 80%；其次是“非流动性资产处置损益（包括已计提资产减值准备的冲销部分）”，有1 906家公司涉及，占上市公司总数的92.48%；再次是“计入当期损益的政府补助（与企业业务密切相关，按照国家统一标准定额或定量享受的政府补助除外）”，有1 814家公司涉及，占全部上市公司的88.02%。

通过非经常性损益扭亏的公司和ST类公司的非经常性损益项目均主要集中在“债务重组收益”、“非流动性资产处置损益（包括已计提资产减值准备的冲销部分）”及“计入当期损益的政府补助（与企业业务密切相关，按照国家统一标准定额或定量享受的政府补助除外）”三个项目。其中，2010年扭亏为盈公司债务重组收益共53.93亿元，ST类公司债务重组收益共81.12亿元，占该类公司非经常性损益总额的比例均超过50%。

撰稿人：中国证监会会计部

分行业分规模条件下沪深交易所上市公司对比分析

一、研究概要

本报告以沪深交易所已上市公司年报数据为样本，分产业分规模对 2010 年沪深交易所中型上市公司的估值水平、机构投资者关注度、业绩增长、收益质量等进行对比分析。

（一）分行业分规模研究的视角

1. 制造业上市公司

沪深两市小型制造业上市公司的市盈率差异不大；上海证券交易所（简称上交所）制造业上市公司的机构投资者持股比例较高；深圳证券交易所（简称深交所）巨大型制造业上市公司市净率高于上交所同类公司，而两市中小型制造业上市公司市净率差异不大。

2. 建筑业上市公司

上交所建筑业中型上市公司盈利能力低于深交所同类公司，但收益质量高于深交所上市公司；深交所建筑类上市公司成长性高于上交所同类公司；两市建筑类上市公司的机构持股比例相当；深交所建筑类公司股价波动率显著高于上交所同类公司；深交所建筑类公司参与金融投资的热情高于上交所。

3. 采掘业上市公司

上交所采掘业上市公司盈利能力略高于深交所同类公司，但收益质量两市相当；上交所采掘类上市公司普遍更受机构投资者和分析师青睐；上交所与深交所采掘类公司均不存在过度投资金融资产的现象。

4. 电力、煤气及水的生产与供应业上市公司

上交所电力业上市公司盈利能力显著高于深交所同类公司，收益质量也略好于深交所同类公司；上交所电力类公司更受机构投资者和分析师青睐；上交所电力类公司参与金融投资的热情更高。

5. 金融保险业上市公司

上交所中小型金融保险业上市公司的市盈率高于深交所同类公司；机构投资者关注度两市相当；两市中小型金融保险业上市公司的市净率差异不大；两市中小型金融保险业上市公司的平均总市值相当。

6. 房地产业上市公司

两市中小型房地产业上市公司的市盈率差异不大；上交所大型房地产业上市公司的市盈率连续四年高于深交所中小型公司；上交所中小型房地产业上市公司的机构持股比例更高；上交所中小型房地产业上市公司的市净率低于深交所；上交所中小型房地产业上市公司的平均总市值与深交所同类公司

相当。

7. 社会服务业上市公司

上交所中小型、大型社会服务业上市公司的市盈率均高于深交所同类公司；与深交所同类公司相比，上交所社会服务业上市公司的机构持股比例更高；上交所中小型、大型社会服务业上市公司的市净率均低于深交所同类公司；上交所中小型社会服务业上市公司的平均总市值低于深交所同类公司；上交所大型社会服务业上市公司的平均总市值高于深交所同类公司。

8. 传播与文化产业上市公司

上交所传播与文化类上市公司盈利能力显著低于深交所同类公司，收益质量略低于深交所同类公司；上交所传播与文化类上市公司的机构持股比例高于深交所同类公司；上交所传播与文化类公司股价波动率略低于深交所同类公司；上交所公司投资金融资产的热情显著高于深交所同类公司。

（二）研究结论归纳

综上所述，在同行业同等规模条件下，两市上市公司的市盈率、盈利能力、收益质量不存在显著差异；上交所上市公司的市净率低于深交所同类公司；上交所上市公司的机构持股比例更高。

二、制造业：沪深交易所上市公司对比分析

为了在同等规模下对沪深交易所制造业上市公司进行深入分析，根据目前沪深交易所以股本规模为划分上市地的依据，本分析从股本规模的角度，将沪深交易所制造业上市公司分为如下类型。

制造业上市公司规模分布见表1。

表1　制造业上市公司规模分布

深交所	上交所
37	62
281	301
184	73
34	1

注：1. 股本规模以2009年12月31日的总股本计算；2. 根据沪深交易所8 000万股本的划分标准，将8 000万股本作为一个划分依据；3. 为了对比沪深交易所公司业绩，根据目前公司股本分布，将2亿和10亿股本作为两个划分依据。

从表1可知，巨型制造业上市公司（总股本在10亿以上），深交所有37家，上交所有62家；大型制造业上市公司（在2亿股以上10亿股以下），深交所有281家，上交所有301家；中型制造业上市公司（总股本在8 000万股以上、2亿股以下），深交所有184家，上交所仅有73家；小型制造业上市公司（8 000万股本以下），深交所有34家，上交所仅有1家（600892，* ST宝诚），而且是尚未完成股改的特别处理的公司，不具有参考意义，因此，该公司不作为一类进行对比分析。

可见，从总股本来看，深交所以中小型（总股本2亿以下）制造业上市公司为主，而上交所以大型（总股本2亿以上）制造业上市公司为主。

本分析从市盈率、机构投资者关注度等多个角度对沪深交易所制造业上市公司进行对比分析。

（一）市盈率

市盈率是投资者、发行人及市场普遍关注的重要指标之一。从图1来看，两市巨型制造业上市公司的市盈率差别不大；上交所

大型制造业上市公司的市盈率高于深交所；就中型上市公司而言，上交所的市盈率于2006、2007年高于深交所，2008、2009年低于深交所市盈率，2010年上交所又高于深交所。值得注意的是，深交所小型制造业上市公司市盈率于2008、2009年高于其他类型公司，表现突出，而2010年有所降低，与沪深交易所中型上市公司的市盈率趋同。

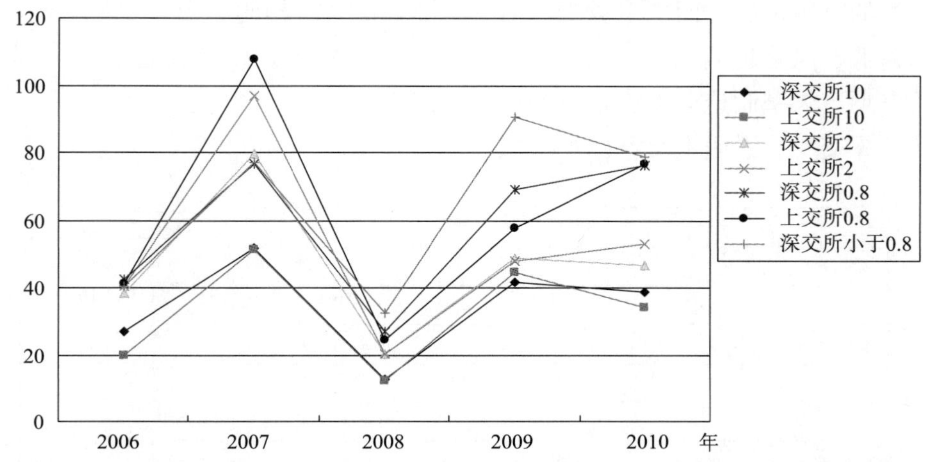

注：“深交所10”表示深交所总股本在10亿股以上的制造业上市公司，“上交所10”表示上交所总股本在10亿股以上的制造业上市公司；“深交所2”表示深交所总股本在2亿股以上、10亿股以下的制造业上市公司，“上交所2”表示上交所总股本在2亿股以上、10亿股以下的制造业上市公司；“深交所0.8”表示深交所总股本在8 000万股以上、2亿股以下的制造业上市公司，“上交所0.8”表示上交所总股本在8 000万股以上、2亿股以下的制造业上市公司；“深交所小于0.8”表示深交所总股本在8 000万股以下的制造业上市公司，“上交所小于0.8”表示上交所总股本在8 000万股以下的制造业上市公司（下同）。

图1 沪深交易所制造业上市公司市盈率

（二）机构投资者关注度

机构投资者具有专业估值、价值发现的优势和条件，因此，机构投资者关注度是一个市场或一个公司是否被机构投资者看好的重要指标。本分析以机构投资者持股比例衡量其关注度。从图2可知，无论是巨型、大型制造业上市公司，还是中型、小型制造业上市公司，上交所的机构投资者关注度均高于深交所。

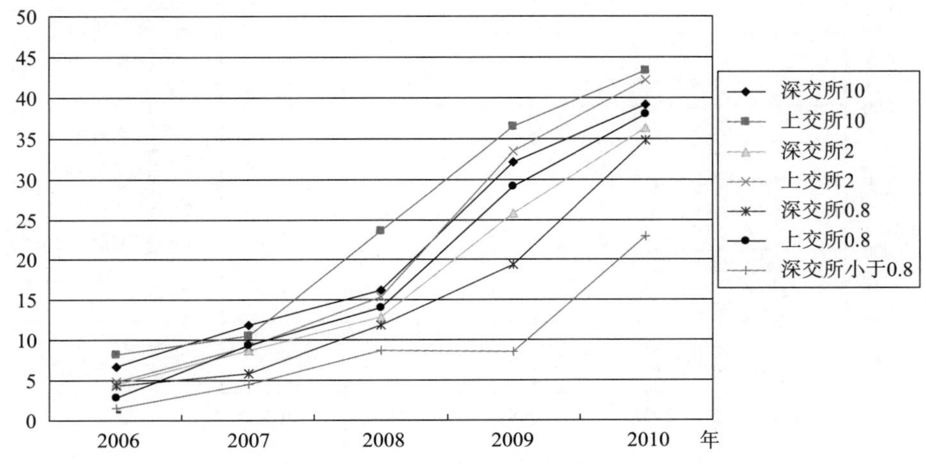

图2 沪深交易所制造业上市公司机构投资者关注度

（三）市净率

市净率是市价与每股净资产之间的比值，比值越低意味着风险越低，一旦上市公司破产，清算的时候可以收回更多成本。所以，市净率越低，风险越低。

上交所巨型、大型制造业上市公司的市净率一直低于深交所，说明上交所巨型、大型制造业上市公司风险较小；而中型制造业上市公司的市净率，上交所于 2006 ~ 2009 年低于深交所，2010 年高于深交所，说明上交所中型制造业上市公司风险在增大，逐渐与深交所趋同。

沪深交易所制造业上市公司市净率见图 3。

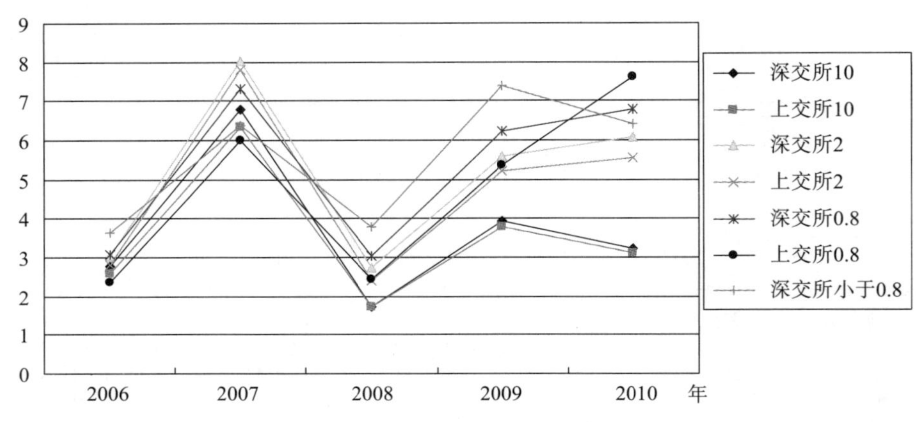

图 3　沪深交易所制造业上市公司市净率

（四）总市值

股票的市值就是按市场价格计算而来的股票总价值。上交所巨型、大型制造业上市公司的平均总市值大于深交所，而中型制造业上市公司，上交所低于深交所。

沪深交易所制造业上市公司平均总市值见图 4。

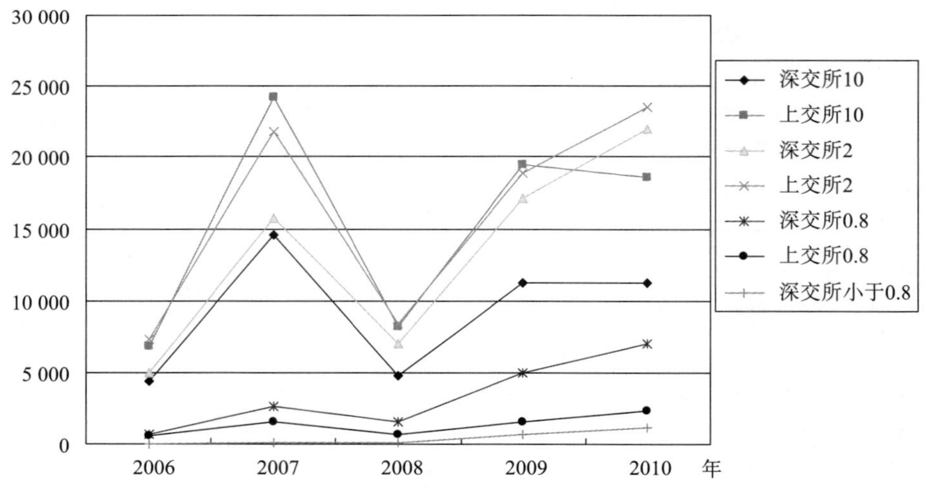

图 4　沪深交易所制造业上市公司平均总市值

（五）每股收益

从图5可知，沪深交易所制造业上市公司的每股收益存在较大差异，但2010年的业绩有趋同的趋势。

从巨型制造业上市公司每股收益来看，深交所于2006年、2007年、2009年和2010年高于上交所，但2008年低于上交所。

从大型制造业上市公司每股收益来看，深交所高于上交所，上交所公司2010年的每股收益与深交所公司差距较小。这一结论同样适用于中型制造业上市公司。

深交所小型制造业上市公司的每股收益是所有类型中最高的。值得注意的是，上交所小型制造业上市公司仅有1家（600892，* ST宝诚），每股收益为负，不具代表性。

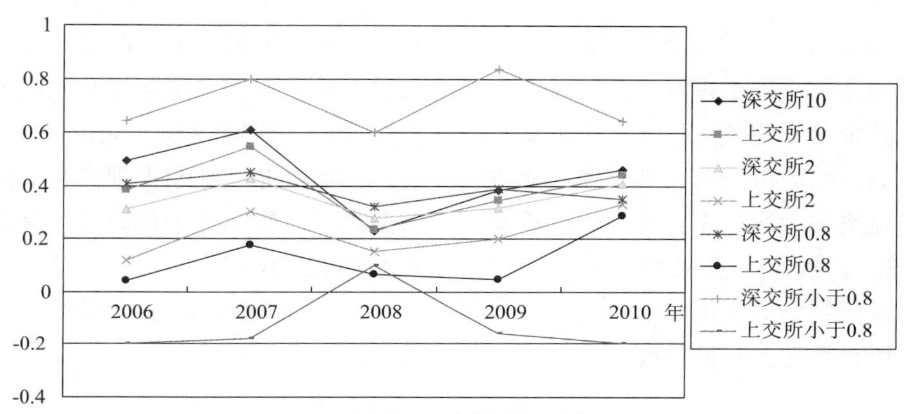

图5 制造业上市公司每股收益变化

三、建筑业：沪深交易所上市公司对比分析

（一）盈利情况比较

沪市建筑业总体资产规模远高于深市，不仅体现在总资产100亿元以上的上市公司全部聚集在沪市，以及沪市没有1家公司总资产规模低于10亿元，还体现在沪市拥有大量的行业龙头企业，如中国建筑、中国中冶、中国中铁等。特别是中国建筑，其具有房屋建设市场最大的市场份额，同时拥有住房的建设、投资以及土地一级开发和规划能力。

沪深建筑业上市公司规模及数量对比见表2。

表2 沪深建筑业上市公司规模及数量对比

	深市	沪市
总资产规模（亿元）	29. 78	798. 6
10亿以下（家）	4	0
10亿～100亿（家）	14	10
100亿以上（家）	0	11

以下，我们比较两市资产规模接近的上市公司见（图6）。沪市建筑类公司盈利能力普遍低于深市。就成长性而言，2010年深市企业营业收入平均增长35%，沪市为30%，归属于母公司的净利润深市同比增长50%，沪市为62%，两市相当。然而，从绝对值来看，虽然沪市企业营业收入总额远高于深市，但在净利润上却不及深市。深入比较发现，沪市的财务费用比例普遍高于深市，平均为1.4%，而深市大部分企业实现了利息净收入。

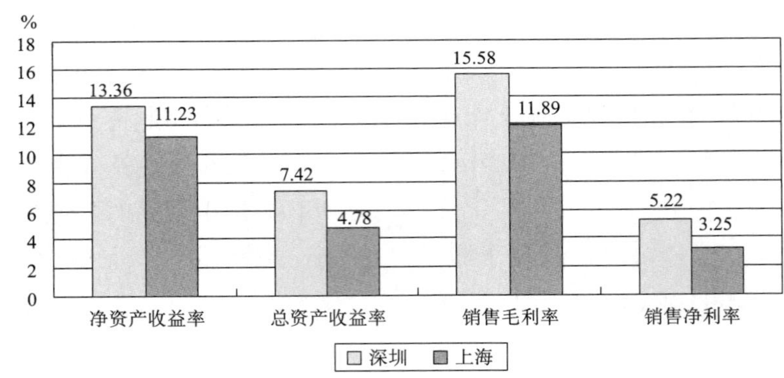

图6　沪深建筑业盈利能力比较

就收益质量而言，深市ST汇通依靠资产减值准备的冲销实现了扭亏为盈，从而避免了退市，其余公司平均89.18%的利润来自经常性业务，而沪市公司没有一家公司以非经常性损益增加利润，来自经常性的损益占比为85.8%。就这一点来看，沪市建筑类公司的收益质量略好于深市。

鉴于沪市存在超大规模的建筑企业，如中国建筑、中国中冶等四家企业，下面就超大规模的企业和沪市其他企业以及深市企业进行比较。研究发现，无论超大规模企业，还是其他企业，除超大规模企业的净资产收益率在这三类企业中最高外，其他指标沪市企业均逊于深市。

沪市大规模建筑企业的盈利情况见表3。

表3　　沪市大规模建筑企业的盈利情况

	沪市超大规模企业（1 000亿元以上）	深市	沪市其余规模企业
每股收益（元）	0.63	0.70	0.48
净资产收益率	16.49	15.31	13.98
总资产净利率	4.78	9.56	4.78
销售毛利率	10.66	17.36	11.24
销售净利率	6.13	6.41	4.76

沪深建筑业成长性比较见图7。

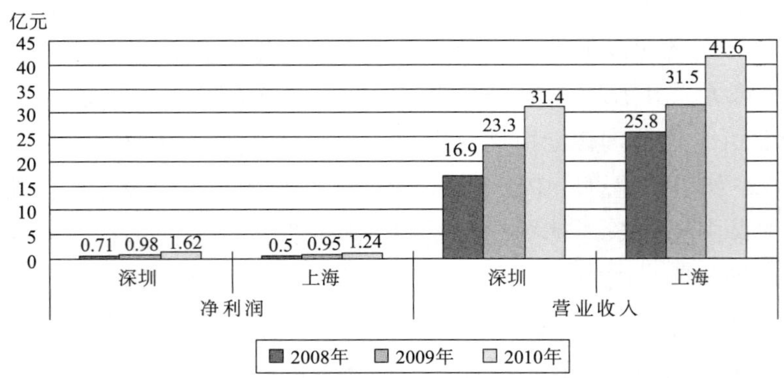

图7　沪深建筑业成长性比较（亿元）

另外，就绝对值而言，沪市建筑类公司营业收入远超深市，但在净利润的平均值上，却低于深市，可见，沪市企业的盈利状况欠佳。成长性方面，深市营业收入同比增长36%，而沪市同比增长25%。归属于母公司股东的净利润，沪市企业分化现象严重，如安徽水利同比增长366%，四川路桥增长278%，而科达股份、中国铁建等却实现了负增长。

（二）机构关注度

沪深建筑业机构持股比例比较见图8。

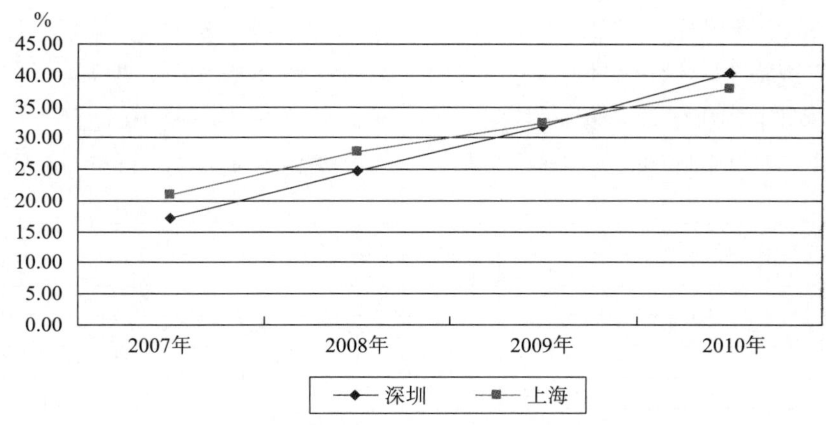

图8 沪深建筑业机构持股比例比较（%）

在机构投资者持股比例上，沪深两市相当。另外，在股票的活跃度上，机构给出沪市企业的综合评级指数为1.79，略低于深市的1.85。深市企业平均有6.55家机构进行跟踪，沪市为6.36家。深市平均有2.4家分析机构给出买入评级，沪市为3.1家。从机构持股比例、综合评级指数、跟踪的评级机构数量等指标来看，深市的建筑企业更受市场青睐。另外，我们用年化的日波动率表示两市建筑类股票价格的波动性，深市为47%，沪市为39%，深市显著高于沪市，这与沪市拥有多家超大盘股有关。剔除这几家公司后，沪深两市波动率接近。

（三）金融投资参与度

深市有20%的建筑企业拥有交易性金融资产，相比之下，沪市比例显著较高，接近一半的企业投资交易性金融资产。投资金额上，沪深企业均较小，不到总资产的0.1%，但深市差异化更大，最高的达10%。在可供出售金融资产上，一个显著的特征是，参与投资的沪市企业比例较高，接近50%，而深市为10%左右。而在投资比例上，深市企业中，深天健达到了35%，而沪市企业2010年投资金额最高的企业，投资于可供出售金融资产的比例也仅占总资产的2%。可见，在金融投资参与度上，沪市企业普遍性较高，但金额比例不高，而深市虽然仅少数企业进行金融投资，但投资金额较高，有的占总资产相当大的比重，这点需引起重视。

四、采掘业：沪深交易所上市公司对比分析

（一）盈利能力分析

就规模而言，无论是公司数量，还是公

表 4　　沪深采掘业上市公司数量及规模对比

		数量（家）	总资产规模（亿元）	市值规模（亿元）
上交所		28	1 270	1 380
深交所	主板	10	106	223
	中小板	6	26. 8	121
	创业板	4	7. 38	31

司的资产规模和市值规模，沪市均超过深市。尤其在资产规模上，沪市采掘类公司平均资产规模为深市的 10 倍。聚集着采掘业的几大龙头企业，如中国石油、中国石化和中国神华等，资产总额均超过 1 000 亿元。另外，深市板块分化明显，创业板四家公司平均资产规模不及 10 亿元。

沪深采掘业公司资产规模统计见图 9。

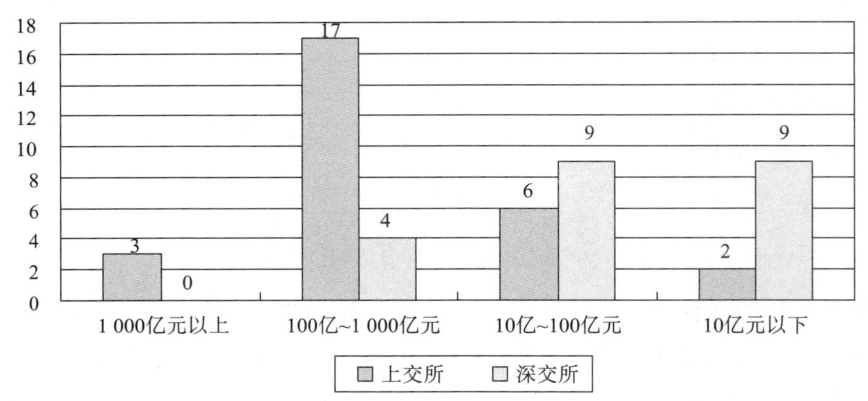

图 9　沪深采掘业公司资产规模统计

从沪深公司的盈利能力来看，沪市公司的净资产收益率高于深市，主要原因，一是总资产收益率较高；二是资产负债率，即财务杠杆较高。前者是由于沪市企业的营运能力较高，如沪市总资产周转率为 0. 94，深市则略低。在销售毛利率方面，沪市不及深市。

沪深采掘业公司盈利能力比较见图 10。

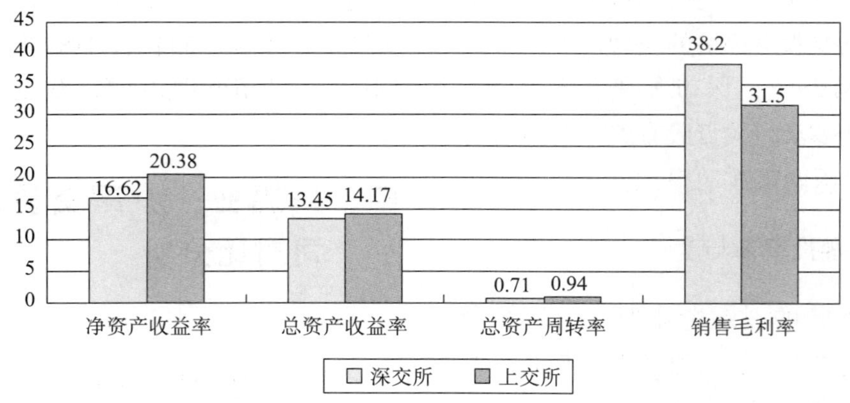

图 10　沪深采掘业公司盈利能力比较

以下选取沪深两市规模相近的采掘类公司进行比较，具体为图9中10亿～100亿元资产范围的企业。

沪深采掘业对比盈利能力分析——杜邦分析法见表5。

表5　沪深采掘业对比盈利能力分析——杜邦分析法

	深交所（5家）	上交所（5家）
净资产收益率（%）	19.62	23.41
总资产回报率（%）	12.72	13.09
权益乘数	1.67	1.89
销售净利率（%）	18.05	19.29
总资产周转率（次）	0.63	0.69
销售毛利率（%）	40.38	39.36

表5的10家公司，8家为煤炭开采类，其余两家为其他采掘类。通过对这些公司2010年年报的财务分析发现，深市公司的平均净资产收益率低于沪市公司，后者为23.41%，前者不足20%。深入分析，差异来自两方面，一是沪市公司的总资产回报率略高于深市，二是沪市公司的权益乘数，即负债比率较高，说明沪市公司善于运用财务杠杆。再深入比较，深市公司的销售毛利率略高于沪市，但是资产周转率不及沪市。这说明，总体而言，沪市企业财务杠杆较高，表现在负债比例较高，债务融资效率高。但主营业务的盈利能力（毛利率）不及深市企业。此外，值得注意的是，沪市公司间盈利能力的差异较小，如净资产收益率，5家公司均保持在22%～24%之间，相比之下，深市公司的分化现象明显。例如，同样规模的公司，露天煤业净资产收益率达到39%，而煤气化仅8.2%。同样，其他盈利指标，如总资产收益率和毛利率也出现类似的分化现象。

另外，我们以扣除非经常性损益后的净利润占所有净利润的比重表示收益的质量，深市平均比例为92.74%，沪市为92.29%，两市相差不大，且几乎均来自经常性损益，说明两市采掘类公司的收益质量均较高。

每股指标方面，沪市每股盈余较高，在1.2元至2.4元之间，是深市企业的3.11倍，深市最高的露天煤业每股盈余也仅为1.1元。每股净资产和每股经营活动现金流的情况也类似。

每股指标比较见表6。

表6　每股指标比较

	深交所（5家）	上交所（5家）
每股盈余（元）	0.63	1.96
每股净资产（元）	3.66	9.97
每股经营活动现金流（元）	0.69	1.95

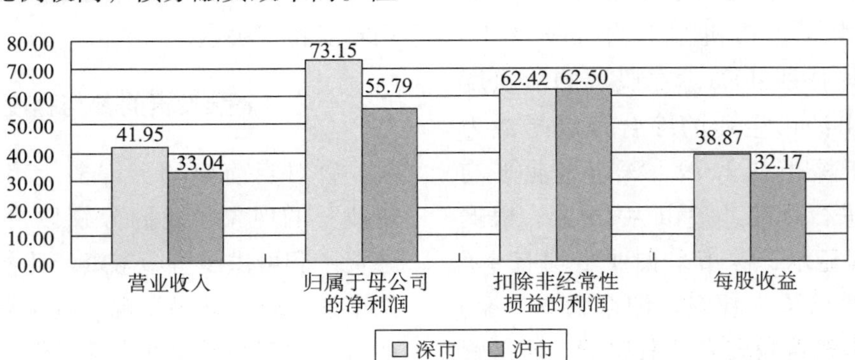

图11

以上从静态的角度考察了两市的盈利情况，下面对两市的成长性进行比较。总体来看，2010 年采掘业的收入、利润均实现了同比大幅增长。分市场来看，深市企业营业收入同比增长 42%，沪市为 33%。归属于母公司的净利润增长率也是深市高于沪市，每股收益沪市也略逊于深市。但值得注意的是，扣除非经常性损益后的净利润同比增长两市相差无几。这说明，前述深市的高增长情况可能得益于非经常性损益的增长，收益的可持续性值得关注。此外，两市企业的市盈率出现严重分化，深市远远高于沪市，见表 7。

表 7　　估值指标比较

	深交所（5 家）	上交所（5 家）
市盈率	237.53	33.61
市净率	8.90	7.27

（二）机构关注度

采掘业机构投资者持股比例见图 12。

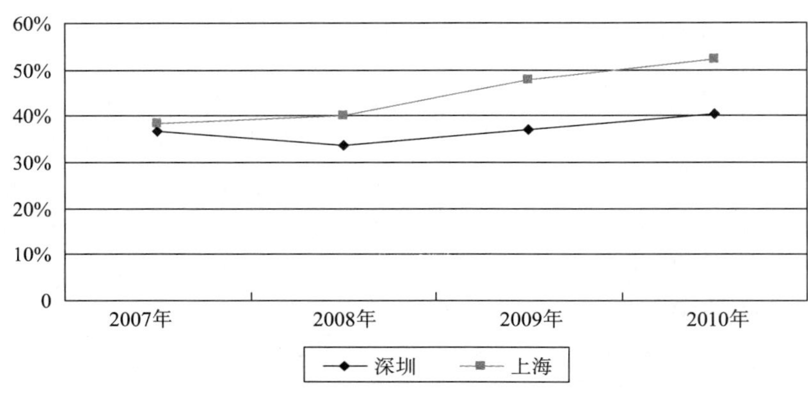

图 12　采掘业机构投资者持股比例

我们以机构投资者的持股比例、机构综合评级指数、分析师跟踪数量、评级结果等表示公司受机构的关注程度。从图 12 可看出，在机构投资者持股比例上，2007～2010 年沪市均高于深市，且两市分化现象逐年加剧，至 2010 年，沪市机构平均持股 52%，深市机构平均持股 40%。在股票的活跃度上，机构给出沪市企业的综合评级指数为 1.68，略低于深市的 1.79。深市企业平均有 8 家机构进行跟踪，沪市为 15 家。根据 WIND 的数据显示，深市采掘业平均有 4.6 家分析机构给出买入评级，沪市为 6.7 家。可见，无论是机构投资者持股比例，还是跟踪的评级机构数量和给出买入评级的次数，沪市的采掘类企业更受市场青睐。另外，我们用年化的日波动率表示两市采掘业股票价格的波动性，深市为 44.48%，沪市为 44.40%，两者没有显著差异，可见，股票的波动性和所在市场并无必然联系，而由公司自身特征决定。

（三）金融投资的参与程度

针对当前市场上许多上市公司“不务正业”的现象，我们分别以持有交易性金融资产和可供出售金融资产比例为对象进行两市的比较。结果发现，就交易性金融资产而言，沪市和深市拥有交易性金融资产的公司数量均不高，分别占两市公司数的 10%

左右，且投资比例均较小（2010 年不到 0.1%，沪市略高于深市）。在可供出售金融资产上，沪市拥有可供出售金融资产的公司数和投资金额比例均略高于深市。但总体而言，两市采掘类公司均不存在过度投资金融资产的现象。

五、电力、煤气及水的生产和供应业：沪深交易所上市公司对比分析

（一）盈利能力比较

沪深电力等公用事业公司规模和数量比较见表 8。

表 8　沪深电力等公用事业公司规模和数量比较

	深交所	上交所
公司数量（家）	27	45
总资产规模（亿元）	94.14	285.59
10 亿元以下（家）	2	1
10 亿～100 亿元（家）	15	28
100 亿～1 000 亿元（家）	10	10
1 000 亿元以上（家）	0	6

就资产规模而言，沪市公司远高于深市，45 家沪市公司的平均总资产为 285.59 亿元，是深市均值的 3 倍。就分布区间而言，1 000 亿元以上的公司均来自沪市，而深市企业多为 10 亿元左右的小规模公司。

就盈利情况而言，深市平均每股盈余为 0.21 元，沪市为 0.29 元。深市亏损数量较多，占比 22%，而沪市仅涪陵电力亏损。再看净资产回报率，沪市 9.31%，深市仅 3.95%，究其原因，沪市企业的毛利率较高，达到 23.23%，而深市仅 15.49%。

就收益质量而言，深市有 3 家公司因非经常性损益而扭亏为盈，占比 14%，沪市有 5 家，占比 11%。

沪深电力等公用事业盈利情况比较见表 9。

表 9　沪深电力等公用事业盈利情况比较

	深交所	上交所
净资产收益率（%）	3.95	9.31
总资产回报率（%）	5.80	6.53
销售净利率（%）	13.04	13.3
销售毛利率（%）	15.49	23.23

三费控制方面，沪市公司在财务费用方面普遍低于深市，而在营业费用、管理费用上则普遍高于深市，见表 10。

表 10　沪深电力等公用事业三费情况比较

	深交所	上交所
营业费用率	1.39	1.8
管理费用率	5.85	6.68
财务费用率	7.93	5.76

以下分子行业看沪深两市公司的盈利情况。

1. 火电行业

2010 年，火电行业的收益率低于该板块整体收益率，销售净利率为 3% 左右。分市场看，沪市较高，为 6%，其中，川投能源和内蒙华电较高，深市平均为 1.3%。就成长性而言，沪市火电企业营业收入的增长率显著高于深市，2009 年和 2010 年分别达到 20% 和 33.6%，而深市仅 15%。2010 年深市火电企业净利润下降 58%，而沪市企业基本与 2009 年持平。

盈利能力的变化，一方面源自 2010 年煤价的上涨，摊薄了利润，另一方面由于节能减排的影响，2010 年火电发电量增速放缓，全年火电发电量逐月下降，取而代之的是水电发电量逐渐上升。

沪深两市火电企业营业收入增长率见图13。

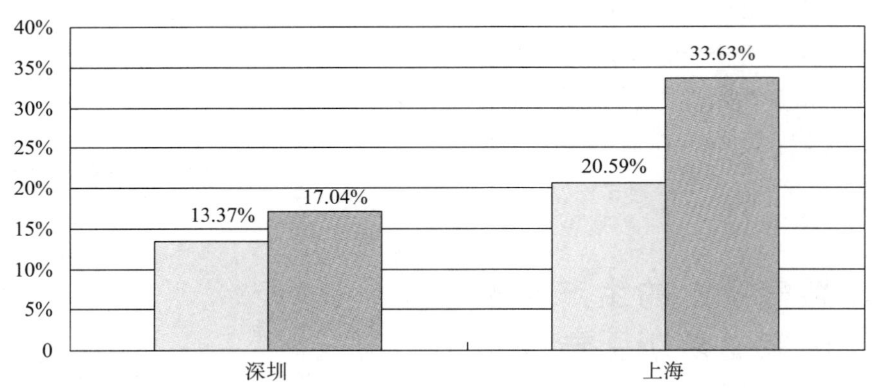

图13 沪深两市火电企业营业收入增长率

2. 热电行业

就热电行业业绩指标来看，无论是净资产收益率，总资产收益率，还是毛利和净利，沪市企业均显著高于深市。沪市尤其有京能热电，哈投股份和宁波热电等盈利水平较高的企业，而深市富龙热电亏损，还有一家ST公司。

沪深企业热电行业盈利指标分析见图14。

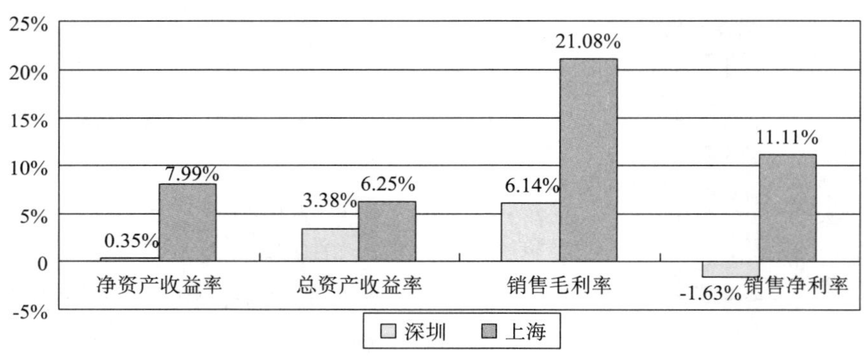

图14 沪深企业热电行业盈利指标分析

3. 水电行业

水电行业净资产收益率显著高于火电企业，深市只有两家上市水电企业，而沪市有11家，平均规模是深市的两倍。沪市拥有两市规模最大的公司长江电力。深市平均每股收益0.37元，沪市0.39元。净资产收益率、总资产收益率和销售净利率方面，沪市表现均好于深市，而在销售毛利方面，深市高于沪市。总体来看，深市企业在期间费用控制方面不及沪市有效。原因可能在于深市企业营业费用率低于沪市，但在管理费用和财务费用率上，显著高于沪市，尤其是财务费用的控制，深市高于沪市将近4倍。

沪深水电企业盈利情况比较见图15。

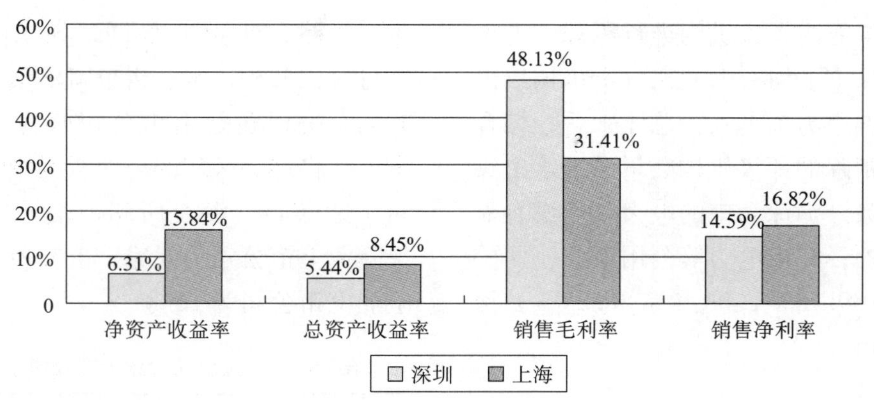

图 15　沪深水电企业盈利情况比较

沪深水电企业成长性比较见图 16。

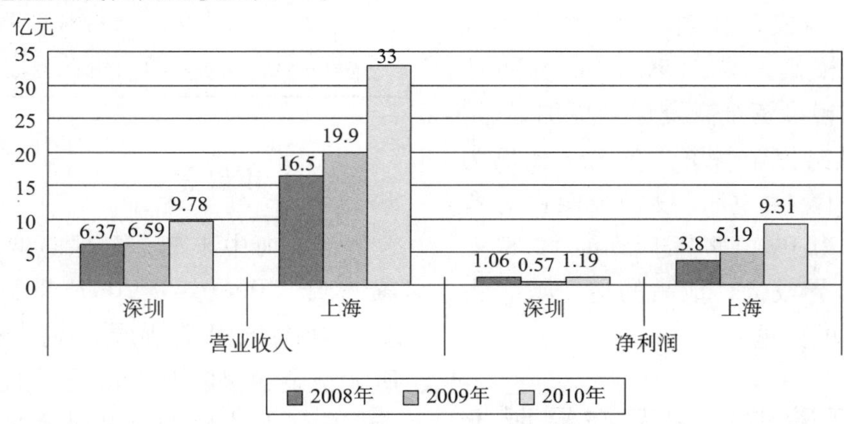

图 16　沪深水电企业成长性比较

（二）机构关注度

沪深电力等公用事业机构持股比例见图 17。

在机构投资者持股比例上，除 2008 年两市相当外，其余年份都为沪市高于深市。在股票的活跃度上，机构给出沪市企业的综合评级指数为 2.23，略高于深市的 2.05。

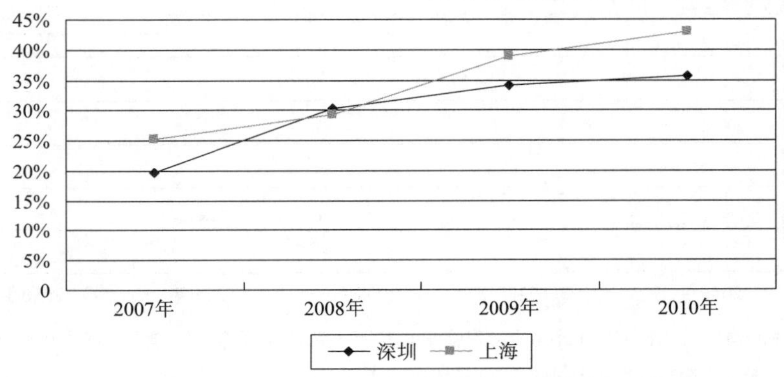

图 17　沪深电力等公用事业机构持股比例

深市企业平均有4.1家机构进行跟踪，沪市为4.6家。深市平均有1.1家分析机构给出买入评级，沪市为1.1家。总体来看，综合评级指数、跟踪的评级机构数量以及给出买入评级的次数，沪深两市的电力企业没有显著差异。另外，深市电力等公用事业公司的日波动率为39.78%，沪市为38.27%，深市略高于沪市。

（三）金融投资参与度

沪深拥有交易性金融资产的公司比例均为20%左右，就投资金额而言，深市不到0.1%，沪市较高，为2.5%，最高的达14%。可供出售投资金融资产则更加显著，沪市持有可供出售金融资产的公司比例为33.3%，深市仅14.8%。投资金额占总资产的比重沪市为3%，略高于深市的2.8%。深市公司间差异较大，最高的达23%，占总资产相当高的比重。

六、金融保险业：沪深交易所上市公司对比分析

深市金融保险业上市公司的总股本分布于［1.84，31.05］区间，为在同等规模下进行对比分析，本分析也将沪市位于类似区间的金融保险业上市公司归为一类进行分析，并将这一区间的公司成为中小型上市公司，见表11。深交所和上交所中小型金融保险业上市公司为8家，上交所大型金融保险业上市公司为16家。

表11　金融保险业上市公司

分　类	股本区间	家数
深交所金融　（中小型）	［1.84，31.05］	8
上交所金融　（中小型）	［4.54，35.85］	8
上交所大金融　（大型）	［49.91，3340.19］	16

（一）市盈率

上交所中小型金融保险业上市公司市盈率于2006年、2007年、2008年和2010年高于深交所同等规模公司；上交所大型金融保险业上市公司的市盈率也逐渐缩短了与中小型金融保险业上市公司的差距。

沪深交易所金融保险业上市公司市盈率见图18。

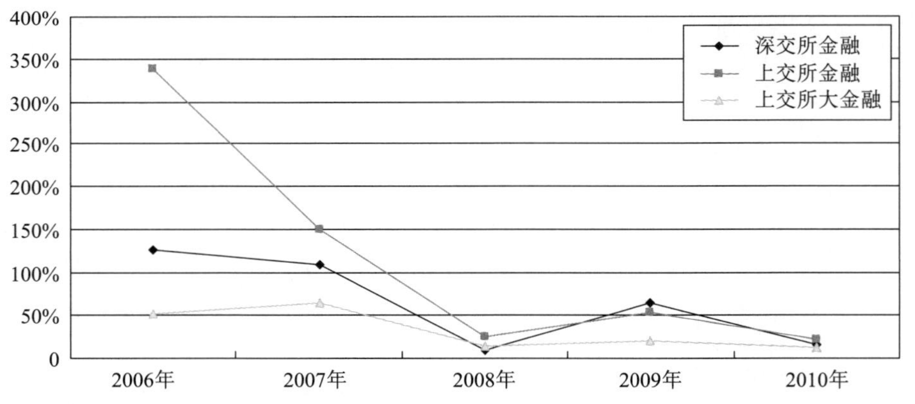

注：“深交所金融”是指深交所中小型金融保险业上市公司；“上交所金融”指上交所中小型金融保险业上市公司；“上交所大金融”是指上交所大型金融保险业上市公司（下同）。

图18　沪深交易所金融保险业上市公司市盈率

（二）机构投资者关注度

就机构投资者关注度而言，深交所中小型金融保险业上市公司的机构投资者关注度大于上交所，但2010年，上交所中小型金融保险业上市公司的机构投资者关注度大幅度提升，逐渐与深交所趋同。而上交所大型金融保险业上市公司的机构投资者关注度于2009年超过了沪深中小型金融保险业上市公司。

沪深交易所金融保险业上市公司投资者关注度见图19。

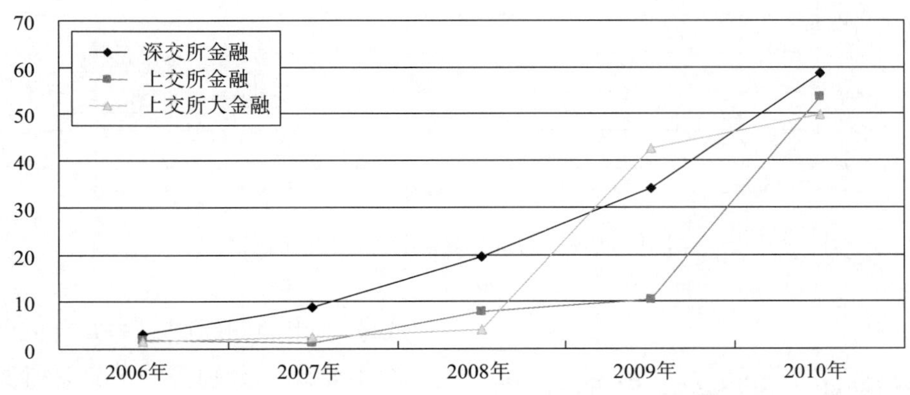

图19　沪深交易所金融保险业上市公司投资者关注度

（三）市净率

上交所中小型金融保险业上市公司的市净率于2010年低于深交所同类公司，说明沪深交易所中小型金融保险业上市公司的市净率差异不大。上交所大型金融保险业上市公司的市净率最低。

沪深交易所金融保险业上市公司市净率见图20。

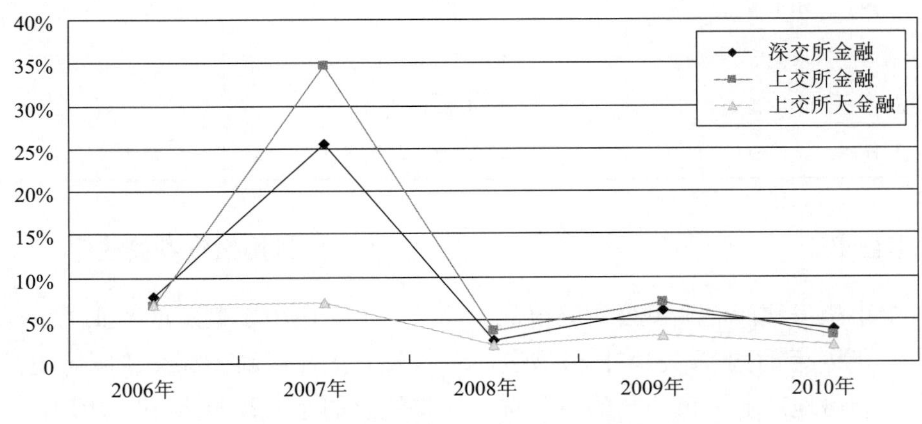

图20　沪深交易所金融保险业上市公司市净率

（四）总市值

就中小型金融保险业上市公司而言，上交所2009年的平均总市值高于深交所，深交所2006年、2007年、2008年及2010年的平均总市值高于上交所。沪深交易所中小型金融保险业上市公司的平均总市值差别不显著。

沪深交易所金融保险上市公司市盈率见图21。

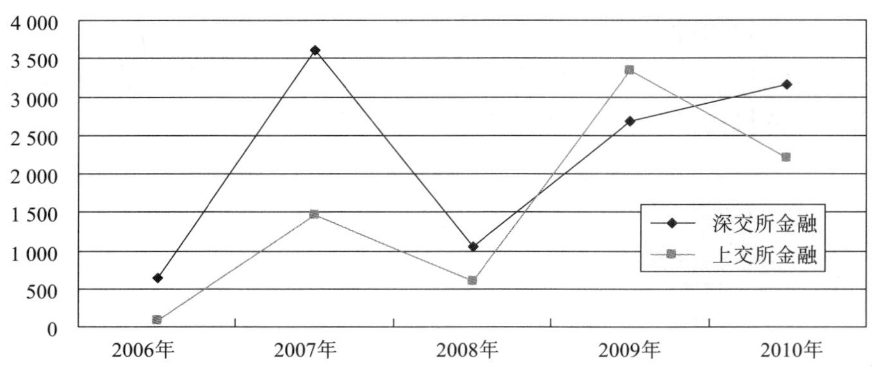

图21　沪深交易所金融保险上市公司市盈率

七、房地产业：沪深交易所上市公司对比分析

根据沪深交易所金融类企业以4亿股本为划分上市地的原则，本分析也以4亿股本为划分依据，分别将沪深交易所房地产业上市公司划分为中小型和大型上市公司，见表12。中小型房地产业上市公司，深交所有24家，上交所有22家；大型房地产业上市公司，深交所有32家，上交所有40家。

表12　房地产业上市公司

分类		股本	家数
深交所房地产	中小型	4亿股以下	24
深交所大房地产	大　型	4亿股（含）以上	32
上交所房地产	中小型	4亿股以下	22
上交所大房地产	大　型	4亿股（含）以上	40

（一）市盈率

上交所中小型房地产业上市公司的市盈率2008年、2009年超过深交所中小型公司。上交所大型房地产业上市公司的市盈率连续4年高于深交所中小型公司。

沪深交易所房地产业上市公司市盈率见图22。

（二）机构投资者关注度

上交所中小型房地产业上市公司的机构投资者关注度高于深交所同等规模公司。值得注意的是，2009年和2010年，上交所的中小型和大型房地产业上市公司的机构投资者关注度均高于深交所。

沪深交易所房地产业上市公司机构投资者关注度见图23。

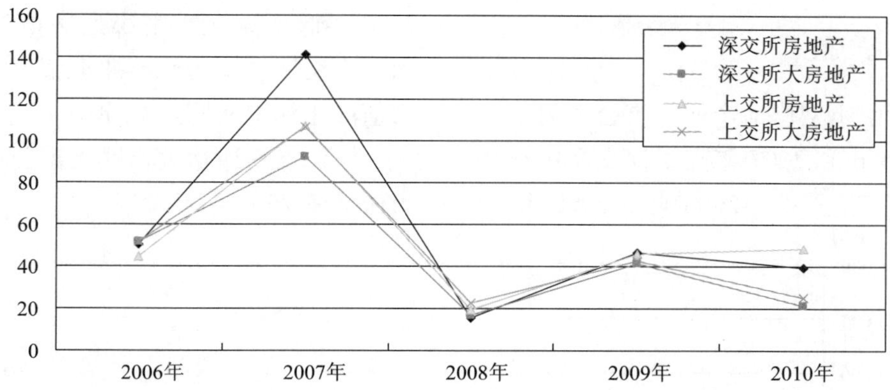

注："深交所房地产"是指深交所中小型房地产业上市公司；"深交所大房地产"是指深交所大型房地产业上市公司；"上交所房地产"是指上交所中小型房地产业上市公司；"上交所大房地产"是指上交所大型房地产业上市公司（下同）。

图 22　沪深交易所房地产业上市公司市盈率

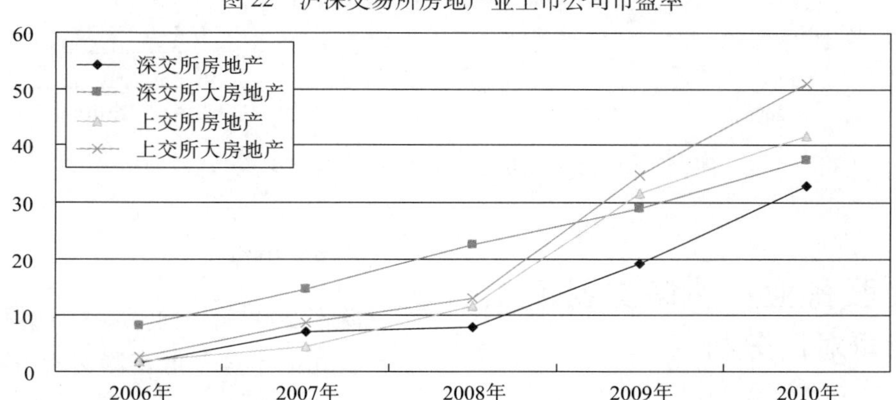

图 23　沪深交易所房地产业上市公司机构投资者关注度

（三）市净率

上交所中小型房地产业上市公司的市净率低于深交所中小型房地产业上市公司。上交所大型房地产业上市公司的市净率 2006 年至 2009 年低于深交所大型房地产业上市公司。

沪深交易所房地产业上市公司市净率见图 24。

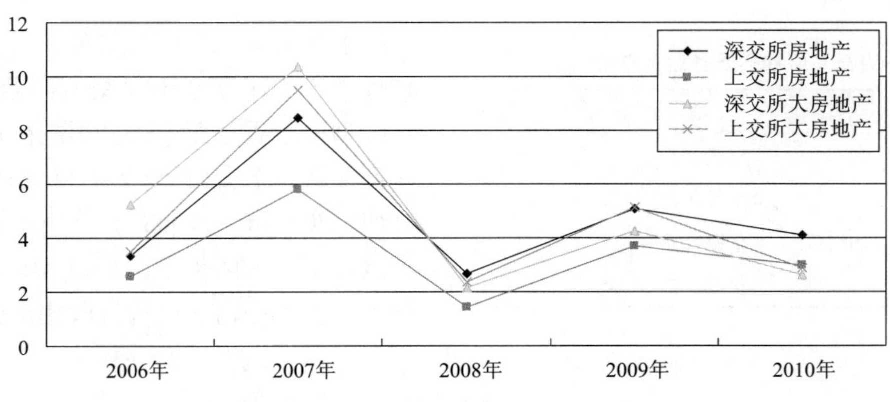

图 24　沪深交易所房地产业上市公司市净率

（四）总市值

上交所中小型房地产业上市公司的平均总市值2006年和2007年高于深交所中小型房地产业上市公司，2008年、2009年和2010年低于深交所中小型房地产业上市公司。上交所大型房地产业上市公司的平均总市值高于深交所同等规模公司。

沪深交易所房地产业上市公司的平均总市值见图25。

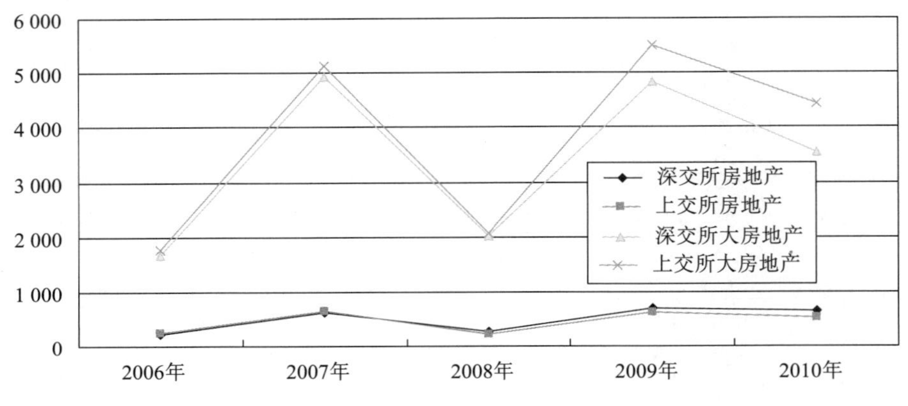

图25　沪深交易所房地产业上市公司的平均总市值

八、社会服务业：沪深交易所上市公司对比分析

根据沪深交易所社会服务业上市公司的股本分布，本分析以2亿股为类型划分依据。表13中，中小型社会服务业上市公司深交所有15家，上交所有7家；大型社会服务业上市公司深交所有15家，上交所有19家。

表13　沪深交易所社会服务业上市公司

分　类		股　本	家数
深交所服务	中小型	2亿股以下	15
深交所大服务	大　型	2亿股（含）以上	15
上交所服务	中小型	2亿股以下	7
上交所大服务	大　型	2亿股（含）以上	19

（一）市盈率

除了2008年上交所中小型社会服务业上市公司的市盈率低于深交所中小型社会服务业上市公司外，上交所中小型、大型社会服务业上市公司的市盈率均高于深交所同等规模上市公司。

沪深交易所社会服务业上市公司市盈率见图26。

（二）机构投资者关注度

上交所中小型社会服务业上市公司的机构投资者关注度高于深交所同等规模公司。就大型社会服务业上市公司的机构投资者关注度而言，上交所2009年和2010年高于深交所，2006年至2008年低于深交所。值得注意的是，近两年来，在同行业同等规模条件下，沪市公司的机构持股比例更高。

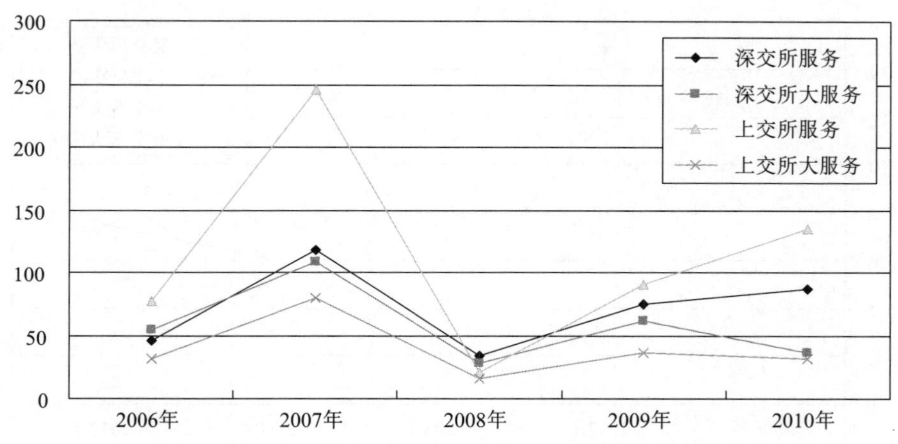

图 26　沪深交易所社会服务业上市公司市盈率

沪深交易所社会服务业上市公司机构投资者关注度见图 27。

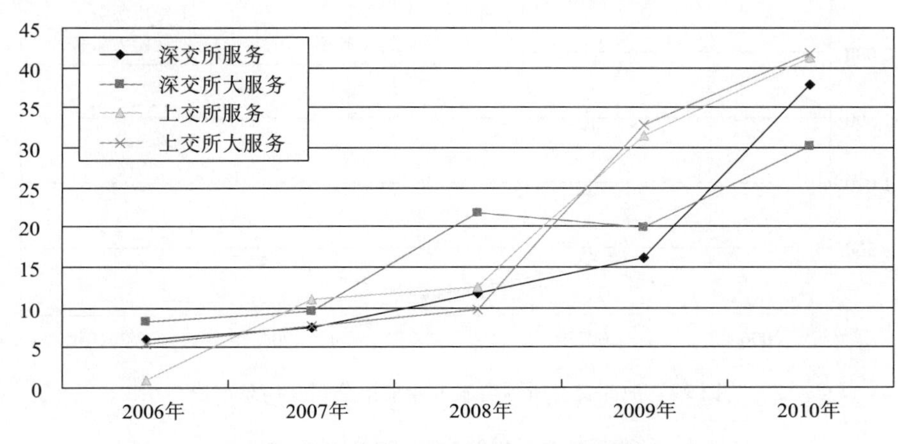

图 27　沪深交易所社会服务业上市公司机构投资者关注度

（三）市净率

上交所中小型社会服务业上市公司的市净率低于深交所中小型社会服务业上市公司，同样，上交所大型社会服务业上市公司的市净率也低于深交所大型社会服务业上市公司。

沪深交易所社会服务业上市公司市净率见图 28。

（四）总市值

上交所中小型社会服务业上市公司的平均总市值低于深交所中小型社会服务业上市公司的平均总市值；而上交所大型社会服务业上市公司的平均总市值高于深交所大型社会服务业上市公司。

沪深交易所社会服务业上市公司平均总市值见图 29。

九、传播与文化产业：沪深交易所上市公司对比分析

（一）盈利能力分析

沪深交易所文化类企业数量及规模对比见表 14。

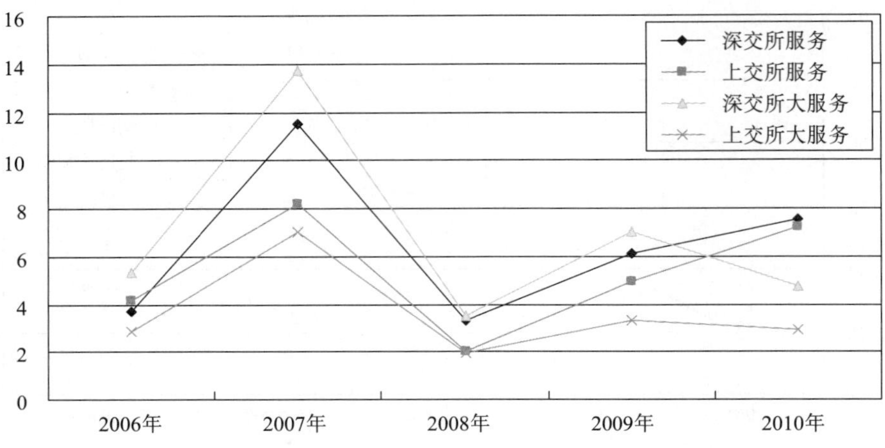

图 28 沪深交易所社会服务业上市公司市净率

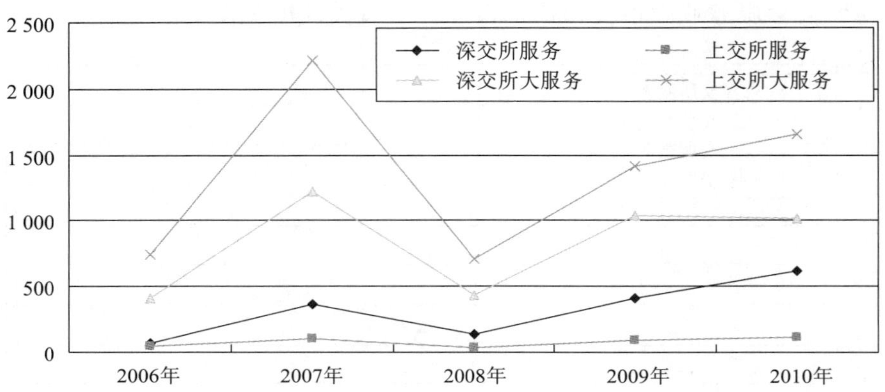

图 29 沪深交易所社会服务业上市公司平均总市值

表 14　　沪深交易所文化类企业数量及规模对比

		总资产规模（亿元）	市值规模（亿元）
上交所（10 家）		44. 71	89. 41
深交所	主板（4）	22. 71	48. 19
	中小板（2）		
	创业板（5）		

无论是总资产规模还是总市值，上交所公司均显著高于深交所公司，除 ST 万鸿之外，沪市最小的公司资产规模也有 17 亿元，深市除两家 ST 公司外，深市总资产规模普遍在 10 亿元以下，但电广传媒达到 115. 8 亿元，为两市最高。

沪深交易所文化类企业盈利情况比较见表 15。

表 15　　沪深交易所文化类企业盈利情况比较

	深交所	上交所
平均营业收入（亿元）	12. 39	19. 27
平均净利润（亿元）	1. 31	2. 58
每股收益（元）	0. 54	0. 40
每股净资产（元）	5. 92	3. 36
每股经营性净现金流（元）	0. 43	0. 78

从收入和利润的绝对值来看，沪市公司均高于深市，如2010年净利润，沪市几乎是深市的两倍。但从每股指标来看，除每股经营现金流高于深市外，每股收益和每股净资产均低于深市。另一个显著的特征是，深市公司的贫富分化现象比较明显，如每股收益最小的*ST传媒为0.02元，而最高的华策影视达到了2.15元。相比之下，沪市公司比较平衡，每股收益的标准差仅为0.23元，是深市的1/3。每股净资产和每股现金流的情况也类似。就收益质量而言，除*ST传媒和S*ST聚友扭亏为盈靠非经常性损益之外，深市其他企业扣除非经常性损益后利润占91.38%，沪市*ST万鸿靠债务重组获得正收益外，其余企业占89.88%，最低的为歌华有线，占32.6%。

沪深交易所文化类企业盈利情况比较见图30。

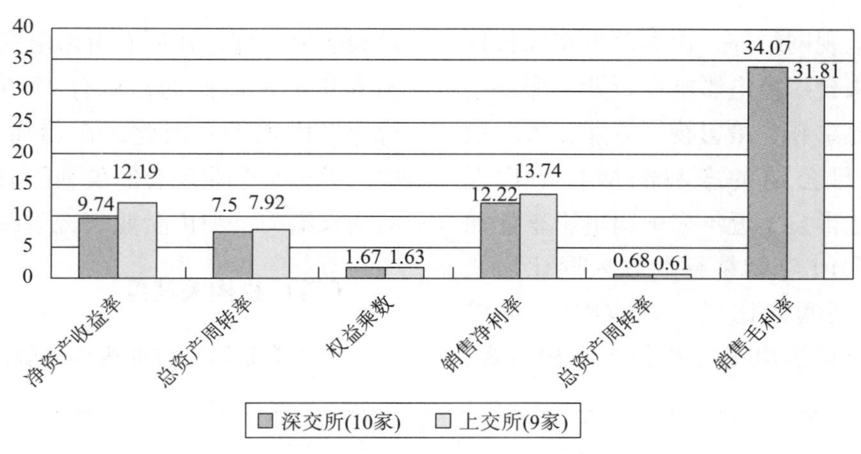

图30　沪深交易所文化类企业盈利情况比较

就业绩的增长而言，无论是每股盈余的增长率，营业收入的增长率还是归属于母公司净利润的增长率，沪市均远逊于深市。如以营业收入为标准，深市企业全部实现了增长，其中，超过30%的深市企业达到了7家，而沪市只有中文传媒一家略高于30%。由此可见，沪市企业成长性不如深市。又如，沪市归属于母公司的净利润增长率超过100%的有4家，且全部实现增长，而沪市仅*ST万鸿的增长率超过100%，而且是在获得了5 200万元的债务重组收益后才扭亏为盈的，并非主业的增长。其余均在40%以下，且中视传媒实现了负增长。而2010年全年传媒行业实现营业收入510亿元，同比增长28.6%，尤其是影视动漫，互联网新媒体和有限网络运营三大板块实现了快速增长。据此推算，沪市超过行业平均增长率的只有中文传媒，而深市公司增长率几乎均超过平均水平。原因可能在于：沪市上市公司以出版业居多，如出版传媒和皖新传媒等，受制于行业发展的限制，出版业在2010年的业绩小于传媒行业总体收入。

2010年有线网络5家公司实现净利润9.65亿元，同比增85.52%。利润增速增幅较大，主要原因在于：电广传媒的净利润大幅增长，同比增长达到1 294.68%。我们就沪深两市的4家有线网络公司进行比较，发现毛利率呈现不同程度的变化。2010年有线网络板块综合毛利率为24.72%，同比下降8.72%，其中，歌华有线毛利率下降明显，下降了45.77个百分点，广电网络毛利率提升超过11个百分点。

沪深交易所有线网络类公司盈利情况、增长情况比较见表16。

表16　　沪深交易所有线网络类公司盈利情况、增长情况比较

	收入增长（%）	净利润增长（%）	毛利率（%）	销售费用率（%）	管理费用率（%）
电广传媒（深市）	48.29	1 294.68	23.70	8.4	10.48
天威视讯（深市）	6.30	9.69	32.96	6.13	12.58
歌华有线（沪市）	24.96	4.8	15.55	18.27	4.73
广电网络（沪市）	28.66	44.82	41.4	9.27	16.18

除有限电视网络外，沪深两市在成长性上的差距还来自广播电影电视行业。深市创业板的华谊兄弟和华策影视，营业收入增长率和归属于母公司的净利润增长率均在70%以上。这得益于近年来中国电影事业的蓬勃发展，2010年影视行业收入同比增长65.81%，净利润同比增长55.69%。而沪市唯一的一家广播电影电视公司中视传媒，盈利能力欠佳，在所有电影电视企业中，毛利率几乎是最低的，只有15.6%，远低于行业平均水平。因此，在传播与文化行业中，无论是企业现有的盈利能力，还是未来的增长潜力，沪市企业均逊于深市同行。

（二）机构关注度

沪深交易所文化业机构持股比例见图31。

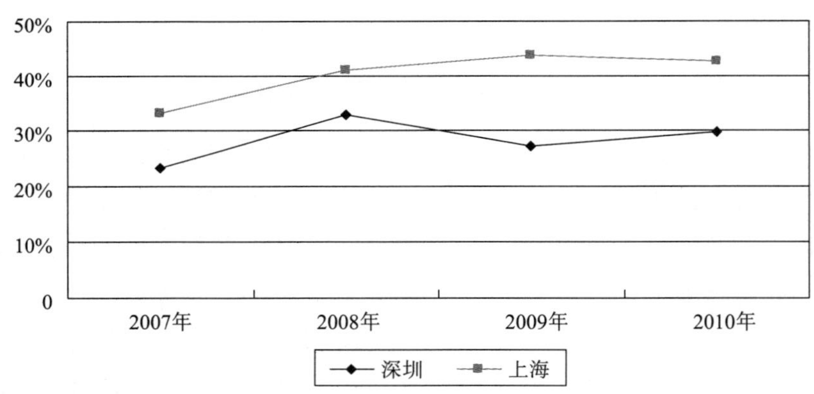

图31　沪深交易所文化业机构持股比例

在机构投资者持股比例上，2007～2010年沪市均高于深市，2009年差距最大，沪市平均持股44%，深市为27%。在股票的活跃度上，机构给出沪市企业的综合评级指数为1.8，低于深市的2.0。深市企业平均有9.4家机构进行跟踪，沪市为7.9家。深市平均有3家分析机构给出买入评级，沪市为3.6家。总体而言，机构投资者持股比例沪市高于深市，从综合指数、跟踪的评级机构数量和给出买入评级的次数看，深市的文化企业更受市场青睐。另外，深市文化业公司的日波动率为42.5%，沪市为39.6%，深市高于沪市，这一点可能与深市拥有多家创业板文化企业有关。

（三）金融投资参与程度

文化业中，交易性金融资产的公司比例，深市为30%，沪市略高，为50%，但投资金额占总资产的比重都不高，最高的也仅为1%左右。可供出售投资金融资产的投资，两市分化较显著，2010年，深市仅电广传媒一家企业投资于可供出售金融资产，而沪市有7家公司投资可供出售金融资产，占比70%。投资金额上，沪市7家企业平均投资为2%，最高为12%。

深交所多层次资本市场上市公司2010年年报实证分析报告

免责声明：本报告使用数据均来自上市公司年报和招股说明书，本报告结论系深交所综合研究所年报分析课题小组对上市公司年报数据作出的客观陈述及独立分析意见，不构成对上市公司年报数据的真实性、准确性、完整性和及时性的确认、承诺或保证，也不代表深交所立场或意见。

本报告任何内容不构成投资建议，对任何因直接或间接使用本报告内容造成的投资损失或其他损失，深交所综合研究所年报分析课题小组不承担任何责任。

任何机构或个人使用本报告内容，即视为已完全知悉、理解并接受本声明全部内容。

前言

截至2011年4月30日，深圳证券交易所（以下简称深交所）1 270家上市公司如期披露了2010年年报或年报数据，其中主板公司485家，中小企业板公司576家，创业板公司209家。深交所多层次资本市场上市公司是目前我国不同规模、不同发展阶段企业的典型代表，以及不同行业、不同领域实体经济的具体组成，其板块公司的业绩特点反映了宏观经济变化对各类企业经营成果的影响，也体现出多层次资本市场对不同成长阶段、不同风险特征、多样化自主创新企业提供融资平台、深化金融支持的实际效果。

本报告依据2010年度上市公司的年报，并结合近年年报和招股说明书数据，通过对主板、中小板和创业板上市公司经营业绩进行实证分析，初步反映多层次资本市场的建设情况。由于中小板——特别是创业板的推出时间不长，样本数量有限，年报统计分析结果有待今后继续跟踪和检验。

根据年报的样本统计分析，我们的初步结论是：（1）2010年度，上市公司业绩在整体上保持显著增长，业绩的增长质量进一步提高；绩优公司业绩增长的持续性和创业板公司的高成长性比较突出，多层次市场的体系特点逐步明晰；资本市场支持高新技术企业的成效显著；资本市场中上市公司群体对宏观经济环境变化的反应更为充分。

（2）2008～2010年，主板、中小企业板和创业板上市公司在盈利能力与成长性方面具有显著的板块特征，呈现主板、中小板、创业板的阶梯分布态势，从一个侧面反映了多层次市场体系各板块在功能定位上的特点。（3）基于2010年年报数据，结合当前上市公司发展环境，宏观经济变数增大、上市公司业绩分化明显、部分公司业绩增长的持续性存有压力和高送转等问题需要重点关注。

一、2010年度上市公司总体业绩情况

2010年是金融危机后国内外经济环境复杂多变、跌宕起伏的一年。在我国政府开始实施多项宏观调控政策，大力开展经济结构调整的背景下，中国经济保持复苏后的持续增长势头，上市公司的营业收入与利润水平也同步增长，深交所多层次市场各板块上市公司的总体经营水平再上一个台阶。

（一）总体业绩增长明显，增长质量进一步提高

2010年，深交所各板块上市公司业绩保持平稳增长势头。主板485家公司实现平均营业收入54.69亿元，较2009年增长35.20%；实现平均净利润3.11亿元，较2009年增长42.10%。中小企业板576家公司实现平均营业收入16.12亿元，较2009年增长33.29%；实现平均净利润1.44亿元，较2009年增长32.53%。超过90%的中小板公司实现营业收入增长；近80%的中小板公司实现营业收入、净利润双增长。创业板上市公司2010年实现平均营业收入4.09亿元，同比增长38.02%，92%的创业板公司实现营业收入同比增长；平均净利润为0.71亿元，较2009年增长31.2%，85%的创业板公司实现净利润同比增长。总体上，2010年深交所上市公司整体盈利能力较2009年度大幅提高，同时亏损面进一步下降。

2010年度深市上市公司总体业绩情况见表1。

表1　2010年度深市上市公司总体业绩情况

深市各板块	平均营业收入		平均净利润		净资产收益率	每股收益（元/股）（加权平均）	每股净资产（元/股）	每股经营性净现金流（元/股）
	2010年（亿元）	同比增长（%）	2010年（亿元）	同比增长（%）				
主板	54.69	35.20	3.13	42.10	11.87	0.42	3.55	0.31
中小板	16.12	33.29	1.44	32.53	11.72	0.58	4.96	0.71
创业板	4.09	38.02	0.71	31.20	8.73	0.67	7.62	0.22

在业绩增长明显的基础上，上市公司业绩增长的质量进一步提高，表现为：

一是业绩增长源于主营，非经常性损益占比下降。2010年主板485家公司扣除非经常性损益后的净利润同比增加56.86%，超出净利润增幅；非经常性损益占当期净利润的比例为13.06%，同比下降8.22%。中小企业板公司非经常性损益占净利润比重为6.25%，同比减少2%。创业板上市公司主业突出，利润总额中九成以上来源于主营业务，2010年度投资收益、营业外收支净额及公允价值变动损益等非经常性项目占当期利

润总额比例分别仅为0.2%、8.7%与0.7%。

二是毛利率略有增长，各项费用控制合理。2010年通货膨胀压力逐步凸显，上市公司在原材料及人工等各项成本上涨压力较大的情况下，积极采取各项举措，实现了毛利率稳中有增。其中，主板公司平均毛利率为19.76%，同比增长1.09个百分点；中小企业板公司平均毛利率保持在23.94%，与2009年持平；创业板公司总体毛利率水平较2009年略有下降，但仍高达36.66%，其中56家公司毛利率高于50%。此外，在三项费用方面，主板、中小板上市公司的销售费用、管理费用、财务费用占营业收入的比重在2010年全部下降，创业板的销售费用、管理费用占比有所增长，但也保持在合理水平之内。

深市主板、中小板、创业板上市公司三项费用占比情况见表2。

表2　深市主板、中小板、创业板上市公司三项费用占比

板块	项目	2008年（亿元）	占营业总收入比（%）	2009年（亿元）	占营业总收入比（%）	2010年（亿元）	占营业总收入比（%）
主板	销售费用	1.70	4.53	2.04	5.03	2.66	4.79
	管理费用	1.89	5.04	2.22	5.47	2.83	5.10
	财务费用	0.70	1.85	0.59	1.46	0.72	1.30
中小板	销售费用	0.66	6.11	0.78	6.59	1.01	6.25
	管理费用	0.56	5.16	0.66	5.61	0.88	5.47
	财务费用	0.14	1.33	0.11	0.95	0.12	0.76
创业板	销售费用	0.18	7.60	0.23	7.90	0.33	8.01
	管理费用	0.20	8.25	0.26	8.94	0.38	9.31
	财务费用	0.04	1.47	0.03	0.94	0.0004	0.01

（二）多层次市场的体系特点逐步明晰

2010年度，随着主板稳步发展、中小板逐渐成熟、创业板加快发展，深交所多层次市场的三个板块间呈现出上市公司数量、总市值更加匹配，三个板块发展特点更加明晰的结构体系，其中，主板为大型优质龙头企业提供支持、中小板培养细分行业的隐性冠军、创业板培育高科技高成长的创新型企业的态势进一步明确，表明我国多层次资本市场体系已初步形成。2010年三个板块上市公司发展的具体特点表现为：

1. 主板蓝筹公司业绩突出，并购重组效应显著。2010年度，净利润排名前20位的公司合计实现净利润700.23亿元，占主板公司总体净利润的46.43%，成为主板公司的中流砥柱，上述公司的净利润增速也高于主板公司总体的4.28个百分点。20家公司均为大盘蓝筹公司，其行业分布颇具代表性，基本涵盖了机械制造、金融证券、家电、通讯设备等国内传统优势行业。主板净利润增长额排名前20位的公司也多为大盘蓝筹公司，这20家公司合计贡献了主板73.19%的利润增长，平均净利润增长率高达125.71%，平均净利润增长金额为16.35亿元。

2010年度，深市主板公司共有19家公司完成重大资产重组，整合效果显著。通过重组，19家公司的平均总资产由2009年同期的92.21亿元增至163.14亿元，增幅为

76.93%；平均营业收入由2009年同期的75.85亿元增至112.02亿元，增幅为47.68%；平均净利润由2009年同期的2.18亿元增至6.61亿元，增幅高达203.51%。在2010年净利润排名前20名的公司中，一半以上实施过整体上市、行业整合、海外收购等不同形式的并购重组。

2. 中小板绩优公司不断涌现，龙头公司业绩增长稳定

随着中小板上市公司数量的逐步增加，绩优公司也不断涌现，如2010年上市的海康威视、荣盛石化，均跻身中小板净利润排名前10名。海宁皮城、齐翔腾达、国电清新、广田股份等42家新公司增长势头迅猛，净利润增幅均在50%以上。与此同时，以苏宁电器、金风科技、露天煤业、荣盛发展、东华软件为代表的一批资深绩优公司也继续保持快速增长的势头，净利润增幅连续3年保持在30%以上。2010年，中小板净利润排名前10名的公司在比较基数较大的前提下，平均净利润增幅达到48.60%，远高于中小板的平均业绩增幅，业绩增长稳定。

3. 创业板业绩保持持续快速增长，呈现出一批高成长公司

2010年，创业板公司仍然保持了快速增长趋势。营业收入增长超过100%的公司有8家，48家公司增幅在50%以上，其中东方日升增长率达到182.1%；净利润增长超过100%的公司有7家，49家公司增幅在50%以上，其中向日葵增长率为165.6%。

大多数创业板公司的成长性具有可持续性。2008年至2010年，创业板净利润复合增长率达到38.4%。营业收入复合增长率超过50%的公司达30家，占16%，净利润复合增长率超过50%的公司有43家，占23%，其中4家公司净利润复合增长率超过100%。目前，创业板已涌现一批高成长公司，广泛分布于信息技术、新材料、现代服务业及新能源等新经济领域。从创业板的高成长性体现在创业板能否孕育一批持续高成长优秀企业的角度看，效果已初步显现。

深市主板、中小板和创业板上市公司主要指标对比情况见表3。

表3　深市主板、中小板和创业板上市公司主要指标对比

	深市主板	中小板	创业板
上市公司数量（家）	485	576	209
上市公司数量占比（%）	38	45	16
总市值（亿元）	44 030.01	35 448.50	7 365.22
总市值占比（%）	51	41	8
成交金额（亿元）	138 324.92	85 592.34	15 675.22
成交金额占比（%）	58	36	7
平均营业总收入（亿元）	55.59	16.12	4.08
平均归属于母公司净利润（亿元）	3.13	1.44	0.71
营业总收入两年复合增长率（%）	21.67	21.87	29.58
归属于母公司净利润两年复合增长率（%）	54.57	31.72	38.53

（三）多层次市场对高新技术企业的支持不断扩大

作为我国自主创新的中坚力量，高新技术企业群体成为资本市场的重点支持对象，随着多层次资本市场建设的推进，中小板和创业板已经成为高新技术企业进入资本市场的主渠道。深交所综合研究所与科技部火炬中心的合作研究表明：截至2011年4月28日，在中小板576家公司、创业板209家公司中，2008年重新认证"高新技术企业"数量分别为412家和168家，占比为71.53%和80.38%。

上市为高新技术企业提高研发投入强度创造了有利条件，上市公司为了增强竞争力也在逐步加大研发投入强度。2010年，中小板披露年报的554家上市公司的研发支出金额总计195.67亿元，较2009年增长31.10%，平均每家公司研发投入3 531.93万元，占营业收入的比重为3.61%。创业板188家上市公司的研发支出金额总计36亿元，较2009年增长38.1%，平均每家公司研发投入1 909.9万元，占营业收入的比重为5.97%。其中，97家公司研发投入增长率超过了营业收入增长，3家公司研发投入上亿元，出现一批重研发投入，业绩高成长的公司。

从创业板中的96家战略性新兴产业公司的情况看，其2008年、2009年及2010年的平均研发支出分别为1 293.24万元、1 695.75万元和2 473.66万元，占营业收入比重为5.07%、5.48%和5.70%（整体法计算），2009年增长31.12%，2010年增长45.87%。截至2010年12月31日，创业板战略性新兴产业上市公司平均每家已获得发明专利2.5件，已获得实用新型专利7.4件，已获得外观设计专利2.8件。同时，截至2010年12月31日，创业板战略性新兴产业上市公司平均每家已申请的发明专利为11.1件，已申请实用新型专利为5.4件，已申请外观设计专利为1.8件，和创业板中的非战略性新兴产业上市公司相比，和国家高科技技术企业群体及规模以上工业企业相比，都具有明显的优势。

创业板战略性新兴产业公司与其他类型企业的科技创新能力比较情况见表4。

表4　创业板战略性新兴产业公司与其他类型企业的科技创新能力比较

项目		创业板战略性新兴产业公司（2010年）	创业板非战略性新兴产业公司（2010年）	规模以上工业企业（2009年）	高科技技术企业（2009年）
R&D	R&D经费内部支出（平均，亿元）	0.25	0.14	0.09	0.03
	R&D经费占主营业务收入比例（整体法）（%）	5.70	4.28	0.69	1.30
发明专利	平均有效专利数量（件）	2.52	2.42	3.25	1.17
技术人员	技术人员数量（平均，人）	248.83	NA	425.98	117.57
	技术人员占全部人员比例（整体法）（%）	33.23	NA	1.76	3.34

注：1. 资料来源除年报数据外，均来自国家科技统计年鉴。2. 在不同类型公司中，对技术人员的界定与统计口径略有不同，此项指标供参考。

（四）宏观经济环境变化在上市公司微观群体中得到充分体现

当前，我国A股上市公司数量已达2 175家，年总营业收入17.47万亿元，总市值27.46万亿元（2011年4月30日值），实体经济的证券化比率达到69%，上市公司群体在国民经济运行中的核心作用日显突出。2010年，我国经济持续恢复增长，但受经济发展中的结构性问题困扰，以及资产价格上升、通胀预期攀升等问题影响，国家出台多项宏观经济调控措施。从2010年上市公司的年报数据看，这些措施的影响在上市公司群体中得到充分体现，不仅体现在企业的业务与利润增长变化上，还突出体现在企业的现金流、存货，以及工资成本等项目的变化上。初步分析，我们有以下基本结论。

1. 2010年上市公司平均经营现金流净额出现下降，其中，职工相关的现金流净额下降与商品劳务相关的现金流净额下降是主要因素。从分行业看，在金融保险业之外，建筑业、房地产行业的经营现金流净额下滑最厉害，此外，服务业、批发零售等行业现金流也出现了负增长，这反映了2010年房地产调控、货币紧缩、劳动力成本增加等宏观经济因素对上市公司经营状态的直接影响。

图1显示，2010年深市上市公司平均经营现金流净额中期为负，全年下降。根据2010年半年报数据统计，深市上市公司的平均经营现金流净额由2009年末的2.91亿元，下降为-0.24亿元，虽然在2010年末“转正”，为1.70亿元，但相比2009年末下降了1.21亿元，下降幅度41.50%。

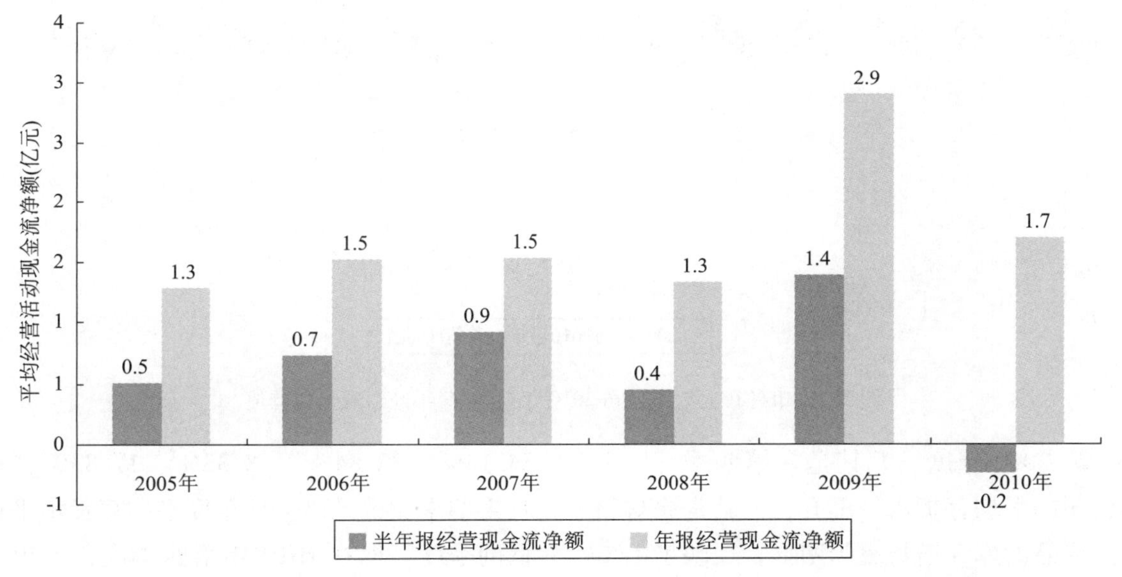

图1 深市上市公司2005~2010年半年报、年报平均经营现金流净额

从经营现金流净额的构成看，职工相关的现金流与商品劳务相关的现金流净额下降是主要因素。其中，支付给职工及为职工支付的现金导致深证上市公司经营现金流净额减少了550.74亿元，占减少总额的38.37%。此外，与经营活动有关的现金流支出和各项税费支出的大幅增加也是导致经营现金流净额减少的重要因素。

深证上市公司 2010 年经营现金流见表5。

表 5　深市上市公司 2010 年经营现金流净额不同项目减少额及其占比

项　　目	平均金额（亿元）	占比（%）
商品、劳务相关的现金流净额变化	-0.176	16.90
职工相关的现金流净额变化	-0.405	38.90
税费相关的现金流净额变化	-0.223	21.38
其他与经营活动有关的现金流净额变化	-0.238	22.80
合　　计	-1.006	100%

从行业分布来看（证监会行业分类），金融保险业、建筑业、房地产业平均经营现金流净额的大幅减少是整体上市公司经营现金流减少的主要原因。另外，服务业、批发零售业、综合类行业平均经营现金流净额也出现了负增长，农林牧渔、制造业、信息技术行业平均经营现金流净额有小幅下滑。

深市各行业上市公司 2010 年与 2009 年经营现金流差值见图 2。

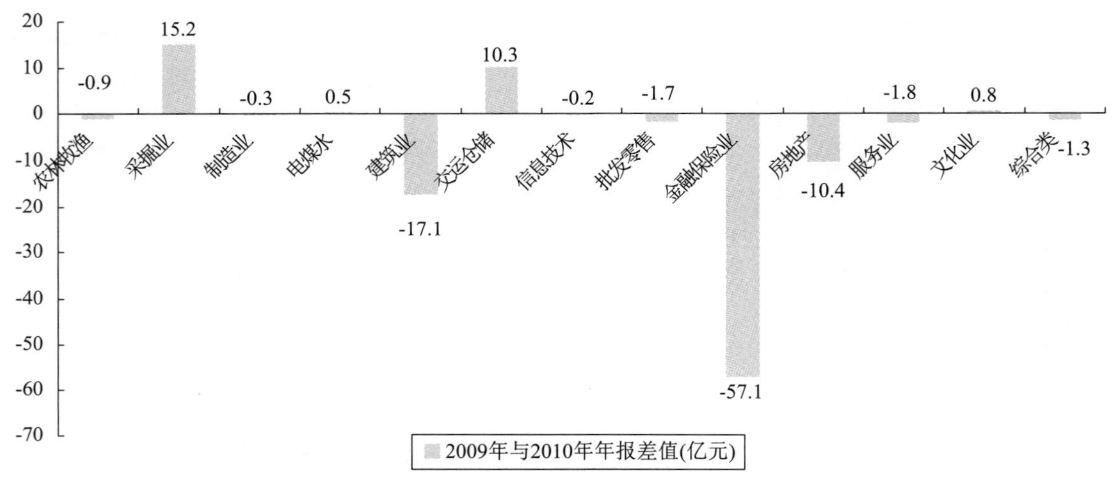

图 2　深市各行业上市公司 2010 年与 2009 年经营现金流差值

2. 2010 年度，尤其是在第四季度，上市公司的平均存货水平上升，尤其是原材料与产成品的库存增长更为明显，反映了上市公司在通胀预期显著上升时的经营特点。

从 2005 年至 2009 年的数据看，上市公司平均存货水平具有明显的季节性特征。一般而言，上市公司的第四季度存货水平将明显下降，比如，从 2005 年到 2009 年 5 年的上市公司存货四季度环比分别下降 25.50%、24.14%、32.84%、38.33%、17.83%，而且第四季度也是该会计年度平均存货水平最低的季度。但在 2010 年第四季度，上市公司的平均存货水平较第三季度环比上涨 5.93%，平均存货水平达 8.61 亿元，也是整个会计年度平均存货水平最高的季度。以主板公司为例，2008～2010 年，存货账面余额逐年上升，分别为 4 896 亿元、5 945 亿元和 8 256 亿元，主板公司资产总额分别为27 419亿元、34 900亿元和44 212亿元。从存货占当年资产总额的比重来看变化不大，分别为17.83%、17.02%和18.66%。

深圳上市公司2005～2010年季度平均存货水平及同比增长率见图3。

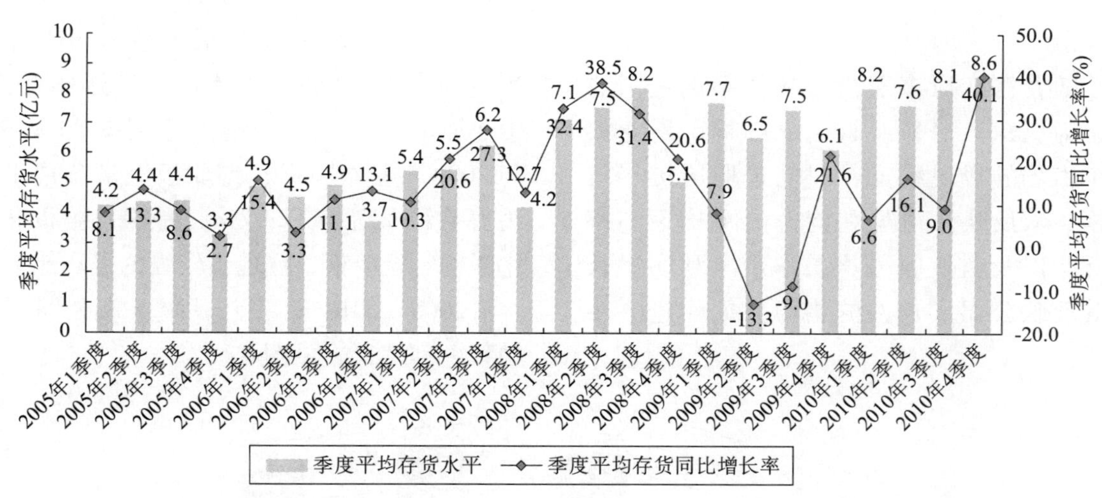

图3 深圳上市公司2005～2010年季度平均存货水平及同比增长率

从存货结构看，2010年上市公司平均存货水平增加的主要原因是原材料和产成品增长较快所致。上市公司存货的主要构成为原材料、在产品与产成品。数据显示，2010年上市公司的平均原材料与产成品存货增加值分别为0.55亿元和0.68亿元，分别增长44.49%和52.37%，高于在产品存货数值。从第四季度看，原材料、产成品的环比增长率分别高达193.08%、559.30%，远大于在产品的环比增长率41.04%。

深圳上市公司2010年平均存货水平不同项目同比增长额及增长率见表6。

表6　深圳上市公司2010年平均存货水平不同项目同比增长额及增长率

存货项目	2009年（亿元）	2010年（亿元）	增长额（亿元）	增长率（%）
原材料	1.242	1.791	0.55	44.49
在产品	0.672	0.886	0.22	32.46
产成品	1.296	1.975	0.68	52.37

深圳上市公司2010年平均存货水平不同项目环比增长额及增长率见表7。

表7　深圳上市公司2010年平均存货水平不同项目环比增长额及增长率

存货项目	2010年第三季度	2010年第四季度	增长额	增长率（%）
原材料	0.611	1.791	1.18	193.08
在产品	0.628	0.886	0.26	41.04
产成品	0.299	1.975	1.68	559.3

二、2010 年度各板块公司业绩的差异分析

随着深交所多层次市场体系的逐渐成熟，为更深入分析主板、中小板、创业板三个市场的板块特征，我们选取历史年份数据，从反映公司盈利能力的平均毛利率指标，以及营业收入增长率、净利润增长率等反映公司成长性的指标方面作进一步分析。

（一）三个板块上市公司盈利能力差异

2008～2010 年度，主板、中小板、创业板上市公司的平均毛利润率水平保持基本稳定。其中，2010 年主板上市公司平均销售毛利率 19.76%，总体稳定并逐年提高；中小板上市公司平均销售毛利率 23.94%，与 2009 年基本持平；创业板上市公司平均销售毛利率高达 37.07%，是深市主板和中小板的 1 至 2 倍，展现出较强的盈利能力。

2008～2010 年三个板块上市公司平均销售毛利率比较见图 4。

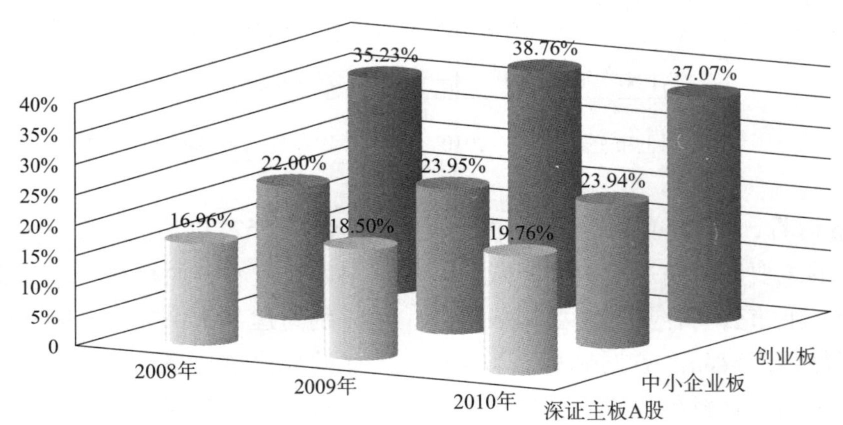

图 4　2008～2010 年三个板块上市公司平均销售毛利率比较

（二）三个板块上市公司成长性差异

和盈利能力指标的分布情况类似，三个板块上市公司的年均营业收入与净利润复合增长率也呈现一定的阶梯式分布特点。其中，主板、中小板、创业板平均营业总收入的两年复合增长率分别为 21.67%、21.87% 和 29.58%，平均归属母公司股东净利润的两年复合增长率分别为 54.57%、31.72% 和 38.53%。

2008～2010 年三板上市公司成长性指标对比见表 8。

表 8　　2008～2010 年三板上市公司成长性指标对比

利润项目	板块	2008 年（亿元）	2009 年（亿元）	2010 年（亿元）	最近一期增长率	复合增长率
平均营业总收入	主板	37.55	40.64	55.59	35.20	21.67
	中小板	10.84	11.84	16.10	33.29	21.87
	创业板	2.43	2.96	4.08	38.02	29.58
平均归属母公司股东的净利润	主板	1.31	2.07	3.13	42.10	54.57
	中小板	0.83	1.08	1.44	32.53	31.72
	创业板	0.37	0.54	0.71	31.20	38.53

（三）对中小型上市公司成长性的分析

从2010年数据看，创业板净利润增长率为31.20%，中小板为32.53%，低于主板的42.10%。我们的分析发现，我国中小企业上市公司的成长性在IPO后具有典型的耐克曲线特征，即在上市后一、两年内其成长性普遍有所下降，但之后成长性开始回升，在图形上表现出"V"字形曲线或称"耐克曲线"。

为实证分析以上规律，我们以中小板公司为例，将中小板公司按上市年份分为7组，分别计算其IPO后每个年份的平均营业收入增长率和净利润增长率，并进行对比。

2004～2010年中小板上市公司上市后营业收入同比增长率见表9。

表9　2004～2010年中小板上市公司上市后营业收入同比增长率（%）

年　份	上市第一年	上市第二年	上市第三年	上市第四年	上市第五年	上市第六年	上市第七年
2004年上市	31.78	42.39	44.6	39.26	22.54	9.26	28.15
2005年上市	14.01	38.76	18.93	0.18	-1.5	37.8	—
2006年上市	33.74	21.96	11.5	7.98	27.88	—	—
2007年上市	32.96	27.74	7.19	38.69	—	—	—
2008年上市	25.19	4.85	41.8	—	—	—	—
2009年上市	9.84	40.51	—	—	—	—	—
2010年上市	30.42	—	—	—	—	—	—

2004～2010年中小板上市公司上市后净利润同比增长率见表10。

表10　2004～2010年中小板上市公司上市后净利润同比增长率（%）

年　份	上市第一年	上市第二年	上市第三年	上市第四年	上市第五年	上市第六年	上市第七年
2004年上市	12.43	21.84	36.32	71.95	38.89	29.95	23.46
2005年上市	-10.6	-23.46	26.26	49.84	54.51	42.04	—
2006年上市	25.11	27.54	-38.48	71.34	54.59	—	—
2007年上市	33.42	-1.92	25.75	43.13	—	—	—
2008年上市	15.33	1.29	32.04	—	—	—	—
2009年上市	31.16	34.03	—	—	—	—	—
2010年上市	23.77	—	—	—	—	—	—

统计结果显示，各组公司的营业收入增长率总体上表现为先低后高的"V"字形走势。所有7组中，仅2009年上市的中小板公司组因刚刚从金融危机中复苏，同比基数低，表现出上市第一年就大幅增长的形态；其余公司组都先后经历了一段增长的低潮期，经过数年才逐渐恢复成长性。

2004～2010年中小板上市公司上市后营业收入同比增长率见图5。

各年营业收入平均同比增长率见图6。

从净利润增长的角度看，各组公司的"V"字形走势更为明显，几乎所有组公司的上市之初的净利润增长率都表现平平，但从第三年起开始有较大幅度增长。

各年归属于母公司净利润同比增长率见图7。

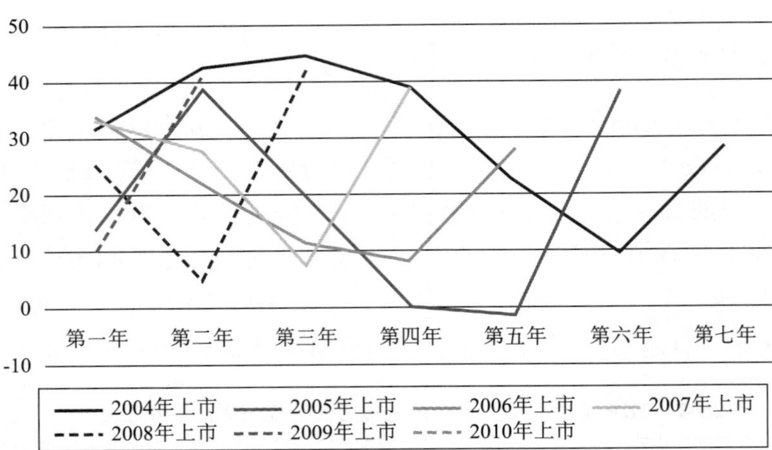

图 5 2004～2010 年中小板上市公司上市后营业收入同比增长率（%）

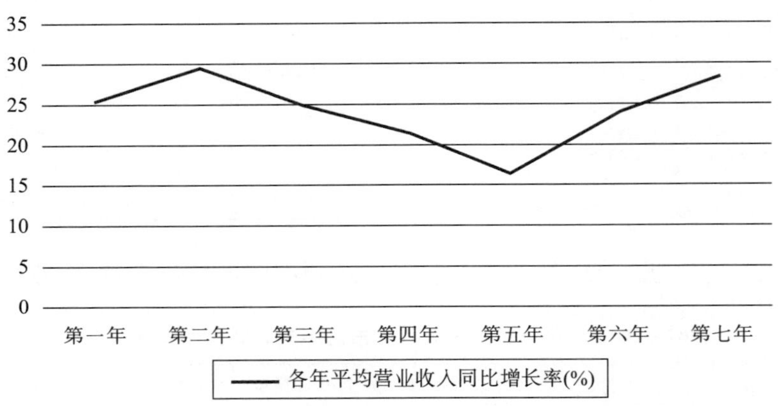

注：图 6 由图 5 中各年平均营业收入增长率平均而成。

图 6 各年营业收入平均同比增长率（%）

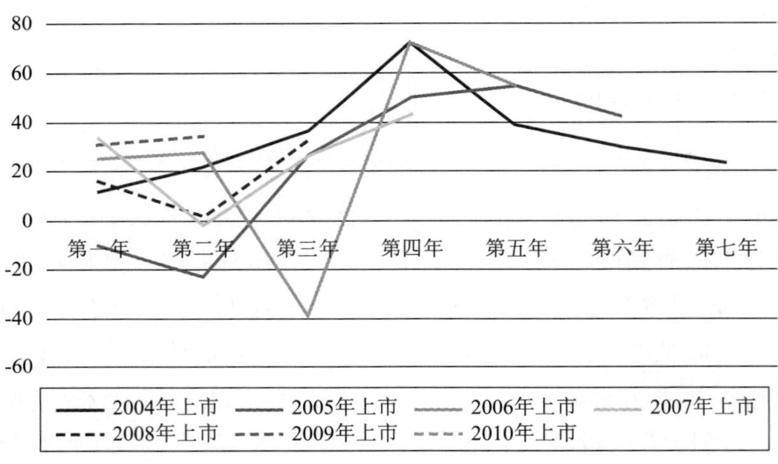

图 7 各年归属于母公司净利润同比增长率（%）

各年归属于母公司净利润平均同比增长率见图8。

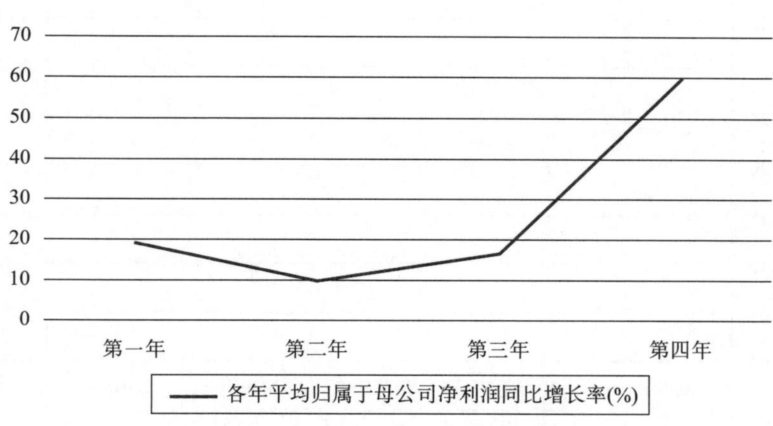

注：图8由图7中各年的归属于母公司净利润同比增长率平均而成，只取上市当年及其后3年样本。

图8　各年归属于母公司净利润平均同比增长率（%）

从实证数据看，我国中小企业上市公司在IPO后的成长性存在着先抑后扬的耐克曲线型走势。对创业板、中小板等中小型上市公司而言，不能简单地以上市首年或某一年的成长指标来判断企业的总体或未来成长状况。特别是创业板开板不足两年，整体处于上市初期，2010年报告期中有近76.5%的企业为新上市公司，这些企业的成长性在未来可能很大程度上具有“耐克曲线”特征，这是评判创业板公司成长性时值得关注的特别之处。

（四）宏观经济对大型企业和中小企业业绩影响的比较分析

从2003年经济探底复苏至今，我国宏观经济正好走过一个完整周期，特别是2008年在国际金融危机的影响下，我国宏观经济经历了增速急剧下降，而后又快速反转并进入新一轮增长的运行过程。这一过程，伴随着中小板、创业板的开设，也正好是我国民营为主的中小型企业进入资本市场的高峰期。我们初步分析发现，宏观经济对大型企业和中小企业业绩的影响具有比较明显的差异，其中宏观经济因素变动对大型企业业绩的影响更大，而中小企业（上市公司）业绩在经济环境变动中则相对稳定，表现出一定的抗周期特点。

1. 营业收入增长与宏观经济变动

总体上，深市上市公司的平均营业收入增长率与GDP增速有很强的相关度。上市公司平均营业收入的环比增长方向与GDP环比增长方向完全一致，同时上市公司平均营业收入增长率的变化程度大于GDP增长率的变化程度，反映出上市公司营业收入变化受到宏观经济变化的显著影响，并且营业收入增长变化的弹性大于经济变化的弹性。从主板与中小板的比较看，主板上市公司营业收入增长率的变化弹性大于中小上市公司，特别是在金融危机爆发时的2008年，主板公司营业收入增长率的下降更为显著。

深市公司平均营业收入增长率与GDP增长率变化见图9。

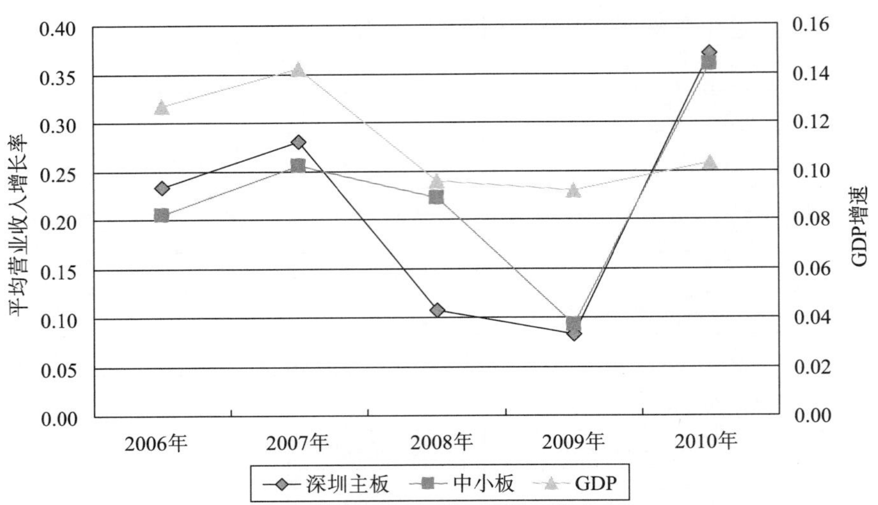

注：鉴于创业板成立时间较短，分析不包含创业板。

图 9　深市公司平均营业收入增长率与 GDP 增长率变化

2. 净利润增长与宏观经济变动

从净利润增长指标看，深市上市公司整体平均归属于母公司的净利润增长率变化也表现出与 GDP 增速较强的相关性。其中，主板公司与 GDP 增速相关性更好，中小板与 GDP 增速的相关度则相对偏弱。

深市公司净利润增长率与 GDP 增长率变化见图 10。

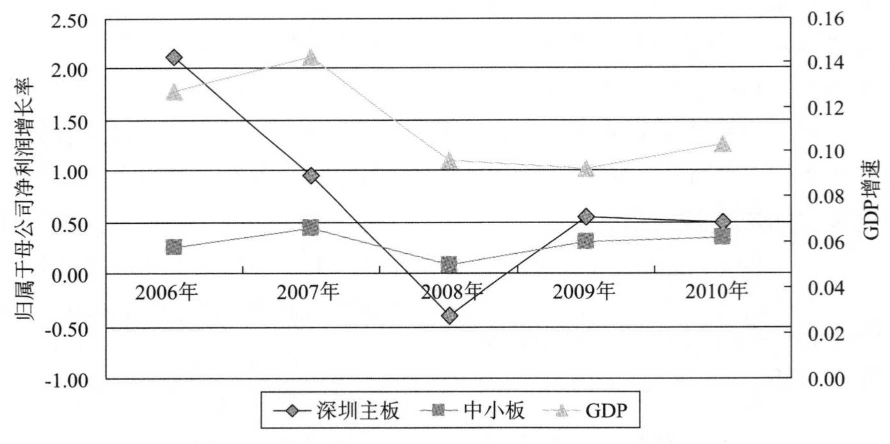

图 10　深市公司净利润增长率与 GDP 增长率变化

3. 资产收益率与宏观经济变动

近 5 年来，深市上市公司整体净资产利润率（ROE）与 GDP 增速拟合较好。分板块看，主板上市公司 ROE 与 GDP 增速基本一致，而中小板和创业板上市公司 ROE 则与 GDP 增速相关度不大。从总资产收益率角度看，深市上市公司和深证主板上市公司 ROA 与 GDP 增速拟合较好，可以大致反映国民经济的增速，而中小企业板、创业板 ROA 与 GDP 增速相关度较小。这一方面说明中小企业板、创业板上市公司与经济周期相关度较小，另一方面中小企业板、创业板

ROA 下降可能与近年来总资产扩张速度较快有关。

深市公司 ROE 与 GDP 增长率变化见图 11。

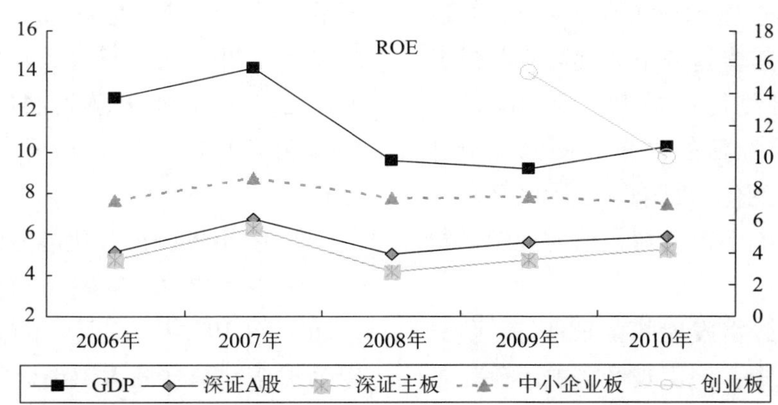

图 11　深市公司 ROE 与 GDP 增长率变化

深市公司 ROA 与 GDP 增长率变化情况见图 12。

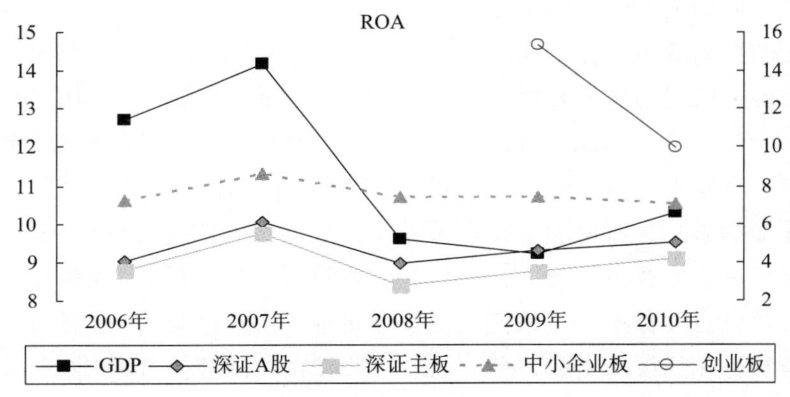

图 12　深市公司 ROA 与 GDP 增长率变化

4. 经营活动净现金流与宏观经济变动

2010 年，国家宏观调控政策和通货膨胀等因素对上市公司经营产生一定影响，特别是公司经营活动产生的现金流量净额下降幅度较大。其中，深市全部上市公司经营活动产生的现金流量净额下降幅度为 41.5%，而主板公司的下降幅度最为显著，达 59.5%，创业板公司下降为 34.1%，唯中小板公司实现了 7.7% 的增长。这表明，受国家宏观调控政策的影响，主板公司经营活动所受的影响更为显著，中小企业则相对较小。

三、需要关注的主要问题

（一）宏观经济环境变数增大

鉴于上市公司经营、业绩与宏观经济环境之间关联度日益紧密，宏观经济环境变化对上市公司的影响更为深远，且充满挑战。2010 年是中国经济复杂多变的一年。一季度担心经济“过热”；二季度忧虑经济“二次探底”；三季度摆脱了增长下滑阴霾、经济企稳回升；四季度通货膨胀又不断攀高，由此引发调控措施多管齐下，提高存款准备金率、加息、出台物价控制“国16条”。2010年上市公司经营的多个方面已充分体现宏观经济环境变化的影响，宏观经济环境变化已经成为影响上市公司经营与业绩的最关键因素。

当前，宏观经济发展的背景良好，仍处经济的上升周期中，但宏观经济的不确定性因素仍然很多，通货膨胀风险、资产泡沫风险构成中国经济未来的潜在重大风险。此外，从经济结构调整的角度看，2010年普遍被认为是新经济周期的开端，国家出台了战略性新兴产业的系列政策。在新经济周期中，上市公司发展的机遇与挑战并存。

从2011年上市公司一季报的数据看，上市公司已经初步显露宏观经济环境变化对上市公司经营业绩的影响，需要加以特别关注。特别是对中小板、创业板公司而言，由于中小型上市公司自身业务单一，整体上更依赖于宏观环境和行业经济的走势，部分公司在宏观环境和行业经济环境不佳的背景下经营与成长性问题值得关注。

（二）上市公司业绩分化明显

从过往几年的年报数据看，上市公司业绩分化已持续出现，这一现象在2010年年报中表现更为明显。

1. 主板公司分化更为显著

主板公司分化更为显著具体表现为：2010年度主板净利润额排名前50家公司实现净利润合计占485家公司总体净利润的69.66%，比2009年的73%下降3.34%，但前10家公司合计净利润516.22亿元，占净利润总额的31.85%，比2009年提高0.85%个百分点。2010年净利润前10名公司的盈利合计较2009年度增长64.97%；2010年，主板有133家公司每股收益低于0.1元，78家公司净利润减少超过50%，49家公司亏损，其中25家为ST或*ST类公司。

2. 中小板公司分化趋势继续

中小板2010年净利润前10名的公司实现净利润197.25亿元，增幅达52.8%，10家公司净利润合计占中小板整体净利润总额的22.42%，比2009年提高2.04个百分点。2010年中小板有13家公司出现亏损，合计亏损额为11.54亿元，平均亏损约0.89亿元。

3. 创业板公司分化趋势显现

创业板2010年净利润前10名的公司实现净利润20.32亿元，占全部公司净利润的35.37%，比2009年的15.75%提高近20个百分点。同期创业板有94家公司2010年营业收入增长率低于2009年，其中9家公司营业收入增长率大幅下降，平均下降72.21%。同时，162家公司净利润增长放缓，其中32家创业板公司净利润负增长。与2009年相比，创业板公司业绩分化趋势显现。

（三）高送转现象值得关注

2010年度，中小板、创业板推出高比例送红股和资本公积金转增股本方案的公司家数和比例均创出新高。创业板69家公司每10股送转10股以上，占比近35%；中小板每10股送转10股的87家，占比近15%；主板“高送转”公司家数与2009年基本持平，每10股送转10股以上的7家。

一方面，中小板、创业板新上市公司比

较多，新公司的显著特点是注册资本少，股价高，而资本公积高。为尽快扩大公司资本规模，公司有强烈扩张股本的愿望，以满足业务门槛的需要，提高参与并购、对外投资、招投标等竞争力。但另一方面，过于快速和过大规模的股本扩张，一旦缺乏业绩持续高成长的支撑，“成长的代价”将逐渐体现。同时“高送转”也会成为年报披露期间影响市场运行的重要因素。

（四）部分公司业绩增长的持续性存有压力

2010 年度，主板、中小板和创业板上市公司业绩在整体上都实现了显著增长。三板营业总收入分别同比增长了 35.20%、33.29%、37.58%，归属于母公司的净利润分别同比增长了 42.10%、32.5%、30.31%，深市上市公司成长性表现良好。但是，从 3 年来的成长性指标看，创业板包括中小板部分公司的成长性有所下降，提醒我们需要进一步关注部分上市公司成长的持续性问题。

目前，以中小企业为主体的创业板、中小板公司成长性的持续性主要受到三方面因素的影响。首先，这些公司大多数正处于快速成长的企业生命周期阶段，但随着企业上市后规模进一步扩大、营运进一步成熟，企业生命周期开始发生改变，逐渐步入成熟期，业绩快速增长的难度大大增加。其次，大部分创业板、中小板公司是在中国经济黄金 10 年中发展起来的，业绩很大一部分受益于宏观经济的增长。然而受未来宏观经济发展可能放缓的影响，企业能否逆经济周期而上、继续保持业绩的高成长性值得关注。再次，上市公司募集资金使用产生效益有一定的滞后性。由于创业板开板不足两年，2010 年中小板新增上市公司 204 家，这些企业募集资金产生效益需要一定的时间，募集资金也将导致部分创业板、中小板公司的净资产收益率存在下降的可能。

撰稿人：深交所综合研究所年报分析课题小组

第三篇

上市公司行业篇

- 农、林、牧、渔业
- 采掘业
- 制造业
  - 食品、饮料
  - 纺织、服装、皮毛
  - 木材、家具
  - 造纸、印刷
  - 石油、化学、塑胶、塑料
  - 电子
  - 金属、非金属
  - 机械、设备、仪表
  - 医药、生物制品
  - 其他制造业
- 电力、煤气及水的生产和供应业
- 建筑业
- 交通运输、仓储业
- 信息技术业
- 批发和零售贸易业
- 金融、保险业
- 房地产业
- 社会服务业
- 传播与文化产业
- 综合类

农、林、牧、渔业

一、农、林、牧、渔业总体概况

2010 年，在国内外各种因素的影响下，中国粮食市场呈稳步上行趋势。2010 年我国农产品生产者价格指数上涨 10.9%；棉花上涨 57.7%，居各类农产品上涨幅度之首。种植业产品价格普遍上升，全年增长 16.6%，粮食、油料、蔬菜涨幅均在 10% 以上。畜产品价格由上半年的总体略降转为微升，全年增长 3.0%，其原因主要在于猪肉价格止跌后连续 2 个月恢复性上涨。渔业产品价格增长 7.6%，其中海水产品价格涨幅高于淡水产品。2010 年，中国粮食总产量创纪录地达到了 5.4 亿吨，同比增长近 3%。

2010 年中国继续强化原有各项强农惠农政策。首先，中央一号文件《中共中央国务院关于加大统筹城乡发展力度进一步夯实农业农村发展基础的若干意见》，是自 2004 年以来中央连续出台的第七个关于“三农问题”的一号文件。该意见提出了 2010 年农业农村工作的总体要求和 2010 年农业农村工作的任务。同时，中央还发布了《农业部办公厅关于做好当前生猪生产有关工作的通知》和《农业部办公厅关于进一步加强种子管理工作的紧急通知》，为保障国家粮食安全，稳定粮食生产并促进畜牧业发展起了重要的指导作用。

2010 年，中国农林牧渔行业总产值为 69 319.80 亿元，较 2009 年增长 14.84%。子行业中，按国家统计局统计数据，农业占行业总产值比重最大，达 53.29%，畜牧业其次，渔业和林业占比相对较小。

二、行业内上市公司发展概况

（一）行业内上市公司基本情况

截至 2010 年底，农林牧渔行业共有 42 只 A、B 股，其中 B 股 1 只。截至 2010 年底，该行业市值总额为 2 280.53 亿元，占沪深两市总市值的 0.85%；流通 A 股总市值为 1 735.95 亿元，占两市流通 A 股市值的 0.91%；流通 B 股市值为 7.09 亿元，占两市流通 B 股市值的 0.24%。

农、林、牧、渔业上市公司发行股票概况见表 1。

（二）行业内上市公司构成情况

按上市地分，行业中在上海证券交易所上市的有 19 家，在深圳证券交易所上市的有 23 家，分别占沪深两市 2 063 家上市公司总数的 0.92% 和 1.11%。

按 A、B 股来分，在 A 股上市的有 41 家，而在 B 股上市的仅 1 家，仅占该行业上

表1　　农、林、牧、渔业上市公司发行股票概况

门　类	A、B股总数	A股股票数	B股股票数	境内总市值（亿元）	流通A股市值（亿元）	流通B股市值（亿元）
农、林、牧、渔业	42	41	1	2 280.53	1 735.95	7.09
占沪深两市比重（%）	1.95	1.91	0.05	0.85	0.91	0.24

资料来源：天相投资分析系统。

市公司总数的2.38%。

从经营角度来看，行业内A股上市公司中被ST和*ST处理的分别有3家和2家，分别占行业上市公司数量的7.32%和4.88%。

从股改完成情况来看，目前42家已经全部完成股改。

农、林、牧、渔业上市公司构成情况见表2。

表2　　农、林、牧、渔业上市公司构成情况　　单位：家

门　类	沪市			深市			ST/*ST	股改/未股改
	仅A股	仅B股	A+B股	仅A股	仅B股	A+B股		
农、林、牧、渔业（家）	19	0	0	22	1	0	3/2	42/0
占行业内上市公司比重（%）	45.24	0.00	0.00	52.38	2.38	0.00	7.32/4.88	100.00/0.00

资料来源：天相投资分析系统。

按公司所处行业大类来看，可分为农业、林业、畜牧业、渔业和农林牧渔服务业5个大类。5个大类分别涵盖上市公司数量是17家、4家、10家、9家和2家。其中渔业公司单独在B股上市1家。

农、林、牧、渔业上市公司具体分布见表3。

表3　　农、林、牧、渔业上市公司具体分布

A、B股类别	公司代码	公司名称	所属大类	A、B股类别	公司代码	公司名称	所属大类
沪市A股	600189	吉林森工	林业	沪市A股	600962	国投中鲁	农业
	600265	景谷林业			600965	福成五丰	畜牧业
	600257	大湖股份	农、林、牧、渔服务业		600975	新 五 丰	
	600108	亚盛集团	农业		600097	开创国际	渔业
	600180	*ST九发			600242	中昌海运	
	600313	ST 中 农			600275	ST 昌 鱼	
	600354	敦煌种业			600467	好 当 家	
	600359	新农开发		深市A股	000592	中福实业	林业
	600371	万向德农			000663	永安林业	
	600506	ST 香 梨			300094	国联水产	农、林、牧、渔服务业
	600540	新赛股份			000713	丰乐种业	农业
	600598	北 大 荒			000860	顺鑫农业	

续表

A、B股类别	公司代码	公司名称	所属大类	A、B股类别	公司代码	公司名称	所属大类
深市A股	000998	隆平高科	农业	深市A股	002458	益生股份	畜牧业
	002041	登海种业			002477	雏鹰农牧	
	002200	* ST大地			002505	大康牧业	
	300087	荃银高科			300106	西部牧业	
	300143	星河生物			000798	中水渔业	渔业
	000735	罗 牛 山	畜牧业		002069	獐 子 岛	
	002234	民和股份			002086	东方海洋	
	002299	圣农发展			002447	壹桥苗业	
	002321	华英农业		深市B股	200992	中 鲁 B	渔业

资料来源：天相投资分析系统。

（三）行业内上市公司股改情况

2010年，上市公司股改产生的限售股正经历解禁期，流通比例逐渐提高。2010年底，农林牧渔业非限售流通A股占总股本的比例为80.19%，同比提高2.44个百分点。

2010年农、林、牧、渔业上市公司股本变动情况见表4。

表4　　2010年农、林、牧、渔业上市公司股本变动情况　　单位：万股

指标	2010年底	2009年底	增长变动（%）
总股本	1 426 581.11	1 574 881.89	-9.24
其中：A股	1 399 973.98	1 545 274.75	-9.40
B股	26 607.13	26 607.13	0.00
非限售流通A股	1 143 945.65	1 222 079.68	-6.39
非限售流通A股比重（%）	80.19	77.75	2.44
流通B股	13 800.00	13 800.00	0.00
流通B股比重（%）	0.97	0.88	0.09
限售流通A股	256 028.34	323 195.07	-20.78
限售流通A股比重（%）	17.95	20.56	-2.61

资料来源：天相投资分析系统。

（四）行业内上市公司融资情况

2010年全年，农、林、牧、渔业行业共有11家公司进行了融资，占沪深两市530家融资公司的2.08%，其中，新股发行8家，配股0家，增发3家，分别占2.38%、0.00%和1.72%。

2010年农、林、牧、渔业上市公司与沪深两市融资情况对比见表5。

表5　　2010年农、林、牧、渔业上市公司与沪深两市融资情况对比　　单位：家

	融资家数	首发	配股	增发
农、林、牧、渔业	11	8	0	3
沪深两市总数	530	336	20	174
占比（%）	2.08	2.38	0.00	1.72

资料来源：天相投资分析系统。

其中，首发的8家公司中，有4家在中小板上市，4家在创业板上市；增发的3家公司中，有1家沪市公司、2家深市主板公司。进行融资的11家公司中，林业1家，农业3家，渔业2家，畜牧业4家，农、林、牧、渔服务业1家。

2010年农、林、牧、渔业上市公司融资情况见表6。

表6　2010年农、林、牧、渔业上市公司融资情况

代　　码	公司名称	融资类别	所属大类	证券类型
000592	中福实业	增发	林业	深市主板
000713	丰乐种业	增发	农业	深市主板
002447	壹桥苗业	首发	渔业	中小板
002458	益生股份	首发	畜牧业	中小板
002477	雏鹰农牧	首发	畜牧业	中小板
002505	大康牧业	首发	畜牧业	中小板
300087	荃银高科	首发	农业	创业板
300094	国联水产	首发	农、林、牧、渔服务业	创业板
300106	西部牧业	首发	畜牧业	创业板
300143	星河生物	首发	农业	创业板
600242	中昌海运	增发	渔业	沪市

资料来源：天相投资分析系统。

从融资效果来看，上述公司合计实际发行44 468.15万股，共筹集资金64.24亿元，基本完成融资计划。

2010年农、林、牧、渔业上市公司融资明细见表7。

表7　2010年农、林、牧、渔业上市公司融资明细

代　　码	公司名称	发行价格（元）	实际发行数量（万股）	实募集资金数（亿元）
000592	中福实业	7.50	7 280.00	5.28
000713	丰乐种业	15.48	2 887.60	4.26
002447	壹桥苗业	28.98	1 700.00	4.62
002458	益生股份	24.00	2 700.00	5.95
002477	雏鹰农牧	35.00	3 350.00	10.86
002505	大康牧业	24.00	2 600.00	5.64
300087	荃银高科	35.60	1 320.00	4.27
300094	国联水产	14.38	8 000.00	10.83
300106	西部牧业	11.90	3 000.00	3.23
300143	星河生物	36.00	1 700.00	5.68
600242	中昌海运	3.65	9 930.55	3.62

资料来源：天相投资分析系统。

（五）行业内上市公司资产及业绩情况

截至2010年底，农林牧渔行业总资产规模达到950.96亿元，同比增长31.50%。其中，流动资产551.22亿元，同比增长41.73%；归属于母公司股东权益426.73亿元，同比增长27.95%。

农、林、牧、渔业上市公司资产情况见

表8。

表8　　农、林、牧、渔业上市公司资产情况　　单位：亿元

资产指标	2010年	2010年增长（%）	2009年	2009年增长（%）	2008年
总资产	950.96	31.50	956.87	19.18	776.22
流动资产	551.22	41.73	531.95	24.27	420.54
占比（%）	57.96	4.18	55.59	2.28	54.18
非流动资产	399.74	19.60	424.92	13.37	355.68
占比（%）	42.04	-4.18	44.41	-2.28	45.82
流动负债	434.23	36.61	458.95	20.20	367.04
占比（%）	45.66	1.71	47.96	0.41	47.29
非流动负债	64.00	32.59	85.83	63.28	50.83
占比（%）	6.73	0.06	8.97	2.42	6.55
归属于母公司股东权益	426.73	27.95	376.47	13.38	322.65
占比（%）	44.87	-1.25	39.34	-2.01	41.57

资料来源：天相投资分析系统。

2010年，行业实现营业收入472.35亿元，同比增长21.53%；行业共实现利润总额39.66亿元，实现归属于母公司所有者的净利润33.13亿元，同比分别增长59.66%和61.08%。

农、林、牧、渔业上市公司收入实现情况见表9。

表9　　农、林、牧、渔业上市公司收入实现情况　　单位：亿元

业绩指标	2010年	2010年增长（%）	2009年	2009年增长（%）	2008年
营业收入	472.35	21.53	559.79	11.65	478.81
利润总额	39.66	59.66	25.97	10.01	21.29
归属于母公司所有者的净利润	33.13	61.08	20.22	1.36	17.67

资料来源：天相投资分析系统。

（六）利润分配情况

2010年全年，农林牧渔业共有21家公司实施了分红送配，其中19家进行了派息，11家既派息又送股及转增，9家既送股转增又派息。派息达0.5元/股的有獐子岛，送股及转增比例最高的为每股送1.2股（星河生物）。

农、林、牧、渔业上市公司2010年分红情况见表10。

表10　　农、林、牧、渔业上市公司2010年分红情况

代　码	名　称	送股及转增比例	每股派息（税前　元）	基准股本（万股）
000713	丰乐种业	—	0.050	29 887.60
000798	中水渔业	—	0.050	31 945.50
000860	顺鑫农业	—	0.250	43 854.00
000998	隆平高科	—	0.050	27 720.00
002041	登海种业	1.000	0.200	17 600.00
002069	獐子岛	0.500	0.500	47 407.48
002234	民和股份	—	0.100	10 750.00

续表

代　　码	名　　称	送股及转增比例	每股派息（税前　元）	基准股本（万股）
002299	圣农发展	1.000	0.250	41 000.00
002321	华英农业	—	0.200	14 700.00
002447	壹桥苗业	1.000	0.300	6 700.00
002458	益生股份	0.300	0.300	10 800.00
002477	雏鹰农牧	1.000	0.450	13 350.00
002505	大康牧业	0.600	0.050	10 280.00
300087	荃银高科	1.000	0.300	5 280.00
300094	国联水产	0.100	0.000	32 000.00
300143	星河生物	1.200	0.000	6 700.00
600097	开创国际	—	0.150	20 259.79
600189	吉林森工	—	0.100	31 050.00
600371	万向德农	—	0.200	17 050.00
600540	新赛股份	0.300	0.040	23 285.27
600598	北大荒	—	0.155	177 767.99

资料来源：天相投资分析系统。

（七）其他财务指标情况

1. 盈利能力指标

2010 年，农林牧渔业毛利率为 22.70%，同比上升 0.71 个百分点；净资产收益率、销售净利率以及资产净利率也有所上升。

农、林、牧、渔业上市公司盈利能力情况见表 11。

表 11　　农、林、牧、渔业上市公司盈利能力情况　　单位:%

盈利能力指标	2010 年	2010 年变动	2009 年	2009 年变动	2008 年
毛利率	22.70	0.71	18.62	2.53	19.95
净资产收益率	7.76	1.60	5.37	-0.64	5.47
销售净利率	7.01	1.72	3.61	-0.37	3.69
资产净利率	3.96	0.92	2.30	-0.31	2.39

资料来源：天相投资分析系统。

2. 偿债能力指标

2010 年，农林牧渔业偿债风险略有下降，2010 年底资产负债率为 52.39%，同比上升 1.76 个百分点，但流动比率和速动比率指标略有改善，短期偿债能力增强。

农、林、牧、渔业上市公司偿债能力指标见表 12。

表 12　　农、林、牧、渔业上市公司偿债能力指标

偿债能力指标	2010 年	2010 年变动	2009 年	2009 年变动	2008 年
流动比率（次）	1.27	0.05	1.16	0.04	1.15
速动比率（次）	0.52	0.05	0.43	-0.06	0.59
资产负债率（%）	52.39	1.76	56.93	2.83	53.83

资料来源：天相投资分析系统。

3. 营运能力指标

2010 年，农林牧渔业营运能力出现下滑，除应收账款周转率、固定资产周转率之外，其他营运能力指标均出现微幅下滑。

农、林、牧、渔业上市公司营运能力情况见表 13。

表 13　　农、林、牧、渔业上市公司营运能力情况　　单位：次

营运能力指标	2010 年	2010 年变动	2009 年	2009 年变动	2008 年
存货周转率	1.58	-0.02	1.87	-0.20	2.01
应收账款周转率	13.33	0.86	11.12	0.92	10.93
流动资产周转率	1.00	-0.06	1.17	-0.06	1.19
固定资产周转率	2.01	0.10	2.08	0.03	2.08
总资产周转率	0.56	-0.01	0.64	-0.02	0.65
净资产周转率	1.02	-0.01	1.22	-0.03	1.26

资料来源：天相投资分析系统。

三、重点细分行业介绍

农林牧渔业共涵盖农业、林业、畜牧业、渔业和农林牧渔服务业 5 个大类。

其中农业类上市公司最多，为 17 家，占农林牧渔业公司数量的 40.48%；总市值为 1 084.64 亿元，占农林牧渔业总市值的 47.56%。市值最低的是农、林、牧、渔服务业类公司，总市值为 85.89 亿元，占农林牧渔行业市值的比例仅 3.77%。

农、林、牧、渔业各子行业上市公司及市值情况见表 14。

表 14　　农、林、牧、渔业各子行业上市公司及市值情况

大　类	上市公司家数（家）	占行业内比重（%）	境内总市值（亿元）	占行业内比重（%）
林业	4	9.52	122.32	5.36
农、林、牧、渔服务业	2	4.76	85.89	3.77
农业	17	40.48	1 084.64	47.56
畜牧业	10	23.81	489.73	21.47
渔业	9	21.43	497.95	21.83

资料来源：天相投资分析系统。

（一）农业

1. 行业概况

2010 年，中国农业总产值为 36 941.10 亿元，较 2009 年增长 20.03%。

粮食价格方面，各类粮食价格延续了 2009 年的发展态势，2010 年全年稳步上升。粮食是国家重点调控价格的产品，国家通过鼓励农业生产、加强农产品进出口管理、提高粮食最低收购价、国储收购及抛储等手段，在国际粮食价格震荡上行的背景下，维护了国内农业生产和粮食价格的稳定。

粮食产量方面，2010 年中国粮食连续 7 年丰收，粮食总产量创纪录地达到了 5.4 亿吨，同比增长近 3%。这一数字在 2010 年我国经历了黑龙江年初罕见低温，西南 5 省区发生了百年不遇的特大旱灾等自然灾害事件后实属不易。目前我国主要粮食品种均能自足供应。

2. 行业内上市公司的发展状况

2010 年，农业行业上市公司总资产规模为 547.25 亿元，同比增长 27.60%；归属于母公司股东权益为 206.11 亿元，同比增

长16.36%。

2010年，农业行业上市公司共实现营业收入288.52亿元，同比增长18.57%。共实现归属于母公司所有者的净利润15.22亿元，同比增长67.08%。从上市公司口径来看，农业行业收入占比为61.08%，净利润占比为45.94%，是农林牧渔业最大的子行业。

2010年，农业行业上市公司整体毛利率为24.22%，同比上升1.00个百分点，净资产收益率7.38%，同比增长2.24个百分点。总体来看，盈利能力是自2008年以来最高水平。

2010年，农业行业财务和营运整体水平比较平稳。

农业上市公司收入及资产增长情况见表15。

表15　农业上市公司收入及资产增长情况　单位：亿元

指　标	2010年	2010年增长（%）	2009年	2009年增长（%）	2008年
营业收入	288.52	18.57	332.46	21.79	272.99
利润总额	20.34	57.96	15.29	46.73	10.42
归属于母公司所有者的净利润	15.22	67.08	10.63	25.02	8.50
总资产	547.25	27.60	619.78	24.28	498.69
归属于母公司股东权益	206.11	16.36	215.58	12.15	192.23

资料来源：天相投资分析系统。

农业上市公司盈利能力情况见表16。

表16　农业上市公司盈利能力情况　单位:%

盈利能力指标	2010年	2010年变动	2009年	2009年变动	2008年
毛利率	24.22	1.00	21.20	-1.96	23.15
净资产收益率	7.38	2.24	4.93	0.51	4.42
销售净利率	5.27	1.53	3.20	0.08	3.11
资产净利率	3.12	0.83	1.90	0.15	1.75

资料来源：天相投资分析系统。

农业上市公司偿债及营运情况见表17。

表17　农业上市公司偿债及营运情况

指　标	2010年	2010年变动	2009年	2009年变动	2008年
资产负债率（%）	58.90	4.13	61.21	4.72	56.49
存货周转率（次）	1.65	-0.10	1.69	-0.08	1.77
总资产周转率（次）	0.59	-0.02	0.59	0.03	0.56

资料来源：天相投资分析系统。

（二）林业

1. 行业概况

2010年，中国林业总产值为22 779亿元（按现价计算），较2009年上升30.21%。

为实现2015年中国森林覆盖率达到21.66%的林业“十二五”规划目标，国家对林业的投入大幅增加。2010年，中国林业系统实际到位各类建设资金1 662.56亿元，与2009年相比增长20.66%；固定资产投资完成额1 553.32亿元，比2009年增长14.95%，其中国家投资额745.24亿元，占全部林业投资的47.98%。在资金和政策的推动下，2010年，全国共完成荒山荒地造林面积590.99万公顷，国家林业重点工程完成造林面积366.96万公顷。

在林地林权管理方面，国务院《关于全国林地保护利用规划纲要（2010～2020年）的批复》，进一步明确了林地用途管制和占用征收林地定额管理制度。国家林业局《关于下达"十二五"期间占用征收林地总额和2011年占用征收林地年度定额的通知》，明确国家下达的"十二五"期间占用征收林地总额，是各省"十二五"期间审核同意建设项目占用征收林地面积的上限，不得突破。按年度分解的占用林地年度定额实行"五年总控、年度调剂"，加强占用征收林地审核审批管理。

2. 行业内上市公司的发展状况

2010年，林业行业上市公司总资产规模为68.08亿元，同比上升33.73%；归属于母公司股东权益为29.82亿元，同比上升24.53%。

2010年，林业行业上市公司共实现营业收入24.58亿元，同比上升14.20%；共实现归属于母公司所有者的净利润1.38亿元，行业实现扭亏为盈。

2010年，林业行业上市公司整体毛利率为22.12%，同比上升2.63个百分点，净资产收益率4.63%，同比上升5.73个百分点。盈利能力显著提升。

2010年，林业行业上市公司整体资产负债率为50.33%，比上年上升3.72个百分点。而营运效率整体维持较稳定的水平。

林业上市公司收入及资产上升情况见表18。

表18　林业上市公司收入及资产上升情况　单位：亿元

指　标	2010年	2010年上升（%）	2009年	2009年上升（%）	2008年
营业收入	24.58	14.20	21.53	-18.07	26.27
利润总额	1.65	扭亏为盈	-0.26	-116.74	1.53
归属于母公司所有者的净利润	1.38	扭亏为盈	-0.26	-124.05	1.09
总资产	68.08	33.73	50.91	2.71	49.56
归属于母公司股东权益	29.82	24.53	23.95	-0.81	24.14

资料来源：天相投资分析系统。

林业上市公司盈利能力情况见表19。

表19　林业上市公司盈利能力情况　单位:%

盈利能力指标	2010年	2010年变动	2009年	2009年变动	2008年
毛利率	22.12	2.63	19.49	-2.48	21.97
净资产收益率	4.63	5.73	-1.09	-5.61	4.51
销售净利率	5.62	6.84	-1.22	-5.36	4.15
资产净利率	2.32	2.84	-0.52	-2.78	2.26

资料来源：天相投资分析系统。

林业上市公司偿债及营运情况见表20。

表 20　　林业上市公司偿债及营运情况

指　标	2010 年	2010 年变动	2009 年	2009 年变动	2008 年
资产负债率（%）	50.33	3.72	46.61	1.67	44.95
存货周转率（次）	0.94	-0.09	1.04	-0.33	1.37
总资产周转率（次）	0.41	-0.02	0.43	-0.12	0.55

资料来源：天相投资分析系统。

（三）畜牧业

1. 行业概况

2010 年，中国畜牧业总产值为 20 825.70亿元，较 2009 年增长 6.97%。

由于生猪养殖业受到疫病影响，国内生猪价格经历“先跌后涨”。因上半年猪口蹄疫爆发，导致下半年生猪存栏量和能繁母猪存栏量大幅减少，生猪价格上涨。2010 年生猪价格全年涨幅达 13.85%，最高涨幅达 47.40%。国家出台的关于“母猪保险”和“免费强制免疫与扑杀补助”的优惠政策，最大程度的保障了农民的养殖利益。

整体来看，全年畜牧产品产量仍保持了以往较好的上升势头。2010 年中国肉类总产量达 7 926 万吨，同比上升 3.61%，奶类产量 3 747 万吨，同比上升 1.90%。

2. 行业内上市公司的发展状况

2010 年，畜牧业行业上市公司总资产规模为 154.17 亿元，同比上升 41.61%；归属于母公司股东权益为 96.32 亿元，同比上升 47.23%。

2010 年，畜牧业行业上市公司共实现营业收入 84.60 亿元，同比上升 30.68%；共实现归属于母公司所有者的净利润 6.35 亿元，同比上升 22.97%。

2010 年，畜牧业行业上市公司整体毛利率为 14.34%，同比下降 0.85 个百分点，净资产收益率 6.59%，同比下降 1.30 个百分点。销售净利率为 7.50%，同比下降 0.47 个百分点。总体来看，盈利能力以及资产运营效率均有所下降。

2010 年，畜牧业行业上市公司整体资产负债率为 36.25%，同比下降 1.87 个百分点，营运周转效率均有所下降。

畜牧业上市公司收入及资产增长情况见表 21。

表 21　　畜牧业上市公司收入及资产增长情况　　单位：亿元

指　标	2010 年	2010 年增长（%）	2009 年	2009 年增长（%）	2008 年
营业收入	84.60	30.68	50.16	-4.65	30.03
利润总额	6.42	22.44	2.94	-27.63	1.74
归属于母公司所有者的净利润	6.35	22.97	2.86	-26.39	1.60
总资产	154.17	41.61	90.67	28.28	44.04
归属于母公司股东权益	96.32	47.23	55.96	39.53	30.73

资料来源：天相投资分析系统。

畜牧业上市公司盈利能力情况见表 22，偿债及营运情况见表 23。

表 22　　畜牧业上市公司盈利能力情况　　单位：%

盈利能力指标	2010 年	2010 年变动	2009 年	2009 年变动	2008 年
毛利率	14. 34	-0. 85	13. 17	-2. 44	13. 69
净资产收益率	6. 59	-1. 30	5. 11	-4. 58	5. 22
销售净利率	7. 50	-0. 47	5. 70	-1. 68	5. 34
资产净利率	4. 83	-0. 54	3. 55	-2. 19	3. 68

资料来源：天相投资分析系统。

表 23　　畜牧业上市公司偿债及营运情况

指　标	2010 年	2010 年变动	2009 年	2009 年变动	2008 年
资产负债率（%）	36. 25	-1. 87	36. 26	-4. 66	28. 19
存货周转率（次）	4. 01	-0. 04	4. 11	-1. 04	5. 15
总资产周转率（次）	0. 64	-0. 03	0. 62	-0. 16	0. 69

资料来源：天相投资分析系统。

（四）渔业

1. 行业概况

2010 年，中国渔业总产值为 6 422 亿元，总产量 5 373 万吨，分别较 2009 年上升 14. 14% 和 4. 10%。水产品出口额 138 亿美元，连续 11 年居国内大宗农产品出口首位。水产品市场供给充足，价格年均涨幅 4. 90%。

渔业产业结构进一步优化，水产品加工业稳步发展，企业规模不断壮大，加工能力得到提升，渔业产品附加值提高。同时，渔业发展方式转变步伐加快，集约化养殖正加速取代小规模散养。2010 年，中国水产品总产量中养捕比例为 71∶29。渔业的发展也使渔民获得收益，2010 年，渔民人均纯收入 8 963 元，比 2009 年增长 9. 80%。

2. 行业内上市公司的发展状况

渔业是农林牧渔行业中盈利水平最高的子行业。2010 年，水产品价格普遍上涨，渔业行业盈利情况进一步提升。2010 年，渔业上市公司整体毛利率为 28. 84%，同比上升 1. 22 个百分点；销售净利率 14. 96%，同比上升 2. 65 个百分点，归属于母公司所有者的净利润总额达到 8. 67 亿元，同比上升 60. 35%。

2010 年，渔业行业上市公司整体资产负债率为 50. 77%，同比上升 1. 93 个百分点；2010 年存货周转率和总资产周转率分别为 0. 78 次和 0. 44 次，同比分别上升 0. 10 次和 0. 05 次，行业营运效率指标有所好转。

渔业上市公司收入及资产增长情况见表 24。

表 24　　渔业上市公司收入及资产增长情况　　单位：亿元

指　标	2010 年	2010 年增长（%）	2009 年	2009 年增长（%）	2008 年
营业收入	57. 93	31. 91	42. 39	13. 16	37. 46
利润总额	9. 65	66. 23	5. 31	-19. 06	6. 56
归属于母公司所有者的净利润	8. 67	60. 35	4. 97	-23. 12	6. 47
总资产	148. 67	30. 24	111. 31	3. 52	107. 53
归属于母公司股东权益	72. 27	26. 25	55. 42	7. 10	51. 75

资料来源：天相投资分析系统。

渔业上市公司盈利能力情况见表25。

表25 渔业上市公司盈利能力情况 单位:%

盈利能力指标	2010年	2010年变动	2009年	2009年变动	2008年
毛利率	28.84	1.22	27.01	-5.06	32.06
净资产收益率	11.99	2.55	8.97	-3.53	12.50
销售净利率	14.96	2.65	11.73	-5.54	17.27
资产净利率	6.60	1.77	4.55	-2.15	6.69

资料来源:天相投资分析系统。

渔业上市公司偿债及营运情况见表26。

表26 渔业上市公司偿债及营运情况

指 标	2010年	2010年变动	2009年	2009年变动	2008年
资产负债率(%)	50.77	1.93	49.17	-0.74	49.91
存货周转率(次)	0.78	0.10	0.66	0.03	0.62
总资产周转率(次)	0.44	0.05	0.39	0.00	0.39

资料来源:天相投资分析系统。

(五)农、林、牧、渔服务业

1. 行业概况

2010年,农、林、牧、渔服务业行业上市公司总资产规模为32.79亿元,同比上升61.15%;归属于母公司股东权益为22.21亿元,同比上升127.29%。2010年,农、林、牧、渔服务业行业上市公司共实现营业收入16.71亿元,同比上升10.37%,实现归属于母公司所有者的净利润1.52亿元,同比上升31.38%。

2. 行业内上市公司的发展状况

2010年,农、林、牧、渔服务业行业上市公司整体毛利率为18.21%,同比下降0.13个百分点,净资产收益率6.84%,同比下降5.00个百分点。

2010年,农、林、牧、渔服务业行业上市公司整体资产负债率为31.37%,同比下降19.15个百分点。营运效率略有下降,2010年存货周转率和总资产周转率分别为1.97次和0.63次,同比分别下降0.27次和0.14次。

农、林、牧、渔服务业上市公司收入及资产增长情况见表27。

表27 农、林、牧、渔服务业上市公司收入及资产增长情况 单位:亿元

指 标	2010年	2010年增长(%)	2009年	2009年增长(%)	2008年
营业收入	16.71	10.37	113.25	1.06	112.07
利润总额	1.60	36.88	2.68	160.88	1.03
归属于母公司所有者的净利润	1.52	31.38	2.01	-110 623.79	0.00
总资产	32.79	61.15	84.20	10.21	76.40
归属于母公司股东权益	22.21	127.29	25.55	7.38	23.80

资料来源:天相投资分析系统。

农、林、牧、渔服务业上市公司盈利能　　力情况见表28。

表28　　农、林、牧、渔服务业上市公司盈利能力情况　　单位:%

盈利能力指标	2010年	2010年变动	2009年	2009年变动	2008年
毛利率	18.21	-0.13	10.15	0.84	9.31
净资产收益率	6.84	-5.00	7.88	7.89	-0.01
销售净利率	9.10	1.45	1.78	1.78	0.00
资产净利率	5.72	-0.14	2.51	2.51	0.00

资料来源：天相投资分析系统。

农、林、牧、渔服务业上市公司盈利能　　力情况见表29。

表29　　农、林、牧、渔服务业上市公司偿债及营运情况

指　标	2010年	2010年变动	2009年	2009年变动	2008年
资产负债率（%）	31.37	-19.15	64.23	1.67	62.56
存货周转率（次）	1.97	-0.27	7.32	-1.31	8.63
总资产周转率（次）	0.63	-0.14	1.41	-0.31	1.72

资料来源：天相投资分析系统。

四、重点上市公司介绍

獐子岛

2010年，公司实现营业收入22.6亿元，归属母公司的净利润4.2亿元，分别同比上升49.4%和104.6%。全面摊薄的每股收益0.93元，净资产收益率25.00%。

公司盈利能力有所提升，全年销售毛利率为34.29%，同比上升16.2个百分点；销售净利率为18.7%，同比上升5.8个百分点。

公司财务状况基本稳定，2010年资产负债率为48.83%，同比上升9.4个百分点。资产周转情况与2009年大致相同。

獐子岛是国内最大的渔业上市公司。公司以扇贝、海参等水产品养殖业务为核心，通过外业扩张，成长为集海珍品育苗、养殖、加工、贸易于一体的综合性海洋食品企业，资产总额逾40亿元。公司施行“资源+市场”的经营战略，拥有超过2 000平方公里的国家一类清洁海域，依托海域资源优势，公司在国内树立了高端海珍品品牌形象，是农业企业中品牌建设的先锋。公司现辖“国际、活品、冻品、即食品、海参”五张销售网络，冻品及调理食品远销全球20多个国家和地区，成为全球贝类第一供应商。

登海种业

2010年，公司实现营业收入9.38亿元，归属母公司的净利润2.08亿元，分别同比上升61.94%和122.97%。全面摊薄的每股收益1.19元，净资产收益率22.37%。

公司盈利能力有所提升，全年销售毛利率为65.72%，同比上升8.59个百分点；销售净利率为41.00%，同比上升9.15个百分点。

公司财务状况良好，公司资产负债率为

33.36%，同比下降5.84个百分点。资产周转速度比2009年提高。

登海种业是国内首家民营产业化玉米种子企业，并成为农业部“育、繁、推”一体化试点单位。公司依托遍布全国的玉米育种科研平台，形成“产、学、研”一条龙模式，截至2010年已选育出100多个玉米杂交种，获得7项发明专利和38项植物新品种权。公司与美国先锋公司合资成立了“山东登海先锋种业有限公司”，创造性的利用美系血缘亲本研发出一系列超级玉米品种，推动国内玉米品种选育进入新的高度。公司为适应市场变化，积极进行变革，加速在种质创新和市场服务等方面的体系建设，并通过推出高质量高价位的新品种子降低每亩用种量。

五、上市公司在行业中的影响力

2010年，由于农村劳动力人口减少和农业生产成本上升等原因，在保障农民生产收益的前提下，国内农产品价格均出现了较大幅度的上涨，农业企业尤其是农产品加工企业面临较大的成本压力。农业上市公司精心组织生产经营，化解成本压力，并且凭借技术创新、资金优势，通过产品改良、产业链延伸等手段，将成本向下游转移以提升公司业绩，进一步提高了在行业中的地位和影响力，具体有如下几个方面：

一是技术影响力。上市公司对产品研发的投入大，研发团队的实力强，能引领行业的技术变革与创新。以种业为例，2010年，种业上市公司通过加强与科研院所的合作，加大科研投入力度，推出了登海605等一批新产品，提高了单产，取得了较好的市场反应，从而带动行业内其他公司的技术革新，提升全行业的科技水平和产品的科技含量，加快行业技术进步速度，最终提高农业生产效率。

二是先进生产方式的影响力。近年来，农业新股中出现了一些具有创新、先进生产经营模式的新型农业企业。以雏鹰农牧为例，其合作养殖模式以及标准化、工厂化的生产方式，给公司带来低成本的竞争优势，并且具有异地扩张的可复制性。公司的养殖利润远高于行业平均水平，在生猪养殖行业具有示范效应和推广意义，通过示范效应，促进业内其他企业生产方式由粗放向精细，由分散向集约转变。

三是产品标准的影响力。上市公司通过建立完善的生产标准，取得相关认证后，与国家有关部门合作，将产品标准“输出”，参与到行业产品质量、技术标准的建设中，帮助行业规范、有序的发展。

四是优秀品牌的影响力。随着产业链的延伸，农业上市公司加大了产品营销方面的投入，并加快了品牌建设速度。依靠资源优势和科学合理的品牌定位，獐子岛扇贝、海参，好当家海参，西王玉米胚芽油等农业上市公司品牌的市场知名度和影响力正不断提升。

上海申银万国证券研究所有限公司
审稿人：赵金厚
撰稿人：王琦　宫衍海　林隽婕

采　掘　业

一、采掘业总体概况

采掘业是国民经济的基础性产业，采掘业的发展为各个经济部门提供了丰富的矿物原料，对国民经济发展起到了支撑作用。

根据国家统计局的数据，2010年，采掘业合计实现销售收入40 686.12亿元，同比增长40.51%；实现利润总额4 318.89亿元，同比增长32.67%。

从盈利能力来看，2010年采掘业主营业务利润率为26.82%，较2009年同比上涨3个百分点；税前利润率10.61%，较2009年同比下降0.29个百分点。

二、行业内上市公司发展状况

（一）行业内上市公司基本情况

截至2010年底，采掘业共涵盖47家上市公司，占沪深A、B股上市公司总数的2.19%。截至2010年底，该行业总市值42 311.48亿元，占沪深两市总市值的15.85%；流通A股市值36 883.75亿元，占沪深流通A市值的19.31%，流通B股市值60.63亿元，占沪深两市流通B股市值的2.06%。

采掘业上市公司发行股票概况见表1。

表1　　采掘业上市公司发行股票概况

门　　类	A、B股总数	A股股票数	B股股票数	境内总市值（亿元）	流通A股市值（亿元）	流通B股市值（亿元）
采掘业	47	45	2	42 311.48	36 883.75	60.63
占沪深两市比重（%）	2.19	2.09	0.09	15.85	19.31	2.06

资料来源：天相投资分析系统。

（二）行业内上市公司构成情况

按上市地划分，行业中在上海证券交易所上市公司有30家，占板块内上市公司总数的63.83%，深圳证券交易所上市公司15家，占板块内上市公司总数的31.91%。

按A、B股划分，在A板上市的公司有45家，占沪深A股总数的2.09%，在B板上市的公司有2家，占沪深B股总数的0.09%。

从股改完成情况来看，截至2010年底，行业上市公司47家已全部完成股改。

采掘业上市公司构成情况见表2。

表 2 采掘业上市公司构成情况 单位：家

门类	沪市			深市			ST/ * ST	股改/未股改
	仅 A 股	仅 B 股	A＋B 股	仅 A 股	仅 B 股	A＋B 股		
采掘业	30	1	0	15	1	0	1/0	47/0
占行业内上市公司比重（%）	63.83	2.13	0.00	31.91	2.13	0.00	2.22/0.00	100.00/0.00

资料来源：天相投资分析系统。

按公司所处行业大类划分，可主要分为煤炭采选（涵盖上市公司 26 家）、石油和天然气开采业（涵盖上市公司 3 家）、有色金属矿采选业（涵盖上市公司 11 家）、黑色金属矿采选业（涵盖上市公司 2 家）、非金属矿采选业以及采掘服务业（涵盖上市公司 5 家）。

采掘业上市公司具体分布见表 3。

表 3 采掘业上市公司具体分布

A、B 股类别	公司代码	公司名称	所属大类
沪市 A 股	601808	中海油服	采掘服务业
沪市 A 股	600121	郑州煤电	煤炭采选业
沪市 A 股	600123	兰花科创	煤炭采选业
沪市 A 股	600188	兖州煤业	煤炭采选业
沪市 A 股	600348	阳泉煤业	煤炭采选业
沪市 A 股	600395	盘江股份	煤炭采选业
沪市 A 股	600397	安源股份	煤炭采选业
沪市 A 股	600508	上海能源	煤炭采选业
沪市 A 股	600546	山煤国际	煤炭采选业
沪市 A 股	600714	金瑞矿业	煤炭采选业
沪市 A 股	600971	恒源煤电	煤炭采选业
沪市 A 股	600997	开滦股份	煤炭采选业
沪市 A 股	601001	大同煤业	煤炭采选业
沪市 A 股	601088	中国神华	煤炭采选业
沪市 A 股	601101	昊华能源	煤炭采选业
沪市 A 股	601666	平煤股份	煤炭采选业
沪市 A 股	601699	潞安环能	煤炭采选业
沪市 A 股	601898	中煤能源	煤炭采选业
沪市 A 股	601918	国投新集	煤炭采选业
沪市 A 股	600028	中国石化	石油和天然气开采业
沪市 A 股	600583	海油工程	石油和天然气开采业
沪市 A 股	601857	中国石油	石油和天然气开采业
沪市 A 股	600139	西部资源	有色金属矿采选业
沪市 A 股	600259	广晟有色	有色金属矿采选业

A、B 股类别	公司代码	公司名称	所属大类
沪市 A 股	600489	中金黄金	有色金属矿采选业
沪市 A 股	600497	驰宏锌锗	有色金属矿采选业
沪市 A 股	600547	山东黄金	有色金属矿采选业
沪市 A 股	601168	西部矿业	有色金属矿采选业
沪市 A 股	601899	紫金矿业	有色金属矿采选业
沪市 A 股	601958	金钼股份	有色金属矿采选业
沪市 B 股	900948	伊泰 B 股	煤炭采选业
深市 A 股	002207	准油股份	采掘服务业
深市 A 股	002353	杰瑞股份	采掘服务业
深市 A 股	300084	海默科技	采掘服务业
深市 A 股	000655	金岭矿业	黑色金属矿采选业
深市 A 股	000762	西藏矿业	黑色金属矿采选业
深市 A 股	000552	靖远煤电	煤炭采选业
深市 A 股	000780	平庄能源	煤炭采选业
深市 A 股	000933	神火股份	煤炭采选业
深市 A 股	000937	冀中能源	煤炭采选业
深市 A 股	000968	煤 气 化	煤炭采选业
深市 A 股	000983	西山煤电	煤炭采选业
深市 A 股	002128	露天煤业	煤炭采选业
深市 A 股	000758	中色股份	有色金属矿采选业
深市 A 股	002155	辰州矿业	有色金属矿采选业
深市 A 股	002340	格 林 美	有色金属矿采选业
深市 B 股	200053	深基地 B	采掘服务业

资料来源：天相投资分析系统。

（三）行业内上市公司股改情况

截至2010年底，采掘业内流通A股占总股本的比例由33.91%提高到91.55%，同比增长57.65个百分点；流通B股比例由0.15%提高到0.25%，同比增长0.1个百分点。与此对应，限售A股比例由65.78%下降到7.91%，同比下降57.87个百分点（见表4）。

表4　　采掘业上市公司股本变动情况　　单位：万股

指　标	2010年底	2009年底	增长变动（%）
总股本	31 566 683.65	30 369 117.22	3.94
其中：A股	31 397 223.65	30 272 857.22	3.71
B股	169 460.00	96 260.00	76.04
非限售流通A股	28 900 570.47	10 296 754.38	180.68
非限售流通A股比重（%）	91.55	33.91	57.65
流通B股	77 518.00	44 318.00	74.91
流通B股比重（%）	0.25	0.15	0.10
限售A股	2 496 653.18	19 976 102.83	-87.50
限售A股比重（%）	7.91	65.78	-57.87

资料来源：天相投资分析系统。

（四）行业内上市公司融资情况

2010年，采掘业共有6家上市公司进行了融资，占沪深两市530家融资上市公司的1.13%，其中发行新股4家，增发2家，占比分别为1.19%和1.15%。

2010年采掘业上市公司与沪深两市融资情况对比见表5。

表5　　采掘业上市公司与沪深两市融资情况对比　　单位：家

	融资家数	新　股	配　股	增　发
采掘业	6	4	0	2
沪深两市总数	530	336	20	174
占比（%）	1.13	1.19	0.00	1.15

资料来源：天相投资分析系统。

其中，首发的4家公司中，有2家在中小板上市，1家在创业板上市，1家在沪市上市；增发的2家公司中，有1家沪市公司、1家深市公司；进行融资的6家公司中，煤炭采选业占3家，采掘服务业占2家，有色金属矿采选业占1家。

2010年采掘业上市公司融资情况见表6。

从融资效果来看，上述公司实际发行数量为59 091.03万股，实际募集资金120.89亿元，基本完成了预定的融资计划。

2010年采掘业上市公司融资明细见表7。

（五）行业内上市公司资产及业绩情况

截至2010年底，采掘业资产总值已达37 203.98亿元，净资产19 153.74亿元，分别同比增长14.36%和13.15%。

表 6　　2010 年采掘业上市公司融资情况

代　码	公司名称	融资类别	所属大类	证券类型
000937	冀中能源	增发	煤炭采选业	深市主板
002340	格 林 美	首发	有色金属矿采选业	中小板
002353	杰瑞股份	首发	采掘服务业	中小板
300084	海默科技	首发	采掘服务业	创业板
600971	恒源煤电	增发	煤炭采选业	沪市
601101	昊华能源	首发	煤炭采选业	沪市

资料来源：天相投资分析系统。

表 7　　2010 年采掘业上市公司融资明细

代　码	公司名称	发行价格（元）	实际发行数量（万股）	实募集资金数（亿元）
000937	冀中能源	12.28	36 848.96	45.25
002340	格 林 美	32.00	2 333.00	7.04
002353	杰瑞股份	59.50	2 900.00	16.90
300084	海默科技	33.00	1 600.00	4.83
600971	恒源煤电	36.00	4 409.08	15.32
601101	昊华能源	29.80	11 000.00	31.56

资料来源：天相投资分析系统。

2010 年采掘业上市公司资产情况见表 8。

表 8　　2010 年采掘业上市公司资产情况　　单位：亿元

资产指标	2010 年	2010 年增长（%）	2009 年	2009 年增长（%）	2008 年
总资产	37 203.98	14.36	32 107.94	19.91	26 776.83
流动资产	9 226.42	14.42	7 921.30	24.67	6 353.85
占比（%）	24.80	0.01	24.67	0.94	23.73
非流动资产	27 977.56	14.34	24 186.64	18.43	20 422.98
占比（%）	75.20	-0.01	75.33	-0.94	76.27
流动负债	10 091.41	11.46	8 888.89	30.46	6 813.72
占比（%）	27.12	-0.71	27.68	2.24	25.45
非流动负债	6 230.27	21.13	5 057.83	41.36	3 577.88
占比（%）	16.75	0.93	15.75	2.39	13.36
归属于母公司股东权益	19 153.74	13.15	16 778.84	10.52	15 182.40
占比（%）	51.48	-0.55	52.26	-4.44	56.70

资料来源：天相投资分析系统。

2010 年采掘业上市公司营业收入总额较上年大幅增长 40.52%，利润总额上涨 30.24%。

2010 年采掘业上市公司收入实现情况见表 9。

表 9　　采掘业上市公司收入实现情况　　单位：亿元

业绩指标	2010 年	2010 年增长（%）	2009 年	2009 年增长（%）	2008 年
营业收入	40 663.33	40.52	28 710.08	-3.80	29 843.12
利润总额	4 315.79	30.24	3 283.68	15.67	2 838.89
归属于母公司所有者的净利润	3 103.82	28.81	2 388.83	10.64	2 159.16

资料来源：天相投资分析系统。

（六）行业内上市公司利润分配情况

2010年，采掘业上市公司共有39家上市公司实施了分红配股，其中有13家上市公司进行了送股或转增的方式，送股及转增、派息最高值分别为1.202股（昊华能源）和12.458元（伊泰B股）。

采掘业上市公司2010年分红情况见表10。

表10　　采掘业上市公司2010年分红情况

代　码	名　称	送股及转增比例	每股派息（税前　元）	基准股本（万股）
000552	靖远煤电	—	0.030	17 787.00
000655	金岭矿业	—	0.100	59 534.02
000758	中色股份	0.200	0.030	63 888.00
000780	平庄能源	—	0.100	101 430.63
000933	神火股份	0.600	0.200	105 000.00
000937	冀中能源	1.000	0.500	115 644.21
000983	西山煤电	—	0.500	315 120.00
002128	露天煤业	—	0.500	132 668.62
002155	辰州矿业	—	0.150	54 740.00
002340	格 林 美	1.000	0.100	12 131.60
002353	杰瑞股份	1.000	0.800	11 481.80
200053	深基地B	—	0.109	23 060.00
300084	海默科技	1.000	0.200	6 400.00
600028	中国石化	—	0.210	8 670 252.78
600123	兰花科创	—	0.500	57 120.00
600139	西部资源	0.400	0.045	23 711.87
600188	兖州煤业	—	0.590	491 840.00
600348	阳泉煤业	—	0.100	240 500.00
600395	盘江股份	—	0.850	110 336.79
600489	中金黄金	0.300	0.100	142 309.07
600497	驰宏锌锗	0.300	0.300	100 776.60
600508	上海能源	—	0.250	72 271.80
600546	山煤国际	—	0.300	75 000.00
600547	山东黄金	—	0.100	142 307.24
600971	恒源煤电	—	0.800	43 847.33
600997	开滦股份	—	0.100	123 464.00
601001	大同煤业	—	0.208	167 370.00
601088	中国神华	—	0.750	1 988 962.05
601101	昊华能源	1.202	0.700	45 400.00
601168	西部矿业	—	0.180	238 300.00
601666	平煤股份	0.300	0.200	181 628.08
601699	潞安环能	1.000	1.000	115 054.20
601808	中海油服	—	0.180	449 532.00
601857	中国石油	—	0.345	18 302 097.78
601898	中煤能源	—	0.156	1 325 866.34
601899	紫金矿业	0.500	0.100	1 454 130.91
601918	国投新集	—	0.200	185 038.70
601958	金钼股份	—	0.250	322 660.44
900948	伊泰B股	—	12.458	146 400.00

资料来源：天相投资分析系统。

（七）其他财务指标情况

1. 盈利能力指标

2010 年，采掘业盈利能力指标较 2009 年有所下降。

采掘业上市公司盈利能力情况见表 11。

表 11　　采掘业上市公司盈利能力情况　　单位:%

盈利能力指标	2010 年	2010 年变动	2009 年	2009 年变动	2008 年
毛利率	26.82	-3.33	30.19	7.51	22.68
净资产收益率	16.20	1.97	14.24	0.02	14.22
销售净利率	7.63	-0.69	8.32	1.09	7.24
资产净利率	8.90	0.83	8.11	-0.67	8.79
净利润率	7.63	-0.69	8.32	8.32	7.24
总资产收益率	8.90	0.83	8.11	-0.67	8.79

资料来源：天相投资分析系统。

2. 偿债能力指标

2010 年行业偿债能力维持比较平稳的状态。

采掘业上市公司偿债能力指标见表 12。

表 12　　采掘业上市公司偿债能力指标

偿债能力指标	2010 年	2010 年变动	2009 年	2009 年变动	2008 年
流动比率	0.91	0.02	0.89	-0.04	0.93
速动比率	0.51	0.01	0.50	-0.03	0.62
资产负债率%	43.87	0.23	43.44	4.63	38.81

资料来源：天相投资分析系统。

3. 营运能力指标

2010 年，采掘业营运能力指标除应收账款周转率外均较上年有所上升。存货周转率、流动资产周转率、固定资产周转率、总资产周转率和净资产周转率，分别上升 1.47 次、0.73 次、0.51 次、0.20 次和 0.28 次，表明采掘业营运能力整体上有所提升，但应收账款周转情况表现下降。

采掘业上市公司营运能力情况见表 13。

表 13　　采掘业上市公司营运能力情况　　单位：次

营运能力指标	2010 年	2010 年变动	2009 年	2009 年变动	2008 年
存货周转率	9.41	1.47	7.99	-2.44	10.43
应收账款周转率	39.23	-1.05	41.12	-11.60	21.05
流动资产周转率	4.70	0.73	4.02	-0.79	4.81
固定资产周转率	3.26	0.51	2.76	-0.62	3.38
总资产周转率	1.17	0.20	0.98	-0.24	1.21
净资产周转率	1.61	0.28	1.33	-0.26	1.63

资料来源：天相投资分析系统。

三、重点细分行业介绍

采掘行业共涵盖5个大类，分别是煤炭采选业、石油和天然气开采业、黑色金属矿开采业、有色金属矿开采业和采掘服务业。

采掘业各子行业上市公司及市值情况见表14。

表14　　采掘业各子行业上市公司及市值情况

大　类	上市公司家数（家）	占行业内比重（%）	境内总市值（亿元）	占行业内比重（%）
采掘服务业	5	10.64	992.87	2.35
黑色金属矿采选业	2	4.26	242.48	0.57
煤炭采选业	26	55.32	12 556.16	29.68
石油和天然气开采业	3	6.38	24 118.42	57.00
有色金属矿采选业	11	23.40	4 401.56	10.40

资料来源：天相投资分析系统。

采掘业中煤炭采选业上市公司26家，占采掘业上市公司家数的55.32%，市值为12 556.16亿元，占采掘业上市公司总市值的29.68%。石油天然气开采业上市公司为3家，占比为6.38%，而市值为24 118.42亿元，占采掘业总市值的57.00%。

（一）煤炭采选业

1. 行业概况

截至2010年12月31日，煤炭采选业总资产为8 620.28亿元，同比增长15.29%；资产负债率达41.01%，比上年底下降2.30个百分点。

煤炭业全年共完成产品销售收入5 358.64亿元，同比增长34.40%；实现利润1 189.77亿元，同比增长31.90%。

2. 行业内上市公司发展状况

2010年，煤炭采选业收入水平较2009年有较大提高，增幅为34.40%，归属母公司净利润上涨32.60%。

煤炭采选业上市公司收入及资产增长情况见表15。

表15　　煤炭采选业上市公司收入及资产增长情况　　单位：亿元

指　标	2010年	2010年增长（%）	2009年	2009年增长（%）	2008年
营业收入	5 358.64	34.40	3 832.88	4.30	3 674.78
利润总额	1 189.77	31.90	881.69	3.54	851.51
归属于母公司所有者的净利润	846.34	32.60	623.36	1.55	613.85
总资产	8 620.28	15.29	7 193.02	25.00	5 754.41
归属于母公司股东权益	4 480.80	19.44	3 647.34	15.30	3 163.30

资料来源：天相投资分析系统。

2010年，煤炭采选业盈利能力有所下降。

煤炭采选业上市公司盈利能力情况见表16。

表 16　　煤炭采选业上市公司盈利能力情况　　单位:%

盈利能力指标	2010 年	2010 年变动	2009 年	2009 年变动	2008 年
毛利率	34.81	-1.50	36.75	-1.76	38.50
净资产收益率	18.89	1.87	17.09	-2.31	19.41
销售净利率	15.79	-0.21	16.26	-0.44	16.70
资产净利率	10.52	1.04	9.63	-2.48	12.11

资料来源：天相投资分析系统。

2010 年，煤炭采选业负债水平从 2009 年的 42.55% 下降到 41.01%，而反映营运能力的存货周转率和总资产周转率均有所提高。

煤炭采选业上市公司偿债及营运情况见表 17。

表 17　　煤炭采选业上市公司偿债及营运情况

指　标	2010 年	2010 年变动	2009 年	2009 年变动	2008 年
资产负债率（%）	41.01	-2.30	42.55	4.17	38.38
存货周转率（次）	12.05	0.35	12.17	-1.03	13.20
总资产周转率（次）	0.67	0.07	0.59	-0.13	0.72

资料来源：天相投资分析系统。

（二）石油天然气开采业

1. 行业概况

截至 2010 年 12 月 31 日，有色金属矿采选业总资产为 26 596.78 亿元，同比增长 13.97%；资产负债率达 44.66%，比上年底上升 1.13 个百分点。

石油天然气开采业全年共完成产品销售收入 33 857.35 亿元，同比增长 42.36%；实现净利润 2 915.35 亿元，同比增长 28.38%。

2. 行业内上市公司发展状况

2010 年，石油天然气开采业收入水平较 2009 年有所增长，利润水平也有较大幅度提高。

石油天然气开采业上市公司收入及资产增长情况见表 18。

表 18　　石油天然气开采业上市公司收入及资产增长情况　　单位：亿元

指　标	2010 年	2010 年增长（%）	2009 年	2009 年增长（%）	2008 年
营业收入	33 857.35	42.36	23 782.88	-5.87	25 264.90
利润总额	2 915.35	28.38	2 270.90	22.97	1 846.77
归属于母公司所有者的净利润	2 106.68	26.27	1 668.33	16.30	1 434.56
总资产	26 596.78	13.97	23 335.86	18.87	19 632.02
归属于母公司股东权益	13 691.98	10.96	12 339.24	9.21	11 298.87

资料来源：天相投资分析系统。

2010 年，石油天然气开采业毛利率小幅下降，净资产收益率和资产净利率均小幅上升，销售净利率有所下降。

石油天然气开采业上市公司盈利能力情

况见表19。

表19　石油天然气开采业上市公司盈利能力情况　单位:%

盈利能力指标	2010年	2010年变动	2009年	2009年变动	2008年
毛利率	25.76	-3.83	29.58	9.27	20.31
净资产收益率	15.39	1.87	13.52	0.82	12.70
销售净利率	6.22	-0.79	7.01	1.34	5.68
资产净利率	8.44	0.67	7.77	-0.02	7.79

资料来源：天相投资分析系统。

2010年，石油天然气开采业负债水平有所上升，达到在44.66%的水平；反映营运能力的存货周转率和总资产周转率则有所上升，其中存货周转率上升1.64次，总资产周转率上升0.25次。

石油和天然气开采业上市公司偿债及营运情况见表20。

表20　石油和天然气开采业上市公司偿债及营运情况

指　标	2010年	2010年变动	2009年	2009年变动	2008年
资产负债率（%）	44.66	1.13	43.53	5.01	38.52
存货周转率（次）	9.15	1.64	7.51	-2.69	10.20
总资产周转率（次）	1.36	0.25	1.11	-0.26	1.37

资料来源：天相投资分析系统。

（三）黑色金属矿采选业

1. 行业概况

截至2010年12月31日，黑色金属矿采选业总资产为36.59亿元，同比增长23.03%；资产负债率达18.03%，比上年底下降5.69个百分点。

黑色金属矿采选业全年共完成产品销售收入20.09亿元，同比增长63.89%；完成利润总额6.86亿元，同比增长133.70%。

2. 行业内上市公司发展状况

2010年，黑色金属矿采选业收入和利润总额较2009年水平均有大幅提高，增加幅度分别为63.89%和133.70%。

黑色金属矿采选业上市公司收入及资产增长情况见表21。

表21　黑色金属矿采选业上市公司收入及资产增长情况　单位：亿元

指　标	2010年	2010年增长（%）	2009年	2009年增长（%）	2008年
营业收入	20.09	63.89	2.93	-41.90	5.04
利润总额	6.86	133.70	0.03	-96.51	0.73
归属于母公司所有者的净利润	5.24	130.76	0.10	-78.67	0.47
总资产	36.59	23.03	10.56	2.80	10.27
归属于母公司股东权益	28.42	24.02	6.19	0.99	6.13

资料来源：天相投资分析系统。

2010年，黑色金属矿采选业盈利能力各指标均明显上涨。

黑色金属矿采选业上市公司盈利能力情况见表22。

表22　　黑色金属矿采选业上市公司盈利能力情况　　单位:%

盈利能力指标	2010年	2010年变动	2009年	2009年变动	2008年
毛利率	50.02	6.26	51.14	10.54	40.60
净资产收益率	18.44	8.53	1.63	-6.10	7.73
销售净利率	26.08	7.56	3.45	-5.95	9.39
资产净利率	15.80	7.35	0.97	-3.54	4.51

资料来源：天相投资分析系统。

（3）2010年，黑色金属矿采选业负债水平有所下降，降幅为5.69个百分点；但存货周转率上升0.82次，总资产周转率小幅上升0.15次。

黑色金属矿采选业上市公司偿债及营运情况见表23。

表23　　黑色金属矿采选业上市公司偿债及营运情况

指标	2010年	2010年变动	2009年	2009年变动	2008年
资产负债率（%）	18.03	-5.69	43.60	5.17	38.43
存货周转率（次）	5.29	0.82	1.36	-1.69	3.05
总资产周转率（次）	0.61	0.15	0.28	-0.20	0.48

资料来源：天相投资分析系统。

（四）有色金属矿采选业

1. 行业概况

截至2010年12月31日，有色金属矿采选业总资产为1 249.31亿元，同比增长20.21%；资产负债率达40.07%，比上年底上升2.89个百分点。

有色金属矿采选业全年共完成产品销售收入1 228.63亿元，同比增长28.19%；完成利润总额99.88亿元，同比增长51.09%。

2. 行业内上市公司发展状况

2010年，有色金属采矿业收入与利润总额较2009年继续有较大提高。

有色金属矿采选业上市公司收入及资产增长情况见表24。

表24　　有色金属矿采选业上市公司收入及资产增长情况　　单位：亿元

指　标	2010年	2010年增长（%）	2009年	2009年增长（%）	2008年
营业收入	1 228.63	28.19	901.73	17.32	768.59
利润总额	150.35	55.95	92.08	-12.93	105.76
归属于母公司所有者的净利润	99.88	51.09	64.39	-17.81	78.34
总资产	1 249.31	20.21	926.23	18.00	784.96
归属于母公司股东权益	653.99	14.09	549.82	9.17	503.62

资料来源：天相投资分析系统。

2010年，有色金属矿采选业盈利指标均有所上升。

有色金属矿采选业上市公司盈利能力情况见表25。

表 25　　有色金属矿采选业上市公司盈利能力情况　　单位:%

盈利能力指标	2010 年	2010 年变动	2009 年	2009 年变动	2008 年
毛利率	19.48	2.20	17.10	-5.52	22.61
净资产收益率	15.27	3.74	11.71	-3.84	15.55
销售净利率	8.13	1.23	7.14	-3.05	10.19
资产净利率	8.73	1.87	7.53	-4.51	12.04

资料来源：天相投资分析系统。

2010 年，有色金属采矿业负债水平提高到40.07%，提高2.89 个百分点，存货周转率小幅下降，同时总资产周转率小幅上升。

有色金属矿采选业上市公司偿债及营运情况见表26。

表 26　　有色金属矿采选业上市公司偿债及营运情况

指　标	2010 年	2010 年变动	2009 年	2009 年变动	2008 年
资产负债率（%）	40.07	2.89	34.29	4.68	29.61
存货周转率（次）	8.91	-0.38	10.60	0.64	9.96
总资产周转率（次）	1.07	0.08	1.05	-0.13	1.18

资料来源：天相投资分析系统。

（五）采掘服务业

1. 行业概况

截至2010 年12 月31 日，采掘服务业总资产为701.03 亿元，同比增长7.96%；资产负债率达57.27%，比上年底下降5.46 个百分点。

有色金属矿采选业全年共完成产品销售收入198.62 亿元，同比增长0.5%；完成利润总额45.68 亿元，同比增长31.55%。

2. 行业内上市公司发展状况

2010 年，采掘服务业上市公司收入、利润总额均较2009 年有提高。

采掘服务业上市公司收入及资产增长情况见表27。

表 27　　采掘服务业上市公司收入及资产增长情况　　单位：亿元

指　标	2010 年	2010 年增长（%）	2009 年	2009 年增长（%）	2008 年
营业收入	198.62	0.50	189.66	46.11	129.80
利润总额	53.47	29.00	38.98	14.27	34.12
归属于母公司所有者的净利润	45.68	31.55	32.65	2.24	31.93
总资产	701.03	7.96	642.27	7.91	595.18
归属于母公司股东权益	298.54	23.95	236.26	12.25	210.48

资料来源：天相投资分析系统。

2010 年采掘服务业上盈利能力指标除毛利率小幅下降0.77 个百分点外，其余指标均有不同程度的上升。

采掘服务业上市公司盈利能力情况见表28。

表 28　　采掘服务业上市公司盈利能力情况　　单位:%

盈利能力指标	2010 年	2010 年变动	2009 年	2009 年变动	2008 年
毛利率	35.93	-0.77	36.55	-0.13	36.69
净资产收益率	15.30	0.88	13.82	-1.35	15.17
销售净利率	23.00	5.43	17.21	-7.39	24.60
资产净利率	6.77	1.21	5.28	-2.27	7.55

资料来源：天相投资分析系统。

2010 年，采掘服务业负债水平从 2009 年的 63.05% 下降至 57.27%，下降 5.46 个百分点；反映营运能力的存货周转率和总资产周转率则略有下降。

采掘服务业上市公司偿债及营运情况见表 29。

表 29　　采掘服务业上市公司偿债及营运情况

指　标	2010 年	2010 年变动	2009 年	2009 年变动	2008 年
资产负债率（%）	57.27	-5.46	63.05	-1.40	64.45
存货周转率（次）	12.07	-0.90	14.73	1.30	13.43
总资产周转率（次）	0.29	-0.02	0.31	0.00	0.31

资料来源：天相投资分析系统。

四、重点上市公司介绍

中国神华

2010 年，公司实现主营业务收入 1 520.63 亿元，同比增长 25.30%；实现利润总额 536.34 亿元，同比增长 21.40%；实现净利润 425.06 亿元，同比增长 22.30%，基本每股收益 1.87 元。

2010 年公司盈利能力小幅下降：毛利率 46.30%，下降 3 个百分点；净利润率 28.00%，同比下降 0.6 个百分点；净资产收益率 18.90% 同比提高 1 个百分点。

公司财务状况比较稳定，资产负债率由 2009 年的 36.6% 下降到 2010 年的 32.8%，下降 3.80 个百分点。

中煤能源

2010 年，公司实现主营业务收入 713 亿元，同比增长 33.00%；实现利润总额 102 亿元，同比增长 11.00%；实现净利润 75.70 亿元，同比增长 7.00%。基本每股收益 0.52 元。

2010 年公司盈利能力有所下降。销售毛利率 33.42%，基本与上年持平；净利润率 10.6%，同比下降 2.60 个百分点；净资产收益率 8.85%；总资产收益率 6.26%。

公司财务状况基本稳定，资产负债率由 2009 年的 29.02% 提升到 2010 年的 29.13%，上升 0.10 个百分点。

西山煤电

2010 年，公司实现主营业务收入 169 亿元，同比上升 37.00%；实现利润总额 38.30 亿元，同比上升 24.80%；实现净利润 27.90 亿元，同比上升 21.80%。基本每股收益 0.84 元。

2010 年公司盈利能力有所下降。毛利率 43.40%，微涨 0.30 个百分点；净利润率 16.50%，下降 1.6 个百分点；净资产收益率 19.80%，下降 2.40 个百分点。

公司财务，资产负债率由2009年的51.40%下降到10年的48.70%，下降了2.70个百分点。

中国石油

2010年，公司共实现主营业务收入14 654.15亿元，同比上升43.77%；实现利润总额1 891.94亿元，同比上升35.36%；实现净利润1 398.71亿元，同比上涨35.57%。

2010年公司的主营业务毛利率33.79%，同比上升19.73个百分点；净利润率10.28%，同比下降0.15个百分点。

中国石化

2010年，公司共实现主营业务收入19 131.82亿元，同比上升42.23%；实现利润总额1 021.78亿元，同比上升18.66%；实现净利润683.50亿元，同比上升11.51%。基本每股收益0.79元，平均净资产收益率17.43%。

2010年公司的资产负债率略微有所上升，从2009年的53.76%上升到54.06%。

五、上市公司在该行业中的影响力

2010年采掘业上市公司行业整体实现销售收入40 663.33亿元，同比增长40.52%快于行业整体收入增速。2010年采掘业上市公司毛利率26.82%；行业整体毛利率27.71%，上市公司的盈利能力低于行业水平。2010年采掘业上市公司资产负债率43.87%，行业整体资产负债率52.68%，上市公司的负债水平低于全行业。

制 造 业

食品、饮料

一、食品、饮料制造业总体概况

食品饮料作为与居民生活息息相关的基本消费品，具有一定的消费刚性，这使得食品饮料行业成为了稳定增长的典范。2010年，食品饮料行业充分展现了这一特性，在消费时代到来的大背景下不断创造了增长再增长的奇迹，行业景气指数中枢持续锁定在130附近，景气度一路高企。纵观全年，食品饮料行业消费量持续增长，除啤酒外，各类产品增速均达10%以上，带动行业整体销售收入、利润总额实现快速增长。其中白酒、葡萄酒子行业受益于通胀与消费升级增长最为突出，盈利能力得到显著提升。不过，随着原材料价格的逐步走高，啤酒、肉制品、乳品等大众消费品行业面临了一定的成本压力，业绩受到一定挤压。

根据国家统计局提供的数据，2010年食品、饮料制造业合计实现营业收入54 343.70亿元，同比增长28.76%；实现利润总额3 140.11亿元，同比增长33.04%。

从盈利能力来看，2010年食品饮料制造业的整体毛利率为15.63%，与2009年持平。

2010年，食品饮料制造业的财务状况基本保持稳定。截至2010年底，全行业的资产负债率达到53.84%，同比上升0.2个百分点。

二、行业内上市公司发展状况

（一）行业内上市公司基本情况

截至2010年底，食品、饮料制造业共涵盖85只A、B股、81家上市公司（其中4家上市公司既有A股又有B股），分占A、B股市场上市公司总数的3.96%和3.77%。截至2010年底，该行业市值总额为11 536.78亿元、流通A股市值为8 500.53亿元、流通B股市值为240.74亿元，分占沪、深两市市值总额的4.32%、流通A股市值的4.45%和流通B股市值的8.19%。

食品、饮料上市公司发行股票概况见表1。

表1　食品、饮料上市公司发行股票概况

门　　类	A、B股总数	A股股票数	B股股票数	境内总市值（亿元）	流通A股市值（亿元）	流通B股市值（亿元）
食品、饮料	85	81	4	11 536.78	8 500.53	240.74
占沪深两市比重（%）	3.96	3.77	0.19	4.32	4.45	8.19

资料来源：天相投资分析系统。

（二）行业内上市公司构成情况

按上市地划分，食品、饮料制造业在上海证券交易所上市的公司37家，深圳证券交易所上市的公司44家，分别占行业内上市公司总数的45.68%和54.32%。

按A、B股划分，在A板上市的公司81家，其中4家同时在B板上市（沪市1家、深市3家），分别占行业内上市公司总数的100%和4.94%。

从经营角度看，行业内上市公司中ST、* ST公司4家，占行业内上市公司总数的4.94%。

从股改完成情况看，截至2010年底，81家公司全部完成股改。

食品、饮料上市公司构成情况见表2。

表2　　食品、饮料上市公司构成情况　　单位：家

门　类	沪市			深市			ST/ * ST	股改/未股改
	仅A股	仅B股	A+B股	仅A股	仅B股	A+B股		
食品、饮料	36	0	1	41	0	3	2/2	81/0
占行业内上市公司比重（%）	44.44	0.00	1.23	50.62	0.00	3.70	2.47/2.47	100.00/0.00

资料来源：天相投资分析系统。

按公司所处行业大类划分，可分为食品加工业、食品制造业和饮料制造业，3个大类所涵盖公司数量分别为31家（其中A、B股共存1家）、21家（其中A、B股共存1家）、29家（其中A、B股共存2家）。

食品、饮料上市公司具体分布见表3。

表3　　食品、饮料上市公司具体分布

A、B股类别	公司代码	公司名称	所属大类	A、B股类别	公司代码	公司名称	所属大类
沪市A股	600090	啤 酒 花	食品加工业	沪市A股	600429	三元股份	食品制造业
	600095	哈 高 科			600866	星湖科技	
	600127	金健米业			600873	梅花集团	
	600191	华资实业			600887	伊利股份	
	600238	海南椰岛			600059	古越龙山	饮料制造业
	600251	冠农股份			600084	* ST中葡	
	600298	安琪酵母			600132	重庆啤酒	
	600311	荣华实业			600197	伊 力 特	
	600438	通威股份			600199	金种子酒	
	600537	海通集团			600300	维维股份	
	600543	莫高股份			600519	贵州茅台	
	600597	光明乳业			600559	老白干酒	
	600695	大江股份			600573	惠泉啤酒	
	600737	中粮屯河			600600	青岛啤酒	
	600073	上海梅林	食品制造业		600616	金枫酒业	
	600186	莲花味精			600702	沱牌舍得	
	600305	恒顺醋业			600735	新 华 锦	
	600365	* ST通葡			600779	水 井 坊	
					600809	山西汾酒	

续表

A、B股类别	公司代码	公司名称	所属大类	A、B股类别	公司代码	公司名称	所属大类
沪市B股	900919	大江B股	食品加工业	深市A股	002329	皇氏乳业	食品制造业
深市A股	000529	广弘控股	食品加工业	深市A股	002365	永安药业	食品制造业
深市A股	000639	西王食品	食品加工业	深市A股	002481	双塔食品	食品制造业
深市A股	000702	正虹科技	食品加工业	深市A股	002495	佳隆股份	食品制造业
深市A股	000876	新希望	食品加工业	深市A股	002507	涪陵榨菜	食品制造业
深市A股	000893	东凌粮油	食品加工业	深市A股	300146	汤臣倍健	食品制造业
深市A股	000895	双汇发展	食品加工业	深市A股	300149	量子高科	食品制造业
深市A股	000911	南宁糖业	食品加工业	深市A股	000019	深深宝A	饮料制造业
深市A股	000972	新中基	食品加工业	深市A股	000048	ST康达尔	饮料制造业
深市A股	002100	天康生物	食品加工业	深市A股	000568	泸州老窖	饮料制造业
深市A股	002124	天邦股份	食品加工业	深市A股	000716	*ST南方	饮料制造业
深市A股	002143	高金食品	食品加工业	深市A股	000729	燕京啤酒	饮料制造业
深市A股	002157	正邦科技	食品加工业	深市A股	000752	西藏发展	饮料制造业
深市A股	002220	天宝股份	食品加工业	深市A股	000799	酒鬼酒	饮料制造业
深市A股	002311	海大集团	食品加工业	深市A股	000848	承德露露	饮料制造业
深市A股	002330	得利斯	食品加工业	深市A股	000869	张裕A	饮料制造业
深市A股	002385	大北农	食品加工业	深市A股	000929	兰州黄河	饮料制造业
深市A股	002515	金字火腿	食品加工业	深市A股	000995	ST皇台	饮料制造业
深市A股	000596	古井贡酒	食品制造业	深市A股	002304	洋河股份	饮料制造业
深市A股	000796	易食股份	食品制造业	深市A股	002387	黑牛食品	饮料制造业
深市A股	000858	五粮液	食品制造业	深市A股	002461	珠江啤酒	饮料制造业
深市A股	000930	中粮生化	食品制造业	深市B股	200596	古井贡B	食品制造业
深市A股	002216	三全食品	食品制造业	深市B股	200019	深深宝B	饮料制造业
深市A股	002286	保龄宝	食品制造业	深市B股	200869	张裕B	饮料制造业

资料来源：天相投资分析系统。

（三）行业内上市公司股改情况

自2005年9月中国证监会颁布《上市公司股权分置改革管理办法》以来，截至2010年底，食品、饮料类上市公司全部完成股改。

截至2010年底，食品、饮料制造业行业内流通A股占总股本的比例由76.86%下降到75.41%，下降了1.44个百分点；流通B股比例由1.87%下降到1.57%。与此对应，非流通股比例上升了1.74个百分点，增至23.01%。

食品、饮料上市公司2010年股本变动情况见表4。

（四）行业内上市公司融资情况

2010年全年食品、饮料制造业共有18家公司进行了融资，占沪深两市530家融资公司的3.40%。其中，新股发行10家，配股0家，增发8家，分别占2.98%、0.00%和4.60%。

2010年食品、饮料上市公司与沪深两市融资情况对比见表5。

表 4　　食品、饮料上市公司 2010 年股本变动情况　　单位：万股

指　标	2010 年底	2009 年底	增长变动（%）
总股本	3 882 810.61	3 270 867.69	18.71
其中：A 股	3 821 675.30	3 209 732.38	19.07
B 股	61 135.31	61 135.31	0.00
非限售流通 A 股	2 928 083.40	2 513 848.14	16.48
非限售流通 A 股比重（%）	75.41	76.86	-1.44
流通 B 股	61 135.31	61 135.31	0.00
流通 B 股比重（%）	1.57	1.87	-0.29
限售流通 A 股	893 591.89	695 884.24	28.41
限售流通 A 股比重（%）	23.01	21.28	1.74

资料来源：天相投资分析系统。

表 5　　2010 年食品、饮料上市公司与沪深两市融资情况对比　　单位：家

	融资家数	新　股	配　股	增　发
食品、饮料	18	10	0	8
沪深两市总数	530	336	20	174
占比（%）	3.40	2.98	0.00	4.60

资料来源：天相投资分析系统。

食品、饮料制造业首发的 10 家公司中，有 8 家在中小板上市，2 家在创业板上市；增发的 8 家公司中，有 4 家沪市、2 家深市及 2 家中小板公司。进行融资的 18 家公司中，食品制造业 7 家，食品加工业 7 家，饮料制造业 4 家。

2010 年食品、饮料上市公司融资情况见表 6。

表 6　　2010 年食品、饮料上市公司融资情况

代　码	公司名称	融资类别	所属大类	证券类型
000639	西王食品	增发	食品加工业	深市主板
000972	新 中 基	增发	食品加工业	深市主板
002100	天康生物	增发	食品加工业	中小板
002157	正邦科技	增发	食品加工业	中小板
002365	永安药业	首发	食品制造业	中小板
002385	大 北 农	首发	食品加工业	中小板
002387	黑牛食品	首发	饮料制造业	中小板
002461	珠江啤酒	首发	饮料制造业	中小板
002481	双塔食品	首发	食品制造业	中小板
002495	佳隆股份	首发	食品制造业	中小板
002507	涪陵榨菜	首发	食品制造业	中小板
002515	金字火腿	首发	食品加工业	中小板
300146	汤臣倍健	首发	食品制造业	创业板
300149	量子高科	首发	食品制造业	创业板
600059	古越龙山	增发	饮料制造业	沪市
600199	金种子酒	增发	饮料制造业	沪市
600298	安琪酵母	增发	食品加工业	沪市
600873	梅花集团	增发	食品制造业	沪市

资料来源：天相投资分析系统。

从融资总量来看，食品、饮料上市公司实际发行数量153 288.33万股，实际募集资金178.70亿元。

2010年食品、饮料上市公司融资明细见表7。

表7　　2010年食品、饮料上市公司融资明细

代　码	公司名称	发行价格（元）	实际发行数量（万股）	实际募集资金数（亿元）
000639	西王食品	14.83	5 268.36	7.81
000972	新 中 基	9.43	6 298.47	5.84
002100	天康生物	21.37	1 060.00	1.97
002157	正邦科技	10.50	4 352.00	4.38
002365	永安药业	31.00	2 350.00	6.87
002385	大 北 农	35.00	6 080.00	20.18
002387	黑牛食品	27.00	3 350.00	8.55
002461	珠江啤酒	5.80	7 000.00	3.78
002481	双塔食品	39.80	1 500.00	5.53
002495	佳隆股份	32.00	2 600.00	7.76
002507	涪陵榨菜	13.99	4 000.00	5.24
002515	金字火腿	34.00	1 850.00	5.83
300146	汤臣倍健	110.00	1 368.00	14.25
300149	量子高科	28.00	1 700.00	4.42
600059	古越龙山	8.80	7 613.64	6.55
600199	金种子酒	16.02	3 433.21	5.39
600298	安琪酵母	18.67	3 464.66	6.47
600873	梅花集团	6.43	90 000.00	57.87

资料来源：天相投资分析系统。

（五）行业内上市公司资产及业绩情况

截至2010年，食品、饮料制造业上市公司资产总值已达3 035.51亿元，非流动资产1 314.22亿元，归属于母公司股东权益1 617.19亿元，分别比上年同期增长了24.64%、15.08%和28.15%。

食品、饮料上市公司资产情况见表8。

表8　　食品、饮料上市公司资产情况　　单位：亿元

资产指标	2010年	2010年增长（%）	2009年	2009年增长（%）	2008年
总资产	3 035.51	24.64	2 192.18	19.35	1 795.59
流动资产	1 721.29	33.08	1 176.27	25.74	909.40
占比（%）	56.71	3.60	53.66	2.72	50.65
非流动资产	1 314.22	15.08	1 015.91	12.73	886.19
占比（%）	43.29	-3.60	46.34	-2.72	49.35
流动负债	1 169.32	22.44	837.99	13.09	724.90
占比（%）	38.52	-0.69	38.23	-2.12	40.37
非流动负债	158.77	24.51	93.80	40.78	62.72
占比（%）	5.23	-0.01	4.28	0.65	3.49
归属于母公司股东权益	1 617.19	28.15	1 175.97	22.62	938.46
占比（%）	53.28	1.46	53.64	1.43	52.26

资料来源：天相投资分析系统。

根据2010年年报数据，食品、饮料制造业上市公司合计实现营业收入2 835.48亿元，实现利润总额369.16亿元，实现归属于母公司所有者的净利润269.13亿元，分别比上年同期增长20.32%、27.39%和28.30%。

食品、饮料上市公司收入实现情况见表9。

表9　　食品、饮料上市公司收入实现情况　　单位：亿元

业绩指标	2010年	2010年增长（%）	2009年	2009年增长（%）	2008年
营业收入	2 835.48	20.32	2 058.16	14.79	1 715.41
利润总额	369.16	27.39	273.98	70.55	148.49
归属于母公司所有者的净利润	269.13	28.30	197.24	76.96	102.27

资料来源：天相投资分析系统。

（六）利润分配情况

2010年，食品饮料制造业上市公司中共有43家公司实施了分红送股，其中16家公司实施送股、41家公司实施派息，送股并派息的公司14家。派现金额最高的是贵州茅台（派现金额为2.300元）。

食品、饮料上市公司2010年分红情况见表10。

表10　　食品、饮料上市公司2010年分红情况

代　码	名称	送股数（元）	派现现金数（元）	总股本（万股）
000568	泸州老窖	—	1.000	139 423.95
000596	古井贡酒	—	0.350	23 500.00
000729	燕京啤酒	—	0.200	121 026.71
000752	西藏发展	—	0.010	26 375.85
000848	承德露露	0.200	0.600	30 413.76
000858	五 粮 液	—	0.300	379 596.67
000869	张 裕 A	—	1.400	52 728.00
000895	双汇发展	—	0.500	60 599.49
000911	南宁糖业	—	0.350	28 664.00
000930	中粮生化	—	0.035	96 441.11
002100	天康生物	0.300	0.050	22 673.69
002124	天邦股份	—	0.100	20 550.00
002157	正邦科技	0.600	—	26 941.04
002216	三全食品	—	0.200	18 700.00
002304	洋河股份	1.000	1.000	45 000.00
002311	海大集团	1.000	0.200	29 120.00
002329	皇氏乳业	1.000	0.100	10 700.00
002365	永安药业	1.000	0.800	9 350.00
002385	大 北 农	—	0.250	40 080.00
002387	黑牛食品	0.800	0.100	13 350.00

续表

代 码	名称	送股数（元）	派现现金数（元）	总股本（万股）
002461	珠江啤酒	—	0.050	68 016.18
002495	佳隆股份	0.800	0.200	10 400.00
002507	涪陵榨菜	—	0.300	15 500.00
002515	金字火腿	0.300	0.200	7 350.00
300146	汤臣倍健	1.000	1.000	5 468.00
300149	量子高科	1.000	0.135	6 700.00
600132	重庆啤酒	—	0.300	48 397.12
600197	伊 力 特	—	0.200	44 100.00
600238	海南椰岛	0.500	0.056	29 880.00
600298	安琪酵母	—	0.150	30 604.66
600300	维维股份	—	0.060	167 200.00
600305	恒顺醋业	—	0.075	12 715.00
600519	贵州茅台	0.100	2.300	94 380.00
600559	老白干酒	—	0.100	14 000.00
600573	惠泉啤酒	—	0.080	25 000.00
600597	光明乳业	—	0.120	104 919.34
600600	青岛啤酒	—	0.180	135 098.28
600616	金枫酒业	—	0.150	43 867.15
600702	沱牌舍得	—	0.060	33 730.00
600779	水 井 坊	—	0.230	48 854.57
600809	山西汾酒	—	0.500	43 292.41
600873	梅花集团	1.686	0.500	100 823.66
600887	伊利股份	1.000	—	79 932.28

资料来源：天相投资分析系统。

（七）其他财务指标情况

1. 盈利能力指标

2010 年，食品、饮料制造业上市公司毛利率小幅下降，同比下降 0.08 个百分点，使得行业内其他指标也都有所下降。

食品、饮料上市公司盈利能力情况见表 11。

表 11　食品、饮料上市公司盈利能力情况　单位：%

盈利能力指标	2010 年	2010 年变动	2009 年	2009 年变动	2008 年
毛利率	31.77	-0.08	33.79	6.64	30.58
净资产收益率	16.64	0.02	16.77	5.15	10.90
销售净利率	9.49	0.59	9.58	3.37	5.96
资产净利率	9.84	0.44	9.79	3.41	5.98

资料来源：天相投资分析系统。

2. 偿债能力指标

2010 年行业内上市公司负债水平下降 0.70 个百分点，偿债能力保持平稳。

食品、饮料上市公司偿债能力指标见表 12。

表 12　食品、饮料上市公司偿债能力指标

偿债能力指标	2010 年	2010 年变动	2009 年	2009 年变动	2008 年
流动比率	1.47	0.12	1.40	0.14	1.25
速动比率	0.90	0.11	0.82	0.16	0.74
资产负债率	43.75	-0.70	42.51	-1.47	43.86

资料来源：天相投资分析系统。

3. 营运能力指标

2010 年，行业内上市公司应收账款周转率大幅上升，存货周转率有微弱提升，整个行业营运能力有所增强。

食品、饮料上市公司营运能力情况见表 13。

表 13　食品、饮料上市公司营运能力情况　单位：次

营运能力指标	2010 年	2010 年变动	2009 年	2009 年变动	2008 年
存货周转率	3.77	0.07	3.40	-0.11	3.42
应收账款周转率	33.88	5.21	34.01	4.53	18.75
流动资产周转率	1.88	-0.16	1.95	-0.10	2.01
固定资产周转率	3.47	0.27	3.16	0.11	2.96
总资产周转率	1.04	-0.02	1.02	-0.01	1.00
净资产周转率	1.69	-0.08	1.68	0.00	1.69

资料来源：天相投资分析系统。

三、重点细分行业介绍

食品、饮料制造业共涵盖 3 个大类，分别是食品加工业、食品制造业、饮料制造业。

表 14 数据显示，上市公司数最多的是食品加工业，为 31 家上市公司，但占行业内市值比重为 22.12%；饮料制造业上市公司家数为 29 家，占行业内市值比重为 52.98%，市值占比为行业内最高。

食品、饮料各子行业上市公司及市值情况见表 14。

表 14　食品、饮料各子行业上市公司及市值情况

大　类	上市公司家数（家）	占行业内比重（%）	境内总市值（亿元）	占行业内比重（%）
食品加工业	31	38.27	2 552.28	22.12
食品制造业	21	25.93	2 872.42	24.90
饮料制造业	29	35.80	6 112.08	52.98

资料来源：天相投资分析系统。

（一）食品加工业

1. 行业概况

2010 年，食品加工业总资产为 15 471.91亿元，同比增长 30.86%；完成利润总额 1 466.02 亿元，同比增长 46.29%。

2. 行业内上市公司发展状况

2010 年，食品加工业上市公司的整体收入同比增长 19.37%，利润总额同比增长 9.43%（见表 15）。

表 15　食品加工业上市公司收入及资产增长情况　单位：亿元

指　标	2010 年	2010 年增长（%）	2009 年	2009 年增长（%）	2008 年
营业收入	1 196.21	19.37	806.82	9.06	694.51
利润总额	49.35	9.43	39.53	73.08	21.15
归属于母公司所有者的净利润	35.57	10.32	28.49	82.74	14.29
总资产	862.16	15.77	627.12	15.94	529.03
归属于母公司股东权益	386.34	20.47	299.62	16.83	252.12

资料来源：天相投资分析系统。

2010 年，食品加工业上市公司的整体毛利率同比下降 1.44 个百分点，净资产收益率、销售利润率、资产净利率分别下降 0.85、0.24、0.28 个百分点，行业盈利能力略有下降。

食品加工业上市公司盈利能力情况见表 16。

表 16　食品加工业上市公司盈利能力情况　单位:%

盈利能力指标	2010 年	2010 年变动	2009 年	2009 年变动	2008 年
毛利率	13.36	-1.44	16.45	0.63	16.34
净资产收益率	9.21	-0.85	9.51	3.43	5.67
销售净利率	2.97	-0.24	3.53	1.42	2.06
资产净利率	4.43	-0.28	4.88	1.90	2.79

资料来源：天相投资分析系统。

2010 年，食品加工业上市公司总体运营状况稳定。资产负债率为 50.44%，比上年下降 1.11 个百分点；存货周转率有所下降，资产整体运营效率与上年基本持平。

食品加工业上市公司偿债及营运情况见表 17。

表 17　食品加工业上市公司偿债及营运情况

指　标	2010 年	2010 年变动	2009 年	2009 年变动	2008 年
资产负债率（%）	50.44	-1.11	46.60	-0.81	47.15
存货周转率（次）	6.39	-0.24	6.48	-0.02	6.49
总资产周转率（次）	1.49	0.03	1.38	-0.03	1.35

资料来源：天相投资分析系统。

（二）食品制造业

1. 行业概况

2010 年，食品制造业总资产为 7 019.43 亿元，同比增长 27.80%；完成利润总额 659.03 亿元，同比增长 21.42%。

2. 行业内上市公司发展状况

2010 年，食品制造业上市公司的整体收入同比增长 23.66%，利润总额同比增长 32.78%。

食品制造业上市公司收入及资产增长情况见表18。

表 18　　食品制造业上市公司收入及资产增长情况　　单位：亿元

指　标	2010 年	2010 年增长（%）	2009 年	2009 年增长（%）	2008 年
营业收入	735.94	23.66	524.90	20.46	430.40
利润总额	98.31	32.78	60.70	721.14	6.86
归属于母公司所有者的净利润	75.28	34.26	44.69	1 236.94	2.90
总资产	870.55	39.18	575.30	22.76	461.21
归属于母公司股东权益	453.99	49.11	276.53	22.65	223.09

资料来源：天相投资分析系统。

2010 年，食品制造业上市公司的整体毛利率同比下降 0.28 个百分点，净资产收益率同比下降 1.83 个百分点，销售利润率、资产净利率呈现不同程度的提升，行业盈利能力略有提高。

食品制造业上市公司盈利能力情况见表 19。

表 19　　食品制造业上市公司盈利能力情况　　单位:%

盈利能力指标	2010 年	2010 年变动	2009 年	2009 年变动	2008 年
毛利率	35.59	-0.28	36.03	7.65	28.44
净资产收益率	16.58	-1.83	16.16	14.68	1.30
销售净利率	10.23	0.81	8.51	7.75	0.67
资产净利率	10.06	0.18	8.56	7.82	0.65

资料来源：天相投资分析系统。

2010 年，食品制造业上市公司总体运营状况稳定。资产负债率为 46.60%，比上年下降 2.62 个百分点；存货周转有所加快，资产整体运营效率与上年基本持平。

食品制造业上市公司偿债及营运情况见表 20。

表 20　　食品制造业上市公司偿债及营运情况

指　标	2010 年	2010 年变动	2009 年	2009 年变动	2008 年
资产负债率（%）	46.60	-2.62	49.92	0.36	49.26
存货周转率（次）	4.35	0.15	4.12	-0.11	4.22
总资产周转率（次）	0.98	-0.07	1.01	0.03	0.97

资料来源：天相投资分析系统。

（三）饮料制造业

1. 行业概况

2010 年，饮料制造业总资产为 7 637.05 亿元，同比增长 24.46%；完成利润总额 753.39 亿元，同比增长 21.67%。

2. 行业内上市公司发展状况

2010 年，饮料制造业上市公司的整体收入同比增长 18.95%，利润总额同比增长 29.80%。

饮料制造业上市公司收入及资产增长情况见表 21。

2010 年，食品制造业上市公司的整体毛利率同比上升 1.84 个百分点，净资产收益率同比上升 1.30 个百分点，销售净利率同比提升 1.53 个百分点、资产净利率同比

表 21　饮料制造业上市公司收入及资产增长情况　单位：亿元

指　标	2010 年	2010 年增长（%）	2009 年	2009 年增长（%）	2008 年
营业收入	903. 33	18. 95	726. 43	17. 67	590. 51
利润总额	221. 50	29. 80	173. 75	33. 23	120. 48
归属于母公司所有者的净利润	158. 29	30. 32	124. 05	34. 07	85. 09
总资产	1 302. 81	22. 30	989. 76	19. 65	805. 36
归属于母公司股东权益	776. 86	22. 00	599. 81	25. 73	463. 25

资料来源：天相投资分析系统。

提升 0. 95 个百分点。行业盈利能力有较为明显的提升。

饮料制造业上市公司盈利能力情况见表 22。

表 22　饮料制造业上市公司盈利能力情况　单位:%

盈利能力指标	2010 年	2010 年变动	2009 年	2009 年变动	2008 年
毛利率	53. 04	1. 84	51. 44	2. 41	48. 88
净资产收益率	20. 37	1. 30	20. 68	1. 29	18. 37
销售净利率	17. 52	1. 53	17. 08	2. 09	14. 41
资产净利率	13. 37	0. 95	13. 65	1. 69	11. 27

资料来源：天相投资分析系统。

2010 年，食品制造业上市公司总体运营状况稳定。资产负债率为 37. 42%，比上年上升 0. 74 个百分点；存货周转无明显变化，资产整体运营效率与上年基本持平。

饮料制造业上市公司偿债及营运情况见表 23。

表 23　饮料制造业上市公司偿债及营运情况

指　标	2010 年	2010 年变动	2009 年	2009 年变动	2008 年
资产负债率（%）	37. 42	0. 74	35. 60	-2. 96	38. 61
存货周转率（次）	1. 75	0. 02	1. 64	0. 02	1. 63
总资产周转率（次）	0. 76	-0. 01	0. 80	0. 00	0. 78

资料来源：天相投资分析系统。

四、重点上市公司介绍

贵州茅台

2010 年，公司实现营业收入 116. 33 亿元，同比增长 20. 30%；实现利润总额 71. 62 亿元，同比增长 17. 79%；实现归属于母公司所有者的净利润 50. 51 亿元，同比增长 17. 13%。每股收益 5. 35 元；净资产收益率 30. 74%。

公司盈利能力保持平稳。毛利率达到 90. 95%，同比提高 0. 78 个百分点；净利润率 45. 90%，同比下降 1. 18 个百分点；净资产收益率 30. 74%，同比下降 2. 81 个百分点。

2010 年末，公司的资产负债率达到 27. 51%，同比上升 1. 62 个百分点。

五粮液

2010 年，公司实现营业收入 155. 41 亿元，同比增长 39. 64%；实现利润总额 60. 70 亿元，同比增长 31. 80%；实现归属于母公司所有者的净利润 43. 95 亿元，同比增长 35. 46%。每股收益 1. 16 元；净资产收益率 27. 15%。

公司盈利能力略有提高。毛利率为 68. 71%，同比提高 3. 40 个百分点；净利润率 29. 35%，同比下降 1. 79 个百分点；净资产收益率 27. 15%，同比上升 1. 86 个百分点。

2010 年末，公司的资产负债率达到 35. 95%，同比上升 5. 88 个百分点。

洋河股份

2010 年，公司实现营业收入 76. 19 亿元，同比增长 90. 38%；实现利润总额 30. 76 亿元，同比增长 83. 84%；实现归属于母公司所有者的净利润 22. 05 亿元，同比增长 75. 86%。每股收益 4. 90 元；净资产收益率 36. 76%。

公司盈利能力略有下降。毛利率为 56. 31%，同比下降 2. 15 个百分点；净利润率 30. 17%，同比下降 1. 15 个百分点；净资产收益率 36. 76%，同比下降 2. 06 个百分点。

2010 年末，公司的资产负债率达到 35. 65%，同比上升 13. 90 个百分点，主要是受到双沟并购影响。

张裕 A

2010 年，公司实现营业收入 49. 83 亿元，同比增长 18. 66%；实现利润总额 19. 30 亿元，同比增长 28. 71%；实现归属于母公司所有者的净利润 14. 34 亿元，同比增长 27. 22%。每股收益 2. 72 元；净资产收益率 41. 70%。

公司盈利能力明显提高。毛利率达到 74. 76%，同比提高 3. 13 个百分点；净利润率 29. 18%，同比提高 2. 13 个百分点；净资产收益率 41. 70%，同比提高 1. 31 个百分点。

2010 年末，公司的资产负债率达到 33. 21%，同比下降 7. 60 个百分点。

五、上市公司在行业中的影响力

2010 年，食品、饮料制造业上市公司合计实现营业收入 2 835. 48 亿元，同比增长 20. 32%，行业内上市公司营业收入占行业总收入的 5. 22%，比上年提升 0. 19 个百分点；实现利润总额 369. 16 亿元，同比增长 27. 39%，行业内上市公司利润总额占行业总利润额的 11. 76%。2010 年，食品、饮料制造业上市公司毛利率 31. 77%，远高于行业整体 15. 63% 毛利率水平，截至 2010 年底，食品、饮料制造业上市公司资产负债率 43. 75%，行业整体资产负债率为 53. 84%，上市公司盈利能力及偿债能力均好于行业水平。

山西证券有限责任公司
审稿人：刘小勇
撰稿人：罗胤

制 造 业

纺织、服装、皮毛

一、纺织、服装、皮毛制造业总体概况

2010 年全球经济复苏，行业出现了自 2008 年经济危机爆发以来的首个暖春。2010 年行业内公司业绩稳定增长，其中营业收入同比增加 25.81% 至 43 394.44 亿元，利润总额同比增长 45.24% 至 2 158.03 亿元。

进出口方面，根据海关总署公布的数据，2010 年全年纺织服装累计出口值达 1 990.60亿美元，同比增加 23.68%，其中从 6 月份开始单月出口增速超过 22%。进口全年累计达 187.36 亿美元，同比增加 19.33%。国内需求方面，消费者信心指数在 2009 年由于受到全球金融危机影响而降到谷底，2010 年开始逐步攀升。2010 年社会消费零售总额为 15.46 万亿元，同比增长 18.40%；城镇家庭人均可支配收入同比增长 11.26%；城镇家庭人均消费性支出同比增长 9.84%。稳定的消费增长为纺织、服装、皮毛行业的发展提供了可靠的保障。

从行业内盈利能力来看，纺织、服装、皮毛上市公司毛利率逐年上升，2010 年同比上升 0.9 个百分点至 21.90%。同时，销售净利率和净资产收益率较 2008 年皆有较大提升，2010 年分别达到了 8.10%、11.09%。

从资产结构来看，纺织、服装、皮毛上市公司的资产负债率逐年降低，2010 年降至 52.84%，偿债能力良好，特别是短期偿债能力逐年提升，2010 年流动比率和速动比率分别达到 1.29 和 0.76。

2010 年，我国纺织工业经济运行基本平稳，实现了产销同步增长，效益大幅提升的佳绩。然而，国际市场需求情况、成本上升、节能减排、人民币升值、贸易摩擦等因素仍给我国纺织工业经济运行的平稳增长带来诸多不确定性：1. 原材料价格及人力成本上涨，成本增加。2010 年棉花价格一路飙升，国内 328 级棉花现货于 11 月份达到 31 235 元/吨的历史最高点，而我国纺织业劳动力的薪酬福利涨幅普遍在 10% 以上，长三角、珠三角等地的工资涨幅高达 20%，全行业涨薪幅度大于其他制造业领域。2. 人民币持续升值不断挤压以出口为导向的纺织企业的利润。3. 在欧美经济复苏乏力的背景下，各种技术性贸易壁垒、召回通报等贸易保护现象大幅增加了我国纺织品、服装的出口成本。

二、行业内上市公司发展状况

（一）行业内上市公司基本情况

截至 2010 年底，纺织、服装、皮毛制造业共涵盖 78 只 A、B 股，其中 A 股 69 只，B 股 9 只，分别占 A、B 上市公司总数

的3.21%、0.42%。截至2010年底，该行业市值总额为3 070.31亿元，占沪深两市市值总额的1.15%，流通A股市值为1 900.19亿元，占流通A股市值的0.99%，流通B股市值为183.14亿元，占流通B股市值的6.23%。

纺织、服装、皮毛上市公司发行股票概况见表1。

表1　纺织、服装、皮毛上市公司发行股票概况

门　类	A、B股总数	A股股票数	B股股票数	境内总市值（亿元）	流通A股市值（亿元）	流通B股市值（亿元）
纺织、服装、皮毛	78	69	9	3 070.31	1 900.19	183.14
占沪深两市比重（%）	3.63	3.21	0.42	1.15	0.99	6.23

资料来源：天相投资分析系统。

（二）行业内上市公司构成情况

按上市地划分，行业内在上海证券交易所上市的公司29家，深圳证券交易所上市的公司42家，分别占行业内上市公司总数的40.84%和59.16%。

按A、B股划分，仅在A股上市的公司62家，仅在B股上市的公司2家，同时在A股和B股上市的公司7家，分别占行业内上市公司总数的87.32%、2.82%、9.86%。

从经营角度看，行业内上市公司中有ST公司4家，有*ST公司4家，分别占行业内上市公司总数的5.8%和5.8%。

从股改完成情况来看，截至2010年底，71家公司已经全部完成股改。

纺织、服装、皮毛上市公司构成情况见表2。

表2　纺织、服装、皮毛上市公司构成情况　单位：家

门　类	沪市			深市			ST/*ST	股改/未股改
	仅A股	仅B股	A+B股	仅A股	仅B股	A+B股		
纺织、服装、皮毛	25	0	4	37	2	3	4/4	71/0
占行业内上市公司比重（%）	35.21	0.00	5.63	52.11	2.82	4.23	5.8/5.8	100/0

资料来源：天相投资分析系统。

按公司所处行业大类划分，可分为纺织业，服装及其他纤维制品制造业，皮革、毛皮、羽绒及制品制造业。三个大类所涵盖公司数量分别为47家（其中A、B共存3家，仅B股1家）、27家（其中A、B共存3家，仅B股1家）、4家（其中A、B共存1家）。

纺织、服装、皮毛上市公司具体分布见表3。

（三）行业内上市公司股改情况

截至2010年底，纺织、服装、皮毛行业内流通A股占总股本的比例由66.73%提高到66.75%，增长0.02个百分点；流通B股比例由7.01%提高到7.84%，增长0.83个百分点。与此对应，限售A股比例由24.88%下降到23.86%，减少1.02个百分点。

表 3　纺织、服装、皮毛上市公司具体分布

A、B 股类别	公司代码	公司名称	所属大类
沪市 A 股	600070	浙江富润	纺织业
	600152	维科精华	
	600156	华升股份	
	600220	江苏阳光	
	600232	金鹰股份	
	600273	华芳纺织	
	600370	三房巷	
	600398	凯诺科技	
	600448	华纺股份	
	600483	福建南纺	
	600493	凤竹纺织	
	600626	申达股份	
	600630	龙头股份	
	600677	航天通信	
	600987	航民股份	
	600107	美尔雅	服装及其他纤维制品制造业
	600137	浪莎股份	
	600177	雅戈尔	
	600233	大杨创世	
	600241	时代万恒	
	600272	开开实业	
	600295	鄂尔多斯	
	600381	ST 贤成	
	600400	红豆股份	
	600689	上海三毛	
	600757	ST 源发	
	600884	杉杉股份	
	600439	瑞贝卡	皮革、毛皮、羽绒及制品制造业
	600851	海欣股份	
沪市 B 股	900917	海欣 B 股	皮革、毛皮、羽绒及制品制造业
	900922	三毛 B 股	服装及其他纤维制品制造业
	900936	鄂资 B 股	
	900943	开开 B 股	
深市 A 股	000018	ST 中冠 A	纺织业
	000045	深纺织 A	
	000158	常山股份	
	000726	鲁泰 A	
	000779	三毛派神	
	000803	金宇车城	

A、B 股类别	公司代码	公司名称	所属大类
深市 A 股	000810	华润锦华	纺织业
	000813	天山纺织	
	000850	华茂股份	
	000971	ST 迈亚	
	000982	中银绒业	
	002015	霞客环保	
	002034	美欣达	
	002042	华孚色纺	
	002044	江苏三友	
	002070	众和股份	
	002072	ST 德棉	
	002083	孚日股份	
	002087	新野纺织	
	002144	宏达高科	
	002193	山东如意	
	002293	罗莱家纺	
	002327	富安娜	
	002394	联发股份	
	002397	梦洁家纺	
	002404	嘉欣丝绸	
	002486	嘉麟杰	
	002516	江苏旷达	
	000681	* ST 远东	服装及其他纤维制品制造业
	000902	中国服装	
	000955	ST 欣龙	
	002029	七匹狼	
	002036	宜科科技	
	002154	报喜鸟	
	002239	金飞达	
	002291	星期六	
	002425	凯撒股份	
	002485	希努尔	
	002517	泰亚股份	
	002494	华斯股份	皮革、毛皮、羽绒及制品制造业
深市 B 股	200018	ST 中冠 B	纺织业
	200045	深纺织 B	
	200726	鲁泰 B	
	200160	ST 大路 B	
	200168	ST 雷伊 B	服装及其他纤维制品制造业

资料来源：天相投资分析系统。

纺织、服装、皮毛上市公司2010年股本变动情况见表4。

表4 纺织、服装、皮毛上市公司2010年股本变动情况 单位：万股

指 标	2010年底	2009年底	增长变动（%）
总股本	2 648 193.72	2 963 992.08	-10.65
其中：A股	2 399 654.33	2 715 452.69	-11.63
B股	248 539.38	248 539.38	0.00
非限售流通A股	1 767 767.34	1 977 886.56	-10.62
非限售流通A股比重（%）	66.75	66.73	0.02
流通B股	207 656.88	207 656.88	0.00
流通B股比重（%）	7.84	7.01	0.84
限售流通A股	631 886.99	737 566.13	-14.33
限售流通A股比重（%）	23.86	24.88	-1.02

资料来源：天相投资分析系统。

（四）行业内上市公司融资情况

2010年，共有530家公司从沪深两市进行融资，其中纺织、服装、皮毛上市公司共有15家，占比达2.83%，且13家属于中小板企业、1家属深市A股（深纺织A）、1家属沪市A股（瑞贝卡）。纺织、服装、皮毛行业的15家融资企业中，9家为新股上市，占两市发行新股的上市公司总量的2.68%，6家为增发，占两市进行增发的上市公司的3.45%。

2010年纺织、服装、皮毛上市公司与沪深两市融资情况对比见表5。

表5 2010年纺织、服装、皮毛上市公司与沪深两市融资情况对比 单位：家

	融资家数	新 股	配 股	增 发
纺织、服装、皮毛	15	9	0	6
沪深两市总数	530	336	20	174
占比（%）	2.83	2.68	0.00	3.45

资料来源：天相投资分析系统。

其中，首发的9家公司均在中小板上市；增发的6家公司中，有1家沪市、1家深市及4家中小板公司。进行融资的15家公司中，纺织业10家，服装及其他纤维制品制造业3家，皮革、毛皮、羽绒及制品制造业2家。

2010年纺织、服装、皮毛上市公司融资情况见表6。

表6 2010年纺织、服装、皮毛上市公司融资情况

代 码	公司名称	融资类别	所属大类	证券类型
000045	深纺织A	增发	纺织业	深市主板
002042	华孚色纺	增发	纺织业	中小板
002070	众和股份	增发	纺织业	中小板
002087	新野纺织	增发	纺织业	中小板

续表

代　码	公司名称	融资类别	所属大类	证券类型
002144	宏达高科	增发	纺织业	中小板
002394	联发股份	首发	纺织业	中小板
002397	梦洁家纺	首发	纺织业	中小板
002404	嘉欣丝绸	首发	纺织业	中小板
002425	凯撒股份	首发	服装及其他纤维制品制造业	中小板
002485	希 努 尔	首发	服装及其他纤维制品制造业	中小板
002486	嘉 麟 杰	首发	纺织业	中小板
002494	华斯股份	首发	皮革、毛皮、羽绒及制品制造业	中小板
002516	江苏旷达	首发	纺织业	中小板
002517	泰亚股份	首发	服装及其他纤维制品制造业	中小板
600439	瑞 贝 卡	增发	皮革、毛皮、羽绒及制品制造业	沪市

资料来源：天相投资分析系统。

纺织、服装、皮毛行业上市公司本轮共发行 6.82 亿股，实际募集资金 105.20 亿元。从募集资金量及发行价来看，联发股份和希努尔名列前茅：联发股份以 45.00 元每股价格，发行 2 700 万股，实际募集 11.54 亿元，占行业实际募集资金总量的 10.97%；希努尔以 26.60 元每股价格，发行 5 000 万股，实际募集 12.69 亿元，占行业实际募集资金总量的 12.07%。

2010 年纺织、服装、皮毛上市公司融资明细见表 7。

表 7　　2010 年纺织、服装、皮毛上市公司融资明细

代　码	公司名称	发行价格（元）	实际发行数量（万股）	实际募集资金数（亿元）
000045	深纺织 A	9.30	9 139.78	8.29
002042	华孚色纺	23.50	4 255.32	9.80
002070	众和股份	7.01	6 170.00	4.17
002087	新野纺织	5.49	9 000.00	4.74
002144	宏达高科	8.17	4 400.00	3.59
002394	联发股份	45.00	2 700.00	11.54
002397	梦洁家纺	51.00	1 600.00	7.64
002404	嘉欣丝绸	22.00	3 350.00	6.92
002425	凯撒股份	22.00	2 700.00	5.52
002485	希 努 尔	26.60	5 000.00	12.69
002486	嘉 麟 杰	10.90	5 200.00	5.33
002494	华斯股份	22.00	2 850.00	5.85
002516	江苏旷达	20.10	5 000.00	9.50
002517	泰亚股份	20.00	2 210.00	4.08
600439	瑞 贝 卡	12.20	4 631.00	5.53

资料来源：天相投资分析系统。

（五）行业内上市公司资产及业绩情况

纺织、服装、皮毛上市公司资产从 2008 年开始快速增长，其中 2010 年增长了 18.76%，行业总资产达到 2 178.69 亿元。2010 年，行业总资产中流动资产同比增加 29.26%，占总资产比重提升了 4.44 个百分点至 54.68%，非流动资产同比增加

8.16%，占总资产比重下降了4.44个百分点至45.32%。

纺织、服装、皮毛上市公司资产情况见表8。

表8　纺织、服装、皮毛上市公司资产情况　单位：亿元

资产指标	2010年	2010年增长（%）	2009年	2009年增长（%）	2008年
总资产	2 178.69	18.76	1 976.22	21.46	1 610.11
流动资产	1 191.21	29.26	1 013.86	18.77	840.12
占比（%）	54.68	4.44	51.30	-1.16	52.18
非流动资产	987.48	8.16	962.36	24.43	769.99
占比（%）	45.32	-4.44	48.70	1.16	47.82
流动负债	921.39	13.88	849.82	10.91	758.41
占比（%）	42.29	-1.81	43.00	-4.09	47.10
非流动负债	229.93	23.25	204.97	51.74	134.59
占比（%）	10.55	0.39	10.37	2.07	8.36
归属于母公司股东权益	931.94	22.97	833.51	29.04	637.30
占比（%）	42.78	1.46	42.18	2.48	39.58

资料来源：天相投资分析系统。

2010年，纺织、服装、皮毛上市公司的业绩增长较为稳定，其中营业收入同比增加27.85%，利润总额同比增长48.8%，归属母公司净利同比增长50.72%。

纺织、服装、皮毛上市公司收入实现情况见表9。

表9　纺织、服装、皮毛上市公司收入实现情况　单位：亿元

业绩指标	2010年	2010年增长（%）	2009年	2009年增长（%）	2008年
营业收入	1 276.14	27.85	1 037.48	-0.97	1 023.92
利润总额	138.54	48.80	99.93	69.16	55.68
归属于母公司所有者的净利润	103.33	50.72	71.61	105.09	32.10

资料来源：天相投资分析系统。

（六）利润分配情况

2010年全年纺织、服装、皮毛上市公司中共有46家公司实施了分红配股。其中，16家公司实施送股及转增股本，42家公司实施派息，既送股、转增又派息的公司12家。送股及转增比例最高值为每股送转1股（报喜鸟、联发股份、凯撒股份）和每股派息1.420元（罗莱家纺）。

表10　纺织、服装、皮毛上市公司2010年分红情况

代　码	名　称	送股及转增比例	每股派息（税前　元）	基准股本（万股）
000158	常山股份	—	0.020	71 886.10
000726	鲁　泰　A	—	0.250	99 486.48
000810	华润锦华	—	0.200	12 966.57
000850	华茂股份	0.500	0.034	62 911.00
000982	中银绒业	0.500	—	16 600.00

续表

代　码	名　称	送股及转增比例	每股派息（税前　元）	基准股本（万股）
000982	中银绒业	—	0.060	27 800.00
002015	霞客环保	—	0.017	23 994.24
002029	七 匹 狼	—	0.200	28 290.00
002036	宜科科技	—	0.050	20 224.89
002042	华孚色纺	—	0.200	27 766.42
002044	江苏三友	0.380	0.050	16 250.00
002070	众和股份	0.300	—	28 914.80
002087	新野纺织	0.400	—	37 125.60
002087	新野纺织	—	0.040	51 975.84
002144	宏达高科	—	0.150	15 133.88
002154	报 喜 鸟	1.000	0.200	29 374.75
002193	山东如意	—	0.060	16 000.00
002239	金 飞 达	—	0.020	20 100.00
002291	星 期 六	0.300	—	27 950.00
002293	罗莱家纺	—	1.420	14 036.31
002327	富 安 娜	—	0.700	13 390.00
002394	联发股份	1.000	0.600	10 790.00
002397	梦洁家纺	0.500	0.800	6 300.00
002397	梦洁家纺	0.600	0.500	9 450.00
002404	嘉欣丝绸	0.300	0.500	13 350.00
002425	凯撒股份	1.000	0.150	10 700.00
002485	希 努 尔	—	0.500	20 000.00
002486	嘉 麟 杰	—	0.150	20 800.00
002494	华斯股份	—	0.100	11 350.00
002516	江苏旷达	0.250	0.100	20 000.00
002517	泰亚股份	—	0.300	8 840.00
600152	维科精华	—	0.060	29 349.42
600177	雅 戈 尔	—	0.500	222 661.17
600232	金鹰股份	—	0.100	36 471.85
600233	大杨创世	—	0.150	16 500.00
600273	华芳纺织	—	0.100	31 500.00
600295	鄂尔多斯	—	0.100	103 200.00
600370	三 房 巷	—	0.100	31 889.77
600398	凯诺科技	—	0.100	64 660.41
600400	红豆股份	0.300	0.050	43 107.66
600439	瑞 贝 卡	—	0.100	78 610.10
600483	福建南纺	—	0.030	28 848.37
600493	凤竹纺织	0.600	0.050	17 000.00
600626	申达股份	0.500	0.100	47 349.52
600884	杉杉股份	—	0.080	41 085.82
600987	航民股份	—	0.180	42 354.00

资料来源：天相投资分析系统。

（七）其他财务指标情况

1. 盈利能力指标

纺织、服装、皮毛上市公司毛利率逐年上升，2009 年同比上升 4.33 个百分点至 20.91%，2010 年同比上升 1.31 个百分点至 21.90%。同时，净资产收益率、销售净利率、资产净利率，较 2008 年皆有较大提升，2010 年分别达到了 11.09%、8.1%、5.15%。

纺织、服装、皮毛上市公司盈利能力情况见表 11。

表 11　纺织、服装、皮毛上市公司盈利能力情况　单位:%

盈利能力指标	2010 年	2010 年变动	2009 年	2009 年变动	2008 年
毛利率	21.90	1.31	20.91	4.33	17.92
净资产收益率	11.09	2.04	8.59	3.19	5.04
销售净利率	8.10	1.23	6.90	3.57	3.14
资产净利率	5.15	1.07	3.97	1.90	1.92

资料来源：天相投资分析系统。

2. 偿债能力指标

纺织、服装、皮毛上市公司的偿债能力较好，特别是短期偿债能力逐年提升，至2010 年流动比率和速动比率分别达到 1.29 和 0.63。

纺织、服装、皮毛上市公司偿债能力指标见表 12。

表 12　纺织、服装、皮毛上市公司偿债能力指标

偿债能力指标	2010 年	2010 年变动	2009 年	2009 年变动	2008 年
流动比率	1.29	0.15	1.19	0.08	1.11
速动比率	0.63	0.11	0.54	0.05	0.58
资产负债率	52.84	-1.43	53.37	-2.02	55.46

资料来源：天相投资分析系统。

3. 营运能力指标

纺织、服装、皮毛上市公司的营运能力逐年向好，2010 年应收账款周转率提升较快，同比增加 1.93 次至 12.13 次，同时存货周转率同比增加 0.17 次至 2.15 次。

纺织、服装、皮毛上市公司营运能力情况见表 13。

表 13　纺织、服装、皮毛上市公司营运能力情况　单位：次

营运能力指标	2010 年	2010 年变动	2009 年	2009 年变动	2008 年
存货周转率	2.15	0.17	1.84	-0.49	2.33
应收账款周转率	12.13	1.93	10.67	-0.90	10.36
流动资产周转率	1.21	0.04	1.11	-0.16	1.26
固定资产周转率	2.50	0.40	2.16	-0.04	2.16
总资产周转率	0.64	0.04	0.58	-0.05	0.61

资料来源：天相投资分析系统。

三、重点细分行业介绍

纺织、服装、皮毛行业主要包括三个子行业：纺织业、服装及其他纤维制品制造业、皮革、毛皮、羽绒及制品制造业。

纺织、服装、皮毛各子行业上市公司及市值情况见表 14。

表 14　　纺织、服装、皮毛各子行业上市公司及市值情况

大　类	上市公司家数（家）	占行业内比重（%）	境内总市值（亿元）	占行业内比重（%）
纺织业	44	61.97	1 602.91	52.21
服装及其他纤维制品制造业	24	33.80	1 250.65	40.73
皮革、毛皮、羽绒及制品制造业	3	4.23	216.75	7.06

资料来源：天相投资分析系统。

表 14 数据显示，纺织业共 44 家上市公司，占 61.97%，境内总市值占行业内比重达 52.21%；服装及其他纤维制品制造业共 24 家上市公司，占 33.8%，境内总市值占行业内比重达 40.73%；皮革、毛皮、羽绒及制品制造业，共 3 家上市公司，占 4.23%，境内总市值占行业内比重达 7.06%。

（一）纺织业

1. 行业概况

2010 年，纺织行业总资产为 996.04 亿元，同比增长 22.11%；完成利润总额 57.63 亿元，同比增长 70.87%，归属于母公司所有者的净利润 43.68 亿元，同比增长 87.65%。

2. 行业内上市公司发展状况

2010 年，纺织子行业营业收入增速仅高于整个行业增速 0.54 个百分点，为 28.39%，但利润总额及归属母公司净利增速大幅超过整个行业增速，其中利润总额增速超过 22.07 个百分点至 70.87%，归属母公司净利增速超过 36.93 个百分点至 87.65%。

纺织业上市公司收入及资产增长情况见表 15。

表 15　　纺织业上市公司收入及资产增长情况　　单位：亿元

指　标	2010 年	2010 年增长（%）	2009 年	2009 年增长（%）	2008 年
营业收入	761.69	28.39	611.25	-0.74	599.78
利润总额	57.63	70.87	37.96	52.40	22.71
归属于母公司所有者的净利润	43.68	87.65	24.79	63.44	13.38
总资产	996.04	22.11	898.94	7.94	823.25
归属于母公司股东权益	512.27	31.85	436.68	13.18	380.62

资料来源：天相投资分析系统。

纺织子行业毛利率虽逐年上升，其中 2009 年同比上升 2.75 个百分点，2010 年同比上升 1.91 个百分点至 16.95%，但远低于行业整体水平 4.95 个百分点，同时 2010 年销售净利率也比行业整体水平低 2.37 个百分点至 5.73%。

纺织业上市公司盈利能力情况见表 16。

表 16　　纺织业上市公司盈利能力情况　　单位:%

盈利能力指标	2010 年	2010 年变动	2009 年	2009 年变动	2008 年
毛利率	16.95	1.91	16.15	2.75	12.67
净资产收益率	8.53	2.54	5.68	1.75	3.52
销售净利率	5.73	1.81	4.05	1.59	2.23
资产净利率	4.82	1.84	2.86	1.13	1.55

资料来源：天相投资分析系统。

2010年，纺织业上市公司资产结构比例不断优化，负债比例逐年下降，资产负债率由2009年的48.19%下降了3.43个百分点至45.87%，运营管理能力有一定程度提高，存货周转率由2009年的3.10次上升至3.78次。

纺织业上市公司偿债及营运情况见表17。

表17　　纺织业上市公司偿债及营运情况

指　标	2010年	2010年变动	2009年	2009年变动	2008年
资产负债率（%）	45.87	-3.43	48.19	-2.01	50.26
存货周转率（次）	3.78	0.21	3.10	-0.18	3.28
总资产周转率（次）	0.84	0.08	0.71	0.00	0.69

资料来源：天相投资分析系统。

（二）服装及其他纤维制品制造业

1. 行业概况

2010年，服装及其他纤维制品制造业总资产为1 092.70亿元，同比增长17.86%；完成利润总额78.06亿元，同比增长35.88%；归属于母公司所有者的净利润57.19亿元，同比增长31.11%。

2. 行业内上市公司发展状况

2010年，服装及其他纤维制品制造业子行业营业收入增幅为27.97%，高于整个行业增速0.12个百分点，利润总额同比增长35.88%低于整个行业增速12.92个百分点，归属母公司净利润同比增长31.11%低于整个行业增速19.61个百分点。

服装及其他纤维制品制造业上市公司收入及资产增长情况见表18。

表18　　服装及其他纤维制品制造业上市公司收入及资产增长情况　　单位：亿元

指标	2010年	2010年增长（%）	2009年	2009年增长（%）	2008年
营业收入	477.95	27.97	396.43	-1.51	394.82
利润总额	78.06	35.88	60.14	68.37	34.53
归属于母公司所有者的净利润	57.19	31.11	45.31	117.45	19.81
总资产	1 092.70	17.86	986.43	34.88	723.92
归属于母公司股东权益	360.78	15.07	341.10	54.96	216.68

资料来源：天相投资分析系统。

服装及其他纤维制品制造业子行业的毛利率逐年上升，至2010年达到29.75%，较行业整体水平高7.85个百分点。销售净利率在2010年同比增长0.29个百分点至11.97%，比行业整体水平高3.87个百分点。

服装及其他纤维制品制造业上市公司盈利能力情况见表19。

表19　　服装及其他纤维制品制造业上市公司盈利能力情况　　单位:%

盈利能力指标	2010年	2010年变动	2009年	2009年变动	2008年
毛利率	29.75	0.30	28.20	1.96	25.88
净资产收益率	15.85	1.94	13.28	3.82	9.14
销售净利率	11.97	0.29	11.43	6.25	5.02
资产净利率	5.66	0.35	5.28	2.41	2.74

资料来源：天相投资分析系统。

2010年，服装及其他纤维制品制造业子行业的资产负债率超过行业整体水平8.07个百分点至60.91%，存货周转率为1.21次，低于行业平均水平0.94次。

服装及其他纤维制品制造业上市公司偿债及营运情况见表20。

表20　服装及其他纤维制品制造业上市公司偿债及营运情况

指　标	2010年	2010年变动	2009年	2009年变动	2008年
资产负债率（%）	60.91	0.53	59.69	-3.56	63.35
存货周转率（次）	1.21	0.12	1.07	-0.48	1.55
总资产周转率（次）	0.47	0.02	0.46	-0.09	0.55

资料来源：天相投资分析系统。

（三）皮革毛皮羽绒及制品制造业

1. 行业概况

2010年，皮革、毛皮、羽绒及制品制造业总资产为89.95亿元，同比减少2.02%；完成利润总额2.84亿元，同比增长47.83%；归属于母公司所有者的净利润2.46亿元，同比增长48.2%。

2. 行业内上市公司发展状况

皮革、毛皮、羽绒及制品制造业，业绩增长较快。2010年，营业收入同比增长16.03%，达到36.50亿元，归属母公司净利润同比增长48.20%至2.46亿元。

皮革、毛皮、羽绒及制品制造业上市公司收入及资产增长情况见表21。

表21　皮革、毛皮、羽绒及制品制造业上市公司收入及资产增长情况　单位：亿元

指　标	2010年	2010年增长（%）	2009年	2009年增长（%）	2008年
营业收入	36.50	16.03	29.80	1.61	29.32
利润总额	2.84	47.83	1.82	-216.89	-1.56
归属于母公司所有者的净利润	2.46	48.20	1.51	-238.45	-1.09
总资产	89.95	-2.02	90.86	44.34	62.94
归属于母公司股东权益	58.89	5.47	55.73	39.33	40.00

资料来源：天相投资分析系统。

2010年，皮革、毛皮、羽绒及制品制造业毛利率同比增长2.36个百分点至22.48%，略高于行业平均水平0.58个百分点，销售净利率为6.74%，低于行业整体水平1.36个百分点。

皮革、毛皮、羽绒及制品制造业上市公司盈利能力情况见表22。

表22　皮革、毛皮、羽绒及制品制造业上市公司盈利能力情况　单位：%

盈利能力指标	2010年	2010年变动	2009年	2009年变动	2008年
毛利率	22.48	2.36	21.65	3.40	18.25
净资产收益率	4.17	1.20	2.70	5.43	-2.72
销售净利率	6.74	1.46	5.06	8.77	-3.71
资产净利率	2.71	0.57	1.96	3.25	-1.29

资料来源：天相投资分析系统。

2010年，皮革、毛皮、羽绒及制品制造业存货周转率同比提高0.06次至1.64次，低于行业平均水平0.51次，总资产周转率也低于行业平均水平0.24次，仅为0.40次。

皮革、毛皮、羽绒及制品制造业上市公司偿债及营运情况见表23。

表23　皮革、毛皮、羽绒及制品制造业上市公司偿债及营运情况

指　标	2010年	2010年变动	2009年	2009年变动	2008年
资产负债率（%）	32.03	-4.67	36.09	3.35	32.74
存货周转率（次）	1.64	0.06	1.61	-0.23	1.84
总资产周转率（次）	0.40	0.00	0.39	0.04	0.35

资料来源：天相投资分析系统。

四、重点上市公司介绍

鲁泰A

2010年公司实现营业收入50.26亿元，同比增长24.51%；实现营业利润9.08亿元，同比增长39.17%，实现归属于母公司所有者净利润7.39亿元，同比增长29.62%；实现摊薄每股收益0.74元。净资产收益率（加权）17.75%。

公司盈利能力有所提升。毛利率为32.53%，同比增加1.95个百分点；净利润率16.22%，同比提高1.26个百分点；资产报酬率10.53%，同比增加1.48个百分点；净资产收益率（加权）17.75%，同比提升2.45个百分点。

2010年末，公司的资产负债率达到32.42%，同比下降1.15个百分点。

雅戈尔

2010年公司实现营业收入145.14亿元，同比增长18.20%；实现营业利润34.01亿元，同比下降17.86%，实现归属于母公司所有者净利润26.72亿元，同比下滑18.13%；实现摊薄每股收益1.20元；净资产收益率（加权）19.06%。

公司盈利能力有所下滑。毛利率为33.62%，同比下降4.79个百分点；净利润率18.41%，同比下降8.17个百分点；资产报酬率5.54%，同比下降2.24个百分点；净资产收益率（加权）19.06%，同比下降8.26个百分点。

2010年末，公司的资产负债率达到68.49%，同比增加5.63个百分点。

七匹狼

2010年公司实现营业收入21.98亿元，同比增长10.59%；实现营业利润3.47亿元，同比增长34.59%，实现归属于母公司所有者净利润2.83亿元，同比增长38.87%；实现摊薄每股收益1.00元；净资产收益率（加权）17.71%。

公司盈利能力有所提升。毛利率为41.60%，同比增加3.25个百分点；净利润率12.88%，同比提高2.62个百分点；资产报酬率11.62%，同比增加1.84个百分点；净资产收益率（加权）17.71%，同比提升2.85个百分点。

2010年末，公司的资产负债率达到31.66%，同比增加0.38个百分点。

瑞贝卡

2010年公司实现营业收入20.05亿元，同比增长24.79%；实现营业利润1.99亿元，同比增长49.08%，实现归属于母公司所有者净利润1.78亿元，同比增长

46.89%；实现摊薄每股收益0.24元；净资产收益率（加权）12.64%。

公司盈利能力有所提升。毛利率为26.74%，同比增加3.13个百分点；净利润率8.88%，同比提高1.34个百分点；资产报酬率5.19%，同比增加0.53个百分点；净资产收益率（加权）12.64%，同比提升3.09个百分点。

2010年末，公司的资产负债率达到41.72%，同比下降8.62个百分点。

五、上市公司在行业中的影响力

2010年纺织、服装、皮毛类上市公司合计实现营业收入1 276.14亿元，同比增长27.85%。

行业内上市公司营业收入占行业总收入的2.94%。截至2010年底，纺织、服装、皮毛类上市公司资产负债率52.84%，行业整体资产负债率56.00%，上市公司的偿债能力好于行业平均水平。

世纪证券有限责任公司
审稿人：万文宇
撰稿人：周　宠

制　造　业

木材、家具

一、木材、家具制造业总体概况

2010年以来，随着世界经济逐步走出金融危机的阴霾，我国的家具板材行业也开始转好，进入全面发展阶段。

欧美经济稳步复苏、居民家具需求回升，使得我国家具出口保持较快增长。另外，“中国—东盟自贸区”的零关税优惠及自贸区的一系列政策降低了我国家具出口成本，便利的海运和较少的贸易限制，成为拉动家具出口的生力军。

2010年由于国内期房开始规模入住，保证了国内家具需求增长。而世界人造板总产量和消费量超过1/3的贡献来自中国，所有家具原材料都进入了全球性涨价潮。

二、行业内上市公司发展状况

（一）行业内上市公司基本情况

截至2010年底，木材、家具制造业共有10家上市公司，均在A股上市占A股市场上市公司总数的0.47%。截至2010年底，该行业市值总额为429.40亿元，流通A股市值为263.57亿元，流通B股市值为0.00亿元，分占沪深两市市值总额的0.16%、流通A股市值的0.14%和流通B股市值的0.00%。

木材、家具上市公司发行股票概况见表1。

表1　　木材、家具上市公司发行股票概况

门　类	A、B股总数	A股股票数	B股股票数	境内总市值（亿元）	流通A股市值（亿元）	流通B股市值（亿元）
木材家具	10	10	0	429.40	263.57	0.00
占沪深两市比重（%）	0.47	0.47	0.00	0.16	0.14	0.00

资料来源：天相投资分析系统。

（二）行业内上市公司构成情况

按上市地划分，行业内在上海证券交易所上市的公司3家，在深圳证券交易所上市的公司7家，分别占行业内上市公司总数的30.00%和70.00%。

按A、B股划分，在A板上市的公司有10家，占行业内上市公司总数的100.00%。

从经营角度看，行业内上市公司中ST、*ST公司有1家，占行业内上市公司总数的10.00%。

从股改完成情况看，截至2010年底，

全部公司已经完成了股改。

木材、家具上市公司构成情况见表2。

表2　　木材、家具上市公司构成情况　　单位：家

门　类	沪市			深市			ST/ * ST	股改/未股改
	仅A股	仅B股	A+B股	仅A股	仅B股	A+B股		
木材家具	3	0	0	7	0	0	0/1	10/0
占行业内上市公司比重（%）	30.00	0.00	0.00	70.00	0.00	0.00	0.00/10.00	100.00/0.00

资料来源：天相投资分析系统。

按公司所处行业大类划分，可分为家具制造业和木材加工及竹、藤、棕、草制品业，2个大类所涵盖公司数量，分别为4家和6家。

木材、家具上市公司具体分布见表3。

表3　　木材、家具上市公司具体分布

A、B股类别	公司代码	公司名称	所属大类	A、B股类别	公司代码	公司名称	所属大类
沪市A股	600337	美克股份	家具制造业	深市A股	002489	浙江永强	家具制造业
	600978	宜华木业			000910	大亚科技	木材加工及竹、藤、棕、草制品业
	600321	国栋建设	木材加工及竹、藤、棕、草制品业		002043	兔宝宝	
					002240	威华股份	
					002259	升达林业	
深市A股	000587	* ST光明	家具制造业		002354	科冕木业	

资料来源：天相投资分析系统。

（三）行业内上市公司股改情况

自2005年9月中国证监会颁布《上市公司股权分置改革管理办法》以来，截至2010年底，木材、家具制造业上市公司已全部完成股改。

截至2010年底，木材、家具制造业流通A股占总股本比例由68.98%上升到72.16%，增长3.19个百分点，与此对应，非流通股比例减少了3.19个百分点至27.84%。

2010年木材、家具上市公司股本变动情况见表4。

表4　　2010年木材、家具上市公司股本变动情况　　单位：万股

指　标	2010年底	2009年底	增长变动（%）
总股本	407 826.47	240 566.83	69.53
其中：A股	407 826.47	240 566.83	69.53
B股	0.00	0.00	0.00
非限售流通A股	294 304.52	165 931.68	77.36
非限售流通A股比重（%）	72.16	68.98	3.19
流通B股	0.00	0.00	0.00
流通B股比重（%）	0.00	0.00	0.00
限售A股	113 521.96	74 635.15	52.10
限售A股比重（%）	27.84	31.02	-3.19

资料来源：天相投资分析系统。

（四）行业内上市公司融资情况

2010 年全年木材、家具类上市公司共有 4 家公司进行了融资，占沪深两市 530 家融资公司的 0.75%，其中，新股发行 2 家，配股 0 家，增发 2 家，分别占 0.60%、0.00% 和 1.15%。

2010 年木材、家具上市公司与沪深两市融资情况对比见表 5。

表 5　2010 年木材、家具上市公司与沪深两市融资情况对比　单位：家

	融资家数	新　股	配　股	增　发
木材家具	4	2	0	2
沪深两市总数	530	336	20	174
占比（%）	0.75	0.60	0.00	1.15

资料来源：天相投资分析系统。

2010 年进行融资的木材、家具上市公司，属于家具制造业的有 3 家，属于木材加工及竹、藤、棕、草制品业的有 1 家。其中，属于中小板的有 2 家，属于沪市 A 股的有 2 家。

2010 年木材、家具上市公司融资情况见表 6。

表 6　2010 年木材、家具上市公司融资情况

代　码	公司名称	融资类别	所属大类	证券类型
002354	科冕木业	首发	木材加工及竹、藤、棕、草制品业	中小板
002489	浙江永强	首发	家具制造业	中小板
600337	美克股份	增发	家具制造业	沪市
600978	宜华木业	增发	家具制造业	沪市

资料来源：天相投资分析系统。

2010 年进行融资的木材、家具上市公司中，科冕木业发行价格为 12.33 元，实际发行 2 350.00 万股，实际募集资金 2.57 亿元；浙江永强发行价格为 38.00 元，实际发行 6 000.00 万股，实际募集资金 21.64 亿元；美克股份增发价格为 9.50 元，实际发行 12 207.64 万股，实际募集资金 11.40 亿元；宜华木业增发价格为 5.70 元，实际发行 14 800.00 万股，实际募集资金 8.22 亿元。

2010 年木材、家具上市公司融资明细见表 7。

表 7　2010 年木材、家具上市公司融资明细

代　码	公司名称	发行价格（元）	实际发行数量（万股）	实募集资金数（亿元）
002354	科冕木业	12.33	2 350.00	2.57
002489	浙江永强	38.00	6 000.00	21.64
600337	美克股份	9.50	12 207.64	11.40
600978	宜华木业	5.70	14 800.00	8.22

资料来源：天相投资分析系统。

（五）行业内上市公司资产及业绩情况

截至2010年，木材家具业上市公司资产总值已达321.50亿元，非流动资产146.51亿元，归属于母公司股东权益157.38亿元，分别比去年同期增长了27.44%、10.17%和48.87%。

木材、家具上市公司资产情况见表8。

表8　木材、家具上市公司资产情况　单位：亿元

资产指标	2010年	2010年增长（%）	2009年	2009年增长（%）	2008年
总资产	321.50	27.44	130.37	4.70	124.53
流动资产	174.99	46.69	61.95	-3.83	64.42
占比（%）	54.43	7.14	47.52	-4.21	51.73
非流动资产	146.51	10.17	68.42	13.83	60.11
占比（%）	45.57	-7.14	52.48	4.21	48.27
流动负债	111.96	12.65	33.83	-29.31	47.87
占比（%）	34.82	-4.57	25.95	-12.49	38.44
非流动负债	45.21	13.36	28.82	149.59	11.54
占比（%）	14.06	-1.75	22.10	12.83	9.27
归属于母公司股东权益	157.38	48.87	65.98	4.13	63.36
占比（%）	48.95	7.05	50.61	-0.27	50.88

资料来源：天相投资分析系统。

根据2010年年报数据，木材家具业上市公司合计实现主营业务收入为人民币184.33亿元，同比增长19.41%；实现利润总额人民币11.65亿元，同比增长5.95%；实现归属母公司所有者净利润人民币7.58亿元，同比下降3.04%。

木材、家具上市公司收入实现情况见表9。

表9　木材、家具上市公司收入实现情况　单位：亿元

业绩指标	2010年	2010年增长（%）	2009年	2009年增长（%）	2008年
营业收入	184.33	19.41	64.59	5.70	61.11
利润总额	11.65	5.95	4.59	57.79	2.91
归属于母公司所有者的净利润	7.58	-3.04	3.31	72.89	1.91

资料来源：天相投资分析系统。

（六）利润分配情况

2010年全年木材、家具行业上市公司中共有7家公司实施了分红配股。其中，1家公司实施送股及转增股本，6家公司实施派息，既送股、转增又派息的公司0家。送股、转增及派息比例最高为每股送0.6股（威华股份）和每股派息1.00元（浙江永强）。

（七）其他财务指标情况

1. 盈利能力指标

2010年，木材家具业上市公司毛利率同比下降0.14个百分点，净资产收益率、销售净利率、资产净利率都有不同程度的下降，同比下降了2.58、0.95和0.48个百分点。

木材、家具上市公司2010年分红情况、盈利能力情况分别见表10和表11。

表 10　　木材、家具上市公司 2010 年分红情况

代　　码	名　　称	送股及转增比例	每股派息（税前　元）	基准股本（万股）
000910	大亚科技	—	0.100	52 750.00
002240	威华股份	0.600	—	30 669.00
002259	升达林业	—	0.050	35 740.00
002489	浙江永强	—	1.000	24 000.00
600321	国栋建设	—	0.070	45 552.00
600337	美克股份	—	0.050	63 268.04
600978	宜华木业	—	0.050	115 266.27

资料来源：天相投资分析系统。

表 11　　木材、家具上市公司盈利能力情况　　单位:%

盈利能力指标	2010 年	2010 年变动	2009 年	2009 年变动	2008 年
毛利率	25.56	-0.14	27.29	1.00	26.29
净资产收益率	4.82	-2.58	5.01	1.99	3.02
销售净利率	4.11	-0.95	5.12	1.99	3.13
资产净利率	2.64	-0.48	2.60	0.93	1.67

资料来源：天相投资分析系统。

2. 偿债能力指标

2010 年木材家具业上市公司的资产负债率有所下降，同比下降了 6.32 个百分点；流动比率有所上升，同比上升了 0.36 个百分点；速动比率有所提升，同比增长了 0.33 个百分点。

木材、家具上市公司偿债能力指标见表 12。

表 12　　木材、家具上市公司偿债能力指标

偿债能力指标	2010 年	2010 年变动	2009 年	2009 年变动	2008 年
流动比率（次）	1.56	0.36	1.83	0.49	1.35
速动比率（次）	0.95	0.33	0.97	0.23	0.86
资产负债率（%）	48.89	-6.32	48.05	0.34	47.71

资料来源：天相投资分析系统。

3. 营运能力指标

2010 年，营运能力方面，流动资产周转率有小幅下降，存货周转率、应收账款周转率、固定资产周转率和总资产周转率均有所提升。

木材、家具上市公司营运能力情况见表 13。

表 13　　木材、家具上市公司营运能力情况　　单位：次

营运能力指标	2010 年	2010 年变动	2009 年	2009 年变动	2008 年
存货周转率	2.68	0.14	1.99	-0.17	2.17
应收账款周转率	8.06	0.72	5.51	-0.20	6.60
流动资产周转率	1.25	-0.01	1.02	0.08	0.95
固定资产周转率	1.92	0.02	1.66	-0.51	2.16
总资产周转率	0.64	0.03	0.51	-0.03	0.53
净资产周转率	1.02	-0.07	0.75	-0.10	0.88

资料来源：天相投资分析系统。

三、重点细分行业介绍

木材、家具制造业共涵盖2个大类，分别是家具制造业和木材加工及竹、藤、棕、草制品业。

家具制造业上市公司家数为4家，市值比重占58.88%，而木材加工及竹、藤、棕、草制品业为6家公司，市值比重占41.12%。

2010年木材、家具各子行业上市公司及市值情况见表14。

表14　　2010年木材、家具各子行业上市公司及市值情况

大　类	上市公司家数（家）	占行业内比重（%）	境内总市值（亿元）	占行业内比重（%）
家具制造业	4	40.00	252.84	58.88
木材加工及竹、藤、棕、草制品业	6	60.00	176.55	41.12

资料来源：天相投资分析系统。

（一）木材加工及竹、藤、棕、草制品业

1. 行业概况

2010年，木材加工及竹、藤、棕、草制品业总资产为2 979.74亿元，同比增长8.48%；完成利润总额345.46亿元，同比增长32.77%。

2. 行业内上市公司发展状况

2010年，木材加工及竹、藤、棕、草制品业上市公司的整体收入为110.36亿元，同比增长14.97%；总资产181.28亿元，同比增长12.72%。

木材加工及竹、藤、棕、草制品业上市公司收入及资产增长情况见表15。

表15　　木材加工及竹、藤、棕、草制品业上市公司收入及资产增长情况　　单位：亿元

指　标	2010年	2010年增长（%）	2009年	2009年增长（%）	2008年
营业收入	110.36	14.97	23.42	4.39	22.44
利润总额	5.54	36.03	-0.08	-106.78	1.18
归属于母公司所有者的净利润	3.28	26.13	-0.13	-111.25	1.17
总资产	181.28	12.72	55.01	0.27	54.86
归属于母公司股东权益	68.10	15.58	25.67	-2.87	26.43

资料来源：天相投资分析系统。

2010年，木材加工及竹、藤、棕、草制品业上市公司盈利能力较2009年略有上升，主要原因是产品销售毛利率上升，毛利率、销售利润率分别同比增长0.01和0.26个百分点。

木材加工及竹、藤、棕、草制品业上市公司盈利能力情况见表16。

表16　　木材加工及竹、藤、棕、草制品业上市公司盈利能力情况　　单位：%

盈利能力指标	2010年	2010年变动	2009年	2009年变动	2008年
毛利率	21.72	0.01	16.66	-3.46	20.13
净资产收益率	4.82	0.40	-0.51	-4.93	4.42
销售净利率	2.97	0.26	-0.56	-5.77	5.21
资产净利率	1.92	0.31	-0.24	-2.76	2.52

资料来源：天相投资分析系统。

2010年，木材加工及竹、藤、棕、草制品业上市公司负债水平有所下降，2010年资产负债率为58.61%，同比下降了1.10个百分点。公司营运方面，存货周转率和总资产周转率出现了小幅上升。

木材加工及竹、藤、棕、草制品业上市公司偿债及营运情况见表17。

表17　木材加工及竹、藤、棕、草制品业上市公司偿债及营运情况

指　标	2010年	2010年变动	2009年	2009年变动	2008年
资产负债率（%）	58.61	-1.10	52.75	1.97	50.78
存货周转率（次）	2.63	0.09	1.69	-0.08	1.78
总资产周转率（次）	0.65	0.05	0.43	-0.06	0.48

资料来源：天相投资分析系统。

（二）家具制造业

1. 行业概况

2008年受金融危机的影响，我国家具出口业务出现下滑，2008年行业利润总额增速下滑。2009年二季度开始，随着海外经济的复苏，家具出口开始出现恢复性增长。2010年，家具制造业总资产为2 126.59亿元，同比增长5.67%；完成利润总额184.12亿元，同比增长82.57%。

2. 行业内上市公司发展状况

2010年，家具制造业上市公司的整体收入为73.96亿元，同比增长26.72%；总资产140.22亿元，同比增长53.32%。

家具制造业上市公司收入及资产增长情况见表18。

表18　家具制造业上市公司收入及资产增长情况　　单位：亿元

指　标	2010年	2010年增长（%）	2009年	2009年增长（%）	2008年
营业收入	73.96	26.72	41.17	6.46	38.67
利润总额	6.11	-11.73	4.67	170.05	1.73
归属于母公司所有者的净利润	4.30	-17.56	3.44	361.56	0.75
总资产	140.22	53.32	75.37	8.18	69.67
归属于母公司股东权益	89.28	90.79	40.31	9.15	36.93

资料来源：天相投资分析系统。

2010年，家具制造业上市公司盈利能力较2009年有所下降，毛利率、销售利润率分别同比下降了0.96和3.13个百分点。

家具制造业上市公司盈利能力情况见表19。

表19　家具制造业上市公司盈利能力情况　　单位:%

盈利能力指标	2010年	2010年变动	2009年	2009年变动	2008年
毛利率	31.28	-0.96	33.34	3.47	29.87
净资产收益率	4.82	-6.34	8.53	6.52	2.02
销售净利率	5.82	-3.13	8.35	6.43	1.93
资产净利率	3.72	-2.14	4.74	3.65	1.09

资料来源：天相投资分析系统。

2010年，家具制造业上市公司负债水平有所降低，2010年资产负债率为36.31%，同比下降了10.96个百分点；周转能力则有所上升，存货周转率同比增长了0.22个百分点。

家具制造业上市公司偿债及营运情况见表20。

表20　　家具制造业上市公司偿债及营运情况

指　　标	2010年	2010年变动	2009年	2009年变动	2008年
资产负债率（%）	36.31	-10.96	44.63	-0.66	45.29
存货周转率（次）	2.77	0.22	2.28	-0.25	2.53
总资产周转率（次）	0.64	-0.02	0.57	0.00	0.57

资料来源：天相投资分析系统。

四、重点上市公司介绍

宜华木业

2010年，公司实现营业收入24.48亿元，同比增长13.94%；实现利润总额3.00亿元，同比减少14.77%；实现归属于母公司净利润2.46亿元，同比减少16.72%。平均每股收益0.21元；净资产收益率6.29%，同比下降了3.90个百分点。

公司盈利能力略有提升。毛利率达到28.70%，同比提高0.60个百分点；净利润率为10.10%，同比下降3.70个百分点。

2010年底，公司的资产负债率为35.22%，同比下降2.00个百分点。

美克股份

2010年，公司实现营业收入24.15亿元，同比增长29.20%；实现利润总额1.39亿元，同比增长33.10%，实现归属母公司所有者的净利润0.92亿元，同比增加102.5%，平均每股收益0.145元，净资产收益率为3.94%。

公司盈利能力提高较显著。毛利率达到40.80%，同比提高1.00个百分点；净利润率为5.00%，同比增长1.10个百分点。

2010年末，公司的资产负债率为37.24%，同比下降了3.91个百分点。

五、上市公司在该行业中的影响力

2010年，木材家具行业上市公司合计实现营业收入184.33亿元，同比增长19.41%，行业内上市公司营业收入占行业总收入的0.16%。截至2010年底，木材家具行业上市公司资产负债率为48.89%，行业整体资产负债率为47.60%，上市公司的偿债能力低于行业水平。

天相投资顾问有限公司

撰稿人：天相投顾年鉴编写组

制 造 业

造纸、印刷

一、造纸、印刷业总体概况

2009年，由于宏观经济的回暖及下游需求的逐步恢复，造纸及印刷企业逐步走出2008年的行业低谷，恢复正常生产经营。步入2010年，行业整体延续平稳增长。

根据国家统计局提供的数据，2010年，造纸、印刷业合计实现营业收入16 731.06亿元，同比增长24.44%；实现利润总额1 201.99亿元，同比增长40.21%。

从盈利能力看，2010年，造纸、印刷业整体毛利率为13.9%，同比下降了0.64个百分点。

2010年，造纸、印刷业的财务状况略有下降。截至2010年底，全行业的资产负债率为57.74%，同比2009年上升了2.4个百分点。

截至2010年底，造纸、印刷业的固定资产投资额达到2 038.43亿元，同比微增了0.68%。

二、行业内上市公司发展状况

（一）行业内上市公司基本情况

截至2010年底，造纸、印刷业共涵盖40只A、B股，39家上市公司（其中1家上市公司既有A股又有B股），其中A股38家，B股2家，分占A、B股市场上市公司总数的1.79%和0.09%。截至2010年底，该行业市值总额为1 587.65亿元，流通A股市值为962.61亿元，流通B股市值为48.66亿元，分占沪、深两市市值总额的0.59%、流通A股市值的0.50%和流通B股市值的1.65%。

造纸、印刷上市公司发行股票概况见表1。

表1　造纸、印刷上市公司发行股票概况

门　类	A、B股总数	A股股票数	B股股票数	境内总市值（亿元）	流通A股市值（亿元）	流通B股市值（亿元）
造纸、印刷	40	38	2	1 587.65	962.61	48.66
占沪深两市比重（%）	1.88	1.77	0.09	0.59	0.50	1.65

资料来源：天相投资分析系统。

（二）行业内上市公司构成情况

按上市地划分，行业中在上海证券交易所上市的公司有14家，深圳证券交易所上市的公司有25家，分占行业内上市公司的35.90%和64.10%。

按A、B股划分，在A板上市的公司38家（其中1家同时在B板上市），在B板上市的公司2家，分占行业内上市公司的97.44%和5.13%。

从经营角度来看，行业内上市公司中ST、* ST公司有4家，占行业内上市公司总数的10.26%。

从股改完成情况看，截至2010年底，39家上市公司已全部完成股改。

造纸、印刷上市公司构成情况见表2。

表2　造纸、印刷上市公司构成情况　单位：家

门　类	沪市			深市			ST/ * ST	股改/未股改
	仅A股	仅B股	A+B股	仅A股	仅B股	A+B股		
造纸、印刷	14	0	0	23	1	1	2/2	39/0
占行业内上市公司比重（%）	35.90	0.00	0.00	58.97	2.56	2.56	5.13/5.13	100.00/0.00

资料来源：天相投资分析系统。

按公司所处行业大类划分，可分为造纸及纸制品业、印刷业和文教体育用品制造业，3个大类所涵盖公司数量分别为27家（其中A、B股共存1家，仅B股1家）、5家和7家。

造纸、印刷上市公司具体分布见表3。

表3　造纸、印刷上市公司具体分布

A、B股类别	公司代码	公司名称	所属大类	A、B股类别	公司代码	公司名称	所属大类
深市A股	000488	晨鸣纸业	造纸及纸制品业	深市A股	000812	陕西金叶	印刷业
	000815	美利纸业			002117	东港股份	
	000820	* ST金城			002191	劲嘉股份	
	000833	贵糖股份			002229	鸿博股份	
	002012	凯恩股份		深市B股	200488	晨　鸣　B	造纸及纸制品业
	002067	景兴纸业			200986	粤华包B	
	002078	太阳纸业		沪市A股	600069	银鸽投资	
	002228	合兴包装			600103	青山纸业	
	002235	安妮股份			600163	福建南纸	
	002303	美　盈　森			600235	民丰特纸	
	002511	中顺洁柔			600308	华泰股份	
	002521	齐峰股份			600356	恒丰纸业	
	300057	万顺股份			600419	ST　天　宏	
	002103	广博股份	文教体育用品制造业		600433	冠豪高新	
	002105	信隆实业			600462	* ST石岘	
	002292	奥飞动漫			600567	山鹰纸业	
	002301	齐心文具			600793	ST宜纸	
	002348	高乐股份			600963	岳阳林纸	
	002502	骅威股份			600966	博汇纸业	
	300043	星辉车模			600836	界龙实业	印刷业

资料来源：天相投资分析系统。

（三）行业内上市公司股改情况

自 2005 年 9 月中国证监会颁布《上市公司股权分置改革管理办法》以来，截至 2010 年底造纸、印刷业 39 家 A 股上市公司已全部完成股改。

截至 2010 年底，造纸、印刷业流通 A 股占总股本比例由 2009 年底的 68.33% 提高到 72.36%，提升 4.03 个百分点；流通 B 股比例由 5.34% 下降至 4.83%。与此对应，限售流通 A 股比例减少了 3.29 个百分点，仅为 20.60%。

造纸、印刷上市公司 2010 年股本变动情况见表 4。

表 4　　造纸、印刷上市公司 2010 年股本变动情况　　单位：万股

指　　标	2010 年底	2009 年底	增长变动（%）
总股本	1 508 939.88	1 366 791.22	10.40
其中：A 股	1 402 647.63	1 260 498.97	11.28
B 股	106 292.25	106 292.25	0.00
非限售流通 A 股	1 091 836.95	933 941.07	16.91
非限售流通 A 股比重（%）	72.36	68.33	4.03
流通 B 股	72 942.25	72 942.25	0.00
流通 B 股比重（%）	4.83	5.34	-0.50
限售流通 A 股	310 810.68	326 557.90	-4.82
限售流通 A 股比重（%）	20.60	23.89	-3.29

资料来源：天相投资分析系统。

（四）行业内上市公司融资情况

2010 年全年，造纸、印刷业共有 9 家公司进行了融资，占沪深两市 530 家融资公司的 1.70%，其中新股发行 6 家，增发 2 家、配股 1 家，分占 1.79%、1.15% 和 5.00%。

2010 年造纸、印刷上市公司与沪深两市融资情况对比见表 5。

表 5　　2010 年造纸、印刷上市公司与沪深两市融资情况对比　　单位：家

	融资家数	新　　股	配　　股	增　　发
造纸、印刷	9	6	1	2
沪深两市总数	530	336	20	174
占比（%）	1.70	1.79	5.00	1.15

资料来源：天相投资分析系统。

其中，首发的 6 家上市公司中，有 4 家在中小板上市，2 家在创业板上市，增发的 2 家公司在中小板。配股的 1 家公司在沪市上市。

2010 年造纸、印刷上市公司融资情况见表 6。

从融资总量来看，造纸、印刷上市公司实际发行数量为 43 547.32 万股，实际募集资金 78.70 亿元。

2010 年造纸、印刷业上市公司融资明细见表 7。

表 6　　2010 年造纸、印刷上市公司融资情况

代　码	公司名称	融资类别	所属大类	证券类型
002117	东港股份	增发	印刷业	中小板
002228	合兴包装	增发	造纸及纸制品业	中小板
002348	高乐股份	首发	文教体育用品制造业	中小板
002502	骅威股份	首发	文教体育用品制造业	中小板
002511	中顺洁柔	首发	造纸及纸制品业	中小板
002521	齐峰股份	首发	造纸及纸制品业	中小板
300043	星辉车模	首发	文教体育用品制造业	创业板
300057	万顺股份	首发	造纸及纸制品业	创业板
600963	岳阳林纸	配股	造纸及纸制品业	沪市

资料来源：天相投资分析系统。

表 7　　2010 年造纸、印刷上市公司融资明细

代　码	公司名称	发行价格（元）	实际发行数量（万股）	实募集资金数（亿元）
002117	东港股份	25.69	1 412.42	3.45
002228	合兴包装	12.60	2 719.00	3.24
002348	高乐股份	21.98	3 800.00	7.83
002502	骅威股份	29.00	2 200.00	6.08
002511	中顺洁柔	38.00	4 000.00	14.52
002521	齐峰股份	41.50	3 700.00	14.40
300043	星辉车模	43.98	1 320.00	5.49
300057	万顺股份	18.38	5 300.00	9.38
600963	岳阳林纸	7.70	19 095.90	14.31

资料来源：天相投资分析系统。

（五）行业内上市公司资产及业绩情况

截至 2010 年底，造纸、印刷业上市公司资产总值已达 1 551.80 亿元，非流动资产 888.78 亿元，归属于母公司股东权益 645.77 亿元，分别比上年同期增长了 21.44%、15.20% 和 18.66%。

造纸、印刷上市公司资产情况见表 8。

表 8　　造纸、印刷上市公司资产情况　　单位：亿元

资产指标	2010 年	2010 年增长（%）	2009 年	2009 年增长（%）	2008 年
总资产	1 551.80	21.44	1 324.98	15.87	1 127.97
流动资产	663.02	30.95	525.50	12.65	454.99
占比（%）	42.73	3.10	39.66	-1.13	40.34
非流动资产	888.78	15.20	799.47	18.09	672.98
占比（%）	57.27	-3.10	60.34	1.13	59.66
流动负债	610.59	25.16	517.24	7.91	473.01
占比（%）	39.35	1.17	39.04	-2.88	41.93
非流动负债	234.32	25.00	191.11	35.20	141.14
占比（%）	15.10	0.43	14.42	2.06	12.51
归属于母公司股东权益	645.77	18.66	553.42	17.97	460.25
占比（%）	41.61	-0.98	41.77	0.74	40.80

资料来源：天相投资分析系统。

2010年年报数据显示，造纸、印刷业上市公司合计实现营业收入852.81亿元，实现利润总额53.79亿元，实现归属于母公司所有者的净利润38.27亿元，分别比上年同期增长了27.46%、13.67%和9.84%。

造纸、印刷上市公司收入实现情况见表9。

表9　　造纸、印刷上市公司收入实现情况　　单位：亿元

业绩指标	2010年	2010年增长（%）	2009年	2009年增长（%）	2008年
营业收入	852.81	27.46	688.09	1.78	656.72
利润总额	53.79	13.67	46.51	18.07	36.43
归属于母公司所有者的净利润	38.27	9.84	33.50	19.03	25.63

资料来源：天相投资分析系统。

（六）利润分配情况

2010年，造纸、印刷业上市公司中共有25家公司实施了分红配股。其中，15家公司仅实施派息，10家公司既送股、转增又派息。送股及转增、派息比例最高值分别是送股及转增比例为1（星辉车模、万顺股份）和每股股息0.300元（晨鸣纸业、奥飞动漫、美盈森、高乐股份）。

造纸、印刷上市公司2010年分红情况见表10。

表10　　造纸、印刷上市公司2010年分红情况

代　码	名　称	送股及转增比例	每股派息（税前　元）	基准股本（万股）
000488	晨鸣纸业	—	0.300	206 204.59
000812	陕西金叶	0.200	0.012	37 281.30
000833	贵糖股份	—	0.100	29 606.79
002012	凯恩股份	—	0.100	19 478.93
002067	景兴纸业	—	0.100	39 200.00
002078	太阳纸业	—	0.150	100 481.04
002103	广博股份	—	0.150	21 843.10
002117	东港股份	—	0.200	12 412.42
002191	劲嘉股份	—	0.100	64 200.00
002228	合兴包装	0.600	0.060	21 719.00
002229	鸿博股份	—	0.150	13 600.00
002292	奥飞动漫	0.600	0.300	25 600.00
002303	美盈森	—	0.300	17 880.00
002348	高乐股份	0.600	0.300	14 800.00
002502	骅威股份	—	0.200	8 800.00
002521	齐峰股份	0.400	0.100	14 725.00
300043	星辉车模	1.000	0.200	7 920.00
300057	万顺股份	1.000	0.180	21 100.00
600235	民丰特纸	—	0.100	26 340.00
600308	华泰股份	0.800	0.012	64 864.52
600356	恒丰纸业	0.200	0.096	19 300.00
600433	冠豪高新	0.200	0.030	28 600.00
600567	山鹰纸业	—	0.060	75 524.62
600963	岳阳林纸	—	0.025	84 315.91
600966	博汇纸业	—	0.050	50 457.76

资料来源：天相投资分析系统。

（七）其他财务指标情况

1. 盈利能力指标

2010 年，由于成本价格高企，造纸、印刷业上市公司整体各项盈利能力指标较 2009 年均有不同程度下降。

造纸、印刷上市公司盈利能力情况见表 11。

表 11　造纸、印刷上市公司盈利能力情况　单位:%

盈利能力指标	2010 年	2010 年变动	2009 年	2009 年变动	2008 年
毛利率	18.54	-0.35	19.05	2.92	18.13
净资产收益率	5.93	-0.48	6.05	0.05	5.57
销售净利率	4.49	-0.72	4.87	0.71	3.90
资产净利率	2.70	-0.23	2.71	0.13	2.39

资料来源：天相投资分析系统。

2. 偿债能力指标

2010 年整个行业上市公司资产负债率水平上升 1.60 个百分点。

造纸、印刷上市公司偿债能力指标见表 12。

表 12　造纸、印刷上市公司偿债能力指标

偿债能力指标	2010 年	2010 年变动	2009 年	2009 年变动	2008 年
流动比率	1.09	0.05	1.02	0.04	0.96
速动比率	0.71	0.05	0.65	0.10	0.62
资产负债率	54.45	1.60	53.46	-0.82	54.45

资料来源：天相投资分析系统。

3. 营运能力指标

2010 年，行业各项营运能力指标较 2009 年均有所提升，营运能力保持良好。

造纸、印刷上市公司营运能力情况见表 13。

表 13　造纸、印刷上市公司营运能力情况　单位：次

营运能力指标	2010 年	2010 年变动	2009 年	2009 年变动	2008 年
存货周转率	4.25	0.69	3.53	-0.39	3.93
应收账款周转率	8.57	0.72	8.13	-0.51	8.81
流动资产周转率	1.46	0.05	1.39	-0.18	1.56
固定资产周转率	1.42	0.19	1.23	-0.09	1.29
总资产周转率	0.60	0.04	0.56	-0.06	0.61
净资产周转率	0.99	0.05	0.93	-0.08	1.04

资料来源：天相投资分析系统。

三、重点细分行业介绍

造纸、印刷业共涵盖 3 个大类，分别是造纸及纸制品业、印刷业和文教体育用品制造业。

造纸及纸制品业上市公司家数为 27 家，市值比重占 72.34%；文教体育用品制造业上市公司家数为 7 家，市值比重 15.57%；印刷业上市公司家数为 5 家，市值比重 12.09%。

造纸、印刷各子行业上市公司及市值情况见表14。

表14　造纸、印刷各子行业上市公司及市值情况

大　类	上市公司家数（家）	占行业内比重（%）	境内总市值（亿元）	占行业内比重（%）
文教体育用品制造业	7	17.95	247.17	15.57
印刷业	5	12.82	191.90	12.09
造纸及纸制品业	27	69.23	1 148.59	72.34

资料来源：天相投资分析系统。

（一）造纸及纸制品业

1. 行业概况

2010年，造纸及纸制品业总资产为9 655.29亿元，同比增长19.43%；完成利润总额727.08亿元，同比增长44.06%。

2. 行业内上市公司发展状况

2010年，造纸及纸制品业上市公司的整体收入同比增长29.83%，利润总额同比增长19.40%，利润水平有所提升。

造纸及纸制品业上市公司收入及资产增长情况见表15。

表15　造纸及纸制品业上市公司收入及资产增长情况　单位：亿元

指　标	2010年	2010年增长（%）	2009年	2009年增长（%）	2008年
营业收入	749.37	29.83	602.97	0.50	593.62
利润总额	41.16	19.40	34.92	13.92	29.41
归属于母公司所有者的净利润	28.75	13.70	25.03	12.91	21.15
总资产	1 375.92	20.63	1 190.14	15.69	1 024.04
归属于母公司股东权益	540.14	15.82	476.01	14.63	412.48

资料来源：天相投资分析系统。

2010年，造纸及纸制品业上市公司整体毛利率、净资产收益率、销售净利率、资产净利率分别下降了0.14、0.10、0.54和0.11个百分点，盈利能力有所削弱。

造纸及纸制品业上市公司盈利能力情况见表16。

表16　造纸及纸制品业上市公司盈利能力情况　单位:%

盈利能力指标	2010年	2010年变动	2009年	2009年变动	2008年
毛利率	17.31	-0.14	17.70	0.12	17.46
净资产收益率	5.32	-0.10	5.26	-0.08	5.13
销售净利率	3.84	-0.54	4.15	0.46	3.56
资产净利率	2.29	-0.11	2.26	0.00	2.16

资料来源：天相投资分析系统。

2010年，造纸及纸制品业上市公司总体运行平稳。负债水平同比上升2.24个百分点，资产负债率为57.15%，存货周转率和总资产周转率同比均有上升。

造纸及纸制品业上市公司偿债及营运情况见表17。

表 17　　造纸及纸制品业上市公司偿债及营运情况

指　　标	2010 年	2010 年变动	2009 年	2009 年变动	2008 年
资产负债率（%）	57.15	2.24	55.56	0.17	55.46
存货周转率（次）	4.54	0.83	3.69	-0.41	4.10
总资产周转率（次）	0.60	0.05	0.54	-0.07	0.61

资料来源：天相投资分析系统。

（二）印刷业

1. 行业概况

2010 年，印刷业总资产为 3 216.39 亿元，同比增长 12.62%；完成利润总额 309.2 亿元，同比增长 30.73%。

2. 行业内上市公司发展状况

2010 年，印刷业上市公司的整体收入下降 0.48%，利润总额同比减少了 3.50%，归属于母公司所有者的净利润同比减少 3.65%。

印刷业上市公司收入及资产增长情况见表 18。

表 18　　印刷业上市公司收入及资产增长情况　　单位：亿元

指　　标	2010 年	2010 年增长（%）	2009 年	2009 年增长（%）	2008 年
营业收入	49.76	-0.48	50.00	24.26	40.24
利润总额	7.41	-3.50	7.68	29.38	5.93
归属于母公司所有者的净利润	4.96	-3.65	5.15	45.20	3.55
总资产	95.26	12.81	84.44	3.29	81.75
归属于母公司股东权益	44.55	12.75	39.51	8.27	36.49

资料来源：天相投资分析系统。

2010 年，印刷业上市公司整体毛利率同比提升了 1.07 个百分点，但净资产收益率、销售净利率和资产净利率分别同比下降了 1.90 个百分点、0.33 个百分点和 0.68 个百分点。盈利能力有所下降。

印刷业上市公司盈利能力情况见表 19。

表 19　　印刷业上市公司盈利能力情况　　单位：%

盈利能力指标	2010 年	2010 年变动	2009 年	2009 年变动	2008 年
毛利率	31.21	1.07	30.14	1.37	28.78
净资产收益率	11.14	-1.90	13.03	3.32	9.72
销售净利率	9.97	-0.33	10.30	1.49	8.81
资产净利率	5.52	-0.68	6.20	1.36	4.84

资料来源：天相投资分析系统。

2010 年，印刷业上市公司负债水平同比上升了 0.69 个百分点，资产负债率达到 42.47%，存货周转率同比下降了 0.26 次，总资产周转率同比下降了 0.05 次。

印刷业上市公司偿债及营运情况见表 20。

表 20　　印刷业上市公司偿债及营运情况

指　　标	2010 年	2010 年变动	2009 年	2009 年变动	2008 年
资产负债率（%）	42.47	0.69	41.77	-2.09	43.86
存货周转率（次）	1.85	-0.26	2.11	0.13	1.98
总资产周转率（次）	0.55	-0.05	0.60	0.05	0.55

资料来源：天相投资分析系统。

（三）文教体育用品制造业

1. 行业概况

2010 年，文教体育用品制造业总资产为 1 829.93 亿元，同比增长 10.82%；完成利润总额 165.71 亿元，同比增长 42.77%。

2. 行业内上市公司发展状况

2010 年，文教体育用品制造业上市公司营业收入同比增长 28.17%，利润总额增长 0.96%。

文教体育用品制造业上市公司收入及资产增长情况见表 21。

表 21　　文教体育用品制造业上市公司收入及资产增长情况　　单位：亿元

指　　标	2010 年	2010 年增长（%）	2009 年	2009 年增长（%）	2008 年
营业收入	53.68	28.17	35.11	-2.04	22.86
利润总额	5.23	0.96	3.92	39.44	1.09
归属于母公司所有者的净利润	4.55	3.41	3.33	36.68	0.94
总资产	80.61	52.78	50.40	52.68	22.18
归属于母公司股东权益	61.09	59.27	37.90	118.33	11.29

资料来源：天相投资分析系统。

2010 年，文教体育用品制造业上市公司整体毛利率、净资产收益率、销售净利率和资产净利率分别同比下降了 1.29 个百分点、4.03 个百分点、2.03 个百分点和 2.91 个百分点。

文教体育用品制造业上市公司盈利能力情况见表 22。

表 22　　文教体育用品制造业上市公司盈利能力情况　　单位:%

盈利能力指标	2010 年	2010 年变动	2009 年	2009 年变动	2008 年
毛利率	23.88	-1.29	26.44	3.59	16.72
净资产收益率	7.46	-4.03	8.78	-5.24	8.32
销售净利率	8.48	-2.03	9.47	2.68	4.11
资产净利率	6.83	-2.91	7.98	0.06	4.57

资料来源：天相投资分析系统。

2010 年，文教体育用品制造业上市公司负债水平同比下降了 3.51 个百分点，资产负债率降至 22.50%，存货周转率同比上升 0.63 次，总资产周转率同比下降 0.12 次。

文教体育用品制造业上市公司偿债及营运情况见表 23。

表 23　　文教体育用品制造业上市公司偿债及营运情况

指　　标	2010 年	2010 年变动	2009 年	2009 年变动	2008 年
资产负债率（%）	22.50	-3.51	23.44	-22.12	46.89
存货周转率（次）	4.90	0.63	4.01	-2.93	6.94
总资产周转率（次）	0.80	-0.12	0.84	-0.32	1.11

资料来源：天相投资分析系统。

四、重点上市公司介绍

晨鸣纸业

2010 年，公司实现营业收入 172.03 亿元，同比增长 15.58%；主营业务利润 14.34 亿元，同比增长 45.92%；净利润 11.63 亿元，同比增长 39.16%；摊薄每股收益 0.56 元。

2010 年，公司毛利率为 20.46%，同比提升 1.47 个百分点；净利润率 7.57%，同比提升 1.16 个百分点；净资产收益率 8.59%，同比提升 2.16 个百分点；资产报酬率 3.32%，同比提升 0.36 个百分点。

2010 年末，公司的资产负债率达到 56.5%，同比上升 8.73 个百分点。

太阳纸业

2010 年，公司实现营业收入 80.37 亿元，同比增长 34.83%；主营业务利润 8.62 亿元，同比增长 21.78%；净利润 6.36 亿元，同比增长 32.90%；摊薄每股收益 0.63 元。

2010 年，公司毛利率为 19.42%，同比提升 0.78 个百分点；净利润率 9.36%，同比下降 0.56 个百分点；净资产收益率 17.93%，同比提升 1.94 个百分点；资产报酬率 5.49%，同比提升 0.33 个百分点。

2010 年末，公司的资产负债率达到 63.60%，同比上升 3.24 个百分点。

岳阳纸业

2010 年，公司实现营业收入 47.68 亿元，同比增长 56.93%；主营业务利润 1.27 亿元，同比增长 56.02%；净利润 1.57 亿元，同比增长 67.47%；摊薄每股收益 0.22 元。

2010 年，公司毛利率为 17.32%，同比下降 1.52 个百分点；净利润率 3.30%，同比上升 0.21 个百分点；净资产收益率 3.43%，同比提升 0.31 个百分点；资产报酬率 1.30%，同比提升 0.36 个百分点。

2010 年末，公司的资产负债率为 62.10%，同比下降 7.77 个百分点。

五、上市公司在行业中的影响力

2010 年，造纸、印刷业上市公司合计实现营业收入 852.81 亿元，实现利润总额 53.79 亿元，实现归属于母公司所有者的净利润 38.27 亿元，分别比上年同期增长了 27.46%、13.67% 和 9.84%。而行业内所有公司 2010 年合计实现营业收入 16 731.06 亿元，同比增长 24.44%，实现利润总额 1 201.99 亿元，同比增长 40.21%。对比行业内所有公司总体，上市公司的营业收入增速高于行业总体水平，但利润总额的增速明显低于行业总体水平。

天相投资顾问有限公司
撰稿人：天相投顾年鉴编写组

制　造　业

石油、化学、塑胶、塑料

一、石油、化学、塑胶、塑料制造业总体概况

2010 年，石油和化工行业在富有挑战的后金融危机时代，不断优化行业结构，实现平稳较快发展。在国务院《石化产业调整和振兴规划》、中国石油和化学工业联合会《石油和化工产业结构调整指导意见》和《石油和化工产业振兴支撑技术指导意见》（简称“两个指导意见”）的引导下，通过大力推动“产业结构调整和发展方式转变”，行业经济较快地摆脱了危机时的剧烈震荡，基本实现了“平稳较快发展”的预期目标。

（一）行业整体运行情况

2010 年，石油和化工行业经济成效显著。截至年末，全行业规模以上企业 3.67 万家，实现总产值 8.88 万亿元，同比增长 34.10%，占全国规模工业总产值比重的 12.70%。

2010 年，全行业完成固定投资 1.15 万亿元，同比增长 13.80%；进出口总额达 4 587.80亿美元，同比增长 40.30%，其中，进口 3 244.6 亿美元，出口 1 343.20 亿美元，分别增长 42.30% 和 35.70%。

（二）细分行业运行概况

2010 年，石油和天然气开采行业原油天然气产量大幅增长，勘探开发有新的突破。规模以上企业 337 家，实现总产值 1.01 万亿元，同比增长 35.50%；完成固定资产投资 2 579.60 亿元，同比增长 7.30%；进出口总额 1 416.70 亿美元，同比增长 52.20%，其中进口总额达 1 390.2 亿美元，增长 54.10%。2010 年，全国原油产量突破 2 亿吨，达 2.03 亿吨，同比增长 6.90%，是 2000 年以来的最大增幅；天然气产量达 945 亿立方米，增长 12.10%，增速比 2009 年上升 4.40 个百分点。

2010 年是炼油行业经济快速增长的一年，油品产量大幅提高，炼油能力和行业集中度不断提高。截至年末，行业规模以上企业 1 529 家，实现产值 2.43 万亿元，同比增长 38.00%；完成固定资产投资 1 327.90 亿元，同比增长 18.60%；进出口总额 472.30 亿美元，同比增长 37.40%。2010 年，全国原油加工量 4.23 亿吨，同比增长 13.40%，增速比 2009 年上升 7 个百分点；成品油（汽、煤、柴油合计，下同）产量 2.53 亿吨，增长 10.00%，增速比 2009 年上升 2.20 个百分点；新增炼油能力约 3 000 万吨，一次原油加工总能力已突破 5 亿吨，达 5.10 亿吨左右。

2010 年，化工行业经济结构发生明显变化，附加值较高的专用化学品产值占化工

行业比重继续扩大。2010 年专用化学品产值比重升至 25.50%，合成材料和有机化学原料产值占比保持平缓上升态势，橡胶制品、化肥、农药、涂料、颜料等行业则呈稳中下降趋势。农用化学品保障能力继续提高，2010 年我国尿素产能（折纯，下同）已达 3 400 万吨/年左右，磷肥产能已突破 2 300万吨/年，钾肥产能近 450 万吨/年。

二、行业内上市公司发展概况

（一）行业内上市公司基本情况

石油、化学、塑胶、塑料行业上市公司发行股票概况见表 1。

表 1　石油、化学、塑胶、塑料行业上市公司发行股票概况

门　类	A、B 股总数	A 股股票数	B 股股票数	境内总市值（亿元）	流通 A 股市值（亿元）	流通 B 股市值（亿元）
石油、化学、塑胶、塑料	224	218	6	12 755.07	7 728.28	130.77
占沪深两市比重（%）	10.42	10.14	0.28	4.78	4.05	4.45

资料来源：天相投资分析系统。

截至 2010 年底，化工行业共有上市公司 224 家，占两市上市公司总数的 10.42%；其中 A 股股票数 218 支，占沪深两市比重为 10.14%。截至 2010 年底，化工行业总市值为 12 755.07 亿元，占沪深两市市值的 4.78%；其中流通 A 股市值为 7 728.28 亿元，占沪深两市的 4.05%。

（二）行业内上市公司构成情况

石油、化学、塑胶、塑料行业上市公司构成情况见表 2。

表 2　石油、化学、塑胶、塑料行业上市公司构成情况　　单位：家

门　类	沪市			深市			ST/ * ST	股改/未股改
	仅 A 股	仅 B 股	A + B 股	仅 A 股	仅 B 股	A + B 股		
石油、化学、塑胶、塑料	70	1	4	143	0	1	4/23	216/3
占行业内上市公司比重（%）	31.96	0.46	1.83	65.30	0.00	0.46	1.83/10.55	98.62/1.38

资料来源：天相投资分析系统。

按照上市地点划分，行业中在上海证券交易所上市的公司有 75 家，占沪市上市公司总数的 8%；在深圳证券交易所上市的公司有 144 家，占深市上市公司总数的 12%。截至 2010 年底，行业共有 A 股上市公司 218 家，占行业上市公司总数的 99.54%。

从经营角度看，行业上市公司中共有 4 家 ST 公司，23 家 * ST 公司。从股改完成情况看，截至 2010 年底，行业内还有 3 家上市公司未完成股改。

按照公司所处行业大类划分，主要有石油加工及炼焦业、化学原料及化学制品制造业、化学纤维制造业、橡胶制造业、塑料制造业 5 个大类，其中多家公司的业务同时涵盖几个大类。

石油、化学、塑胶、塑料行业上市公司　　具体分布见表3。

表3　　石油、化学、塑胶、塑料行业上市公司具体分布

A、B股类别	公司代码	公司名称	所属大类	A、B股类别	公司代码	公司名称	所属大类
沪市A股	600061	中纺投资	化学纤维制造业	沪市A股	600486	扬农化工	化学原料及化学制品制造业
	600063	皖维高新			600490	*ST合臣	
	600527	江南高纤			600532	华阳科技	
	600617	*ST联华			600596	新安股份	
	600667	太极实业			600599	熊猫烟花	
	600699	*ST得亨			600618	氯碱化工	
	600810	神马股份			600636	三 爱 富	
	600871	S 仪 化			600656	ST 方 源	
	600889	南京化纤			600722	*ST金化	
	600075	新疆天业	化学原料及化学制品制造业		600725	云维股份	
	600078	澄星股份			600727	*ST鲁北	
	600091	*ST明科			600731	湖南海利	
	600096	云 天 化			600746	江苏索普	
	600135	乐凯胶片			600769	*ST祥龙	
	600141	兴发集团			600803	威远生化	
	600160	巨化股份			600844	丹化科技	
	600227	赤 天 化			600882	大成股份	
	600228	昌九生化			600885	*ST力阳	
	600229	青岛碱业			600985	雷鸣科化	
	600230	沧州大化			600146	大元股份	石油加工及炼焦业
	600277	亿利能源			600179	*ST黑化	
	600281	*ST太化			600339	天利高新	
	600299	*ST新材			600408	安泰集团	
	600301	*ST南化			600688	S上石化	
	600309	烟台万华			600740	山西焦化	
	600315	上海家化			600074	中达股份	塑料制造业
	600319	亚星化学			600143	金发科技	
	600328	兰太实业			600155	*ST宝硕	
	600352	浙江龙盛			600260	凯乐科技	
	600367	红星发展			600401	*ST申龙	
	600378	天科股份			600444	*ST国通	
	600389	江山股份			600480	凌云股份	
	600409	三友化工			600589	广东榕泰	
	600423	柳化股份			600182	S 佳 通	橡胶制造业
	600426	华鲁恒升			600458	时代新材	
	600470	六国化工			600469	风神股份	

续表

A、B股类别	公司代码	公司名称	所属大类	A、B股类别	公司代码	公司名称	所属大类
沪市A股	600579	ST 黄 海	橡胶制造业	深市A股	000662	索 芙 特	化学原料及化学制品制造业
	600623	双钱股份			000683	远兴能源	
沪市B股	900908	氯碱B股	化学原料及化学制品制造业		000698	沈阳化工	
	900921	丹科B股			000707	双环科技	
	900951	大化B股			000719	S * ST 鑫安	
	900909	双钱B股	橡胶制造业		000731	四川美丰	
	900913	* ST 联华B	化学纤维制造业		000737	* ST 南风	
深市A股	000420	吉林化纤			000755	山西三维	
	000498	* ST 丹化			000782	美达股份	
	000584	友利控股			000791	西北化工	
	000615	湖北金环			000792	盐湖股份	
	000677	ST 海 龙			000818	* ST 化工	
	000687	保定天鹅			000822	山东海化	
	000703	* ST 光华			000830	鲁西化工	
	000936	华 西 村			000912	泸 天 化	
	000949	新乡化纤			000950	建峰化工	
	000976	* ST 春晖			000953	* ST 河化	
	002064	华峰氨纶			000985	大庆华科	
	002127	新民科技			002010	传化股份	
	002172	澳洋科技			002018	华星化工	
	002206	海 利 得			002019	鑫富药业	
	002246	北化股份			002037	久联发展	
	002254	泰和新材			002053	云南盐化	
	002427	尤夫股份			002054	德美化工	
	002493	荣盛石化			002057	中钢天源	
	000059	辽通化工	化学原料及化学制品制造业		002061	江山化工	
	000155	川化股份			002068	黑猫股份	
	000422	湖北宜化			002092	中泰化学	
	000510	金路集团			002096	南岭民爆	
	000523	广州浪奇			002109	兴化股份	
	000525	红 太 阳			002113	ST 天 润	
	000553	沙隆达A			002125	湘潭电化	
	000565	渝三峡A			002136	安 纳 达	
	000578	盐湖集团			002145	* ST 钛白	
	000606	青海明胶			002165	红宝丽	
	000627	天茂集团			002167	东方锆业	
	000635	英 力 特			002170	芭田股份	

续表

A、B 股类别	公司代码	公司名称	所属大类
深市 A 股	002192	路翔股份	化学原料及化学制品制造业
	002211	宏达新材	
	002215	诺 普 信	
	002217	联合化工	
	002226	江南化工	
	002250	联化科技	
	002256	彩虹精化	
	002258	利尔化学	
	002274	华昌化工	
	002319	乐通股份	
	002326	永太科技	
	002341	新纶科技	
	002360	同德化工	
	002361	神剑股份	
	002386	天原集团	
	002391	长青股份	
	002407	多 氟 多	
	002408	齐翔腾达	
	002409	雅克科技	
	002411	九 九 久	
	002440	闰土股份	
	002442	龙星化工	
	002450	康 得 新	
	002453	天马精化	
	002455	百川股份	
	002466	天齐锂业	
	002470	金 正 大	
	002476	宝莫股份	
	002496	辉丰股份	
	002497	雅化集团	
	002513	蓝丰生化	
	300019	硅宝科技	
	300037	新 宙 邦	
	300041	回天胶业	
	300054	鼎龙股份	
	300063	天龙集团	
	300067	安 诺 其	
	300072	三聚环保	
	300082	奥克股份	
	300107	建新股份	

A、B 股类别	公司代码	公司名称	所属大类
深市 A 股	300108	双龙股份	化学原料及化学制品制造业
	300109	新 开 源	
	300121	阳谷华泰	
	300132	青松股份	
	300135	宝利沥青	
	000159	国际实业	石油加工及炼焦业
	000637	茂化实华	
	000723	美锦能源	
	000819	岳阳兴长	
	000835	四川圣达	
	002377	国创高新	
	000407	胜利股份	塑料制造业
	000509	S * ST 华塑	
	000619	海螺型材	
	000659	珠海中富	
	000665	武汉塑料	
	000859	国风塑业	
	000973	佛塑科技	
	002002	ST 琼 花	
	002014	永新股份	
	002108	沧州明珠	
	002243	通产丽星	
	002263	大 东 南	
	002324	普 利 特	
	002343	禾欣股份	
	002372	伟星新材	
	002382	蓝帆股份	
	002395	双象股份	
	002420	毅昌股份	
	002464	金利科技	
	002522	浙江众成	
	000589	黔轮胎 A	橡胶制造业
	000599	青岛双星	
	000887	中鼎股份	
	002224	三 力 士	
	002381	双箭股份	
	300031	宝通带业	
深市 B 股	200553	沙隆达 B	化学原料及化学制品制造业

资料来源：天相投资分析系统。

（三）行业内上市公司股改情况

2010年石油、化学、塑胶、塑料行业上市公司股本变动情况见表4。

表4　2010年石油、化学、塑胶、塑料行业上市公司股本变动情况　单位：万股

指　标	2010年底	2009年底	增长变动（%）
总股本	8 768 904.53	7 616 162.66	15.14
其中：A股	8 627 603.32	7 452 614.83	15.77
B股	141 301.20	163 547.84	-13.60
非限售流通A股	6 186 986.04	5 083 946.24	21.70
非限售流通A股比重（%）	70.56	66.75	3.81
流通B股	123 801.20	146 047.84	-15.23
流通B股比重（%）	1.41	1.92	-0.51
限售流通A股	2 440 617.28	2 368 668.58	3.04
限售流通A股比重（%）	27.83	31.10	-3.27

资料来源：天相投资分析系统。

截至2010年底，行业内大部分公司已经完成股改，行业内非限售流通A股占总股本的比例为70.56%，比2009年增长了3.80个百分点；流通B股占总股本的比例为1.41%，比2009年降低了0.51个百分点；限售流通A股占总股本的比例为27.83%，比2009年降低了3.27个百分点。

（四）行业内上市公司融资情况

2010年全年化工行业共有57家公司进行了融资，占沪深两市530家融资公司的10.75%，其中42家是新股，占两市新股发行总数的12.50%；15家是增发，占两市增发公司总数的8.62%。全年总融资金额为473.72亿元，实际发行股数24.92亿股。

2010年石油、化学、塑胶、塑料行业上市公司与沪深两市融资情况对比见表5。

表5　2010年石油、化学、塑胶、塑料行业上市公司与沪深两市融资情况对比　单位：家

	融资家数	新　股	配　股	增　发
石油、化学、塑胶、塑料	57	42	0	15
沪深两市总数	530	336	20	174
占比（%）	10.75	12.50	0.00	8.62

资料来源：天相投资分析系统。

其中，首发的42家公司中，有31家在中小板上市，11家在创业板上市；增发的15家公司中，有6家沪市、2家深市及7家中小板公司。进行融资的57家公司中，化学原料及化学制品制造业39家，塑料制造业10家，化学纤维制造业5家，橡胶制造业2家，石油加工及炼焦业1家。

2010年石油、化学、塑胶、塑料行业上市公司融资情况见表6。

表 6　　2010 年石油、化学、塑胶、塑料行业上市公司融资情况

代　　码	公司名称	融资类别	所属大类	证券类型
000659	珠海中富	增发	塑料制造业	深市主板
000949	新乡化纤	增发	化学纤维制造业	深市主板
002010	传化股份	增发	化学原料及化学制品制造业	中小板
002092	中泰化学	增发	化学原料及化学制品制造业	中小板
002127	新民科技	增发	化学纤维制造业	中小板
002172	澳洋科技	增发	化学纤维制造业	中小板
002211	宏达新材	增发	化学原料及化学制品制造业	中小板
002215	诺 普 信	增发	化学原料及化学制品制造业	中小板
002263	大 东 南	增发	塑料制造业	中小板
002341	新纶科技	首发	化学原料及化学制品制造业	中小板
002343	禾欣股份	首发	塑料制造业	中小板
002360	同德化工	首发	化学原料及化学制品制造业	中小板
002361	神剑股份	首发	化学原料及化学制品制造业	中小板
002372	伟星新材	首发	塑料制造业	中小板
002377	国创高新	首发	石油加工及炼焦业	中小板
002381	双箭股份	首发	橡胶制造业	中小板
002382	蓝帆股份	首发	塑料制造业	中小板
002386	天原集团	首发	化学原料及化学制品制造业	中小板
002391	长青股份	首发	化学原料及化学制品制造业	中小板
002395	双象股份	首发	塑料制造业	中小板
002407	多 氟 多	首发	化学原料及化学制品制造业	中小板
002408	齐翔腾达	首发	化学原料及化学制品制造业	中小板
002409	雅克科技	首发	化学原料及化学制品制造业	中小板
002411	九 九 久	首发	化学原料及化学制品制造业	中小板
002420	毅昌股份	首发	塑料制造业	中小板
002427	尤夫股份	首发	化学纤维制造业	中小板
002440	闰土股份	首发	化学原料及化学制品制造业	中小板
002442	龙星化工	首发	化学原料及化学制品制造业	中小板
002450	康 得 新	首发	化学原料及化学制品制造业	中小板
002453	天马精化	首发	化学原料及化学制品制造业	中小板
002455	百川股份	首发	化学原料及化学制品制造业	中小板
002464	金利科技	首发	塑料制造业	中小板
002466	天齐锂业	首发	化学原料及化学制品制造业	中小板
002470	金 正 大	首发	化学原料及化学制品制造业	中小板
002476	宝莫股份	首发	化学原料及化学制品制造业	中小板
002493	荣盛石化	首发	化学纤维制造业	中小板
002496	辉丰股份	首发	化学原料及化学制品制造业	中小板

续表

代　码	公司名称	融资类别	所属大类	证券类型
002497	雅化集团	首发	化学原料及化学制品制造业	中小板
002513	蓝丰生化	首发	化学原料及化学制品制造业	中小板
002522	浙江众成	首发	塑料制造业	中小板
300054	鼎龙股份	首发	化学原料及化学制品制造业	创业板
300063	天龙集团	首发	化学原料及化学制品制造业	创业板
300067	安 诺 其	首发	化学原料及化学制品制造业	创业板
300072	三聚环保	首发	化学原料及化学制品制造业	创业板
300082	奥克股份	首发	化学原料及化学制品制造业	创业板
300107	建新股份	首发	化学原料及化学制品制造业	创业板
300108	双龙股份	首发	化学原料及化学制品制造业	创业板
300109	新 开 源	首发	化学原料及化学制品制造业	创业板
300121	阳谷华泰	首发	化学原料及化学制品制造业	创业板
300132	青松股份	首发	化学原料及化学制品制造业	创业板
300135	宝利沥青	首发	化学原料及化学制品制造业	创业板
600141	兴发集团	增发	化学原料及化学制品制造业	沪市
600227	赤 天 化	增发	化学原料及化学制品制造业	沪市
600426	华鲁恒升	增发	化学原料及化学制品制造业	沪市
600458	时代新材	增发	橡胶制造业	沪市
600470	六国化工	增发	化学原料及化学制品制造业	沪市
600480	凌云股份	增发	塑料制造业	沪市

资料来源：天相投资分析系统。

从融资总量来看，上市公司实际发行数量为 24.92 亿股，实际募集资金总额为 473.72 亿元。

2010 年石油、化学、塑胶、塑料行业上市公司融资明细见表 7。

表 7　　2010 年石油、化学、塑胶、塑料行业上市公司融资明细

代　码	公司名称	发行价格（元）	实际发行数量（万股）	实募集资金数（亿元）
000659	珠海中富	7.10	6 800.00	4.69
000949	新乡化纤	6.40	4 917.70	3.00
002010	传化股份	12.69	4 119.00	5.03
002092	中泰化学	16.33	23 270.00	37.20
002127	新民科技	5.40	7 962.96	4.13
002172	澳洋科技	8.10	3 422.10	2.65
002211	宏达新材	15.07	4 644.00	6.72
002215	诺 普 信	31.00	1 850.00	5.38
002263	大 东 南	6.85	9 813.87	6.50
002341	新纶科技	23.00	1 900.00	4.11
002343	禾欣股份	31.00	2 500.00	7.24

续表

代　码	公司名称	发行价格（元）	实际发行数量（万股）	实募集资金数（亿元）
002360	同德化工	23.98	1 500.00	3.30
002361	神剑股份	17.00	2 000.00	3.06
002372	伟星新材	17.97	6 340.00	10.91
002377	国创高新	19.80	2 700.00	4.96
002381	双箭股份	32.00	2 000.00	5.48
002382	蓝帆股份	35.00	2 000.00	6.47
002386	天原集团	15.36	10 000.00	14.55
002391	长青股份	51.00	2 500.00	12.03
002395	双象股份	25.00	2 250.00	5.29
002407	多 氟 多	39.39	2 700.00	9.91
002408	齐翔腾达	28.88	6 500.00	17.67
002409	雅克科技	30.00	2 800.00	7.86
002411	九 九 久	25.80	2 180.00	5.24
002420	毅昌股份	13.80	6 300.00	8.13
002427	尤夫股份	13.50	4 600.00	5.85
002440	闰土股份	31.20	7 382.00	21.42
002442	龙星化工	12.50	5 000.00	5.82
002450	康 得 新	14.20	4 040.00	5.38
002453	天马精化	14.96	3 000.00	4.04
002455	百川股份	20.00	2 200.00	4.07
002464	金利科技	15.50	3 500.00	5.02
002466	天齐锂业	30.00	2 450.00	6.78
002470	金 正 大	15.00	10 000.00	14.03
002476	宝莫股份	23.00	3 000.00	6.49
002493	荣盛石化	53.80	5 600.00	29.00
002496	辉丰股份	48.69	2 500.00	11.42
002497	雅化集团	30.50	4 000.00	11.68
002513	蓝丰生化	43.20	1 900.00	7.55
002522	浙江众成	30.00	2 667.00	7.57
300054	鼎龙股份	30.55	1 500.00	4.24
300063	天龙集团	28.80	1 700.00	4.61
300067	安 诺 其	21.20	2 700.00	5.29
300072	三聚环保	32.00	2 500.00	7.65
300082	奥克股份	85.00	2 700.00	21.66
300107	建新股份	38.00	1 690.00	6.04
300108	双龙股份	20.48	1 300.00	2.33
300109	新 开 源	30.00	900.00	2.48
300121	阳谷华泰	20.80	1 500.00	2.94
300132	青松股份	23.00	1 700.00	3.65
300135	宝利沥青	36.46	2 000.00	6.89
600141	兴发集团	20.23	1 540.87	2.93
600227	赤 天 化	11.31	10 610.08	11.62
600426	华鲁恒升	13.22	14 000.00	18.10
600458	时代新材	27.18	3 080.00	8.00
600470	六国化工	10.39	10 000.00	10.23
600480	凌云股份	15.50	4 971.48	7.43

资料来源：天相投资分析系统。

（五）行业内上市公司资产及业绩情况

石油、化学、塑胶、塑料行业上市公司资产情况见表8。

表8　石油、化学、塑胶、塑料行业上市公司资产情况　单位：亿元

资产指标	2010年	2010年增长（%）	2009年	2009年增长（%）	2008年
总资产	7 338.90	19.99	5 942.40	13.46	5 224.77
流动资产	3 142.53	33.56	2 257.98	12.49	1 998.75
占比（%）	42.82	4.35	38.00	-0.33	38.26
非流动资产	4 196.36	11.51	3 684.42	14.06	3 226.02
占比（%）	57.18	-4.35	62.00	0.33	61.74
流动负债	2 857.42	16.14	2 406.48	12.81	2 127.75
占比（%）	38.94	-1.29	40.50	-0.23	40.72
非流动负债	1 084.33	3.54	1 080.39	27.01	850.29
占比（%）	14.78	-2.35	18.18	1.94	16.27
归属于母公司股东权益	3 073.57	32.01	2 174.21	9.33	1 981.78
占比（%）	41.88	3.81	36.59	-1.38	37.93

资料来源：天相投资分析系统。

截至2010年底，化工行业上市公司总资产为7 338.90亿元，比上年增长了19.99%。其中，流动资产为3 142.53亿元，占比42.82%，比2009年增长4.35个百分点；非流动资产4 196.36亿元，占比57.18%，比2009年下降4.35个百分点；归属母公司股东权益3 073.57亿元，占比41.88%，比2009年提高3.81个百分点。

石油、化学、塑胶、塑料行业上市公司收入实现情况见表9。

表9　石油、化学、塑胶、塑料行业上市公司收入实现情况　单位：亿元

业绩指标	2010年	2010年增长（%）	2009年	2009年增长（%）	2008年
营业收入	5 843.72	38.05	3 841.97	-10.24	4 265.71
利润总额	387.59	87.56	176.29	82.76	94.53
归属于母公司所有者的净利润	287.64	131.73	101.17	217.37	30.19

资料来源：天相投资分析系统。

2010年化工行业上市公司合计实现营业收入5 843.72亿元，比2009年增长38.05%；实现利润总额387.59亿元，比2009年增长87.56%；归属母公司所有者净利润为287.64亿元，比2009年增长131.73%。

（六）利润分配情况

2010年全年石油、化学、塑胶、塑料业上市公司中共有118家公司实施了分红配股，其中，61家公司实施送股及转增股本，115家公司实施派息，既送股、转增又派息

的公司56家。送股、转增及派息比例最高值分别为每股送1.2股（时代新材）和每股派息0.80元（泰和新材、荣盛石化）。

2010年石油、化学、塑胶、塑料行业上市公司分红情况见表10。

表10 2010年石油、化学、塑胶、塑料行业上市公司分红情况

代　码	名　称	送股及转增比例	每股派息（税前，元）	基准股本（万股）
000159	国际实业	—	0.040	48 113.93
000407	胜利股份	0.300	0.060	49 940.93
000422	湖北宜化	—	0.100	54 237.81
000565	渝三峡A	—	0.100	17 343.69
000589	黔轮胎A	0.500	0.050	32 593.62
000619	海螺型材	—	0.100	36 000.00
000635	英 力 特	—	0.200	17 706.11
000637	茂化实华	—	0.170	51 987.54
000659	珠海中富	0.700	0.090	75 629.56
000707	双环科技	—	0.050	46 414.58
000731	四川美丰	—	0.100	49 984.35
000782	美达股份	—	0.040	40 451.33
000819	岳阳兴长	0.100	0.020	19 371.24
000859	国风塑业	—	0.050	42 048.00
000887	中鼎股份	0.400	0.050	42 555.51
000936	华 西 村	0.700	—	44 000.76
000936	华 西 村	—	0.060	74 801.29
000949	新乡化纤	0.300	0.060	63 786.27
000950	建峰化工	—	0.100	59 879.92
000985	大庆华科	—	0.100	12 963.95
002010	传化股份	1.000	0.050	24 399.00
002014	永新股份	0.300	0.400	14 078.40
002037	久联发展	—	0.200	17 303.00
002053	云南盐化	—	0.050	18 585.11
002054	德美化工	0.400	—	22 069.11
002054	德美化工	—	0.120	30 896.76
002064	华峰氨纶	—	0.100	73 840.00
002092	中泰化学	0.500	0.130	76 956.00
002092	中泰化学	—	0.050	115 434.00
002096	南岭民爆	—	0.150	13 220.01
002108	沧州明珠	0.800	0.030	16 758.60
002109	兴化股份	—	0.090	35 840.00
002127	新民科技	0.200	0.050	37 204.91

续表

代　码	名　称	送股及转增比例	每股派息（税前，元）	基准股本（万股）
002170	芭田股份	0.300	0.050	30 456.00
002192	路翔股份	—	0.050	12 140.00
002206	海 利 得	0.500	0.330	29 838.70
002211	宏达新材	0.500	—	28 831.72
002215	诺 普 信	0.600	0.200	22 130.00
002217	联合化工	—	0.060	22 298.40
002224	三 力 士	0.200	0.050	13 320.00
002246	北化股份	—	0.300	19 789.10
002250	联化科技	—	0.200	24 536.60
002254	泰和新材	0.500	0.800	26 104.00
002263	大 东 南	—	0.100	46 571.40
002319	乐通股份	—	0.100	10 000.00
002324	普 利 特	1.000	0.100	13 500.00
002326	永太科技	0.800	—	13 350.00
002341	新纶科技	1.000	0.300	7 320.00
002343	禾欣股份	1.000	0.500	9 906.00
002360	同德化工	1.000	0.300	6 000.00
002361	神剑股份	1.000	0.150	8 000.00
002372	伟星新材	—	0.300	25 340.00
002377	国创高新	1.000	0.300	10 700.00
002381	双箭股份	0.500	0.200	7 800.00
002382	蓝帆股份	0.500	0.200	8 000.00
002386	天原集团	—	0.100	47 977.13
002391	长青股份	0.300	0.300	15 827.20
002391	长青股份	0.600	0.400	9 892.00
002395	双象股份	—	0.300	8 940.30
002407	多 氟 多	0.300	0.200	10 700.00
002408	齐翔腾达	0.800	0.500	25 956.00
002409	雅克科技	—	0.200	11 088.00
002411	九 九 久	0.500	—	8 600.00
002411	九 九 久	0.800	0.080	12 900.00
002420	毅昌股份	—	0.100	40 100.00
002427	尤夫股份	0.300	0.100	18 322.76
002440	闰土股份	0.300	0.500	29 500.00
002442	龙星化工	0.600	0.200	20 000.00
002450	康 得 新	1.000	0.045	16 160.00
002453	天马精化	—	0.200	12 000.00

续表

代　码	名　称	送股及转增比例	每股派息（税前，元）	基准股本（万股）
002455	百川股份	0.500	0.300	8 780.00
002464	金利科技	—	0.450	13 500.00
002466	天齐锂业	0.500	0.100	9 800.00
002470	金 正 大	—	0.100	70 000.00
002476	宝莫股份	0.500	0.100	12 000.00
002493	荣盛石化	1.000	0.800	55 600.00
002496	辉丰股份	0.600	0.600	10 000.00
002497	雅化集团	1.000	0.300	16 000.00
002522	浙江众成	0.600	0.200	10 667.00
300019	硅宝科技	—	0.150	10 200.00
300037	新 宙 邦	—	0.300	10 700.00
300041	回天胶业	0.600	0.600	6 599.80
300054	鼎龙股份	0.500	0.500	6 000.00
300063	天龙集团	—	0.300	6 700.00
300067	安 诺 其	0.500	0.300	10 700.00
300072	三聚环保	1.000	0.150	9 727.00
300082	奥克股份	0.500	0.300	10 800.00
300082	奥克股份	0.600	0.400	16 200.00
300107	建新股份	1.000	0.450	6 690.00
300108	双龙股份	0.300	0.120	5 200.00
300109	新 开 源	1.000	0.200	3 600.00
300121	阳谷华泰	0.800	—	6 000.00
300132	青松股份	0.800	0.300	6 700.00
300135	宝利沥青	1.000	0.600	8 000.00
600078	澄星股份	—	0.010	65 223.67
600096	云 天 化	—	0.200	69 363.45
600141	兴发集团	—	0.100	36 548.00
600143	金发科技	—	0.100	139 650.00
600160	巨化股份	0.300	0.250	61 248.00
600182	S 佳 通	—	0.100	34 000.00
600230	沧州大化	—	0.130	25 933.16
600277	亿利能源	—	0.300	90 193.50
600309	烟台万华	0.300	0.400	166 333.44
600315	上海家化	—	0.250	42 303.21
600328	兰太实业	—	0.015	35 911.80
600339	天利高新	0.100	0.150	52 559.52
600352	浙江龙盛	—	0.100	146 841.59

续表

代　码	名　称	送股及转增比例	每股派息（税前，元）	基准股本（万股）
600409	三友化工	—	0.120	105 958.03
600426	华鲁恒升	0.500	0.100	63 575.00
600458	时代新材	1.200	0.300	23 515.52
600469	风神股份	—	0.100	37 494.21
600470	六国化工	0.600	0.150	32 600.00
600486	扬农化工	—	0.200	17 216.61
600527	江南高纤	—	0.050	35 127.83
600589	广东榕泰	—	0.025	60 173.00
600596	新安股份	—	0.100	67 918.46
600623	双钱股份	—	0.108	88 946.77
600667	太极实业	—	0.055	46 881.74
600688	S上石化	—	0.100	720 000.00
600725	云维股份	—	0.100	61 623.50
600810	神马股份	—	0.050	44 228.00
600871	S 仪 化	—	0.030	400 000.00
600889	南京化纤	—	0.050	30 706.93
600985	雷鸣科化	0.200	0.120	10 800.00

资料来源：天相投资分析系统。

（七）其他财务指标情况

1. 盈利能力指标

2010年行业盈利能力相对2009年没有明显增强。行业毛利率在2009年的水平上降低0.73个百分点；净资产收益率上升4.03个百分点；销售净利率回升1.99个百分点，资产净利率回升2.12个百分点。

石油、化学、塑胶、塑料行业上市公司盈利能力情况见表11。

表11　　石油、化学、塑胶、塑料行业上市公司盈利能力情况　　单位:%

盈利能力指标	2010年	2010年变动	2009年	2009年变动	2008年
毛利率	16.48	-0.73	17.38	4.20	13.44
净资产收益率	9.36	4.03	4.65	3.05	1.52
销售净利率	4.92	1.99	2.63	1.89	0.71
资产净利率	4.28	2.12	1.81	1.15	0.62

资料来源：天相投资分析系统。

2. 偿债能力指标

2010年行业上市公司负债水平出现下降，资产负债率降低3.64个百分点；流动比率和速动比率均有改善，分别上升0.14和0.12个百分点。

石油、化学、塑胶、塑料行业上市公司

偿债能力见表12。

表12　　石油、化学、塑胶、塑料行业上市公司偿债能力指标

偿债能力指标	2010年	2010年变动	2009年	2009年变动	2008年
流动比率	1.10	0.14	0.94	0.00	0.94
速动比率	0.67	0.12	0.55	0.01	0.66
资产负债率	53.71	-3.64	58.68	1.71	57.00

资料来源：天相投资分析系统。

3. 营运能力指标

2010年行业营运能力相对2009年有一定的提升。存货周转率上升了0.84次；应收账款周转率上升了2.52次；流动资产周转率、固定资产周转率和总资产周转率也均有小幅提升。

石油、化学、塑胶、塑料行业上市公司营运能力情况见表13。

表13　　石油、化学、塑胶、塑料行业上市公司营运能力情况　　单位：次

营运能力指标	2010年	2010年变动	2009年	2009年变动	2008年
存货周转率	6.19	0.84	5.05	-1.42	6.47
应收账款周转率	17.59	2.52	14.33	-3.17	14.17
流动资产周转率	2.13	0.22	1.80	-0.47	2.27
固定资产周转率	2.21	0.36	1.72	-0.39	2.10
总资产周转率	0.87	0.13	0.69	-0.19	0.88
净资产周转率	1.44	0.20	1.16	-0.27	1.49

资料来源：天相投资分析系统。

三、重点细分行业介绍

化工行业沪深两市共覆盖5个大类，分别为石油加工及炼焦业、化学原料及化学制品制造业、化学纤维制造业、橡胶制造业、塑料制造业。有些石化类上市公司业务同时覆盖其中两类或三类，为了便于比较，这里以业务收入占总收入比例最高的大类进行统计。

石油、化学、塑胶、塑料各子行业上市公司及市值情况见表14。

表14　　石油、化学、塑胶、塑料各子行业上市公司及市值情况

大　类	上市公司家数（家）	占行业内比重（%）	境内总市值（亿元）	占行业内比重（%）
化学纤维制造业	27	12.33	1 760.80	13.80
化学原料及化学制品制造业	141	64.38	8 224.44	64.48
石油加工及炼焦业	12	5.48	880.54	6.90
塑料制造业	28	12.79	1 266.73	9.93
橡胶制造业	11	5.02	622.55	4.88

资料来源：天相投资分析系统。

（一）石油加工及炼焦业

石油加工及炼焦业上市公司收入及资产增长情况见表15。

表15　　石油加工及炼焦业上市公司收入及资产增长情况　　单位：亿元

指　　标	2010年	2010年增长（%）	2009年	2009年增长（%）	2008年
营业收入	1 019.27	50.89	686.59	-20.82	867.10
利润总额	48.27	262.52	9.02	-111.83	-76.28
归属于母公司所有者的净利润	39.29	623.57	0.99	-101.66	-59.40
总资产	563.49	2.22	608.86	9.24	557.35
归属于母公司股东权益	288.57	16.84	255.71	3.18	247.83

资料来源：天相投资分析系统。

1. 行业概况

2010年前3季度国际原油价格呈振荡走势，基本在70~80美元/桶之间波动，第四季度出现上扬趋势。WTI现货价格最低点为65.58美元/桶（2010年5月25日），最高点为91.44美元/桶（2010年12月31日），波幅为39.4%，振幅收窄，全年平均价格为79.45美元/桶。国内原油价格与国际市场原油价格挂钩，走势基本一致。

2010年中国原油产量2.03亿吨，同比增长7.1%，占全球原油产量的5.2%。中国天然气产量968亿立方米，同比增长13.5%，占全球天然气产量的3.0%。原油加工量4.23亿吨，同比增长13.3%。成品油（汽、煤、柴油合计）产量2.52亿吨，同比增长10.5%。

2. 行业内上市公司发展情况

2010年石油加工及炼焦行业业绩表现良好，营业收入、利润总额均出现大幅提升，分别为50.89%和262.52%。

净资产收益率和销售净利率均有较大提升，分别增长11.52和3.05个百分点；虽然毛利率略微下挫0.55个百分点，但整体来看行业盈利能力有所提升。

行业负债水平继续回落，资产负债率下降6.29个百分点；存货周转率增加2.63次；总资产周转率增加0.55次；营运能力相对2009年有所提升。

石油加工及炼焦业上市公司盈利能力情况和偿债及运营情况见表16、表17。

表16　　石油加工及炼焦业上市公司盈利能力情况　　单位:%

盈利能力指标	2010年	2010年变动	2009年	2009年变动	2008年
毛利率	13.99	-0.55	14.00	16.66	-2.66
净资产收益率	13.61	11.42	0.39	24.35	-23.97
销售净利率	3.85	3.05	0.14	6.99	-6.85
资产净利率	7.05	6.02	0.17	10.93	-10.76

资料来源：天相投资分析系统。

表 17　　石油加工及炼焦业上市公司偿债及营运情况

指　标	2010 年	2010 年变动	2009 年	2009 年变动	2008 年
资产负债率（%）	47.89	-6.29	56.93	2.59	54.33
存货周转率（次）	9.83	2.63	7.38	-4.85	12.24
总资产周转率（次）	1.83	0.55	1.18	-0.39	1.57

资料来源：天相投资分析系统。

（二）化学原料及化学制品制造业

1. 行业概况

2010 年中国化肥产量增长偏低，为 6 620万吨，同比增长 2.5%；合成氨产量 4 963万吨，同比下降 2.4%。其中，尿素产量（折纯量，下同）2 516 万吨，磷肥产量 1 701 万吨，钾肥产量 397 万吨，磷酸铵产量（实物量）2 330 万吨。

2010 年化肥市场总体呈现低迷态势，主要化肥品种除少数品种如磷酸一铵、硫酸铵等价格有较大上升外，多数品种价格低于 2009 年平均水平。价格数据显示，2010 年尿素全年均价为 1 763 元/吨，同比上升 2%；磷酸二铵均价为 2 940 元/吨，同比上升 9%；国产氯化钾均价 2 695 元/吨，同比下降 23%；45% 氯基复合肥均价为 2 141 吨，同比下降 4%。

2010 年无机化工原料价格相对 2009 年有比较明显的回升，多数原料价格上涨。硫酸市场年均价格为 447 元/吨，同比增长 43%；纯碱市场年均价格为 1 633 元/吨，同比增长 33%；电石市场年均价格为 3 635 元/吨，同比增长 21%。

2010 年有机化工原料价格也有明显回升，多数原料价格上涨。丙烯全年均价为 9 480元/吨，同比增长 21%；纯苯全年均价为 7 116 元/吨，同比增长 40%；苯乙烯全年均价为 9 556 元/吨，同比增长 24%；甲醇全年均价为 2 582 元/吨，同比增长 30%。

2. 行业内上市公司发展情况

2010 年化学原料及化学制品制造业业绩表现良好，营业收入、利润总额均出现大幅提升，分别为 34.10% 和 100.17%。

2010 年行业盈利能力有所提升。虽然毛利率降低 0.01 个百分点，但净资产收益率提高 4.08 个百分点，销售净利率也提高 2.64 个百分点，因此总体上行业盈利能力相对于 2009 年有所提升。

2010 年行业负债水平回落 3.33 个百分点；存货周转率增加 0.67 次；总资产周转率增加 0.08 次，营运能力相对 2009 年有小幅提升。

化学原料及化学制品制造业上市公司收入及资产增长情况、盈利能力情况、偿债及营运情况见表 18、表 19 和表 20。

表 18　　化学原料及化学制品制造业上市公司收入及资产增长情况　　单位：亿元

指　标	2010 年	2010 年增长（%）	2009 年	2009 年增长（%）	2008 年
营业收入	3 071.78	34.10	2 134.93	-9.89	2 360.90
利润总额	227.88	100.17	113.86	-43.43	200.14
归属于母公司所有者的净利润	164.62	164.56	62.60	-48.27	120.03
总资产	4 900.18	21.77	4 049.02	14.55	3 526.44
归属于母公司股东权益	1 997.77	33.47	1 437.62	8.87	1 316.60

资料来源：天相投资分析系统。

表19　化学原料及化学制品制造业上市公司盈利能力情况　单位:%

盈利能力指标	2010年	2010年变动	2009年	2009年变动	2008年
毛利率	18.69	-0.01	19.48	-2.19	21.65
净资产收益率	8.24	4.08	4.35	-4.81	9.12
销售净利率	5.36	2.64	2.93	-2.18	5.08
资产净利率	3.69	2.04	1.65	-2.22	3.85

资料来源：天相投资分析系统。

表20　化学原料及化学制品制造业上市公司偿债及营运情况

指　标	2010年	2010年变动	2009年	2009年变动	2008年
资产负债率（%）	54.36	-3.33	59.03	2.38	56.67
存货周转率（次）	5.74	0.67	4.70	-1.09	5.79
总资产周转率（次）	0.69	0.08	0.56	-0.20	0.76

资料来源：天相投资分析系统。

（三）化学纤维制造业

1. 行业概况

全国化学纤维2010年产量合计为3 089.70万吨，比上年同期增加15.55%，产销率为98.19%。2010年化纤行业新产品产值为676.73亿元，经过年初高速增长后逐渐平稳回落。从新产品产值数据变化走势看，2010年以来行业内单月新产品产值保持在50亿元左右，生产情况比较稳定，行业经济运行较上年有较大好转。

2010年我国化纤产品价格出现明显上涨，主要是由棉花价格高涨、原材料成本上升和下游需求回升推动。2010年我国棉花产量大约减产了6%~7%。受此影响，国内棉花价格从8月份的2.5万元/吨左右上涨至11月份的历史高位，价格高达3.4万元/吨。在下游需求方面，2010年全球纺织服装的消费需求回暖，下游行业对化纤产品的需求增加，推动了化纤价格的上行。

根据“十二五”规划，化纤行业未来将从产品结构、资本结构、规模结构和区域结构四个方面进行调整。产品结构调整包括大幅度提高化纤差别化率，计划在2015年达到60%；高新技术纤维产能由7万吨提高到14万吨，同时推动其他新型聚酯及特种纤维如PI、PBO的产业化。鼓励化纤企业延伸产业链，推动企业兼并重组，提高产业集中度。

2. 行业内上市公司发展情况

2010年化学纤维制造业业绩表现良好，营业收入、利润总额均出现大幅提升，分别同比增长48.66%和82.86%。

2010年行业盈利能力提升较为明显，毛利率小幅增长0.74个百分点；净资产收益率增加3.44个百分点；销售净利率和资产净利率也均有一定提升。

行业存货周转率增加0.52次，总资产周转率增加0.23次；行业营运能力相对2009年有所提升。

化学纤维制造业上市公司收入及资产增长情况、盈利能力情况、偿债及营运情况见表21、表22和表23。

表 21　化学纤维制造业上市公司收入及资产增长情况　单位：亿元

指　　标	2010 年	2010 年增长（%）	2009 年	2009 年增长（%）	2008 年
营业收入	853.54	48.66	453.87	-0.69	457.03
利润总额	60.22	82.86	20.15	扭亏为盈	-21.30
归属于母公司所有者的净利润	45.29	85.35	16.20	扭亏为盈	-19.46
总资产	879.43	23.83	580.64	13.74	510.49
归属于母公司股东权益	400.45	28.93	270.00	12.51	239.99

资料来源：天相投资分析系统。

表 22　化学纤维制造业上市公司盈利能力情况　单位:%

盈利能力指标	2010 年	2010 年变动	2009 年	2009 年变动	2008 年
毛利率	12.48	0.74	11.77	7.50	4.27
净资产收益率	11.31	3.44	6.00	14.11	-8.11
销售净利率	5.31	1.05	3.57	7.83	-4.26
资产净利率	5.70	2.09	2.97	6.56	-3.59

资料来源：天相投资分析系统。

表 23　化学纤维制造业上市公司偿债及营运情况

指　　标	2010 年	2010 年变动	2009 年	2009 年变动	2008 年
资产负债率（%）	50.36	-2.26	51.30	0.76	50.54
存货周转率（次）	7.02	0.52	6.04	-0.85	6.89
总资产周转率（次）	1.07	0.23	0.83	-0.01	0.84

资料来源：天相投资分析系统。

（四）橡胶制造业

1. 行业概况

在石化产业调整和振兴规划等一系列政策措施的推动下，2010 年橡胶行业回升势头更加明显，呈现持续稳定发展态势。2010 年我国合成橡胶产量达到 310 万吨，同比增长 11.7%。

2010 年，在原油价格上涨及宏观经济预期向好等因素作用下，合成橡胶主要品种的价格维持高位运行，除氯丁橡胶价格小幅下降了 1.1% 外，丁苯橡胶、顺丁橡胶、丁腈橡胶、乙丙橡胶、丁基橡胶的价格分别上涨了 42.0%、64.3%、31.4%、15.6%、14.9%。产品销售率接近 100%，产销基本平衡。同时，在需求拉动下，天然橡胶价格也节节攀升。

2010 年，合成橡胶贸易逆差有所扩大。进出口总额为 49 亿美元，同比增长 50.9%；贸易逆差 37 亿美元，同比增长 32.8%。进口总额为 43 亿美元，同比增长 42.6%；进口数量增幅较大的品种有异戊橡胶、氯丁橡胶、乙丙橡胶等，顺丁橡胶则减少 14.4%。出口总额约为 6 亿美元，同比增长 164.1%；出口数量增幅较大的品种有丁苯橡胶、顺丁橡胶等，但出口总量仍相对较小。

2. 行业内上市公司发展情况

2010 年橡胶制造业营业收入提升较为明显，达到 35.84%，但利润总额大幅下降 37.10%，行业业绩相对 2009 年并未有所改善。

2010年行业盈利能力下降明显，毛利率下降7.87个百分点；净资产收益率降低8.00个百分点；销售净利率和资产净利率也都出现一定下降。

行业负债水平持续下降，存货周转率增加0.98次；总资产周转率增加0.20次；营运能力相对2009年有所提升。

橡胶制造业上市公司收入及资产增长情况、盈利能力情况、偿债及营运情况见表24、表25和表26。

表24 橡胶制造业上市公司收入及资产增长情况 单位：亿元

指　标	2010年	2010年增长（%）	2009年	2009年增长（%）	2008年
营业收入	410.25	35.84	232.02	-0.28	230.17
利润总额	14.53	-37.10	17.02	扭亏为盈	-6.75
归属于母公司所有者的净利润	12.12	-29.79	12.27	扭亏为盈	-6.50
总资产	374.07	15.43	264.90	9.15	240.93
归属于母公司股东权益	121.15	26.37	75.04	30.13	56.36

资料来源：天相投资分析系统。

表25 橡胶制造业上市公司盈利能力情况 单位:%

盈利能力指标	2010年	2010年变动	2009年	2009年变动	2008年
毛利率	13.65	-7.87	20.17	10.92	9.12
净资产收益率	10.00	-8.00	16.35	27.10	-11.54
销售净利率	2.95	-2.76	5.29	7.95	-2.82
资产净利率	3.47	-2.13	4.83	7.49	-2.80

资料来源：天相投资分析系统。

表26 橡胶制造业上市公司偿债及营运情况

指　标	2010年	2010年变动	2009年	2009年变动	2008年
资产负债率（%）	64.55	-1.88	67.01	-5.05	72.40
存货周转率（次）	5.56	0.98	3.91	-1.07	4.98
总资产周转率（次）	1.18	0.20	0.91	-0.08	0.99

资料来源：天相投资分析系统。

（五）塑料制造业

1. 行业概况

2010年，随着世界电子、电器及汽车等行业回暖，对塑料的需求增长，聚酰胺树脂、聚甲醛树脂、PBT、ABS树脂等市场需求均有不同程度的增长，尤其是聚碳酸酯增长率达到15%。原料己二酸、丁二烯、1，4-丁二醇等产品供应紧缺，价格上涨，是制约塑料生产的主要因素。

塑料行业主要产品价格在2010年下半年基本呈上升态势。中国塑料价格指数从2010年7月到年底上行200点左右。聚乙烯国内价格从2010年7月10 300元/吨左右上升至2010年12月11 000元/吨以上。聚苯乙烯价格从2010年7月不足10 000元/吨上行至2010年12月12 000元/吨左右。

2010年塑料行业主要原料价格在年中下降之后又逐步回升。苯丙烯价格在年中大幅下降之后又逐步回升到10 000元/吨左右。乙烯单体国际价格从8月份800美元/吨，逐步回升到1 100美元/吨，年底短暂下滑后延续回升趋势。丁二烯国际价格从5月份2 200美元/吨下探至9月份的1 600美元/吨左右，之后逐步回升至2011年初2 000美元/吨左右。

2. 行业内上市公司发展情况

2010年塑料制造业营业收入提升25.13%，利润总额上升56.40%，行业业绩相对2009年有明显改善。

2010年行业毛利率下降0.63个百分点；净资产收益率提升1.61个百分点；销售净利率和资产净利率也都有一定提升；因此行业盈利情况相对于2009年有所好转。

行业负债水平持续下降，存货周转率和总资产周转率均有小幅提升，营运能力相对2009年有所提升。

塑料制造业上市公司收入及资产增长情况、盈利能力情况、偿债及营运情况见表27、表28和表29。

表27　塑料制造业上市公司收入及资产增长情况　单位：亿元

指　标	2010年	2010年增长（%）	2009年	2009年增长（%）	2008年
营业收入	488.88	25.13	334.56	-5.53	350.52
利润总额	36.70	56.40	16.24	扭亏为盈	-1.29
归属于母公司所有者的净利润	26.32	78.13	9.10	扭亏为盈	-4.47
总资产	621.72	22.76	438.99	11.93	389.56
归属于母公司股东权益	265.61	49.25	135.83	10.73	121.00

资料来源：天相投资分析系统。

表28　塑料制造业上市公司盈利能力情况　单位：%

盈利能力指标	2010年	2010年变动	2009年	2009年变动	2008年
毛利率	17.16	-0.63	16.56	3.75	12.74
净资产收益率	9.91	1.61	6.70	10.03	-3.69
销售净利率	5.38	1.60	2.72	3.87	-1.27
资产净利率	4.67	1.57	2.19	3.19	-1.10

资料来源：天相投资分析系统。

表29　塑料制造业上市公司偿债及营运情况

指　标	2010年	2010年变动	2009年	2009年变动	2008年
资产负债率（%）	52.05	-6.80	62.55	-0.02	62.75
存货周转率（次）	4.29	0.19	4.05	-0.14	4.19
总资产周转率（次）	0.87	0.05	0.81	-0.06	0.86

资料来源：天相投资分析系统。

四、重点上市公司介绍

中国石化

1. 总体经营情况

中国石化2010年实现营业收入19 131.8亿元，同比增加42.2%，归属于母公司的净利润707.1亿元，同比增长12.8%，每股收益0.82元。

截至2010年底公司短期借款占比下降2.2个百分点，债务结构得到优化。资本支出1 137亿元，其中营销及分销板块占比提升，化工板块占比下降。

2. 公司业务情况

勘探板块由于新收购安哥拉油田，2010年原油产量同比增长8.87%，达327.85百万桶；普光气田的投产使公司天然气产量保持快速增长，达125亿立方米，同比增加47.62%。公司2010年油气现金操作成本为人民币674元/吨。由于原油价格上涨、天然气价格调整等因素，板块经营收益相对2009年增长接近一倍。

炼油板块2010年原油加工量增速为13.2%。由于化工业务景气较高和柴油的供不应求，公司生产重点向这两个油品倾斜，其产量增速分别达30.3%和10.5%。由于原油价格上升，全年炼油毛利为291元/吨，比2009年下降12.6%。

营销及分销板块2010年成品油总销量增长13.3%达到14 049万吨，其中零售量占比为62.4%，配送量占比为23.1%，批发量占比为14.6%；非油业务营业额大幅增长90%，连续3年保持高增长。

化工板块天津、镇海共计200万吨乙烯项目建成投产，乙烯产量达到906万吨，同比增加34.9%。全年吨乙烯经营利润达到1 660元/吨，事业部经营收益150.37亿元，同比增长10.4%。

按照公司的“十二五”发展目标，预计到2015年公司境内原油产量达到4 350万~4 500万吨，天然气产量达到200亿~240亿立方米，原油加工能力达到2.75亿~2.95亿吨，成品油产量达到1.6亿吨（包括外购），乙烯生产能力达到1 250万~1 350万吨。

云天化

1. 总体经营情况

2010年，云天化实现营业收入71.41亿元，同比增长18.76%；实现归属于上市公司股东的净利润1.82亿元，同比大幅增长135.18%。每股指标方面：2010年公司实现每股收益0.31元，每股净资产7.84元，净资产收益率为4.00%，每股经营性活动产生的现金流量净额2.06元。

从毛利率来看，除了尿素业务毛利率有所下滑外，2010年公司主要产品的毛利率均有所回升，其中收入占比最大的玻璃纤维布价格回升明显，从而使得公司综合毛利率从2009年的17.48%上升到22.75%。

从三费情况来看，2010年公司的期间费用率上升了0.83%，其中偿还短期借款大幅降低了公司的财务费用率，但是公司管理费用率从2009年的7.11%上升到9.35%，同比增加55.80%，这主要是由于修理费和停工损失大幅增加，同时受到新增子公司珠海复材和东明矿业的影响。

2. 公司业务情况

分产品来看，2010年由于天然气供应紧张、原材料价格上涨、下游需求不足，公司尿素业务对业绩的贡献大幅下滑，其收入下滑了30.27%，毛利率也下降了6.13个百分点，对营业毛利的贡献比例也从2009年的56.97%下滑到22.37%。

玻纤是公司2010年业绩的最大贡献者。公司玻纤业务自金融危机毛利率大幅下滑以来，随着下游需求的逐步回暖，盈利能力逐渐恢复，产品的毛利率从2009年的22.76%回升至29.14%，营业毛利占公司毛利的51.34%。

液氨业务是公司2010年业绩的另一大亮点，毛利率从2009年的-7.45%上升至16.84%，为2010年贡献了9.97%的营业毛利。此外，电子布、聚甲醛、商贸等业务的盈利能力也有较大幅度的上升。

华鲁恒升

1. 总体经营情况

华鲁恒升2010年实现营业收入47.38亿元，同比增长18.51%；实现营业利润和净利润分别为2.90亿元和2.54亿元，分别同比下降为41.94%和40.22%。2010年实现净资产收益率8.89%，比去年减少了7.67个百分点，实现每股收益0.51元。

公司2010年业绩回落主要因为原材料价格上涨和主要业务产品价格相对低迷。公司2010年综合毛利水平下降到13.25%，为上市以来的最低水平，但这种状况已经在第四季度出现了好转，公司第四季度综合毛利回升到15%以上。

2. 公司业务情况

尿素业务方面，随着40万吨造粒装置的投产，公司现有产能达到150万吨。由于新增的40万吨尿素产能合成氨主要依靠外购，尿素业务整体毛利水平下降明显。随着新的气化装置的配置，公司氨醇能力实现自给，公司的煤气化优势将得以体现。

公司的DMF业务和醋酸业务在2010年则面临着行业整体产能过剩的压力，产品价格低迷，毛利也出现一定程度的下降。DMF全年产量约为18万吨，醋酸全年产量约为23万吨。

湖北宜化

1. 总体经营情况

湖北宜化2010年实现的营业总收入、营业利润和归属于上市公司股东的净利润分别为115.4亿、3.6亿和5.7亿元，同比分别增长31.8%、113.8%和140.9%；按5.42亿股的总股本计算，实现EPS1.06元，每股经营性现金流为0.84元。

2. 公司业务情况

公司主营业务尿素需求好转，销售量同比增加17.67%，同时公司控股子公司内蒙古宜化年产30万吨PVC项目投产，推动公司营业收入大幅上涨。公司主营产品价格上涨，毛利率大幅提升，其中磷酸二铵毛利率由2009年的8.16%提升至2010年的30.97%，尿素产品由2009年的25.93%提升至2010年的28.62%。全年实现营业利润109 886.45万元，增速为113.76%。

公司2010年4月在内蒙古乌海建成了一套年产30万吨聚氯乙烯项目，投产8个月为公司贡献盈利3 189万元。公司子公司青海宜化年产30万吨聚氯乙烯项目也将于2011年投产。

公司2011年1月底分别收购贵州宜化、宜化肥业50%的股权，实现对两个公司的控股，从而避免与集团之间的关联交易和同业竞争，增加了公司的产能，盈利能力大大增强。宜化肥业、贵州宜化是宜化集团下属的盈利能力极强的优质资产，2010年分别实现净利38 892.43万元和5 074.67万元。

盐湖股份

1. 总体经营情况

2010年盐湖股份实现营业收入49.52

亿元，同比增长 8.59%；实现归属于上市公司股东的净利润 11.08 亿元，同比下降 9.91%。2010 年公司实现每股收益 1.44 元，每股净资产 5.03 元，净资产收益率为 32.93%。2010 年每股经营性活动产生的现金流量净额 2.75 元。

2. 公司业务情况

2010 年氯化钾价格下跌给公司带来盈利压力。公司氯化钾销量达到 246 万吨，同比增长 21.78%。2010 年国内氯化钾市场价格为 2 534.47 元/吨，较 2009 年 3 348.63 元/吨下降了 24.31%。

第四季度公司营业毛利率下降，为 46.55%，低于 2009 年第四季度 3 个百分点左右，而这一数值 2010 年前三季度一般都在 60% 左右。公司在 2010 年第四季度期间费用率上升，达到 23.09%，为 2010 年各季度最高水平，同时也明显高于 2009 年第四季度 17.17% 的期间费用率水平。

烟台万华

1. 总体经营情况

2010 年，烟台万华实现营业收入 94.3 亿元，同比增长 45.2%；实现归属于上市公司股东的净利润 15.3 亿元（折合每股收益 0.92 元），同比增长 43.5%。

2. 公司业务情况

2010 年公司产品量价齐升，全年 MDI 产销量超过 50 万吨，其中包含宁波二期试生产的产量。聚合 MDI 和纯 MDI 收入分别同比增长了 49.3% 和 24.9%，毛利率分别为 22.5% 和 37.3%，受苯胺等原材料涨价的影响分别下降了 3.7 和 4.2 个百分点。

积极的产能扩张是未来增长的潜力。宁波二期（30 万吨 MDI，同时配套 36 万吨苯胺、36 万吨甲醛）项目已建成投产，公司已具备 80 万吨 MDI 生产能力。通过上下游一体化的布局，公司力争将宁波万华打造成全球一体化程度最高、技术最先进、质量最好、成本最低的 MDI 生产基地。

新安股份

1. 总体经营情况

新安股份 2010 年实现营业收入 43.46 亿元，同比增长 12.90%；实现利润总额 2.01 亿元，同比下降 41.82%；归属于母公司所有者的净利润 1.68 亿元，同比下降 43.11%。2010 年实现每股收益 0.25 元，扣除非经常性损益后基本每股收益 0.08 元，每股经营性净现金流量为 0.12 元。

2. 公司业务情况

虽然公司的营业收入增长 12.9%，但毛利率同比下降 4.5 个百分点至 15.0%。从有机硅业务来看，DMC 价格基本在 2.2 万元到 2.3 万元区间内波动，公司有机硅上下游产品价格都徘徊在低位。由于公司开工水平较高，通过物料循环控制成本，有机硅的营业利润率同比变动较小，仍然高达 27.9%。

草甘膦业务市场竞争比较激烈，由于产能过剩、国际市场需求不旺，同时还受到原材料价格持续上涨、出口退税取消等因素的影响，2010 年国内草甘膦企业基本处于亏损或零利润状态。公司草甘膦业务虽维持较高的开工率，但营业利润率同比下降 13 个百分点，仅为 1.1%。

五、上市公司在行业中的影响力

2010 年我国石油和化工行业经济运行保持良好态势，经济规模明显扩大，经济结构不断优化，经济运行的质量进一步提高，行业综合实力显著增强。2010 年，全行业总产值达 8.9 万亿元，增速为 34.1%，按 2010 年底汇率计算，已大幅突破万亿美元大关。

上市公司对行业的引领作用继续增强。2010 年化工行业又有 44 家公司首次公开发行上市，占沪深两市 347 家新股发行公司总数的 12.7%。按照《财富》杂志 2010 年公布的世界 500 强企业排行，中石化排名第 9 位，中石油排名第 13 位，中海油排名第 318 位。2010 年中石油、中石化、中海油三大公司全年主营业务收入 3.5 万亿元，利润总额 2 818.9 亿元，带动了全行业业务的回稳和发展。三大石油公司积极开展海外并购活动，为我国能源安全和“走出去”战略作出重大贡献。

上市公司在循环经济、低碳经济等方面作出表率。2010 年化工行业上市公司不断加大对“三废”利用和环保设施的投入，开展综合整治和环境监察，持续提升一次资源的阶梯利用和二次资源的综合利用，推动了行业经济结构的调整，促进了行业经济增长方式的转型。

上海申银万国证券研究所有限公司
审稿人：周小波
撰稿人：林开盛

制 造 业

电 子

一、电子制造业概况

根据国家统计局提供的数据，2010年，电子制造业合计实现营业收入63 645亿元，同比增长24.10%；实现利润总额2 825亿元，同比增长57.70%。

从盈利能力看，2010年，电子制造业的平均毛利率达到4.40%，同比提高0.90个百分点。

2010年，电子制造业的财务状况有所改善。截至2010年年底，全行业的资产负债率达到58.71%，同比下降0.71个百分点。

截至2010年年底，电子制造业的固定资产投资余额达到5 993亿元，同比增长44.50%。

二、行业内上市公司发展状况

（一）行业内上市公司基本情况

截至2010年底，电子制造业共涵盖126只A、B股、120家上市公司（其中6家公司既有A股又有B股），分占A、B股市场上市公司总数的5.58%和0.28%。截至2010年底，电子制造业境内总市值为8 598.68亿元，流通A股市值为4 779.50亿元、流通B股市值为113.56亿元；占沪深两市境内总市值的3.22%，流通A股市值的2.50%和流通B股市值的3.86%。

电子行业上市公司发行股票概况见表1。

表1 电子行业上市公司发行股票概况

门　　类	A、B股总数	A股股票数	B股股票数	境内总市值（亿元）	流通A股市值（亿元）	流通B股市值（亿元）
电子	126	120	6	8 598.68	4 779.50	113.56
占沪深两市比重（%）	5.86	5.58	0.28	3.22	2.50	3.86

资料来源：天相投资分析系统。

（二）行业内上市公司构成情况

按上市地划分，行业内在上海证券交易所上市的公司33家，在深圳证券交易所上市的公司87家，分占行业内上市公司总数的27.50%和72.50%。

按A、B股划分，行业内仅在A股市场上市的公司有114家，仅在B股上市的公司0家，既在A股市场上市又在B股市场上市的公司6家，分占行业内上市公司总数的

95.00%，0.00%和5.00%。

从经营角度看，行业内上市公司中ST、*ST公司分别有5家和3家，分占行业内上市公司总数的4.17%和2.50%。

从股改完成情况看，截至2010年底行业内120家上市公司已完成股改，占行业内上市公司总数的100.00%。

电子行业上市公司构成情况见表2。

表2　　电子行业上市公司构成情况　　单位：家

门　类	沪市			深市			ST/*ST	股改/未股改
	仅A股	仅B股	A+B股	仅A股	仅B股	A+B股		
电子	32	0	1	82	0	5	5/3	120/0
占行业内上市公司比重（%）	26.67	0.00	0.83	68.33	0.00	4.17	4.17/2.5	100.00/0.00

资料来源：天相投资分析系统。

按公司所处行业大类分，有电子元器件制造业、日用电子器具制造业和其他电子设备制造业，3个大类所涵盖公司数量分别为83家、17家和20家。

电子行业上市公司具体分布见表3。

表3　　电子行业上市公司具体分布

A、B股类别	公司代码	公司名称	所属大类	A、B股类别	公司代码	公司名称	所属大类
沪市A股	600083	*ST博信	电子元器件制造业	沪市A股	600355	ST精伦	其他电子设备制造业
	600171	上海贝岭			600405	动力源	
	600183	生益科技			600057	象屿股份	日用电子器具制造业
	600206	有研硅股			600060	海信电器	
	600207	ST安彩			600203	*ST福日	
	600237	铜峰电子			600340	ST国祥	
	600330	天通股份			600637	广电信息	
	600353	旭光股份			600707	彩虹股份	
	600360	华微电子			600747	大连控股	
	600363	联创光电			600839	四川长虹	
	600366	宁波韵升			600870	ST厦华	
	600460	士兰微		沪市B股	900901	上电B股	电子元器件制造业
	600478	科力远		深市A股	000050	深天马A	电子元器件制造业
	600525	长园集团			000058	深赛格	
	600563	法拉电子			000068	ST三星	
	600584	长电科技			000413	宝石A	
	600602	广电电子			000536	华映科技	
	600621	上海金陵			000636	风华高科	
	600654	飞乐股份			000697	*ST偏转	
	600673	东阳光铝			000725	京东方A	
	600703	三安光电			000727	华东科技	
	600980	北矿磁材					

续表

A、B股类别	公司代码	公司名称	所属大类
深市 A 股	000733	振华科技	电子元器件制造业
	000823	超声电子	
	000970	中科三环	
	002025	航天电器	
	002045	广州国光	
	002049	晶源电子	
	002055	得润电子	
	002056	横店东磁	
	002079	苏州固锝	
	002106	莱宝高科	
	002119	康强电子	
	002129	中环股份	
	002134	天津普林	
	002137	实 益 达	
	002138	顺络电子	
	002141	蓉胜超微	
	002156	通富微电	
	002179	中航光电	
	002185	华天科技	
	002188	新 嘉 联	
	002189	利达光电	
	002199	东晶电子	
	002222	福晶科技	
	002241	歌尔声学	
	002273	水晶光电	
	002288	超华科技	
	002289	宇顺电子	
	002351	漫 步 者	
	002389	南洋科技	
	002402	和 而 泰	
	002415	海康威视	
	002436	兴森科技	
	002449	国星光电	
	002456	欧 菲 光	
	002463	沪电股份	
	002475	立讯精密	
	002484	江海股份	
	002504	东光微电	
	002512	达华智能	
	300014	亿纬锂能	
	300032	金龙机电	
	300046	台基股份	
深市 A 股	300053	欧 比 特	电子元器件制造业
	300077	国民技术	
	300083	劲胜股份	
	300088	长信科技	
	300102	乾照光电	
	300114	中航电测	
	300127	银河磁体	
	300128	锦富新材	
	300131	英唐智控	
	300139	福星晓程	
	000032	深桑达A	其他电子设备制造业
	000988	华工科技	
	002104	恒宝股份	
	002121	科陆电子	
	002214	大立科技	
	002218	拓日新能	
	002236	大华股份	
	002371	七星电子	
	002388	新亚制程	
	002414	高德红外	
	002506	超日太阳	
	002528	英 飞 拓	
	300078	中瑞思创	
	300111	向 日 葵	
	300115	长盈精密	
	300118	东方日升	
	300136	信维通信	
	300154	瑞凌股份	
	000016	深康佳A	日用电子器具制造业
	000020	深华发A	
	000100	TCL集团	
	000801	四川九洲	
	002139	拓邦股份	
	002426	胜利精密	
	002429	兆驰股份	
	002473	圣 莱 达	
深市 B 股	200058	深赛格B	电子元器件制造业
	200413	宝 石 B	
	200725	京东方B	
	200016	深康佳B	日用电子器具制造业
	200020	深华发B	

资料来源：天相投资分析系统。

（三）行业内上市公司股改完成后发展变化情况

截至2010年年底，电子制造业A股占总股本比例由64.33%提高到67.10%，增长2.77个百分点，流通B股比例由5.83%下降到3.98%，下降了1.85个百分点，与此对应，限售流通股比例从29.84%下降到28.92%，下降了0.92个百分点。

2010年电子行业上市公司股本变动情况见表4。

表4　　2010年电子行业上市公司股本变动情况　　单位：万股

指　标	2010年底	2009年底	增长变动（%）
总股本	5 689 884.73	3 881 858.98	46.58
其中：A股	5 463 579.39	3 655 553.64	49.46
B股	226 305.34	226 305.34	0.00
非限售流通A股	3 818 022.52	2 497 334.93	52.88
非限售流通A股比重（%）	67.10	64.33	2.77
流通B股	226 305.34	226 305.34	0.00
流通B股比重（%）	3.98	5.83	-1.85
限售A股	1 645 556.87	1 158 218.72	42.08
限售A股比重（%）	28.92	29.84	-0.92

资料来源：天相投资分析系统。

（四）行业内上市公司融资情况

2010年全年电子制造业上市公司共有50家公司进行了融资，占沪深两市530家融资公司的9.43%，其中新股发行37家，配股1家，增发12家，分别占沪深两市总额的11.01%，5.00%和6.90%。

2010年电子行业上市公司与沪深两市融资情况对比见表5。

表5　　2010年电子行业上市公司与沪深两市融资情况对比　　单位：家

	融资家数	新股	配股	增发
电子	50	37	1	12
沪深两市总数	530	336	20	174
占比（%）	9.43	11.01	5.00	6.90

资料来源：天相投资分析系统。

其中，首发的37家公司中，有20家在中小板上市，17家在创业板上市；增发的12家公司中，有4家沪市、4家深市及4家中小板公司。进行融资的50家公司中，电子元器件制造业32家，其他电子设备制造业12家，日用电子器具制造业6家。

2010年电子行业上市公司融资情况见表6。

表 6　　2010 年电子行业上市公司融资情况

代　　码	公司名称	融资类别	所属大类	证券类型
000100	TCL 集团	增发	日用电子器具制造业	深市主板
000536	华映科技	增发	电子元器件制造业	深市主板
000725	京东方 A	增发	电子元器件制造业	深市主板
000801	四川九洲	增发	日用电子器具制造业	深市主板
002045	广州国光	增发	电子元器件制造业	中小板
002121	科陆电子	增发	其他电子设备制造业	中小板
002156	通富微电	增发	电子元器件制造业	中小板
002241	歌尔声学	增发	电子元器件制造业	中小板
002351	漫 步 者	首发	电子元器件制造业	中小板
002371	七星电子	首发	其他电子设备制造业	中小板
002388	新亚制程	首发	其他电子设备制造业	中小板
002389	南洋科技	首发	电子元器件制造业	中小板
002402	和 而 泰	首发	电子元器件制造业	中小板
002414	高德红外	首发	其他电子设备制造业	中小板
002415	海康威视	首发	电子元器件制造业	中小板
002426	胜利精密	首发	日用电子器具制造业	中小板
002429	兆驰股份	首发	日用电子器具制造业	中小板
002436	兴森科技	首发	电子元器件制造业	中小板
002449	国星光电	首发	电子元器件制造业	中小板
002456	欧 菲 光	首发	电子元器件制造业	中小板
002463	沪电股份	首发	电子元器件制造业	中小板
002473	圣 莱 达	首发	日用电子器具制造业	中小板
002475	立讯精密	首发	电子元器件制造业	中小板
002484	江海股份	首发	电子元器件制造业	中小板
002504	东光微电	首发	电子元器件制造业	中小板
002506	超日太阳	首发	其他电子设备制造业	中小板
002512	达华智能	首发	电子元器件制造业	中小板
002528	英 飞 拓	首发	其他电子设备制造业	中小板
300046	台基股份	首发	电子元器件制造业	创业板
300053	欧 比 特	首发	电子元器件制造业	创业板
300077	国民技术	首发	电子元器件制造业	创业板
300078	中瑞思创	首发	其他电子设备制造业	创业板
300083	劲胜股份	首发	电子元器件制造业	创业板
300088	长信科技	首发	电子元器件制造业	创业板
300102	乾照光电	首发	电子元器件制造业	创业板
300111	向 日 葵	首发	其他电子设备制造业	创业板
300114	中航电测	首发	电子元器件制造业	创业板

续表

代　码	公司名称	融资类别	所属大类	证券类型
300115	长盈精密	首发	其他电子设备制造业	创业板
300118	东方日升	首发	其他电子设备制造业	创业板
300127	银河磁体	首发	电子元器件制造业	创业板
300128	锦富新材	首发	电子元器件制造业	创业板
300131	英唐智控	首发	电子元器件制造业	创业板
300136	信维通信	首发	其他电子设备制造业	创业板
300139	福星晓程	首发	电子元器件制造业	创业板
300154	瑞凌股份	首发	其他电子设备制造业	创业板
600460	士 兰 微	增发	电子元器件制造业	沪市
600478	科 力 远	增发	电子元器件制造业	沪市
600584	长电科技	配股	电子元器件制造业	沪市
600703	三安光电	增发	电子元器件制造业	沪市
600707	彩虹股份	增发	日用电子器具制造业	沪市

资料来源：天相投资分析系统。

从融资总量来看，上市公司实际发行数量为683 537.79万股，实际募集资金总额为573.64亿元。

2010年电子行业上市公司融资明细见表7。

表7　　**2010年电子行业上市公司融资明细**

代　码	公司名称	发行价格（元）	实际发行数量（万股）	实募集资金数（亿元）
000100	TCL集团	3.46	130 117.83	44.04
000536	华映科技	4.36	55 583.27	24.23
000725	京东方A	3.03	298 504.95	89.44
000801	四川九洲	8.59	5 795.82	4.98
002045	广州国光	16.80	2 188.00	3.51
002121	科陆电子	22.50	2 446.00	5.21
002156	通富微电	16.93	5 906.67	9.62
002241	歌尔声学	33.01	1 579.13	5.06
002351	漫 步 者	33.50	3 700.00	11.65
002371	七星电子	33.00	1 656.00	5.17
002388	新亚制程	15.00	2 800.00	3.84
002389	南洋科技	30.00	1 700.00	4.77
002402	和 而 泰	35.00	1 670.00	5.41
002414	高德红外	26.00	7 500.00	18.51
002415	海康威视	68.00	5 000.00	33.38

续表

代　码	公司名称	发行价格（元）	实际发行数量（万股）	实募集资金数（亿元）
002426	胜利精密	13.99	4 010.00	5.26
002429	兆驰股份	30.00	5 600.00	16.29
002436	兴森科技	36.50	2 793.00	9.67
002449	国星光电	28.00	5 500.00	14.83
002456	欧 菲 光	30.00	2 400.00	6.71
002463	沪电股份	16.00	8 000.00	12.28
002473	圣 莱 达	16.00	2 000.00	2.81
002475	立讯精密	28.80	4 380.00	11.98
002484	江海股份	20.50	4 000.00	7.78
002504	东光微电	16.00	2 700.00	4.01
002506	超日太阳	36.00	6 600.00	22.87
002512	达华智能	26.00	3 000.00	7.15
002528	英 飞 拓	53.80	3 700.00	18.54
300046	台基股份	41.30	1 500.00	5.83
300053	欧 比 特	17.00	2 500.00	3.99
300077	国民技术	87.50	2 720.00	23.00
300078	中瑞思创	58.00	1 700.00	9.34
300083	劲胜股份	36.00	2 500.00	8.44
300088	长信科技	24.00	3 150.00	7.14
300102	乾照光电	45.00	2 950.00	12.72
300111	向 日 葵	16.80	5 100.00	8.31
300114	中航电测	25.00	2 000.00	4.70
300115	长盈精密	43.00	2 150.00	8.52
300118	东方日升	42.00	4 500.00	18.38
300127	银河磁体	18.00	4 100.00	6.97
300128	锦富新材	35.00	2 500.00	8.23
300131	英唐智控	36.00	1 190.00	3.86
300136	信维通信	31.75	1 667.00	4.90
300139	福星晓程	62.50	1 370.00	8.01
300154	瑞凌股份	38.50	2 800.00	10.10
600460	士 兰 微	20.00	3 000.00	5.75
600478	科 力 远	14.96	2 854.28	4.00
600584	长电科技	5.69	10 794.96	5.97
600703	三安光电	30.00	10 100.00	29.80
600707	彩虹股份	11.25	31 560.89	34.98

资料来源：天相投资分析系统。

（五）行业内上市公司资产及业绩情况

截至2010年底，电子制造业上市公司资产总值已达4 080.55亿元，固定资产1 408.44亿元，归属于母公司股东权益1 942.97亿元，分别比2009年同期增长了52.71%，39.29%和65.23%。

2010年年报数据显示，电子制造业上市公司合计实现营业收入2 719.33亿元，比2009年同期增长31.75%；实现利润总额159.95亿元，实现归属于母公司所有者的净利润123.86亿元，分别比2009年同期增长111.97%，150.51%。

电子行业上市公司资产情况见表8。

表8　电子行业上市公司资产情况　单位：亿元

资产指标	2010年	2010年增长（%）	2009年	2009年增长（%）	2008年
总资产	4 080.55	52.71	2 337.01	23.73	1 877.66
流动资产	2 672.11	60.88	1 489.57	34.84	1 097.36
占比（%）	65.48	3.33	63.74	5.25	58.44
非流动资产	1 408.44	39.29	847.44	8.07	780.30
占比（%）	34.52	-3.33	36.26	-5.25	41.56
流动负债	1 452.09	35.76	970.43	13.76	848.19
占比（%）	35.59	-4.44	41.52	-3.64	45.17
非流动负债	385.86	49.53	224.56	106.29	108.56
占比（%）	9.46	-0.20	9.61	3.85	5.78
归属于母公司股东权益	1 942.97	65.23	977.48	20.63	804.44
占比（%）	47.62	3.61	41.83	-1.07	42.84

资料来源：天相投资分析系统。

电子行业上市公司收入实现情况见表9。

表9　电子行业上市公司收入实现情况　单位：亿元

业绩指标	2010年	2010年增长（%）	2009年	2009年增长（%）	2008年
营业收入	2 719.33	31.75	1 763.18	4.70	1 673.06
利润总额	159.95	111.97	17.80	扭亏为盈	-5.34
归属于母公司所有者的净利润	123.86	150.51	1.47	扭亏为盈	-12.32

资料来源：天相投资分析系统。

（六）利润分配情况

2010年全年电子制造业公司中共有88家公司实施了分红送股，其中55家公司实施送股或转增股本、78家公司实施派息，既送股或转增又派息的公司45家。送股、转增及派息比例最高值分别为每股送股和转增1.5股（国民技术、中瑞思创、乾照光电），每股派息1.50元（中瑞思创）。

电子行业上市公司2010年分红情况见表10。

表 10　　电子行业上市公司 2010 年分红情况

代　码	名　　称	送股及转增比例	每股派息（税前　元）	基准股本（万股）
000016	深康佳A	—	0.010	120 397.27
000032	深桑达A	—	0.080	23 286.43
000100	TCL集团	1.000	—	423 810.94
000536	华映科技	—	0.300	70 049.35
000636	风华高科	—	0.200	67 096.63
000725	京东方A	0.200	—	1 126 795.20
000801	四川九洲	1.000	—	18 999.41
000823	超声电子	—	0.100	44 043.60
000970	中科三环	—	0.070	50 760.00
000988	华工科技	—	0.100	40 760.78
002025	航天电器	—	0.100	33 000.00
002045	广州国光	0.500	0.120	27 793.60
002049	晶源电子	—	0.110	13 500.00
002055	得润电子	—	0.050	20 315.86
002056	横店东磁	—	0.070	42 590.00
002079	苏州固锝	0.300	—	27 600.00
002104	恒宝股份	—	0.100	44 064.00
002106	莱宝高科	0.400	0.200	42 885.44
002119	康强电子	—	0.050	19 420.00
002121	科陆电子	0.500	0.050	26 446.00
002129	中环股份	0.500	0.030	48 282.96
002137	实 益 达	0.200	0.100	26 013.00
002138	顺络电子	0.500	—	12 955.15
002141	蓉胜超微	0.600	0.040	11 368.00
002156	通富微电	0.600	0.000	40 616.67
002179	中航光电	—	0.070	40 162.50
002189	利达光电	—	0.024	19 924.00
002199	东晶电子	—	0.130	12 625.89
002214	大立科技	—	0.100	10 000.00
002218	拓日新能	0.500	0.050	32 650.00
002222	福晶科技	0.500	0.200	19 000.00
002236	大华股份	1.000	0.500	13 954.02
002241	歌尔声学	1.000	0.200	37 579.13
002288	超华科技	0.200	0.100	13 748.80
002351	漫 步 者	1.000	0.900	14 700.00
002371	七星电子	0.300	0.100	6 500.00

续表

代码	名称	送股及转增比例	每股派息（税前 元）	基准股本（万股）
002388	新亚制程	0.800	—	11 100.00
002389	南洋科技	1.000	0.200	6 700.00
002402	和而泰	0.500	0.300	6 670.00
002415	海康威视	1.000	0.600	50 000.00
002426	胜利精密	—	0.075	40 041.00
002429	兆驰股份	0.500	0.300	47 254.25
002436	兴森科技	1.000	0.400	11 170.00
002449	国星光电	—	0.250	21 500.00
002456	欧菲光	1.000	0.160	9 600.00
002463	沪电股份	0.200	0.200	69 203.03
002473	圣莱达	1.000	0.200	8 000.00
002475	立讯精密	0.500	0.300	17 380.00
002484	江海股份	—	0.375	16 000.00
002504	东光微电	—	0.200	10 700.00
002506	超日太阳	1.000	0.400	26 360.00
002512	达华智能	0.800	0.280	11 799.40
002528	英飞拓	0.600	0.300	14 700.00
300014	亿纬锂能	0.500	0.150	13 200.00
300032	金龙机电	—	0.250	14 270.00
300046	台基股份	1.000	0.600	7 104.00
300053	欧比特	1.000	—	10 000.00
300077	国民技术	1.500	0.500	10 880.00
300078	中瑞思创	1.500	1.500	6 700.00
300083	劲胜股份	1.000	0.200	10 000.00
300088	长信科技	1.000	0.300	12 550.00
300102	乾照光电	1.500	0.500	11 800.00
300111	向日葵	—	0.400	50 900.00
300114	中航电测	0.500	0.120	8 000.00
300115	长盈精密	1.000	0.600	8 600.00
300118	东方日升	1.000	0.500	17 500.00
300127	银河磁体	—	0.280	16 157.32
300128	锦富新材	1.000	0.400	10 000.00
300131	英唐智控	1.200	0.200	4 600.00
300136	信维通信	1.000	0.300	6 667.00
300139	福星晓程	—	0.500	5 480.00
300154	瑞凌股份	1.000	0.500	11 175.00

续表

代　码	名　　称	送股及转增比例	每股派息（税前　元）	基准股本（万股）
600060	海信电器	—	0.200	86 665.17
600171	上海贝岭	—	0.010	67 380.78
600183	生益科技	—	0.300	95 702.34
600340	华夏幸福	0.600	—	14 532.47
600353	旭光股份	1.000	0.050	13 593.00
600360	华微电子	0.300	0.011	52 160.00
600363	联创光电	—	0.020	37 080.68
600366	宁波韵升	0.300	0.100	39 576.75
600405	动 力 源	0.200	0.050	21 825.02
600460	士 兰 微	—	0.060	43 408.00
600525	长园集团	1.000	0.100	43 175.51
600563	法拉电子	—	0.450	22 500.00
600584	长电科技	—	0.060	85 313.36
600621	上海金陵	—	0.100	52 408.24
600703	三安光电	1.200	0.200	65 636.99
600839	四川长虹	0.250	—	284 731.71

资料来源：天相投资分析系统。

（七）其他财务指标情况

1. 盈利能力指标

2010 年，电子制造业上市公司毛利率为 18.88%，提升了 0.21 个百分点，净利率为 4.55%，提升了 2.16 个百分点，资产净利率为 3.67%，提升了 1.63 个百分点，整个行业的盈利能力指标有所好转。

2. 偿债能力指标

2010 年，电子制造业上市公司资产负债率 45.04%，同比下降了 4.64 个百分点，偿债能力进一步增强。

3. 营运能力指标

2010 年，电子制造业上市公司应收账款周转率为 7.10 次，提高了 0.36，流动资产周转率为 1.26 次，下降了 0.17，固定资产周转率为 3.75 次，提高了 0.32，总资产周转率为 0.81 次，下降了 0.05，整个行业的营运能力基本不变。

电子行业上市公司盈利能力情况、偿债能力指标、营运能力情况见表 11、表 12 和表 13。

表 11　　电子行业上市公司盈利能力情况　　单位:%

盈利能力指标	2010 年	2010 年变动	2009 年	2009 年变动	2008 年
毛利率	18.88	0.21	17.51	1.00	17.01
净资产收益率	6.37	2.17	0.15	1.52	-1.53
销售净利率	4.55	2.16	0.08	0.74	-0.74
资产净利率	3.67	1.63	0.07	0.67	-0.68

资料来源：天相投资分析系统。

表 12　　电子行业上市公司偿债能力指标　　单位：次

偿债能力指标	2010 年	2010 年变动	2009 年	2009 年变动	2008 年
流动比率（次）	1.84	0.29	1.53	0.24	1.29
速动比率（次）	1.45	0.31	1.11	0.23	0.93
资产负债率（%）	45.04	-4.64	51.13	0.21	50.95

资料来源：天相投资分析系统。

表 13　　电子行业上市公司营运能力情况　　单位：次

营运能力指标	2010 年	2010 年变动	2009 年	2009 年变动	2008 年
存货周转率	5.07	0.35	4.31	-0.12	4.43
应收账款周转率	7.10	0.36	7.13	0.20	6.89
流动资产周转率	1.26	-0.17	1.36	-0.19	1.55
固定资产周转率	3.75	0.32	3.55	-0.21	3.76
总资产周转率	0.81	-0.05	0.83	-0.08	0.92

资料来源：天相投资分析系统。

三、重点细分行业介绍

电子制造业共涵盖 3 个大类，分别是电子元器件制造业、日用电子器具制造业和其他电子设备制造业。

电子元器件制造业上市公司 83 家，占电子制造业境内比重的 69.17%；日用电子器具制造业上市公司 17 家，占电子制造业境内比重的 14.17%；其他电子设备制造业上市公司 20 家，占电子制造业境内比重的 16.67%。

电子各子行业上市公司及市值情况见表 14。

表 14　　电子各子行业上市公司及市值情况

大　类	上市公司家数（家）	占行业内比重（%）	境内总市值（亿元）	占行业内比重（%）
电子元器件制造业	83	69.17	6 212.78	72.25
其他电子设备制造业	20	16.67	1 339.41	15.58
日用电子器具制造业	17	14.17	1 046.48	12.17

资料来源：天相投资分析系统。

（一）电子元器件制造业

1. 行业概况

2010 年，电子元器件制造业总资产为 2 190.64亿元，同比增长 54.41%；完成利润总额 98.44 亿元，实现扭亏为盈。

2. 行业内上市公司发展状况

2010 年，电子元器件制造业上市公司整体实现收入 1 010.31 亿元，同比增长 44.92%，收入实现大幅增长。2010 年，电子元器件制造业上市公司的整体毛利率为 22.44%，同比增长 2.29 个百分点，盈利能力进一步增强。2010 年，电子元器件制造业上市公司的整体资产负债率为 34.51%，同比下降 2.82 个百分点，偿债能力进一步增强。

电子元器件制造业上市公司收入及资产增长情况、盈利能力情况、偿债及运营情况见表 15、表 16 和表 17。

表 15　电子元器件制造业上市公司收入及资产增长情况　单位：亿元

指　标	2010 年	2010 年增长（%）	2009 年	2009 年增长（%）	2008 年
营业收入	1 010.31	44.92	432.63	-14.16	493.07
利润总额	98.44	扭亏为盈	-18.72	-1 336.13	0.09
归属于母公司所有者的净利润	77.23	扭亏为盈	-20.39	亏损增加	-0.82
总资产	2 190.64	54.41	1 082.48	20.46	887.42
归属于母公司股东权益	1 276.56	58.60	605.71	23.61	484.15

资料来源：天相投资分析系统。

表 16　电子元器件制造业上市公司盈利能力情况　单位:%

盈利能力指标	2010 年	2010 年变动	2009 年	2009 年变动	2008 年
毛利率	22.44	2.29	15.91	-1.24	17.02
净资产收益率	6.05	3.72	-3.37	-3.45	-0.17
销售净利率	7.64	4.96	-4.71	-4.80	-0.17
资产净利率	4.28	2.85	-2.06	-2.11	-0.09

资料来源：天相投资分析系统。

表 17　电子元器件制造业上市公司偿债及营运情况

指　标	2010 年	2010 年变动	2009 年	2009 年变动	2008 年
资产负债率（%）	34.51	-2.82	36.92	-3.70	40.54
存货周转率（次）	5.18	0.63	3.50	-0.71	4.21
总资产周转率（次）	0.56	0.03	0.44	-0.13	0.56

资料来源：天相投资分析系统。

（二）日用电子器具制造业

1. 行业概况

2010 年，日用电子器具制造业总资产为 1 533.02 亿元，同比增长 41.99%；完成利润总额 32.55 亿元，同比提高 5.54%。

2. 行业内上市公司发展状况

2010 年，日用电子器具制造业上市公司整体实现收入 1 512.63 亿元，同比增长 20.81%，收入实现大幅增长。

2010 年，日用电子器具制造业上市公司整体毛利率为 15.20%，同比下降 1.47 个百分点，盈利能力有所下降。

2010 年，日用电子器具制造业上市公司整体资产负债率为 63.87，同比下降 2.92 个百分点，偿债能力进一步增强。

日用电子器具制造业上市公司收入及资产增长情况、盈利能力情况、偿债及营运情况分别见表 18、表 19 和表 20。

表 18　　日用电子器具制造业上市公司收入及资产增长情况　　单位：亿元

指　标	2010 年	2010 年增长（%）	2009 年	2009 年增长（%）	2008 年
营业收入	1 512.63	20.81	1 253.95	12.68	1 112.83
利润总额	32.55	5.54	29.83	扭亏为盈	-12.71
归属于母公司所有者的净利润	22.49	27.06	16.63	扭亏为盈	-17.61
总资产	1 533.02	41.99	1 103.21	27.43	865.74
归属于母公司股东权益	416.22	49.92	285.39	17.21	243.49

资料来源：天相投资分析系统。

表 19　　日用电子器具制造业上市公司盈利能力情况　　单位:%

盈利能力指标	2010 年	2010 年变动	2009 年	2009 年变动	2008 年
毛利率	15.20	-1.47	17.08	1.11	15.97
净资产收益率	5.40	-0.97	5.83	13.06	-7.23
销售净利率	1.49	0.07	1.33	2.91	-1.58
资产净利率	1.72	-0.12	1.69	3.77	-2.08

资料来源：天相投资分析系统。

表 20　　日用电子器具制造业上市公司偿债及营运情况

指　标	2010 年	2010 年变动	2009 年	2009 年变动	2008 年
资产负债率（%）	63.87	-2.92	66.74	2.46	64.28
存货周转率（次）	5.32	0.10	5.11	0.26	4.85
总资产周转率（次）	1.16	-0.14	1.27	-0.04	1.31

资料来源：天相投资分析系统。

（三）其他电子设备制造业

1. 行业概况

2010 年，其他电子设备制造业总资产为 356.89 亿元，同比增长 105.38%；完成利润总额 28.96 亿元，同比提高 81.22%。

2. 行业内上市公司发展状况

2010 年，其他电子设备制造业上市公司整体实现收入 196.38 亿元，同比增长 71.06%，收入实现大幅增长。

2010 年，其他电子设备制造业上市公司整体毛利率为 28.85%，同比下降 2.64 个百分点，盈利能力有所下降。

2010 年，其他电子设备制造业上市公司整体资产负债率为 28.84%，同比下降 15.44 个百分点，偿债能力大幅增强。

其他电子设备制造业上市公司收入及资产增长情况、盈利能力情况、偿债及营运情况见表 21、表 22 和表 23。

表 21　　其他电子设备制造业上市公司收入及资产增长情况　　单位：亿元

指　　标	2010 年	2010 年增长（%）	2009 年	2009 年增长（%）	2008 年
营业收入	196.38	71.06	76.60	14.05	67.16
利润总额	28.96	81.22	6.69	-8.16	7.28
归属于母公司所有者的净利润	24.14	85.55	5.23	-14.26	6.10
总资产	356.89	105.38	151.32	21.54	124.51
归属于母公司股东权益	250.19	167.93	86.38	12.46	76.81

资料来源：天相投资分析系统。

表 22　　其他电子设备制造业上市公司盈利能力情况　　单位:%

盈利能力指标	2010 年	2010 年变动	2009 年	2009 年变动	2008 年
毛利率	28.85	-2.64	33.55	-0.61	34.16
净资产收益率	9.65	-4.28	6.06	-1.89	7.95
销售净利率	12.29	0.96	6.83	-2.26	9.09
资产净利率	9.10	0.73	3.79	-2.19	5.99

资料来源：天相投资分析系统。

表 23　　其他电子设备制造业上市公司偿债及营运情况

指　　标	2010 年	2010 年变动	2009 年	2009 年变动	2008 年
资产负债率（%）	28.84	-15.44	39.06	6.55	32.52
存货周转率（次）	3.27	0.93	1.70	-0.19	1.89
总资产周转率（次）	0.74	0.00	0.56	-0.10	0.66

资料来源：天相投资分析系统。

四、重点上市公司介绍

京东方

2010 年，京东方经营亏损。实现营业收入 80.25 亿元，同比下降 28.42%；亏损 22.41 亿元，归属于母公司所有者的净亏损 20.04 亿元。每股收益 -0.24 元；净资产收益率 -11.77%。

公司盈利能力下降显著。毛利率 -3.28%，同比下降 2.73 个百分点；净利率 -24.97%，同比下降 25.76 个百分点；净资产收益率 -11.77%，同比下降 12.16 个百分点；总资产收益率 -3.70%，同比下降 3.86 个百分点。

2010 年年末，公司的资产负债率达到 36.82%，同比上升 8.48 个百分点。

TCL 集团

2010 年，TCL 集团实现营业收入 518.70 亿元，同比增长 17.10%；实现利润总额 7.73 亿元，归属于母公司所有者的净利润 4.33 亿元。每股收益 0.12 元；净资产收益率 5.83%。

公司盈利能力有所下降。毛利率 14.08%，同比下降 1.12 个百分点；净利率

0.83%，同比下降0.23个百分点；净资产收益率5.83%，同比下降4.26个百分点；总资产收益率0.81%，同比下降0.75个百分点。

2010年年末，公司的资产负债率达到66.16%，同比下降5.96个百分点。

四川长虹

2010年，四川长虹实现营业收入417.11亿元，同比增长32.60%；实现利润总额6.71亿元，同比下降2.38%；实现归属于母公司的净利润2.92亿元，同比增长146.21%。每股收益0.10元；净资产收益率3.01%。

公司盈利能力略有下降。毛利率16.31%，同比下降2.17个百分点；净利率0.69%，同比下降1.49个百分点；净资产收益率3.01%，同比提高1.76个百分点；总资产收益率0.66%，同比提高0.34个百分点。

2010年年末，公司的资产负债率达到67.21%，同比提高3.98个百分点。

大族激光

2010年，大族激光经营业绩大幅提升。实现营业收入31.09亿元，同比增长59.41%；实现利润总额5.02亿元，同比增长1 099.86%；实现归属于母公司所有者的净利润3.76亿元，同比增长11 916.11%。每股收益0.54元；净资产收益率17.14%。

大族激光盈利能力大幅提高。毛利率40.98%，同比提高3.43个百分点；净利润率10.37%，同比提高11.57个百分点；净资产收益率17.14%，同比提高16.98个百分点；总资产收益率6.90%，同比提高6.83个百分点。

2010年年末，公司的资产负债率达到49.70%，同比提高0.50个百分点。

五、上市公司对行业的影响

2010年，电子制造业上市公司合计实现营业收入2 719.33亿元，同比增长31.75%，占国内电子制造业整体收入的4.27%。截至2010年底，电子制造业上市公司资产负债率为45.04%，行业整体资产负债率为58.71%，上市公司的偿债能力显著好于行业水平。

中国国际金融有限公司
审稿人：赵晓光　陈昊飞
撰稿人：朱丽雯

制　造　业

金属、非金属

一、金属、非金属制造业总体情况

2010年，受房地产、基础设施投资的拉动，金属、非金属业需求逐步回升，产品价格稳中有升，总体盈利能力保持稳健增长态势。

根据国家统计局提供的数据，2010年，金属、非金属制造业合计实现营业收入132 757.90亿元，同比增长33.51%。其中，非金属矿物制品业实现30 824.39亿元，同比增长33.50%；黑色金属冶炼及压延加工业实现54 155.69亿元，同比增长28.96%；有色金属冶炼及压延加工业实现28 301.42亿元，同比增长44.41%；金属制品业实现19 476.44亿元，同比增长31.98%。

金属、非金属制造业合计实现利润总额5 670.47亿元，同比增长56.51%。其中，非金属矿物制品业实现2 229.57亿元，同比增长49.15%；黑色金属冶炼及压延加工业实现1 399.16亿元，同比增长58.14%；有色金属冶炼及压延加工业实现1 075.80亿元，同比增长82.08%；金属制品业实现965.95亿元，同比增长50.29%。

从盈利能力看，2010年，金属、非金属制造业的整体毛利率为10.29%，同比小幅上升0.19个百分点。其中，非金属矿物制品业毛利率为16.20%，同比上升0.32个百分点；黑色金属冶炼及压延加工业毛利率为6.81%，同比上升0.11个百分点；有色金属冶炼及压延加工业毛利率为8.67%，同比上升0.38个百分点；金属制品业毛利率为12.94%，同比上升0.05个百分点。

截至2010年年底，金属、非金属制造业的资产负债率达到61.75%，同比小幅上升0.49个百分点。

二、行业内上市公司发展状况

（一）行业内上市公司基本情况

截至2010年年底，金属、非金属行业共涵盖171只股票，其中，165只A股，6只B股，分占沪深两市对应股票总数的7.96%、7.68%和0.28%。截至2010年底，该行业市值总额为19 206.98亿元，流通A股市值为13 269.90亿元，流通B股市值为600.67亿元，分占沪深两市市值总额的7.19%、流通A股市值的6.95%和流通B股市值的20.42%。

金属、非金属行业上市公司发行股票情况见表1。

表1　　金属、非金属行业上市公司发行股票概况

门　类	A、B股总数	A股股票数	B股股票数	境内总市值（亿元）	流通A股市值（亿元）	流通B股市值（亿元）
金属、非金属	171	165	6	19 206.98	13 269.90	600.67
占沪深两市比重（%）	7.96	7.68	0.28	7.19	6.95	20.42

资料来源：天相投资分析系统。

（二）行业内上市公司构成情况

按上市地划分，行业中在上海证券交易所上市的公司有67家，在深圳证券交易所上市的公司有92家，分别占行业内上市公司总数的40.61%和55.76%。

按A、B股划分，仅在A板上市的公司有159家，在A、B板同时上市的公司有6家，分别占行业内上市公司总数的96.37%和3.63%。

从经营角度看，行业内上市公司中ST、*ST公司分别有5家和10家，分别占行业内上市公司总数的3.03%和6.06%，没有已暂停上市的公司。

从股改完成情况看，截至2010年底，165家公司均已完成股权分置改革。

金属、非金属行业上市公司构成情况见表2。

表2　　金属、非金属行业上市公司构成情况　　单位：家

门　类	沪市			深市			ST/*ST	股改/未股改
	仅A股	仅B股	A+B股	仅A股	仅B股	A+B股		
金属、非金属	67	0	2	92	0	4	5/10	165/0
占行业内上市公司比重（%）	40.61	0.00	1.21	55.76	0.00	2.42	3.03/6.06	100.00/0.00

资料来源：天相投资分析系统。

按公司所处行业大类划分，可分非金属矿物制品业、黑色金属冶炼及压延加工业、有色金属冶炼及压延加工业和金属制品业，4个大类所涵盖公司数量分别为59家（其中A、B股共存3家）、33家（其中A、B股共存1家）、42家和31家（其中A、B股共存2家）。

金属、非金属行业上市公司具体分布见表3。

表3　　金属、非金属行业上市公司具体分布

A、B股类别	公司代码	公司名称	所属大类	A、B股类别	公司代码	公司名称	所属大类
沪市A股	600172	黄河旋风	非金属矿物制品业	沪市A股	600516	方大炭素	非金属矿物制品业
	600176	中国玻纤			600529	山东药玻	
	600217	ST 秦 岭			600539	ST 狮 头	
	600291	西水股份			600552	方兴科技	
	600293	三峡新材			600553	太行水泥	
	600318	巢东股份			600562	ST 高 陶	
	600425	青松建化			600585	海螺水泥	
	600449	赛马实业			600586	金晶科技	

续表

A、B股类别	公司代码	公司名称	所属大类	A、B股类别	公司代码	公司名称	所属大类
沪市A股	600629	棱光实业	非金属矿物制品业	沪市A股	600111	包钢稀土	有色金属冶炼及压延加工业
	600660	福耀玻璃			600219	南山铝业	
	600668	尖峰集团			600255	鑫科材料	
	600678	*ST金顶			600331	宏达股份	
	600720	祁 连 山			600338	ST 珠 峰	
	600783	鲁信创投			600362	江西铜业	
	600792	*ST马龙			600432	吉恩镍业	
	600801	华新水泥			600456	宝钛股份	
	600802	福建水泥			600459	贵研铂业	
	600819	耀皮玻璃			600531	豫光金铅	
	600876	洛阳玻璃			600549	厦门钨业	
	600883	博闻科技			600595	中孚实业	
	600005	武钢股份	黑色金属冶炼及压延加工业		600768	宁波富邦	
	600010	包钢股份			600888	新疆众和	
	600019	宝钢股份			600961	株冶集团	
	600022	济南钢铁			601600	中国铝业	
	600102	莱钢股份		沪市B股	900918	耀皮B股	非金属矿物制品业
	600117	西宁特钢			900933	华新B股	
	600126	杭钢股份		深市A股	000012	南 玻 A	非金属矿物制品业
	600231	凌钢股份			000401	冀东水泥	
	600282	南钢股份			000408	ST金谷源	
	600307	酒钢宏兴			000673	ST 当 代	
	600390	金瑞科技			000786	北新建材	
	600399	抚顺特钢			000789	江西水泥	
	600569	安阳钢铁			000795	太原刚玉	
	600581	八一钢铁			000856	ST 唐 陶	
	600691	*ST东碳			000877	天山股份	
	600784	鲁银投资			000885	同力水泥	
	600808	马钢股份			000928	中钢吉炭	
	600894	广钢股份			000935	四川双马	
	601003	柳钢股份			002066	瑞泰科技	
	601005	重庆钢铁			002080	中材科技	
	600114	东睦股份	金属制品业		002088	鲁阳股份	
	600165	新日恒力			002102	冠福家用	
	600558	大 西 洋			002162	斯 米 克	
	600782	新钢股份			002201	九鼎新材	
	600992	贵绳股份			002205	国统股份	

续表

A、B 股类别	公司代码	公司名称	所属大类	A、B 股类别	公司代码	公司名称	所属大类
深市 A 股	002225	濮耐股份	非金属矿物制品业	深市 A 股	002359	齐星铁塔	金属制品业
	002233	塔牌集团			002374	丽鹏股份	
	002271	东方雨虹			002384	东山精密	
	002302	西部建设			002403	爱仕达	
	002346	柘中建设			002443	金洲管道	
	002392	北京利尔			002444	巨星科技	
	002457	青龙管业			002445	中南重工	
	300064	豫金刚石			002468	艾迪西	
	300073	当升科技			002487	大金重工	
	300080	新大新材			002514	宝馨科技	
	300089	长城集团			000060	中金岭南	有色金属冶炼及压延加工业
	300093	金刚玻璃			000612	焦作万方	
	000629	攀钢钒钛	黑色金属冶炼及压延加工业		000630	铜陵有色	
	000708	大冶特钢			000657	* ST 中钨	
	000709	河北钢铁			000751	锌业股份	
	000717	韶钢松山			000807	云铝股份	
	000761	本钢板材			000831	* ST 关铝	
	000825	太钢不锈			000878	云南铜业	
	000898	鞍钢股份			000960	锡业股份	
	000932	华菱钢铁			000962	东方钽业	
	000959	首钢股份			002082	栋梁新材	
	002075	沙钢股份			002114	罗平锌电	
	002110	三钢闽光			002149	西部材料	
	002318	久立特材			002160	常铝股份	
	002478	常宝股份			002171	精诚铜业	
	000039	中集集团	金属制品业		002182	云海金属	
	000055	方大集团			002203	海亮股份	
	000156	* ST 嘉瑞			002237	恒邦股份	
	000778	新兴铸管			002295	精艺股份	
	000890	法 尔 胜			002333	罗普斯金	
	000969	安泰科技			002378	章源钨业	
	002026	山东威达			002379	鲁丰股份	
	002032	苏 泊 尔			002428	云南锗业	
	002047	成霖股份			002460	赣锋锂业	
	002071	江苏宏宝			002501	利源铝业	
	002084	海鸥卫浴			300034	钢研高纳	
	002132	恒星科技		深市 B 股	200012	南 玻 B	非金属矿物制品业
	002150	江苏通润			200761	本钢板 B	黑色金属冶炼及压延加工业
	002314	雅致股份					
	002328	新朋股份			200039	中 集 B	金属制品业
	002352	鼎泰新材			200055	方大 B	

资料来源：天相投资分析系统。

（三）行业内上市公司股改情况

截至2010年年底，金属、非金属制造业内流通A股占总股本的比例由61.47%提高到66.28%，增加4.82个百分点；流通B股比例由1.85%提高到1.90%，增加0.05个百分点。与此对应，限售A股比例由36.68%下降到31.82%，下降4.86个百分点。

2010年金属、非金属行业上市公司股本变动情况见表4。

表4　2010年金属、非金属行业上市公司股本变动情况　单位：万股

指　　标	2010年底	2009年底	增长变动（%）
总股本	16 696 166.73	15 331 437.91	8.90
其中：A股	16 379 313.71	15 047 450.62	8.85
B股	316 853.02	283 987.29	11.57
非限售流通A股	11 066 568.72	9 423 764.30	17.43
非限售流通A股比重（%）	66.28	61.47	4.82
流通B股	316 853.02	283 987.29	11.57
流通B股比重（%）	1.90	1.85	0.05
限售A股	5 312 744.99	5 623 686.32	-5.53
限售A股比重（%）	31.82	36.68	-4.86

资料来源：天相投资分析系统。

（四）行业内上市公司融资情况

2010年全年金属、非金属行业共有42家公司进行了融资，占沪深两市530家融资公司的7.92%，其中，新股发行25家，配股3家，增发14家，分别占7.44%、15.00%和8.05%。

2010年金属、非金属行业上市公司与沪深两市融资情况对比见表5。

表5　2010年金属、非金属行业上市公司与沪深两市融资情况对比　单位：家

	融资家数	新股	配股	增发
金属、非金属	42	25	3	14
沪深两市总数	530	336	20	176
占比（%）	7.92	7.44	15.00	8.05

资料来源：天相投资分析系统。

在首发的25家公司中，有20家在中小板上市，5家在创业板上市；增发的14家公司中，有5家沪市、2家深市及7家中小板公司。进行融资的42家公司中，非金属矿物制品业17家，黑色金属冶炼及压延加工业3家，有色金属冶炼及压延加工业9家，金属制品业13家。

2010年金属、非金属行业上市公司融资情况见表6。

表 6　　2010 年金属、非金属行业上市公司融资情况

代　码	公司名称	融资类别	所属大类	证券类型
000055	方大集团	增发	金属制品业	深市主板
000877	天山股份	增发	非金属矿物制品业	深市主板
000960	锡业股份	配股	有色金属冶炼及压延加工业	深市主板
002075	沙钢股份	增发	黑色金属冶炼及压延加工业	中小板
002080	中材科技	增发	非金属矿物制品业	中小板
002102	冠福家用	增发	非金属矿物制品业	中小板
002132	恒星科技	增发	金属制品业	中小板
002205	国统股份	增发	非金属矿物制品业	中小板
002225	濮耐股份	增发	非金属矿物制品业	中小板
002271	东方雨虹	增发	非金属矿物制品业	中小板
002346	柘中建设	首发	非金属矿物制品业	中小板
002352	鼎泰新材	首发	金属制品业	中小板
002359	齐星铁塔	首发	金属制品业	中小板
002374	丽鹏股份	首发	金属制品业	中小板
002378	章源钨业	首发	有色金属冶炼及压延加工业	中小板
002379	鲁丰股份	首发	有色金属冶炼及压延加工业	中小板
002384	东山精密	首发	金属制品业	中小板
002392	北京利尔	首发	非金属矿物制品业	中小板
002403	爱 仕 达	首发	金属制品业	中小板
002428	云南锗业	首发	有色金属冶炼及压延加工业	中小板
002443	金洲管道	首发	金属制品业	中小板
002444	巨星科技	首发	金属制品业	中小板
002445	中南重工	首发	金属制品业	中小板
002457	青龙管业	首发	非金属矿物制品业	中小板
002460	赣锋锂业	首发	有色金属冶炼及压延加工业	中小板
002468	艾 迪 西	首发	金属制品业	中小板
002478	常宝股份	首发	黑色金属冶炼及压延加工业	中小板
002487	大金重工	首发	金属制品业	中小板
002501	利源铝业	首发	有色金属冶炼及压延加工业	中小板
002514	宝馨科技	首发	金属制品业	中小板
300064	豫金刚石	首发	非金属矿物制品业	创业板
300073	当升科技	首发	非金属矿物制品业	创业板
300080	新大新材	首发	非金属矿物制品业	创业板
300089	长城集团	首发	非金属矿物制品业	创业板
300093	金刚玻璃	首发	非金属矿物制品业	创业板
600219	南山铝业	增发	有色金属冶炼及压延加工业	沪市
600282	南钢股份	增发	黑色金属冶炼及压延加工业	沪市
600425	青松建化	配股	非金属矿物制品业	沪市
600432	吉恩镍业	增发	有色金属冶炼及压延加工业	沪市
600531	豫光金铅	配股	有色金属冶炼及压延加工业	沪市
600629	棱光实业	增发	非金属矿物制品业	沪市
600783	鲁信创投	增发	非金属矿物制品业	沪市

资料来源：天相投资分析系统。

从融资效果看，上市公司实际发行数量为536 445.24 万股；实际募集资金432.37亿元，基本完成了预定的融资计划。

2010 年金属、非金属行业上市公司融资明细见表7。

表7　　2010 年金属、非金属行业上市公司融资明细

代　码	公司名称	发行价格（元）	实际发行数量（万股）	实募集资金数（亿元）
000055	方大集团	7.30	4 794.52	3.35
000877	天山股份	20.01	7 691.15	15.00
000960	锡业股份	8.98	15 066.46	13.20
002075	沙钢股份	1.78	118 026.56	21.01
002080	中材科技	25.08	5 000.00	12.41
002102	冠福家用	8.08	3 412.03	2.53
002132	恒星科技	10.00	2 531.79	2.37
002205	国统股份	27.00	1 615.20	4.22
002225	濮耐股份	6.19	3 988.69	2.47
002271	东方雨虹	35.00	1 348.00	4.51
002346	柘中建设	19.90	3 500.00	6.48
002352	鼎泰新材	32.00	1 950.00	5.81
002359	齐星铁塔	16.98	2 750.00	4.36
002374	丽鹏股份	23.80	1 350.00	2.97
002378	章源钨业	13.00	4 300.00	5.10
002379	鲁丰股份	33.00	1 950.00	5.97
002384	东山精密	26.00	4 000.00	9.59
002392	北京利尔	42.00	3 375.00	13.33
002403	爱 仕 达	18.80	6 000.00	10.83
002428	云南锗业	30.00	3 200.00	8.98
002443	金洲管道	22.00	3 350.00	7.07
002444	巨星科技	29.00	6 350.00	17.61
002445	中南重工	18.80	3 100.00	5.47
002457	青龙管业	25.00	3 500.00	8.40
002460	赣锋锂业	20.70	2 500.00	4.79
002468	艾 迪 西	12.50	4 000.00	4.74
002478	常宝股份	16.78	6 950.00	11.04
002487	大金重工	38.60	3 000.00	10.90
002501	利源铝业	35.00	2 360.00	7.63
002514	宝馨科技	23.00	1 700.00	3.49
300064	豫金刚石	21.32	3 800.00	7.45
300073	当升科技	36.00	2 000.00	6.55
300080	新大新材	43.40	3 500.00	14.80
300089	长城集团	20.50	2 500.00	4.61
300093	金刚玻璃	16.20	3 000.00	4.56
600219	南山铝业	8.82	28 344.00	24.68
600282	南钢股份	4.15	219 095.25	90.92
600425	青松建化	6.40	10 980.38	6.76
600432	吉恩镍业	16.22	4 778.05	7.55
600531	豫光金铅	9.49	6 698.16	6.21
600629	棱光实业	12.19	2 099.93	2.56
600783	鲁信创投	11.81	16 990.07	20.07

资料来源：天相投资分析系统。

（五）行业内上市公司资产及业绩情况

截至2010年，金属、非金属业资产总值已达20 561.15亿元，非流动资产12 165.13亿元，归属于母公司股东权益7 748.20亿元，分别比2009年同期增长了16.08%、8.76%和14.10%。

金属、非金属行业上市公司资产情况见表8。

表8　　金属、非金属行业上市公司资产情况　　单位：亿元

资产指标	2010年	2010年增长（%）	2009年	2009年增长（%）	2008年
总资产	20 561.15	16.08	17 479.16	15.17	15 118.94
流动资产	8 396.01	28.61	6 414.65	12.59	5 661.46
占比（%）	40.83	3.98	36.70	0.84	37.45
非流动资产	12 165.13	8.76	11 064.51	16.72	9 457.48
占比（%）	59.17	-3.98	63.30	-0.84	62.55
流动负债	8 945.82	19.83	7 315.06	21.63	5 984.97
占比（%）	43.51	1.36	41.85	2.22	39.59
非流动负债	3 350.21	10.28	2 978.19	14.89	2 590.12
占比（%）	16.29	-0.86	17.04	-0.04	17.13
归属于母公司股东权益	7 748.20	14.10	6 786.27	9.15	6 193.96
占比（%）	37.68	-0.65	38.82	-2.14	40.97

资料来源：天相投资分析系统。

据2010年年报数据，金属、非金属业上市公司合计实现营业收入19 653.23亿元，实现利润总额831.34亿元，实现归属于母公司所有者的净利润622.11亿元，分别比2009年同期增长36.59%、135.59%和150.74%。

金属、非金属行业上市公司收入实现情况见表9。

表9　　金属、非金属行业上市公司收入实现情况　　单位：亿元

业绩指标	2010年	2010年增长（%）	2009年	2009年增长（%）	2008年
营业收入	19 653.23	36.59	14 218.81	-16.70	16 982.73
利润总额	831.34	135.61	352.54	-19.40	430.42
归属于母公司所有者的净利润	622.11	150.74	246.73	-24.30	320.94

资料来源：天相投资分析系统。

（六）利润分配情况

2010年全年金属、非金属业上市公司中共有109家公司实施了分红配股，而2009年共有29家公司实施了分红配股，2010年分红配股公司的数量大幅上升，主要原因是2010年上市公司利润总额同比增长135.61%。其中，43家公司实施送股及转增股本，102家公司实施派息，既送股、转增又派息的公司34家。送股、转增及派息比

例最高值分别为每股送 1 股（中材科技等 18 家公司）和每股派息 1.00 元（巨星科技）。

2010 年金属、非金属行业上市公司分红情况见表 10。

表 10　　2010 年金属、非金属行业上市公司分红情况

代　码	名　　称	送股及转增比例	每股派息（税前　元）	基准股本（万股）
000012	南 玻 A	—	0.350	207 614.31
000039	中集集团	—	0.350	266 239.61
000055	方大集团	0.500	—	50 460.66
000060	中金岭南	0.300	0.020	158 687.76
000629	攀钢钒钛	—	0.120	572 649.75
000630	铜陵有色	—	0.100	142 160.67
000708	大冶特钢	—	0.500	44 940.85
000761	本钢板材	—	0.100	313 600.00
000778	新兴铸管	—	0.100	191 687.16
000786	北新建材	—	0.165	57 515.00
000789	江西水泥	—	0.080	39 590.96
000807	云铝股份	0.300	0.030	118 397.92
000825	太钢不锈	—	0.100	569 624.78
000877	天山股份	—	0.400	38 894.51
000898	鞍钢股份	—	0.150	723 480.78
000959	首钢股份	—	0.100	296 652.61
000960	锡业股份	0.100	0.120	82 410.94
000962	东方钽业	—	0.050	35 640.00
000969	安泰科技	—	0.120	85 487.37
002026	山东威达	0.300	0.100	13 500.00
002032	苏 泊 尔	—	0.280	57 725.20
002066	瑞泰科技	—	0.150	11 550.00
002071	江苏宏宝	—	0.040	18 402.00
002080	中材科技	1.000	0.300	20 000.00
002082	栋梁新材	—	0.150	23 800.00
002084	海鸥卫浴	0.200	—	27 965.28
002088	鲁阳股份	—	0.100	23 397.87
002102	冠福家用	1.000	—	20 463.00
002110	三钢闽光	—	0.020	53 470.00
002132	恒星科技	1.000	0.100	26 993.49
002149	西部材料	—	0.200	17 463.00
002150	江苏通润	0.600	0.150	15 637.50
002160	常铝股份	1.000	0.040	17 000.00
002162	斯 米 克	—	0.050	41 800.00

续表

代　码	名　　称	送股及转增比例	每股派息（税前　元）	基准股本（万股）
002171	精诚铜业	1.000	0.200	16 302.00
002182	云海金属	0.500	—	19 200.00
002201	九鼎新材	0.300	—	13 520.00
002203	海亮股份	—	0.120	40 010.00
002205	国统股份	—	0.100	11 615.20
002225	濮耐股份	0.300	0.080	56 189.62
002233	塔牌集团	1.000	0.080	44 021.66
002271	东方雨虹	1.000	0.250	17 176.00
002295	精艺股份	0.500	0.150	14 120.00
002314	雅致股份	—	0.250	29 000.00
002318	久立特材	—	0.100	20 800.00
002328	新朋股份	—	0.300	30 000.00
002333	罗普斯金	—	0.100	25 088.00
002346	柘中建设	—	0.100	13 500.00
002352	鼎泰新材	—	0.700	7 783.08
002359	齐星铁塔	0.500	0.150	10 900.00
002374	丽鹏股份	0.600	0.100	5 350.00
002378	章源钨业	—	0.400	42 821.36
002379	鲁丰股份	1.000	0.100	7 750.00
002384	东山精密	0.200	0.200	16 000.00
002392	北京利尔	1.000	0.250	13 500.00
002403	爱 仕 达	—	0.200	24 000.00
002428	云南锗业	0.300	0.150	12 560.00
002443	金洲管道	0.300	0.100	13 350.00
002444	巨星科技	1.000	1.000	25 350.00
002445	中南重工	—	0.200	12 300.00
002457	青龙管业	0.600	0.300	13 958.00
002460	赣锋锂业	0.500	0.400	10 000.00
002468	艾 迪 西	0.200	0.300	16 000.00
002478	常宝股份	—	0.100	40 010.00
002501	利源铝业	1.000	0.300	9 360.00
002514	宝馨科技	—	0.580	6 800.00
300034	钢研高纳	0.800	0.080	11 777.12
300064	豫金刚石	1.000	0.200	15 200.00
300073	当升科技	1.000	0.200	8 000.00
300080	新大新材	1.000	0.400	14 000.00
300093	金刚玻璃	0.800	0.100	12 000.00
600005	武钢股份	—	0.100	1 009 377.98

续表

代　码	名　　称	送股及转增比例	每股派息（税前　元）	基准股本（万股）
600010	包钢股份	—	0.012	642 364.37
600019	宝钢股份	—	0.300	1 751 204.81
600102	莱钢股份	—	0.060	92 227.31
600111	包钢稀土	0.500	0.100	80 734.80
600114	东睦股份	—	0.100	19 550.00
600126	杭钢股份	—	0.060	83 893.88
600219	南山铝业	—	0.100	193 415.45
600231	凌钢股份	—	0.040	80 400.22
600255	鑫科材料	—	0.050	44 950.00
600307	酒钢宏兴	1.000	0.100	204 567.87
600362	江西铜业	—	0.200	346 272.94
600425	青松建化	—	0.400	47 869.50
600432	吉恩镍业	—	0.100	81 112.15
600456	宝钛股份	—	0.100	43 026.57
600459	贵研铂业	0.300	0.072	11 173.50
600529	山东药玻	—	0.100	25 738.01
600531	豫光金铅	—	0.100	29 525.08
600549	厦门钨业	—	0.200	68 198.00
600558	大 西 洋	—	0.100	13 817.19
600569	安阳钢铁	—	0.020	239 368.45
600581	八一钢铁	—	0.220	76 644.89
600585	海螺水泥	0.500	0.300	353 286.84
600586	金晶科技	1.000	—	71 135.37
600595	中孚实业	—	0.050	151 487.38
600629	棱光实业	0.200	—	28 999.98
600660	福耀玻璃	—	0.570	200 298.63
600720	祁 连 山	—	0.150	47 490.23
600782	新钢股份	—	0.060	139 343.06
600783	鲁信创投	1.000	0.090	37 217.96
600801	华新水泥	1.000	0.200	40 360.00
600808	马钢股份	—	0.050	770 068.12
600819	耀皮玻璃	—	0.037	73 125.01
600883	博闻科技	—	0.060	23 608.80
600888	新疆众和	—	0.100	35 205.87
600992	贵绳股份	—	0.060	16 437.00
601003	柳钢股份	—	0.150	256 279.32
601600	中国铝业	—	0.011	1 352 448.79

资料来源：天相投资分析系统。

（七）其他财务指标情况

1. 盈利能力指标

2010 年，金属、非金属业毛利率、净资产收益率、销售利润率和资产净利率指标均有不同程度的上升，分别上升 0.65、4.38、1.44 和 1.75 个百分点。

金属、非金属行业上市公司盈利能力情况见表 11。

表 11　金属、非金属行业上市公司盈利能力情况　单位:%

盈利能力指标	2010 年	2010 年变动	2009 年	2009 年变动	2008 年
毛利率	10.50	0.65	9.95	-0.70	11.08
净资产收益率	8.03	4.38	3.64	-1.61	5.18
销售净利率	3.17	1.44	1.74	-0.17	1.89
资产净利率	3.25	1.75	1.51	-0.76	2.24

资料来源：天相投资分析系统。

2. 偿债能力指标

2010 年，金属、非金属行业流动比率、速动比率均有所上升，资产负债率有所上升，整体偿债能力基本稳定。

金属、非金属行业上市公司偿债能力指标见表 12。

表 12　金属、非金属行业上市公司偿债能力指标

偿债能力指标	2010 年	2010 年变动	2009 年	2009 年变动	2008 年
流动比率（次）	0.94	0.06	0.88	-0.07	0.95
速动比率（次）	0.42	0.01	0.41	-0.03	0.52
资产负债率（%）	59.80	0.51	58.89	2.18	56.72

资料来源：天相投资分析系统。

3. 营运能力指标

2010 年，金属、非金属业存货周转率及应收账款周转率均出现小幅上升，分别上升 0.48 和 4.98 个百分点；其他营运能力指标也有一定幅度的上升。

金属、非金属行业上市公司营运能力情况见表 13。

表 13　金属、非金属行业上市公司营运能力情况　单位：次

营运能力指标	2010 年	2010 年变动	2009 年	2009 年变动	2008 年
存货周转率	5.19	0.48	4.68	-1.29	5.97
应收账款周转率	34.48	4.98	31.06	-5.39	20.49
流动资产周转率	2.63	0.30	2.35	-0.64	2.99
固定资产周转率	2.25	0.35	1.90	-0.84	2.73
总资产周转率	1.03	0.16	0.87	-0.32	1.19

资料来源：天相投资分析系统。

三、重点细分行业介绍

金属、非金属业共涵盖4个大类，分别是非金属矿物制品业、黑色金属冶炼及压延加工业、有色金属冶炼及压延加工业和金属制品业。

表14数据显示，上市公司数最多的是非金属矿物制品业，有59家公司上市，但占行业内市值比重为23.75%；有色金属冶炼及压延加工业上市公司42家，占行业内市值比重为35.69%，市值占比为行业内最高。

金属、非金属各子行业上市公司及市值情况见表14。

表14　　金属、非金属各子行业上市公司及市值情况

大　类	上市公司数（家）	占行业内比重（%）	境内总市值（亿元）	占行业内比重（%）
非金属矿物制品业	59	35.76	4 562.30	23.75
黑色金属冶炼及压延加工业	33	20.00	5 620.08	29.26
金属制品业	31	18.79	2 169.78	11.30
有色金属冶炼及压延加工业	42	25.45	6 854.81	35.69

资料来源：天相投资分析系统。

（一）非金属矿物制品业

1. 行业概况

2010年，非金属矿物制品业总资产为26 304.76亿元，同比增长23.30%；完成营业收入30 824.39亿元，同比增长33.50%；完成利润总额2 229.57亿元，同比增长49.15%；毛利率为16.20%，同比增长0.32个百分点。

2. 行业内上市公司发展状况

2010年，非金属矿物制品业上市公司的整体营业收入增长较为平稳，同比增长31.75%；而利润水平增幅较大，其中利润总额和归属母公司所有者净利润分别同比增长81.06%和80.70%。

非金属矿物制品业上市公司收入及资产增长情况见表15。

表15　　非金属矿物制品业上市公司收入及资产增长情况　　单位：亿元

指　标	2010年	2010年增长（%）	2009年	2009年增长（%）	2008年
营业收入	1 449.52	31.75	1 156.58	10.81	1 035.87
利润总额	234.89	81.06	144.64	41.07	101.69
归属于母公司所有者的净利润	175.26	80.70	106.80	42.29	74.41
总资产	2 859.20	24.81	2 315.71	21.60	1 897.02
归属于母公司股东权益	1 220.25	29.72	1 015.60	19.30	847.68

资料来源：天相投资分析系统。

2010年，非金属矿物制品业盈利能力各项指标均有所增长，其中毛利率为29.29%，同比增加2.15个百分点。

非金属矿物制品业上市公司盈利能力情况见表16。

表 16　　非金属矿物制品业上市公司盈利能力情况　　单位:%

盈利能力指标	2010 年	2010 年增长（%）	2009 年	2009 年变动	2008 年
毛利率	29.29	2.15	27.91	1.86	26.12
净资产收益率	14.36	4.05	10.52	1.70	8.78
销售净利率	12.09	3.28	9.23	2.04	7.18
资产净利率	6.81	2.19	5.06	0.78	4.26

资料来源：天相投资分析系统。

2010 年，非金属矿物制品业资产负债率有所下降，存货周转率和总资产周转率均有所上升。

非金属矿物制品业上市公司偿债及营运情况见表 17。

表 17　　非金属矿物制品业上市公司偿债及营运情况

指　　标	2010 年	2010 年变动	2009 年	2009 年变动	2008 年
资产负债率（%）	53.74	-1.21	52.57	0.77	51.82
存货周转率（次）	4.89	0.56	3.91	-0.27	4.18
总资产周转率（次）	0.56	0.04	0.55	-0.05	0.59

资料来源：天相投资分析系统。

（二）黑色金属冶炼及压延加工业

1. 行业概况

2010 年，黑色金属冶炼及压延加工业总资产为 50 935.78 亿元，同比增长 17.52%；完成营业收入 54 155.69 亿元，同比增长 28.96%；完成利润总额 1 399.16 亿元，同比增长 58.14%；毛利率为 6.81%，同比增长 0.11%。

2. 行业内上市公司发展状况

2010 年，黑色金属冶炼及压延加工业上市公司的整体营业收入增长较为平稳，同比增长 29.77%；而利润水平增幅较大，其中利润总额和归属母公司所有者净利润分别同比增长 180.19% 和 192.19%。

黑色金属冶炼及压延加工业上市公司收入及资产增长情况见表 18。

表 18　　黑色金属冶炼及压延加工业上市公司收入及资产增长情况　　单位：亿元

指　　标	2010 年	2010 年增长（%）	2009 年	2009 年增长（%）	2008 年
营业收入	12 201.75	29.77	9 227.89	-21.52	11 737.38
利润总额	343.13	180.19	120.97	-53.31	258.19
归属于母公司所有者的净利润	262.59	192.19	90.12	-55.55	201.93
总资产	11 617.77	10.52	10 493.25	15.68	9 057.95
归属于母公司股东权益	4 177.62	6.88	3 918.67	7.32	3 647.89

资料来源：天相投资分析系统。

2010年，黑色金属冶炼及压延加工业盈利能力各项指标均有所增长，其中毛利率为8.41%，同比增长0.78个百分点。

黑色金属冶炼及压延加工业上市公司盈利能力情况见表19。

表19　　黑色金属冶炼及压延加工业上市公司盈利能力情况　　单位：%

盈利能力指标	2010年	2010年变动	2009年	2009年变动	2008年
毛利率	8.41	0.78	7.67	-2.40	10.06
净资产收益率	6.29	3.99	2.30	-3.25	5.54
销售净利率	2.15	1.20	0.98	-0.75	1.72
资产净利率	2.37	1.46	0.92	-1.41	2.33

资料来源：天相投资分析系统。

2010年，黑色金属冶炼及压延加工业资产负债率有所上升，存货周转率和总资产周转率均有所上升。

黑色金属冶炼及压延加工业上市公司偿债及营运情况见表20。

表20　　黑色金属冶炼及压延加工业上市公司偿债及营运情况

指　标	2010年	2010年变动	2009年	2009年变动	2008年
资产负债率（%）	62.45	1.10	61.21	2.80	58.39
存货周转率（次）	5.74	0.48	5.19	-1.56	6.75
总资产周转率（次）	1.10	0.14	0.94	-0.41	1.35

资料来源：天相投资分析系统。

（三）有色金属冶炼及压延加工业

1. 行业概况

2010年，有色金属冶炼及压延加工业总资产为21 261.69亿元，同比增长22.85%；完成营业收入28 301.42亿元，同比增长44.41%；完成利润总额1 075.80亿元，同比增长82.08%；毛利率为8.67%，同比增长0.38%。

2. 行业内上市公司发展状况

2010年，有色金属冶炼及压延加工业上市公司的整体营业收入为4 354.51亿元，同比增长53.21%；利润总额和归属母公司所有者净利润分别同比增长289.94%和469.12%。

有色金属冶炼及压延加工业上市公司收入及资产增长情况见表21。

2010年，有色金属冶炼及压延加工业盈利能力各项指标总体有所增长，其中毛利率为9.13%，同比上升0.09个百分点。

有色金属冶炼及压延加工业上市公司盈利能力情况见表22。

表 21　　有色金属冶炼及压延加工业上市公司收入及资产增长情况　　单位：亿元

指　　标	2010 年	2010 年增长（%）	2009 年	2009 年增长（%）	2008 年
营业收入	4 354.51	53.21	2 871.41	-6.71	3 056.50
利润总额	164.04	289.94	37.46	30.66	27.64
归属于母公司所有者的净利润	113.03	469.12	15.50	12.21	12.96
总资产	4 506.81	20.70	3 596.44	10.70	3 241.05
归属于母公司股东权益	1 693.15	18.09	1 387.72	3.76	1 332.38

资料来源：天相投资分析系统。

表 22　　有色金属冶炼及压延加工业上市公司盈利能力情况　　单位:%

盈利能力指标	2010 年	2010 年变动	2009 年	2009 年变动	2008 年
毛利率	9.13	0.09	8.71	-0.83	9.54
净资产收益率	6.68	5.29	1.12	0.08	0.97
销售净利率	2.60	1.90	0.54	0.09	0.42
资产净利率	2.74	2.18	0.45	-0.01	0.43

资料来源：天相投资分析系统。

2010 年，有色金属冶炼及压延加工业资产负债率有所上升，存货周转率和总资产周转率均有所上升。

有色金属冶炼及压延加工业上市公司偿债及营运情况见表 23。

表 23　　有色金属冶炼及压延加工业上市公司偿债及营运情况

指　　标	2010 年	2010 年变动	2009 年	2009 年变动	2008 年
资产负债率（%）	58.76	0.83	57.73	2.68	55.10
存货周转率（次）	4.03	0.44	3.75	-0.80	4.55
总资产周转率（次）	1.06	0.25	0.84	-0.19	1.02

资料来源：天相投资分析系统。

（四）金属制品业

1. 行业概况

2010 年，金属制品业总资产为 13 837.05亿元，同比增长 23.00%；完成营业收入 19 476.44 亿元，同比增长 31.98%；完成利润总额 965.95 亿元，同比增长 50.29%；毛利率为 12.94%，同比增长 0.05%。

2. 行业内上市公司发展状况

2010 年，金属制品业上市公司的整体营业收入为 1 647.45 亿元，同比增长 57.86%；利润总额和归属母公司所有者净利润分别同比增长 52.41% 和 72.08%。

金属制品业上市公司收入及资产增长情况见表 24。

表 24　　金属制品业上市公司收入及资产增长情况　　单位：亿元

指　　标	2010 年	2010 年增长（%）	2009 年	2009 年增长（%）	2008 年
营业收入	1 647.45	57.86	962.94	-19.10	1 152.99
利润总额	89.28	52.41	49.47	5.09	42.90
归属于母公司所有者的净利润	71.23	72.08	34.31	-0.04	31.64
总资产	1 577.36	34.12	1 073.77	12.68	922.91
归属于母公司股东权益	657.18	29.51	464.28	23.14	366.01

资料来源：天相投资分析系统。

2010 年，金属制品业盈利能力各项指标有增有降，其中毛利率为 13.07%，同比下降 0.78 个百分点。

金属制品业上市公司盈利能力情况见表 25。

表 25　　金属制品业上市公司盈利能力情况　　单位:%

盈利能力指标	2010 年	2010 年变动	2009 年	2009 年变动	2008 年
毛利率	13.07	-0.78	13.92	1.65	11.94
净资产收益率	10.84	2.68	7.39	-1.71	8.65
销售净利率	4.32	0.36	3.56	0.68	2.74
资产净利率	5.17	1.44	3.39	-0.30	3.50

资料来源：天相投资分析系统。

2010 年，金属制品业资产负债率有所上升，存货周转率和总资产周转率均有所上升。

金属制品业上市公司偿债及营运情况见表 26。

表 26　　金属制品业上市公司偿债及营运情况

指　　标	2010 年	2010 年变动	2009 年	2009 年变动	2008 年
资产负债率（%）	54.26	0.57	53.76	-2.26	56.03
存货周转率（次）	5.66	1.12	4.59	-1.16	5.76
总资产周转率（次）	1.20	0.25	0.95	-0.33	1.28

资料来源：天相投资分析系统。

四、重点上市公司介绍

海螺水泥

海螺水泥是亚洲最大的水泥、熟料供应商。2010 年，公司实现营业收入 345.08 亿元，同比上涨 38.04%；实现利润总额 80.78 亿元，同比上涨 80.46%；实现归属于母公司所有者的净利润 61.71 亿元，同比上涨 74.12%；每股收益 1.17 元。

盈利能力方面，2010 年公司毛利率为 32.08%，同比增加 3.55 个百分点；净资产收益率 19.39%，同比增加 6.22 个百分点。

2010 年末，公司的资产负债率为41.02%，同比增加3.17个百分点。

宝钢股份

宝钢股份是国内龙头上市钢铁公司，是国内最大的汽车板、家电板制造商。2010年，公司实现营业收入2 021.49亿元，同比上涨36.29%；实现利润总额170.76亿元，同比上涨134.10%；实现归属于母公司所有者的净利润128.89亿元，同比上涨121.61%；每股收益0.74元。

盈利能力方面，2010年公司毛利率为12.04%，同比增加2.60个百分点；净资产收益率12.95%，同比增加6.68个百分点。

2010 年末，公司的资产负债率为48.47%，同比下降1.21个百分点。

江西铜业

江西铜业是国内最大的铜冶炼厂商。2010年，公司实现营业收入764.41亿元，同比上涨47.81%；实现利润总额59.80亿元，同比上涨88.27%；实现归属于母公司所有者的净利润49.07亿元，同比上涨108.88%；每股收益1.42元。

盈利能力方面，2010年公司毛利率为10.83%，同比增加0.07个百分点；净资产收益率18.29%，同比增加7.51个百分点。

2010 年末，公司的资产负债率为37.03%，同比下降2.04个百分点。

恒星科技

公司主要从事镀锌钢丝、钢帘线、钢绞线的生产和销售，镀锌钢丝、钢绞线生产能力位居全国龙头地位。2010年，公司实现营业收入18.65亿元，同比上涨45.31%；实现利润总额1.21亿元，同比上涨4.49%；实现归属于母公司所有者的净利润8 960万元，同比下降5.72%；每股收益0.17元。

盈利能力方面，2010年公司毛利率为13.26%，同比下降3.02个百分点；净资产收益率8.86%，同比下降4.18个百分点。

2010 年年末，公司的资产负债率为55.05%，同比增加5.46个百分点。

五、上市公司在该行业中的影响力

2010年金属、非金属类上市公司合计实现营业收入19 653.23亿元，占行业总收入的14.80%。2010年金属、非金属类上市公司营业收入增速、利润总额增速分别为36.59%、135.61%，行业整体收入增速分别为33.51%、56.51%，上市公司的盈利能力好于行业水平。

山西证券有限责任公司
审稿人：刘小勇
撰稿人：刘俊清

制 造 业

机械、设备、仪表

一、机械、设备、仪表制造业概况

2010年，作为“十一五”的收官之年，各项经济指标增长态势良好。在国家4万亿基建投资的刺激政策下，2010年国内经济从低潮转向强劲增长。我国机械行业通过调整结构、自主创新、加快国际化步伐，实现快速增长，各个子行业的订单和产量普遍大幅提升，如工程机械行业市场销售额突破4 000亿元，同比增幅超过30%。

随着我国政府一系列投资计划的逐步落实，以及装备制造业等新兴产业发展规划的出台，我国机械行业将迎来转型发展的黄金时期。从近期来看，政府在保障房工程和水利建设上的持续投资使得机械工业的需求保持稳定增长；从长期来看，机械工业在国家经济转型中继续充当中坚力量，工业化、城镇化的提速，西部大开发的推进，机械化率的提升，机械高端化和智能化需求等因素成为机械行业发展的持续推动力。

根据国家统计局提供的数据，2010年，机械、设备、仪表制造业合计实现营业收入150 955.51亿元，同比增长31.04%；实现利润总额10 901.61亿元，同比增长51.04%。

从盈利能力看，行业盈利能力有所增强。2010年，机械、设备、仪表制造业的毛利率为15.85%，同比提高0.43个百分点；税前利润率为7.22%，同比增长0.96个百分点。

2010年，机械、设备、仪表制造业的财务状况较2009年变化不大，截至2010年底，全行业的资产负债率为59.97%，同比下降0.84个百分点。

二、行业内上市公司发展状况

（一）行业内上市公司基本情况

截至2010年年底，机械、设备、仪表制造业共涵盖383只A、B股，363家上市公司（其中20家上市公司既有A股又有B股）分别占A、B股市场上市公司总数的16.52%和1.30%。截至2010年底，机械、设备、仪表制造行业境内市值总额为32 985.98亿元，流通A股市值为20 700.56亿元，流通B股市值为680.56亿元，分占沪深两市境内市值总额的12.35%、流通A股市值的10.84%和流通B股市值的23.14%。

机械、设备、仪表制造业上市公司发行股票概况见表1。

表1　　机械、设备、仪表制造业上市公司发行股票概况

门　类	A、B股总数	A股股票数	B股股票数	境内总市值（亿元）	流通A股市值（亿元）	流通B股市值（亿元）
机械、设备、仪表	383	355	28	32 985.98	20 700.56	680.56
占沪深两市比重（%）	17.82	16.52	1.30	12.35	10.84	23.14

资料来源：天相投资分析系统。

（二）上市公司构成情况

按上市地划分，行业中在上海证券交易所上市的公司有130家，其中仅A股、仅B股、A+B股分别有116家、3家和11家，分占行业内上市公司总数的31.96%、0.83%和3.03%；在深圳证券交易所上市的公司有233家，其中仅A股、仅B股、A+B股分别有219家、5家和9家，分占行业内上市公司总数的60.33%、1.38%和2.48%。

从经营角度看，行业内上市公司中ST、*ST公司分别有11家和13家，占行业上市公司总数的3.10%和3.66%。

从股改完成情况来看，截至2010年年底，363家上市公司中仅有1家未完成股改。

机械、设备、仪表制造业上市公司构成情况见表2。

表2　　机械、设备、仪表制造业上市公司构成情况　　单位：家

门　类	沪市			深市			ST/*ST	股改/未股改
	仅A股	仅B股	A+B股	仅A股	仅B股	A+B股		
机械、设备、仪表	116	3	11	219	5	9	11/13	362/1
占行业内上市公司比重（%）	31.96	0.83	3.03	60.33	1.38	2.48	3.10/3.66	99.72/0.28

资料来源：天相投资分析系统。

按公司所处行业大类划分，该行业可分为电器机械及器材制造业、普通设备制造业、专用设备制造业、交通运输设备制造业和仪器仪表及文化、办公用机械制造业。5个大类所涵盖公司数量分别为95家（其中A、B股共存5家）、68家（其中A、B股共存4家）、96家（其中A、B股共存4家）、89家（其中A、B股共存6家）、15家（其中A、B股共存1家）。

机械、设备、仪表制造业上市公司具体分布见表3。

表3　　机械、设备、仪表制造业上市公司具体分布

A、B股类别	公司代码	公司名称	所属大类	A、B股类别	公司代码	公司名称	所属大类
沪市A股	600067	冠城大通	电器机械及器材制造业	深市A股	000049	德赛电池	电器机械及器材制造业
	600089	特变电工			000400	许继电气	
	600112	长征电气			000418	小天鹅A	
	600192	长城电工			000521	美菱电器	
	600202	哈空调			000527	美的电器	
	600261	阳光照明			000533	万家乐	

续表

A、B股类别	公司代码	公司名称	所属大类	A、B股类别	公司代码	公司名称	所属大类
沪市A股	600336	澳 柯 玛	电器机械及器材制造业	深市A股	000541	佛山照明	电器机械及器材制造业
	600379	宝光股份			000585	东北电气	
	600481	双良节能			000651	格力电器	
	600482	风帆股份			000806	银河科技	
	600517	置信电气			000921	ST 科 龙	
	600520	中发科技			000922	ST 阿 继	
	600550	天威保变			000967	上风高科	
	600577	精达股份			002005	德豪润达	
	600580	卧龙电气			002028	思源电气	
	600590	泰豪科技			002035	华帝股份	
	600619	海立股份			002074	东源电器	
	600651	飞乐音响			002076	雪 莱 特	
	600690	青岛海尔			002090	金智科技	
	600835	上海机电			002112	三变科技	
	600847	ST渝万里			002123	荣信股份	
	600854	ST 春 兰			002168	深圳惠程	
	600875	东方电气			002169	智光电气	
	600973	宝胜股份			002176	江特电机	
	600983	合肥三洋			002180	万 力 达	
	601126	四方股份			002202	金风科技	
	601369	陕鼓动力			002212	南洋股份	
	601727	上海电气			002227	奥 特 迅	
	601877	正泰电器			002242	九阳股份	
	600006	东风汽车	交通运输设备制造业		002249	大洋电机	
	600031	三一重工			002260	伊 立 浦	
	600038	哈飞股份			002266	浙富股份	
	600066	宇通客车			002276	万马电缆	
	600081	东风科技			002298	鑫龙电器	
	600093	禾嘉股份			002300	太阳电缆	
	600099	林海股份			002309	中利科技	
	600104	上海汽车			002322	理工监测	
	600148	长春一东			002334	英 威 腾	
	600151	航天机电			002335	科华恒盛	
	600166	福田汽车			002350	北京科锐	
	600178	东安动力			002358	森源电气	
	600213	亚星客车			002364	中恒电气	
	600303	曙光股份			002380	科远股份	

续表

A、B股类别	公司代码	公司名称	所属大类	A、B股类别	公司代码	公司名称	所属大类
沪市A股	600316	洪都航空	交通运输设备制造业	深市A股	002451	摩恩电气	电器机械及器材制造业
	600372	中航电子			002452	长高集团	
	600375	星马汽车			002471	中超电缆	
	600391	成发科技			002498	汉缆股份	
	600418	江淮汽车			002508	老板电器	
	600495	晋西车轴			002518	科士达	
	600501	航天晨光			002527	新时达	
	600507	方大特钢			002533	金杯电工	
	600523	贵航股份			300001	特锐德	
	600565	迪马股份			300018	中元华电	
	600609	ST金杯			300040	九洲电气	
	600676	交运股份			300048	合康变频	
	600679	金山开发			300062	中能电气	
	600685	广船国际			300068	南都电源	
	600686	金龙汽车			300069	金利华电	
	600698	*ST轻骑			300120	经纬电材	
	600715	*ST松辽			300124	汇川技术	
	600741	华域汽车			300126	锐奇股份	
	600742	一汽富维			300140	启源装备	
	600760	中航黑豹			300141	和顺电气	
	600818	中路股份			300153	科泰电源	
	600877	中国嘉陵			000017	*ST中华A	交通运输设备制造业
	600893	航空动力			000338	潍柴动力	
	600960	渤海活塞			000550	江铃汽车	
	600967	北方创业			000559	万向钱潮	
	600988	ST宝龙			000571	新大洲A	
	600991	广汽长丰			000572	海马汽车	
	601299	中国北车			000625	长安汽车	
	601766	中国南车			000700	模塑科技	
	601777	力帆股份			000710	天兴仪表	
	600149	*ST建通	普通机械制造业		000738	中航动控	
	600218	全柴动力			000760	博盈投资	
	600243	青海华鼎			000768	西飞国际	
	600335	*ST盛工			000800	一汽轿车	
	600343	航天动力			000868	安凯客车	
	600416	湘电股份			000880	潍柴重机	
	600468	百利电气			000913	钱江摩托	

续表

A、B 股类别	公司代码	公司名称	所属大类	A、B 股类别	公司代码	公司名称	所属大类
沪市 A 股	600566	洪城股份	普通机械制造业	深市 A 股	000920	南方汇通	交通运输设备制造业
	600592	龙溪股份			000927	一汽夏利	
	600605	汇通能源			000951	中国重汽	
	600765	中航重机			000957	中通客车	
	600841	上柴股份			001696	宗申动力	
	600862	南通科技			002013	中航精机	
	601002	晋亿实业			002048	宁波华翔	
	601177	杭齿前进			002085	万丰奥威	
	601717	郑 煤 机			002126	银轮股份	
	601890	亚星锚链			002190	成飞集成	
	600071	凤凰光学	仪器仪表及文化、办公用机械制造业		002213	特 尔 佳	
	600848	自仪股份			002265	西仪股份	
	600055	万东医疗	专用设备制造业		002283	天润曲轴	
	600072	中船股份			002284	亚太股份	
	600150	中国船舶			002297	博云新材	
	600169	太原重工			002355	兴民钢圈	
	600184	光电股份			002363	隆基机械	
	600262	北方股份			002367	康力电梯	
	600268	国电南自			002406	远东传动	
	600290	华仪电气			002434	万 里 扬	
	600302	标准股份			002448	中原内配	
	600312	平高电气			002454	松芝股份	
	600320	振华重工			002488	金固股份	
	600346	大 橡 塑			002510	天 汽 模	
	600388	龙净环保			300011	鼎汉技术	
	600435	中兵光电			300100	双林股份	
	600475	华光股份			300123	太 阳 鸟	
	600499	科达机电			000410	沈阳机床	普通机械制造业
	600526	菲达环保			000519	江南红箭	
	600560	金自天正			000530	大冷股份	
	600582	天地科技			000551	创元科技	
	600587	新华医疗			000570	苏常柴 A	
	600604	* ST二纺			000581	威孚高科	
	600610	SST 中 纺			000595	* ST西轴	
	600710	常林股份			000617	石油济柴	
	600761	安徽合力			000678	襄阳轴承	

续表

A、B股类别	公司代码	公司名称	所属大类	A、B股类别	公司代码	公司名称	所属大类
沪市A股	600806	昆明机床	专用设备制造业	深市A股	000757	*ST方向	普通机械制造业
	600815	厦工股份			000777	中核科技	
	600843	上工申贝			000811	烟台冰轮	
	600855	航天长峰			000816	江淮动力	
	600860	ST北人			000837	秦川发展	
	600879	航天电子			000862	银星能源	
	600892	*ST宝诚			000903	云内动力	
	600984	*ST建机			000908	ST天一	
	601106	中国一重			002011	盾安环境	
	601268	二重重装			002046	轴研科技	
	601989	中国重工			002050	三花股份	
沪市B股	900910	海立B股	电器机械及器材制造业		002101	广东鸿图	
	900925	机电B股			002122	天马股份	
	900956	东贝B股			002147	方圆支承	
	900915	中路B股	交通运输设备制造业		002158	汉钟精机	
	900916	金山B股			002164	东力传动	
	900946	*ST轻骑B			002204	华锐铸钢	
	900953	*ST凯马B			002248	华东数控	
	900920	上柴B股	普通机械制造业		002255	海陆重工	
	900928	自仪B股	仪器仪表及文化、办公用机械制造业		002270	法因数控	
	900902	*ST二纺B	专用设备制造业		002272	川润股份	
	900906	ST中纺B			002282	博深工具	
	900924	上工B股			002347	泰尔重工	
	900947	振华B股			002366	丹甫股份	
	900935	阳晨B股			002413	常发股份	
深市A股	000607	*ST华控	仪器仪表及文化、办公用机械制造业		002418	康盛股份	
	000611	时代科技			002430	杭氧股份	
	000676	*ST思达			002438	江苏神通	
	000901	航天科技			002472	双环传动	
	000980	金马股份			002480	新筑股份	
	002058	威尔泰			002520	日发数码	
	002175	广陆数测			002530	丰东股份	
	002338	奥普光电			002531	天顺风能	
	002356	浩宁达			300090	盛运股份	

续表

A、B股类别	公司代码	公司名称	所属大类	A、B股类别	公司代码	公司名称	所属大类
深市A股	300007	汉威电子	仪器仪表及文化、办公用机械制造业	深市A股	300095	华伍股份	普通机械制造业
	300066	三川股份			300105	龙源技术	
	300112	万讯自控			300129	泰胜风能	
	300137	先河环保			300145	南方泵业	
	000010	SST华新	专用设备制造业		300152	燃控科技	
	000157	中联重科			002499	科林环保	专用设备制造业
	000404	华意压缩			002509	天广消防	
	000409	*ST泰复			002523	天桥起重	
	000425	徐工机械			002526	山东矿机	
	000528	柳　工			002529	海源机械	
	000603	*ST威达			002532	新界泵业	
	000622	*ST恒立			300003	乐普医疗	
	000666	经纬纺机			300004	南风股份	
	000680	山推股份			300021	大禹节水	
	000821	京山轻机			300023	宝德股份	
	000852	江钻股份			300024	机器人	
	000923	河北宣工			300029	天龙光电	
	000925	众合机电			300030	阳普医疗	
	002006	精功科技			300035	中科电气	
	002008	大族激光			300056	三维丝	
	002009	天奇股份			300091	金通灵	
	002021	中捷股份			300092	科新机电	
	002031	巨轮股份			300097	智云股份	
	002073	软控股份			300099	尤洛卡	
	002097	山河智能			300103	达刚路机	
	002111	威海广泰			300130	新国都	
	002131	利欧股份			300151	昌红科技	
	002152	广电运通		深市B股	200418	小天鹅B	电器机械及器材制造业
	002177	御银股份			200521	皖美菱B	
	002196	方正电机			200541	粤照明B	
	002197	证通电子			200512	闽灿坤B	
	002209	达意隆			200017	*ST中华B	交通运输设备制造业
	002223	鱼跃医疗			200550	江铃B	
	002278	神开股份			200625	长安B	
	002323	中联电气			200054	建摩B	
	002337	赛象科技			200530	大冷B	普通机械制造业
	002423	中原特钢			200570	苏常柴B	
	002432	九安医疗			200581	苏威孚B	
	002435	长江润发			200706	瓦轴B	
	002459	天业通联			200770	*ST武锅B	
	002483	润邦股份			200771	杭汽轮B	
	002490	山东墨龙					

资料来源：天相投资分析系统。

（三）行业内上市公司股改基本完成后发展变化情况

自2005年9月中国证监会颁布《上市公司股权分置改革管理办法》以来，截至2010年底，机械、设备、仪表制造业上市公司中仅余1家公司未完成股改。

截至2010年底，机械、设备、仪表制造业内流通A股占总股本的比例由58.45%提高到62.42%，增长3.97个百分点；流通B股的比例从4.31%下降到3.37%，下降0.94个百分点。

机械、设备、仪表制造业上市公司2010年股本变动情况见表4。

表4　　机械、设备、仪表制造业上市公司2010年股本变动情况　　单位：万股

指　标	2010年底	2009年底	增长变动（%）
总股本	20 698 928.17	16 160 216.11	28.09
其中：A股	19 828 103.79	15 297 022.60	29.62
B股	870 824.38	863 193.50	0.88
非限售流通A股	12 920 413.51	9 445 356.78	36.79
非限售流通A股比重（%）	62.42	58.45	3.97
流通B股	696 816.78	696 283.90	0.08
流通B股比重（%）	3.37	4.31	-0.94
限售A股	6 907 690.28	5 851 665.83	18.05
限售A股比重（%）	33.37	36.21	-2.84

资料来源：天相投资分析系统。

（四）行业内上市公司融资情况

2010年，机械、设备、仪表制造业共有130家上市公司进行了融资，占沪深两市融资公司的24.53%，其中新股发行87家，增发39家，分别占沪深两市首发、增发公司的25.89%和22.41%。

2010年机械、设备、仪表制造业上市公司与沪深两市融资情况对比见表5。

表5　　2010年机械、设备、仪表制造业上市公司与沪深两市融资情况对比　　单位：家

	融资家数	新股	配股	增发
机械、设备、仪表	130	87	4	39
沪深两市总数	530	336	20	174
占比（%）	24.53	25.89	20.00	22.41

资料来源：天相投资分析系统。

进行融资的企业中，电器机械及器材制造业占39家，交通运输设备制造业占23家，普通机械制造业占31家，仪器仪表及文化、办公用机械制造业占6家，专用设备制造业占31家。

2010年机械、设备、仪表制造业上市公司融资情况见表6。

表 6　　2010 年机械、设备、仪表制造业上市公司融资情况

代　　码	公司名称	证券类型	所属大类	融资类别
000157	中联重科	深市主板	专用设备制造业	增发
000418	小天鹅A	深市主板	电器机械及器材制造业	增发
000425	徐工机械	深市主板	专用设备制造业	增发
000521	美菱电器	深市主板	电器机械及器材制造业	增发
000528	柳　　工	深市主板	专用设备制造业	增发
000551	创元科技	深市主板	普通机械制造业	增发
000559	万向钱潮	深市主板	交通运输设备制造业	增发
000572	海马汽车	深市主板	交通运输设备制造业	增发
000738	中航动控	深市主板	交通运输设备制造业	增发
000777	中核科技	深市主板	普通机械制造业	增发
000901	航天科技	深市主板	仪器仪表及文化、办公用机械制造业	增发
000921	ST 科 龙	深市主板	电器机械及器材制造业	增发
002005	德豪润达	中小板	电器机械及器材制造业	增发
002048	宁波华翔	中小板	交通运输设备制造业	增发
002050	三花股份	中小板	普通机械制造业	增发
002101	广东鸿图	中小板	普通机械制造业	增发
002111	威海广泰	中小板	专用设备制造业	增发
002147	方圆支承	中小板	普通机械制造业	增发
002164	东力传动	中小板	普通机械制造业	增发
002168	深圳惠程	中小板	电器机械及器材制造业	增发
002169	智光电气	中小板	电器机械及器材制造业	增发
002202	金风科技	中小板	电器机械及器材制造业	增发
002212	南洋股份	中小板	电器机械及器材制造业	增发
002223	鱼跃医疗	中小板	专用设备制造业	增发
002248	华东数控	中小板	普通机械制造业	增发
002272	川润股份	中小板	普通机械制造业	增发
002334	英 威 腾	中小板	电器机械及器材制造业	首发
002335	科华恒盛	中小板	电器机械及器材制造业	首发
002337	赛象科技	中小板	专用设备制造业	首发
002338	奥普光电	中小板	仪器仪表及文化、办公用机械制造业	首发
002347	泰尔重工	中小板	普通机械制造业	首发
002350	北京科锐	中小板	电器机械及器材制造业	首发
002355	兴民钢圈	中小板	交通运输设备制造业	首发
002356	浩 宁 达	中小板	仪器仪表及文化、办公用机械制造业	首发
002358	森源电气	中小板	电器机械及器材制造业	首发
002363	隆基机械	中小板	交通运输设备制造业	首发
002364	中恒电气	中小板	电器机械及器材制造业	首发

续表

代　码	公司名称	证券类型	所属大类	融资类别
002366	丹甫股份	中小板	普通机械制造业	首发
002367	康力电梯	中小板	交通运输设备制造业	首发
002380	科远股份	中小板	电器机械及器材制造业	首发
002406	远东传动	中小板	交通运输设备制造业	首发
002413	常发股份	中小板	普通机械制造业	首发
002418	康盛股份	中小板	普通机械制造业	首发
002423	中原特钢	中小板	专用设备制造业	首发
002430	杭氧股份	中小板	普通机械制造业	首发
002432	九安医疗	中小板	专用设备制造业	首发
002434	万 里 扬	中小板	交通运输设备制造业	首发
002435	长江润发	中小板	专用设备制造业	首发
002438	江苏神通	中小板	普通机械制造业	首发
002448	中原内配	中小板	交通运输设备制造业	首发
002451	摩恩电气	中小板	电器机械及器材制造业	首发
002452	长高集团	中小板	电器机械及器材制造业	首发
002454	松芝股份	中小板	交通运输设备制造业	首发
002459	天业通联	中小板	专用设备制造业	首发
002471	中超电缆	中小板	电器机械及器材制造业	首发
002472	双环传动	中小板	普通机械制造业	首发
002480	新筑股份	中小板	普通机械制造业	首发
002483	润邦股份	中小板	专用设备制造业	首发
002488	金固股份	中小板	交通运输设备制造业	首发
002490	山东墨龙	中小板	专用设备制造业	首发
002498	汉缆股份	中小板	电器机械及器材制造业	首发
002499	科林环保	中小板	专用设备制造业	首发
002508	老板电器	中小板	电器机械及器材制造业	首发
002509	天广消防	中小板	专用设备制造业	首发
002510	天 汽 模	中小板	交通运输设备制造业	首发
002518	科 士 达	中小板	电器机械及器材制造业	首发
002520	日发数码	中小板	普通机械制造业	首发
002523	天桥起重	中小板	专用设备制造业	首发
002526	山东矿机	中小板	专用设备制造业	首发
002527	新 时 达	中小板	电器机械及器材制造业	首发
002529	海源机械	中小板	专用设备制造业	首发
002530	丰东股份	中小板	普通机械制造业	首发
002531	天顺风能	中小板	普通机械制造业	首发
002532	新界泵业	中小板	专用设备制造业	首发

续表

代　　码	公司名称	证券类型	所属大类	融资类别
002533	金杯电工	中小板	电器机械及器材制造业	首发
300048	合康变频	创业板	电器机械及器材制造业	首发
300056	三 维 丝	创业板	专用设备制造业	首发
300062	中能电气	创业板	电器机械及器材制造业	首发
300066	三川股份	创业板	仪器仪表及文化、办公用机械制造业	首发
300068	南都电源	创业板	电器机械及器材制造业	首发
300069	金利华电	创业板	电器机械及器材制造业	首发
300090	盛运股份	创业板	普通机械制造业	首发
300091	金 通 灵	创业板	专用设备制造业	首发
300092	科新机电	创业板	专用设备制造业	首发
300095	华伍股份	创业板	普通机械制造业	首发
300097	智云股份	创业板	专用设备制造业	首发
300099	尤 洛 卡	创业板	专用设备制造业	首发
300100	双林股份	创业板	交通运输设备制造业	首发
300103	达刚路机	创业板	专用设备制造业	首发
300105	龙源技术	创业板	普通机械制造业	首发
300112	万讯自控	创业板	仪器仪表及文化、办公用机械制造业	首发
300120	经纬电材	创业板	电器机械及器材制造业	首发
300123	太 阳 鸟	创业板	交通运输设备制造业	首发
300124	汇川技术	创业板	电器机械及器材制造业	首发
300126	锐奇股份	创业板	电器机械及器材制造业	首发
300129	泰胜风能	创业板	普通机械制造业	首发
300130	新 国 都	创业板	专用设备制造业	首发
300137	先河环保	创业板	仪器仪表及文化、办公用机械制造业	首发
300140	启源装备	创业板	电器机械及器材制造业	首发
300141	和顺电气	创业板	电器机械及器材制造业	首发
300145	南方泵业	创业板	普通机械制造业	首发
300151	昌红科技	创业板	专用设备制造业	首发
300152	燃控科技	创业板	普通机械制造业	首发
300153	科泰电源	创业板	电器机械及器材制造业	首发
600031	三一重工	沪市	交通运输设备制造业	增发
600089	特变电工	沪市	电器机械及器材制造业	增发
600104	上海汽车	沪市	交通运输设备制造业	增发
600112	长征电气	沪市	电器机械及器材制造业	增发
600151	航天机电	沪市	交通运输设备制造业	配股
600166	福田汽车	沪市	交通运输设备制造业	增发
600169	太原重工	沪市	专用设备制造业	增发

续表

代　码	公司名称	证券类型	所属大类	融资类别
600184	光电股份	沪市	专用设备制造业	增发
600268	国电南自	沪市	专用设备制造业	增发
600303	曙光股份	沪市	交通运输设备制造业	配股
600316	洪都航空	沪市	交通运输设备制造业	增发
600343	航天动力	沪市	普通机械制造业	配股
600416	湘电股份	沪市	普通机械制造业	配股
600580	卧龙电气	沪市	电器机械及器材制造业	增发
600760	中航黑豹	沪市	交通运输设备制造业	增发
600862	南通科技	沪市	普通机械制造业	增发
601106	中国一重	沪市	专用设备制造业	首发
601126	四方股份	沪市	电器机械及器材制造业	首发
601177	杭齿前进	沪市	普通机械制造业	首发
601268	二重重装	沪市	专用设备制造业	首发
601369	陕鼓动力	沪市	电器机械及器材制造业	首发
601717	郑 煤 机	沪市	普通机械制造业	首发
601727	上海电气	沪市	电器机械及器材制造业	增发
601777	力帆股份	沪市	交通运输设备制造业	首发
601877	正泰电器	沪市	电器机械及器材制造业	首发
601890	亚星锚链	沪市	普通机械制造业	首发

资料来源：天相投资分析系统。

机械、设备、仪表制造业上市公司合计实际发行数量为 1 141 098.53 万股，实际募集资金 1 530.82 亿元。

机械、设备、仪表上市公司融资明细见表 7。

表 7　　2010 年机械、设备、仪表上市公司融资明细

代　码	公司名称	发行价格（元）	实际发行数量（万股）	实募集资金数（亿元）
000157	中联重科	18.70	29 795.47	54.79
000418	小天鹅 A	8.63	8 483.20	7.32
000425	徐工机械	30.50	16 393.44	49.27
000521	美菱电器	10.28	11 673.15	11.78
000528	柳　工	30.00	10 000.00	29.67
000551	创元科技	14.60	2 499.39	3.44
000559	万向钱潮	9.29	20 000.00	18.22
000572	海马汽车	5.01	59 880.24	29.50
000738	中航动控	3.50	54 503.85	19.08
000777	中核科技	26.60	1 140.98	2.91

续表

代　码	公司名称	发行价格（元）	实际发行数量（万股）	实募集资金数（亿元）
000901	航天科技	11. 13	2 859. 91	3. 18
000921	ST 科 龙	3. 42	36 204. 82	12. 38
002005	德豪润达	9. 54	16 000. 00	15. 06
002048	宁波华翔	11. 88	7 340. 00	8. 51
002050	三花股份	30. 00	3 336. 87	9. 80
002101	广东鸿图	24. 00	1 500. 00	3. 45
002111	威海广泰	16. 59	343. 58	0. 57
002147	方圆支承	12. 15	3 292. 18	3. 89
002164	东力传动	12. 80	4 281. 25	5. 34
002168	深圳惠程	30. 11	1 502. 16	4. 37
002169	智光电气	16. 00	1 185. 63	1. 75
002202	金风科技	17. 98	39 529. 40	71. 07
002212	南洋股份	14. 58	2 863. 00	3. 97
002223	鱼跃医疗	32. 00	838. 00	2. 51
002248	华东数控	40. 01	874. 78	3. 34
002272	川润股份	21. 00	1 250. 00	2. 52
002334	英 威 腾	48. 00	1 600. 00	7. 41
002335	科华恒盛	27. 35	1 950. 00	5. 06
002337	赛象科技	31. 00	3 000. 00	8. 97
002338	奥普光电	22. 00	2 000. 00	4. 05
002347	泰尔重工	22. 50	2 600. 00	5. 60
002350	北京科锐	24. 00	2 700. 00	6. 02
002355	兴民钢圈	14. 50	5 260. 00	7. 06
002356	浩 宁 达	36. 50	2 000. 00	6. 87
002358	森源电气	26. 00	2 200. 00	5. 47
002363	隆基机械	18. 00	3 000. 00	5. 09
002364	中恒电气	22. 35	1 680. 00	3. 47
002366	丹甫股份	15. 00	3 350. 00	4. 63
002367	康力电梯	27. 10	3 350. 00	8. 43
002380	科远股份	39. 00	1 700. 00	6. 23
002406	远东传动	26. 60	4 700. 00	12. 15
002413	常发股份	18. 00	3 700. 00	6. 45
002418	康盛股份	19. 98	3 600. 00	6. 60
002423	中原特钢	9. 00	7 900. 00	6. 74
002430	杭氧股份	18. 00	7 100. 00	12. 37
002432	九安医疗	19. 38	3 100. 00	5. 69

续表

代　码	公司名称	发行价格（元）	实际发行数量（万股）	实募集资金数（亿元）
002434	万 里 扬	30.00	4 250.00	12.10
002435	长江润发	15.50	3 300.00	4.57
002438	江苏神通	22.00	2 600.00	5.33
002448	中原内配	21.80	2 350.00	4.73
002451	摩恩电气	10.00	3 660.00	3.39
002452	长高集团	25.88	2 500.00	6.02
002454	松芝股份	18.20	6 000.00	10.28
002459	天业通联	22.46	4 300.00	9.01
002471	中超电缆	14.80	4 000.00	5.62
002472	双环传动	28.00	3 000.00	7.73
002480	新筑股份	38.00	3 500.00	12.78
002483	润邦股份	29.00	5 000.00	13.87
002488	金固股份	22.00	3 000.00	6.05
002490	山东墨龙	18.00	7 000.00	11.97
002498	汉缆股份	36.00	5 000.00	16.74
002499	科林环保	25.00	1 900.00	4.45
002508	老板电器	24.00	4 000.00	9.03
002509	天广消防	20.19	2 500.00	4.76
002510	天 汽 模	17.50	5 200.00	8.66
002518	科 士 达	32.50	2 900.00	8.84
002520	日发数码	35.00	1 600.00	5.04
002523	天桥起重	19.50	4 000.00	7.32
002526	山东矿机	20.00	6 700.00	12.50
002527	新 时 达	16.00	5 000.00	7.61
002529	海源机械	18.00	4 000.00	6.84
002530	丰东股份	12.00	3 400.00	3.71
002531	天顺风能	24.90	5 200.00	12.27
002532	新界泵业	32.88	2 000.00	6.12
002533	金杯电工	33.80	3 500.00	11.06
300048	合康变频	34.16	3 000.00	9.65
300056	三 维 丝	21.59	1 300.00	2.50
300062	中能电气	24.18	2 000.00	4.53
300066	三川股份	49.00	1 300.00	6.11
300068	南都电源	33.00	6 200.00	19.66
300069	金利华电	23.90	1 500.00	3.34
300090	盛运股份	17.00	3 200.00	5.13

续表

代　码	公司名称	发行价格（元）	实际发行数量（万股）	实募集资金数（亿元）
300091	金通灵	28.20	2 100.00	5.50
300092	科新机电	16.00	2 300.00	3.39
300095	华伍股份	22.56	1 950.00	4.14
300097	智云股份	19.38	1 500.00	2.59
300099	尤洛卡	48.65	1 034.00	4.63
300100	双林股份	20.91	2 350.00	4.64
300103	达刚路机	29.10	1 635.00	4.54
300105	龙源技术	53.00	2 200.00	11.09
300112	万讯自控	17.43	1 800.00	2.80
300120	经纬电材	21.00	2 200.00	4.31
300123	太阳鸟	28.88	2 200.00	5.87
300124	汇川技术	71.88	2 700.00	18.58
300126	锐奇股份	34.00	2 105.00	6.72
300129	泰胜风能	31.00	3 000.00	8.96
300130	新国都	43.33	1 600.00	6.46
300137	先河环保	22.00	3 000.00	6.27
300140	启源装备	39.98	1 550.00	5.74
300141	和顺电气	31.68	1 400.00	4.00
300145	南方泵业	37.80	2 000.00	6.87
300151	昌红科技	34.00	1 700.00	5.41
300152	燃控科技	39.00	2 800.00	10.60
300153	科泰电源	40.00	2 000.00	7.36
600031	三一重工	16.62	11 913.36	19.80
600089	特变电工	16.08	22 997.80	36.01
600104	上海汽车	13.87	72 098.05	98.79
600112	长征电气	12.30	3 689.00	4.34
600151	航天机电	6.18	20 893.07	12.61
600166	福田汽车	18.06	13 842.73	24.58
600169	太原重工	18.10	9 314.91	16.57
600184	光电股份	6.28	10 438.04	6.56
600268	国电南自	23.10	3 376.62	7.58
600303	曙光股份	7.20	6 525.30	4.53
600316	洪都航空	26.58	9 539.66	25.04
600343	航天动力	10.45	5 468.32	5.53
600416	湘电股份	13.60	6 924.23	9.22
600580	卧龙电气	17.74	5 467.00	9.26

续表

代　码	公司名称	发行价格（元）	实际发行数量（万股）	实募集资金数（亿元）
600760	中航黑豹	4.29	7 194.04	3.09
600862	南通科技	7.70	8 051.95	6.00
601106	中国一重	5.70	200 000.00	112.02
601126	四方股份	23.00	8 200.00	17.60
601177	杭齿前进	8.29	10 100.00	7.99
601268	二重重装	8.50	30 000.00	24.92
601369	陕鼓动力	15.50	10 925.13	16.18
601717	郑 煤 机	20.00	14 000.00	27.00
601727	上海电气	7.03	31 594.03	21.77
601777	力帆股份	14.50	20 000.00	27.94
601877	正泰电器	23.98	10 500.00	24.53
601890	亚星锚链	22.50	9 000.00	19.53

资料来源：天相投资分析系统。

（五）行业内上市公司资产及业绩情况

根据2010年年报数据，截至2010年年底，机械、设备、仪表制造业上市公司总资产已达22 029.72亿元，其中，流动资产15 378.62亿元，非流动资产6 651.10亿元，归属母公司的股东权益8 389.97亿元，总资产和归属于母公司的股东权益分别比2009年同期增长了32.94%和44.69%。

机械、设备、仪表制造业上市公司资产情况见表8。

表8　　机械、设备、仪表制造业上市公司资产情况　　单位：亿元

资产指标	2010年	2010年增长（%）	2009年	2009年增长（%）	2008年
总资产	22 029.72	32.94	15 882.69	28.86	11 545.61
流动资产	15 378.62	38.22	10 463.13	31.09	7 480.03
占比（%）	69.81	2.66	65.88	1.12	64.79
非流动资产	6 651.10	22.16	5 419.56	24.76	4 065.58
占比（%）	30.19	-2.66	34.12	-1.12	35.21
流动负债	11 420.00	27.31	8 503.83	23.00	6 405.26
占比（%）	51.84	-2.29	53.54	-2.55	55.48
非流动负债	1 374.28	12.52	1 283.76	47.48	773.40
占比（%）	6.24	-1.13	8.08	1.02	6.70
归属于母公司股东权益	8 389.97	44.69	5 528.65	35.23	3 921.22
占比（%）	38.08	3.09	34.81	1.64	33.96

资料来源：天相投资分析系统。

2010 年全年，机械、设备、仪表制造业上市公司合计实现主营业务收入 19 602.34亿元，实现利润总额 1 626.81 亿元，归属母公司的净利润 1 180.16 亿元，分别比 2009 年同期增长 42.54%、61.70% 和 50.27%，利润增速快于收入增速。

机械、设备、仪表制造业上市公司收入实现情况见表 9。

表 9　　机械、设备、仪表制造业上市公司收入实现情况　　单位：亿元

业绩指标	2010 年	2010 年增长（%）	2009 年	2009 年增长（%）	2008 年
营业收入	19 602.34	42.54	13 100.48	16.17	10 656.84
利润总额	1 626.81	61.70	935.30	50.34	578.67
归属于母公司所有者的净利润	1 180.16	50.27	719.52	47.70	450.94

资料来源：天相投资分析系统。

（六）行业内上市公司利润分配情况

2010 年全年，共有 257 家机械、设备、仪表制造业上市公司实施了分红配股，其中，114 家公司实施了送股或转增股本，236 家公司实施派息，既送股、转增，又派息的公司 99 家。送股、转增、派息比例最高值分别为每股送 1.5 股（中联重科、金通灵、尤洛卡）和每股派 1.2 元（汇川技术）。

2010 年机械、设备、仪表制造业上市公司分红情况见表 10。

表 10　　2010 年机械、设备、仪表制造业上市公司分红情况

代　码	名　　称	送股及转增比例	每股派息（税前 元）	基准股本（万股）
000049	德赛电池	—	0.100	13 682.92
000157	中联重科	0.300	0.260	592 765.70
000157	中联重科	1.500	0.170	197 105.47
000338	潍柴动力	1.000	—	83 304.57
000338	潍柴动力	—	0.430	166 609.14
000400	许继电气	—	0.100	37 827.20
000418	小天鹅 A	—	0.100	63 248.78
000425	徐工机械	1.000	0.120	103 137.91
000521	美菱电器	0.200	0.050	53 037.44
000527	美的电器	—	0.100	338 434.77
000528	柳　　工	0.500	0.500	75 016.14
000530	大冷股份	—	0.150	35 001.50
000541	佛山照明	—	0.250	97 856.37
000550	江铃汽车	—	0.790	86 321.40
000559	万向钱潮	0.300	0.300	122 558.74

续表

代　码	名　　称	送股及转增比例	每股派息（税前 元）	基准股本（万股）
000581	威孚高科	—	0.435	56 727.60
000617	石油济柴	—	0.028	28 753.92
000625	长安汽车	0.800	0.080	268 582.36
000651	格力电器	—	0.300	281 788.88
000666	经纬纺机	—	0.070	60 380.00
000680	山推股份	—	0.200	75 916.45
000700	模塑科技	—	0.010	30 904.36
000757	* ST 方向	0.200	—	30 527.77
000777	中核科技	—	0.120	21 300.98
000800	一汽轿车	—	0.300	162 750.00
000811	烟台冰轮	0.500	0.200	26 306.49
000816	江淮动力	—	0.010	108 880.33
000821	京山轻机	—	0.035	34 523.88
000837	秦川发展	—	0.080	34 871.76
000852	江钻股份	—	0.200	40 040.00
000868	安凯客车	—	0.025	30 701.00
000903	云内动力	0.800	0.200	37 820.00
000927	一汽夏利	—	0.030	159 517.40
000951	中国重汽	—	0.250	41 942.55
000957	中通客车	—	0.050	23 850.50
001696	宗申动力	—	0.400	102 105.47
002008	大族激光	0.500	0.250	69 626.44
002011	盾安环境	1.000	0.300	37 236.37
002013	中航精机	0.300	0.030	16 707.60
002028	思源电气	—	0.800	43 968.00
002031	巨轮股份	0.500	0.060	26 527.44
002035	华帝股份	—	0.300	22 330.31
002046	轴研科技	—	0.133	10 809.00
002048	宁波华翔	—	0.160	56 714.00
002050	三花股份	—	0.500	29 736.87
002058	威 尔 泰	1.000	0.060	6 236.88
002074	东源电器	0.800	0.080	14 076.00
002076	雪 莱 特	—	0.100	18 427.07
002090	金智科技	—	0.050	20 400.00
002097	山河智能	—	0.030	42 045.00
002101	广东鸿图	1.000	0.200	8 200.00

续表

代 码	名 称	送股及转增比例	每股派息（税前 元）	基准股本（万股）
002111	威海广泰	—	0.150	14 742.58
002112	三变科技	—	0.040	11 200.00
002122	天马股份	—	0.100	118 800.00
002123	荣信股份	0.500	—	33 600.00
002126	银轮股份	0.300	0.080	10 000.00
002147	方圆支承	—	0.150	25 852.18
002152	广电运通	0.300	0.200	34 214.16
002158	汉钟精机	0.200	0.300	18 172.88
002164	东力传动	1.000	0.200	22 281.25
002168	深圳惠程	1.000	—	31 546.03
002169	智光电气	0.500	0.040	17 764.83
002176	江特电机	0.800	0.035	10 844.66
002177	御银股份	0.300	—	26 494.65
002180	万 力 达	0.500	0.100	8 332.20
002196	方正电机	0.500	0.150	7 715.00
002197	证通电子	0.600	—	13 114.50
002202	金风科技	—	0.340	269 458.80
002204	大连重工	—	0.115	21 400.00
002209	达 意 隆	—	0.050	19 524.41
002212	南洋股份	1.000	0.120	25 513.00
002213	特 尔 佳	—	0.050	20 600.00
002223	鱼跃医疗	0.600	—	25 558.00
002227	奥 特 迅	—	0.100	10 857.70
002242	九阳股份	—	0.500	76 095.00
002248	华东数控	1.000	0.100	12 874.78
002248	华东数控	—	0.050	25 749.56
002249	大洋电机	—	0.280	42 840.00
002255	海陆重工	—	0.200	12 910.00
002265	西仪股份	—	0.011	29 102.60
002266	浙富股份	1.000	0.230	14 964.00
002270	法因数控	—	0.100	14 550.00
002272	川润股份	0.500	—	11 370.00
002278	神开股份	0.200	0.150	21 793.61
002282	博深工具	0.300	0.250	17 340.00
002283	天润曲轴	1.000	0.100	24 000.00
002284	亚太股份	0.500	0.100	19 136.00

续表

代　码	名　称	送股及转增比例	每股派息 （税前 元）	基准股本 （万股）
002298	鑫龙电器	—	0.080	16 500.00
002300	太阳电缆	0.500	0.450	20 100.00
002309	中利科技	—	0.100	24 030.00
002322	理工监测	—	0.300	6 670.00
002323	中联电气	—	0.300	8 276.00
002334	英 威 腾	0.900	0.300	6 400.00
002335	科华恒盛	1.000	0.800	7 800.00
002337	赛象科技	0.600	0.250	12 000.00
002338	奥普光电	—	0.500	8 000.00
002347	泰尔重工	—	0.200	10 400.00
002350	北京科锐	—	0.200	12 840.00
002355	兴民钢圈	—	0.115	21 040.00
002356	浩 宁 达	—	0.300	8 000.00
002358	森源电气	1.000	0.300	8 600.00
002363	隆基机械	—	0.100	12 000.00
002364	中恒电气	0.500	0.400	6 680.00
002366	丹甫股份	—	0.350	13 350.00
002367	康力电梯	0.500	0.300	16 020.00
002380	科远股份	—	0.750	6 800.00
002406	远东传动	0.500	0.500	18 700.00
002418	康盛股份	0.600	0.150	14 300.00
002423	中原特钢	—	0.063	46 551.00
002430	杭氧股份	0.500	0.200	40 100.00
002432	九安医疗	1.000	0.200	12 400.00
002434	万 里 扬	—	0.200	17 000.00
002435	长江润发	—	0.100	13 200.00
002438	江苏神通	—	0.100	10 400.00
002448	中原内配	—	0.200	9 251.05
002452	长高集团	—	0.100	10 000.00
002454	松芝股份	0.300	0.500	24 000.00
002459	天业通联	0.300	0.400	17 100.00
002471	中超电缆	0.300	0.300	16 000.00
002472	双环传动	0.800	0.300	11 880.00
002480	新筑股份	1.000	0.300	14 000.00
002483	润邦股份	0.800	—	20 000.00
002488	金固股份	0.500	0.300	12 000.00

续表

代码	名称	送股及转增比例	每股派息（税前 元）	基准股本（万股）
002490	山东墨龙	—	0.150	39 892.42
002498	汉缆股份	0.500	0.200	47 000.00
002499	科林环保	—	0.180	7 500.00
002508	老板电器	0.600	0.300	16 000.00
002510	天汽模	—	0.120	20 576.00
002518	科士达	—	0.300	11 500.00
002520	日发数码	0.500	1.000	6 400.00
002523	天桥起重	—	0.200	16 000.00
002526	山东矿机	—	0.300	26 700.00
002527	新时达	—	0.120	20 000.00
002529	海源机械	—	0.313	16 000.00
002530	丰东股份	—	0.200	13 400.00
002531	天顺风能	—	0.200	20 575.00
002532	新界泵业	1.000	0.100	8 000.00
002533	金杯电工	1.000	0.200	14 000.00
200706	瓦轴B	—	0.034	40 260.00
200771	杭汽轮B	0.300	0.341	62 834.20
300001	特锐德	0.500	0.300	13 360.00
300003	乐普医疗	—	0.250	81 200.00
300004	南风股份	1.000	0.100	9 400.00
300007	汉威电子	—	0.100	11 800.00
300011	鼎汉技术	—	0.180	10 275.20
300018	中元华电	—	0.150	13 000.00
300021	大禹节水	1.000	0.100	13 930.00
300024	机器人	1.200	0.100	13 530.00
300029	天龙光电	—	0.150	20 000.00
300030	阳普医疗	1.000	0.100	7 400.00
300035	中科电气	0.300	0.200	9 225.00
300040	九洲电气	—	0.100	13 890.00
300048	合康变频	1.000	0.250	12 306.40
300056	三维丝	—	0.400	5 200.00
300062	中能电气	1.000	0.250	7 700.00
300066	三川股份	1.000	0.400	5 200.00
300068	南都电源	0.200	0.100	24 800.00
300069	金利华电	0.300	0.200	6 000.00
300090	盛运股份	1.000	—	12 763.61

续表

代　码	名　　称	送股及转增比例	每股派息（税前 元）	基准股本（万股）
300091	金 通 灵	1.500	0.200	8 360.00
300095	华伍股份	—	0.100	7 700.00
300097	智云股份	—	0.050	6 000.00
300099	尤 洛 卡	1.500	0.300	4 134.00
300100	双林股份	0.500	0.500	9 350.00
300103	达刚路机	0.800	0.200	6 535.00
300105	龙源技术	0.800	0.120	8 800.00
300112	万讯自控	0.500	0.150	7 163.00
300120	经纬电材	0.300	0.200	8 700.00
300123	太 阳 鸟	0.600	0.100	8 694.10
300124	汇川技术	1.000	1.200	10 800.00
300126	锐奇股份	0.800	0.120	8 420.00
300129	泰胜风能	0.800	0.200	12 000.00
300130	新 国 都	0.800	0.200	6 350.00
300137	先河环保	0.300	—	12 000.00
300140	启源装备	1.000	0.500	6 100.00
300145	南方泵业	0.800	0.200	8 000.00
300151	昌红科技	0.500	0.500	6 700.00
300152	燃控科技	—	0.300	10 800.00
300153	科泰电源	1.000	0.300	8 000.00
600006	东风汽车	—	0.120	200 000.00
600031	三一重工	0.500	0.060	506 247.08
600031	三一重工	1.100	0.130	241 070.04
600038	哈飞股份	—	0.100	33 735.00
600055	万东医疗	—	0.070	21 645.00
600066	宇通客车	—	0.300	51 989.17
600067	冠城大通	—	0.050	73 550.25
600072	中船股份	0.200	—	39 869.13
600081	东风科技	—	0.120	31 356.00
600089	特变电工	0.300	0.100	202 735.37
600099	林海股份	—	0.040	21 912.00
600104	上海汽车	—	0.200	924 242.17
600150	中国船舶	0.600	0.600	66 255.65
600151	航天机电	—	0.020	95 747.47
600166	福田汽车	1.000	0.280	105 483.58
600169	太原重工	1.000	0.050	80 798.50

续表

代　码	名　　称	送股及转增比例	每股派息（税前 元）	基准股本（万股）
600261	阳光照明	0.500	0.150	24 976.85
600262	北方股份	—	0.100	17 000.00
600268	国电南自	1.000	0.150	31 762.32
600290	华仪电气	0.500	0.050	35 125.58
600303	曙光股份	1.000	0.070	28 725.30
600316	洪都航空	0.600	0.030	44 819.66
600316	洪都航空	—	0.200	71 711.45
600343	航天动力	—	0.100	23 968.32
600346	大 橡 塑	—	0.015	21 000.00
600388	龙净环保	—	0.480	21 381.00
600416	湘电股份	1.000	—	30 424.23
600418	江淮汽车	—	0.200	128 873.66
600475	华光股份	—	0.100	25 600.00
600481	双良节能	—	0.300	81 008.94
600499	科达机电	—	0.100	59 837.83
600501	航天晨光	0.200	—	32 440.30
600507	方大特钢	0.900	—	68 448.97
600517	置信电气	—	0.400	61 870.50
600523	贵航股份	—	0.126	28 879.38
600550	天威保变	—	0.200	137 299.09
600560	金自天正	0.500	0.100	9 939.80
600565	迪马股份	—	0.010	72 000.00
600566	洪城股份	—	0.010	13 820.04
600580	卧龙电气	0.598	0.080	43 036.35
600582	天地科技	—	0.100	101 160.00
600587	新华医疗	—	0.100	13 439.40
600590	泰豪科技	—	0.050	45 532.57
600592	龙溪股份	—	0.100	30 000.00
600651	飞乐音响	—	0.040	61 588.78
600676	交运股份	—	0.120	73 139.59
600685	广船国际	0.300	0.100	49 467.76
600686	金龙汽车	—	0.100	44 259.71
600690	青岛海尔	1.000	0.100	133 996.18
600710	常林股份	—	0.050	48 620.00
600741	华域汽车	—	0.220	258 320.02
600742	一汽富维	—	0.300	21 152.34

续表

代码	名称	送股及转增比例	每股派息（税前 元）	基准股本（万股）
600761	安徽合力	0.200	0.300	35 695.45
600765	中航重机	—	0.040	77 800.32
600806	昆明机床	—	0.050	53 108.11
600815	厦工股份	—	0.100	77 970.96
600835	上海机电	—	0.200	102 273.93
600841	上柴股份	—	0.050	48 030.93
600875	东方电气	—	0.130	200 386.00
600893	航空动力	1.000	0.110	54 478.66
600960	渤海活塞	—	0.100	16 282.35
600967	北方创业	—	0.200	17 323.00
600973	宝胜股份	—	0.150	20 315.43
600983	合肥三洋	0.600	0.050	33 300.00
600983	合肥三洋	—	0.100	53 280.00
601002	晋亿实业	—	0.200	73 847.00
601106	中国一重	—	0.021	653 800.00
601126	四方股份	—	0.200	40 073.40
601268	二重重装	—	0.050	169 000.00
601299	中国北车	—	0.050	830 000.00
601369	陕鼓动力	0.500	0.500	109 251.35
601727	上海电气	—	0.124	1 282 362.67
601766	中国南车	—	0.040	1 184 000.00
601777	力帆股份	—	0.350	95 144.51
601877	正泰电器	—	0.400	100 500.00
601890	亚星锚链	0.300	0.150	36 000.00
601989	中国重工	—	0.065	916 731.66
900956	东贝 B 股	—	0.834	23 500.00

资料来源：天相投资分析系统。

（七）其他财务指标情况

1. 盈利能力指标

2010 年，机械、设备、仪表制造业上市公司整体盈利能力较 2009 年有进一步提高，净资产收益率同比提高 0.52 个百分点，毛利率同比提高 0.50 个百分点，资产净利率同比提高 0.84 个百分点。

机械、设备、仪表制造业上市公司盈利能力情况见表 11。

表 11　　机械、设备、仪表制造业上市公司盈利能力情况　　单位:%

盈利能力指标	2010 年	2010 年变动	2009 年	2009 年变动	2008 年
毛利率	19.40	0.50	18.48	6.37	16.91
净资产收益率	14.07	0.52	13.01	1.10	11.50
销售净利率	6.02	0.31	5.49	1.17	4.23
资产净利率	6.11	0.84	5.10	0.67	4.27

资料来源：天相投资分析系统。

2. 偿债能力指标

2010 年，机械、设备、仪表制造业上市公司整体流动比率、速动比率均微幅上升，资产负债率小幅下降，整体偿债能力有所提高。

机械、设备、仪表制造业上市公司偿债能力指标见表 12。

表 12　　机械、设备、仪表制造业上市公司偿债能力指标

偿债能力指标	2010 年	2010 年变动	2009 年	2009 年变动	2008 年
流动比率（次）	1.35	0.11	1.23	0.08	1.17
速动比率（次）	0.92	0.09	0.82	0.11	0.81
资产负债率（%）	58.08	-3.43	61.62	-1.53	62.18

资料来源：天相投资分析系统。

3. 营运能力指标

2010 年，机械、设备、仪表制造业上市公司整体经营能力有所提高，各经营周转率指标均出现不同程度的上升。

机械、设备、仪表制造业上市公司营运能力情况见表 13。

表 13　　机械、设备、仪表制造业上市公司营运能力情况　　单位：次

营运能力指标	2010 年	2010 年变动	2009 年	2009 年变动	2008 年
存货周转率	4.60	0.66	4.03	-0.25	4.23
应收账款周转率	8.37	0.84	8.05	-0.81	7.61
流动资产周转率	1.48	0.09	1.42	-0.16	1.55
固定资产周转率	6.36	0.96	5.17	-0.43	5.51
总资产周转率	1.02	0.09	0.93	-0.10	1.01
净资产周转率	2.15	0.10	2.05	0.08	2.24

资料来源：天相投资分析系统。

三、重点细分行业介绍

机械、设备、仪表制造业主要分 5 个大类，分别是普通设备制造业，专用设备制造业，电气机械及器材制造业，交通运输设备制造业，仪器仪表及文化、办公用机械制造业。

2010 年机械、设备、仪表制造业上市公司及市值情况见表 14。

表 14　　2010 年机械、设备、仪表制造业各子行业上市公司及市值情况

大　类	上市公司家数（家）	占行业内比重（%）	境内总市值（亿元）	占行业内比重（%）
普通机械制造业	68	18.73	4 024.85	12.20
专用设备制造业	96	26.45	8 597.38	26.06
电器机械及器材制造业	95	26.17	9 315.47	28.24
交通运输设备制造业	89	24.52	10 633.93	32.24
仪器仪表及文化、办公用机械制造业	15	4.13	414.35	1.26

资料来源：天相投资分析系统。

（一）普通设备制造业

1. 行业概况

截至 2010 年 12 月 31 日，普通设备制造业总资产为 28 431.71 亿元，同比增长 22.16%；资产负债率达 57.74%，较 2009 年年底下降 1.65 个百分点。

普通设备制造业全年共完成产品销售收入 33 911.91 亿元，同比增长 32.32%；完成利润总额 2 227.70 亿元，同比增长 46.03%。

2. 行业内上市公司发展状况

2010 年，普通设备制造业上市公司的整体收入实现较快增长。

毛利率持续增长，盈利能力亦有所提高。

资产负债率明显下降，存货周转率、总资产周转率则出现上升。

普通机械制造业上市公司收入及资产增长情况、盈利能力情况、偿债及营运情况见表 15、表 16 和表 17。

表 15　　普通机械制造业上市公司收入及资产增长情况　　单位：亿元

指　标	2010 年	2010 年增长（%）	2009 年	2009 年增长（%）	2008 年
营业收入	1 103.05	29.72	720.52	3.07	699.09
利润总额	108.47	40.94	50.34	16.15	43.34
归属于母公司所有者的净利润	85.95	45.81	36.30	13.10	32.10
总资产	1 772.67	38.53	1 054.08	15.32	914.08
归属于母公司股东权益	848.32	58.95	447.93	18.13	379.18

资料来源：天相投资分析系统。

表 16　　普通机械制造业上市公司盈利能力情况　　单位：%

盈利能力指标	2010 年	2010 年变动	2009 年	2009 年变动	2008 年
毛利率	22.83	0.56	19.31	1.15	18.16
净资产收益率	10.13	-0.91	8.10	-0.36	8.47
销售净利率	7.79	0.86	5.04	0.45	4.59
资产净利率	5.63	0.70	3.69	-0.06	3.75

资料来源：天相投资分析系统。

表 17　　普通机械制造业上市公司偿债及营运情况

指　　标	2010 年	2010 年变动	2009 年	2009 年变动	2008 年
资产负债率（%）	49.23	-5.98	54.33	-1.10	55.43
存货周转率（次）	2.96	0.40	2.71	-0.25	2.96
总资产周转率（次）	0.72	0.01	0.73	-0.08	0.82

资料来源：天相投资分析系统。

（二）专用设备制造业

1. 行业概况

截至 2010 年 12 月 31 日，专用设备制造业总资产为 20 162.53 亿元，同比增长 26.4%；资产负债率达 58.04%，较 2009 年下降 2.27 个百分点。

专用设备制造业全年共完成产品销售收入 20 639.57 亿元，同比增长 33.82%；完成利润总额 1 543.21 亿元，同比增长 55.21%。

2. 行业内上市公司发展状况

2010 年，专用设备制造业上市公司的整体收入稳定增长。

毛利率扭转下降趋势，盈利能力也有所好转。

资产负债率明显下降，存货周转率微幅上升，总资产周转率保持平稳。

专用设备制造业上市公司收入及资产增长情况、盈利能力情况、偿债及营运情况见表 18、表 19 和表 20。

表 18　　专用设备制造业上市公司收入及资产增长情况　　单位：亿元

指　　标	2010 年	2010 年增长（%）	2009 年	2009 年增长（%）	2008 年
营业收入	2 898.07	20.49	2 087.42	8.46	1 736.60
利润总额	303.34	34.70	191.00	-4.92	179.75
归属于母公司所有者的净利润	243.56	30.65	156.40	-5.53	147.54
总资产	5 063.05	29.20	3 329.55	22.98	2 416.59
归属于母公司股东权益	2 235.41	53.50	1 308.36	44.77	835.52

资料来源：天相投资分析系统。

表 19　　专用设备制造业上市公司盈利能力情况　　单位:%

盈利能力指标	2010 年	2010 年变动	2009 年	2009 年变动	2008 年
毛利率	21.57	1.63	19.06	-0.87	19.85
净资产收益率	10.90	-1.91	11.95	-6.36	17.66
销售净利率	8.40	0.65	7.49	-1.11	8.50
资产净利率	5.42	0.20	5.18	-2.28	7.17

资料来源：天相投资分析系统。

表 20　　专用设备制造业上市公司偿债及营运情况

指　　标	2010 年	2010 年变动	2009 年	2009 年变动	2008 年
资产负债率（%）	53.93	-6.99	58.80	-6.05	63.50
存货周转率（次）	2.93	0.27	2.90	-0.33	3.23
总资产周转率（次）	0.65	-0.03	0.69	-0.18	0.84

资料来源：天相投资分析系统。

（三）交通运输设备制造业

1. 行业概况

截至 2010 年 12 月 31 日，交通运输设备制造业上市公司总资产为 50 194.52 亿元，同比增长 25.09%；资产负债率为 63.39%，较 2009 年年底下降 0.72 个百分点。

交通运输设备制造业上市公司全年共完成产品销售收入 53 379.34 亿元，同比增长 36.98%；完成利润总额 4 292.03 亿元，同比增长 59.41%。

2. 行业内上市公司发展状况

2010 年，交通运输设备制造业上市公司的整体收入快速增长。

毛利率、净资产收益率上升，盈利能力增强。

资产负债率略有降低，负债水平有所下降。

交通运输设备制造业上市公司收入及资产增长情况、盈利能力情况、偿债及营运情况见表 21、表 22 和表 23。

表 21　　交通运输设备制造业上市公司收入及资产增长情况　　单位：亿元

指　　标	2010 年	2010 年增长（%）	2009 年	2009 年增长（%）	2008 年
营业收入	10 221.94	59.26	6 401.14	24.72	4 765.42
利润总额	793.59	105.08	393.55	119.33	162.77
归属于母公司所有者的净利润	534.91	81.87	297.38	103.02	133.19
总资产	8 965.74	37.65	6 733.54	36.39	4 493.09
归属于母公司股东权益	3 100.74	35.13	2 336.53	37.64	1 616.27

资料来源：天相投资分析系统。

表 22　　交通运输设备制造业上市公司盈利能力情况　　单位：%

盈利能力指标	2010 年	2010 年变动	2009 年	2009 年变动	2008 年
毛利率	17.91	2.20	15.92	1.83	13.98
净资产收益率	17.25	4.43	12.73	4.10	8.24
销售净利率	5.23	0.65	4.65	1.79	2.79
资产净利率	6.91	1.80	5.10	1.80	3.17

资料来源：天相投资分析系统。

表 23　　交通运输设备制造业上市公司偿债及营运情况

指　　标	2010 年	2010 年变动	2009 年	2009 年变动	2008 年
资产负债率（%）	60.49	-0.31	61.54	-0.36	60.08
存货周转率（次）	6.85	0.83	5.94	-0.34	6.28
总资产周转率（次）	1.32	0.21	1.10	-0.06	1.13

资料来源：天相投资分析系统。

（四）电器机械及器材制造业

1. 行业概况

截至 2010 年 12 月 31 日，电气机械及器材制造业总资产为 32 865.86 亿元，同比增长 28.14%；资产负债率达 59.2%，比 2009 年年底增加 0.48 个百分点。

电气机械及器材制造业全年共完成产品销售收入 41 136.13 亿元，同比增长 32.96%；完成利润总额 2 387.53 亿元，同比增长 33.91%。

2. 行业内上市公司发展状况

截至 2010 年，电器机械及器材制造业上市公司合计营业收入为 5 296.46 亿元，同比增长 32.38%；合计利润总额为 416.75 亿元，同比增长 33.13%；合计归属于母公司所有者的净利润为 312.49 亿元，同比增长 28.40%。

电器机械及器材制造业上市公司收入及资产增长情况见表 24。

表 24　　电器机械及器材制造业上市公司收入及资产增长情况　　单位：亿元

指　　标	2010 年	2010 年增长（%）	2009 年	2009 年增长（%）	2008 年
营业收入	5 296.46	32.38	3 769.94	11.16	3 327.80
利润总额	416.75	33.13	288.29	49.82	187.12
归属于母公司所有者的净利润	312.49	28.40	220.84	58.58	134.65
总资产	6 084.42	28.22	4 555.54	27.72	3 522.81
归属于母公司股东权益	2 119.34	45.21	1 345.61	31.33	1 007.77

资料来源：天相投资分析系统。

2010 年，电器机械及器材制造业上市公司由于行业竞争加剧，盈利能力普遍下降，2010 年的毛利率为 20.28%，同比下降 2.26 个百分点；净资产收益率为 14.74%，同比下降 1.93 个百分点；销售净利率为 5.90%，同比下降 0.18 个百分点；资产净利率为 5.77%，同比提升 0.06 个百分点。

电器机械及器材制造业上市公司盈利能力情况见表 25。

表 25　　电器机械及器材制造业上市公司盈利能力情况　　单位：%

盈利能力指标	2010 年	2010 年变动	2009 年	2009 年变动	2008 年
毛利率	20.28	-2.26	22.16	3.00	19.19
净资产收益率	14.74	-1.93	16.41	2.82	13.36
销售净利率	5.90	-0.18	5.86	1.75	4.05
资产净利率	5.77	0.06	5.44	1.19	4.16

资料来源：天相投资分析系统。

2010年，电器机械及器材制造业的偿债能力与2009年相比略有提升。2010年电器机械及器材制造业上市公司的资产负债率水平为61.08%，同比下降了3.94个百分点。从营运能力分析，2010年，电器机械及器材制造业上市公司的存货周转率为3.75次，同比上升0.43次；总资产周转率为0.98次，与2009年差别不大。

电器机械及器材制造业上市公司偿债及营运情况见表26。

表26　电器机械及器材制造业上市公司偿债及营运情况

指　标	2010年	2010年变动	2009年	2009年变动	2008年
资产负债率（%）	61.08	-3.94	65.98	-0.24	66.28
存货周转率（次）	3.75	0.43	3.19	-0.23	3.42
总资产周转率（次）	0.98	0.04	0.93	-0.11	1.03

资料来源：天相投资分析系统。

（五）仪器、仪表及文化、办公机械制造业

1. 行业概况

截至2010年12月31日，仪器、仪表及文化、办公用机械制造业总资产为5 643.47亿元，同比增长15.28%；资产负债率达52.21%，比2009年下降2.39个百分点。

仪器、仪表及文化、办公用机械制造业全年共完成产品销售收入6 336.81亿元，同比增长33.15%；完成利润总额451.13亿元，同比增长45.38%。

2. 行业内上市公司发展状况

2010年，仪器仪表及文化办公用机械制造业上市公司整体收入扭转下滑趋势，实现小幅增长。

毛利率和净资产收益率均小幅下降，整体盈利能力较去年出现下滑。

资产负债率大幅下降，偿债能力有所提升。

仪器、仪表及文化、办公用机械制造业上市公司收入及资产增长情况、盈利能力情况、偿债及营运情况见表27、表28和表29。

表27　仪器、仪表及文化、办公用机械制造业上市公司收入及资产增长情况　单位：亿元

指　标	2010年	2010年增长（%）	2009年	2009年增长（%）	2008年
营业收入	82.82	6.79	121.46	-5.78	127.93
利润总额	4.67	19.10	12.12	100.82	5.69
归属于母公司所有者的净利润	3.25	29.69	8.60	128.98	3.46
总资产	143.84	26.02	209.98	4.78	199.03
归属于母公司股东权益	86.17	58.44	90.21	8.18	82.48

资料来源：天相投资分析系统。

表 28　　仪器、仪表及文化办公用机械制造业上市公司盈利能力情况　　单位:%

盈利能力指标	2010 年	2010 年变动	2009 年	2009 年变动	2008 年
毛利率	24. 15	-1. 03	23. 64	2. 94	20. 41
净资产收益率	3. 77	-0. 84	9. 53	5. 03	4. 19
销售净利率	3. 92	0. 69	7. 08	4. 17	2. 70
资产净利率	2. 52	0. 31	4. 19	2. 37	1. 68

资料来源：天相投资分析系统。

表 29　　仪器、仪表及文化办公用机械制造业上市公司偿债及营运情况

指　　标	2010 年	2010 年变动	2009 年	2009 年变动	2008 年
资产负债率（%）	35. 85	-10. 73	50. 93	-0. 73	51. 79
存货周转率（次）	3. 69	-0. 07	3. 14	-0. 30	3. 44
总资产周转率（次）	0. 64	-0. 04	0. 59	-0. 03	0. 62

资料来源：天相投资分析系统。

四、重点上市公司介绍

上海汽车

2010 年，上海汽车实现营业收入 3 124. 85亿元，同比增长 125. 01%；实现利润总额 266. 84 亿元，同比增长 210. 39%；实现净利润 137. 29 亿元；同比增长 108. 26%。每股收益 1. 61 元。

公司盈利能力略有增强。综合毛利率为 19. 39%，同比上升 6. 68 个百分点；净利润率为 4. 39%，同比减少 0. 35 个百分点；净资产收益率为 21. 37%，同比上升 2. 28 个百分点。

截至 2010 年底，公司的资产负债率为 64. 28%，同比下降 1. 87 个百分点。

中联重科

2010 年，中联重科实现营业收入 321. 93 亿元，同比增长 55. 05%；实现利润总额 54. 16 亿元，同比增长 91. 56%；实现净利润 45. 88 亿元；同比增长 89. 68%。每股收益 0. 61 元。

公司盈利能力略有增强。综合毛利率为 30. 34%，同比增加 4. 63 个百分点；净利润率为 14. 25%，同比上升 2. 60 个百分点；净资产收益率为 17. 02%，同比下降 15. 08 个百分点，主要系增发股票产生了摊薄效应。

截至 2010 年底，公司的资产负债率为 56. 39%，同比下降 21. 02 个百分点。

三一重工

2010 年，三一重工实现营业收入 339. 55 亿元，同比增长 78. 94%；实现利润总额 69. 38 亿元，同比增长 106. 71%；实现净利润 61. 64 亿元；同比增长 103. 94%。每股收益 0. 74 元。

公司盈利能力略有增强。综合毛利率为 36. 85%，同比上升 1. 31 个百分点；净利润率为 18. 15%，同比上升 2. 22 个百分点；净资产收益率为 49. 47%，同比增加 23. 40 个百分点。

截至 2010 年底，公司的资产负债率为 61. 97%，同比上升 14. 28 个百分点。

国电南瑞

2010 年，国电南瑞实现营业收入 24. 82 亿元，同比增长 39. 55%；实现利润

总额5.37亿元，同比增长92.39%；实现归属于母公司所有者的净利润4.75亿元，同比增长90.06%；实现基本每股收益0.93元。

公司盈利能力与2009年相比有所上升。毛利率为33.33%，同比增加2.60个百分点；净利润率19.12%，同比增加5.11个百分点。

2010年末，公司的资产负债率达到43.91%，同比下降13.27个百分点；流动比率为2.00次，速动比率为1.48次。

五、上市公司在该行业中的影响力

2010年机械、设备、仪表制造业上市公司行业整体实现销售收入19 602.34亿元，同比增长42.54%；机械、设备、仪表制造业上市公司主营业务收入占行业总收入的12.99%，同比增加1.91个百分点。2010年机械、设备、仪表制造业上市公司毛利率19.40%；行业整体毛利率15.85%，上市公司的盈利能力高于行业水平。2010年，机械、设备、仪表制造业上市公司资产负债率58.08%，行业整体资产负债率59.97%，上市公司的负债水平高于全行业。

世纪证券有限责任公司
撰稿人：赵晓闯
审稿人：万文宇

制　造　业

医药、生物制品

一、医药、生物制品业概况

根据国家统计局数据，2010 年 1 ~ 11 月，医药制造业合计实现营业收入 10 169 亿元，同比增长 27.70%；实现利润总额 1 050亿元，同比增长 29.90%。

2010 年 1 ~ 11 月，医药工业总产值为 11 017 亿元，增长 26.10%；累计实现销售产值 10 664 亿元，同比增长 26.00%。

二、行业内上市公司发展状况

（一）行业内上市公司基本情况

截至 2010 年底，医药、生物制品制造业共涵盖 133 只 A、B 股，131 家上市公司（其中 2 家公司既有 A 股又有 B 股），分别占 A、B 股市场上市公司总数的 6.10% 和 0.09%。截至 2010 年年底，医药、生物制品制造业上市公司境内总市值为 11 712.08 亿元，流通 A 股市值为 8 096.35亿元，流通 B 股市值为 54.71 亿元，分别占沪深两市境内总市值的 4.39%，流通 A 股市值的 4.24%，流通 B 股市值的 1.86%。

（二）行业内上市公司构成情况

按上市地划分，行业内在上海证券交易所上市的公司 58 家，在深圳证券交易所上市的公司 71 家，分别占行业内上市公司总数的 44.27% 和 54.20%。

医药、生物制品行业上市公司发行股票概况见表 1。

表 1　　医药、生物制品行业上市公司发行股票概况

门　类	A、B 股总数	A 股股票数	B 股股票数	境内总市值（亿元）	流通 A 股市值（亿元）	流通 B 股市值（亿元）
医药、生物制品	133	131	2	11 712.08	8 096.35	54.71
占沪深两市比重（%）	6.19	6.10	0.09	4.39	4.24	1.86

资料来源：天相投资分析系统。

按 A、B 股划分，行业内仅在 A 股市场上市的公司有 129 家，既在 A 股市场也在 B 股市场上市的公司有 2 家，分别占行业内上市公司总数的 98.47% 和 1.53%。

从经营角度看，行业内上市公司中 ST，* ST 公司分别有 5 家和 5 家，分别占行业内上市公司总数的 3.82% 和 3.82%。

从股改完成情况看，截至 2010 年底，

行业内131家上市公司均已完成股改。

医药、生物制品行业上市公司构成情况见表2。

表2　　医药、生物制品行业上市公司构成情况　　单位：家

门　类	沪市			深市			ST/＊ST	股改/未股改
	仅A股	仅B股	A+B股	仅A股	仅B股	A+B股		
医药、生物制品	58	0	1	71	0	1	5/5	131/0
占行业内上市公司比重（%）	44.27	0.00	0.76	54.20	0.00	0.76	3.82/3.82	100.00/0.00

资料来源：天相投资分析系统。

按照公司所处行业大类划分，该行业可分为医药制造业和生物制品业，2个大类所涵盖公司数量分别为110家和23家。

医药、生物制品行业上市公司具体分布情况见表3。

表3　　医药、生物制品行业上市公司具体分布

A、B股类别	公司代码	公司名称	所属大类	A、B股类别	公司代码	公司名称	所属大类
沪市A股	600161	天坛生物	生物制品业	沪市A股	600297	美罗药业	医药制造业
	600195	中牧股份			600329	中新药业	
	600226	升华拜克			600332	广州药业	
	600530	交大昂立			600351	亚宝药业	
	600538	ST国发			600380	健康元	
	600556	＊ST北生			600385	ST金泰	
	600796	钱江生化			600420	现代制药	
	600062	双鹤药业	医药制造业		600421	ST国药	
	600079	人福医药			600422	昆明制药	
	600080	ST金花			600436	片仔癀	
	600085	同仁堂			600466	迪康药业	
	600129	太极集团			600479	千金药业	
	600196	复星医药			600488	天药股份	
	600200	江苏吴中			600513	联环药业	
	600201	金宇集团			600518	康美药业	
	600211	西藏药业			600521	华海药业	
	600216	浙江医药			600535	天士力	
	600222	太龙药业			600557	康缘药业	
	600252	中恒集团			600568	中珠控股	
	600253	天方药业			600572	康恩贝	
	600267	海正药业			600594	益佰制药	
	600276	恒瑞医药			600613	永生投资	
	600285	羚锐制药			600664	哈药股份	

续表

A、B股类别	公司代码	公司名称	所属大类	A、B股类别	公司代码	公司名称	所属大类
沪市A股	600666	西南药业	医药制造业	深市A股	000538	云南白药	医药制造业
	600671	* ST天目			000545	* ST吉药	
	600750	江中药业			000566	海南海药	
	600771	ST 东 盛			000590	紫光古汉	
	600781	上海辅仁			000597	东北制药	
	600789	鲁抗医药			000623	吉林敖东	
	600812	华北制药			000650	仁和药业	
	600829	三精制药			000739	普洛股份	
	600867	通化东宝			000756	新华制药	
	600869	三普药业			000766	通化金马	
	600976	武汉健民			000788	西南合成	
	600993	马 应 龙			000790	华神集团	
	601607	上海医药			000809	中汇医药	
沪市B股	900904	永生B股	医药制造业		000915	山大华特	
深市A股	000518	四环生物	生物制品业		000919	金陵药业	
	000557	* ST广夏			000952	广济药业	
	000605	ST 四 环			000989	九 芝 堂	
	000661	长春高新			000999	华润三九	
	000990	诚志股份			002001	新 和 成	
	002007	华兰生物			002004	华邦制药	
	002022	科华生物			002020	京新药业	
	002030	达安基因			002099	海翔药业	
	002038	双鹭药业			002107	沃华医药	
	002166	莱茵生物			002118	紫鑫药业	
	002252	上海莱士			002198	嘉应制药	
	300009	安科生物			002219	独 一 味	
	300119	瑞普生物			002275	桂林三金	
	300122	智飞生物			002287	奇正藏药	
	300138	晨光生物			002294	信 立 泰	
	300142	沃森生物			002317	众生药业	
	000004	国农科技	医药制造业		002332	仙琚制药	
	000078	海王生物			002349	精华制药	
	000153	丰原药业			002370	亚太药业	
	000403	S * ST 生化			002390	信邦制药	
	000423	东阿阿胶			002393	力生制药	
	000513	丽珠集团			002399	海 普 瑞	
	000522	白云山A			002412	汉森制药	

续表

A、B股类别	公司代码	公司名称	所属大类	A、B股类别	公司代码	公司名称	所属大类
深市A股	002422	科伦药业	医药制造业	深市A股	300039	上海凯宝	医药制造业
	002424	贵州百灵			300049	福瑞股份	
	002433	太安堂			300086	康芝药业	
	002437	誉衡药业			300110	华仁药业	
	300006	莱美药业			300147	香雪制药	
	300016	北陆药业		深市B股	200513	丽珠B	医药制造业
	300026	红日药业					

资料来源：天相投资分析系统。

（三）行业内上市公司股改情况

自2005年9月中国证监会颁布《上市公司股权分置改革管理办法》以来，截至2010年年底，医药、生物制品类上市公司131家公司均已完成股改。

截至2010年底，医药、生物制品制造业上市公司非限售流通A股占总股本的比例略有降低，由2009年的79.64%下降至77.06%，降低2.58个百分点。流通B股比例从2009年的0.44%下降到0.32%，下降0.12个百分点，限售流通A股比例提高了1.76个百分点，为22.61%。

2010年医药、生物制品行业上市公司股本变动情况见表4。

表4　2010年医药、生物制品行业上市公司股本变动情况　单位：万股

指　标	2010年底	2009年底	增长变动（%）
总股本	4 891 096.21	3 759 606.54	30.10
其中：A股	4 875 334.24	3 742 918.64	30.25
B股	15 761.97	16 687.90	-5.55
非限售流通A股	3 769 249.97	2 994 179.31	25.89
非限售流通A股比重（%）	77.06	79.64	-2.58
流通B股	15 761.97	16 687.90	-5.55
流通B股比重（%）	0.32	0.44	-0.12
限售A股	1 106 084.27	784 097.16	41.06
限售A股比重（%）	22.61	20.86	1.76

资料来源：天相投资分析系统。

（四）行业内上市公司融资情况

2010年全年医药、生物制品制造业共有29家公司进行了融资，占沪深两市530家融资公司的5.47%。其中，新股发行19家，增发9家，分别占沪深两市总数的5.65%和5.17%。

2010年医药、生物制品行业上市公司与沪深两市融资情况对比见表5。

表5　　2010年医药、生物制品行业上市公司与沪深两市融资情况对比　　单位：家

	融资家数	新股	配股	增发
医药、生物制品	29	19	1	9
沪深两市总数	530	336	20	174
占比（%）	5.47	5.65	5.00	5.17

资料来源：天相投资分析系统。

其中，首发的19家公司中，有10家在中小板上市，8家在创业板上市，1家在沪市主板上市，属吸收合并首发；增发的9家公司中，7家在沪市主板，2家在中小板；配股的1家公司是沪市主板的上市公司。进行融资的29家公司中，医药制造业占24家，生物制品业占5家。

2010年医药、生物制品行业上市公司融资情况见表6。

表6　　2010年医药、生物制品行业上市公司融资情况

代　码	公司名称	融资类别	所属大类	证券类型
002001	新 和 成	增发	医药制造业	中小板
002118	紫鑫药业	增发	医药制造业	中小板
002349	精华制药	首发	医药制造业	中小板
002370	亚太药业	首发	医药制造业	中小板
002390	信邦制药	首发	医药制造业	中小板
002393	力生制药	首发	医药制造业	中小板
002399	海 普 瑞	首发	医药制造业	中小板
002412	汉森制药	首发	医药制造业	中小板
002422	科伦药业	首发	医药制造业	中小板
002424	贵州百灵	首发	医药制造业	中小板
002433	太 安 堂	首发	医药制造业	中小板
002437	誉衡药业	首发	医药制造业	中小板
300049	福瑞股份	首发	医药制造业	创业板
300086	康芝药业	首发	医药制造业	创业板
300110	华仁药业	首发	医药制造业	创业板
300119	瑞普生物	首发	生物制品业	创业板
300122	智飞生物	首发	生物制品业	创业板
300138	晨光生物	首发	生物制品业	创业板
300142	沃森生物	首发	生物制品业	创业板
300147	香雪制药	首发	医药制造业	创业板
600161	天坛生物	增发	生物制品业	沪市
600196	复星医药	增发	医药制造业	沪市
600252	中恒集团	增发	医药制造业	沪市
600518	康美药业	配股	医药制造业	沪市
600535	天 士 力	增发	医药制造业	沪市
600572	康 恩 贝	增发	医药制造业	沪市
600750	江中药业	增发	医药制造业	沪市
600869	三普药业	增发	医药制造业	沪市
601607	上海医药	首发	医药制造业	沪市

资料来源：天相投资分析系统。

从融资总量来看，上市公司实际发行数量为 240 255.65 万股，实际募集资金总额为 384.52 亿元。

2010 年医药、生物制品行业上市公司融资明细见表 7。

表 7　　2010 年医药、生物制品行业上市公司融资明细

代　码	公司名称	发行价格（元）	实际发行数量（万股）	实募集资金数（亿元）
002001	新 和 成	38.05	3 022.00	10.94
002118	紫鑫药业	20.05	4 987.53	9.86
002349	精华制药	19.80	2 000.00	3.72
002370	亚太药业	16.00	3 000.00	4.42
002390	信邦制药	33.00	2 170.00	6.61
002393	力生制药	45.00	4 600.00	20.00
002399	海 普 瑞	148.00	4 010.00	57.17
002412	汉森制药	35.80	1 900.00	6.48
002422	科伦药业	83.36	6 000.00	47.72
002424	贵州百灵	40.00	3 700.00	13.81
002433	太 安 堂	29.82	2 500.00	6.81
002437	誉衡药业	50.00	3 500.00	16.69
300049	福瑞股份	28.98	1 900.00	4.99
300086	康芝药业	60.00	2 500.00	14.43
300110	华仁药业	13.99	5 360.00	7.14
300119	瑞普生物	60.00	1 860.00	10.65
300122	智飞生物	37.98	4 000.00	14.33
300138	晨光生物	30.00	2 300.00	6.49
300142	沃森生物	95.00	2 500.00	22.22
300147	香雪制药	33.99	3 100.00	10.03
600161	天坛生物	14.34	2 721.69	3.90
600196	复星医药	20.60	3 182.00	6.35
600252	中恒集团	31.85	1 200.00	3.60
600518	康美药业	6.88	50 434.44	34.36
600535	天 士 力	37.60	2 842.13	10.29
600572	康 恩 贝	15.21	2 780.00	4.05
600750	江中药业	36.00	1 527.32	5.33
600869	三普药业	7.19	30 743.27	22.10
601607	上海医药	—	79 915.27	—

资料来源：天相投资分析系统。

（五）行业内上市公司资产及业绩情况

截至 2010 年年底，医药、生物制品制造业上市公司资产总值已达到 3 526.66 亿元，非流动资产 1 348.44 亿元，归属于母公司股东权益 2 003.58 亿元，分别比 2009 年同期增长 31.83%、15.32% 和 38.92%。

医药、生物制品行业上市公司资产情况见表 8。

表 8 **医药、生物制品行业上市公司资产情况** 单位：亿元

资产指标	2010 年	2010 年增长（%）	2009 年	2009 年增长（%）	2008 年
总资产	3 526.66	31.83	2 278.62	11.21	2 015.09
流动资产	2 178.22	44.65	1 288.93	13.74	1 110.51
占比（%）	61.76	5.47	56.57	1.26	55.11
非流动资产	1 348.44	15.32	989.70	8.08	904.58
占比（%）	38.24	-5.47	43.43	-1.26	44.89
流动负债	1 160.48	21.73	845.08	-5.00	878.87
占比（%）	32.91	-2.73	37.09	-6.33	43.61
非流动负债	232.39	36.97	150.61	86.02	80.73
占比（%）	6.59	0.25	6.61	2.66	4.01
归属于母公司股东权益	2 003.58	38.92	1 204.74	20.80	974.43
占比（%）	56.81	2.90	52.87	4.20	48.36

资料来源：天相投资分析系统。

根据 2010 年年报数据，医药、生物制品制造业上市公司合计实现营业收入 2 548.78亿元，实现利润总额 338.35 亿元，实现归属于母公司所有者的净利润 270.50 亿元，分别比 2009 年同期增长 20.18%、8.01% 和 9.01%。

医药、生物制品行业上市公司收入实现情况见表 9。

表 9 **医药、生物制品行业上市公司收入实现情况** 单位：亿元

业绩指标	2010 年	2010 年增长（%）	2009 年	2009 年增长（%）	2008 年
营业收入	2 548.78	20.18	1 911.96	5.77	1 775.75
利润总额	338.35	8.01	245.47	73.23	133.05
归属于母公司所有者的净利润	270.50	9.01	196.85	83.05	99.95

资料来源：天相投资分析系统。

（六）行业内上市公司利润分配情况

2010 年全年医药、生物制品制造业上市公司共有 90 家公司实施了分红送股，其中 46 家公司实施送股转增，83 家公司实施派息，既送股转增又派息的公司 39 家。送股转增及派息比例最高值分别为每股送股及转增 1.5 股（同仁堂和迪康药业），每股派息 2 元（海普瑞）。

2010 年医药、生物制品行业上市公司分红情况见表 10。

表 10　　2010 年医药、生物制品行业上市公司分红情况

代　码	名　　称	送股及转增比例	每股派息（税前　元）	基准股本（万股）
000423	东阿阿胶	—	0.300	65 402.15
000513	丽珠集团	—	0.100	29 572.19
000522	白云山A	—	0.050	46 905.37
000538	云南白药	—	0.100	69 426.65
000623	吉林敖东	0.200	0.030	57 335.80
000650	仁和药业	0.500	0.056	42 016.54
000739	普洛股份	—	0.020	25 673.57
000756	新华制药	—	0.050	45 731.28
000788	西南合成	0.400	0.100	41 627.49
000790	华神集团	0.300	0.030	26 928.04
000919	金陵药业	—	0.150	50 400.00
000989	九芝堂	—	0.400	29 760.53
000990	诚志股份	—	0.040	29 703.24
000999	华润三九	—	0.300	97 890.00
002001	新和成	—	0.500	72 594.60
002001	新和成	0.500	—	48 396.40
002007	华兰生物	—	0.300	57 620.48
002022	科华生物	—	0.300	49 227.75
002030	达安基因	0.200	0.012	28 892.16
002038	双鹭药业	0.500	0.250	25 298.00
002099	海翔药业	—	0.200	16 050.00
002118	紫鑫药业	1.000	—	25 649.57
002198	嘉应制药	0.250	0.050	16 400.00
002198	嘉应制药	1.000	0.100	8 200.00
002219	独一味	0.250	0.028	29 888.00
002219	独一味	0.600	0.034	18 680.00
002252	上海莱士	—	0.400	27 200.00
002252	上海莱士	0.700	—	16 000.00
002275	桂林三金	0.300	0.220	45 400.00
002287	奇正藏药	—	0.280	40 600.00
002294	信立泰	0.600	0.600	22 700.00
002317	众生药业	0.500	0.500	12 000.00
002332	仙琚制药	—	0.350	34 140.00
002349	精华制药	0.250	0.100	8 000.00
002370	亚太药业	0.700	0.150	12 000.00
002390	信邦制药	1.000	0.300	8 680.00

续表

代　码	名　称	送股及转增比例	每股派息（税前 元）	基准股本（万股）
002393	力生制药	—	0.900	18 245.50
002399	海 普 瑞	1.000	2.000	40 010.00
002412	汉森制药	1.000	1.000	7 400.00
002422	科伦药业	1.000	0.500	24 000.00
002424	贵州百灵	1.000	0.600	23 520.00
002424	贵州百灵	0.600	0.500	14 700.00
002433	太 安 堂	—	0.500	10 000.00
002437	誉衡药业	1.000	0.500	14 000.00
300006	莱美药业	1.000	0.100	9 150.00
300009	安科生物	0.250	0.250	15 120.00
300016	北陆药业	0.500	0.200	10 183.27
300026	红日药业	0.500	0.250	10 068.40
300039	上海凯宝	0.500	0.400	17 536.00
300049	福瑞股份	0.300	0.300	9 620.00
300049	福瑞股份	0.300	—	7 400.00
300086	康芝药业	1.000	0.300	10 000.00
300119	瑞普生物	1.000	1.000	7 414.80
300122	智飞生物	—	0.200	40 000.00
300138	晨光生物	—	0.150	8 978.54
300142	沃森生物	0.500	—	10 000.00
300147	香雪制药	1.000	0.300	12 300.00
600062	双鹤药业	—	0.230	57 169.59
600079	人福医药	—	0.040	47 158.57
600085	同 仁 堂	1.500	0.350	52 082.63
600161	天坛生物	—	0.100	51 546.69
600195	中牧股份	—	0.300	39 000.00
600196	复星医药	—	0.100	190 439.24
600200	江苏吴中	—	0.020	62 370.00
600216	浙江医药	—	0.700	45 006.00
600226	升华拜克	—	0.150	40 554.92
600252	中恒集团	1.000	0.065	54 587.38
600252	中恒集团	1.000	0.025	27 293.69
600267	海正药业	—	0.150	52 481.82
600276	恒瑞医药	0.500	0.100	74 943.32
600285	羚锐制药	—	0.050	20 072.00
600329	中新药业	—	0.200	73 930.87

续表

代 码	名 称	送股及转增比例	每股派息（税前 元）	基准股本（万股）
600332	广州药业	—	0.050	81 090.00
600351	亚宝药业	—	0.050	63 295.20
600420	现代制药	—	0.100	28 773.34
600422	昆明制药	—	0.150	31 417.60
600436	片 仔 癀	—	0.700	14 000.00
600466	迪康药业	1.500	—	17 560.23
600479	千金药业	—	0.250	30 481.92
600488	天药股份	—	0.030	54 289.00
600513	联环药业	—	0.050	11 700.00
600518	康美药业	—	0.050	219 871.45
600521	华海药业	0.200	0.100	44 883.94
600530	交大昂立	—	0.070	31 200.00
600535	天 士 力	—	0.600	51 642.13
600557	康缘药业	—	0.060	41 564.67
600557	康缘药业	0.300	—	31 972.82
600572	康 恩 贝	1.000	0.100	35 180.00
600594	益佰制药	0.500	0.030	23 517.00
600664	哈药股份	0.300	0.580	124 200.55
600666	西南药业	0.500	0.100	19 343.09
600750	江中药业	—	0.300	31 115.00
600796	钱江生化	0.100	0.020	27 400.19
600829	三精制药	0.500	0.490	38 659.24
600867	通化东宝	0.350	—	57 497.22
600976	武汉健民	—	0.300	15 339.86
600993	马 应 龙	1.000	0.050	16 579.00
601607	上海医药	—	0.140	268 891.05

资料来源：天相投资分析系统。

（七）其他财务指标

1. 盈利能力指标

2010 年，医药、生物制品制造业上市公司毛利率下降 1.02 个百分点，净资产收益率、销售净利率和资产净利率均有所下降，同比分别降低了 3.70 个百分点、1.09 个百分点和 1.73 个百分点。总的来讲，整个行业的盈利能力较 2009 年有所下降。

医药、生物制品行业上市公司盈利能力情况见表 11。

表 11　　医药、生物制品行业上市公司盈利能力情况　　单位:%

盈利能力指标	2010 年	2010 年变动	2009 年	2009 年变动	2008 年
毛利率	34.36	-1.02	31.82	4.00	28.48
净资产收益率	13.50	-3.70	16.34	5.56	10.26
销售净利率	10.61	-1.09	10.30	4.35	5.63
资产净利率	8.72	-1.73	9.10	3.72	5.08

资料来源：天相投资分析系统。

2. 偿债能力指标

2010 年，医药、生物制品制造业上市公司资产负债率水平同比下降了 2.48 个百分点，偿债能力继续增强。

医药、生物制品行业上市公司偿债能力指标见表 12。

表 12　　医药、生物制品行业上市公司偿债能力指标

偿债能力指标	2010 年	2010 年变动	2009 年	2009 年变动	2008 年
流动比率（次）	1.88	0.30	1.53	0.25	1.26
速动比率（次）	1.36	0.23	1.09	0.23	0.92
资产负债率（%）	39.50	-2.48	43.70	-3.67	47.62

资料来源：天相投资分析系统。

3. 营运能力指标

2010 年，医药、生物制品制造业上市公司固定存款周转率有所提升，但存货周转率、应收账款周转率、流动资产周转率及总资产周转率略有下滑。总体而言，整个行业的营运能力保持稳定。

医药、生物制品行业上市公司营运能力情况见表 13。

表 13　　医药、生物制品行业上市公司营运能力情况　　单位：次

营运能力指标	2010 年	2010 年变动	2009 年	2009 年变动	2008 年
存货周转率	3.97	-0.17	4.31	-0.12	4.44
应收账款周转率	7.78	-0.66	7.41	0.34	7.83
流动资产周转率	1.38	-0.24	1.58	-0.05	1.64
固定资产周转率	4.08	0.38	3.81	0.18	3.62
总资产周转率	0.82	-0.07	0.88	-0.02	0.90
净资产周转率	1.25	-0.19	1.47	-0.16	1.63

资料来源：天相投资分析系统。

三、重点细分行业介绍

医药、生物制品制造业共涵盖两个大类，分别是医药制造业和生物制品业。

医药制造业上市公司数为 108 家，占医药、生物制品制造业境内市值比重的 85.68%；生物制品业有 23 家上市公司，占医药、生物制品制造业境内市值比重的 14.32。

医药、生物制品各子行业上市公司及市值情况见表 14。

表 14　　医药、生物制品各子行业上市公司及市值情况

大　　类	上市公司家数（家）	占行业内比重（%）	境内总市值（亿元）	占行业内比重（%）
生物制品业	23	17.56	1 676.90	14.32
医药制造业	108	82.44	10 035.18	85.68

资料来源：天相投资分析系统。

（一）医药制造业

1. 2010 年，医药制造业上市公司的整体收入同比增长 20.42%，利润总额同比增长 11.97%，归属于母公司所有者的净利润同比增长 14.07%。

医药制造业上市公司收入及资产增长情况见表 15。

表 15　　医药制造业上市公司收入及资产增长情况　　单位：亿元

指　　标	2010 年	2010 年增长（%）	2009 年	2009 年增长（%）	2008 年
营业收入	2 378.75	20.42	1 804.48	4.88	1 690.15
利润总额	303.60	11.97	210.80	46.27	135.89
归属于母公司所有者的净利润	243.44	14.07	167.78	49.09	105.29
总资产	3 197.85	31.39	2 086.01	11.32	1 842.31
归属于母公司股东权益	1 790.68	36.95	1 094.68	18.65	901.17

资料来源：天相投资分析系统。

2. 2010 年，医药制造业上市公司毛利率、净资产收益率、销售净利率和资产净利率分别同比下降 0.98 个百分点、2.73 个百分点、0.57 个百分点和 1.30 个百分点，行业整体盈利能力有所下滑。

医药制造业上市公司盈利能力情况见表 16。

表 16　　医药制造业上市公司盈利能力情况　　单位：%

盈利能力指标	2010 年	2010 年变动	2009 年	2009 年变动	2008 年
毛利率	33.82	-0.98	31.10	2.39	28.09
净资产收益率	13.59	-2.73	15.33	3.13	11.68
销售净利率	10.23	-0.57	9.30	2.76	6.23
资产净利率	8.65	-1.30	8.47	2.32	5.86

资料来源：天相投资分析系统。

3. 2010 年，医药制造业上市公司资产负债率小幅下降，同比下降了 1.86 个百分点。

医药制造业上市公司偿债及营运情况见表 17。

表 17　医药制造业上市公司偿债及营运情况

指　　标	2010 年	2010 年变动	2009 年	2009 年变动	2008 年
资产负债率（%）	40.43	-1.86	44.25	-2.62	47.12
存货周转率（次）	4.05	-0.25	4.48	-0.16	4.63
总资产周转率（次）	0.84	-0.08	0.91	-0.03	0.94

资料来源：天相投资分析系统。

（二）生物制品业

1. 2010 年，生物制品制造业上市公司的整体收入同比增长 16.90%，利润总额为 34.75 亿元，归属于母公司所有者净利润为 27.06 亿元。

生物制品业上市公司收入及资产增长情况见表 18。

表 18　生物制品业上市公司收入及资产增长情况　单位：亿元

指　　标	2010 年	2010 年增长（%）	2009 年	2009 年增长（%）	2008 年
营业收入	170.03	16.90	107.48	23.30	85.60
利润总额	34.75	-17.49	34.67	扭亏为盈	-2.84
归属于母公司所有者的净利润	27.06	-22.05	29.07	扭亏为盈	-5.34
总资产	328.81	36.30	192.61	10.05	172.79
归属于母公司股东权益	212.90	58.00	110.05	47.24	73.26

资料来源：天相投资分析系统。

2. 2010 年，生物制品制造业上市公司毛利率、净资产收益率、销售净利率和资产净利率分别同比下降 1.21 个百分点、13.05 个百分点、7.95 个百分点和 5.69 个百分点，盈利能力下滑。

生物制品业上市公司盈利能力情况见表 19。

表 19　生物制品业上市公司盈利能力情况　单位：%

盈利能力指标	2010 年	2010 年变动	2009 年	2009 年变动	2008 年
毛利率	41.86	-1.21	43.99	7.13	36.24
净资产收益率	12.71	-13.05	26.42	33.10	-7.29
销售净利率	15.92	-7.95	27.05	32.78	-6.24
资产净利率	9.49	-5.69	15.82	18.73	-3.16

资料来源：天相投资分析系统。

3. 2009 年，生物制品制造业上市公司资产负债率继续下降，同比下降了 8.46 个百分点。

生物制品业上市公司偿债及营运情况见表 20。

表 20　　生物制品业上市公司偿债及营运情况

指　标	2010 年	2010 年变动	2009 年	2009 年变动	2008 年
资产负债率（%）	30.44	-8.46	37.76	-14.97	52.98
存货周转率（次）	3.02	0.37	2.43	0.14	2.29
总资产周转率（次）	0.60	-0.04	0.58	0.08	0.51

资料来源：天相投资分析系统。

四、重点上市公司介绍

恒瑞医药

2010 年，恒瑞医药实现营业收入 37.44 亿元，同比增长 23.61%；实现利润总额 8.60 亿元，同比增长 10.19%；实现归属于母公司的净利润 7.24 亿元，同比增长 8.78%。每股收益为 0.9697 元，净资产收益率为 24.16%。

公司盈利能力有所下降。毛利率达到 83.82%，同比上升 1.12 个百分点；净利润率为 20.17%，同比下降 2.71 个百分点；净资产收益率为 24.16%，同比下降 4.77 个百分点；总资产报酬率为 24.64%，同比下降 4.76 个百分点。

2010 年年末，公司的资产负债率为 10.80%，同比下降 0.33 个百分点。

双鹤药业

2010 年，双鹤药业实现营业收入 53.66 亿元，同比增长 6.53%；实现利润总额 6.17 亿元，同比增长 9.88%；实现归属于母公司的净利润 5.20 亿元，同比增长 15.20%。每股收益为 0.91 元，净资产收益率为 14.18%。

公司盈利能力略有提升。毛利率达到 36.18%，同比提高 2.23 个百分点；净利润率为 9.93%，同比提高 0.73 个百分点；净资产收益率为 14.18%，同比提高 0.40 个百分点；总资产报酬率为 12.53%，同比下降 0.15 个百分点。

2010 年年末，公司的资产负债率达到 25.06%，同比下降了 1.14 个百分点。

云南白药

2010 年，云南白药实现营业收入 100.75 亿元，同比增长 40.49%；实现利润总额 10.39 亿元，同比增长 47.34%；实现归属于母公司的净利润 9.26 亿元，同比增长 53.41%。每股收益为 1.33 元，净资产收益率为 23.17%。

公司盈利能力有所提升。毛利率达到 30.48%，同比上升 0.13 个百分点；净利润率为 9.19%，同比上升 0.7 个百分点；净资产收益率为 23.17%，同比上升 5.2 个百分点；总资产报酬率为 15.00%，同比上升 2.69 个百分点。

2010 年年末，公司的资产负债率达到 42.17%，同比上升 2.61 个百分点。

天士力

2010 年，天士力实现营业收入 46.52 亿元，同比增长 16.50%；实现利润总额 5.56 亿元，同比增长 39.22%；实现归属于母公司净利润 4.50 亿元，同比增长 42.18%。每股收益为 0.92 元，净资产收益率为 16.87%。

公司盈利能力有所提升。毛利率达到 33.69%，同比增加 1.00 个百分点；净利润率为9.88%，同比增加1.77个百分点；净资产收益率为16.87%，同比增加0.81个百分点；总资产报酬率为12.98%，同比下降1.17个百分点。

2010年年末，公司的资产负债率达到37.19%，同比上升8.87个百分点。

五、上市公司对行业的影响

2010年，医药、生物制品制造业上市公司合计实现营业收入2 548.78亿元，同比增长20.18%，医药、生物制品制造业上市公司占医药行业总收入的21.34%，上市公司的增速低于整个行业的增速。

安信证券股份有限公司

撰稿人：邹　敏

制　造　业

其他制造业

一、其他制造业总体情况

根据国家统计局数据，2010 年其他制造业合计实现营业收入 5 527.83 亿元，同比增长 30.18%；实现利润总额 279.20 亿元，同比增长 39.85%。

从盈利能力看，2010 年其他制造业整体毛利率达 13.48%，同比下降 0.11 个百分点；税前利润率为 5.05%，同比上升 0.35 个百分点。

2010 年，其他制造业财务状况与 2009 年相比没有太大变化。截至 2010 年底，全行业的资产负债率为 53.66%，同比微降 0.06 个百分点。

二、行业内上市公司发展状况

（一）行业内上市公司基本情况

截至 2010 年底，其他制造业共有 23 家上市公司，其中 2 家上市公司既发行 A 股又发行 B 股。其他制造业的 A 股股票数和 B 股股票数分别占沪深两市股票数的 0.98% 和 0.09%。截至 2010 年年底，其他制造业板块境内总市值为 1 005.69 亿元，占沪深两市流通总市值的比重为 0.38%；流通 A 股市值为 591.79 亿元，占流通 A 股总市值的比重为 0.31%；流通 B 股市值为 42.68 亿元，占流通 B 股总市值的比重为 1.45%。

其他制造业上市公司发行股票概况见表 1。

表 1　　其他制造业上市公司发行股票概况

门　类	A、B 股总数	A 股股票数	B 股股票数	境内总市值（亿元）	流通 A 股市值（亿元）	流通 B 股市值（亿元）
其他制造业	23	21	2	1 005.69	591.79	42.68
占沪深两市比重（%）	1.07	0.98	0.09	0.38	0.31	1.45

资料来源：天相投资分析系统。

（二）行业内上市公司构成情况

按上市地区划分，其他制造业在上海证券交易所上市的公司有 6 家（其中老凤祥既发行 A 股又发行 B 股），在深圳证券交易所上市的公司有 25 家（其中 * ST 盛润 A 既发行 A 股又发行 B 股），分别占行业内上市公司总数的 28.57% 和 71.43%。

从经营角度看，其他制造业上市公司中 ST 公司有 1 家（ST 磁卡），* ST 公司有 1 家

（＊ST盛润A和＊ST盛润B），ST及＊ST公司占行业内上市公司总数的比重均为4.76%。从股改完成情况来看，截至2010年年底，21家上市公司全部完成股改。

其他制造业上市公司构成情况见表2。

表2　　其他制造业上市公司构成情况　　单位：家

门　类	沪市			深市			ST/＊ST	股改/未股改
	仅A股	仅B股	A+B股	仅A股	仅B股	A+B股		
其他制造业	5	0	1	14	0	1	1/1	21/0
占行业内上市公司比重（%）	23.81	0.00	4.76	66.67	0.00	4.76	4.76/4.76	100.00/0.00

资料来源：天相投资分析系统。

其他制造业上市公司具体分布见表3。

表3　　其他制造业上市公司具体分布

<table>
<tr><th>A、B股类别</th><th>公司代码</th><th>公司名称</th><th>所属大类</th><th>A、B股类别</th><th>公司代码</th><th>公司名称</th><th>所属大类</th></tr>
<tr><td rowspan="6">沪市A股</td><td>600086</td><td>东方金钰</td><td rowspan="7">其他制造业</td><td rowspan="10">深市A股</td><td>002120</td><td>新海股份</td><td rowspan="11">其他制造业</td></tr>
<tr><td>600110</td><td>中科英华</td><td>002130</td><td>沃尔核材</td></tr>
<tr><td>600210</td><td>紫江企业</td><td>002173</td><td>山下湖</td></tr>
<tr><td>600249</td><td>两面针</td><td>002174</td><td>梅花伞</td></tr>
<tr><td>600612</td><td>老凤祥</td><td>002247</td><td>帝龙新材</td></tr>
<tr><td>600800</td><td>ST磁卡</td><td>002290</td><td>禾盛新材</td></tr>
<tr><td>沪市B股</td><td>900905</td><td>老凤祥B</td><td>002342</td><td>巨力索具</td></tr>
<tr><td rowspan="5">深市A股</td><td>000030</td><td>＊ST盛润A</td><td rowspan="5">其他制造业</td><td>002345</td><td>潮宏基</td></tr>
<tr><td>002003</td><td>伟星股份</td><td>300061</td><td>康耐特</td></tr>
<tr><td>002017</td><td>东信和平</td><td>300116</td><td>坚瑞消防</td></tr>
<tr><td>002094</td><td>青岛金王</td><td>深市B股</td><td>200030</td><td>＊ST盛润B</td></tr>
<tr><td>002098</td><td>浔兴股份</td><td></td><td></td><td></td><td></td></tr>
</table>

资料来源：天相投资分析系统。

（三）行业内上市公司股改情况

截至2010年年底，其他制造业上市公司已有21家公司全部完成股改。

2010年，其他制造业板块流通A股占总股本的比例有所下降，流通B股占总股本的比例则有所上升。截至2010年年底，行业中流通A股占总股本的比例由80.20%下降至70.54%，下降9.66个百分点；流通B股占总股本比例由1.48%上升到2.41%。与此对应，限售流通A股比例由2009年的18.32%上升8.73个百分点至27.05%。

2010年其他制造业上市公司股本变动情况见表4。

（四）行业内上市公司融资情况

2010年全年，其他制造业共有6家公司进行了融资，占沪深两市进行融资的530家上市公司数量的1.13%。其中，新股发行4家，占沪深两市总数量的1.19%；增发2家，占沪深两市总数量的1.15%。

表 4　**2010 年其他制造业上市公司股本变动情况**　单位：万股

指　标	2010 年底	2009 年底	增长变动（%）
总股本	713 621. 80	1 161 719. 23	-38. 57
其中：A 股	696 456. 15	1 144 553. 58	-39. 15
B 股	17 165. 65	17 165. 65	0. 00
非限售流通 A 股	503 415. 42	931 741. 96	-45. 97
非限售流通 A 股比重（%）	70. 54	80. 20	-9. 66
流通 B 股	17 165. 65	17 165. 65	0. 00
流通 B 股比重（%）	2. 41	1. 48	0. 93
限售 A 股	193 040. 73	212 811. 62	-9. 29
限售 A 股比重（%）	27. 05	18. 32	8. 73

资料来源：天相投资分析系统。

2010 年其他制造业上市公司与沪深两市融资情况对比见表 5。

表 5　**2010 年其他制造业上市公司与沪深两市融资情况对比**　单位：家

	融资家数	新股	配股	增发
其他制造业	6	4	0	2
沪深两市总数	530	336	20	174
占比（%）	1. 13	1. 19	0. 00	1. 15

资料来源：天相投资分析系统。

其中，首发的 4 家公司中，有 2 家在中小板上市，2 家在创业板上市；增发的 2 家公司均在沪市上市。

2010 年其他制造业上市公司融资情况见表 6。

表 6　**2010 年其他制造业上市公司融资情况**

代　码	公司名称	融资类别	所属大类	证券类型
002342	巨力索具	首发	其他制造业	中小板
002345	潮宏基	首发	其他制造业	中小板
300061	康耐特	首发	其他制造业	创业板
300116	坚瑞消防	首发	其他制造业	创业板
600110	中科英华	增发	其他制造业	沪市
600612	老凤祥	增发	其他制造业	沪市

资料来源：天相投资分析系统。

从融资效果看，上市公司实际发行数量为 30 737. 46 万股；实际募集资金 42. 91 亿元。

2010 年其他制造业上市公司融资明细见表 7。

表7　　2010年其他制造业上市公司融资明细

代　码	公司名称	发行价	发行量（万股）	募集资金（亿元）
002342	巨力索具	24.00	5 000.00	11.58
002345	潮宏基	33.00	3 000.00	9.41
300061	康耐特	18.00	1 500.00	2.49
300116	坚瑞消防	19.98	2 000.00	3.63
600110	中科英华	5.85	13 400.00	7.58
600612	老凤祥	14.08	5 837.46	8.22

资料来源：天相投资分析系统。

（五）行业内上市公司资产及业绩情况

截至2010年，其他制造业上市公司资产总值达432.90亿元，比2009年同期减少29.13%（2009年样本参照2010年新样本调整，下同）。其中流动资产255.44亿元，非流动资产177.46亿元，同比分别增长48.11%、9.02%。其他制造业上市公司归属于母公司股东的权益为201.01亿元，同比增长43.56%。

其他制造业上市公司资产情况见表8。

表8　　其他制造业上市公司资产情况　　单位：亿元

资产指标	2010年	2010年增长（%）	2009年	2009年增长（%）	2008年
总资产	432.90	29.13	676.44	26.25	527.70
流动资产	255.44	48.11	414.09	28.90	315.75
占比（%）	59.01	7.56	61.22	1.26	59.84
非流动资产	177.46	9.02	262.36	22.29	211.95
占比（%）	40.99	-7.56	38.78	-1.26	40.16
流动负债	166.33	23.88	284.54	25.64	223.25
占比（%）	38.42	-1.63	42.06	-0.21	42.31
非流动负债	52.24	13.64	93.40	38.92	67.03
占比（%）	12.07	-1.64	13.81	1.26	12.70
归属于母公司股东权益	201.01	43.56	274.29	25.80	213.39
占比（%）	46.43	4.67	40.55	-0.15	40.44

资料来源：天相投资分析系统。

截至2010年，其他制造业上市公司合计实现营业收入350.78亿元，同比增长28.32%；合计利润总额达38.95亿元，同比增长86.66%；合计归属于母公司所有者的净利润为31.46亿元，同比增长110.80%。

其他制造业上市公司收入实现情况见表9。

表 9　　其他制造业上市公司收入实现情况　　单位：亿元

业绩指标	2010 年	2010 年增长（%）	2009 年	2009 年增长（%）	2008 年
营业收入	350.78	28.32	406.12	4.11	379.07
利润总额	38.95	86.66	37.66	16.46	30.90
归属于母公司所有者的净利润	31.46	110.80	27.20	22.83	20.93

资料来源：天相投资分析系统。

（六）利润分配情况

2010 年全年，其他制造业上市公司中共有 13 家公司实施了分红（其中老凤祥包含 A、B 股），其中，4 家公司实施送股及转增股本，11 家公司实施派息，既送股、转增又派息的公司有 2 家。现金分红中，每股派息最高的是潮宏基，税前每股派息达 0.35 元；最低的是青岛金王，税前每股派息为 0.02 元。实施送股及转增最高的上市公司是山下湖，每股派 1 股。

2010 年其他制造业上市公司分红情况见表 10。

表 10　　2010 年其他制造业上市公司分红情况

代　码	名　　称	送股及转增比例	每股派息（税前 元）	基准股本（万股）
002003	伟星股份	—	0.300	25 898.80
002017	东信和平	0.100	0.300	19 856.25
002094	青岛金王	0.500	0.020	21 461.11
002098	浔兴股份	—	0.200	15 500.00
002130	沃尔核材	—	0.050	24 457.50
002173	山 下 湖	1.000	—	10 050.00
002174	梅 花 伞	—	0.050	8 293.99
002247	帝龙新材	—	0.300	10 020.00
002290	禾盛新材	—	0.150	15 048.00
002342	巨力索具	—	0.150	48 000.00
002345	潮 宏 基	—	0.350	18 000.00
600210	紫江企业	—	0.200	143 673.62
600612	老 凤 祥	0.300	—	33 533.19

资料来源：天相投资分析系统。

（七）其他财务指标情况

1. 盈利能力指标

2010 年，虽然大宗商品价格和劳动力成本不断上涨，但其他制造业盈利能力表现基本良好。2010 年，其他制造业上市公司毛利率为 18.75%，同比下降 0.14 个百分点，净资产收益率为 15.65%，同比上升 4.99 个百分点，销售净利率为 8.97%，同比上升 3.51 个百分点；资产净利率为 8.19%，同比上升 3.42 个百分点。虽然上市公司的盈利能力相比 2009 年基本保持提升态势，但受生产成本推动的影响，未来盈利能力能否维持现有水平仍有待观察。

其他制造业上市公司盈利能力情况见表11。

表11　　其他制造业上市公司盈利能力情况　　单位:%

盈利能力指标	2010年	2010年变动	2009年	2009年变动	2008年
毛利率	18.75	-0.14	19.22	3.17	18.29
净资产收益率	15.65	4.99	9.92	-0.24	9.81
销售净利率	8.97	3.51	6.70	1.02	5.52
资产净利率	8.19	3.42	4.49	0.18	4.13

资料来源：天相投资分析系统。

2. 偿债能力指标

2010年，其他制造业上市公司的偿债能力相比2009年有所增强。2010年，其他制造业上市公司的资产负债率水平为50.49%，相比2009年的55.87%下降了3.27个百分点；流动比率为1.54，比2009年提高0.25；速动比率为0.72，比2009年提高0.11。

其他制造业上市公司偿债能力指标见表12。

表12　　其他制造业上市公司偿债能力指标

偿债能力指标	2010年	2010年变动	2009年	2009年变动	2008年
流动比率（次）	1.54	0.25	1.46	0.04	1.41
速动比率（次）	0.72	0.11	0.70	0.09	0.75
资产负债率（%）	50.49	-3.27	55.87	1.05	55.01

资料来源：天相投资分析系统。

3. 营运能力指标

从营运能力情况看，2010年其他制造业上市公司的整体情况普遍好于2009年。2010年，其他制造业上市公司的存货周转率为3.09次，同比下降0.19次；应收账款周转率为11.31次，同比上升1.23次；流动资产周转率为1.64次，同比下降0.02次；固定资产周转率为3.83次，同比增长0.32次；总资产周转率为0.91次，同比增长0.04次。

其他制造业上市公司营运能力情况见表13。

表13　　其他制造业上市公司营运能力情况　　单位：次

营运能力指标	2010年	2010年变动	2009年	2009年变动	2008年
存货周转率	3.09	-0.19	1.96	-0.32	2.26
应收账款周转率	11.31	1.23	11.55	-0.43	12.98
流动资产周转率	1.64	-0.02	1.10	-0.19	1.28
固定资产周转率	3.83	0.32	3.46	-0.02	3.44
总资产周转率	0.91	0.04	0.67	-0.09	0.75
净资产周转率	1.50	-0.02	1.16	-0.16	1.32

资料来源：天相投资分析系统。

三、重点上市公司介绍

青岛金王

2010 年，青岛金王实现营业收入 8.00 亿元，同比增长 50.30%；实现利润总额 4 213.23万元，同比增长 181.62%；实现归属于母公司所有者的净利润 3 758.04 万元，同比增长 186.44%；实现基本每股收益 0.12 元。

公司盈利能力与 2009 年相比有小幅提升。其中，2010 年毛利率达 16.83%，同比上升 0.23 个百分点；净利润率达 4.70%，同比增长 2.23 个百分点。

2010 年年底，公司的资产负债率达 47.44%，同比下降 7.07 个百分点；流动比率为 1.54，同比下降 13.48%；速动比率为 0.83，与 2009 年持平。

新海股份

2010 年，新海股份实现营业收入 8.24 亿元，同比下降 0.63%；实现利润总额 3 921.99万元，同比下降 0.39%；实现归属于母公司所有者的净利润 3 215.06 万元，同比增长 3.15%；实现基本每股收益 0.21 元。

公司盈利能力与 2009 年相比有小幅提升。其中，2010 年毛利率达 19.69%，同比上升 1.19 个百分点；净利润率达 4.03%，同比增长 0.11 个百分点。

2010 年年底，公司的资产负债率达 57.86%，同比上升 0.38 个百分点；流动比率为 80.96，同比下降 4.7 个百分点；速动比率为 47.23，同比下降 7.64 个百分点。

康耐特

2010 年，康耐特实现营业收入 1.70 亿元，同比增长 1.35%；实现利润总额 1 794.75万元，同比下降 27.36%；实现归属于母公司所有者的净利润 1 601.25 万元，同比下降 25.16%；实现基本每股收益 0.27 元。

公司盈利能力与 2009 年相比略有下降。其中，2010 年毛利率达 26.65%，同比下降 3.2 个百分点；净利润率达 9.37%，同比下降 3.36 个百分点。

2010 年年底，公司的资产负债率达 20.80%，同比下降 33.20 个百分点；流动比率为 5.57，同比上升 4.43；速动比率为 4.35，同比上升 3.71。

四、上市公司在该行业中的影响力

截至 2010 年，其他制造业上市公司合计实现营业收入 350.78 亿元，同比增长 28.32%；合计利润总额达 38.95 亿元，同比增长 86.66%；合计归属于母公司所有者的净利润为 31.46 亿元，同比增长 110.80%。同期，其他制造业合计实现营业收入 5 527.83 亿元，同比增长 30.18%；实现利润总额 279.20 亿元，同比增长 39.85%。对比行业及上市公司的情况可以看出，由于上市公司数量较少，不足以代表行业整体水平，因此上市公司收入和利润规模均明显低于行业水平。从增速对比情况看，由于上市公司所处细分子行业发展良莠不齐，上市公司整体收入有所下滑但盈利能力相对较强。从总体上看，上市公司营业收入增幅低于行业增幅 1.86 个百分点、利润总额增幅高于行业增幅 46.81 个百分点。

天相投资顾问有限公司
撰稿人：天相投顾年鉴编写组

电力、煤气及水的生产和供应业

一、行业总体概况

2010年，面对极为复杂的国内外经济社会环境，电力行业深入落实科学发展观，加快转变发展方式，加大结构调整力度，在电力发展、体制改革、电力生产供应、节能减排等各方面取得了新的成绩，为支持我国经济社会发展作出了新的贡献。

电力发展取得新成就。到2010年年底，全国发电设备容量9.66亿千瓦，比2009年增长10.56%，发电装机规模连续15年居世界第二位。火电建设继续向着大容量、高参数、环保型方向发展，全年新增百万千瓦超超临界机组11台，全国在运百万千瓦超超临界机组达到31台。全球首台百万千瓦级超超临界空冷机组——华电宁夏灵武发电有限公司二期工程3号机组正式投产。清洁能源发电建设成绩突出。水电仍处于阶段性投产高峰。2010年，云南小湾、青海拉西瓦、四川大渡河瀑布沟等大型水电站先后建成，全国水电装机突破2.00亿千瓦。核电发展继续加快。2010年，广东岭澳核电站二期工程1号机组、浙江秦山核电二期扩建工程3号机组正式投产，全国在运核电装机容量突破1 000.00万千瓦，达到1 082.00万千瓦；核电在建施工规模扩大到3 395.00万千瓦，居全球首位。风力发电继续较大规模增长，全年基建新增风电并网容量1 457.00万千瓦，全国并网风电总容量达到2 958.00万千瓦。大容量光伏发电进入并网投产阶段，基建新增并网光伏发电容量19.49万千瓦。2010年年底，水电、核电、风电设备容量占全国发电设备容量的比重达到26.54%，比2009年提高1.03个百分点。火电设备容量占全国发电设备容量的比重是73.43%，比2009年降低了1.06个百分点；火电机组中天然气、煤矸石、生物质、垃圾、余热余压等发电装机得到较快发展。大容量火电机组比重进一步提高，火电30.00万千瓦及以上机组占全国火电机组总容量的72.68%，比2009年提高3.2个百分点；火电平均单机容量为10.88万千瓦，比2009年提高0.57万千瓦。

电力体制改革继续推进。电网主辅分离改革工作取得阶段性成果，着手启动农电体制改革工作。进一步完善大用户与发电企业直接交易试点规则，规范和推进试点工作。继续推进区域电力市场建设，我国第一个电力多边交易市场——内蒙古电力多边交易市场正式运行。

电力生产和供应能力进一步增强。2010年，全国基建新增发电设备容量9 124.00万千瓦；全国全口径发电量42 278.00亿千瓦时，比2009年增长14.85%；全口径供电量40 320.00亿千瓦时，比2009年增长15.27%。全年全社会用电量达41 999.00亿千瓦时，比2009年增长14.76%。

节能减排迈出新的步伐。2010年全国共关停小火电机组1 690.00万千瓦，超过关停目标690.00万千瓦。2010年，全国6 000.00千瓦及以上火电机组供电标准煤耗333.00克/千瓦时，比2009年降低7.00克/千瓦时；全国发电厂用电率5.43%，比2009年下降0.33个百分点。2010年，全国电力二氧化硫排放926万吨，比2009年下降2.33%。截至2010年底，全国已投运烟气脱硫机组超过5.60亿千瓦，约占全国煤电机组容量的86.00%；已投运烟气脱硝机组容量约9 000.00万千瓦，约占煤电机组容量的14.00%；在建、规划（含规划电厂项目）的脱硝工程容量超过1.00亿千瓦。

2010年是“十一五”的收官之年。“十一五”时期，是我国电力工业发展史上非常重要的时期。随着国民经济持续快速发展，“十一五”时期电力工业实现了跨越式发展，取得了举世瞩目的成就，电力工业支撑经济社会发展的能力显著增强。5年间，全国发电装机容量净增4.50亿千瓦，为“十五”末发电装机容量的86.86%，创造了世界电力建设的新纪录。年发电量从2005年的24 975.00亿千瓦时增加到2010年的42 278.00亿千瓦时，用11.10%的用电量年均增长支撑了国民经济年均11.20%的增长，实现了电力供需的总体平衡。电力结构不断优化升级，清洁能源发电发展迅速。“十一五”期间，全国累计关停小火电7 683.00万千瓦，一大批60.00万千瓦、100.00万千瓦超临界、超超临界高效环保火电机组投产。全国在役火电机组中，30.00万千瓦及以上机组的比重由2005年的48.25%提高到2010年的72.68%，供电标准煤耗累计下降了37.00克/千瓦时。“十一五”期间，全国水电装机容量净增9 867.00万千瓦，接近我国水电有史以来前95年的总和。并网风电装机容量从126.00万千瓦增加到2 958.00万千瓦，太阳能、生物质能和垃圾发电明显加速。核电发展步伐加快，率先建设世界上首批第三代核电机组，核电在建规模占全球的40.00%以上。电力结构优化升级对完成国家“十一五”节能减排目标作出了重要贡献。节能、环保、高效的超临界、超超临界机组已成为火电机组的技术主流，70.00万千瓦级水电机组实现国产化。电力工业为保障社会经济高速发展，加快推动资源节约型、环境友好型社会建设作出了重大贡献。

二、行业内上市公司发展状况

（一）行业内上市公司基本情况

截至2010年年底，电力煤气及水的生产和供应业共涵盖75只A、B股。其中，A、B股股票数分别为71只、4只，分占A、B股市场上市公司总数的3.30%和0.19%。截至2010年年底，该行业市值总额为8 113.34亿元、流通A股市值为4 926.42亿元、流通B股市值为71.22亿元，分占沪深两市市值总额的3.04%、流通A股市值的2.58%和流通B股市值的2.42%。

电力煤气及水的生产和供应业上市公司发行股票概况见表1。

表 1　　电力煤气及水的生产和供应业上市公司发行股票概况

门　类	A 股、B 股总数	A 股股票数	B 股股票数	境内总市值（亿元）	流通 A 股市值（亿元）	流通 B 股市值（亿元）
电力、煤气及水的生产和供应业	75	71	4	8 113. 34	4 926. 42	71. 22
占沪深两市比重（%）	3. 49	3. 30	0. 19	3. 04	2. 58	2. 42

资料来源：天相投资分析系统。

（二）行业内上市公司构成情况

按上市地划分，电力煤气及水的生产和供应业在上海证券交易所上市的公司有 46 家，在深圳交易所上市的公司有 26 家，分别占行业内上市公司总数的 63. 89% 和 36. 11%。

按 A、B 股划分，在 A 板上市的公司有 71 家（其中 3 家同时在 B 板上市），占行业内公司总数的 98. 61%。

从经营角度来看，行业内上市公司中 ST 和 * ST 公司有 4 家，占行业内上市公司总数的 5. 64%。

从股改完成情况来看，截至 2010 年年底，72 家公司全部完成股改。

电力煤气及水的生产和供应业上市公司构成情况见表 2。

表 2　　电力煤气及水的生产和供应业上市公司构成情况　　单位：家

门　类	沪市			深市			ST/ * ST	股改/未股改
	仅 A 股	仅 B 股	A + B 股	仅 A 股	仅 B 股	A + B 股		
电力、煤气及水的生产和供应业	44	1	1	24	0	2	1/3	72/0
占行业内上市公司比重（%）	61. 11	1. 39	1. 39	33. 33	0. 00	2. 78	1. 41/4. 23	100. 00/0. 00

资料来源：天相投资分析系统。

按公司所处行业大类划分，可分为电力、蒸汽、热水的生产和供应业，煤气的生产和供应业，自来水的生产和供应业，三大类所涵盖公司数量分别为 61 家（其中 A、B 股共存 3 家）、3 家和 8 家。

电力煤气及水的生产和供应业上市公司具体分布见表 3。

（三）行业内上市公司股改情况

自 2005 年 9 月证监会颁布《上市公司股权分置改革管理办法以来》，截至 2010 年年底，电力煤气及水的生产和供应业上市公司全部完成股改。

截至 2010 年年底，电力煤气及水的生产和供应业内流通 A 股占总股本比例由 2009 年的 67. 02% 下降至 64. 25%，下降了 2. 76 个百分点；流通 B 股比例由 2009 年的 2. 36% 下降至 1. 72%，下降了 0. 64 个百分点；非流通 A 股比例由 2009 年的 29. 11% 提高至 32. 92%，提高了 3. 82 个百分点。

2010 年电力煤气及水的生产和供应业上市公司股本变动情况见表 4。

表 3　　电力煤气及水的生产和供应业上市公司具体分布

A、B 股类别	公司代码	公司名称	所属大类
沪市 A 股	600011	华能国际	电力、蒸汽、热水的生产和供应业
	600021	上海电力	
	600027	华电国际	
	600098	广州控股	
	600101	明星电力	
	600116	三峡水利	
	600131	岷江水电	
	600167	联美控股	
	600212	江泉实业	
	600236	桂冠电力	
	600283	钱江水利	
	600292	九龙电力	
	600310	桂东电力	
	600396	金山股份	
	600452	涪陵电力	
	600505	西昌电力	
	600509	天富热电	
	600578	京能热电	
	600642	申能股份	
	600644	乐山电力	
	600674	川投能源	
	600719	大连热电	
	600726	华电能源	
	600744	华银电力	
	600758	红阳能源	
	600780	通宝能源	
	600795	国电电力	
	600863	内蒙华电	
	600864	哈投股份	
	600886	国投电力	
	600900	长江电力	
	600969	郴电国际	
	600979	广安爱众	
	600982	宁波热电	
	600995	文山电力	
	601179	中国西电	
	601991	大唐发电	
沪市 A 股	600333	长春燃气	煤气生产和供应业
	601139	深圳燃气	
	600008	首创股份	自来水的生产和供应业
	600168	武汉控股	
	600187	国中水务	
	600323	南海发展	
	600461	洪城水业	
	601158	重庆水务	
沪市 B 股	900937	华电 B 股	电力、蒸汽、热水的生产和供应业
	900949	东电 B 股	
深市 A 股	000027	深圳能源	电力、蒸汽、热水的生产和供应业
	000037	深南电 A	
	000426	富龙热电	
	000531	穗恒运 A	
	000539	粤电力 A	
	000543	皖能电力	
	000600	建投能源	
	000601	韶能股份	
	000690	宝新能源	
	000692	惠天热电	
	000695	滨海能源	
	000720	ST 能山	
	000767	漳泽电力	
	000875	吉电股份	
	000883	湖北能源	
	000899	赣能股份	
	000939	凯迪电力	
	000958	ST 东热	
	000966	长源电力	
	000993	闽东电力	
	001896	豫能控股	
	002039	黔源电力	
	002479	富春环保	
	002267	陕天然气	煤气生产和供应业
	000685	中山公用	自来水的生产和供应业
	000712	锦龙股份	
深市 B 股	200037	深南电 B	电力、蒸汽、热水的生产和供应业
	200539	粤电力 B	

资料来源：天相投资分析系统。

表 4　　2010 年电力煤气及水的生产和供应业上市公司股本变动情况　　单位：万股

指　标	2010 年底	2009 年底	增长变动（%）
总股本	11 931 853.48	8 697 574.06	37.19
其中：A 股	11 594 737.31	8 360 455.97	38.69
B 股	337 116.17	337 118.09	0.00
非限售流通 A 股	7 666 253.58	5 828 679.91	31.53
非限售流通 A 股比重（%）	64.25	67.02	-2.76
流通 B 股	205 116.17	205 118.09	0.00
流通 B 股比重（%）	1.72	2.36	-0.64
限售 A 股	3 928 483.73	2 531 776.05	55.17
限售 A 股比重（%）	32.92	29.11	3.82

资料来源：天相投资分析系统。

（四）行业内上市公司融资情况

2010 年全年电力煤气及水的生产和供应业共有 17 家公司进行融资（其中，国电电力增发两次），占沪深两市 530 家融资公司总数的 3.21%。其中，新股发行 3 家、配股 0 家、增发 14 家，分别占沪深两市总数的 0.89%、0 和 8.05%。

2010 年电力煤气及水的生产和供应业上市公司与沪深两市融资情况对比见表 5。

表 5　　2010 年电力煤气及水的生产和供应业上市公司与沪深两市融资情况对比　　单位：家

	融资家数	新　股	配　股	增　发
电力、煤气及水的生产和供应业	17	3	0	14
沪深两市总数	530	336	20	174
占比（%）	3.21	0.89	0.00	8.05

资料来源：天相投资分析系统。

其中，首发的 3 家公司中，有 1 家在中小板上市，2 家在沪市上市；增发的 14 家公司中，有 10 家沪市、3 家深市及 1 家中小板公司。进行融资的 17 家公司中，电力、蒸汽、热水的生产和供应业 15 家，自来水的生产和供应业 2 家。

2010 年电力煤气及水的生产和供应业上市公司融资情况见表 6。

表 6　　2010 年电力煤气及水的生产和供应业上市公司融资情况

代　码	公司名称	融资类别	所属大类	证券类型
000539	粤电力 A	增发	电力、蒸汽、热水的生产和供应业	深市主板
000883	湖北能源	增发	电力、蒸汽、热水的生产和供应业	深市主板
001896	豫能控股	增发	电力、蒸汽、热水的生产和供应业	深市主板
002039	黔源电力	增发	电力、蒸汽、热水的生产和供应业	中小板
002479	富春环保	首发	电力、蒸汽、热水的生产和供应业	中小板
600011	华能国际	增发	电力、蒸汽、热水的生产和供应业	沪市
600116	三峡水利	增发	电力、蒸汽、热水的生产和供应业	沪市

续表

代　码	公司名称	融资类别	所属大类	证券类型
600236	桂冠电力	增发	电力、蒸汽、热水的生产和供应业	沪市
600310	桂东电力	增发	电力、蒸汽、热水的生产和供应业	沪市
600461	洪城水业	增发	自来水的生产和供应业	沪市
600578	京能热电	增发	电力、蒸汽、热水的生产和供应业	沪市
600642	申能股份	增发	电力、蒸汽、热水的生产和供应业	沪市
600795	国电电力	增发	电力、蒸汽、热水的生产和供应业	沪市
600979	广安爱众	增发	电力、蒸汽、热水的生产和供应业	沪市
601158	重庆水务	首发	自来水的生产和供应业	沪市
601179	中国西电	首发	电力、蒸汽、热水的生产和供应业	沪市
601991	大唐发电	增发	电力、蒸汽、热水的生产和供应业	沪市

资料来源：天相投资分析系统。

从融资效果来看，2010 年全年上述公司发行新股、增发新股合计数量为 1 122 675. 37 万股，实募集资金为 600. 19 亿元。

2010 年电力煤气及水的生产和供应业上市公司融资明细见表 7。

表 7　　2010 年电力煤气及水的生产和供应业上市公司融资明细

代　码	公司名称	发行价格（元）	实际发行数量（万股）	实募集资金数（亿元）
000539	粤电力 A	5. 94	13 804. 71	8. 10
000883	湖北能源	5. 77	178 241. 20	102. 85
001896	豫能控股	4. 40	19 334. 69	8. 51
002039	黔源电力	17. 05	6 334. 31	10. 58
002479	富春环保	25. 80	5 400. 00	13. 38
600011	华能国际	5. 57	150 000. 00	82. 49
600116	三峡水利	6. 90	5 797. 00	3. 87
600236	桂冠电力	8. 18	14 900. 00	12. 19
600310	桂东电力	17. 01	2 720. 00	4. 38
600461	洪城水业	14. 50	8 000. 00	11. 14
600578	京能热电	9. 92	8 266. 13	7. 96
600642	申能股份	8. 39	26 288. 44	21. 68
600795	国电电力	3. 19	300 000. 00	93. 09
600795	国电电力	3. 45	144 028. 88	49. 61
600979	广安爱众	6. 72	5 860. 00	3. 80
601158	重庆水务	6. 98	50 000. 00	34. 02
601179	中国西电	7. 90	130 700. 00	100. 09
601991	大唐发电	6. 23	53 000. 00	32. 48
	合计		1 122 675. 37	600. 19

资料来源：天相投资分析系统。

（五）行业内上市公司资产及业绩情况

截至2010年年底，电力煤气及水的生产和供应业资产总值已达15 652.24亿元、非流动资产13 499.49亿元、归属母公司股东权益3 952.32亿元，分别比2009年同期增长了15.57%、15.18%和16.05%。

2010年电力煤气及水的生产和供应业上市公司资产情况见表8。

表8　电力煤气及水的生产和供应业上市公司资产情况　单位：亿元

资产指标	2010年	2010年增长（%）	2009年	2009年增长（%）	2008年
总资产	15 652.24	15.57	12 869.44	32.33	9 677.75
流动资产	2 152.74	18.06	1 617.90	7.80	1 482.41
占比（%）	13.75	0.29	12.57	-2.86	15.32
非流动资产	13 499.49	15.18	11 251.54	36.80	8 195.34
占比（%）	86.25	-0.29	87.43	2.86	84.68
流动负债	5 122.48	33.59	3 615.51	19.39	2 999.33
占比（%）	32.73	4.42	28.09	-3.05	30.99
非流动负债	5 792.27	3.02	5 384.71	50.26	3 582.66
占比（%）	37.01	-4.51	41.84	4.99	37.02
归属于母公司股东权益	3 952.32	16.05	3 231.70	22.76	2 618.47
占比（%）	25.25	0.11	25.11	-1.96	27.06

资料来源：天相投资分析系统。

据2010年年报数据，电力煤气及水的生产和供应业上市公司合计实现营业收入5 161.00亿元，实现利润总额470.15亿元，实现归属母公司所有者的净利润321.20亿元，分别较2009年同期增长24.08%，8.61%，9.75%。

2010年电力煤气及水的生产和供应业上市公司收入实现情况见表9。

表9　电力煤气及水的生产和供应业上市公司收入实现情况　单位：亿元

业绩指标	2010年	2010年增长（%）	2009年	2009年增长（%）	2008年
营业收入	5 161.00	24.08	3 955.48	18.22	3 300.81
利润总额	470.15	8.61	391.20	1 611.51	20.31
归属于母公司所有者的净利润	321.20	9.75	257.08	扭亏为盈	-8.42

资料来源：天相投资分析系统。

（六）利润分配情况

2010年，电力煤气及水的生产和供应业的上市公司中共有44家公司实施了分红送股，其中，44家公司实施派息，9家公司既送股、转增，又实施派息。送股及转增、派息比例最高值分别为每股送1.00股（富春环保、广安爱众）和每股派息1.080元（桂东电力B股）。

2010年电力煤气及水的生产和供应业上市公司分红情况见表10。

表 10　　2010 年电力煤气及水的生产和供应业上市公司分红情况

代　码	名　称	送股及转增比例	每股派息（税前　元）	基准股本（万股）
000027	深圳能源	0.200	0.100	220 249.53
000539	粤电力 A	—	0.100	279 745.11
000543	皖能电力	—	0.020	77 300.88
000600	建投能源	—	0.030	91 366.01
000601	韶能股份	—	0.020	92 555.17
000685	中山公用	—	0.200	59 898.71
000690	宝新能源	—	0.030	172 661.25
000883	湖北能源	—	0.443	206 779.97
000939	凯迪电力	0.600	0.100	58 956.80
000993	闽东电力	—	0.120	37 300.00
002039	黔源电力	—	0.167	20 359.91
002267	陕天然气	—	0.200	50 841.87
002479	富春环保	1.000	0.500	21 400.00
600008	首创股份	—	0.130	220 000.00
600011	华能国际	—	0.200	1 405 538.34
600021	上海电力	—	0.050	213 973.93
600098	广州控股	—	0.200	205 920.00
600101	明星电力	—	0.070	32 417.90
600116	三峡水利	—	0.100	26 753.32
600168	武汉控股	—	0.029	44 115.00
600236	桂冠电力	—	0.050	228 044.95
600283	钱江水利	—	0.200	28 533.00
600310	桂东电力	0.500	0.500	18 395.00
600323	南海发展	0.200	0.200	27 106.84
600333	长春燃气	—	0.100	46 151.98
600461	洪城水业	0.500	0.100	22 000.00
600509	天富热电	—	0.160	65 569.66
600578	京能热电	0.200	0.100	65 602.13
600642	申能股份	0.500	0.100	315 251.60
600644	乐山电力	—	0.060	32 648.01
600674	川投能源	—	0.036	93 292.15
600719	大连热电	—	0.013	20 229.98
600795	国电电力	—	0.100	1 539 457.06
600864	哈投股份	—	0.050	54 637.82
600886	国投电力	—	0.025	199 510.11
600900	长江电力	—	0.256	1 650 000.00
600979	广安爱众	1.000	0.020	29 644.61
600982	宁波热电	—	0.100	16 800.00
600995	文山电力	—	0.060	47 852.64
601139	深圳燃气	—	0.130	123 000.00
601158	重庆水务	—	0.188	480 000.00
601179	中国西电	—	0.060	435 700.00
601991	大唐发电	—	0.070	1 331 003.76
900949	东电 B 股	—	1.080	201 000.00

资料来源：天相投资分析系统。

（七）其他财务指标情况

1. 盈利能力指标

2010 年，电力煤气及水的生产和供应业上市公司毛利率有所降低，毛利率为 16.59%，同比下降了 3.02 个百分点。相应的，净资产收益率、销售净利润率和资产净利润率都有不同程度的下降，同比分别下降 0.47、0.81 和 0.28 个百分点。

2010 年电力煤气及水的生产和供应业上市公司盈利能力情况见表 11。

表 11　　电力煤气及水的生产和供应业上市公司盈利能力情况　　单位:%

盈利能力指标	2010 年	2010 年变动	2009 年	2009 年变动	2008 年
毛利率	16.59	-3.02	18.84	9.66	10.30
净资产收益率	8.13	-0.47	7.95	8.20	-0.32
销售净利率	6.22	-0.81	6.50	6.69	-0.26
资产净利率	2.20	-0.28	2.28	2.35	-0.09

资料来源：天相投资分析系统。

2. 偿债能力指标

2010 年整个行业内上市公司偿债能力基本维持了 2009 年的水平。从各项指标来看，2010 年行业内上市公司整体资产负债率为 69.73%，同比下降 0.09 个百分点；流动比率为 0.42 次，同比下降 0.06 次；速动比率为 0.30 次，同比提高 0.03 次。

2010 年电力煤气及水的生产和供应业上市公司偿债能力指标见表 12。

表 12　　电力煤气及水的生产和供应业上市公司偿债能力指标

偿债能力指标	2010 年	2010 年变动	2009 年	2009 年变动	2008 年
流动比率（次）	0.42	-0.06	0.45	-0.05	0.49
速动比率（次）	0.30	-0.03	0.30	-0.03	0.39
资产负债率（%）	69.73	-0.09	69.93	1.95	68.01

资料来源：天相投资分析系统。

3. 营运能力指标

2010 年，行业内上市公司存货周转率、应收账款周转率和流动资产周转率都有小幅提高，固定资产周转率有小幅下降。

2010 年电力煤气及水的生产和供应业上市公司营运能力情况见表 13。

表 13　　电力煤气及水的生产和供应业上市公司营运能力情况　　单位：次

营运能力指标	2010 年	2010 年变动	2009 年	2009 年变动	2008 年
存货周转率	12.17	1.90	9.98	-2.25	12.28
应收账款周转率	9.30	0.04	10.42	0.24	10.19
流动资产周转率	2.60	0.20	2.54	0.09	2.44
固定资产周转率	0.62	-0.01	0.62	-0.06	0.68
总资产周转率	0.35	0.00	0.35	-0.02	0.37

资料来源：天相投资分析系统。

三、重点细分行业介绍

电力煤气及水的生产和供应业共涵盖三个大类，分别是电力、蒸汽、热水的生产和供应业，煤气生产和供应业，自来水的生产和供应业。2010 年，电力、蒸汽、热水的生产和供应业公司有 61 家，市值占行业内比重为 86.59%；煤气生产和供应业上市公司有 3 家，市值占行业内比重为 3.91%；自来水的生产和供应业上市公司有 8 家，市值占行业内比重为 10.50%。

电力煤气及水的生产和供应业各子行业上市公司及市值情况见表 14。

表 14　电力煤气及水的生产和供应业各子行业上市公司及市值情况

大　类	上市公司家数（家）	占行业内比重（%）	境内总市值（亿元）	占行业内比重（%）
电力、蒸汽、热水的生产和供应业	61	84.72	6 943.99	85.59
煤气生产和供应业	3	4.17	317.62	3.91
自来水的生产和供应业	8	11.11	851.73	10.50

资料来源：天相投资分析系统。

（一）电力蒸汽热水的生产和供应业

2010 年，电力蒸汽热水的生产和供应业上市公司整体收入为 4 959.48 亿元，同比增长23.71%；利润总额以及归属母公司所有者的净利润分别为 420.68 亿元、279.13 亿元，同比分别增长 7.06%、7.82%。

2010 年电力蒸汽热水的生产和供应业上市公司收入及资产增长情况见表 15。

表 15　电力蒸汽热水的生产和供应业上市公司收入及资产增长情况　单位：亿元

指　标	2010 年	2010 年增长（%）	2009 年	2009 年增长（%）	2008 年
营业收入	4 959.48	23.71	3 835.02	18.94	3 224.21
利润总额	420.68	7.06	370.69	扭亏为盈	-3.19
归属于母公司所有者的净利润	279.13	7.82	240.73	扭亏为盈	-26.71
总资产	14 996.04	15.11	12 493.91	32.96	9 396.51
归属于母公司股东权益	3 620.61	15.15	3 032.25	23.59	2 453.47

资料来源：天相投资分析系统。

1. 盈利能力指标

2010 年，电力蒸汽热水的生产和供应业毛利率为 16.08%，同比下降了 3.03 个百分点，相应的，净资产收益率、销售净利润率和资产净利率也有不同程度的下降。

2010 年电力蒸汽热水的生产和供应业上市公司盈利能力情况见表 16。

表 16　电力蒸汽热水的生产和供应业上市公司盈利能力情况　单位:%

盈利能力指标	2010 年	2010 年变动	2009 年	2009 年变动	2008 年
毛利率	16.08	-3.03	18.60	8.73	9.87
净资产收益率	7.71	-0.52	7.94	9.03	-1.09
销售净利率	5.63	-0.83	6.28	7.11	-0.83
资产净利率	1.99	-0.29	2.20	2.51	-0.31

资料来源：天相投资分析系统。

2. 偿债能力及营运能力指标

2010 年，电力蒸汽热水的生产和供应业上市公司总体偿债能力保持稳定，资产负债率为 70. 86%，同比提高 0. 04 个百分点；营运能力有所提高，存货周转率为 12. 71 次，同比提高 2. 16 次。

2010 年电力蒸汽热水的生产和供应业上市公司偿债及营运情况见表 17。

表 17　　电力蒸汽热水的生产和供应业上市公司偿债及营运情况

指　标	2010 年	2010 年变动	2009 年	2009 年变动	2008 年
资产负债率（%）	70. 86	－0. 04	70. 71	1. 84	68. 87
存货周转率（次）	12. 71	2. 16	13. 05	－1. 19	14. 23
总资产周转率（次）	0. 35	0. 00	0. 35	－0. 02	0. 37

资料来源：天相投资分析系统。

（二）煤气生产和供应业

2010 年，煤气生产和供应业上市公司整体收入为 108. 23 亿元，同比增长 44. 47%；实现利润总额为 9. 69 亿元，同比增长 13. 23%；归属母公司所有者的净利润为 8. 07 亿元，同比增长 15. 35%。

2010 年煤气生产和供应业上市公司收入及资产增长情况见表 18。

表 18　　煤气生产和供应业上市公司收入及资产增长情况　　单位：亿元

指　标	2010 年	2010 年增长（%）	2009 年	2009 年增长（%）	2008 年
营业收入	108. 23	44. 47	74. 92	－7. 60	35. 94
利润总额	9. 69	13. 23	8. 56	18. 52	4. 68
归属于母公司所有者的净利润	8. 07	15. 35	7. 00	21. 84	3. 85
总资产	136. 16	23. 89	109. 91	15. 08	47. 87
归属于母公司股东权益	64. 59	9. 04	59. 24	27. 35	32. 55

资料来源：天相投资分析系统。

1. 盈利能力指标

2010 年，煤气生产和供应业毛利率为 17. 61%，同比下降 7. 20 个百分点；净资产收益率为 12. 50%，同比增加 0. 68 个百分点；销售净利润率和资产净利率都有小幅下降。

2010 年煤气生产和供应业上市公司盈利能力情况见表 19。

表 19　　煤气生产和供应业上市公司盈利能力情况　　单位:%

盈利能力指标	2010 年	2010 年变动	2009 年	2009 年变动	2008 年
毛利率	17. 61	－7. 20	24. 81	4. 21	22. 69
净资产收益率	12. 50	0. 68	11. 82	－0. 53	11. 82
销售净利率	7. 46	－1. 88	9. 34	2. 26	10. 71
资产净利率	6. 56	－0. 25	6. 81	0. 07	9. 13

资料来源：天相投资分析系统。

2. 偿债能力及营运能力指标

2010年，煤气生产和供应业上市公司总体偿债能力有所恶化，行业的资产负债率为50.48%，同比上升8.21个百分点；行业营运能力有所提高，存货周转率为12.05次，同比提高3.79次；总资产周转率为0.88次，同比提高0.15次。

2010年煤气生产和供应业上市公司偿债及营运情况见表20。

表20 煤气生产和供应业上市公司偿债及营运情况

指　标	2010年	2010年变动	2009年	2009年变动	2008年
资产负债率（%）	50.48	8.21	42.28	-4.90	31.40
存货周转率（次）	12.05	3.79	8.26	-2.05	10.31
总资产周转率（次）	0.88	0.15	0.73	-0.22	0.85

资料来源：天相投资分析系统。

（三）自来水的生产和供应业

2010年，自来水的生产和供应业上市公司整体收入为93.28亿元，同比增长23.46%；实现利润总额39.78亿元，同比增长26.76%；归属母公司所有者的净利润34.00亿元，同比增长27.03%。

2010年自来水的生产和供应业上市公司收入及资产增长情况见表21。

表21 自来水的生产和供应业上市公司收入及资产增长情况 单位：亿元

指　标	2010年	2010年增长（%）	2009年	2009年增长（%）	2008年
营业收入	93.28	23.46	45.54	11.98	40.66
利润总额	39.78	26.76	11.96	-36.50	18.83
归属于母公司所有者的净利润	34.00	27.03	9.35	-35.25	14.44
总资产	520.03	28.01	265.63	13.83	233.36
归属于母公司股东权益	267.11	32.24	140.21	5.86	132.45

资料来源：天相投资分析系统。

1. 盈利能力指标

2010年，自来水的生产和供应业盈利能力有所提高。其中，毛利率为42.15%，同比提高1.16个百分点；净资产收益率为12.73%，同比下降0.52个百分点；销售净利润率和资产净利率均小幅提高。

2010年自来水的生产和供应业上市公司盈利能力情况见表22。

表22 自来水的生产和供应业上市公司盈利能力情况 单位:%

盈利能力指标	2010年	2010年变动	2009年	2009年变动	2008年
毛利率	42.15	1.16	29.45	-3.67	33.12
净资产收益率	12.73	-0.52	6.67	-4.23	10.90
销售净利率	36.45	1.02	20.54	-14.98	35.52
资产净利率	7.34	0.37	3.75	-4.23	7.98

资料来源：天相投资分析系统。

2. 偿债能力及营运能力指标

2010年，自来水的生产和供应业上市公司总体偿债能力及营运能力有所好转。行业的资产负债率为42.27%，同比下降0.48个百分点；存货周转率为2.87次，同比降低了1.02次；总资产周转率为0.20次，维持2009年的水平。

2010年自来水的生产和供应业上市公司偿债及营运情况见表23。

表23　　自来水的生产和供应业上市公司偿债及营运情况

指　标	2010年	2010年变动	2009年	2009年变动	2008年
资产负债率（%）	42.27	-0.48	44.87	3.92	40.95
存货周转率（次）	2.87	-1.02	0.42	-0.37	0.79
总资产周转率（次）	0.20	0.00	0.18	-0.04	0.22

资料来源：天相投资分析系统。

四、重点上市公司介绍

华能国际

华能国际是亚洲最大的独立发电上市公司，也是中国电力行业的龙头企业。多年来，公司凭借先进的电厂、高素质的员工、经验丰富的管理层、规范的公司治理结构、良好的电厂分布、丰富的资本运作经验等优势，公司装机规模不断扩大，竞争力不断增强。截至2010年底，公司可控发电装机容量5 449.90万千瓦，权益发电装机容量5 103.20万千瓦，境内电厂广泛分布在我国18个省、市和自治区；公司境外在新加坡全资拥有一家营运电力公司。公司大量机组为高效、低能耗、临界或超临界的大型发电机组。2010年公司平均供电煤耗为315.60克/千瓦时，低于全国平均的333.00克/千瓦时，同时也是五大发电集团中煤耗水平最低的。华能国际作为电力上市公司的旗舰企业，其核心竞争力在于设备先进、运行高效、电源节点占据地有利等，使公司的盈利能力多年来领先于行业。2010年华能国际实现营业收入1 043.08亿元，实现净利润35.44亿元，每股收益为0.29元，总资产为2 239.53亿元，净资产收益率为6.70%。

长江电力

长江电力是目前我国最大的水电上市公司，主要从事水力发电业务。公司通过实施重大资产重组，收购三峡电站18台发电机组。2010年底，公司拥有葛洲坝电站及三峡工程已投产的全部发电机组，机组装机容量为2 107.70万千瓦。另外，国家授权中国三峡总公司滚动开发长江上游干支流水力资源，组织开发建设奚落度、向家坝、乌东德、白鹤滩等四个大型水电站，公司未来成长仍然可期。2010年，公司实现营业收入218.80亿元，实现净利润82.25亿元，总资产为1 574.61亿元，净资产收益率为12.43%。

五、上市公司在行业中的影响力

2010年，电力煤气及水的生产和供应业上市公司合计实现营业收入5 161.00亿元，同比增长24.08%。其中，电力蒸汽热水的生产和供应业上市公司整体收入为4 959.48亿元，占行业总营业收入的

96.10%。由于电力行业上市公司收入占绝大部分比例，电力行业上市公司的经营情况更具有代表性。

电力行业上市公司具有很强的行业代表性，占整个发电市场份额约50%的大型电力集团都有旗舰上市公司，并且它们的主要盈利资产都在或即将都在上市公司中，例如华能国际、长江电力、国电电力、大唐发电、华电国际、国投电力、粤电力、深圳能源等。因此，电力上市公司的发展基本上可以反映我国电力行业的发展状况。然而，电力上市发电资产大多是所属集团中的优良资产，因此电力行业上市公司是整个行业的先行者，代表的更是行业的优秀经营水平。

华泰联合证券有限责任公司
撰稿人：周衍长

建 筑 业

一、建筑行业总体概况

2010 年，我国建筑业总产值突破 9.5 万亿元大关，达到人民币 96 031 万亿元，同比增长 25.03%，约为 GDP 的 23.94%，是国民经济的重要支柱产业。

建筑业队伍不断壮大，从业人员由 2002 年的 2 245.20 万人增长到 2010 年的 3 672.60万人。建筑企业利润总额从 1990 年的人民币 25.70 亿元上升到 2010 年的人民币 3 409.07 亿元，年均增长 27.68%。这主要得益于国家2008 年底启动的大规模基础建设投资，2010 年建筑行业景气指数和企业家信心指数重返高位，行业景气程度较高。

对外承包工程新签合同额从 2002 年的 150.50 亿美元，增长到 2010 年的 1 344.00 亿美元，年均增速 31.48%。对外承包工程营业额从 2002 年的 111.90 亿美元，增长到 2010 年的 922.00 亿美元，年均增速 30.16%。近年来，建筑施工领域的国内企业对外承包合同呈现快速增长的趋势，一方面得益于我国大型建筑企业通过几十年发展积累的丰富经验，以及我国较低的劳动成本；另一方面也体现了中国大型建筑施工企业较强的竞争力，如中国水电、中国交建、中国铁建、中国中铁均为相关领域的世界级龙头企业。

二、行业内上市公司发展状况

（一）行业内上市公司基本情况

截至 2010 年底，建筑行业共有 43 只 A、B 股上市公司，分占 A、B 股市场上市公司总数的 1.91% 和 0.09%。截至 2010 年底，境内行业市值总额为人民币 6 468.29 亿元、流通 A 股市值为人民币 3 723.10 亿元、流通 B 股市值 1.69 亿元，分占沪深两市市值总额的 2.42%、流通 A 股市值总额的 1.95% 和流通 B 股市值总额的 0.06%。

建筑业上市公司发行股票概况见表 1。

表 1　　建筑业上市公司发行股票概况

门　　类	A 股、B 股总数	A 股股票数	B 股股票数	境内总市值（亿元）	流通 A 股市值（亿元）	流通 B 股市值（亿元）
建筑业	43	41	2	6 468.29	3 723.10	1.69
占沪深两市比重（%）	2.00	1.91	0.09	2.42	1.95	0.06

资料来源：天相投资分析系统。

（二）行业内上市公司构成情况

按上市地划分，建筑行业在上海证券交易所上市的公司最多，有25家（含2家B股），在深圳证券交易所上市的公司有18家。按A、B股划分，在A板上市的公司有41家，在B板上市的公司有2家。从经营角度来看，行业上市公司中＊ST股有1家。

建筑业上市公司构成情况见表2。

表2　建筑业上市公司构成情况　　单位：家

门类	沪市			深市			ST/＊ST	股改/未股改
	仅A股	仅B股	A+B股	仅A股	仅B股	A+B股		
建筑业	23	2	0	18	0	0	0/1	43/0
占行业内上市公司比重（%）	53.49	4.65	0.00	41.86	0.00	0.00	0/2.44	100/0

资料来源：天相投资分析系统。

按公司所处行业大类划分，可分为土木工程建筑业和装修装饰业，两个子行业的上市公司数量分别为34家和9家（含2家沪市B股）。

建筑业上市公司具体分布见表3。

表3　建筑业上市公司具体分布

A、B股类别	公司代码	公司名称	所属大类	A、B股类别	公司代码	公司名称	所属大类
沪市A股	600039	四川路桥	土木工程建筑业	沪市A股	600145	＊ST国创	装修装饰业
	600068	葛洲坝		沪市B股	900939	ST汇丽B	装修装饰业
	600170	上海建工			900957	凌云B股	
	600248	延长化建		深市A股	000023	深天地A	土木工程建筑业
	600263	路桥建设			000065	北方国际	
	600284	浦东建设			000090	深天健	
	600326	西藏天路			000961	中南建设	
	600477	杭萧钢构			002060	粤水电	
	600491	龙元建设			002062	宏润建设	
	600496	精工钢构			002135	东南网架	
	600502	安徽水利			002140	东华科技	
	600512	腾达建设			002307	北新路桥	
	600528	中铁二局			002310	东方园林	
	600545	新疆城建			002431	棕榈园林	
	600820	隧道股份			002524	光正钢构	
	600853	龙建股份			002081	金螳螂	装修装饰业
	600970	中材国际			002163	中航三鑫	
	600986	科达股份			002325	洪涛股份	
	601186	中国铁建			002375	亚厦股份	
	601390	中国中铁			002482	广田股份	
	601618	中国中冶			300117	嘉寓股份	
	601668	中国建筑					

资料来源：天相投资分析系统。

（三）行业内上市公司股本变动情况

截至2010年年底，建筑行业内流通A股占总股本比例由37.91%上升到54.14%，上升了16.23个百分点；流通B股占总股本比例由0.30%下降到0.29%，下降了0.01个百分点；限售A股占总股本比例由61.50%下降到45.29%，下降了16.21个百分点。

2010年建筑业上市公司股本变动情况见表4。

表4　2010年建筑业上市公司股本变动情况　单位：万股

指　标	2010年底	2009年底	增长变动（%）
总股本	9 292 811.99	9 010 807.28	3.13
其中：A股	9 239 761.99	8 957 757.28	3.15
B股	53 050.00	53 050.00	0.00
非限售流通A股	5 030 755.92	3 416 122.35	47.27
非限售流通A股比重（%）	54.14	37.91	16.22
流通B股	27 200.00	27 200.00	0.00
流通B股比重（%）	0.29	0.30	-0.01
限售A股	4 209 006.07	5 541 634.93	-24.05
限售A股比重（%）	45.29	61.50	-16.21

资料来源：天相投资分析系统。

（四）行业内上市公司融资情况

2010年全年建筑行业7家公司进行了融资，占沪深两市530家融资公司的1.32%；5家公司为新股发行，占新股发行336家公司的1.49%；2家公司进行了增发，占沪深两市174家增发公司的1.15%；没有公司通过配股融资。

2010年建筑业上市公司与沪深两市融资情况对比见表5。

表5　2010年建筑业上市公司与沪深两市融资情况对比　单位：家

	融资家数	新　股	配　股	增　发
建筑业	7	5	0	2
沪深两市总数	530	336	20	174
占比（%）	1.32	1.49	0.00	1.15

资料来源：天相投资分析系统。

其中，首发的5家公司中，有4家在中小板上市，1家在创业板上市；增发的2家公司中，有1家沪市公司、1家中小板公司。进行融资的7家公司中，装修装饰业4家，土木工程建筑业3家。

2010年建筑业上市公司融资情况见表6。

表 6　　2010 年建筑业上市公司融资情况

代　码	公司名称	融资类别	所属大类	证券类型
002163	中航三鑫	增发	装修装饰业	中小板
002375	亚厦股份	首发	装修装饰业	中小板
002431	棕榈园林	首发	土木工程建筑业	中小板
002482	广田股份	首发	装修装饰业	中小板
002524	光正钢构	首发	土木工程建筑业	中小板
300117	嘉寓股份	首发	装修装饰业	创业板
600170	上海建工	增发	土木工程建筑业	沪市

资料来源：天相投资分析系统。

从融资效果看，上述公司拟发行新股、配股和增发新股合计 56 021. 16 万股，实际募集资金 114. 69 亿元。

2010 年建筑业上市公司融资明细见表 7。

表 7　　2010 年建筑业上市公司融资明细

代　码	公司名称	发行价格（元）	实际发行数量（万股）	实募集资金数（亿元）
002163	中航三鑫	14. 60	6 385. 00	9. 00
002375	亚厦股份	31. 86	5 300. 00	16. 21
002431	棕榈园林	45. 00	3 000. 00	12. 71
002482	广田股份	51. 98	4 000. 00	19. 96
002524	光正钢构	15. 18	2 260. 00	3. 18
300117	嘉寓股份	26. 00	2 800. 00	6. 78
600170	上海建工	14. 52	32 276. 16	46. 86

资料来源：天相投资分析系统。

（五）行业内上市公司资产及业绩情况

截至 2010 年，建筑行业上市公司资产总值已达人民币 17 658. 27 亿元，非流动资产值达人民币 3 920. 14 亿元，净资产达人民币 3 238. 61 亿元，分别比 2009 年同期增长了 29. 09%、36. 12% 和 16. 48%。

2010 年建筑业上市公司资产情况见表 8。

表 8　　建筑业上市公司资产情况　　单位：亿元

资产指标	2010 年	2010 年增长（%）	2009 年	2009 年增长（%）	2008 年
总资产	17 658. 27	29. 09	13 923. 37	30. 56	6 875. 33
流动资产	13 738. 13	27. 21	10 968. 74	31. 47	5 256. 82
占比（%）	77. 80	－1. 15	78. 78	0. 54	76. 46
非流动资产	3 920. 14	36. 12	2 954. 63	27. 30	1 618. 51
占比（%）	22. 20	1. 15	21. 22	－0. 54	23. 54
流动负债	11 189. 68	29. 02	8 782. 80	20. 12	4 595. 74
占比（%）	63. 37	－0. 04	63. 08	－5. 48	66. 84
非流动负债	2 706. 15	47. 13	1 892. 97	43. 80	658. 18
占比（%）	15. 33	1. 88	13. 60	1. 25	9. 57
归属于母公司股东权益	3 238. 61	16. 48	2 838. 93	67. 51	1 498. 84
占比（%）	18. 34	－1. 99	20. 39	4. 50	21. 80

资料来源：天相投资分析系统。

根据2010年年报数据，建筑行业上市公司合计实现主营业务收入是人民币18 321.64亿元，同比增长33.76%；实现利润总额为人民币577.04亿元，同比增长24.84%；实现归属母公司所有者的净利润为人民币364.73亿元，同比增长17.51%。

2010年建筑业上市公司收入实现情况见表9。

表9　　建筑业上市公司收入实现情况　　单位：亿元

业绩指标	2010年	2010年增长（%）	2009年	2009年增长（%）	2008年
营业收入	18 321.64	33.76	13 733.78	38.99	6 293.40
利润总额	577.04	24.84	475.12	99.22	122.77
归属于母公司所有者的净利润	364.73	17.51	316.81	114.93	87.76

资料来源：天相投资分析系统。

（六）行业内上市公司利润分配情况

2010年全年建筑上市公司中共有35家公司实施了分红配股。其中，17家公司实施送股及转增股本，35家公司实施派息，既送股、转增又派息的公司有17家。送股、转增及派息比例最高值分别为每股送1.6股（棕榈园林）和每股派息0.500元（棕榈园林）。

2010年建筑业上市公司分红情况见表10。

表10　　2010年建筑业上市公司分红情况

代　码	名　称	送股及转增比例	每股派息（税前　元）	基准股本（万股）
000065	北方国际	—	0.060	16 243.71
000090	深 天 健	—	0.075	45 663.70
000961	中南建设	—	0.100	116 783.92
002060	粤 水 电	—	0.080	33 240.00
002062	宏润建设	—	0.200	45 000.00
002081	金 螳 螂	0.500	0.200	31 919.40
002135	东南网架	0.500	0.050	20 000.00
002140	东华科技	0.600	0.150	27 877.16
002163	中航三鑫	1.000	0.100	40 177.50
002307	北新路桥	—	0.050	18 945.00
002310	东方园林	1.000	0.200	7 512.20
002325	洪涛股份	0.500	0.150	15 000.00
002375	亚厦股份	1.000	0.250	21 100.00
002431	棕榈园林	0.600	0.400	12 000.00
002431	棕榈园林	1.000	0.100	19 200.00
002482	广田股份	1.000	0.200	16 000.00
002524	光正钢构	1.000	0.050	9 038.00
300117	嘉寓股份	1.000	0.100	10 860.00
600068	葛 洲 坝	—	0.100	348 745.90
600170	上海建工	—	0.150	104 205.96

续表

代　码	名　称	送股及转增比例	每股派息（税前　元）	基准股本（万股）
600263	路桥建设	—	0.030	40 813.30
600284	浦东建设	0.200	0.128	34 600.00
600477	杭萧钢构	0.200	0.030	38 621.52
600491	龙元建设	1.000	0.100	47 380.00
600496	精工钢构	0.500	0.050	38 700.00
600502	安徽水利	0.500	0.070	22 308.00
600512	腾达建设	—	0.020	73 694.07
600528	中铁二局	—	0.110	145 920.00
600545	新疆城建	—	0.050	67 578.58
600820	隧道股份	—	0.200	73 352.13
600853	龙建股份	—	0.010	53 680.77
600970	中材国际	0.200	0.295	75 923.42
601186	中国铁建	—	0.100	1 233 754.15
601390	中国中铁	—	0.055	2 129 990.00
601618	中国中冶	—	0.047	1 911 000.00
601668	中国建筑	—	0.062	3 000 000.00

资料来源：天相投资分析系统。

（七）其他财务指标情况

1. 盈利能力指标

2010 年，建筑行业上市公司毛利率同比下降 0.08 个百分点，净资产收益率同比小幅上升 0.10 个百分点，销售净利率、资产净利率都有不同幅度的下降，同比分别下降了 0.28 和 0.24 个百分点。

2010 年建筑业上市公司盈利能力情况见表 11。

表 11　　建筑业上市公司盈利能力情况　　单位：%

盈利能力指标	2010 年	2010 年变动	2009 年	2009 年变动	2008 年
毛利率	10.32	−0.08	10.52	50.35	10.67
净资产收益率	11.26	0.10	11.16	2.46	5.85
销售净利率	1.99	−0.28	2.31	0.82	1.39
资产净利率	2.33	−0.24	2.58	0.92	1.43

资料来源：天相投资分析系统。

2. 偿债能力指标

2010 年整个行业的资产负债率有所上升，同比提高了 1.84 个百分点；流动比率微幅下降，同比下降了 0.02 个百分点；速动比率同比下降 0.08 个百分点。

2010 年建筑业上市公司偿债能力指标见表 12。

表 12　　建筑业上市公司偿债能力指标

偿债能力指标	2010 年	2010 年变动	2009 年	2009 年变动	2008 年
流动比率（次）	1.23	-0.02	1.25	0.11	1.14
速动比率（次）	0.71	-0.08	0.78	0.08	0.84
资产负债率（%）	78.69	1.84	76.68	-4.23	76.42

资料来源：天相投资分析系统。

3. 营运能力指标

2010 年，行业营运能力方面，固定资产周转率提升 0.82 个百分点。总资产周转率、应收账款周转率、流动资产周转率均小幅提升，存货周转率下降 0.37 个百分点。

2010 年建筑业上市公司营运能力情况见表 13。

表 13　　建筑业上市公司营运能力情况　　单位：次

营运能力指标	2010 年	2010 年变动	2009 年	2009 年变动	2008 年
存货周转率	4.26	-0.37	4.47	-0.04	4.61
应收账款周转率	7.55	0.38	7.22	0.38	5.54
流动资产周转率	1.49	0.05	1.42	0.00	1.34
固定资产周转率	15.27	0.82	14.26	0.97	10.63
总资产周转率	1.17	0.03	1.12	0.01	1.02

资料来源：天相投资分析系统。

三、重点细分行业介绍

按公司所处行业大类划分，可分为土木工程建筑业、装修装饰业两个子行业，两个子行业的上市公司数量分别为 34 家和 9 家（含 2 家沪市 B 股）。

建筑业各子行业上市公司及市值情况见表 14。

表 14　　建筑业各子行业上市公司及市值情况

大　类	上市公司家数（家）	占行业内比重（%）	境内总市值（亿元）	占行业内比重（%）
土木工程建筑业	34	79.07	5 724.94	88.51
装修装饰业	9	20.93	743.35	11.49

资料来源：天相投资分析系统。

（一）土木工程建筑业

根据 2010 年年报数据，土木工程建筑行业的上市公司合计实现营业务收入为人民币 18 118.66 亿元，同比增长 33.49%；实现利润总额为人民币 561.73 亿元，同比增长 23.22%；实现归属于母公司所有者的净利润为人民币 3 133.06 亿元，同比增长 14.43%。

2010 年土木工程建筑业上市公司收入及资产增长情况见表 15。

表 15　　土木工程建筑业上市公司收入及资产增长情况　　单位：亿元

指　标	2010 年	2010 年增长（%）	2009 年	2009 年增长（%）	2008 年
营业收入	18 118.66	33.49	13 659.59	39.11	6 241.97
利润总额	561.73	23.22	472.59	98.40	123.09
归属于母公司所有者的净利润	353.02	15.37	315.44	113.28	88.76
总资产	17 447.22	28.64	13 839.66	30.43	6 825.79
归属于母公司股东权益	3 133.06	14.43	2 808.19	67.85	1 478.97

资料来源：天相投资分析系统。

1. 盈利能力指标

2010 年，土木工程建筑行业上市公司各项盈利指标涨跌互现。其中，净资产收益率由 11.23% 上升至 11.27%，同比提高 0.09 个百分点，销售净利率降低 0.31 个百分点。

2010 年土木工程建筑业上市公司盈利能力情况见表 16。

表 16　　土木工程建筑业上市公司盈利能力情况　　单位:%

盈利能力指标	2010 年	2010 年变动	2009 年	2009 年变动	2008 年
毛利率	10.26	-0.09	10.49	-0.42	10.64
净资产收益率	11.27	0.09	11.23	2.39	6.00
销售净利率	1.95	-0.31	2.31	0.80	1.42
资产净利率	2.28	-0.28	2.58	0.91	1.45

资料来源：天相投资分析系统。

2. 偿债能力及营运能力指标

2010 年土木工程建筑业上市公司的资产负债率继续上升，同比提高了 2.07 个百分点。行业营运能力方面，总资产周转率微幅提升 0.04 个百分点，存货周转率下跌 0.38 个百分点，由 4.45 次下跌到 4.23 次。

2010 年土木工程建筑业上市公司偿债及营运情况见表 17。

表 17　　土木工程建筑业上市公司偿债及营运情况

指　标	2010 年	2010 年变动	2009 年	2009 年变动	2008 年
资产负债率（%）	79.05	2.07	76.77	-4.26	76.56
存货周转率（次）	4.23	-0.38	4.45	-0.14	4.59
总资产周转率（次）	1.17	0.04	1.12	0.01	1.02

资料来源：天相投资分析系统。

（二）装修装饰业

2010 年，亚厦股份、广田股份等业绩表现好、运营效率高的公司先后上市，带动装修装饰子行业上市公司的营业收入、总资产大幅增长。2010 年装修装饰业合计实现主营业务收入达人民币 202.98 亿元，同比增长 62.72%；实现利润总额为人民币

15.31 亿元，同比上升 140.86%；实现归属于母公司所有者的净利润为人民币 11.70 亿元，比 2009 年同期上升 167.03%。

2010 年装修装饰业上市公司收入及资产增长情况见表 18。

表 18　装修装饰业上市公司收入及资产增长情况　单位：亿元

指　标	2010 年	2010 年增长（%）	2009 年	2009 年增长（%）	2008 年
营业收入	202.98	62.72	74.19	19.77	51.43
利润总额	15.31	140.86	2.53	扭亏为盈	-0.32
归属于母公司所有者的净利润	11.70	167.03	1.37	扭亏为盈	-1.00
总资产	211.05	81.97	83.71	55.57	49.54
归属于母公司股东权益	105.54	147.81	30.73	41.63	19.87

资料来源：天相投资分析系统。

1. 盈利能力指标

2010 年，装修装饰业上市公司盈利能力除毛利率外的各项指标均有提升。其中，毛利率较 2009 年下降了 0.37 个百分点，净资产收益率较 2009 年提升了 0.80 个百分点，销售净利率、资产净利率也有较大提升，同比大幅提高了 2.25 和 2.65 个百分点。

2010 年装修装饰业上市公司盈利能力情况见表 19。

表 19　装修装饰业上市公司盈利能力情况　单位：%

盈利能力指标	2010 年	2010 年变动	2009 年	2009 年变动	2008 年
毛利率	15.53	0.37	15.38	0.68	15.09
净资产收益率	11.09	0.80	4.46	6.75	-5.02
销售净利率	5.77	2.25	1.85	2.65	-1.94
资产净利率	7.16	2.65	1.99	2.96	-2.10

资料来源：天相投资分析系统。

2. 偿债能力及营运能力指标

2010 年装修装饰业上市公司的资产负债率有所下降，同比下降了 12.28 个百分点。行业营运能力方面，存货周转率继续快速上升，同比大幅提高了 2.11 个百分点；总资产周转率较 2009 年小幅提高了 0.04 个百分点。

2010 年装修装饰业上市公司偿债及营运情况见表 20。

表 20　装修装饰业上市公司偿债及营运情况

指　标	2010 年	2010 年变动	2009 年	2009 年变动	2008 年
资产负债率（%）	49.24	-12.28	60.85	4.74	56.02
存货周转率（次）	13.91	2.11	12.79	4.78	8.01
总资产周转率（次）	1.24	-0.04	1.08	-0.12	1.08

资料来源：天相投资分析系统。

四、重点上市公司介绍

从2007年底开始到2010年底，中国中铁、中国铁建、中国建筑、中国中冶、中国化学陆续上市。其中，四大建筑央企（中国中铁、中国铁建、中国建筑、中国中冶）分别是国内相关业务领域的领军企业，在国际市场上也不遑多让。2010年四家企业均位列美国《工程新闻记录》（ENR）公布的“全球最大225家环球工程承包商”前10名。截至2010年底，四大建筑央企A股市值、营业收入规模和净利润等指标都占据了建筑行业上市公司的半壁江山。中国化学作为化学工业工程施工领域的领先者，在建筑行业上市公司中也占据关键位置。

中国建筑

中国建筑是中国最大的建筑房地产综合企业集团、中国最大的房屋建筑承包商，在工业与民用建筑工程建设、大型公共设施建设以及大型工业设备安装等领域积聚了雄厚的技术优势，是中国专业化经营历史最久、市场化经营最早、一体化程度最高的建筑企业集团之一。公司以房屋建筑承包、国际工程承包、地产开发、基础设施建设和市政勘察设计为核心业务，是中国唯一一家拥有房建、市政、公路三个特级资质的建筑企业。子公司中国海外是中国最大的房地产企业集团之一，在中国境内48个城市及我国港澳地区共拥有可开发土地储备面积约5 093万平方米，是中国土地储备面积最大的公司之一。截至2010年，公司连续第4次进入“世界500强”企业排行榜，2010年排名第187位，较2009年提升105位。

2010年公司新签合同金额再创历史新高。公司2010年新签合同金额8 015亿元，同增74.5%，一举超越“两铁”成为新签合同量最大的建筑央企。截至2010年末，公司建筑业待施合同金额高达7 944亿元，同比增长81%。其中，房屋建筑待施合同额达6 275亿元，占比79%，基础设施待施合同额达1 670亿元，占比21%。

业绩表现优异，收入及利润结构进一步优化。2010年公司实现营业收入3 704亿元，同比增长42.3%；实现利润总额196.40亿元，同比增长47.50%；实现归属上市公司股东净利润达到92.4亿元，同比增长53.70%。从收入结构来看，房建、基建、地产三大核心主业收入比重已由2008年的8:1:1调整为2010年的7.2:1.4:1.3（战略目标为6:2:2），房建依然为营业收入贡献最大的板块。其中，房建业务2010年营业收入达2 654亿元，同比增长45.2%，占公司收入总额的72%；基建业务营业收入为509.1亿元，同比增长48.4%，占公司营业收入总额的14%。其中，铁路、公路和市政道路占基建业务收入总额的77%；地产业务营业收入456亿元，设计勘察业务营业收入38亿元，同比分别增长19.0%和46.4%。从利润结构来看，房建、基建、地产三大核心业务营业利润比重为3:1.2:5.7，房地产尽管在营业利润中占比有所下降，但依然是利润贡献最大的板块。

总体毛利率基本持平。2010年公司综合毛利率为12.09%，同比略降0.06个百分点。其中，营业收入占比最大的房建业务毛利率为7.2%，同比降低0.2个百分点，主要是因为材料、人工成本提升，而对应的经营结算滞后于成本支出。地产业务毛利率高达41.7%，同比大幅提高7.2个百分点，主要是结算资源均价提升。基建业务毛利率为

9.7%，与2009年持平；设计勘察毛利率为34.1%，同比降低3.0个百分点。

管理效率快速提升。2010年，公司三项费用总额为110.8亿元，同比增加30.82%，比营业收入增幅降低11.5个百分点。三项费用率为2.99%，同比降低0.25个百分点。其中，管理费用率降幅最大，同比降低0.15个百分点，主要来自于管理效率的稳步提升。财务费用率降低0.06个百分点，主要是由于2010年公司发行100亿元中期票据和10亿美元债券，有效降低了融资成本。

通过股权激励方案，未来公司发展动力十足。2010年4月20日，公司董事会会议审议并通过A股限制性股票计划（草案），将按规定程序报国资委审核、证监会备案无异议后，提交股东大会审议。根据公司限制性股票计划（草案），首次拟授予的激励对象为698名，标的股票数量约1.5亿股，股票来源上选择了二级市场回购方式。授予条件为：前一个财务年度，ROE、净利润增长率不低于公司前三年平均水平、公司上一年度实际水平、同行业标杆公司50分位值水平三者中较高者。首次授予条件为：前一个财务年度ROE不低于14%、净利润增长率不低于20%。公司推出激励范围广、激励力度较大、时间跨度长、激励条件严的限制性股权计划，体现出管理层对公司长期持续快速发展的充足信心，未来公司将有更充足的发展动力。

中国中冶

中国中冶是全球最大的工程建设综合企业集团之一，以工程承包、装备制造、资源开发及房地产开发四大板块为主业的多专业、跨行业、跨国经营的特大型企业集团；是我国大型冶金设备制造商之一，尤其在建筑钢结构的研究、设计、制造及安装方面均处于国内领先地位，是我国钢结构生产规模最大、市场占有率和工艺技术水平最高的企业之一。中国中冶在美国《财富》杂志2010年公布的“世界500强”企业中排名第315位，较2009年提高65位；在美国《工程新闻记录》（ENR）2010公布的“225家全球最大承包商”中排名上升至第8位。公司已在亚洲、非洲、大洋洲、中东、北美、南美等地的数十个国家和地区从事工程承包、资源开发及房地产开发等业务。

自2009年上市以来，公司积极巩固和提高在钢铁冶金工程承包业务的市场领导地位，不断扩大房屋建筑工程和交通基础设施工程等非冶金工程承包及海外工程承包业务。2010年，中国中冶全年累计新签合同额为人民币2 850.14亿元，同比增长30.23%；营业收入为人民币2 067.92亿元，同比增长24.74%；净利润为人民币55.71亿元，同比增长7.37%。2010年公司的毛利率为13.03%，净利润率为2.69%。

业务结构调整助推工程承包业务平稳增长。2010年，公司工程承包营业收入达1 556.1亿元，同比增长13.96%。一方面，公司紧抓冶金市场的同时，大力开拓非冶金工程业务，推行EPC承包模式，提高工程项目的盈利能力。另一方面，公司加强海外钢铁市场开拓、钢结构技术和产品输出以及资源领域的总承包项目，并在衡量自身能力的基础上开发其他海外工程，在南美洲、澳洲、东南亚、印度、俄罗斯、伊朗等国家和地区广泛开展业务。

装备及制造板块稳定增长。2010年，公司的装备制造业务实现营业收入106.5亿元，增长16.66%。主要产品包括装备（机械设备、电控和仪控设备等）、黑色金属冶炼及压延产品、金属制品（钢结构、钢筋连接套筒和精冲零部件等及非金属制品（商品砼、水泥、灌浆料和耐材等）等，公司的产能足以支持业务快速拓展。

资源板块受益金属价格上涨。2010 年，公司资源开发业务实现营业收入 106.2 亿元，比 2009 年大幅增长 39.20%；毛利率达 15.88%，较 2009 年提高 1.64 个百分点，主要得益于 2010 年相关金属价格的上涨。公司以铅、锌、镍、钴、铜、铁等基础金属为主要开发矿种，跟踪、并购资源条件较好且项目所在国家政局较稳定的矿产资源项目。

房地产业务增长迅猛。2010 年，公司房地产业务实现营业收入 249.6 亿元，比 2009 年增长 164.4%。2010 年，公司房地产新开发项目及土地一级开发项目共 72 个，总投资约为人民币 1 760 亿元，总建筑面积为 2 347 万平方米。其中，保障性住房项目 24 个，总投资为人民币 257 亿元，总建筑面积为 564 万平方米，主要集中在天津、上海、辽宁、河北、安徽、江苏、浙江等省市；商品房项目 28 个，总投资为人民币 422 亿元，总建筑面积达 1 095 万平方米；土地一级开发项目 5 个，总投资为人民币 58 亿元，完成土地整理面积 41 万平方米。

中国铁建

中国铁建是中国乃至全球最具规模和实力的特大型建筑集团之一，一直是中国铁路基建行业的领军者，在 2010 年美国《工程新闻记录》（ENR）公布的“全球 225 家最大承包商”中排名第一，《财富》杂志世界 500 强排名上升到第 133 位。公司提供设计、施工、监理、运营和设备制造等一整套建筑相关服务，于承揽大型复杂基建项目时具有明显竞争优势，铁路大型养路机械领域方面在中国居主导地位。

新签合同额再创历史新高。2010 年公司新签合同总额为 7 472 亿元，较 2009 年增长 24.30%。国内大规模铁路建设投资为公司带来巨额订单，新签合同中国内铁路合同额为 4 282.60 亿元，比 2009 年增长 42.20%，占新签合同总额的 57.30%。截至 2010 年末，未完工合同额合计达 9 724 亿元，较 2008 年增长 37.80%。

业务总量保持增长，产业结构加快调整。2010 年，公司营业收入再创历史新高，全年实现营业收入 4 701.6 亿元，比 2009 年同期增长 32.25%。其中，工程承包板块实现营业收入 4 285 亿元，比 2009 年同期增长 31.90%。房地产开发业务、物流与物资贸易等业务板块发展较快，2010 年分别实现销售收入 52 亿元和 26 亿元，较 2009 年同期增长 98.70% 和 62.80%。勘察设计咨询、工业制造等业务增速回落，营业收入较 2009 年同期分别增长了 9.10%、13.70%，但新签工业制造合同额达 87.36 亿元，较 2009 年增长 53.80%。

受累于海外业务亏损，公司总体经营业绩下滑。公司 2010 年取得净利润 43.17 亿元，比 2009 年减少 24.15 亿元，净利率为 0.92%。一方面，公司总体毛利率为 8.83%，比 2009 年 9.31% 小幅下降。其主要原因是沙特麦加轻轨项目营业成本大幅上升导致亏损，海外业务平均毛利率由 2009 年的 8.42% 下降为 -8.66%。另一方面，业务快速拓展加大了公司费用支出，销售费用、管理费用、财务费用三项合计达 212 亿元，占营业收入的比重为 4.51%，较 2009 年同期提高了 0.35 个百分点。

资产质量良好。2010 年底，公司资产

总额为 3 501.9 亿元，比 2009 年末增长 23.75%。其中，流动资产是 2 919.2 亿元，非流动资产合计为 582.7 亿元。负债总额是 2 919.6 亿元，其中，流动负债是 2 627.4 亿元，比 2009 年末增长 26.60%，非流动负债是 2 922.5 亿元，比 2009 年增长 27.67%。归属于上市公司股东权益为 582.3 亿元，比 2009 年底增加 41.5 亿元。

中国中铁

中国中铁的主营业务为基建建设、勘察设计与咨询服务、工程设备和零部件制造、房地产开发以及其他业务。公司的业务在很大程度上依赖于国家在铁路及其他公共交通基建方面的投资，包括铁路、公路、桥梁、隧道、城市轨道交通及其他项目的建设及改造工程。

公司主营业务取得新突破。2010 年，公司新签合同额首次突破 7 000 亿元，达到 7 354.8 亿元，同比增长 22.2%；营业收入首次突破 4 000 亿元，达到 4 736.63 亿元，同比增长 36.52%；归属于上市公司股东的净利润为 74.88 亿元，同比增长 8.91%，均再创历史新高。截至 2010 年 12 月 31 日，公司未完成合同额为 9 667.1 亿元，比 2009 年 12 月 31 日的公司未完成合同额增长 42.3%。

其中，基建建设业务板块继续保持了良好的增长势头。2010 年，公司基建建设业务营业收入为 4 117.2 亿元，同比增长 32.88%；新签合同额为 6 194.8 亿元，同比增长 14.3%。截至 2010 年 12 月 31 日，公司基建建设业务的未完成合同额为 8 687.34亿元，比 2008 年 12 月 31 日公司的未完成合同额增长 35.2%。2010 年，公司在全国铁路建设市场占有率超过 40%；城轨市场占有率超过 50%，市政和房建市场占有率得到明显增长。

公司在勘察设计与咨询服务领域继续巩固龙头地位。2010 年，公司的勘察设计与咨询服务业务营业收入为 83.3 亿元，同比增长 22.54%；新签合同额为 93.9 亿元，同比增加 9.20%。截至 2010 年 12 月 31 日，公司勘察设计与咨询服务业务的未完成合同额为 122.3 亿元，较 2009 年 12 月 31 日公司的未完成合同额增长 22.80%。

工程设备和零部件制造业务平稳增长。2010 年，公司工程设备和零部件制造业务营业收入为 104 亿元，同比增长 36.48%；新签合同额为 147.5 亿元，同比增加 19.9%；截至 2010 年 12 月 31 日，公司工程设备和零部件制造业务的未完成合同额为 87.1 亿元，较 2009 年 12 月 31 日公司的未完成合同额增加 27.9%。

房地产开发业务快速拓展。2010 年公司房地产开发营业收入为 117 亿元，同比增长 115%；截至 2010 年 12 月 31 日，公司处于开发阶段的项目占地面积 1 456 万平方米，总建筑开发面积 2 501 万平方米，较 2009 年有显著增加。

其他业务领域，公司凭借现有业务所建立的平台，积极从事铁路与公路的 BOT 等投资经营项目、矿产资源开发、物资贸易和其他多种业务。2010 年，公司加快了矿产资源的建设投产，实现销售收入 11.7 亿元；BOT 项目整体运营良好，营业收入大幅提升，实现收入 8.98 亿元；新设立中铁物贸公司，加强了物资贸易的经营能力。

中国化学

中国化学是中国最大的化学工程建设公司，提供化工及石油化工工程、煤化工工程、多晶硅工程等各类工程的勘察、设计、施工、咨询等全方位的服务，是我国最早进行专业化经营、市场化程度最高的工业工程公司之一，综合实力在化学工业工程领域处于绝对领先地位。公司主营业务为化学工程施工建设、勘察设计与咨询服务以及其他业务。公司自 1995 年以来始终被评为美国《新闻工程记录》（ENR）公布的“全球最大 225 家国际承包商”之一。

新签合同额快速增长。2010 年，公司新签合同额为 513.3 亿元，同比增长 22.6%，合同主要分布于化工、煤化工、石油化工三大行业，共占总合同金额的 81%。公司新签合同呈现三个特点：一是总承包项目比重较大。工程公司近 90% 的业务都以总承包的方式实现。二是大额合同项目增多。2010 年，公司境内新签合同总价值为 10 亿元以上的项目有 5 个，合同额为 89.3 亿元，占合同总额的 17.4%。境外新签合同折合人民币总价值为 5 亿元以上项目有 6 个，合同额为 82.7 亿元，占合同总额的 16.1%。三是业务领域逐步拓宽。公司在立足传统工程领域的同时，全力开拓新的经济增长点。

业绩表现良好，业务结构稳定。2010 年，公司实现营业收入 325.8 亿元，较 2009 年增加 45.3 亿元，同比增长 16.1%；实现利润总额 21.74 亿元，较 2009 年增加 8.6 亿元，同比增长 66%。实现归属于母公司股东的净利润 16.6 亿元，较 2009 年增加 6.8 亿元，同比增长 69.3%。工程承包是公司的核心及传统优势业务，2010 年营业收入达 285.41 亿元，占总营业收入的 86%，比 2009 年下降 2 个百分点；勘察、设计及服务收入 21.89 亿元，同比增长 30.05%，占总营业收入的 7%，与 2009 年基本持平。

盈利能力增强，费用率微幅下降。2010 年公司毛利率达 14.45%，比 2009 年提高 1.94 个百分点。期间费用率为 5.51%，比 2009 年微降 0.02 个百分点，其中由于 IPO 超募，公司的财务费用率从 0.02% 下降到 -0.24%；管理费用和销售费用率分别上升 0.24 和 1.01 个百分点。

进军下游化工生产领域。2010 年，公司利用庞大的 IPO 超募资金优势，积极向上下游及环保领域拓展业务，先后公告拟投资 144.5 亿元建设启东新材料基地、100 万吨精对苯二甲酸（PTA）、聚酯及尼龙新材料三大项目。未来公司将充分发挥上下游产业链一体化优势，实现收入规模和盈利能力的快速提升。

五、上市公司在该行业的影响力

从 1993 年第一支建筑类股票深天地 A 上市以来，建筑行业在中国资本市场已走过 17 年的历程。17 年间，建筑行业上市公司通过资本市场直接融资合计人民币 1 531 亿元，从 1993 年带动建筑行业上市公司总资产只有人民币 29.35 亿元增加到 2010 年底的人民币 17 658 亿元，增长了 600 倍，从 1993 年实现主营业务收入人民币 22.85 亿元快速上升到 2010 年的人民币 18 322 亿元，增长 802 倍。

建筑业上市公司作为行业内最优秀的企业群体，上市后品牌效应及资金优势大大增强，迅速做大做强、做精做尖，在承接重大项目、引领行业整合、拓展国际业务和创新发展模式等方面引领着行业发展潮流。

（一）上市公司承接重大建筑项目，发挥行业支柱作用

上市建筑企业规模大，资金和技术实力

强，施工经验丰富，承接了国内多项重大工程施工项目，充分发挥行业支柱作用。2010年，中国建筑境内房建业务2亿元以上的项目超过660个，占房建新签合同额的86.60%。基建业务3亿元以上的项目达到56个，占基建新签合同总额的69.10%；中国铁建签订金额超过30亿元的重大铁路施工合同55项，其中，新建合肥至福州铁路客运专线（闽赣段）土建工程HFMG－1标段施工总价承包、新建铁路大同至西安客运专线站前工程8标段金额分别为70.80亿元和78.01亿元；中国中铁签订国内重大项目9项，其中，新建长沙至昆明铁路客运专线湖南段站前工程8标、新建铁路大同至西安客运专线站前工程9标施工总价承包合同、新建沪昆铁路客运专线杭州至长沙（江西段）站前工程HKJX－7标施工总价承包合同等三个合同金额分别为51.23亿元、63.7亿元、63.32亿元；中国中冶签约了21个国内重大项目，平均项目金额为25.20亿元，国外重大项目4项，平均金额为42.85亿元。

2010年上市建筑企业承接的重大国内项目见表21。

表21　2010年上市建筑企业承接的重大国内项目　单位：亿元

签约时间	重大工程项目	项目金额	承建公司
2010年12月24日	贵阳十里花川工程项目	510.00	中国建筑
2010年12月24日	贵州文化广场工程项目	150.00	中国建筑
2007年9月3日	新建哈尔滨至大连铁路客运专线土建工程施工TJ－1标施工总价承包合同	218.71	中国中铁
2008年1月31日	新建京沪高速铁路土建工程施工TJ5标	113.16	中国中铁
2008年1月31日	新建京沪高速铁路土建工程施工TJ2标	106.49	中国中铁
2010年3月8日	新建铁路大同至西安客运专线站前工程1、5、8、10标段	184.23	中国铁建
2010年3月29日	新建兰新铁路第二双线张掖至红柳河段工程LXS－14、LXS－15、LXS－16、LXS－17标段施工总价承包	136.12	中国铁建
2010年8月18日	长株潭城际铁路CZTZH－2、CZTZH－3标段施工总价承包	89.00	中国铁建
2010年5月	天津风电产业园建设工程（BT）合同	21.14	中国中冶
2010年4月	鞍山市达道湾保障性住房	150.00	中国中冶
2010年1月	攀钢西昌钒钛资源综合利用项目炼铁工程VI、V标段合同	25.95	中国中冶

资料来源：公司公告，中信证券研究部整理。

（二）上市公司引领行业整合，推动行业集中度上升

我国建筑业产值连年保持高速增长，2010年达到人民币96 031万亿元，但行业集中度一直比较低。2010年四大上市建筑央企产值之和在建筑行业中占比为15.84%。

2010年上市建筑央企产值及其占行业总产值比重见表22。

2005年起，中工国际、中国中冶、中国建筑等国际工程承包企业陆续登陆A股市场，中材国际收购天津院、中工国际收购中农机等一系列并购动作陆续展开，上市优势企业利用兼并、重组和增资扩股等多种手段整合地方企业，行业集中度得到一定程度提高。2010年，四大上市建筑央企总产值在全社会建筑行业中占比较2009年提高1.48个百分点。通过并购地方企业，各大建筑龙头扩大了收入规模，拓展了业务领

表 22　上市建筑央企产值及其占行业总产值比重

公司/产值（亿元）	2009 年产值	占比	2010 年产值	占比
中国铁建股份有限公司	3 555. 21	4. 63%	4 701. 60	4. 90%
中国中铁股份有限公司	3 553. 30	4. 63%	4 736. 63	4. 93%
中国建筑股份有限公司	2 266. 69	2. 95%	3 704. 00	3. 86%
中国中冶科工股份有限公司	1 657. 78	2. 16%	2 067. 92	2. 15%

资料来源：国家统计局，公司公告，中信证券研究部整理。

域，取得了一定的规模经济和范围经济，同时也在一定程度上突破行业地方保护壁垒。被兼并企业同样也背靠央企增强了自身实力，实现了跨区域和跨领域的扩张。随着包括央企在内的各大龙头企业通过横向和纵向兼并取得跨越式发展，行业开始出现业务领域多元化、承包方式总包化等趋势，有些施工企业更是通过强大的资金和管理实力向建筑金融服务商方向发展。

建筑央企近年并购地方企业情况见表 23。

表 23　建筑央企近年并购地方企业（部分为中央小企业）情况

公司	时间	并购事项
中国建筑	2010 年 3 月	子公司高峰企业有限公司以人民币 14. 75 亿元收购美澳物业发展有限公司 100% 股权
	2009 年 9 月	中国香港上市子公司中海发展以约 4. 55 亿港元收购蚬壳电器的股权事项获得中国香港证监会正式批准。收购完成后，中海发展获得蚬壳电器新股发行后总股本的 23. 08%。光大地产拥有土地储备约 170 万平方米，位于北京、广州、上海及呼和浩特等城市，并在北京、上海拥有两个办公物业及在广州拥有发展中零售商场
中国中铁	2008 年 11 月	国务院国资委决定将广东中海工程建设总局整体无偿划转至中铁工。中国中铁同意中铁工以整体划转的方式先行取得中海工程局的产权，但同时也保留“避免同业竞争协议”项下的于日后随时从中铁工收购中海工程局的选择权和优先购买权
	2007 年 8 月	中铁名人置业发展有限公司与理县星河电力投资咨询有限公司签订股权转让协议，约定以人民币 2 亿元对价收购其 100% 股权，中铁名人置业发展有限公司持有成都全兴大厦有限公司 100% 的股权
	2007 年 2 月	中铁大桥局集团与武汉地产开发投资集团和武汉城投签订协议，出资 3. 47 亿元收购后两者持有的武汉三方置业有限公司 66. 67% 的股权
中国铁建	2009 年 1 月	中铁房地产受让北京中联亚房地产持有的第六大洲房地产 100% 的股权，受让价格为人民币 8. 343 亿元
	2008 年 8 月	中铁十九局与内蒙古赤峰市林西县通和矿业股东耿凤文正式签订股权转让合同，中铁十九局作为受让人收购了林西县通和矿业 100% 的股权，合同金额 2. 05 亿元人民币
	2008 年 6 月	公司对参股的中土北亚国际投资发展有限公司增资人民币 6 500 万元，全资子公司中国土木工程集团有限公司增资人民币 2 250 万元。增资后公司持股比例为 35%，中国土木工程公司持股比例仍为 15%，合计占中土北亚公司全部注册资本的 50%
	2008 年 1 月	中铁房地产与湖南省星沙实业发展有限公司达成股权转让协议，受让其持有的湖南星沙国际物流有限公司 51% 的股权，支付对价 2 亿元

续表

公司	时间	并购事项
中国中冶集团	2009年11月	中国林业集团以整体划拨的形式并入中国冶金科工集团有限公司
	2009年1月	以中冶纸业的净资产和15亿元现金与岳阳纸业的大股东泰格林纸集团进行重组，中冶纸业绝对控股重组后的新公司，重组一年内，中冶科工集团对新项目予以5亿~10亿元的资本金
	2007年8月	国资委将山东银河纸业有限公司无偿划转中冶科工集团
	2006年8月	根据中冶科工集团与银川市签订的协议，美利纸业集团无偿划转给中冶科工集团，并于8月获得国务院国资委批复
中材国际	2009年4月	公司向天津中天科技发展有限公司非公开发行4 290万股，中天发展以其拥有的14家中材国际控股子公司的少数股权，按照19.463亿元认购，并于2009年4月完成
	2006年12月	从6月开始对子公司成都建筑材料工业设计研究院有限公司、唐山中材重型机械有限公司、苏州中材建设有限公司进行增资，12月完成。同时还完成了对浙江中材设计研究院有限公司的增资
	2006年4月	公司向自然人股东购买北京鑫佳泓科技有限公司100%股权，实际购买金额为7 517.45万元
	2005年11月	子公司成都院有限公司出资1.37亿元受让成都集信科技产业有限公司的整体产权
葛洲坝	2007年8月	控股子公司重庆易普力化工公司向攀钢集团矿业公司购买民爆资产，该资产的账面价值为722万元
	2007年5月	易普力化工公司购买湖南石门二化有限公司100%股权，实际购买金额为4 500万元
	2006年11月	易普力化工有限公司以238.75万元收购重庆市群威化工有限公司5%的股权
中国化学	2006年1月	集团旗下中车集团以1 552万元的价格收购青岛黄海集团90%股权，旗下装备公司以173万元的价格收购黄海集团10%的股权，占黄海股份总股本的56.45%，成为黄海股份实际控制人
	2006年1月	集团以增资扩股的形式控股沧州大化集团60%股权，从而成为公司的实际控制人。沧州大化集团持有沧州大化68.35%的股权。中国化工与沧州大化集团合作后，到2011年要完成投资72亿元

资料来源：中信证券研究部整理。

（三）上市企业引领行业走出国门，实现国际化经营

中国建筑企业经过近几十年的蓬勃发展，积累了大量的施工技术和丰富的施工经验，加上中国劳动力成本低的优势，过去几年中国建筑企业全球竞争力有了稳步提升，上市建筑企业率先承包国际工程，引领建筑行业国际化发展。

2005年起，中工国际、中国中冶、中国建筑等大型工程承包企业陆续登陆A股市场，建筑上市企业的资金和品牌实力大幅增强，纷纷走出国门，承接大量海外项目，参与国际市场竞争。尽管受到2008年金融危机的影响，我国对外工程承包订单始终保持高速增长，超大规模订单不断涌现。商务部统计，我国对外承包工程合同额从2002年的150.50亿美元，增加到2010年的1 344.00亿美元，年均增长31.48%。对外承包工程营业额从2002年的111.90亿美元，增加到2010年的922.00亿美元，年均增长30.16%。

国际工程承包企业上市前后我国对外工程承包增速对比见表24。

表24　国际工程承包企业上市前后（2005年为界）我国对外工程承包增速对比

年　份	对外承包工程新签合同额年均增长	对外承包工程完成营业额年均增长
2002至2005年间	25.29%	24.82%
2005至2010年间	35.34%	33.48%

数据来源：商务部。

部分建筑上市央企承接的海外特大项目见表25。

表25　部分建筑上市央企承接的海外特大项目

项　目	金　额	承建公司
美国 revel 大西洋娱乐城	17 亿美元	中国建筑
巴哈马大型海岛度假村	19.2 亿美元	中国建筑
刚果（布）多利吉至布拉柴维尔道路项目	14.8 亿元	中国建筑
西澳大利亚 SINO 铁矿项目补充协议 2	55.95 亿元	中国中冶
澳煤（China First）项目 EPCM 合同	47.81 亿元	中国中冶
美国高速铁路（与 GE 合作）	130 亿美元	中国中铁、中国铁建
马来西亚铁路项目	30 亿美元	中国中铁
阿尔及利亚 B. B. A 至 THENIA 电气化铁路	17.29 亿欧元	中国铁建
委内瑞拉北部平原蒂纳科－阿纳科铁路	75 亿美元	中国中铁

资料来源：中信证券研究部整理。

2005 年我国各大国际工程承包企业上市后，建筑行业国际化经营的脚步开始不断加快。2010 年中国建筑、中国中铁、中国铁建、中冶集团等四大建筑央企均入围《财富》世界 500 强，同时，上市建筑央企国际业务承包额在 ENR 全球排名中不断上升。

2008～2010 年中国内地企业 ENR 排名。

表26　ENR 全球最大 225 家国际承包商中国内地企业排名逐年提升　单位：百万美元

排名			公司名称	2010 年国际收入	2010 年全部收入
2010 年	2009 年	2008 年			
13	17	18	中国交通建设集团有限公司	7 134.2	40 418.7
22	25	21	中国建筑股份有限公司	4 871.7	48 868
25	51	102	中国铁道建筑总公司	3 424	76 206
26	28	48	中国机械工业集团公司（中工国际母公司）	3 529.5	4 716.3
31	61	81	中国冶金科工集团	1 514.9	29 905.1
32	59	72	中信建设有限责任公司	3 252.9	3 280.8
53	62	71	中国中铁股份有限公司	3 158.6	73 012.1

资料来源：ENR。

（四）上市公司开拓新盈利模式，积极向综合服务商转型

随着国际工程承包市场的日趋成熟，对单一工程施工的用户需求日趋减少，工程承包的发包方越来越重视承包商提供综合服务如融资，项目管理的能力，传统的设计与施工分离的方式正在快速向总承包方式转变，EPC（设计—采购—施工）、PMC（项目总承包管理）等一站服务模式，以及 BT（建设—转让）、BOT（建设—经营—转让）、PPP（公共部门与私人企业合作模式）等带

资承包方式成为广泛采用的模式。承包商不仅要承担项目的设计和施工、运作，还要承担工程所需的融资，以及后期的物业管理。上市公司中浦东建设率先以 BT 为主营，转型综合服务商；中国建筑打造“四位一体”城市综合开发服务模式，创新建筑企业的商业模式。

浦东建设是国内基础设施建设 BT 模式的探路者，率先实现转型。以 2008 年 94 亿元浦东机场北通道项目为标志，浦东建设走上了一条以城市基础设施项目为载体，通过“企业投资建设、政府分期回购”的 BT 投融资模式，实现资本经营和项目经营有机融合的发展道路。近几年，公司承接了超过 50 个 BT 市政道路建设项目，公司投资收益占利润总额比重超过 50%，2010 年甚至超过了 150%，未来公司绝大部分净利润将以依靠 BT 项目回购收益为主，完美地实现了以“投资带动施工，以施工促进投资”的发展目标。同时，公司力推融资创新、技术研发以及精细化项目管理，提高项目综合利润率，并充分利用上市公司平台，在证券市场、银行间市场开展多渠道直接融资，形成了独特的“项目投资、股权融资、结构金融”三者有效衔接的循环盈利模式。2010 年，浦东建设中标了无锡惠山经济开发区、常州武进区以及上海迪斯尼配套道路等一系列 BT 项目工程，项目中标金额总计约 13.9 亿元。公司未来的战略目标是依托上市公司融资平台，向城市基础设施金融服务商转型。

2003 ~ 2010 年浦东建设利润结构见表 27。

表 27　　2003 ~ 2010 年浦东建设利润结构

年份	投资收益（万元）	利润总额（万元）	投资收益利润占比
2003	404	5 009	8.07%
2004	1 736	5 692	30.50%
2005	3 417	7 051	48.46%
2006	6 151	9 152	67.21%
2007	9 378	13 220	70.94%
2008	9 715	12 487	77.80%
2009	7 400	20 388	36.30%
2010	68 280	45 488	150.11%

资料来源：公司资料。

中国建筑作为建筑行业龙头公司，依靠强大的资本和管理实力，积极推进建筑业务转型，完善城市综合开发建设、城乡统筹综合开发建设等商业模式。一方面，公司积极实施 BT、BOT 业务模式创新，上市以来，公司审议批准 BT、BOT 项目共 39 个，总投资额 521 亿元，带动工程承包业务在基建领域的纵深拓展。另一方面，公司依靠强大的资本和技术优势，积极实施规划设计、地产开发、基础设施建设、房屋建筑工程“四位一体”的综合服务模式，相继与西安大明宫、铲灞新区、沣渭新区、北京门头沟区、上海浦东新区、天津滨海新区、湖南长株潭一体化经济区、济南西区、福州、贵阳、珠海等20多个城市和地区建立战略合作关系。同时，公司还在重庆南川和山东淄博积极探索“统筹城乡发展的城镇综合体建设模式”，实现了农民、政府、企业多赢效果，并计划积极向全国其他地区推广。

中信证券股份有限公司
审稿人：杨　涛
撰稿人：鲍荣富

交通运输、仓储业

一、交通运输行业总体概况

2010 年交通运输行业在 2009 年金融危机的基础上实现恢复性增长。2010 年全社会各种运输方式累计完成旅客运输量 326.95 亿人次，同比增长 9.8%，增速比 2009 年提高了 6.0 个百分点；全社会各种运输方式累计完成旅客运输周转量 27 894.26亿人公里，同比增长 12.3%，增速较 2009 年提高 5.3 个百分点。分运输方式看，2010 年铁路完成客运量 16.76 亿人次，同比增长 9.9%，完成旅客周转量 8 762.18亿人公里，同比增长 11.2%；公路完成客运量 305.27 亿人次，同比增长 9.8%，完成旅客周转量 15 020.81 亿人公里，同比增长 11.2%；水路运输完成客运量 2.24 亿人次，同比增长 0.3%，完成旅客周转量 72.27 亿人公里，同比增长 4.2%；民航完成客运量 2.68 亿人次，同比增长 16.1%，完成旅客周转量 4 039.00 亿人公里，同比增长 19.7%。

2010 年全社会各种运输方式累计完成货运量 324.18 亿吨，同比增长 14.8%，增速较 2009 年提高 5.5 个百分点；全社会各种运输方式累计完成货物周转量 141 837.42 亿吨公里，同比增长 16.1%，增速较 2009 年提高 5.4 个百分点。分运输方式看，2010 年铁路完成货运量 36.43 亿吨，同比增长 9.3%，完成货物周转量 27 644.13 亿吨公里，同比增长 9.5%；公路完成货运量 244.81 亿吨，同比增长 15.1%，完成货物周转量 43 389.67 亿吨公里，同比增长 16.7%；水路运输完成货运量 37.89 亿吨，同比增长 18.8%，完成货物周转量 68 427.53亿吨公里，同比增长 18.9%；民航完成货运量 0.06 亿吨，同比增长 26.4%，完成货物周转量 178.90 亿吨公里，同比增长 41.7%。

交通基础设施建设投资稳步增长。全年完成公路建设投资 11 482.28 亿元，比 2009 年增长 18.8%。内河及沿海建设完成投资 1 171.41亿元，比 2009 年增长 10.5%；全国铁路固定资产投资（含基本建设、更新改造和机车车辆购置）完成 8 426.52 亿元，比 2009 年增长 19.6%；民航基本建设和技术改造投资 646.5 亿元，比 2009 年增长 8.7%。

二、行业内上市公司发展状况

（一）行业内上市公司基本情况

截至 2010 年底，交通运输行业共有 79 只 A、B 股。截至 2010 年底，交通运输业总市值为 11 007.54 亿元，流通 A 股总市值为8 305.67亿元，流通B股市值为131.72亿元，分别占沪深两市市值总值的4.12%、流通A股市值的4.35%、流通B股市值的4.48%。

交通运输仓储业上市公司发行股票概况见表1。

表1　　交通运输仓储业上市公司发行股票概况

门　类	A、B股总数	A股股票数	B股股票数	境内总市值（亿元）	流通A股市值（亿元）	流通B股市值（亿元）
交通运输仓储业	79	72	7	11 007.54	8 305.67	131.72
占沪深两市比重（%）	3.68	3.35	0.33	4.12	4.35	4.48

资料来源：天相投资分析系统。

（二）行业内上市公司构成情况

按上市地划分，行业内在上海证券交易所上市的公司有51家，在深圳证券交易所上市的公司有22家，分别占行业内上市公司总数的69.86%和30.14%。

按A、B股划分，行业内仅在A股市场上市的公司有66家，仅在B股市场上市的公司有1家，既在A股市场上市又在B股市场上市的公司有6家，分别占行业内上市公司总数的90.41%、1.37%和8.22%。

从经营角度看，行业内上市公司中，ST公司有1家，占行业内上市公司总数的1.39%；没有*ST公司。

从股改完成情况看，截至2010年底行业内72家上市公司已完成股改，仅SST天海未完成股改。

交通运输仓储业上市公司构成情况见表2。

表2　　交通运输仓储业上市公司构成情况　　单位：家

门　类	沪市			深市			ST/*ST	股改/未股改
	仅A股	仅B股	A+B股	仅A股	仅B股	A+B股		
交通运输仓储业	47	0	4	19	1	2	1/0	73/0
占行业内上市公司比重（%）	64.38	0.00	5.48	26.03	1.37	2.74	1.39/0	100/0

资料来源：天相投资分析系统。

按公司所处行业类别划分，分为铁路运输、公路运输、水上运输、航空运输、交通运输辅助业、仓储业和其他交通运输业，七大类所涵盖公司数量分别为3家、9家、12家（其中，SST天海同时含有A股和B股）、7家（其中，海南航空同时含有A股和B股，山航仅有B股）、36家（其中，锦州港、锦江投资、深赤湾、粤高速同时含有A股和B股）、5家和1家。

交通运输仓储业上市公司具体分布见表3。

表 3 交通运输仓储业上市公司具体分布

	证券代码	证券简称	所属大类
沪市 A 股	600717	天 津 港	仓储业
	600787	中储股份	
	600794	保税科技	
	600033	福建高速	公路运输业
	600269	赣粤高速	
	600368	五洲交通	
	600561	江西长运	
	600650	锦江投资	
	601188	龙江交通	
	601518	吉林高速	
	600029	南方航空	航空运输业
	600115	东方航空	
	600221	海南航空	
	600270	外运发展	
	601111	中国国航	
	600004	白云机场	交通运输辅助业
	600009	上海机场	
	600012	皖通高速	
	600017	日 照 港	
	600018	上港集团	
	600020	中原高速	
	600035	楚天高速	
	600106	重庆路桥	
	600190	锦 州 港	
	600279	重庆港九	
	600317	营 口 港	
	600350	山东高速	
	600377	宁沪高速	
	600387	海越股份	
	600548	深 高 速	
	600575	芜 湖 港	
	600897	厦门空港	
	601000	唐 山 港	
	601008	连 云 港	
	601018	宁 波 港	
	601107	四川成渝	
	601880	大 连 港	
	600708	海博股份	其他交通运输业
	600026	中海发展	水上运输业
	600087	长航油运	

	证券代码	证券简称	所属大类
沪市 A 股	600428	中远航运	水上运输业
	600692	亚通股份	
	600751	SST 天海	
	600798	宁波海运	
	600896	中海海盛	
	601866	中海集运	
	601872	招商轮船	
	601919	中国远洋	
	600125	铁龙物流	铁路运输业
	601006	大秦铁路	
	601333	广深铁路	
深市 A 股	002492	恒基达鑫	仓储业
	300013	新宁物流	
	000996	中国中期	公路运输业
	002357	富临运业	
	000099	中信海直	航空运输业
	000022	深赤湾 A	交通运输辅助业
	000088	盐 田 港	
	000089	深圳机场	
	000429	粤高速 A	
	000548	湖南投资	
	000582	北 海 港	
	000753	漳州发展	
	000828	东莞控股	
	000886	海南高速	
	000900	现代投资	
	000905	厦门港务	
	000916	华北高速	
	002023	海特高新	
	002040	南 京 港	
	000520	长航凤凰	水上运输业
	002320	海峡股份	
沪市 B 股	900914	锦投 B 股	公路运输业
	900945	海航 B 股	航空运输业
	900952	锦港 B 股	交通运输辅助业
	900938	ST 天海 B	水上运输业
深市 B 股	200022	深赤湾 B	交通运输辅助业
	200429	粤高速 B	
	200152	山 航 B	航空运输业

资料来源：天相投资分析系统。

（三）行业内上市公司股改情况

自2005年9月中国证监会颁布《上市公司股权分置改革管理办法》以来，截至2010年底，交通运输业上市公司仅有SST天海（同时含有A股和B股）一家公司未完成股改。全行业股改已进入尾声。

截至2010年底，交通运输行业内非限售流通A股占总股本的比例由70.36%提高至72.83%，上升了2.47个百分点，主要原因是限售股逐步解禁及新股发行，流通B股比重微降0.08个百分点至0.86%，限售A股比重则下降了3.92个百分点至26.15%。

2010年交通运输仓储业上市公司股本变动情况见表4。

表4　　2010年交通运输仓储业上市公司股本变动情况　　单位：万股

指　标	2010年底	2009年底	增长变动（%）
总股本	16 444 407.90	13 336 429.08	23.30
其中：A股	16 276 744.81	13 184 839.87	23.45
B股	167 663.09	151 589.22	10.60
非限售流通A股	11 976 211.13	9 383 024.84	27.64
非限售流通A股比重（%）	72.83	70.36	2.47
流通B股	141 663.09	125 589.22	12.80
流通B股比重（%）	0.86	0.94	-0.08
限售A股	4 300 533.68	4 010 388.32	7.23
限售A股比重（%）	26.15	30.07	-3.92

资料来源：天相投资分析系统。

（四）行业内上市公司融资情况

2010年交通运输行业共有13家公司进行了融资，占沪深两市530家融资公司的2.45%。其中，5家公司（富临运业、恒基达鑫、唐山港、宁波港、大连港）为新股发行，8家（海特高新、南方航空、东方航空、海南航空、重庆港九、芜湖港、大秦铁路、中国国航）公司为增发。

2010年交通运输仓储业上市公司与沪深两市融资情况对比见表5。

表5　　2010年交通运输仓储业上市公司与沪深两市融资情况对比　　单位：家

	融资家数	新　股	配　股	增　发
交通运输、仓储业	13	5	0	8
沪深两市总数	530	336	20	174
占比（%）	2.45	1.49	0.00	4.60

资料来源：天相投资分析系统。

其中，首发的5家公司中，有2家在中小板上市，3家在沪市上市；增发的8家公司中，有7家在沪市上市、有1家在中小板上市。进行融资的13家公司中，交通运输辅助业有6家，其中，公路运输业1家，仓储业1家，航空运输业4家、铁路运输业1家。

2010年交通运输仓储业上市公司融资

情况见表6。

表6　　2010年交通运输仓储业上市公司融资情况

代　码	公司名称	融资类别	所属大类	证券类型
002023	海特高新	增发	交通运输辅助业	中小板
002357	富临运业	首发	公路运输业	中小板
002492	恒基达鑫	首发	仓储业	中小板
600029	南方航空	增发	航空运输业	沪市
600115	东方航空	增发	航空运输业	沪市
600221	海南航空	增发	航空运输业	沪市
600279	重庆港九	增发	交通运输辅助业	沪市
600575	芜湖港	增发	交通运输辅助业	沪市
601000	唐山港	首发	交通运输辅助业	沪市
601006	大秦铁路	增发	铁路运输业	沪市
601018	宁波港	首发	交通运输辅助业	沪市
601111	中国国航	增发	航空运输业	沪市
601880	大连港	首发	交通运输辅助业	沪市

资料来源：天相投资分析系统。

从融资效果来看，上述公司实际发行数量为102.20亿股，实际募集资金589.95亿元。

2010年交通运输仓储业上市公司融资明细见表7。

表7　　2010年交通运输仓储业上市公司融资明细

代　码	公司名称	发行价格（元）	实际发行数量（万股）	实募集资金数（亿元）
002023	海特高新	15.52	2 270.00	3.35
002357	富临运业	14.97	2 100.00	2.87
600029	恒基达鑫	16.00	3 000.00	4.47
600115	南方航空	6.66	150 150.00	98.38
600221	东方航空	5.28	169 483.89	89.49
600279	海南航空	5.04	59 523.81	29.86
600575	重庆港九	8.44	11 370.13	9.60
601000	芜湖港	11.11	16 760.26	18.62
601006	唐山港	8.20	20 000.00	15.91
601018	大秦铁路	8.73	189 003.44	162.19
601111	宁波港	3.70	200 000.00	72.13
601880	中国国航	11.58	48 359.24	55.36
600029	大连港	3.80	150 000.00	27.72

资料来源：天相投资分析系统。

（五）行业内上市公司资产及业绩情况

截至2010年，交通运输行业上市公司资产总值已达13 764.05亿元，归属于母公司股东权益达5 697.39亿元，分别较2009年增长了22.73%和26.06%。

2010年交通运输仓储业上市公司资产情况见表8。

表8　交通运输仓储业上市公司资产情况　单位：亿元

资产指标	2010年	2010年增长（%）	2009年	2009年增长（%）	2008年
总资产	13 764.05	22.73	10 643.57	8.88	9 689.54
流动资产	2 978.97	34.39	2 154.98	13.57	1 882.22
占比（%）	21.64	1.88	20.25	0.84	19.43
非流动资产	10 785.08	19.86	8 488.59	7.75	7 807.32
占比（%）	78.36	-1.88	79.75	-0.84	80.57
流动负债	3 576.07	25.83	2 687.73	-14.82	3 135.42
占比（%）	25.98	0.64	25.25	-7.03	32.36
非流动负债	4 080.24	18.74	3 316.70	35.33	2 447.83
占比（%）	29.64	-1.00	31.16	6.09	25.26
归属于母公司股东权益	5 697.39	26.06	4 226.69	9.62	3 793.65
占比（%）	41.39	1.09	39.71	0.27	39.15

资料来源：天相投资分析系统。

根据2010年年报数据，交通运输行业上市公司合计实现营业收入6 014.40亿元，较2009年上升42.62%，实现利润总额1 050.70亿元，实现归属于母公司股东的净利润815.40亿元，较2009年分别上升175.61%、225.54%。

2010年交通运输仓储业上市公司收入实现情况见表9。

表9　交通运输仓储业上市公司收入实现情况　单位：亿元

业绩指标	2010年	2010年增长（%）	2009年	2009年增长（%）	2008年
营业收入	6 014.40	42.62	4 169.97	-17.13	5 007.61
利润总额	1 050.70	175.61	396.61	31.90	291.78
归属于母公司所有者的净利润	815.40	225.54	260.66	63.16	152.34

资料来源：天相投资分析系统。

（六）利润分配情况

2010年交通运输行业上市公司中共60家公司实施了分红送股。其中，8家公司实施送股及转增，56家公司实施派息，4家公司既送股、转增又派息。送股及转增比例最高的为每股送1股（富临运业、芜湖港），派息比例最高的为每股派0.600元（海峡股份）。

2010年交通运输仓储业上市公司分红情况见表10。

表 10 **2010 年交通运输仓储业上市公司分红情况**

代 码	名 称	送股及转增比例	每股派息（税前 元）	基准股本（万股）
000022	深赤湾 A	—	0.463	64 476.37
000088	盐 田 港	0.200	0.030	124 500.00
000089	深圳机场	—	0.045	169 024.32
000099	中信海直	—	0.050	51 360.00
000429	粤高速 A	—	0.100	125 711.77
000548	湖南投资	—	0.050	49 921.58
000753	漳州发展	—	0.050	31 630.26
000828	东莞控股	—	0.180	103 951.70
000886	海南高速	—	0.080	98 882.83
000900	现代投资	—	0.200	39 916.59
000905	厦门港务	—	0.030	53 100.00
000916	华北高速	—	0.080	109 000.00
002040	南 京 港	—	0.020	24 587.20
002320	海峡股份	0.600	0.600	20 475.00
002357	富临运业	1.000	0.100	9 796.53
002492	恒基达鑫	—	0.200	12 000.00
200152	山 航 B	—	0.255	40 000.00
300013	新宁物流	—	0.050	9 000.00
600004	白云机场	—	0.300	115 000.00
600009	上海机场	—	0.100	192 695.84
600012	皖通高速	—	0.210	165 861.00
600017	日 照 港	0.500	—	151 010.20
600018	上港集团	—	0.108	2 275 517.97
600020	中原高速	—	0.100	214 035.41
600026	中海发展	—	0.170	340 455.23
600033	福建高速	—	0.100	274 440.00
600035	楚天高速	—	0.080	93 165.25
600087	长航油运	0.800	0.010	188 566.07
600125	铁龙物流	0.300	—	100 424.76
600190	锦 州 港	—	0.050	156 178.74
600221	海南航空	—	0.050	412 549.09
600269	赣粤高速	—	0.100	233 540.70
600270	外运发展	—	0.100	90 548.17
600279	重庆港九	—	0.040	34 209.23
600350	山东高速	—	0.104	336 380.00
600368	五洲交通	—	0.110	55 586.77
600377	宁沪高速	—	0.360	503 774.75
600428	中远航运	—	0.040	169 044.64
600548	深 高 速	—	0.160	218 077.03
600561	江西长运	—	0.180	18 572.40
600575	芜 湖 港	1.000	—	52 340.26
600650	锦江投资	—	0.300	55 161.01

续表

代 码	名 称	送股及转增比例	每股派息（税前 元）	基准股本（万股）
600708	海博股份	—	0.100	51 037.03
600717	天 津 港	—	0.100	167 476.91
600787	中储股份	—	0.040	84 010.28
600794	保税科技	0.200	—	17 826.33
600798	宁波海运	—	0.040	87 114.57
600896	中海海盛	—	0.020	58 131.58
600897	厦门空港	—	0.090	29 781.00
601000	唐 山 港	—	0.120	100 000.00
601006	大秦铁路	—	0.350	1 486 679.15
601018	宁 波 港	—	0.030	1 280 000.00
601107	四川成渝	—	0.087	305 806.00
601111	中国国航	—	0.118	1 289 195.47
601188	龙江交通	—	0.018	121 320.00
601333	广深铁路	—	0.090	708 353.70
601518	吉林高速	—	0.021	121 320.00
601872	招商轮船	—	0.044	343 339.77
601880	大 连 港	—	0.050	442 600.00
601919	中国远洋	—	0.090	1 021 627.44

资料来源：天相投资分析系统。

（七）其他财务指标情况

1. 盈利能力指标

2010 年交通运输行业上市公司销售毛利率为 25.51%，较 2009 年上升了 7.47 个百分点；净资产收益率为 14.31%，较 2009 年上升了 8.77 个百分点；销售净利率为 13.56%，较 2009 年上升了 7.62 个百分点；资产净利率为 6.53%，较 2009 年上升了 4.19 个百分点。

2010 年交通运输仓储业上市公司盈利能力情况见表 11。

表 11　交通运输仓储业上市公司盈利能力情况　单位:%

盈利能力指标	2010 年	2010 年变动	2009 年	2009 年变动	2008 年
毛利率	25.51	7.47	18.15	-1.35	19.73
净资产收益率	14.31	8.77	6.17	2.02	4.02
销售净利率	13.56	7.62	6.25	3.08	3.04
资产净利率	6.53	4.19	2.55	0.85	1.64

资料来源：天相投资分析系统。

2. 偿债能力指标

2010 年交通运输行业流动比率和速动比率较 2009 年小幅上升，流动比率为 0.83，较 2009 年上升 0.05；速动比率为 0.72，较 2009 年上升 0.04。2010 年末，交通运输行业资产负债率为 55.63%，较 2009 年下降了 0.36 个百分点。

2010 年交通运输仓储业上市公司偿债能力指标见表 12。

表 12　　交通运输仓储业上市公司偿债能力指标

偿债能力指标	2010 年	2010 年变动	2009 年	2009 年变动	2008 年
流动比率（次）	0.83	0.05	0.80	0.20	0.60
速动比率（次）	0.72	0.04	0.69	0.17	0.56
资产负债率（%）	55.63	-0.36	56.41	-0.93	57.62

资料来源：天相投资分析系统。

3. 营运能力指标

2010 年交通运输业上市公司存货周转率、应收账款周转率、固定资产周转率、总资产周转率分别为 25.20%、19.67%、0.95%、0.48%，较 2009 年分别上升了 0.82 个百分点、4.04 个百分点、0.18 个百分点、0.09 个百分点。

交通运输仓储业上市公司营运能力情况见表 13。

表 13　　交通运输仓储业上市公司营运能力情况　　单位：次

营运能力指标	2010 年	2010 年变动	2009 年	2009 年变动	2008 年
存货周转率	25.20	0.82	24.04	-6.89	30.90
应收账款周转率	19.67	4.04	15.70	-1.18	12.28
流动资产周转率	2.32	0.29	2.06	-0.50	2.56
固定资产周转率	0.95	0.18	0.78	-0.23	1.01
总资产周转率	0.48	0.09	0.41	-0.13	0.54

资料来源：天相投资分析系统。

三、重点细分行业介绍

交通运输行业共涵盖七大分类，分别是铁路运输业、公路运输业、水上运输业、航空运输业、交通运输辅助业、其他交通运输业和仓储业。

交通运输仓储业各子行业上市公司及市值情况见表 14。

表 14　　交通运输仓储业各子行业上市公司及市值情况

大　类	上市公司家数（家）	占行业内比重（%）	境内总市值（亿元）	占行业内比重（%）
仓储业	5	6.85	272.10	2.47
公路运输业	9	12.33	525.10	4.77
航空运输业	7	9.59	2 904.83	26.39
交通运输辅助业	36	49.32	3 877.88	35.23
其他交通运输业	1	1.37	38.28	0.35
水上运输业	12	16.44	1 886.95	17.14
铁路运输业	3	4.11	1 502.40	13.65

资料来源：天相投资分析系统。

（一）铁路运输业

1. 行业概况

2010年全国铁路营业里程达到9.10万公里，比2009年增加5 660.70公里，增长6.60%，里程长度居世界第二位。路网密度为95.00公里/万平方公里，比2009年增加5.90公里/万平方公里。其中，复线里程为3.70万公里，比2009年增加4 292.40公里，增长12.90%，复线率为41.10%，比2009年提高2.30个百分点；电气化里程为4.20万公里，比2009年增加6 811.50公里，增长19.10%，电化率是46.60%，比2009年提高4.90个百分点。

2010年全国铁路旅客周转量完成8 762.18亿人公里，比2009年增加883.29亿人公里，增长11.20%。其中，国家铁路8 725.72亿人公里，增长11.30%；非控股合资铁路30.15亿人公里，下降9.1%；地方铁路6.31亿人公里，增长11.90%。全国铁路货运总周转量（含行包周转量）完成27 644.13亿吨公里，比2009年增加2 404.96亿吨公里，增长9.50%。其中，国家铁路25 937.35亿吨公里，增长9.70%；非控股合资铁路1 590.72亿吨公里，增长8.80%；地方铁路116.07亿吨公里，下降8.30%。

全国铁路煤炭运量完成200 043.00万吨，比2009年增运24 972.00万吨，增长14.30%。冶炼物资运量完成85 500.00万吨，比2009年增运7 818.00万吨，增长10.10%。石油运量完成13 834.00万吨，比2009年增运596.00万吨，增长4.50%。化肥及农药运量完成8 618.00万吨，比2009年增运259.00万吨，增长3.10%。集装箱运量完成8 612.00万吨，比2009年增运1 439.00万吨，增长20.10%。

2. 行业内上市公司发展状况

受到2010年经济恢复的影响，铁路运输行业上市公司整体收入、利润总额较2009年有所增长，营业收入同比增长22.21%，利润总额同比上升38.91%。总资产和归属于母公司所有者的净利润分别同比增长33.76%、40.20%。

2010年铁路运输行业的毛利率上升2.60个百分点，净资产收益率上升1.98个百分点，销售净利率上升2.77个百分点，资产净利率上升1.47个百分点。

行业内上市公司整体资产负债率为37.61%，较2009年上升了6.29个百分点。

2010年铁路运输业上市公司收入及资产增长情况见表15。

表15　铁路运输业上市公司收入及资产增长情况　单位：亿元

指　标	2010年	2010年增长（%）	2009年	2009年增长（%）	2008年
营业收入	576.84	22.21	471.99	31.82	358.07
利润总额	162.81	38.91	117.21	8.59	107.93
归属于母公司所有者的净利润	124.43	40.20	88.75	8.42	81.86
总资产	1 342.52	33.76	1 003.71	6.78	940.01
归属于母公司股东权益	836.90	21.51	688.76	5.70	651.59

资料来源：天相投资分析系统。

2010年铁路运输业上市公司盈利能力情况见表16。

表 16　　铁路运输业上市公司盈利能力情况　　单位:%

盈利能力指标	2010 年	2010 年变动	2009 年	2009 年变动	2008 年
毛利率	38.34	2.60	35.74	-3.97	39.71
净资产收益率	14.87	1.98	12.89	0.32	12.56
销售净利率	21.57	2.77	18.80	-4.06	22.86
资产净利率	10.61	1.47	9.13	-0.20	9.33

资料来源：天相投资分析系统。

2010 年铁路运输业上市公司偿债及营运情况见表 17。

表 17　　铁路运输业上市公司偿债及营运情况

指　标	2010 年	2010 年变动	2009 年	2009 年变动	2008 年
资产负债率（%）	37.61	6.29	31.32	0.70	30.62
存货周转率（次）	17.11	-4.74	21.85	1.49	20.35
总资产周转率（次）	0.49	0.01	0.49	0.08	0.41

资料来源：天相投资分析系统。

（二）公路运输业

1. 行业概况

公路客货营运车辆运载能力持续增长。2010 年底，全国拥有公路营运汽车1 133.32 万辆，比 2009 年底增长 15.1%。拥有载货汽车 1 050.19 万辆、5 999.82 万吨位，比 2009 年底分别增长 15.8% 和 28.9%；平均吨位为 5.71 吨/辆，比 2009 年底提高 0.58 吨/辆。拥有载客汽车 83.13 万辆、2 017.09 万客位，比 2009 年底分别增长 5.9% 和 8.0%；平均客位为 24.26 客位/辆，比 2009 年底提高 0.47 客位/辆。

全国营业性货运车辆全年完成货运量 244.81 亿吨，货物周转量为 43 389.67 亿吨公里，分别增长 15.0% 和 16.7%，平均运距为 177.24 公里，比 2009 年提高 1.4%。高速公路货物平均运距为 213.58 公里，其中跨省货物平均运距为 490.00 公里。全国营业性客车完成公路客运量 305.27 亿人，旅客周转量 15 020.81 亿人公里，比 2009 年分别增长 9.8% 和 11.2%。高速公路旅客平均行程为 99.24 公里，其中跨省平均行程为 290.00 公里。

2. 行业内上市公司发展状况

2010 年，公路运输业上市公司整体收入和利润总额分别同比上涨 25.36%、6.38%。

2010 年公路运输业上市公司收入及资产增长情况见表 18。

表 18　　公路运输业上市公司收入及资产增长情况　　单位：亿元

指　标	2010 年	2010 年增长（%）	2009 年	2009 年增长（%）	2008 年
营业收入	104.90	25.36	82.08	4.83	78.30
利润总额	37.50	6.38	32.56	7.98	30.15
归属于母公司所有者的净利润	26.94	10.46	22.12	11.58	19.82
总资产	573.95	58.10	360.86	22.08	293.19
归属于母公司股东权益	262.36	27.48	196.59	33.03	147.78

资料来源：天相投资分析系统。

毛利率和销售净利率分别同比下降6.31和3.47个百分点，净资产收益率下降1.58个百分点，资产净利率同比下降1.65个百分点。

2010年公路运输业上市公司盈利能力情况见表19。

表19　　公路运输业上市公司盈利能力情况　　单位:%

盈利能力指标	2010年	2010年变动	2009年	2009年变动	2008年
毛利率	46.68	-6.31	51.22	0.78	50.43
净资产收益率	10.27	-1.58	11.25	-2.16	13.41
销售净利率	25.68	-3.47	26.94	1.63	25.31
资产净利率	5.75	-1.65	6.76	-0.60	7.36

资料来源：天相投资分析系统。

2010年公司运输业上市公司整体资产负债水平上升。

2010年公路运输业上市公司偿债及营运情况见表20。

表20　　公路运输业上市公司偿债及营运情况

指　标	2010年	2010年变动	2009年	2009年变动	2008年
资产负债率（%）	48.85	12.35	38.45	-3.88	42.33
存货周转率（次）	7.64	0.95	3.82	-0.09	3.90
总资产周转率（次）	0.22	-0.03	0.25	-0.04	0.29

资料来源：天相投资分析系统。

（三）水上运输业

1. 行业概况

运输船舶结构不断优化。2010年底，全国拥有水上运输船舶17.84万艘，比2009年末增长0.8%；净载重量为18 040.86万吨，比2009年末增长23.5%；平均净载重量为1 011.22吨/艘，比2009年末增长22.50%；载客量为100.37万客位，增长2.30%；集装箱箱位为132.44万标准集装箱，比2009年末增长11.20%；船舶功率为5 330.44万千瓦，比2009年末增长15.40%。

水路货物运输量继续快速增长。全国完成水路货运量37.89亿吨、货物周转量68 427.53亿吨公里，分别增长18.80%和18.90%，平均运距为1 805.72公里，与2009年基本持平。其中，内河运输完成货运量18.86亿吨、货物周转量5 535.74亿吨公里，比2009年分别增长20.20%和19.50%；沿海运输完成货运量13.23亿吨、货物周转量16 892.63亿吨公里，分别增长19.80%和26.10%；远洋运输完成货运量5.81亿吨、货物周转量45 999.15亿吨公里，分别增长12.20%和16.40%。

全国完成水路客运量2.24亿人，旅客周转量72.27亿人公里，分别增长0.30%和4.20%。

2. 行业内上市公司发展状况

2010年，由于经济回暖，水运行业上市公司营业收入同比上升46.43%，利润总额和归属于母公司所有者的净利润由亏转盈，归属于母公司股东权益上升8.82%，总资产上升12.24%。

2010 年水上运输业上市公司收入及资产增长情况见表 21。

表 21　　水上运输业上市公司收入及资产增长情况　　单位：亿元

指　标	2010 年	2010 年增长（%）	2009 年	2009 年增长（%）	2008 年
营业收入	1 439.13	46.43	965.60	-48.09	1 855.78
利润总额	172.02	由亏转盈	-107.40	-141.25	258.81
归属于母公司所有者的净利润	138.83	由亏转盈	-125.31	-162.09	200.54
总资产	3 079.17	12.24	2 680.18	10.91	2 411.88
归属于母公司股东权益	1 253.12	8.82	1 141.19	-10.52	1 272.10

资料来源：天相投资分析系统。

水运行业各项盈利指标均有不同程度回升，毛利率、净资产收益率、销售净利率和资产净利率分别为 17.08%、11.08%、9.65% 和 4.77%。

2010 年水上运输业上市公司盈利能力情况见表 22。

表 22　　水上运输业上市公司盈利能力情况　　单位:%

盈利能力指标	2010 年	2010 年变动	2009 年	2009 年变动	2008 年
毛利率	17.08	21.50	-4.38	-27.21	22.78
净资产收益率	11.08	22.32	-10.98	-26.81	15.76
销售净利率	9.65	22.81	-12.98	-23.83	10.81
资产净利率	4.77	9.73	-4.92	-13.57	8.62

资料来源：天相投资分析系统。

2010 年，水运行业负债水平略有上升。

2010 年水上运输业上市公司偿债及营运情况见表 23。

表 23　　水上运输业上市公司偿债及营运情况

指　标	2010 年	2010 年变动	2009 年	2009 年变动	2008 年
资产负债率（%）	53.79	0.44	52.66	10.06	42.63
存货周转率（次）	27.01	-1.64	28.68	-17.02	45.70
总资产周转率（次）	0.49	0.12	0.38	-0.42	0.80

资料来源：天相投资分析系统。

（四）航空运输业

1. 行业概况

截至 2010 年底，民航全行业运输飞机期末在册架数为 1 597 架，比 2009 年增加 180 架。全行业在册运输飞机平均日利用率为 9.35 小时，比 2009 年提高 0.11 小时。正班客座率平均为 80.20%，比 2009 年提高 3.90 个百分点。正班载运率平均为 71.60%，比 2009 年提高 4.40 个百分点。

2010 年民航运输生产实现新突破，中国成为全球增长最快、最重要的民航市场之一。全行业完成旅客运输量 2.68 亿人次，比 2009 年增加 0.37 亿人次，增长 16.10%。国内航线完成旅客运输量 2.48 亿人次，比 2009 年增加 0.33 亿人次，增长 15.10%，其中，我国港澳台地区航线完成0.07亿人次，比2009年增加0.02亿人次，增长29.90%；国际航线完成旅客运输量0.19亿人次，比2009年增加0.05亿人次，增长31.10%。全行业完成货邮运输量563.00万吨，比2009年增加117.50万吨，增长26.40%。国内航线完成货邮运输量370.40万吨，比2009年增加51.00万吨，增长16.00%，其中，我国港澳台地区航线完成21.70万吨，比2009年增加5.80万吨，增长36.20%；国际航线完成货邮运输量192.60万吨，比2009年增加66.50万吨，增长52.80%。

2. 行业内上市公司发展概况

受益于经济回暖，2010年航空机场行业上市公司的营业收入较2009年上升56.23%，利润总额和归属于母公司股东的净利润分别大幅上升343.63%和288.89%。受此影响，总资产和归属于母公司所有者的权益较2009年分别上升31.06%和105.72%。

2010年航空运输业上市公司收入及资产增长情况见表24。

表24　　航空运输业上市公司收入及资产增长情况　　单位：亿元

指　　标	2010年	2010年增长（%）	2009年	2009年增长（%）	2008年
营业收入	2 669.84	56.23	1 708.91	-8.70	1 871.81
利润总额	340.48	343.63	76.75	由亏转盈	-315.43
归属于母公司所有者的净利润	276.11	288.89	71.00	由亏转盈	-297.68
总资产	4 563.94	31.06	3 482.38	4.76	3 324.14
归属于母公司股东权益	1 046.16	105.72	508.53	84.14	276.17

资料来源：天相投资分析系统。

行业内上市公司盈利能力较2009年持续上升，其中，销售净利率和净资产收益率分别较2009年上升了6.19和12.43个百分点。

2010年航空运输业上市公司盈利能力情况见表25。

表25　　航空运输业上市公司盈利能力情况　　单位:%

盈利能力指标	2010年	2010年变动	2009年	2009年变动	2008年
毛利率	21.71	8.52	13.19	8.70	4.50
净资产收益率	26.39	12.43	13.96	121.75	-107.79
销售净利率	10.34	6.19	4.15	20.06	-15.90
资产净利率	6.86	4.73	2.09	11.39	-9.31

资料来源：天相投资分析系统。

行业内上市公司整体资产负债率水平继续下降，较2009年下降了8.35个百分点。

2010年航空运输业上市公司偿债及营运情况见表26。

表 26　　航空运输业上市公司偿债及营运情况

指　标	2010 年	2010 年变动	2009 年	2009 年变动	2008 年
资产负债率（%）	75.87	-8.35	84.21	-6.24	90.45
存货周转率（次）	54.43	12.96	39.72	-7.09	46.81
总资产周转率（次）	0.66	0.15	0.50	-0.08	0.59

资料来源：天相投资分析系统。

（五）交通运输辅助业

1. 行业概况

（1）公路

公路网规模不断扩大。2010 年底全国公路总里程突破 400 万公里，达 400.82 万公里，比 2009 年末增加 14.74 万公里；全国公路密度为 41.75 公里/百平方公里，比 2009 年末提高 1.53 公里/百平方公里。高速公路网络更加完善，全国高速公路达 7.41 万公里，居世界第二位，全国高速公路车道里程为 32.86 万公里。

国道及高速公路交通流量较快增长。2010 年，全国国道网年平均日交通量为 11 918 辆/日（当量标准小客车），比 2009 年增长 10.70%。全年国道网车流量较大的地区主要集中在北京、天津、上海、江苏、浙江和广东，上述地区国道网的年平均日交通量均超过 2 万辆。全国国道网年平均行驶量为 195 505 万车公里/日，比 2009 年增长 9.40%，河北、江苏、山东、广东的国道网年平均行驶量均超过 10 000 万车公里/日。全国高速公路年平均日交通量为 18 155 辆/日，比 2009 年增长 7.80%；年平均行驶量为 134 587 万车公里/日，比 2009 年增长 22.80%。

（2）港口

港口码头泊位总量继续增加。2010 年底，全国港口拥有生产用码头泊位 31 634 个，比 2009 年底增加 205 个。其中，沿海港口生产用码头泊位 5 453 个，比 2009 年底增加 133 个；内河港口生产用码头泊位 26 181 个，比2009 年底增加 72 个。码头泊位大型化水平不断提升。全国港口拥有万吨级及以上泊位 1 661 个，比 2009 年底增加 107 个。其中，沿海港口万吨级及以上泊位 1 343 个，比 2009 年底增加 82 个；内河港口万吨级及以上泊位 318 个，比 2009 年底增加 25 个。

港口货物吞吐量较快增长。2010 年，全国港口完成货物吞吐量 89.32 亿吨，比 2009 年增长 16.70%，增速比 2009 年加快 7.60 个百分点。其中，沿海港口完成 56.45 亿吨，内河港口完成 32.88 亿吨，比 2009 年分别增长 15.80% 和 18.10%。全国港口全年完成集装箱吞吐量 1.46 亿标准集装箱，比 2009 年增长 19.40%。其中，沿海港口完成 1.31 亿标准集装箱，比 2009 年增长 19.30%；内河港口完成 1 468.00 万标准集装箱，比 2009 年增长 20.30%。煤、油、矿、粮等主要货类吞吐量继续较快增长。其中，完成煤炭及制品吞吐量 16.46 亿吨，石油、天然气及制品吞吐量 7.12 亿吨，金属矿石吞吐量 12.63 亿吨，粮食吞吐量 1.69 亿吨，比 2009 年分别增长 24.40%、14.40%、11.10% 和 20.20%。

（3）机场

截至 2010 年底，我国共有颁证运输机场 175 个，比 2009 年增加 9 个，并全部开通定期航班。

2010年，全国民航运输机场完成旅客吞吐量5.64亿人次，比2009年增长16.10%。其中，2010年东部地区完成旅客吞吐量3.39亿人次，东北地区完成旅客吞吐量0.34亿人次，中部地区完成旅客吞吐量0.53亿人次，西部地区完成旅客吞吐量1.39亿人次。2010年全国运输机场完成货邮吞吐量1 129.00万吨，比2009年增长19.40%。其中，2010年东部地区完成货邮吞吐量898.60万吨，东北地区完成货邮吞吐量40.80万吨，中部地区完成货邮吞吐量42.70万吨，西部地区完成货邮吞吐量147.00万吨。2010年，全国运输机场完成起降架次553.20万架次，比2009年增长14.30%。

2. 行业内上市公司发展概况

2010年，交通运输辅助业上市公司营业收入较2009年增长了25.62%，利润总额和归属于母公司股东的净利润分别同比上升了28.35%和27.40%。总资产和归属于母公司股东权益较2009年增长了16.83%和17.72%。

2010年交通运输辅助业上市公司收入及资产增长情况见表27。

表27　交通运输辅助业上市公司收入及资产增长情况　单位：亿元

指　标	2010年	2010年增长（%）	2009年	2009年增长（%）	2008年
营业收入	890.32	25.62	687.11	18.42	561.59
利润总额	316.83	28.35	262.99	31.66	192.73
归属于母公司所有者的净利润	235.22	27.40	194.40	37.04	135.94
总资产	3 828.31	16.83	2 797.46	11.78	2 422.26
归属于母公司股东权益	2 128.43	17.72	1 540.16	11.93	1 317.91

资料来源：天相投资分析系统。

交通运输辅助业内上市公司盈利能力与2009年相比变动甚微，其中，毛利率较2009年下降1.80个百分点；净资产收益率、销售净利率和资产净利率分别较2009年上升了0.84个百分点、0.37个百分点和0.70个百分点。

2010年交通运输辅助业上市公司盈利能力情况见表28。

表28　交通运输辅助业上市公司盈利能力情况　单位:%

盈利能力指标	2010年	2010年变动	2009年	2009年变动	2008年
毛利率	44.36	-1.80	47.53	0.88	46.36
净资产收益率	11.05	0.84	12.62	2.31	10.31
销售净利率	26.42	0.37	28.29	3.84	24.21
资产净利率	6.62	0.70	7.34	1.45	5.83

资料来源：天相投资分析系统。

交通运输辅助业内上市公司整体资产负债率水平较2009年上升2.18个百分点。

2010年交通运输辅助业上市公司偿债及营运情况见表29。

表 29　　交通运输辅助业上市公司偿债及营运情况

指　标	2010 年	2010 年变动	2009 年	2009 年变动	2008 年
资产负债率（%）	41.34	2.18	38.35	-2.33	41.16
存货周转率（次）	9.59	-0.58	11.12	-0.18	11.31
总资产周转率（次）	0.25	0.02	0.26	0.02	0.24

资料来源：天相投资分析系统。

（六）仓储业

1. 行业概况

2010 年全国社会物流总额为 125.40 万亿元，按可比价格计算，同比增长 15.00%，增幅比 2009 年提高 3.70 个百分点。受 2009 年同期基数影响，增幅呈现前高后低态势，其中，一季度增长 20.80%，上半年增长 18.40%，前三季度增长 16.80%。从构成情况看，工业品物流总额为 113.10 万亿元，按可比价格计算，同比增长 14.60%，占社会物流总额的比重为 90.20%，同比提高 0.50 个百分点，是带动社会物流总额增长的主要因素。进口货物物流总额为 9.40 万亿元，同比增长 22.10%，同比上升 34.90 个百分点，表明我国进口货物物流重回快速增长通道。农产品物流总额、再生资源物流总额和单位与居民物品物流总额同比分别增长 4.30%、39.50% 和 14.70%。

2010 年全国社会物流总费用为 7.10 万亿元，同比增长 16.70%，与 GDP 的比率为 17.80%，同比下降 0.30 个百分比，物流运行效率有所提高。从构成情况看，运输费用为 3.80 万亿元，同比增长 14.00%，占社会物流总费用的比重为 54.00%，同比下降 1.30 个百分点；保管费用为 2.40 万亿元，同比增长 20.50%，占社会物流总费用的比重为 33.90%，同比提高 1.10 个百分点；管理费用 0.90 万亿元，同比增长 19.00%，占社会物流总费用的比重为 12.10%，同比提高 0.20 个百分点。2010 年全国物流业增加值为 2.70 万亿元，同比增长 13.10%，增幅比 2009 年提高 2.50 个百分点。物流业增加值占 GDP 的比重为 6.90%，占服务业增加值的比重为 16.00%，均与 2009 年基本持平。

2. 行业内上市公司发展概况

2010 年仓储行业上市公司的营业收入较 2009 年同比增长了 27.28%，因此利润总额和归属于母公司股东的净利润分别上升了 30.75% 和 28.84%。总资产和归属于母公司股东权益分别较 2009 年增长了 8.89% 和 8.07%。

2010 年仓储业上市公司收入及资产增长情况见表 30。

表 30　　仓储业上市公司收入及资产增长情况　　单位：亿元

指　标	2010 年	2010 年增长（%）	2009 年	2009 年增长（%）	2008 年
营业收入	310.54	27.28	239.89	-12.73	273.46
利润总额	18.80	30.75	13.07	-21.05	16.23
归属于母公司所有者的净利润	12.24	28.84	8.52	-23.70	10.96
总资产	341.90	8.89	302.48	8.26	278.05
归属于母公司股东权益	158.66	8.07	141.51	17.83	119.33

资料来源：天相投资分析系统。

与2009年情况不同，行业内上市公司毛利率下降1.61个百分点，净资产收益率上升1.24个百分点，销售净利率和资产净利率略有上升。

2010年仓储业上市公司盈利能力情况见表31。

表31　　仓储业上市公司盈利能力情况　　单位:%

盈利能力指标	2010年	2010年变动	2009年	2009年变动	2008年
毛利率	12.52	-1.61	13.57	0.21	13.17
净资产收益率	7.72	1.24	6.02	-3.28	9.19
销售净利率	3.94	0.05	3.55	-0.51	4.01
资产净利率	3.73	0.58	2.93	-1.66	4.53

资料来源：天相投资分析系统。

行业内上市公司整体资产负债率水平较2009年上升了1.06个百分点。

2010年仓储业上市公司偿债及营运情况见表32。

表32　　仓储业上市公司偿债及营运情况

指　标	2010年	2010年变动	2009年	2009年变动	2008年
资产负债率（%）	43.84	1.06	42.49	-3.67	46.25
存货周转率（次）	18.25	1.28	17.00	-1.30	18.30
总资产周转率（次）	0.95	0.14	0.82	-0.31	1.13

资料来源：天相投资分析系统。

四、重点上市公司介绍

大秦铁路

大秦铁路是以铁路网核心主干线为经营主体的股份公司，旗下经营的大秦铁路是中国煤炭运输的大动脉，占晋北、蒙西煤炭外运量的份额超过90.00%。2010年，公司共完成煤炭运输量5.60亿吨，较2009年增长约69.70%。

2010年公司实现营业收入420.14亿元，同比增长81.70%；实现利润总额136.86亿元，同比增长56.84%；实现净利润104.11亿元，同比增长59.43%；折合每股收益0.70元。

2010年公司销售毛利率和净利率分别为42.36%、24.78%，较2009年分别下降了6.04%和3.46%。加权平均净资产收益率为22.64%，较2009年上升了6.83个百分点。2010年末，公司资产负债率为43.74%，较2009年上升了6.97个百分点。

中国远洋

中国远洋通过下属各子公司提供涵盖整个航运价值链的集装箱航运、干散货航运、物流、码头及集装箱租赁服务。截至2010年12月31日，中国远洋共经营集装箱船舶150艘，总运力达61万标准箱；经营干散货船舶450艘，总运力达3 856万载重吨，为全球最大的干散货船队；通过中远物流提供包括第三方物流及船舶代理、货运代理在内的综合物流服务；通过中远太平洋经营码头业务，截至2010年12月31日，中远太平洋在全球17个港口经营营运中泊位达

107个，世界排名第五；通过中远太平洋下属的佛罗伦货箱控股有限公司经营集装箱租赁业，截至2010年12月31日，佛罗伦拥有和代管的集装箱队达163万标准箱，集装箱租赁业务占全球市场份额约13.00%，位居世界第三。

2010年，公司实现营业收入805.78亿元，同比增长44.57%；利润总额91.86亿元；归属于母公司的净利润为67.61亿元，成功扭亏为盈；行业加权平均每股收益0.66元；净资产收益率14.97%。

中海发展

中海发展作为中国第一大沿海原油和煤炭运输商，目前占据中国沿海超过60.00%的原油运输市场和22.90%的煤运市场份额。经过多年的发展，公司已成长为以油运、煤运为核心业务的远东地区最大的航运公司之一，在中国及远东地区航运市场占据了重要地位。公司将结合自身的特色，以能源和大宗资源品运输为核心，以煤炭、油品、铁矿石、LNG等资源品运输为主要业务，坚持国际和国内两个市场同步发展，保持内外贸兼营的优势。同时，大力推进船队结构的调整，进一步稳定与主要货主的战略联系，力求确保公司在中国能源、资源运输市场的主导地位。

2010年，公司实现营业收入114.09亿元，同比增长27.92%；实现利润总额21.71亿元，同比增长61.77%；归属于母公司的净利润17.17亿元，同比上升61.22%；行业加权平均每股收益0.50元；净资产收益率7.81%。

公司盈利能力略有上升。营业利润率为17.23%，同比上升3.93个百分点；净利润率15.09%，同比上升3.15个百分点；净资产收益率7.81%，同比上升2.85个百分点。

公司负债率持续上升，截至2010年年末，公司的资产负债率达到43.28%。

中国国航

中国国航是中国唯一载国旗飞行的航空公司，在航空客运、货运及相关服务诸方面均处于国内领先地位。公司是全球最大的航空联盟——星空联盟成员，通过与星空联盟成员等航空公司的合作，将服务拓展到181个国家的1 160个目的地。

截至2010年12月31日，公司机队共拥有272架飞机，包括268架客机和4架公务机；国货航机队共拥有10架飞机，全部为货机；我国的澳门航空在用飞机12架，其中客机10架，货机2架；深圳航空（含昆明航空）在册飞机99架，均为客机。定期航班通航全球32个国家和地区，包括47个国际城市、91个国内城市和3个地区。

2010年，公司可用运力1 074.23亿座位公里，同比增长12.53%；实现旅客周转量862.12亿收入客公里，同比增长17.53%。其中，国内航线增长16.48%，国际航线增长18.07%，我国的香港、澳门及台湾航线增长32.15%；运输旅客4 624.26万人次，同比增长16.09%；平均客座率为80.25%，同比增长3.42个百分点。

2010年，公司实现营业收入809.63亿元，同比增长58.46%；实现利润总额150.25亿元，大幅增长182.69%；实现归属于母公司股东的净利润122.08亿元，同比上升142.75%。

公司盈利能力小幅提升。2009年公司销售毛利率和净利率分别24.65%和15.38%，较2009年分别上升6.75个百分点和5.64个百分点；净资产收益率（加权平均）为40.56，较2009年上升18.04个百分点。

资产负债率继续下降。2010 年末公司资产负债率为 73.14%，较 2009 年末下降 4.29 个百分点。

赣粤高速

赣粤高速地处江西南昌，是一家地方性的高速公路运营公司，主营收入以收取车辆过路费为主。其旗下拥有昌九及银三角高速、昌樟高速、昌泰高速、温厚高速和九景高速，是江西省经营高速公路规模最大的企业。截至 2010 年末，公司经营管理的高速公路总里程为 623 公里，占江西省高速公路已通车总里程的 20.17%，公司在建的高速公路项目里程数为 167 公里。

2010 年，公司实现营业收入 39.78 亿元，同比增长 22.32%；实现利润总额 16.60 亿元，同比上升 1.72%；实现归属于母公司的净利润 12.56 亿元，同比增长 2.20%；折合每股收益 0.54 元。

2010 年公司销售毛利率和净利率分别为 48.81% 和 34.01%，较 2009 年分别下降 9.74% 和 7.05%。加权平均净资产收益率为 13.91%，较 2009 年下降 2.16 个百分点。2010 年末，公司资产负债率为 46.32%，较 2009 年上升 9.95 个百分点。

宁沪高速

宁沪高速主要从事投资、建设、经营和管理沪宁高速公路江苏段（沪宁高速公路）及集团拥有或参股有关江苏省境内的收费公路，并发展该等公路沿线的客运及其他辅助服务业（包括加油、餐饮、购物、汽车维修、广告及住宿等）。公司的核心业务是收费路桥的投资、建设、营运和管理，除沪宁高速公路外，公司还拥有 312 国道沪宁段、宁连公路南京段、锡澄高速公路、广靖高速公路、江阴长江公路大桥以及苏嘉杭高速公路等位于江苏省内的收费路桥全部或部分权益。截至 2010 年 12 月 31 日，公司管理的公路里程已超过 700 公里，总资产约人民币 249 亿元，是中国公路行业中资产规模最大的上市公司之一。

2010 年，公司实现营业收入 67.56 亿元，同比上升 17.68%；实现利润总额 33.32 亿元，同比上升 22.86%；实现归属于母公司的净利润 24.84 亿元，同比上升 23.52%。折合每股收益 0.49 元。

2010 年，公司盈利能力基本和 2009 年持平。2010 年公司销售毛利率和净利率分别为 56.21% 和 37.59%。加权平均净资产收益率为 14.81%，较 2009 年上升了 2.26 个百分点。2010 年末，公司资产负债率为 27.61%，较 2009 年下降了 4.90 个百分点。

上海机场

上海机场经营的上海浦东机场是我国三大门户机场之一。2010 年，浦东机场实现飞机起降332 127架次，旅客吞吐量4 057.86 万人次，货邮吞吐量 322.80 万吨，分别比 2009 年同期增长 15.36%、27.12% 和 26.92%，已成功迈入 4 000 万人次的特大型繁忙机场行列，货邮吞吐量稳居世界第三。

2010 年，公司实现营业收入 41.86 亿元，同比上升 25.40%；实现利润总额 16.69 亿元，同比增长 91.40%；实现归属于母公司股东的净利润 14.06 亿元，同比上升 99.15%。

公司盈利能力出现反弹。2010 年公司毛利率和净利率分别为 38.86% 和 33.59%，较 2009 年分别上升 7.50 个和 11.18 个百分点；净资产收益率（加权平均）为 9.74%，较 2009 年上升 4.11 个百分点。

资产负债率继续微降。截至 2010 年末，公司资产负债率为 18.83%，较 2009 年下降

4.76 个百分点。

天津港

天津港是我国北方综合性枢纽港，受益于天津滨海新区的开发，未来将打造成为以环渤海经济圈为主要腹地的北方国际航运中心。公司主要业务是在天津港口提供集装箱及非集装箱货种的装卸和堆存服务，以及各种配套服务。

2010 年，公司完成吞吐量总计 25 777.00 万吨，比 2009 年同期增长 8.22%。其中，散杂货吞吐量为 20 417.00 万吨，比 2009 年同期增长 4.27%；集装箱吞吐量为 515.20 万标准集装箱，比 2009 年同期增长 15.39%。船舶代理是 17 011 艘次，较 2009 年同期增长 5.53%；货物代理量为 7 558.00 万吨，较 2009 年同期增长 10.58%；理货量是 9 334.00 万吨，较 2009 年同期增长 5.68%；船舶拖带为 49 069 艘次，较 2009 年同期增长 13.56%。

2010 年，公司实现营业收入 114.83 亿元，同比增长 17.46%；实现利润总额 12.15 亿元，同比上升 21.38%；归属于母公司的净利润 10.43 亿元，同比上升 61.96%；行业加权平均每股收益 0.46 元；净资产收益率为 8.00%。

公司盈利能力略有上升。营业利润率达到 11.37%，同比上升 0.97 个百分点；净利润率 9.51%，同比上升 0.92 个百分点；净资产收益率 8.00%，同比上升 1.13 个百分点。

公司负债率比 2009 年略有下降，截至 2010 年末，公司的资产负债率达到 39.12%，同比下降 0.71 个百分点。

五、上市公司在行业中的影响力

整体来看，交通运输行业上市公司在行业中处于重要地位，上市公司行业代表性较强，上市公司的发展基本代表了行业的发展趋势。

铁路运输行业。铁路行业尚未完全政企分开，目前只有 3 家上市公司。尽管如此，已上市的 3 家公司仍具有较强的行业代表性。3 家公司分别代表了铁路运输的 3 个重要领域：大秦铁路是我国煤炭运输的主要承担者，且是铁路货运领域盈利最好的营运线路之一；广深铁路是铁路行业第一家上市公司，是铁路客运业务的代表；铁龙物流则是铁路特种集装箱业务的主要承担者，在铁路物流领域具有较强的代表性。

公路运输行业。从车流量情况看，上市公司所经营的收费路段是当地经营性公路的佼佼者，车流量大且增长稳定。从路段所处的地位看，上市公司经营路段 90% 以上是我国“五纵七横”高速公路主干线的组成部分。

水上运输业。从船队运力看，目前上市的中国远洋拥有全球第一大干散货船队，中海集运集装箱船队运力规模位居全球前十，中海发展是中国沿海第一大原油和煤炭运输商，在水上运输领域具有较强的代表性。2010 年受全球航运市场景气回升驱动，水上运输业实现扭亏为盈。

航空运输业。目前上市的航空公司包括国内 3 大航空公司和海南航空 1 家地方性航空公司，而且通过控股和参股，上述上市航空公司对国内其他未上市航空公司具有相当控制力。粗略计算，上市航空公司及参股/控股公司所控制的运力和运量在全行业的占比超过 90.00%，全面代表了航空运输业的整体状况。

交通运输辅助业。交通运输辅助业包含了港口、机场等基础设施公司。2010 年上海港稳居全球第一大港的宝座，并且跃居全球集装箱第一大港，深圳港继续保持全球集装箱第四大港地位；目前国内排名前十的港口大部分已经上市。2010 年白云机场、上海浦东机场、深圳机场、厦门空港旅客吞吐量分别位居国内机场第二、第三、第五和第十一位，这 4 家机场上市公司旅客吞吐量占全国机场行业比重为 22.00%。

安信证券股份有限公司
审稿人：吴莉
撰稿人：吴莉

信息技术业

一、信息技术行业总体概况

信息技术产业是我国的基础性、支柱性产业。改革开放以来，尤其是经过“十五”时期的快速发展，我国信息技术行业规模已位居世界前列。随着“十一五”规划的提出，信息技术行业再次成为政府重点扶持发展的产业之一。其主要目标是形成以企业为主体的技术创新体系，建立一批重点领域共性技术开发平台，以及全行业创新能力的进一步强化。在“十二五”规划编制的关键时期，信息技术行业作为经济增长“倍增器”、发展方式“转换器”和产业升级“助推器”的科学论断，进一步增强了大力推进信息技术行业发展、实现现代化的信心，物联网也将成为关键词。

二、行业内上市公司发展状况

（一）行业内上市公司基本情况

截至2010年底，信息技术行业有149家公司的153支股票（其中4家公司同时拥有A、B两股）在沪、深交易所上市交易，占沪、深两股票市场股票总数的7.12%。截至2009年底，该行业境内总市值达10 433.94亿元、流通A股市值达7 007.26亿元、流通B股市值达58.23亿元，分占沪、深两市的总市值的3.91%、流通A股市值的3.67%、流通B股市值的1.98%。

信息技术业上市公司发行股票概况见表1。

表1　　信息技术业上市公司发行股票概况

门　类	A、B股总数	A股股票数	B股股票数	境内总市值（亿元）	流通A股市值（亿元）	流通B股市值（亿元）
信息技术业	153	149	4	10 433.94	7 007.26	58.23
占沪深两市比重（%）	7.12	6.93	0.19	3.91	3.67	1.98

资料来源：天相投资分析系统。

（二）行业内上市公司构成情况

按上市地区划分，该行业在上海证券交易所上市的公司有43家（占该行业上市公司总数的28.67%），在深圳证券交易所上市的公司有107家（占该行业上市公司总数的71.34%）。

按A、B股划分，在A板上市的公司有149家，其中4家同时在B板上市。该行业A股上市公司中*ST公司有8家，占行业内上市公司总数的5.37%。

按股改情况划分，该行业种无公司尚未完成股改。

按公司所处子行业划分，各公司可分别划分至计算机及相关设备制造业、计算机应用服务业、通信及相关设备制造业和通信服务业四个子类。

信息技术业上市公司构成情况见表2。

表2　信息技术业上市公司构成情况　单位：家

门　类	沪市			深市			ST/*ST	股改/未股改
	仅A股	仅B股	A+B股	仅A股	仅B股	A+B股		
信息技术业	40	0	3	106	1	0	7/8	150/0
占行业内上市公司比重（%）	26.67	0.00	2.00	70.67	0.67	0.00	4.70/5.37	100.00/0.00

资料来源：天相投资分析系统。

信息技术业上市公司具体分布情况见表3。

（三）行业内上市公司股改情况

自2005年9月证监会颁布《上市公司股权分制改革管理办法》以来，截至2010年底，该类150家上市公司全部已完成股改。

截至2010年底，信息技术类行业非限售流通A股占总股本的81.03%，较2009年下降2.29个百分点；流通B股总股本数较2009年没有变化，其占总股本比例由2009年底的1.03%下降至0.93%；限售A股股本数大幅增加，其占总股本比例也由2009年底的15.46%增加至2010年底的17.86%。

2010年信息技术业上市公司股本变动情况见表4。

（四）行业内上市公司融资情况

2010年信息技术行业共51家公司进行融资，占沪、深两市融资公司总数（530）的9.62%。其中，40家公司新发股票，2家公司进行配股，9家公司定向增发股票，分占两市中进行同样活动公司总数的11.90%、10.00%和5.17%。

2010年信息技术业上市公司与沪深两市融资情况对比见表5。

其中，首发的40家公司中，有20家在中小板上市，20家在创业板上市；增发的9家公司中，有3家沪市、3家深市及3家中小板公司，配股的2家公司中1家是中小板公司，1家是沪市公司。进行融资的51家公司中，计算机应用服务业26家，通信及相关设备制造业15家，通信服务业6家，计算机及相关设备制造业4家。

2010年信息技术业上市公司融资情况见表6。

从融资效果角度观察，经融资活动后共计发行股票237 541.10万股，融资金额达389.94亿元。

2010年信息技术业上市公司融资明细见表7。

表 3　　信息技术业上市公司具体分布情况

A、B 股类别	公司代码	公司名称	所属大类	A、B 股类别	公司代码	公司名称	所属大类
沪市 A 股	600271	航天信息	计算机及相关设备制造业	沪市 B 股	900926	宝信 B 股	计算机应用服务业
	600601	方正科技			900930	沪普天 B	通信及相关设备制造业
	600850	华东电脑			900941	东信 B 股	
	600100	同方股份	计算机应用服务业	深市 A 股	000021	长城开发	计算机及相关设备制造业
	600289	亿阳信通			000066	长城电脑	
	600392	太工天成			000748	长城信息	
	600403	大有能源			000977	浪潮信息	
	600406	国电南瑞			002027	七喜控股	
	600410	华胜天成			002308	威创股份	
	600446	金证股份			002312	三泰电子	
	600455	*ST博通			002376	新北洋	
	600476	湘邮科技			300076	宁波 GQY	
	600536	中国软件			000682	东方电子	计算机应用服务业
	600570	恒生电子			000688	S*ST朝华	
	600571	信雅达			000787	*ST创智	
	600588	用友软件			000805	*ST炎黄	
	600718	东软集团			000851	高鸿股份	
	600728	新太科技			000863	*ST商务	
	600756	浪潮软件			000938	紫光股份	
	600797	浙大网新			000948	南天信息	
	600845	宝信软件			000997	新大陆	
	600050	中国联通	通信服务业		002063	远光软件	
	600640	中卫国脉			002065	东华软件	
	600706	ST长信			002095	生意宝	
	600804	鹏博士			002153	石基信息	
	600076	ST华光	通信及相关设备制造业		002184	海得控制	
	600077	ST百科			002195	海隆软件	
	600105	永鼎股份			002230	科大讯飞	
	600118	中国卫星			002232	启明信息	
	600130	ST波导			002253	川大智胜	
	600198	大唐电信			002261	拓维信息	
	600288	大恒科技			002268	卫士通	
	600345	长江通信			002279	久其软件	
	600485	中创信测			002280	新世纪	
	600487	亨通光电			002296	辉煌科技	
	600498	烽火通信			002315	焦点科技	
	600522	中天科技			002331	皖通科技	
	600608	ST沪科			002339	积成电子	
	600680	上海普天			002362	汉王科技	
	600764	中电广通			002368	太极股份	
	600775	南京熊猫			002373	联信永益	
	600776	东方通信			002401	中海科技	
	600990	四创电子			002405	四维图新	

续表

A、B股类别	公司代码	公司名称	所属大类
深市A股	002410	广联达	计算机应用服务业
	002421	达实智能	
	002439	启明星辰	
	002474	榕基软件	
	300002	神州泰岳	
	300010	立思辰	
	300020	银江股份	
	300033	同花顺	
	300036	超图软件	
	300042	朗科科技	
	300044	赛为智能	
	300045	华力创通	
	300047	天源迪科	
	300051	三五互联	
	300052	中青宝	
	300059	东方财富	
	300065	海兰信	
	300075	数字政通	
	300085	银之杰	
	300096	易联众	
	300113	顺网科技	
	300150	世纪瑞尔	
	000586	汇源通信	通信服务业
	000602	* ST金马	
	000892	* ST星美	
	002093	国脉科技	
	002148	北纬通信	
	002316	键桥通讯	
	002467	二六三	
	300017	网宿科技	
	300025	华星创业	
	300050	世纪鼎利	
	300074	华平股份	
	300081	恒信移动	
深市A股	000035	* ST科健	通信及相关设备制造业
	000063	中兴通讯	
	000070	特发信息	
	000547	闽福发A	
	000555	ST太光	
	000561	烽火电子	
	000669	领先科技	
	000836	鑫茂科技	
	000909	数源科技	
	002052	同洲电子	
	002089	新海宜	
	002115	三维通信	
	002151	北斗星通	
	002161	远望谷	
	002194	武汉凡谷	
	002231	奥维通信	
	002281	光迅科技	
	002313	日海通讯	
	002369	卓翼科技	
	002383	合众思壮	
	002396	星网锐捷	
	002417	三元达	
	002446	盛路通信	
	002465	海格通信	
	002491	通鼎光电	
	002519	银河电子	
	300028	金亚科技	
	300038	梅泰诺	
	300079	数码视讯	
	300098	高新兴	
	300101	国腾电子	
	300134	大富科技	
深市B股	200468	宁通信B	通信及相关设备制造业

资料来源：天相投资分析系统。

表4　2010年信息技术业上市公司股本变动情况　单位：万股

指　标	2010年底	2009年底	增长变动（%）
总股本	6 559 315.43	5 944 223.48	10.35
其中：A股	6 486 535.43	5 871 443.48	10.48
B股	72 780.00	72 780.00	0.00
非限售流通A股	5 314 977.93	4 952 424.97	7.32
非限售流通A股比重（%）	81.03	83.31	-2.29
流通B股	61 280.00	61 280.00	0.00
流通B股比重（%）	0.93	1.03	-0.10
限售A股	1 171 557.50	919 018.51	27.48
限售A股比重（%）	17.86	15.46	2.40

资料来源：天相投资分析系统。

表5　2010年信息技术业上市公司与沪深两市融资情况对比　单位：家

	融资家数	新　股	配　股	增　发
信息技术业	51	40	2	9
沪深两市总数	530	336	20	174
占比（%）	9.62	11.90	10.00	5.17

资料来源：天相投资分析系统。

表6　2010年信息技术业上市公司融资情况

代　码	公司名称	融资类别	所属大类	证券类型
000066	长城电脑	增发	计算机及相关设备制造业	深市主板
000561	烽火电子	增发	通信及相关设备制造业	深市主板
000997	新 大 陆	增发	计算机应用服务业	深市主板
002089	新 海 宜	增发	通信及相关设备制造业	中小板
002093	国脉科技	增发	通信服务业	中小板
002151	北斗星通	增发	通信及相关设备制造业	中小板
002232	启明信息	配股	计算机应用服务业	中小板
002339	积成电子	首发	计算机应用服务业	中小板
002362	汉王科技	首发	计算机应用服务业	中小板
002368	太极股份	首发	计算机应用服务业	中小板
002369	卓翼科技	首发	通信及相关设备制造业	中小板
002373	联信永益	首发	计算机应用服务业	中小板
002376	新 北 洋	首发	计算机及相关设备制造业	中小板
002383	合众思壮	首发	通信及相关设备制造业	中小板
002396	星网锐捷	首发	通信及相关设备制造业	中小板
002401	中海科技	首发	计算机应用服务业	中小板
002405	四维图新	首发	计算机应用服务业	中小板
002410	广 联 达	首发	计算机应用服务业	中小板
002417	三 元 达	首发	通信及相关设备制造业	中小板
002421	达实智能	首发	计算机应用服务业	中小板
002439	启明星辰	首发	计算机应用服务业	中小板
002446	盛路通信	首发	通信及相关设备制造业	中小板
002465	海格通信	首发	通信及相关设备制造业	中小板
002467	二 六 三	首发	通信服务业	中小板
002474	榕基软件	首发	计算机应用服务业	中小板
002491	通鼎光电	首发	通信及相关设备制造业	中小板
002519	银河电子	首发	通信及相关设备制造业	中小板
300044	赛为智能	首发	计算机应用服务业	创业板
300045	华力创通	首发	计算机应用服务业	创业板
300047	天源迪科	首发	计算机应用服务业	创业板
300050	世纪鼎利	首发	通信服务业	创业板
300051	三五互联	首发	计算机应用服务业	创业板
300052	中 青 宝	首发	计算机应用服务业	创业板
300059	东方财富	首发	计算机应用服务业	创业板

续表

代　码	公司名称	融资类别	所属大类	证券类型
300065	海 兰 信	首发	计算机应用服务业	创业板
300074	华平股份	首发	通信服务业	创业板
300075	数字政通	首发	计算机应用服务业	创业板
300076	宁波 GQY	首发	计算机及相关设备制造业	创业板
300079	数码视讯	首发	通信及相关设备制造业	创业板
300081	恒信移动	首发	通信服务业	创业板
300085	银 之 杰	首发	计算机应用服务业	创业板
300096	易 联 众	首发	计算机应用服务业	创业板
300098	高 新 兴	首发	通信及相关设备制造业	创业板
300101	国腾电子	首发	通信及相关设备制造业	创业板
300113	顺网科技	首发	计算机应用服务业	创业板
300134	大富科技	首发	通信及相关设备制造业	创业板
300150	世纪瑞尔	首发	计算机应用服务业	创业板
600100	同方股份	增发	计算机应用服务业	沪市
600406	国电南瑞	增发	计算机应用服务业	沪市
600601	方正科技	配股	计算机及相关设备制造业	沪市
600804	鹏 博 士	增发	通信服务业	沪市

资料来源：天相投资分析系统。

表 7　　2010 年信息技术业上市公司融资明细

代　码	公司名称	发行价格（元）	实际发行数量（万股）	实募集资金数（亿元）
000066	长城电脑	4.48	22 321.43	9.81
000561	烽火电子	2.80	25 208.58	—
000997	新 大 陆	7.50	5 786.67	4.17
002089	新 海 宜	15.11	2 116.00	3.00
002093	国脉科技	15.50	3 200.00	4.76
002151	北斗星通	32.20	917.00	2.80
002232	启明信息	7.58	3 758.03	2.74
002339	积成电子	25.00	2 200.00	5.15
002362	汉王科技	41.90	2 700.00	10.76
002368	太极股份	29.00	2 500.00	6.71
002369	卓翼科技	22.58	2 500.00	5.30
002373	联信永益	28.00	1 750.00	4.59
002376	新 北 洋	22.58	3 800.00	7.95
002383	合众思壮	37.00	3 000.00	10.49
002396	星网锐捷	23.20	4 400.00	9.85
002401	中海科技	26.40	1 330.00	3.27
002405	四维图新	25.60	5 600.00	13.68
002410	广 联 达	58.00	2 500.00	13.68
002417	三 元 达	20.00	3 000.00	5.46
002421	达实智能	20.50	2 000.00	3.85

续表

代 码	公司名称	发行价格（元）	实际发行数量（万股）	实募集资金数（亿元）
002439	启明星辰	25.00	2 500.00	5.89
002446	盛路通信	17.82	2 600.00	4.30
002465	海格通信	38.00	8 500.00	31.43
002467	二 六 三	26.00	3 000.00	7.50
002474	榕基软件	37.00	2 600.00	9.06
002491	通鼎光电	14.50	6 700.00	8.94
002519	银河电子	36.80	1 760.00	6.02
300044	赛为智能	22.00	2 000.00	3.85
300045	华力创通	30.70	1 700.00	5.05
300047	天源迪科	30.00	2 700.00	7.54
300050	世纪鼎利	88.00	1 400.00	11.70
300051	三五互联	34.00	1 350.00	4.10
300052	中 青 宝	30.00	2 500.00	7.04
300059	东方财富	40.58	3 500.00	12.96
300065	海 兰 信	32.80	1 385.00	4.22
300074	华平股份	72.00	1 000.00	6.53
300075	数字政通	54.00	1 400.00	7.03
300076	宁波 GQY	65.00	1 364.00	8.10
300079	数码视讯	59.90	2 800.00	15.92
300081	恒信移动	38.78	1 700.00	6.13
300085	银 之 杰	28.00	1 500.00	3.85
300096	易 联 众	19.80	2 200.00	3.93
300098	高 新 兴	36.00	1 710.00	5.74
300101	国腾电子	32.00	1 750.00	5.19
300113	顺网科技	42.98	1 500.00	5.95
300134	大富科技	49.50	4 000.00	18.70
300150	世纪瑞尔	32.99	3 500.00	11.02
600100	同方股份	16.32	1 688.00	2.75
600406	国电南瑞	52.00	1 505.94	7.60
600601	方正科技	2.20	46 840.45	10.03
600804	鹏 博 士	7.79	18 300.00	13.84

资料来源：天相投资分析系统。

（五）行业内上市公司资产及业绩情况

截至2010年，信息技术行业总资产达到8 253.69亿元，非流动资产达4 945.42亿元、归属母公司股东权益为2 523.01亿元，分别较2009年同期增长15.53%、6.57%、29.73%。

该行业2010年营业收入为5 238.02亿元，利润总额为272.47亿元，归属于母公司所有者净利润为185.02亿元。其中，前两项数据较2009年分别实现增长30.08%和-9.50%，第三项数据较2009年涨幅为7.08%。

2010年信息技术业上市公司资产情况见表8。

表 8　　信息技术业上市公司资产情况　　单位：亿元

资产指标	2010 年	2010 年增长（%）	2009 年	2009 年增长（%）	2008 年
总资产	8 253.69	15.53	7 358.48	25.19	5 830.62
流动资产	3 308.27	32.11	2 637.71	27.60	2 029.56
占比（%）	40.08	5.03	35.85	0.68	34.81
非流动资产	4 945.42	6.57	4 720.77	23.88	3 801.06
占比（%）	59.92	-5.03	64.15	-0.68	65.19
流动负债	3 579.83	5.80	3 462.37	45.28	2 365.33
占比（%）	43.37	-3.99	47.05	6.51	40.57
非流动负债	588.65	110.96	337.85	18.89	283.47
占比（%）	7.13	3.23	4.59	-0.24	4.86
归属于母公司股东权益	2 523.01	29.73	2 014.54	16.22	1 704.62
占比（%）	30.57	3.35	27.38	-2.11	29.24

资料来源：天相投资分析系统。

2010 年信息技术业上市公司收入实现情况见表 9。

表 9　　信息技术业上市公司收入实现情况　　单位：亿元

业绩指标	2010 年	2010 年增长（%）	2009 年	2009 年增长（%）	2008 年
营业收入	5 238.02	30.08	4 078.49	8.71	3 707.47
利润总额	272.47	-9.50	297.24	28.89	221.38
归属于母公司所有者的净利润	185.02	7.08	165.28	-47.22	304.69

资料来源：天相投资分析系统。

（六）利润分配情况

2010 年信息技术行业上市公司中有 102 家公司实施了分红配股：进行送股及转增的公司共计 54 家，其中比例最高的为华平股份，每股送股及转增 1.50 股；进行派息的公司 98 家，其中派息最高的为大富科技，每股派息 1.23 元；既送股转增又有派息的公司有 50 家。

2010 年信息技术业上市公司分红情况见表 10。

表 10　　2010 年信息技术业上市公司分红情况

代　码	名　称	送股及转增比例	每股派息（税前　元）	基准股本（万股）
000021	长城开发	—	0.150	131 927.78
000063	中兴通讯	0.200	0.300	286 673.17
000066	长城电脑	—	0.050	132 359.39
000748	长城信息	—	0.050	37 556.22
000938	紫光股份	—	0.080	20 608.00
000948	南天信息	—	0.050	21 055.10
002063	远光软件	0.298	0.100	25 855.24
002065	东华软件	0.200	0.100	44 228.67
002089	新 海 宜	0.500	0.150	23 525.92

续表

代 码	名 称	送股及转增比例	每股派息（税前 元）	基准股本（万股）
002095	生 意 宝	0. 200	0. 100	13 500. 00
002115	三维通信	—	0. 150	21 456. 00
002148	北纬通信	0. 500	0. 170	7 560. 00
002151	北斗星通	0. 500	0. 300	10 055. 00
002153	石基信息	0. 380	0. 100	22 400. 00
002161	远 望 谷	0. 300	0. 035	25 680. 00
002184	海得控制	—	0. 050	22 000. 00
002194	武汉凡谷	—	0. 250	55 588. 00
002195	海隆软件	0. 500	0. 100	7 462. 00
002230	科大讯飞	0. 500	0. 200	16 074. 90
002231	奥维通信	—	0. 100	16 050. 00
002232	启明信息	0. 400	—	29 182. 03
002253	川大智胜	—	0. 300	7 488. 00
002261	拓维信息	0. 500	0. 100	14 535. 58
002268	卫 士 通	0. 300	0. 200	13 285. 54
002279	久其软件	—	0. 300	10 987. 21
002280	新 世 纪	—	0. 200	10 700. 00
002281	光迅科技	—	0. 250	16 000. 00
002296	辉煌科技	0. 700	0. 350	10 455. 00
002308	威创股份	0. 500	0. 200	42 760. 00
002312	三泰电子	0. 500	—	11 830. 00
002313	日海通讯	—	0. 300	10 000. 00
002315	焦点科技	—	0. 800	11 750. 00
002316	键桥通讯	0. 400	0. 050	15 600. 00
002331	皖通科技	0. 700	0. 200	7 141. 16
002339	积成电子	—	0. 100	8 600. 00
002362	汉王科技	1. 000	—	10 705. 14
002368	太极股份	1. 000	0. 600	9 878. 92
002369	卓翼科技	—	1. 000	10 000. 00
002373	联信永益	—	0. 100	6 853. 00
002376	新北洋	1. 000	0. 300	15 000. 00
002383	合众思壮	0. 200	0. 400	12 000. 00
002396	星网锐捷	1. 000	0. 100	17 553. 00
002405	四维图新	0. 200	0. 150	40 022. 96
002410	广 联 达	0. 500	—	12 000. 00
002410	广 联 达	0. 500	0. 600	18 000. 00
002417	三 元 达	0. 500	0. 250	12 000. 00
002421	达实智能	0. 300	—	7 800. 00
002446	盛路通信	0. 300	0. 200	10 215. 27
002465	海格通信	—	0. 600	33 250. 65

续表

代　码	名　称	送股及转增比例	每股派息（税前　元）	基准股本（万股）
002467	二 六 三	—	0. 400	12 000. 00
002474	榕基软件	—	0. 600	10 370. 00
002491	通鼎光电	—	0. 100	26 780. 00
002519	银河电子	1. 000	0. 500	7 040. 00
300002	神州泰岳	0. 200	0. 300	31 600. 00
300010	立 思 辰	0. 500	0. 200	15 772. 50
300017	网宿科技	—	0. 100	15 421. 43
300020	银江股份	0. 500	0. 100	16 000. 00
300025	华星创业	0. 500	0. 100	8 000. 00
300028	金亚科技	0. 500	0. 200	17 640. 00
300033	同 花 顺	—	0. 210	13 440. 00
300036	超图软件	0. 600	0. 200	7 500. 00
300038	梅 泰 诺	—	0. 150	9 157. 00
300042	朗科科技	—	0. 100	6 680. 00
300045	华力创通	1. 000	0. 200	6 700. 00
300047	天源迪科	0. 500	0. 300	10 460. 00
300050	世纪鼎利	1. 000	0. 150	5 400. 00
300050	世纪鼎利	1. 000	0. 400	10 800. 00
300051	三五互联	0. 500	—	5 350. 00
300051	三五互联	1. 000	0. 400	8 025. 00
300052	中 青 宝	—	0. 200	13 000. 00
300059	东方财富	0. 500	0. 150	14 000. 00
300065	海 兰 信	—	0. 300	5 539. 63
300074	华平股份	1. 500	1. 000	4 000. 00
300075	数字政通	0. 500	0. 200	5 600. 00
300076	宁波 GQY	1. 000	0. 300	5 300. 00
300079	数码视讯	1. 000	0. 500	11 200. 00
300085	银 之 杰	1. 000	0. 600	6 000. 00
300096	易 联 众	1. 000	0. 200	8 600. 00
300098	高 新 兴	0. 300	0. 300	6 840. 00
300101	国腾电子	—	0. 200	6 950. 00
300101	国腾电子	1. 000	0. 300	6 950. 00
300113	顺网科技	1. 200	0. 250	6 000. 00
300134	大富科技	—	1. 230	16 000. 00
300150	世纪瑞尔	—	0. 500	13 500. 00
600050	中国联通	—	0. 026	2 119 659. 64
600100	同方股份	1. 000	0. 100	99 385. 06
600105	永鼎股份	—	0. 050	38 095. 46
600118	中国卫星	—	0. 050	70 507. 60
600271	航天信息	—	0. 400	92 340. 00
600289	亿阳信通	—	0. 050	56 315. 36

续表

代　码	名　称	送股及转增比例	每股派息（税前　元）	基准股本（万股）
600345	长江通信	—	0.200	19 800.00
600406	国电南瑞	1.000	0.100	52 517.94
600410	华胜天成	—	0.120	50 486.22
600487	亨通光电	—	0.200	20 708.25
600498	烽火通信	—	0.200	44 233.61
600522	中天科技	—	0.100	32 080.30
600536	中国软件	—	0.110	22 569.39
600570	恒生电子	—	0.050	62 375.04
600571	信 雅 达	—	0.050	19 455.49
600588	用友软件	—	0.220	81 603.08
600601	方正科技	—	0.010	219 489.12
600764	中电广通	—	0.020	32 972.70
600776	东方通信	—	0.120	125 600.01
600797	浙大网新	—	0.010	84 200.85
600845	宝信软件	0.300	0.300	26 224.41
600850	华东电脑	—	0.050	17 103.15

资料来源：天相投资分析系统。

（七）其他财务指标情况

1. 盈利能力指标

从盈利能力来看，2010 年信息技术行业毛利率较 2009 年有小幅下降 3.83 个百分点，其他指标如销售净利率及资产净利率也表现出小幅下降，如净资产收益率下降 1.55 个百分点。

2010 年信息技术业上市公司盈利能力情况见表 11。

表 11　　信息技术业上市公司盈利能力情况　　单位:%

盈利能力指标	2010 年	2010 年变动	2009 年	2009 年变动	2008 年
毛利率	23.70	-3.83	26.59	-1.17	28.42
净资产收益率	7.33	-1.55	8.20	-9.86	17.87
销售净利率	3.53	-0.76	4.05	-4.29	8.22
资产净利率	2.40	-0.29	2.50	-4.15	6.52

资料来源：天相投资分析系统。

2. 偿债能力指标

在偿债能力指标方面，信息技术行业总体偿债能力较 2009 年呈现强势，资产负债率下降了 0.76 个百分点，达到 50.50%。

2010 年信息技术业上市公司偿债能力指标情况见表 12。

表 12　　信息技术业上市公司偿债能力指标情况

偿债能力指标	2010 年	2010 年变动	2009 年	2009 年变动	2008 年
流动比率（次）	0.92	0.18	0.76	-0.11	0.86
速动比率（次）	0.72	0.15	0.56	-0.06	0.65
资产负债率（%）	50.50	-0.76	51.64	6.26	45.43

资料来源：天相投资分析系统。

3. 营运能力指标

2010 年信息技术业营运能力较 2009 年和2008 年成基本平稳状态，具体情况见表 13。

表 13 信息技术业上市公司营运能力情况 单位：次

营运能力指标	2010 年	2010 年变动	2009 年	2009 年变动	2008 年
存货周转率	7. 27	0. 64	5. 43	-0. 70	6. 17
应收账款周转率	6. 93	-0. 01	7. 22	-1. 80	7. 15
流动资产周转率	1. 80	-0. 01	1. 73	-0. 29	2. 04
固定资产周转率	1. 58	0. 21	1. 38	-0. 51	1. 87
总资产周转率	0. 68	0. 05	0. 62	-0. 18	0. 79
净资产周转率	1. 24	0. 11	1. 10	-0. 07	1. 35

资料来源：天相投资分析系统。

三、重点细分行业介绍

信息技术业共涵盖 4 个大类，分别是计算机及相关设备制造业、计算机应用服务业、通信服务业、通信及相关设备制造业。

表 14 数据显示，上市公司数最多的是计算机应用服务业，为 71 家上市公司，占行业内市值比重为 47. 33%，市值占比为行业内最高；计算机及相关设备制造业上市公司家数为 12 家，占行业内市值比重为 8. 00%，市值占比为行业内最低。

表 14 信息技术业各子行业上市公司及市值情况

大　类	上市公司家数（家）	占行业内比重（%）	境内总市值（亿元）	占行业内比重（%）
计算机及相关设备制造业	12	8. 00	980. 47	9. 40
计算机应用服务业	71	47. 33	4 480. 60	42. 94
通信服务业	16	10. 67	1 744. 58	16. 72
通信及相关设备制造业	51	34. 00	3 228. 29	30. 94

资料来源：天相投资分析系统。

（一）通信及相关设备制造业

1. 行业概况

2010 年，中国 3G 业务进入运营的第二年，3G 业务还处在起步阶段，无论从用户数量还是服务种类都还需要时间发展。2010 年运营商开始投入到 3G 相关设施的建设中，建设 3G 基站及数据传输网络，大幅促进了通信设备制造业的发展。2010 年，通信设备行业受电信业投资下滑影响，全年投资增长 16. 90%，低于 2009 年 19. 60 个百分点。2010 年，通信设备产品出口呈恢复性增长，达 1 027 亿美元，同比增长 22. 80%。

2. 行业内上市公司发展状况

2010 年通信及相关设备制造业上市公司实现营业收入人民币 1 289. 98 亿元，同比增长 15. 93%，较 2009 年增长 3. 29 个百分点。现归属于母公司所有者的净利润达到人民币 74. 86 亿元，同比增长 25. 17%，较2009 年下降 42. 23 个百分点。

2010年通信及相关设备制造业上市公司收入及资产增长情况见表15。

表15　通信及相关设备制造业上市公司收入及资产增长情况　单位：亿元

指　标	2010年	2010年增长（%）	2009年	2009年增长（%）	2008年
营业收入	1 289.98	15.93	1 203.12	12.64	1 055.83
利润总额	99.13	24.33	74.58	57.91	45.56
归属于母公司所有者的净利润	74.86	25.17	54.46	67.40	31.01
总资产	1 799.68	27.20	1 456.65	24.41	1 158.07
归属于母公司股东权益	746.95	47.48	519.59	25.79	406.57

资料来源：天相投资分析系统。

毛利率持续增长，盈利能力进一步好转。

2010年通信及相关设备制造业上市公司盈利能力情况见表16。

表16　通信及相关设备制造业上市公司盈利能力情况　单位:%

盈利能力指标	2010年	2010年变动	2009年	2009年变动	2008年
毛利率	28.31	0.01	25.70	3.14	22.46
净资产收益率	10.02	-1.79	10.48	2.61	7.63
销售净利率	5.80	0.43	4.53	1.48	2.94
资产净利率	4.66	-0.02	4.15	1.22	2.82

资料来源：天相投资分析系统。

资产负债率下降5.82个百分点至55.53%，存货周转率略有提升，总资产周转率小幅下降。

2010年通信及相关设备制造业上市公司偿债及营运情况见表17。

表17　通信及相关设备制造业上市公司偿债及营运情况

指　标	2010年	2010年变动	2009年	2009年变动	2008年
资产负债率（%）	55.53	-5.82	61.74	0.47	61.40
存货周转率（次）	3.34	0.06	3.47	-0.20	3.67
总资产周转率（次）	0.80	-0.07	0.92	-0.05	0.96

资料来源：天相投资分析系统。

（二）计算机及相关设备制造业

1. 行业概况

2010年，全球计算机市场从2009年世界经济发展缓慢、国际金融危机影响中走出来，逐步走上增长的道路。2010年计算机及相关设备制造业实现收入人民币1.90万亿元，同比增长21.80%。出口实现收入人民币1.47万亿元，同比增长24.40%。全年共生产微型计算机2.46亿部，同比增长25.50%，较2009年增速下降7.80个百分点。其中，笔记本1.71亿部，同比增长22.77%，比2009年增速下降16.00个百分点；显示器1.38亿部，同比增加4.28%。计算机行业完成投资575亿元，同比增长101.70%，增速比2009年下降96.20个百分点。

2010 年计算机出口 2 172 亿美元，相比 2009 年增长 29.20%，增速低于电子信息业整体的平均水平。

2. 行业内上市公司发展状况

2010 年计算机及相关设备制造业上市公司实现营业收入人民币 1 289.42 亿元，同比增长 122.84%，增速相比 2009 年大幅提升 73.48 个百分点。

2010 年计算机及相关设备制造业上市公司收入及资产增长情况见表 18。

表 18　计算机及相关设备制造业上市公司收入及资产增长情况　单位：亿元

指　标	2010 年	2010 年增长（%）	2009 年	2009 年增长（%）	2008 年
营业收入	1 289.42	122.84	573.34	49.36	376.58
利润总额	38.34	42.46	25.32	55.00	14.66
归属于母公司所有者的净利润	22.42	17.39	17.72	39.50	11.22
总资产	637.01	22.14	513.48	134.96	211.51
归属于母公司股东权益	233.96	31.90	173.00	25.35	133.64

资料来源：天相投资分析系统。

盈利能力方面，毛利率、净利率等指标均有下滑。

2010 年计算机及相关设备制造业上市公司盈利能力情况见表 19。

表 19　计算机及相关设备制造业上市公司盈利能力情况　单位：%

盈利能力指标	2010 年	2010 年变动	2009 年	2009 年变动	2008 年
毛利率	7.51	-2.04	9.16	-1.23	9.58
净资产收益率	9.58	-1.18	10.24	1.04	8.39
销售净利率	1.74	-1.56	3.09	-0.22	2.98
资产净利率	3.87	-1.25	4.84	-0.72	5.06

资料来源：天相投资分析系统。

资产负债水平相比 2009 年有所下降，存货周转率和总资产周转率均有所提升。

2010 年计算机及相关设备制造业上市公司偿债及营运情况见表 20。

表 20　计算机及相关设备制造业上市公司偿债及营运情况

指　标	2010 年	2010 年变动	2009 年	2009 年变动	2008 年
资产负债率（%）	49.80	-2.34	52.25	18.12	34.02
存货周转率（次）	11.70	2.00	9.76	-4.73	14.49
总资产周转率（次）	2.23	0.67	1.57	-0.11	1.70

资料来源：天相投资分析系统。

（三）通信服务业

1. 行业概况

2010 年我国电信业实现主营业务收入 8 988 亿元，同比增长 6.40%，高于 2009 年 3.90% 的增长率；完成电信固定资产投资 3 197 亿元，同比下降 14.20%。总体来说，2010 年我国电信业实现了恢复性增长。

在电话用户发展方面，移动电话对固定电话的替代作用越来越明显，移动电话用户至2010年底增至8.59亿户，年均增长16.90%，而固定电话用户降至2.94亿户。2010年，全国移动电话用户净增11 179万户，创历年净增用户新高，累计达到85 900万户。其中，3G用户净增3 473万户，累计达到4 705万户。移动电话普及率达到64.4部/百人，比2009年底提高8.10个百分点。2010年，全国网民数净增0.73亿人，累计达到4.57亿人。其中，宽带网民数净增1.04亿人，达到4.5亿人，占网民总数的98.30%；手机网民数净增0.69亿人，达到3.03亿人，占网民总数的66.20%；农村网民数净增0.18亿人，达到1.25亿人，占网民总数的27.30%。互联网普及率达到34.30%，比2009年底提高5.40个百分点。

2010年，基础电信企业实现增值电信业务收入2 174.60亿元，占主营业务收入的比重达到24.20%，5年内提高10.90个百分点，年均增长23.00%。其中，移动增值业务收入1 947.20亿元，成为增值电信业务收入的主力军。

2. 行业内上市公司发展状况

2010年通信服务业行业上市公司营业收入达到人民币1 840.35亿元，同比增长11.74%，相比2009年增速明显提升。

2010年通信服务业上市公司收入及资产增长情况见表21。

表21　　通信服务业上市公司收入及资产增长情况　　单位：亿元

指　　标	2010年	2010年增长（%）	2009年	2009年增长（%）	2008年
营业收入	1 840.35	11.74	1 639.20	-3.98	1 701.99
利润总额	55.09	-57.17	131.63	20.79	107.90
归属于母公司所有者的净利润	19.97	-46.83	39.91	-81.91	219.65
总资产	4 602.40	6.98	4 384.88	20.09	3 645.97
归属于母公司股东权益	831.14	6.94	818.41	3.42	787.34

资料来源：天相投资分析系统。

毛利率由于资费下调略有下降，其他盈利指标比较2009年有小幅下降。

2010年通信服务业上市公司盈利能力情况见表22。

表22　　通信服务业上市公司盈利能力情况　　单位:%

盈利能力指标	2010年	2010年变动	2009年	2009年变动	2008年
毛利率	29.75	-3.57	33.18	-4.09	37.26
净资产收益率	2.40	-2.43	4.88	-23.00	27.90
销售净利率	1.08	-1.20	2.43	-10.49	12.91
资产净利率	0.45	-0.51	0.99	-7.36	8.33

资料来源：天相投资分析系统。

资产负债率小幅上升，存货周转次数明显下降，总资产周转率保持稳定。

2010年通信服务业上市公司偿债及营运情况见表23。

表 23　　通信服务业上市公司偿债及营运情况

指　标	2010 年	2010 年变动	2009 年	2009 年变动	2008 年
资产负债率（%）	52.01	2.21	49.78	9.61	40.20
存货周转率（次）	33.98	-10.03	35.53	-0.36	35.89
总资产周转率（次）	0.41	-0.01	0.41	-0.24	0.65

资料来源：天相投资分析系统。

（四）计算机应用服务业

1. 行业概况

2010 年，计算机应用服务业完成收入 1.34 万亿元，同比增长 31.30%，增速比 2009 年上升 1.70 个百分点。2010 年软件出口 167 亿美元，同比增长 24.40%。其中，软件外包服务出口 53.50 亿美元，同比增长 48.00%，高于 2009 年 33.00 个百分点。

2010 年，全行业完成软件产品收入 4 207.93亿元，同比增长 28.60%，增长速率比 2009 年提高 2.30 个百分点。系统集成和支持服务收入 2 909.90 亿元，同比增长 31.80%。嵌入式系统软件收入 2 242.20 亿元，同比增长 15.10%。设计开发收入 592.80 亿元，同比大幅增长 73.10%。信息技术增值服务收入 2 177.70 亿元，同比增长 44.60%。信息技术咨询及管理服务收入 1 233.10 亿元，同比增长 37.20%。

另外，2010 年，中国网站数下降 41.00%，达 191 万个，网页总数增长 78.65%，达 600 亿个。中国网民规模达 4.57 亿人，比 2009 年增长 7 300 万人，互联网普及率进一步提升，达到 34.30%。手机网民达 3.03 亿人，较 2009 年底增加了 6 930万人。宽带网民达 4.50 亿人，年增长 30.00%，网民中的宽带普及率达到 98.3%。农村网民的规模也持续增长，达到 1.25 亿人，占整体网民的 27.30%，同比增长 16.90%。

2. 行业内上市公司发展状况

2010 年计算机应用服务业上市公司营业收入增长 18.84%，达到人民币 818.27 亿元。

2010 年计算机应用服务业上市公司收入及资产增长情况见表 24。

表 24　　计算机应用服务业上市公司收入及资产增长情况　　单位：亿元

指　标	2010 年	2010 年增长（%）	2009 年	2009 年增长（%）	2008 年
营业收入	818.27	18.84	662.83	11.84	573.07
利润总额	79.92	21.44	65.70	13.16	53.26
归属于母公司所有者的净利润	67.77	20.32	53.20	12.44	42.80
总资产	1 214.59	34.09	1 003.47	19.87	815.07
归属于母公司股东权益	710.96	46.99	503.53	28.82	377.08

资料来源：天相投资分析系统。

毛利率小幅提升 0.75 个百分点至 28.37%，净资产收益率下降 2.11 个百分点至 9.53%，其他营业指标均基本保持稳定。

2010 年计算机应用服务业上市公司盈利能力情况见表 25。

表 25　　计算机应用服务业上市公司盈利能力情况　　单位:%

盈利能力指标	2010 年	2010 年变动	2009 年	2009 年变动	2008 年
毛利率	28.37	0.75	26.98	0.58	25.56
净资产收益率	9.53	-2.11	10.56	-1.54	11.35
销售净利率	8.28	0.10	8.03	0.04	7.47
资产净利率	6.39	-0.48	5.78	-0.67	5.99

资料来源：天相投资分析系统。

资产负债率下降 4.28 个百分点至 37.73%，存货周转率和总资产周转率保持相对平稳。

2010 年计算机应用服务业上市公司偿债及营运情况见表 26。

表 26　　计算机应用服务业上市公司偿债及营运情况

指　标	2010 年	2010 年变动	2009 年	2009 年变动	2008 年
资产负债率（%）	37.73	-4.28	44.81	-3.98	49.10
存货周转率（次）	4.39	0.17	2.31	-0.47	2.78
总资产周转率（次）	0.77	-0.07	0.72	-0.09	0.80

资料来源：天相投资分析系统。

四、重点上市公司介绍

中国联通

2010 年，面对国际金融危机、电信行业市场竞争加剧、资费水平进一步下调以及固话业务持续下滑等挑战，公司全面开展全业务运营，移动和固网宽带业务继续保持增长，固网语音业务面临下滑压力；业务收入结构逐步改善；网络通信能力大幅提升；对外合作取得积极进展。

2010 年，公司实现营业收入 1 761.68 亿元，同比增长 11.24%。实现利润总额 46.47 亿元，同比下降 61.85%。本公司 2010 年度实现净利润为 36.71 亿元，其中归属于母公司普通股股东的净利润为 12.28 亿元，同比下降 60.87%。基本每股收益为 0.058 元。调整后 EBITDA 为人民币 616.03 亿元，比 2009 年上升 2.50%。

受 3G 网络建设资本性开支增加所致，截至 2010 年底，本公司的资产总额由 2009 年底的人民币 4 192.32 亿元增至人民币 4 434.66亿元，债务总额由 2009 年底的人民币 2 103.86 亿元增至人民币 2 352.86 亿元。

2009 年 10 月 30 日，公司联合苹果公司推出 iPhone 终端，公司 WCDMA 网络与 iPhone 终端的结合提升了公司 3G 品牌影响力，也给用户带来了 3G 业务的全新体验。

中兴通讯

2010 年，公司实现营业收入 702.64 亿元，同比增长 16.58%；实现利润总额 43.60 亿元，同比增长 31.14%；实现归属于母公司股东的净利润 32.50 亿元，同比增长 32.23%，基本每股收益为 1.17 元人民币。

公司盈利能力实现继续提升。净利润率

4.63%，同比上升0.55个百分点；净资产收益率14.07%，同比下降0.54个百分点。2010年，本集团国内市场实现营业收入318.51亿元人民币，同比增长4.98%。国际市场实现营业收入384亿元人民币，同比增长28.85%，占整体营业收入的比重达54.65%。公司整体毛利率略微上升0.03个百分点至32.63%。

公司2010年销售费用同比增加24.28%，主要因公司经营规模扩大所致。

公司偿债压力下降，截至2010年年末，资产负债率达到70.34%，同比下降3.40个百分点。

从现金流的角度来看，公司2010年度经营活动现金净流入为9.42亿元。

方正科技

2010年，公司实现营业收入81.68亿元，同比增长4.86%；实现净利润2.41亿元，同比上升145.76%。实现每股收益0.12元，经营活动产生的现金流量净额为2.07亿元。

公司盈利能力有所上升。净利润率2.94%，同比提升1.70个百分点；净资产收益率6.91%，同比上升3.46个百分点；总资产收益率3.81%，同比上升2.00个百分点。

截至2010年年末，公司的资产负债率达到41.31%，同比下降7.28个百分点。

公司PCB业务产品主要为HDI、高多层板和系统板背板。报告期内，公司HDI产品的销售收入占PCB业务总销售收入的53.50%，系统板背板产品的销售收入占PCB业务总销售收入的22.30%。随着公司珠海产业园和重庆产业园的逐步投产，由于新生产线的投入和利润率较高的HDI产品产量的增加，公司PCB业务已成为公司主要利润来源之一。

五、上市公司对行业的影响

2010年信息技术业国内上市公司合计实现营业收入5 238.02亿元，同比增长30.08%；信息技术业国内上市公司营业收入占行业总收入比例较低，由2009年同期的8.45%略上升至2010年的9.21%。

按照细分行业来看，除通信服务业和计算机应用服务业外，其他子行业上市公司在行业中地位都基本维持小幅、稳定增长。

通信及相关设备制造业国内上市公司收入占全行业收入的9.02%，同比上升1.16个百分点，主要是因为国内行业领先者如华为并未上市，且国际设备制造商在国内设立的独资或合资企业收入占较大比例，如诺基亚、爱立信、贝尔、阿尔卡特等。2010年通信设备市场迎来了蓬勃发展，主要原因是中国的3G业务在2009年启动，电信运营商加大投入在3G基站及传输网的建设，推动通信设备制造业公司业绩的大幅增长。

计算机及相关设备制造业国内上市公司占全行业收入比例仅为3.67%，同比上升1.62个百分点。比例偏低的原因主要是该子行业内有很多外资（包括台资）企业，从事相关设备的组装业务，并未在国内上市；同时，该子行业产业链相对较长较分散，产业集中度较低。另外，该行业的主要企业如联想电脑、神州数码均未在国内上市。

通信服务业国内上市公司收入占比较2009年度小幅下降0.06个百分点到19.46%，主要由于国际金融危机，上市公司面临电信行业市场竞争加剧、资费水平进一步下调以及固话业务持续下滑等挑战。但是3G时代的到来也给上市公司带来了发展的机遇。重组完成后，该子行业市场集中度进一步提升，另外两家规模更大的公司中国移动、中国电信仍在海外上市，因此，国内上市公司占行业收入比例仍然偏低。

计算机应用服务业上市公司占该子行业比重约6.13%，较2009年同期下降约0.91个百分点。其中，主要原因是来自于软件外包行业蓬勃发展，大量仍未上市的较小规模企业快速成长。另外，发展较快的网络公司大部分在海外上市。

中国国际金融有限公司
审稿人：郭　昊　陈昊飞
撰稿人：冯　宇

批发和零售贸易业

一、批发和零售贸易业总体概况

根据国家统计局《国民经济行业分类》(GB/T4754－2011)标准，批发和零售业是指商品在流通环节中的批发活动和零售活动。批发业具体指向其他批发或零售单位(含个体经营者)及其他企事业单位、机关团体等批量销售生活用品、生产资料的活动，以及从事进出口贸易和贸易经纪与代理的活动。零售业具体指百货商店、超级市场、专门零售商店、品牌专卖店、售货摊等主要面向最终消费者(如居民等)的销售活动，以互联网、邮政、电话、售货机等方式的销售活动。批发和零售业属于生产经营链条的流通环节，在引导生产、推动消费、利用市场运行规则、提高国民经济运行效率和效益方面起着重要的促进作用。

2010年中国城镇居民全年人均可支配收入和农村居民人均纯收入分别为19 109元和5 919元，比2009年增长14.9%和11.3%，扣除价格因素实际增长10.9%和7.8%。城镇居民人均消费支出为13 471元，比2005年的7 943元增长69.6%，扣除价格因素年均实际增长8.2%；农村居民人均总支出为6 992元。

2010年我国批发和零售行业景气持续，通货膨胀、收入效应、政策促进等继续推高行业增速。2010年全年合计实现社会消费品零售总额15.46万亿元，同比增长18.4%，除物价因素后实际增长14.8%，社销总额占国内生产总值(GDP)的比重从2007年的33.6%提升至2010年的38.8%。2010年国内消费者指数(CPI)同比增速为3.8%，温和通胀有利于推高行业增速。各省市进一步上调最低工资标准，城镇、农村居民人均可支配收入实际增速分别为7.8%、10.9%，农村居民可支配收入13年来首次超过GDP和城镇居民收入增速。国家多次出台政策刺激消费，家电、汽车下乡及以旧换新政策持续推进落实，未来中国经济增长方式转变必将带来消费的大幅增长。

二、行业内上市公司发展状况

(一)行业内上市公司基本情况

截至2010年底，批发与零售贸易行业共有114只A股、6只B股，行业市值总额约为8 704.43亿元、流通A股市值约为6 103.77亿元，流通B股市值约为83.39亿元，分别占沪深两市市值的3.26%、3.19%和2.85%。

批发和零售贸易上市公司发行股票概况见表1。

表 1　　批发和零售贸易上市公司发行股票概况

门　类	A、B 股总数	A 股股票数	B 股股票数	境内总市值（亿元）	流通 A 股市值（亿元）	流通 B 股市值（亿元）
批发和零售贸易	120	114	6	8 704.43	6 103.77	83.89
占沪深两市比重（%）	5.58	5.30	0.28	3.26	3.19	2.85

数据来源：天相投资分析系统。

（二）行业内上市公司构成情况

按上市地划分，行业内仅在上海证券交易所上市的公司有 62 家，仅在深圳证券交易所上市的公司有 52 家，分别占行业内上市公司总数的 54.38% 和 45.62%。

按 A、B 股划分，行业内仅在 A 股上市的有 108 家，仅在 B 股上市的有 0 家，既在 A 股上市又在 B 股上市的公司有 6 家。其中，沪市 B 股有 2 家（友谊 B 股、物贸 B 股）、深市 B 股有 4 家（飞亚达 B、深国商 B 股、特力 B、一致 B）。

从经营角度看，行业内上市公司中，ST、* ST 公司分别有 4 家、3 家，分别占行业内上市公司总数的 3.51%、2.63%。

从股改完成情况来看，截至 2010 年底，行业内 114 家公司已全部实施股改。

批发和零售贸易上市公司构成情况见表 2。

表 2　　批发和零售贸易上市公司构成情况　　单位：家

门　类	沪市			深市			ST/ * ST	股改/未股改
	仅 A 股	仅 B 股	A + B 股	仅 A 股	仅 B 股	A + B 股		
批发和零售贸易	60	0	2	48	0	4	4/3	114/0
占行业内上市公司比重（%）	52.63	0.00	1.75	42.11	0.00	3.51	3.51/2.63	100.00/0.00

资料来源：天相投资分析系统。

按公司所处行业大类划分，可分为食品、饮料、烟草和家庭用品批发业，零售业，能源、材料和机械电子设备批发业，商业经纪与代理，其他批发业五大类。五大类所涵盖的公司数量分别为 13 家、72 家、9 家、23 家和 3 家。

批发和零售贸易上市公司具体分布见表 3。

（三）行业内上市公司股改情况

自 2005 年 9 月中国证监会颁布《上市公司股权分置改革管理办法》以来，截至 2010 年底，批发与零售贸易类上市公司 114 家已全部完成股改。批发与零售贸易上市公司内非限售流通 A 股占总股本的比例为 77.83%，比 2009 年底略有下降；流通 B 股占总股本的比重为 0.93%，比 2009 年上升了 0.09 个百分点，限售 A 股比重上升了 0.94 个百分点至 21.24%。

2010 年批发和零售贸易上市公司股本变动情况见表 4。

表 3　　　　批发和零售贸易上市公司具体分布

A、B 股类别	公司代码	公司名称	所属大类
沪市 A 股	600122	宏图高科	零售业
	600280	南京中商	
	600306	商 业 城	
	600327	大 东 方	
	600361	华联综超	
	600515	ST 筑 信	
	600628	新 世 界	
	600631	百联股份	
	600655	豫园商城	
	600682	南京新百	
	600693	东百集团	
	600694	大商股份	
	600697	欧亚集团	
	600712	南宁百货	
	600721	百 花 村	
	600723	首商股份	
	600729	重庆百货	
	600738	兰州民百	
	600774	汉商集团	
	600778	友好集团	
	600785	新华百货	
	600814	杭州解百	
	600821	津 劝 业	
	600824	益民集团	
	600825	新华传媒	
	600827	友谊股份	
	600828	成商集团	
	600830	香溢融通	
	600833	第一医药	
	600838	上海九百	
	600856	长百集团	
	600857	工大首创	
	600858	银座股份	
	600859	王 府 井	
	600861	北京城乡	
	600865	百大集团	
	600891	秋林集团	
	601933	永辉超市	
	600998	九 州 通	其他批发业
	600056	中国医药	商业经纪与代理业
	600058	五矿发展	
	600113	浙江东日	
沪市 A 股	600120	浙江东方	商业经纪与代理业
	600128	弘业股份	
	600153	建发股份	
	600234	ST 天 龙	
	600247	成城股份	
	600250	南纺股份	
	600278	东方创业	
	600287	江苏舜天	
	600382	广东明珠	
	600500	中化国际	
	600704	物产中大	
	600730	中国高科	
	600739	辽宁成大	
	600755	厦门国贸	
	600822	上海物贸	
	600826	兰生股份	
	600981	江苏开元	
	600511	国药股份	食品、饮料、烟草和家庭用品批发业
	600713	南京医药	
	600898	ST 三 联	
沪市 B 股	900927	物贸B股	商业经纪与代理业
	900923	友谊B股	零售业
深市 A 股	000026	飞亚达A	
	000056	深 国 商	
	000416	民生投资	
	000417	合肥百货	
	000419	通程控股	
	000501	鄂武商A	
	000516	开元投资	
	000560	昆百大A	
	000564	西安民生	
	000593	大通燃气	
	000672	* ST铜城	
	000679	大连友谊	
	000715	中兴商业	
	000759	中百集团	
	000785	武汉中商	
	000829	天音控股	
	000861	海印股份	
	000889	渤海物流	
	000987	广州友谊	
	002024	苏宁电器	

续表

A、B股类别	公司代码	公司名称	所属大类	A、B股类别	公司代码	公司名称	所属大类
深市A股	002187	广百股份	零售业	深市A股	000591	桐君阁	其他批发业
	002251	步步高			000626	如意集团	
	002264	新华都			000151	中成股份	商业经纪与代理业
	002269	美邦服饰			002091	江苏国泰	
	002277	友阿股份			000008	ST宝利来	食品、饮料、烟草和家庭用品批发业
	002336	人人乐			000028	一致药业	
	002344	海宁皮城			000061	农产品	
	002419	天虹商场			000411	英特集团	
	002503	搜于特			000705	浙江震元	
	300005	探路者			000882	华联股份	
	300022	吉峰农机			000963	华东医药	
	000025	特力A	能源、材料和机械电子设备批发业		002262	恩华药业	
	000096	广聚能源			002462	嘉事堂	
	000554	泰山石油		深市B股	200026	飞亚达B	零售业
	000594	国恒铁路			200056	深国商B	
	000906	南方建材			200025	特力B	能源、材料和机械电子设备批发业
	002221	东华能源					
	002416	爱施德			200028	一致B	食品、饮料、烟草和家庭用品批发业
	002441	众业达					

资料来源：天相投资分析系统。

表4　2010年批发和零售贸易上市公司股本变动情况　单位：万股

指　标	2010年底	2009年底	增长变动（%）
总股本	5 588 563.30	4 141 590.67	34.94
其中：A股	5 536 479.60	4 106 795.03	34.81
B股	52 083.70	34 795.64	49.68
非限售流通A股	4 349 625.21	3 266 256.63	33.17
非限售流通A股比重（%）	77.83	78.86	-1.03
流通B股	52 083.70	34 795.64	49.68
流通B股比重（%）	0.93	0.84	0.09
限售A股	1 186 854.38	840 538.40	41.20
限售A股比重（%）	21.24	20.30	0.94

资料来源：天相投资分析系统。

（四）行业内上市公司融资情况

2010年全年，批发与零售贸易业共有20家公司进行了融资，占沪深两市530家融资公司总数的3.77%，其中，新股发行9家、配股1家、增发10家，占比分别为2.68%、5.00%、5.75%。

2010年批发和零售贸易上市公司与沪深两市融资情况对比见表5。

表 5　　**2010 年批发和零售贸易上市公司与沪深两市融资情况对比**　　单位：家

	融资家数	新　股	配　股	增　发
批发和零售贸易	20	9	1	10
沪深两市总数	530	336	20	174
占比（%）	3.77	2.68	5.00	5.75

资料来源：天相投资分析系统。

其中，首发的 9 家公司中 2 家为沪市 A 股，7 家为中小板，行业涉及除商业经纪及代理业的其余 4 大类，配股的 1 家公司属于零售业，增发的 10 家公司中能源、材料和机械电子设备批发业，零售业，食品、饮料、烟草和家庭用品批发业各有 1 家、7 家、2 家。

2010 年批发和零售贸易上市公司融资情况见表 6。

表 6　　**2010 年批发和零售贸易上市公司融资情况**

代　码	公司名称	融资类别	所属大类	证券类型
000026	飞亚达A	增发	零售业	深市主板
000564	西安民生	增发	零售业	深市主板
000759	中百集团	配股	零售业	深市主板
000882	华联股份	增发	食品、饮料、烟草和家庭用品批发业	深市主板
000906	南方建材	增发	能源、材料和机械电子设备批发业	深市主板
002187	广百股份	增发	零售业	中小板
002336	人人乐	首发	零售业	中小板
002344	海宁皮城	首发	零售业	中小板
002416	爱施德	首发	能源、材料和机械电子设备批发业	中小板
002419	天虹商场	首发	零售业	中小板
002441	众业达	首发	能源、材料和机械电子设备批发业	中小板
002462	嘉事堂	首发	食品、饮料、烟草和家庭用品批发业	中小板
002503	搜于特	首发	零售业	中小板
600122	宏图高科	增发	零售业	沪市
600713	南京医药	增发	食品、饮料、烟草和家庭用品批发业	沪市
600721	百花村	增发	零售业	沪市
600729	重庆百货	增发	零售业	沪市
600858	银座股份	增发	零售业	沪市
600998	九州通	首发	其他批发业	沪市
601933	永辉超市	首发	零售业	沪市

资料来源：天相投资分析系统。

从融资方面来看，2010 年批发和零售贸易板块实际发行 167 552.98 万股，实际募集资金 262.44 亿元。

2010 年批发和零售贸易上市公司融资明细见表 7。

表 7　　2010 年批发和零售贸易上市公司融资明细

代　码	公司名称	发行价格（元）	实际发行数量（万股）	实募集资金数（亿元）
000026	飞亚达A	16.01	3 123.05	4.83
000564	西安民生	5.74	3 396.48	—
000759	中百集团	5.07	12 051.62	5.91
000882	华联股份	6.60	25 056.82	16.18
000906	南方建材	5.86	9 310.58	5.32
002187	广百股份	20.72	888.33	1.84
002336	人 人 乐	26.98	10 000.00	25.66
002344	海宁皮城	20.00	7 000.00	13.44
002416	爱 施 德	45.00	5 000.00	21.33
002419	天虹商场	40.00	5 010.00	19.13
002441	众 业 达	39.90	2 900.00	10.96
002462	嘉 事 堂	12.00	4 000.00	4.35
002503	搜 于 特	75.00	2 000.00	14.43
600122	宏图高科	11.56	12 219.48	13.81
600713	南京医药	10.90	4 587.00	4.77
600721	百 花 村	5.62	12 716.06	7.15
600729	重庆百货	22.03	16 909.34	37.25
600858	银座股份	22.52	5 384.23	11.93
600998	九 州 通	13.00	15 000.00	18.93
601933	永辉超市	23.98	11 000.00	25.22

资料来源：天相投资分析系统。

（五）行业内上市公司资产及业绩情况

截至 2010 年底，批发与零售贸易业上市公司资产总值已达 6 065.31 亿元，归属于母公司股东权益为 1 997.43 亿元，较 2009 年增长了 25.71%。总资产中流动资产为 3 936.20 亿元，占总资产的比重较 2009 年上升 3.70 个百分点，升至 64.90%；流动负债为 3 399.23 亿元，占总资产的比重较 2009 年上升 0.08 个百分点，升至 56.04%。

2010 年批发和零售贸易上市公司资产情况见表 8。

表 8　　批发和零售贸易上市公司资产情况　　单位：亿元

资产指标	2010 年	2010 年增长（%）	2009 年	2009 年增长（%）	2008 年
总资产	6 065.31	26.87	4 253.08	29.83	3 257.95
流动资产	3 936.20	34.54	2 562.68	39.67	1 827.07
占比（%）	64.90	3.70	60.25	4.24	56.08
非流动资产	2 129.11	14.78	1 690.40	17.31	1 430.89
占比（%）	35.10	-3.70	39.75	-4.24	43.92
流动负债	3 399.23	27.05	2 352.68	29.21	1 810.02
占比（%）	56.04	0.08	55.32	-0.27	55.56
非流动负债	459.26	38.33	324.40	60.56	200.88
占比（%）	7.57	0.63	7.63	1.46	6.17
归属于母公司股东权益	1 997.43	25.71	1 404.53	25.19	1 116.27
占比（%）	32.93	-0.30	33.02	-1.22	34.26

资料来源：天相投资分析系统。

2010年金融危机阴霾逐渐散去，批发与零售贸易业上市公司重回营业收入高地，全年合计实现营业收入9 765.71亿元，比2009年同期大幅增长了30.69%；利润总额为352.20亿元，其中归属于母公司所有者的净利润为239.49亿元，分别比2009年同期增长了30.93%和28.86%。

2010年批发和零售贸易上市公司收入实现情况见表9。

表9　批发和零售贸易上市公司收入实现情况　　单位：亿元

业绩指标	2010年	2010年增长（%）	2009年	2009年增长（%）	2008年
营业收入	9 765.71	30.69	6 181.81	5.76	5 814.94
利润总额	352.20	30.93	223.25	15.99	190.53
归属于母公司所有者的净利润	239.49	28.86	151.66	19.65	125.28

资料来源：天相投资分析系统。

（六）利润分配情况

2010年全年，批发与零售贸易上市公司中共有72家公司实施了分红配股，其中除ST天龙外其余均实施派息，24家实施送股及转增股本。海宁皮城、天虹商场、众业达、搜于特、探路者、吉峰农机、宏图高科、南京医药等8家公司送股及转增比例最高，为每股送1.000股；搜于特每股派息最高，为1.000元/股。

2010年批发和零售贸易上市公司分红情况见表10。

表10　2010年批发和零售贸易上市公司分红情况

代　码	名　称	送股及转增比例	每股派息（税前　元）	基准股本（万股）
000026	飞亚达A	0.400	0.100	28 054.85
000028	一致药业	—	0.120	28 814.94
000061	农产品	—	0.110	76 850.79
000151	中成股份	—	0.020	29 598.00
000417	合肥百货	—	0.100	47 972.28
000564	西安民生	—	0.050	30 431.18
000591	桐君阁	0.400	0.100	19 616.50
000679	大连友谊	0.500	0.040	23 760.00
000715	中兴商业	—	0.100	27 900.60
000759	中百集团	—	0.120	68 102.15
000785	武汉中商	—	0.100	25 122.17
000861	海印股份	—	0.030	49 218.90
000882	华联股份	0.200	0.060	74 441.87
000963	华东医药	—	0.330	43 406.00
000987	广州友谊	—	0.400	35 895.81
002024	苏宁电器	—	0.100	699 621.19
002091	江苏国泰	0.200	0.120	30 000.00
002187	广百股份	0.500	0.200	19 023.48
002221	东华能源	—	0.020	22 200.00
002251	步步高	—	0.300	27 036.00

续表

代码	名称	送股及转增比例	每股派息（税前 元）	基准股本（万股）
002262	恩华药业	—	0.050	23 400.00
002264	新华都	—	0.100	16 032.00
002269	美邦服饰	—	0.530	100 500.00
002277	友阿股份	—	0.150	34 920.00
002336	人人乐	—	0.500	40 000.00
002344	海宁皮城	1.000	0.500	28 000.00
002419	天虹商场	1.000	0.600	40 010.00
002441	众业达	1.000	0.500	11 600.00
002462	嘉事堂	0.500	0.200	16 000.00
002503	搜于特	1.000	1.000	8 000.00
300005	探路者	1.000	0.100	13 400.00
300022	吉峰农机	1.000	0.100	17 870.00
600056	中国医药	—	0.050	31 095.79
600058	五矿发展	—	0.150	107 191.07
600113	浙江东日	0.350	0.050	23 600.00
600122	宏图高科	1.000	0.030	56 639.48
600128	弘业股份	—	0.080	24 676.75
600153	建发股份	—	0.100	223 775.07
600234	ST 天龙	0.400	—	14 460.42
600250	南纺股份	—	0.010	25 869.25
600280	南京中商	—	0.160	14 354.19
600287	江苏舜天	—	0.030	43 679.61
600327	大东方	—	0.100	52 171.18
600361	华联综超	—	0.150	66 580.79
600382	广东明珠	—	0.030	34 174.66
600500	中化国际	—	0.150	143 758.96
600511	国药股份	—	0.150	47 880.00
600628	新世界	—	0.110	53 179.93
600655	豫园商城	—	0.050	143 732.20
600682	南京新百	—	0.100	35 832.17
600697	欧亚集团	—	0.300	15 908.81
600704	物产中大	0.500	0.030	43 917.54
600712	南宁百货	0.500	0.060	17 360.64
600713	南京医药	1.000	0.040	34 679.03
600729	重庆百货	—	0.200	37 309.34
600739	辽宁成大	0.500	0.100	90 944.65
600755	厦门国贸	0.300	0.100	102 371.99
600778	友好集团	—	0.050	31 149.14
600785	新华百货	—	0.300	20 743.13
600824	益民集团	—	0.060	73 196.32
600825	新华传媒	—	0.050	104 488.79
600826	兰生股份	0.500	0.030	28 042.82
600828	成商集团	0.200	0.030	36 566.64
600830	香溢融通	—	0.050	45 432.27

续表

代　码	名　称	送股及转增比例	每股派息（税前　元）	基准股本（万股）
600833	第一医药	0.400	0.050	15 934.74
600857	工大首创	—	0.030	22 431.99
600858	银座股份	—	0.050	28 892.59
600859	王 府 井	—	0.300	41 764.19
600861	北京城乡	—	0.120	31 680.49
600981	江苏开元	—	0.050	51 610.65
600998	九 州 通	—	0.100	142 051.58
601933	永辉超市	—	0.100	76 790.00

资料来源：天相投资分析系统。

（七）其他财务指标情况

1. 盈利能力指标

2010 年，批发与零售贸易业上市公司整体毛利率和销售净利率有所回落，分别下降到 11.88% 和 2.45%。但净资产收益率有所上升，上升 0.29 个百分点至 11.99%。主要原因在于销售价格上涨幅度小于进货和人工成本增长幅度，由此导致了毛利率和净利率下降。

2010 年批发和零售贸易上市公司盈利能力情况见表 11。

表 11　　批发和零售贸易上市公司盈利能力情况　　单位:%

盈利能力指标	2010 年	2010 年变动	2009 年	2009 年变动	2008 年
毛利率	11.88	-0.45	12.42	0.19	12.65
净资产收益率	11.99	0.29	10.80	-0.50	11.22
销售净利率	2.45	-0.03	2.45	0.28	2.15
资产净利率	4.42	0.04	4.03	-0.01	4.02

资料来源：天相投资分析系统。

2. 偿债能力指标

2010 年，批发与零售贸易业上市公司整体流动比 2009 年提高 0.06 次，速动比率上升 0.01，资产负债率上升 0.71 个百分点。整体来说偿债能力好于 2009 年，但波动不大。

2010 年批发和零售贸易上市公司偿债能力指标见表 12。

表 12　　批发和零售贸易上市公司偿债能力指标

偿债能力指标	2010 年	2010 年变动	2009 年	2009 年变动	2008 年
流动比率（次）	1.16	0.06	1.09	0.08	1.01
速动比率（次）	0.60	0.01	0.56	0.03	0.66
资产负债率（%）	63.62	0.71	62.94	1.19	61.72

资料来源：天相投资分析系统。

3. 营运能力指标

2010 年，批发与零售贸易业上市公司整体营运能力有所提高，应收账款周转率、固定资产周转率和总资产周转率均有所上升，但存货周转率下降 0.55 个百分点至 6.99%，流动资产周转率下降 0.09 个百分点至 2.85%。

2010 年批发和零售贸易上市公司营运

能力情况见表13。

表13 批发和零售贸易上市公司营运能力情况 单位：次

营运能力指标	2010年	2010年变动	2009年	2009年变动	2008年
存货周转率	6.99	-0.55	6.89	-1.58	8.45
应收账款周转率	33.90	0.89	40.76	-3.26	23.05
流动资产周转率	2.85	-0.09	2.81	-0.47	3.28
固定资产周转率	11.09	1.81	8.39	-0.39	8.78
总资产周转率	1.80	0.04	1.64	-0.22	1.86
净资产周转率	4.09	0.10	3.68	-0.54	4.33

资料来源：天相投资分析系统。

三、重点细分行业介绍

批发与零售贸易业共覆盖5个大类：食品、饮料、烟草和家庭用品批发业，能源、材料和机械电子设备批发业，其他批发业，零售业和商业经纪与代理业。其中，零售业和商业经纪与代理业两类上市公司占绝大多数，数量占比合计达到79.83%，总市值占比合计达到83.18%，但相较2009年，数量和市值占比均有所下降。食品、饮料、烟草和家庭用品批发业公司上市进程加快，数量和市值分别占行业内的比重为10.53%和8.30%，分别提高3.31%和2.81%。

2010年批发和零售贸易各子行业上市公司及市值情况见表14。

表14 批发和零售贸易各子行业上市公司及市值情况

大类	上市公司家数（家）	占行业内比重（%）	境内总市值（亿元）	占行业内比重（%）
零售业	69	60.53	5 567.88	63.97
能源、材料和机械电子设备批发业	8	7.02	494.86	5.69
其他批发业	3	2.63	247.37	2.84
商业经纪与代理业	22	19.30	1 672.10	19.21
食品、饮料、烟草和家庭用品批发业	12	10.53	722.22	8.30

资料来源：天相投资分析系统。

（一）食品、饮料、烟草和家庭用品批发业

1. 行业概况

“十一五”期间，城镇居民消费全面升级，各类消费支出均呈增长态势。作为基本生存需要的食品、衣着和其他用品类消费占总消费支出的比重趋于基本稳定。2010年城镇居民人均食品支出4 805元，2005～2010年均增长10.5%。食品支出占消费支出的比重（恩格尔系数）从2005年的36.7%下降至2010年的35.7%，下降1.00个百分点；衣着及个人用品支出增长较快，比重略有上升。恩格尔系数的下降，标志着城镇居民生活水平的进一步提高。

2. 行业内上市公司发展状况

行业内上市公司2010年营业收入为569.19亿元，同比增长15.55%，远远高于

2009 年增长幅度；2010 年实现利润总额 19.97 亿元同比增长 14.29%。

不过，行业内上市公司盈利能力相较 2009 年却有所下滑。2010 年全年，行业销售毛利率较 2009 年下滑了 0.29 个百分点，达 11.23%。其他指标如净资产收益率和资产净利率较 2009 年分别下降了 0.49 个百分点和 0.10 个百分点，仅销售净利率有小幅回升 0.23 个百分点至 2.52%。

行业内上市公司整体资产负债率水平较 2009 年没有变化，为 65.44%。存货周转率和总资产周转率有所下降，较 2009 年分别下降了 0.52 次和 0.19 次。

2010 年食品、饮料、烟草和家庭用品批发业上市公司收入及资产增长情况见表 15。

表 15　　食品、饮料、烟草和家庭用品批发业上市公司收入及资产增长情况　　单位：亿元

指　标	2010 年	2010 年增长（%）	2009 年	2009 年增长（%）	2008 年
营业收入	569.19	15.55	100.89	6.10	95.09
利润总额	19.97	14.29	6.82	81.98	3.75
归属于母公司所有者的净利润	14.37	27.08	4.35	84.49	2.36
总资产	433.03	31.92	146.60	27.78	114.73
归属于母公司股东权益	134.25	32.93	67.85	26.49	53.64

资料来源：天相投资分析系统。

2010 年食品、饮料、烟草和家庭用品批发业上市公司盈利能力情况见表 16。

表 16　　食品、饮料、烟草和家庭用品批发业上市公司盈利能力情况　　单位:%

盈利能力指标	2010 年	2010 年变动	2009 年	2009 年变动	2008 年
毛利率	11.23	-0.29	17.94	0.02	17.91
净资产收益率	10.70	-0.49	6.42	2.02	4.40
销售净利率	2.52	0.23	4.31	1.83	2.48
资产净利率	3.77	-0.10	3.33	1.22	2.12

资料来源：天相投资分析系统。

2010 年食品、饮料、烟草和家庭用品批发业上市公司偿债及营运情况见表 17。

表 17　　食品、饮料、烟草和家庭用品批发业上市公司偿债及营运情况

指　标	2010 年	2010 年变动	2009 年	2009 年变动	2008 年
资产负债率（%）	65.44	0.00	49.22	1.54	47.68
存货周转率（次）	10.41	-0.52	9.04	0.03	9.01
总资产周转率（次）	1.50	-0.19	0.77	-0.08	0.85

资料来源：天相投资分析系统。

（二）能源材料和机械电子设备批发业

1. 行业概况

能源材料和机械电子设备批发行业上市公司收入和资产增长情况良好，2010 年营业收入提高至 392.03 亿元，同比增长 41.86%；利润总额较 2009 年出现正增长，上升 34.16%，达 13.64 亿元。

2. 行业内上市公司发展状况

销售毛利率、销售净利率、资产净利率、净资产收益率等盈利能力指标延续2009年下降趋势，同比下降0.81、0.43、1.04、2.18个百分点。资产负债率从2009年高位回落至2010年的32.49%，营运能力有一定下降，存货周转率下降1.73次达13.54次，总资产周转率略有下滑。

2010年能源材料和机械电子设备批发业上市公司收入及资产增长情况见表18。

表18　能源材料和机械电子设备批发业上市公司收入及资产增长情况　单位：亿元

指　标	2010年	2010年增长（%）	2009年	2009年增长（%）	2008年
营业收入	392.03	41.86	149.04	64.19	90.78
利润总额	13.64	34.16	2.38	-38.03	3.84
归属于母公司所有者的净利润	9.51	20.63	1.73	-44.65	3.12
总资产	199.18	43.68	60.32	8.68	55.50
归属于母公司股东权益	129.28	56.45	33.98	3.61	32.80

资料来源：天相投资分析系统。

2010年能源材料和机械电子设备批发业上市公司盈利能力情况见表19。

表19　能源材料和机械电子设备批发业上市公司盈利能力情况　单位：%

盈利能力指标	2010年	2010年变动	2009年	2009年变动	2008年
毛利率	7.68	-0.81	4.07	-4.10	8.18
净资产收益率	7.36	-2.18	5.09	-4.43	9.52
销售净利率	2.43	-0.43	1.16	-2.28	3.44
资产净利率	5.63	-1.04	2.98	-2.98	5.96

资料来源：天相投资分析系统。

2010年能源材料和机械电子设备批发业上市公司偿债及营运情况见表20。

表20　能源材料和机械电子设备批发业上市公司偿债及营运情况

指　标	2010年	2010年变动	2009年	2009年变动	2008年
资产负债率（%）	32.49	-6.03	42.38	4.78	37.60
存货周转率（次）	13.54	-1.73	25.63	4.09	21.55
总资产周转率（次）	2.32	-0.02	2.57	0.84	1.73

资料来源：天相投资分析系统。

（三）其他批发业

1. 行业概况

2010年其他批发业上市公司的各项指标均有不同程度的回升。收入及资产增长情况喜人，营业收入大幅升至467.83亿元，利润总额也从2009年的亏损状况恢复，实现增长至6.70亿元。

2. 行业内上市公司发展状况

与2009年相比，其他批发业盈利能力整体下滑，毛利率、净资产收益率、销售净利率、资产净利率分别下滑0.51、6.4、0.09和0.05个百分点。总资产周转率有所改善，上涨0.26次，至3.59次。

2010年其他批发业上市公司收入及资产增长情况见表21。

表 21　　其他批发业上市公司收入及资产增长情况　　单位：亿元

指　标	2010 年	2010 年增长（%）	2009 年	2009 年增长（%）	2008 年
营业收入	467.83	30.78	0.00	0.00	0.00
利润总额	6.70	27.27	0.00	0.00	0.00
归属于母公司所有者的净利润	4.30	19.60	0.00	0.00	0.00
总资产	142.71	20.84	0.00	0.00	0.00
归属于母公司股东权益	46.23	102.65	0.00	0.00	0.00

资料来源：天相投资分析系统。

2010 年其他批发业上市公司盈利能力情况见表 22。

表 22　　其他批发业上市公司盈利能力情况　　单位:%

盈利能力指标	2010 年	2010 年变动	2009 年	2009 年变动	2008 年
毛利率	5.28	-0.51	0.00	0.00	0.00
净资产收益率	9.29	-6.45	0.00	0.00	0.00
销售净利率	0.92	-0.09	0.00	0.00	0.00
资产净利率	3.29	-0.05	0.00	0.00	0.00

资料来源：天相投资分析系统。

2010 年其他批发业上市公司偿债及营运情况见表 23。

表 23　　其他批发业上市公司偿债及营运情况

指　标	2010 年	2010 年变动	2009 年	2009 年变动	2008 年
资产负债率（%）	63.99	-14.24	0.00	0.00	0.00
存货周转率（次）	10.22	-0.08	0.00	0.00	0.00
总资产周转率（次）	3.59	0.26	0.00	0.00	0.00

资料来源：天相投资分析系统。

（四）零售业

1. 行业概况

2010 年中国实现社会消费品零售总额 15.46 万亿元，同比增长 18.40%，除物价因素后实际增长 14.80%，占 GDP 的比重为 38.8%。从消费结构来看，私人消费占 GDP 的比重为 33.49%，仍远低于发达国家 55% ~70% 的水平。

2010 年 10 月 27 日公布的《中共中央关于制定国民经济和社会发展第十二个五年规划的建议》中，“扩大内需”首次独立成章节，这表明中国将“扩大内需”提升到一个新的战略高度，不仅着眼于消费、投资于出口平衡拉动中国经济，更着眼于让更多民众分享改革经济增长的成果。扩大内需、强调居民消费将使零售行业充分受益，体现其流通渠道的价值，未来中国经济增长方式转变必将为零售业带来超越其他行业的高增长，使得零售行业处于发展的黄金周期。

细分零售业，包括百货、超市、家电连锁、专业市场、电子商务等重点行业，其中电子商务是近年来零售子行业中发展最为迅猛的。电子商务中，以 B2C/C2C 为主的网络购物处于快速扩张阶段，2004 年网购交易规模仅有约 150 亿元，但在 2010 年已突破 4 600 亿元，实现年均约 77% 的复合增长。

2. 行业内上市公司发展状况

近年来，我国零售业发展迅速。经历了 2008 年金融危机影响，我国零售行业 2009 年开始恢复稳步增长，2010 年商业企业经营进入实质性好转阶段。2010 年我国零售业的营业收入 4 207.54 亿元，同比增长 22.19%，同时盈利增长喜人。利润总额 216.20 亿元，较 2009 年上升了 32.46%，比 2009 年利润增长率提高了近 10 个百分点。营收增速明显，成熟门店边际利润率较大都是零售业上市公司盈利能力提高的原因。

2010 年全年行业销售毛利率、净资产收益率、销售净利率和资产净利率较 2009 年略有上浮，微增 0.42、0.13、0.20 和 0.13 个百分点。

行业内上市公司资产负债率略微提升 0.78 个百分点，存货周转率和总资产周转率略微下降 0.76 次和 0.05 次，偿债及运营能力有所下降。

2010 年零售业上市公司收入及资产增长情况见表 24。

表 24　零售业上市公司收入及资产增长情况　单位：亿元

指　标	2010 年	2010 年增长（%）	2009 年	2009 年增长（%）	2008 年
营业收入	4 207.54	22.19	3 042.86	14.21	2 634.19
利润总额	216.20	32.46	144.46	23.16	115.35
归属于母公司所有者的净利润	147.10	29.78	98.79	26.72	76.48
总资产	3 210.35	30.26	2 274.19	21.61	1 852.18
归属于母公司股东权益	1 155.68	28.46	830.30	24.59	660.81

资料来源：天相投资分析系统。

2010 年零售业上市公司盈利能力情况见表 25。

表 25　零售业上市公司盈利能力情况　单位：%

盈利能力指标	2010 年	2010 年变动	2009 年	2009 年变动	2008 年
毛利率	19.54	0.42	19.06	-0.19	19.26
净资产收益率	12.73	0.13	11.90	0.20	11.57
销售净利率	3.50	0.20	3.25	0.32	2.90
资产净利率	5.18	0.13	4.77	0.35	4.37

资料来源：天相投资分析系统。

2010 年零售业上市公司偿债及营运情况见表 26。

表 26　零售业上市公司偿债及营运情况

指　标	2010 年	2010 年变动	2009 年	2009 年变动	2008 年
资产负债率（%）	61.30	0.78	60.34	-0.17	60.44
存货周转率（次）	6.96	-0.76	7.32	-0.18	7.50
总资产周转率（次）	1.48	-0.05	1.47	-0.04	1.51

资料来源：天相投资分析系统。

（五）商业经纪与代理业

1. 行业概况

商业经纪与代理业类上市公司经营范围主要是国内贸易、进出口贸易及各类商品的自营及代理业务等。商品经纪与代理业的景气度与全球经济环境相关度较高，行业波动相对较大，是批发与零售贸易业中系统性风险相对较高的行业板块。2010 年全球经济重回上升通道，该类公司景气度也随之提高，业绩较 2009 年产生较大波动。

2. 行业内上市公司发展状况

商业经纪与代理业上市公司 2010 年营业收入和利润总额实现大幅上涨，分别增长了 42.28%、31.30%，为 4 129.12 亿元、95.69 亿元，回升势头迅猛。

虽然收入情况渐佳，但行业内上市公司盈利能力仍延续弱势。2010 年全年，行业销售毛利率、销售净利率较 2009 年下滑了 0.28 个百分点、0.16 个百分点，达 5.31%、1.56%。净资产收益率较 2009 年提高了 1.77 个百分点，达 12.07%。

行业内上市公司整体资产负债率水平较 2009 年上升了 3.02 个百分点，至 69.77%，仍维持较高水平。总资产周转率有了一定改善，较 2009 年增长了 0.22%，存货周转率较 2009 年下滑了 0.31 次，达 6.24 次。

2010 年商业经纪与代理业上市公司收入及资产增长情况见表 27。

表 27　商业经纪与代理业上市公司收入及资产增长情况　　单位：亿元

指　标	2010 年	2010 年增长（%）	2009 年	2009 年增长（%）	2008 年
营业收入	4 129.12	42.28	2 889.02	-3.53	2 994.88
利润总额	95.69	31.30	69.60	2.96	67.59
归属于母公司所有者的净利润	64.21	29.15	46.78	8.02	43.31
总资产	2 080.04	20.16	1 771.96	43.42	1 235.55
归属于母公司股东权益	531.99	10.18	472.41	28.01	369.03

资料来源：天相投资分析系统。

2010 年商业经纪与代理业上市公司盈利能力情况见表 28。

表 28　商业经纪与代理业上市公司盈利能力情况　　单位:%

盈利能力指标	2010 年	2010 年变动	2009 年	2009 年变动	2008 年
毛利率	5.31	-0.28	5.66	-1.14	6.80
净资产收益率	12.07	1.77	9.90	-1.83	11.74
销售净利率	1.56	-0.16	1.62	0.17	1.45
资产净利率	3.37	0.03	3.11	-0.48	3.59

资料来源：天相投资分析系统。

2010 年商业经纪与代理业上市公司偿债及营运情况见表 29。

表 29　商业经纪与代理业上市公司偿债及营运情况

指　标	2010 年	2010 年变动	2009 年	2009 年变动	2008 年
资产负债率（%）	69.77	3.02	68.12	2.09	66.03
存货周转率（次）	6.24	-0.31	6.28	-2.88	9.15
总资产周转率（次）	2.17	0.22	1.92	-0.56	2.48

资料来源：天相投资分析系统。

四、重点上市公司介绍

苏宁电器

苏宁电器股份有限公司1999年创立于江苏南京，是中国3C（家电、电脑、通讯）家电连锁零售企业的领先者，是国家商务部重点培育的“全国15家大型商业企业集团”之一。苏宁电器是中国最大的商业连锁企业，名列中国上规模民企前三，中国企业500强第54位，入选《福布斯》亚洲企业50强、《福布斯》全球2000大企业中国零售企业第一。

截至2010年末，苏宁已在全国231个地级以上城市拥有连锁店共计1 311家，其中常规店1 187家、精品店10家、县镇店114家，连锁店面积合计达516.07万平方米，比2009年同期增长29.26%；在中国香港地区拥有连锁店23家。2010年，精品店、县镇店作为苏宁创新推出的两种新型店面形态。按照“租、建、并、购”的综合开发策略，苏宁分别在临沂、泰州、大同、昆明、重庆、西安、大连、北京的核心商圈新增购置店项目8个，并成功在威海开设首个自行开发模式自建店，在上海开设首个合作开发模式自建店。

2009年公司成功进行了两笔海外收购——日本LAOX和中国香港镭射。2010年苏宁协助日本LAOX公司新开连锁店4家，关闭/置换连锁店1家，净增加连锁店3家。截至2010年末，LAOX已拥有8家连锁店面。为顺应新的形势变化，苏宁积极投入B2C电子商务业务（苏宁易购），更是给公司业务增长打开了新的空间。

苏宁注重加快核心区域自建店布局建设，大型EXPO旗舰店的开设可以有效提升公司在当地市场的品牌形象，提高市场份额。精品店与自建店的新模式店的建设，将不断增强公司的销售能力；而伴随着公司未来物流中心的建设，三、四线城市渠道下沉的基础也已经夯实。伴随行业的增长趋势，苏宁电器对采购创新、销售创新、渠道以及服务创新的理念完全能够转变为连锁扩展的动力。

海宁皮城

公司主要从事“海宁中国皮革城”市场商铺及配套物业的销售、租赁，始终致力于整合皮革产业价值链的上下游，在皮革制品生产、营销和交易等环节，向生产商、经销商、代理商、消费者和采购商等提供配套厂房、进出口、公共营销、业务管理、电子商务、文化娱乐等服务。海宁中国皮革城于1994年建成开业，目前已是全国最大的皮革专业市场之一，商品交易额位居全国皮革专业市场第二。

2002年，海宁已是中国最大的皮革服装生产基地、集散中心和行业信息发布中心。2005年，海宁皮革工业的产业规模、工艺技术、主要经济指标位居国内前列，其中皮革、裘皮服装产量、皮革交易量和皮革服装外贸出口供货值三项均位居全国第一。2007年，海宁皮革城加工业被中国社会科学院工业经济研究所评比为“中国百佳产业集群”之一。

2010年海宁皮城已开业的一期、二期市场经营状况良好，租金增长水平在25%～30%，新增海宁三期、四期裘皮广场、辽宁灯塔佟二堡、沭阳海宁皮城等约33万平米经营面积，未来在建的项目包括海宁斜桥镇加工区一期、二期，佟二堡二期原辅料市，河南新乡市场，海宁五期市场，成都市场等。公司的配套物业主要包括：皮革城大酒店、出口加工区、总和商务楼、淘皮娱乐公司等。

永辉超市

永辉超市创办于2001年，主营业务是以经营生鲜为特色，以大卖场、卖场及社区超市为核心业态、以便利店的特许加盟为补充，以食品加工和现代农业相结合的连锁超市业务。截至2010年底，公司共有156家直营连锁门店，总经营面积为109万平方米，平均单店面积为6 987.18平方米，主要遍布我国四大经济区域，即海峡西岸经济区的福建、成渝经济区的重庆市、京津冀都市经济圈的北京市和泛长三角经济区的安徽省。未来，公司将以福建、重庆、安徽、北京四大市场为核心，向周边市场加速扩张。

目前，A股可比超市公司中真正进行较大规模全国跨区域扩张的公司只有人人乐和华联综超。与竞争对手相比，永辉坚持“区域领先、稳健扩张”的策略，采取蜂窝式布点方式，显得更加紧凑有序。同时，随着管理机制和供应链的不断成熟、完善，公司扩张步伐迅速加快，势不可挡，已超越所有内外资超市的大卖场扩张速度（公司近两年扩张速度为每年40～50家，而内外资大卖场平均速度为每年20家左右）。

2010年公司过往几年的复合增速均在50%以上，2010年公司首次进入“2010年中国连锁百强企业30强、中国快速消费品连锁百强10强”，财务口径销售额首次突破100亿元大关。2010年公司实现营业收入和归属于母公司净利润分别为123.17亿元和3.06亿元，分别同比增长45.33%和20.15%。从盈利能力看，公司综合毛利率同比提升1.22个百分点至19.12%，主要系前台主营毛利率同比提升0.91个百分点，同时后台其他业务收入占比提升0.44个百分点所致。公司净利率同比下降0.52个百分点主要系期间费用率同比提升1.88个点所致。

王府井

北京王府井百货股份有限公司主营业务为从事综合百货业的经营和管理，其前身是北京市百货大楼，创建于1955年，被誉为“新中国第一店”。王府井1996年起开始向外埠扩张，网点布局集中于中西部地区，截至2010年底公司共拥有22家门店。地区表现上看，2010年公司在西北、华北、西南、中南地区的收入增速分别为38.51%、28.96%、25.09%、14.39%，西北、华北收入增长最快。门店表现上看，成都店销售收入超过25亿元，虽是成熟门店仍实现20%增长；西宁店销售收入达到6.95亿元，同比增速达26%，成为又一主力门店。公司目前项目储备包括成都、唐山、福州、西宁等地项目，这对保证公司持续发展奠定了项目基础。在新开门店的同时，公司近年持续对老店进行升级装修改造。

公司虽是国有体制，但激励机制良好。公司高管薪酬由董事会薪酬委员会每年年初时参照战略发展规划、年度工作计划等确定，并报董事会审议通过；年终时，公司高级管理人员将向董事会汇报年度工作情况，并且由董事会确定高管人员的下一年度薪酬方案。

2010年王府井实现营业收入合计139.46亿元，同比增长25.7%，归属于母公司净利润3.76亿元，下降约2.16%。公司业绩略有下降，主要是成都二店租金补偿费等非经常性损益造成。

五、上市公司在该行业的影响力

整体来看，批发与零售业上市公司均是行业中资产质地较好、盈利能力较强的优秀企业的代表，在行业中处于重要地位。

2010 年，批发与零售贸易业上市公司合计实现营业收入 9 765.71 亿元，比 2009 年同期大幅增长了 30.69%，上市公司合计实现营业收入占 2010 年社会消费品总额的 6.32%。截至 2010 年底，批发与零售贸易业上市公司资产负债率为 63.62%，而行业整体资产负债率在 70% 左右，上市公司的偿债能力略好于行业水平。

自 2005 年外商在华设立独资商业企业完全放开之后，全球前 50 大零售集团已几乎全部登陆中国，行业竞争态势异常激烈，这也导致行业集中度不高。在美国，沃尔玛占据特大型卖场 80% 左右的市场份额，余下的市场份额由其他 4 家公司分享。而在中国，最大的 10 家公司占据的市场份额总和不到 60%。

因此，国内上市公司为扩大品牌影响力，抢夺市场份额，逐渐从区域集中步入规模集中阶段，开展连锁化进程，部分优质区域龙头企业成功实现跨地区扩张，进化为全国性商业零售类龙头企业。上市公司能否通过放大销售规模培育出高度集中的管理能力、通过资源集约化形成公司的核心竞争力，成为公司能否充分享受行业景气高涨所带来的盈利显著提升的重要因素。

中信证券股份有限公司
审稿人：赵雪芹
撰稿人：姜　娅

金融、保险业

一、金融、保险业总体概况

2010年是国内外经济金融形势复杂多变的一年。发达经济体缓慢复苏，新兴市场国家整体增长强劲，但面临的资本流入及通货膨胀压力上升。根据国际货币基金组织（IMF，2010年9月）的统计，2010年全球经济增长率为5.11%，相比2009年的负增长提高了5.70个百分点。但各经济体表现不均衡，其中发达经济体与新兴及发展中经济体分别增长3.10%和7.30%。

尽管全球经济稳固回升，但阻碍复苏和拖累经济的因素仍然存在。美国采取量化宽松政策加剧了市场对长期通胀的担心，欧洲债务危机随时可能深化引发新的经济动荡，新兴市场经济强劲复苏的同时又伴有资本流入和通货膨胀高企的压力。

2010年，面对错综复杂的国际经济形势和国内通货膨胀高企的情况，我国继续实行适度宽松货币政策，但着力加强了银行体系的流动性管理，并先后6次上调存款准备金率和2次存贷款利率，对管理通货膨胀预期、保持经济平稳增长发挥了重要作用。经国家统计局初步核算，2010年我国国内生产总值为39.80万亿元，同比增长10.30%。2010年全社会固定资产投资为27.81万亿元，比2009年增长23.80%；社会消费品零售总额为15.70万亿元，比2009年增长18.30%；货物进出口总额2.97万亿美元，比2009年增长34.70%。2010年全年居民消费价格总水平（CPI）同比上涨3.30%。2010年，在加强调控的货币政策下，广义货币供应量（M2）余额为72.60万亿元，同比增长19.70%，增速较2009年回落8个百分点。

2010年，受全球经济复苏进程缓慢、欧洲主权债务危机发生等因素的影响，我国经济金融持续回升的基础尚不稳固，二级市场震荡分化，但相关部门及时调整流动性管理，进一步优化信贷结构，促进金融体系健康发展。全年融资额和交易额均大幅增长并创历史新高，但由于货币政策的调整和国际形势的不确定性加大，我国金融市场震幅加大且分化明显：黄金及农产品期货价格较大幅度增长，股票市场则出现震荡下跌。

2010年，金融市场总成交额继续增长，全年累计成交459.57万亿元（包含同业拆借市场、债券市场、黄金市场、股票市场以及期货市场），同比增长38.10%，创历史新高。其中，期货市场和黄金市场同比分别增长136.90%和57.00%，增长最为显著，其他市场除股票市场受累于股指下跌和权证到期成交量有所下降之外，成交额增长也均超过20%。2010年，在多种因素的综合影响下，我国金融市场震荡幅度加大，且行情分化明显。2011年上证综指下跌14.31%，深证成指下跌11.39%；以房地产、金融及其相关板块为主体的沪市下跌幅度较大，以新兴产业及其相关板块为主体的深市下跌幅度相对较小；银行间债券净价总指数下跌0.78%，而同期国债指数上涨3.21%，企债指数上涨7.76%。基金市场结构化行情显著，主动管理的股票型基金和混合型基金取得了一定的绝对收益，而指数型基金整体下跌11.51%。金融市场参与主体继续呈现多元化的特征，截至2010年末，银行间债券市场参与者达到10 235家，形成了以做市商为核心、金融机构为主体、其他机构投资者共同参与的多层次市场结构，银行间债券市场已成为各类市场主体进行投融资活动的重要平台；股票市场中的投资者结构进一步优化，2010年底机构投资者持有市值由于限售股解禁原因，占比高于2009年。

2010年，金融监管制度建设稳步推进，系统性风险监测评估不断加强，交叉性金融工具的风险得到密切监控，市场运行机制也不断完善。为加强上市证券公司监管，中国证券监督管理委员会（以下简称中国证监会）进一步规范创业板上市公司信息披露，明确创业板上市公司半年度报告的内容与格式。并于2010年10月发布《关于深化新股发行体制改革的指导意见》和《关于修改〈证券发行与承销管理办法〉的决定》，进一步完善报价申购和配售约束机制，扩大询价对象的范围，充实网下机构投资者，增强定价信息透明度以及完善回拨机制和中止发行机制。为进一步拓宽保险资金运用渠道，缓解保险资产配置压力，中国保险监督管理委员会（以下简称中国保监会）于2010年8月发布了《保险资金运用管理暂行办法》和《关于调整保险资金投资政策有关问题的通知》，对现行保险资金运用政策进行了细化和调整。2010年9月，发布了《保险资金投资不动产暂行办法》和《保险资金投资股权暂行办法》，明确了投资不动产和未上市企业股权的条件、范围及上限等。

根据中国证监会《上市公司行业分类指引》，金融保险业门类下分为银行业、保险业、证券期货业、金融信托业、基金业和其他金融业六个大类。

2010年，我国银行业在国际金融危机中逆势而上，综合实力、风险管理和抵补能力、国际地位全面提升。银行业金融机构资产规模继续扩大，存贷款规模稳步上升，商业银行资本充足率全部达标，资产质量大幅提高，抗风险能力进一步增强，盈利水平稳步提高，收入结构继续优化，商业银行流动性比例均达到监管标准。与此同时，银行业改革逐步深化，对外开放平稳有序，金融产品与服务创新健康发展，金融市场创新稳步拓展，国际竞争力不断增强。截至2010年底，银行业金融机构资产总额95.30万亿元，比2009年增加15.80万亿元，同比增长19.90%；各项存款余额73.30万亿元，比2009年增加12.10万亿元，同比增长19.80%；各项贷款余额50.90万亿元，比年初增加8.40万亿元，同比增长19.60%。2010年，在贷款大幅增加、资本质量要求明显提高的形势下，商业银行整体加权平均资本充足率12.20%，较2009年底上升0.80个百分点，超过国际平均水平，281家商业银行资本充足率全部达标。资产质量大幅提高，截至2010年底，商业银行按贷款五级分类的不良贷款余额4 336亿元，比2009年减少732亿元，不良贷款率1.13%，比2009年下降0.45个百分点。抗风险能力进一步增强，截至2010年底，商业银行各项资产减值准备金余额1.03万亿元，比

2009年增加1 557亿元；拨备覆盖率217.70%，比2009年上升64.50个百分点。盈利水平稳步提高，收入结构继续优化。2010年，银行业金融机构实现税后利润8 991亿元，比2009年增长34.50个百分点；资本利润率17.50%，比2009年上升1.26个百分点；资产利润率1.03%，比2009年上升0.09个百分点。从结构来看，净利息收入、投资收益和手续费及佣金收入是收入构成的三个主要部分。

2010年，在国际国内金融环境发生深刻变化背景下，中国保险业在经历了银保新规等严峻的考验之后，行业总体呈现出健康快速发展的态势。2010年，中国保险市场持续发展，业务增长速度稳步提升；市场格局更加合理，发展协调性进一步增强；业务结构调整继续推进，发展可持续性有所改善；资金运用结构及时调整，投资资产规模稳健增长；行业监管不断加强和改善，监管科学性和有效性逐步增强。根据中国保险业监督管理委员会提供的数据，截至2010年底，全国共有保险法人机构144家。2010年，中国保险业实现规模保费收入14 527.97亿元，同比增长30.44%，增幅比2009年上升16.61个百分点；共支出赔款和给付3 200.43亿元，同比增长2.40%；保险深度为3.65%，同比提高0.33个百分点。截至2010年底，保险公司资产总额5.05万亿元，同比增长24.23%；保险资金运用余额4.60万亿元，较期初增长23.10%。2010年，保险业实现的资金运用收益为2 014.60亿元，投资收益率为4.84%，略低于2009年。

2010年，受累于市场的震荡，证券业公司经营业绩也有所下滑。根据中国证券业协会提供的数据，2010年证券业营业收入为2 048.75亿元，同比减少6.68%；净利润为746.30亿元，同比增长19.73%；证券业的净资产收益率从2009年的19.34%下降到2010年的13.26%。按照业务收入构成来看，尽管2010年证券行业对经纪业务的依赖有所降低，经纪业务仍是证券业最主要的收入来源，收入占比高达54.48%。由于净手续费率仍出现大幅下滑，日均股票交易额较2009年基本持平，2010年证券业共实现手续费收入1 123.58亿元，同比减少22.86%。

2010年，信托行业业务规模迅速增长，受益于此，信托行业业绩也随之攀升，业务结构失衡的问题有所改善。根据《中国信托业年鉴》，54家信托公司2010年底固有资产和信托资产分别为1 483.44亿元和30 404.55亿元。2010年信托行业净利润为127.01亿元，同比下降16.55%。从运用方式看，信托资产运用仍以贷款方式为主，占比达到59.00%；按投向上看，其他和基础产业依然占据较大份额。

二、行业内上市公司发展状况

（一）行业内上市公司基本情况

截至2010年底，金融保险业共有上市公司38家（全部在A股上市），占A股市场上市公司总数的1.77%。截至2010年底，金融保险业上市公司境内总市值55 644.67亿元，流通A股市值为42 580.16亿元，分别占境内总市值的20.84%和流通A股市值的22.29%，在所有行业中排名第一。

金融保险业上市公司发行股票概况见表1。

表1　金融保险业上市公司发行股票概况

门　类	A、B股总数	A股股票数	B股股票数	境内总市值（亿元）	流通A股市值（亿元）	流通B股市值（亿元）
金融、保险业	38	38	0	55 644.67	42 580.16	0.00
占沪深两市比重（%）	1.77	1.77	0.00	20.84	22.29	0.00

资料来源：天相投资分析系统。

（二）上市公司构成情况

按上市地划分，截至2010年底，金融保险业在上海证券交易所上市的公司有28家，在深圳证券交易所上市的公司有10家。行业中上市公司在境内均只在A股上市。

从经营角度来看，截至2010年底，金融保险业内A股上市公司全部完成股改，其中ST公司1家。

金融保险业上市公司构成情况见表2。

表2　金融保险业上市公司构成情况　单位：家

门　类	沪市			深市			ST/*ST	股改/未股改
	仅A股	仅B股	A+B股	仅A股	仅B股	A+B股		
金融、保险业	28	0	0	10	0	0	1/0	38/0
占行业内上市公司比重（%）	73.68	0.00	0.00	26.32	0.00	0.00	2.63/0.00	100.00/0.00

资料来源：天相投资分析系统。

按公司所处行业大类划分，截至2010年底，中国证监会《上市公司行业分类指引》中金融保险业门类下银行业、保险业、证券期货业、金融信托业以及其他金融业在A股市场有上市公司，这五个大类所涵盖的上市公司数量分别为16家、3家、15家、3家和1家。

金融保险业上市公司具体分布见表3。

表3　金融保险业上市公司具体分布

A、B股类别	公司代码	公司名称	所属大类	A、B股类别	公司代码	公司名称	所属大类
沪市A股	601318	中国平安	保险业	沪市A股	601998	中信银行	银行业
	601601	中国太保			600030	中信证券	证券、期货业
	601628	中国人寿			600109	国金证券	
	600643	爱建股份	金融信托业		600369	西南证券	
	600816	安信信托			600837	海通证券	
	601788	光大证券	其他金融业		600999	招商证券	
	600000	浦发银行	银行业		601099	太平洋	
	600015	华夏银行			601377	兴业证券	
	600016	民生银行			601688	华泰证券	
	600036	招商银行		深市A股	000563	陕国投A	金融信托业
	601009	南京银行			000001	深发展A	银行业
	601166	兴业银行			002142	宁波银行	
	601169	北京银行			000562	宏源证券	证券、期货业
	601288	农业银行			000686	东北证券	
	601328	交通银行			000728	国元证券	
	601398	工商银行			000750	国海证券	
	601818	光大银行			000776	广发证券	
	601939	建设银行			000783	长江证券	
	601988	中国银行			002500	山西证券	

资料来源：天相投资分析系统。

（三）行业内上市公司股改完成后发展变化情况

截至2010年底，金融保险业内流通A股占总股本的比例为66.89%，比2009年底减少19.83个百分点；限售A股比例为33.11%，比2009年底增加19.83个百分点。

2010年金融保险业上市公司股本变动情况见表4。

表4　2010年金融保险业上市公司股本变动情况　单位：万股

指　标	2010年底	2009年底	增长变动（%）
总股本	102 204 151.45	62 336 120.65	63.96
其中：A股	102 204 151.45	62 336 120.65	63.96
B股	0.00	0.00	0.00
非限售流通A股	68 360 261.58	54 053 734.08	26.47
非限售流通A股比重（%）	66.89	86.71	-19.83
流通B股	0.00	0.00	0.00
流通B股比重（%）	0.00	0.00	0.00
限售A股	33 843 889.87	8 282 386.57	308.62
限售A股比重（%）	33.11	13.29	19.83

资料来源：天相投资分析系统。

（四）行业内上市公司融资情况

2010年全年金融保险业有18家公司进行了融资，占沪深两市530家融资公司的3.40%。其中，新股发行5家，配股7家，增发6家，分别占1.49%、35.00%和3.45%。

2010年金融保险业上市公司与沪深两市融资情况对比见表5。

表5　2010年金融保险业上市公司与沪深两市融资情况对比　单位：家

	融资家数	新　股	配　股	增　发
金融、保险业	18	5	7	6
沪深两市总数	530	336	20	174
占比（%）	3.40	1.49	35.00	3.45

资料来源：天相投资分析系统。

首发的5家公司中，有1家在中小板上市，4家在沪市上市；增发的6家公司中，有3家沪市、1家深市及2家中小板公司。配股的7家公司中，有7家沪市公司。进行融资的18家公司中，银行业12家，证券、期货业5家、保险业1家。

2010年金融保险业上市公司融资情况见表6。

表 6　　**2010 年金融保险业上市公司融资情况**

代　码	公司名称	融资类别	所属大类	证券类型
000001	深发展 A	增发	银行业	深市主板
000776	广发证券	增发	证券、期货业	深市主板
002142	宁波银行	增发	银行业	中小板
002500	山西证券	首发	证券、期货业	中小板
600000	浦发银行	增发	银行业	沪市
600036	招商银行	配股	银行业	沪市
600369	西南证券	增发	证券、期货业	沪市
601009	南京银行	配股	银行业	沪市
601166	兴业银行	配股	银行业	沪市
601288	农业银行	首发	银行业	沪市
601318	中国平安	增发	保险业	沪市
601328	交通银行	配股	银行业	沪市
601377	兴业证券	首发	证券、期货业	沪市
601398	工商银行	配股	银行业	沪市
601688	华泰证券	首发	证券、期货业	沪市
601818	光大银行	首发	银行业	沪市
601988	中国银行	配股	银行业	沪市
601939	建设银行	配股	银行业	沪市

资料来源：天相投资分析系统。

从融资效果看，上市公司实际发行数量为 76 826. 76. 亿股；实际募集资金 2 983. 61 亿元，基本完成了预定的融资计划。

2010 年金融保险业上市公司融资明细见表 7。

表 7　　**2010 年金融保险业上市公司融资明细**

代　码	公司名称	发行价格（元）	实际发行数量（万股）	实募集资金数（亿元）
000001	深发展 A	18. 26	37 958. 00	69. 07
000776	广发证券	—	240 963. 86	—
002142	宁波银行	11. 45	38 382. 05	43. 76
002500	山西证券	7. 80	39 980. 00	30. 03
600000	浦发银行	13. 75	286 976. 48	391. 99
600036	招商银行	8. 85	200 724. 09	176. 81
600369	西南证券	14. 33	41 870. 00	59. 44
601009	南京银行	8. 37	58 115. 65	48. 14
601166	兴业银行	18. 00	99 245. 06	176. 91
601288	农业银行	2. 68	2 557 058. 80	676. 75
601318	中国平安	—	29 908. 88	—
601328	交通银行	4. 50	380 558. 75	170. 00
601377	兴业证券	10. 00	26 300. 00	25. 70
601398	工商银行	2. 99	1 126 215. 32	335. 78
601688	华泰证券	20. 00	78 456. 13	155. 24
601818	光大银行	3. 10	610 000. 00	185. 32
601939	建设银行	3. 77	59 365. 76	22. 26
601 988	中国银行	2. 36	1 770 597. 56	416. 39

资料来源：天相投资分析系统。

（五）行业内上市公司资产及业绩情况

由于2家银行及3家证券公司的上市，2010年金融保险业上市公司资产增长速度较2009年有较大幅度增长。截至2010年底，金融保险业上市公司资产总值达到67.73万亿元，同比增长18.02%；归属于母公司股东权益4.41万亿元，同比增长29.40%。

2010年金融保险业上市公司资产情况见表8。

表8　金融保险业上市公司资产情况　单位：亿元

资产指标	2010年	2010年增长（%）	2009年	2009年增长（%）	2008年
总资产	677 261.24	18.02	471 668.46	26.48	372 099.13
流动资产	175 176.80	26.00	111 876.47	19.10	93 213.88
占比（%）	25.87	1.64	23.72	-1.47	25.05
非流动资产	119 232.71	12.84	105 657.67	22.84	85 943.61
占比（%）	17.61	-0.81	22.40	-0.66	23.10
流动负债	618 545.10	17.37	430 736.00	26.96	338 683.46
占比（%）	91.33	-0.50	91.32	0.34	91.02
非流动负债	2 842.38	17.34	2 422.04	26.28	1 877.81
占比（%）	0.42	0.00	0.51	0.00	0.50
归属于母公司股东权益	44 105.34	29.40	29 950.78	19.99	24 777.05
占比（%）	6.51	0.57	6.35	-0.34	6.66

资料来源：天相投资分析系统。

根据2010年年报数据，金融保险业上市公司合计实现营业收入33 159.23亿元，同比增长20.66%；利润总额10 069.90亿元，同比增长29.86%；实现归属于母公司所有者的净利润7 717.37亿元，同比增长28.95%。

2010年金融保险业上市公司收入实现情况见表9。

表9　金融保险业上市公司收入实现情况　单位：亿元

业绩指标	2010年	2010年增长（%）	2009年	2009年增长（%）	2008年
营业收入	33 159.23	20.66	23 488.68	1.95	22 955.53
利润总额	10 069.90	29.86	6 767.80	28 .37	5 229.36
归属于母公司所有者的净利润	7 717.37	28.95	5 155.97	24.84	4 096.11

资料来源：天相投资分析系统。

（六）利润分配情况

2010年全年金融保险业上市公司中共有30家公司实施了分红送配。其中，4家公司实施送股及转增股本，30家公司实施派息，既送股、转增又派息的公司4家。送股、转增及派息比例最高值分别为每股送0.8股（兴业银行）和每股派息0.550元（中国平安）。

2010年金融保险业上市公司分红情况见表10。

表 10　　2010 年金融保险业上市公司分红情况

代　码	名　称	送股及转增比例	每股派息（税前　元）	基准股本（万股）
000562	宏源证券	—	0. 263	146 120. 42
000563	陕国投 A	—	0. 050	35 841. 30
000686	东北证券	—	0. 200	63 931. 24
000728	国元证券	—	0. 300	196 410. 00
000776	广发证券	—	0. 500	250 704. 57
000783	长江证券	—	0. 300	237 123. 38
002142	宁波银行	—	0. 200	288 382. 05
002500	山西证券	—	0. 150	239 980. 00
600000	浦发银行	0. 300	0. 160	1 434 882. 42
600015	华夏银行	—	0. 200	499 052. 83
600016	民生银行	—	0. 100	2 671 473. 30
600030	中信证券	—	0. 500	994 570. 14
600036	招商银行	—	0. 290	2 157 660. 89
600837	海通证券	—	0. 150	822 782. 12
600999	招商证券	0. 300	0. 300	358 546. 14
601009	南京银行	—	0. 200	296 893. 32
601166	兴业银行	0. 800	0. 460	599 245. 06
601169	北京银行	—	0. 216	622 756. 19
601288	农业银行	—	0. 054	32 479 411. 70
601318	中国平安	—	0. 150	764 414. 21
601318	中国平安		0. 400	791 614. 21
601328	交通银行	0. 100	0. 120	5 625 964. 14
601377	兴业证券	—	0. 150	220 000. 00
601398	工商银行	—	0. 184	34 901 916. 85
601601	中国太保	—	0. 350	860 000. 00
601628	中国人寿	—	0. 400	2 826 470. 50
601688	华泰证券	—	0. 150	560 000. 00
601788	光大证券	—	0. 450	341 800. 00
601818	光大银行	—	0. 095	4 043 479. 00
601939	建设银行	—	0. 212	25 001 097. 75
601988	中国银行	—	0. 146	27 914 724. 40

资料来源：天相投资分析系统。

（七）其他财务指标情况

1. 盈利能力指标

2010 年，金融保险业上市公司总体盈利能力水平有所提升。2010 年净资产收益率为 17. 50%，总资产收益率为 1. 23%，分别比 2009 年下降 0. 06 个百分点和上升 0. 07 个百分点；净利润率为 23. 27%，比 2009 年上升 1. 49 个百分点。

2010 年金融保险业上市公司盈利能力情况见表 11。

表 11　　金融保险业上市公司盈利能力情况　　单位:%

盈利能力指标	2010 年	2010 年变动	2009 年	2009 年变动	2008 年
净资产收益率	17.50	-0.06	17.21	0.67	16.53
净利润率	23.27	1.49	21.95	4.03	17.84
总资产收益率	1.23	0.07	1.22	0.03	1.18

资料来源：天相投资分析系统。

2. 偿债能力指标

2010 年，金融保险业上市公司总体负债率水平略微下降。2010 年底资产负债率为 93.41%，比 2009 年底下降 0.55 个百分点。

2010 年金融保险业上市公司偿债能力见表 12。

表 12　　金融保险业上市公司偿债能力指标　　单位:%

偿债能力指标	2010 年	2010 年变动	2009 年	2009 年变动	2008 年
资产负债率	93.41	-0.55	93.52	0.33	93.23

资料来源：天相投资分析系统。

3. 营运能力指标

2010 年，金融保险业上市公司整体总资产周转率有较大下降，净资产周转率略有下降。2010 年净资产周转率为 0.63%，比 2009 年下降 0.01 个百分点；总资产周转率为 0.05%，和 2009 年持平。

2010 年金融保险业上市公司营运能力情况见表 13。

表 13　　金融保险业上市公司营运能力情况　　单位：次

营运能力指标	2010 年	2010 年变动	2009 年	2009 年变动	2008 年
净资产周转率	0.63	-0.01	0.63	0.22	0.72
总资产周转率	0.05	0.00	0.06	-0.01	0.07

资料来源：天相投资分析系统。

三、重点细分行业介绍

截至 2010 年底，银行业共有上市公司 16 家，占金融保险业上市公司的比重为 42.11%，总市值占金融保险业上市公司比重为 70.91%；保险业共有上市公司 3 家，占金融保险业上市公司比重为 7.89%，总市值占金融保险业上市公司比重为 15.39%；证券期货业共有上市公司 15 家，占金融保险业上市公司的比重为 39.47%，总市值占金融保险业上市公司比重为 12.47%；金融信托业共有上市公司 3 家，占金融保险业上市公司的比重为 7.89%，总市值占金融保险业上市公司比重为 0.32%；其他金融业共有上市公司 1 家，占金融保险业上市公司的比重为 2.63%，总市值占金融保险业上市公司比重为 0.92%。

2010 年金融保险业各子行业上市公司及市值情况见表 14。

表 14　　2010 年金融保险业各子行业上市公司及市值情况

大　类	上市公司家数（家）	占行业内比重（%）	境内总市值（亿元）	占行业内比重（%）
保险业	3	7.89	8 563.11	15.39
金融信托业	3	7.89	175.34	0.32
其他金融业	1	2.63	511.00	0.92
银行业	16	42.11	39 459.01	70.91
证券、期货业	15	39.47	6 936.21	12.47

资料来源：天相投资分析系统。

（一）银行业

1. 行业概况

2010 年，我国银行业金融机构包括政策性银行及国家开发银行 3 家，大型商业银行 5 家，股份制商业银行 12 家，城市商业银行 147 家，农村商业银行 85 家，农村合作银行 223 家，农村信用社 2 646 家，邮政储蓄银行 1 家，金融资产管理公司 4 家，外商法人金融机构 40 家，信托公司 63 家，企业集团财务公司 107 家，金融租赁公司 17 家，货币经纪公司 4 家，汽车金融公司 13 家，消费金融公司 4 家，村镇银行 349 家，贷款公司 9 家以及农村资金互助社 37 家。我国银行业金融机构共有法人机构 3 769 家，营业网点 19.60 万个，从业人员 299.10 万人。

银行业金融机构资产继续扩大。截至 2010 年底，银行业金融机构资产总额 95.30 万亿元，比 2009 年增加 15.80 万亿元，同比增长 19.90%；负债总额 89.50 万亿元，比 2009 年增加 14.40 万亿元，同比增长 19.20%；所有者权益 5.80 万亿元，比 2009 年增加 1 388 亿元，同比增长 31.20%。存贷款规模稳步上升，各项存款余额 73.30 万亿元，比 2009 年增加 12.10 万亿元，同比增长 19.80%；各项贷款余额 50.90 万亿元，比年初增加 8.40 万亿元，同比增长 19.60%。

商业银行资本充足率全部达标。2010 年，在贷款大幅增加、资本质量要求明显提高的形势下，商业银行整体加权平均资本充足率 12.20%，较 2009 年底上升 0.80 个百分点，超过国际平均水平，281 家商业银行资本充足率全部达标。

资产质量大幅提高，截至 2010 年底，商业银行按贷款五级分类的不良贷款余额 4 336 亿元，比 2009 年减少 732 亿元；不良贷款率 1.13%，比 2009 年下降 0.45 个百分点。

抗风险能力进一步增强，截至 2010 年底，商业银行各项资产减值准备金余额 1.03 万亿元，比 2009 年增加 1 557 亿元；拨备覆盖率 217.70%，比 2009 年上升 64.50 个百分点。

盈利水平稳步提高，收入结构继续优化。收入结构继续优化。2010 年，银行业金融机构实现税后利润 8 991 亿元，比 2009 年增长 34.50 个百分点；资本利润率 17.50%，比 2009 年上升 1.26 个百分点；资产利润率 1.03%，比 2009 年上升 0.09 个百分点。从结构来看，净利息收入、投资收益和手续费及佣金收入是收入构成的三个主要部分。

银行业金融机构整体流动性水平有所下降。截至 2010 年底，我国银行业金融机构流动性比例43.70%，比2009年下降2个百分点。存贷款比例69.40%，比2009年下降0.10个百分点。其中，商业银行人民币超额备付金率3.20%，比2009年下降0.60个百分点。商业银行流动性比例均达到25%以上的监管标准，流动性管理水平总体上升。

2. 行业内上市公司发展状况

2010年，银行业上市公司资产规模快速增长，资产质量显著提高，净息差受降息影响快速下滑后逐步企稳，中间业务收入稳定增长，盈利能力持续提升。

2010年，银行业上市公司总资产为63.84万亿元，同比增长18.10%；归属于母公司股东权益达到3.73万亿元，同比增长32.15%。

2010年，银行业上市公司全年共实现主营业务收入25 080.20亿元，同比增长21.30%；实现利润总额8 852.20亿元，同比增长35.49%；实现归属于母公司所有者的净利润6 773.89亿元，同比增长33.48%。净资产收益率为18.17%，同比提高0.18个百分点；资产净利率为1.15%，同比提高0.10个百分点。

2010年银行业上市公司收入及资产增长情况见表15。

表15　银行业上市公司收入及资产增长情况　单位：亿元

指　标	2010年	2010年增长（%）	2009年	2009年增长（%）	2008年
营业收入	25 080.20	21.30	16 932.30	-3.76	17 594.44
利润总额	8 852.20	35.49	5 689.42	16.97	4 863.86
归属于母公司所有者的净利润	6 773.89	33.48	4 348.33	16.47	3 733.42
总资产	638 362.13	18.10	439 733.86	25.96	349 114.31
归属于母公司股东权益	37 271.41	32.15	24 294.18	15.70	20 997.86

资料来源：天相投资分析系统。

2010年银行业上市公司盈利能力情况见表16。

表16　银行业上市公司盈利能力情况　单位:%

盈利能力指标	2010年	2010年变动	2009年	2009年变动	2008年
净资产收益率	18.17	0.18	17.90	0.12	17.78
销售净利率	27.01	2.47	25.68	4.46	21.22
资产净利率	1.15	0.10	1.10	-0.05	1.15

资料来源：天相投资分析系统。

（二）保险业

1. 行业概况

2010年，在国际、国内金融环境发生深刻变化背景下，中国保险业在经历了银保新规等严峻的考验之后，行业总体呈现出健康发展的态势。2010年，中国保险市场持续发展，业务增长速度稳步提升；市场格局更加合理，发展协调性进一步增强；业务结构调整继续推进，发展可持续性有所改善；资金运用结构及时调整，投资资产规模稳健增长；行业监管不断加强和改善，监管科学性和有效性逐步增强。

2010年，中国保险业业务继续稳步增

长，结构调整取得积极进展。从财产险看，车险、企财险、责任险、信用险、货运险、工程险、船舶险等财产险业务分别同比增长39.40%、22.70%、25.70%、36.60%、28.50%、37.40%和21.50%。寿险业务保费收入中，银保渠道保费收入占比同比下降2.48个百分点，万能险和投连险等投资型业务占比大幅减少，分红险成为增长贡献度较高的品种。2010年，中国保险业实现原保费收入14 527.97亿元，同比增长30.44%，增幅比2009年上升16.61个百分点。其中，寿险业务实现原保费收入9 679.51亿元，占总保费收入的66.63%，同比增长29.80%；财产险业务实现原保费收入3 895.64亿元，同比增长35.46%；健康险和人身意外伤害险业务实现原保费收入952.82亿元，同比增长18.50%。共支出赔款和给付3 200.43亿元，同比增长2.40%。

2010年，财产险市场和寿险市场发展更趋稳健，市场集中度保持稳定，发展协调性进一步增强。各产险公司中，人保股份、平安产险和太平洋产险三家公司市场份额共计66.45%，较2009年上升2.24个百分点；各寿险公司中，中国人寿、平安寿险和太平洋寿险三家公司市场份额共计55.62%，较2009年下降5.15个百分点。受国际金融形势回暖的影响，外资保险公司业务发展速度略有回升。

2010年，保险业积极应对宏观经济形势的变化，大力推动产品和服务创新，深入推进业务结构调整。从财产险业务来看，车险仍是非寿险业务中最大的险种，占财产险业务的比重高达74.60%，企财险和农业险的业务规模分居二、三位。从寿险业务来看，2010年寿险公司坚持业务结构调整，优化业务结构，大力发展保障型业务，不断增强保障型产品和期缴产品在金融市场上的竞争力。新单业务中，期缴保费收入占新单保费的26.20%，同比上升1.00个百分点。

全行业积极把握资本市场变化，不断优化资产配置，有效化解投资风险。截至2010年底，保险公司资产总额5.05万亿元，较2009年末增长24.23%；资金运用余额达到4.60万亿元，较2009年末增长23.10%。资产配置方面，截至2010年末，银行存款和债券等固定收益类品种占比升至80.10%，股权和证券投资基金等风险类资产占比则降至16.80%。2010年，保险业实现资金运用收益2 014.60亿元，投资收益率为4.84%，略低于2009年。

2. 行业内上市公司发展状况

2010年，A股市场3家上市公司主营业务收入温和增长，业绩受到投资收益水平恢复的影响大幅上升。

2010年，保险业上市公司总资产为3.06万亿元，同比增长19.49%；归属于母公司股东权益为4 010.37亿元，同比增长8.19%。

2009年，保险业上市公司共实现营业收入7 198.92亿元，同比增长21.16%；实现利润总额740.25亿元，同比增长4.01%；实现归属于母公司所有者的净利润594.94亿元，同比增长9.93%。净资产收益率为14.84%，同比上升0.24个百分点；总资产收益率为2.12%，同比下降0.25个百分点。

2010年保险业上市公司收入及资产增长情况见表17。

表 17　　保险业上市公司收入及资产增长情况　　单位：亿元

指　标	2010 年	2010 年增长（%）	2009 年	2009 年增长（%）	2008 年
营业收入	7 198. 92	21. 16	5 941. 74	18. 26	5 024. 11
利润总额	740. 25	4. 01	711. 70	259. 63	197. 90
归属于母公司所有者的净利润	594. 94	9. 93	541. 20	134. 04	231. 24
总资产	30 579. 17	19. 49	25 591. 56	26. 87	20 171. 94
归属于母公司股东权益	4 010. 37	8. 19	3 706. 93	41. 24	2 624. 55

资料来源：天相投资分析系统。

2010 年保险业上市公司盈利能力情况　见表 18。

表 18　　保险业上市公司盈利能力情况　　单位:%

盈利能力指标	2010 年	2010 年变动	2009 年	2009 年变动	2008 年
净资产收益率	14. 84	0. 24	14. 60	5. 79	8. 81
销售净利率	8. 26	-0. 84	9. 11	4. 51	4. 60
资产净利率	2. 12	-0. 25	2. 37	1. 17	1. 19

资料来源：天相投资分析系统 。

（三）证券期货业

1. 行业概况

2010 年，受累于市场的震荡，证券业公司经营业绩也有所下滑。

根据中国证券业协会提供的数据，2010 年证券业营业收入为 2 048. 75 亿元，同比减少 6. 68%；净利润为 746. 30 亿元，同比增长 19. 73%；证券业的净资产收益率从 2009 年的 19. 34% 下降到 2010 年的 13. 26%。

按照业务收入构成来看，尽管 2010 年证券行业对经纪业务的依赖有所降低，经纪业务仍是证券业最主要的收入来源，收入占比高达 54. 48%。由于净手续费率仍出现大幅下滑，日均股票交易额较 2009 年基本持平，2010 年证券业共实现手续费收入 1 123. 58 亿元，同比减少 22. 86%。

在经历了 2009 年股市的强劲之后，2010 年 A 股市场几度震荡，但行业内几家大型公司的直投业务进入业绩贡献期，最终证券业自营业务收入有所回升，全年证券行业自营业务收入为 324. 23 亿元，同比增长 19. 18%。

2010 年，受益于创业板市场的爆发式增长，全年股票融资额为 9 591. 80 亿元，同比大幅增长 163. 15%。而债券融资额则有所降低，2010 年企业主体债券融资额高达 10 087. 43 亿元，同比减少 32. 51%。由于股票融资额的大幅增长，2010 年证券行业承销业务收入为 256. 56 亿元，同比增长 80. 02%。

2010 年证券公司集合资产管理业务规模为 1 112. 29 亿元，同比增长 19. 91%，主要是由于新发理财产品的增加。由于股票市场震荡下跌导致业绩管理费用下降，抵消了规模上升的增长，2010 年证券行业资产管理业务收入为 101. 66 亿元，同比增长 7. 61%。

2. 行业内上市公司发展状况

截至 2010 年底，A 股市场上市证券公司共有 15 家。

2010年，上市证券期货业公司共实现主营业务收入822.35亿元，同比增长2.78%；实现利润总额444.12亿元，同比下降5.19%；实现归属于母公司所有者的净利润323.75亿元，同比下降4.58%。净资产收益率为12.58%，同比下降4.99个百分点；资产净利率为4.38%，同比下降1.75个百分点。

2010年证券期货业上市公司收入及资产增长情况见表19。

表19　证券期货业上市公司收入及资产增长情况　　单位：亿元

指　标	2010年	2010年增长（%）	2009年	2009年增长（%）	2008年
营业收入	822.35	2.78	552.22	47.56	325.07
利润总额	444.12	-5.19	325.81	69.88	166.14
归属于母公司所有者的净利润	323.75	-4.58	236.63	57.18	130.34
总资产	7 686.88	8.51	5 685.10	75.08	2 770.84
归属于母公司股东权益	2 573.28	33.27	1 705.27	40.17	1 137.51

资料来源：天相投资分析系统。

2010年证券期货业上市公司盈利能力情况见表20。

表20　证券期货业上市公司盈利能力情况　　单位：%

盈利能力指标	2010年	2010年变动	2009年	2009年变动	2008年
毛利率	53.55	-4.13	58.25	7.17	50.89
净资产收益率	12.58	-4.99	13.88	1.50	11.46
销售净利率	39.37	-3.04	42.85	2.62	40.09
资产净利率	4.38	-1.75	5.30	1.47	3.97

资料来源：天相投资分析系统。

（四）金融信托业

1. 行业概况

2010年，信托行业业务规模迅速增长，受益于此，信托行业业绩也随之攀升，业务结构失衡的问题有所改善。根据《中国信托业年鉴》，56家信托公司2010年底固有资产和信托资产分别为1 931.21亿元和29 795.77亿元。2010年信托行业净利润为189.50亿元，同比上升23.47%。从运用方式看，信托资产运用仍以贷款方式为主，占比达到59.00%；按投向上看，其他和基础产业依然占据较大份额。

2. 行业内上市公司发展状况

到2010年底，A股市场上市金融信托业公司共3家。

2010年，上市金融信托业公司共实现主营业务收入7.22亿元，同比增长11.55%；实现利润总额3.46亿元，同比增长109.68%；实现归属于母公司所有者的净利润2.79亿元，同比增长80.36%。净资产收益率为12.08%，同比增长4.28个百分点；资产净利率为7.44%，同比上升3.56个百分点。

2010年金融信托业上市公司收入及资产增长情况见表21。

表 21　　金融信托业上市公司收入及资产增长情况　　单位：亿元

指　　标	2010 年	2010 年增长（%）	2009 年	2009 年增长（%）	2008 年
营业收入	7.22	11.55	6.47	-45.64	11.90
利润总额	3.46	109.68	1.65	13.02	1.46
归属于母公司所有者的净利润	2.79	80.36	1.55	38.69	1.12
总资产	37.26	-1.23	37.73	-10.25	42.03
归属于母公司股东权益	23.11	16.45	19.85	15.92	17.12

资料来源：天相投资分析系统。

2010 年金融信托业上市公司盈利能力情况见表 22。

表 22　　金融信托业上市公司盈利能力情况　　单位:%

盈利能力指标	2010 年	2010 年变动	2009 年	2009 年变动	2008 年
毛利率	50.98	14.68	36.30	13.85	22.45
净资产收益率	12.08	4.28	7.80	1.28	6.52
销售净利率	38.66	14.75	23.91	14.54	9.37
资产净利率	7.44	3.56	3.88	1.35	2.54

资料来源：天相投资分析系统。

（五）其他金融业

1. 行业概况

2010 年，其他金融业（仅有光大证券一家上市公司）业务受累于市场震荡，主营业务收入及盈利均有所下降。

2. 行业内上市公司发展状况

到 2010 年底，A 股市场上市其他金融业公司有 1 家，为光大证券。

2010 年，光大证券共实现主营业务收入 50.54 亿元，同比减少 9.65%；实现利润总额 29.86 亿元，同比减少 23.86%；实现归属于母公司所有者的净利润 22.00 亿元，同比减少 22.17%。净资产收益率为 9.69%，同比下降 2.9 个百分点，总资产收益率为 3.62%，同比下降 2.31 个百分点。

2010 年其他金融业上市公司收入及资产增长情况见表 23。

表 23　　其他金融业上市公司收入及资产增长情况　　单位：亿元

指　　标	2010 年	2010 年增长（%）	2009 年
营业收入	50.54	-9.65	55.94
利润总额	29.86	-23.86	39.22
归属于母公司所有者的净利润	22.00	-22.17	28.27
总资产	595.79	-3.94	620.21
归属于母公司股东权益	227.16	1.16	224.57

资料来源：天相投资分析系统。

2010 年其他金融业上市公司盈利能力情况见表 24。

表 24 其他金融业上市公司盈利能力情况 单位：%

盈利能力指标	2010 年	2010 年变动	2009 年
毛利率	56.46	-13.56	70.02
净资产收益率	9.69	-2.90	12.59
销售净利率	43.53	-7.00	50.53
资产净利率	3.62	-2.31	5.93

资料来源：天相投资分析系统。

四、重点上市公司介绍

工商银行

工商银行于2006 年10 月在A 股市场上市。

2010 年，工商银行实现主营业务收入3 807.48亿元，同比上升23.10%；实现税前利润2 154.26 亿元，同比增长28.80%；实现归属于母公司所有者的净利润1 651.56 亿元，同比增长28.40%；实现每股盈利0.48 元。2010 年，工商银行总资产收益率为1.32%，净资产收益率为22.10%，净利润率为43.40%。

2010 年，工商银行资产质量稳步提高，信用成本趋于下降。不良贷款率由2009 年底的1.54%下降至1.08%；拨备覆盖率由2009 年的164.40%大幅上升至228.20%，信用成本由2009 年的0.42%上升至0.45%。

建设银行

建设银行于2007 年9 月在A 股市场上市。

2010 年，建设银行实现主营业务收入3 257.80亿元，同比上升21.00%；实现税前利润1 751.56 亿元，同比增长26.30%；实现归属于母公司所有者的净利润1 348.44 亿元，同比增长26.30%，实现每股盈利0.54 元。2010 年，建设银行总资产收益率为1.32%，净资产收益率为21.40%，净利润率为41.40%。

2010 年，建设银行不良贷款率由2009 年底的1.50%下降到1.14%；拨备覆盖率提高45.30 个百分点，达到221.10%。

中国银行

中国银行于2006 年7 月在A 股市场上市。

2010 年，中国银行实现主营业务收入2 765.18亿元，同比增长18.90%；实现税前利润1 421.45 亿元，同比增长27.90%；实现归属于母公司所有者的净利润1 044.18 亿元，同比增长29.20%，实现每股盈利0.37 元。2010 年，中国银行总资产收益率为1.14%，净资产收益率为18.00%，净利润率为37.80%。

2010 年，中国银行的资产质量持续改善，不良贷款和关注类贷款余额和比率均大幅下降。其中，不良贷款率由2009 年的1.52%下降到1.10%，关注类贷款占比由2009 年的2.83%下降到2.62%。拨备覆盖率由2009 年的148.60%上升到192.30%。

农业银行

农业银行于2010 年在完成A+H 上市。

2010 年，农业银行实现主营业务收入2 892.96亿元，同比上升29.40%；实现税前利润1 207.34 亿元，同比增长63.30%；实现归属于母公司所有者的净利润949.07

亿元，同比增长 46.00%；实现每股盈利 0.29 元。2010 年，农业银行总资产收益率为 0.99%，净资产收益率为 21.40%，净利润率为 32.70%。

2010 年，农业银行不良贷款率由 2009 年底的 2.91% 下降至 2.03%；拨备覆盖率由 2009 年的 105.40% 大幅上升至 168.10%，信用成本由 2009 年的 1.22% 下降至 0.96%。

招商银行

招商银行于 2002 年 4 月在 A 股市场上市。

2010 年，招商银行实现主营业务收入 716.92 亿元，同比增长 39.40%；实现税前利润 333.43 亿元，同比增长 49.00%；实现归属于母公司所有者的净利润 257.69 亿元，同比增长 41.30%，实现每股盈利 1.19 元。2010 年，招商银行总资产收益率为 1.15%，净资产收益率为 22.70%，净利润率为 35.90%。

2010 年招商银行的资产质量持续改善，不良贷款率由 2009 年年底的 0.82% 下降到 0.68%；拨备覆盖率从 2009 年的 246.70% 提高至 302.40%。

中国人寿

中国人寿于 2007 年 1 月在 A 股市场上市，成为第一家在 A 股上市的保险业公司。

2010 年，中国人寿实现主营业务收入 3 887.91亿元，同比增长 13.67%；实现利润总额 410.08 亿元，同比略降 1.77%；实现归属于母公司所有者的净利润 336.26 亿元，同比增长 2.27%，实现每股盈利 1.19 元。2010 年，中国人寿总资产收益率为 2.56%，净资产收益率为 16.02%。

从业务结构来看，中国人寿的产品仍以传统险和分红险为主，新业务价值同比增长 12.00%。

2010 年，中国人寿投资收益受到市场影响略有降低，总投资收益率由 2009 年的 5.86% 下降到 5.26%。

中国平安

中国平安于 2007 年 3 月在 A 股市场上市。

2010 年，中国平安实现主营业务收入 1 894.39亿元，同比增长 28.14%；实现利润总额 223.47 亿元，同比增长 12.19%；实现归属于母公司所有者的净利润 173.11 亿元，同比增长 24.69%，实现每股盈利 2.26 元。2010 年，中国平安净资产收益率为 17.57%。

2010 年，平安寿险一年新业务价值同比增长 12.81%。平安财险综合成本率进一步由 2009 年的 99.37% 下降至 94.01%。平安银行业务保持稳健增长，净利润受益于净息差增长同比增长 166.85% 至 28.82 亿元。证券业务则受到股市承销额大幅上升的影响，净利润同比增长 48.69% 至 15.94 亿元。

中信证券

中信证券是证券业上市公司中规模最大的一家，并且于 2011 年 10 月登陆港股。

2010 年，中信证券实现主营业务收入 277.95 亿元，同比增长 26.30%；实现利润总额 163.20 亿元，同比增长 22.69%；实现归属于母公司所有者的净利润 11.31 亿元，同比增长 25.91%，实现每股盈利 1.14 元。2010 年，中信证券总资产收益率为 7.38%，净资产收益率为 16.06%，净利润率为 40.70%。

从 2010 年公司的收入构成来看，扣除转让中信建投取得的一次性收益，经纪业务的占比明显下降，从 2009 年的 56.00% 降至 36.00%，自营业务的总收入占比 24.00%。

2010年，中信证券经纪业务受到手续费率继续下降的影响有所下降，其中代买卖证券业务净收入为78.69亿元，同比减少27.82%，净利息收入达到13.03亿元，同比负增长7.00%；自营业务受益于直投业务进入贡献期，收入57.28亿元，同比大幅增长62.00%；投资银行业务也有所回升，证券承销收入为29.03亿元，同比增长20.89%。

海通证券

海通证券处于证券业A股上市公司第一集团，目前也在谋求港股上市。

2010年，海通证券实现主营业务收入97.68亿元，同比略降1.73%；实现利润总额49.90亿元，同比下降16.59%；实现归属于母公司所有者的净利润38.68亿元，同比减少18.95%，实现每股盈利0.45元。2010年，海通证券总资产收益率为5.79%，净资产收益率为8.29%，净利润率为37.74%。

从2010年公司的收入构成来看，经纪业务仍然是公司最主要的收入来源，总收入占比达到50.06%。2010年，海通证券经纪业务手续费率有所下降，股基权证交易额同比略有上升，经纪业务收入有所下降。其中，代买卖证券业务净收入为48.64亿元，同比下降22.48%；净利息收入受益于加息以及融资融券业务开展达到13.66亿元，同比增长21.49%；自营业务收入为11.60亿元，同比增长11.68%；投资银行业务受益于创业板的爆发式增长，证券承销收入达到为9.20亿元，同比增长141.05%。

五、上市公司对行业的影响

2010年，银行业、保险业上市公司在全行业中继续占据重要地位。随着华泰证券在A股市场的上市，包括中信、海通、招商和光大证券在内，证券行业上市公司中已经有5家规模较大证券公司，总体而言其表现在全行业中处于基本持平的地位。信托业上市公司数量和规模均较小，不具有行业代表性。

16家A股银行业上市公司在银行业金融机构中地位举足轻重。资产规模方面，截至2010年底，银行业上市公司总资产合计63.84万亿元，同比增长18.10%；银行业金融机构整体总资产95.30万亿元，同比增长19.90%；上市公司总资产占全行业比重为67.00%。

盈利能力方面，银行业上市公司略优于行业总体水平。2010年，银行业上市公司实现归属于母公司所有者的净利润6 773.89亿元，同比增长33.50%；银行业金融机构整体税后利润8 991亿元，同比增长34.50%；上市公司净利润占全行业比重为75.34%；上市公司净资产收益率为18.17%，总资产收益率为1.15%，而同期银行业金融机构整体净资产收益率为17.50%，总资产收益率为1.03%。

2010年，3家A股保险业上市公司仍然保持着市场龙头的位置。其中，中国人寿、平安寿险和太平洋寿险为市场份额前三的寿险公司，平安产险和太保产险在财产险市场上份额分别列第二、第三位。保险业上市公司总资产3.06万亿元，同比增长19.49%；同期保险业总资产5.05万亿元，同比增长24.23%；上市公司总资产占全行业比重约为60.59%。

2010年，证券期货业上市公司实现归属母公司所有者的净利润264.82亿元，同比增长105.27%。根据对公布年报的106家证券公司的统计，证券公司整体实现净利润929.93亿元，同比增长91.36%。证券期货业上市公司净资产收益率为14.14%，证券公司整体净资产收益率为19.30%。

中国国际金融有限公司
审稿人：王松柏　黄　洁
撰稿人：刘　潇　李　欣　连　勃

房 地 产 业

一、房地产行业总体概况

2010 年在国家实施密集行业调控的大环境下，我国的房地产行业仍然保持了较快的增长态势，但同比 2009 年有所降温。从行业规模上看，2010 年全年地产行业完成销售收入 5.27 万亿元，同比增长 18.86%，增速相比 2009 年下降了 58.08 个百分点；商品房销售面积 10.48 亿元平方米，同比增长 10.56%，增速下降 33.07 个百分点；全国商品房平均价格 5 031 元，同比上涨 7.52%，增速相比上年同期下降了 15.66 个百分点。房地产行业在我国经济体系中仍然居于重要位置，地产行业销售收入占我国 GDP 比重的 13.14%，同比上升 0.13 个百分点；房地产投资占全社会固定资产投资额的 17.35%，同比上升了 1.23 个百分点。

从房地产投资来看，受 2009 年行业高景气影响，2010 年全国房地产行业投资仍然保持了高增长的态势。2010 年全国房地产完成投资 4.83 万亿元人民币，比上一年增长 33.2%，增速同比上升 17.10 个百分点。房地产投资占全社会固定资产投资额的 17.35%，同比上升了 1.23 个百分点；全国房地产开发土地面积 2.13 亿元平方米，同比下降 7.74%，但增速较 2009 年回升了 3.77 个百分点；购置土地面积为 4 亿元平方米，同比增长 25.21%，增速上升 44.13%；商品房施工面积 40.54 亿元平方米，较 2009 年增长 26.53%，增速上升 13.43 个百分点；商品房新开工面积 16.36 亿元平方米，同比增长 40.56%，增速上升 27.04 个百分点；商品房竣工面积 7.87 亿元平方米，同比增长 8.35%，增速微降 0.87 个百分点。

从价格上看，2010 年全国房地产市场价格仍然呈现普涨格局，根据国家发改委公布的全国房价指数统计，2010 年全国房价上涨了 7.60 个百分点，并且所有纳入统计口径的 35 个大中城市房价均呈增长态势，其中，海口、西安、北京、郑州、合肥、石家庄、乌鲁木齐、沈阳房价指数上涨最快，涨幅均超过了 8.00%，海口房价指数上涨幅度更是达到了 39.40 个百分点，反映了房价的上涨弹性和下跌粘性。

针对宏观经济的调控需求和全国房价快速上涨的情况，2010 年政府密集出台了一系列严厉的楼市调控措施，从 1 月份的“国十一条”开始，到 4 月份出台“新国十条”，10 月份出台更为严厉的“国五条”，政策内容涵盖信贷、税收、土地政策、监管政策等多个维度，从抑制投机性需求、增加有效供给、加强市场监管等方面对房地产市场进行了全方位多角度的调控，对地产行业的发展产生了较大的影响。这些政策包括，制定一系列政策实行严格的差别化住房信贷政策和提高购房的首付比例以抑制住房的投机性需求；大幅提高土地增值税预征比例从而限制房地产商的囤地行为；实施保障性住房安居工程建设等一系列措施从而加大房屋的有效供给；推进房产税改革试点和调整住房交易环节的契税和个人所得税优惠政策等以引导购房行为。除了中央政府，一些地方政府也开始出台房地产调控的实施细则，并普遍对单个家庭的购房套数进行了限制，年内共有18个城市颁布了房地产调控细则，其中16个城市出台了限购令。最后，从货币政策方面来看，2010年内央行共六次提高银行存款准备金率至历史高点，并于年底实施两次加息，流动性紧缩趋势明显。

总体上来说，在宏观调控的大背景下，未来房地产企业的资金面和经营面上都将受到更加严峻的考验，但中国高速推进城市化的进程和伴随居民收入提高所催生的庞大市场需求，决定了中国房地产行业整体向上的长期趋势不改。2010年的房地产调控不仅有利于稳定房价促进民生，也为未来房地产行业内部的企业并购整合提供了契机。

二、行业内上市公司发展状况

（一）行业内上市公司基本情况

截至2010年底，房地产行业共涵盖133只A、B股，其中A股122家上市公司，B股11家上市公司，分占A、B股市场上市公司总数的5.68%和0.51%。截至2010年底，该行业境内市值总额9 472.67亿元，流通A股市值为6 710.96亿元，流通B股市值305.14亿元，分占沪深两市市值总额的3.55%，流通A股市值的3.51%，流通B股市值的10.38%。

房地产行业上市公司总体概况见表1。

表1　房地产行业上市公司总体概况　单位：亿元

门　类	A、B股总数	A股股票数	B股股票数	境内总市值（亿元）	流通A股市值（亿元）	流通B股市值（亿元）
房地产业	133	122	11	9 472.67	6 710.96	305.14
占沪深两市比重（%）	6.19	5.68	0.51	3.55	3.51	10.38

资料来源：天相投资分析系统。

注：比重中，A、B股总家数比重及总市值比重的分母取自两市A、B股样本总和，A股、B股家数及流通A股、B股市值市值的分母分别取自两市A股样本和B股样本。

（二）行业内上市公司构成情况

按上市地和A、B股划分，行业中在上海证券交易所上市的公司A股有64家、B股有6家，分占行业内上市公司比重的52.04%和4.88%。深圳证券交易所上市公司A股58家、B股5家，分别占行业内上市公司比重的47.16%和4.07%。

从经营角度来看，行业内A股上市公司中ST、*ST公司分别有5家和6家，占行业内A股总数的4.10%和4.92%。

从股改完成情况看，截至2010年底，行业内仅剩一家上市公司还未完成股改，占行业内比重为0.82%。

按公司所处行业大类划分，目前房地产行业有三个细分行业，房地产开发与经营、房地产管理业和房地产中介服务业，其中房地产管理业和房地产中介服务业为2010年新增细分行业，三个细分行业上市公司数量分别为120家、2家和1家，分别占行业内上市公司数量比重的97.56%、1.63%和0.81%。

板块内上市公司构成情况见表2。

表2　板块内上市公司构成情况　单位：家

门　类	沪市			深市			ST/*ST	股改/未股改
	仅A股	仅B股	A+B股	仅A股	仅B股	A+B股		
房地产业	59	1	5	53	0	5	5/6	122/1
占行业内上市公司比重（%）	47.97	0.81	4.07	43.09	0.00	4.07	4.10/4.92	99.18/0.82

资料来源：天相投资分析系统。

行业所涵盖公司数量为133家（其中A、B股共存10家），其中房地产开发与经营业涵盖公司130家，房地产管理业涵盖公司2家，房地产中介服务业涵盖公司1家。

房地产业上市公司具体分布见表3。

表3　房地产业上市公司具体分布

A、B股类别	公司代码	公司名称	所属大类	A、B股类别	公司代码	公司名称	所属大类
沪市A股	600048	保利地产	房地产开发与经营业	沪市A股	600503	华丽家族	房地产开发与经营业
	600052	浙江广厦			600533	栖霞建设	
	600053	中江地产			600576	万好万家	
	600064	南京高科			600606	金丰投资	
	600082	海泰发展			600614	鼎立股份	
	600094	ST 华 源			600615	丰华股份	
	600136	道博股份			600634	*ST海鸟	
	600159	大龙地产			600638	新 黄 浦	
	600162	香江控股			600639	浦东金桥	
	600173	卧龙地产			600641	万业企业	
	600185	格力地产			600648	外 高 桥	
	600208	新湖中宝			600657	信达地产	
	600215	长春经开			600658	电 子 城	
	600223	鲁商置业			600663	陆 家 嘴	
	600225	天津松江			600665	天 地 源	
	600239	云南城投			600675	中华企业	
	600240	华业地产			600683	京投银泰	
	600246	万通地产			600684	珠江实业	
	600256	广汇股份			600696	多伦股份	
	600266	北京城建			600716	凤凰股份	
	600322	天房发展			600724	宁波富达	
	600325	华发股份			600732	上海新梅	
	600376	首开股份			600733	S 前 锋	
	600383	金地集团			600734	实达集团	
	600393	东华实业			600736	苏州高新	
	600463	空港股份			600743	华远地产	

续表

A、B 股类别	公司代码	公司名称	所属大类	A、B 股类别	公司代码	公司名称	所属大类
沪市 A 股	600745	中茵股份	房地产开发与经营业	深市 A 股	000608	阳光股份	房地产开发与经营业
	600748	上实发展			000609	绵世股份	
	600753	东方银星			000616	亿城股份	
	600759	正和股份			000620	新 华 联	
	600766	ST 园 城			000628	高新发展	
	600767	运盛实业			000631	顺发恒业	
	600773	西藏城投			000638	万方地产	
	600791	京能置业			000656	金科股份	
	600807	天业股份			000667	名流置业	
	600823	世茂股份			000668	荣丰控股	
	600890	ST 中 房			000670	S * ST天发	
	601588	北辰实业			000671	阳 光 城	
深市 A 股	000711	天伦置业	房地产管理业		000718	苏宁环球	
	002305	南国置业			000732	泰禾集团	
	000002	万　科 A	房地产开发与经营业		000736	重庆实业	
	000006	深振业 A			000797	中国武夷	
	000011	深物业 A			000838	国兴地产	
	000014	沙河股份			000897	津滨发展	
	000024	招商地产			000918	嘉 凯 城	
	000029	深深房 A			000926	福星股份	
	000031	中粮地产			000965	天保基建	
	000036	华联控股			000979	中弘股份	
	000038	S * ST 大通			000981	ST 兰 光	
	000040	宝安地产			002016	世荣兆业	
	000042	深 长 城			002133	广宇集团	
	000043	中航地产			002146	荣盛发展	
	000046	泛海建设			002208	合肥城建	
	000150	宜华地产			002244	滨江集团	
	000402	金 融 街			002285	世联地产	房地产中介服务业
	000502	绿景控股		沪市 B 股	900911	金桥B股	房地产开发与经营业
	000505	ST 珠 江			900912	外高B股	
	000506	中润投资			900932	陆家B股	
	000511	银基发展			900940	ST华源B	
	000514	渝 开 发			900950	新城B股	
	000517	荣安地产			900907	鼎立B股	
	000534	万泽股份		深市 B 股	200002	万　科B	
	000537	广宇发展			200011	深物业B	
	000546	光华控股			200024	招商局B	
	000558	莱茵置业			200029	深深房B	
	000567	海德股份			200505	ST珠江B	
	000573	粤宏远A					

资料来源：天相投资分析系统。

（三）行业内上市公司股改情况

自2005年9月证监会颁布《上市公司股权分置改革管理办法》以来，截至2010年底，地产类上市公司已有122家公司完成股改，只有1家未完成股改。

截至2010年底，房地产行业内总股本为1 113.77亿股，同比上升47.94%，其中A股同比增长49.82%，B股同比增长11.25%。流通A股占总股本比例由69.78%提高到75.14%，上升了5.36个百分点；流通B股比例由4.02%下降到3.09%，下降0.93个百分点；限售A股比例则由25.36%下降到21.20%，下降4.16个百分点。

2010年房地产业上市公司股本变动情况见表4。

表4　　房地产业上市公司股本变动情况　　单位：万股

指　标	2010年底	2009年底	增长变动（%）
总股本	11 137 699.24	7 528 435.63	47.94
其中：A股	10 730 419.99	7 162 328.40	49.82
B股	407 279.25	366 107.23	11.25
非限售流通A股	8 369 183.05	5 253 103.59	59.32
非限售流通A股比重（%）	75.14	69.78	5.36
流通B股	343 919.25	302 747.23	13.60
流通B股比重（%）	3.09	4.02	-0.93
限售A股	2 361 236.94	1 909 224.81	23.68
限售A股比重（%）	21.20	25.36	-4.16

资料来源：天相投顾。

（四）行业内上市公司融资情况

2010年全年房地产行业共有2家公司进行了融资，占沪深两市532家融资公司的0.38%，其中，增发2家，占1.15%。

2010年房地产业上市与沪深两市融资情况对比见表5。

表5　　房地产业上市与沪深两市融资情况对比　　单位：家

	融资家数	新　股	配　股	增　发
房地产业	2	0	0	2
沪深两市总数	530	336	20	174
占比（%）	0.38	0.00	0.00	1.15

资料来源：天相投资分析系统。

其中，增发的2家公司均为深市主板上市公司，且均属于房地产开发与经营业。

2010年房地产业上市公司融资情况见表6。

表6　　房地产业上市公司融资情况

代　码	公司名称	融资类别	所属大类	证券类型
000732	泰禾集团	增发	房地产开发与经营业	深市主板
000979	中弘股份	增发	房地产开发与经营业	深市主板

资料来源：天相投顾。

从融资总量来看，房地产业上市公司实际发行数量为 122 239.32 万股，实际募集资金 43.34 亿元。

2010 年房地产业上市公司融资明细见表 7。

表 7　房地产业上市公司融资明细

代　码	公司名称	发行价格（元）	实际发行数量（万股）	实募集资金数（亿元）
000732	泰禾集团	3.09	78 411.95	24.23
000979	中弘股份	4.36	43 827.37	19.11

资料来源：天相投顾。

（五）行业内上市公司资产及业绩情况

截至 2010 年底，房地产行业资产总值已达 14 380.69 亿元，非流动资产为 1 755.53 亿元，归属于母公司股东权益 3 750.31 亿元，分别比 2009 年同期增长了 35.55%、19.68% 和 13.72%。

2010 年房地产业上市公司资产情况见表 8。

表 8　房地产业上市公司资产情况　单位：亿元

资产指标	2010 年	2010 年增长（%）	2009 年	2009 年增长（%）	2008 年
总资产	14 380.69	35.55	9 054.75	37.44	6 567.18
流动资产	12 625.15	38.10	7 840.20	38.78	5 629.66
占比（%）	87.79	1.62	86.59	0.84	85.72
非流动资产	1 755.53	19.68	1 214.55	29.35	937.52
占比（%）	12.21	-1.62	13.41	-0.84	14.28
流动负债	6 893.25	46.49	3 925.66	29.73	3 015.71
占比（%）	47.93	3.58	43.35	-2.58	45.92
非流动负债	3 241.92	43.24	2 000.44	69.75	1 176.56
占比（%）	22.54	1.21	22.09	4.21	17.92
归属于母公司股东权益	3 750.31	13.72	2 831.18	30.64	2 158.38
占比（%）	26.08	-5.01	31.27	-1.63	32.87

资料来源：天相投资分析系统。

截至 2010 年底，房地产行业上市公司合计实现营业收入 3 472.68 亿元，实现利润总额 764.12 亿元，归属于母公司所有者的净利润 501.41 亿元，分别比 2009 年同期增长 27.67%、28.54%、25.98%，增速相比 2009 年分别上升 2.61 个百分点、下降 10.77 个百分点、下降 12.30 个百分点。

2010 年房地产业上市公司收入实现情况见表 9。

表 9　房地产业上市公司收入实现情况　单位：亿元

业绩指标	2010 年	2010 年增长（%）	2009 年	2009 年增长（%）	2008 年
营业收入	3 472.68	27.67	2 287.06	25.06	1 818.20
利润总额	764.12	28.54	488.24	39.31	347.19
归属于母公司所有者的净利润	501.41	25.98	325.61	38.28	233.20

资料来源：天相投顾。

（六）利润分配情况

2010 年全年房地产行业上市公司中共有 60 家公司实施分红配股，其中 25 家公司实施送股及转增股本、55 家公司实施派息，既送股、转增又派息的公司 20 家。送股、转增及派息比例最高值分别为每股送 1.000 股（泛海建设、南国置业、天业股份）和每股派息 0.600 元（深长城）。

2010 年房地产业上市公司分红情况见表 10。

表 10　　房地产业上市公司分红情况

代　码	名　　称	送股及转增比例	每股派息（税前　元）	基准股本（万股）
000002	万　科A	—	0.100	1 099 521.02
000006	深振业A	0.300	0.060	76 077.49
000014	沙河股份	—	0.035	20 170.52
000024	招商地产	—	0.120	171 730.05
000031	中粮地产	—	0.020	181 373.16
000042	深 长 城	—	0.600	23 946.30
000043	中航地产	0.500	0.150	22 232.05
000046	泛海建设	1.000	0.050	227 865.59
000402	金 融 街	—	0.250	302 707.98
000514	渝 开 发	—	0.030	69 733.14
000534	万泽股份	—	0.100	25 511.11
000558	莱茵置业	0.700	0.078	37 074.66
000616	亿城股份	0.200	0.100	99 321.84
000668	荣丰控股	—	0.060	14 684.19
000671	阳 光 城	0.600	0.070	33 500.35
000671	阳 光 城	—	0.100	53 600.55
000711	天伦置业	—	0.020	10 726.56
000718	苏宁环球	0.200	0.120	170 266.05
000897	津滨发展	—	0.020	161 727.22
000918	嘉 凯 城	—	0.055	180 419.15
000979	中弘股份	0.800	—	56 227.37
002133	广宇集团	—	0.150	49 860.00
002146	荣盛发展	0.300	0.100	143 360.00
002208	合肥城建	—	0.100	32 010.00
002244	滨江集团	—	0.070	135 200.00
002285	世联地产	0.500	0.200	21 760.00
002305	南国置业	1.000	0.120	48 000.00
600048	保利地产	0.300	0.213	457 563.74
600052	浙江广厦	—	0.050	87 178.91
600053	中江地产	0.200	—	36 128.40
600064	南京高科	—	0.100	51 621.88
600162	香江控股	—	0.020	76 781.26
600173	卧龙地产	—	0.070	72514.75
600208	新湖中宝	0.200	0.025	513 348.36
600215	长春经开	0.300	—	35 771.76
600239	云南城投	0.300	0.034	63 340.71

续表

代　码	名　　称	送股及转增比例	每股派息（税前　元）	基准股本（万股）
600246	万通地产	—	0.255	121680.00
600256	广汇股份	0.500	0.060	123 846.76
600266	北京城建	—	0.150	88 920.00
600322	天房发展	—	0.050	110 570.00
600325	华发股份	—	0.100	81 704.56
600376	首开股份	0.300	0.250	114 975.00
600383	金地集团	—	0.060	447 150.86
600463	空港股份	—	0.080	25 200.00
600503	华丽家族	0.350	0.500	52 735.00
600533	栖霞建设	—	0.180	105 000.00
600606	金丰投资	0.150	0.050	42 925.06
600638	新 黄 浦	—	0.170	56 116.40
600639	浦东金桥	—	0.100	92 882.50
600648	外 高 桥	—	0.140	101 078.09
600658	电 子 城	—	0.125	58 009.74
600663	陆 家 嘴	—	0.150	186 768.40
600675	中华企业	—	0.100	141 443.89
600684	珠江实业	0.300	—	18 703.94
600736	苏州高新	0.200	0.012	88 156.80
600743	华远地产	0.300	0.100	97 266.14
600748	上实发展	—	0.035	108 337.09
600791	京能置业	—	0.050	45 288.00
600807	天业股份	1.000	—	16 057.56
601588	北辰实业	—	0.020	336 702.00
900950	新城B股	0.500	0.497	159 318.72

资料来源：天相投资分析系统。

（七）其他财务指标情况

1. 盈利能力指标

在2010年较为严格的房地产调控政策的影响下，房地产行业的盈利能力仍然维持在了较高的水平。其中，毛利率和净资产收益率分别达到了38.02%和13.37%，同比分别上升了2.20个百分点和1.30个百分点。

房屋售价的上升和由于结算滞后所享受到的较低的土地成本，是房地产行业保持较高盈利能力的原因。

2010年房地产业上市公司盈利能力情况见表11。

表11　　房地产业上市公司盈利能力情况　　单位:%

盈利能力指标	2010年	2010年变动	2009年	2009年变动	2008年
毛利率	38.02	2.20	35.44	-1.49	37.24
净资产收益率	13.37	1.30	11.50	0.63	10.80
销售净利率	14.44	-0.19	14.24	1.36	12.83
资产净利率	4.01	-0.36	4.16	0.12	4.02

资料来源：天相投资分析系统。

2. 偿债能力指标

2010 年，整个行业的负债水平呈现了上升趋势，行业整体资产负债率达到了70.48%，相比2009年上升了4.79个百分点。由于房地产公司在2010年实施了较为积极的扩张政策，购买土地的支出大幅增长，与此同时，在国家宏观调控的大环境下，房地产销售额增速明显放缓，是造成2010年房地产行业负债水平上升的主要原因。

2010 年房地产业上市公司偿债能力指标见表12。

表 12　房地产业上市公司偿债能力指标

偿债能力指标	2010 年	2010 年变动	2009 年	2009 年变动	2008 年
流动比率（次）	1.83	-0.11	2.00	0.13	1.87
速动比率（次）	0.44	-0.08	0.52	0.13	0.50
资产负债率（%）	70.48	4.79	65.45	1.63	63.84

资料来源：天相投资分析系统。

3. 营运能力指标

2010 年，房地产行业各项营运指标有了一定程度的好转。其中，行业的固定资产周转率有了较大幅度的提升，达到了14.68次，同比上升了2.60次的水平；房地产行业的存货周转率为0.29次，同比微降0.03次；应收账款周转率为32.55次，同比上升2.40次。

2010 年房地产业上市公司营运能力情况见表13。

表 13　房地产业上市公司营运能力情况　　单位：次

营运能力指标	2010 年	2010 年变动	2009 年	2009 年变动	2008 年
存货周转率	0.29	-0.03	0.31	-0.01	0.33
应收账款周转率	32.55	2.40	35.23	4.58	8.79
流动资产周转率	0.32	-0.03	0.34	-0.03	0.37
固定资产周转率	14.68	2.60	12.01	1.45	10.57
总资产周转率	0.28	-0.02	0.29	-0.02	0.31

资料来源：天相投资分析系统。

三、重点上市公司介绍

万科 A

万科A为国内地产板块上市公司龙头，2010年实现营业收入507.14亿元，同比增长3.75%；实现营业利润118.95亿元，同比增长36.96%；实现净利润72.83亿元，同比增长36.65。每股收益为0.66元；每股净资产4.02元；净资产收益率17.85%。

公司净利润的上升主要来自于其盈利能力的显著上升，其中销售毛利率40.70%，同比上升11.31个百分点；净利润率17.43%，同比上升4.28个百分点；总资产收益率为5.005%，同比基本持平；得益于财务杠杆率的上升，净资产收益率为17.85%，同比上升2.46个百分点。

公司财务状况保持稳定。截至2010年末，虽然公司的资产负债率为74.69%，比2009年上升了7.68个百分点；但扣除预收账款后的真实资产负债率为40.18%，比

2009年下降3.76个百分点。另外，在2010年，公司所持有的货币资金较期初大幅增长，至378.20亿元，远高于短期借款和一年内到期长期借款的总和167.80亿元，充裕的现金储备为公司未来的财务扩张提供了空间。

2010年，公司继续贯彻快速开发、快速销售的经营策略。在2010年，公司的销售规模首次突破千亿元，全年实现销售面积897.70万平方米，销售金额1 081.60亿元，分别比2009年增长35.30%和70.50%。公司销售额占全国商品房成交额的比例为2.10%，在深圳、东莞、佛山、天津、沈阳、青岛、武汉等城市市场占有率第一，在珠海、福州、上海、苏州、长春等城市占有率第二，进一步巩固了行业领先地位。期内，公司在北京、深圳的销售额首次突破百亿元，销售规模在50亿元以上的城市也由2009年的3个增加到8个（北京、深圳、上海、沈阳、天津、苏南、广州、杭州）。

保利地产

保利地产作为国内地产板块开发类上市公司龙头之一，2010年实现营业收入358.94亿元，同比增长56.15%；实现净利润49.20亿元，同比增长39.80%，公司保持了良好的增长态势。每股收益为1.08元；每股净资产6.49元；净资产收益率17.96%。

由于采取了较为积极的销售政策，公司的盈利能力略有下降。2010年，公司销售毛利率和销售净利率以及净资产收益率分别为34.12%、15.34%和17.96%，同比分别下降了2.69个百分点、2.1个百分点和0.01个百分点；同时，由于公司财务杠杆有了较大幅度的提高，公司的总资产收益率为4.55%，同比下降了1.04个百分点。

2010年，公司的财务政策相对激进。截至2007年末，公司的资产负债率为78.98%，比2009年升了8.99个百分点，在行业内处于较高的水平；扣除预收账款后的真实资产负债率为45.14%，同比上升了8.36个百分点；但公司的债务期限结构有所优化，年末公司短期债务合计73.33亿元，占金融机构借款（含公司债）比例从上年度的14.02%降到本年的12.51%，短期偿债压力有所降低。

2010年，公司实现房地产结转面积440.17万平方米，结转收入347.01亿元，同比分别增长60.15%和55.31%。截至2010年12月31日，公司总资产1 523.28亿元，净资产297.09亿元，分别比2009年同期增长69.57%和18.42%。2010年，公司全年完成直接投资746亿元，销售回笼571亿元，净增银行贷款301亿元，财务收支平衡。

2010年，公司销售业绩再创新高，实现销售签约面积688.39万平方米，签约金额661.68亿元，同比分别增长30.7%和52.5%，销售均价达到9 612元/平方米，同比增长16.70%。其中，北京、上海、广州、成都等四个城市销售超50亿元，全国市场占有率达到1.35%，已进入城市市场占有率达到4.63%。

金融街

金融街作为国内地产板块出租类上市公司龙头，2010年实现营业收入81.10亿元，同比增长30.15%；实现营业利润22.60亿元，同比增长19.88%；实现净利润17.82亿元，同比增长30.52%。每股收益为0.59元；每股净资产5.58元；净资产收益率为11.00%。

2010年，公司盈利能力有所提高。销

售毛利率达到44.50%，同比上升5.43个百分点；净利润率22.61%，同比微升0.56个百分点；净资产收益率为11.00 %，同比上升1.91个百分点；总资产收益率为3.80%，同比略降0.14个百分点。

公司财务状况保持稳定。截至2010年末，公司的资产负债率为68.17%，比2009年上升了5.81个百分点，但仍低于房地产行业70.48%的平均水平；扣除预收账款后的真实资产负债率为51.63%，同比下降4.09个百分点。

2010年，由于公司出租性物业在2010年内开始全面投入运营，公司物业租赁业务收入较2009年同期大幅上升，物业租赁收入4.44亿元，同比增长52.91%；物业经营业务收入为2.86亿元，同比增长17.94%；房地产开发业务收入为73.80亿元，同比增长43.39%。其中，公司出租类物业资产质量较强、盈利能力保持良好，营业利润率达到了90.4%，同比提高了4.63个百分点。

四、上市公司在行业中的影响力

由于上市房地产公司相比业内非上市公司而言，拥有更规范透明的公司治理结构，更高的知名度，更好的股东支持和更为多样化的融资渠道，因而在市场竞争中处于更为有利的位置。特别是目前国家的房地产调控政策愈加严厉，行业的资金面压力普遍较大，上市房地产公司可以利用其更为强大的融资能力在未来的行业结构调整和整合过程中获取有利地位。

2010年，地产行业上市公司合计实现营业收入3 472.68亿元，同比增长48.98%，增速上升12.80个百分点；房地产行业整体实现销售收入5.27万亿元，同比增长18.86%，增速下降了58.08个百分点，在行业调控的背景下，上市房地产公司的收入成长性明显优于行业平均水平。

2010年，房地产上市公司营业收入占行业总销售收入的6.58%，相较2009年上升1.33个百分点；毛利率为38.02%，净资产收益率为13.37%，相较2009年分别上升2.88和1.82个百分点，盈利能力保持良好；资产负债率70.48%，同比上升4.56个百分点，财务杠杆上升趋势比较明显。

虽然上市公司的整体市场份额在占房地产行业的比重并不高，但是行业内优质龙头公司在行业内影响力很强，无论是在发展模式还是经营理念上都起到了领头羊的作用。例如万科2010年实现销售收入1 081.60亿元，位居国内地产行业第一位，占行业整体销售收入的2.10%。同时从上市房地产公司的内部竞争结构来看，其集中度处于较高的水平。行业内前5规模的上市公司，营业收入占地产板块内123家上市公司总额的36.89%，净利润占比38.59%，总资产占比38.58%，总负债占比40.33%，净资产占比34.39%，借款总额占比34.53%。前15规模的上市公司，营业收入占地产板块上市公司总额的52.79%，净利润占比55.22%，总资产占比57.16%，总负债占比58.95%，净资产占比52.9%，借款总额占比56.72%。

整体来看，地产类上市公司在行业中处于重要地位，上市公司的发展基本代表了所处行业的发展趋势。

行业内重点上市公司财务占比见表14。

表 14　　行业内重点上市公司财务占比　　单位：亿元

名称	营业收入	净利润	总资产	总负债	净资产	借款
行业内前 5 家上市公司	1 280.93	217.95	5 547.68	4 087.67	1 460.01	1 177.43
前 5 家占行业内上市公司比重（%）	36.89	38.59	38.58	40.33	34.39	34.53
行业内前 10 家上市公司	1 603.5	276.31	7 073.48	5 160.53	1 912.95	1 560.47
前 10 家占行业内上市公司比重（%）	46.17	48.92	49.19	50.92	45.06	45.76
行业内前 15 家上市公司	1 833.25	311.92	8 220.53	5 974.55	2 245.97	1 934.05
前 15 家占行业内上市公司比重（%）	52.79	55.22	57.16	58.95	52.9	56.72
行业内上市公司总额	3 472.68	564.86	14 380.69	10 135.18	4 245.51	3 409.87

资料来源：国泰君安整理。

注：按总资产规模从大到小，前 15 家上市公司分别为万科 A、保利地产、金地集团、招商地产、金融街、首开股份、滨江集团、新湖中宝、世茂股份、北辰实业、外高桥、陆家嘴、新城 B 股、泛海建设、中华企业。

国泰君安证券股份有限公司

撰稿人：孙建平　李品科　林　鸽

社 会 服 务 业

一、社会服务业总体概况

社会服务业是第三产业的重要组成部分，主要包括：公共设施服务业、邮政服务业、专业与科研服务业、餐饮业、旅馆业、旅游业、娱乐服务业、卫生保健护理服务业、租赁服务业、其他社会服务业。

2010 年是“十一五”的收官之年，虽然国际金融危机的影响还在延续，我国经济尤其是第三产业还是保持了平稳较快的发展态势。2010 年，第三产业增加值 171 005 亿元，同比增长 9.5%；第三产业占国民生产总值的比重从 2006 年的 39.5% 上升至 43.0%。在社会经济的发展、产业结构的改善、人民生活水平的提高和消费结构的升级等背景下，第三产业在我国经济发展中的作用愈发明显，在人民群众的生活中的地位愈发重要，作为第三产业重要组成部分的社会服务业也进入了发展的快车道。

2006～2010 年我国第三产业增加值及其占 GDP 比重变化情况见表 1。

表 1　　2006～2010 年我国第三产业增加值及其占 GDP 比重变化情况

年　份	2006 年	2007 年	2008 年	2009 年	2010 年
第三产业增加值（亿元）	82 703	96 328	120 487	142 918	171 005
增长速度（%）	10.3	11.4	9.5	8.9	9.5
占 GDP 比重（%）	39.5	39.1	40.1	42.6	43.0

资料来源：国家统计局各年度统计公报。

注：产业增加值绝对数按现价计算，增长速度按不变价格计算。

2010 年也是社会服务业政策利好的一年。在全国服务业发展改革工作座谈会上，李克强提出“服务业发展水平是一个国家现代化程度的重要标志”、“促进服务业加快发展，大力发展现代服务业、生产服务业和生活服务业”，各省市也积极出台促进服务业发展的相关政策。在 2009 年 12 月的全国发展改革系统社会服务工作会议上，确定了 2010 年工作中应“加速推动基本公共服务均等化，大力发展社会服务业”等相关意见。2010 年 7 月，国务院办公厅印发了《贯彻落实国务院关于加快发展旅游业意见重点工作分工方案》，对文件的贯彻落实做了明确的分工，并要求各部门将该方案中涉及本部门的工作进一步分解和细化，抓紧制定具体措施。诸多利好政策，为社会服务业的发展提供了有力支撑。

二、行业内上市公司发展状况

（一）行业内上市公司基本情况

截至2010年底，社会服务业共有65只A、B股上市股票，占沪深两市股票总数的3.06%，较2009年有所上升。截至2010年底，该行业境内总市值3 965.34亿元，占沪深两市总市值的1.49%。其中，流通A股市值为2 158.56亿元，占A股市值的1.13%。

社会服务业上市公司发行股票概况见表2。

表2　社会服务业上市公司发行股票概况

门　类	A、B股总数	A股股票数	B股股票数	境内总市值（亿元）	流通A股市值（亿元）	流通B股市值（亿元）
社会服务业	65	59	6	3 965.34	2 158.56	125.86
占沪深两市比重（%）	3.06	2.75	0.28	1.49	1.13	4.28

资料来源：天相投资分析系统。

（二）上市公司构成情况

按上市地划分，截至2010年底，社会服务业在上海证券交易所上市的公司有20家，在深圳证券交易所上市的公司有40家，分别占沪深两市上市公司总数的0.97%和1.94%。

按A、B股划分，截至2010年底，行业内仅在A股上市的公司有54家，仅在B股上市的公司有1家，A+B股上市的公司有5家。

从经营角度看，行业内有3家ST公司，2家*ST公司，分别占行业内上市公司家数的5.08%和3.39%。

从股改完成情况看，截至2010年底，行业内60家上市公司均已完成股改。

社会服务业上市公司构成情况见表3。

表3　社会服务业上市公司构成情况　单位：家

门　类	沪市			深市			ST/*ST	股改/未股改
	仅A股	仅B股	A+B股	仅A股	仅B股	A+B股		
社会服务业	15	1	4	39	0	1	3/2	60/0
占行业内上市公司比重（%）	25.00	1.67	6.67	65.00	0.00	1.67	5.08/3.39	100.00/0.00

资料来源：天相投资分析系统。

从上市公司所处大类分，公共设施服务业、专业与科研服务业、餐饮业、旅馆业、旅游业、卫生保健护理服务业、租赁服务业、其他社会服务业分别拥有A、B股11只、11只、3只、9只、21只、2只、2只、6只。

社会服务业上市公司具体分布见表4。

表 4　　社会服务业上市公司具体分布

A、B 股类别	公司代码	公司名称	所属大类
沪市 A	600611	大众交通	公共设施服务业
	600662	强生控股	
	600834	申通地铁	
	600874	创业环保	
	600258	首旅股份	旅馆业
	600754	锦江股份	
	601007	金陵饭店	
	600054	黄山旅游	旅游业
	600138	中青旅	
	600358	国旅联合	
	600555	九龙山	
	600593	大连圣亚	
	600749	西藏旅游	
	601888	中国国旅	
	600158	中体产业	其他社会服务业
	600763	通策医疗	卫生、保健、护理服务业
	600645	ST中源	专业、科研服务业
	601117	中国化学	
	600007	中国国贸	租赁服务业
沪市 B	900903	大众B股	公共设施服务业
	900934	锦江B股	旅馆业
	900942	黄山B股	旅游业
	900955	九龙山B	
	900929	锦旅B股	
深市 A	000721	西安饮食	餐饮业
	002186	全聚德	
	002306	湘鄂情	
	000421	南京中北	公共设施服务业
	000544	中原环保	
	000598	兴蓉投资	
	000826	桑德环境	
	000931	中关村	
	000975	科学城	
深市 A	000007	ST零七	旅馆业
	000033	新都酒店	
	000524	东方宾馆	
	000613	ST东海A	
	000069	华侨城A	旅游业
	000428	华天酒店	
	000430	ST张家界	
	000610	西安旅游	
	000802	北京旅游	
	000888	峨眉山A	
	000978	桂林旅游	
	002033	丽江旅游	
	002059	云南旅游	
	002159	三特索道	
	300144	宋城股份	
	002051	中工国际	其他社会服务业
	002183	怡亚通	
	002210	飞马国际	
	002245	澳洋顺昌	
	300055	万邦达	
	300015	爱尔眼科	卫生、保健、护理服务业
	002116	中国海诚	专业、科研服务业
	002178	延华智能	
	002398	建研集团	
	002400	省广股份	
	002469	三维工程	
	300008	上海佳豪	
	300012	华测检测	
	300070	碧水源	
	300125	易世达	
	000415	ST汇通	租赁服务业
深市 B	200613	ST东海B	旅馆业

资料来源：天相投资分析系统。

（三）行业内上市公司股改情况

截至 2010 年底，社会服务业上市公司已全部完成股改。行业内上市公司中，流通 A 股占总股本的比重为 60.76%，较 2009 年增长了 1.41%；流通 B 股占总股本的比重为 4.57%，较 2009 年增长了 0.07%。

2010 年社会服务业上市公司股本变动情况见表 5。

表 5　2010 年社会服务业上市公司股本变动情况　单位：万股

指　标	2010 年底	2009 年底	增长变动（%）
总股本	2 908 088.26	3 068 155.38	-5.22
其中：A 股	2 768 445.53	2 923 407.65	-5.30
B 股	139 642.73	144 747.73	-3.53
非限售流通 A 股	1 767 073.46	1 821 112.08	-2.97
非限售流通 A 股比重（%）	60.76	59.36	1.41
流通 B 股	132 987.10	138 092.10	-3.70
流通 B 股比重（%）	4.57	4.50	0.07
限售 A 股	1 001 372.07	1 102 295.57	-9.16
限售 A 股比重（%）	34.43	35.93	-1.49

资料来源：天相投资分析系统。

（四）行业内上市公司融资情况

2010 年，社会服务业共有 11 家公司进行融资，且都为新股发行，占沪深两市 530 家融资公司的 2.08%，新股发行有 7 家，占沪深两市 336 家新股发行公司的 2.08%。7 家新股发行公司中有 5 家公司是专业科研服务业。从融资的效果来看，11 家公司共募集资金 106.59 亿元。

2010 年社会服务业上市公司与沪深两市融资情况对比见表 6。

表 6　社会服务业上市公司与沪深两市融资情况对比　单位：家

	融资家数	新　股	配　股	增　发
社会服务业	11	7	0	4
沪深两市总数	530	336	20	174
占比（%）	2.08	2.08	0.00	2.30

资料来源：天相投资分析系统。

其中，新股发行（首发）的 7 家公司中，有 3 家在中小板上市，4 家在创业板上市；增发的 4 家公司中，有 2 家在深市主板，2 家在中小板增发。进行融资的 11 家公司中，专业、科研服务业 5 家，旅游业 3 家，其他社会服务业 2 家，公共设施服务业 1 家。

2010 年社会服务业上市公司融资情况见表 7。

表 7　社会服务业上市公司融资情况

代　码	公司名称	融资类别	所属大类	证券类型
000598	兴蓉投资	增发	公共设施服务业	深市主板
000978	桂林旅游	增发	旅游业	深市主板
002033	丽江旅游	增发	旅游业	中小板
002051	中工国际	增发	其他社会服务业	中小板
002398	建研集团	首发	专业、科研服务业	中小板
002400	省广股份	首发	专业、科研服务业	中小板
002469	三维工程	首发	专业、科研服务业	中小板
300055	万 邦 达	首发	其他社会服务业	创 业 板
300070	碧水源	首发	专业、科研服务业	创 业 板
300125	易世达	首发	专业、科研服务业	创业板
300144	宋城股份	首发	旅游业	创业板

资料来源：天相投资分析系统。

从融资总量来看，上市公司实际发行数量为49 575.93万股，实际募集资金106.59亿元。

2010年社会服务业上市公司融资明细见表8。

表8　社会服务业上市公司融资明细

代　码	公司名称	发行价格（元）	实际发行数量（万股）	实募集资金数（亿元）
000598	兴蓉投资	6.24	15 955.93	—
000978	桂林旅游	10.25	10 000.00	9.92
002033	丽江旅游	11.91	1 700.00	1.90
002051	中工国际	18.03	3 600.00	6.49
002398	建研集团	28.00	3 000.00	8.03
002400	省广股份	39.80	2 060.00	7.79
002469	三维工程	33.93	1 660.00	5.23
300055	万邦达	65.69	2 200.00	13.81
300070	碧水源	69.00	3 700.00	24.37
300125	易世达	55.00	1 500.00	7.78
300144	宋城股份	53.00	4 200.00	21.28

资料来源：天相投资分析系统。

（五）行业内上市公司资产及业绩情况

截至2010年底，社会服务业上市公司资产总值2 286.31亿元，较2009年同比增长28.22%；流动资产1 333.27亿元，较2009年同比增长39.32%；归属于母公司股东权益达959.95亿元，较2009年同比增长26.63%。

2010年社会服务业上市公司资产情况见表9。

表9　社会服务业上市公司资产情况　单位：亿元

资产指标	2010年	2010年增长（%）	2009年	2009年增长（%）	2008年
总资产	2 286.31	28.22	2 029.73	26.54	1 562.36
流动资产	1 333.27	39.32	868.08	54.53	533.90
占比（%）	58.32	4.65	42.77	7.75	34.17
非流动资产	953.04	15.37	1 161.66	11.45	1 028.46
占比（%）	41.68	-4.65	57.23	-7.75	65.83
流动负债	953.51	20.99	725.95	27.85	545.67
占比（%）	41.71	-2.49	35.77	0.37	34.93
非流动负债	307.08	72.40	310.11	40.38	220.06
占比（%）	13.43	3.44	15.28	1.51	14.09
归属于母公司股东权益	959.95	26.63	899.06	24.60	705.56
占比（%）	41.99	-0.53	44.29	-0.69	45.16

资料来源：天相投资分析系统。

2010 年，社会服务业上市公司实现营业收入 1 245.36 亿元，较 2009 年同比增长 29.08%；实现利润总额 148.23 亿元，较 2009 年同比增长 34.22%；归属于母公司所有者的净利润为 104.41 亿元，较 2009 年同比增长 33.49%。

2010 年社会服务业上市公司收入实现情况见表 10。

表 10　社会服务业上市公司收入实现情况　单位：亿元

业绩指标	2010 年	2010 年增长（%）	2009 年	2009 年增长（%）	2008 年
营业收入	1 245.36	29.08	745.73	10.35	603.89
利润总额	148.23	34.22	128.42	22.87	97.69
归属于母公司所有者的净利润	104.41	33.49	91.54	24.13	69.52

资料来源：天相投资分析系统。

（六）利润分配情况

2010 年，社会服务业上市公司共有 38 家公司实施分红配股。其中，17 家公司实施送股或转增股本，35 家公司实施派息，既有派息又送股及转增的公司有 14 家。送股、转增及派息比例最高值分别为每股转送 1.20 股（碧水源、宋城股份）、每股派息 1.76 元（锦旅 B 股）。

2010 年社会服务业上市公司分红情况见表 11。

表 11　社会服务业上市公司分红情况

代　码	名　称	送股及转增比例	每股派息（税前　元）	基准股本（万股）
000069	华侨城 A	0.800	0.060	310 747.80
000428	华天酒店	0.300	—	55 302.00
000610	西安旅游	—	0.020	19 674.79
000826	桑德环境	—	0.100	41 335.61
000888	峨眉山 A	—	0.120	23 518.80
000978	桂林旅游	—	0.120	36 010.00
002033	丽江旅游	0.300	—	11 632.30
002051	中工国际	0.300	0.350	33 900.00
002051	中工国际	0.500	0.350	22 600.00
002116	中国海诚	—	0.320	11 400.00
002159	三特索道	—	0.050	12 000.00
002178	延华智能	0.400	—	9 600.00
002183	怡 亚 通	0.500	0.110	55 608.42
002186	全 聚 德	—	0.500	14 156.00
002210	飞马国际	—	0.030	30 600.00
002245	澳洋顺昌	1.000	0.050	18 240.00
002398	建研集团	0.300	0.150	12 000.00
002400	省广股份	0.800	0.160	8 237.18
002469	三维工程	0.700	0.300	6 624.41

续表

代　码	名　称	送股及转增比例	每股派息（税前　元）	基准股本（万股）
300008	上海佳豪	0.700	0.300	8 568.00
300012	华测检测	0.500	0.300	12 265.50
300015	爱尔眼科	—	0.150	26 700.00
300055	万 邦 达	1.000	0.100	11 440.00
300070	碧 水 源	1.200	0.300	14 700.00
300125	易 世 达	1.000	0.200	5 900.00
300144	宋城股份	1.200	0.300	16 800.00
600007	中国国贸	—	0.090	100 728.25
600138	中 青 旅	—	0.200	41 535.00
600158	中体产业	0.050	0.010	80 355.75
600258	首旅股份	—	0.450	23 140.00
600611	大众交通	—	0.080	157 608.19
600662	强生控股	—	0.080	81 353.90
600754	锦江股份	—	0.380	60 324.07
600834	申通地铁	—	0.060	47 738.19
600874	创业环保	—	0.110	142 722.84
601007	金陵饭店	—	0.100	30 000.00
601117	中国化学	—	0.030	493 300.00
601888	中国国旅	—	0.100	88 000.00
900929	锦旅B股	—	1.762	13 255.63

资料来源：天相投资分析系统。

（七）其他财务指标情况

1. 盈利能力指标

2010 年，社会服务业上市公司整体毛利率为 27.22%，较 2009 年同比微升 0.36 个百分点；净资产收益率、销售净利率及资产净利率较 2009 年都有不同程度的上升。

2010 年社会服务业上市公司盈利能力情况见表 12。

表 12　　社会服务业上市公司盈利能力情况　　单位:%

盈利能力指标	2010 年	2010 年变动	2009 年	2009 年变动	2008 年
毛利率	27.22	0.36	34.80	9.55	33.71
净资产收益率	10.88	0.56	10.18	-0.04	9.85
销售净利率	8.38	0.28	12.28	1.36	11.51
资产净利率	5.13	0.15	5.04	0.29	4.60

资料来源：天相投资分析系统。

2. 偿债能力指标

2010 年，社会服务业上市公司整体流动比率和速动比率 2009 年分别上升了 0.18 和 0.08，资产负债率较 2009 年提高 0.95 个百分点。整体偿债能力指标表现比较平稳。

社会服务业上市公司偿债能力指标见表 13。

表 13　　社会服务业上市公司偿债能力指标

偿债能力指标	2010 年	2010 年变动	2009 年	2009 年变动	2008 年
流动比率（次）	1.40	0.18	1.20	0.21	0.98
速动比率（次）	0.88	0.08	0.68	0.09	0.67
资产负债率（%）	55.14	0.95	51.04	1.87	49.01

资料来源：天相投资分析系统。

3. 营运能力指标

2010 年，社会服务业上市公司存货周转率、应收账款周转率及净资产周转率较 2009 年有所下降，而固定资产周转率较 2009 年略有提升，总资产周转率与 2009 年持平。

2010 年社会服务业上市公司营运能力情况见表 14。

表 14　　社会服务业上市公司营运能力情况　　单位：次

营运能力指标	2010 年	2010 年变动	2009 年	2009 年变动	2008 年
存货周转率	2.96	-0.60	2.04	-0.80	2.60
应收账款周转率	9.73	-0.10	10.88	0.03	9.71
流动资产周转率	1.09	-0.12	1.04	-0.18	1.15
固定资产周转率	3.17	0.24	1.45	0.09	1.23
总资产周转率	0.61	0.00	0.41	-0.02	0.40
净资产周转率	1.07	-0.06	0.64	-0.04	0.62

资料来源：天相投资分析系统。

三、重点细分行业介绍

社会服务业沪深两市上市公司共覆盖 8 大类，分别为餐饮业、公共设施服务业、旅馆业、旅游业、其他社会服务业、卫生保健护理服务业、专业科研服务业、租赁服务业和其他社会服务业。其中，旅游业有上市公司 19 家，在行业内占比 31.67%，境内总市值 1 298.02 亿元，在行业内占比 32.73%。

社会服务业各子行业上市公司及市值情况见表 15。

表 15　　社会服务业各子行业上市公司及市值情况

大　类	上市公司家数（家）	占行业内比重（%）	境内总市值（亿元）	占行业内比重（%）
餐饮业	3	5.00	128.37	3.24
公共设施服务业	10	16.67	675.67	17.04
旅馆业	7	11.67	301.61	7.61
旅游业	19	31.67	1 298.02	32.73
其他社会服务业	6	10.00	482.09	12.16
卫生、保健、护理服务业	2	3.33	150.15	3.79
专业、科研服务业	11	18.33	795.23	20.05
租赁服务业	2	3.33	134.21	3.38

资料来源：天相投资分析系统。

（一）餐饮业

1. 行业概况

随着我国社会经济的发展和人民生活水平的提高，我国餐饮业呈现出持续稳步发展势头，行业零售额已经连续19年保持年均增长20%以上。2010年，我国餐饮收入额17 648亿元，同比增长18.1%。其中，限额以上餐饮业营业额达到3 195.10亿元，主营业务利润1 426.27亿元，资产总额为2 744.10亿元；限额以上连锁餐饮企业门店总数达到15 333个，实现营业收入955.42亿元。

2. 行业内上市公司发展状况

2010年，餐饮业上市公司营业收入、总资产及归属于母公司股东权益分别较2009年增长14.04%、7.71%和1.50%；利润总额和归属于母公司所有者的净利润较2009年分别有不同程度的下降。

2010年餐饮业上市公司收入及资产增长情况见表16。

表16　餐饮业上市公司收入及资产增长情况　单位：亿元

指　标	2010年	2010年增长（%）	2009年	2009年增长（%）	2008年
营业收入	28.55	14.04	25.03	10.36	16.56
利润总额	2.85	-5.17	3.00	38.40	1.27
归属于母公司所有者的净利润	1.93	-7.43	2.08	35.88	0.89
总资产	33.80	7.71	31.38	31.30	19.78
归属于母公司股东权益	23.28	1.50	22.94	74.18	10.59

资料来源：天相投资分析系统。

2010年，餐饮业上市公司盈利能力有所下降。上市公司的毛利率、净资产收益率、销售净利率和资产净利率分别较2009年下降0.73个百分点、0.80个百分点、1.57个百分点和1.62个百分点。

2010年餐饮业上市公司盈利能力情况见表17。

表17　餐饮业上市公司盈利能力情况　单位:%

盈利能力指标	2010年	2010年变动	2009年	2009年变动	2008年
毛利率	60.64	-0.73	61.37	2.77	56.49
净资产收益率	8.28	-0.80	9.07	-2.56	8.44
销售净利率	6.75	-1.57	8.32	1.56	5.40
资产净利率	5.91	-1.62	7.53	1.02	4.51

资料来源：天相投资分析系统。

2010年，餐饮业上市公司偿债能力和营运情况基本保持稳定，存货周转率较2009年同比增长0.44次。

2010年餐饮业上市公司偿债及营运情况见表18。

表 18　　餐饮业上市公司偿债及营运情况

指　　标	2010 年	2010 年变动	2009 年	2009 年变动	2008 年
资产负债率（%）	28.49	3.79	24.71	-17.35	43.24
存货周转率（次）	8.50	0.44	8.05	-1.46	9.52
总资产周转率（次）	0.88	-0.03	0.91	-0.06	0.84

资料来源：天相投资分析系统。

（二）公共设施服务业

1. 行业概况

环保业是公共设施服务业的重要组成部分。随着经济社会的发展和环境污染问题的日益严重，民众的环保意识逐渐提高，政府对环保产业的支持力度也逐渐加大。2010年，各地区各部门加大工作力度，污染减排取得重大进展，全国化学需氧量排放总量1 238.1万吨，比2009年下降3.09%；二氧化硫排放总量2 185.1万吨，比2009年下降1.32%。从主要减排措施上来看，2010年，全国新增燃煤脱硫机组装机容量1.07亿千瓦，新增城市污水日处理能力1 900万立方米。

目前，我国的环保产业发展尚处于初级阶段，“十二五”期间，政府对环保的支持力度还将继续加大，相关政策也将陆续出台。“十二五”期间，环保投资规模预计将超过3.1万亿元人民币，年均投资6 200亿元，较“十一五”期间增幅超过100%。在党的十七届五中全会上通过的《中共中央关于制定国民经济和社会发展第十二个五年规划的建议》中明确提出：要破解日趋强化的资源环境约束，必须把加快建设资源节约型、环境友好型社会作为重要着力点，积极应对气候变化，加大环境保护力度，提高生态文明水平，走可持续发展之路。在2010年10月10日国务院下发的《国务院关于加快培育和发展战略性新兴产业的决定（国发［2010］32号）》中提出，要把战略性新兴产业加快培育成为先导产业和支柱产业，而节能环保产业被列在其中的第一位。在政策的支持下，未来我国环保产业的发展速度预计还将不断加快。

2. 行业内上市公司发展状况

2010年，公共设施服务业上市公司总体运行良好，营业收入、利润总额、总资产及归属于母公司股东权益分别较2009年增长10.45%、0.45%、12.53%和14.01%。

2010年公共设施服务业上市公司收入及资产增长情况见表19。

表 19　　公共设施服务业上市公司收入及资产增长情况　　单位：亿元

指　　标	2010 年	2010 年增长（%）	2009 年	2009 年增长（%）	2008 年
营业收入	138.03	10.45	231.43	6.97	216.34
利润总额	21.27	0.45	54.37	30.74	41.59
归属于母公司所有者的净利润	15.68	-4.14	41.13	37.68	29.87
总资产	378.43	12.53	864.88	3.12	838.72
归属于母公司股东权益	174.62	14.01	382.36	9.15	350.29

资料来源：天相投资分析系统。

2010年，公共设施服务业盈利能力有所下降，毛利率较2009年上升0.63个百分点，而净资产收益率、销售净利率和资产净利率分别较2009年下降1.70，1.73和0.42个百分点。

2010年公共设施服务业上市公司盈利能力情况见表20。

表20　公共设施服务业上市公司盈利能力情况　单位:%

盈利能力指标	2010年	2010年变动	2009年	2009年变动	2008年
毛利率	27.05	0.63	33.60	1.38	32.22
净资产收益率	8.98	-1.70	10.76	2.23	8.53
销售净利率	11.36	-1.73	17.77	3.96	13.81
资产净利率	4.39	-0.42	4.83	1.03	3.80

资料来源：天相投资分析系统。

2010年，公共设施服务业上市公司偿债能力和营运情况基本保持稳定。上市公司的存货周转率和总资产周转率分别较2009年增长0.32次和0.02次。

2010年公共设施服务业上市公司偿债及营运情况见表21。

表21　公共设施服务业上市公司偿债及营运情况

指　　标	2010年	2010年增长（%）	2009年	2009年增长（%）	2008年
资产负债率（%）	50.88	0.18	49.85	-1.96	51.82
存货周转率（次）	2.50	0.32	1.57	-0.10	1.68
总资产周转率（次）	0.39	0.02	0.27	0.00	0.28

资料来源：天相投资分析系统。

（三）旅馆业

1. 行业概况

据统计，目前，全国共有1.5万多家星级酒店，30万家社会住宿机构以及超过150万家乡村旅游住宿设施。截至2010年底，全国纳入星级饭店统计管理系统的11 779家星级饭店，拥有客房147.64万间，床位256.64万张；拥有固定资产原值4 546.77亿元；实现营业收入总额2 122.66亿元；上缴营业税金111.36亿元；全年平均客房出租率为60.28%。在11 779家星级饭店中：五星级饭店545家；四星级饭店2 002家；三星级饭店5 384家，二星级饭店3 636家，一星级饭店212家。此外，经济型酒店发展迅猛。截至2010年底，全国有经济型酒店5 120家，拥有客房数544 210间，较2009年增长31.82%。

2010年，商务部出台了《关于加快住宿业发展的指导意见》（以下简称《意见》），为住宿业的健康稳定发展提供了政策支持。《意见》指出，要以满足顾客需求为导向，以提升饭店服务质量为核心，以品牌化、连锁化、便利化经营为重点，加快促进住宿业转型升级，优化行业结构，提高行业集中度，全面提升住宿业服务水平和国际竞争力，力争到2012年实现住宿业营业额年均增长10%以上，逐步形成一批营业收入超过百亿元的大型饭店企业集团和超过10亿元的特色饭店企业。《意见》要求：突破区域和行业界限，加快资源整合，促进经济型酒店品牌化和连锁化发展；将“绿色饭店”纳入“节能减排”优惠政策覆盖范围，在税收、财政补贴、银行贷款利率方面给予支持；力争用两到三年，将经济型酒店比重由不足10%提高到20%。

2. 行业内上市公司发展状况

2010年，旅馆业上市公司运行良好。上市公司的营业收入、利润总额、归属于母公司所有者的净利润较2009年增长23.08%、35.38%和34.20%。

2010年旅馆业上市公司收入及资产增长情况见表22。

表22　　旅馆业上市公司收入及资产增长情况　　单位：亿元

指　标	2010年	2010年增长（%）	2009年	2009年增长（%）	2008年
营业收入	54.62	23.08	59.02	14.92	51.36
利润总额	9.59	35.38	10.33	-8.98	11.35
归属于母公司所有者的净利润	7.04	34.20	7.64	-10.57	8.54
总资产	109.94	10.43	123.00	17.79	104.43
归属于母公司股东权益	73.51	7.96	88.10	16.46	75.65

资料来源：天相投资分析系统。

2010年旅馆业上市公司盈利能力基本保持稳定。毛利率同比下降3.96个百分点，净资产收益率同比增长1.87个百分点。

2010年旅馆业上市公司盈利能力情况见表23。

表23　　旅馆业上市公司盈利能力情况　　单位:%

盈利能力指标	2010年	2010年变动	2009年	2009年变动	2008年
毛利率	59.53	-3.96	53.46	10.25	43.21
净资产收益率	9.57	1.87	8.67	-2.62	11.29
销售净利率	12.88	1.07	12.95	-3.69	16.64
资产净利率	6.72	1.00	6.72	-0.44	7.16

资料来源：天相投资分析系统。

2010年旅馆业上市公司的营运能力保持2009年水平，存货周转率同比下降0.10次；偿债能力基本保持稳定，资产负债率较2009年同比增长1.06个百分点。

2010年旅馆业上市公司偿债及营运情况见表24。

表24　　旅馆业上市公司偿债及营运情况

指　标	2010年	2010年变动	2009年	2009年变动	2008年
资产负债率（%）	26.61	1.06	22.19	1.54	20.65
存货周转率（次）	12.55	-0.10	17.80	-6.38	24.18
总资产周转率（次）	0.52	0.04	0.52	0.09	0.43

资料来源：天相投资分析系统。

（四）旅游业

1. 行业概况

2010年，我国旅游业明显复苏，全年保持较快增长。国内旅游市场平稳较快增长，入境旅游市场实现恢复增长，出境旅游市场继续加速增长。全年共接待入境游客1.34亿人次，实现国际旅游（外汇）收入458.14亿美元，分别比2009年增长5.8%和15.5%；国内旅游人数21.03亿人次，收入12 579.77亿元人民币，分别比2009年增长10.6%和23.5%；中国公民出境人数达到5 738.65万人次，比2009年增长20.4%；旅游业总收入1.57万亿元人民币，比2009年增长21.7%。

2010年，是旅游业“战略性支柱产业”地位不断巩固的一年。《旅游法》的起草、《国民旅游休闲纲要》的编制、《中国旅游业“十二五”人才规划（2011～2015年）》的启动及《推进旅游产业发展战略合作协议》的签署等，为旅游业的快速健康发展提供了政策、市场、人才及资金方面的支持。2010年7月，国务院办公厅印发了《贯彻落实国务院关于加快发展旅游业意见重点工作分工方案》，对41号文件的贯彻落实做了明确的分工，并要求各部门将该分工方案中涉及本部门的工作进一步分解和细化，抓紧制定具体措施，其中20个省区市已经出台或即将出台贯彻落实的实施意见。此外，海南省的《海南国际旅游岛建设发展规划纲要》、湖北省的《关于加快培育旅游支柱产业推进旅游经济强省建设的决定》、云南省的旅游综合改革试点等政策的发布，在全国上下掀起了新的旅游发展高潮。

2. 行业内上市公司发展状况

2010年，旅游业保持良好的发展势头，上市公司实现收入416.90亿元，较2009年增长37.58%；利润总额、归属母公司所有者的净利润分别较2009年增长47.08%和53.22%；总资产和归属于母公司股东权益较2009年增长40.10%和26.21%。

2010年旅游业上市公司收入及资产增长情况见表25。

表25　旅游业上市公司收入及资产增长情况　单位：亿元

指　标	2010年	2010年增长（%）	2009年	2009年增长（%）	2008年
营业收入	416.90	37.58	300.86	18.71	195.26
利润总额	68.38	47.08	45.36	34.92	29.32
归属于母公司所有者的净利润	46.19	53.22	29.30	31.18	20.13
总资产	872.94	40.10	624.12	59.22	361.79
归属于母公司股东权益	334.31	26.21	265.57	47.93	170.59

资料来源：天相投资分析系统。

2010年，旅游业上市公司盈利能力基本保持稳定。其中，毛利率同比增长1.50个百分点，净资产收益率、销售净利率和资产净利率均有不同程度的上涨。

2010年旅游业上市公司盈利能力情况见表26。

表 26　旅游业上市公司盈利能力情况　单位:%

盈利能力指标	2010 年	2010 年变动	2009 年	2009 年变动	2008 年
毛利率	36.92	1.50	35.18	-1.29	40.92
净资产收益率	13.82	2.44	11.03	-1.41	11.80
销售净利率	11.08	1.13	9.74	0.93	10.31
资产净利率	6.18	0.22	5.77	-0.07	5.70

资料来源：天相投资分析系统。

2010 年，旅游业上市公司的偿债能力和营运能力基本保持稳定，资产负债率同比增长 4.93 个百分点；存货周转率同比下降 0.77 次。

2010 年旅游业上市公司偿债及营运情况见表 27。

表 27　旅游业上市公司偿债及营运情况

指　标	2010 年	2010 年变动	2009 年	2009 年变动	2008 年
资产负债率（%）	57.83	4.93	52.81	5.61	45.92
存货周转率（次）	1.37	-0.77	2.10	-0.79	2.89
总资产周转率（次）	0.56	-0.04	0.59	-0.07	0.55

资料来源：天相投资分析系统。

（五）其他社会服务业

1. 行业概况

物流业是其他社会服务业的重要组成部分。物流业是融合运输业、仓储业、货代、信息业等的复合型服务产业，是整个国民经济发展的重要支持部门。

近年来，国民经济对物流业的依赖程度逐年增大，物流需求呈高速增长态势。2010 年，我国社会物流总额为 125 亿元，“十一五”期间实现翻番，年复合增长率达 20%。2010 年的物流需求系数为 3.14，即每 1 个单位的 GDP 需要 3.14 个单位的物流量来支撑，而“八五”、“九五”、“十五”和“十一五”期间的平均物流需求系数仅为 1.6、1.7、2.2 和 2.9。

尽管需求在快速增长，我国的物流行业的发展仍处在较为初级的阶段。近年来，社会各界对物流的关注度，以及国家对物流业发展的重视程度正显著提升。国家出台了一系列的政策措施支持行业的健康发展。2009 年 3 月，国务院印发了《物流业调整和振兴规划》，物流业成为十大振兴产业中唯一的服务业。其后，相关部委研究出台了《农产品冷链物流发展规划》和《商贸物流发展专项规划》。2010 年 6 月，国务院召开常务会议研究部署促进物流业健康发展的工作，物流业“国八条”出台，预计相关的细则还将持续出台。可以说，我国物流业正迎来高速发展的春天。

2. 行业内上市公司发展状况

2010 年，其他社会服务业上市公司发展迅速。上市公司的营业收入、利润总额、归属于母公司所有者的净利润分别较 2009 年增长 61.38%、31.39% 和 16.42%。总资产和归属于母公司股东权益分别较 2009 年增长47.20%和58.66%。

2010年其他社会服务业上市公司收入及资产增长情况见表28。

表28　其他社会服务业上市公司收入及资产增长情况　单位：亿元

指　标	2010年	2010年增长（%）	2009年	2009年增长（%）	2008年
营业收入	167.81	61.38	63.91	-19.47	79.36
利润总额	12.02	31.39	3.56	-48.60	6.92
归属于母公司所有者的净利润	7.65	16.42	2.13	-52.23	4.47
总资产	292.89	47.20	174.70	59.60	109.46
归属于母公司股东权益	73.37	58.66	41.94	3.81	40.40

资料来源：天相投资分析系统。

2010年，其他社会服务业上市公司盈利能力有所下降，毛利率和销售净利率较2009年分别下降2.55和3.78个百分点。

2010年其他社会服务业上市公司盈利能力情况见表29。

表29　其他社会服务业上市公司盈利能力情况　单位:%

盈利能力指标	2010年	2010年变动	2009年	2009年变动	2008年
毛利率	13.00	-2.55	15.06	1.71	13.35
净资产收益率	10.43	-3.78	5.09	-5.97	11.06
销售净利率	4.56	-1.76	3.34	-2.29	5.63
资产净利率	3.11	-0.87	1.50	-2.43	3.93

资料来源：天相投资分析系统。

2010年，其他社会服务业上市公司的资产负债率同比下降1.18个百分点。上市公司的存货周转率和总资产周转率较2009年分别增长1.15次和0.05次，营运能力进一步提升。

2010年其他社会服务业上市公司偿债及营运情况见表30。

表30　其他社会服务业上市公司偿债及营运情况

指　标	2010年	2010年变动	2009年	2009年变动	2008年
资产负债率（%）	72.97	-1.18	72.98	13.15	59.82
存货周转率（次）	4.59	1.15	2.69	-1.33	4.02
总资产周转率（次）	0.68	0.05	0.45	-0.25	0.70

资料来源：天相投资分析系统。

（六）卫生保健护理服务业

1. 行业概况

截至2010年末，全国医疗卫生机构总数达93.7万个，比2009年增加2.0万个。其中：医院20 918个，基层医疗卫生机构90.2万个，专业公共卫生机构11 835个。与2009年比较，2010年医院增加627个，基层医疗卫生机构增加2.0万个，专业公共卫生机构增加170个。2010年全国医疗卫生机构总诊疗人次达58.4亿人次，比2009年增加3.5亿人次（增长6.4%）。我国卫生总费用呈现较快增长的趋势。由中国医学科学院和北京市卫生局联合完成的一项卫生经济学研究表明，2010年我国卫生总费用已达2.1万亿元，比2009年的17 541.9亿元增长近3 600亿元，占国内生产总值（初步核实数）的比例达到5.2%，比2009年提高1个百分点。

新型农村合作医疗（新农合）和城镇居民基本医疗保险财政补贴是国家医疗卫生支出的主要投入方向：国内通过城镇职工医疗保险、城镇居民医疗保险以及新农合三类医疗保险覆盖2.45亿城镇职工、2.1亿城镇居民和8.36亿农村居民，其中，新农合和城镇居民医疗保险财政补贴是国家医疗卫生支出的主要投入方向。2010年政府对新农合和城镇居民医保补助标准是120元，政策内住院报销比例为60%。

国家医疗卫生支出的另一重要投入是增加医疗资源供给：国家2009年前后开始大规模加大基层医疗机构建设，根据2009～2011年各年的工作安排，三年共支持2 116个县级医院（含中医院）、6 449个中心乡镇卫生院、2 410个城市社区卫生服务中心、21 000个村卫生室建设。每个县至少有1所县级医院基本达到二级甲等水平、有1～3所达标的中心乡镇卫生院，每个行政村都有卫生室，每个街道都有社区卫生服务机构。

2. 行业内上市公司发展状况

2010年，卫生、保健、护理服务业上市公司运行良好，营业收入、利润总额、归属于母公司所有者的净利润分别较2009年增长39.18%、56.80%和47.86%。

2010年卫生、保健、护理服务业上市公司收入及资产增长情况见表31。

表31　卫生、保健、护理服务业上市公司收入及资产增长情况　单位：亿元

指　　标	2010年	2010年增长（%）	2009年	2009年增长	2008年
营业收入	11.07	39.18	6.06	38.11	—
利润总额	2.48	56.80	1.24	70.27	—
归属于母公司所有者的净利润	1.70	47.86	0.92	50.72	—
总资产	19.15	15.84	14.12	256.10	—
归属于母公司股东权益	15.34	8.32	12.08	410.80	—

资料来源：天相投资分析系统。

2010年，卫生、保健、护理服务业上市公司的毛利率和资产净利率分别较2009年同比上升0.52和2.96个百分点。

2010年卫生、保健、护理服务业上市公司盈利能力情况见表32。

表 32　　卫生、保健、护理服务业上市公司盈利能力情况　　单位:%

盈利能力指标	2010 年	2010 年变动	2009 年	2009 年变动	2008 年
毛利率	54.21	0.52	57.09	1.67	—
净资产收益率	11.06	2.96	7.65	-18.29	—
销售净利率	15.32	0.90	15.25	1.28	—
资产净利率	9.51	-0.62	10.23	-6.03	—

资料来源：天相投资分析系统。

2010 年，卫生、保健、护理服务业上市公司的偿债能力有所下降，上市公司资产负债率较 2009 年增加 5.47 个百分点。营运能力保持平稳，存货周转率较 2009 年增加 0.02 次。

2010 年卫生、保健、护理服务业上市公司偿债及营运情况见表 33。

表 33　　卫生、保健、护理服务业上市公司偿债及营运情况

指　　标	2010 年	2010 年变动	2009 年	2009 年变动	2008 年
资产负债率（%）	17.90	5.47	12.61	-21.3	—
存货周转率（次）	11.94	0.02	9.69	—	—
总资产周转率（次）	0.62	-0.08	0.67	-0.49	—

资料来源：天相投资分析系统。

（七）专业科研服务业

1. 行业概况

专业、科技服务业涵盖行业较为广泛，共有上市公司 11 家，占社会服务业比重的 18.33%；境内总市值 795.23 亿元，占行业比重的 20.05%。

2. 行业内上市公司发展状况

2010 年，专业、科技服务业上市公司运行良好。上市公司的营业收入、利润总额、归属于母公司所有者的净利润分别同比增长 20.53%、57.99% 和 57.10%。

2010 年专业、科研服务业上市公司收入及资产增长情况见表 34。

表 34　　专业、科研服务业上市公司收入及资产增长情况　　单位：亿元

指　　标	2010 年	2010 年增长（%）	2009 年	2009 年增长（%）	2008 年
营业收入	414.83	20.53	45.58	22.33	34.08
利润总额	29.91	57.99	3.64	29.48	1.91
归属于母公司所有者的净利润	22.99	57.10	3.08	30.44	1.60
总资产	472.26	25.59	53.94	28.58	38.57
归属于母公司股东权益	219.53	54.09	25.88	64.10	13.65

资料来源：天相投资分析系统。

2010 年，专业、科技服务业上市公司的盈利能力有所提升。毛利率、净资产收益率、销售净利率和资产净利率分别同比上升 1.41、0.20、1.29 和 1.00 个百分点。

2010 年专业、科研服务业上市公司盈利能力情况见表 35。

表 35　　专业、科研服务业上市公司盈利能力情况　　单位：%

盈利能力指标	2010 年	2010 年变动	2009 年	2009 年变动	2008 年
毛利率	15.71	1.41	19.00	-0.64	15.80
净资产收益率	10.47	0.20	11.90	-3.07	11.71
销售净利率	5.54	1.29	6.76	0.42	4.69
资产净利率	5.42	1.00	6.42	0.00	4.69

资料来源：天相投资分析系统。

2010 年，专业、科技服务业上市公司的营运能力进一步提升，存货周转率较 2009 年增加 0.90 次，总资产周转率同比下降 0.06 次。

2010 年专业、科研服务业上市公司偿债及营运情况见表 36。

表 36　　专业、科研服务业上市公司偿债及营运情况

指　标	2010 年	2010 年变动	2009 年	2009 年变动	2008 年
资产负债率（%）	52.19	-8.61	51.10	-10.24	63.44
存货周转率（次）	9.54	0.90	5.63	-0.24	5.87
总资产周转率（次）	0.98	-0.06	0.95	-0.06	1.00

资料来源：天相投资分析系统。

（八）租赁服务业

1. 行业概况

从租赁服务业总量上来看，2008～2010 年国内融资租赁余额分别为 1 500 亿元、3 700 亿元、7 000 亿元，2009 年、2010 年同比增速为 139% 和 89%。高增长的核心驱动因素是国内正处于由较低的租赁渗透率向正常水平发展的过程。截至 2010 年底，国内租赁渗透率仅为 2.9%，只有美国的 1/10。基础设施融资租赁属于资本密集型业务，单一项目融资额甚至可以高达数十亿元，同时租赁属于资本消耗性行业，资本实力决定市场地位和盈利能力。因此，该细分市场只属于资本实力强的租赁公司。目前，租赁服务业上市的公司只有中国国贸和 ST 汇通两家。

政策层面，2010 年 9 月国家税务局发布了《国家税务总局关于融资性售后回租业务中承租方出售资产行为有关税收问题的公告》，大幅降低了租赁产业链上的成本。该公告指出，融资性售后回租业务中承租方出售资产的行为，不征收增值税和营业税；对融资性租赁的资产，仍按承租人出售前原账面价值作为计算企业所得税基础计提折旧；租赁期间，承租人支付的属于融资利息的部分，作为企业财务费用在税前扣除。

2. 行业内上市公司发展状况

2010 年，租赁服务业上市公司营业收入 13.56 亿元，较 2009 年同比增长 20.43%；利润总额、归属于母公司所有者的净利润和归属于母公司股东权益较 2009 年有不同程度的下降。

2010 年租赁服务业上市公司收入及资

产增长情况见表37。

表 37 租赁服务业上市公司收入及资产增长情况 单位：亿元

指　标	2010年	2010年增长（%）	2009年	2009年增长	2008年
营业收入	13.56	20.43	8.71	-2.88	8.97
利润总额	1.74	-42.61	3.87	-18.30	4.74
归属于母公司所有者的净利润	1.24	-39.23	2.90	-18.32	3.54
总资产	106.90	5.64	89.66	10.29	81.30
归属于母公司股东权益	45.98	-0.34	43.60	3.28	42.21

资料来源：天相投资分析系统。

2010年，租赁服务业上市公司的盈利能力较2009年明显下降，毛利率、净资产收益率、销售净利率和资产净利率分别较2009年下降13.40、1.72、8.97和0.92个百分点。

2010年租赁服务业上市公司盈利能力情况见表38。

表 38 租赁服务业上市公司盈利能力情况 单位:%

盈利能力指标	2010年	2010年变动	2009年	2009年变动	2008年
毛利率	36.71	-13.40	61.46	-0.14	61.60
净资产收益率	2.69	-1.72	6.64	-1.76	8.40
销售净利率	9.13	-8.97	33.24	-6.28	39.52
资产净利率	1.19	-0.92	3.39	-1.26	4.64

资料来源：天相投资分析系统。

2010年，租赁服务业上市公司的资产负债率较2009年增长2.78个百分点；存货周转率和总资产周转率分别较2009年增加1.09次和0.01次，营运能力稳步增长。

2010年租赁服务业上市公司偿债及营运情况见表39。

表 39 租赁服务业上市公司偿债及营运情况

指　标	2010年	2010年变动	2009年	2009年变动	2008年
资产负债率（%）	56.79	2.78	51.36	3.30	48.06
存货周转率（次）	3.62	1.09	31.33	-12.27	43.60
总资产周转率（次）	0.13	0.01	0.10	-0.02	0.12

资料来源：天相投资分析系统。

四、重点公司介绍

中青旅

中青旅股份有限公司是由中国青年旅行社总社作为发起人、采用社会募集方式设立的股份有限公司，公司于1997年11月在上海证券交易所挂牌上市。2010年，中青旅坚持“专业化、网络化、品牌化”的发展路径和“品牌扩张、规模优先”的扩张战略，业绩再创新高。2010年，公司实现主营业务收入60.84亿元，较2009年同期减少1.73%；净利润2.65亿元，较2009年同期增长 4.53%。中青旅的主要业务包括旅游业务和策略投资业务。

1. 旅游业务

旅行社业务：旅行社业务包括出入境旅游、国内旅游和自由行业务。2010 年，公司进一步夯实旅游主业的“一体两翼”扩张战略，以公民旅游市场的出境游和自由行业务为主体，以遨游网事业部和渠道拓展部为两翼，搭建“线上 + 线下”的营销渠道，依靠资源采购、服务质量和市场推广三大要素助推，力求实现经营规模的快速扩张和利润增长方式的创新转变。

会展服务业务：公司会展的业务布局已从北京一地发展到环渤海、长三角、珠三角的全面服务网络，业务链条从企业会展领域延伸至品牌管理、公关顾问、活动策划、项目管理、广告等领域。

景区及酒店业务：2010 年，乌镇景区被评为国家 5A 级景区，“整体产权开发、复合多元运营、度假商务并重”的核心经营模式打开了景区业务的成长空间。2010 年，直接受益于“世博会”巨大客流的拉动，乌镇景区累计接待游客 575 万人次，较 2009 年同期增长 77.5%，其中东栅 435 万人次，西栅 140 万人次；实现销售收入 4.88 亿元，较 2009 年同期增长 61%；实现净利润 1.85 亿元，较 2009 年同期增长 104%。同时，公司坚持景区开发的“文化旅游化”，复制“类乌镇模式”。2010 年，公司投资设立北京古北水镇旅游有限公司，注册资本 2.1 亿元，项目已经正式列入北京“十二五”发展规划。2010 年，中青旅山水时尚酒店立足“酒店经营 + 物业租赁”的差异化发展策略，继续品牌扩张。截至 2010 年底，连锁酒店增至 15 家，整体经营情况保持稳定增长，实现营业收入 2.07 亿元，较 2009 年同期增长 15.6%，2010 年实现净利润 1 678 万元。

2. 策略投资业务

中青旅创格科技有限公司的 IT 分销和系统集成业务稳步上升，H3C（华为 3COM）分销业务主网、监控、服务等各领域均保持较高增长，在全国总代理商的市场规模继续保持排名第一，公司强化资金流管理，进一步提升运营效率，2010 年实现营业收入 10.9 亿元、净利润 2 062 万元。

中青旅风采科技有限公司的西南三省（云、贵、川）电脑福利彩票业务继续保持稳定增长，2010 年三省电脑福利彩票总销量突破 70 亿元，实现营业收入同比增长 30%。

中青旅绿城投资置业有限公司坚守高品质战略，积极灵活应对国家对房地产行业的宏观调控，2010 年实现收入 1.01 亿元，利润贡献权益利润 0.45 亿元。

中青旅大厦 2010 年持续保持良好盈利能力，实现出租收入 5 188 万元，较 2009 年同期增长 6%，外租面积的出租率达 99%，为公司提供了持续有效的利润保障。

展望未来，以下几个因素将支撑公司未来的快速增长：①旅游业作为战略性支柱产业地位的确立以及旅游业的蓬勃发展为公司发展创造了良好的外部条件；②中青旅上市以来积淀的巨大品牌价值及跨业态的经营模式，使公司成为极具成长空间的旅游集团企业；③乌镇景区接待能力持续提升，成为新的利润增长点；④会展业务加速释放盈利能力。

桑德环境

桑德环境资源股份有限公司是由原湖北原宜经济发展（集团）股份有限公司以定向募集方式改组设立的股份有限公司，于

1998 年 2 月在深圳证券交易所挂牌上市。公司主营业务为固废处置工程系统集成和市政供水、污水处理项目的投资及运营服务，是目前 A 股唯一一家主营业务为固废处置的上市公司。

2010 年，公司实现营业收入 97 201.18 万元，同比增长 42.01%；营业成本 62 861.43 万元，同比增长 55.21%；实现净利润 21 575.74 万元，同比增长 38.29%；实现每股收益 0.50 元。

展望未来，桑德环境迎来了外部政策支持和内部发展增速的良好环境。从政策环境看，“十二五”将迎来环保产业高速发展的时期，国家对环保产业高度重视，节能环保产业位列战略性新兴产业之首，财税政策等将会进一步向节能环保产业倾斜。从公司战略看，公司将进一步完善固废行业产业链条，打造成一个高品位、高品质、高技术，在产业、资本市场形象俱优的一流专业环保企业。

五、上市公司在该行业中的影响力

2010 年，旅游业与旅馆业上市公司 26 家，占社会服务业上市公司数量的 43.33%；境内总市值 1 599.63 亿元，占社会服务业上市公司总市值的 40.34%。2010 年，旅游业和旅馆业上市公司实现营业收入 471.52 亿元，利润总额 77.97 亿元，分别占社会服务业上市公司的 37.9% 和 52.6%。

旅游业与旅馆业上市公司作为旅游业的重要组成部分，对旅游业产生了重大影响。中国旅游协会和中国旅游研究院联合发布的“2010 年中国旅游集团营业额 20 强排名”显示，21 家上榜公司中 11 家来自旅游类上市公司，排名前 7 位的旅游集团都已上市。由此可见，旅游类上市公司对旅游行业的影响巨大，已经成为旅游行业发展的排头兵和领头羊，发挥着核心和主导作用。同时，上市公司通过不断探索和创新，挖掘出适合自身企业发展和市场需求的商业模式，如“旅游 + 地产”、“旅游 + 会展”、“旅游综合体”等，不仅极大推动了旅游上市公司的规模扩展和区域布局，同时也为行业内其他企业的发展提供了宝贵可借鉴的经验。

招商证券研究发展中心
审稿人：姚　俊
撰稿人：李　东

传播与文化产业

一、传播与文化产业总体概况

2010 年是中国文化体制改革逐步深化的一年。在 2009 年快速发展的基础上，报纸、广播、电视、电影等传统行业表现优秀、三网融合进入实施阶段、全媒体产业时代阔步而来；资本市场上传媒与文化板块备受青睐，业内企业上市热情也空前高涨。

2010 年也是我国实施“十一五”规划的收官之年，中国传媒与文化产业的收入规模与结构都发生了极大的变化。这一年，新媒体产业的产值规模已经与传统媒体基本持平，占据了整个传媒产业的半壁江山。2010 年 12 月公布的“十二五”规划建议也首次明确提出我国将推动文化产业成为国民经济支柱性产业，这无疑将为文化传媒行业增添新的动力。随着“十二五”规划的正式出台，产业资本加速进入以传媒业为代表的文化产业，整个行业在国民经济中的支柱产业地位将逐渐凸显。

根据《2011 年中国传媒产业发展报告》的数据，2010 年中国传媒产业的总产值为 5 808 亿元，比 2009 年增长 17.70%。总产值不仅突破了 5 000 亿元大关，增长幅度亦是五年来最大，与 2005 年相比产业规模整整翻了一番。从各行业的市场规模与结构看，2010 年，传媒与文化产业各行业产值普遍呈现增长趋势，只有音像制品出现小幅减少，网络广告、电影产业、广播广告收入规模分列增长前三位，与 2009 年同期相比分别增长了 54.90%，47.40% 和 34.00%。其中，移动增值业务规模占传媒产业总体市场收入规模的 31.90%，与 2009 年相比略有增长，仍是传媒产业重要组成部分。

可以预见，伴随着中国经济的持续稳健增长、经济与消费结构的调整与优化以及文化体制改革的进一步深化，传媒与文化产业的发展将会迎来更加广阔的空间。

二、行业内上市公司发展概况

（一）行业内上市公司基本情况

截至 2010 年底，传媒行业共涵盖 24 家上市公司、24 只 A 股股票，占沪深两市股票总数的 1.12%，较 2009 年比重有所上升。截至 2010 年底，行业市值总额为 1 663.55 亿元、占沪深两市比重的 0.62%；流通 A 股市值为 878.47 亿元，在沪深两市中占比 0.46%。

传播与文化产业上市公司发行股票概况见表 1。

表1　　传播与文化产业上市公司发行股票概况

门　类	A、B股总数	A股股票数	B股股票数	境内总市值（亿元）	流通A股市值（亿元）	流通B股市值（亿元）
传播与文化产业	24	24	0	1 663.55	878.47	0.00
占沪深两市比重（%）	1.12	1.12	0.00	0.62	0.46	0.00

资料来源：天相投顾分析系统。

（二）行业内上市公司构成情况

按照上市地划分，行业中在上海证券交易所和深圳证券交易所上市的公司均为12家，分别占沪、深两市上市公司总数的1.34%和1.03%。

从经营角度来看，行业内A股上市公司中无ST公司，但是有5家*ST公司。

从股改完成情况来看，截至2010年底整个行业内24家上市公司全部完成股改。

传播与文化产业上市公司构成情况见表2。

表2　　传播与文化产业上市公司构成情况　　单位：家

门　类	沪市			深市			ST/*ST	股改/未股改
	仅A股	仅B股	A+B股	仅A股	仅B股	A+B股		
传播与文化产业	12	0	0	12	0	0	0/5	24/0
占行业内上市公司比重（%）	50.00	0.00	0.00	50.00	0.00	0.00	0.00/20.83	100.00/0.00

资料来源：天相投顾分析系统。

按照证监会的行业分类，国内传播与文化行业主要可分为出版业、广播电影电视业、信息传播服务业与其他传播文化产业4个大类，其中有多家公司的业务同时涵盖几个大类，按照各类业务收入占总收入比例最高为标准，各子行业涵盖公司数量分别为：出版业8家、广播电影电视业6家、信息传播服务业6家、其他传播文化产业4家。

传播与文化产业上市公司具体分布见表3。

表3　　传播与文化产业上市公司具体分布

A、B股类别	公司代码	公司名称	所属大类	A、B股类别	公司代码	公司名称	所属大类
沪市A股	600373	*ST鑫新	出版业	深市A股	000504	*ST传媒	出版业
	600551	时代出版			002181	粤传媒	
	600633	*ST白猫			300148	天舟文化	
	601098	中南传媒			000917	电广传媒	广播电影电视业
	601999	出版传媒			002238	天威视讯	
	600088	中视传媒	广播电影电视业		300027	华谊兄弟	
	600831	广电网络			300133	华策影视	
	600386	北巴传媒	其他传播、文化产业		300071	华谊嘉信	其他传播、文化产业
	600681	S*ST万鸿			000693	S*ST聚友	信息传播服务业
	601801	皖新传媒			000793	华闻传媒	
	600037	歌华有线	信息传播服务业		300058	蓝色光标	
	600880	博瑞传播			300104	乐视网	

资料来源：天相投顾分析系统。

（三）行业内上市公司股改情况

截至2010年底，行业内24家上市公司全部完成股改。在传媒行业上市公司中，流通A股占总股本的比例为60.70%，较2009年底下降了2.12%；流通B股较2009年下降了0.97%；限售A股比例则增长了6.09个百分点，达到33.21%。

2010年传播与文化产业上市公司股本变动情况见表4。

表4　传播与文化产业上市公司股本变动情况　　单位：万股

指　标	2010年底	2009年底	增长变动（%）
总股本	1 120 721.71	470 848.85	138.02
其中：A股	1 120 721.71	466 286.21	140.35
B股	0.00	4 562.64	-100.00
非限售流通A股	680 238.16	309 906.97	119.50
非限售流通A股比重（%）	60.70	62.82	-5.12
流通B股	0.00	4 562.64	-100.00
流通B股比重（%）	0.00	0.97	-0.97
限售A股	440 483.55	156 379.25	181.68
限售A股比重（%）	39.30	33.21	6.09

资料来源：天相投顾分析系统。

（四）行业内上市公司融资情况

2010年全年传媒行业共有蓝色光标在内的9家上市公司进行了融资，有7家是采取新股首次发行的形式，占沪深两市530家融资公司的1.70%，占沪深两市336家新股发行公司总数的2.08%。

2010年传播与文化产业上市公司与沪深两市融资情况对比见表5。

表5　传播与文化产业上市公司与沪深两市融资情况对比　　单位：家

	融资家数	新　股	配　股	增　发
传播与文化产业	9	7	0	2
沪深两市总数	530	336	20	174
占比（%）	1.70	2.08	0.00	1.15

资料来源：天相投顾分析系统。

按公司所处行业细分，出版业有4家上市公司进行了融资，其中有2家采取新股首次发行的形式，分别是天舟文化和中南传媒（见表6）。天舟文化以21.88元发行1 900万股，总共募集资金数达3.79亿元。中南传媒以10.66元发行39 800万股，总共募集资金数达41.23亿元（见表7）。

广播电视电影业只有华策影视一家上市公司进行了融资，以68.00元的发行价发行1 412万股，共募集资金数达9.07亿元。

信息传播服务业共有两家上市公司进行了融资，其中蓝色光标以33.86元发行2 000万股，总共募集资金数达6.21亿元。乐视网以29.20元发行2 500万股，总共募集资金数达6.82亿元。

2010年，传播与文化产业上市公司融

资情况及融资明细见表6、表7。

表6　　传播与文化产业上市公司融资情况

代　码	公司名称	融资类别	所属大类	证券类型
300058	蓝色光标	首发	信息传播服务业	创业板
300071	华谊嘉信	首发	其他传播、文化产业	创业板
300104	乐视网	首发	信息传播服务业	创业板
300133	华策影视	首发	广播电影电视业	创业板
300148	天舟文化	首发	出版业	创业板
600373	中文传媒	增发	出版业	沪市
600551	时代出版	增发	出版业	沪市
601098	中南传媒	首发	出版业	沪市
601801	皖新传媒	首发	其他传播、文化产业	沪市

资料来源：天相投顾分析系统。

表7　　传播与文化产业上市公司融资明细

代　码	公司名称	发行价格（元）	实际发行数量（万股）	实募集资金数（亿元）
300058	蓝色光标	33.86	2 000.00	6.21
300071	华谊嘉信	25.00	1 300.00	2.86
300104	乐视网	29.20	2 500.00	6.82
300133	华策影视	68.00	1 412.00	9.07
300148	天舟文化	21.88	1 900.00	3.79
600373	中文传媒	7.56	37 974.50	28.71
600551	时代出版	16.76	3 091.50	5.01
601098	中南传媒	10.66	39 800.00	41.23
601801	皖新传媒	11.80	11 000.00	12.39

资料来源：天相投顾分析系统。

其他传播文化产业有2家上市公司进行了融资，其中华谊嘉信以25.00元发行1 300万股，总共募集资金数达2.86亿元。皖新传媒以11.80元发行11 000万股，总共募集资金数达12.39亿元。

（五）行业内上市公司资产及业绩情况

截至2010年，传媒行业上市公司资产总值达699.52亿元，比2009年增长43.84%。流动资产388.66亿元，非流动资产310.87亿元，两项资产分别比2009年增长了61.48%和26.56%；归属母公司股东权益为415.36亿元，比2009年增长了61.88%。

2010年传播与文化产业上市公司资产情况见表8。

2010年，传媒行业上市公司合计实现营业收入355.33亿元，比2009年增长24.86%；利润总额为47.43亿元，其中归属于母公司所有者的净利润为38.66亿元，比2009年增长了52.90%。

2010年传播与文化产业上市公司收入实现情况见表9。

表 8　　传播与文化产业上市公司资产情况　　单位：亿元

资产指标	2010 年	2010 年增长（%）	2009 年	2009 年增长（%）	2008 年
总资产	699.52	43.84	295.27	11.46	259.38
流动资产	388.66	61.48	129.64	11.24	111.29
占比（%）	55.56	6.07	43.91	-0.08	42.91
非流动资产	310.87	26.56	165.63	11.62	148.09
占比（%）	44.44	-6.07	56.09	0.08	57.09
流动负债	178.17	11.69	90.85	-1.95	89.59
占比（%）	25.47	-7.33	30.77	-4.21	34.54
非流动负债	81.86	60.47	44.23	33.99	33.01
占比（%）	11.70	1.21	14.98	2.52	12.73
归属于母公司股东权益	415.36	61.88	150.12	14.84	128.24
占比（%）	59.38	6.62	50.84	1.50	49.44

资料来源：天相投顾分析系统。

表 9　　传播与文化产业上市公司收入实现情况　　单位：亿元

业绩指标	2010 年	2010 年增长（%）	2009 年	2009 年增长（%）	2008 年
营业收入	355.33	24.86	122.03	16.79	100.39
利润总额	47.43	51.32	10.21	-5.60	9.97
归属于母公司所有者的净利润	38.66	52.90	7.97	1.66	7.16

资料来源：天相投顾分析系统。

（六）利润分配情况

2010 年，共有 16 家传播与文化产业上市公司进行了分红配股。其中，7 家公司实施送股及转增股本，16 家公司实施派息，既送股、转增又派息的公司 7 家。送股、转增及派息比例最高值为每股送 1.2 股（乐视网）和每股派息 0.6 元（华策影视）。

2010 年传播与文化产业上市公司分红情况见表 10。

表 10　　传播与文化产业上市公司分红情况

代　码	名　称	送股及转增比例	每股派息（税前　元）	基准股本（万股）
000793	华闻传媒	—	0.020	136 013.26
000917	电广传媒	—	0.075	40 637.84
002181	粤 传 媒	—	0.030	35 016.19
002238	天威视讯	0.200	0.100	26 700.00
300027	华谊兄弟	0.800	0.200	33 600.00
300058	蓝色光标	—	0.200	12 000.00
300071	华谊嘉信	1.000	0.100	5 175.53
300104	乐视网	1.200	0.150	10 000.00
300133	华策影视	1.000	0.600	5 648.00
300148	天舟文化	0.300	0.150	7 500.00
600037	歌华有线	—	0.100	106 036.09
600088	中视传媒	—	0.085	33 142.20
600551	时代出版	0.200	0.100	42 152.11
601098	中南传媒	—	0.060	179 600.00
601801	皖新传媒	—	0.100	91 000.00
601999	出版传媒	—	0.030	55 091.47

资料来源：天相投顾分析系统。

（七）其他财务指标情况

1. 盈利能力指标

2010 年，传媒行业总体毛利率为 31.51%，较 2009 年有所下降，降幅为 0.95%；净资产收益率较 2009 年亦有所回落，下降了 0.55 个百分点，达到 9.31%。但销售净利率和资产净利率均有所增长，其中，销售净利率比 2009 年增长 1.99 个百分点，达到 10.88%。资产净利率相比 2009 年亦有所增加，达到 6.52%。

2010 年传播与文化产业上市公司盈利能力情况见表 11。

表 11　传播与文化产业上市公司盈利能力情况　单位:%

盈利能力指标	2010 年	2010 年变动	2009 年	2009 年变动	2008 年
毛利率	31.51	-0.95	28.38	0.65	29.61
净资产收益率	9.31	-0.55	5.31	-0.69	5.59
销售净利率	10.88	1.99	6.53	-0.97	7.13
资产净利率	6.52	1.05	2.85	-0.23	2.86

资料来源：天相投顾分析系统。

2. 偿债能力指标

2010 年传播与文化产业上市公司偿债能力指标见表 12。

表 12　传播与文化产业上市公司偿债能力指标

偿债能力指标	2010 年	2010 年变动	2009 年	2009 年变动	2008 年
流动比率（次）	2.18	0.67	1.43	0.17	1.24
速动比率（次）	1.80	0.64	1.09	0.16	1.00
资产负债率（%）	37.17	-6.12	45.75	-1.69	47.27

资料来源：天相投顾分析系统。

2010 年传媒行业流动比率与速动比率较 2009 年均出现上升，资产负债率有所下降。整体偿债能力指标比较平稳。

3. 营运能力指标

2010 年，行业内存货周转率、应收账款周转率和固定资产周转率均稳中有升，同比 2009 年增长 0.57、0.46 和 0.25 个百分点。流动资产周转率和总资产周转率则略有下降。

2010 年传播与文化产业上市公司营运能力情况见表 13。

表 13　传播与文化产业上市公司营运能力情况　单位：次

营运能力指标	2010 年	2010 年变动	2009 年	2009 年变动	2008 年
存货周转率	4.70	0.57	3.50	0.06	3.65
应收账款周转率	11.98	0.46	12.68	0.92	7.41
流动资产周转率	1.13	-0.13	0.99	0.06	0.93
固定资产周转率	2.13	0.25	1.14	0.06	1.04
总资产周转率	0.60	-0.02	0.44	0.03	0.40

资料来源：天相投顾分析系统。

三、重点细分行业介绍

根据证监会的行业分类，传媒行业沪深两市上市公司共覆盖4个大类，分别是出版业、广播电影电视业、信息传播服务业与其他传播文化产业。其中有些传媒上市公司业务同时兼具其中两类或三类，为了便于比较，这里仍以各大类业务收入占总收入比例最高为标准进行统计。

传播与文化产业各子行业上市公司及市值情况见表14。

表14　传播与文化产业各子行业上市公司及市值情况

大　类	上市公司家数（家）	占行业内比重（%）	境内总市值（亿元）	占行业内比重（%）
出版业	8	33.33	557.42	33.51
广播电影电视业	6	25.00	446.71	26.85
其他传播、文化产业	4	16.67	205.38	12.35
信息传播服务业	6	25.00	454.04	27.29

资料来源：天相投顾分析系统。

（一）出版业

1. 行业概括

《中国新闻出版报》刊登的数据显示，2010年全国出版、印刷和发行服务业实现总产出12 698.10亿元，较2009年增长19.00%。其中，出版图书32.80万种，较2009年增长8.80%；出版期刊9 884种，较2009年增长0.30%；出版报纸1 939种，较2009年增长0.10%；出版音像制品21 552种，较2009年下降15.10%；出版电子出版物11 175种，较2009年增长4.40%；数字出版实现总产出1 051.80亿元，较2009年增长31.60%。

2010年1月1日，国家新闻出版总署出台《关于进一步推动新闻出版产业发展的指导意见》，指出要“鼓励和支持新闻出版骨干企业跨媒体、跨行业、跨地区、跨国界和跨所有制重组，在三到五年内，重点培育六七家资产超过百亿、销售超过百亿的国内一流、国际知名的大型新闻出版企业，努力打造具有国际竞争力的跨国出版传媒集团。与此同时，大力培育一批走内涵式发展道路的‘专、精、特、新’现代新闻出版企业。鼓励条件成熟的新闻出版企业上市融资。”该指导意见的出台将进一步推动国内出版发行企业的改革、整合进度。

2. 行业内上市公司的业绩情况

2010年出版业上市公司业绩增长率下降，但仍保持了良好的增长趋势，其中营业收入同比增长16.09%，利润总额与归属于母公司所有者的净利润分别增长48.86%和58.14%。

2010年出版业上市公司收入及资产增长情况见表15。

毛利率和净资产收益率分别下降了0.32%和3.02%，但销售净利率和资产净利率分别增长了3.01%和0.87%。

2010年出版业上市公司盈利能力情况见表16。

表 15 **出版业上市公司收入及资产增长情况** 单位：亿元

指　标	2010 年	2010 年增长（%）	2009 年	2009 年增长（%）	2008 年
营业收入	121.90	16.09	17.86	-2.89	18.39
利润总额	14.24	48.86	-0.81	88.94	-0.43
归属于母公司所有者的净利润	13.80	58.14	-0.99	84.33	-0.54
总资产	231.84	69.80	40.41	-0.90	40.78
归属于母公司股东权益	166.66	115.79	28.07	-4.61	29.43

资料来源：天相投顾分析系统。

表 16 **出版业上市公司盈利能力情况** 单位:%

盈利能力指标	2010 年	2010 年变动	2009 年	2009 年变动	2008 年
毛利率	34.08	-0.32	23.28	0.19	23.09
净资产收益率	8.28	-3.02	-3.52	-1.70	-1.82
销售净利率	11.32	3.01	-5.53	-2.61	-2.91
资产净利率	7.49	0.87	-2.43	-1.14	-1.29

资料来源：天相投顾分析系统。

资产负债率和总资产周转率分别下降了15.68%和0.14%，但存货周转率上升了0.10%。

2010 年出版业上市公司偿债及营运情况见表 17。

表 17 **出版业上市公司偿债及营运情况**

指　标	2010 年	2010 年变动	2009 年	2009 年变动	2008 年
资产负债率（%）	26.85	-15.68	30.39	2.66	27.73
存货周转率（次）	3.21	0.10	2.43	-0.41	2.85
总资产周转率（次）	0.66	-0.14	0.44	0.00	0.44

资料来源：天相投顾分析系统。

（二）广播电影电视业

1. 行业概括

2010 年，全国广播电影电视总收入达2 459.08亿元，较 2009 年增长 25.50%。电影综合效益达到 157.21 亿元，较 2009 年增长 47.55%。

2. 行业内上市公司的业绩情况

2010 年，广播电视电影业上市公司的业绩增长迅猛。其中营业收入增长 34.22%达到 107.39 亿元，利润总额增长 111.24%达到 12.26 亿元，归属于母公司所有者的净利润达到 9.34 亿元，较 2009 年增长了 112.22%。

2010 年广播电影电视业上市公司收入及资产增长情况见表 18。

表 18　　广播电影电视业上市公司收入及资产增长情况　　单位：亿元

指　标	2010 年	2010 年增长（%）	2009 年	2009 年增长（%）	2008 年
营业收入	107. 39	34. 22	78. 35	24. 42	58. 88
利润总额	12. 26	111. 24	5. 07	5. 18	3. 98
归属于母公司所有者的净利润	9. 34	112. 22	3. 85	46. 62	1. 94
总资产	214. 50	24. 93	169. 29	16. 01	140. 38
归属于母公司股东权益	92. 19	31. 64	68. 22	33. 38	48. 67

资料来源：天相投顾分析系统。

从盈利能力指标看，净资产收益率上升 3. 85 个百分点，毛利率、销售净利率和资产净利率也均出现了提高。

2010 年广播电影电视业上市公司盈利能力情况见表 19。

表 19　　广播电影电视业上市公司盈利能力情况　　单位:%

盈利能力指标	2010 年	2010 年变动	2009 年	2009 年变动	2008 年
毛利率	28. 74	1. 75	26. 99	-3. 67	29. 05
净资产收益率	10. 13	3. 85	5. 64	0. 51	3. 99
销售净利率	8. 70	3. 20	4. 91	0. 74	3. 30
资产净利率	4. 84	2. 08	2. 44	0. 54	1. 46

资料来源：天相投顾分析系统。

负债水平有所下降，盈利能力有所好转。

2010 年广播电影电视业上市公司偿债及营运情况见表 20。

表 20　　广播电影电视业上市公司偿债及营运情况

指　标	2010 年	2010 年变动	2009 年	2009 年变动	2008 年
资产负债率（%）	51. 86	-2. 08	54. 36	-5. 31	59. 84
存货周转率（次）	4. 19	0. 73	3. 52	0. 16	3. 37
总资产周转率（次）	0. 56	0. 05	0. 50	0. 04	0. 44

资料来源：天相投顾分析系统。

（三）信息传播服务业

1. 行业概括

在证监会行业分类中，歌华有线、博瑞传播、S * ST 聚友、华闻传媒、蓝色光标、乐视网归入信息传播服务业。

2. 行业内上市公司的业绩情况

2010 年，信息传播服务业上市公司的营业收入增长 32. 12% 达到 73. 21 亿元，利润总额增长 34. 97% 至 15. 33 亿元，归属于母公司的净利润上升 31. 70% 至 10. 32 亿元。行业总资产和归属于母公司股东权益分别增长了 40. 95% 和 32. 09% 。

2010 年信息传播服务业上市公司收入及资产增长情况见表 21。

表 21　　信息传播服务业上市公司收入及资产增长情况　　单位：亿元

指　标	2010 年	2010 年增长（%）	2009 年	2009 年增长（%）	2008 年
营业收入	73.21	32.12	25.74	11.70	23.04
利润总额	15.33	34.97	5.87	-1.66	5.97
归属于母公司所有者的净利润	10.32	31.70	5.02	-4.86	5.28
总资产	182.24	40.95	84.81	9.95	77.14
归属于母公司股东权益	110.62	32.09	58.64	6.64	54.99

资料来源：天相投顾分析系统。

从盈利能力指标看，资产净利率有稍许增长分别达到 6.63%，但毛利率、净资产收益率和销售净利率都出现了一定程度的下滑，分别下降 4.79、0.03 和 0.05 个百分点。

2010 年信息传播服务业上市公司盈利能力情况见表 22。

表 22　　信息传播服务业上市公司盈利能力情况　　单位:%

盈利能力指标	2010 年	2010 年变动	2009 年	2009 年变动	2008 年
毛利率	33.57	-4.79	36.05	-0.20	36.25
净资产收益率	9.33	-0.03	8.58	-1.03	9.61
销售净利率	14.10	-0.05	19.55	-3.39	22.94
资产净利率	6.63	0.20	6.21	-0.90	7.11

资料来源：天相投顾分析系统。

资产负债率上升 5.42 个百分点，存货周转率和总资产周转率分别上升了 2.26 和 0.02 个百分点。

2010 年信息传播服务业上市公司偿债及营运情况见表 23。

表 23　　信息传播服务业上市公司偿债及营运情况

指　标	2010 年	2010 年变动	2009 年	2009 年变动	2008 年
资产负债率（%）	34.29	5.42	29.71	2.01	27.70
存货周转率（次）	9.46	2.26	6.08	-3.06	9.14
总资产周转率（次）	0.47	0.02	0.32	0.01	0.31

资料来源：天相投顾分析系统。

（四）其他传播文化产业

1. 行业概括

在证监会行业分类中，北巴传媒、ST 万鸿、皖新传媒、华谊嘉信归入其他传播文化产业。

2. 行业内上市公司的业绩情况

2010 年，其他传播文化产业上市公司业绩明显反弹。

2010 年其他传播文化产业上市公司收

入及资产增长情况见表24。

表24　　其他传播文化产业上市公司收入及资产增长情况　　单位：亿元

指　标	2010年	2010年增长（%）	2009年	2009年增长（%）	2008年
营业收入	52.83	19.65	0.09	3.89	0.08
利润总额	5.61	21.34	0.08	-82.02	0.45
归属于母公司所有者的净利润	5.19	20.28	0.08	-82.61	0.47
总资产	70.94	45.38	0.76	-29.56	1.08
归属于母公司股东权益	45.88	79.40	-4.81	-0.70	-4.85

资料来源：天相投顾分析系统。

从盈利指标来看，毛利率和销售净利率均出现了大幅下降，下降幅度分别达到55.59%和131.85%。

2010年其他传播文化产业上市公司盈利能力情况见表25。

表25　　其他传播文化产业上市公司盈利能力情况　　单位:%

盈利能力指标	2010年	2010年变动	2009年	2009年变动	2008年
毛利率	28.34	-0.93	61.49	30.37	31.12
净资产收益率	11.31	-5.56	-1.70	7.99	-9.68
销售净利率	9.82	0.05	93.21	-463.49	556.70
资产净利率	8.67	-0.12	8.90	-26.59	35.50

资料来源：天相投顾分析系统。

负债水平下降颇为明显，资产负债率达到33.88%，较2009年下降了701.08%，存货周转率和总资产周转率均有所上升。

2010年其他传播文化产业上市公司偿债及营运情况见表26。

表26　　其他传播文化产业上市公司偿债及营运情况

指　标	2010年	2010年变动	2009年	2009年变动	2008年
资产负债率（%）	33.88	-12.75	734.96	184.54	550.43
存货周转率（次）	15.53	0.47	0.09	-0.06	0.15
总资产周转率（次）	0.88	-0.02	0.10	0.03	0.06

资料来源：天相投顾分析系统。

四、重点上市公司介绍

华谊兄弟

2010年，公司实现营业收入10.72亿元，比2009年增长77.40%；利润总额为1.90亿元，比2009年同期增长64.93%；净利润为1.50亿元，比2009年同期增长78.63%；归属于公司普通股股东的净利润为1.49亿元，比2009年同期增长76.46%，对应EPS为0.44元。

公司原有的主营业务为电影、电视剧、艺人经纪。2010 年，在经营主营业务的同时，公司又开发了新业务，包括音乐和影院的投资管理运营业务。新业务属于公司主营业务的一部分。其中，电影收入 6.23 亿元，同比增长 209.39%；电视剧收入 3.23 亿元，同比增长 15.44%，艺人经纪收入 1.25 亿元，同比增长 0.04%；音乐收入和电影院收入分别为 0.16 亿元和 0.08 亿元。

2010 年公司电影业务增长迅猛，主要原因是公司发行的影片数量增加，并且取得较高的票房收入，电影作品《唐山大地震》、《狄仁杰之通天帝国》、《非诚勿扰 II》均创造了较好的票房成绩；电视剧生产规模比 2009 年扩大；艺人数量不断增加；音乐及影院业务也有较好的营收表现，从而推动营业收入稳步增长。同时，随着经营规模的扩大，公司营运资金日趋充足，现金流趋向良好。

蓝色光标

2010 年，公司实现营业收入 4.96 亿元，同比增长 34.85%；实现营业利润 0.88 亿元，同比增长 28.23%；归属于母公司净利润 0.60 亿元，同比增长 24.61%；对应 EPS 为 0.52 元。

公司主营业务为公共关系服务，其核心业务是为企业提供品牌管理服务，2010 年公司实现公共关系服务收入 4.96 亿元，同比增长 34.85%。

2010 年公司主营业务结构进一步优化，按照行业划分，营业收入主要来自 IT 行业、消费品、汽车、互联网、手机等行业，2010 年公司原有优势行业 IT 继续增长，汽车、消费品等行业收入则快速增长。其中互联网营业收入 0.40 亿元，同比增长 71.69%；消费品营业收入 0.88 亿元，同比增长 54.62%；汽车行业营业收入 0.87 亿元，同比增长 43.57%；手机业务营业收入 0.30 亿元，同比增长 59.84%，业务结构得到进一步优化。

按照品牌划分，公司拥有蓝标、智扬、博思翰扬三大服务品牌，报告期内公司强化旗下各个品牌之间在客户资源、媒体资源、知识资源及管理资源等方面协作分享。蓝标品牌营业收入 4.42 亿元，同比增长 51.36%；由于智扬部分客户转入蓝标品牌，导致营业收入下降 51.50%；博思翰扬同比增长 22.65%。而就地区而言，由于公司对上海公司的管理团队进行了调整，加强了上海地区的业务开发，取得明显的效果，使得上海地区业务同比大增 366.93%，成为业务增长的新亮点。

五、宏观经济稳步发展对传播与文化行业影响

在国内宏观经济持续稳步增长的背景下，2010 年传媒行业实现收入、利润双丰收：全行业实现营业收入 510 亿元，同比增长 28.60%；实现净利润 58.80 亿元，同比增长 54.90%。

报业广告行业：中国报业广告市场赢得了近年来难得一见的高增长，且出现了报业广告跑赢整体广告市场的现象。2010 年，报业广告经营额达 439 亿元，比 2009 年增长 18.50%，显著高于 2009 年同期的 8.10%。在报纸广告领域，房地产业、汽车业和商业零售业是其中的支柱行业，2010 年报业广告资源发生了结构性转变。根据 CTR 统计，2010 年对报纸广告贡献最大的是商业零售业，占比 28.90%，远超过 2009

年15.00%的水平；其次是汽车行业，占比21.00%，也远高于2009年9.00%的水平。这主要是由于房地产行业2010年受到国家出台的房地产宏观调控政策影响，因而广告投放增速放缓。

广播电影电视业：2010年，我国广播产业表现非凡，出现大幅上扬的发展态势。2010年，中国广播电台整体广告收入为96.30亿元，比2009年同期增长34.00%。2010年全国广播电视行业总收入2 238亿元，首次突破2 000亿元，比2009年增长20.78%。其中，电视行业收入增长幅度虽低于广播，但仍较2009年有明显增长。2010年1月，国务院发布了《关于促进电影产业繁荣发展的指导意见》。在政策支持下，我国电影业继续保持跨越式发展态势，电影已成为我国传媒产业中最具成长潜力的行业。2010年，国产电影的海外销售收入达到35.17亿元，较2009年增长26.90%；全国各电影频道播放电影的收入为20.32亿元，较2009年增长20.00%；全年电影综合收益157.21亿元，较2009年增长47.30%。由于我国城市居民已初步形成观影习惯，使得影视版块的爆发有着广泛的消费者基础，而这种消费上升趋势在一定时期内是不会改变的，所以影视版块的火爆也相应会有一定的持续性。

广告代理营销：截至2010年12月，中国网民规模达到4.57亿，较2009年底增加7 330万人；互联网普及率攀升至34.30%，较2009年提高5.40个百分点。网络的迅速崛起也为传统的广告行业带来了新的契机。基于互联网的广告增长势头迅猛，远远超过了传统广告业务，为广告代理营销业开拓了新的业务渠道。同时，由于行业内的龙头公司纷纷通过横向收购进行外延式扩张，所以保持了稳健增长。

六、十七届六中全会与文化和传播行业发展

（一）十七届六中全会关于文化体制改革的新观点

中国共产党第十七届中央委员会第六次全体会议于2011年10月15日至18日在北京举行，会议审议通过了《中共中央关于深化文化体制改革、推动社会主义文化大发展大繁荣若干重大问题的决定》（以下简称《决定》），对文化行业未来的发展提供了全新的定位和认识。

《决定》是继十七届五中全会首次提出“推动文化产业成为国民经济支柱性产业”之后，再次将“深化文化体制改革”作为中共中央全会的主要议程，充分体现了国家大力发展文化产业的决心和对文化产业的重视，意义非常重大。随着未来党和国家对文化产业的支持政策进一步细化，国内文化产业“大发展，大繁荣”的局面即将到来。具体来讲，《决定》对文化体制改革与发展主要提出以下几点决议：

1. 大力发展公益性文化事业，保障人民基本文化权益

关于发展现代传播体系，提高社会主义先进文化辐射力和影响力，必须加快构建技术先进、传输快捷、覆盖广泛的现代传播体系。首先，要加强党报党刊、通讯社、电台电视台和重要出版社建设，进一步完善采编、发行、播发系统，加快数字化转型，扩大有效覆盖面。其次，要整合有线电视网络，组建国家级广播电视网络公司。最后，

推进电信网、广电网、互联网三网融合，建设国家新媒体集成播控平台，创新业务形态，发挥各类信息网络设施的文化传播作用，实现互联互通、有序运行。

2. 加快发展文化产业，推动文化产业成为国民经济支柱性产业

构建现代文化产业体系。加快发展文化产业，必须构建结构合理、门类齐全、科技含量高、富有创意、竞争力强的现代文化产业体系。要在重点领域推进文化产业的结构调整，发展壮大出版发行、影视制作、印刷、广告、演艺、娱乐、会展等传统文化产业，加快发展文化创意、数字出版、移动多媒体、动漫游戏等新兴文化产业。鼓励有实力的文化企业跨地区、跨行业、跨所有制兼并重组，培育文化产业领域战略投资者。在投资核准、信用贷款、土地使用、税收优惠、上市融资、发行债券、对外贸易和申请专项资金等方面给予支持。

推进文化科技创新。科技创新是文化发展的重要引擎。要发挥文化和科技相互促进的作用，必须深入实施科技带动战略，增强自主创新能力。抓住一批全局性、战略性重大科技课题，以先进技术支撑文化产业发展，加快科技创新成果转化，提高我国出版、印刷、传媒、影视、演艺、网络、动漫等领域技术装备水平，增强文化产业核心竞争力。

（二）传播与文化行业有望迎来发展的春天

《中共中央关于深化文化体制改革、推动社会主义文化大发展大繁荣若干重大问题的决定》提出到2020年要将文化产业发展成为国民经济支柱性产业。一般性而言，产业增加值占GDP的比重达到5.00%，才能称为支柱性产业。这也意味着，到2020年，我国文化产业增加值将超过5.50万亿元。文化产业的大发展大繁荣将不仅有利于国家经济结构的转型和升级，更有利于让文化资源得到充分的保护和利用、增强文化感召力。

从细分子行业来看，传统的报纸平媒、出版发行与有线运营行业受益于政策刺激，并购重组很可能会加速。具体来讲，党的十七届六中全会提出“要整合有线电视网络，组建国家级广播电视网络公司。推进电信网、广电网、互联网三网融合，建设国家新媒体集成播控平台”，有线电视行业整合进度有望进一步加快；同时，随着各省出版行业整合上市进一步加快未来会出现强者恒强的行业竞争格局，规模较小或者经营能力较弱的出版企业有可能会成为收购兼并的对象。

在资本力量的推动下，影视动漫行业正逐步进入快速发展期，未来5年内，我国将成为全球第二大电影市场。同时得益于版权市场的高速发展，电视剧市场收益凸现，整个电影电视剧行业将保持较为长久的高景气状态。除此之外，随着政策扶植的持续，影视动漫等内容、网络新媒体行业的快速发展势头将会持续强化，增速将会大幅超过传统媒体的发展速度。未来随着文化体制改革的进一步深化，将会为影视动漫等新媒体行业的发展注入更为长久的动力。

当前国内广告营销行业收入占GDP比重偏低，随着中国经济持续增长，广告营销行业在未来5—10年内仍将持续快速扩张。2010年，中国广告支出占GDP比重约为0.39%，不仅低于全球平均，而且低于中低收入国家水平，预计这一指标在未来10年内将达到全球平均水平0.74%，复合增长

率达到15.00%，届时行业来自广告、媒介代理的收入将达到75亿美元。

产业资本有望加速流入传播与文化领域，推动行业快速成长。十七届六中全会提出要培育文化产业领域战略投资者，在投资核准、信用贷款、土地使用、税收优惠、上市融资、发行债券、对外贸易和申请专项资金等方面给予支持。在十七届六中全会召开之前，各类资本即开始逐渐涌入传播与文化行业，2011年7月6日在北京人民大会堂宣布成立的中国首只国家级文化产业投资基金即是其中的代表。其是由财政部、中银国际控股有限公司、中国国际电视总公司和深圳国际文化产业博览交易会有限公司共同发起成立，目标总规模为200亿元人民币。中国文化产业投资基金首期募集60亿元，目标规模200亿元，其中财政部出资5亿元，在将来的运作过程中还将吸纳包括VC/PE在内的民间资本的加入。随着十七届六中全会进一步提出要培育文化产业领域战略投资者，并提供各项政策扶持，未来随着文化产业改革的进一步深化，文化产业将成为长期的投资热点，整个产业也将进入快速发展的黄金时期，中国文化产业发展壮大指日可待！

上海申银万国证券研究所有限公司
审稿人：万建军
撰稿人：万建军　张　衡

综 合 类

一、综合类行业总体概况

综合类行业与其他行业相比，其特点是公司业务比较繁杂，主营业务不十分突出。从行业内部来讲，其业务跨度较大，涉及房地产、商业、信息、医药、制造、物流、批发零售、公用事业、餐饮旅游等多种业务。

（一）行业内上市公司基本情况

截至2010年年底，综合类行业共涵盖57只A股，占A市场上市公司总数的2.65%；B股上市公司为0家。截至2010年年底，该行业市值总额为4 071.19亿元、流通A股市值为3 239.32亿元，分别占沪深两市市值总额的1.52%、流通A股市值的1.70%。

综合类上市公司发行股票概况见表1。

表1　综合类上市公司发行股票概况

门　类	A、B股总数	A股股票数	B股股票数	境内总市值（亿元）	流通A股市值（亿元）	流通B股市值（亿元）
综合类	57	57	0	4 071.19	3 239.32	0.00
占沪深两市比重（%）	2.65	2.65	0.00	1.52	1.70	0.00

资料来源：天相投资分析系统。

（二）行业内上市公司构成情况

按上市地划分，综合类行业在上海证券交易所上市的公司有37家，深圳交易所上市公司20家，分别占行业内上市公司总数的64.91%和35.09%。

按A、B股划分，所有综合类57家上市公司都在A板上市。

从经营角度来看，行业内上市公司中ST和*ST公司分别为6家和5家，分别占行业内上市公司总数10.53%和8.77%。

从股改完成情况来看，截至2010年年底，1家公司未完成股改。

综合类上市公司构成情况见表2。

表2　综合类上市公司构成情况　单位：家

门　类	沪市			深市			ST/*ST	股改/未股改
	仅A股	仅B股	A+B股	仅A股	仅B股	A+B股		
综合类	37	0	0	20	0	0	6/5	56/1
占行业内上市公司比重（%）	64.91	0.00	0.00	35.09	0.00	0.00	10.53/8.77	98.25/1.75

资料来源：天相投资分析系统。

综合类行业与其他行业相比，其特点是公司业务比较繁杂，主营业务不十分突出。按公司所处行业大类划分，综合类行业无细分子行业。

综合类上市公司具体分布见表3。

表3　　综合类上市公司具体分布

A、B股类别	公司代码	公司名称	所属大类
沪市A股	600051	宁波联合	综合类
	600119	长江投资	
	600133	东湖高新	
	600157	永泰能源	
	600175	美都控股	
	600193	创兴资源	
	600209	* ST 罗顿	
	600415	小商品城	
	600510	黑牡丹	
	600603	ST 兴　业	
	600620	天宸股份	
	600622	嘉宝集团	
	600624	复旦复华	
	600635	大众公用	
	600647	同达创业	
	600649	城投控股	
	600652	爱使股份	
	600653	申华控股	
	600661	新南洋	
	600687	刚泰控股	
	600701	工大高新	
	600705	S * ST 北亚	
	600711	盛屯矿业	
	600770	综艺股份	
	600777	新潮实业	
	600790	轻纺城	
	600805	悦达投资	
	600811	东方集团	
	600817	* ST 宏盛	
沪市A股	600832	东方明珠	综合类
	600846	同济科技	
	600868	ST 梅雁	
	600872	中炬高新	
	600881	亚泰集团	
	600895	张江高科	
	601678	滨化股份	
	601718	际华集团	
深市A股	000005	世纪星源	综合类
	000009	中国宝安	
	000034	深信泰丰	
	000062	深圳华强	
	000301	东方市场	
	000503	海虹控股	
	000507	珠海港	
	000526	旭飞投资	
	000532	力合股份	
	000540	中天城投	
	000576	ST 甘化	
	000632	三木集团	
	000633	ST 合金	
	000652	泰达股份	
	000691	* ST 亚太	
	000701	厦门信达	
	000722	* ST 金果	
	000839	中信国安	
	000881	大连国际	
	002077	大港股份	

资料来源：天相投资分析系统。

（三）行业内上市公司股改情况

自2005年9月证监会颁布《上市公司股权分置改革管理办法以来》，截至2010年年底，综合类行业上市公司仅1家未完成股改。

截至2010年年底，综合类行业流通A股占总股本比例由82.27%下降到81.96%，下降了0.31个百分点；流通B股比例由0.22%下降到0%；非流通A股比例为

18.04%，提高了0.52个百分点。

2010年综合类上市公司股本变动情况见表4。

表4　　2010年综合类上市公司股本变动情况　　单位：万股

指　标	2010年底	2009年底	增长变动（%）
总股本	4 534 493.60	4 317 844.18	5.02
其中：A股	4 534 493.60	4 308 444.20	5.25
B股	0.00	9 399.99	-100.00
非限售流通A股	3 716 537.41	3 552 181.74	4.63
非限售流通A股比重（%）	81.96	82.27	-0.31
流通B股	0.00	9 399.99	-100.00
流通B股比重（%）	0.00	0.22	-0.22
限售A股	817 956.20	756 262.46	8.16
限售A股比重（%）	18.04	17.51	0.52

资料来源：天相投资分析系统。

（四）行业内上市公司融资情况

2010年全年综合类行业共有5家公司进行融资，占沪深两市530家融资公司总数的0.94%，其中，新股发行2家，配股0家，增发3家，分别占沪深两市融资公司总数的0.94%、0.00%和1.72%。

2010年综合类上市公司与沪深两市融资情况对比见表5。

表5　　2010年综合类上市公司与沪深两市融资情况对比　　单位：家

	融资家数	新　股	配　股	增　发
综合类	5	2	0	3
沪深两市总数	530	336	20	174
占比（%）	0.94	0.60	0.00	1.72

资料来源：天相投资分析系统。

其中，首发2家公司，均在沪市上市；增发的3家公司中，有2家沪市、1家深市。

2010年综合类上市公司融资情况见表6。

表6　　2010年综合类上市公司融资情况

代　码	公司名称	融资类别	所属大类	证券类型
000722	*ST金果	增发	综合类	深市主板
600157	永泰能源	增发	综合类	沪市
600711	盛屯矿业	增发	综合类	沪市
601678	滨化股份	首发	综合类	沪市
601718	际华集团	首发	综合类	沪市

资料来源：天相投资分析系统。

从融资效果来看，2010 年全年上述公司实际增发新股合计 158 665. 38 万股，实际募集资金为 90. 22 亿元。

2010 年综合类上市公司融资明细见表 7。

表 7　　2010 年综合类上市公司融资明细

代　码	公司名称	发行价格（元）	实际发行数量（万股）	实募集资金数（亿元）
000722	* ST 金果	8. 58	19 602. 75	16. 82
600157	永泰能源	16. 05	3 987. 54	6. 21
600711	盛屯矿业	10. 17	1 868. 24	1. 81
600711	盛屯矿业	10. 22	6 506. 85	6. 49
601678	滨化股份	19. 00	11 000. 00	19. 76
601718	际华集团	3. 50	115 700. 00	39. 14

资料来源：天相投资分析系统。

（五）行业内上市公司资产及业绩情况

截至 2010 年年底，综合类上市公司资产总值为 3 000. 39 亿元、非流动资产 1 441. 04 亿元、归属母公司股东权益 1 176. 99 亿元，分别比 2009 年增长了 24. 43%、13. 40%和 21. 62%。

2010 年综合类上市公司资产情况见表 8。

表 8　　综合类上市公司资产情况　　单位：亿元

资产指标	2010 年	2010 年增长（%）	2009 年	2009 年增长（%）	2008 年
总资产	3 000. 39	24. 43	2 552. 57	19. 11	2 143. 11
流动资产	1 559. 35	36. 72	1 294. 13	23. 37	1 048. 97
占比（%）	51. 97	4. 67	50. 70	1. 75	48. 95
非流动资产	1 441. 04	13. 40	1 258. 45	15. 02	1 094. 14
占比（%）	48. 03	-4. 67	49. 30	-1. 75	51. 05
流动负债	1 209. 58	26. 04	1 144. 18	14. 82	996. 48
占比（%）	40. 31	0. 51	44. 82	-1. 67	46. 50
非流动负债	469. 45	28. 95	326. 79	46. 58	222. 94
占比（%）	15. 65	0. 55	12. 80	2. 40	10. 40
归属于母公司股东权益	1 176. 99	21. 62	920. 93	16. 30	791. 86
占比（%）	39. 23	-0. 91	36. 08	-0. 87	36. 95

资料来源：天相投资分析系统。

据 2010 年年报数据，综合类上市公司合计实现营业收入 1 188. 14 亿元、实现利润总额 160. 11 亿元、实现归属母公司所有者的净利润为 114. 69 亿元，分别较 2009 年增长 28. 08%、37. 47%和 41. 96%。

2010 年综合类上市公司收入实现情况见表 9。

表 9　　综合类上市公司收入实现情况　　单位：亿元

业绩指标	2010 年	2010 年增长（%）	2009 年	2009 年增长（%）	2008 年
营业收入	1 188. 14	28. 08	1 214. 29	0. 06	1 213. 61
利润总额	160. 11	37. 47	116. 86	122. 68	52. 48
归属于母公司所有者的净利润	114. 69	41. 96	78. 19	289. 89	20. 05

资料来源：天相投资分析系统。

（六）利润分配情况

2010 年，综合类上市公司中共有 29 家公司实施了送股、转增及分红。其中，9 家公司实施送股及转增股本，26 家公司实施派息，既送股、转增又派息的公司 6 家，送股及转增、派息比例最高值分别为每股送 1.00 股（小商品城）和每股派息 0.200 元（大连国际及悦达投资）。

2010 年综合类上市公司分红情况见表 10。

表 10　2010 年综合类上市公司分红情况

代　码	名　称	送股及转增比例	每股派息（税前　元）	基准股本（万股）
000009	中国宝安	—	0.020	109 075.05
000062	深圳华强	—	0.050	66 694.98
000301	东方市场	—	0.070	121 823.64
000503	海虹控股	0.200	—	74 901.85
000507	珠海港	—	0.035	34 499.74
000532	力合股份	—	0.050	34 470.83
000540	中天城投	0.400	0.100	91 343.74
000652	泰达股份	—	0.100	147 557.39
000701	厦门信达	—	0.150	24 025.00
000839	中信国安	—	0.100	156 793.05
000881	大连国际	—	0.200	30 891.84
600051	宁波联合	—	0.150	30 240.00
600119	长江投资	—	0.050	30 740.00
600157	永泰能源	0.511	0.008	37 554.46
600175	美都控股	0.100	0.010	113 328.86
600415	小商品城	1.000	—	136 080.35
600510	黑牡丹	—	0.150	79 552.27
600620	天宸股份	0.300	—	35 214.21
600622	嘉宝集团	—	0.150	51 430.38
600635	大众公用	—	0.050	164 486.98
600647	同达创业	—	0.030	10 703.35
600649	城投控股	—	0.100	229 809.50
600661	新南洋	—	0.030	17 367.68
600805	悦达投资	0.300	0.200	54 544.52
600832	东方明珠	—	0.100	318 633.49
600846	同济科技	0.200	0.020	52 063.46
600881	亚泰集团	—	0.100	189 473.21
600895	张江高科	—	0.100	154 868.96
601678	滨化股份	0.500	0.100	44 000.00

资料来源：天相投资分析系统。

（七）其他财务指标情况

1. 盈利能力指标

2010 年，综合类上市公司盈利能力基本保持稳定。毛利率为 19.92%，同比下降 2.13 个百分点；净资产收益率、销售净利率分别为 9.74%、9.65%，同比分别提高 1.40、0.62 个百分点。

2010 年综合类上市公司盈利能力情况见表 11。

表 11 综合类上市公司盈利能力情况 单位：%

盈利能力指标	2010 年	2010 年变动	2009 年	2009 年变动	2008 年
毛利率	19.92	-2.13	20.91	2.94	17.97
净资产收益率	9.74	1.40	8.49	5.96	2.53
销售净利率	9.65	0.94	6.44	4.79	1.65
资产净利率	4.24	0.62	3.33	2.37	0.96

资料来源：天相投资分析系统。

2. 偿债能力指标

2010 年，综合类上市公司偿债能力有所提高。资产负债率为 55.96%，同比提高 1.06 个百分点；流动比率和速动比率都有所提升。

2010 年综合类上市公司偿债能力指标见表 12。

表 12 综合类上市公司偿债能力指标

偿债能力指标	2010 年	2010 年变动	2009 年	2009 年变动	2008 年
流动比率（次）	1.29	0.10	1.13	0.08	1.05
速动比率（次）	0.59	0.03	0.54	0.07	0.57
资产负债率（%）	55.96	1.06	57.63	0.73	56.90

资料来源：天相投资分析系统。

3. 营运能力指标

2010 年，综合类上市公司应收账款周转率、存货周转率、固定资产周转率和总资产周转率都不同程度地下降；而流动资产周转率有小幅提高。

2010 年综合类上市公司营运能力情况见表 13。

表 13 综合类上市公司营运能力情况 单位：次

营运能力指标	2010 年	2010 年变动	2009 年	2009 年变动	2008 年
存货周转率	1.59	0.04	1.87	-0.54	2.41
应收账款周转率	15.01	0.70	16.60	5.13	10.40
流动资产周转率	0.88	-0.01	1.04	-0.15	1.19
固定资产周转率	2.52	0.43	2.85	-0.17	3.02
总资产周转率	0.44	0.02	0.52	-0.07	0.58

资料来源：天相投资分析系统。

三、重点上市公司介绍

小商品城

公司是我国目前最大的专业批发市场的发展商之一，以独家经营开发、管理、服务义乌中国小商品城为主业。市场拥有 43 个行业、1 900 个大类、40 万种商品，几乎囊括了工艺品、小五金、日用百货、纺织品、服装等所有日用工业品，商品外向度达到 60% 强，商品辐射 212 个国家和地区，是我国小商品的流通、研发、展示中心和重要出口基地。依托中国小商品城优越的商业环境、得天独厚的市场资源，公司实施提升市场主业、带动相关发展，实施多元化开拓的发展战略。2010 年公司实现营业收入 31.70 亿元，实现净利润 8.09 亿元，总资产达到 156.40 亿元，净资产收益率为 11.29%。

华泰联合证券有限责任公司
撰稿人：王衍长

第四篇

上市公司地区篇

- 北京·天津·河北·山西·内蒙古
- 辽宁·吉林·黑龙江
- 上海·江苏·浙江·安徽·福建·江西·山东
- 河南·湖北·湖南·广东·广西·海南
- 重庆·四川·贵州·云南·西藏
- 陕西·甘肃·青海·宁夏·新疆
- 大连·宁波·厦门·青岛·深圳

北京地区

一、北京上市公司总体情况

截至2011年4月30日，北京177家上市公司[①]全部披露了2010年年度报告（173家公司单独披露了年报，4家公司在招股说明书中披露了年报），数量占全国上市公司数量的8.17%，公司总股本占全国上市公司总股本的56.93%。

（一）基础数据分析

1. 上市公司数量分析及行业分类

截至2011年4月30日，北京共有177家上市公司，其中A股公司153家，A+B股公司1家，A+H股公司23家，上市公司数量位于全国第三位。

177家上市公司分属13个行业，以制造业、信息技术业为主，具体行业分布如表1所示。

表1　北京上市公司行业分布情况统计表

所属行业类别	家数
制造业	57
信息技术业	37
社会服务业	12
房地产业	11
批发和零售贸易	11
采掘业	10
建筑业	10
金融、保险业	10
交通运输、仓储业	5
农、林、牧、渔业	5
传播与文化产业	4
电力、煤气及水的生产和供应业	4
综合类	1
合　计	177

2. 资产规模分析

截至2010年12月31日，北京177家上市公司（其中12家公司为2011年新上市公司，1家公司为2011年新迁址公司）合计总资产601 652.96亿元、净资产61 470.12亿元、平均每股净资产3.04元，与2009年相比，分别增长了16.70%、20.81%和11.36%。

3. 股本规模分析

截至2011年4月30日，北京177家上市公司的股份总额为19 277.90亿股，占同期全国上市公司总股本的56.93%；较2009年的14 686.03亿股增长31.27%。

① 有关口径说明：截至2010年12月31日北京上市公司164家。2011年1~4月北京新增上市公司12家，迁址1家，现有上市公司合计177家。177家公司中有173家单独披露年报，本文数据统计以177家上市公司为统计口径；部分涉及年报披露事项的以173家上市公司为统计口径；仅做市值分析时分别使用2010年12月31日164家公司和2011年4月30日177家公司两个口径统计。

总股本在10亿股以上的公司有47家，占北京上市公司总数的26.55%，其中：工商银行、农业银行、中国银行、建设银行、中国石油、中国石化等6家公司总股本14 726.95亿股，占北京地区的76.39%，占全部上市公司的43.49%。北京板块对资本市场影响巨大，其规模程度和投资风险直接关系到中国资本市场的稳定和健康发展。北京上市公司股本规模在10亿股以上公司分布情况见表2和图1：

表2　　北京上市公司股本规模在10亿股以上公司分布情况

股本规模（亿股）	公司家数	具体公司
1 000≤～	5	工商银行、农业银行、中国银行、建设银行、中国石油
500≤～<1 000	1	中国石化
200≤～<500	6	光大银行、中信银行、中国建筑、中国人寿、民生银行、中国中铁
100≤～<200	11	中国神华、中国中冶、长江电力、华能国际、中国铝业、中煤能源、中国国航、中国铁建、大唐发电、中国南车、京东方A
50≤～<100	4	中国重工、中国北车、华夏银行、北京银行
20≤～<50	7	中国化学、金隅股份、际华集团、北辰实业、金融街、首钢股份、首创股份
10≤～<20	13	中信国安、信达地产、首开股份、中金黄金、万通地产、燕京啤酒、华北高速、五矿发展、歌华有线、福田汽车、天地科技、中国国贸、华锐风电

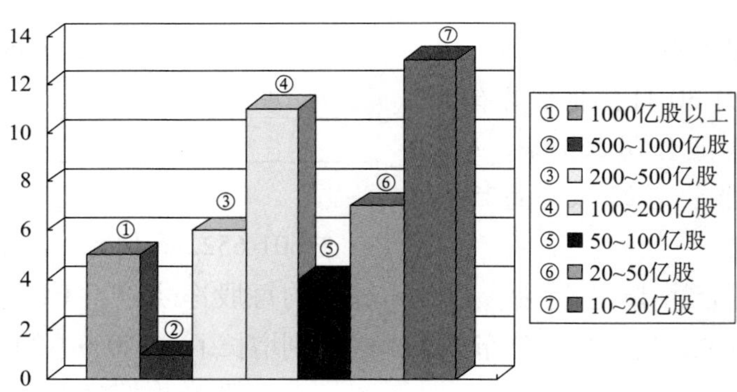

图1　股本规模分布图

4. 市值分析

截至2010年12月31日，北京上市公司164家，总市值114 891.62亿元，占全国上市公司总市值的37.84%。

上交所89家公司上市公司总市值108 880.56亿元，占上交所的50.40%。深交所75家公司总市值6 011.06亿元，占深交所的6.86%。

截至2011年4月30日，北京上市公司177家上市公司总市值122 676.95亿元，占全国上市公司总市值的38.88%。

上交所92家公司上市公司总市值117 037.62亿元，占上交所的51.00%。深交所85家公司上市公司总市值5 639.34亿元，占深交所的6.55%。

（二）融资情况分析

北京地区2010年累计募集资金总额为3 113.58亿元，其中IPO（首次公开募股）36家，募集资金1 346.98亿元；增发10家，募集资金312.32亿元；配股3家，募集资金776.98亿元；发行可转换债券4家，募集资金677.30亿元。

2010年度北京上市公司IPO资金1 346.98亿元，同比增长24.57%；再融资共募集资金1 766.60亿元，同比增长299.19%。2010年度北京地区累计筹资3 113.58亿元，同比增长104.32%。经比较全国融资数据情况，2010年北京地区融资情况具有如下特点：

1. 融资总额同比大幅增长，位居全国各地区之首

北京上市公司2010年共累计募集资金3 113.58亿元，比2009年增长了104.32%，其主要原因一是2010年农业银行、光大银行等大盘股的首次公开发行；二是工商银行、中国银行等发行可转换债券；三是创业板的高速增长。

2. 融资增速接近全国水平

北京地区融资总额同比增长了104.32%，接近于全国106.08%的增长水平。

3. 融资比例同比基本持平，略有下降

2010年北京地区融资总额占全国融资总额的比例为28.91%，与2009年的29.16%相比基本持平，略有下降，但仍位居各地区之首。北京上市公司融资情况统计见表3。

表3　　北京上市公司融资情况统计表

年份	IPO（亿元）			再融资（亿元）			筹资总额（亿元）		
	北京	全国	占比	北京	全国	占比	北京	全国	占比
2010	1 346.98	4 911.33	27.43%	1 766.60	5 858.62	30.15%	3 113.58	10 769.95	28.91%
2009	1 081.31	2 021.97	53.48%	442.55	3 204.17	13.81%	1 523.86	5 226.14	29.16%
增速	24.57%	142.90%		299.19%	82.84%		104.32%	106.08%	

（三）分支机构情况分析

北京地区上市公司披露2010年年度报告的共有173家，除钢研高纳、世纪瑞尔、东方国信、捷成股份等4家创业板公司无分支机构外，北京上市公司共有分支机构3 374家，其中分公司1 046家，股权投资2 328家。按照股权投资初始额来统计，累计投资额为9 315.58亿元，较2009年增长了552.08亿元，增幅为6.30%。

2010年，北京上市公司共实现归属于母公司的净利润（合并口径，以下简称合并净利润）9 459.86亿元，实现母公司净利润（母公司单体报表）为8 630.61亿元，按照合并净利润与母公司净利润差额的口径粗略统计，公司因股权投资而获得的利润也就是投资收益为829.25亿元，占合并净利润的比例为8.77%，投资收益率为8.9%。具体情况如表4所示：

表 4　　北京上市公司分支机构情况统计表

年度	上市公司数量	分支机构数量			股权投资总额（亿元）	股权投资占母公司净资产的比重（%）	分回利润（亿元）	投资收益率（%）
		分公司数量	股权投资数量	合计				
2010	173	1 046	2 328	3 374	9 316	16.55	1 109.51	8.90
2009	133	879	1 963	2 842	8 764	20.82	864.35	15.67
变动额	40	167	365	532	552	-4.27	245.16	-6.77
变动率	30.08	19.00	18.59	18.72	6.30	-20.51	28.36	-43.20

1. 分公司情况

北京披露2010年度报告的173家上市公司中，有91家公司设有分公司，占上市公司总数的52.60%，所设分公司总计1 046家。分公司数量较多的公司主要有华联综超89家、中国石油81家、中国石化70家以及各银行类上市公司。

从分公司分布的特点来看，经营石油类、仓储销售类及银行业务的公司分公司数量多且地域覆盖面广，依靠网点优势来占据市场。从分公司的核算来看，大多数分公司非独立核算，各项财务收支受控于公司本部。从分公司的业务内容来看，部分公司将分公司作为成本核算中心，故分公司亏损居多。

2. 长期股权投资情况

北京173家上市公司股权投资数量共计2 328家。股权投资累计投资额为9 315.58亿元。共实现股权投资收益829.25亿元，总体投资收益率8.9%；当期亏损的有616家，占总数的26.46%。

2010年度，北京上市公司共收到股权投资分红款（母公司口径统计）1 109.51亿元，约占被投资方净利润的45%，比例与2009年基本持平。2010年度，中国石油收到的分红款最多，高达539.78亿元，中国石化次之为187.62亿元，其余依次为中国银行69.65亿元、中国铁建62.49亿元、中煤能源52.65亿元，前五家公司收到分红款总额占整体的82.22%，占其母公司净利润的比例分别为40.92%、28.09%、7.22%、262.27%、90%。从分红金额来看，能源类大型央企下属公司（包括参股公司，下同）分红意向比较积极且回报丰厚，在前五名中占有三席。另外，北京有64家上市公司没有分得现金红利，占整体数量的37%。

经统计，2010年度北京有14家上市公司在母公司亏损的情况下，因对外投资获利而致使合并净利润为正，对外投资收益对净利润的贡献率达到100%以上。但也有47家上市公司因确认对外投资而使合并净利润小于母公司净利润，这其中一部分原因是对外投资亏损所致，另有一部原因也是因母公司与子公司之间内部交易抵消而导致的合并净利润的减少。

注：本报告中长期股权投资情况仅涉及上市公司主体长期股权投资的情况，不包括上市公司间接投资；投资收益的计算分别是：控制、共同控制及重大影响的以被投资方净利润乘以上市公司权益比例；非重大影响的以被投资方分回利润为准。

3. 北京上市公司分支机构特点分析

北京上市公司分支机构主要体现三大特点：

一是总体规模稳步增长，以股权投资

为主。二是对外投资收益水平整体偏低。三是投资理念趋于理性。部分公司如同方股份近两年改变经营策略和管理模式，为强化主业逐渐将部分非主业或与主业关联不大的公司剥离出去，投资理念趋于理性。

（四）利润分配披露情况分析

北京177家上市公司共有43家制定了股利分配方案（包括派发现金及送红股方式），低于2009年的101家，占公司家数的24.29%。北京地区进行利润分配公司家数比例略低于全国。

43家制定了分红方案的公司中有主板15家、中小企业板11家、创业板17家，分别占分红公司总家数的34.88%、25.58%、39.53%。43家公司中有41家的方案包含了现金股利的分配，派现额从每10股0.30元到6.00元不等。太极股份、广联达以每10股派现6.00元并列北京地区第一，另3家高派现的上市公司是世纪瑞尔、东方国信、捷成股份，每10股派现5.00元。北京与全国上市公司2010年报分红情况见表5。

表5　北京与全国上市公司2010年报分红情况统计表

板块	北京		全国	
	家数	占比	家数	占比
主板	15	34.88%	185	34.39%
中小企业板	11	25.58%	242	44.98%
创业板	17	39.53%	111	20.63%
合　计	43	100.00%	538	100.00%

从上述情况分析可以得出2010年上市公司分红具有以下特点：

一是分红公司家数总体大幅下降。无论北京地区还是全国总体，上市公司2010年度分红家数比例均较2009年出现了大幅下降，其主要原因在于国家宏观调控、货币政策紧缩，存款准备金率及利率的上调，降低了上市公司分红派现的意愿。

二是分红公司集中在中小企业板及创业板。2010年上市公司分红主要主要集中在中小企业板及创业板公司主要有如下原因：一是中小企业板及创业板公司多为上市不久的公司，资金面相对宽裕，有进行分红的条件；二是该类公司出于将来再融资的考虑，按照现行规定上市公司再融资要有连续分红的条件限制；三是该类公司可能出于市值管理的角度进行分红；四是该类公司绝大多数是自然人控制的民营企业，分红不仅对中小股东有利，对发起人股东更有吸引力。

二、2010年北京上市公司经营业绩情况及变动分析

2010年度北京177家上市公司中169家公司盈利，8家公司亏损，平均每股收益为0.52元。其中，122家上市公司经营性现金流量净额为正。

（一）业绩总体情况

177家上市公司的总股本为19 277.90

亿股，总资产为601 652.96亿元，同比增长16.70%，略低于全国19.12%的增速；净资产为61 470.12亿元，同比增长20.81%，低于全国24.91%的增长水平；营业总收入81 643.93亿元，同比增长34.80%，略低于全国35.63%的增长水平；实现净利润9 894.56亿元，同比增长31.63%，低于全国39.64%的增幅水平；平均净资产收益率为17.73%，高于全国16.10%的平均水平；加权平均每股收益为0.52元，高于全国A股上市公司的平均每股收益0.45元的水平。具体数据见表。

表6　　北京177家上市公司与全国总体情况比较

指　　标	北　京			全　国		
	2010年	2009年	增长率（%）	2010年	2009年	增长率（%）
家数	177	149	18.79%	2 153	1 815	18.62%
亏损家数	8	11	-27.27%	120	203	-40.89%
亏损家数比例（%）	4.52%	7.38%	—	5.57%	11.18%	—
平均每股收益（元）	0.52	0.49	6.12%	0.45	0.39	15.38%
平均每股净资产（元）	3.04	2.73	11.36%	3.44	3.04	13.16%
平均净资产收益率（%）	17.73%	16.30%	—	16.10%	14.20%	—
总资产（亿元）	601 652.96	515 553.79	16.70%	863 251.12	724 698.11	19.12%
净资产（亿元）	61 470.12	50 882.02	20.81%	123 285.73	98 698.89	24.91%
营业总收入（亿元）	81 643.93	60 565.10	34.80%	174 754.58	128 841.81	35.63%
利润总额（亿元）	12 716.44	9 582.93	32.70%	22 324.31	16 019.10	39.36%
净利润（亿元）	9 894.56	7 517.14	31.63%	17 621.28	12 619.22	39.64%

（二）盈利结构分析

北京177家上市公司中有10家金融类公司，其盈利结构与一般上市公司不同，因此本部分仅对167家一般企业盈利构成情况进行简要分析。

2010年度167家上市公司营业收入合计63 178.80亿元，同比增长40.32%；营业成本58 659.25亿元，同比增长40.87%；实现营业利润4 829.63亿元，同比增长35.11%；营业外收支净额88.21亿元，同比增长126.88%；利润总额4 917.84亿元，同比增长36.09%。

从盈利构成看，北京地区利润来源主要是主营业务和其他业务，营业利润占利润总额的98.20%；营业外收支的影响仅占利润总额的1.80%。从营业利润构成上看，公允价值变动损益、投资收益、及汇兑损益影响相对较小。具体情况见表7。

表7　　盈利构成情况统计表　　单位：亿元

	营业利润				营业外收入	营业外支出	利润总额
	业务利润	公允价值变动损益	投资收益	汇兑损益			
2010年	4 519.54	28.15	281.93	0.01	216.17	127.95	4 917.84
占利润总额比例%	91.90	0.57	5.73	0.00	4.40	2.60	100.00
2009年	3 384.34	30.87	159.50	0.00	164.44	125.56	3 613.59
占利润总额比例%	93.66	0.85	4.41	0.00	4.55	3.47	100
两年间变动率%	33.45	-8.81	76.76	—	31.38	1.90	36.00

（三）经营性现金流量分析

报告期122家上市公司经营性现金流量净额为正，占177家公司的68.93%，低于2009年的85.23%水平。除7家公司外，115家上市公司的经营性现金流量均在1 000万元以上，说明北京大部分公司的主营业务销售质量较好，生产经营活动成果质量较好，但整体经营现金流量趋紧。

（四）亏损及微利公司情况分析

2010年北京地区177家公司中8家亏损，亏损比例为4.52%；2009年北京地区149家公司中亏损公司为11家，亏损比例为7.38%，亏损数量减少3家，与全国的整体情况正相关，亏损比例略好于全国5.57%的水平。2010年北京上市公司亏损主要原因在于所处行业高度竞争、经营成本增加、主营业务停滞等。

除8家亏损公司外，北京还有9家公司扣除非经常性损益的净利润为负（即扣除后亏损）。

（五）超大型公司业绩分析

无论从股本规模、盈利能力和总市值上看，北京上市公司中工商银行、农业银行、建设银行、中国银行、中国石油、中国石化等6家公司都应被列为超大型公司，这6家公司2010年合计净利润7 331.72亿元，占当年上市公司净利润总额的74.10%，比2009年度的5 569.15亿元增长了31.65%，占全部上市公司2010年净利润41.61%，可见北京地区超级大盘股对北京乃至全国的上市公司利润贡献非常突出。北京六大公司2010年业绩情况见表8、图2、图3。

表8　　北京六大公司2010年业绩情况表

序号	代码	简称	营业收入（亿元）		营业收入增长率	净利润（亿元）		净利润增长率
			2010年	2009年		2010年	2009年	
1	600028.SH	中国石化	19 131.82	13 450.52	42.24%	768.43	640.00	20.07%
2	601288.SH	农业银行	2 904.18	2 222.74	30.66%	949.07	650.02	46.01%
3	601398.SH	工商银行	3 808.21	3 094.54	23.06%	1 660.25	1 293.50	28.35%
4	601857.SH	中国石油	14 654.15	10 192.75	43.77%	1 506.75	1 063.78	41.64%
5	601939.SH	建设银行	3 234.89	2 671.84	21.07%	1 350.31	1 068.36	26.39%
6	601988.SH	中国银行	2 768.17	2 321.98	19.22%	1 096.91	853.49	28.52%
六大公司合计			46 501.42	33 954.37	36.95%	7 331.72	5 569.15	31.65%
北京总体			81 643.93	60 565.1	34.80%	9 894.56	7 517.14	31.63%
六大公司占北京总体比例			56.96%	56.06%		74.10%	74.09%	

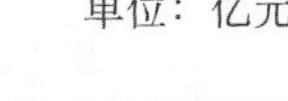

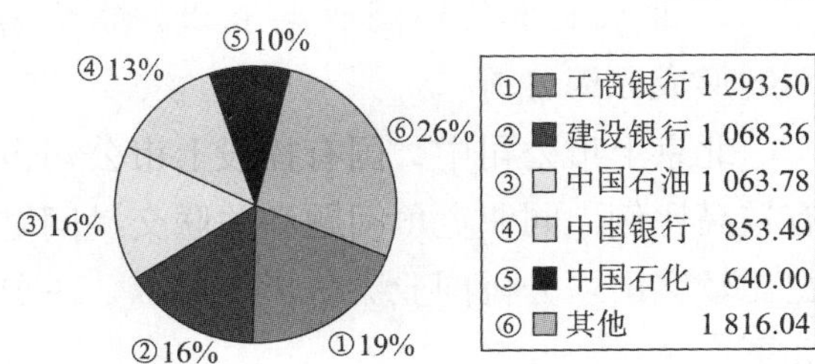

图2　北京上市公司净利润分布图

单位：亿元

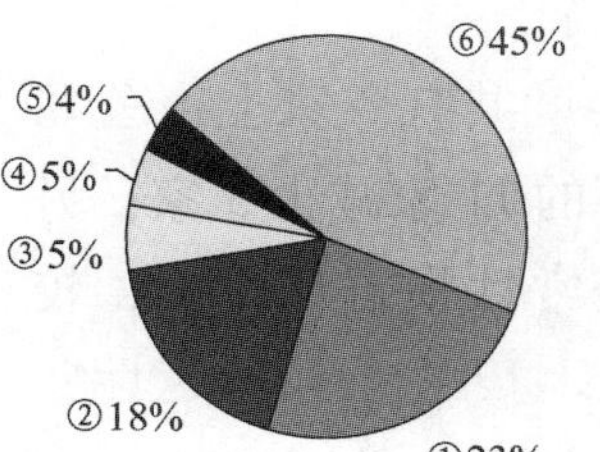

图3　北京上市公司主营业务收入分布图

（六）北京上市公司业绩特点分析

1. 北京上市公司总体业绩继续保持稳定增长

2010年度，北京上市公司总资产、净资产、营业总收入、净利润分别为601 652.96亿元、61 470.12 亿元、81 643.93 亿元、9 894.56亿元，比上年分别增长16.70%、20.81%、34.80%、31.63%，公司总体业绩继续保持稳定增长。

2. 北京地区总体业绩状况受超级大盘股影响巨大

中国石油、中国石化、工商银行、农业银行、中国银行、建设银行6家公司总股本14 726.95亿股，占北京地区的76.39%；营业总收入46 501.42 亿元，占北京地区的56.96%；净利润7 331.72 亿元，占北京地区的74.10%。

3. 北京上市公司部分统计指标明显高于全国水平

北京177家公司平均主营业务收入达到461.27亿元，平均净利润达到55.90亿元；扣除6家超级大盘股，这两项指标则分别为205.51亿元和14.99亿元；全国平均每家主营业务收入81.17亿元，平均净利润8.18亿元。即使扣除6家超级大盘股的影响，北京公司这两项指标也明显高于全国平均水平。

4. 亏损公司家数有所减少，但经营性亏损公司依旧维持较高比例

北京地区2010年度共有8家上市公司出现亏损，较2009年的11家减少3家；另有9家公司扣除非经常性损益后亏损，较2009年增加2家；共计17家公司经营性亏损，占公司总数的9.60%，仍旧维持较高的比例，因此应重点关注这类公司的主业经营情况。

5. 亏损公司集中在主板，中小板及创业板无亏损公司

2010年亏损的8家公司中，上交所6家、深交所主板2家；扣除后亏损的9家公司中，上交所5家，深交所主板4家。亏损公司无一例外均为主板上市时间较长的老公司，中小板、创业板无亏损公司。由于新上市公司大多集中在深圳中小板、创业板，因此北京上交所公司经营亏损比例高于深交所公司。

三、2010年北京上市公司规范运作情况分析

（一）同业竞争及关联交易情况分析

1. 同业竞争及关联交易总体情况

经年报摸底统计，北京地区共有37家上市公司存在同业竞争问题，其中央企控股上市公司28家，北京市属上市公司8家，民营上市公司1家。

2010年度北京107家上市公司存在日常关联交易行为，占167家非银行上市公司总数的64.07%。向关联方采购销售或接受提供劳务交易金额占同类交易金额比例超过10%的上市公司共计60家，其中21家公司同时存在同业竞争问题。

2. 北京上市公司同业竞争和关联交易问题形成原因分析

北京上市公司中，国有控股上市公司占有较高比例，同业竞争问题和关联交易问题也比较突出。分析同业竞争形成原因，主要如下：

一是部分改制造成。在公司改制和上市

前，拟上市公司控股股东未能将相同或者相似的业务、资产全部注入拟上市公司，最终导致上市后的公司和控股股东的经营业务形成竞争关系。这主要产生于采用额度制时的上市公司，一些大型国有企业作为发行人，在组织架构和业务范围尚未整合完毕的情况下就公开上市，导致上市后一直存在同业竞争，成为遗留问题。同样，由于额度限制导致大量与上市公司主营业务密切相关的资产（如设备维修、电力、原燃材料供应系统、公用工程等）也无法纳入上市公司范围，造成大量关联交易的发生。

二是国企整合造成。由于国资委对国有资产的整合，不断有新资产被行政划转到上市公司控股股东名下，从而有可能导致这部分资产与上市公司业务构成同业竞争。

3. 北京上市公司同业竞争和关联交易问题解决方式

从年报摸底情况看，大部分上市公司已经制定了解决同业竞争、减少关联交易问题的解决方案或出具了相关承诺，方式为以下几种：

（1）对于符合整体上市或资产注入的公司，可通过并购重组方式解决同业竞争问题。

（2）对于企业资产规模较小、盈利能力不佳，或竞争资产注入上市公司存在障碍（如存在权属瑕疵或无法获得少数股东同意等）而无法出售给上市公司的，上市公司控股股东或实际控制人可出售或剥离给独立第三方。

（3）由上市公司的控股股东或实际控制人将其控制的竞争企业委托给上市公司经营管理，通过委托经营等方式，将相竞争的业务集中到上市公司。

（4）对于暂时确实不具备解决同业竞争问题条件的上市公司，控股股东、实际控制人书面承诺采取有效措施限期解决同业竞争，通常包括以下内容：优先推动上市公司业务发展；将其与上市公司存在竞争的业务限制在一定规模之内；在可能与上市公司存在竞争业务领域中出现新发展机会时，给予上市公司优先发展权；限定期限内完成同业竞争问题的解决。北京上市公司中已有27家明确了解决同业竞争问他的相关承诺，占存在相关问题上市公司的73%。

（二）内部控制建立健全情况分析

从北京地区披露年报的173家上市公司2010年年报和董事会的自我评估报告披露内容看，北京上市公司整体上已经建立了较为完备的内部控制体系，具体情况分析汇总如下：

1. 北京上市公司内部控制建立健全情况

（1）财务务报告内部控制制度的建立和运行情况。北京173家上市公司中，有167家公司在年报中披露了财务报告内部控制制度的建立和运行情况。167家公司中有158家公司公开披露了董事会自我评价报告。各公司均认为已建立了较为完善的财务报告内部控制制度体系，并在执行中得到了有效实施。各公司均未发现财务报告内部控制存在重大缺陷，对于发现的非重大缺陷，公司也已经完成了大部分的的整改工作。

（2）内控自我评价情况。北京有22家公司依据基本规范及其配套指引开展自我评价工作，59家公司依据基本规范开展自我评价工作，58家公司的自我评价工作参照或考虑了基本规范的要求，其余34家公司主要依据了《上市公司内部控制指引》、《上市公司规范运作指引》等规定开展自我评价工作。

北京上市公司均未发现内部控制存在重大缺陷。部分公司自我评估报告中提及了公司存在的问题主要包括：公司管理模式及相关制度需进一步优化以适应公司规模不断扩大的需要及监管要求；需进一步加强人力资源建设，完善激励机制；风险管理有待系统化；加强发展战略协同度；进一步加强与关联方的资金往来制度及其执行情况的检查；进一步规范资金核算的管理，加强流动资金的管理；加强内控制度的执行力；加强新并购的子公司的内控建设等。

北京 173 家公司中，有 47 家公司的自我评估报告披露了对下一阶段工作的安排。

（3）会计师事务所的评价意见。北京 173 家上市公司均向北京证监局报送了其年报审计机构出具的内控评价意见，其中 141 家公司将会计师事务所出具的内控评价意见进行了公开披露。各会计师事务所对上市公司财务报告相关内部控制的有效性或公司内控自我评价报告中财务报告相关内部控制的公允性发表了肯定性的意见，未发现重大缺陷。

（4）基本规范及其配套指引实施情况。北京 173 家上市公司中，有 108 家上市公司在年报中披露了有关基本规范及其配套指引的落实情况。108 家公司中 57 家公司披露已经按照或参照基本规范及其配套指引的要求，对公司的内部控制制度进行了不同程度的修订；51 家公司披露了落实基本规范的主要计划。北京上市公司实施基本规范及其配套指引具有良好的工作基础。

2. 内部控制规范试点公司工作进展情况

按照证监会的统一部署，2011 年北京共有 27 家上市公司实施内控规范或者参与试点。目前，该 27 家公司均已按规定及时制定了实施（试点）工作方案。按各公司内控体系建设的进展程度，可将 27 家公司具体划分为以下四个类型：

（1）基本符合内控规范及其配套指引要求的公司。北京地区属于该类型的公司共有 4 家。该类公司均已完成了流程梳理及内控体系建设工作，基本符合内控规范及其配套指引要求。2011 年的工作计划侧重于对内控体系的持续完善及对个别未达到内控规范要求问题的改进。

（2）基本完成内控体系建设工作，但仍存在部分欠缺的公司。北京地区属于该类型的公司共有 9 家。该类公司均已完成了流程梳理及内控体系建设工作，并形成了内控手册等相关内控文档。2011 年的工作重点是将现有体系与内控规范及其配套指引进行对标，并对差异进行整改。

（3）已完成主体工作，需继续推进的公司。北京地区属于该类型的公司共有 9 家。该类型公司前期完成的流程梳理及内控建设工作或只局限于公司总部及部分试点分支机构，或只局限于重点业务领域，或两者兼而有之。因此，2011 年的工作重点是将内控建设工作全面扩展到监管要求规定范围内分支机构及业务领域。

（4）已开展了一部分工作，需积极推进的公司。北京地区属于该类型的公司共有 5 家。该类型公司完成了内控体系建设的研究及规划，对部分流程进行了梳理，2011 年需按内控规范及其配套指引的要求，全面梳理流程、评估风险，并完成缺陷整改。

对上述第 3 类及第 4 类的 13 家公司而言，内控规范实施（试点）工作相对而言仍十分艰巨，时间紧、任务重，需要公司治理层及管理层付出更大的努力，积极推进相关工作的有效开展。

3. 下一步工作计划

（1）进一步加强对内控相关信息披露质量的监管。一是核查上市公司董事会为出具内部控制自我评估报告所开展的相关工作，评价相关工作的充分性及有效性；二是对高风险公司内部控制情况进行专项检查，对其相关内控的建立健全情况及执行的有效性进行重点核查。

（2）加强督导。推进企业内部控制规范体系贯彻实施是一项艰巨的系统工程。为保证试点工作的顺利开展，必须加强督导，督促各试点公司切实抓紧建立健全本单位的内部控制制度体系并按规定要求稳步有效实施。同时，密切关注和跟踪企业和会计师事务所执行内部控制规范的情况，建立迅速高效的预警、反应和处理机制，妥善处理好内部控制规范实施过程中产生的各种问题。

（3）创建交流平台。积极利用现北京地区公司内控建设的先发优势和典型经验，组织实施及试点公司座谈会，讨论实践中的共性问题和难点问题，推进内控规范实施工作。同时，组织各公司积极总结实施及试点工作特色经验，对下一阶段工作提出意见和建议。

（三）内幕信息监管情况分析

按照中国证监会总体工作部署和上市部2010年监管重点工作安排，北京证监局上市公司监管工作以防范和打击内幕交易为重点内容，通过开展对北京上市公司的正面教育，督促各公司建立健全内幕消息管理制度，利用现场检查和监管提醒监督内幕信息管理制度的落实与执行，全面开展内幕交易行为防控工作。

1. 加强上市公司内幕信息管理的举措

（1）完善上市公司制度建设。2010年9月，北京证监局下发《关于进一步完善上市公司内幕信息知情人登记制度的通知》（京证公司发［2010］146号），明确工作要求，统一内幕信息知情人分类标准。

（2）落实国务院《通知》精神。为认真贯彻执行《关于依法打击和防控资本市场内幕交易意见》（国办发（2010）55号），依法打击和防控资本市场内幕交易，北京证监局在监管上重点采取了四方面的措施：一是抓宣传教育，针对上市公司及控股股东、中介机构和有关方面开展法制宣传、案例揭示、培训讲座；二是抓制度落实，要求上市公司建立健全内幕信息登记管理制度和问责机制，建立综合防治体系；三是抓监察力度，增强股价异动实时监控和核查工作的有效性、威慑力，密切关注内幕交易线索，规范信息披露；四是抓打击防控，及时启动非正式调查或立案稽查，从快作出行政处罚，涉嫌犯罪的移交司法机关追究刑事责任。

（3）加强控股股东及实际控制人管理。2011年3月，北京证监局下发了《关于加强上市公司内幕信息管理工作的通知》（京证公司发［2011］34号），要求上市公司控股股东及实际控制人认真学习国务院《通知》精神，提高认识，积极配合上市公司做好内幕信息知情人登记工作。督促上市公司控股股东及实际控制人制定内幕信息的保密制度和内幕信息知情人登记制度。

2. 内幕信息知情人登记制度的建立及执行情况

（1）内幕信息知情人登记制度建立情况。目前，北京上市公司均已建立《内幕信息知情人登记制度》并报北京证监局备案，且大部分公司达到我局监管要求，仅有少数公司存在未结合公司管理特点、建立符合自身实际情况的内幕知情人登记制度问题。

从控股股东及实际控制人层面看，北京177家上市公司中，有58家上市公司的控股股东及实际控制人已经按照北京证监局要求制定了内幕信息知情人登记制度并报我局备案，尚有70家上市公司的控股股东及实际控制人尚未制定制度或虽已起草制度但未最终审核通过。另外有49家上市公司控股股东及实际控制人为自然人不需要制定内幕信息知情人登记制度。

（2）内幕信息知情人登记制度执行情况。从内幕信息知情人登记制度的执行情况来看，2010年北京地区所有披露年报的上市公司均按北京证监局年报通知的要求报送了《2010年报期间内幕信息知情人登记表》，但从登记表的填报情况来看，还存在以下几个问题：

一是部分上市公司在其内部范围的登记管理情况较完善，但对公司外部内幕信息知情人登记管理情况则相对较薄弱，获取的依据、渠道以及时间地点等信息较简略。

二是内幕信息对外报送时，部分公司内幕信息知情人登记只登记到对外提供的单位，但没有具体的人员，或者只登记到外部单位第一接触人员，对其之后的流转情况未进行登记和了解。

三是公司对控股股东、所聘请的中介机构如会计师事务所、律师事务所等单位的内幕信息知情人登记情况较好，但对于政府职能部门及其工作人员作为内幕信息知情人员的登记备案工作尚不健全。

3. 下一步工作计划

（1）继续在北京组织打击内幕交易的学习、宣传、培训工作，利用召开监管对象动员大会、局网站和北京上市公司协会、北京证券业协会、北京期货商会的网站、会刊等形式开展宣传教育工作，作到宣传教育不留死角。利用上市公司董监事常规培训平台持续开展正面教育，对北京上市公司董事、监事及高管人员开展打击和防控内幕交易专题培训。

（2）通过开展专项监管活动，督促上市公司及其控股股东、中介机构等建立健全内幕信息登记管理制度和自查机制，提高制度的执行力度。对于不按要求建立登记制度，不严格执行登记制度的上市公司，要及时采取较严厉的监管措施，督促整改。

（3）北京证监局已起草《北京市关于打击和防控资本市场内幕交易相关工作的通知》，拟联合市公安局、市监察局、市国资委、市金融局共同下发。下一步以“齐抓共管、打防结合、综合治理”为原则，建立有效的监管协作机制，与市公安局、市监察局、市国资委、市金融局建立联席会议工作机制，组织协调打击和防控内幕交易的工作，开展案件移送、执法合作、情况沟通、联合检查等工作，形成打击和防范内幕交易的监管合力。发挥监管协作机制的作用，利用北京市媒体积极开展宣传、动员、培训等工作，推动北京市政府有关部门制定具体方案，将打击和防控内幕交易工作落到实处。

（4）为提高内幕知情人登记制度的效力，拟在规章层面出台专门的内幕知情人登记制度，对内幕信息知情人登记、报备、监管等作出规定，将其作为上市公司及内幕信息知情人的法定义务。在此基础上，一方面强化内幕信息知情人备案资料的证据效力，简化此类内幕交易认定标准，快速查处内幕交易行为；另一方面推动纪检部门对国有控股上市公司及国有控股股东、国资管理部门的内幕信息知情人加强监督管理，对泄露内幕信息和从事内幕交易的人员予以党纪和政纪处分，对泄露内幕信息和内幕交易行为进行多方问责，维护证券市场三公原则，把内幕信息知情人登记制度作为防范内幕交易行为的有利武器。

（四）募集资金使用管理情况分析

1. 募集资金总体情况

北京上市公司在2010年度报告中共有99家次披露了募集资金使用情况，占北京地区披露年报的173家上市公司的57%。

2010年，扣除发行费用后，北京上市公司累计募集资金净额为6 428.17亿元，当年投入募集资金金额为3 087.79亿元，累计投入募集资金金额为5 176.45亿元，募集资金余额合计为1 251.72亿元。具体情况见表9。

表9　　北京募集资金总体情况表　　单位：亿元

项　目	主板	中小板	创业板	合　计
披露募集资金公司家次	50	23	26	99
募集资金净规模	6 040.36	170.53	217.28	6 428.17
当年募集资金使用额	3 007.48	43.14	37.17	3 087.79
募集资金累积使用额	5 074.59	63.05	38.81	5 176.45
募集资金余额	965.77	107.49	178.47	1 251.73

2. 2010年北京公司募集资金使用特点分析

（1）变更募集资金使用情况不明显。从变更项目数量上看，北京上市公司募集资金承诺项目数量共计567项，变更项目数量为86项，总体变更率为15%。具体情况见表10。

表10　　北京募集资金变更数量情况表

项　目	主板	中小板	创业板	合　计
募集资金承诺项目数	361	110	96	567
变更项目数	69	15	0	86
变更率	19%	13%	0	15%

从变更项目金额上看，北京上市公司变更投资项目总金额347.84亿元，其中变更占该次募资总额的比例小于20%的公司10家，变更占该次募资总额的比例为20% ~50%的公司9家，变更占该次募资总额的比例大于50%的公司3家。具体情况见表11。

表11　　北京募集资金变更金额情况表

项　目	主板	中小板	创业板	合　计
变更投资项目资金总额（亿元）	343.51	4.33	0	347.84
变更占该次募资总额的比例小于20%家数	10	1	0	11
变更占该次募资总额的比例为20% ~50%家数	5	4	0	9
变更占该次募资总额的比例大于50%家数	3	0	0	3

总体上看，北京上市公司募集资金大都能够按照招股承诺进行投入，变更情况不明显，并且变更项目均投向公司主业。但是，仍有个别公司（中兵光电、国药股份、中

煤能源）存在大额变更募投项目资金的情形，监管中需予以关注。

（2）大型银行募集资本金，融资潮涌现。受惠于上年央行适度宽松的货币政策，银行在经历了新增贷款天量增长期后，随之而来的是银行核心资本充足率的大幅下滑，为了符合监管要求，维持信贷规模，2010 年北京五家大型银行进行了首发或增发，募集资金 2 309.7 亿元补充资本金，占本期北京募集资金净规模的 36%。具体情况见表 12。

表 12　北京银行募集资金情况表　单位：亿元

名　称	中国银行	工商银行	光大银行	农业银行	建设银行
融资方式	可转债、配股	可转债、配股	首发	首发	配股
融资额	814.15	584.48	213.23	675.58	22.26

（3）募集资金投入进度整体情况较好。2010 年，北京上市公司可使用的募集资金数量 6 428.17 亿元，累计使用募集资金总额 5 176.45 亿元，募集资金整体投入进度比例为 80%。从项目数看，募集资金使用符合计划进度的项目数为 250 项，占承诺的募集资金项目总数的 44.09%，比率也较高。其中主板投入进度为 84%，中小板为 37%，创业板为 18%。由于中小板、创业板新上市公司多，超募资金多，募集资金投入进度低于主板。按照不同融资时间进一步分析结果见表 13。

表 13　北京上市公司募集资金投入进度统计表

截至 2010 年末募集资金投入进度	2008 年以前募集资金的公司家次		2009 年募集资金的公司家次			2010 年募集资金的公司家次			合计
	主板	中小板	主板	中小板	创业板	主板	中小板	创业板	
50% 以下	1	0	3	0	8	4	12	18	46
50% ~90%	10	1	3	0	0	2	5	0	21
90% 以上	16	2	2	3	0	9	0	0	32

在 3 年以前（即 2008 年以前）融资的公司中，除 1 家公司以外，其余均投入进度过半，其中六成以上募集资金投入进度在 90% 以上，保持了较快的投资速度，成为拉动北京上市公司业绩增长的发动机。主板公司 * ST 中农因公司治理上的重大瑕疵，导致 2000 年首发募集资金迟迟未能按期投入，目前市场环境已经发生了变化，募集资金投入比例小于 50%，成为北京一家高风险公司。

（4）中小板创业板广泛超募，资金使用较谨慎。统计数据显示，北京 51 家上市公司超募资金总额为 416.57 亿元，超募资金使用总额 83.5 亿元，超募资金余额 333.07 亿元。从板块分布看，主板、中小板和创业板分别有 6 家、19 家、26 家公司存在超募资金，分别占同板块存在募集资金公司家次的 12%、82% 和 100%。从投入进度看，超募资金投入占到超募资金总额的比例为 20.04%，总体投入进度较稳健。已投入的 83.5 亿元超募资金中，补充流动资金 38.63 亿元，归还银行贷款 25.29 亿元，分别占超募资金使用的 45.78% 和 30.28%，这也反映出公司在超募资金使用上多持比较谨慎态度。详细情况见表 14。

表 14　　北京超募资金总体情况表　　单位：亿元

项　目	主板	中小板	创业板	合　计
超募资金额	165.59	99.36	151.62	416.57
公司数（家）	6	19	26	51
超募资金使用总额	0	63.42	20.08	83.5
超募资金收购股权金额	0	3.67	4.97	8.64
超募资金归还银行贷款金额	0	20.86	4.43	25.29

四、2010 年北京创业板公司情况分析

截至 2011 年 4 月 30 日，北京共有 28 家创业板公司披露了 2010 年年报。北京证监局将从经营业绩、募集资金、股权激励、高管减持、公司研发、利润分配及年报信息披露质量等方面进行分析。

（一）2010 年经营业绩情况分析

1. 总体业绩分析

28 家公司 2010 年全部实现盈利，平均净资产收益率 12.92%，平均每股收益 0.82 元/股，平均净利润 8 685.96 万元，均高于全国创业板公司的平均水平。具体情况见表 15。

表 15　　北京创业板公司总体业绩表

	北京			全国			2010 年北京占全国的比例%
	2010 年	2009 年	增长率%	2010 年	2009 年	增长率%	
公司家数①	28	12	133.33	175	58	201.72	16.00
亏损家数	0	0	0	0	0	0	—
净利润增长公司数	24	12	100.00	157	58	—	15.29
净利润减少公司数	4	0	—	18	0	—	22.22
平均净资产收益率%	12.92	20.17	—	8.85	18.1	—	145.99
平均每股收益（元）	0.82	1	-18%	0.69	0.7	-1.43%	117.14
平均营业总收入（万元）	37 403.18	29 677.49	26.03%	41 334.88	29 127.32	41.91%	90.49
平均净利润（万元）	8 685.96	6 796.19	27.81%	7 394.93	5 484.68	34.83%	117.46

2. 盈利结构分析

2010 年度 28 家创业板公司实现利润总额 27.95 亿元，其中营业利润 25.81 亿元，占利润总额的 92.34%；营业外收支净额 2.14 亿元，占利润总额的 7.66%。

2010 年度 28 家创业板公司实现投资净收益 1 323.99 万元，占营业利润的 0.51%；对联营和合营企业的投资收益为 565.79 万元，占营业利润的 0.22%。

从盈利构成看，北京创业板公司主营业

① 公司家数指披露年报家数。

务突出，营业收入是净利润的主要构成部分。对外投资的收益对营业利润的贡献很小，北京创业板公司业务集中在母公司，对外投资效果尚未显现。

3. 业绩成长性分析

28 家公司平均营业收入 37 403.18 万元，较 2009 年增长 26.03%，平均净利润 8 685.96万元，较 2009 年增长 27.81%，说明北京创业板公司实现了稳步的增长，但业绩增长水平尚不能体现创业板高成长性的要求。

28 家公司具体业绩成长率见图 4，大部分公司收入和净利润增长率集中在 20% 至 40% 的区间，净利润增长率达到 50% 的公司家数只有 6 家。

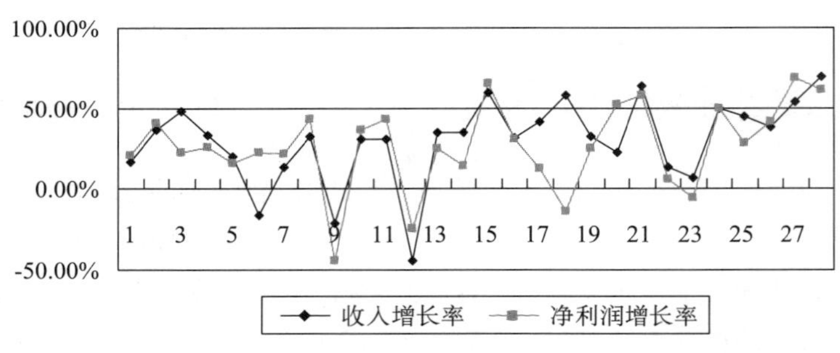

图 4　业绩成长性分析图

4. 业绩下滑公司情况分析

北京有 4 家公司 2010 年净利润下降，其中 2 家公司营业收入及净利润同时下滑。下滑原因一是由于部分公司服务于垄断行业，客户单一，报告期内主要客户减少资本性支出导致公司收入利润同时下降；二是部分公司受到市场环境的影响，毛利率下降，导致在营业收入增长情况下净利润下降。

5. 经营性现金流量分析

28 家公司中有 10 家经营活动产生现金净流量为负，11 家公司经营活动产生现金净流量虽然为正但较 2009 年金额减少。

目前的经营现金流状况体现了创业板公司的特点：创业板公司正处于“创业—成长”的生产规模扩张阶段，虽然销售收入快速增长，经营利润大幅提升，但一方面大量应收账款不能及时回款占用公司资金，一方面人工费用、原材料采购等成本和各种税费增加，导致公司营运资金紧张或入不敷出。

6. 北京创业板公司业绩特点分析

（1）整体业绩情况良好。北京创业板公司整体经营状况良好，实现了较为稳定的增长，盈利指标均高于全国平均水平，但业绩增长率尚不能体现创业板高成长性的特征。

（2）主营业务突出。北京创业板公司的利润主要来自主业，营业外收入及其他非主营业务收入对利润的影响极小，符合创业板公司主业突出的要求。

（3）大部分公司经营现金流紧张。对于收入、净利润增长而经营活动现金流为负的公司，除考虑公司扩张阶段带来的正常影响外，也应关注公司经营现金流的变化趋势，是否和利润指标变化匹配，是否保证高质量盈利水平。

（4）创业板公司规模小，客户依赖性强，抗风险能力弱。行业竞争、技术升级、客户需求等方面的单一因素变化，即可能导致公司经营状况的改变，甚至影响到公司的存亡。

（二）公司治理情况分析

28 家公司全部在年报中披露了公司治

理情况，并披露了会计师对公司内控自我评价报告的鉴证报告。北京创业板公司治理呈现如下特点：

1. 绝大多数公司实际控制人为自然人，具有家族企业特征，制衡机制弱化。

2. 控股股东多担任公司董事和高管，治理层和管理层重合度高，对公司控制力强。

3. 公司股本结构分散度较高，创投等机构投资者可以在公司治理中发挥更大的作用。

创业板公司治理结构、运行模式与主板公司存在差异，如何建立适合创业板公司特点的公司治理制度和内控制度，平衡制衡和效率的关系，是公司治理制度创新的主要方向，也是创业板公司监管需要深入研究的课题。

（三）募集资金使用情况分析

28 家创业板公司中，有 26 家创业板公司在 2010 年使用了募集资金。

1. 募集资金使用总体情况

26 家公司募集资金总额为 298.33 亿元，募集资金净额为 217.28 亿元，2010 年使用募集资金总额为 37.17 亿元，累计使用募集资金总额为 38.81 亿元，募集资金余额合计为 178.47 亿元。

2. 原承诺募投项目投入情况

26 家公司原承诺的募集资金投入金额为 65.66 亿元，募投项目 83 个，2010 年度使用募集资金 16.04 亿元，累计使用募集资金总额为 17.69 万元，总体使用进度为 26.94%。

从统计情况来看，创业板公司募集资金按照招股书披露内容使用，履行了招股说明书的承诺；未发生募集资金投向实质变更的情况，仅有 6 家公司从项目实际需求出发，对募集资金投资项目的实施地点、主体和方式进行了调整。

3. 超募资金使用情况

26 家公司有超募资金共计 151.62 亿元，已经有明确计划的超募金额为 31.79 亿元，占超募资金比例为 20.97%；有明确计划的超募资金中，2010 年已使用 20.08 亿元，占超募资金总额的 13.24%。

综上，基于创业板公司的审慎和深交所发布的“只能投资主业”的相关规定，超募资金的总体投入进度缓慢。目前没有明确投向的超募资金共有 119.83 亿元，占到超募资金总额的比例为 79.03%。大多数公司对于超募资金还没有找到好的项目去投入，均在募集资金专户存储或者暂时补充流动资金。

4. 超募资金投向分析

按照超募资金投入的具体项目将资金投向分成了 6 类，具体见表 16。

表 16　　超募资金投向表

超募投向	公司家数	涉及超募金额（万元）	占有使用计划超募资金的比例（%）
1. 扩大、丰富、完善自身产业（具体包括扩建、技改、增资、设立）	12	141 993.94	44.67
2. 并购同业	3	27 885.45	8.77
3. 偿还银行借款	10	44 280	13.93
4. 补充流动资金	11	51 483.10	16.19
5. 信息化或营销网络建设	4	21 658	6.81
6. 购买房产（如研发大楼）	3	30 600.67	9.63
小　　计		317 901.16	100.00

图5为超募资金流向分布图，表示6类超募资金流向占超募资金的比例。

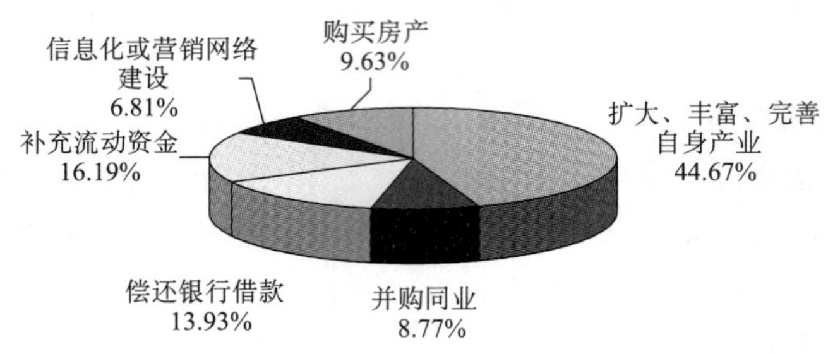

图5 超募资金投向分布图

从上述图表可以看到，北京的公司在超募资金的使用中，能够按照相关监管规定和要求，坚持了投向主业的基本理念。但是，募投投入产生的未来效益和对股东的回报，还需在未来几年通过项目达产后对公司的业绩贡献数据来分析。

（四）核心技术人员稳定及股权激励实施情况

北京创业板公司除2家公司有个别高管和核心技术人员离职外，核心技术人员基本无变化，总体情况稳定。

股权激励是解决创业板公司人才瓶颈的重要工具，创业板公司实施股权激励计划的需求非常强烈。从年报披露情况看，北京28家创业板公司共有7家推出了股权激励计划，其中合康变频、探路者2家公司处于实施阶段，神州泰岳、鼎汉技术、碧水源、蓝色光标、华力创通等5家公司推出股权激励草案但尚未实施。7家公司股权激励情况见表17。

表17　北京上市公司股权激励情况一览表

名称	董事会通过时间	激励方式	激励总数（万股/万份）	激励总数占当时总股本比例（%）	期权初始行权价（元/股）	激励对象（人数）
合康变频	2010.5.28	限制性股票	306.4	2.55	22.39	36
探路者	2010.5.24	股票期权	237.8	1.77	22.35	99
神州泰岳	2010.08.04	股票期权	450	1.42	60.31	262
鼎汉技术	2010.11.22	限制性股票	303	2.95	19.33	56
碧水源	2010.08.04	股票期权	400	2.72	91.95	104
蓝色光标	2010.11.18	股票期权	695.8	5.83	32.92	182
华力创通	2010.11.12	股票期权	200	2.99	37.50	50

1. 股权激励对象偏重中层管理人员和核心技术人员

上述7家公司中有5家公司采取了股票期权的激励方式，2家公司采取了限制性股票的激励方式。股票来源均为向激励对象定向增发股票。激励对象数量较多，主要为公司中层管理人员、核心技术人员和业务人员。激励对象人数和职级分布，体现了创业板公司实施股权激励的重心已从公司高管转移到中层管理人员、核心技术人员和业务人员。

2. 股权激励计划行权条件设定体现了业绩成长性

股权激励计划行权条件的财务指标主要涉及到净资产收益率、净利润、营业收入等指标。7家公司中有5家设定了净资产收益率加净利润的双重指标，1家仅设定了净利润指标，1家设定了净资产收益率、净利润和营业收入的三重指标。7家公司行权条件均涉及了净利润增长率，其中5家公司净利润较基准年度增长率均超过了30%。从公司对行权条件设定的各种指标来看，体现了创业板公司业绩高成长性的要求。

3. 股权激励费用对公司利润的影响分析

7家推出股权激励计划的公司，只有2家在2010年开始实施，对2010年业绩影响不大。实行股权激励费用对公司当年及以后年度的影响见表18。

表18　已实施股权激励公司的股权激励费用汇总表　单位：万元

公司简称	股权激励总费用	2010年费用	股权激励费用对以后年度的影响（预测数）			
			2011年	2012年	2013年	2014年
合康变频	9 559.68	199.16	2 389.92	2 389.92	2 389.92	2 190.76
探路者	3 715.86	134.48	1 613.75	1 180.23	610.46	176.95
神州泰岳	7 844.40	—	3 726.09	2 157.21	1 372.77	588.33
鼎汉技术	5 008.59	—	1 631.37	1 924.73	1 023.18	429.31
碧水源	9 167.84	—	5 347.91	2 597.55	1 222.38	—
蓝色光标	4 216.78	—	1 625.68	1 541.26	870.66	179.18
华力创通	2 240.22	—	718.74	784.08	476.05	242.69

从表18可以看到，根据公司的经营状况和盈利水平，除碧水源在2011年需摊销的激励成本可能对公司当年利润产生一定影响外，其余公司股权激励成本对公司未来业绩影响不大。

（五）高管减持情况

北京创业板公司有5家公司共9位董事、监事和高管有减持情况，共计1 969.80万股，董监高减持数量在合理范围内，不存在套现离场情况。

（六）研发情况

北京28家创业板公司均在年报中披露了研发费用的投入及资本化情况。28家公司2010年共发生研发费用61 967.08万元，占当年营业收入的5.91%，比2009年多投入19 062.83万元。28家公司研发技术人员人数达到5 300人，占2010年全部员工人数的30.04%。上述数据说明创业板公司为了提高竞争力，很重视公司的研发能力的提高、研发经费的投入及技术人员的引进培养。

15家公司存在研发费用资本化情况，资本化金额为12 294.80万元，资本化率为20.68%。15家公司具体研发费用及资本化情况见图6。

从图6可看出，15家公司研发费用资本化金额和研发费用呈正相关，说明研发费用的大量投入，形成的具有市场前景的新产品和新技术，预期能给公司带来经济利益流入，符合目前创业板公司的创新特点。

但是仍有11家公司出于谨慎考虑，没有对研发费用进行资本化，且各行业各公司

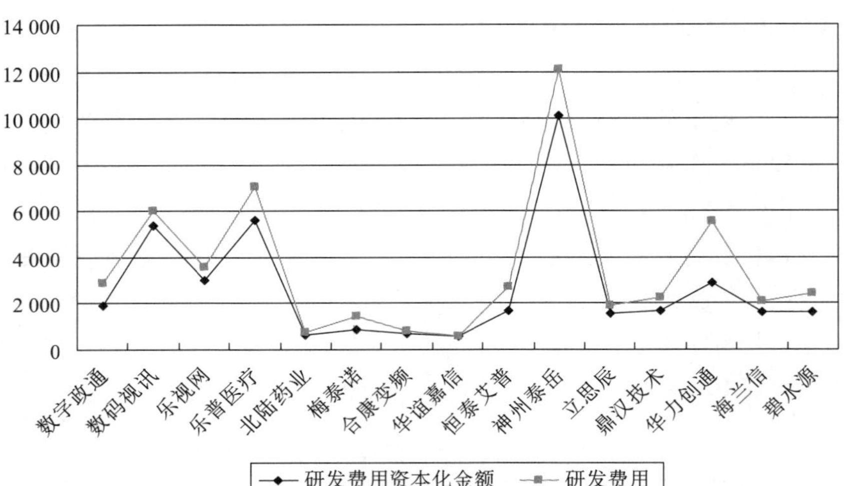

图6　研发费用及资本化情况

研发费用资本化的依据和标准不统一，对于研究阶段和开发阶段难以精确技术甄别。对公司研发费用予以资本化是否适当很难进行职业判断，也使得研发费用资本化成为利润操纵的一个手段。

另外，公司在年报会计政策中，对研发费用资本化的披露只是简单援引会计准则，没有根据公司或行业特点进行细化，也是一个普遍性问题。

（七）利润分配情况

北京披露年报的28家创业板公司，全部有分红送转方案，其中17家公司派现并转增，8家公司派现，1家公司派现转增并送红股，2家公司仅转增。2010年北京创业板公司每股股利占每股收益的比例平均为27.97%，高于北京2009年19.05%的平均水平，略低于全国创业板公司28.15%的平均水平。

创业板公司利润分配方案整体呈现“高转送”现象，其中10转10以上的的“高转增”方案就有14家。创业板公司推出高利润分配方案，一方面吸引了投资者和市场的关注度，一方面满足了公司出于扩大规模而扩张股本的需要。而公司巨额超募资金导致资本公积的巨额积累为高转增的利润分配方案提供了直接条件。北京证监局在监管中应督促公司在讨论分配方案过程中科学审慎决策并严格执行内幕信息知情人管理制度，做好内幕信息保密工作。

（八）年报信息披露质量情况

北京28家公司中有16家是第一次进行年报披露工作，部分公司年报披露内容存在瑕疵。有3家公司刊登了年报补充公告，2家刊登了补充更正公告。错误及遗漏的内容主要包括：“董事会报告”部分遗漏了董事会对内控责任的声明、内幕信息知情人登记制度的执行情况；“公司治理结构”部分缺失财务报告内部控制制度的建立和运行情况；股份变动情况录入错误、财务数据披露不完整或录入错误。

五、2010年北京中小板公司情况分析

自广联达于2011年2月23日披露北京

中小板首份年报以来，除2011年4月22日上市的北京国电清新环保技术股份公司外，28家公司披露了2010年度报告。根据年报披露数据分析，北京中小板公司情况如下：

（一）中小板公司总体情况

截至2011年4月30日，北京中小板上市公司29家，占全国中小板上市公司家数的5%，排名第五。全国中小板上市公司数量排名前六的省市依次为广东（121家）、浙江（98家）、江苏（80家）、山东（47家）、北京（29家）、上海（24家）。

按所有制划分，北京29家中小板上市公司中23家公司为民营企业，5家公司为中央企业，1家公司为市属企业。

按证监会所属行业划分，北京中小板上市公司分属6个行业，以信息技术业、制造业为主。其中信息技术业13家，制造业8家，社会服务业3家，建筑业2家，批发零售贸易、农林牧渔业和采掘业各1家。

按注册地点划分，24家公司注册于北京中关村科技园区，仅5家公司为非中关村科技园区企业。

（二）总体财务状况分析

1. 资产负债分析

按年报披露口径，截至2010年12月31日，28家中小板公司合计总资产453.58亿元，净资产323.04亿元、流动资产356.62亿元、货币资金209.84亿元。货币资金占总资产46.26%，流动资产占总资产比例78.62%，净资产占总资产71.22%，呈现出明显的轻资产、低负债特点。

2. 业绩分析

（1）无亏损公司，总体业绩稳步增长。尽管2010年宏观经济形势存在诸多不确定因素，北京中小板块上市公司业绩仍然实现稳步增长。截至2010年12月31日，中小板28家上市公司平均实现营业收入11.1亿元，同比增长40%，增幅高于全国中小板6个百分点；平均实现净利润1.26亿元，同比增长31%，整体盈利能力较2009年度大幅提高。东方园林以营业收入同比增长1.49倍、净利润同比增长2.14倍成为北京中小板收入净利增幅的双料冠军。具体情况见图7。

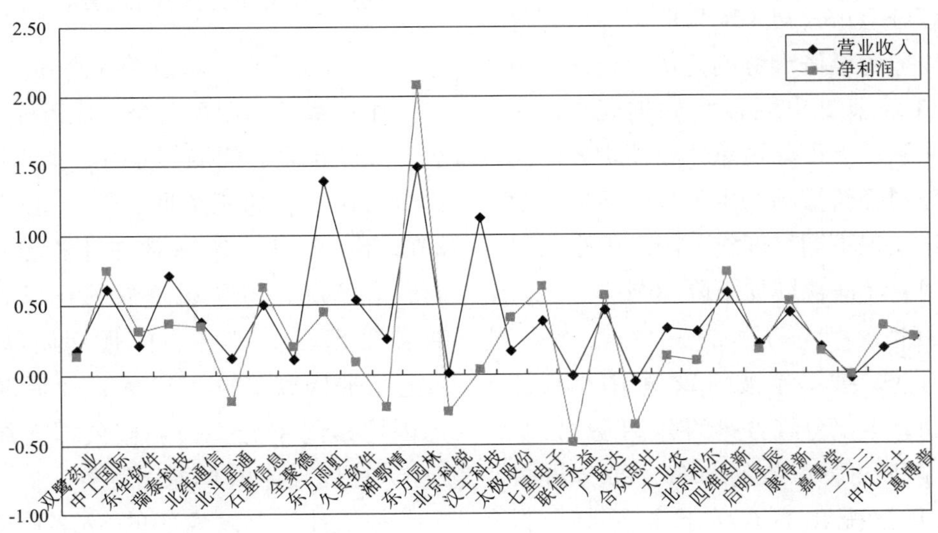

图7　经营业绩情况显示图

（2）利润主要源于经常性损益，营业外收支占比较低。公司主业突出，披露年报的中小板公司扣除非经常性损益后的平均净利润为1.18亿元，非经常性损益占净利润比例为5.22%，低于全国中小板该指标一个百分点。非经常性损益占净利润比重持续下降，2010年非经常性损益占净利润比例同比减少2个百分点。

2010年北京中小板公司平均营业外收支净额0.14亿元，营业外收支净额占利润总额比例12%，比例较低。

（3）北京中小板公司平均毛利率远远高于全国水平。2010年通胀压力逐步凸显，上市公司在普遍面临原材料、人工等成本上涨压力的情况下，北京中小板积极采取各项举措，实现毛利率与上年基本持平。披露年报的中小板公司平均毛利率保持在44.66%，高于全国中小板毛利率20个百分点。

（4）应对通胀预期，经营性现金流出现萎缩。2010年以来不断紧缩的经济政策对部分行业上市公司的经营性现金流产生约束，生产资料价格上涨及通胀预期的不断加强也使得部分上市公司主动采取增加库存等经营措施以应对经济形势的起伏，致使上市公司经营性现金支出同比大幅增长。2010年报数据显示，上市公司总体业绩增长的同时，上市公司经营活动产生现金流净额与上年同期相比呈现不同程度的下降。中小板平均经营性现金流净额同比下降36%。

3. 分红情况

截至目前，披露年报的28家中小板公司全部盈利，推出分红方案的有24家公司，占北京中小板公司总数的86%。拟分红公司均有现金分配预案，高于全国中小板78.34%的现金分红比率。未分红4家公司分别是康得新、汉王科技、启明星辰和湘鄂情，除启明星辰未披露原因外，其余三家公司的未分红原因均为满足公司发展，应对补充资金的需求。

从最近三年累计现金分红占年均净利润比例来看：超过200%的仅全聚德1家公司、100%~200%的公司7家，其余公司现金分红比例均为100%以下。

（三）股权激励情况分析

截至目前，北京中小板上市公司中共有康得新、石基信息、北纬通信、双鹭药业、东方园林、北斗星通、湘鄂情等7家公司披露了股权激励计划，启动了相关工作。7家公司中，除湘鄂情正在报送证监会审批外，其余六家公司均已经股东大会审议。七家公司均选择了股票期权的激励方式。

截至2010年底，北京已有双鹭药业、北斗星通两家公司实施了股权激励计划，向激励对象授予了股权，其中双鹭药业已行权完毕、北斗星通则刚过第一个行权期，其余公司股权激励计划尚在等待期。

（四）中小板公司问题分析

1. 约束不足，重点关注高管离职现象

中小板公司中民营企业比重较大，许多公司高管也是公司的创立者，上市后出现了部分公司高管急于离职、忙于套现等现象。2010年，北京内有18家中小板公司存在高管离职情况，占公司总数的67%，涉及高管总数57人。其中，因任期届满、退休、改选等原因离职的为27人，其余30人离职原因均语焉不详，一般被公司笼统的称为“个人原因”、“身体原因”等。

据统计，上述离职的57名高管中，拥有公司股份的占21人，其中持股比例超过

1%的为7人，超过10%的为2人。整体来看，目前监管力量并没有涉及高管离职领域，但考虑到股权激励的同时应对公司高管有所约束，应对高管非正常离职引起关注并纳入监管体系。

2. 两级分化，重点关注经营下滑公司

与北京创业板公司相似，绝大数中小板公司是从事信息技术业、制造业等行业的高新技术企业，高技术是一柄双刃剑，具有高成长性的技术同时往往孕育着高替代性风险。部分中小板公司主业较为单一，产品较为单一，对大客户依赖性较强，议价能力与转嫁成本的能力较弱，在中小板公司总体业绩增长的同时，有少数公司的经营出现了下滑现象，日常监管需予以关注。

3. 粗心大意，信息披露质量有待提高

部分中小板公司辅导和上市时间较短，对公司推行公司治理和规范运作的认识和理解不够深刻，对按照资本市场运行规则行事意识尚有待提高，公司董事、监事和高管勤勉尽责履行信息披露义务尚不到位。公司年报披露错误较多，披露质量较低。

六、保荐机构持续督导情况分析

（一）总体情况

截至2010年12月31日，北京处于持续督导期间的上市公司共计79家，其中按照上市板块归类，上海主板30家，深圳主板4家，中小企业板21家，创业板24家；按照保荐及财务顾问类型归类，采用单一保荐机构或财务顾问的72家，采用联合保荐的7家；按照持续督导类型归类，首发上市56家，非公开发行9家，重大资产重组7家，发行可转换公司债券4家，配股1家，配股及可转债2家；按照上市公司持续督导届满日期归类，2010年12月31日届满的13家，2011年12月31日届满的22家，2012年12月31日届满的28家，2013年12月31日届满的16家；按照保荐机构及财务顾问归类，为北京79家上市公司履行持续督导义务的保荐机构及财务顾问共计31家（含联合保荐），其中前三名分别为：中信证券11家，中金公司10家，中信建投8家。

（二）保荐机构履职情况分析

北京证监局《保荐机构持续督导须知》明确要求：保荐机构应自持续督导工作开始后，每三个月后的5个工作日内向我局书面报送尽职调查报告；在公司年度报告披露后的一个月内，就公司的规范运作、业务经营、财务状况、或有事项等情况进行核查并出具核查报告；在完成持续督导工作结束后，应在公告年度报告之日起10个工作日内向我局报送保荐总结报告。根据统计结果，截至2011年6月1日，前述79家上市公司中，按照要求出具报告的35家，占79家公司的44.30%；未按照要求出具报告的44家，其中，出具年度核查报告但未出具季度尽职调查报告的35家，出具季度尽职调查报告但未出具年度核查报告的4家，相关报告均未出具的5家；未按照要求出具报告的44家上市公司中，涉及相关保荐机构及财务顾问20家（含联合保荐），主要有：中信证券7家，中金公司6家，平安证券及招商证券各5家。上述未按要求出具报告的四家机构涉及上市公司占比已过半，达到52.27%。

总体来看，2010年北京上市公司持续

督导工作总体情况一般，相关监管工作有待改进和完善。

（三）存在的主要问题

结合2010年北京证监局上市公司现场检查及日常监管情况，发现部分持续督导机构未能充分履行持续督导义务，督导工作流于形式，主要问题集中在如下方面：部分上市公司内控制度不健全，部分制度规定与监管部门规章、规则不一致，制度间相互矛盾，保荐机构在持续督导过程中未关注到相关问题，及时提醒公司修订完善；个别上市公司在募集资金专户管理、资金使用方面存在错误划转、未履行程序支取等问题，保荐机构未能及时发现及纠正；个别上市公司存在非经营性占用问题，保荐机构在持续督导过程中未能及时发现和纠正；个别上市公司存在未按规定程序审议及披露关联交易情况，保荐机构在持续督导过程中未及时发现问题和纠正。

七、审计执业及监管情况分析

（一）2010年审计报告类型情况分析

截至2011年4月30日，北京173家上市公司均按时披露了年报。其中，166家上市公司财务报告的审计意见为标准无保留意见，所占比例为96%；6家公司为带强调事项段的无保留意见，所占比例为3.6%；1家公司为带强调事项段的保留意见，所占比例为0.4%。

经分析，除1家公司因特殊业务模式、1家公司因存在重大未决诉讼被出具强调事项段外，其余被出具非标意见的公司均是ST公司，说明会计师事务所在对高风险公司的审计中强化了风险意识和执业谨慎程度。

（二）2010年执业审计机构及变更情况分析

据统计，为北京上市公司2010年度财务报告提供审计服务的会计师事务所共计25家。其中，北京京都天华会计师事务所业务位居首位，承揽了28家上市公司的审计工作，占北京北京上市公司数量的16.2%；中瑞岳华会计师事务所承揽了19家上市公司的审计工作，占北京上市公司数量的11%；普华永道中天会计师事务所和大信会计师事务所分别承揽14家上市公司的审计工作，分别占北京上市公司数量的8%。

2010年，北京有10家上市公司更换了会计师事务所，占上市公司数量的5.78%。北京证监局要求上市公司在2010年年报审计中变更会计师事务所的，前后任会计师应做好沟通工作，并分别向北京证监局进行书面汇报，重点汇报更换会计师事务所的主要原因、是否发现公司管理层存在诚信缺失、风险评估，以及识别的主要风险等问题。

（三）年报审计监管工作的实施情况

1. 认真部署，提高会计师对重点风险领域的把握能力

（1）召开北京地区年报审计工作会议。2011年1月26日，北京证监局召开由各公司高管及签字注册会计师参加的年报工作会，传达证监会年报工作要求，提出对公司和事务所的具体要求并下发相关工作通知。

（2）约谈审计项目负责人。北京证监局约见北京173家上市公司签字注册会计师

进行谈话，双方互相通报重点关注领域。会计师向北京证监局汇报了年审重点审计领域，北京证监局向会计师通报日常监管过程中发现的问题与疑点，要求会计师重点关注权益性交易、会计估计变更和会计差错更正、会计政策制定的合理性等内容，并在现场审计过程中进行核实并将结果在审计小结中上报。

（3）审阅会计师的审计策略及审计计划。北京证监局审阅了173家公司的总体审计策略及具体审计计划，关注其确定的重点审计领域是否全面，识别和评估的重大错报风险是否完整，配置的审计资源是否合理等。其中针对1家公司总体审计策略粗略、审计重点不全面的问题，要求会计师进行修订和完善。

2. 紧密跟踪，确保相关信息的准确性

（1）强化会计师风险，督促其谨慎执业。华夏建通科技开发股份有限公司（以下简称“华夏建通”）2010年3月份从上海证监局迁入北京，在移交过程中了解到公司资产质量不高，且已经被上海证监局行政处罚。当知悉公司2010年度准备更换会计师事务所，北京证监局及时约谈了拟聘用的兴华会计师事务所，通报了公司风险状况。兴华会计师事务所通过对该公司的简单摸底，认为该公司风险较高，未与公司签约。该公司后聘任了中磊会计师事务所，现场审计之前，北京证监局再次约谈会计师，要求其谨慎执业。审计报告出具之后，北京证监局进行重点审阅，发现公司财务报表和报表附注存在数据不一致的情况，现已要求公司及时更正披露。

（2）做好疑难问题的咨询和监督后续处理工作。北京证监局针对公司上报的疑难问题，一方面通过会计小组讨论或向专家咨询，提供技术支持服务；另一方面跟踪事务所关于该会计处理问题的最终结果，监督是否按照要求予以会计认定和披露。2010年报审核过程中，对中金黄金和北人股份的会计核算提供专业指导。

（3）事后审阅，评价北京上市公司年报审计质量。结合年报审核工作，北京证监局对会计师事务所上报的审计报告、审计工作总结、与独立董事及审计委员会的沟通记录等文件进行审阅分析，对会计师的执业质量、尽职尽责情况形成初步判断。负责173家公司2010年年报审计的事务所均上报了审计小结，并对监管中发现的风险问题予以特别关注。此外，22家公司被事务所出具了管理建议书，主要针对公司内控方面存在的不足，北京证监局将在后续监管工作中予以关注。

针对年报审核中发现的疑点问题，北京证监局采取了约见谈话、下发问询函以及调阅底稿等方式，进一步了解会计师审计的尽职情况，评价其审计执业质量。

八、北京上市公司风险分类情况

结合日场监管和年报审核情况，北京证监局按照风险分类试行办法对北京173家上市公司进行了风险分类：高风险公司2家，占北京上市公司数量的1.16%；次高风险公司11家，占北京上市公司数量的6.36%；关注类公司37家，占北京上市公司数量的21.39%。

三类风险公司合计50家，占北京地区披露年报的上市公司总数的28.90%，正常类公司123家，占北京地区公司数量的71.10%。

与2009年度相比，风险公司家数变动　　情况见表19。

表19　　北京上市公司风险分类比较表

风险类别	2010年度		2009年度		家数变动率（%）
	家数	比例（%）	家数	比例（%）	
高风险	2	1.16	4	5.61	-50.00
次高风险	11	6.36	5	2.80	120.00
关注	37	21.39	40	21.50	-7.5
正常	123	71.10	84	70.09	46.43
合计	173	100.00	133	100.00	30.08

审稿人：王建平　张海文

撰稿人：余　辉　王晓岩　崔晓超

天津地区

一、天津上市公司总体情况

截至2010年底，天津共有36家上市公司，比2009年增加6家，分别为赛象科技、力生制药、九安医疗、天汽模、瑞普生物和经纬电材。

（一）市场板块分布

天津上市公司中，沪市主板公司19家，深市主板公司8家，还有6家中小板公司和3家创业板公司；中海油服、中国远洋、创业环保3家上市公司同时在香港H板挂牌，中新药业同时在新加坡上市，SST天海同时发行B股。

（二）所属行业分布

天津上市公司涉及9个行业：交通运输、仓储业5家（天津港、中储股份、SST天海、中国远洋、国恒铁路）；机械、设备、仪表业7家（百利电气、*ST盛工、一汽夏利、赛象科技、九安医疗、天汽模、经纬电材）；医药、生物制品业7家（天药股份、天士力、中新药业、ST中源、红日药业、力生制药、瑞普生物）；公用事业业2家（创业环保、滨海能源）；房地产业8家（广宇发展、天房发展、津滨发展、中体产业、鑫茂科技、海泰发展、天保基建、天津松江）；采掘行业2家（海油工程、中海油服）；电子元件及其他制造业3家（中环股份、天津普林、ST磁卡）；批发零售业1家（津劝业）；综合类1家（泰达股份）。

（三）实际控制人类型分布

天津上市公司中，中央控股企业8家（中体产业、海油工程、中海油服、*ST盛工、中储股份、中国远洋、一汽夏利、广宇发展）；地方性国有企业18家（中新药业、天药股份、ST磁卡、天房发展、天保基建、百利电气、天津普林、SST天海、天津港、中环股份、津劝业、滨海能源、泰达股份、津滨发展、海泰发展、创业环保、天津松江、力生制药）；民营企业10家（ST中源、鑫茂科技、国恒铁路、天士力、红日药业、赛象科技、九安医疗、天汽模、瑞普生物、经纬电材）。

（四）资产、市值情况

截至2010年12月31日，天津36家上市公司总资产为3 768.67亿元，比2009年末增加11.50%；总股本393.18亿股，可比样本同比增加4.08%；归属于母公司股东的权益为1 420.06亿元，同比增加14.81%；总市值为3 925.81亿元，可比样本同比减少1.75%；A股流通市值3 399.38亿元，可比样本同比增加63.80%。

二、2010年天津上市公司经营状况

2010年度，天津上市公司共实现营业收入1 866.92亿元，比上年同期增加24.80%；归属于母公司股东的净利润为154.98亿元，一举扭转2009年亏损5.61亿元的局面；经营活动现金流量净额为236.54亿元，比上年同期增加196.93%。36家上市公司中34家盈利（只有天津普林和*ST盛工2家公司亏损），盈利公司家数占比达到94.44%。2010年，天津上市公司净资产收益率为10.91%，比2009年增加11.36个百分点，但低于全国上市公司的平均水平；可比样本公司每股收益0.39元，亦低于全国均值。

从2010年各季度的财务数据看，天津上市公司的营业收入在第二季度比第一季度上涨近两成，经历第三季度的微幅下跌后，虽然第四季度实现增长，但增速已明显放缓。天津上市公司归属于母公司股东的净利润在第二季度达到峰值，而在随后的两个季度持续下跌。而天津上市公司的经营活动现金流量净额则在前三季度实现稳步增长后，在第四季度出现了回落。

从投资回报情况看，天津共有21家上市公司实施现金分红，占天津全体上市公司家数的58.33%，低于当期全国现金分红上市公司家数占比（65%）。天津上市公司现金分红总额达到32.27亿元，比2009年增加132.83%，占天津全体上市公司归属于母公司股东净利润总额的20.82%；当期全国上市公司现金分红数额占净利润总额的31.12%。天津上市公司现金投资回报率仍低于全国平均水平。

三、2010年天津上市公司治理与规范运作情况

2010年，经过连续3年的公司治理专项活动，天津上市公司治理问题的整改率达到98.20%。根据中国证监会上市部的统一要求，天津上市公司开展了解决同业竞争、减少关联交易专项活动。海泰发展通过购入控股股东子公司海泰方成的方式，解决了存在的工业地产同业竞争问题，广宇发展、天津松江提出的相关工作方案经公司股东大会审议通过并着手实施，天津上市公司独立性得到进一步提高。

四、2010年天津上市公司并购重组情况

*ST盛工于2010年末启动重大重组预案：剥离现有资产、负债、人员、业务，通过股权置换和定向发行方式，将其实际控制人国机集团控股子公司中国进口汽车贸易公司100%股权置入上市公司。同时，将国机集团通过天工院间接持有全部股份上划至国机集团直接持有。2011年7月，公司重组方案取得中国证监会批准批文。

五、2010年天津上市公司定向增发情况

2010年，天士力公司以每股37.6元的价格，定向增发2 842.13万股，募集现金10.68亿元。

六、2010 年天津上市公司募集资金使用情况

天津共有 19 家公司在 2010 年年度报告中披露了募集资金使用情况，占天津上市公司总家数的 51.35%。其中，沪市公司 8 家，深市主板公司 2 家，中小板公司 6 家，创业板公司 3 家。

（一）2010 年募集资金情况

2010 年，天津共有 6 家公司首次发行并上市，直接融资 60.89 亿元，扣除发行费用后募集资金净额为 58.29 亿元。另有天士力通过非公开发行募集资金 10.68 亿元。

（二）募集资金使用情况

天津上市公司中披露募集资金使用情况的 19 家公司中，12 家公司披露的是首次发行募集资金使用情况，7 家公司则涉及再融资募集资金的使用。上述公司共涉及募集资金总额为 386.69 亿元。2010 年，上述公司共使用募集资金 46.45 亿元，占募集资金总额的 12.01%；至 2010 年末累计使用募集资金 311.05 亿元，占募集资金总额的 80.44%。

（三）募集资金项目变更情况

上述 19 家上市公司中，中储股份、百利电气、中环股份 3 家公司涉及募集资金项目变更。其中，中储股份对 2 个募集资金项目进行变更，涉及金额 17 425.86 万元，公司根据市场变化情况取消了 1 个项目，并将该项目资金及另 1 个项目的结余资金用于补充流动资金。百利电气与中环股份的募集资金项目变更均发生在 2010 年度以前。

（四）募集资金使用效果

在募集资金用途上，除偿还银行贷款及补充流动资金外，天津上市公司共涉及 76 个募集资金项目。从 2010 年年报披露的情况看，有 6 家公司存在项目不符合计划进度或未达到预计收益的情形。其中，中海油服的 3 个募集资金项目的进度有所推迟，另有 5 个项目实际效益未达到预计收益水平；中国远洋 3 个项目不符合计划进度，实际效益有待确认；中储股份 1 个项目落后于计划进度且未达预计收益，另有 3 个项目的实际收益低于预计水平；国恒铁路有 2 个项目未达到预计收益水平，中环股份、天津普林也各有 1 个项目实际收益低于预期。

审稿人：汪　强
撰稿人：王铁牛　李　艳　湛　津　段　寒

河 北 地 区

一、河北上市公司总体情况

（一）公司数量

截至2010年12月31日，河北省内共有41家上市公司，其中沪市14家，深市27家（主板公司15家，中小板公司8家，创业板公司4家），共有42只股票挂牌交易（宝石发行A、B股），其中A股40只，B股2只。

（二）股本结构

截至2010年12月31日，河北上市公司总股本为276.48亿股。其中，未流通股份为2.45亿股，占0.89%；有限售条件股份为75.04亿股，占27.14%；无限售条件股份198.99亿股，占67.77%。

（三）市值规模

截至2010年12月31日，河北上市公司的总市值为3 434.71亿元，比2009年底增长10.04%，上市公司总市值占全省2010年GDP总量20 197.1亿元的比例为17.01%。

（四）资产和股东权益

截至2010年12月31日，河北上市公司的资产总额为3 197.72亿元，比上年增长17.64%；上市公司归属于母公司股东的净资产为1 047.38亿元，比上年增长21.96%。

（五）行业分布

对照中国证监会发布的《上市公司行业分类指引》，河北上市公司分布于12个行业，河北上市公司行业分布见表1。

表1　河北上市公司行业分布

类　别	代码	公司数量	公司名称
石油、化学、塑胶、塑料	C4	10	*ST金化、*ST宝硕、乐凯胶片、沧州大化、三友化工、威远生化、保定天鹅、沧州明珠、建新股份、龙星化工
金属、非金属	C6	4	新兴铸管、河北钢铁、ST唐陶、冀东水泥
机械、设备、仪表	C7	8	河北宣工、天威保变、凌云股份、风帆股份、博深工具、先河环保、天业通联、巨力索具
纺织、服装、皮毛	C1	3	常山股份、ST大路B、华斯股份
电子	C5	2	宝石、晶源电子

续表

类　别	代码	公司数量	公司名称
食品、饮料	C0	4	承德露露、福成五丰、老白干酒、晨光生物
医药、生物制品	C8	1	华北制药
采掘业	B	2	开滦股份、冀中能源
电力、煤气及水的生产和供应业	D	2	建投能源、* ST 东热
批发和零售贸易	H	1	渤海物流
房地产	J	1	荣盛发展
交通运输、仓储业	F	1	唐山港
信息技术业	G	1	恒信移动
综合类	M	1	* ST 玉源

二、2010 年河北上市公司经营状况

2010 年河北上市公司实现净利润 126.17 亿元，比上年的 60.26 亿元增长 109.36%。2010 年净利润增长的主要原因：一是宏观经济形势向好，河北地区钢铁、煤炭、水泥等公司盈利增长，其中河北钢铁净利润增长 4.67 亿元，新兴铸管净利润增长 4.74 亿元，冀中能源净利润增长 7.90 亿元，冀东水泥净利润增长 4.14 亿元；二是 * ST 金化破产重整结束，确认了 10.40 亿元债务重组收益；三是公司计提的减值准备减少，而 2010 年没有计提巨额减值准备的公司，2009 年 * ST 东热因小火电机组面临关停，计提了 10.53 亿元的资产减值准备，华北制药变更会计估计，计提了 5.32 亿元坏账准备；四是 2010 年河北新增 9 家上市公司，在一定程度上提升了净利润总额。

河北上市公司年实现净利润的集中度较 2009 年有所下降，实现净利润最多的三家公司占全部公司净利润的比重由 58.65% 下降到 41.26%。实现净利润最多的三家公司为冀中能源（23.96 亿元）、河北钢铁（14.11 亿元）、冀东水泥（13.98 亿元）。2010 年出现 2 家亏损公司，分别为 ST 唐陶（-0.82 亿元）和福成五丰（-0.33 亿元）。

三、2010 年河北上市公司公司治理及规范运作情况

2010 年，河北证监局在前期连续三年开展上市公司治理专项活动的基础上，根据中国证监会统一部署，在河北上市公司中开展了“解决同业竞争、减少关联交易，提高上市公司独立性专项活动”。为保证专项治理工作效果，河北证监局精心组织，成立了以局长为组长、协管副局长为副组长、上市处负责人参加的专项活动领导小组，全面指导专项活动，各监管责任人负责各公司专项活动的具体实施和监督落实，确保任务到岗，责任到人；对河北上市公司进行了全面摸底，并结合上市公司日常监管及年报检查情况，逐家分析，统筹部署，确定重点公司，实现了活动有的放矢；充分发挥一线监

管优势，综合运用约见董事长、控股股东谈话、发函、现场督导、与地方政府联合推动等监管手段，督促重点公司严格履行关联交易决策程序和信息披露义务，确保关联交易透明公开，积极推动公司借助并购重组等市场手段，一揽子解决有关问题。

在河北证监局的大力推动下，河北省4家重点公司有关问题已经取得突破性进展。

（一）河北钢铁

为解决与控股股东存在同业竞争的问题，2010年6月26日，河北钢铁公司股东大会通过了公开发行股票方案，拟向不特定对象公开发行A股股票，发行股票数量不超过38亿股，募集资金总额不超过160.15亿元，利用募集资金收购公司股东邯郸钢铁集团持有的邯钢集团邯宝钢铁有限公司100%的股权。截至2010年12月31日，该方案已处于证监会审核阶段。此外，2010年底公司接受控股股东唐钢集团的委托管理其持有的舞阳钢铁53.12%股权，至此，河北钢铁同业竞争问题已经有了阶段性进展。

（二）宝硕股份

为解决与控股股东存在同业竞争的问题，宝硕股份于2010年7月26日启动了重大资产重组，拟向大股东定向增发收购资产。截至2010年12月31日，公司股票正在停牌，各方正协商相关重大重组方案。

（三）太行水泥

2010年4月，金隅集团按照收购太行水泥时承诺以资产注入的方式解决同业竞争问题及2009年中国香港上市前关于H股上市后12个月内完成资产整合的承诺，启动了解决与太行水泥同业竞争的工作。太行水泥于4月2日停牌，于6月5日复牌时提出了金隅股份发行A股与太行水泥现有股东换股吸收合并的方案。截至2010年12月31日，该方案正在证监会审核，相关部门手续正在协调办理中，若进展顺利将成为河北第一例A股公司与H股公司之间换股吸收合并的案例。

（四）建投能源

为解决公司与控股股东下属公司之间关联交易额较大的问题，建投能源于2010年8月25日公告以发行股份购买资产暨关联交易方案，将河北建投控股的河北建投电力燃料管理有限公司注入上市公司，从而使上市公司减少关联交易，有效提高了公司独立性，截至12月31日该方案正在证监会审核中。

四、2010年河北上市公司并购重组情况

2010年，河北省上市公司充分利用资本市场开展并购重组，进一步提升了上市公司整体质量。

（一）钢铁煤炭两大公司重组

河北钢铁：唐钢股份以换股合并方式吸收合并邯郸钢铁和承德钒钛，合并后的公司名称为“河北钢铁股份有限公司”，注册资本为68.77亿元，2010年1月25日正式交易。河北作为全国钢产量第一大省，三家上市公司整合关系到全省乃至全国钢铁产业的布局和提升，整合后落后产能将被淘汰，产品结构将得到升级，并为下一步实现整体上市，消除同业竞争打下良好基础。同时，公

司按照合并时解决同业竞争的公开承诺，于2010年6月26日召开股东大会通过了公开发行股票方案，拟向不特定对象公开发行A股股票，发行股票数量不超过38亿股，募集资金总额不超过160.15亿元，利用募集资金收购公司股东邯郸钢铁集团持有的邯钢集团邯宝钢铁有限公司100%的股权。截至2010年12月31日，该方案仍在审核阶段。此外，2010年底公司接受控股股东唐钢集团的委托管理其持有的舞阳钢铁53.12%股权。

冀中能源：2009年公司向实际控制人冀中能源集团下属的冀中能源峰峰集团有限公司、冀中能源邯郸矿业集团有限公司、冀中能源张家口矿业集团有限公司发行股份购买上述三家公司拥有的与煤炭业务相关的45.19亿元的优质资产。截至2010年12月31日，公司正在办理采矿许可证的变更手续。

（二）三家公司破产重整

河北省先后有*ST宝硕、*ST金化和*ST帝贤B（ST大路B）等三家公司进入了破产重整程序，简要情况和2010年进展情况如下：

*ST宝硕：2007年1月，宝硕集团及宝硕股份因不能偿还到期债务而相继进入破产程序。2008年8月，新希望化工投资有限公司取代河北宝硕集团有限公司，成为公司第一大股东。由于公司经营情况未能改善，资金极度紧张，且公司以自身资产融资的工作目前还没有完成，公司除重整计划确定的第一期债务偿还外，其他均无法按时全额偿还。2010年7月，公司股票停牌并启动重大资产重组工作，以期通过重大资产重组方式一揽子解决公司偿债、同业竞争等问题。截至2010年12月31日，公司尚有7.6亿元重整债务需要偿还，其中逾期重整债务5.27亿元，公司正在和相关债权人就重整债务清偿问题进行沟通。另外，重组各方正对有关资产重组方案进行研究，公司尚未正式披露有关方案，股票仍处于停牌阶段。

*ST金化：2007年4月10日，债权人向沧州市中级人民法院申请沧州化工破产还债。2007年4月30日，沧州中院依法受理了沧州化工破产还债一案。2007年5月10日，沧州中院指定成立沧州化工企业监管组。2007年6月1日，沧州中院决定成立沧州化工破产清算组，并指定破产清算组担任破产管理人接管企业。2007年6月12日，沧州化工以公司PVC生产设备等具备盈利能力向沧州中院提请进行破产重整。2007年11月16日，沧州中院依法裁定沧州化工进入重整程序。沧州化工破产管理人因债权人分组会议未能全部通过公司重整计划于2007年12月19日申请法院强制批准重整草案。2007年12月24日，沧州中院以司法裁定形式强制终止公司的破产重整程序，公司进入为期三年的破产重整期。

2007年12月14日冀中能源集团（时称金牛能源集团）通过司法竞拍等形式成为沧州化工控股股东。同时金牛能源于2007年12月26日与沧州市人民政府、沧州化工及其破产管理人签署了《金牛能源重组沧州化工协议书》。沧州化工于2008年1月14日召开2008年第一次临时股东大会，选举金牛能源四位董事，并通过公司重组方案。在重整期间，在大股东的支持下，公司依照破产重整计划约定的期限和金额按部就班地清偿了相关债务，并于2010年11月30日收到沧州市中级人民法院（2007）沧民破字第6-18号《民事裁定书》，确认公司重整计划执行完毕。

2008～2010 年间，公司先后两次拟通过重组方式改变生产经营状态，但均因各种原因未能实现。2008 年 7 月，公司拟向金牛能源定向增发购买资产，改变目前的资产状况。但由于 2008 年下半年金融危机影响，拟购入的两公司效益欠佳，公司二级市场股价远远低于发行价格导致重组化为泡影。2010 年 4 月，公司公告重大事项进行停牌，但由于重组预案未能披露，使得公司重组未能启动。

ST 大路 B（原 * ST 帝贤 B）：2008 年 11 月 10 日，债权人向承德市中级人民法院申请公司破产重整。2008 年 11 月 10 日，承德市中级人民法院作出（2008）承民破字第 9 号《民事裁定书》，裁定准许承德帝贤针纺股份有限公司重整，并指定公司清算组担任管理人和信息披露责任人。2008 年 12 月 30 日，河北承德市中级人民法院以（2008）承民破字 9－2 号民事裁定书批准了公司重整计划。

2008 年 8 月，原大股东王淑贤所持公司股权被司法拍卖，陈荣成为公司第一大股东及实际控制人。2009 年 4 月，法院裁定公司重整计划执行完毕。公司由此确认重整收益并确保 2008 年实现盈利，避免了暂停上市风险。

2009 年 7 月，大股东陈荣以 1 元人民币将承德县荣益达房地产开发有限公司 100% 股权转让给 ST 帝贤 B。自 2007 年 10 月份披露停产公告以来，公司未恢复生产经营。2009 年、2010 年公司主营业务收入 0 元，2010 年因政府奖励资金 1 950 万元实现净利润 170 万元。

（三）其他正在进行的并购重组

威远生化：公司采取非公开发行股票的方式，向新奥控股发行 7 539 万股股份，购买新奥控股持有的新能张家港 75% 的股权和新能蚌埠 100% 的股权，获得二甲醚相关资产及业务，进入煤化工行业。2010 年 12 月 27 日，方案获得中国证监会核准。

* ST 金谷：2010 年，公司通过收购四川鑫伟矿业有限公司股权、中景天成（北京）贸易有限公司股权、凌源市圣达矿业有限责任公司股权、西昌市菜子地联营金矿股权从而实现收购上述矿业公司所属的矿权，主营业务已经转变为以黄金为主导产业的矿产资源的勘探、采矿、选矿、冶炼及矿产品的销售。2010 年 8 月 31 日，公司公告拟进行定向增发，收购西昌市菜子地联营金矿并进行扩建、对其他拟收购金矿进行勘探、偿还负债。

* ST 东热：2008 年 9 月，石家庄市国资委和中国电力投资集团签署了《关于无偿划转石家庄东方热电集团有限公司协议书》，市国资委拟将所持有的东方热电集团 100% 股权采取零对价转让给中国电力投资集团。因债务重组工作受阻，该无偿划转协议过期。2009 年 6 月 29 日，公司实际控制人石家庄市国资委与中国电力投资集团公司签订托管协议，委托中国电力投资集团公司对公司的控股股东石家庄东方热电集团有限公司实施管理，托管期限为五年。2010 年 10 月，河北高级人民法院将东方热电限售流通股 1 720 万股通过中国证券登记结算公司深圳分公司司法过户至中国电力投资集团公司下属中电投财务有限公司账户。至此，继中国电力投资集团公司对东方热电实施托管后，其下属中电投财务有限公司持有公司 2 277 万股，占上市公司股份总数量的 7.60%，成为公司第二大股东。

保定天鹅：2009 年 9 月，保定市国资委拟将持有的天鹅集团股份全部无偿划转给中国恒天集团公司，保定天鹅的实际控制人将发生变更。恒天集团承诺将重点支持天鹅集团发展，提供技术和资金支持。2010 年 2 月，证监会对公告收购报告书无异议，同意豁免恒天集团因国有资产行政划转而控制的 308 480 995 股公司股份（占公司总股本 48.08%）而应履行的要约收购义务。保定市国资委与恒天集团于 2010 年 4 月 27 日办理了天鹅集团的股权交割手续，公司实际控制人变更为恒天集团。

沧州大化：2006 年 10 月，沧州市人民政府国资委与中国化工农化总公司签署了《沧州大化集团有限责任公司增资扩股协议》，中国化工农化总公司以增资扩股的形式，出资控股沧州大化集团 51% 的股权。截至 2010 年 12 月 31 日，本次增资控股仍未履行要约收购或取得豁免要约的行政审批程序。

冀东水泥：自 2009 年 8 月至 2010 年底，公司通过与秦岭水泥大股东协议转让，全体股东的有条件股份让渡完成了对秦岭水泥 29% 的股权收购。

ST 唐陶：2009 年 7 月，唐山市国资委拟将唐山市城市建设投资有限公司和唐山建设投资有限责任公司持有的唐陶股份无偿划转给冀东水泥集团，并由冀东水泥集团对公司进行重组。公司拟将陶瓷资产置出，并将冀东水泥集团拥有的水泥机械制造资产置入。截至 2010 年 12 月 31 日，该方案仍在审核中。

晶源电子：2009 年 6 月，公司控股股东晶源科技拟将其持有的公司股票 3 375 万股转让与同方股份，并以该股份作为对价认购同方股份发行的 1 688 万股股份。转让完成后，同方股份将持有公司 25% 的股份，成为公司第一大股东。此次重组将使公司向下游产业链延伸，增强公司发展实力。该方案于 2010 年 3 月获得证监会核准。2010 年 11 月 7 日公司召开董事会，审议通过了公司非公开发行股份购买资产暨关联交易等议案，同意公司向控股股东同方股份有限公司等公司和个人非公开发行股份，购买其持有的北京同方微电子有限公司 100% 股权。截至 12 月 31 日，交易各方正对方案进行细化及履行相关报批手续。

河北宣工：为推动经济结构调整，加快转变经济发展方式，河北省委、省政府提出了建立现代产业体系，振兴河北装备制造业的新战略。2010 年 6 月 21 日，河北省国资委决定委托河北钢铁集团管理其控股股东宣工发展。

五、2010 年河北上市公司股权激励情况

2009 年 11 月 5 日，荣盛发展召开董事会拟实施股权激励计划，并上报证监会履行备案程序。2010 年 7 月 13 日，荣盛发展根据证监会反馈意见，对 2009 年股票期权激励计划中行权条件、激励对象、行权价格及数量等条款做相应修改，形成《关于公司 2009 年股票期权激励计划（草案）（修订稿）》，并提交公司股东大会审议。2010 年 7 月 28 日，公司股东大会对该议案审议通过。2010 年 7 月 30 日，公司再次召开董事会会确定公司 2009 年股票期权激励计划授权日为 2010 年 8 月 6 日。

六、2010 年河北上市公司定向增发情况

2010 年，凌云股份以 15.50 元/股的价

格通过定向增发形式向特定对象发行49 714 838股，募集资金总额为7.71亿元，全部用于涿州汽车零部件项目、武汉汽车零部件项目、哈尔滨汽车零部件项目、芜湖汽车零部件项目四个现有汽车零部件产能扩建项目。本次发行完成后，公司总资产和净资产将相应增加，资产负债率显著下降，资产负债结构更趋稳健，公司整体财务状况将得到进一步改善，公司整体实力和抗风险能力将得到提高，汽车零部件业务占比将有所提高，汽车零部件业务收入水平也将大幅增长，从而进一步提升公司的行业竞争优势，有助于公司增强可持续发展能力，增强公司的盈利能力，巩固行业龙头地位。

七、2010年河北上市公司募集资金使用情况

2010年河北9家上报企业全部通过发审会审核，4家企业登陆创业板，4家企业加盟中小板，1家企业在上交所主板发行上市。全年河北境内上市企业IPO数量达到9家，相当于前七年的总和；境内首发上市募集资金77.09亿元，超过了前十年IPO融资总和；凌云股份定向增发再融资募集资金7.71亿元，全年募集资金84.80亿元。

共有21家河北上市公司在2010年使用本年度或以前年度募集的资金，前次募集资金合计为216.97亿元，本年使用50.43亿元，累计投入使用资金159.31亿元，截至2010年底募集资金余额为57.68亿元。

审稿人：张　良

撰稿人：杜彦晖

山 西 地 区

一、山西上市公司总体情况

（一）上市公司数量

截至2010年末，山西在沪深两市上市的公司共计32家（其中沪市18家，深市14家），新增上市公司4家，其中首次公开发行股票的（IPO）新增3家，并购重组1家。

（二）筹资情况

截至2010年末，山西上市公司历年从A股市场累计募集资金总额为828.33亿元，其中2010年新增3家上市公司IPO募集资金48.75亿元（新增创业板公司振东制药为2011年1月7日挂牌），已经上市的29家公司中有煤气化、永泰能源、太原重工、大秦铁路4家公司实现再融资，共计筹资198.26亿元，是2009年筹资总额的2.71倍。

（三）股本规模及市值

2010年末，山西32家上市公司总股本为431.76亿股，占全国同期A股上市公司总股本26 701.51亿股的1.62%，同2009年同期总股本348.36亿股相比增长23.94%。其中无限售条件流通股股本为341.68亿股，比2009年同期增长22.15%；有限售条件流通股股本为90.08亿股，比2009年同期增长31.22%。2010年山西上市公司股本规模与上年同期相比有较大的增长，主要是由于有4家新上市的公司，以及大秦铁路增发18.9亿股。

山西32家上市公司平均总股本为14.89亿股，平均无限售条件流通股股本为11.78亿股。总股本超过10亿股的公司有9家。大秦铁路是目前山西地区股本总额最大的上市公司，其股本总额为148.67亿股，其余23家股本总额未超过10亿股的公司中，同德化工总股本仅为0.60亿股，是山西地区股本总额最小的上市公司。

2010年末，山西32家上市公司总市值为6 243.58亿元，占全国同期总市值的2.37%；无限售流通市值为5 008.67亿元，占全国同期无限售流通市值的2.62%，与2009年同期相比分别增长5.50%和136.71%。

（四）资产及负债状况

2010年12月末，山西32家上市公司总资产合计为4 007.23亿元，较2009年同期增长31.28%；净资产合计为1 646.66亿元，与上年同期相比增长28.01%；每股净资产为3.81元，较上年同期3.69元增长3.36%。总资产和属于母公司股东的净资产增长是因山西地区新增4家上市公司和4家公司再融资所致。2010年末山西上市公司整体的资产负债率为58.91%，比2009年同期57.68%上升1.23个百分点，资产负债状况较为合理。

（五）上市公司审计情况

2010年度山西32家上市公司中有4家公司被出具了非标审计意见；ST当代、ST天龙和*ST关铝被出具了带强调段无保留意见的审计报告；S*ST生化被出具了无法表示意见的审计报告；其余28家上市公司均被出具标准无保留意见的审计报告。

二、2010年山西上市公司经营状况

受行业经济发展等因素的影响，山西32家上市公司本年度有7家亏损，亏损面为21.88%，比2009年下降了6个百分点。7家公司亏损金额合计达18.27亿元，比2009年上市公司的亏损额29.58亿元下降11.31亿元。其中漳泽电力亏损7.47亿元、南风化工亏损4.93亿元、太化股份亏损2.60亿元、*ST关铝亏损2.19亿元、太工天成亏损0.90亿元。

（一）每股收益

山西上市公司每股收益持续保持增长。2010年度山西32家上市公司平均每股收益为0.60元，与2009年同期相比增长25.16%，是沪深两市上市公司平均每股收益0.50元的1.2倍。山西地区煤炭、制造业、铁路运输三大行业的整体盈利能力位居前列，潞安环能、兰花科创、山西汾酒、国阳新能、山煤国际5家公司每股收益均超过1元，其中潞安环能每股收益高达2.99元。7家亏损公司中，每股收益最低的为南风化工，为-0.93元。

（二）净资产收益率情况

32家上市公司的净资产收益率的加权平均值为15.75%，较2009年同比增长2.78个百分点，比沪深两市上市公司平均净资产收益率14.45%高1.30个百分点。32家上市公司扣除非经常性损益后的净利润为232.42亿元，扣除非经常性损益后的净资产收益率为14.11%。在扣除非经常性损益后，净资产收益率在10%以上的公司有14家，分别为*ST大水、山西汾酒、山煤国际、国阳新能、潞安环能、兰花科创、永泰能源、西山煤电、振东制药、大秦铁路、太原重工、亚宝药业、大同煤业、山西证券，其中*ST大水高达778.99%。

（三）每股净资产情况

山西32家上市公司的平均每股净资产为3.81元，与上年同期3.69元相比增长0.12元，与沪深两市上市公司的平均每股净资产3.45元相比高出0.36元。

（四）主营业务收入情况

2010年度山西32家上市公司主营业务收入总额为3 077.21亿元，占全国上市公司主营业务收入总额175 344.00亿元的1.75%，与2009年同期相比增长38.08%。从行业来看，山西地区上市公司主营业务收入主要集中于钢铁、煤炭采掘、运输三大行业，这三大行业占山西地区主营业务总收入的83.44%，其中太钢不锈主营业务收入为871.98亿元，占山西上市公司主营业务收入总额的28.34%；大秦铁路的主营业务收入为420.14亿元；占山西上市公司主营业务收入总额的13.65%；煤炭和焦炭行业的收入为1 402.56亿元，占山西上市公司主

营业务收入总额的45.58%。

（五）净利润情况

山西32家上市公司净利润合计为259.40亿元，占全国上市公司净利润总额16 639.00亿元的1.56%，与2009年同期相比增长55.53%。从行业来看，山西上市公司净利润主要集中于铁路运输、煤炭、钢铁三大行业，其中大秦铁路、潞安环能在2010年实现净利润分别为104.11亿元和34.43亿元，2家公司净利润占山西上市公司利润总额的53.02%，8家煤炭公司实现的净利润占所有山西上市公司利润总额比例为53.13%。2010年，受行业经济发展等因素的影响，山西电力、氧化铝和化工三大行业上市公司业绩均不同程度受损，漳泽电力、南风化工、太化股份、*ST关铝、太工天成等公司亏损严重。

（六）每股经营现金净流量情况

2010年，山西32家上市公司加权平均每股经营现金净流量为1.00元，高于2009年同期水平。在32家公司中每股经营现金净流量为负的有6家，分别为太原刚玉、山西证券、安泰集团、山西三维、漳泽电力和狮头股份。在每股经营现金净流量为正的26家公司中有10家的每股经营现金净流量在1.00元以上，分别为潞安环能、兰花科创、大同煤业、山西汾酒、国阳新能、*ST山焦、山煤国际、永泰能源、大秦铁路和西山煤电，其中潞安环能高达5.26元。

上述统计表明，山西上市公司2010年度经营状况基本正常，经营业绩相对平稳，业绩水平显著高于沪深两市上市公司的平均水平。

三、2010年山西上市公司治理与规范运作情况

（一）公司治理情况

2010年，山西上市公司能够按照《公司法》、《证券法》及中国证监会《上市公司章程指引（2006年修订）》等法律法规建立较为完善的公司治理结构，不断规范公司运作。作为上市公司治理整改年，山西上市公司按照中国证监会的部署不断推进和完善公司治理，积极推动2007年公司治理专项活动中发现的未整改问题的整改工作。截至2010年末，需治理问题的98.68%均已完成整改，公司治理取得显著成效。2010年主要是督促大秦铁路通过公开发行实现了主业整体上市，从根源上解决同业竞争等问题。通过整改，山西上市公司治理水平普遍提高，各项公司治理制度得到进一步完善，“三会”运作进一步规范，公司高管人员的规范运作意识不断增强，信息披露质量有了进一步提高。

（二）独立董事选聘及履行职责的情况

32家上市公司的年报均披露了独立董事选聘、出席董事会会议及对公司有关事项提出异议的情况。截至2010年底，山西32家上市公司均按照中国证监会要求，以董事会成员三分之一的比例聘用了独立董事，大部分独立董事都能勤勉尽责；能够对公司的重大事项独立、客观地进行判断；能够对可能损害中小股东的事项发表独立意见。独立董事在促进信息披露、规范上市公司日常运作方面发挥了积极的作用。绝大部分独立董

事能够亲自或委托其他董事出席董事会会议，并对公司重大事项提出异议，但也有部分独立董事在履行职责时缺乏主动性，责任意识还有待提高，具体表现为三点：一是个别独立董事未能参加与年审会计师的沟通会；二是独立董事对上市公司的现场考察较少，且对听取上市公司管理层对公司生产经营情况、投融资活动以及公司本年度财务状况和经营成果的汇报缺乏主动性；三是审计委员会对会计师事务所的评价缺乏主动性，且其监督作用有待进一步加强。

（三）上市公司独立性及自主经营情况

山西上市公司均在年报中披露了与控股股东在业务、人员、资产、机构、财务等方面实行了分开，具有独立完整的产、供、销体系，能够独立开展生产经营活动。但是由于剥离资产上市等历史原因，有部分上市公司与控股股东之间一直存在关联交易。大部分公司对此均通过签署关联交易协议进行规范，并积极研究探讨通过收购出售资产、整体上市等方式彻底解决关联交易问题。

四、2010 年山西上市公司资产重组情况

2010 年山西 32 家上市公司中有 12 家实施了资产并购重组，收购资产及股权金额为 354.78 亿元，出售资产金额为 4.70 亿元，其中，大秦铁路收购集团公司资产 327.86 亿元；新增的上市公司永泰能源通过重大资产置换实现了借壳上市，置入资产 6.75 亿元，置出资产约 1.40 亿元，另外本年度还收购 0.85 亿元资产；煤气化、兰花科创、潞安环能收购煤炭资产 17.15 亿元；同德化工使用超募资金收购资产 0.69 亿元；亚宝药业收购药厂和土地资产共计 1.04 亿元。在出售资产方面除了上述永泰能源置出的资产外，主要是太原刚玉出售股权资产 2.25 亿元；亚宝药业出售资产 0.52 亿元；狮头水泥出售资产 0.50 亿元。

五、2010 年山西上市公司股票及债券发行融资情况

2010 年山西上市公司中有永泰能源、大秦铁路、煤气化、太原重工 4 家公司实现再融资，共计筹资 198.26 亿元，是 2009 年筹资总额的 2.71 倍。其中，永泰能源与太原重工通过非公开发行实现再融资，2 家公司共计发行 1.33 亿股，共计筹资 23.26 亿元；大秦铁路通过公开发行实现再融资，发行股份 18.9 亿股，筹资 164.99 亿元；煤气化则通过发行公司债券的形式实现再融资，发行 10 亿元公司债券，筹资 10 亿元。

（一）永泰能源

发行方式：非公开发行。发行股份：3 987.54万股，发行价：16.05 元/股。募集资金：63 999.99 万元。

本次发行后，原大股东永泰投资控股有限公司持股比例由 47.63% 下降到 41.20%，依然是控股股东。

本次发行对公司的影响：第一，本次非公开发行将有利于公司未来的可持续发展、强化和突出主营业务、大幅提升盈利能力和增强抗御市场风险的能力，使公司成为具有一定资源储量和一定开采规模的煤炭企业，从而加快向以煤炭业务为主的能源类上市公司转型。第二，本次非公开发行后，公司的

财务状况将得到进一步改善。公司的总资产、净资产均将大幅提升，相应资产负债率也有一定程度的下降，财务结构趋于合理，财务风险得以降低，偿债能力进一步增强。目标煤矿复产后，公司的盈利能力将大幅提高。第三，本次非公开发行募集资金完成收购目标煤矿后，公司的业务结构将发生较大的变化，主营业务将由目前的成品油经营业务转变为原煤开采业务。公司业务结构的变化不仅可以大幅度提升主营业务的盈利能力，进一步提高经济效益，而且还将为公司的可持续发展奠定坚实的基础。

（二）大秦铁路

发行方式：公开发行。发行股份：189 000万股。发行价：8.73 元/股。募集资金：1 649 999.99 万元。

本次发行后，原大股东太原铁路局控股比例由 70.68% 下降到 61.70%，依然为控股股东。

本次发行对公司的影响：第一，凭借本次公开发行所募集的资金，公司可以收购太原铁路局运输主业资产以利于改善本公司经营机制、整合资源、稳定货源、拓宽新的运输市场，进一步整合铁路煤运通道资源，扩大公司西部煤炭外运能力，更好地为国民经济发展服务。第二，本次公开发行后收购的优质资产将有利于增强核心竞争力，拓展业务增长空间。本次收购有利于扩大公司铁路运输业务规模，全面提升公司的盈利能力和抗风险能力，实现规模与业绩的同步增长，为公司长远发展提供保障，具有重要的战略意义、良好的市场前景和稳定的经济效益。第三，本次公开发行并收购太原铁路局的运输主业资产，将大幅减少公司与其的关联交易和同业竞争。本次收购完成后，太原铁路局运输主业资产进入公司，铁路运输主业资产将实现整体上市，减少公司与太原铁路局之间的关联交易及同业竞争，从而使公司的完整性和独立性得到进一步提升。第四，进一步提升公司经营业绩。本次发行完成后，公司的净利润将大幅提升。

（三）煤气化

发行方式：发行公司债券。发行规模：100 000 万元，票面金额为 100 元/张。募集资金：100 000 万元。

本次发行为公司债券，不影响公司控制权的变化。

本次发行对公司的影响：第一，优化公司债务结构，提高负债管理水平。使用本次所募资金后，公司的债务结构将得到优化。第二，拓宽公司融资渠道，降低融资成本。按目前的银行贷款利率水平以及本期公司债券预计的发行利率进行测算，本期公司债券发行后，公司每年可节省一定的财务费用，有利于增强公司的盈利能力。第三，锁定公司财务成本，避免利率波动的风险。从长期来看，不排除利率上下波动的可能性，通过发行固定利率的公司债券可以锁定公司的财务成本，避免由于利率上升带来的风险。第四，为公司的经营扩张提供流动资金。在目前公司业务快速发展、流动资金相对紧张的情形下，使用公开发行公司债券募集资金来满足流动资金不断增长的需求是十分必要的。

（四）太原重工

发行方式：非公开发行。发行股份：9 314.91万股，发行价：18.10 元/股。募集资金：168 599.91 万元。

本次发行后，原大股东太原重型机械

（集团）制造有限公司控股比例由 30.90% 下降到 27.34%，依然为控股股东。

本次发行对公司的影响：第一，本次非公开发行后，公司总资产和净资产相应增加，资产负债率下降，公司的资本结构、财务状况得到改善，财务风险降低，公司抗风险能力得到提高，公司主营业务收入与净利润将大幅增加，盈利能力进一步增强，整体财务实力获得很大的提升。第二，本次发行不会对公司业务结构产生重大影响，募集资金投资项目新建高速列车轮轴国产化项目属于公司的主营业务，募集资金投资项目的实施，有利于扩大公司的整体规模、加速产品的升级换代和结构优化、扩大现有的市场份额、创造新的收入来源、增强公司的盈利能力，从而进一步提高公司竞争力和可持续发展能力，实现并维护股东的长远利益。第三，本次非公开发行的募投项目建设期两年。项目正常达产后，可新增年销售收入 201 226 万元，实现年税后利润 37 696 万元，投资回收期 6.8 年（含建设期 2 年），项目投资内部收益率为 19.5%，项目效益良好。第四，公司新建高速列车车轮生产线、车轴精加工线，用以制造高速列车轮轴产品，不仅在国产化方面迈出了关键的一步，也促进了产品的结构调整和档次的提升，对公司在整体规模、产品升级、满足市场需求、填补国内空白等方面将产生深远的影响。

六、2010 年山西上市公司募集资金使用情况

2010 年山西上市公司中有煤气化、永泰能源、太原重工、大秦铁路 4 家公司实现再融资，共计筹资 198.26 亿元，是 2009 年筹资总额的 2.71 倍。通过对募集资金的使用，企业的规模和实力壮大了，企业的发展得到了有力地支持。如：大秦铁路通过公开发行股票 189 000 万股，募集资金 1 649 999.99 万元，用以收购大股东太原铁路局的运输主业资产，当年就见到成效。公司 2010 年净利润同比 2009 年增长 45.67%，公司 2010 年度利润分配方案推出了 10 派 3.5（含税）的红包回报投资者，公司股票倍受投资者青睐。

审稿人：赵志明

撰稿人：卫文省　毋晓琴

内蒙古地区

一、内蒙古上市公司总体情况

（一）公司数量

截至2010年12月31日，内蒙古共有境内上市公司20家。其中，2010年新增上市公司1家，福瑞股份于2010年1月在创业板发行上市，实现内蒙古创业板零的突破。按上市地分，在上海证券交易所上市的公司有14家；在深圳证券交易所上市的公司有6家，其中主板4家、中小板1家、创业板1家。按股票类别分，A股公司18家，B股公司1家，A+B股公司1家。

（二）股本结构

截至2010年12月31日，内蒙古20家上市公司的股本总额为195.06亿股，同比增长9.36%。其中，流通股股本为121.80亿股，同比增长34.69%，流通股股本占总股本的比重为62.44%。20家上市公司中，10家公司为国有控股，10家公司为民营控股。

（三）公司市值

截至2010年12月31日，内蒙古20家上市公司的总市值为3 206.57亿元，同比增长35.48%，总市值在全国31个省、自治区和直辖市的排名由上年末的第22位上升至第19位；流通股市值为2 089.06亿元，同比增长71.52%；总市值和流通股市值占全国的比重分别为1.21%和1.08%。

（四）行业分布

内蒙古地区20家上市公司集中在制造业、采掘业、电力煤气及水的生产供应业三大行业的8个大类中，其中，制造业集中了15家公司，占内蒙古地区全部上市公司总数的75.00%，2010年内蒙古上市公司行业分布详见表1。

表1　　2010年内蒙古上市公司行业分布

行　业	大类行业	上市公司	小计（家）
制造业	纺织、服装、皮毛	鄂尔多斯（鄂绒B股）	1
	机械、设备、仪表	时代科技、北方股份、北方创业	3
	金属、非金属	包钢股份、包钢稀土、西水股份	3
	石油、化学、塑胶、塑料	远兴能源、亿利能源、兰太实业、ST明科	4
	食品、饮料	华资实业、伊利股份	2
	医药、生物制品	金宇集团、福瑞股份	2
	小　计		15

续表

行　业	大类行业	上市公司	小计（家）
电力、煤气及水的生产和供应业	电力、蒸汽、热水的生产和供应业	富龙热电	1
		内蒙华电	1
	小　计		2
采掘业	煤炭采选业	露天煤业、伊泰B股、平庄能源	3
	小　计		3
合　计			20

数据来源：WIND。

二、2010年内蒙古上市公司经营状况

（一）经营情况

1. 整体盈利增长突出

受益于全国经济平稳度过“复杂期”，宏观经济运行势态处于总体良好的环境，2010年，内蒙古上市公司亏损额显著下降，整体业绩实现大幅增长，盈利水平达到历史新高点。内蒙古亏损上市公司数量仍为2家，但是亏损额有大幅下降，由2009年的25.79亿元下降至2010年的1.23亿元。2010年，内蒙古20家上市公司实现营业总收入1 361.84亿元，同比增长24.09%；三项费用总额186.04亿元，同比增长8.08%，低于营业收入增幅，占营业收入的比重为13.66%，同比下降2.02个百分点；归属于母公司所有者的净利润首次突破百亿大关，达到110.89亿元并实现大幅增长，同比增长111.62%，增长水平高于全国1.99倍；平均每股收益0.52元，同比增长15.56%；平均每股经营活动产生的现金流量净额为0.90元，同比增长38.46%，近年内蒙古上市公司主要业绩指标详见表2。

表2　2008年～2010年内蒙古上市公司主要业绩指标

指　标	2010年	2009年	同比变化（%）	2008年
公司数量（家）	20	19	5.26%	19
亏损数量（家）	2	2	0.00%	6
亏损额（亿元）	1.23	25.79	-95.23%	30.49
营业收入总计（亿元）	1 361.84	1 097.50	24.09%	1 132.64
归属于母公司所有者的净利润总计（亿元）	110.89	52.40	111.62%	33.30
平均每股收益（元）	0.52	0.45	15.56%	0.18
平均每股经营活动产生的现金流量净额（元）	0.90	0.65	38.46%	0.85

数据来源：WIND。

利润增长的主要原因是主营业务的增长及营业成本的降低。2010年，20家上市公司实现毛利总计344.82亿元，较2009年增加112.62亿元，而投资净收益及营业外收支净额均有明显下降，金额分别为11.62亿元和3.02亿元，较2009年分别下降了

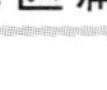

14.91 亿元和4.48 亿元。

2. 盈利行业分布趋向多元化

内蒙古20 家上市公司中，有17 家公司2010 年业绩实现增长，大部分公司业绩增长超过了20%，分布于煤炭、稀土、冶金、化工、电力、机械制造、乳制品及制药等行业，2010 年内蒙古上市公司业绩行业比较见表3。其中，包钢稀土业绩增长最高，由于国家对稀土产业重视程度加强，稀土产业需求旺盛，公司盈利增长达到1 246.14%。

表3　2010 年内蒙古上市公司业绩行业比较

行　业	家数	2010 年营业收入			2010 年净利润		
		金额（亿元）	同比变化（%）	比重（%）	金额（亿元）	同比变化（%）	比重（%）
煤炭采选业	3	231.91	25.53%	17.03%	71.54	55.96%	64.51%
金属、非金属	3	465.89	24.92%	34.21%	9.62	不适用	8.68%
纺织、服装、皮毛	1	117.33	44.55%	8.62%	8.41	113.99%	7.58%
食品、饮料	2	298.08	22.01%	21.89%	7.05	0.71%	6.36%
电力、蒸汽、热水的生产和供应	2	71.37	-5.11%	5.24%	6.03	25.10%	5.44%
石油、化学、塑胶、塑料	4	117.04	37.81%	8.59%	5.09	478.41%	4.59%
医药、生物制品	2	8.81	1.85%	0.64%	1.62	60.40%	1.46%
机械、设备、仪表	3	51.41	12.86%	3.78%	1.53	42.99%	1.38%
合　计	20	1 361.84	24.09%	100.00%	110.89	111.62%	100.00%

煤炭行业上市公司多年来一直是内蒙古上市公司盈利最主要构成。近年来，煤炭行业的盈利继续保持快速增长，但是所占比重持续下降，伊泰B 股、露天煤业及平庄能源三家煤炭公司盈利总额占整体盈利的比重由2008 年的135.47% 下降至2010 年的64.51%。随着稀土、电力、乳业及化工行业的复苏并发展壮大，盈利行业分布逐渐趋向多元化。2010 年，包钢稀土、内蒙华电、伊利股份和鄂尔多斯净利润均超5 亿元，合计盈利占整体盈利的比重达到27.26%，区域经济发展结构得到改善。

（二）现金流量情况

2010 年，内蒙古20 家上市公司销售商品、提供劳务收到的现金净额为1 378.06 亿元，同比增长18.15%，与营业总收入的比值为1.01，略低于2009 年1.06 的水平；经营活动产生的现金流量净额为189.80 亿元，同比增长34.19%，反映了内蒙古上市公司整体经营活动现金流较为充裕，经营状况较好，盈利质量较高。

截至2010 年底，内蒙古20 家上市公司货币资金余额228.72 亿元，较2009 年底228.44 亿元的水平基本没有变化；2010 年，筹资活动产生的现金流量净流出额为16.83 亿元，较2009 年减少53.44 亿元；投资活动产生的现金流量净流出额为174.86 亿元，同比增长24.96%，其中，投资活动现金支出总计210.97 亿元，同比增长25.21%。内蒙古上市公司在大幅减少银行借款等筹资活动的情况下，扩大生产规模等投资活动的脚步并没有放缓，并且经营活动产生的现金为扩大投资提供了保障。

（三）资产质量情况

截至2010 年12 月31 日，内蒙古上市20 家公司资产总额、归属于母公司股东的净资产分别为1 965.16亿元、675.41亿元，同比分别增长9.70%、14.97%。平均资产负债率为59.09%，同比下降4.12%；负债总额1 161.12亿元，较2009年底略有增长，同比增长5.18%，其中，长短期借款余额为592.14亿元，较2009年底略有下降。2010年，20家上市公司平均净资产收益率为12.76%，同比增长45.00%，增长水平高于全国3.33倍。截至2010年底，平均每股净资产4.08元，受资本公积转增股本的影响较2009年底略有下降，但每股净资产仍高于全国平均水平的18.26%，内蒙古上市公司资产指标见表4。内蒙古上市公司资产总量的增长，主要来自于公司利润的增加，从而促进上市公司整体资产质量的提升。

表4　　2008年～2010年内蒙古上市公司资产指标

指　　标	2010年	2009年	同比变化（%）	2008年
资产总额（亿元）	1 965.16	1 791.40	9.70%	1 610.88
资产负债率	59.09%	61.63%	-4.12%	61.85%
归属于上市公司股东的净资产（亿元）	675.41	587.48	14.97%	531.18
每股净资产（元）	4.08	4.12	-0.97%	3.68
平均净资产收益率	12.76%	8.80%	45.00%	6.27%

（四）利润分配情况

2010年，内蒙古共有10家上市公司实施了现金分红或资本公积金转增股本方案，占内蒙古上市公司半数。其中，平庄能源、露天煤业、包钢稀土、北方股份、亿利能源、鄂尔多斯、北方创业和福瑞股份8家公司采用现金分红，伊利股份1家公司采用资本公积金转增股本，伊泰B股1家公司采用现金分红及转增股本方式。2010年，内蒙古上市公司现金分配总额为34.96亿元，同比增长157.82%，占上市公司净利润总额的31.53%，内蒙古上市公司现金分红指标见表5。2008年～2010年，内蒙古过半数上市公司现金分红总额超过了近三年实现的年均可分配利润的30%。伊泰B股仍为内蒙古单次分红比例和累计现金分红最高的公司。分红力度较大的公司主要集中在发展较好的煤炭、冶金化工、装备制造、制药及稀土等行业。

表5　　2008年～2010年内蒙古上市公司现金分红指标

指　　标	2010年	2009年	同比变化（%）	2008年
现金分红公司家数（家）	9	9	0.00%	7
现金分红总额（亿元）	34.96	13.56	157.82%	16.27
现金分红总额与净利润总额的比值	31.53%	25.88%	21.83%	48.86%

三、2010 年内蒙古上市公司募集资金使用情况

（一）2010 年募集资金情况

2010 年，内蒙古上市公司新增募集资金总额为 14.99 亿元，为 IPO 股权融资和短期融资券融资。其中，福瑞股份首次公开发行股票在创业板上市，募集资金净额为 4.99 亿元；包钢稀土和鄂尔多斯发行短期融资券分别融资 4 亿元和 6 亿元。

截至 2010 年 12 月 31 日，福瑞股份按照募投项目共计使用募集资金 0.43 亿元，用于生产基地技术改造项目和肝纤维化在线诊断系统（FSTM）项目，尚未使用完毕的募集资金 4.56 亿元，其中，超募资金 3.73 亿元仍存放于公司募集资金专户。

（二）存量股权募集资金使用及变更情况

2010 年初，内蒙古共有 3 家上市公司以前年度股权募集资金未使用完毕，分别是伊利股份、亿利能源和北方创业，金额总计 3.29 亿元。2010 年度，共使用以前年度募集资金 1.63 亿元，其中变更募集资金补充流动资金 0.30 亿元，2010 年年底，存量募集资金尚余 1.66 亿元未使用完毕，2010 年内蒙古上市公司存量募集资金使用情况见表 6。

表 6　2010 年内蒙古上市公司存量募集资金使用情况统计表

公司	募资年度	募资方式	募资金总额（亿元）	以前年度使用总额（亿元）	本年度投入金额（亿元）	年末募集资金余额（亿元）	本年变更募集资金额（亿元）
亿利能源	2000	IPO	4.97	4.67	0.30	0.00	0.30
伊利股份	2007	权证行权	11.81	9.07	1.33	1.41	0.00
北方创业	2007	定向增发	3.00	2.75	0.00	0.25	0.00
合　计			19.78	16.49	1.63	1.66	0.30

四、2010 年内蒙古上市公司治理与规范运作情况

在 2007～2009 年公司治理专项活动取得初步成果的基础上，2010 年，内蒙古证监局继续加大力度深入推进公司治理活动，重点开展了内控体系建设、举办上市公司规范运作培训、解决同业竞争与减少关联交易、严格执行内幕信息知情人登记管理、新上市公司现场检查等有针对性的工作，公司治理活动取得新成效。通过上述工作，上市公司逐渐认识到建立健全公司规范运作内生机制的重要性，从“要我规范”逐步转变到“我要规范”：逐步通过内控建设建立起自我规范机制，内部控制水平持续改善。上市公司控股股东及实际控制人在依法行使股东权利、配合上市公司强化内幕信息管理、勿闯资金占用和违规担保法律禁区等方面的规范意识进一步得到了加强，进一步发挥了其在上市公司规范运作中的作用。部分因历史遗留及体制等因素导致存在同业竞争问题的上市公司启动了定向增发、资产重组等程

序逐步解决同业竞争、减少关联交易，进一步增强了独立性。新上市公司建立健全了公司治理结构，规范运作意识明显增强，内蒙古上市公司整体规范运作质量不断提升。

五、2010 年内蒙古上市公司并购重组情况

2010 年，内蒙古有 2 家公司发布并购重组方案，资产总计 15.39 亿元。其中，富龙热电拟通过重大资产置换及发行股份购买资产，置入兴业集团拥有的 13.99 亿元有色金属采选及冶炼资产；时代科技拟通过定向增发购买控股股东浙江众禾投资持有的浙江四海氨纶纤维公司 28.835% 的股权，注入资产 1.4 亿元。截至 2010 年底，两年公司的并购重组方案仍在推进过程中。

六、2010 年内蒙古上市公司股权激励情况

2010 年，内蒙古仅有伊利股份 1 家公司在股权激励的行权期内。2006 年，伊利股份开始实行股权激励计划，决定授予激励对象 5 000 万份认股期权。公司确定的授权日为 2006 年 12 月 28 日，激励对象行权的有效期为期权授权日起 8 年内。因股权激励而产生的激励成本为 7.39 亿元，已在 2006 年至 2008 年 3 个年度内摊销完毕。经过公司利润分配、权证行权和公积金转增，截至 2010 年底，期权数量总额调整为 7 737.58 万股，已授出但尚未行使的期权数量为 7 729.84万股，目前仍处于公司激励对象行权的有效期内。内蒙古其他上市公司未进行股权或期权激励。

七、2010 年内蒙古上市公司定向增发情况

2010 年，内蒙古有 1 家公司——亿利能源发布了拟实施定向增发的方案，拟定向发行不超过 2.43 亿股，发行价格不低于 12.55 元/股，募集资金总额不超过 30.5 亿元。募集资金投资项目包括收购东博煤炭 100% 股权、投资建设乌拉山煤炭集配物流项目和补充流动资金。截至 2010 年底，中国证监会已经受理公司定向增发申请，公司增发事宜仍在继续推进中。

审稿人：方良平　韩永宁

撰稿人：李修超

辽 宁 地 区

一、辽宁上市公司的总体情况

截至2010年12月31日，辽宁共有A股上市公司36家（其中，2家同时发行B股，2家同时发行H股），上交所挂牌14家、深交所挂牌22家（其中，中小企业板3家、创业板2家）。按照控股股东性质分类，36家公司中央企控股5家，地方国企14家，民营控股17家。2010年，奥克股份、大金重工2家公司分别在创业板、中小企业板上市。

2010年末，36家上市公司总股本279.54亿股，总资产为2 889.54亿元，净资产为1 216.63亿元，平均每股净资产3.42元，总市值2 551.12亿元。2010年度，辽宁上市公司实现营业利润60.63亿元，实现净利润68.20亿元。

辽宁传统行业的上市公司比重较大，新兴行业的上市公司相对较少。其中，黑色金属冶炼及压延加工业、化学原料及化学制品制造业各4家；房地产开发与经营业，交通运输设备制造业，电力、蒸汽、热水的生产和供应业各3家；计算机应用服务业、通讯设备制造业、交通运输辅助业、专业设备制造业、零售业和电器机械及器材制造业各2家，化学纤维制造业、医药制造业、有色金属冶炼及压延加工业、造纸及纸制品业、金属结构制造业、传播与文化产业和综合类各1家。

二、2010年辽宁上市公司经营状况

2010年辽宁上市公司整体业绩大幅度提升，亏损面和亏损额明显减少。2010年度，36家上市公司营业总收入2 442.95亿元，同比增长40.70%。累计实现净利润68.42亿元，为2009年的5.68倍，主要原因是部分公司毛利率提高，带动净利润大幅增长。净资产收益率为5.76%，为2009年的5.18倍。33家公司实现盈利81.9亿元，盈利公司家数占比91.67%；亏损公司3家合计亏损13.48亿元，亏损公司家数占比8.33%，分别较2009年减少3家和减亏18.98亿元。

辽宁上市公司业绩呈现不均衡性。22家公司业绩连续增长，其中9家公司净利润增长在50%以上；4家公司扭亏为盈；3家公司亏损，其中2家公司连续两年亏损；5家公司净利润较2009年下滑100%以上；7家公司依赖非经常性损益盈利。同时，从净利润的结构来看，净利润集中程度较高，净利润排名前5位公司合计净利润42.12亿元，占净利润总额的61.56%。既有16家公司均盈利过亿元，又有2家公司亏损均超过5亿元。

辽宁部分上市公司主业不突出，面临暂停或终止上市风险：2家公司股票被暂停交易，2家公司股票被实行退市风险警示处理，4家公司股票被实行其他风险警示处理。

三、2010 年辽宁上市公司治理与规范运作情况

2010 年，辽宁绝大多数公司能不断提高公司治理水平，在经营过程中持续开展自查自纠工作，及时发现、及时整改，取得了良好的效果。各公司完善了信息披露管理制度、内幕信息使用人登记管理制度以及对外报送信息管理制度，明确了信息传递、审核、披露流程的规定及敏感信息排查、保密制度。

2010 年，辽宁大多数上市公司能够按照法律法规要求，做好内部控制、公司治理方面的规范运作。36 家公司均披露了内部控制总体方案，29 家公司披露了内控自我评价报告，4 家公司自愿披露了内控审计报告。

四、2010 年辽宁上市公司并购重组情况

2010 年，百科集团、松辽汽车、方大化工、丹东化纤 4 家辽宁上市公司发生并购重组行为。其中，百科集团涉及发行股份购买资产暨重大资产重组，方大化工、丹东化纤 2 家公司涉及股权转让及破产重整，松辽汽车涉及股权转让。同时，和光商务、万方地产 2 家公司发行股份购买资产的重大资产重组工作正在逐步推进。

并购重组活动产生了良好的效果：一是危机公司以市场化方式化解公司风险。丹东化纤股票被暂停交易，公司主营业务停滞，通过资本公积转增并股权转让的方案完成了破产重整计划，改变了濒临退市的局面。方大化工通过股权拍卖、收购的方式，化解了公司濒临退市的困局，为公司业务提升搭造了新的平台。二是通过业务转型，提高持续经营能力和核心竞争力。百科集团通过并购重组实现主营业务的整体变更，增发扩股置入优质资产，提高了公司持续经营能力和核心竞争力。

五、2010 年辽宁上市公司募集资金使用情况

奥克股份首发上市，实际募集资金 21.66 亿元。募集资金用于年产 3 万吨聚乙二醇型多晶硅切割液项目、年产 3 万吨太阳能硅切割液项目、年产 8 万吨环氧乙烷衍生精细化学品项目以及其他与主营业务相关的营运资金项目。2010 年末，奥克股份已投入募集资金 6.64 亿元，无变更募集资金投资项目情况。

大金重工首发上市，实际募集资金 10.90 亿元。募集资金用于电力重型装备钢结构制造项目。2010 年末，大金重工已投入募集资金 2.51 亿元，无变更募集资金投资项目情况。

辽宁曙光汽车集团股份有限公司配股发行普通股 6 525.29 万股，实际募集资金 4.53 亿元。募集资金拟用于大连曙光汽车零部件制造基地建设项目。

营口港务股份有限公司发行 12 亿元公司债券，实际募集资金 11.82 亿元。募集资金用于偿还公司 1 年内到期的非流动负债及长期借款。

审稿人：张子良
撰稿人：王　莉

吉 林 地 区

一、吉林上市公司总体情况

截至2010年12月31日，吉林共有35家上市公司，其中17家在上海证券交易所挂牌交易，18家在深圳证券交易所挂牌交易（主板13家，中小板4家，创业板1家）。

（一）地域分布

35家公司按上市公司所在地域划分，位于长春地区18家，吉林地区8家，通化地区5家，延边地区2家，辽源地区2家。上市公司基本集中在经济发展水平相对较高的长春、吉林、通化三个城市和地区，而松原、白城、白山、四平由于种种原因至今仍无上市公司。

（二）行业分布

根据中国证监会上市公司行业划分标准，吉林35家上市公司分布于9个行业的22个大类中，基本涵盖了吉林省的支柱和优势产业，极大地支持了吉林省的重点项目建设。其中制造业上市公司有20家，占全部上市公司总数的57.14%，突显了吉林老工业基地传统制造产业的优势地位。吉林省上市公司行业分布见表1。

表1　　吉林省上市公司行业分布（CSRC）

门　　类	大类	上市公司	小计
制造业	交通运输设备制造	长春一东、一汽富维、一汽轿车	3
	电子元器件制造	华微电子	1
	食品加工	* ST通葡	1
	造纸	* ST石岘	1
	纤维制造	* ST得亨、吉林化纤	2
	化学原料及化学制品制造	双龙股份	1
	医药制造	通化东宝、* ST吉药、吉林敖东、长春高新、通化金马、紫鑫药业	6
	非金属矿物制造	中钢吉炭	1
	有色金属冶炼及压延加工	吉恩镍业、利源铝业	2
	仪器仪表及文化、办公用机械制造	奥普光电	1
	其他制造	中科英华	1
	小　　计		20

续表

门　类	大类	上市公司	小计
房地产业	房地产开发与经营	长春经开、光华控股 苏宁环球、顺发恒业	4
水电煤气业	燃气生产与供应	长春燃气	1
	电力	吉电股份	1
	小　计		2
农林牧渔业	林业	吉林森工	1
批发零售业	零售	欧亚集团、长百集团	2
	商业经纪与代理	成城股份	1
	小　计		3
运输仓储业	交通运输辅助业	吉林高速	1
信息技术业	通信设备修理	领先科技	1
	计算机应用服务	启明信息	1
	小　计		2
金融保险业	证券期货业	东北证券	1
综合		亚泰集团	1
合　计			35

（三）资产状况

截至2010年12月31日，吉林省35家上市公司的总股本为179.29亿股，其中无限售条件流通股142.27亿股。总市值2 291.05亿元。总资产1 690.16亿元，较2009年的1 306亿元增长29.42%。归属于上市公司净资产616.10亿元，较2009年的521.80亿元增长18.07%。与全国上市公司总体相比，吉林省上市公司数量占全国的1.71%，总股本占全国的0.67%，总市值占全国的0.87%。吉林省上市公司基本情况见表2。

表2　　吉林省上市公司基本情况表

项　目	上市公司数量	总股本（亿股）	无限售条流通股（亿股）	总市值（亿元）
吉林省	35	179.29	142.27	2 291.05
全国	2 041	26 701.51	19 160.47	263 220.54
比例（%）	1.71	0.67	0.74	0.87

二、2010年吉林上市公司经营状况

2010年，国家宏观经济和金融形势异常复杂，吉林省遭受了数十年一遇的洪涝灾害。面对诸多不利因素，上市公司沉着应对、苦练内功，不断强化自身抗风险能力、提升盈利水平。

2010年度，35家公司共实现营业收入879.16亿元，同比增长31.32%；营业利润82.59亿元，同比增长7.5%；归属于上市公司股东净利润72.40亿元，同比增长16.42%；全面摊薄每股收益0.40元，较

2009年的0.38元上升了5.26%，比全国平均水平（0.50元）低19.52%；净资产收益率11.75%，较2009年（11.92%）下降1.43%，比全国平均水平（14.5%）低18.96%。

从利润构成上看，虽然投资收益和非经常性损益占吉林上市公司净利润的比重由2009年的49.04%下降为48.74%，但仍然是上市公司净利润的主要来源。2010年吉林上市公司共计实现投资收益24.79亿元，占归属于上市公司股东净利润的34.25%；发生非经常性损益10.49亿元，占归属于上市公司股东净利润的14.49%。非经常性损益中，债务重组损益8.32亿元；政府补助4.29亿元；非货币性资产交换损益2.06亿元；除同公司正常经营业务相关的有效套期保值业务外，持有交易性金融资产、交易性金融负债产生的公允价值变动损益，以及处置交易性金融资产、交易性金融负债和可供出售金融资产取得的投资收益1.38亿元；单独进行减值测试的应收款项减值准备转回0.41亿元；其他-5.97亿元。

从盈亏情况上看，2010年有5家公司亏损，共亏损2.38亿元，比2009年减少69.64%；30家公司盈利，共盈利74.77亿元，比2009年增加4.90%。共有7家公司的净利润超过4亿元，共实现净利润总额58.83亿元，占吉林上市公司净利润总额的81.27%，可见吉林上市公司盈利能力两极分化现象比较严重。2010年，吉林省部分上市公司指标排行见表3。

表3　　2010年吉林省上市公司部分指标排行

项目	总股本（亿股）	无限售股（亿股）	总资产（亿元）	净资产（亿元）	净利润（亿元）	每股收益（元）	每股净资产（元）	净资产收益率（%）
最高	亚泰集团 18.95	亚泰集团 18.95	亚泰集团 265.24	一汽轿车 86.44	一汽轿车 18.60	一汽富维 2.70	吉林敖东 12.51	一汽富维 26.11
最低	双龙股份 0.52	双龙股份 0.13	*ST得亨 0.00	*ST石岘 -0.68	吉林化纤 -0.79	领先科技 -0.40	*ST吉药 -0.24	长百集团 -53.14

三、公司治理规范运作情况

在全面总结过去三年公司治理专项活动的基础上，2010年吉林证监局开展了公司治理“攻坚年”活动，进一步提高上市公司质量。在吉林证监局的持续督导下，各上市公司高度重视，精心组织，扎实开展各项工作。对于发现的问题，吉林证监局采取约见谈话、下发风险警示函、责令整改等方式督促公司进行整改，使影响吉林上市公司治理的突出问题得到解决，整改活动取得了显著成效。在已披露的2010年年报中，吉林上市公司基本按要求披露了公司治理情况及整改措施。

四、2010年吉林上市公司并购重组情况

2010年，吉林共有3家公司实施重大资产重组，1家公司实施破产重整。其中，原东北高速成功实现分立上市，成城股份重组仍在进行中，通葡股份重组方案被中国证监会否决，*ST得亨完成重整，正在进行资

产重组。具体情况如下:

2009 年 3 月，原东北高速正式停牌启动了中国资本市场第一例上市公司分立试点工作。即以 2009 年 6 月 30 日为审计基准日，按照资产、业务属地原则，原东北高速分立为龙江交通和吉林高速两家上市公司。在分立完成后，原东北高速终止上市，注销法人资格。龙江交通和吉林高速按约定依法承继原东北高速的资产、负债、权益、业务和人员，股本与东北高速相同，均为 12.132 亿股。龙江交通和吉林高速的股东结构和股权比例与原东北高速完全一致。第一大股东龙高集团将其通过分立可以持有的吉林高速的股份与第二大股东吉高集团通过分立可以持有的龙江交通的股份互相无偿划转。股份划转完成后，龙江高速仅持有分立后的龙江交通股权，而吉高集团仅持有分立后的吉林高速股权。同时，为对本次分立有异议的股东提供每股 3.73 元现金选择权，现金选择权定价为基准日前 20 个交易日股票交易均价由第三方公告现金对价。2010 年 1 月，原东北高速 2010 年第一次临时股东大会审议通过了上述分立上市相关议案。2010 年 2 月，本次分立获得中国证监会核准。2010 年 3 月，经上海证券交易所批准，吉林高速在上海交易所成功上市，证券代码“601518”。至此，中国资本市场首家上市公司分立工作圆满完成。

2009 年 6 月 25 日，成城股份召开 2008 年年度股东大会，通过《关于公司向深圳市中技实业（集团）有限公司发行股份购买资产暨重大资产重组（关联交易）》相关决议，即公司拟向控股股东深圳市中技实业（集团）有限公司发行 64 678.13 万股股份购买其持有的深圳市中技科技发展有限公司 100% 股权、深圳市成城园房地产开发有限公司 100% 股权、深圳市成城达实业有限公司 100% 股权和深圳成城发工业园区有限公司 99% 股权。上述目标公司相关股权价款以截至 2008 年 12 月 31 日经审计的目标公司净资产为计算依据，具体为 1 733 371 074.19 元。由于此次重组未能在股东大会决议有效期内完成，2010 年 6 月 17 日，成城股份召开 2009 年年度股东大会，审议通过《关于延长公司向深圳市中技实业（集团）有限公司发行股份购买资产暨重大资产重组（关联交易）相关决议的有效期的议案》，将此次重大资产重组相关议案有效期延长至 2011 年 6 月 25 日。截至 2010 年 12 月 31 日，上述重大资产重组仍未完成。

2009 年 12 月 21 日，通葡股份召开临时股东大会，审议通过公司发行股份购买资产暨重大资产重组等相关决议。公司拟以每股 8.66 元的价格发行 46 432 275 股股份购买通恒国际投资有限公司持有的“云南红”系列公司百分之百股权，目标资产交易价格为 40 210.35 万元。2010 年 12 月 21 日，该重大资产重组方案提交中国证监会上市公司并购重组审核委员会 2010 年第 39 次工作会议审核未获得通过。

2010 年 4 月 13 日，因 * ST 得亨不能清偿到期债务，经债权人申请，吉林省辽源市中级人民法院裁定对公司进行重整，并指定清算组担任公司重整管理人。重整管理人与宁波均胜集团签署《框架协议》，拟通过重整程序引入宁波均胜集团作为重组方提供 2.14 亿元用于支持重整计划的执行，并受让全体股东让渡（大股东辽源市财政局让渡 50% 的股权，其他股东让渡 18% 的股权）的股份共计 4 054.85 万股。同时，重组方承诺重整完成后将通过定向增发等方式向公司注入不低于 8 亿元优质资产。在辽源中院的组织下，2010 年 8 月 10 日，债权人会议及出资人会议召开并高票通过重整计划草案及出资人权益调整事项。经过资产拍卖、股权划转等工作，2010 年 10 月 28 日，辽源市中法裁定辽源得亨重整计划执行完毕。

五、2010 年吉林上市公司定向增发和配股情况

2010 年，吉林共有 3 家上市公司实施了定向增发，1 家上市公司实施了配股，共计募集资金总额 284 373.85 万元，实际募集资金净额 277 341.43 万元。具体情况如下：

2010 年 5 月，中科英华向 9 家投资者发行 13 400.00 万股股票，发行价格 5.85 元/股。本次发行募集资金总额 78 390.00 万元，扣除发行费用 2 604.54 万元后，实际募集资金净额 75 785.46 万元。

2010 年 6 月，吉恩镍业向 6 名投资者发行 4 778.05 万股股票，发行价格 16.22 元/股。本次发行募集资金总额 77 499.97 万元，扣除发行费用 2 025.00 万元，实际募集资金净额 75 474.97 万元。

2010 年 12 月，紫鑫药业向 6 家投资者发行 4 987.53 万股股票，发行价格 20.05 元/股。本次发行募集资金总额 99 999.99 万元，扣除发行费用 1 354.99 万元后，实际募集资金净额 98 645.01 万元。

2010 年 3 月，启明信息向全体股东按每 10 股配售 1.5 股的比例配售，发行价格为 7.58 元/股。本次配股认购数量合计为 3 758.03 万股，扣除发行费用 1 050.58 万元后，实际募集资金净额为 27 435.99 万元。

六、2010 年吉林上市公司募集资金使用情况

2010 年，吉林共有 8 家公司使用了募集资金，总额共计 171 673.66 万元，其中 4 家公司使用首发募集资金，2 家公司使用配股募集资金（启明信息首发和配股资金同时使用），3 家公司使用增发募集资金。7 家公司尚有募集资金余额 261 682.28 万元。具体情况如下：

2010 年，奥普光电使用募集资金 6 670.63 万元，其中使用超募资金 5 940.00 万元，累计投入募集资金 10 358.46 万元。截至 2010 年 12 月 31 日，募集资金尚余 31 616.56 万元。

2010 年，利源铝业使用募集资金 31 278.75 万元，累计投入募集资金 31 278.75 万元。截至 2010 年 12 月 31 日，募集资金尚余 45 046.89 万元。

2010 年，双龙股份使用募集资金 7 187.12 万元，累计投入募集资金 7 187.12 万元。截至 2010 年 12 月 31 日，募集资金尚余 16 171.55 万元。

2010 年，启明信息使用募集资金 6 779.64 万元，其中补充流动资金 3 000.00 万元，累计投入募集资金 30 372.24 万元。截至 2010 年 12 月 31 日，首发募集资金已全部使用完毕，配股募集资金尚余 25 212.27 万元。

2010 年，长春一东使用募集资金 521 万元，累计投入募集资金 5 958.00 万元。截至 2010 年 12 月 31 日，募集资金已全部使用完毕。

2010 年，吉恩镍业使用募集资金

74 841.52万元，累计投入募集资金123 049.57万元。截至2010年12月31日，2007年募集资金已全部使用完毕，2010年募集资金尚余13 600.00万元。

2010年，中科英华使用募集资金44 395.00万元，累计投入募集资金44 395.00万元。截至2010年12月31日，募集资金尚余31 390.00万元。

2010年，紫鑫药业共募集资金98 645.01万元。截至2010年12月31日，尚无募集资金投入使用。

审稿人：王万军

撰稿人：奚怀亮　赵春志

黑龙江地区

一、黑龙江上市公司总体情况

截至2010年12月31日，黑龙江共有上市公司30家，其中上海证券交易所上市22家，深圳证券交易所上市8家；30家上市公司中属于制造行业的公司有16家，房地产业的公司有2家，电力、煤气及水的生产和供应业的公司有3家，信息技术业的公司有1家（亿阳信通），农、林、牧、渔业的公司有2家，综合类的公司有3家，建筑业公司1家（龙建股份），批发零售贸易类的公司1家（秋林集团），交通运输、仓储业公司1家（龙江交通）；ST公司1家（SST秋林）、*ST公司5家（S*ST北亚、S*ST圣方、S*ST光明、*ST阿继、*ST黑化），其中暂停上市公司2家（S*ST北亚、S*ST圣方）。30家黑龙江上市公司总股本219.81亿股，流通股131.57亿股，总市值2 122.53亿元；总资产1 389.59亿元，净资产628.04亿元，总负债761.55亿元。

二、2010年黑龙江上市公司经营状况

2010年黑龙江共有29家上市公司实现盈利（只有S*ST光明1家上市公司亏损），与2009年相比亏损面缩小75%（2009年有4家亏损），有8家公司净利润同比下降。从营业规模上看，黑龙江上市公司主营业务收入共计711.84亿元，同比增长22.16%；主营业务毛利共计138.68亿元，同比增长27.57%；营业收入共计734.73亿元，同比增长26.66%；归属于上市公司的净利润共计52.44亿元，同比增长59.02%；投资收益共计13.59亿元，同比增长12.86%；资产减值损失共计4.27亿元，同比下降66.85%。净利润贡献最多的5家公司是哈药股份11.30亿元，S*ST北亚8.83亿元，中国一重7.90亿元，北大荒3.57亿元，三精制药3.34亿元。从盈利能力上看，平均每股收益0.24元，同比增长84.62%，每股收益最高的公司为S*ST北亚和誉衡药业，分别为3.22元和1.26元；平均净资产收益率8.7%，同比增长0.5个百分点。从现金流上看，经营活动产生的现金流量净额总计为9.5亿元，同比下降56.36%。

三、2010年黑龙江上市公司治理与规范运作情况

一直以来，黑龙江证监局高度重视对上市公司治理结构及其规范运作的监管。2010年度，黑龙江证监局深入开展治理专项活

动，按照中国证监会上市部的要求持续开展了深入推进公司治理的专项活动，在黑龙江上市公司治理问题基本整改完毕的基础上，对公司治理重点关注的领域进行了回访检查，巩固了检查效果。这些关注领域包括独立性、“三会”运作、内控制度、激励约束机制、信息披露、外部治理环境等方面，专项治理活动取得明显成效。此外，黑龙江证监局对新上市公司开展了公司治理专项检查。2010 年 6 月和 2010 年 8 月分别对 2010 年两家新上市公司九洲电气、誉衡药业进行了公司治理专项检查，并下发了整改通知书。现场检查上市公司 12 家，发现公司治理方面新问题 18 个。2010 年黑龙江证监局对 2 家上市公司的并购重组出具了初审意见；对 1 家上市公司再融资出具监管意见。圣方科技并购重组方案获得证监会有条件通过；阿继电器、光明家具、秋林股份、北亚集团、黑化股份 5 家公司的重组工作正在积极推进。

在上述对公司治理现场检查的基础上，黑龙江证监局上市公司监管人员对发现的公司治理机构方面存在的问题进行了有针对性的研究分析和思考，并形成调研总结报告。同时，黑龙江证监局将公司治理检查报告上报中国证监会上市部。

黑龙江证监局对东方集团现场检查后针对公司章程部分条款规定内容的有效性问题撰写了案例分析：东方集团公司章程规定：“持有公司 10% 以上有表决权股份的股东增持公司的股份，必须向公司披露其收购计划并取得公司董事会的批准，否则剥夺其提名董事候选人的权利”。黑龙江证监局认为，公司股东增持公司股份，只要符合股东增持上市公司的相关法律法规，依法合规取得上市公司股份，具有上市公司股东身份后，以公司章程的形式来剥夺法律赋予的公司股东权利的做法不妥。

四、2010 年黑龙江上市公司并购重组情况

2010 年度黑龙江证监局积极支持公司并购重组做大做强。在推动上市公司并购重组工作时，黑龙江证监局一方面与发行部、上市部等部门保持密切联系，掌握公司并购重组的最新进展情况和存在的问题，积极搜集和反馈相关信息，推动正在实施重大资产重组的公司早日完成重组工作。另一方面黑龙江证监局督促及协助有重组意向的公司协调相关各方，尽快拿出重大重组方案，早公布、早开展，促使黑龙江上市公司发挥集团优势、区域龙头带动作用；积极推动重点产业、重点领域内企业的并购重组；争取使黑龙江上市公司充分利用资本市场这个运作平台，以并购促进跨越式发展、优化资源配置，以实现产业重组、布局调整、淘汰落后、提高效率的工作目标，强力推进黑龙江上市公司做大做强。

2010 年度黑龙江证监局在重组核查及相关投诉事项核查基础上，向中国证监会上市部报送了圣方科技、国中水务重组审核意见。此外，为了确保上市公司并购重组监管工作的细致、规范，黑龙江证监局根据《上市公司收购管理办法》（证监会令第 35 号）和《上市公司收购及相关股份权益变动活动监管工作规程》（证监公司字［2007］20 号）的规定，制订了《上市公司并购重组监管工作规程》。截至 2010 年 12 月 31 日，黑龙江航天科技、国中水务重大资产重组方案已经实施完毕，圣方科技的并

购重组工作已经获得证监会有条件通过，阿继电器、光明家具、北亚集团3家公司的重组工作正在进行中。通过黑龙江证监局细致的工作，确保了重组工作的效果，通过并购重组大幅度提高了上市公司的盈利能力和治理水平。

五、2010 年黑龙江上市公司定向增发情况

2010 年度，黑龙江只有一家公司进行了定向增发。2010 年 4 月 20 日，航天科技通过定向增发募集资金 3. 18 亿元。

六、2010 年黑龙江上市公司募集资金使用情况

截至 2010 年 12 月 31 日，黑龙江 30 家上市公司累计在资本市场直接融资 319. 41 亿元，其中首发募集资金 208. 78 亿元，上市后通过配股、增发、发行可转债等方式再融资 115. 63 亿元。如：2007 年 7 月 13 日恒丰纸业通过非公开发行新股不超过 6 000 万股，募集资金 2. 89 亿元；2007 年北大荒公司通过发行 150 000 万元北大荒转债，募集资金 15 亿元；2009 年 12 月 16 日，华电能源通过非公开发行股份 597 609 561 股，募集资金 15 亿元等。募集资金能够按照招股说明书的用途使用，未出现违规变更募集资金用途的情形。2010 年 4 月 20 日，航天科技通过定向增发募集资金 3. 18 亿元。

七、2010 年度黑龙江上市公司 IPO 及其融资情况

2010 年黑龙江有 4 家公司上市（2010 年 1 月 8 日，九洲电气在深圳创业板上市；2010 年 2 月 9 日，中国一重上市；2010 年 3 月 19 日，龙江交通上市，由原东北高速分拆上市；2010 年 6 月 23 日，誉衡药业在深圳中小板上市。）。4 家公司累计募集资金 134. 19 亿元，其中誉衡药业首发实际募集资金 16. 69 亿元，首发超募资金 12. 4 亿元；九洲电气首发实际募集资金 5. 48 亿元，首发超募资金 3. 62 亿元；中国一重首发实际募集资金 112. 02 亿元，首发超募资金 28. 14 亿元。

2010 年度黑龙江 30 家上市公司中未有实施股权激励方案的公司。

审稿人：刘　伟
撰稿人：杨维龙

上 海 地 区

一、上海上市公司总体情况

（一）公司数量

2010年，上海新增上市公司16家（深交所主板1家、中小板7家、创业板8家），减少4家（被吸收合并弃壳3家，迁出1家）。截至2010年底，上海共有177家上市公司（约占全国上市公司的8.6%）。其中，145家在上交所挂牌交易，1家在深交所主板挂牌交易，21家在深交所中小板挂牌交易，10家在深交所创业板挂牌交易。177家公司中，A股公司129家，B股公司5家，A+B股公司35家，A+H股公司8家。

（二）资产规模

截至2010年底，上海177家上市公司总资产90 360亿元[①]，净资产12 537亿元，总股本3 124亿股，平均每股净资产4.02元。上海上市公司总市值2.41万亿元（占全国上市公司总市值的9.1%），同比下降14.8%，其原因主要是市场整体估值水平有变化，同期上证综指下降14.3%，沪深两市总市值增加9.1%。

（三）控股类型

177家上市公司中，按股东性质划分：上海市国资控股70家、央企控股37家、异地国资控股4家、民企控股55家（其中异地民企18家）、外资控股11家。

上海上市公司2010年年报控股分类情况见表1。

表1　　上海上市公司2010年年报控股分类情况表

指标＼分类	上海上市公司	市国资控股	央企控股	异地国资控股	本地民企控股	异地民企控股	外资控股
公司数量	177	70	37	4	37	18	11
亏损家数	8	2	3	0	2	1	0
净利润（亿元）	1 603	742	766	2.8	69	6.6	18
平均每股收益（元）	0.513	0.588	0.493	0.081	0.399	0.112	0.397

① 数据来源于Wind资讯。

（四）经营业绩

2010 年上海上市公司实现营业收入 19 812亿元，同比增长 40%；实现归属母公司股东净利润 1 603 亿元，同比增长 52%。加权平均每股收益 0.513 元，加权平均净资产收益率 12.72%。其中，盈利 169 家（共盈利 1 613亿元，盈利家数占比 95.5%），亏损 8 家（共亏损 10 亿元，亏损家数占比 4.5%），盈利最多的是交通银行，实现净利润 390 亿元。

上海上市公司 2010 年年报板块分类情况见表 2。

表 2　　上海上市公司 2010 年年报板块分类情况表

指标＼分类	上海全部上市公司	上海主板公司	深圳主板公司	上海中小板公司	上海创业板公司
公司数量	177	145	1	21	10
亏损家数	8	8	0	0	0
净利润（亿元）	1 603	1 565	0.58	31	6
每股收益（元）	0.513	0.512	0.394	0.587	0.57
净资产收益率（%）	12.72	12.77	8.58	12.54	6.55
总市值（亿元）	24 139	22 360	16	1 376	387

（五）经营性现金流量净额

上海上市公司 2010 年经营性现金流量净额为 1 939 亿元，远低于 2009 年的 4 340 亿元，其中，有 117 家上市公司（占比 66%）经营性现金流量净额为正。172 家非金融类上市公司经营性现金流量净额为 1 807亿元，同比增长 4%。5 家金融类上市公司除中国太保经营性现金流量净额为正外，其余 4 家金融类上市公司经营性现金流量净额均为负，且出现大幅下降，从 2009 年的 2 217 亿元下降为负的 484 亿元。

（六）风险公司情况

截至 2010 年底，上海共有 12 家 ST 公司，占上海上市公司总数的 6.8%，其中 4 家被暂停上市（* ST 白猫、* ST 宏盛、* ST 华源、* ST 海鸟），6 家公司被实施退市风险警示（* ST 二纺、* ST 合臣、* ST 沪科、* ST 汇丽、* ST 联华、* ST 源发），另有特别处理公司 2 家（ST 中纺、ST 兴业）。* ST 华源破产重整已获证监会重组委有条件通过但尚未获得正式核准。* ST 白猫与浙报传媒控股集团的重组申请获证监会受理，正在审核中。

二、2010 年上海上市公司经营状况

2010 年上海上市公司主要业绩特点如下：

（一）整体业绩进一步增长

2010 年，上海上市公司净利润、净资产收益率和每股收益三项业绩指标增长均高于全国平均增长水平。净利润 1 603 亿元，同比增长 52%（全国平均增长 37.3%）；净资产收益率 12.72%，同比增长 24.58%（全国平均增长 10.95%）；每股收益 0.51 元，同比增长 40.5%（全国平均增长 21.68%）。每股收益近 3 年来首次略高于全国平均水平（0.50 元），但净资产收益率仍

低于全国平均水平 14.49%。

（二）积极分红回报股东

62.7%的上海上市公司（111 家）提出年度利润分配预案，同比上升 5.1 个百分点。拟派现金总额 420 亿元（2009 年是 270 亿元），同比增长 55.56%，超过同期净利润增长幅度。值得关注的是，创业板公司分红积极，10 家创业板公司中有 9 家推出分配方案，其中转送 5 股及以上的有 8 家。

（三）上海国资控股公司盈利能力提升明显

70 家上海国资控股公司盈利能力明显提升，净资产收益率达 12.9%，同比增长 13%，每股收益 0.59 元，同比增长 29%，均高于上海平均水平；净利润 742 亿元，同比增长 38%，增长幅度高于全国平均增长水平。

（四）中小板、创业板公司聚焦主业，收益质量较高

21 家中小板公司实现净利润 31 亿元，每股收益 0.587 元，净资产收益率 12.54%；10 家创业板公司实现净利润 6 亿元，平均每股收益 0.57 元，净资产收益率 6.55%。上海中小板、创业板公司数量稳步增加，一批细分行业领先企业脱颖而出，如汉钟精机 2010 年净利润增幅超过 80%；主营业务突出，收益质量较高，2010 年扣除非经常性损益后净利润占当期净利润的比例为 85%。

（五）亏损公司比例大幅下降

2010 年上海上市公司共有 8 家公司亏损，15 家公司实现扭亏为盈。亏损公司数量占上海上市公司数量的 4.5%，亏损比例比 2009 年下降 5.8%。

三、上海上市公司经营发展的努力方向

（一）需要进一步提高上市公司整体质量

2010 年，业绩两级分化现象依然明显，国有蓝筹公司业绩突出，继续保持主导地位。净利润前 18 家公司[①]（占比 10%）均为国有控股，净利润总额 1 307 亿元，占上海上市公司实现净利润的 81.5%（2009 年上海上市公司实现净利润 87%，2008 年的数据为 85%）。其中，9 家为央企控股，9 家为上海国资控股。金融类上市公司贡献度高，但与行业标杆企业仍有差距。交通银行、浦发银行、中国太保、海通证券、光大证券等五家金融类上市公司净利润位居前列，实现净利润 727 亿元（占比 45%）。要进一步支持绩优公司做大做强，鼓励其利用资本市场实现产业结构升级，形成规模优势，同时，充分利用上市公司平台，通过并购重组等多种方式改善绩差公司质量。

（二）需要进一步推动中小企业改制培育力度，推进上市工作

截至 2010 年底，上海上市公司数量仍位居全国第一，但从各省市范围统计看，上海上市公司数量排名已退至全国第三。下一

① 18 家公司为：交通银行、浦发银行、上海汽车、宝钢股份、中国太保、上港集团、东方航空、中海集运、海通证券、上海电气、上海石化、中国船舶、华域汽车、光大证券、中海发展、申能股份、上海医药、上海能源。

步，要积极支持高科技、高成长性中小企业利用多层次资本市场发展。要大力推动上海金融企业上市，更加突出金融业上市公司在上海上市公司整体中的影响力和重要作用。

（三）需要进一步深入推进公司治理，支持部分改制上市公司通过整体上市，消除同业竞争、减少关联交易

继续深化公司治理，按照“一司一策、自主推进”的原则，深入开展“解决同业竞争、减少关联交易”专项活动。下一步，将继续充分发挥综合监管体制作用，积极借鉴“股改”、“清欠”等成功经验，争取当地政府及国资部门的支持，进一步推动国有控股企业利用资本市场发展，实现更多的国有集团公司整体上市，推动解决上市公司同业竞争并减少关联交易。

四、2010年上海上市公司治理与规范运作情况

经过3年的公司治理专项活动，上海上市公司剥离改制所遗留的问题总体上得到较为有效的解决。截至2010年底，上海上市公司累计已整改问题906个，占公司治理专项活动累计所发现问题的98.5%。上海上市公司在公司治理及规范运作方面得到进一步提高。

（一）“解决同业竞争、减少关联交易”专项工作进展明显

上海上市公司进入资本市场较早，三分之二以上的公司都是额度制下发行上市的。同业竞争、关联交易等问题较为突出，严重制约了上市公司发展。

2010年，按照证监会上市部《关于开展解决同业竞争、减少关联交易，进一步提高上市公司独立性工作的通知》要求，上海证监局积极开展“解决同业竞争、减少关联交易”专项活动。截至2010年底，消除同业竞争工作取得明显成效，重点推进的10家公司中，上海建工、上海医药等7家上市公司实现核心业务上市，同业竞争得到有效消除，关联交易大幅减少，增强了上市公司独立性。友谊股份等3家上市公司整合方案已在审核。通过专项活动，上海上市公司新获注入资产233亿元，市值增加393亿元，上市公司质量得到显著提高。

（二）内幕信息知情人登记制度进一步建立完善

1. 建立情况

177家上市公司中，172家已建立健全内幕信息知情人登记制度，占比达97%。建立情况总体呈现三个特点：一是数量方面，上海绝大部分上市公司能按要求建立内幕信息知情人登记制度。部分新上市公司相关制度正在制定中。二是形式方面，上市公司内幕信息知情人登记制度以另行单独制定为主，在原制度中修改为辅。在172家已建立健全相关制度的公司中，147家是另行单独建立，其他25家通过修改原信息披露管理制度，增加内幕知情人登记等有关内容。三是类型方面，国有控股公司落实要求的情况优于民营公司；未建立内幕知情人登记制度的公司主要是新上市公司和绩差公司。

2. 执行情况

检查结果显示，上海绝大部分上市公司能够按照内幕信息知情人登记制度的要求，在年报编制、并购重组和再融资等重大事项

中做好内幕信息知情人的登记工作，并取得了一定的效果。一是提高了相关知情人的合规和保密意识，有利于内幕交易的防范。二是提供了线索，有利于内幕交易的监管查处。三是减少了不必要的对外信息报送，有利于从源头上减少内幕交易。

（三）上市公司规范运作意识进一步提高

上市公司董事、监事会能够及时修订议事规则，按照权限行使决策及监督权；董事会下设专门委员会，独董的专业能力得到进一步发挥。引入外部非独立董事，扩大外部董事比例，董事会人员构成更加合理；监事会能够采取多种方式实施监督职能，如交通银行。

（四）上市公司信息披露行为进一步规范

上市公司信息披露制度基本达到全覆盖，信息披露质量逐步提高。重大资产重组公司停牌期间能够定期发布重组进展公告，如上海医药；产生重大事项的公司能够主动及时发布提示公告，如上港集团；存在信息披露整改要求的公司能够及时整改，完整准确披露有关内容。

五、2010年上海上市公司定向增发及并购重组情况

2010年，上海共有上海医药等14家上市公司完成并购重组，涉及资产348.58亿元。通过多种形式的并购重组，这些上市公司加快了产业结构的调整，实现了产业升级（如上海医药），解决了同业竞争，减少了关联交易，形成了规模优势（如上海建工）。上海另有11家公司的并购重组方案正在审核。

2010年上海上市公司定向增发及并购重组情况见表3。

表3　2010年上海上市公司定向增发及并购重组情况

公司名称	重组方式	涉及金额（亿元）	备注
*ST上航	被吸收合并	89.44	实施完毕
东方航空	吸收合并		
上海建工	定向增发购买资产	46.86	
上海医药	定向增发购买资产加吸收合并	73.85	
上实医药	被吸收合并	70.14	
中西药业	被吸收合并	24.49	
上海汽车	重大资产重组	5.75	
老凤祥	定向增发购买资产	8.22	
棱光实业	定向增发购买资产	2.56	
锦江股份	资产置换	27.27	
中国海诚	行政划拨股权	—	
东风科技	行政划拨股权	—	
凯马B	行政划拨股权	—	
中卫国脉	行政划拨股权	—	
总计		348.58	

六、2010年上海上市公司募集资金使用情况

（一）募集资金情况

2010年，上海上市公司利用资本市场筹资1 184.2亿元（仅次于2007年的1 276亿元），比2009年增长20.7%，约占全国的9.4%。其中，现金筹资1 052.7亿元（首发116.8亿元，股票再融资923.1亿元，公司债融资12.8亿元）、资产注入131.5亿元。2010年，上海证券市场直接融资比重为20.9%，高于全国的11.6%。

2010 年上海上市公司直接融资情况见表 4。

表 4　2010 年上海上市公司直接融资情况

公司名称	融资方式	融资金额（亿元）
柘中建设	IPO	6.97
东方财富	IPO	14.20
康耐特	IPO	2.70
华平股份	IPO	7.20
安诺其	IPO	5.72
交技发展	IPO	3.51
摩恩电气	IPO	3.66
松芝股份	IPO	10.92
嘉麟杰	IPO	5.67
锐奇股份	IPO	7.16
泰胜风能	IPO	9.30
超日太阳	IPO	23.76
科泰电源	IPO	8.00
新时达	IPO	8.00
中国太保	H 股发行	28.80
交通银行	H 股发行	154.70
浦发银行	非公开发行（现金）	394.59
上海电气	非公开发行（现金）	22.21
复星医药	非公开发行（现金）	6.55
上海汽车	非公开发行（现金）	100.00
上海医药	非公开发行（资产注入）	73.84
老凤祥	非公开发行（资产注入）	8.22
棱光实业	非公开发行（资产注入）	2.56
上海建工	非公开发行（资产注入）	46.90
申能股份	公开增发	22.06
紫江企业	公司债	5.00
中国高科	公司债	2.80
豫园商城	公司债	5.00
交通银行	配股	171.25
航天机电	配股	12.61
方正科技	配股	10.30
合　计		1 184.2

此外，2010 年初，共有 27 家公司存在以前年度募集资金尚未使用完毕情况，涉及募集资金 77 亿元。

（二）募集资金使用情况

2010 年，有 49 家公司使用募集资金，金额为 884 亿元。其中，863 亿元为 2010 年度募集的资金，占全年募集资金总额的 65%；21 亿元为以前年度募集的资金，占年初募集资余额的 27%。

2010 年，有 9 家公司完成全部募集资金的使用。截至 2010 年底，尚有 44 家公司剩余募集资金 246 亿元，其中，闲置时间超过 3 年以上的金额为 8.56 亿元（占比 3.5%），主要原因为相关公司因市场环境变化推迟或取消了有关募投项目。

（三）募集资金管理制度建设情况

177 家公司中，有 170 家公司（占比 96%）制定了《募集资金管理办法》。公司的募集资金管理办法包括建立和完善了募集资金的存储、使用和管理的制度，明确了决策程序、审批权限、信息披露程序及风险控制措施等，并按规定在银行设立了专用账户存储募集资金，确保募集资金安全。尚未制定专项制度的 7 家公司（占比 4%）均为 2000 年前首发上市、募集资金已使用完毕且无再融资行为的公司。

（四）存在的主要问题

上海上市公司总体上对募集资金管理较为规范，建立了专户存储制度，按计划使用募集资金，变更程序严格。但个别公司募集资金管理存在不足，主要表现为募集资金使用计划制订不够严谨，对市场风险和政策变化预计不足，造成个别募投项目进度滞后或无法落实、效益未达到预期。

七、2010 年上海上市公司董事、监事培训情况

2010 年，根据中国证监会上市部总体部署，上海证监局制订了《2010 年上海辖区上市公司董事、监事培训计划》，举办了 3 期上海上市公司董事监事培训班。3 期培训对象按照控股股东性质划分，实施分类培训，分别为联合上海市国资委培训市国有控股上市公司董事、监事如何防范内幕信息，培训民营控股上市公司董事、监事如何做好规范发展，培训央企控股上市公司董事、监事如何履职尽责，提升规范意识。上海地区 712 名董事、监事参加了培训，并取得了培训合格证书。2010 年内完成了应培训人数的 94%，较好地完成了培训任务。

自 2007 年组织培训工作至今，上海上市公司董事、监事的学习意识和规范意识不断增强。

一是主动接受培训的意识逐步增强，各上市公司董事、监事定期培训的长效机制逐步建立。很多董事、监事年初主动询问公司董秘年内培训安排，认真选择培训专题，合理安排时间参加培训，并能认真撰写并提交质量较高的学习心得。部分公司的外籍董事也能克服困难，自带翻译前往参加培训。此外，参加培训的非应训范围人员越来越多。董事长、总经理为增强对证券监管法规的了解，提升公司治理水平，主动接受培训的意愿不断增强。2010 年内，共有 75 名董事长、82 名总经理参加了培训。

二是规范运作意识逐步提高。上海地区国资控股上市公司占比高，自 2009 年以来，出于战略整合的考虑，以上海国资主导的并购重组案例越来越多，并购重组方式趋于复杂，对上市公司董事、监事规范运作意识的要求也越来越高。存在重组事项或再融资要求的公司董事、监事能够积极参加发展及监督专题的培训，主动掌握发展中需关注的事项，督促公司在重组前建立保密制度，确保停牌前股价平稳，对内幕交易的发生起到了预防作用。

审稿人　邹　华　袁同济

撰稿人　童　惟　盛峰英

江 苏 地 区

一、江苏上市公司总体情况

（一）公司数量

截至2010年底，江苏共有上市公司169家，同比增长32.03%；2010年江苏省新增上市公司41家（首发上市40家，迁址1家），增量为2009年（11家）的3.73倍，增速创历史新高。同时，江苏上市公司数量在全国的占比也相应增加。2010年底江苏上市公司数量占全国上市公司总数（2 061家）的8.20%，较2009年底上升了0.7个百分点。其中，上海证券交易所上市公司67家，深圳证券交易所上市公司102家（中小板72家、主板22家、创业板8家）。169家公司中，两家纯B股公司，分别为新城房产和宁通信；3家“A+H”股公司，分别为S仪化、宁沪高速和南京熊猫；3家“A+B”股公司，分别为威孚高科、小天鹅和苏常柴。

（二）股本规模

169家上市公司中，股本规模在5 000万股到1亿股（含）之间的公司有18家，占上市公司总数的10.65%；1亿股到10亿股（含）之间的公司有135家，占上市公司总数的79.88%；10亿股以上的公司有16家，占上市公司总数的9.47%。

（三）行业分布

169家上市公司中，制造业公司达119家，占70.41%，涵盖了纺织、化工、机械、电子器具等子行业；信息技术业公司14家，批发和零售贸易类公司10家，综合类公司6家，交通运输业公司6家，房地产业公司5家，社会服务业公司4家，建筑业公司3家，金融保险业公司2家。

二、2010年江苏上市公司经营状况

（一）收入和利润双增长，每股收益创新高

2010年度，江苏上市公司实现了收入和利润双增长，业绩喜人。无论是绝对数量还是相对增幅，都达到近年来的最好水平。营业收入总额达5 553.69亿元，同比增长33.80%。归属于上市公司股东的净利润总额为402.26亿元，同比增长40.30%。在每股指标方面，平均每股收益0.50元，同比增长0.04元。2010年末，江苏上市公司平均每股净资产为4.82元，同比增长1.31元。

（二）非经常性损益影响小，毛利率水平历史最好

业绩的增长主要来源于主业，非经常性损益对利润的贡献较小。扣除非经常性损益后的净利润总额是367.78亿元，占净利润的91.40%，同比增长50%，增幅高于净利润近10个百分点。超过75%的公司，非经常性损益占净利润的比例低于20%。2010年江苏上市公司在普遍面临原材料、人工等成本上涨压力的情况下，积极采取各项举措，实现毛利率稳中有升，平均毛利率22.30%，处于历史最好水平。75家公司的毛利率高于20%，占公司总家数的44.38%。

（三）亏损面进一步缩小，投资者回报良好

在整体盈利能力大幅提高的同时，江苏上市公司的亏损面进一步缩小。亏损公司数量由2009年的8家减少为5家，亏损面为2.96%。93家公司在年报中提出了分红送转预案，占公司家数的55.03%。最近3年分红比例超过30%的公司达到108家，超过公司家数的60%。15家公司的每股分红送转超过1元，其中绝大多数都是中小板和创业板公司，这也从一个侧面体现了其高成长的特性。

（四）资产结构进一步改善，现金流情况良好

在资产结构方面，江苏上市公司的资产总额为10 081.15亿元，同比增长35.17%。净资产总额达3 531.80亿元，同比增长46.57%。资产负债率平均65%，同比下降了2.68个百分点。净资产增幅高于资产增幅、资产负债率下降的主要原因是，2010年江苏上市公司比以往年度更多地利用资本市场进行直接融资，减少了银行贷款。在现金流量方面，平均每股现金流量净额达1.33元，同比增长92.70%。非金融类公司的经营性现金流量净额总数为228.04亿元，同比下降39%。投资活动支出的现金流量净额为348.30亿元，同比增长112%；筹资活动产生的现金流量净额为586.63亿元，同比增长550%。

三、2010年江苏上市公司治理与规范运作情况

（一）治理专项活动总体情况

2010年江苏证监局开展了解决同业竞争、减少关联交易的专项活动。2010年纳入专项活动的上市公司共33家，其中同业竞争与关联交易并存的公司3家，均为主板上市公司；仅存在关联交易的公司28家，其中，主板17家，中小板11家；仅存在同业竞争的公司2家，均为主板公司。从问题产生原因来看，一是由部分改制发行上市造成；二是与并购重组相关，其中既有危机公司风险处置导致的并购重组，也有因国企整合导致的并购重组。

结合公司问题产生的原因和重要程度，本着分步实施、总体推进的原则，江苏确定了7家公司为2010年专项活动的重点公司。其中，问题类型为仅关联交易的有4家，仅同业竞争的1家，同业竞争和关联交易并存的2家。其他26家公司，结合其实际情况采取必要措施推动解决或减少、限制同业竞争和关联交易。

（二）工作成效

截至2010年底，7家重点公司均按计划完成工作进度，其中4家已基本完成，3家已有方案正在解决，且方案较为具体，均有明确的时间表或正在证监会审核中。

1. 积极通过并购重组解决问题

7家重点公司中，有3家通过向大股东发行股份收购资产解决同业竞争或关联交易问题。其中，南钢股份、小天鹅已经实施完毕，法尔胜将择机通过定向增发收购资产减少关联交易。在已基本完成的4家公司中，南钢股份、小天鹅2家向大股东发行股份收购相关资产，收购资产的交易金额共计98.24亿元。

2. 关联交易金额明显下降

在已基本完成专项活动的公司中，南钢股份、宝胜股份通过发行股份收购资产或以自有资金收购资产，大幅减少了关联交易。2家公司2009年关联交易金额共计约133.07亿元，方案完成后，关联交易金额将可减少约111.36亿元，下降比例达83.69%。

3. 公司市值大幅增加

南钢股份、小天鹅并购重组方案公告前，公司市值合计约126.07亿元；方案完成后，截至2010年12月底，2家公司市值合计达到257.85亿元，增幅达104.53%。

（三）规范运作情况

通过连续几年开展公司治理专项活动，江苏上市公司治理进一步规范、完善和深化。其中，作为提升公司治理水平的重要一环，内部控制得到了进一步强化，较开展专项活动初期相比，上市公司内控制度总体上不断完善和健全，董事、监事、高管尽责的意识和执行情况也有了明显改善。

1. 内控制度不断健全完善

公司治理专项活动初期，排查出的公司治理问题中，内控制度缺失或不完善占有较大比重，是江苏上市公司普遍存在的问题。近年来，通过严格监管和指导，江苏上市公司根据法律法规不断建立健全内部控制制度，基本能按照监管要求，对内控制度不断地加以健全和完善。目前，内控制度的建立健全情况大为改善，制度缺失问题得到有效解决。

2. 董事、监事、高管人员的尽责意识不断提高

在监管工作中，江苏证监局通过定期召开会议、组织培训等方式，对上市公司董事、监事、高管人员进行教育、引导和督促。特别是针对上市公司内部控制、规范运作方面存在的问题，严格查处，采取各项监管措施，督促公司及管理层整改，必要时追究相关人员责任，以强化上述人员对内部控制的认识和理解，强化其对内控制度的有效执行。江苏上市公司管理层对内部控制重要性的认识较以往得到提高，其尽责意识也大大加强。

3. 防范大股东占用长效机制成效明显

江苏将清理和防范大股东占用上市公司资金作为监管中的重点工作，明确了对期间占用、变相占用施行重点监管，严格查处。结合深化公司治理活动，督促江苏各上市公司进一步健全防止大股东资金占用的长效机制。从2010年日常监管及年报审核情况来看，大股东资金占用得到有效遏制，尚未发现江苏上市公司存在大股东非经营性占用公

司资金的情况。

4. 内控自我评估的披露数量增加

2010年江苏169家上市公司中，有132家披露了内部控制自我评价报告，比例达到78.11%，较2009年增加了8.11个百分点。除深圳证券交易所上市公司根据交易所规定必须披露自我评估报告以外，上海证券交易所上市公司也有30家主动披露了自我评估报告，比例达到43.48%。江苏上市公司主动披露内控情况的意识在不断增强，更有利于投资者对公司的认知和监管部门的监管工作。

四、2010年江苏上市公司并购重组情况

（一）基本情况

2010年，江苏共有18家上市公司存在并购重组行为，其中6家为上市公司收购，4家为重大资产重组，8家为上市公司收购暨重大资产重组。截至2010年末，5家完成并购重组，1家终止方案，12家仍在进行中。

2010年江苏上市公司并购重组情况见表1。

表1　2010年江苏上市公司并购重组情况

序号	证券代码	公司简称	并购重组类型	年末进展状况
1	600128	弘业股份	收购	已完成
2	600510	黑牡丹	收购	已完成
3	600213	亚星客车	收购	进行中
4	600287	江苏舜天	收购	进行中
5	600775	南京熊猫	收购	进行中
6	600981	江苏开元	收购	进行中
7	600282	南钢股份	重大资产重组	已完成
8	600487	亨通光电	重大资产重组	进行中
9	600667	太极实业	重大资产重组	进行中
10	002201	九鼎新材	重大资产重组	进行中
11	000418	小天鹅	收购暨重大资产重组	已完成
12	002075	*ST张铜	收购暨重大资产重组	已完成
13	600401	*ST申龙	收购暨重大资产重组	进行中
14	600562	ST高陶	收购暨重大资产重组	进行中
15	000525	红太阳	收购暨重大资产重组	进行中
16	000681	*ST远东	收购暨重大资产重组	进行中
17	002002	*ST琼花	收购暨重大资产重组	进行中
18	000805	*ST炎黄	收购暨重大资产重组	终止

（二）并购重组原因分析

2010年江苏上市公司并购重组的原因具有多样性，主要原因有：一是避免同业竞争、减少关联交易，如南钢股份、小天鹅等；二是大股东增持或引进战略投资者，如黑牡丹；三是注入优质资产或同行并购，增强上市公司核心竞争力，如亨通光电、*ST高陶、红太阳、九鼎新材等；四是借壳上市，如*ST远东、*ST炎黄、*ST张铜、

* ST琼花；五是国有企业改革调整工作及国有股权管理需要进行划拨，如弘业股份、江苏开元、江苏舜天、南京熊猫；六是政府主导并购，进行股权划拨或借壳上市等，如亚星客车、* ST 申龙、太极实业。

（三）具体情况

1. 上市公司收购

（1）弘业股份。2010 年 4 月，江苏省人民政府召开第 46 次常务会议，讨论关于省属企业改革调整工作。会议原则同意了江苏省国资委提出的《关于省属国有企业改革调整的意见》，同意由江苏省国资委对江苏省 8 家外贸类企业实施兼并重组。当月，江苏省国资委下发《关于省丝绸集团与省纺织集团、江苏弘业集团重组有关事项的通知》（苏国资［2010］47 号），江苏省政府决定，江苏省丝绸集团有限公司与江苏省纺织（集团）总公司、江苏弘业集团重组。2010 年 9 月，经苏国资复［2010］112 号文批复，江苏省国资委将其持有的弘业集团（弘业股份控股股东）100% 的国有股权无偿划拨给丝绸集团，丝绸集团间接控股弘业股份，股权划转后的实际控制人仍为江苏省国资委。公司披露了详式权益变动报告书及相关重组事项的公告。截至 2010 年底，弘业集团重组事项已完成。

（2）黑牡丹。黑牡丹实际控制人及控股股东常州高新技术产业开发区发展（集团）总公司（以下简称“常高新”）原直接持有黑牡丹 44.90% 股权，通过全资子公司常州国有资产投资经营总公司持有黑牡丹 12.12% 股权，共计持有黑牡丹 57.02% 股权。2010 年 2 月 28 日，常高新与公司原第三大股常州市新发展实业公司签署了“股份转让协议”。协议收购其持有的黑牡丹 10.92% 股权，并于 2010 年 5 月获得证监会关于核准豁免常高新要约收购义务的批复，相关股权过户变更登记手续于 2010 年 6 月完成。过户完成后，常高新直接或间接持有黑牡丹股权比例达到 67.94%。

（3）亚星客车。2010 年 11 月 1 日，亚星客车接到控股股东江苏亚星汽车集团有限公司通知，拟将其持有的公司 53.71% 股份的全部或部分无偿划转至山东重工集团有限公司直属公司。该事项涉及公司控股股东的变更。截至 2010 年底，股权划转正在报国务院国资委和中国证监会审批中。

（4）江苏舜天。根据 2010 年 4 月，江苏省人民政府第 46 次常务会议关于省属企业改革调整工作的要求，江苏省人民政府国有资产监督管理委员会拟将其持有的江苏舜天国际集团有限公司 100% 的股权无偿划转至江苏省国信资产管理集团有限公司（以下简称国信集团），本次划转变更登记完成后，国信集团将成为江苏舜天股份有限公司的间接控股股东。截至 2010 年底，国信集团已向证监会申报要约收购豁免申请材料，正在审批中。

（5）南京熊猫。2007 年 5 月，江苏省国信资产管理集团有限公司、南京市国资委分别以包括南京熊猫集团的国有股权（占熊猫集团总股份的 47.98%）在内的股权进行出资与中国电子信息产业集团公司（以下简称中国电子）协议成立南京中电熊猫信息产业有限公司（以下简称中电熊猫），其中，中国电子占股 70%。中电熊猫成立后，中国电子因其持有熊猫集团的控股权而将成为南京熊猫电子股份有限公司的实际控制人。该实际控制人的变化触及要约收购程序。2007 年 5 月，中国电子向中国证监会报送了请求豁免要约收购报告书。2010 年

12月，由于收购方案中申请豁免全面要约收购的理由不符合《上市公司收购管理办法》第六十三条第一款的规定，中国电子向中国证监会申请撤回上述申报文件，拟对相关资料进行补正后再报中国证监会审批。

（6）江苏开元。2010年4月，江苏省人民政府召开第46次常务会议，讨论关于省属企业改革调整工作。会议原则同意了江苏省国资委提出的《关于省属国有企业改革调整的意见》，同意由江苏省国资委对江苏省8户外贸类企业实施兼并重组。2010年4月16日，江苏省国有资产监督管理委员会下发通知，省政府决定，汇鸿集团与开元集团进行重组，并要求两集团研究制订重组方案报国资委批准后实施。2010年4月29日，江苏省国资委下发《关于汇鸿集团、开元集团重组方案的批复》（苏国资复［2010］44号）的文件。经江苏省人民政府同意，省国资委同意将开元集团的国有股权整体划拨给汇鸿集团持有。2010年9月2日，汇鸿集团和开元集团签订股份无偿划转协议。截至2010年底，并购工作仍在进行中。

2. 重大资产重组

（1）南钢股份。为实现钢铁产业整体上市，提高上市公司独立性和资产完整性，并履行2005年增发股份时作出的承诺，2009年南钢股份以定向增发方式向控股股东南京南钢钢铁联合有限公司（以下简称南京钢联）购买南京南钢产业发展有限公司（以下简称南钢发展）100%股权（南钢发展资产包括炼铁新厂及炼钢转炉连铸生产线、铁路运输公司、能源中心和其他相关资产等全部重组资产），公司合计定向增发股份217 003.60万股，发行价格4.19万元，交易价格为90.92亿元。2010年9月21日，南钢股份重大资产重组获得中国证监会审核通过；10月19日，重大资产重组实施完毕。

（2）亨通光电。亨通光电向控股股东及6名自然人定向发行股票，收购其持有的亨通线缆100%股权、亨通力缆75%股权。收购完成后，实现亨通集团线缆业务的整体上市。2010年底，该事项获得中国证监会审核通过。

（3）太极实业。2009年8月，太极实业向中国证监会提交了重大资产购买项目申报材料，公司拟与韩国（株）海力士半导体共同投资成立合资公司并由合资公司向海力士及其关联方购买价值3.05亿美元的封装、探针测试设备。2009年11月，公司在未获得中国证监会核准下擅自实施了该项目，江苏证监局于2010年4月向公司出具警世函，并对公司董事长、董秘采取了监管谈话措施。截至2010年底，该项目仍在中国证监会审核中。

（4）九鼎新材。2010年12月7日，九鼎新材公告了第六届董事会第十五次临时会议通过的重大资产重组预案，拟向常塑集团、明珠投资、宝鼎投资、解桂福、雷建平、敖文亮、史建军、潘齐华、马伯安、宣维栋等股东发行股份购买其持有的天马集团100%的股权及以现金方式购买天辉复合持有的华碧宝40%的股权。

3. 收购暨重大资产重组

（1）小天鹅。小天鹅于2009年9月启动重大资产重组事项，即发行股份收购美的电器持有的合肥荣事达洗衣设备制造有限公司（以下简称荣事达洗衣设备）69.47%的股权。此次重大资产重组事项于2010年5月21日获得中国证监会并购重组委有条件通过，并于2010年11月10日获得中国证监会的相关核准批复。公司于2010年11月15日完成荣事达洗衣设备69.47%股权的过户，18日在中国证券登记结算公司深圳分公司完成向美的电器发行股份的股份登记手续。该部分股份12月2日在深圳证券交易所上市。此次重大资产重组事项全部完成。

（2）* ST张铜。2010年12月27日，中国证监会核准了* ST张铜的重大资产重组方案，即* ST张铜向沙钢集团非公开发行118 026.56万股购买其持有的淮钢特钢63.79%的股权资产。交易完成后，公司总股本变为157 626.56万股，沙钢集团将持有公司74.88%的股权，成为公司的控股股东。截至2010年底，公司已完成股权过户、股票登记等重组后续工作，公司主营业务变更为优特钢、中厚板钢铁产品的生产与销售。

（3）* ST申龙。ST申龙因2006年、2007年、2008年连续3年亏损，自2009年4月2日起股票暂停上市。2009年10月23日，公司第一大股东江苏申龙创业集团有限公司就重组事宜与江苏阳光集团有限公司签订了股权转让及资产重组意向书，公司开始启动重组。根据公司与申龙创业签署的附生效条件的资产出售协议、资产出售协议之补充协议及阳光集团作出的相关承诺，公司拟将所有资产及负债，以2010年10月31日为评估基准日，参考评估结果作价27 941.35万元，全部出售给申龙创业，申龙创业以银行转账方式支付对价。如遇负债无法剥离，则由申龙创业以等值现金予以补足。阳光集团为上述交易提供担保，若申龙创业将来不能及时、足额向公司支付转让款或不能及时、足额向公司现金补足无法剥离的负债，阳光集团将代替申龙创业向公司承担付款义务。根据公司与海润光伏及其全体股东签署的附生效条件的吸收合并协议及吸收合并协议之补充协议，以2010年10月31日为评估基准日，海润光伏参考评估作价233 511.11万元，公司向海润光伏全体股东以3.00元股的价格发行77 837.04万股股份换股吸收合并海润光伏，吸收合并完成后，公司仍存续，海润光伏法人资格将予以注销。本次交易后，公司股份将由25 804.76万股增加至103 641.80万股。紫金电子及其一致行动人约占本次交易后公司总股本的41.87%，紫金电子的实际控制人陆克平为本次交易后公司的实际控制人。截至2010年底，重组预案已报中国证监会，正在审核中。

（4）ST高陶。2009年5月19日，中国电子科技集团公司第十四研究所（以下简称十四所）与高淳县国有资产经营（控股）有限公司签署股权转让协议，高淳国资将其持有的高淳陶瓷27.33%的股份（共计2 298.16万股）转让给十四所。十四所成为高淳陶瓷的控股股东，股权转让协议于2009年10月获得国务院国资委批复同意，并于11月9日完成过户手续。2009年5月20日，高淳陶瓷与十四所、国睿集团有限公司及其他交易方签署重大资产重组协议，高淳陶瓷以全部经营性资产及负债作为置出资产，十四所以两直属事业部——微波电路部、信息系统部的相关经营性资产和负债，以及所持的南京恩瑞特实业有限公司49%的股权作为置入资产，两者进行置换。同时，高淳陶瓷向国睿集团有限公司、商翠云等5名自然人发行股票，购买其持有的南京恩瑞特实业有限公司51%的股权、张家港保税区国信通信技术有限公司100%的股权以及芜湖国睿兆伏电子股份公司100%的股权，发行股票的最终数量不超过8 000万股。2010年5月公司资产重组申请获得中国证监会受理。截至2010年底，相关申请仍在审批中。

（5）红太阳。2010年12月6日，经中国证监会上市公司并购重组审核委员会审核，红太阳发行股份购买资产暨重大资产重组方案获有条件通过。即公司被获准向南京第一农药集团有限公司（以下简称南一农集团）发行股份购买其持有的农药类相关资产，主要包括南京生化100%股权、安徽生化100%股权、红太阳国际贸易100%股权和南一农集团母公司农药类经营性资产。本次交易完成后，南一农集团将直接持有红太阳227 008 007股，占红太阳总股本的44.75%；此外，持有红太阳集团有限公司49%的股份（红太阳集团有限公司持有红太阳15.75%的股份）。

（6）* ST远东。* ST远东2008年12月29日召开第六届董事会第六次会议，审议通过公司重大资产重组的预案。根据公司与沈阳雅都投资有限公司签署的发行股份购买资产协议，以公司第六届第六次董事会决议公告前20个交易日股票交易均价，即每股2.03元向雅都公司发行股份的数量为208 038 328股，收购其所持有的沈阳云峰投资有限责任公司100%的股权。采用收益现值法评估云峰公司全部股东权益价值42 391.26万元，与调整后账面值相比评估增值17 321.65万元，增值率为69.09%，收购完成后雅都投资持有上市公司总股本的51.14%。2009年7月3日，公司召开董事会通过正式方案。截至2010年底，公司重大资产重组事项仍在中国证监会审核中。

（7）* ST炎黄。2009年9月9日，* ST炎黄2009年第三次股东大会审议通过发行股份购买资产方案，拟向润丰集团和林宝定向发行股份购买其持有的润丰房产100%股权，并向中国证监会报送了相关资料。10月16日，资料被中国证监会受理；12月24日，收到中国证监会第一次审查反馈意见通知书（091310号），公司在规定时间内进行了回复。2010年11月，因房地产行业宏观调控，公司主动申请并经中国证监会同意，终止了该重组项目，撤回了申报材料。

（8）* ST琼花。“ST琼花”2009年9月21日召开第三届董事会第二十二次会议，审议通过公司重大资产重组的预案。根据公司、琼花集团与江苏国信签署的重组江苏琼花高科技股份有限公司之框架协议，公司拟向江苏国信定向发行股份，购买其持有的江苏地产100.00%股权，标的资产作价39亿元。同时，公司向琼花集团出售现有资产，价值为1.82亿元。本次交易完成后，江苏国信将持有ST琼花66 717.25万股，占公司股本总额81.40%，成为公司的控股股东。截至2010年底，重组各方正在准备上报中国证监会的相关重组材料。

五、2010年江苏上市公司定向增发情况

（一）定向增发家数

2010年，江苏有22家上市公司进行了定向增发（含以前年度申请，当年未发行的公司）。截至2010年末，共有15家上市公司完成了定向增发（含以前年度申请、2010年完成发行的7家），共募集资金238.88亿元，较2009年增长22.10%。其中，以现金认购123.72亿元，以资产认购115.15亿元。扣除发行费用，实际募集资金235.50亿元。

江苏上市公司完成定向增发具体情况见表2。

表2　　江苏上市公司完成定向增发具体情况

序号	公司简称	增发价格（元）	增发数量（万股）	募集资金（亿元）	认购方式		发行费用（亿元）
					现金（亿元）	其他资产（亿元）	
1	南京医药	10.90	4 587.00	5.00	5.00	—	0.23
2	南通科技	7.70	8 051.95	6.20	6.20	—	0.19
3	宏图高科	11.56	12 219.48	14.13	14.13	—	0.32
4	南钢股份	4.15	219 095.25	90.92	—	90.92	0.10
5	国电南瑞	52.00	1 505.94	7.83	7.83	—	0.23
6	国电南自	23.10	3 376.62	7.80	7.80	—	0.22
7	鱼跃医疗	32.00	838.00	2.68	2.68	—	0.17
8	新民科技	5.40	7 963.00	4.30	4.30	—	0.17
9	徐工机械	30.50	16 393.44	50.00	50.00	—	0.70
10	宏达新材	15.07	4 644.00	7.00	7.00	—	0.27
11	澳洋科技	8.10	3 422.10	2.78	2.78	—	0.12
12	中核科技	26.60	1 140.98	3.04	3.04	—	0.12
13	创元科技	14.60	2 499.39	3.65	3.65	—	0.21
14	沙钢股份	1.78	118 026.56	21.01	—	21.01	0.20
15	中材科技	25.08	5 000.00	12.54	9.32	3.22	0.13
合计				238.88	123.72	115.15	3.38

（二）定向增发对象

上述15家完成定向增发的公司中，5家公司的大股东、实际控制人以及关联方参加认购。

江苏上市公司定向增发对象情况见表3。

表3　　定向增发对象情况

序号	股票名称	增发对象	与上市公司关系
1	南京医药	南京医药集团有限责任公司	大股东
		刘少华、江苏瑞华投资发展有限公司、华夏基金管理有限公司	其他
2	南通科技	南通产业控股集团有限公司	实际控制人
		江苏弘业股份有限公司、江苏苏豪国际集团股份有限公司、上海天誉投资有限公司、方正证券有限责任公司、华夏基金管理有限公司、华宝信托有限责任公司、王毅、郝昌兰、李绍君	其他
3	宏图高科	南方基金管理有限公司、鹏华基金管理有限公司、中信证券股份有限公司、中邮创业基金管理有限公司、江苏汇鸿国际集团针棉织品进出口有限公司、江苏苏豪创业投资有限公司、叶祥尧、华宝信托有限责任公司、苏建平共9位投资者	其他

续表

序号	股票名称	增发对象	与上市公司关系
4	南钢股份	南京南钢钢铁联合有限公司	其他关联方
5	国电南瑞	富通银行、南方基金管理有限公司、上海宏邦股权投资管理有限公司、嘉实基金管理有限公司、中金投资（集团）有限公司、江苏汇鸿国际集团土产进出口股份有限公司、长江证券股份有限公司	其他
6	国电南自	湖南湘投金天科技集团有限责任公司、上海证券有限责任公司、江苏瑞华投资发展有限公司、天平汽车保险股份有限公司、中诚信托有限责任公司、太平资产管理有限公司、江苏开元股份有限公司、平安证券有限责任公司	其他
7	鱼跃医疗	国投瑞银基金管理有限公司、宁波信升化工有限公司、江苏开元国际集团轻工业品进出口股份有限公司、上海上象星作文化传播有限公司、王晔、上海天臻实业有限公司	其他
8	新民科技	亨通集团有限公司、华宝信托有限责任公司、陈海昌、江苏苏豪创业投资有限公司、施德善、汉川德诚投资中心	其他
9	徐工机械	雅戈尔投资有限公司、中财明远投资管理有限公司、深圳市平安创新资本投资有限公司、上海中创信实业投资有限公司、江苏汇鸿国际集团有限公司、新世界策略（北京）投资顾问有限公司、航天科技财务有限责任公司、兵器财务有限责任公司	其他
10	宏达新材	上海金力方股权投资合伙企业、嘉实基金管理有限公司、唐建晓、万利隆投资管理有限公司、邱梅芳、江苏开元国际集团轻工业品进出口有限公司	其他
11	澳洋科技	上海成丰鼎泰股权投资合伙企业（有限合伙）、富通银行、常州市久益股权投资中心、吴熹、李绍君、海富通基金管理有限公司	其他
12	中核科技	陈绍迪、嘉实基金管理有限公司、上海证大投资管理有限公司、梅强、陈学赓、焦峰及天平汽车保险股份有限公司	其他
13	创元科技	苏州创元投资发展（集团）有限公司	大股东
		江苏汇鸿国际集团土产进出口股份有限公司、天津凯石益盛股权投资基金合伙企业（有限合伙）、天平汽车保险股份有限公司——自有资金、杭州万好万家商务酒店有限公司	其他
14	沙钢股份	江苏沙钢集团有限公司	大股东
15	中材科技	中国中材股份有限公司	大股东
		中国三峡新能源公司、中节投资产经营有限公司	其他

六、2010 年江苏上市公司募集资金情况

（一）募集资金基本情况

2010 年，江苏共有 61 家公司通过证券市场筹资，筹资总额为 791.36 亿元，其中通过 IPO 融资的公司有 40 家（包括 5 家创业板上市公司），筹资额为 470.69 亿元，平均融资额为 11.77 亿元，超募资金金额为 309.56 亿元；通过增发、配股、可转债等形式募集资金的公司有 21 家，筹资额为 320.67 亿元。

（二）募集资金使用情况

2010 年度江苏有 91 家公司存在募集资金使用情况，当年共投入使用募集资金 345.47 亿元。其中，13 家公司的前次募集资金在 2010 年底使用完毕，78 家公司的募集资金尚未使用完毕。从募集资金的投向来看，2010 年存在募集资金使用的 91 家公司中，有 13 家公司变更了募集资金投向，变更募集资金投向金额合计 21.63 亿元。上述公司变更募集资金均履行了必要的审批程序。

（三）2010 年度融资特点

第一，企业利用资本市场融资的意识不断增强，融资数额和融资家数增幅较大。2010 年，江苏企业及时把握好机遇，利用资本市场的融资平台做大做强，为企业的不断规范夯实了基础。当年共有 61 家公司通过 IPO、增发以及发行公司债等方式筹资，筹资总额为 791.36 亿元，同比增长 324.71%。

第二，上市公司首发数量创新高。2010 年，共有 40 家公司通过 IPO 进行融资，同比增长 233.33%，融资额为 470.69 亿元，同比增长 408.30%。

第三，上市公司再融资公司的数量逐步增加。2010 年，共有 21 家公司通过增发、发行公司债等形式进行再融资，同比增长 75%，筹资总额为 320.67 亿元，同比增长 242.12%。

第四，超募资金较 2009 年大幅增加。2010 年，通过 IPO 上市的公司共获得超募资金 309.56 亿元，较 2009 年增长 424.32%。

第五，上市公司募集资金管理和使用进一步规范。一是各上市公司基本都制定了募集资金管理和使用的内控制度，在募集资金的使用中基本都能按照规定实施，并按要求建立了募集资金专户，对募集资金进行专户存储，2010 年进行 IPO 和增发的上市公司都签订了募集资金三方监管协议，与保荐机构、银行三方共同对募集资金进行管理。二是上市公司在募集资金的使用中基本都能按照规定实施，2010 年发生募集资金变更的公司均按规定履行了相关程序，对募集资金使用情况均认真履行了信息披露义务。

七、2010 年江苏上市公司股权激励情况

2010 年，江苏有恒瑞医药、康缘药业、苏宁电器、苏州固锝、金螳螂、康力电梯等 6 家公司进行了股权激励，其中 3 家公司采取股票期权的激励方式，3 家公司采取限制性股票的激励方式。2010 年江苏进行股权激励的公司有以下特点：一是均为民营控股

企业；二是股权激励对象人数较多，最多的有二百多人；三是股权激励对象兼顾高管和中层管理人员及核心技术人员。

（一）恒瑞医药

激励计划中激励对象的范围具体包括：董事、高管人员共12名；核心技术、骨干业务人员、关键岗位人员共46名。激励计划的股票来源为恒瑞医药向激励对象定向发行公司A股普通股。激励计划拟一次性授予激励对象543万股限制性股票，占公司截至激励计划草案公告日股本总额74 489.19万股的0.7290%。截至2010年4月8日，公司总人数为3 862人，激励计划激励对象共58人，占公司总人数的1.50%。计划有效期为自首次授予日起48个月。激励计划限制性股票的授予价格为每股20.28元，即满足授予条件后，激励对象可以每股20.28元的价格购买依据激励计划向激励对象增发的恒瑞医药限制性股票。激励计划授予价格的确定方法：授予价格依据激励计划首次公告前20个交易日恒瑞医药股票均价40.56元的50%确定，为每股20.28元。

2010年7月28日，恒瑞医药限制性股票已授予完成。

（二）康缘药业

激励对象的范围为：高管人员共5名，核心技术（业务）人员共70名，未含预留部分的激励人数。激励计划的股票来源为康缘药业向激励对象定向发行公司A股普通股。激励计划拟授予激励对象974万股限制性股票，占公司截至激励计划草案公告日股本总额415 646 691股的2.3433%。其中，首次授予894万股，占激励计划限制性股票总数的91.79%；预留80万股，占激励计划限制性股票总数的8.21%。计划有效期为自首次授予日起48个月。激励计划首次限制性股票的授予价格为每股8.39元，即满足授予条件后，激励对象可以每股8.39元的价格购买依据激励计划向激励对象增发的康缘药业限制性股票。激励计划首次授予价格的确定方法：授予价格依据本激励计划首次公告前20个交易日康缘药业股票均价16.77元的50%确定，为每股8.39元。

截至2010年12月31日，康缘药业A股限制性股票激励计划方案尚在中国证监会审核中。

（三）苏宁电器

2010年11月24日，苏宁电器2010年第二次临时股东大会审议通过了公司“2010年股票期权激励计划”，向248名激励对象授予8 469万份股票期权，占激励计划批准时（《2010年股票期权激励计划草案》公告日是2010年8月26日）公司股本总额的1.21%，授予股票期权的行权价格为每股14.50元。每份股票期权拥有在激励计划有效期内的可行权日以行权价格和行权条件购买一股苏宁电器股票的权利。激励计划的股票来源为公司向激励对象定向发行股票。本次股票期权激励计划有效期为自股票期权授权日起5年，共分为4个行权期，即自授权日起满12个月后，激励对象可在行权期内分期逐年行权，每次额度不超过获授股票期权总额的25%。行权条件指标要求，公司每年度销售收入较2009年复合增长率不低于20%，且归属于上市公司股东的净利润较2009年复合增长率不低于25%。

2010年11月26日，苏宁电器召开第四届董事会第六次会议，确定以2010年11月26日作为本次股票期权的授权日，并于

2010 年 12 月 23 日完成期权授予登记工作。期权简称：苏宁 JLC1；期权代码：037530。

（四）苏州固锝

2010 年 8 月 20 日，苏州固锝召开第三届董事会第十一次会议，审议通过了“A 股股票期权激励计划（2009 年）（修订稿）”，具体内容为：

公司共授予 84 名激励对象（包括预留人员 7 名）988.76 万份股票期权，每份股票期权拥有在激励计划有效期内的可行权日以行权价格和行权条件购买一股苏州固锝股票的权利。988.76 万份股票期权标的股票总数占本激励计划签署时公司股本总额的 3.58%，其中，首次授予 77 名激励对象共计 908.76 万份，预留 80 万份，预留股票期权占期权数量总额的 8.09%。首次授予的股票期权的行权价格为 8.52 元。预留股票期权的行权价格在该部分股票期权授予时由董事会按照相关法律法规确定。

首次行权条件为公司 T 年度净利润相比 2009 年度净利润的增长率不低于 32%，并且 T 年度净资产收益率不低于 7.5%；第二次行权条件为公司 T+1 年度净利润比 2009 年度净利润的增长率不低于42%，并且 T+1 年度净资产收益率不低于 7.7%；第三次行权条件为公司 T+2 年度净利润比 2009 年度净利润的增长率不低于 54%，并且 T+2 年度净资产收益率不低于 8.0%。

2010 年9 月6 日，公司召开第三届董事会第十二次会议，审议通过了《关于苏州固锝电子股份有限公司向激励对象首次授予股票期权的议案》，同意向 75 名激励对象首次授予 879.84 万份股票期权。

由于公司 2009 年年度股东大会审议通过《2009 年年度利润分配预案》，2010 年 6 月 8 日公司实施了上述利润分配方案，向全体股东每 10 股派 0.45 元人民币现金（含税）。根据公司“A 股股票期权激励计划（2009 年）（修订稿）”的相关规定，公司对首次授予的股票期权行权价格进行调整，经调整后的行权价格为 8.48 元/股。同时，由于公司“A 股股票期权激励计划（2009 年）（修订稿）”及“苏州固锝期权计划激励对象”中确定的激励对象魏琴、冯安国两人因个人原因辞职，不再符合股票期权的授予条件。本次会议还审议通过了《关于调整公司股票期权授予数量的议案》，同意取消上述两人拟获授的共计 28.92 万份股票期权。经此次调整后，本次激励计划的激励对象中中层管理人员的人数减至 70 人，总人数减至 82 人（包括预留人员 7 名），股票期权总数减至 959.84 万份（包括预留股票期权共计 80 万份）。

2010 年 9 月 28 日，经中国证券登记结算有限公司深圳分公司审核确认，公司完成了“A 股股票期权激励计划（2009 年）（修订稿）”的股票期权首次授予登记工作。

（五）金螳螂

2008 年 8 月 27 日，金螳螂 2008 年第二次临时股东大会审议通过了公司首期股票期权激励计划。该股票期权激励计划以公司公告首期股票期权激励计划的公告日（2007 年 12 月 23 日）为基准，授予 20 名激励对象共计 300 万份股票期权，占公司当时总股本 14 100 万股的 2.13%，行权价格为 32.53 元/股。每份股票期权拥有在激励计划有效期内的可行权日以行权价格和行权条件购买一股金螳螂股票的权利。激励计划的股票来源为公司向激励对象定向发行股票。首期股票期权激励计划有效期为自股票期权授权日起5年。自首期股票期权激励计划授权日起满12个月且2008年度报告公告后，激励对象应在可行权日内按照30%、30%、40%的行权比例分三期逐年行权。第一个行权期自授权日起12个月后的首个交易日起至授权日起30个月内的最后一个交易日当日止；第二个行权期自授权日起30个月后的首个交易日起至授权日起48个月内的最后一个交易日当日止；第三个行权期自授权日起48个月后的首个交易日起至首次授权日起60个月内的最后一个交易日当日止。公司首期股权激励计划股票期权授权日为2008年8月28日。2009年8月28日，公司首期股票期权激励计划激励对象调整为18人，期权数量调整为432万份，行权价格调整为21.55元/股。2009年11月，公司首期股权激励计划18名激励对象统一行权其所获得的第一期可行权股票期权129.6万份，行权股份于2009年12月3日上市。2010年，公司首期股权激励计划尚未到第二个行权期。

（六）康力电梯

2010年12月3日，康力电梯公告股权激励计划草案，向177名中高层管理人员实施限制性股票股权激励，标的股票数为900万股，占总股本的5.62%。授予价格为康力电梯第一届董事会第十六次会议决议公告前20日均价31.61元的50%，即每股15.81元。

首次拟授予包括10名董事及高管、167名核心技术（业务）人员812万股限制性股票。其中，3名董事兼副总经理和7名高级管理人员被授予220万股限制性股票，占首次授予数量27.09%，占总股本1.37%；167名核心技术（业务）人员592万股限制性股票，占首次授予数量的72.91%，占总股本的3.7%。另有88万股作为预留。股票来源为康力电梯向激励对象定向发行。

限制性股票解锁时间和解锁比例为：首次激励计划分三期解锁，授予日起1年、2年、3年后，激励对象可在解锁期内按每年30%、30%、40%的解锁比例分批逐年解锁；预留限制性股票的解锁时间和比例为：自该激励计划授予日起1年、2年后，激励对象可在解锁期内按每年50%、50%的解锁比例分批逐年解锁。

以该计划授予日所在年度为T年度，以2009年扣除非经常性损益后净利润为基数；首次解锁条件为康力电梯T年度扣除非经常性损益后净利润相比2009年增长69%；第二次解锁条件为公司T+1年度扣除非得经常性损益后净利润相比2009年净利润增长119.7%；第三次解锁条件为公司T+2年度扣除非经常性损益后净利润比2009年增长185.6%。

审稿人：黄立新
撰稿人：黄锡成　陈　论　徐　哲　黄迎淮
李　扬　陈刚泰　王　靓

浙 江 地 区

一、浙江上市公司总体情况

（一）公司数量

截至2010年12月31日，浙江（不含宁波地区，下同）共有154家上市公司，其中在上海证券交易所上市51家，在深圳证券交易所上市103家。主板上市公司61家，中小企业板上市公司80家（占同期全国中小板上市公司总数的15.07%），创业板上市公司13家（占同期全国创业板上市公司总数的8.50%）。总市值10 457.11亿元。2010年度，浙江共新增上市公司40家，其中首发上市新增主板公司2家，中小板公司30家，创业板公司8家。

2010年浙江上市公司地区分布情况见表1。

表1　　2010年浙江上市公司地区分布情况

地区	杭州	绍兴	台州	嘉兴	金华	湖州	温州	衢州	丽水	舟山
家数	61	27	22	14	10	9	6	2	2	1

（二）行业分布

154家上市公司分属于制造业、信息技术业、批发与零售业、房地产业等10大类40多个细分行业。其中，分布最多的是化工和生物医药类，有33家公司；其次是机械、设备制造类，有25家公司；再次是信息服务与设备类，有17家公司。

（三）股本规模

截至2010年底，154家上市公司股本总额582.37亿股，同比增长了42.68%。其中，股本规模超过10亿股（含10亿股）的公司有10家，占比6.49%；5亿股（含5亿股）到10亿股的公司有19家，占比12.34%，5亿股以下的公司有125家，占比81.17%。

二、2010年浙江上市公司经营情况

（一）资产规模

2010年，浙江上市公司资产规模得到进一步扩张。截至2010年12月31日，154家上市公司总资产合计4 951.13亿元，比2009年增长32.53%，净资产总额2 536.78亿元，平均每股净资产4.36元。

浙江上市公司资产规模情况分析见表2。

表 2　浙江上市公司资产规模情况分析

年份（增减指标）	总资产（亿元）	净资产（亿元）	总股本（亿股）	平均每股净资产（元）
2009 年末	3 735.92	1 730.40	408.18	4.24
2010 年末	4 951.13	2 536.78	582.37	4.36
增减幅度（%）	32.53	46.60	42.68	—

注：表中净资产数不含少数股东权益。表中数据来源于万德资讯，数据来源下同。

2010 年末，浙江 154 家上市公司（2009 年同期数也按 154 家统计）资产总额较 2009 年同期增加 1 215.21 亿元，其中流动资产增加 1 008.70 亿元，非流动性资产增加 206.51 亿元。浙江上市公司通过负债方式增加资产 408.83 亿元，通过资本市场募集资金、再融资和企业盈余等方式增加资产 806.38 亿元，其中 40 家公司首发募集资金 462.31 亿元，10 家公司再融资募集资金 82.26 亿元，公司通过盈余等方式增加资产 261.81 亿元。2010 年浙江上市公司借助资本市场融资平台，进一步调整和优化了财务结构，整体资产负债率从 2009 年末的 53.68% 下降为 48.67%。

（二）经营业绩

从盈利指标来看，2010 年浙江上市公司主营业务收入、利润总额、净利润、每股收益等均呈增长态势。

浙江上市公司主要经营业绩分析见表 3。

表 3　浙江上市公司主要经营业绩分析

年份（增减指标）	主营业务收入（亿元）	利润总额（亿元）	净利润（亿元）	平均每股收益（元）	平均净资产收益率（%）
2009 年	2 858.38	283.78	235.10	0.54	15.17
2010 年	3 655.65	388.52	320.52	0.57	14.55
增减额（亿元）	797.27	104.74	85.42	—	—
增减幅度（%）	27.90	36.91	36.33	—	—

注：表中净利润不含少数股东权益。

2010 年，154 家公司中 151 家公司盈利，平均净利润 1.89 亿元，盈利最高是荣盛石化 15.37 亿元，最低是 ST 国祥 221.48 万元。3 家公司亏损（较 2009 年同期减少 2 家），平均亏损 7 760.87 万元，亏损额最高的是鑫富药业，亏损 1.98 亿元，亏损额最低的是 ST 天目，亏损 882.96 万元。

154 家公司中，121 家公司实现净利润增长，占比 78.57%。有 79 家公司盈利过亿元，其中，净利润超过 10 亿元的有 6 家。从盈利能力和每股指标来看，浙江上市公司 2010 年情况略高于全国平均水平。全年实现平均每股收益 0.57 元、平均净资产收益率 14.55%，分别高出全国平均水平 0.08 元和 0.10 个百分点。

（三）现金流状况

从整体现金流量看，2010 年浙江上市公司现金净流入 435.98 亿元，比 2009 年增加 255.59 亿元，主要系新上市公司筹资活动现金净流量增长所致，而经营活动与投资活动产生现金净流量均为负增长，较 2009

年分别减少 141.08 亿元和 119.50 亿元。

浙江上市公司现金流分析见表 4。

表 4　　浙江上市公司现金流分析

年 份（增减指标）	现金净流量（亿元）	经营活动产生现金净流量（亿元）	投资活动产生现金净流量（亿元）	筹资活动产生现金净流量（亿元）
2009 年	180.39	298.33	-168.06	50.12
2010 年	435.98	157.25	-287.56	566.29
增减额（亿元）	255.59	-141.08	-119.50	516.17
增减幅度（%）	141.69	-47.29	71.11	1 029.87

从经营现金流净额的构成看，与人员薪酬相关的现金流及与商品劳务相关的现金流净额下降是主要原因。从分行业看，建筑业、房地产业上市公司的经营现金流净额下滑最为显著，化学塑料、批发零售和部分机械制造业上市公司现金流也出现负增长。2010 年，受房地产调控、货币紧缩、劳动力成本增加等宏观经济因素变化影响，浙江上市公司经营现金流净额同比下降。

三、2010 年浙江上市公司治理与规范运作情况

2010 年，浙江证监局结合实际情况，继续把加强上市公司公司治理作为一项重要工作。一方面，坚持“上市公司第一课”制度，持续在新上市公司范围内开展治理专项活动。2010 年，浙江共有 28 家新上市公司完成了治理专项活动。另一方面，通过现场检查、走访等方式，督促上市公司贯彻落实浙江证监局下发的各类规范性指导文件，强化上市公司内部控制机制建设。从整体情况看，浙江上市公司基础性制度建设水平得到了较大提升，进一步夯实了规范运作基础。

（一）公司治理活动成效进一步显现

1. 上市公司自我规范的内生机制建设进一步加强

2010 年，浙江证监局通过“上市公司第一课”、现场检查、编印下发《上市公司规范运作案例读本》等形式，帮助浙江上市公司进一步理顺和完善公司治理结构，巩固规范运作基础。通过努力，浙江上市公司已普遍能够按照相关要求，结合自身实际情况，建立起一套较为全面、有效的公司治理内部控制机制。在信息保密、高管买卖股票、投资者关系管理等方面的制度建设得到进一步细化，制度的可操作性得到加强。

2. 上市公司应急反应机制进一步完善

随着上市公司关注度的日益增大，媒体质疑、股价异动和信访举报给上市公司的正常生产经营带来了较大的风险。

2010 年，浙江证监局印发了《关于上市公司建立健全应对资本市场突发事件机制的意见》及《关于开展上市公司重大突发事件应急案例学习的通知》。按照要求，浙江所有上市公司都结合实际制定了《突发事件应急预案》，并通过内部学习树立了较强处理突发事件的意识，提高了处理危机的能力。2010 年，浙江上市公司出现了如“凯恩股份媒体负面报道事件”、“同花顺网

站域名停止解析事件”等重大突发事件，相关上市公司在制度建立的基础上积极应对、灵活处理，有效地把控和降低了突发事件带来的风险。

3. 上市公司的独立性进一步提高

2010 年，浙江证监局对第一批上市公司（7 家），因改制不彻底遗留的关联交易和同业竞争等独立性问题开展整治工作。截至 2010 年底，中大股份、钱江摩托、新湖中宝、万丰奥威 4 家公司独立性整治工作已基本完成；万向钱潮已作出减少关联交易的承诺，方案处于论证阶段；杭钢股份和康恩贝 2 家公司正在做可行性研究，并将择机适时开展解决关联交易问题的工作。通过独立性整治活动，浙江上市公司整体独立性进一步提高，降低了因关联交易侵害损害中小股东利益的风险概率，促进了浙江上市公司持续健康发展。

（二）公司治理中存在的问题及不足

随着公司治理活动的不断深入，浙江上市公司治理水平得到了整体提高，但随着上市公司的不断发展壮大，治理中也出现了一些新问题亟待解决。

一是上市公司需进一步做好防范内幕交易工作。随着上市公司的不断发展，并购行为、送转行为较之从前有所增多。虽然浙江上市公司都已建立了《内幕知情人管理制度》等内部控制制度，基本做到了内幕信息知情人登记的程序性工作，但如何进一步增强防范内幕交易的主动意识，如何严格控制知情范围、准确把握停牌时间、及时公告内幕信息等方面的能力还需进一步提高。二是上市公司财务基础有待进一步提高。近几年，从现场检查的结果来看，浙江部分上市公司财务核算的规范性、财务人员的核算水平、子公司财务的管理能力有待加强，一些上市公司的财务工作依赖会计师事务所，公司财务总监及财务人员的执业水平需进一步提高。三是新上市公司发展还存在一定问题。由于上市时间短，新上市公司对资本市场法律法规掌握不够深刻，有关公司治理制度建设及公司内控制衡机制尚待完善。部分新上市公司董事、监事和高管人员出现在信息披露“窗口期”违规买卖股票的情况。此外，个别创业板公司还存在着超募资金投向不谨慎、核心管理团队不稳定、高管减持套现引发市场质疑等问题。

四、2010 年浙江上市公司并购重组情况

2010 年，浙江共有 1 家上市公司实施并完成了并购重组计划。宏达高科以每股 8.17 元的价格向 6 位自然人定向发行股票 4 400万股，用以收购深圳威尔德医疗电子股份有限公司 100% 的股权（评估值为 3.59 亿元）。本次发行股份数占发行后总股本的 29.07%，公司实际控制人沈国甫所持有公司的股份由发行前的 35.18% 下降到 24.95%，仍为公司第一大股东。本次重大资产重组完成后，宏达高科扩大了业务规模，由单一的纺织业转型为含有纺织业和医疗器械的双主业，主营产品除原有的汽车内饰面料、弹力面料和普通面料外，新增了 B 超及配件。新业务成为宏达高科新的利润增长点，公司 2010 年年报披露，B 超及配件的销售占 2010 年公司营业收入的 11.23%，占营业利润的 29.10%。同时，57.65% 的高毛利极大地提升了公司的抗风险能力。

2010 年，浙江另有 3 家上市公司（1 家

主板公司，2家中小板公司）推出了重大资产重组预案，目前尚在中国证监会审核。万丰奥威于2010年7月30发布公告，公司计划向万丰集团及3位自然人股东定向增发购买其持有浙江万丰摩轮有限公司75%的股权；上风高科于2010年9月29日发布公告，公司计划支付现金购买3位自然人合计持有辽宁东港电磁线有限公司85%的股权；万里扬2010年11月4日发布公告，公司计划支付现金购买建德市万盛汽配有限公司所持有山东临沂临工汽车轿箱有限公司16.33%的股权。

五、2010年浙江上市公司定向增发情况

2010年，浙江共有8家上市公司完成了定向增发（主板公司3家，中小板公司5家），其中，1家为定向增发收购资产，7家为定向增发募集现金。收购涉及的资产总额达3.59亿元，定向增发募集现金53.98亿元。

2010年浙江上市公司增发情况见表5。

表5　2010年浙江上市公司增发情况

序号	股票代码	公司简称	增发数量（万股）	增发价格（元）	募资金额（亿元）
1	600059	古越龙山	7 613.63	8.8	6.7
2	600460	士兰微	3 000.00	20.00	6.00
3	600572	康恩贝	2 780.00	15.21	4.23
4	002001	新和成	3 022.00	38.05	11.50
5	002010	传化股份	4 119.00	12.69	5.23
6	002050	三花股份	3 336.87	30.00	10.01
7	002144	宏达高科	4 400.00	8.17	3.59
8	002263	大东南	9 813.87	6.85	6.72

通过定向增发收购资产，宏达高科拓宽了主营业务范围，提升了整体盈利能力。7家已完成定向增发的上市公司利用募集资金进行股权收购、技改项目、产业链的延伸等。通过新项目，进一步扩大公司生产经营规模，推动公司产业的升级。如新和成在原有维生素产业发展空间受局限的情况下，谋求多元化发展，通过定向增发募集资金，建立了香精生产基地，为进一步丰富公司产业和提升公司业绩打下良好基础。

六、2010年浙江上市公司募集资金使用情况

2010年年报中，浙江共有94家上市公司披露了募集资金使用情况（其中，主板上市公司15家，中小板上市公司66家，创业板上市公司13家）。2010年，浙江上市公司新增募集资金544.57亿元，其中40家公司通过首发上市募集资金462.31亿元，10家公司通过增发募集资金82.26亿元。在上述94家上市公司中，2010年度使用募集资金163.40亿元，累计已使用募集资金311.60亿元，使用进度为42.09%。募集资金已投入或拟投入项目294个，截至2010年底，共有26个募投项目进行过变更，占比8.84%。2010年期间，共10家上市公司的募集资金项目已全部实施完毕（其中，主板上市公司2家，中小板上市公司7家，创业板上市公司1家）。

2010年新上市公司首发募集资金总额462.31亿元，其中超募257.92亿元。截至2010年12月31日，超募资金已实际使用52.76亿元，使用进度为20.46%。从用途上看，主要用于永久性补充流动资金和股权性投资。

七、2010年浙江上市公司股权激励情况

2010年，浙江共有11家上市公司新推出了股权激励方案，其中5家主板公司、4家中小板公司和2家创业板公司。从激励方式看，11家公司中7家公司选择期权激励方式，3家公司采取限制性股票的激励方式，1家公司选择股票期权和增值权结合的方式。截至2010年12月31日，上述11家公司中有6家公司的股权激励方案尚处于董事会预案阶段，需取得中国证监会无异议函并经股东大会审议通过后方可实施。

2010年浙江上市公司股权激励见表6。

表6　2010年浙江上市公司股权激励一览表

序号	股票代码	公司简称	首次公告日期	激励方式	激励总数（万股）	激励总数占总股本比例（%）	实施进度
1	600477	杭萧钢构	2010年1月15日	股票期权	1 960	6.09	已经股东大会批准和董事会授权，股票期权授予日为2010年7月12日，目前处于等待期，未开始行权
2	600173	卧龙地产	2010年3月9日	股票期权	1 223	3.04	已经股东大会批准和董事会授权，股票期权授予日为2010年6月23日，目前处于等待期，未开始行权
3	601877	正泰电器	2010年11月20日	股票期权和增值权	1 823.22万份股票期权和20万份虚拟股票标的	1.63	股权激励计划草案已经董事会通过，尚未经股东大会审批
4	600208	新湖中宝	2010年12月21日	股票期权	29 985	5.91	股权激励计划草案已经董事会通过，尚未经股东大会审批
5	600797	浙大网新	2010年12月23日	限制性股票	3 000	3.69	股权激励计划草案已经董事会通过，尚未经股东大会审批
6	002011	盾安环境	2010年1月19日	股票期权	1 450	3.89	已经股东大会批准和董事会授权，股票期权授予日为2010年8月13日，目前处于等待期，未开始行权
7	002056	横店东磁	2010年6月12日	限制性股票	1 500	3.65	股权激励计划草案已经董事会和股东大会通过

续表

序号	股票代码	公司简称	首次公告日期	激励方式	激励总数（万股）	激励总数占总股本比例（%）	实施进度
8	002273	水晶光电	2010年8月17日	限制性股票	349.50	3.10	股权激励计划草案已经董事会和股东大会通过
9	002375	亚厦股份	2010年9月4日	股票期权	410	1.94	股权激励计划草案已经董事会通过，尚未经股东大会审批
10	300068	南都电源	2010年9月7日	股票期权	800	3.23	股权激励计划草案已经董事会通过，尚未经股东大会审批
11	300025	华星创业	2010年10月25日	股票期权	170	2.13	股权激励计划草案已经董事会通过，尚未经股东大会审批

截至2010年12月31日，浙江共有19家上市公司（不包括终止实施的公司）推出及实施了股权激励计划，其中，新湖中宝推出了两期股权激励计划。2010年度，有8家公司按照股权激励行权阶段计划进行了行权，分别为浙江龙盛、卧龙电气、新湖中宝、华海药业、伟星股份、报喜鸟、大华股份、浙富股份，且苏泊尔股权激励计划实施完毕。

八、2010年浙江上市公司监管工作重点

2010年，浙江证监局全面落实全国证券期货监管工作会议精神，进一步创新工作思路，强化监管理念，提高服务意识，以提高上市公司整体质量为主线，继续夯实上市公司规范运作基础，不断探索提高监管有效性，资本市场得到持续稳定健康发展。

（一）快速反应、正确引导，积极有效化解上市公司突发性风险

一是探索建立责任清晰、层级明确、自下而上、全局联动的快速反应机制。通过要求监管责任人熟悉掌握《浙江证监局上市公司监管快速反应工作规程》，提高监管责任人应急反应意识及处置突发事件的能力，确保对重大风险和突发性事件做到“快速查明情况，快速制订方案，快速有效处理”。二是进一步完善上市公司的应急机制。向上市公司下发《关于建立健全上市公司资本市场突发事件应对机制的通知》，要求浙江上市公司从完善制度建设、健全组织机构、强化预警机制、明确处置流程、妥善管理公共关系等方面进行自我完善。三是发挥监管合力，重视舆情舆论，妥善处理重大突发事件。2010年，针对媒体对凯恩股份的质疑，浙江证监局及时组成检查小组，先后两次对公司进行现场检查，并向遂昌县及龙游县人民政府进行了解。问题明确后，浙江证监局多方协调，积极做好信访举报的处理等工作，同时督促公司做好信息披露及投资者关系管理工作，及时澄清不实市场传闻，会同地方政府维护上市公司稳定，保证了上市公司的健康发展。

（二）支持发展、提供服务，强化上市公司并购重组、再融资的监管

一是立足浙江实际，探索强化并购重组

监管的新思路和新方法。为进一步适应浙江资本市场改革发展形势，积极贯彻落实证监会关于加强并购重组监管的有关精神，浙江证监局针对并购重组过程中部分上市公司信息披露管理薄弱、注入资产质量不佳、重组后规范运作薄弱等问题，撰写了《关于完善上市公司并购重组监管的建议》，从强化并购重组现场检查、完善后续监管等方面提出监管建议。二是细化监管规程。结合工作实际，制定了《浙江证监局上市公司并购重组监管工作规程》，对并购重组的监管方式和监管手段进行梳理，从内幕信息管理、注入资产核查、承诺履行情况等方面明确并购重组监管的工作要求，将监管任务细化到岗，监管责任落实到人，有效地规范了并购重组监管工作流程。三是强化日常监管和现场专项核查。在日常监管中，对于有再融资需求的公司，浙江证监局加强监管力度，提前督促其解决可能对其再融资构成障碍的重点问题，积极为公司再融资创造条件，并及时对上述公司开展现场专项核查，出具相关持续监管意见函。

（三）改进工作方法、发挥一线优势，努力提高监管工作的有效性

一是针对浙江上市公司数量迅猛增加，事多人少矛盾日益凸显的情况，浙江证监局通过调研取经、座谈沟通等方式，总结近年来浙江上市公司监管实际情况，探索在保持现有监管责任制框架下，通过引入“专业小组”模式，加强监管工作的专业化、流程化和标准化，提高监管工作效率。二是全面落实《上市公司现场检查办法》，结合《浙江证监局上市公司风险分类》等相关工作规程，充分发挥一线监管优势，科学统筹全面检查和专项检查，加大对高风险公司的检查力度和检查频率，对出现突发性风险的公司做到第一时间进行现场专项核查，并出具核查意见。三是在检查过程中，进一步细化和明确检查计划、检查底稿、检查档案、检查程序、检查后续管理等各个环节的内容，规范检查行为。同时，根据现场检查结果，合理运用监管手段，提高现场检查的有效性。

（四）抓住关键、正确引导，夯实上市公司规范运作基础

一是强化有关公司信息披露、内幕交易、应急处理、投资者关系管理、高管买卖股票等治理方面规范性文件的落实，要求公司进一步完善和细化公司基础性制度建设。二是通过培训、专题座谈等形式，强化和提高上市公司董事、监事、高管人员规范运作意识。2010 年，浙江共组织了两期上市公司董事、监事、高管人员培训会，同时，针对新上市公司规范意识薄弱等特点，先后两次组织了共 22 家公司召开新上市公司首次见面会。三是编印下发《上市公司规范案例读本》，宣传浙江证监局近年来的各类监管文件，同时，通过典型案例，警示上市公司重视规范运作。

审稿人：蒋潇华

撰稿人：田蓓蓓　陈　璐

胡媛赟　周　芊

安 徽 地 区

一、安徽上市公司总体情况

（一）数量及结构

截至2010年末，安徽共有65家上市公司。其中，上海证券交易所上市公司29家，深圳证券交易所主板上市公司16家、中小板上市公司16家、创业板、上市公司4家；纯A股公司59家，A+H股公司3家，A+B股公司3家。

（二）规模

1. 股本规模及市值

2010年末，安徽上市公司总股本为374.71亿股，较2009年末增长17.10%。其中，A股340.50亿股，B股3.29亿股，H股30.92亿股。2010年12月31日，安徽上市公司总市值为5 736.55亿元，流通总市值4 693.73亿元，其中，A股流通市值4 287.41亿元，B股流通市值47.93亿元，H股流通市值358.39亿元。

2. 资产规模

2010年末，安徽65家上市公司总资产合计为3 984.55亿元，较2009年末增长21.31%，平均每家上市公司总资产为61.30亿元；归属于上市公司股东的净资产合计为1 770.31亿元，较2009年末增长23.33%，平均每家上市公司净资产为27.24亿元。

（三）总体业绩

2010年，安徽65家上市公司合计实现归属于上市公司股东的净利润为214.45亿元，较2009年增长74.85%；平均净资产收益率为12.11%，较2009年增加3.57个百分点；平均每股收益为0.57元，较2009年增加0.20元。

（四）行业分布

安徽65家上市公司共涉及12个行业，其中属于制造业的上市公司有45家，属于信息技术业、建筑的上市公司各有3家，属于采掘、传播与文化、交通、房地产和农林的上市公司各2家，属于电力、金融、社会服务行业、零售行业的上市公司各1家。总体上，安徽上市公司以制造业为主。

二、2010年安徽上市公司经营状况

（一）安徽上市公司营业收入增长较快，多数公司主业销售呈增长态势

2010年，安徽65家上市公司合计实现营业收入3 237.06亿元，较2009年增长

39.81%。其中，营业收入在10亿元以上的上市公司有45家，营业收入过百亿元的有马钢股份（649.81亿元）、铜陵有色（513.04亿元）、海螺水泥（345.08亿元）、江淮汽车（297.04亿元）4家公司。安徽65家上市公司中，除泰尔重工等4家公司收入略有下降外，其余61家公司收入均实现了增长，其中，35家公司收入增幅在30%以上（13家公司收入增幅超过50%），表明安徽上市公司整体发展势头良好。

（二）营业成本增幅低于营业收入增幅，销售毛利率稳步提升

2010年，安徽65家上市公司营业成本合计为2 989.10亿元，较2009年增长37.44%，增幅低于同期营业收入增幅（39.81%）；平均销售毛利率为7.66%，较2009年增加1.59个百分点。

（三）期间费用率稳步下降，费用管理控制能力进一步增强

安徽65家上市公司2010年销售费用、管理费用、财务费用三项期间费用总额合计为250.97亿元，较2009年增长19.89%，期间费用率则由2009年的9.04%降至2010年的7.75%，反映出安徽上市公司期间费用管理控制进一步增强。

（四）净利润大幅增长，整体盈利能力进一步提升

2010年，安徽65家上市公司中，亏损的公司仅有华星化工1家；归属于上市公司股东的净利润为214.45亿元，较2009年增长74.85%，增幅远高于收入增幅（39.81%）。其中，净利润在1亿元以上的公司有34家，净利润超过10亿元的有海螺水泥（61.71亿元）、国投新集（12.51亿元）、江淮汽车（11.63亿元）、马钢股份（11.02亿元）4家公司。安徽65家上市公司中有58家公司净利润同比实现了增长，36家公司净利润增幅超过50%，反映出安徽上市公司整体质量较好，盈利能力进一步增强。

（五）每股收益及净资产收益率大幅提升

2010年，安徽65家上市公司平均每股收益为0.57元，较2009年增加0.20元，同比增长54.05%；其中，24家公司每股收益高于安徽上市公司平均每股收益（0.57元），恒源煤电、海螺水泥等8家公司每股收益超过1元。平均净资产收益率为12.11%，较2009年增加3.57个百分点，增幅为41.80%。

（六）超七成公司拟进行利润分配，且多数拟进行现金分红

安徽65家上市公司在2010年年报中提出利润分配预案的有47家，占安徽上市公司家数的72.31%；拟进行现金分红的有45家，占安徽上市公司家数的69.23%，其中，现金分红比例较高的公司有恒源煤电（每10股派8元）、鼎泰新材（每10股派5元）、永新股份（每10股派4元，每10股转增3股）、古井贡酒（每10股派3.5元）、国元证券（每10股派3元）、安徽合力（每10股派3元，每10股转增2股）、海螺水泥（每10股派3元，每10股转增5股）、荃银高科（每10股派3元，每10股转增10股）、长信科技（每10股派3元，每10股转增10股），这说明安徽上市公司经营状况良好，且重视回报股东。

（七）存货余额大幅增加，经营性净现金流大幅减少

2010 年末，安徽 65 家上市公司存货余额合计为 575.45 亿元，较 2009 年末的 376.20 亿元大幅增长 52.96%，这在一定程度上说明安徽上市公司存货管理需进一步加强。因存货大幅增加等原因，安徽 65 家上市公司经营活动产生的现金流量净额由 2009 年的 382.57 亿元大幅减少至 2010 年的 68.20 亿元，降幅为 82.17%；平均每股经营活动产生的现金流量净额由 2009 年的 1.15 元大幅下降至 2010 年的 0.18 元。

三、2010 年安徽上市公司治理与规范运作情况

安徽 65 家上市公司基本能够按照《公司法》、《证券法》及《上市公司章程指引》等相关规定和要求，不断健全股东大会、董事会、监事会和管理层各负其责的“三会一层”法人治理结构，不断健全公司治理规章制度，规范公司运作。安徽上市公司董事会下设各专门委员会及独立董事基本能按相关要求履行相应职责。

2010 年，安徽 7 家新上市公司在监管部门督导下，有序开展公司治理专项活动，共发现治理问题 57 条，目前，已全部完成整改，整改率达 100%。

四、2010 年安徽上市公司并购重组情况

2010 年，安徽有 7 家上市公司涉及并购重组。其中，芜湖港、中弘地产本年度已完成相关并购重组程序，星马汽车、合肥城建、皖通科技、方兴科技、江南化工的并购重组方案在审，有关情况如下：

芜湖港：公司向淮南矿业（集团）有限责任公司以 11.11 元/股的价格发行 16 760.26万股股份购买其相关资产。发行完成后，后者持有芜湖港 32.02% 的股份，成为芜湖港第一大股东。

中弘地产：* ST 科苑分别向中弘卓业集团有限公司、建银国际投资咨询有限公司以 4.36 元/股的价格发行 37 832.70 万股、5 994.67万股股份购买其拥有的相关地产业务资产，并向控股股东全资子公司宿州科苑实业有限公司以 1 元价格出售 * ST 科苑原相关资产和负债。2010 年 2 月，相关发行股份购买资产及出售资产行为完成。2010 年 3 月，公司更名为“中弘地产”。

星马汽车：拟向安徽星马汽车集团有限公司、安徽省投资集团有限责任公司等以 8.18 元/股的价格发行 21 825.93 万股股份收购其合计持有的安徽华菱汽车股份有限公司 100% 股权。发行完成后，星马汽车控股股东和实际控制人不变。2010 年度，相关资产重组工作正在进行中。

合肥城建：拟向中国房地产开发合肥有限公司以 13.80 元/股的价格发行 4 494.50 万股股份购买其持有的中国房地产开发合肥置业有限公司 100% 的股权，发行完成后，合肥城建控股股东和实际控制人不变。2010 年，相关资产重组工作正在进行中。

皖通科技：拟以 23.44 元/股的价格非公开发行 750 万股购买烟台华东电子科技有限公司持有的烟台华东电子软件技术有限公司 100% 股权。发行完成后，皖通科技控股股东和实际控制人不变。2010 年，相关资

产重组工作正在进行中。

方兴科技：拟以浮法玻璃业务相关资产及负债与其关联方蚌埠玻璃工业设计研究院持有的蚌埠中恒新材料科技有限公司60%股权、蚌埠华洋粉体技术有限公司100%股权、蚌埠中凯电子材料有限公司100%股权及部分土地使用权和房产进行置换，拟置入资产、置出资产交易价格分别为12 069.68万元、11 985.94万元。2010年，重大资产重组相关工作正在进行中。

江南化工：拟分别向盾安控股集团有限公司（下称“盾安控股”）、安徽盾安化工集团有限公司以28.36元/股的价格发行4 382万股，1 808万股股份购买其拥有的相关民爆化工产业资产。发行完成后，江南化工实际控制权发生变更，盾安控股将直接和间接持有江南化工6 190万股股份（占发行后总股本46.93%），成为江南化工控股股东，自然人姚新义将取代熊立武成为江南化工实际控制人。2010年，并购重组相关工作正在进行中。

五、2010年安徽上市公司定向增发情况

2010年，安徽有10家上市公司实施了定向增发，募集资金总额为105.14亿元。有关情况如下：

丰乐种业定向增发2 887.6万股，募集资金4.47亿元；美菱电器定向增发11 673.15万股，募集资金12.00亿元；中弘地产定向增发43 827万股，募集资金19.11亿元；时代出版定向增发3 091.5万股，募集资金5.18亿元；六国化工定向增发10 000万股，募集资金10.39亿元；恒源煤电定向增发4 409.08万股，募集资金15.87亿元；芜湖港定向增发16 760万股，募集资金18.62亿元；金种子酒定向增发3 433.21万股，募集资金5.50亿元；方圆支承定向增发3 292.18万股，募集资金4亿元；华孚色纺定向增发4 255.32万股，募集资金10亿元。

六、2010年安徽上市公司募集资金使用情况

（一）2010年筹资情况

2010年，安徽有18家上市公司通过A股市场筹集资金171.31亿元。其中，7家公司通过首次公开发行共募集资金46.17亿元；1家公司通过发行可转债募集资金20亿元；10家公司通过非公开发行共募集资金105.14亿元。2010年，安徽上市公司非公开发行情况具体如下：

中弘地产于2010年1月以4.36元/股的价格非公开发行43 827.37万股股份，募集资金19.11亿元，用于购买中弘卓业和建银国际持有的相关资产。

时代出版于2010年6月以16.76元/股的价格非公开发行3 091.50万股股份，募集资金5.18亿元，用于公司的图书出版主业，包括出版策划项目、数字出版项目、印刷技术改造项目、出版物物流项目和出版基金项目。

六国化工于2010年8月以10.39元/股的价格非公开发行10 000万股股份，募集资金10.39亿元，用于公司年产28万吨合成氨项目。

芜湖港于2010年10月以11.11元/股

的价格非公开发行16 760.26万股股份，募集资金18.62亿元，用于购买淮南矿业持有的铁运公司和物流公司100%股权。

恒源煤电于2010年11月以36.00元/股的价格非公开发行4 409.08万股股份，募集资金15.87亿元，用于支付收购皖北煤电集团所拥有的任楼煤矿、祁东煤矿、钱营孜煤矿及煤炭生产辅助单位的相关资产。

方圆支承于2010年11月以12.15元/股的价格非公开发行3 292.18万股股份，募集资金4亿元，用于重型装备、清洁能源设备用大型回转支承生产线及检测、试验中心建设项目。

金种子酒于2010年12月以16.02元/股的价格非公开发行3 433.21万股股份，募集资金5.50亿元，用于优质基酒酿造技改项目、优质酒恒温窖藏技改项目、营销与物流网络建设项目和技术研发及品控中心建设项目。

华孚色纺于2010年12月以23.5元/股的价格非公开发行4 255.32万股股份，募集资金10亿元，用于新疆五家渠12万锭色纺纱项目和浙江上虞8万锭半精纺纱线项目的建设。

丰乐种业于2010年12月以15.48元/股的价格非公开发行2 887.60万股股份，募集资金4.47亿元，用于公司化工中间体项目、农药环保新制剂生产项目、种子生产加工包装建设项目、企业技术中心创新能力建设项目和种子储备基金项目。

美菱电器于2010年12月以10.28元/股的价格非公开发行11 673.15万股股份，募集资金12亿元，用于公司雅典娜豪华冰箱生产基地项目、冰柜扩能项目、环保节能冰箱扩能项目及补充流动资金。

（二）2010年募集资金使用情况

2010年，安徽上市公司基本能按承诺投资项目使用募集资金，募集资金使用进度基本符合计划，变更募集资金投向及用闲置募集资金暂时补充流动资金均履行了相应的决策程序和信息披露义务。

截至2010年末，安徽共有28家上市公司存在募集资金余额，尚未使用的募集资金约为174.22亿元。其中，2010年以前筹集资金尚未使用的金额为85.11亿元，占全部募集资金余额的48.85%，且有个别上市公司募集资金长期闲置，募集资金未能充分发挥增强和壮大主业的作用。

七、2010年安徽上市公司股权激励情况

2010年，安徽精工钢构公司推出股权激励计划。具体情况如下：

2010年7月28日，精工钢构公司拟授予激励对象1 220万份股票期权，股票来源为公司向激励对象定向发行股票，占激励计划公告时公司股本总额38 700万股的3.2%。

审稿人：唐理斌

撰稿人：袁宏生　罗友平　吴　斌

福 建 地 区

一、福建上市公司总体情况

（一）公司数量

截至2010年12月31日，福建共有上市公司49家，占全国2 060家上市公司的2.38%，比2009年末新增10家，均为2010年首发上市的公司。

（二）股本和市值

截至2010年12月31日，49家上市公司总股本426.27亿股，总市值5 187.94亿元（证监会算法，下同），较2009年末总股本346.03亿股和总市值4 771.12亿元分别增长23.18%、8.74%；49家上市公司的总股本和总市值分别占2010年末境内全部上市公司总股本和总市值的1.28%和1.97%。

（三）资产规模

由于福建规模最大的上市公司兴业银行的总资产与2009年同比增加5 175.11亿元，带动福建上市公司资产总规模向上攀升。截至2010年末，49家上市公司资产总额达20 608.65亿元，同比增加6 003.03亿元，增长41.10%。

（四）板块结构和行业分布

49家上市公司中，国有控股20家，民营控股29家；上海证券交易所上市19家，深圳证券交易所主板11家、中小板17家、创业板2家。

从行业分布情况看，49家公司共涉及10个行业（按证监会行业统计口径计算）。其中，制造业27家，占55.10%；信息技术类6家，占12.24%；房地产业4家，占8.16%；农林牧渔业3家，占6.12%；交通运输、仓储业2家，占4.08%；金融、保险业2家，占4.08%；批发和零售贸易2家，占4.08%；综合类、采掘业以及电力、煤气及水的生产和供应业各1家。

（五）首发与增发情况

2010年，福建共有17家公司通过首发、增发在资本市场融资，共计募集资金347.90亿元。其中，首次公开发行公司10家，分别是中能电气、三元达、星网锐捷、榕基软件、兴业证券、青松股份、天广消防、泰亚股份、永辉超市、海源机械，共募集资金103.92亿元；再融资公司7家，共募集资金243.98亿元，包括华映科技、福建三农通过发行股份购买资产48.46亿元，中福实业、新大陆、众和股份、冠福家用通过定向增发融资16.88亿元，兴业银行配股募集资金178.64亿元。

二、2010 年福建上市公司经营状况

2010 年，福建 49 家上市公司中，有 47 家公司实现盈利，占 95.92%，较 2009 年增加 8.74 个百分点；2 家公司出现亏损，占 4.08%。49 家公司合计实现净利润（归属于上市公司股东的净利润，下同）313.39 亿元，比 2009 年同比大幅增长 53.95%，但受经济危机的影响，仍有 9 家公司净利润下降。福建上市公司 2010 年经营业绩和财务状况呈现以下几个特点：

（一）资产规模稳步扩大

由于福建最大的上市公司兴业银行的总资产与 2009 年同比增加 5 175.12 亿元，带动福建上市公司总资产的规模继续向上攀升。截至 2010 年末，49 家上市公司资产总额 20 608.65 亿元，同比增加 6 003.03 亿元，增长 41.10%。

（二）业务总量和盈利规模大幅增长，少数公司贡献仍占绝对比重

2010 年福建上市公司实现营业总收入 1 742.50 亿元、净利润 313.39 亿元，较 2009 年分别大幅增长 53.07%、53.95%。但少数公司的贡献仍占绝对比重，如兴业银行和紫金矿业，这两家公司合计实现营业收入 719.95 亿元，占福建上市公司实现营业收入总量的 41.32%，这两家公司营业收入合计同比增长 36.78%。从净利润上看，兴业银行和紫金矿业这两家公司实现净利润 233.48 亿元，同比增长 38.79%，占福建全部公司净利润的 74.50%。

（三）多数公司业绩增长，少数公司亏损

尽管福建上市公司中少数公司贡献仍占绝对比重，但受益于国家经济刺激政策的影响，其他公司的业绩也普遍呈增长态势。据统计，福建有 20 家公司的净利润超过 1 亿元，净利润较 2009 年增长的公司有 40 家，业绩增长的公司占福建全部上市公司的 81.63%。

同时，福建仍有少数公司 2010 年业绩下滑。据统计，福建有 8 家公司的营业收入、9 家公司的净利润低于 2009 年水平。由于主营业务盈利能力不强，冠福家用、福日电子 2 家公司亏损，其中福日电子已连续两年亏损，于 2011 年 1 月 27 日被上海证券交易所采取“退市风险警示”的特别措施。

（四）现金获取能力明显增强

2010 年福建 49 家上市公司现金及现金等价物净增加额为 867.09 亿元，比 2009 年的 399.08 亿元增长 117.27%；经营活动产生的现金流量净额为 1 305.41 亿元，比 2009 年的 881.49 亿元增长 48.09%；存货总量为 379.26 亿元，较 2009 年的 264.32 亿元增长 43.49%。

三、2010 年福建上市公司治理与规范运作情况

2010 年福建地区通过开展解决同业竞争和关联交易活动、强化保荐机构和董事会秘书职责等工作，各上市公司治理和规范水平得到了进一步提高。

（一）推动解决同业竞争和关联交易问题专项活动

该项工作以“深、细、广、活、实”

为指导方针。福建证监局组织上市公司开展了专项自查，并确定了7家重点公司，通过联系交易所、走访上市公司股东单位和国资部门、与上市公司共同分析交流等方式，逐家明确了解决对策和进度安排，并采取现场检查、发函协调、督导中介结构核查等措施推动整改进程。经各方共同努力，截至2010年底福建7家重点公司中，龙溪股份、青山纸业、福建南纸、中国武夷、福晶科技、惠泉啤酒6家公司的同业竞争、关联交易问题得到了彻底或基本解决；实达集团1家公司通过相关安排，持续推进同业竞争或关联交易问题的解决，并已有解决的方案。

（二）开展高管培训强化高管履职意识和法律意识

福建证监局举办了2010年上市公司董事、监事培训班，对福建上市公司197名董事、监事进行了公司治理、信息披露和并购重组等方面的法律、法规、政策培训；开展了新上市公司法人治理宣讲，新上市的圣农发展等5家公司的82名董事、监事、高管人员接受了重点培训。

（三）强化保荐机构持续督导职责

2010年，福建建立保荐机构工作质量评价机制。创新性地制定了《福建辖区保荐机构工作质量评价办法》和《福建辖区保荐机构工作质量评价标准表》，对保荐机构在辅导上市、持续督导等方面的工作情况进行考核评价，并根据评价结果采取问责措施。这一评价机制提升了保荐机构对上市公司辅导和持续督导的履职意识，促进了上市公司治理和规范水平的提高。

（四）强化董事会秘书和独立董事的作用

福建发布了《关于进一步加强辖区上市公司董事会秘书工作的通知》，从制度保障、职责细化、考核惩戒等三大方面促进董事会秘书作用的充分发挥。同时，实施了《福建辖区上市公司董事会秘书工作质量评价办法》、《福建辖区上市公司独立董事工作质量评价办法》，对董事会秘书和独立董事的履职情况和上市公司提供履职保障的情况进行考核评价，根据评价结果调整上市公司风险类别，实施差别化监管。

四、2010年福建上市公司并购重组情况

（一）完成资产重组工作，消除了公司退市风险

2010年，福建有两家公司完成了重大资产重组，获得了新的盈利能力，改善了财务状况，消除了退市风险。华映科技向中华映管发行55 583.27万股，引入液晶板生产线；福建三农发行78 411.95万股，引入房地产资产。两家公司发行股份购买资产共计金额48.46亿元。

（二）部分公司通过收购资产整合上下游产业链，进一步提高了公司的核心竞争力

福耀玻璃在2010年以10 459.81万元收购了重庆万盛浮法玻璃有限公司100%的股权；以575万美元收购了瀚德福耀玻璃密封件（长春）有限公司51%的股权。收购后，福耀玻璃有效地整合了汽车玻璃的上游产

业，丰富了公司产品结构，进一步提高了公司的核心竞争力。

（三）部分公司通过收购资产进行扩张，进一步增强了持续发展能力

鸿博股份在2010年以2 900万元收购了无锡双龙信息纸有限公司60%的股权，填补公司在包装装潢、印刷方面的空白，并通过在长三角布点，扩大公司在印刷品方面的市场份额。

闽东电力以7 342.97万元收购了营口风力发电股份有限公司86.13%的股权，此项收购有利于公司突破水电发展瓶颈，有利于拓展以风电为主的新能源业务，有利于扩大电力装机容量，增强公司主业实力。

（四）部分公司通过出售股权或置换资产，优化了公司的资产结构，有效地解决了历史遗留问题

为彻底解决原控股股东欠款等历史遗留问题，2010年，青山纸业与原大股东福建青州造纸有限责任公司进行资产置换，将原大股东的土地使用权、房屋构筑物、设备等资产抵偿其对青山纸业的债务。此项资产置换，既解决了大股东欠款问题，又实现了资源优化，有利于提高公司的规模效应和核心竞争能力。同时，通过双方的资产整合，彻底消除了关联交易。

五、2010年福建上市公司定向增发情况

2010年度，福建共有4家公司实施定向增发，共募集资金16.88亿元。中福实业发行7 280万股，募集资金5.46亿元；新大陆发行5 786.67万股，募集资金4.34亿元；众和股份发行6 170万股，募集资金4.33亿元；冠福家用发行3 412.03万股，募集资金2.76亿元。这些募集资金改善了公司的资本结构，补充了公司项目投资及流动资金的缺口，提高了公司的综合竞争能力和抗风险能力。

六、2010年福建上市公司募集资金使用情况

2010年，福建共有10家公司首发，7家公司增发，扣除发行费用后共计募集资金340.68亿元。另有11家公司存在募集资金延续到本报告期使用的情况，涉及的募集资金39.00亿元。截至2010年12月31日，上述28家公司投入使用的募集资金为283.94亿元，尚余募集资金95.74亿元，分别占募集资金总额的74.78%和25.22%。其中，兴业银行、浔兴股份的募集资金在本报告期内已使用完毕。

从募集资金的项目投入进度以及实际收益来看，与招股说明书的承诺或预期存在较大差异。根据公司披露的数据，28家公司共有76个募集资金项目，其中，有7家公司的14个项目未达到承诺的投入进度或未能实现预期的收益，占全部项目的17.42%。未能达到预期投入进度或收益的主要原因，一是受金融危机的影响，有的公司有意放缓了募集资金的投入进度；二是受自然灾害的影响，有的公司被迫放缓进度。另外，一些上市公司在进行募集资金项目的可行性研究时测算不够严谨。

七、社会责任履行情况

2010年，福建上市公司立足社会现实，结合自身特点，勇于创新，在履行社会责任方面取得了较为突出的成绩。

（一）通过成立慈善基金会，创新社会责任履行方式

2010年6月，福耀玻璃董事长曹德旺先生发起“河仁慈善基金会”，并先后向该基金会捐赠2 000万元资金和价值约36亿元人民币的股票。这些款项已经或将要用于公益、慈善和宗教事业。

受河仁慈善基金会影响，兴业证券成立了“福建省兴业慈善基金会”并对外捐赠了430万元，并在“兴业社会责任基金”管理费收入中提取1 000万元从事社会公益事业。紫金矿业全年公益捐赠达3.12亿元。

（二）捐款赈灾，传递社会温暖

2010年，福建上市公司在青海玉树地震、甘肃舟曲特大泥石流等自然灾害发生后，充分发扬“一方有难、八方支援”精神，纷纷捐款捐物。据不完全统计，星网锐捷捐款1 660万元、七匹狼捐赠1 350万元、兴业证券捐赠710万元；福耀玻璃实际控制人向玉树地震灾区捐款1亿元、向西南旱灾地区捐款2亿元；圣农发展实际控制人傅光明向地震台风灾区捐赠3 000万元。

（三）开设慈善超市，帮扶弱势群体

永辉超市在2010年上市后，积极履行社会责任，成立永辉爱心基金，并开展“百万济困”、“百万支教”、“百万赈灾”等百万慈善活动。开设永辉慈善超市，常年不间断向低保户、五保户、残疾人、特困户发放“永辉爱心卡”，有效地缓解了通货膨胀给弱势群体带来的生活压力，维护了社会的和谐稳定。

众和股份2010年新增了40多名残疾员工，鸿博股份投资为残疾员工建设专门的宿舍、食堂，方便其工作生活。

（四）通过技术改造和设备更新实现节能减排

兴业银行通过改造办公楼用电系统，节电13万度，节电约36%，减少二氧化碳排放量约102吨；紫金矿业2010年环境保护投入3亿多元，投入安全措施费约1.4亿元，公司通过研究开发上金下铜矿安全高效联合开采技术，金铜回收率分别提高了0.6%和5%；福耀玻璃于2010年完成福清浮法循环水技改项目，年节电约215万度，风机改造年节电约310万度。

（五）金融企业推广绿色信贷，促进低碳经济发展

兴业银行开办绿色金融业务，2010年全年新发放节能减排贷款789笔，合计312.85亿元；拒绝落后产能贷款共计57.23亿元，拒绝贷款户数达42家。同时，兴业银行发行了国内首张低碳主题卡——中国低碳卡，发卡量突破11万张，累计购买碳减排量超过2万吨。

审稿人：李永春

撰稿人：严　峰

江 西 地 区

一、江西上市公司总体情况

（一）江西上市公司数量及行业分布

截至2010年年底，包括当年新发行上市的4家公司，江西共有30家A股上市公司，其中，中小板公司5家，创业板公司2家，A+B股和A+H股公司各1家。30家公司中8家为民营控股，22家为国有控股。国有控股公司中6家为央企控股，16家为地方国有控股。江西上市公司分布在煤炭、钢铁、有色金属、交通运输、机械制造、电子、化工、电力、建材、房地产、制药、商品流通、农业、公用事业等14个行业。

（二）2010年江西上市公司资产及股本规模快速扩张，总市值快速回升

至2010年年末，江西30家上市公司总资产1 949.02亿元，剔除新上市公司，江西26家公司总资产1 901.44亿元，同比增长29.75%，净资产为928.96亿元，同比增长33.91%。截至2010年底，江西上市公司股本总额共计180.13亿股（含3.44亿B股和13.87亿H股），新股上市、部分公司进行送转股、再融资和重大资产重组发行股份以及认股权证行权是股本增长的主要原因。随着2010年证券市场的回暖，江西上市公司总市值由2009年年底的2 351.35亿元增加至2010年年底的3 316.25亿元，剔除新上市公司影响，同比增长29.99%。

（三）收入和利润增长强劲，经营业绩大幅回升

2010年，江西30家上市公司共实现营业总收入2 112.70亿元，同比增长41.11%，剔除新上市公司影响，同比增长41.37%。实现净利润115.15亿元，同比增长64.31%，实现归属于母公司的净利润合计108.35亿元，同比增长65.30%。30家公司平均基本每股收益为0.43元，比2009年增加0.09元，加权平均净资产收益率为13.8%，比2009年增加3.21个百分点。利润大幅增长的原因主要是报告期内重点企业产品（江西铜业、江铃汽车）价格持续保持高位、产品产销两旺，盈利水平进一步增强。从业绩的具体项目来看，江西上市公司业绩增长主要来自主营业务，非经常性损益占净利润比重下降。各公司计提资产减值损失与2009年基本持平；各公司实现投资收益5.18亿元，同比增长406.11%，其中对联营企业和合营企业的投资收益增长46.69%，但公允价值变动收益大幅减少。江西上市公司整体毛利率虽由2009年的14.08%下降到2010年的13.68%，但由于营业收入的增长，整体毛利金额仍有所增加；三项期间费用增加30.05亿元，同比增

长27.25%。

（四）2010年江西上市公司财务状况持续好转，但经营性现金净流入大幅下降，潜藏一定财务风险

2010年，30家上市公司所有者权益合计963.72亿元，总体资产负债率由52.62%下降至50.55%，资产负债率超过70%的公司由2009年的6家减少到5家。经营活动产生的现金流量净额总计为54.71亿元，同比下降52.94%，主要原因是江西铜业、新钢股份、天音控股等公司经营活动产生的现金流量净额同比大幅减少。其中，江西铜业由于原材料价格上涨和生产规模扩大导致存货上升，占用较大金额的营运资金；新钢股份在报告期内购买原材料，原材料期末余额较期初增长近18亿元，增幅达66.67%；天音控股则是报告期内控股子公司天音通信销售规模增幅较大，公司加大库存。2010年下半年，市场上部分原材料价格震荡进一步加剧，而部分商品期货在上扬之后出现一定幅度的下跌，大幅波动的市场行情对相关企业的抗风险能力提出了更高的要求。在这种情况下，如果原材料和产品价格出现较大不利波动，相关公司将面临一定的财务风险。

（五）江西上市公司经济规模占全省工业经济比重逐年下降

2008年至2010年，江西上市公司主营业务收入占全省规模以上工业的比重分别为18.33%、15.05%、14.88%；利润占全省规模以上工业比重分别为22.38%、13.59%、13.44%，均呈逐年下降趋势。从财务指标看，江西上市公司主营业务收入和利润两项指标的增幅分别比全省规模以上工业低2.7和8.4个百分点。江西上市公司地位弱化的主要原因是近年来江西省工业经济发展势头持续强劲，企业上市步伐明显落后于江西工业经济的发展速度，还需要各方加大资本市场发展的推动力度。

（六）江西上市公司2010年利润分配情况

2010年，江西有21家上市公司实施了分红或转增股本，比例高达70%。其中，14家公司进行了现金分红，3家公司进行了资本公积转增股本，3家公司现金结合转增股本，1家公司现金结合送红股。选择现金分红方式（含结合其他方式）的公司数量约占分红公司总数的85%，所以从分红方式看，现金分红已成为江西上市公司利润分配的首选。18家公司现金分红金额占2010年全年净利润的19.68%，比2009年的22.14%略有下降，有4家公司现金分红占净利润比例超过50%，其中有2家是2010年新上市公司。绩差公司成为不分红的“重灾区”。2010年9家不分配、不转增公司中，有6家公司已是连续3年以上（含）未进行利润分配，其中4家公司期末可供分配净利润为负值，大部分绩差公司因“巧妇难为无米之炊”，无钱可分。

（七）2010年江西上市公司风险分类情况

2010年江西上市公司总体经营状况继续向好，部分公司资产重组得到有效推进，高风险公司有所减少。30家公司中高风险公司2家，次高风险公司3家，比2009年减少2家次高风险公司。风险类公司累计占上市公司总家数的16.7%。其他则为22家关注类公司和3家正常类公司。2010年江西昌九生化和中江地产两家公司仍维持高风险评级。昌九生化由于化肥市场不景气，行业竞争激烈，原材料价格上涨，公司尿素产品利润空间受到两头挤压，2010 年亏损 1.4 亿元，因连续两年亏损已被上海证券交易所实施 * ST 处理。同时，公司受资金短缺影响，对尿素及合成氨生产线仅完成部分改造，尿素产品的品质及效益并未有实质性提升。从目前情况来看，依靠公司自身很难扭转亏损的态势，推动昌九生化并购重组才是化解风险的唯一出路。中江地产作为房地产开发企业，公司经营受国家宏观政策影响大，资金需求大，而公司房地产项目单一，缺乏后续项目和土地储备，不利于未来可持续发展。公司目前商铺招商不理想，承诺商铺业主的稳定回报缺乏保障，未来存在很大的资金压力和偿债风险。此外，诚志股份因业务分散，缺乏核心竞争力，2010 年经营效益大幅下滑，资金较为紧张；安源股份部分业务亏损严重，资产重组仍未完成；泰豪科技因实际控制人不明晰、投资效益差、资金流向控制不严等问题，被确定为次高风险公司。

2010 年，中航电子和中文传媒由于资产重组取得实质性进展，置出绩差资产，置入优质资产，经营状况和经济效益发生根本性好转，风险等级由 2009 年的“次高风险”调整为 2010 年的“关注”。包括新上市的 4 家公司在内的其他公司风险等级 2010 年没有进行调整。

二、2010 年江西上市公司再融资和并购重组情况

（一）2010 年，江西资本市场融资取得重大突破

全省企业上市家数、再融资公司数量和直接融资总额均创近十年新高。三川股份、章源钨业、华伍股份和赣锋锂业 4 家公司首发上市，共筹资 21.53 亿元。其中，3 月 26 日，三川水表在创业板挂牌上市，成为江西省首家创业板上市公司，也是时隔 3 年后新增的第一家上市公司，其每股 49 元的发行价创下江西上市公司 IPO 价格的最高纪录，公司融资达 6.37 亿元。

（二）7 家上市公司在 2010 年实施再融资

其中，正邦科技、洪都航空、江中药业三家公司非公开发行股票，筹资 35.42 亿元。泰豪科技、赣粤高速、江西铜业和鑫新股份等上市公司分别利用债券、权证和发行股份购买资产等方式筹资 101.14 亿元。2010 年再融资金额共计现金 107.86 亿元，实物资产 28.7 亿元。其中，江西铜业认股权证行权完毕，行权率达 99.91%，创下了市场上权证行权比例的最高纪录，累计募集资金 67.44 亿元，是 2010 年江西上市公司再融资最为成功的项目。

（三）2010 年江西上市公司并购重组非常活跃

1. 洪都航空收购洪都集团资产

公司向多个特定投资者非公开发行股票 9 540 万股，募集资金 25.37 亿元。其中，5.7 亿元收购洪都集团全部飞机业务及相关经营性资产，基本实现洪都集团整体上市。

2. 鑫新股份的重大资产重组

鑫新股份进行脱胎换骨的重大资产重组，由一家绩差的制造类民营公司变更为业绩优良的国有控股出版传媒类上市公司。公司向江西省出版集团定向增发，置换出原有的漆包线和客车生产业务，收购江西省出版

集团价值28.7亿元的出版发行类经营性资产，实现江西省出版集团经营性资产的整体上市，并变更公司名称为中文传媒，成功化解原高风险公司鑫新股份的全部风险。

3. 安源股份公布具体重大资产重组方案

公司拟全部剥离现有业绩极差的玻璃和客车子公司，与实际控制人江西省煤炭集团持有的江西煤业全部股权进行等值置换，差额部分通过向江西煤业股东定向增发股票购买。重组实施后公司主业将集中于煤炭的生产、加工和销售，基本实现江西省煤炭集团煤业业务的整体上市。

三、2010年江西上市公司治理结构及规范运作情况

（一）上市公司对外部信息使用人的信息披露和管理情况

2010年年报编制和披露期间，江西共有8家上市公司向外部信息使用人提供了2010年报相关信息，累计提供18家次。其中，2家在披露业绩快报后向外部信息使用人提供信息，另6家公司未做到同时同内容信息披露。这6家公司包括2家公司在业绩快报和年报披露前向外部信息使用人提供信息，4家公司向外部信息使用人提供信息但未披露业绩快报。上述8家公司中，除三川股份未对外部信息使用人进行登记外，另7家公司均对外部信息使用人进行了登记；除江铃汽车未以书面形式要求外部信息使用人履行保密义务外，另7家公司提供信息时均以书面形式要求外部信息使用人履行保密义务。

（二）独立董事履职情况

2010年，江西有27家公司组织了独立董事到公司现场考察，有些公司还组织了独立董事赴公司重要子公司实地考察。考察事项涉及募投项目、募集资金使用和公司土地购置等。但也有个别公司董事会多以书面形式召开，独立董事未实地考察公司。在2010年年度审计过程中，独立董事与年审机构沟通1次的公司有3家，沟通2次的公司有18家，沟通3次以上的有9家。2010年，江西上市公司独立董事出席董事会情况较好，大多数公司独立董事均亲自出席会议，有4家公司存在独立董事委托出席董事会情况，无独立董事既不亲自出席会议也不委托出席情况。公司独立董事对审计机构的改聘和续聘事项均发表了独立意见。

（三）审计委员会的履职情况

到目前为止，江西各上市公司均已制定单独的审计委员会年报工作规程或将相关规定加入审计委员会工作制度之中。审计委员会在2010年年报编制过程中按年报工作规程要求开展了相关工作。

（四）内控制度和年报信息披露重大差错责任追究制度建立健全情况

江西各上市公司均根据自身实际情况建立了较为合理的内控制度，并在不断完善中。有19家公司披露了内部控制评价报告，其中，赣粤高速、华意压缩和江特电机3家公司披露了内控审计或鉴证报告。除三川股份外，其余29家公司均制定了年报信息披露重大差错责任追究制度。

（五）上市公司高管人员在年报披露期间的持股变动情况

2011 年 1～4 月间，诚志股份专务副总裁高建涛于 2011 年 3 月 10 日卖出本公司股票 1 449 股，违反敏感期禁止买卖股票的规定。此次交易高建涛获取收益 10 475 元，已全部上交公司。江西证监局对高建涛违规买卖股票行为下发监管函，并记入诚信记录。江西其他各上市公司高管人员持股情况未发生变化。

（六）同业竞争、关联交易及关联方占用清理情况

2010 年，江西有 4 家上市公司与实际控制人或控股股东所控制的企业存在同业竞争或潜在的同业竞争。其中，中航电子、洪城水业、方大特钢 3 家公司目前采取托管的方式解决，并签有托管协议。中航电子、洪城水业和安源股份 3 家公司计划以收购或资产置换、发行股份购买资产的方式来最终解决同业竞争问题。2010 年，江西仅有 3 家上市公司未发生关联交易，其余 27 家公司关联交易发生总额为 184.45 亿元，较 2009 年增 31%。其中，向关联方采购商品或接受服务金额为 95.43 亿元，同比增 17%；向关联方销售商品或服务金额高达 89.02 亿元，增幅近 50%。关联交易基本履行了必要的决策程序，并进行如实披露。部分公司正努力通过收购、托管等方式减少关联交易，但整体来看，效果并不明显。2010 年，中文传媒存在被其大股东江西省出版集团公司及其附属企业非经营性资金占用情况，全年累计发生额为 700 万元。截至公司 2010 年度审计报告出具日，公司与关联方往来的资金占用全部清偿完毕。占用原因是公司 2010 年 12 月中旬才完成借壳上市的资产交割，借壳前形成的资金占用在 2010 年底前还有小部分余额。由于借壳前未经过类似 IPO 必须经历的辅导期，公司对资金占用问题的严重性认识不足，在公司完成重组的短时间内未能及时督促大股东将占用资金清偿完毕。但在年报审计过程中，经中介机构提醒，公司在年报披露前将被占用款项收回。为让公司在资金占用这个问题予以足够重视，江西证监局已对公司进行监管提醒，要求公司在今后杜绝此类现象发生。

审稿人：钟文林
撰稿人：龚　凯

山 东 地 区

一、山东上市公司总体情况[①]

（一）公司数量

截至2010年12月31日，山东共有境内上市公司111家，比2009年底增加24家。其中，A股公司100家、B股公司2家、A+B股公司3家、A+H股公司5家、A+B+H股公司1家；在上海证券交易所挂牌交易41家，在深圳证券交易所主板挂牌交易26家，中小企业板挂牌交易41家，创业板挂牌交易3家。

（二）整体规模

截至2010年12月31日，山东上市公司资产总额7 182.85亿元、归属于母公司股东的净资产（以下简称净资产）2 755.59亿元，分别占全国上市公司的0.83%和2.41%，较2009年的0.89%和2.40%分别小幅下降0.06和上升0.01个百分点。

截至2010年12月31日，山东上市公司总数占全国上市公司总数的5.33%，位于上海、浙江、江苏、北京、深圳和广东之后，全国排名第七位；总市值达9 457.55亿元，占全国的3.56%，位于北京、上海、浙江、江苏和广东之后，全国排名第六位，位次均没有变化。山东上市公司总市值超过500亿元的有3家，分别是兖州煤业、山东黄金和潍柴动力；超过100亿元的有24家，占全国459家的5.23%。

从单项指标排名来看，在2010年净资产、净利润、总市值三项指标全国前100名公司中，山东分别占了5家、2家、4家。

（三）总体业绩

2010年，山东上市公司共实现营业收入5 203.05亿元，同比上升45.02%；归属于母公司股东的净利润（以下简称净利润）377.04亿元，同比上升54.06%；平均每股收益0.58元，同比上升47.62%。2010年，山东盈利的上市公司有100家，占上市公司总家数的90.09%，较2009年提高2.73个百分点，盈利金额合计386.33亿元；亏损公司11家，与2009年持平，亏损金额合计9.29亿元。81家公司净利润同比上升，30家公司净利润较2009年出现下滑；扭亏公司11家，首亏公司10家，续亏公司1家。2010年山东上市公司现金及现金等价物净增加200.54亿元，同比大幅增加288.46%。

（四）控制权情况

从实际控制人类型分析，111家公司中，央属国资控股14家，山东省属国资控股21家，其他国资控股15家，自然人控股

① 本部分数据来自上市公司公告和wind资讯。

56家，其他类型控股5家。从股权质押或冻结情况分析，26家公司控股股东持有的上市公司股权被质押或者司法冻结，其中12家公司被质押或冻结股权数量超过控股股东持有的上市公司股权的20%。从股份流通角度看，实现全流通的有20家，占公司总家数的18.18%，限售A股总额392.41亿股，占总股本的60.24%。

二、2010年山东上市公司经营情况分析

（一）经营业绩情况分析

2010年，山东上市公司共实现营业收入5 203.05亿元，同比上升45.02%，高于全国35.49%的增长率；实现净利润377.04亿元，同比上升54.06%，高于全国39.15%的平均水平。净资产收益率15.4%，同比上升25.41%，上升幅度高于全国11.10%的整体水平；每股收益0.58元，同比上升47.62%，高于全国0.50元的平均水平。

2010年山东上市公司总体经营情况见表1。

2010年，山东上市公司两极分化的现象依然明显。盈利前10名公司净利润累计为247.53亿元，占99家盈利公司总额的65.68%，比2009年的63.99%提高了1.69个百分点；亏损公司的集中度有所下降，前3名公司净利润累计为-5.75亿元，占11家亏损公司总额的61.87%，比2009年的70.3%下降了8.43个百分点。

表1　　2010年山东上市公司总体经营情况

指　标	山东			全国		
	2010年	2009年	增幅	2010年	2009年	增幅
营业收入（亿元）	5 203.05	3 587.70	45.02%	173 442.28	128 013.89	35.49%
净利润（亿元）	377.04	244.74	54.06%	16 471.80	11 837.23	39.15%
净资产收益率（%）	15.4	12.28	25.41%	14.44	13.00	11.10%
每股收益（元）	0.58	0.39	47.62%	0.50	0.40	25.64%

（二）分行业情况分析

山东上市公司主要分布在化工（20家）、机械设备（15家）、交运设备（9家）、医药生物（7家）、纺织服装（8家）、轻工制造（7家）、电子信息（7家）、农林牧渔（7家）等行业。2010年，山东省内化工、机械设备、纺织服装、交运设备和农林牧渔行业上市公司的营业收入和净利润都实现了较大幅度的增长，其中纺织服装的净利润同比增长264.58%，位列各行业净利润同比增长之首，只有轻工制造业净利润的同比增长率出现了13.83%的下滑。

2010年山东上市公司分行业经营情况见表2。

1. 化工

2010年，山东20家化工行业类上市公司的资产总额、净资产、营业收入和净利润分别为786.92亿元、389.42亿元、587.98亿元和34.79亿元，占山东上市公司资产总额、净资产、营业收入和净利润的10.96%、13.05%、11.30%和9.23%。2010年山东化工行业上市公司业绩较2009年有所上升。山东海化等3家公司实现扭

表 2　　2010 年山东上市公司分行业经营情况

所属行类	营业收入（亿元）	同比增长	净利润（亿元）	同比增长
化工	587.98	53.98%	34.79	144.31%
机械设备	273.55	84.10%	24.99	138.23%
电子信息	110.41	35.82%	10.42	35.15%
医药生物	102.27	17.66%	9.28	20.05%
交运设备	1 036.18	98.11%	77.66	69.91%
纺织服装	200.80	67.17%	18.63	264.58%
轻工制造	394.28	29.93%	23.12	-13.83%
农林牧渔	42.16	63.92%	5.67	162.50%
食品饮料	60.74	28.55%	15.31	31.19%
有色金属	466.65	40.85%	22.31	38.49%

亏，但有 6 家公司的净利润出现了下滑，分别是：泰山石油、华阳科技、山东海龙、蓝帆股份、华鲁恒升和大成股份。

2. 机械设备

2010 年，山东 15 家机械设备类上市公司共实现营业收入 273.55 亿元，同比上升 84.10%；实现净利润 24.99 亿元，同比上升 138.23%。营业收入和净利润增幅远高于全国的 33.64% 和 43.65%。净利润增加的有 12 家公司，其中滨州活塞的净利润同比上升 137.58%；而法因数控、齐星铁塔和华东数控 3 家公司净利润出现下滑，同比分别下降 58.06%、29.14% 和 18.97%。

3. 医药生物

2010 年，山东 7 家医药生物类上市公司共实现营业收入 102.27 亿元，同比增幅 17.66%；实现净利润 9.28 亿元，同比增长 20.05%。营业收入增幅低于全国 23.27% 的行业平均水平，但净利润增幅高于全国 16.90% 的水平。具体公司而言，鲁抗医药净利润同比增幅达 244.89%，增长幅度居山东医药生物类公司之首。

4. 交运设备

2010 年，山东 9 家交运设备类上市公司共实现净利润 77.66 亿元，同比增长 98.11%，是山东净利润总额最高的行业；实现营业收入 1 036.18 亿元，同比增长 69.91%，营业收入和净利润增幅均高于全国 57.57% 和 69.74% 的平均水平。其中，7 家公司净利润同比增长，而隆基机械和中航黑豹净利润分别下降 18.64% 和 5.68%。

5. 电子信息

2010 年，山东 7 家电子信息类上市公司实现营业收入 110.41 亿元，同比增长 35.82%；实现净利润 10.42 亿元，同比增长 35.15%。而全国同行业上市公司营业收入同比增长 9.18%，净利润同比下降 17.66%。其中，歌尔声学实现净利润增幅最高，同比增长 176.79%，东方电子等 4 家公司净利润出现了下滑。

6. 纺织服装

2010 年，山东 8 家纺织服装类上市公司共实现营业收入 200.80 亿元，同比增长 67.17%；实现净利润 18.63 亿元，同比增长 264.58%。由于受到国际金融危机影响，2009 年纺织服装类公司业绩较差，2010 年经济形势好转，出口额明显增加，整体盈利能力提升。山东 6 家公司实现利润增长，而新华锦和山东如意的净利润分别出现154.46%和8.72%的下降幅度。

7. 轻工制造

2010年，山东7家轻工制造类上市公司共实现营业总收入394.28亿元，同比增加29.93%；实现净利润23.12亿元，同比下降13.83%。5家公司净利润同比增加，2家公司净利润同比有所下滑。

8. 农林牧渔

2010年，山东7家农林牧渔业上市公司业绩大幅增长，实现净利润5.67亿元，同比增长162.50%，增幅高于全国平均水平117个百分点；实现营业总收入42.16元，同比增长63.92%。

9. 食品饮料

2010年，山东3家食品饮料类上市公司：保龄宝、张裕A和双塔食品（2010新上市）共实现营业收入60.74亿元，同比上升28.55%；实现净利润15.31亿元，同比上升31.19%。其中，张裕A营业收入和净利润分别为49.83亿元和14.34亿元，占山东食品饮料类上市公司的营业收入和净利润的82.04%和93.66%。

10. 有色金属

2010年，山东4家有色金属类上市公司业绩好于全国，共实现营业收入466.65亿元，同比上升40.85%；实现净利润22.31亿元，同比上升38.49%。4家公司营业收入和净利润均有不同程度增加，其中山东黄金的营业收入和净利润分别增加34.91%和63.94%，位列山东省内同行业第一。

11. 其他行业

除上述行业外，山东上市公司覆盖的行业还有钢铁（2家）、采掘（2家）、建筑建材（4家）、公用事业（2家）、交通运输（2家）、房地产（4家）、商业贸易（2家）、综合（4家）。这些行业中有16家公司净利润增加，7家公司净利润下降，其中4家扭亏为盈，8家公司净利润同比增长100%以上。

（三）盈利构成情况分析

2010年，山东111家上市公司在营业收入增长45.02%的情况下，净利润增加132.30亿元，同比增幅54.06%。原因主要是营业成本及期间费用增幅均低于营业收入增长幅度，加之投资收益等项目增加，共同提高了2010年的净利润。

2010年山东上市公司盈利构成情况见表3。

表3　　2010年山东上市公司盈利构成情况

	营业收入（亿元）	营业成本（亿元）	销售费用（亿元）	管理费用（亿元）	财务费用（亿元）	投资净收益（亿元）	利润总额（亿元）	所得税（亿元）	净利润（亿元）	归属母公司股东净利润（亿元）
2010年	5 203.05	4 246.48	179.98	218.30	64.06	31.27	505.06	99.35	405.71	377.04
2009年	3 587.70	3 076.02	126.10	178.68	74.79	15.80	330.37	61.47	268.89	244.74
增加额	1 616.35	1 170.45	53.89	39.61	-10.73	15.47	174.70	37.88	136.82	132.30
增长率	45.02%	38.05%	42.73%	22.17%	-14.35%	97.86%	52.88%	61.61%	50.88%	54.06%

从具体公司来看，81家公司实现了净利润正增长，占比72.97%；30家公司净利润负增长，占比27.03%。其中，净利润增加最多的是兖州煤业和潍柴动力，分别增加51.07亿元和40.52亿元。净利润下降最多的是华电国际和华泰股份，分别下降14.87

亿元和10.02亿元。

2010年山东上市公司净利润排行榜见表4。

表4　　2010年山东上市公司净利润排行榜

净利润前10名		净利润后10名		净利润增加前10名		净利润下降前10名	
公司简称	净利润（亿元）	公司简称	净利润（亿元）	公司简称	净利润增加（亿元）	公司简称	净利润增加（亿元）
兖州煤业	90.13	山东海龙	-3.95	兖州煤业	51.07	华电国际	-14.87
潍柴动力	79.99	新潮实业	-1.18	潍柴动力	40.52	华泰股份	-10.02
烟台万华	17.21	沃华医药	-0.98	山东海化	7.99	山东海龙	-5.01
张　裕　A	14.54	ST园城	-0.97	山推股份	4.93	华鲁恒升	-1.71
晨鸣纸业	13.02	*ST轻骑	-0.73	山东黄金	4.83	沃华医药	-1.50
山东黄金	12.97	大成股份	-0.71	鲁信创投	4.50	新潮实业	-1.46
山东高速	12.50	华阳科技	-0.64	烟台万华	4.41	ST园城	-0.88
南山铝业	9.77	ST能山	-0.32	晨鸣纸业	3.48	大成股份	-0.83
山推股份	9.54	新华锦	-0.32	山　航　B	3.32	华阳科技	-0.68
中国重汽	8.76	ST华光	-0.24	张　裕　A	3.18	ST能山	-0.62

具体分析如下：

1. 营业毛利率提升是山东上市公司净利润增加的主要因素

山东上市公司2010年营业收入合计为5 203.05亿元，较2009年增加1 616.35亿元，增幅达45.02%；营业成本4 246.48亿元，同比增加1 170.45亿元，增长率为38.05%；营业税金及附加为31.45亿元，同比增加5.8亿元，增长率为22.18%。山东上市公司2010年营业毛利（营业收入扣除营业成本和营业税金及附加）925.13亿元，较2009年增加440.10亿元，营业毛利率（营业毛利/营业收入）为17.78%，较2009年增加了4.23个百分点。可见，虽然营业成本和营业税金及附加有所增长，但二者的增长率均小于营业收入，总体来看，营业毛利率增长明显。

从具体公司来看，潍柴动力的营业收入比营业成本多增加69.18亿元，兖州煤业的营业收入比营业成本多增加66.58亿元，这两家公司对山东上市公司整体营业毛利率水平提升的贡献最大，也排在净利润增加公司的前两位。同时，华电国际、山东海龙、莱钢股份和华鲁恒升营业成本比营业收入分别多增加了24.39亿元、4.21亿元、2.83亿元和1.72亿元，对营业毛利率提升的贡献为负，而且除莱钢股份外，其他公司均处于净利润下降公司的前十位。此外，华电国际、济南钢铁、科达股份和鲁商置业的营业税金及附加下降最多，分别下降了0.61亿元、0.35亿元、0.26亿元和0.14亿元。

2. 期间费用控制合理，投资净收益翻番增加公司净利润

山东上市公司2010年期间费用（管理费用、销售费用、财务费用）总额为462.33亿元，较2009年增加了82.76亿元。其中，财务费用仅为64.14亿元，同比下降了10.73亿元，降幅14.35%。111家公司中有49家公司财务费用下降，其中2家公司财务费用降幅超过亿元。2010年，山东上市公司投资净收益为31.27亿元，较2009年增加15.47亿元，增幅为97.86%。其中，

投资净收益上亿元的公司有7家，且该7家公司的投资净收益均有较大幅度增长。

2010年山东上市公司投资净收益增长情况见表5。

表5　　2010年山东上市公司投资净收益增长

公司名称	华电国际	鲁信创投	胜利股份	山推股份	烟台万华	兖州煤业	亚星化学
2010年（亿元）	8.46	5.78	4.32	2.29	2.03	1.31	1.09
2009年（亿元）	2.42	0.03	3.24	1.50	0.23	1.12	0.02
增加额（亿元）	6.04	5.75	1.08	0.79	1.80	0.19	1.07
增长幅度	2.5倍	191.7倍	33.33%	52.67%	7.8倍	16.96%	53.5倍

此外，2010年山东上市公司资产减值损失21.11亿元，与2009年基本持平，仅增加0.03亿元，增幅为0.14%。其中，资产减值损失上亿元的公司有5家，分别是潍柴动力、中国重汽、晨鸣纸业、山东海化和鲁信创投，其资产减值损失分别为5.06亿元、1.91亿元、1.10亿元、1.10亿元和1.06亿元，但均未对上述公司的经营业绩产生重大影响。

3. 营业外净收入下降，所得税增长，未对山东省内经营业绩产生实质性影响

山东上市公司2010年营业外净收入为31.42亿元，较2009年减少了2.44亿元，降幅为7.18%。其中，营业外收入为38.34亿元，较2009年下降2.28亿元，降幅为5.61%；营业外支出是6.93亿元，较2009年增加了0.16亿元，增长率为2.36%。2010年营业外净收入增加额上亿元的公司有4家：华电国际营业外净收入是8.44亿元，较2009年增加7.86亿元；*ST轻骑营业外净收入为1.40亿元，较2009年增加1.26亿元；亚星化学营业外净收入为1.13亿元，较2009年增加1.11亿元；太阳纸业营业外净收入为0.42亿元，较2009年增加1.05亿元。

2010年，山东上市公司企业所得税总额为99.35亿元，增长额为37.88亿元，增幅达61.61%。111家公司中有38家公司所得税增长率明显高于利润总额增长率。

（四）现金流量情况分析

山东111家上市公司2010年现金及现金等价物净增加额为200.05亿元，比2009年大幅上升148.92亿元，增幅达288.46%。其中，经营活动现金流量净额合计为441.48亿元，比2009年增加了7.01%，同时高于2010年净利润金额。

2010年，山东上市公司筹资活动现金流量净额为483.68亿元，比2009年的405.09亿元上升了19.40%，表明为满足对外投资的需要，山东上市公司筹资活动更加活跃。筹资现金流量净额最大的是华电国际，为130.18亿元，其次是晨鸣纸业，为50.32亿元。

2010年，山东上市公司投资活动现金流量净额为-725.10亿元，较2009年流出减少39.92亿元，但仍明显高于当期筹资活动现金流入额。

三、2010年山东上市公司再融资及募集资金使用情况

（一）2010年山东上市公司再融资情况

2010年，山东共有22家上市公司涉及

24 个再融资方案，其中 2010 年新发布的再融资方案有 13 个。在 24 个再融资方案中，公开增发的有 3 个，定向增发的有 20 个，发行公司债的有 1 个，累计预计融资额为 338.98 亿元。截至 2010 年底，共有 10 家上市公司实施再融资，累计融资达 96.49 亿元。另外，有 2 家的再融资方案已获中国证监会核准，正在实施过程中；有 1 家公司因实施重大资产重组停止实施再融资方案。总体来看，定向增发由于条件较为宽松，实施进度快，已成为山东上市公司再融资的主要方式，占山东再融资方案总数的 83.33%。在已公告的 24 个再融资方案中，仅有 1 个为发行公司债券，债券融资比例相对偏低。

（二）2010 年山东上市公司募集资金使用情况

2010 年，山东共有 34 家公司累计募集资金 311.29 亿元。其中，24 家公司首发融资 214.8 亿元，首发超募资金 119.5 亿元，10 家公司再融资 96.49 亿元。截至 2010 年底，上述 34 家公司已累计投入募集资金 167.97 亿元，占募集资金总额的 53.95%，其中，首发募集资金已累计投入 158.07 亿元，占首发募集资金总额的 73.59%，尚未投入募集资金 143.32 亿元，占募集资金总额的 46.05%。公司累计募集资金投资项目 229 个，其中变更募集资金投向 9 次，占募投项目总数的 3.93%。总体来看，2010 年募投项目变更情况明显减少。

审稿人：徐　铁　舒　萍

撰稿人：杨冬芳　袁兆霞　施金晶

河 南 地 区

一、河南上市公司总体情况

（一）上市公司数量及市值

截至2010年底，河南共有上市公司51家，占全国2 063家的2.47%，其中A股公司50家，A+H股公司1家。在51家上市公司中，在主板上市的有31家、中小板16家、创业板4家。2010年发行上市的公司有10家。51家上市公司的总市值4 411亿元，较2009年3 222亿元增长36.90%，占全国A股上市公司总市值302 963亿元的1.46%。

（二）股本及资产规模

截至2010年12月31日，河南51家上市公司的总股本为261.19亿股（流通股份为200.47亿股），较2009年同期207.32亿股增长25.98%。

51家上市公司总资产2 563.67亿元，较2009年2 005.15亿元增长27.85%。资产总额超百亿元的有安阳钢铁（314亿元）、中原高速（284亿元）、神火股份（247亿元）、平煤股份（184亿元）、中孚实业（137亿元）。净资产总额1 021.06亿元，较2009年同期的744.00亿元增长37.24%。

（三）行业分布及控股类型

截至2010年12月31日，按中国证监会行业级别划分，河南51家上市公司分别处于13个行业，分属于金属、非金属行业（11家），机械设备、仪表行业（7家），医药、生物制品行业（4家），石油、化学、塑胶、塑料行业（6家），食品、饮料行业（4家），电子行业（3家）及其他行业（交通运输、纺织、造纸、采掘、畜牧、通信及相关设备制造、电力7个行业16家公司）。

51家上市公司中，国有控股28家，占公司数量的54.90%；民营控股20家，占39.22%；集体控股1家，占1.96%；外资控股2家，占3.92%。

（四）年度分红情况

2010年，河南省共有33家上市公司存在利润分配或资本公积金转增股本预案，较2009年增加8家，分红送转家数占河南省上市公司总数的64.70%，略高于沪深全部A股上市公司分红家数59.8%的比例。

上述33家上市公司2010年共计分红232 375万元，其中平煤股份、神火股份、新乡化纤3家公司还同时送红股合计130 246万股，远东传动、濮耐股份、辉煌科技等11家公司转赠了股本，合计转赠122 278万股。7家上市公司已连续5年对股东进行利润分配（包括分配现金股利、送红股、资本公积转增股本），分别为神火股份、中原高速、平煤股份、豫光金铅、宇通客车、中孚实业、瑞贝卡；但仍有9家公司由于产品、技术、市场竞争力不强，盈利能力较弱，现金流紧张等原因已连续5年未对股东进行过任何形式的利润分配。这9家公司分别为ST洛玻、东方银星、中原环保、同力水泥、*ST豫能、ST安彩、S*ST鑫安、莲花味精、天方药业。

（五）股权激励情况

2010年，河南上市公司股权激励较少。豫金刚石2010年9月17日公告股权激励草案，拟向7名董事、高级管理人员及核心技术人员授予272万份A股股票期权，占公司股本总额15 200万股的1.79%，股票来源为公司向激励对象定向发行豫金刚石股票，股票期权的行权价格为25.84元。公司业绩考核指标为：第一个行权期上一年度（2012年）较2009年的净利润增长率不低于200%，净资产收益率不低于12%，行权比例为50%；第二个行权期上一年度（2013年）较2009年度的净利润增长率不低于300%，净资产收益率不低于13%，行权比例为30%；第三个行权期上一年度（2014年）较2009年度的净利润增长率不低于400%，净资产收益率不低于14%，行权比例为20%。公司行权条件较高，受到市场的热捧。

二、2010年河南上市公司经营状况

（一）总体情况

2010年，河南上市公司实现营业收入2 355.86亿元，较2009年1 721.94亿元增加633.92亿元，增长36.81%；实现归属于上市公司股东净利润106.17亿元，较2009年70.33亿元增加35.84亿元，增幅50.96%，高于沪深全部A股公司平均38.83%的增幅；期末摊薄按整体法计算的每股收益为0.4140元，较2009年每股收益0.2830元增长46.29%，略低于沪深全部A股每股收益0.4944元的水平，在中部六省中处于中等水平（略低于江西、安徽、山西，高于湖南、湖北）。期末摊薄按算术平均法计算的每股收益为0.5349元，较2009年每股收益0.4156元增长28.71%，略高于沪深全部A股每股收益0.4645元的水平，在中部六省中仅次于安徽省，居第二位。

（二）财务情况分析

1. 营业收入分析

2010年，宏观经济形势逐步向好，河南上市公司主营业务收入持续走高，全年累计实现营业收入2 355.86亿元，较2009年增长36.81%。47家上市公司实现不同程度的增长，其中*ST豫能、神马股份、新大新材分别增长1 149.40%、102.05%、111.87%；3家上市公司出现负增长，羚锐制药、中原特钢、平高电气较2009年分别下降17.71%、15.74%、12.60%。中孚实业、安阳钢铁、莲花味精、豫光金铅、神马股份等上市公司累计实现出口销售收入135.86亿元，较2009年95.77亿元增长41.85%。

2. 毛利率分析

2010年，河南上市公司毛利率由2009年的15.52%下降到14.46%。总体来看，传统低附加值行业受通货膨胀、原材料价格上涨、行业竞争加剧等影响，毛利率均有不

同程度的下降，莲花味精、风神股份、神马股份毛利率较2009年降幅较大，达到53.07%、42.54%、31.68%。

与传统行业不同的是，华兰生物、中原高速、羚锐制药的毛利率依然保持较高水平，分别达到76.69%、65.16%、56.31%。此外，ST安彩产业转型初见成效，超白光伏玻璃一期项目于2010年3月投产，公司毛利率达到24.25%，较2009年增长281.39%，成为公司新的利润支柱。S*ST鑫安2010年度未实现收入。

3. 三项费用分析

河南上市公司三项费用合计197.02亿元，较2009年的161.44亿元增长22.03%。其中，销售费用合计62.75亿元，同比增长23.64%，主要原因是上市公司加大对市场开拓的投入等。销售费用增幅最大的是中原高速，增幅达1 122.53%，主要是为控股子公司河南英地置业有限公司“天骄华庭”项目的预售增加了广告宣传费；增长额较大的是宇通客车和双汇发展，分别为2.50亿元、1.19亿元，主要是收入大幅增加导致相关销售费用增加。管理费用合计94.44亿元，同比增长18.80%，增幅较大的是*ST豫能、远东传动和新大新材，分别达到288.81%、250.51%和148.61%，公司规模扩大、产业调整是管理费用增加的主要原因。财务费用合计为39.83亿元，同比增长27.66%，表明在国家的货币政策相对稳定的状态下，公司融资环境宽松，融资热情较高，融资成本亦在增长。

4. 投资收益分析

2010年河南上市公司投资净收益3.93亿元，较2009年3.52亿元增长11.72%，投资净收益占净利润的比例为3.57%。其中，焦作万方投资净收益达2.07亿元，是由于确认焦作煤业集团赵固（新乡）有限责任公司投资收益所致，该投资收益占公司报告期净利润的178.83%；羚锐制药、恒星科技、神火股份2010年投资收益分别为0.46亿元、0.27亿元、0.86亿元。

5. 利润分析

2010年，河南51家上市公司全部实现盈利，归属于上市公司股东的净利润为106.17亿元，较2009年增长50.96%。ST洛玻、*ST思达、*ST豫能、ST安彩在2010年度扭亏为盈。盈利能力较强的公司为平煤股份（18.50亿元）、神火股份（11.59亿元）、双汇发展（10.89亿元）、郑煤机（8.83亿元）、宇通客车（8.60亿元）、华兰生物（6.12亿元）、中原高速（5.27亿元），7家公司的盈利额占河南上市公司盈利总额的65.74%。平煤股份、神火股份等资源类公司得益于市场能源需求的高涨收益显著；双汇发展通过创新屠宰业经营思路和大规模、分层次、全覆盖的市场策略取得收益的持续稳定增长。

莲花味精、平高电气、ST洛玻、东方银星、银鸽投资等公司盈利能力弱、经营压力大，主营业务出现亏损或微利，主要通过非经常性损益实现盈利，其中莲花味精营业利润-2.34亿元，通过2.04亿元政府补助及0.60亿元债务重组收益实现归属于上市公司股东的净利润0.18亿元；平高电气营业利润-0.12亿元，通过0.07亿元政府补助及0.17亿元债务重组收益实现归属于上市公司股东的净利润0.05亿元；ST洛玻2010年营业利润-0.04亿元，通过收到政府拨付职工安置费0.74亿元实现归属于上市公司股东的净利润0.61亿元。

利达光电、神马实业、天方药业、*ST思达、*ST豫能、ST洛玻、ST安彩、黄河旋风、新野纺织等公司归属于上市公司股东的净利润同比增长两倍以上，其中利达光电、神马实业增幅分别达 808.69% 和 502.13%；* ST 思达、* ST 豫能连续两年亏损后实现盈利，增幅达 111.92%、111.99%。

6. 固定资产投资分析

截至 2010 年底，河南上市公司固定资产（包括在建工程）净额 1 137.19 亿元，占总资产的 44.36%，固定资产（包括在建工程）同比增长 21.30%。其中 * ST 豫能、新大新材、郑煤机、雏鹰农牧增幅较大，分别增长 895.93%、173.79%、173.55%、101.70%。固定资产投资的增长，为公司进一步发展主业打下了良好的基础。

三、2010 年河南上市公司治理与规范运作情况

2010 年，河南证监局通过解决同业竞争，减少关联交易，加强内幕信息管理，防控内幕交易，全面推进和加强公司治理与规范运作。

（一）解决同业竞争、减少关联交易

“解决同业竞争、减少关联交易”是中国证监会统一部署的专项治理活动。河南 51 家上市公司中有 10 家公司存在同业竞争，占上市公司总数的 17.64%，35 家存在日常关联交易，占上市公司总数的 68.63%。针对存在的问题和中国证监会的要求，河南证监局首先督促上市公司开展自查，并提出解决方案；第一，实行一司一策，采取约见谈话、现场调研、发送监管关注函等多种形式，持续督促和推动上市公司加快整改，鼓励和引导公司及控股股东通过整体上市或主业整体上市解决问题。第二，与深交所进行沟通和协作，及时对相关公司信息披露、关联交易等问题采取监管措施，督促其通过资产重组、整体上市，从根本上解决关联交易、同业竞争等问题，并针对公司重组方案的特殊性、首创性和市场关注度高的特点，及时拟定相应风险防范及维稳工作预案，把握监管主动权。2010 年有双汇发展和神马股份两家公司拟通过非公开发行方式和实施重大资产重组，彻底解决同业竞争，减少关联交易。第三，与河南省财政厅、国资委等部门联合举办实施内部控制规范动员大会和研讨班，推动河南上市公司积极落实企业内部控制基本规范和配套指引，并高度关注公司内部控制方面存在的问题，及时督促公司健全内部控制、深化公司治理。河南有 45 家上市公司披露了内部控制自我评价报告；10 家主板上市公司披露了内部控制建设总体方案。第四，加强培训和投资者关系管理。指导上市公司协会进一步完善培训制度，拓展培训范围，使河南上市公司董事、监事、高管人员及少数存在问题公司的董事长、总经理一年至少参加一次培训，不断提高规范运作意识。同时，与深圳证券信息公司联合举办河南上市公司投资者网上交流会，启动河南上市公司投资者关系互动平台。河南 37 家上市公司参加了活动并提前发布提示性公告，持续提高了公司透明度。

（二）加强内幕信息管理，防控内幕交易

打击内幕交易，形成综合防控内幕交易体系是证券监管执法的一项重点工作。河南地区作为证监系统内幕信息知情人和外部使用人登记制度的试点区域，进行了内幕信息管理制度方面的尝试和推广。从监管制度机

制完善、工作动员、内幕信息管控制度落实、监管措施等方面开展防控工作，一是完善监管制度和机制，召开专题座谈会议，针对内幕信息管理存在的问题，研究改进措施，加强监管体制和制度完善，制订《上市公司内幕信息管理检查工作指引》和《上市公司监管保密工作纪律》，修订《上市公司证券交易价格异动监管指引》等制度，配合完善大稽查工作体系，统筹优化日常监管和稽查执法资源。二是强化制度的落实，在实行内幕信息知情人登记备案制度的基础上，加强公司董、监、高及其亲属等内幕知情人的相关信息报备，开展内幕信息知情人登记备案制度执行情况自查和检查，对存在股价异动、并购重组的部分公司进行现场检查，同时对制度执行较好的公司进行表扬，对差的进行通报批评。

此外，河南不断强化独立董事职责，建立独立董事工作制度和审计委员会年报工作规程，促进独立董事积极主动关注公司重大事项，发表独立意见；推进公司积极履行社会责任，做好环境保护、公益事业、安全生产等工作，促使公司建立社会责任战略规划及工作机制，树立良好社会形象。

通过推进上述工作及加强全面监管，河南上市公司治理意识和内部控制规范程度有效提升，防范内幕交易的自觉性不断增强，信息披露水平明显提高，董事会、监事会、股东大会（三会）运作逐步规范，公司独立性有所增强，上市公司规范运作水平、市场形象和影响力显著提高。

四、2010 年河南上市公司并购重组情况

河南上市公司并购重组业务继续保持活跃，4 家公司（ST 洛玻、风神股份、神马股份、平煤股份）实现控股股东变更，2 家公司（许继电气、平高电气）实现控制权转移，濮耐股份通过市场化运作，发行股份收购 2.47 亿元外部资产业务，S＊ST 鑫安重大资产重组申请已经获得证监会审核通过，择机上市。＊ST 豫能通过实施重大资产置换及发行股份，置出不良资产 4 亿元，置入优质资产 12 亿元。

焦作鑫安资产重组案例

自 2009 年 3 月中原出版传媒投资控股集团有限公司参与焦作鑫安资产重组以来，经历了股权过户、职工安置、法院裁定等复杂的过程。至 2009 年底，公司重组计划执行完毕，化解了破产清算的法律风险，成为无资产、无负债、无人员负担的净壳公司。2010 年，公司重点围绕公司股改方案、重大资产重组获准，以及法人治理结构等开展工作。第一，开展股改及重大资产重组工作。公司聘请了独立财务顾问、评估机构、审计机构出具相关报告、股改方案及重组报告书，并与中国证监会进行了沟通。同时，与流通股股东进行沟通交流，介绍股改方案和资产重组方案，解惑答疑。将公司与其他上市公司在一些问题处理上的差异进行比较分析，争取流通股股东的理解与支持。2010 年第二次临时股东大会通过了股改方案和重大资产重组方案，为公司重大资产重组的顺利进行奠定了坚实基础。第二，积极开展董事会换届选举及培训工作。召集了公司 2010 年第三次临时股东大会，完成了新老董事会的换届交接工作及新一届总经理班子的聘任工作，公司的法人治理结构得以完善。同时，组织新任董事、监事及经理班子成员参加了河南证监局举办的上市公司董

事、监事、高级管理人员培训班，聘请了中介机构开展了《公司法》、《证券法》及上市公司相关财务制度、规范治理等方面知识的培训。第三，认真做好公司信息披露。及时、准确地披露了公司各项工作的进展情况，特别是对于股东关注的重大资产重组及股改工作的进展，公司确保在获取相关信息的最短时间内，及时地履行信息披露义务，并对股东提出的问题进行耐心细致地解答。2010 年公司共披露信息 83 条（次）。

2010 年 12 月，公司重大资产重组方案获中国证监会并购重组委员会第 40 次会议审议有条件通过。公司重大资产重组方案实施后，将化解公司破产、退市风险，为河南上市公司股改画上圆满的句号，同时，也将实现河南文化产业上市零的突破。

五、2010 年河南上市公司定向增发情况

随着中原崛起总体战略的实施，河南上市公司利用资本市场加快发展的积极性持续高涨，2010 年共有 10 家公司完成首次公开发行并上市，5 家公司完成再融资，全年首发和再融资总额达到 130 亿元，是 2009 年融资额 47. 71 亿元的 2. 7 倍，另有 4 家公司首发和 3 家公司再融资申请已通过证监会审核（4 家公司首发预计募集资金 29. 22 亿元，3 家公司再融资预计募集资金 40. 15 亿元）。2010 年，河南上市公司首发数量及规模均居中部六省第一名。

六、2010 年河南省上市公司募集资金使用情况

2010 年，河南 26 家上市公司累计募集资金 212. 29 亿元，使用 60. 72 亿元，累计使用 106. 30 亿元，剩余 105. 99 亿元。

2010 年度，新发行上市的公司郑煤机、雏鹰农牧等 10 家公司，共募集资金 104. 70 亿元，累计使用 33. 74 亿元，剩余 70. 96 亿元。其中，郑煤机募集资金净额 28 亿元，计划全部用于高端液压支架生产基地建设项目，2010 年度已投入 6. 11 亿元，剩余 21. 89 亿元；雏鹰农牧募集资金净额为 11. 72 亿元，用于年出栏 60 万头生猪产业化基地等项目，本期投入 6. 23 亿元，剩余 5. 49 亿元；远东传动募集资金净额 12. 23 亿元，计划用于许昌远东传动轴承股份有限公司年产 100 万套商用车转动轴等项目，本期使用 3. 55 亿元，剩余 7. 88 亿元。

此外，河南 5 家上市公司通过增发募集资金 25. 25 亿元，其中豫光金铅 6. 21 亿元、瑞贝卡 8. 93 亿元、新野纺织 4. 74 亿元、新乡化纤 3. 00 亿元、恒星科技 2. 37 亿元。5 家公司已使用 14. 39 亿元，剩余 10. 86 亿元。根据年报披露，未发现河南上市公司违规使用募集资金情况。

审稿人：邹陵羲

撰稿人：张　波　李云龙　洪建强　杨　影

湖北地区

一、湖北上市公司总体情况

（一）上市公司数量

截至2010年12月31日，湖北省内共有境内上市公司73家，比2009年底增加7家，其中主板1家（九州通），中小板3家（永安药业、国创高新、高德红外），创业板3家（回天胶业、台基股份、鼎龙股份）。湖北73家上市公司中，35家公司股票在上海证券交易所交易，38家公司股票在深圳证券交易所交易，其中，主板61家，中小板8家，创业板4家；仅发行A股的上市公司69家，仅发行B股的2家，同时发行A、B股的2家。

（二）股本情况

截至2010年12月31日，湖北73家上市公司总股本合计436.69亿股，比2009年末的380.77亿股增长14.69%。其中，A股427.43亿股，B股9.26亿股，分别占比为97.88%和2.12%。

从控股类型来看，湖北73家上市公司中国有控股公司有35家，民营控股公司有33家，外资控股公司有2家，其他控股类型（集体控制、无实际控制人）公司有3家。

（三）资产规模

截至2010年12月31日，湖北73家上市公司总资产合计4 625.84亿元，比2009年末的4 016.84亿元（调整后数据）增长15.16%。其中增长最快的是台基股份、高德红外、三安光电，分别增长了267.85%、256.1%和191.89%；总资产超过100亿元的公司有9家，分别是武钢股份763.05亿元、葛洲坝545.62亿元、长江证券357.73亿元、湖北能源283.79亿元、湖北宜化187.46亿元、东风汽车188.24亿元、华新水泥178.12亿元、福星股份155.28亿元、长源电力151.38亿元。2010年末，湖北73家上市公司净资产合计1 642.11亿元，比2009年末的1 396.14亿元增长17.62%。

（四）市值情况

截至2010年12月31日，湖北上市公司总市值达到5 104.30亿元，比2009年末的4 269.02亿元增长19.57%；2010年末，湖北省的证券化率为32.29%，比2009年末的33.27%略微下降。

（五）行业分析

截至2010年12月31日，按中国证监会行业划分，湖北73家上市公司中，有44家属于制造业，9家属于房地产业，5家属于批发和零售贸易业，4家属于电力、煤气与水的生产和供应业，4家属于信息技术业，2家属于交通运输、仓储业，2家属于社会服务业，1家属于金融、保险业，1家属于建筑业，1家属于综合类。

二、2010年湖北上市公司经营状况

（一）营业收入稳步增长

2010年度，湖北上市公司实现营业收入3 025.34亿元，比2009年的2 328.34亿元（调整后数据）增长29.94%。73家公司中营业收入2010年比2009年增长的有63家（其中有12家增幅超过50%），降低的有10家。从营业收入规模来看，营业收入过100亿元的公司有8家，分别是武钢股份755.97亿元、葛洲坝365.84亿元、九州通212.52亿元、东风汽车198亿元、中百集团118.72亿元、湖北宜化115.45亿元、湖北能源113.27亿元、鄂武商A105.37亿元；营业收入高于10亿元低于100亿元的公司有25家，营业收入低于10亿元的公司有40家，占湖北上市公司总数的比值分别为10.96%、34.25%、54.79%。

（二）盈利状况好转

2010年湖北上市公司净利润合计160.08亿元，比2009年的118.67亿元增长34.9%。73家公司的2010年净利润比2009年增长的达56家、下降的有17家，占比分别为76.71%和23.29%。2010年湖北亏损的公司数量从2009年的8家减少为2家，分别是长源电力亏损2.95亿元，ST国药亏损0.16亿元。在2008年、2009年连续两年亏损的*ST博盈、*ST精伦、*ST力阳、*ST祥龙和已暂停上市的*ST武锅B均实现扭亏为盈。

（三）非经常性损益在利润中占比较大

2010年湖北上市公司营业成本合计2 543.61亿元，比2009年的1 951.69亿元增长30.33%，略高于营业收入29.94%的增幅，使得湖北73家公司的平均销售毛利率为15.92%，比2009年的16.18%有小幅降低。

2010年，湖北上市公司投资净收益合计39.47亿元，比2009年36.99亿元增长6.7%；营业外收入合计24.89亿元，比2009年的16.18亿元增长53.85%。湖北73家公司的2010年投资净收益合计数和营业外收入合计数占净利润合计数的比值分别为24.65%和15.55%，其中投资净收益超过净利润的有5家公司，分别是湖北金环、天茂集团、东风汽车、长江通信、汉商集团；而长航凤凰、武汉控股、ST迈亚、*ST万鸿、*ST祥龙、*ST力阳、*ST武锅B等7家公司是依靠营业外收入才实现盈利。

（四）经营活动现金流净额显著下降

2010年度，湖北上市公司经营活动现金流量净额为152.16亿元，比2009年的343.77亿元减少55.74%。73家公司的2010年经营活动现金流量净额比2009年减少的有44家，占公司总数的60.27%。其中，中茵股份、华远地产、福星股份、南国置业、中珠控股等地产类上市公司的经营活动现金流状况明显不佳。

三、2010年湖北上市公司治理与规范运作情况

（一）湖北上市公司解决同业竞争、减少关联交易专项活动基本情况

按照中国证监会上市部《关于开展解

决同业竞争、减少关联交易，进一步提高上市公司独立性工作的通知》和《关于解决同业竞争、减少关联交易专项活动相关后续工作的通知》的要求，湖北证监局从2010年5月以来，通过政策宣讲，专题分析，现场调研，下发监管关注函，约谈上市公司董事、监事、高管和实际控制人等方式，认真组织开展湖北上市公司开展解决同业竞争、减少关联交易问题的专项活动。

在专项活动期间，湖北证监局向各相关上市公司下发了《关于开展解决同业竞争、减少关联交易专项活动的通知》，及时传达证监会的监管要求，对上市公司及其控股股东等进行了积极动员，同时针对湖北地区存在同业竞争或关联交易问题的公司进行深入摸底分析，制定了“一司一策、分类推进”的具体方案，将三环股份和力诺太阳作为专项活动的重点突破公司，将襄阳轴承、长源电力、凯迪电力、桑德环境、湖北金环、武钢股份、长航凤凰、武汉控股、鄂武商A、武汉中百、武汉中商等列为持续推进类公司。

（二）湖北上市公司解决同业竞争、减少关联交易专项活动的成效

在湖北证监局的持续推进和督促下，三环股份实施的重大资产重组，通过与湖北能源进行资产置换，主营业务由汽车零部件制造变更为能源投资，彻底解决了同业竞争问题；* ST力阳也制定了重大资产重组方案，将通过资产置换解决同业竞争的问题。

襄阳轴承、长源电力、凯迪电力，通过改变经营模式、优化原材料采购方式等途径，减少对大股东的依赖，降低关联交易的比重；桑德环境通过与大股东签订经营范围协议，约定各自经营区域，避免了同业竞争问题；湖北金环通过与第二大股东签订租赁协议，整体租入第二大股东部分资产，减少了该部分关联交易。大冶特钢结合企业实际制定工作措施，将关联交易同比下降的比重纳入公司内部各部门负责人考核指标，力争逐步解决关联交易比重；武钢股份、长航凤凰、武汉控股已取得大股东及实际控制人支持，将逐步解决关联交易问题。鄂武商A、武汉中百、武汉中商计划采取资产整合及侧重不同业态方式，解决同业竞争问题。

四、2010年湖北上市公司并购重组情况

2010年，湖北有新华光、三环股份、安琪酵母完成了资产重组，通过重组，3家公司在资产规模、盈利能力、公司质量等方面取得明显提升。新华光通过向西安北方光电有限公司等发行股份购买光伏、防务类资产，实现了相关军工资产的整体上市，并更名为光电股份。三环股份通过将全部资产负债与湖北省国资委、长江电力和国电集团持有的湖北能源集团股份有限公司合计100%的股份进行资产置换（置入资产交易价格超出置出资产交易价格的差额部分由公司发行1 782 412 018股股份购买），公司主营业务变更为能源类投资等，并更名为湖北能源。安琪酵母通过向湖北日升科技有限公司（以下简称“日升公司”）发行股份购买其持有的安琪酵母（伊犁）有限公司30%的股权、安琪酵母（赤峰）有限公司10.5%的股权，以及宜昌宏裕塑业有限责任公司65%的股权，有效减少关联交易，促进上市公司持续健康发展。

五、2010 年湖北上市公司定向增发情况

2010 年，湖北共有三安光电、兴发集团、安琪酵母、三环股份、新华光 5 家上市公司实施了定向增发。其中，三安光电向特定投资者非公开发行 1.01 亿股新股，募集资金 29.80 亿元（净额）用于安徽三安光电芜湖光电产业化（一期）项目；兴发集团向宜昌兴发集团有限公司等特定对象发行 0.15 亿股新股，募集资金 2.93 亿元（净额）用于增资公司控股子公司兴福电子建设 1 万吨/年电子级磷酸联产 2 万吨/年食品级磷酸项目、收购古洞口电站经营性资产等项目。

安琪酵母向日升公司定向增发 0.35 亿股新股（发行价格 18.67 元/股）用于购买其持有的安琪酵母（伊犁）有限公司 30% 的股权等股权；三环股份向湖北省国资委等定向发行 17.82 亿股（发行价格 5.77 元/股）新股用于购买其持有湖北能源的部分资产与负债（资产置换后的差额部分）；新华光向西安北方光电有限公司等定向发行 1.04 亿股（发行价格 6.28 元/股）新股用于购买其拥有的防务类资产及云南天达光伏科技股份有限公司的股权。

六、2010 年湖北上市公司募集资金使用情况

2010 年度湖北上市公司融资行为持续活跃，募集资金总额大幅增长，有 13 家公司通过首发、定向增发、配股、权证等方式从资本市场融资，共募集资金净额 227.55 亿元，较 2009 年 107.63 亿元增长 111.42%。其中，首发 6 家（九州通、永安药业、国创高新、高德红外、台基股份、鼎龙股份），共募集资金净额 59.57 亿元；定向增发 5 家，共募集资金净额 148.59 亿元。武汉中百通过配股募集资金净额 5.91 亿元；葛洲坝 2008 年发行的认股权和债券分离交易可转换公司债券的认股权证在本年度行权，募集资金 13.48 亿元。

13 家募集资金的上市公司中除国创高新、永安药业、高德红外 3 家公司因项目变更、资金到位时间延迟等原因未达到计划进度或预计收益外，其他项目均按计划使用募集资金。截至 2010 年底，13 家公司累计使用募集资金 184.53 亿元，占募集资金总额的 81.09%。

审稿人：周四波

撰稿人：董志刚

湖南地区

一、湖南上市公司总体情况

（一）公司数量

截至2010年底，湖南共有63家A股挂牌上市公司，公司数量占全国沪、深上市公司总数2 108家的2.99%。其中，19家在上海证券交易所挂牌上市，25家在深圳证券交易所主板挂牌上市，15家在深圳中小板挂牌上市，4家在深圳创业板挂牌上市。公司数量比2009年增加10家，其中，新增发行上市公司9家，1家公司（江南红箭）由于控股权转让、注册地变更迁入湖南。

（二）股本结构

截至2010年底，湖南A股上市公司总股本合计342.12亿股。中联重科、三一重工、华菱钢铁、嘉凯城、中南传媒、中航动控、岳阳林纸、华银电力、华天酒店、辰州矿业、金健米业、株冶集团、广汽长丰13家公司总股本均超过5亿股，合计223.88亿股，占湖南上市公司股本总数的65.44%。

（三）股权性质

湖南63家公司中，国有控股公司38家，占比60.3%，民营控股公司25家，占比39.7%，国有控股公司仍为湖南上市公司主体。国有控股上市公司中，属国务院国资委等部委控股的15家，地方国资委控股的23家。整体看，湖南上市公司民营企业和央企的数量与比例在增加，而地方国企的数量和比例在减少。

（四）资产规模

截至2010年底，湖南上市公司总资产合计3 467.56亿元，比2009年增长40.93%，平均总资产55.04亿元，比2009年增长18.57%；净资产合计1 328.07亿元，比2009年增长58.13%，平均净资产21.08亿元，比2009年增长33.08%；平均每股净资产3.88元，比2009年增长23.17%。

（五）总体业绩

2010年，湖南上市公司业务总体发展良好，业绩大幅提升。63家公司中，59家实现盈利，盈利面93.7%，有47家公司实现利润同比增长，有6家公司成功扭亏。湖南上市公司合计完成营业总收入2 556.26亿元，比2009年增长50.36%，平均完成40.58亿元，比2009年增长26.5%；平均实现利润总额、净利润、归属于母公司股东的净利润分别为3.0亿元、2.41亿元、2.28亿元，比2009年分别增长50.08%、46.95%、49.17%。

（六）市值和股价

截至2010年底，湖南A股上市公司总市值5 096.26亿元，比2009年底增长了48.38%。63家上市公司总市值约为湖南省2010年GDP的32.05%。

（七）行业分布

根据中国证监会《上市公司行业分类指引》，湖南63家公司分属11个行业。湖南上市公司行业分布虽广，但数量较集中，仅没有金融业和建筑业上市公司。其中，制造业有38家，占比60.3%（机械制造业14家，化工制造业7家，金属非金属制造业5家，食品饮料制造业4家，医药生物制造业4家，纺织服装制造业2家，电子制造业1家，造纸业1家）；信息技术服务业4家；农林牧渔业4家；批发零售业4家；文化传播业3家；社会服务业3家；交通运输业2家；电力业2家；采掘业、房地产业、综合业各1家。

（八）利润分配

有32家公司提出了2010年度利润分配方案，占湖南上市公司总数的50.79%。其中，有30家公司的利润分配方案包含现金分红，14家公司实施送转红股，上市公司利润分配——特别是进行现金分红的积极性大幅提高。经统计，湖南上市公司2010年度税前现金分红总额达29.67亿元，占实现净利润总额的19.58%。

（九）基本数据

2008～2010年湖南上市公司基本数据见表1。

表1　　2008～2010年湖南上市公司基本数据表

项　　目	2010年	2009年	2008年
A股公司家数（家）	63	53	49
退市公司家数（家）	0	0	0
总股本（亿股）	342.12	214.32	189.77
总市值（亿元）	5 096.26	3 434.61	1 345.23
总资产（亿元）	3 467.56	2 460.36	1 837.94
净资产（亿元）	1 328.07	839.86	664.98
主营业务收入（亿元）	2 556.26	1 700.10	1 466.07
净利润（亿元）	151.55	86.83	45.87
平均资产负债率（%）	49.07	56.52	58.99
平均每股收益（元）	0.44	0.23	0.13
平均每股净资产（元）	3.88	3.15	2.72
平均净资产收益率（%）	11.41	7.94	4.56
平均每股经营活动净现流（元）	0.28	0.59	0.46

数据来源：WIND资讯。

二、2010 年湖南上市公司经营状况

（一）资产总量持续提升，资产负债结构得到优化

2010 年底，湖南上市公司总资产合计达 3 467.56 亿元，平均总资产 55.04 亿元，分别比 2009 年增加 1 007.20 亿元、8.61 亿元。湖南上市公司资产总量进一步扩大，规模实力不断增强，资产规模总体偏小的状况明显改观。其中，总资产过百亿元的公司有 8 家，比 2009 年增加了 4 家，华菱钢铁和中联重科的总资产均超过 500 亿元，分别达 747.16 亿元、629.95 亿元；另外，还有三一重工 313.41 亿元、嘉凯城 208.07 亿元、华银电力 144.94 亿元、岳阳纸业 121.05 亿元、电广传媒 115.84 亿元、湘电股份 103.98 亿元。

2010 年底，湖南上市公司净资产合计达 1 328.07 亿元，平均净资产 21.08 亿元，比 2009 年增长 33.08%，湖南上市公司的资本大大充实，抗风险能力提高。这里面有上市公司直接融资增加资本金的影响，也有上市公司经营绩效提升的影响。净资产前五位的公司分别为中联重科 274.74 亿元、华菱钢铁 144.90 亿元、三一重工 119.19 亿元、中南传媒 70.83 亿元、嘉凯城 62.34 亿元。但同时，还有 * ST 嘉瑞、S * ST 恒立、ST 张家界 3 家公司净资产为负，* ST 天润、* ST 创智、* ST 天一 3 家公司每股净资产低于 1 元。

63 家上市公司合计总负债 2 139.49 亿元，平均资产负债率从 2009 年的 56.52% 下降到 49.07%，减少了 7.45 个百分点，湖南上市公司的资产负债结构得到优化。但有部分公司资产负债率偏高，偿债的压力较大，如华菱钢铁资产负债率超过 80%，负债 602 亿元，其中借款达 433 亿元，华银电力资产负债率 87.5%，负债 126 亿元，其中借款 94 亿元。

（二）主营收入增长较快，平均毛利率基本持平

2010 年，湖南上市公司业务总体发展良好，生产销售再上新台阶。63 家上市公司合计完成营业总收入 2 556.26 亿元，平均完成 40.58 亿元，同比增长 49.6%，超出全国上市公司平均营业收入 34% 的增长水平。其中，九成上市公司营业收入实现同比增长，增幅最大的前五位分别为实现重组的西王食品 1 609%、三一重工 105.8%、山河智能 95.5%、辰州矿业 70.1%、天舟文化 62.6%。营业收入过百亿元的有 5 家，分别为华菱钢铁 606.02 亿元、三一重工 339.55 亿元、中联重科 321.93 亿元、南方建材 149.11 亿元、株冶集团 126.18 亿元。收入水平出现下降的前三位为 * ST 天润 -47.1%、长高集团 -22.7%、湘邮科技 -14.7%。

2010 年，湖南上市公司的平均毛利率为 27.93%，与 2009 年的 28.21% 基本持平，反映上市公司主营成本跟随主营收入也有较大幅度的增长。其中，原材料成本、人工成本上涨是主营成本上升的主因，侵蚀了产品的毛利，因此，上游成本上涨推动下游产品被动提升价格的趋势较为明显，上市公司主营业务利润的来源主要得靠增加收入规模来实现，单位产品的盈利能力和附加值增加并不明显。拓维信息、中联重科、三一重工的主营业务毛利率同比提升 5.4、4.6、

4.5 个百分点，充分说明有独特技术、有自主产权、有品牌、实力雄厚的上市公司能够在通货膨胀的市场环境下转嫁成本涨价的压力，甚至获得溢价收益。

（三）总体盈利水平大幅提高，具体公司情况各异

2010 年，63 家上市公司总体盈利水平大幅提高，合计实现归属于母公司股东的净利润 143.69 亿元，同比增长 60.35%，远远超出全国 37.3% 的同比增长水平。其中，归属于母公司股东的净利润前五位分别为三一重工 56.15 亿元、中联重科 46.66 亿元、嘉凯城 11.15 亿元、现代投资 7.93 亿元、中南传媒 5.94 亿元，同比增幅前五位分别为电广传媒 1 294%、湘潭电化 699%、广汽长丰 452%、南方建材 357%、大湖股份 272%。

湖南上市公司的盈利状况相对变动较大，情况各异，主要呈现以下特点：

一是龙头公司利润贡献特别突出。三一重工和中联重科作为工程机械行业的龙头公司，强者恒强，2010 年继续保持着良好的盈利能力和高速的成长性，在较高的利润基数上分别实现同比增长 186%、90%。两家公司的利润贡献占到了湖南上市公司的 71.5%，是保证湖南地区总体盈利水平大幅增长的基石。其中，三一重工的利润水平在 2010 年赶超了中联重科，成为湖南上市公司的领头羊，在全国排在第 36 位。

二是行业因素促使一批成长性绩优公司脱颖而出。一些公司本身质地不错，同时抓住了国家宏观经济向好、行业景气的有利时机，产销两旺，逐渐成为湖南地区的中坚力量。由于黄金、锑等矿产资源价格飙涨，辰州矿业取得盈利 2.18 亿元，同比增长 117%；时代新材借助国家高铁建设的东风，实现盈利 1.99 亿元，同比增长 108%。另外，基础设施的投资带动了山河智能桩工机械、小型挖机的需求，风电产业的大发展使湘电股份订单猛增；汽车行业的高速增长使长丰汽车突破了长久以来的销售瓶颈；隆平高科依托国家推进良种培育的政策，集中精力做主业，已成为行业骨干企业。

三是主营外的收益帮忙大。一些公司盈利大幅增长主要得益于投资收益、资产处置等业务。一些公司依靠政府补助避免亏损。如电广传媒 2010 年业绩暴涨是因为处置了拓维信息的股权，实现投资收益 5.9 亿元。大湖股份因为政府收回种苗中心土地获得补偿收益 6 671 万元，利润同比增长 272%；*ST 嘉瑞因为政府收回中圆科技的土地获得补偿收益 5 440 万元，依靠债务重组获得营业外收益 3 408 万元，利润同比增长 118%；湘邮科技通过仲裁获得 3 719 万元违约赔偿收入，实现扭亏。华银电力依靠政府补助 12 444 万元和处置海通证券股票的收益 30 803 万元扭转亏损；金健米业有 4 087万元的政府补助进入当期收益，净利润 664 万元。

四是重组公司实现质的改变。一些公司 2010 年实施了重组，经营业绩有效改观。*ST 金果通过置入株洲航电枢组的水力发电经营性资产从巨亏 4.9 亿元到实现净利润 2 500 万元；西王食品（原金德发展）通过定向增发收购西王集团资产，主营变为玉米油生产销售，扭转了亏损，实现盈利 8 300 万元；ST 张家界通过债务重组实现收益 1 940万元。

五是新上市公司利润增长差强人意。2010 年，9 家新上市公司净利润平均增长 17.03%，显著低于湖南地区整体水平，也低于全国平均水平。增速最高的是天舟文化52.38%，增速最低的长高集团在上市当年出现业绩变脸，净利润大幅下滑38.69%，梦洁家纺由于销售费用高企，净利润仅微涨3.55%，2009年上市的创业板公司中科电气业绩也下滑6.71%，说明新上市公司群体要持续保持上市前的高速增长压力较大。

六是个别公司出现巨额亏损影响整体业绩。华菱钢铁由于控股子公司华菱涟钢在进口矿石采购、新项目建设、产品结构转型、内部管理等多方面存在缺陷，导致巨额亏损26.43亿元，成为2010年全国亏损最大的上市公司。*ST天润由于化肥产品生产成本倒挂，生产线长期停产及计提大额资产减值损失等原因，2010年亏损加大，达3.41亿元。

（四）经营活动净现金流量大幅减少，收益的含金量逊色

2010年，63家上市公司经营活动净现金流量合计97.22亿元，比2009年减少75.76亿元，大幅降低43.79%，有32家公司经营活动净现金流量同比减少。经营活动净现金流量低于净利润，而且在净利润大幅增长的情况下出现大幅负向增长，说明收益的收现能力不高。其中，有14家公司经营活动净现金流量为负，主要为华菱钢铁-28.87亿元，嘉凯城-27.25亿元，南方建材-5.45亿元，说明冶炼行业、房地产行业、贸易行业库存或经营占款比较严重，现金流的压力比较大，要注意资金风险。分析湖南上市公司库存与经营占款数据，库存同比增加180亿元，经营性应收项目增加115.6亿元，经营性应付项目增加95.7亿元。因此，库存的增加是经营性净现金流量减少的主因。

三、2010年湖南上市公司治理与规范运作情况

2010年，在中国证监会的统一部署下，湖南上市公司积极响应和配合各项工作，不断提高治理水平和公司质量，规范运作水平进一步提升。

（一）切实开展解决同业竞争、减少关联交易专项活动

2010年，解决同业竞争、减少关联交易，进一步提高上市公司独立性是中国证监会重点推行的专项工作。通过宣传发动、公司自查、制订方案、分类推进、不断督促、重点突破等手段，湖南上市公司解决同业竞争、减少关联交易活动取得了重要进展和有效成果，5家重点公司完成了相关解决方案。

1. 广汽长丰与广汽集团存在同业竞争的问题

2010年10月，广汽长丰因重大事项停牌，经协商，广汽集团提出换股吸收合并、要约收购广汽长丰的方式一揽子解决同业竞争等相关问题，广汽集团将通过此种方式实现在A股整体上市。

2. 金德发展与原股东的关联交易问题

金德发展通过向西王集团出售全部资产、负债（价值13 179.44万元），并定向增发5 268.36万股收购其持有的西王食品100%股权（评估价值78 129.81万元），通过重大资产重组转换主业，彻底消除了关联交易。

3. 嘉瑞新材与岳阳振升存在关联交易的问题

2010年中，公司通过法院介入的方式解除了与岳阳振升的采购合同，彻底解决了

关联交易问题。

4. 三一重工与三一集团下属公司存在关联交易比重较大的问题

按照三一集团不再从事与三一重工相似的工程机械业务的承诺，三一重工不断收购三一集团相关资产，减少相互之间的关联购销业务。2010 年 6 月，三一重工以 22.8 亿元收购三一汽车制造有限公司和湖南汽车制造有限公司股权，收购完成后，三一重工的关联交易较 2010 年初下降一半以上。

5. 岳阳纸业与泰格林纸集团下的骏泰浆纸存在关联交易的问题

2010 年，岳阳纸业完成配股，并通过配股募集资金以 9.64 亿元收购骏泰浆纸，解决了双方存在的关联交易问题。

（二）大力开展防控内幕交易工作

内幕交易逐渐成为资本市场的突出问题，严重损害投资者和上市公司的合法权益。2010 年 11 月，国务院办公厅转发中国证监会等五部委《关于依法打击和防控资本市场内幕交易的意见》进行了专题部署。湖南资本市场充分认识防控内幕交易的重要性和必要性，在宣传教育、科学预防、建立机制、联合监管等多方面采取措施，在防控内幕交易工作中走在了前列。

1. 召开湖南地区防范与打击内幕交易专题大会

湖南省纪委、湖南省公安厅、湖南证监局等部门相关负责人出席会议，湖南上市公司董事长、董秘，相关会计师事务所、律师事务所主要负责人共 150 余人参加会议。会议通报了资本市场主要内幕交易案件，特别强调内幕交易的危害性，要求上市公司高管加强自我约束，不仅做到自己不传播内幕信息，还要教育下属及亲属也远离内幕交易。各上市公司董事长等签署了防范内幕交易责任书。

2. 落实两个制度，建立防范机制

2010 年，着重督促湖南上市公司完善和落实《外部信息使用人管理制度》、《内幕知情人登记备案制度》，规范上市公司重大敏感信息对外报送的行为和管理，将内幕信息形成、流转各环节的知情人名单登记在案。湖南上市公司通过两个制度的建立和实施，加大了内幕交易实施者的压力和难度，有利于内幕交易的防范和查处。

3. 突出监管联动，加大监管打击力度

湖南证监局立足监管和打击内幕交易采取了一系列措施，提高了监管的及时性和有效性。一是在日常监管中加大了对股价异动的监控和检查，加强与证券交易所的监管协作，特别是对涉及重大资产重组的股价异动公司进行突击现场检查，增强了监管威慑力。二是强化日常监管与稽查的协助配合，及时将日常监管中发现的线索移交，稽查提前介入。三是加大与公安、国资、纪委、监察等联合调查的力度，构建综合防控内幕交易体系，共同防控和打击内幕交易行为。

（三）立足培训不断提高规范运作意识和水平

2010 年，湖南资本市场在上市公司培训上下功夫，共举办上市公司高管培训班 3 期，参训人员达到 600 多人次，联合中介机构开展现场培训 15 次，组织新上市公司见面会 8 次，督促公司建立健全了“每月一训”的内部培训制度，64 家公司开展内部培训共计 500 余次。培训的广度、深度、形式、内容均有突破，基本形成“四个拓宽”的持续改进型培训机制，上市公司自我教育、自我规范的水平明显提高。

1. 培训范围拓宽

培训对象不仅仅局限于上市公司的董事、监事和高管人员，控股股东或实际控制人、上市公司中层干部、上市公司财务会计人员、会计师等中介机构、省市国资委和金融办等地方政府相关职能部门也被纳入参训范围。

2. 培训主体拓宽

通过联合培训的方式提升培训质量，主要由证监局、联合交易所或地方政府主办集中培训，充分利用各方资源邀请监管部门和资本市场的权威专家授课，采取了理论阐释与监管实践相结合、规范分析与实证分析相结合的方式，培训具有较强的指导性、针对性和实用性。同时，在2010年的现场培训中采取联合会计师、保荐机构一同开展持续督导培训的方式，提高培训工作的灵活性和专业性。

3. 培训形式拓宽

除常规的集中培训和现场培训外，2010年还重点在培训的形式上创新，通过案例讨论、组织湖南上市公司借鉴学习优秀企业经验、新上市公司董事、监事、高管诫勉谈话等多种方式丰富培训的手段，另外，着重督导上市公司建立自主培训机制，每月组织公司董事、监事、高管就资本市场政策、法规、案例进行一次内部培训，促进公司由“要我学”向“我要学”转变。

4. 培训内容拓宽

培训的外延有所拓展，内容上与时俱进，不再是一成不变，通过资本市场法规体系、控股股东和实际控制人责任义务、信息披露规则、公司治理规则、募集资金管理规定、内幕交易认定、高管买卖股票行为规范等基本培训内容扩充了股权激励方案制订与实施、并购重组操作、公司战略规划与管理、内控方案建设等贴近上市公司实务与需要的内容。同时，注重个性化培训，根据每家公司的不同情况开展不同专题的针对性培训，针对不同阶段新的政策法规、形势的热点，以及不同上市公司的具体特点和要求，进行细分培训，培训的针对性和有效性提高。

四、2010年湖南上市公司并购重组情况

2010年，湖南上市公司的控股权变动、重大资产重组情况如下：

（一）银河动力控股权划转

2010年1月26日，银河（长沙）高科技实业有限公司、湖南新兴科技发展有限公司根据《上市公司国有股份无偿划转协议》将所持有的成都银河动力股份有限公司（简称银河动力）29.95%的国有股份无偿划转给江南机器（集团）有限公司、中国北方工业公司及西安现代控制技术研究所，银河动力的实际控制人由湖南省国资委变为国家国资委下属的中国兵器工业集团公司。2010年9月29日，公司名称变更为湖南江南红箭股份有限公司，证券简称由“银河动力”变更为“江南红箭”，公司住所地由四川成都变更为湖南湘潭。

（二）株冶集团实际控制人变更

2010年4月，经湖南省人民政府及国务院国资委批准，中国五矿集团下属的五矿有色将通过增资、无偿划转的方式取得湖南有色集团51%的股权，作为湖南有色集团下属公司，株冶集团的实际控制人将由湖南省国资委变为国家国资委下属的中国五矿集团。2010年6月，中国证监会豁免要约收购义务。

2010 年 8 月，相关股权过户手续完成，株冶集团的实际控制人变更为中国五矿集团。

（三）* ST 金果重大资产重组

2010 年 10 月，中国证监会核准 * ST 金果重大资产重组方案。2010 年 12 月，* ST 金果将除蟒电公司 47.12% 的股权资产以外的所有资产和负债以 0 元出售给控股股东湖南湘投控股集团有限公司，同时，向湖南发展投资集团发行 196 027 546 股收购株洲航电枢纽经营性资产，交易金额 168 191.63 万元。湖南发展投资集团成为 * ST 金果控股股东，持股比例 42.23%。

（四）金德发展重大资产重组

2010 年 12 月，中国证监会核准金德发展重大资产重组方案。根据金德发展与西王集团签署的《出售资产及发行股份购买资产的协议》，金德发展向西王集团出售全部资产和负债，价格为 13 179.44 万元，同时，金德发展向西王集团发行 52 683 621 股股份，用于购买西王食品 100% 的股权，购买价格为 78 129.81 万元。西王集团成为金德发展控股股东，持股比例 41.96%。2011 年 2 月，公司名称变更为西王食品股份有限公司，证券简称由“金德发展”变更为“西王食品”。

五、2010 年湖南上市公司定向增发情况

2010 年，湖南共有 7 家上市公司实施定向增发，具体情况如下：

2010 年 1 月 6 日，三一重工以 16.62 元每股向梁稳根等 10 名自然人发行股份 119 133 574股，购买其拥有的三一重机投资有限公司 100% 的股权，交易总金额 198 000 万元。该事项构成关联交易。

2010 年 2 月 2 日，中联重科以 18.7 元每股向弘毅投资产业一期基金（天津）等 9 名特定对象发行股份 297 954 705 股，募集资金总额 557 175.3 万元，募集资金净额 547 842.11万元。

2010 年 5 月 7 日，时代新材以 27.18 元每股向公司大股东南车株洲电力机车研究所有限公司等 6 名特定对象发行股份 3 080 万股，募集资金总额 83 714.4 万元，募集资金净额 80 029.4 万元。

2010 年 6 月 10 日，南方建材以 5.86 元每股向公司大股东浙江物产国际贸易有限公司及 Art Garden Holdings Limited 发行股份 93 105 802股，募集资金总额 54 560 万元，募集资金净额 53 209 万元。

2010 年 9 月 28 日，科力远以 14.96 元每股向易方达基金管理有限公司等 7 名特定对象发行 2 845.278 万股，募集资金总额 42 700万元，募集资金净额 40 000 万元。

2010 年 12 月 24 日，* ST 金果以 8.56 元每股向湖南发展投资集团发行股份 196 027 546股，收购株洲航电枢纽经营性资产，交易金额 168 191.63 万元。

2010 年 12 月 28 日，金德发展以 14.83 元每股向西王集团发行股份 52 683 621 股购买西王食品 100% 的股权，交易金额 78 129.81万元。

六、2010 年湖南上市公司募集资金使用情况

（一）2010 年新增募集资金概况

2010 年，湖南有 16 家上市公司新增募

集资金，募集资金总额326.72亿元。其中，中南传媒、梦洁家纺、汉森制药、长高集团、大康牧业、天桥起重、金杯电工、太阳鸟、天舟文化9家公司首发募集资金100.24亿元，占比30.68%；中联重科、时代新材、南方建材、科力远4家公司定向增发融资73.82亿元，占比22.59%；岳阳纸业、湘电股份2家公司配股融资24.12亿元，占比7.38%；中联重科发行H股融资128.535亿元，占比39.34%。2010年的融资情况呈现以下特点：一是融资数量大，无论融资金额或融资家数都创出历史新高；二是融资方式由募集现金为主转为募集现金和注入资产并重；三是募集资金方式开始多样化，除增发现金和注入资产外，出现了H股首发、配股等方式；四是上市公司融资渠道多样化和多次再融资，如中联重科在2010年采用了定向增发、H股发行两种方式连续募集资金。

（二）2010年募集资金使用情况

2010年度内，湖南有28家公司共使用募集资金86.06亿元，上市公司募集资金余额合计269.49亿元。其中，16家新募集资金的上市公司使用募集资金55.44亿元，平均使用进度16.97%，占湖南地区年度募集资金使用总额的64.42%，定向增发、配股融资的公司募集资金使用较快；12家以前年度募集资金的上市公司在2010年使用募集资金30.62亿元，占湖南地区年度募集资金使用总额的35.58%。

近年来，上市公司发行超募较为普遍。经统计，2008~2010年上市的15家公司共形成超募资金68.73亿元，超募最多的中南传媒达22.7亿元，超募比例最高的金杯电工达2.86倍。根据各公司年报披露，2010年合计使用超募资金10.38亿元，使用占比仅15.1%，而且其中有5.74亿元是用来偿还银行贷款或补充流动资金，超募资金总体使用虽然谨慎但效率偏低，友阿股份、梦洁家纺、爱尔眼科、中科电气4家公司已对超募资金有明确的使用计划并开始投资于具体的项目。

2010年上市公司募集资金项目总体进展良好。28家公司原承诺募集资金项目127个，2010年项目变更使用11项，由于项目变更和超募资金投入新投项目28项，如爱尔眼科利用超募资金在全国开展医院收购、医院新建等投资15项。

七、2010年湖南上市公司股权激励情况

2010年，湖南共有3家公司推出股权激励方案或实施股权激励，1家公司终止股权激励计划。

2010年9月，拓维信息股东大会通过股票期权激励计划，授予激励对象427万份股票期权，其中首次授予股票期权385万份，激励对象为94名核心业务（技术）骨干，授予日为2010年9月27日。主要行权条件为在股票期权激励计划有效期内，以2009年净利润为基础，2010~2012年相对于2009年的净利润增长率分别不低于30%、60%、90%，2010~2012年各年加权平均净资产收益率分别不低于15%、15.5%、16%。

2010年11月，爱尔眼科董事会提出股票期权激励计划，拟向激励对象授予900万份股票期权，其中首次授予820万份，激励对象为公司董事（不包括独立董事）、高级管理人员、核心管理人员、核心技术（业

务）人员及董事会认为需要进行激励的相关人员合计不超过260人。股票期权激励有效期最长不超过8年，行权条件为以2009年净利润为基数，2011～2016年相对于2009年的净利润增长率分别不低于25%、50%、75%、100%、130%、160%。

2010年12月，山河智能股东大会通过限制性股票激励计划，向公司董事（不包括独立董事）、高级管理人员、核心技术（业务）人员等15人授予限制性股票900万股，授予价格7.1元。限制性股票有效期5年，其中禁售期2年、解锁期3年，3年解锁的条件分别为解锁当年的净利润不低于上年度的120%，且加权平均净资产收益率不低于上年度的120%。

2010年8月，隆平高科由于2008年审议通过的股权激励计划与其后颁布的相关法规不符，公司实际情况发生变化，决定终止该股权激励计划。

审稿人：茅剑刚

撰稿人：徐 欢

广 东 地 区

一、广东上市公司总体情况

截至2010年末，广东（不含深圳，下同）共有境内上市公司145家，其中主板上市公司71家、中小企业板上市公司57家、创业板上市公司17家。按发行股票类型划分，有纯A股公司137家，纯B股公司2家，A+B公司4家，A+H公司4家。

2010年，广东共有33家公司在境内证券交易所IPO上市，其中潮宏基、高乐股份、黑牛食品、省广股份、太安堂、凯撒股份、毅昌科技、棕榈园林、众业达、盛路通讯、国星光电、珠江啤酒、海格通信、佳隆股份、恒基达鑫、骅威股份、中顺洁柔、搜于特、达华智能19家公司在深圳证券交易所中小企业板发行上市，星辉车模、世纪鼎利、欧比特、万顺股份、高新兴、天龙集团、劲胜股份、金刚玻璃、长城集团、国联水产、星河生物、量子高科、汤臣倍健、香雪制药14家公司在深圳证券交易所创业板发行上市。截至2010年末，广东上市公司总市值达11 878.44亿元，总股本为821.43亿元，分别比2009年末增长46.68%和18.30%；总资产为9 640.41亿元，净资产为3 624.47亿元，分别比2009年末增长52.97%和71.64%。

行业分布方面，广东145家上市公司分布在11类行业中，以制造业最为集中，占广东上市公司总数的64.14%。广东上市公司具体行业分布情况及制造业细分行业分布情况见表1和表2。

表1　　广东上市公司行业分类表

行　业	家数	占比（%）
制造业	93	64.14
房地产业	9	6.20
电力、煤气及水的生产和供应业	8	5.52
交通运输仓储业	7	4.83
信息技术业	9	6.20
综合类	6	4.14
社会服务业	5	3.45
批发和零售贸易	4	2.76
农林牧渔业	2	1.38
金融保险业	1	0.69
建筑业	1	0.69
合　计	145	100

表2　广东制造业上市公司细分行业分类表

行　业	家数	占比（%）
机械、设备、仪表	15	16.13
石油、化学、塑胶、塑料	11	11.83
金属、非金属	10	10.75
电子	27	29.03
医药、生物制品	11	11.83
造纸、印刷	4	4.30
食品、饮料	5	5.38
木材、家具	2	2.15
纺织、服装、皮毛	2	2.15
其他制造业	6	6.45
合　计	93	100

二、2010年广东上市公司经营状况

2010年，广东上市公司共实现营业收入5 855.66亿元，净利润460.93亿元，同比分别增长43.59%和102.20%；平均每股收益0.51元，同比增长54.55%；净资产收益率13.14%，比2009年提高21.67个百分点。145家上市公司中，7家亏损，比2009年减少4家；亏损额合计4.1亿元，为2009年亏损额的43.25%。近3年广东上市公司的经营情况见表3。

表3　广东上市公司近3年的经营情况简表

项　目	2010年	2009年	2008年
总资产（亿元）	9 640.41	6 301.98	4 946.47
净资产（亿元）	3 624.47	2 111.68	1 645.80
主营业务收入（亿元）	5 855.66	4 078.01	3 851.70
净利润（亿元）	460.93	227.96	76.98
净资产收益率（%）	13.14	10.80	4.68

2010年广东上市公司经营财务情况主要有以下几方面特点：

（一）资产保值增值良好

2010年广东上市公司合计总资产增幅为48%，合计净资产增幅为72%。扣除2010年新发行上市公司超募资金较多的因素，上市公司在行业中经营稳健性相对较高也是资产实现保值增值的主要因素。

（二）盈利能力整体提升

2010年广东49%的上市公司净资产收益率实现增长，其平均增幅为6个百分点（扣除新上市公司净资产大幅增长的因素，实际净资产收益率的增幅更高），55%的上市公司净利润实现增长，其平均增幅为3个百分点，盈利能力整体得以提升。45%的上市公司销售毛利率实现增长，其平均增幅为5个百分点，市场竞争能力增强。从行业上看，销售毛利率排名前15位的公司主要集中在电子和医药行业，与国有控股企业销售毛利率相比，民营控股企业销售毛利率相对较高，市场竞争能力普遍更强。

（三）资产结构明显改善

广东上市公司在资产规模稳步增长的同时，债务负担下降，资产结构大幅改善，同时，流动资产占流动负债的比例提高，偿债能力增强。从债务负担方面看，2010年广东57%的上市公司资产负债率大幅下降，其平均降幅达16个百分点。从偿债能力方面看，2010年广东39%的上市公司流动比率大幅增长，其平均增幅达21个百分点。

（四）获取现金能力增强

2010年，广东上市公司销售变现能力和获取现金能力均比2009年有所增强。销售商品提供劳务收到的现金占营业收入的比例指标显示，广东上市公司平均销售变现能力比2009年略有增长，37%的上市公司销售变现能力比2009年提高。经营活动产生的现金流量净额占营业收入的比例指标显示，平均获取现金能力比2009年增长约10个百分点，34%的上市公司获取现金能力比2009年提高。

（五）产业转型升级有效

广东2010年度新增的33家上市公司几乎全部为高新技术企业和新兴产业的龙头企业，信息技术企业数量增长近一倍。省广股份作为行业中的佼佼者成为全国首家广告业上市公司。广发证券成功借壳上市，成为广

东第一家金融股，公司净利润排名居广东上市公司第四位。此外，广东上市公司充分利用资本市场直接融资和并购重组等功能，积极开发新技术、新产品，加强技术改造和产业整合，在推进产业转型升级、培育核心竞争力方面取得显著的成效。

三、2010 年广东上市公司治理与规范运作情况

截至 2010 年末，广东 145 家上市公司中，2010 年以前上市的 112 家公司均完成了公司治理专项活动工作，其余 33 家新上市公司正按照中国证监会相关要求开展公司治理专项活动。

（一）全面梳理和自查公司治理问题

2010 年，广东证监局对近年来上市公司治理常见问题进行了全面梳理，归纳了 3 大类 61 项问题，并向广东上市公司进行了通报。广东 135 家上市公司根据广东证监局通报的问题进行了对照自查，并召开董事会专门会议，分析现状，提出对策，对发现的问题积极进行整改，进一步完善了内部控制体系，提升了公司治理运作水平。

（二）优化治理结构，建立和完善公司治理长效机制

广东上市公司从多方面优化公司治理结构：完善工作制度和考核机制，强化内部审计职能，建立健全董事、监事、高管人员绩效考核与规范运作有效挂钩制度，明确有关违规运作和决策失误责任追究的标准、机构、程序和启动机制，强化公司治理的硬约束。将推进公司治理机制建设列入公司发展战略，并作为提升公司竞争力的重要基础性工作来抓，切实保障了上市公司独立合规运作。

（三）开展新上市公司加强公司治理专项活动

广东新上市公司参照《关于加强上市公司治理专项活动有关事项的通知》（证监公司字［2007］28 号）和证监会公告［2008］27 号文的相关要求，在上市后用 1 年左右时间开展公司治理专项活动，通过对公司治理状况进行全面自查、接受公众评议和切实整改，深入推进了公司治理体制机制建设，规范了与控股股东、实际控制人的关系，明确了公司治理各层级主体的权利、义务和责任，完善了激励约束机制和内部控制制度。

广东上市公司通过开展加强公司治理专项活动，并积极对照《企业内部控制基本规范》及其配套指引的要求完善公司治理结构和内控机制，公司规范运作水平和透明度不断提升，市场运行秩序总体良好，2010 年未发生一起影响市场稳定的重大违法违规案件。

四、2010 年广东上市公司并购重组情况

2010 年，广东共完成重大并购重组事项 6 起，交易金额 18.77 亿元，同时还有 9 家公司已召开董事会启动并购重组工作，涉及交易金额 139.37 亿元。整体来看，2010 年广东上市公司并购重组有以下特点：

一是并购重组成为解决同业竞争、减少

关联交易的主要途径。2010 年，广东按照中国证监会关于开展解决同业竞争减少关联交易专项活动的工作部署，大力推进同业竞争、关联交易问题突出的公司通过并购重组、整体上市解决存在的问题。全年共有 8 家公司提出了重组方案或解决措施，其中中远航运、星湖科技、风华高科和 ST 科龙 4 家公司通过并购重组彻底解决了同业竞争和关联交易问题；粤电力、粤传媒、冠豪高新、金马集团 4 公司启动了旨在解决同业竞争和关联交易问题的重大资产重组方案。

二是国有企业利用并购重组谋求资本快速扩张的趋势继续呈现。继广东省属国企广新外贸集团近几年连续收购星湖科技、佛塑股份、生益科技，省属资产管理公司广弘集团收购粤美雅进行资产置换，广晟集团收购风华高科，广州市属国企岭南集团通过无偿划拨收购东方宾馆整合旅馆业之后，珠海市属国企珠海港控股集团有限公司于 2010 年收购粤富华控股权，利用上市公司的平台谋求整合、扩张。

三是依托定向增发这一并购形式，创新了一些并购方式。如冠豪高新、ST 甘化在进行控股权转让后，继续向大股东定向增发现金，控股股东通过这种方式增加控股权比例，加强对上市公司的控制等。

四是挽救陷入危机公司的并购重组效果分化明显。一方面国有企业主导的上市公司并购重组后，公司的发展普遍向好。如广东粤美雅、佛塑股份重组后，在 2010 年主业经营走出困境，企业面目出现质的改观。另一方面，部分实力不强的民营企业仅以资本运作为目的并购，重组后企业继续徘徊于困境中，如 ST 方源、ST 宝龙新的控股股东实力不强，无法对公司实施实质性的重大资产重组，难以彻底解决公司历史遗留问题，公司潜在风险仍较突出。

五、2010 年广东上市公司定向增发情况

2010 年，广东共有 22 家公司实施了定向增发或提出定向增发方案。截至 2010 年底，广百股份、广发证券、广州国光、粤电力 A、ST 科龙、TCL 集团、ST 华龙、南洋股份、广东鸿图、德豪润达、智光电气、宜华木业、南方航空、珠海中富 14 家公司已于年内完成定向增发，合计新增股份 62.74 亿股。其中，以现金认购的股份为 32.56 亿股，募集资金总额为 186.9 亿元；以资产认购的股份为 30.18 亿股，资产总额为 156.88 亿元。此外，穗恒运 A、广州浪奇、美的电器、广百股份 4 家公司的定向增发已通过证监会审核，ST 宝龙、星湖科技、东方锆业、粤水电、韶能股份、生益科技、广发证券、粤传媒 8 家公司已向中国证监会报送申报材料，正在等待审核。

2010 年广东上市公司定向增发呈现以下主要特点：

一是定向增发仍然是上市公司再融资的主要方式。2010 年，广东实施定向增发的公司比 2009 年度增加了 4 家，募集的资金、注入的资产量合计达 343.78 亿元，比 2009 年度的 134.57 亿元增加了 155.47%，占 2010 年广东上市公司再融资总额的 51.65%。

二是认购方式多元化。在 2010 年实施定向增发的 14 家上市公司中，有 9 家公司以现金认购股份，5 家公司以资产认购股份，分别占实施定向增发公司的比例为 64.29% 和 35.71%，较 2009 年有 80% 的公司以现金认购股份的情况来看，2010 年的

认购方式呈现多元化的趋势。

三是大股东多以资产认购股份。在2010年实施定向增发的14家上市公司中，有10家公司的增发对象包括其大股东，其中有5家公司的大股东是以资产认购股份的。

六、2010年广东上市公司募集资金使用情况

2010年，广东共有33家公司首发并上市，15家公司实施再融资，其中，14家公司实施定向增发，1家公司发行可转债。募集资金总额合计为656.77亿元，其中IPO筹资总额306.69亿元，增发新股筹资总额343.78亿元，发行可转债筹资总额6.3亿元。

总体看，广东上市公司募集资金的使用表现出以下特点：

一是募集资金管理和使用的程序基本规范。广东上市公司基本制定了募集资金管理及使用的内部控制制度。2010年新上市的公司均已制定募集资金专户管理制度，并且基本能够按照募投项目进行投资。绝大多数上市公司对募集资金使用情况及时履行了信息披露义务，对变更募集资金投向均经过合法程序。

二是募集资金使用进度和效果总体良好。实施募集资金投资项目后，广东多家上市公司呈现了良好的增长态势。上市公司通过募集资金投资加大了技术改造、产品研发和市场开拓的力度，使公司规模迅速扩大，经营业绩得到较大提升。

三是部分公司募集资金项目效益情况与承诺有一定差距。主要原因为：一是大部分新上市公司募集资金投资项目尚处于投资建设阶段初期，尚未能完全产生效益；二是部分公司募集资金投资项目的立项批文时间与募集资金到位时间存在较大差异，而市场环境已发生变化，未能达到预期效益。

七、2010年广东上市公司股权激励情况

2010年，广东已实施或正在实施股权激励计划的上市公司共有4家，分别为科达机电、德美化工、远光软件和路翔股份，其中科达机电行权870.35万股，德美化工行权621.72万股，远光软件行权157.3603万股。路翔股份的股权激励方案已经中国证监会审核无异议，股权激励方式为股票期权，尚未到行权期。上市公司通过实施股权激励计划，推动了公司业绩增长，增强了公司资产的盈利能力。如科达机电2007年开始实施股权激励计划，2008年至2010年的平均净利润增长率为37.93%，远高于2004年至2006年的平均净利润增长率3.18%。远光软件2010年开始实施股权激励计划，2010年营业收入、净利润和净资产收益率分别比2009年同期增长54.46%、65.53%和22.21%。

审稿人：胡伏云　聂旺标

撰稿人：苏艳霞　许小青

广 西 地 区

一、广西上市公司总体情况

截至2010年12月31日，广西共有上市公司27家，其中，国有控股的13家，民营控股的14家；在上海证券交易所挂牌的11家，在深圳证券交易所主板挂牌的12家，中小板挂牌的4家。27家上市公司资产总额1 096.66亿元，总股本133.27亿股，总市值1 521.95亿元，较2009年末资产总额850.19亿元、总股本113.26亿股和总市值1 277.77亿元分别增长了28.99%、17.67%和19.11%。27家上市公司的总股本和总市值分别占全国上市公司总股本和总市值的0.40%和0.50%。从行业分布来看，27家上市公司中，制造业18家，综合类2家，交通运输业2家，电力行业2家，社会服务业1家，房地产行业1家，批发和零售贸易业1家。广西上市公司行业格局多年来没有大的变化，制造业占比66.67%，居首位。

2010年广西上市公司资产规模情况见表1。

表1　　2010年广西上市公司资产规模情况

	上市公司数量（家）	资产总额（亿元）	总股本（亿股）	总市值（亿元）
2010年	27	1 096.66	133.27	1 521.95
2009年	26	850.19	113.26	1 277.77
同比增长	3.85%	28.99%	17.67%	19.11%

数据来源：根据上市公司年度报告、交易所行情数据统计。

二、2010年广西上市公司经营状况

从经营业绩看，2010年度，广西27家上市公司有23家盈利，盈利比例为85.20%，净利润合计51.26亿元；4家公司亏损，亏损额合计1.90亿元。扣除非经常性损益后，共计10家公司亏损。27家上市公司实现营业收入804.26亿元，较2009年同期的577.89亿元增长39.17%；净利润49.36亿元，较2009年同期的31.56亿元增长56.40%；平均每股收益0.37元，较2009年同期的0.28元增长32.14%；加权平均净资产收益率12.91%，较2009年同期的9.22%增加3.69个百分点；上市公司现金及现金等价物余额137.27亿元，比年初净增加35.73亿元。此外，2010年末，广西上市公司平均资产负债率为61.96%，比2009年末增加了3.26个百分点，负债水平

有所提高。

2010年广西上市公司主要经营数据见表2。

表2　2010年广西上市公司主要经营数据

项　　目	2010年	2009年	同比增长（%）
营业收入总额（亿元）	804.26	577.89	39.17
净利润总额（亿元）	49.36	31.56	56.40
平均每股收益（元）	0.37	0.28	32.14
平均净资产收益率（%）	12.91	9.22	3.69
现金及等价物余额总额	137.27	101.54	35.19
平均资产负债率（%）	61.96	58.70	3.26

数据来源：根据上市公司年度报告数据统计。

三、2010年广西上市公司治理与规范运作情况

按照中国证监会的统一部署，2010年，广西上市公司继续扎实推进公司治理专项活动，并深入开展“解决同业竞争、减少关联交易”专项活动。通过专项活动的开展，广西上市公司进一步夯实了治理基础，健全了法人治理结构，董事会、监事会、股东大会（“三会”）运作规范性水平进一步提升。

（一）深入开展“解决同业竞争、减少关联交易”专项活动

2010年，按照中国证监会的统一部署，广西证监局组织上市公司针对同业竞争和关联交易问题，特别是部分改制上市形成的遗留问题深入开展自查，着力解决同业竞争问题，减少关联交易。一是深入分析，明确重点。从上市公司的历史沿革、改制背景入手，结合日常监管情况和公司历年年报数据，对广西部分改制上市公司存在的同业竞争、关联交易问题进行了全面深入的分析，确定柳州钢铁股份有限公司和广西桂冠电力股份有限公司（简称桂冠电力）为专项活动的重点对象。二是以点带面，全面推进。在重点推进的基础上，对广西同业竞争问题较为突出的广西河池化工股份有限公司（简称*ST河化）、广西五洲交通股份有限公司、北海港股份有限公司也作出工作部署，全面有序开展上市公司同业竞争和关联交易问题的清理解决工作。三是多措并举，分类推进。组织上市公司高管培训和董事长座谈会加强宣传发动，全面部署专项活动；向存在突出问题的5家上市公司下发通知，督促公司深入自查并研究提出解决方案；向央企控股上市公司桂冠电力、*ST河化的实际控制人中国大唐集团公司（简称大唐集团）和中国化工集团公司发函督促研究制定业务整合方案，解决与上市公司的同业竞争问题。

专项活动取得阶段性成效，桂冠电力通过向大股东定向增发加现金收购的方式完成了收购岩滩电站资产的重大资产重组；广西桂东电力股份有限公司（简称桂东电力）通过定向增发募集资金收购了大股东主要电力资产桂源水利电业有限公司股权，妥善解决了历史遗留的同业竞争问题。其他上市公司的整体上市工作也在稳步推进。

（二）新上市公司进一步完善公司治理

2010年，在2009年全面完成公司治理专项活动的基础上，广西证监局督促新上市的桂林三金药业股份有限公司和广西皇氏甲天下乳业股份有限公司按照公司治理专项活动的要求完成自查整改工作。通过公司自查、证监局检查，两公司共查找出15项治理问题并逐一完成了整改，公司“三会”

运作和法人治理水平进一步提高，打下了规范发展的良好基础。

四、2010 年广西上市公司并购重组情况

2010 年，广西共有 3 家上市公司涉及并购重组行为，分别是桂冠电力、广西北生药业股份有限公司（简称 * ST 北生）和世纪光华科技股份有限公司（简称 * ST 光华）。

（一）桂冠电力

桂冠电力拟采取以每股 8.18 元的价格向控股股东大唐集团非公开发行 1.49 亿新股并结合支付 24.39 亿元现金的方式，购买大唐岩滩水力发电有限责任公司 70% 的股权及相关股东权益，以履行大唐集团在股权分置改革时作出的将岩滩公司注入桂冠电力的特别承诺。该重大资产重组方案于 2009 年 12 月 22 日经中国证监会并购重组委员会审核通过，并于 2010 年 2 月获中国证监会核准。2010 年 3 月，公司办理完毕资产过户和增发股份登记手续。本次资产重组部分解决了桂冠电力与大唐集团的同业竞争问题，并使桂冠电力已投产总装机容量从 305.80 万千瓦增至 426.80 万千瓦，增长 39.57%；权益装机容量从 216.94 万千瓦增至 301.64 万千瓦，增长 39.04%。

（二）* ST 北生

2009 年 10 月，* ST 北生完成破产重整工作，剥离了所有的资产和负债，成为一只“净壳”。公司拟通过资产重组注入浙江郡原地产股份有限公司（简称郡原地产）资产，以恢复持续经营能力。公司重大资产重组事项于 2010 年 2 月经股东大会审议通过，并于 2010 年 3 月获中国证监会受理，公司拟向郡原地产全体股东发行 13.5 亿股股份购买郡原地产 100% 股权。由于重组资产涉及房地产业，受国家宏观调控政策的影响，重组审核进展缓慢，至 2010 年底尚无实质进展，公司面临退市风险。

（三）* ST 光华

2010 年 2 月，* ST 光华公告了重大资产出售及发行股份购买资产暨关联交易预案，公司拟将全部资产和负债向大股东出售，同时以发行股份购买资产的方式购买浙江恒逸石化股份有限公司 100% 的股权。重大资产重组完成后，浙江恒逸集团有限公司将成为控股股东，实际控制人将变为邱建林，公司主营业务由铝加工业变更为生产和销售精对苯二甲酸（PTA）和聚酯纤维等产品。公司重组方案于 2010 年 5 月经股东大会审议通过，截至 2010 年底，重组事项仍在中国证监会审核。

五、2010 年广西上市公司定向增发情况

2010 年，广西有 5 家上市公司实施定向增发，分别是桂冠电力（见并购重组情况）、桂林旅游股份有限公司（简称桂林旅游）、桂东电力、广西梧州中恒集团股份有限公司（简称中恒集团）和广西柳工机械股份有限公司（简称柳工）。5 家公司募集资金总额合计 48.70 亿元，发行股份购买资产 12.19 亿元。

（一）桂林旅游

2009 年 7 月，桂林旅游披露了拟以不

低于8.75元/股的价格非公开发行不超过1亿股新股，募集资金收购桂林漓江大瀑布饭店100%权益和整体收购桂林市“两江四湖”环城水系等项目的增发预案。该非公开发行方案于2009年12月14日经中国证监会发行审核委员会审核通过，并于2010年1月获中国证监会核准。公司以10.25元/股的价格向9名特定投资者发行股份1亿股，募集资金总额10.25亿元。

（二）桂东电力

2009年6月，桂东电力披露了拟以不低于16.28元/股的价格非公开发行不超过4 000万股新股的增发预案，募集资金主要用于收购贺州市桂源水力电业有限公司56.03%的股权，减少关联交易和消除同业竞争。该非公开发行方案于2010年3月22日经中国证监会发行审核委员会审核通过，并于2010年4月获中国证监会核准。公司以17.01元/股的价格向8名特定投资者发行股份2 720万股，募集资金总额4.63亿元。

（三）中恒集团

2009年6月，中恒集团披露了拟以不低于11.68元/股的价格非公开发行不超过4 800万股新股的增发预案，募集资金用于对控股子公司广西梧州制药（集团）股份有限公司进行单方增资，增资资金用于注射用血栓通产业化项目、中华跌打丸系列产品扩建等项目建设。该非公开发行方案于2010年4月12日经中国证监会发行审核委员会审核通过，并于2010年5月获中国证监会核准。公司以31.85元/股的价格向2名特定投资者发行股份1 200万股，募集资金总额3.82亿元。

（四）柳工

2010年8月，柳工披露了拟以不低于20.61元/股的价格非公开发行1亿股新股的增发预案，募集资金用于年产1万台工程机械、大吨位汽车、履带起重机、柳工工程机械液压元件研发制造基地、中恒国际有限公司增资等项目及补充流动资金。该非公开发行方案于2010年12月1日经中国证监会发行审核委员会审核通过，并于12月21日获中国证监会核准。公司以30.00元/股的价格向包括大股东在内的8名特定投资者发行1亿股，募集资金总额30亿元。

2010年广西上市公司定向增发情况见表3。

表3　　2010年广西上市公司定向增发情况

公司简称	增发股数（万股）	融资总额（亿元）	募集资金投向
桂林旅游	10 000	10.25	收购大股东资产
桂冠电力	14 900	12.19	收购大股东资产
桂东电力	2 720	4.63	主营业务扩张
中恒集团	1 200	3.82	主营业务扩张
柳　　工	10 000	30.00	主营业务扩张

数据来源：根据上市公司公告统计。

六、2010 年广西上市公司募集资金使用情况

2010 年，广西有 1 家公司首发上市，募集资金净额 5.15 亿元。12 家上市公司披露了募集资金使用情况，其中 2 家公司 2010 年未涉及募集资金使用，其余 10 家公司 2010 年共使用募集资金 37.79 亿元，募投项目 2010 年实现效益 20.73 亿元。其中，5 家上市公司募投项目达到了预计效益，4 家上市公司募投项目未能实现预计效益，1 家上市公司未能按原计划建设募投项目，2 家上市公司未披露募投项目是否达到预计效益。

2010 年广西上市公司募集资金使用情况见表 4。

表 4　　2010 年广西上市公司募集资金使用情况

公司简称	募资方式	募资年度	募资净额（亿元）	当年投入（亿元）	实现收益（万元）	是否达到预计效益
皇氏乳业	首发	2010	5.15	2.25	992.13	是
桂东电力	非公开发行	2010	4.39	0.88	757.97	是
中恒集团	非公开发行	2010	3.60	3.60	19 000.00	是
两面针	首发	2004	6.41	—	—	否
五洲交通	可转债	2008	5.32	0.48	1 304.00	—
柳钢股份	首发	2007	10.40	1.72	—	—
柳工	可转债	2008	7.83	1.42	147 700.00	是
	非公开发行	2010	29.67	5.17	—	—
桂林旅游	非公开发行	2010	9.92	9.56	5 523.69	是
桂冠电力	非公开发行	2010	12.19	12.19	28 900.00	否
广陆数测	首发	2007	1.45	0.11	3 239.83	否
桂林三金	首发	2009	8.59	0.13	—	—
莱茵生物	首发	2007	1.50	—	—	否

审稿人：殷　刚

撰稿人：孙晓光

海 南 地 区

一、海南上市公司总体情况

（一）上市公司数量

截至2010年12月31日，海南共有境内上市公司22家，股票25只，其中，A股22只，B股3只。此外，海南橡胶产业集团股份有限公司IPO申请于2010年12月15日获中国证监会批准，但尚未在上海证券交易所挂牌。22家上市公司中，在深圳证券交易所主板挂牌13家，中小板挂牌1家，创业板挂牌1家，在上海证券交易所挂牌7家。2010年海南新增1家上市公司——康芝药业。

（二）行业分布

海南22家境内上市公司分属于9个行业，其中制造业5家、交通运输业4家、房地产业3家、农业1家、食品饮料业1家、医药业2家、批发和零售业1家、旅游服务业1家、综合类4家。

（三）资产规模

截至2010年12月31日，海南22家境内上市公司总资产1 199.80亿元，较2009年末增长21.18%；净资产393.58亿元，较2009年末增长40.52%；平均每股净资产2.48元，较2009年末增长25.25%。

（四）股本规模

截至2010年12月31日，海南22家境内上市公司总股本158.67亿股，较2009年末增长12.45%；总市值1 506.69亿元，较2009年末增长35.36%，分别占全国2 063家上市公司的0.59%和0.57%。其中，流通股本135.82亿股，流通市值1 148.16亿元，分别占全国上市公司的0.70%和0.59%。

二、2010年海南上市公司经营状况

（一）整体经营情况

2010年度海南上市公司的经营情况明显改善，经营业绩大幅上升，整体实现扭亏为盈，盈利总额48.86亿元。净利润、平均每股收益、平均净资产收益率较2009年均有较大幅度的增长。海南上市公司盈利水平一直低于全国上市公司平均水平，但从2010年情况看，盈利水平已接近全国上市公司平均水平。相关情况详见表1。

表 1　　海南与全国上市公司主要指标对比

指标	2010 年		2009 年	
	海南	全国	海南	全国
公司家数	22	2 063	21	1 718
亏损家数	0	532	5	210
亏损面（%）	0.00	25.79	23.81	12.22
营业收入合计（亿元）	471.15	173 399.31	325.11	121 680.01
归属于母公司股东的净利润合计（亿元）	48.86	16 471.80	9.82	10 666.78
平均每股收益（元）	0.31	0.40	0.07	0.30
平均净资产收益率（%）	12.41	11.60	3.51	8.00

（二）主要特点

2010 年海南上市公司经营情况主要呈现出以下几个特点：

1. 经营性现金流量保持同步增长

2010 年，海南 22 家上市公司经营活动产生的现金流量净额共计 101.69 亿元，较 2009 年增加 58.81 亿元，同比增长 137.15%，其与营业收入的比率为 21.58%，同比增长 8.39%。22 家上市公司中有 19 家公司经营性现金流量净额为正数，18 家公司的经营性现金流量净额在 1 000 万元以上。同时，海南上市公司经营活动现金流量已连续 2 年保持正向增长，表明海南上市公司主营业务情况良好，整体业绩增长亦得到现金流量的有力支撑。

2. 盈利能力实现快速增长

2010 年，海南 22 家上市公司实现营业利润 51.95 亿元，较 2009 年的 6.51 亿元增长近 7 倍。在营业利润中，2010 年投资收益为 8.64 亿元，占当年营业利润的 16.63%；2009 年投资收益为 5.82 亿元，占当年营业利润的 89.40%。这说明 2010 年上市公司营业利润主要来自主营业务，其盈利能力明显增强。

3. 非经常性损益对部分上市公司盈亏具有实质性影响

2010 年，海南上市公司非经常性损益总额 18.21 亿元，占净利润的 37.27%。扣除非经常性损益后，海南上市公司 2010 年实现归属于母公司股东的净利润为 30.65 亿元。2010 年，海南 22 家上市公司全部盈利，其中，有 15 家公司扣除非经常性损益后净利润仍为正值，其余 7 家公司，即海虹控股、ST 东海、*ST 亚太、中海海盛、罗牛山、ST 欣龙、*ST 筑信，扣除非经常性损益后净利润为负值。从上述情况可以看出，非经常性损益对海南上市公司整体损益的影响大幅降低，但对部分上市公司的盈亏仍具有实质性影响。

（三）利润分配和资本公积金转增情况

2010 年年报披露后，海南 22 家上市公司中共有 8 家公司公布利润分配预案和资本公积金转增股本预案。其中，海虹控股资本公积金每 10 股转增 2 股；华闻传媒、海南航空、海南椰岛、中海海盛、海峡股份、康芝药业都以现金分红。在现金分红的同时，海南椰岛以未分配利润每 10 股送红股 5 股、海峡股份以未分配利润每 10 股送红股 6 股、康芝药业以资本公积金每 10 股转增 10 股。这是近年来海南上市公司首次大批量送股派现，也表明2010年海南上市公司回报股东的意识明显增强。

（四）上市公司内部控制制度建立健全的披露情况

2010年，海南22家上市公司中，19家公司披露了经董事会审议的内部控制自我评价报告，占比86.36%，同期上升5.41个百分点。其中，4家上市公司聘请会计师事务所对其内部控制的有效性出具鉴证意见，均被出具了无保留意见，其中新大洲和中海海盛2家公司已连续2年对公司内部控制实施外部审计。

三、2010年海南上市公司募集资金使用情况

2010年，海南有1家上市公司即康芝药业首发上市募集资金150 000万元，4家上市公司有以前年度募集资金结余。截至2010年12月31日，上述5家公司已使用资金占募集资金总额的66.90，详细情况见表2。

表2　2010年海南上市公司存量募集资金使用情况统计　单位：万元

公司名称	募集年度	募集方式	募资总额	以前年度使用总额	本年度投入使用金额	年末募资余额
康芝药业	2010	IPO	150 000.00	0.00	15 704.18	134 295.82
海峡股份	2009	IPO	132 720.00	0.00	14 193.10	118 526.90
海南航空	2006	定向增发	560 000.00	542 200.00	17 800.00	0.00
	2010	定向增发	300 000.00	0.00	300 000.00	0.00
海马股份	2008	可转债	82 000.00	61 737.00	20 263.00	0.00
	2010	定向增发	300 000.00	0.00	40 616.00	259 384.00
* ST罗顿	1999	IPO	30 504.00	27 944.00	0.00	2 560.00
合计	—	—	1 555 224.00	631 881.00	408 576.28	514 766.72

四、2010年海南上市公司治理与规范运作情况

（一）开展“解决同业竞争、减少关联交易”专项活动

根据中国证监会《关于开展解决同业竞争、减少关联交易，进一步提高上市公司独立性工作的通知》要求，海南上市公司在2010年开展了“解决同业竞争、减少关联交易”专项活动。通过海南证监局摸底排查，确定* ST中钨、海德股份2家公司为海南存在同业竞争和关联交易问题的公司。其中，由于海德股份同业竞争问题的整改需要等待政策时机，因此明确* ST中钨为海南“解决同业竞争、减少关联交易”专项活动重点公司。在海南证监局的积极督促下，* ST中钨实际控制人自2010年7月开始拟对公司进行重大资产重组。但由于受到国家政策变化等因素影响，截至2010年12月31日，重组方案仍未出台。

（二）建立内幕信息知情人登记管理制度

根据海南证监局《关于建立内幕信息

知情人登记和报备制度的通知》（海南证监发［2010］139号）要求，截至2010年12月31日，海南22家上市公司均建立了内幕信息知情人登记管理制度。通过加强对内部信息知情人的管理，海南上市公司内幕信息管理工作规范化水平明显提高。

（三）采取各项监管措施，促进公司规范发展情况

海南证监局在对海南上市公司的监管中，采取多项措施促进上市公司规范运作和公司治理水平的提高：一是在2009年年报监管中，通过“事前督导、事中监督、事后审核、现场检查”的年报审计监管方式，跟踪督促年报审计师规范执业行为，并在提高上市公司年报编制质量的同时，也促进公司及时改进工作，规范经营。二是及时对媒体质疑、股东投诉和重大事件实施专项现场检查，督促上市公司改善管理和规范运作。三是对重点关注类公司实施重点监管，降低公司经营风险，使ST类公司逐步走出困境，如：*ST亚太的历史遗留问题正得到逐步清理，日常经营逐步恢复正常；*ST筑信实际控制人海航集团正积极履行股改承诺，启动了公司重组工作。

（四）海南航空加强集团财务公司存款风险控制

自2004年开始，海南航空一直在海航集团财务有限公司大量存款，在一定程度上影响了公司财务独立性和安全性，加大了公司的财务风险。在海南证监局的督促和引导下，2010年海南航空制定了《海南航空股份有限公司在海航集团财务公司存款资金风险防范制度》和《海南航空股份有限公司在海航集团财务公司存款风险处置预案》，采取了与集团财务公司签订补充协议等方式，进一步保障公司存款的安全性和独立性。海南航空在集团财务公司存款占公司货币资金的比例也在逐年下降。

五、2010年海南上市公司股权激励情况

2010年，海南有1家上市公司即海南海药继续实施股权激励计划。2007年1月，该公司股东大会审议通过了股票期权激励计划，股票期权分6期行权，行权期为2008年11月6日至2015年11月6日。2010年为第4个行权期，150万股股票期权于2010年9月6日实施行权，除84.5万股于2010年10月8日上市流通外，公司董事、高级管理人员行权股份65.5万股根据《证券法》及深圳证券交易所的有关规定，暂未上市流通。

六、2010年海南上市公司并购重组与融资情况

2010年，海南共有6家上市公司发生数额较大的资产收购、出售与融资行为。其中，1家公司发生大额资产收购行为，3家公司发生大额资产出售行为，4家公司实现定向增发或提出定向增发方案。

（一）资产收购

2010年12月11日，海南航空第六届第十八次董事会审议并通过了《关于受让海南航鹏实业有限公司等三家公司股权的报告》。为了引进优良资产，提升公司盈利能

力，为公司后续发展储备战略资源，公司拟受让海南航鹏实业有限公司、海南国旭实业有限公司和海南国善实业有限公司3家地产公司各100%股权。3家公司均为海航航空控股有限公司全资子公司，主要资产为位于海口市大英山新城市中心区核心地段的4幅土地，总面积为171.92亩，拟受让价格为246 485万元（评估值减去相关税费）。预计2011年3月底完成土地证更换工作。

（二）资产出售

2010年10月30日，海南航空第六届第十六次董事会审议并通过《关于转让29架多尼尔328型飞机的报告》。为了剥离不良资产，减少关联交易，海南航空及控股子公司拟将29架多尼尔328型小型支线飞机转让给海航航空控股有限公司，其中海南航空拥有的22架D328飞机评估值为114 350万元，新华航空拥有的3架D328飞机评估值为15 357万元，山西航空拥有的4架D328飞机评估值为19 624万元，交易总价约为149 331万元。

2010年11月19日，海虹控股2010年第二次临时股东大会审议通过了《关于转让公司持有的联众电脑股权及公司子公司持有OAL股权的议案》。为了进一步加强主营业务投入力度，公司对原有网络游戏产业进行了退出安排。公司与北京伟德沃富投资顾问有限公司签署协议：伟德沃富将收购海虹控股境外子公司所持有的OAL 35.3%股权，以及海虹控股持有的联众电脑50%股权。交易包括首次交易及后续交易。截至2010年12月15日，首次交易交割已完成，公司已收到联众电脑代偿款和特别利润分配款共计8 089.49万元人民币、OAL偿还的原股东贷款150万美元，伟德沃富支付的购买联众电脑股权转让款385万元人民币和购买OAL股权转让款285万美元也已到位。海虹控股已向伟德沃富转让其所持有的联众电脑36.7%的股权及OAL 22%的股权。

2010年4月30日，ST珠江召开2010年第1次临时股东大会审议通过了签订《土地使用权转让合同》及《房屋预购协议》的议案，将所属龙珠三期项目用地的48年土地使用权以8 178万元的价格转让给海口鸿州置业发展有限公司，并由该公司在该土地上继续开发房地产项目，同时约定以本次土地使用权转让的总价购买龙珠三期项目竣工验收备案合格后的15 000平方米的物业面积。

（三）定向增发

2010年3月17日，海马股份召开2009年度股东大会，审议通过了《关于向特定对象非公开发行股票方案的议案》；2010年6月23日，该公司2010年第一次临时股东大会审议通过了关于调整公司非公开发行股票方案的议案。2010年9月，经中国证监会批准，海马股份向郑州投资控股有限公司等8家符合条件的特定投资者非公开发行股票59 880万股，发行后公司总股本由104 583万股增至164 464万股。公司本次非公开发行股票的募集资金为300 000万元（含发行费用），募集资金用途如下：（1）250 000万元投入建设海马商务15万辆汽车技术改造项目；（2）50 000万元增资海马郑州汽车新产品研发项目。

2009年6月11日，海南航空召开2009年第二次临时股东大会，审议通过了公司2009年非公开发行股票的相关议案。2010年2月24日，经中国证监会批准，向海南省发展控股有限公司、海航集团有限公司2

家符合条件的特定投资者非公开发行股份59 524万股，发行后公司总股本由353 025万股增至412 549万股。公司这次非公开发行股票的募集资金为300 000万元（含发行费用），扣除发行费用后的全部募集资金用于偿还银行贷款和补充流动资金。其中，拟以204 700万元偿还银行贷款，剩余部分用于补充公司流动资金。

2010年9月2日，海南海药召开2010年第一次临时股东大会，审议通过了关于公司向特定对象非公开发行股票的相关议案。公司该次非公开发行股票的数量不超过7 000万股（含本数）；公司该次非公开发行股票的募集资金预计不超过114 170万元（含发行费用）；发行对象不超过10名，其中，公司第一大股东南方同正拟认购不低于本次非公开发行股票数量的30%（原来仅认购非公开发行股票数量的30%）。募集资金用途如下：（1）16 734万元增资上海力声特用于人工耳蜗扩建项目；（2）49 962.32万元用于公司年产390吨头孢中间体建设项目；（3）10 911.02万元用于海南海药技术中心及产品研发建设项目；（4）剩余部分补充流动资金。公司已于2010年12月初向中国证监会报送申请材料，至2010年底尚未收到批复。

2010年9月3日，ST欣龙召开2010年第一次临时股东大会，审议通过了关于公司非公开发行的相关议案。2010年8月16日，公司与海南筑华签署《欣龙控股（集团）股份有限公司与海南筑华科工贸有限公司关于欣龙控股（集团）股份有限公司非公开发行股票之附条件生效的股份认购协议》。该次拟非公开发行不超过12 100万股A股股票，其中公司控股股东海南筑华（持有本公司15.25%的股份）该次以现金拟认购不低于2 000万股（含本数）、不超过6 500万股（含本数）。公司本次非公开发行股票募集资金预计不超过54 208万元（含发行费用）。该次非公开发行股票募集资金将主要用于建设年产10 000吨水刺非织造材料生产线、年产12 000吨SXMMS高档医用防护材料生产线。同时拟用募集资金中的7 400万元偿还金融机构贷款。

审稿人：范勇福
撰稿人：钟晓婷

重 庆 地 区

一、重庆上市公司总体情况

(一) 上市公司数量

截至2010年12月31日，重庆共34家上市公司，较2009年增加3家（新上市4家，迁出1家），其中A股公司33家（A+B股公司1家，A+H股公司1家），B股公司1家。

(二) 资产规模

截至2010年12月31日，重庆34家上市公司的资产总额为1 811.19亿元，较2009年末同比增加32.78%；净资产735.04亿元，较2009年末同比增加40.60%。资产规模超过百亿元的上市公司共5家，分别为长安汽车、西南证券、重庆钢铁、重庆水务和力帆股份；资产规模超过50亿元的共5家，分别是重庆百货、太极集团、重庆路桥、九龙电力和迪马股份；渝开发、建峰化工、重庆港九等16家公司资产规模超过10亿元。

(三) 股本规模

截至2010年12月31日，重庆34家上市公司的股份总额为230.14亿股，较2009年末同比增加12.54%；总市值2 633.24亿元，较2009年末增加42.19%。总股本在10亿股以上的有5家，分别是重庆水务、西南证券、长安汽车、重庆钢铁和宗申动力；总股本在5亿股到10亿股的有5家，分别是力帆股份、迪马股份、渝开发、中国嘉陵和建峰化工；总股本5亿股以下的有24家。

(四) 总体业绩

2010年度，34家上市公司归属于上市公司股东的净利润为65.95亿元，较2009年度增长16.56%。27家上市公司实现盈利，净利润较上年度同比增加的公司共19家（2009年为18家），其中增幅50%以上的公司有7家。

重庆上市公司综合经营成果见表1。

表1 重庆上市公司综合经营成果表 单位：亿元

指　　标	2010年度	2009年度
营业收入	1 228.33	882.06
营业成本	991.15	683.20
营业利润率（%）	19.31	22.54
净利润	66.26	57.68
归属于上市公司股东的净利润	65.95	56.58

续表

指　　标	2010 年度	2009 年度
其中：公允价值变动损益	-1.09	0.53
投资收益	30.48	20.58
营业外利润	9.46	6.56
净利率（%）	5.39	6.54
每股收益（摊薄）（元）	0.29	0.28
净资产收益率（%）	9.01%	11.03%

（五）行业分布

按中国证监会行业分类，重庆上市公司主要属于7个行业，其中制造业公司20家，信息技术业公司2家，批发和零售贸易业公司2家，金融保险业公司1家，交通运输、仓储业公司2家，房地产业公司3家，电力、煤气及水的生产和供应业公司4家。

（六）控股类型

重庆34家上市公司中，国有控股上市公司20家，占上市公司总量的58.82%（其中中央国资委及其他中央部门控股7家，地方国资委控股13家，分别占总量的20.59%和38.24%）；民营控股上市公司10家，占上市公司总量的29.41%；外资控股上市公司4家，占上市公司总量的11.77%。

（七）分红情况

2010年度，重庆地区涉及现金红利分配的18家公司合计分配现金股利24.40亿元（2009年度10家公司共分配现金股利4.51亿元），较2009年度增加441.02%。现金分红占当期归属于股东净利润的39.98%，较上年度增加97.24%（2009年度为20.27%）。

除现金分红外，长安汽车、桐君阁、西南合成、西南药业4家公司进行了送红股，长安汽车、莱美药业进行了资本公积转增股本。

重庆上市公司2010年度利润分配情况见表2。

表2　　重庆上市公司2010年度利润分配情况统计表

公司名称	现金分红			送红股及资本公积金转增
	每股现金红利	分红总额（万元）	占当期归属于股东净利润比重（%）	
迪马股份	每10股派0.1元	720.00	12.81	
渝开发	每10股派0.3元	2 091.99	15.50	
重庆港九	每10股派0.4元	1 368.37	21.89	
重庆水务	每10股派1.88元	90 240.00	69.90	
建峰化工	每10股派1元	5 987.99	45.25	
三峡水利	每10股派1元	2 675.33	41.54	
渝三峡A	每10股派1元	1 734.37	49.16	
智飞生物	每10股派2元	8 000.00	31.15	

续表

公司名称	现金分红			送红股及资本公积金转增
	每股现金红利	分红总额（万元）	占当期归属于股东净利润比重（%）	
重庆百货	每10股派2元	7 461.87	14.15	
力帆股份	每10股派3.5元	33 300.58	87.20	
涪陵榨菜	每10股派3元	4 650.00	83.41	
重庆啤酒	每10股派3元	14 519.14	40.12	
宗申动力	每10股派4元	40 842.19	118.47	
长安汽车	每10股派0.8元	21 486.61	10.60	每10股送4股转4股
桐君阁	每10股派1元	1 961.65	112.65	每10股送4股
西南合成	每10股派1元	4 162.75	15.42	每10股送4股
西南药业	每10股派1元	1 934.31	46.32	每10股送5股
莱美药业	每10股派1元	915.00	20.86	每10股转增10股
合　　计		244 051.91	39.98	

二、2010年重庆上市公司经营状况

（一）总体状况

2010年度，重庆上市公司总资产、净资产、营业收入较2009年度有大幅增长。其中，资产总额和营业收入首次同时突破千亿元，抗风险能力大幅提升；直接融资能力提高，经营活动和投资活动支出增幅明显；净利润持续增加，现金分红金额大幅增加。不过，上市公司业绩分化趋势明显，绩优公司做大做强的同时，亏损公司家数和亏损额度增加，需持续提升资产质量和盈利能力。

重庆上市公司2010年度主要财务指标与2009年度的对比情况见表3。

表3　重庆上市公司2010年度主要财务指标与2009年度的对比　单位：亿元

项　　目	2010年度	2009年度	变动幅度
总资产	1 811.19	1 364.05	32.78%
股东权益	735.04	522.78	40.60%
营业收入	1 228.33	882.06	39.26%
净利润	66.26	57.68	14.88%
归属于上市公司股东的净利润	65.95	56.58	16.57%
扣除非经常性损益后的归属于上市公司股东的净利润	53.13	50.35	5.52%
经营活动现金流量净额	12.84	132.95	-90.34%
每股收益（元）	0.29	0.28	3.57%
每股净资产（元）	3.19	2.56	24.61%
资产负债率（%）	59.42%	61.67%	-3.65%
净资产收益率（%）	9.01%	11.03%	-18.31%

（二）资产总额和营业收入同时突破千亿元大关，抗风险能力增强

截至2010年12月31日，重庆上市公司资产总额为1 811.19亿元，2010年度营业收入1 228.33亿元。资产总额和营业收入同时突破千亿元大关，且增幅都超过30%，上市公司抗风险能力增强。其中，表现突出的是重庆百货和长安汽车，重庆百货因定向增发合并重庆商社新世纪百货有限公司（以下简称新世纪百货）导致其资产总额及营业收入分别增加58.73亿元、139.00亿元；长安汽车因产销规模扩大，资产总额和营业收入分别增加59.85亿元、78.68亿元。

（三）直接融资能力提升，融资结构改善

在资本市场快速发展的背景下，重庆上市公司利用资本市场平台的融资能力得到提升。2010年度，重庆上市公司通过资本市场直接融资168.69亿元，改善了依赖银行借款间接融资的局面。

（四）净利润持续增长，回报投资者意识显著增强

重庆上市公司净利润连续3年保持增长态势，在2010年度直接融资取得突破性进展的同时，现金分红大幅增加，回报投资者意识增强，实现融资、发展、回报的良好互动态势。上市公司分红家数、分红金额、分红比例均实现大幅增长。

（五）业绩分化趋势明显，亏损公司家数和亏损额度增加

在重庆上市公司营业收入、净利润增长的情况下，公司业绩分化趋势明显，长安汽车等前4家绩优公司共实现净利润46.35亿元，占重庆上市公司净利润的69.95%。同时，2010年度亏损公司为7家（2009年度为4家），亏损额度达7.85亿元（2009年度为1.04亿元）。

（六）现金流量状况不容乐观

在资产总额与营业收入大幅增加、净利润持续增长的同时，34家上市公司合计现金净流量为99.26亿元，较2009年度略有下降。其中，经营活动产生的现金流量净额仅为12.84亿元，较2009年度下降90.34%，投资活动产生的现金流量净额较2009年度增加87.56%，筹资活动产生的现金流量净额较2009年度增加687.96%。

究其原因，一是重庆上市公司通过IPO、再融资、发行债券等方式在资本市场筹集资金，导致筹资活动产生的现金流量大幅增加。二是重庆上市公司对于募投项目的投入、对外股权投资的增加，导致投资活动产生的现金流量大幅增加。三是重庆上市公司业务种类增加（西南证券回购业务资金净减少44.59亿元）、产销规模扩大、改变支付结算方式（九龙电力增加现金支付，减少原来的票据支付）导致经营活动产生的现金流量减少。

重庆上市公司现金流状况见表4。

表4　重庆上市公司现金流状况表 单位：亿元

项　目	2010年	2009年
经营活动产生的现金流量净额	12.84	132.95
投资活动产生的现金流量净额	-93.29	-49.74
筹资活动产生的现金流量净额	179.97	22.84
合　计	99.26	106.01

三、2010 年度重庆上市公司治理及规范运作情况

2010 年，重庆证监局围绕证监会上市部开展的“解决同业竞争、减少关联交易”专项活动，狠抓落实，切实推进重庆地区存在同业竞争、关联交易问题的公司整改。

（一）采取的主要措施

1. 加强领导，落实责任

重庆证监局高度重视，多次召集专题会议，根据各公司实际情况，提出针对性措施，形成“一司一策”，确保整改方案切实可行。为落实整改责任，明确上市处负责人和第一监管责任人监管整改工作，各公司董事长和董事会秘书为整改责任人，强化责任追究机制，为推进专项工作打下坚实基础。

2. 找准关键，制定对策

公司现存的同业竞争和关联交易问题基本是属于改制不彻底、国有企业整合等历史遗留问题，仅靠上市公司自身难以解决。重庆证监局对存在问题的公司逐一分析，抓住问题的关键，以控股股东和实际控制人为着力点，通过约见谈话、下发提示函、现场走访等形式，督促控股股东和实际控制人全力解决上市公司存在的问题。

3. 协调监管，发挥合力

针对部分国有控股上市公司需要政府及相关部门支持才能解决相关问题的情况，重庆证监局采取向地方政府报送监管动态、向国资部门发出协作函、与国资部门共同召开专题会等形式，通报公司情况，协调支持重庆国有上市公司尽快解决历史遗留的同业竞争和关联交易等问题。

4. 定期梳理，及时报送

根据中国证监会上市部的要求，重庆证监局每月对重庆地区同业竞争问题解决情况进行梳理，明确工作重点和推进计划，及时向中国证监会上市部报送重点公司整改进度，动态反映重庆地区同业竞争问题解决情况。

（二）取得的主要成果

2010 年度，5 家重点公司的同业竞争及关联交易问题已得到实质性推进：

1. 3 家公司基本完成整改工作

2010 年，重庆港九、重庆百货已通过非公开发行股份购买资产的方式将控股股东与上市公司存在同业竞争部分资产注入上市公司，解决了同业竞争问题，有效减少了关联交易，提升了上市公司核心竞争力。建峰化工通过收购控股股东下属与上市公司存在较大交易的项目，大幅减少了上市公司与控股股东之间的关联交易。

2. 2 家公司已有解决方案

重庆钢铁、长安汽车也针对同业竞争问题提出了解决方案。重庆钢铁控股股东以委托经营方式避免同业竞争问题，长安汽车控股股东承诺待条件成熟时将与上市公司生产经营相似的资产注入上市公司。

四、2010 年重庆上市公司并购重组情况

重庆证监局一直高度重视并积极推动实质性并购重组，积极化解绩差公司风险，借助重组实现“脱胎换骨”，恢复绩差公司持续盈利能力；推动绩优公司借助重组做大做强，提高重庆上市公司整体质量。2010 年

度，重庆百货、重庆港九 2 家公司已实施重大资产重组，西南合成、华邦制药、* ST 威达、* ST 朝华、ST 东源 5 家公司重组方案等待审核，具体情况如下：

（一）重庆百货

2009 年 10 月，重庆百货提出拟向控股股东重庆商社（集团）有限公司（以下简称商社集团）及新天域湖景投资有限公司（以下简称新天域）发行股份购买新世纪百货 100% 股权的预案；2010 年 8 月，重组方案经证监会有条件审核通过；2010 年 12 月，重庆百货收到证监会的批复并办理了资产交割和股权登记手续，完成了重大资产重组。重组后，公司资产总额从 27.34 亿元增加至 86.07 亿元，每股收益从 0.77 元/股增至 1.41 元/股，资产规模和盈利质量大幅提高。

（二）重庆港九

2009 年 11 月，重庆港九提出以资产置换及发行股份相结合的方式拟向控股股东重庆港务物流集团有限公司（以下简称港务集团）、重庆市万州港口（集团）有限责任公司（以下简称万州港）购买股权及资产的方案；2010 年 8 月，重大资产重组事宜经中国证监会有条件审核通过；2010 年 10 月，重庆港九收到中国证监会的批复；2010 年 11 月，完成了资产交割及股权登记手续。资产重组后，每股收益由 0.11 元/股提高到 0.18 元/股，净资产收益率较 2009 年增加 50.89%，盈利质量大幅提高。

（三）西南合成

2010 年 10 月，西南合成提出拟向北大国际医院集团西南合成制药股份有限公司发行股份 1.34 亿元购买其所持有的北京北医医药有限公司 100% 股权的预案。重组完成后，将进一步完善上市公司营销网络、产业链，提高上市公司抗风险能力和持续盈利能力。

（四）华邦制药

2010 年 1 月，华邦制药向中国证监会报送了重组材料。华邦制药拟通过换股吸收合并北京颖泰科技股份有限公司 8.47 亿元。该方案的实施将大幅提高公司研发实力，实现采购、销售渠道整合，提高公司盈利质量。

（五）* ST 威达

2010 年 5 月，* ST 威达提出拟通过重大资产置换及发行股份购买北京盛达振兴实业有限公司、赤峰红烨投资有限公司、王彦峰、王伟所持有的矿业资产 29.77 亿元。交易完成后，* ST 威达主营业务变更为银、铅、锌等有色金属的开发、生产、加工与销售，上市公司的资产质量和盈利能力将得到实质性的改变。

（六）* ST 朝华

2010 年 12 月，中国证监会受理了 * ST 朝华重大资产重组的申请材料。* ST 朝华拟向甘肃建新实业集团有限公司、建银国际投资咨询有限公司和深圳市港钟科技有限公司 3 家法人持有的铅锌矿业资产 13.87 亿元。该方案实施后，上市公司资产质量将得到根本性改善，盈利能力大幅提升，从而恢复公司持续经营能力，实现公司股票恢复上市。

（七）ST 东源

2009 年 12 月，ST 东源拟新增股份吸收合并重庆市金科实业（集团）有限公司的重组方案获中国证监会有条件核准。2010年度，受国家对房地产行业调控的影响，ST东源的重组仍在审核中。

五、2010年重庆上市公司定向增发情况

2010年度，重庆有重庆港九、重庆百货、三峡水利、西南证券4家公司通过定向增发完成资产重组或再融资，具体情况如下：

（一）重庆港九

重庆港九通过资产置换和发行股份相结合的方式向港务集团、万州港购买股权及资产9.60亿元，基本实现了整体上市。本次定向增发，提升了上市公司盈利能力，解决了同业竞争问题，减少了关联交易。

（二）重庆百货

重庆百货向商社集团及新天域发行股份37.25亿元购买新世纪百货100%股权，有效整合了公司零售业资源，提升了核心竞争力，彻底解决了同业竞争问题，有效减少了关联交易。

（三）三峡水利

三峡水利向上海星河数码投资有限公司等6家公司发行股份募集4亿元筹建水电站，增加了实际控制人的股权比例，优化了公司治理结构，降低了公司资产负债率，提高了公司盈利能力。

（四）西南证券

西南证券向重庆润江基础设施投资有限公司等8家公司发行股票募集资金60亿元，提高公司抗风险能力，改善了公司资产质量，提高了公司竞争力。

六、2010年重庆上市公司募集资金使用情况

2010年度，重庆水务、智飞生物、力帆股份、涪陵榨菜4家公司IPO新增募集资金84.69亿元，三峡水利、西南证券再融资新增募集资金64.00亿元。2010年度可使用募集资金158.46亿元，实际使用112.13亿元，尚未使用46.33亿元。

重庆上市公司2010年度募集资金使用情况见表5。

表5　重庆上市公司2010年度募集资金使用情况　单位：万元

证券简称	取得年度	募集资金净额	累计投入金额（截至2010年12月31日）	2010年投入金额	投入比例（%）
渝三峡	1999	11 106.42	11 106.42	130.31	100.00
涪陵电力	2004	24 348.16	20 588.16	—	84.56
迪马股份	2007	48 539.20	17 811.93	7 191.02	36.70
宗申动力	2007	46 547.20	43 563.87	3 339.58	93.59
莱美药业	2009	34 956.25	22 731.70	21 166.36	65.03
建峰化工	2009	117 629.45	117 629.45	16 312.56	100.00
重庆水务	2010	340 205.54	215 807.54	215 807.54	63.43

续表

证券简称	取得年度	募集资金净额	累计投入金额（截至2010年12月31日）	2010年投入金额	投入比例（%）
智飞生物	2010	143 320. 29	374. 94	374. 94	0. 26
力帆股份	2010	279 440. 29	202 249. 29	202 249. 29	72. 38
涪陵榨菜	2010	52 376. 89	9 506. 36	9 506. 36	18. 15
三峡水利	2010	38 698. 59	11 739. 45	11 739. 45	30. 34
西南证券	2010	594 426. 10	595 215. 34	595 215. 34	100. 13

2010年，重庆上市公司募集资金专户存储得到有效执行，募集资金使用及变更情况比较规范（仅1家公司变更1个募投项目），募集资金使用进度无较大滞后情况。

七、2010年重庆上市公司公司债发行情况

2010年12月，重庆钢铁发行20亿元7年期公司债券。债券发行拓宽了公司的融资渠道，降低了融资成本，优化了债务结构，降低了财务风险。

审稿人：沈天佑

撰稿人：任聪敏

四 川 地 区

一、四川上市公司总体情况

截至2010年末，四川共有A股上市公司82家。2010年内，二重重装、富临运业、丹甫股份、天原集团、科伦药业、科新机电、国腾电子、天齐锂业、新筑股份、银河磁体、雅化集团11家公司实现首发上市，实现A股融资金额148.27亿元。

82家上市公司中，上海证券交易所上市公司33家，深圳证券交易所上市公司49家，其中主板26家、中小板17家、创业板6家。2010年年报披露后，共有ST公司6家（ST宜纸、SST华塑、*ST东碳、*ST金顶、S*ST聚友、*ST方向），其中S*ST聚友、*ST方向暂停上市。

从产业结构上看，四川上市公司以传统制造业为主。2010年新上市公司中9家为制造类企业，1家为信息技术企业，1家为公路运输业。82家上市公司中，制造业占48家，比重58.54%，包括重装备制造、化工、钢铁冶炼、电器电子等；非制造业占34家。

2010年四川上市公司行业分布情况见表1。

表1　　2010年四川上市公司行业分布情况

序号	行　业	家数	上市公司
1	传播与文化产业	2	博瑞传播、S*ST聚友
2	电力、煤气及水的生产和供应业	7	川投能源、明星电力、乐山电力、岷江水电、广安爱众、西昌电力、兴蓉投资
3	房地产业	3	高新发展、国兴地产、金宇车城
4	建筑业	2	四川路桥、中铁二局
5	交通运输业	3	海特高新、四川成渝、富临运业
6	农林牧渔业	4	禾嘉股份、通威股份、新希望、升达林业
7	批发和零售贸易	3	成商集团、大通燃气、吉峰农机
8	社会服务业	1	峨眉山A
9	信息技术业	4	三泰电子、川大智胜、卫士通、国腾电子
10	综合类	5	国金证券、S前锋、友利控股、四川圣达、汇源通信
11	制造业	48	
11.1	其中：电子	5	旭光股份、四川长虹、四川九洲、金亚科技、银河磁体
11.2	纺织、服装、皮毛	1	华润锦华

续表

序号	行业	家数	上市公司
11.3	机械、设备、仪表	11	成发科技、天兴仪表、东方电气、* ST 方向、川润股份、大西洋、成飞集成、丹甫股份、科新机电、新筑股份、二重重装
11.4	金属、非金属	8	国栋建设、鹏博士、攀钢钒钛、* ST 东碳、四川双马、* ST 金顶、西部资源、SST 华塑
11.5	石油、化学、塑胶、塑料	12	天科股份、川化股份、泸天化、金路集团、宏达股份、四川美丰、利尔化学、硅宝科技、天元集团、天齐锂业、雅化集团、北化股份
11.6	食品、饮料	5	水井坊、沱牌舍得、五粮液、泸州老窖、高金食品
11.7	医药、生物制品	4	中汇医药、迪康药业、华神集团、科伦药业
11.8	造纸、印刷	2	浪莎股份、ST 宜纸

二、2010 年四川上市公司经营状况

（一）财务状况总体较好，资产规模持续增长

截至 2010 年末，82 家上市公司总资产 4 603 亿元，较 2009 年末增加 1 047 亿元，增幅 29.44%。资产规模排名前五位的公司为：东方电气、攀钢钒钛、四川长虹、中铁二局、五粮液。5 家公司资产总额占四川上市公司总资产的 53.68%。资产总额过 100 亿元的 10 家，资产在 10 亿元至 100 亿元之间的 38 家，资产小于 10 亿元的 34 家。

2010 年末，82 家上市公司净资产 1 679 亿元，较 2009 年末增加 440 亿元，增幅 35.51%，其中归属于母公司股东的净资产 1 538 亿元，较 2009 年末增加 422 亿元，增幅 27.43%。整体资产负债率 63.53%，较 2009 年下降 1.62%。扣除 754 亿元预收账款，四川上市公司平均资产负债率为 47.14%，四川上市公司财务状况总体较好。

（二）营业收入继续保持较快增长，净利润大幅增加

2010 年，四川 82 家上市公司实现营业总收入 3 043 亿元，较 2009 年增加 710 亿元，增长 30.43%，连续 4 年持续增长。82 家公司中，73 家盈利，9 家亏损。2010 年实现归属母公司股东的净利润 192 亿元，占四川省规模以上工业实现利润的 13.10%，较 2009 年增加 90 亿元，增幅 88.23%。

归属母公司股东的净利润在 5 亿元以上的公司有 8 家，较 2009 年增加 2 家，分别是五粮液、东方电气、泸州老窖、四川成渝、中铁二局、攀钢钒钛、新希望、科伦药业，该 8 家公司净利润占四川 82 家上市公司净利润的 73.95%。

归属母公司股东的净利润亏损超过 2 亿元的企业有 4 家，其中 * ST 金顶亏损最多，亏损 6.06 亿元。

（三）经营活动现金流有所下降，但现金净流量大幅增加

2010 年度，82 家上市公司经营活动产生的现金流量净额 214 亿元，较 2009 年减

少23.02%，东方电气大额材料采购和国金证券客户保证金下降是经营活动现金流量减少的主要原因。投资活动产生的现金流量净额-220亿元，投资活动现金支出同比减少21.42%。地震灾区上市公司灾后重建与五粮液现金购买大股东资产解决关联交易的基本完成是投资活动现金净流出减少的主要原因。投资活动产生的现金流量净流出大于10亿元的有5家公司，分别是攀钢钒钛、东方电气、四川成渝、二重重装、泸天化。筹资活动产生的现金流量净额188亿元，同比增加55.44%，主要源于上市公司IPO和再融资。2010年，四川上市公司现金分红35亿元，占当年净利润的18.22%。

四川上市公司近3年财务指标数据见表2。

表2　　四川上市公司近3年财务指标数据

项　　目	2010年	2009年	2008年
总资产（亿元）	4 602.98	3 555.73	2 685.07
总负债（亿元）	2 924.03	2 316.45	1 685.48
净资产（亿元）	1 678.95	1 239.28	999.59
总股本（亿股）	448.07	375.29	306.74
营业总收入（亿元）	3 043.30	2 333.24	1 911.43
净利润（亿元）	192.07	102.49	67.48
摊薄每股收益（元）	0.31	0.30	0.22
每股净资产（元）	3.64	3.30	3.25
经营活动产生现金净流量净额（亿元）	214.89	267.39	201.36
投资活动产生现金净流量净额（亿元）	-220.00	-246.38	-138.90
筹资活动产生现金净流量净额（亿元）	187.95	97.13	86.34
现金及现金等价物净增加额（亿元）	182.33	118.01	148.48
净资产收益率（摊薄）（%）	11.36	8.27	6.75
资产负债率（%）	63.53	65.15	62.78

（四）在产业分布方面，基建和消费相关产业继续保持快速增长，重大装备制造业效益大幅度提高

在基建和消费相关产业方面，受国家4万亿元投资拉动，基础设施建设相关公司继续保持较快增长。中铁二局、四川路桥主营业务收入分别比2009年同期增长34.72%、44.93%，净利润分别比2009年同期增长54.73%、179.01%。五粮液、泸州老窖等白酒优势企业在规范关联交易和产品提价、销量上升的影响下，业绩出现大幅上升，营业收入同比分别增长39.64%、22.89%，净利润同比分别增长31.42%、38.09%。在重大装备制造业方面，东方电气2010年收入中核电、风电比重快速增长，产品全面进入第三代核电核岛重型设备和常规岛汽轮发电机组市场，营业收入、净利润同比增长14.61%和67.48%。

三、2010年四川上市公司治理与规范运作情况

2010年，按照中国证监会部署，四川证监局继续深入推进公司治理专项活动，及时发现和处置四川上市公司运行风险，狠抓内幕交易防控、解决同业竞争问题、减少关

联交易、强化上市公司及控股股东高管人员培训等重点工作，督促上市公司进一步提升规范运作水平，实现规范发展。

（一）加强内幕交易防控

2010 年初年报监管工作会议要求上市公司加强内幕信息管理，作好内幕信息知情人登记，防控内幕交易，向四川上市公司下发通知，明确建立、执行内幕知情人登记制度的规定，要求报送董事、监事、高管人员及其直系亲属名单及身份信息，并形成数据库。结合 2010 年现场检查和股价异动专项核查，重点检查公司内幕信息管理与制度落实情况。

（二）推进解决同业竞争，减少关联交易

将推动四川上市公司解决同业竞争和关联交易作为年内重点工作，四川对上市公司关联交易和同业竞争情况进行了摸底和统计，对重点上市公司作了专题调研，并与省国资委加强沟通，共同督促公司对存在的问题进行整改。

2010 年，新希望启动重大资产重组工作，解决了同业竞争问题；成发科技推出发行股份购买资产方案，进一步规范公司与控股股东之间关于原材料采购方面的关联交易；川投能源公告控股股东避免同业竞争的进一步承诺，明确了具体解决措施和时间表。

（三）创新培训方式，强化上市公司及控股股东高管培训

四川紧贴监管实际，强化对上市公司董事、监事、高管、控股股东及实际控制人的培训，对攀钢钒钛、四川成渝等 12 家公司开展了专题培训；结合现场检查工作对所检查公司全部进行了证券法律法规知识培训，指导协会开展两次上市公司高管培训。

通过深入推进上市公司、控股股东及实际控制人培训工作，积极推动上市公司树立规范意识，公司逐步从被动规范转向主动规范，进而扎扎实实提高规范运作水平，有效提升监管效率。

四、2010 年四川上市公司并购重组情况

2010 年，四川证监局继续加大资本市场对产业结构优化升级和战略新兴产业的支持力度。充分发挥资本市场服务实体经济的功能，支持和促进资本市场并购重组，鼓励符合国家战略发展方向的优质上市公司利用并购重组进行产业整合、升级，引导资源向战略新兴产业聚集，鼓励创新重组方式和支付手段，引导规范并购重组活动，防范内幕交易行为。

2010 年，四川上市公司并购重组活跃，新希望、四川双马、攀钢钒钛、成飞集成、高新发展、* ST 东碳、北化股份 7 家公司筹划了重大资产重组。其中，攀钢钒钛置换鞍钢股份拥有的部分铁矿石资源，成飞集成收购中航锂电进军新能源领域，新希望收购山东六合集团整合大股东旗下农牧资产，四川双马收购大股东在川内水泥资产等方案已获中国证监会批准或已向中国证监会上报资料。

五、2010 年四川上市公司定向增发情况

2010 年，兴蓉投资、四川九洲、海特

高新、川润股份、鹏博士、广安爱众6家公司实施定向增发，合计募集资金39.28亿元，其中兴蓉投资和四川九洲发行对象为控股股东，其他四家发行对象为机构投资者。

2010年四川上市公司定向增发情况见表3。

表3　　2010年四川上市公司定向增发情况

序号	证券代码	证券简称	融资方式	募集资金（亿元）	认购方式	发行价格（元）	发行数量（万股）
1	000598	兴蓉投资	定向增发	9.96	资产	6.24	15 955.93
2	000801	四川九洲	定向增发	4.98	资产	8.59	5 795.82
3	002023	海特高新	定向增发	3.52	现金	15.52	2 270.00
4	002272	川润股份	定向增发	2.63	现金	21.00	1 250.00
5	600804	鹏博士	定向增发	14.26	现金	7.79	18 300.00
6	600979	广安爱众	定向增发	3.94	现金	6.72	5 860.00

六、2010年四川上市公司募集资金使用情况

2010年，四川上市公司IPO和再融资金额合计达到194.34亿元。在国家宏观调控、信贷收缩的背景下，资本市场直接融资有力支持了四川上市公司持续健康发展。

（一）IPO融资额较2009年大幅增长

2010年，四川A股共11家公司实现首发上市，其中主板1家、中小板7家、创业板3家，合计融资金额148.55亿元，是2009年的4.45倍。

2010年四川上市公司IPO情况见表4。

表4　　2010年四川上市公司IPO情况

序号	证券代码	证券简称	所属证监会行业（门类行业）	首发上市日期	首发后总股本（万股）	首发募集资金（亿元）	上市前公司性质	城市
1	002357	富临运业	交通运输、仓储业	2010年2月10日	8 163.78	3.14	民营	绵阳市
2	002366	丹甫股份	制造业	2010年3月12日	13 350.00	5.03	民营	眉山市
3	002386	天原集团	制造业	2010年4月9日	39 980.94	15.36	国有	宜宾市
4	002422	科伦药业	制造业	2010年6月3日	24 000.00	50.02	民营	成都市
5	002466	天齐锂业	制造业	2010年8月31日	9 800.00	7.35	民营	遂宁市
6	002480	新筑股份	制造业	2010年9月21日	14 000.00	13.30	民营	成都市
7	002497	雅化集团	制造业	2010年11月9日	16 000.00	12.20	民营	雅安市
8	300092	科新机电	制造业	2010年7月8日	9 100.00	3.68	民营	德阳市
9	300101	国腾电子	信息技术业	2010年8月6日	6 950.00	5.60	民营	成都市
10	300127	银河磁体	制造业	2010年10月13日	16 157.32	7.38	民营	成都市
11	601268	二重重装	制造业	2010年2月2日	169 000.00	25.50	国有	德阳市

（二）上市公司再融资继续平稳发展

2010 年，鹏博士、兴蓉投资、川润股份、海特高新、四川美丰、四川湖山、广安爱众 7 家公司完成再融资，融资金额合计 45.79 亿元。

2010 年四川上市公司再融资情况见表 5。

表 5　　2010 年四川上市公司再融资情况

序号	证券代码	证券简称	融资方式	募集资金（亿元）
1	002272	川润股份	定向增发	2.63
2	600979	广安爱众	定向增发	3.94
3	002023	海特高新	定向增发	3.52
4	600804	鹏博士	定向增发	14.26
5	000801	四川九洲	定向增发	4.98
6	000598	兴蓉投资	定向增发	9.96
7	000731	四川美丰	可转债发行	6.50

（三）募集资金变更情况

2010 年四川上市公司募集资金使用情况基本正常，基本能够按照披露的募集资金使用计划开展募投项目建设。2010 年，6 家公司募集资金使用发生变更，其中 2 家（国腾电子、科伦药业）仅变更募投项目实施地点，实施项目不变；1 家（富临运业）实施主体发生变更，由原来的全资子公司变更为新设全资子公司，实施项目不变；1 家（天原集团）缩小投资规模；其余 2 家（四川美丰、鹏博士）发生投资项目变更。

四川上市公司募集资金变更情况见表 6。

表 6　　四川上市公司募集资金变更情况表

股票简称	募资方式	募资日期	原投资项目	变更后投资项目
富临运业	首发	2010 年 2 月 1 日	江油市旅游汽车客运中心站建设项目	变更实施主体
国腾电子	首发	2010 年 7 月 26 日	北斗/惯导（BD/INS）组合导航技术改造及产业化项目	变更实施地点
科伦药业	首发	2010 年 5 月 24 日	扩建软袋输液生产线项目、科伦药业研发中心改造建设项目、中南科伦原有生产线技术改造工程项目	变更实施地点
天原集团	首发	2010 年 3 月 29 日	40 万吨/年聚氯乙烯及 3 万吨/年三氯乙烯项目	变更为 30 万吨/年聚氯乙烯和 3 万吨/年三氯乙烯项目
四川美丰	发行可转债	2010 年 6 月 2 日	四川美丰绵阳分公司合成氨，尿素装置环保安全隐患治理搬迁改造项目	项目内容调整为建设合成氨、硝酸、硝铵、硝基复合肥、尿素、三聚氰胺等构成的循环经济产业链
鹏博士	增发	2007 年 5 月 18 日	酒店多媒体项目	北京酒仙桥数据中心项目

审稿人：李　可　王战平　刘　佳

撰稿人：孙　鸿　朱建明　冷　琴

贵州地区

一、贵州上市公司总体情况

截至2010年底，贵州共有上市公司19家，其中在上海证券交易所（以下简称上交所）上市的9家、在深圳证券交易所（以下简称深交所）上市的10家。2010年贵州新增上市公司2家。

贵州上市公司总市值3 062.48亿元，其中贵州茅台市值1 735.84亿元，占贵州上市公司总市值的56.68%。贵州上市公司总股本85.41亿股，平均总股本4.50亿股，股本规模偏小。其中，总股本在5亿股（含）以下的上市公司14家，5亿~10亿股（含）4家，10亿股以上的1家。贵州上市公司总资产1 084.14亿元，平均总资产57.06亿元。其中，总资产在10亿~20亿元（含）的上市公司8家，20亿~ 50亿元（含）4家，50亿元以上7家。归属于母公司股东的净资产498.33亿元，平均归属于母公司股东的净资产26.23亿元。

贵州上市公司行业分布：机械制造、电子和制药各3家、石油化工2家，金属制品、电力、采掘、食品、房地产、电器、采掘、轮胎橡胶各1家。

贵州上市公司总体指标情况见表1。

二、2010年贵州上市公司经营状况

2010年度，贵州上市公司实现营业总收入503.77亿元，同比增长33.85%。归属于母公司股东的净利润84.69亿元，同比增长18.13%。经营活动现金净流量82.21亿元，同比增长11.92%。平均每股收益0.99元。

2010年度，贵州上市公司平均净资产收益率17.00%，比上年降低3.94个百分点，高于全国平均水平2.6个百分点。其中，净资产收益率在10%（含）以下的12家，10%~20%（含）3家，20%以上4家。贵州上市公司平均净资产收益率高于全国平均水平的主要原因：一是贵州茅台、盘江股份等公司保持良好增长势头，销售收入和净利润持续增长。二是贵州企业基本属于内销型企业，受金融危机影响较小。三是贵州地区没有一家上市公司出现亏损，推动总体水平提高。

贵州上市公司近3年主要经营状况指标见表2。

表 1

贵州上市公司总体指标情况统计表

指标名称 / 数据 / 公司简称	总股本（亿股）			总市值（亿元）			资产总额（亿元）			归属于母公司股东的净资产（亿元）			行业分布
	2010 年末	2009 年末	同比增长	2010 年末	2009 年末	同比增长	2010 年末	2009 年末	同比增长	2010 年末	2009 年末	同比增长	
长征电气	4.24	3.23	31.27%	48.42	64.87	-25.36%	13.67	8.76	56.05%	10.51	5.38	95.40%	电器
赤天化	9.50	3.69	157.45%	55.41	44.81	23.66%	95.70	86.68	10.41%	33.37	20.65	61.58%	石油化工
红星发展	2.91	2.91	0.00%	50.87	28.28	79.88%	14.98	14.53	3.10%	11.00	10.71	2.73%	石油化工
盘江股份	11.03	11.03	0.00%	359.15	324.83	10.57%	82.94	71.71	15.66%	63.26	53.40	18.46%	采掘业
贵州茅台	9.44	9.44	0.00%	1 735.84	1 602.76	8.30%	255.88	197.70	29.43%	183.99	144.66	27.19%	食品
贵航股份	2.89	2.89	0.00%	69.08	46.24	49.39%	25.77	22.74	13.32%	14.86	13.95	6.50%	机械制造
益佰制药	3.53	2.35	50.21%	69.53	42.07	65.27%	15.65	12.82	22.07%	8.66	7.01	23.56%	制药
中航重机	7.78	5.19	49.90%	147.35	114.63	28.54%	78.92	58.05	35.95%	27.58	24.80	11.23%	机械制造
贵绳股份	1.64	1.64	0.00%	16.34	17.49	-6.58%	13.51	12.99	4.00%	8.45	8.23	2.62%	金属制品
中天城投	9.13	5.71	59.89%	125.41	105.79	18.55%	123.96	62.87	97.17%	17.21	12.06	42.70%	房地产
黔轮胎 A	2.54	2.54	0.00%	29.60	45.45	-34.87%	54.79	43.35	26.39%	16.00	15.38	4.00%	轮胎橡胶
振华科技	3.58	3.58	0.03%	40.18	49.42	-18.70%	34.27	31.72	8.04%	20.32	19.70	3.13%	电子
高鸿股份	3.33	3.33	0.00%	42.58	36.62	16.28%	23.49	18.63	26.09%	9.98	9.83	1.51%	电子
南方汇通	4.22	4.22	0.00%	41.02	30.64	33.88%	14.58	15.65	-6.84%	8.74	9.57	-8.69%	机械制造
航天电器	3.30	3.30	0.00%	42.60	44.02	-3.23%	18.84	17.24	9.28%	12.83	11.98	7.07%	电子
久联发展	1.73	1.33	30.08%	40.68	24.60	65.37%	18.51	12.96	42.82%	6.51	5.45	19.45%	民爆产品
黔源电力	1.40	1.40	0.00%	29.58	25.81	14.61%	159.43	148.09	7.66%	17.00	5.99	183.81%	电力
信邦制药	0.87	—	—	36.76	—	—	11.26	—	—	9.60	—	—	制药
贵州百灵	2.35	—	—	82.08	—	—	28.00	—	—	18.47	—	—	制药
合　计	85.41	67.78	26.01%	3 062.48	2 648.30	15.64%	1 084.15	836.49	29.61%	498.33	378.75	31.57%	
平　均	4.50	3.99	12.78%	161.18	155.78	3.47%	57.06	49.21	15.95%	26.23	22.28	17.73%	

表 2　　贵州上市公司近 3 年主要经营状况指标统计表

指标名称 / 数据 / 公司简称	营业总收入（亿元）			利润总额（亿元）			归属母公司股东的净利润（亿元）			经营活动产生的现金流量净额（亿元）			基本每股收益（元/股）			每股经营活动产生的现金流量净额（元/股）			净资产收益率（%）		
	2010	2009	2008	2010	2009	2008	2010	2009	2008	2010	2009	2008	2010	2009	2008	2010	2009	2008	2010	2009	2008
长征电气	3.96	4.05	4.60	0.89	1.05	0.69	0.81	0.97	0.59	-0.37	0.24	0.08	0.20	0.30	0.18	-0.09	0.07	0.03	10.21	19.82	13.95
赤天化	13.29	11.12	11.48	1.66	1.72	2.22	1.25	1.37	1.66	0.96	3.03	2.77	0.14	0.40	0.54	0.10	0.82	0.91	4.64	7.70	11.58
红星发展	9.52	6.86	10.50	0.51	0.14	0.63	0.29	0.08	0.34	0.44	1.49	0.68	0.10	0.03	0.12	0.15	0.51	0.23	2.66	0.78	3.17
盘江股份	54.69	45.46	41.04	15.92	11.63	7.47	13.45	9.87	6.39	11.48	18.07	4.38	1.22	1.01	1.08	1.04	1.64	0.74	23.06	26.49	35.85
贵州茅台	116.33	96.70	82.42	71.62	60.81	53.85	50.51	43.1	37.99	62.01	42.24	52.47	5.35	4.57	4.03	6.57	4.48	5.56	30.74	33.55	39.01
贵航股份	22.92	18.11	14.63	1.87	1.78	0.96	1.01	1.04	0.69	1.00	1.15	0.54	0.35	0.36	0.24	0.35	0.40	0.19	7.02	7.70	7.58
益佰制药	14.67	13.07	11.54	2.11	1.45	1.17	1.96	1.22	0.98	1.16	1.04	1.89	0.55	0.52	0.42	0.33	0.44	0.80	24.95	19.02	17.99
中航重机	41.91	28.61	18.08	3.17	3.06	1.91	2.30	2.61	1.71	0.32	-1.46	-0.17	0.30	0.53	0.48	0.04	-0.28	-0.05	8.79	15.19	18.60
贵绳股份	13.39	11.98	13.33	0.37	0.35	0.42	0.31	0.29	0.33	0.79	1.26	0.34	0.19	0.18	0.20	0.48	0.77	0.20	3.75	3.61	4.19
中天城投	33.28	16.35	9.11	7.50	5.90	2.54	5.55	4.60	1.91	-3.44	-4.89	-3.89	0.61	0.81	0.57	-0.38	-0.86	-1.09	37.91	46.76	32.93
黔轮胎 A	62.27	47.37	43.74	1.62	4.84	0.54	1.25	3.60	0.51	-3.31	3.84	2.53	0.49	1.42	0.20	-1.30	1.51	0.99	7.95	26.25	4.27
振华科技	29.09	22.07	20.35	0.61	0.61	0.56	0.37	0.31	0.25	0.61	0.80	0.94	0.10	0.09	0.07	0.17	0.22	0.26	1.87	1.60	1.30
高鸿股份	25.32	18.86	7.30	0.43	0.30	0.17	0.14	0.17	0.11	-0.50	0.03	-0.47	0.04	0.06	0.04	-0.15	0.01	-0.18	1.43	2.23	2.21
南方汇通	14.46	10.07	13.86	0.94	0.51	0.25	0.58	0.34	0.24	2.10	-0.03	1.48	0.14	0.08	0.06	0.50	-0.01	0.35	6.31	3.78	2.28
航天电器	6.78	5.84	4.87	1.55	1.15	1.27	1.17	1.03	0.98	1.28	1.05	0.43	0.36	0.31	0.30	0.39	0.32	0.13	9.47	8.99	9.31
久联发展	15.60	11.66	8.60	2.08	1.50	0.91	1.13	0.76	0.38	0.11	-0.02	0.85	0.65	0.57	0.31	0.07	-0.01	0.70	18.82	14.89	8.35
黔源电力	14.46	8.17	7.23	1.47	0.41	1.68	0.65	0.34	1.21	12.02	5.61	5.77	0.46	0.24	0.86	8.57	4.00	4.12	5.67	5.74	22.21
信邦制药	3.19	—	—	0.44	—	—	0.38	—	—	0.03	—	—	0.47	—	—	0.03	—	—	6.22	—	—
贵州百灵	8.64	—	—	1.90	—	—	1.58	—	—	-4.48	—	—	0.77	—	—	-1.90	—	—	14.24	—	—
合　计	503.77	376.35	322.67	116.66	97.22	77.25	84.69	71.7	56.27	82.21	73.46	70.63	0.99	1.65	1.35	0.96	1.68	1.79	17.00	20.94	20.54
平　均	26.51	22.14	18.98	6.14	5.72	4.54	4.46	4.22	3.31	4.33	4.32	4.15	0.99	1.65	1.35	0.96	1.68	1.79	17.00	20.94	20.54

三、2010 年贵州上市公司治理与规范运作情况

2010 年贵州上市公司治理工作以“加强检查、形成合力，全力督促整改”及“解决同业竞争，减少关联交易”为重点。截至 2010 年底，各上市公司需整改事项以基本完成，2 家存在同业竞争情况的上市公司也正在沟通协调各方关系，争取早日解决同业竞争问题。通过继续贯彻上市公司治理专项活动，贵州地区上市公司巩固和深化了整改成果，提高了公司治理水平。具体体现在：一是规范上市公司和控股股东行为，保持上市公司独立性。二是董事会、监事会、股东大会（“三会”）运作趋于规范。三是内控制度不断完善。四是信息披露和投资者关系意识加强，进一步提高透明度。五是关联交易更加规范。

四、2010 年贵州上市公司并购重组情况

2010 年贵州地区上市公司未发生重大资产重组事宜。

五、2010 年贵州上市公司定向增发情况

2010 年度，信邦制药、贵州百灵 2 家公司成功上市，首发募集资金总额 21.96 亿元；长征电气实施定向增发，募集资金总额 4.54 亿元；赤天化实施公开增发，募集资金总额 12.00 亿元。4 家公司累计募集资金总额 38.50 亿元。

有关具体情况如下：

（一）信邦制药

经中国证券监督管理委员会证监许可［2010］281 号文核准，信邦制药于 2010 年 3 月 26 日向社会公开发行人民币普通股 2 170万股。每股发行价 33.00 元，募集资金总额71 610.00 万元，扣除发行费用后，实际募集资金 66 133.55 万元。公司股票于 2010 年 4 月 16 日起在深圳证券交易所上市交易。

（二）贵州百灵

经中国证券监督管理委员会证监许可［2010］629 号文核准，贵州百灵于 2010 年 5 月 14 日向社会公开发行人民币普通股 3 700万股。每股发行价格为 40.00 元。募集资金总额 148 000.00 万元，扣除发行费用后，实际募集资金 138 102.73 万元。公司股票于 2010 年 6 月 3 日在深圳证券交易所上市交易。

（三）长征电气

经中国证券监督管理委员会证监许可［2010］386 号文核准，长征电气采取非公开发行股票方式向 8 名特定对象发行股份 3 689.00万股，每股发行价 12.30 元，共募集资金人民币 45 374.70 万元，扣除发行费用后，实际募集资金净额人民币 43 397.87 万元。

（四）赤天化

经中国证券监督管理委员会证监许可［2009］1281 号文核准，赤天化采取公开发行股票方式发行股份 10 610.08 万股，每股

发行价 11.31 元，共募集资金人民币 120 000.00万元，扣除发行费用后，实际募集资金净额人民币 116 240.39 万元。

六、2010 年贵州上市公司募集资金使用情况

2010 年度，贵州上市公司实际使用募集资金 26.56 亿元，均投入承诺投资项目，个别公司变更募集资金投向均履行了相应的决策程序，募集资金具体使用基本规范，相关信息披露基本充分，尚未使用募集资金 44.24 亿元基本做到了专户存储。

审稿人：梁盛红　吴学群

撰稿人：龙晓军　郭　斌

云 南 地 区

一、云南上市公司总体情况

（一）公司数量

截至 2010 年 12 月 31 日，云南共有 28 家上市公司，占全国的 1.36%。其中，在上海证券交易所上市的 12 家，在深圳证券交易所主板上市的 8 家，在中小板上市的 7 家，在创业板上市的 1 家。A 股公司 28 家，A+H 股公司 1 家。

（二）公司规模

截至 2010 年底，云南 28 家上市公司总股本 148.89 亿股，占全国的 0.45%。其中，A 股 147.48 亿股，H 股 1.41 亿股；流通股 120.35 亿股，限售股 27.13 亿股。总股本在 5 亿股以上的有 11 家。云南上市公司资产总额达到 1 680.64 亿元，创历年新高，总市值达到 2 791.58 亿元，比 2009 年末增长 107.09%，占全国 A 股总市值的 0.9%。

（三）总体业绩

2010 年，云南上市公司整体业绩好转，实现营业总收入 986.51 亿元，较 2009 年的 700.10 亿元增长 40.91%；实现净利润 41.94 亿元，较 2009 年的 29.32 亿元增长 43.04%；云南上市公司平均每股收益 0.30 元，平均净资产收益率 7.12%。

（四）行业分布

云南 28 家上市公司分属于 11 个行业（见表 1），其中家数最多的前 4 位行业是：有色金属、化工、装备制造和房地产，共计 19 家，占云南上市公司总数的 68%。

表 1　　云南 28 家上市公司行业分布

行业	公司家数	公司名称
有色金属	7	云南铜业、锡业股份、云铝股份、驰宏锌锗、罗平锌电、贵研铂业、云南锗业
化工	4	云天化、云南盐化、马龙产业、云维股份
装备制造	4	云内动力、昆明机床、南天信息、西仪股份
房地产	4	名流置业、云南城投、昆百大（兼商贸）、云南旅游（兼旅游）
医药	3	云南白药、昆明制药、沃森生物
金融	1	太平洋
电力	1	文山电力
农林	2	景谷林业、绿大地
其他（旅游、建材、投资）	2	丽江旅游（旅游）、博闻科技（建材、投资）

二、2010年云南上市公司经营状况

2010年，云南上市公司经营业绩出现明显回升，整体呈现以下特点：

一是资产、权益规模继续增加，业绩同比增长。2010年，云南28家上市公司共实现营业收入和净利润分别为986.51亿元和41.94亿元，同比分别增长40.91%和43.04%。其中，2010年第一至第四季度分别实现营业收入196.35亿元、238.38亿元、240.62亿元、311.16亿元，净利润分别为8.74亿元、6.31亿元、9.36亿元和17.53亿元，总体业绩环比持续上升。

二是财务指标显现经营压力。2010年末，云南27家上市公司（剔除一家金融行业公司）存货账面价值合计为387.22亿元，较2009年末增长了28.20%；同时，云南上市公司经营活动现金流量净额为-0.95亿元，相比2009年末的50.01亿元，经营活动已出现入不敷出。

三是业绩总体增长，行业表现各异。2010年，国内有色金属主要品种价格振荡上涨，云南有色板块7家上市公司2010年共实现净利润14.00亿元，同比增长53.53%。医药行业在我国医药卫生体制改革的全面推进和不断深化下，继续保持平稳增长态势，云南3家医药类上市公司2010年共实现净利润11.66亿元，同比增长57.94%。房地产行业随着国家调控政策的相继出台和各地调控细则的落实，房价涨幅已连续回落，云南4家房地产类上市公司2010年共实现净利润5.49亿元，同比略增1.33%。在一系列调控政策的作用下，云南4家装备制造类公司2010年实现净利润3.94亿元，同比下降18.00%；化工行业摆脱了金融危机时的剧烈震荡，总体实现较快发展，云南4家化工类公司2010年实现净利润2.42亿元，扭转了2009年亏损0.88亿元的局面。

四是持续服务地方经济发展。2010年，云南上市公司共上缴各项税费49.52亿元，有力地增加了云南省各级财政的收入；共支付职工薪酬及福利68.09亿元，职工收入水平大幅提高；固定资产投资继续扩大，实现投资约125.08亿元，较2009年的约110亿元增长13.71%。

三、2010年云南上市公司募集资金使用情况

2010年度，云南上市公司有锡业股份、丽江旅游2家公司进行了再融资，云南锗业、沃森生物两家公司首次公开发行股票，全年共募集资金48.9亿元。2010年度实施募集资金项目的有云天化、云南铜业、名流置业、云内动力、云南旅游、云铝股份、南天信息、云南白药、驰宏锌锗、云南城投、西仪股份、丽江旅游、锡业股份、云南锗业14家公司，涉及募集资金项目总金额为144.33亿元，原申报募集资金使用项目27个，截至年末变更项目有1个。从云南上市公司募集资金使用进度看，完工项目10个，2010年度使用募集资金16.72亿元，完工项目累计使用募集资金29.17亿元，占整个募集资金的20.21%；在建募集资金项目17个，2010年度使用募集资金28.82亿元，占所有募集资金项目总额的19.97%；截至年末，利用募集资金补充流动资金及归还银行贷款12.71亿元，占所有募集资金项目总

额的8.8%。2010年，云南上市公司首次公开发行融资额创历史新高，上市公司募集资金使用进度较快，但受宏观经济形势影响，部分募投项目未产生预期效益。

四、2010年云南上市公司治理结构及规范运作情况

2010年度，通过持续几年的规范治理，云南各上市公司规范运作意识显著提高，健全和完善了一系列内部控制规范性文件，公司内控体系有了明显的进步。2010年度云南上市公司同业竞争和关联交易的解决驶入快车道，通过“一司一策”借助综合监管力量“分类推进”，云南上市公司解决同业竞争、减少关联交易取得实质性进展。截至年末，ST马龙与昆钢煤焦化已经进入重大资产重组程序；云南铜业准备通过增发收购大股东旗下的子公司减少管理交易；驰宏锌锗等公司减少同业竞争和关联交易的方案也在进一步制定和推进中。

五、2010年云南上市公司并购重组情况

2010年度云南有3家公司拟进行并购重组。

（一）丽江旅游拟向实际控制人的全资子公司丽江市玉龙雪山景区投资管理有限公司发行股份购买其持有的全资子公司丽江玉龙雪山印象旅游文化产业有限公司51%的股权。该标的资产作价21 004.21万元，较账面值溢价352%。经交易双方协商，本次股票发行价格为21.69元/股，丽江旅游本次拟发行股份9 683 823股，发行后丽江旅游股本将增至126 006 871股，本次发行股份数量占发行后总股本的比例为7.69%。

（二）昆百大拟向控股股东华夏西部经济开发有限公司控股子公司西南商业大厦股份有限公司非公开发行股份3 012.8662万股，购买其持有的昆明新西南商贸有限公司100%的股权。完成后，昆百大将持有新西南商贸100%的股权，新西南商贸股权评估价值为31 544.71万元。

（三）2009年11月11日，ST马龙董事会通过并披露重大资产出售及发行股份购买资产暨关联交易预案，重组工作正式启动，拟向云天化集团有限责任公司出售截至评估基准日的全部资产和负债，并按照“人随资产走”的原则，由云天化集团负责安置与拟出售资产相关的职工，出售的交易价格以评估机构出具并经云南省国资委备案的关于本次出售全部资产和负债项目的资产评估报告载明的净资产评估值为定价依据。同时，公司拟向昆明钢铁控股有限公司发行2.74亿股A股股票，发行股份的价格为该次董事会决议公告日前20个交易日公司A股股票交易均价7.94元/股。昆钢控股以其合法持有的云南昆钢煤焦化有限公司100%股权及现金进行认购。

六、IPO与再融资情况

2010年，云南共有2家公司首次公开发行股票并上市，募集资金33.35亿元，其中云南锗业以每股30元的价格公开发行股票3 200万股，募集资金9.6亿元，募集资金主要用于高效太阳能电池用锗单晶及晶片产业化建设等2个项目，超募资金5.52亿

元；沃森生物以每股 95 元的价格公开发行股票 2 500 万股，募集资金 23.75 亿元，募集资金主要用于疫苗研发中心扩建等 5 个项目，超募资金 18.07 亿元。

2010 年，云南共有两家上市公司实现再融资，募集资金 15.55 亿元，其中锡业股份按照 10 股配 2.4 股的比例，以每股 8.98 元配售 15 066.46 万股，募集资金 13.53 亿元，募集资金用于 7 万吨/年锡冶炼系统技改等 4 个项目；丽江旅游以每股 11.91 元向云南省旅游投资有限公司非公开发行 1 700 万股，募集资金 2.02 亿元，募集资金用于偿还银行贷款及补充流动资金。

审稿人：范　辉

撰稿人：吴　洪　黄兴浪

白云飞　严　野

西藏地区

一、西藏上市公司总体情况

西藏共有五洲明珠、西藏旅游、西藏城投、西藏矿业、西藏发展、西藏药业、ST珠峰、西藏天路、奇正藏药9家上市公司，先后于1995年至2009年公发上市，分属于生物发酵、旅游、制药、矿产开采和冶炼、食饮品制造、建筑建材、藏医药等行业。目前，6家为民营控股，3家为国有控股。截至2010年12月31日，9家公司股本总额35.46亿股；资产总额260.28亿元，同比增长92%；净资产98.55亿元，同比增长106.13%；实现营业收入106.92亿元，同比增长102%；实现净利润12.34亿元，同比增长176.06%。西藏上市公司具体情况见表1、表2、表3和表4。

表1　　西藏上市公司资产及经营情况

公司名称	总股本（亿股）	资产总额（亿元）	股东权益（亿元）	营业总收入（亿元）	归属于上市公司股东净利润（万元）	每股收益（元）	调整后每股净资产（元）	净资产收益率%
ST珠峰	1.5833	5.2479	-0.2571	10.3808	-927.37	-0.06	-0.16	—
西藏城投	5.7571	88.7496	8.0809	8.6465	11 522.72	0.20	1.40	14.26
西藏矿业	2.757	12.1982	6.8923	4.6885	3 260.2	0.12	2.50	4.73
五洲明珠	10.0824	94.0226	49.2889	50.1505	79 002	0.78	4.89	16.03
西藏药业	1.4559	7.3547	3.1945	11.1073	2 355.66	0.16	2.19	7.37
西藏旅游	1.65	6.1053	3.0355	1.2461	2 123.47	0.13	1.84	7.00
西藏发展	2.6376	11.8979	5.844	4.1551	1 510.45	0.06	2.22	2.58
西藏天路	5.472	21.5056	10.5981	11.3087	7 462.18	0.14	1.94	7.04
奇正藏药	4.06	13.2004	11.877	5.2365	17 046.15	0.42	2.93	14.35
合计	35.46	260.28	98.55	106.92	123 355.46	1.95	19.74	73.37
平均	3.94	28.92	10.95	11.88	13 706.16	0.22	2.19	8.15

注：数据来源于西藏证监局《西藏上市公司2010年年报汇总分析报告》。下同。

表 2　　西藏上市公司概况

公司名称	公司简称	股票代码	上市时间	行业种类	主要经营地
五洲明珠股份有限公司	五洲明珠	600873	1995 年 2 月 7 日	生物发酵制造	河北
西藏旅游股份有限公司	西藏旅游	600749	1996 年 10 月 15 日	旅游	西藏
西藏城市发展投资股份有限公司	西藏城投	600773	1996 年 11 月 8 日	房地产	上海
西藏银河科技发展股份有限公司	西藏发展	000752	1997 年 6 月 25 日	食饮品制造酒制造业	西藏
西藏矿业发展股份有限公司	西藏矿业	000762	1997 年 7 月 8 日	矿山采掘业	西藏
西藏诺迪康药业股份有限公司	西藏药业	600211	1999 年 7 月 21 日	医药	四川
西藏珠峰工业股份有限公司	ST 珠　峰	600338	2000 年 12 月 27 日	有色金属冶炼	青海
西藏天路股份有限公司	西藏天路	600326	2001 年 1 月 16 日	建筑	西藏
西藏奇正藏药股份有限公司	奇正藏药	002287	2009 年 8 月 28 日	药业	西藏、甘肃

表 3　　西藏上市公司上市报块及控股情况

项目	主板		中小板	民营控股	国有控股
	上海交易所	深圳交易所			
家数	6	3	1	6	3

表 4　　西藏上市公司行业分布情况

行业分布	制造业	社会服务业（旅游业）	采掘业	建筑业
家数	6	1	1	1

二、2010 年西藏上市公司经营状况

2010 年，西藏 9 家上市公司除 ST 珠峰外全部实现盈利。9 家上市公司共实现营业总收入 106.92 亿元，平均实现营业总收入 11.88 亿元；实现营业利润 13.38 亿元，平均实现营业利润 1.49 亿元；实现净利润 12.34 亿元，平均盈利 1.37 亿元。各项盈利指标较 2009 年均有所增长，主要原因是五洲明珠成功反向吸收合并盈利能力较强的梅花生物科技集团股份有限公司，大大增强了整体盈利能力。

西藏上市公司 2010 年经营情况如表 5 所示：

表 5　　西藏上市公司经营情况表　　单位：万元

公司名称	营业总收入			营业利润			归属于上市公司股东净利润		
	2010 年	2009 年	增减	2010 年	2009 年	增减	2010 年	2009 年	增减
ST 珠峰	103 808	49 477	109.81%	－1 236.83	－1 042	－18.70%	－927.37	5 051	－118.36%
西藏城投	86 465	43 940	96.78%	15 428.46	10 179	51.57%	11 522.72	7 728	49.10%
西藏矿业	46 885	29 298	60.03%	2 019.9	195	935.85%	3 260.20	2 145	51.99%
五洲明珠	501 505	98 432	409.49%	83 624.71	2 583	3 137.50%	79 002.00	1 099	7 088.54%
西藏药业	111 073	110 962	0.10%	1 233.93	764	61.51%	2 355.66	1 909	23.40%
西藏旅游	12 461	9 777	27.45%	611.23	337	81.37%	2 123.47	104	1 941.80%
西藏发展	41 551	36 375	14.23%	6 198.47	6 829	－9.23%	1 510.45	2 841	－46.83%
西藏天路	113 087	104 077	8.66%	10 554.56	12 447	－15.20%	7 462.18	7 764	－3.89%
奇正藏药	52 365	46 930	11.58%	15 410.33	14 979	2.88%	17 046.15	16 081	6.00%
合计	1 069 200	438 270	143.96%	133 844.76	47 271	183.14%	123 355.46	44 722	175.83%
平均	118 800	48 696.67	16.00%	14 871.64	5 252.33	20.35%	13 706.16	4 969.11	19.54%

三、2010 年西藏上市公司治理及规范运作情况

2007 年至 2010 年，西藏证监局扎实督导西藏上市公司完成相关问题的整改工作，使影响上市公司治理的突出问题得到了较好解决。总体上，治理专项活动取得了一定成效，西藏上市公司的治理结构日趋合理，运作日趋规范，主要体现在：

1. 法人治理结构和规则进一步完善健全

通过专项治理活动，上市公司对《公司章程》、“三会”议事规则及印章使用管理、资产管理、担保管理、职务授权、信息披露及重大事项内部报告、分支机构控制等其他规章制度进行了系统梳理，健全完善了规则体系。一是对于规则中与现行法律法规不相吻合的内容及时进行修订，如根据证监会《关于进一步规范募集资金使用的通知》要求，修订完善了《募集资金管理办法》。二是对于公司治理环节中存在的制度空白，及时制定规则制度，公司新增了《董事会责任追究制度》、《经理层内部问责制度》、《内部审计工作制度》，并配备专职内审人员，规则体系的完善，为上市公司进一步提高规范运作水平提供了制度保证。

2. 重大事项决策程序进一步规范

通过自查及监管部门的督导，上市公司进一步提高了规范运作意识，一些出现过重大事项未履行决策程序现象的公司，积极组织董事、监事及其他高级管理人员加强了对《公司章程》、“三会”议事规则等规章制度的学习，使其进一步提升了规范运作意识，充分认识到规范决策行为的重要意义。同时，上市公司对与规范决策的规则进行了系统梳理，进一步明确了对外担保、对外投资、关联交易等重大事项的决策程序。

3. 董事会会议方式得到改善

由于特殊的地域因素，西藏地区很多公司存在公司注册地、管理总部、生产经营地分离的状况，导致西藏部分上市公司董事会会议采取通讯方式召开，不利于重大事项的充分酝酿和沟通。通过此次公司治理专项活动，公司提高了认识，重大事项尽量以现场方式召开。同时，一些存在股东大会、董事会、监事会及经理层会议通知不规范、会议资料不完善、会议记录要素不齐全、授权委托书不规范等问题的上市公司，已组织有关人员针对问题进行了认真梳理，提出了进一步做好“三会一层”基础工作的具体措施。

4. 董事会专门委员会的工作得到加强

西藏上市公司均按要求建立了审计、薪酬与考核两个董事会专门委员会，制定了上述两个董事会专门委员会的议事规则，并细化了与之配套的相关工作制度，进一步提高了各专门委员会的运作效率及工作效果。公司在《董事会审核（审计）委员会工作条例》中规定，公司的年度报告、半年度报告以及重大关联交易在提交董事会审议前，必须经审核（审计）委员会讨论通过，类似的内部前置程序运行机制，保证了董事会专门委员会的有效运作。

5. 独立董事的作用得到一定发挥

公司普遍按“三分之一”的要求配备了独立董事。独立董事对更换高管人员、关联交易、对外投资等重大事项能够发表独立意见，在董事会中具有一定的影响力，对内部董事和股东董事起到了一定的制衡作用。

6. 投资者关系管理得到改善

目前，西藏 9 家上市公司已建立了投资

者关系互动平台，部分公司已经开通运营，有利于上市公司以更便捷、有效的方式，多渠道、多层次地与股东及潜在投资者进行沟通，提高公司的透明度，增强投资者的认同感。

经过治理专项活动及对公司治理情况的现场检查等方式，西藏各上市公司已基本建立了结构较完善、制度较健全、能够相互制衡、相对独立透明、运作较有效的公司治理模式，各公司治理状况有明显改进。

四、2010 年西藏上市公司并购重组情况

2010 年，西藏有 1 家公司进行了并购重组，但在 2010 年度尚未完成全部重组程序。具体情况如下：

五洲明珠股份有限公司（简称五洲明珠）主要从事输配电设备制造。近年来，输配电设备制造行业市场竞争日趋激烈，同时受到钢材、有色金属等原材料价格大幅波动的影响，其生产经营成本持续上升，导致毛利率逐年下降，营业利润亦呈逐年下降的趋势，仅能保持微利状态。为彻底改变盈利状况，拟通过重大资产重组方式实现主营业务整体转型。

梅花集团主要从事生物发酵产品的制造，其主要产品味精不仅是我国居民餐饮中普遍使用的调味消费品，也广泛应用于复合调味品和食品加工领域。梅花集团所生产的产品具有稳定和成熟的市场需求。梅花集团通过发展循环经济，利用味精生产过程中排放的废液、废渣和废水，生产有机肥料，推进节能降耗，在实现资源综合利用的同时，降低企业生产成本。梅花集团在巩固以味精产品为主导的市场份额的同时，将其他附加产品也作为重要增长点。公司将通过高端生物发酵产品实现产品多元化，减少公司业绩对单一产品的依赖，增强企业抵御市场风险的能力。

五洲明珠于 2009 年 3 月 30 日启动重组。2010 年 5 月 7 日，公司向中国证监会报送了收购及重大资产重组申报材料。2010 年 9 月 27 日，中国证监会受理了公司的并购重组申请。2010 年 12 月 25 日，中国证监会正式核准了公司的并购重组申请。

（一）并购重组方式

五洲明珠将除西藏大厦股份有限公司 14.32% 的股权及位于海南省临高县皇桐乡楷模上村东边 350 亩集体土地使用权以外的所有资产及负责全部出售给五洲集团，如遇负债无法剥离，则由五洲集团以等值现金予以补足。

五洲明珠以向梅花集团全体股东发行股份方式吸收合并梅花集团，吸引合并完成后，五洲明珠存续，梅花集团法人资格注销。合并完成后，五洲明珠更名为梅花生物科技集团股份有限公司。

（二）发行股份价格、数量，所涉及注入和出售资产情况

发行价格：6.43 元/股。

发行数量：90 000 万股。

拟注入资产预估值：梅花集团净资产评估值 57.87 亿元。

拟出售资产价格：24.89 亿元。

（三）资产出售及吸收合并梅花集团资产情况

2010 年 12 月 24 日，五洲明珠与五洲集

团签署《关于资产出售之概况性资产移交确认书》及资产移交明细。根据该确认书，五洲集团已经全部接收了五洲明珠本次出售的资产、负债及需安置的人员。

2010 年 12 月 24 日，五洲明珠与梅花集团签署了《关于吸收合并之概况性资产移交确认书》及资产移交明细。根据《公司法》、《吸收合并协议》及《梅花集团移交确认书》，五洲明珠已经全部接收了梅花集团的全部资产、负债及人员。

根据经核准的重组方案，作为吸收合并梅花集团的对价，五洲明珠向梅花集团的原股东合计非公开发行 9 亿股股份，并于 2010 年 12 月 31 日在中国证券登记结算有限责任公司上海分公司完成股权登记。

（四）并购重组后的变化

经过并购重组，五洲明珠置入了盈利能力较强的梅花集团的资产，公司面貌焕然一新。从五洲明珠的 2010 年年报数据来看，公司 2010 年实现营业收入 50.15 亿元，实现利润总额 9.7 亿元，总资产达 94 亿元。截至 2010 年 12 月 31 日，公司总市值达 119 亿元，为西藏市值最大的上市公司。

五、2010 年西藏上市公司定向增发情况

2010 年，西藏共有西藏矿业和西藏旅游 2 家上市公司启动非公开发行股票事项，但 2010 年度尚未完成。具体情况如下：

（一）西藏矿业

2010 年 5 月 6 日，公司第五届董事会第八次会议审议通过了《关于公司本次非公开发行 A 股股票的议案》。2010 年 10 月 11 日，公司第五届董事会第十二次会议审议通过了《关于调整公司非公开发行股票募集资金总额、发行股份数量的议案》。2010 年 10 月 27 日，公司召开 2010 年第三次临时股东大会，以现场投票和网络投票相结合的方式，审议通过了与本次非公开发行股票相关的一系列议案。公司此次非公开发行股票拟以不低于 21.89 元每股的价格，向包括西藏自治区矿业发展总公司在内的不超过 10 家符合相关规定条件的特定对象发行股份不超过 6 233 万股，拟募集资金 13.64 亿元，主要用于扎布耶一期技改工程，扎布耶盐湖二期工程，白银扎布耶二期工程，尼木铜矿项目。

（二）西藏旅游

公司第五届董事会第五次会议于 2010 年 8 月 26 日审议通过了《关于公司符合非公开发行股票条件的议案》。2010 年 9 月 21 日，公司召开 2010 年第一次临时股东大会，审议通过了与本次非公开发行股票相关的一系列议案。公司拟通过此次非公开发行形成对拉萨、林芝和阿里三个地区旅游市场的重点覆盖，进一步提升公司的综合竞争力和盈利能力。公司拟向不超过 10 名的特定投资者以不低于 11.24 元每股的价格发行不超过 2 500 万股股票，并将根据实际情况与主承销商协商确定最终发行数量。本次发行拟募集资金总额不超过 35 000 万元，将全部用于投资西藏阿里神山圣湖旅游区开发项目一期工程。

六、2010 年西藏上市公司募集资金使用情况

截至 2010 年 12 月 31 日，西藏 9 家上

市公司募集资金共计85.70亿元，平均每家募集资金9.5亿元；2010年度，9家公司共投入使用募集资金581 198.37万元，累计投入799 861万元，投入率为93.23%。各公司2010年内使用募集资金情况见表6。

表6　西藏上市公司募集资金情况　单位：万元

公司名称	募集资金总计	2010年投入资金	累计投入	2010年投入使用情况
ST珠峰	39 335	0	17 923.86	公司2002年12月公告2.5亿资金（其中募集资金2.1亿元）被光大银行成都分行强制划转，目前尚无证据表明此笔资金能否归还。出于谨慎性考虑，公司已于2003年全额计提坏账准备
西藏城投	19 636	0	19 636	募集资金已经使用完毕
西藏矿业	29 835	0	29 835	前次募集资金已使用完毕。2010年无募集资金
五洲明珠	588 900	578 700	588 900	前次募集资金已使用完毕。2010年无募集资金
西藏药业	26 000	0	26 000	前次募集资金已使用完毕。2010年无募集资金
西藏旅游	26 128	41	26 128	前次募集资金已使用完毕。2010年无募集资金
西藏发展	15 149	0	15 149	募集资金已使用完毕
西藏天路	67 609	0	66 969.06	尚未使用募集资金余额639.12万元存放在银行
奇正藏药	45 120	2 457.37	9 320.43	2010年度藏药生产线改扩建项目投资1 286.06万元、藏药工程技术中心建设项目投资1 021.63万元、营销网络建设项目投资149.68万元
合计	857 712	581 198.37	799 861.35	

七、2010年西藏上市公司股权激励情况

2010年，西藏上市公司无股权激励情况。

审稿人：马　坚

撰稿人：王林君　黄　忠　苏　飞　松　隅

陕 西 地 区

一、陕西上市公司总体情况

截至2010年末，陕西共有A股上市公司37家，比2009年末增加7家，其中首发上市（IPO）新增6家，注册地迁入陕西增加1家。上市公司中，上海证券交易所18家，深圳证券交易所主板11家、中小板3家、创业板5家；总股本215.59亿股，同比增长49.25%，其中流通股本111.48亿股，同比增长29.99%；总市值3 100.25亿元，同比增长49.85%，其中流通总市值1 369.61亿元，同比增长32.51%；期末总资产1 443.93亿元，归属于上市公司股东的权益737.79亿元，同比分别增长69.50%和59.26%。

从行业分布看，陕西上市公司经营领域涉及11个行业，其中制造业22家；信息技术业3家；社会服务，批发和零售贸易，电力、煤气及水的生产和供应业各2家；金融保险业、建筑业、房地产业、传播与文化产业、采掘业和综合类各1家。从企业性质看，国有控股企业27家，民营控股企业10家。从省内区域分布看，西安市27家，宝鸡市5家，咸阳市2家，汉中市、铜川市、杨陵示范区各1家。

二、2010年陕西上市公司经营状况

2010年，陕西上市公司共实现营业总收入707.51亿元，营业利润52.31亿元，净利润50.68亿元，归属上市公司股东净利润48.61亿元，同比分别增长74.69%、290.96%、356.99%、333.24%。总体上看，经营状况呈现出以下特点：

（一）盈利能力显著提高，优质公司支柱作用明显

2010年，陕西37家上市公司中有35家实现盈利，亏损公司家数和亏损额，分别由2009年的7家12.54亿元降至2家0.78亿元；扣除中国西电等7家新增上市公司之外的30家公司，共实现净利润34.21亿元，同比增长208.43%，显示原有上市公司盈利状况得到大幅改善。同时，随着陕鼓动力等优质公司的发行上市，对陕西上市公司总收入和盈利水平提升支撑作用显著。2010年，航空动力、西飞国际、金钼股份、陕天然气、中国西电、陕鼓动力6家上市公司共实现总收入434.41亿元，净利润31.59亿元，占到陕西上市公司总收入和净利润的比重分别达61.4%和62.33%。

（二）获取现金能力大幅增加

2010年末，陕西上市公司现金及现金等价物净增加91.49亿元，同比增长297.19%，总体现金获取能力处于较好水平。经营活动获取的现金净流量为58.80亿元，同比增长45.83%，表明公司经营活动获利增长的同时，带来了现金净流入的增加，也印证了收益质量较高的事实。2010年末，陕西上市公司货币资金余额为393.68亿元，同比增长33.21%，反映陕西公司具有较强的偿债能力和一定的抗风险能力。

（三）非经常性损益仍为ST类公司盈利的主要方式

截至2010年底，陕西ST或*ST类公司共有6家，占陕西上市公司总数的19.35%，分别为ST博通、*ST偏转、ST金花、*ST宏盛、*ST建机和*ST秦岭。ST博通、*ST偏转2010年继续亏损，其中ST博通因连续3年亏损于2011年4月30日被暂停上市；其余四家虽然盈利，但扣除非经常性损益后，净利润仍为亏损，经营前景不容乐观，急需通过重组恢复持续盈利能力，彻底化解退市风险。

三、2010年陕西上市公司治理与规范运作情况

2010年，通过加强内幕信息管理、“解决同业竞争、减少关联交易”专项活动等，有效推动陕西上市公司治理各项基础工作不断完善，规范运作意识和水平逐步提高。

（一）加强安排部署，引导上市公司完善内幕信息管理

2010年年初，陕西证监局在分析总结以往监管经验和教训的基础上，为强化信息披露监管，向陕西上市公司下发了《关于进一步加强内幕信息管理的通知》，要求建立和完善内幕信息管理、外部信息使用等内控制度。截至2010年末，除2010年度新上市或新迁入陕西外的31家上市公司，全部制定完善了内幕信息管理制度，包括《内幕信息知情人登记制度》和《外部信息报送和使用管理制度》，规范了内幕信息管理及对外报送未公开信息的行为。

（二）按照中国证监会统一部署，做好陕西“解决同业竞争、减少关联交易”的实施督导工作，将上市公司治理专项活动持续推向深入

截至2010年末，彩虹股份、航天动力及陕天然气3家年度重点公司，全部完成了董事会审议通过的年度降低关联交易计划。对于西安民生的同业竞争问题，陕西证监局针对西安民生与被托管的3家商业企业，在人员工资、资金往来方面的不规范问题，及时采取了责令改正监管措施，有效防止了同业竞争中的利益输送问题。同时，督促大股东严格履行承诺，分阶段按步骤做好解决同业竞争工作，逐步取得实效。

（三）加大培训宣传力度，营造资本市场规范发展良好环境

为推动陕西上市公司及时了解和掌握资本市场应知应会法律和法规，减少“无知”违规行为的发生，2010年陕西证监局与陕西上市公司协会分别于2010年6月和10

月，联合举办了两期高管培训班，陕西上市公司的近300名董事、监事及高级管理人员参加了培训。

（四）举办投资者网上见面会，拓宽沟通渠道

2010年，陕西证监局继续举办年度业绩网上集体说明会，陕西32家上市公司主要负责人、财务总监、董秘，结合2009年度报告情况，就公司的经营状况、发展前景及应对金融危机举措等投资者关心问题进行了沟通，这已是陕西证监局连续3年成功举办集体交流活动，在上市公司和投资者之间搭建了便捷的交流平台，形成了良性互动。

（五）对新上市或完成重组公司进行“公司治理专项活动”

2010年，陕西证监局先后督导陕西地区新近完成重组的2家公司和新上市6家公司开展公司治理专项活动，并要求处于持续督导期内的中介机构加强指导，进一步提高了专项活动的效果。

四、2010年陕西上市公司并购重组情况

2010年，陕西证监局继续把推动上市公司并购重组作为提高上市公司质量的重要措施来抓。共有2家公司完成重组工作，6家公司启动重组工作。

（一）完成并购重组情况

西安民生向控股股东海航商业控股有限公司定向增发3 396.48万股，其控股股东以所持有的资产认购，资产估值1.95亿元；烽火电子向其控股股东陕西烽火通讯集团有限公司定向增发25 208.58万股A股，其控股股东以所有的资产认购，资产估值7.06亿元。

（二）启动并购重组情况

2010年5月，ST建机、西飞国际2家公司向中国证监会报送了重大资产重组申请材料；2010年9月后，ST建机因未能按期报送补正材料撤回重大资产重组申请。

2010年5月，*ST秦岭因重大事项被停牌，并于2010年6月复牌，公告称因相关重大资产重组方案尚不成熟，中止了重组工作。同时，*ST偏转、ST长信、航空动力3家公司分别于2010年5月、11月、12月启动重大资产重组工作，并已开始对拟重组资产进行审计、评估工作。另外，ST博通重大资产重组已于2009年12月29日通过中国证监会并购重组委审核，但截至2010年12月31日尚未收到正式批文。

五、2010年陕西上市公司定向增发情况

2010年7月，彩虹股份完成定向增发，共发行31 560.89万股，发行价格11.25元/股，募集资金35.51亿元，募集资金主要投向玻璃基板生产线等项目的建设。

六、2010年陕西上市公司募集资金使用情况

（一）募集资金情况

2010年，陕西上市公司通过资本市场

直接融资 181.36 亿元，融资规模创陕西资本市场融资历年之最。其中，首发筹资 140.14 亿元，再融资 41.22 亿元。

陕西上市公司 2010 年募集资金情况见表 1。

表 1　陕西上市公司 2010 年募集资金情况

序号	公司名称	融资方式	融资金额（亿元）
1	中国西电	IPO	103.25
2	陕鼓动力	IPO	16.93
3	达刚路机	IPO	4.76
4	坚瑞消防	IPO	4.00
5	中航电测	IPO	5.00
6	启源装备	IPO	6.20
7	彩虹股份	非公开发行	35.51
8	航天动力	配股	5.71
合　计			181.36

（二）募集资金使用情况

2010 年，有 17 家上市公司使用募集资金，金额为 155.64 亿元。其中，116.51 亿元为 2010 年募集资金，占全面募集资金总额的 64.24%；39.13 亿元为以前年度募集资金，占年初募集资金余额的 39.32%。

截至 2010 年底，有 1 家公司完成全部募集资金的使用，尚有 16 家公司因募投项目正在建设中，尚剩余募集资金 112.12 亿元。

（三）募集资金变更情况

2010 年，有 3 家公司变更了募集资金使用项目，涉及金额 16.65 亿元，占该 3 家公司募集资金总额（129.45 亿元）的 12.86%；1 家公司终止了 1 项募集资金使用项目，涉及金额 2.03 亿元，占该公司募集资金总额（89.15 亿元）的 2.27%。募集资金变更或终止程序合规，均经过公司股东大会批准。变更或终止原因主要包括：一是拟投资项目的投资环境发生变化，短期内无法实施或无法达到预期收益，为了避免投资损失，公司变更或取消部分募投项目。二是国家安全政策变动，公司原有募投项目已不能达到新政策要求，为了提高募集资金使用效率，终止了个别募投项目。

审稿人：王　微

撰稿人：陈兴兵

甘 肃 地 区

一、甘肃上市公司总体情况

截至2010年底，甘肃共有A股上市公司22家（上海证券交易所10家，深圳证券交易所12家），占全国上市公司总数的1.08%；甘肃上市公司2010年末总市值为1 303.46亿元①，占全国比重为0.50%；总股本116.67亿股，其中流通股股本76.80亿股，限售流通股股本38.76亿股，非流通股1.11亿股。

甘肃22家上市公司分布在7个市，其中兰州13家，酒泉、白银、武威各2家，嘉峪关、天水、陇南各1家，其余7个市（州）无上市公司。从行业分布看，甘肃上市公司主要分布在制造、采掘、批发和零售贸易、农业、电力和医药等行业，其中制造业14家，分布于化学、纺织、食品、机械、电子、金属、医药等行业。

2010年底甘肃上市公司行业分布情况见表1。

表1　　2010年底甘肃上市公司行业分布情况

类　别	公司数量	公司名称
制造业——石油、化学、塑胶、塑料	2	西北化工、中核钛白
制造业——食品、饮料	4	兰州黄河、皇台酒业 荣华实业、莫高股份
制造业——金属、非金属	3	酒钢宏兴、方大炭素、祁连山
制造业——纺织、服装、皮毛	1	三毛派神
制造业——机械、设备、仪表	2	长城电工、大禹节水
制造业——电子	1	华天科技
制造业——医药、生物制品	1	独一味
农、林、牧、渔业——农业	2	亚盛集团、敦煌种业
采掘业——煤炭采选	1	靖远煤电
采掘业——采掘服务业	1	海默科技
批发和零售贸易——零售业	2	铜城集团、兰州民百
信息技术业——通信及相关设备制造业	1	兰光科技
电力、煤气及水的生产和供应	1	国投电力

① 数据来源：Wind资讯。数据来源下同。

二、2010年甘肃上市公司经营状况

（一）资产状况

1. 资产总量稳步增长

截至2010年底，甘肃上市公司资产总额1 662.47亿元，同比增长14.29%，增速同比提高2.49个百分点；净资产总额458.45亿元，同比增长6.14%，增长速度同比回落2.09个百分点；负债总额1 204.02亿元，同比增长17.73%。负债总额增长速度连续多年持续高于资产总额和所有者权益的增长速度。甘肃上市公司资产负债率较高，为72.42%，主要原因：一是国投电力正在建设二滩等大型电站，银行贷款规模持续扩大，其资产负债率高达84.01%；酒钢宏兴主要依靠银行贷款进行基建和产能扩张。二是国投电力、酒钢宏兴两家公司资产总量占甘肃上市公司资产总量的78.85%。扣除国投电力大规模基建期电力企业因素的影响，甘肃其他上市公司资产负债率基本正常。

2. 资产质量显著提高

2010年甘肃上市公司资产质量继续改善，平均总资产收益率1.81%，较2009年同比提高0.71个百分点。一方面，各公司经营业绩稳步增长，治理水平不断提升，资产质量明显提高；另一方面，部分公司通过资产重组、产业调整等方式夯实了资产质量基础。

（二）经营成果

1. 营业总收入快速增长

2010年甘肃上市公司实现营业总收入722.1亿元，同比增长17.38%，增速较2009年同比提高了8.95个百分点。金融危机对公司经营业绩的影响在当年逐步消退，随着产品价格上涨和市场向好，有6家公司营业总收入的增长幅度超过40%。中核钛白由于产品价格大幅上涨和生产正常化，营业收入增幅151.58%；方大炭素由于炭素行业摆脱低谷和铁矿石价格上涨，依靠内生性增长，营业收入增长51.59%；华天科技、荣华实业、靖远煤电、铜城集团营业收入增长均超过40%；营业收入占甘肃上市公司比重超过1/2的酒钢宏兴增长较为缓慢，仅为9.95%；国投电力由于发电量同比大幅增加，营业收入同比增加33.82%。

上述变化反映出水泥、钢铁、电力等行业需求持续旺盛，但由于受产业结构调整和上游产品价格上涨等因素影响，增长幅度已相对放缓；煤炭、黄金等资源类行业经营业绩持续向好；钛白粉、炭素、铁矿石、电子产品等受金融危机影响较大的行业强劲反弹；农业、食品加工、零售百货等行业稳步发展。

2. 经营业绩大幅提升

2010年甘肃上市公司实现归属于上市公司净利润30.13亿元，同比增长88.63%，为历史最高水平。加权平均基本每股收益0.26元，同比增加0.12元；22家公司中，有21家公司实现盈利，仅1家公司亏损，亏损面为近年来最小；平均净资产收益率为6.57%，同比增加2.87个百分点。从归属于上市公司净利润的绝对数来看，酒钢宏兴最高，其次为国投电力、祁连山和方大炭素。以相对指标净资产收益率分析资产盈利能力，扣除不具分析意义的铜城集团，祁连山最高，达21%；超过10%的公司有兰州黄河、独一味、方大炭素、靖远煤电、敦煌

种业、华天科技6家公司。

酒钢宏兴实现归属于上市公司净利润9.39亿元，同比增加192.74%，主要原因是钢铁行业在本年度产品价格高位运行。国投电力实现归属于上市公司净利润4.94亿元；祁连山实现4.91亿元，主要系其产能扩大且其产品价格维持较高水平。方大炭素实现归属于上市公司净利润4.06亿元，同比增长2 023.03%，主要原因是铁矿价格高，公司铁矿石产能扩大；炭素行业的回暖使公司炭素销售收入大幅增长。兰州黄河净利润主要为出售所持金融资产实现；敦煌种业利润主要来源于子公司先锋种子公司；独一味、靖远煤电、华天科技等公司经营稳健，盈利能力一直较好。

（三）现金流量状况

2010年甘肃上市公司经营活动现金流量净额78.57亿元，同比下降13.44%；现金净增加额为20.05亿元，较2009年同比增加623.19%。经营活动现金净流量略有下降，主要系甘肃公司在经营活动现金取得能力增强，但现金支出也随之加大。现金净增加额同比大幅增加主要系上市公司仍旧依靠银行融资实现发展。国投电力由于重资产、大折旧的行业财务特征，经营活动现金净流量相对稳定，其他公司波动相对较大。

（四）股东权益状况

截至2010年底，甘肃上市公司所有者权益达458.45亿元，同比增长6.14%。股东权益的增长幅度明显低于资产总额和负债总额的增长速度，原因是上市公司对上期利润进行了分配，甘肃公司资产盈利能力尚不够良好，内涵增长率较低。海默科技发行新股，股东权益增长数倍。

以股东权益增长率来分析，敦煌种业、祁连山、独一味、方大炭素等公司成长能力较好。在没有发行新股再融资的情况下，上述公司股东权益增长率均超过了10%。

三、2010年甘肃上市公司治理与规范运作情况

2010年甘肃上市公司继续建立健全各项内控制度，贯彻落实中国证监会公司治理专项活动要求，推动诚信文化建设。海默科技作为新上市公司，补充开展了公司治理专项活动；国投电力等公司探索形成了适合自身经营发展特点的公司治理模式；甘肃上市公司董事、监事及高管人员积极参加中国证监会、甘肃证监局及证券交易所举办的各类培训，尽责意识不断增强。

（一）内控规范建设情况

2010年，甘肃上市公司按照《企业内部控制基本规范》要求，不断加强和规范公司内控建设，有序实施内部监督和自我评价以及内控审计等工作。

甘肃上市公司在2010年年报审计过程中，相关会计师事务所对部分上市公司内控情况进行了审核：对国投电力出具了内部控制审核报告，对亚盛集团、华天科技、大禹节水、海默科技等4家公司出具了内部控制鉴证报告，披露内控审计情况的公司数占甘肃上市公司总数的22.73%。5家公司所在交易所分布是：上海证券交易所上市公司2家；深圳证券交易所中小板上市公司有1家，创业板公司有2家。

审计机构认为，截至2010年12月31日，5家上市公司根据《企业内部控制基本

规范》的相关标准，建立的与财务报告相关的内部控制在所有重大方面是有效的。

此外，甘肃有 14 家公司披露了内控自我评价报告。上市公司已逐步建立健全了各项内控制度，截至 2010 年 12 月 31 日，在重大方面保持了有效的内部控制，确保了公司财产的安全完整。

（二）禁止内幕交易及内幕信息知情人管理制度执行情况

2010 年，甘肃各上市公司认真贯彻落实国务院办公厅《关于依法打击和防控资本市场内幕交易的意见》（国办发［2010］55 号），均已建立了内幕信息知情人登记管理制度，通过制度来防范相关人员及其直系亲属等人员在上市公司信息披露敏感期利用内幕信息买卖本公司股票。通过日常监管和现场检查，各公司基本能够落实制度，做好信息管理及信息知情人的备查登记工作。

（三）“解决同业竞争、减少关联交易”专项活动情况

根据中国证监会统一部署，甘肃证监局对甘肃上市公司截至 2009 年末存在的同业竞争、关联交易等事项进行逐一梳理。通过排查，酒钢宏兴存在大额关联交易；国投电力、方大炭素存在与大股东同业竞争且关联交易数额较大事项；靖远煤电涉及同业竞争问题。

酒钢宏兴 2010 年向关联方采购 32.72 亿元，占营业成本的 36.39%；向关联方销售 5.58 亿元，占营业收入的 1.41%。2011 年，公司拟实施非公开发行购买控股股东不锈钢相关资产，将减少关联交易金额，并消除与控股股东潜在的同业竞争。2010 年，国投电力采用了资产委托经营的方式，大股东国投公司出具承诺函，承诺力争用 5 年时间，通过资产购并、重组等方式，将旗下独立发电业务资产注入国投电力，逐步实现电力资产整合，解决同业竞争问题；甘肃省国资委已将推动靖煤集团整体上市作为工作重点，解决同业竞争问题；方大炭素以 2.03 亿元收购成都炭素公司 100% 股权，解决了与控股股东在炭素生产相关领域的同业竞争问题。

2010 年，祁连山被央企中材股份收购后，与其控股的天山股份、赛马实业等公司从事相同主营业务，形成新的同业竞争问题。

（四）创业板上市公司核心竞争力等相关情况

甘肃 2 家创业板上市公司在 2010 年加大了研发投入，注重核心技术研发力量，保持了核心技术团队人员稳定及壮大。

大禹节水主要从事节水灌溉材料的生产销售及节水灌溉工程的设计施工，公司是节水灌溉行业第一家上市公司。上市后，公司的品牌知名度大幅提升，2010 年公司营业收入 3.27 亿元，同比增长 21.37%，经营规模快速扩张，目前已在 4 省、市、自治区设立 9 家子公司。

海默科技主营业务是多相流量计的研发、生产、销售，移动测井服务及钻井服务。公司主要业务在国外，在局部市场如阿曼和阿联酋等国家占有高比例的市场份额。2010 年公司营业收入 0.97 亿元，同比下降 16.98%，归属于母公司的净利润 0.17 亿元，同比下降 38.96%，公司业绩大幅下降的主要原因是 2010 年个别大额产品订单的延期交货，使得公司在当年确认的产品销售收入较 2009 年同期大幅减少。

四、2010 年甘肃上市公司并购重组情况

2010 年，甘肃共有 10 家公司实施了资产重组等相关事项，其中收购资产及股权金额合计 19.22 亿元，出售资产金额合计 12.27 亿元。国投电力收购二滩水电 4% 的股权，取得二滩水电的绝对控股权；方大炭素收购了成都炭素公司。亚盛集团将所持有山东盛龙有限公司、兰州西部维尼有限公司股权置出，解决了多年的历史遗留问题；荣华实业向控股股东出售了多年未产生效益的谷氨酸资产，公司主业转向了盈利能力较好黄金开采行业。

五、2010 年甘肃上市公司募集资金情况

（一）IPO 情况

海默科技于 2010 年 5 月在创业板上市，募集资金总额 5.28 亿元，募集资金净额 4.83 亿元。

（二）募集资金使用情况

1. 募集资金总体情况

2010 年初，甘肃尚有华天科技、独一味、大禹节水、莫高股份、敦煌种业、方大炭素、祁连山 7 家公司存有以前年度募集尚未投入使用的资金合计 14.94 亿元；2010 年合计募集现金总额 5.28 亿元（净额 4.83 亿元）。

2. 募集资金的使用及管理

甘肃 22 家上市公司均建立了《募集资金管理制度》，实行募集资金专户储存。相关公司与银行及其保荐机构均签订了募集资金三方监管协议，严格了募集资金的使用程序，确保了募集资金的存储安全。

2010 年，华天科技、独一味、大禹节水、莫高股份、敦煌种业、方大炭素、祁连山、海默科技 8 家公司合计使用募集资金 9.66 亿元。截至 2010 年底，独一味、祁连山、敦煌种业以前年度募集资金全部使用完毕，其他 5 家公司尚未使用募集资金总额合计 10.11 亿元。

审稿人：韩小玉

撰稿人：刘荣华

青海地区

一、青海上市公司总体情况

截至2010年12月31日，青海共有10家A股上市公司，其中，在上海证券交易所上市7家，深圳证券交易所上市3家，总市值2 082.03亿元。10家公司主要分布在有色金属、化学肥料、钢铁、医药、装备机械、电器器材制造、煤炭开采等行业。上市公司主营业务多为铜、铅、锌等基本金属的采选、冶炼，氯化钾的开发、生产，铁矿、煤矿、特殊钢材、普通钢材的冶炼及压轧，数控机床、线缆产品的制造，明胶、医药的生产与销售等。

2010年青海上市公司基本情况见表1。

表1　　2010年青海上市公司基本情况

公司名称	股票代码	注册地址	注册资本（万元）	股本结构（万股）		总市值（万元）	行业及主营业务
				总股本	流通股本		
西部矿业	601168	青海省西宁市	238 300	238 300	238 300	4 489 572	有色金属行业。铜、铅、锌等基本金属的采选、冶炼、贸易
盐湖钾肥	000792	青海省格尔木市	76 755	76 755	39 075	5 084 251	化学肥料业。氯化钾开发、生产
西宁特钢	600117	青海省西宁市	74 122	74 122	74 122	653 014	特种钢行业。特殊钢冶炼及压延加工，原煤、铁精粉、焦油的生产
ST东盛	600771	青海省西宁市	24 381	24 381	16 637	184 075	药品生产
ST贤成	600381	青海省西宁市	30 638	30 638	30 638	268 392	纺织行业。主营业务在2007年底逐步转型为煤矿开采
青海华鼎	600243	青海省西宁市	23 685	23 685	18 685	219 086	数控机床、食品机械生产等
三普药业	600869	青海省西宁市	42 743	42 743	12 000	1 098 075	电器器材线缆制造、医药、保健品研发及生产等
青海明胶	000606	青海省西宁市	40 596	40 596	39 335	215 177	明胶、硬胶囊系列产品生产等
ST金瑞	600714	青海省西宁市	27 340	27 340	15 093	320 430	煤矿及锶矿开采及系列产品深加工
盐湖集团	000578	青海省格尔木市	306 762	306 762	27 688	8 178 264	氯化钾、硫酸钾等盐湖资源综合利用
合计			885 322	885 322	491 573	20 820 336	

二、2010 年青海上市公司经营情况

2010 年，青海上市公司实现营业总收入 484.58 亿元，较 2009 年度增长 39.99%；实现净利润 61.95 亿元，较 2009 年度增长 20.43%；加权平均净资产收益率 15.02%，较 2009 年度增长 67.82%；资产总额 844.16 亿元，较 2009 年度增长 28.71%；所有者权益 356.69 亿元，较 2009 年度增长 46.98%；平均每股收益 0.45 元，较 2009 年度增长 113.57%。

青海 10 家上市公司在 2010 年全部实现了盈利。其中，盐湖钾肥、盐湖集团、西部矿业、西宁特钢、三普药业业绩较为突出，实现稳定增长。

2010 年，青海上市公司经营发展存在的主要问题是：一是负债总额的增长幅度超过了资产总额，个别公司资产负债结构有待改善。青海上市公司 2010 年较 2009 年，资产总额增加了 28.72%，而负债总额增加了 39.35%；二是个别公司盈利主要靠营业外收入。例如，东盛科技 2010 年的营业利润为 -1.22 亿元，而净利润为 2.02 亿元，其利润来源是珠海中珠股份有限公司支付的赔偿金收益 1.50 亿元和确认债务减免收益 1.99 亿元；三是个别公司债务负担重，持续经营能力不足。截至 2010 年 12 月 31 日，东盛科技银行借款余额 6.33 亿元，应付借款利息 3.39 亿元，公司债务负担重，资金压力大，影响了公司的盈利能力，公司的持续经营能力不足；四是投资项目多，导致分红金额下降。2010 年，除西部矿业向全体股东每 10 股派发现金股利 1.8 元，共计分配 4.29 亿元外，其余 9 家公司均未进行任何形式的分配。而 2009 年，西宁特钢等 4 家公司共派发现金股利 11.98 亿元。

青海上市公司 2010 年与 2009 年经营情况对比见表 2。

表 2　青海上市公司 2010 年与 2009 年经营情况对比

项　目	2010 年（亿元）	2009 年（亿元）	增减比例（%）
营业收入	484.58	346.14	39.99
净利润	61.95	51.44	20.43
资产总额	844.16	655.84	28.71
负债总额	487.47	349.81	39.35
所有者权益	356.69	306.03	16.55
加权平均净资产收益率（%）	15.02	8.95	67.82

三、2010 年青海上市公司募集资金使用情况

2010 年，青海华鼎、青海明胶募集资金净额共计 37 650 万元，西部矿业于 2007 年首次公开发行股票募集资金净额 605 228.60万元，在本期继续投入使用。青海其他上市公司无募集资金项目。

（一）西部矿业募集资金管理及使用情况

公司 2007 年首次公开发行 A 股并上市，募集资金 605 228.60 万元，截至 2010 年 12 月 31 日，按原定计划已累计使用433 048.58 万元，尚未使用 172 180.02 万元，存储于募集资金专户中。公司 2010 年度募集资金累计支出 17 258.07 万元，主要包括：支付锡铁山铅锌矿矿山深部（2 702 米以下）工程款 3 706.79 万元，累计支付 8 574.25 万元；支付获各琦采矿技改扩建工程款

8 474.05万元，累计支付 30 729.97 万元；支付5.5 万吨/年铅冶炼项目款2 783.07 万元，累计支付8 607.37 万元；支付10 万吨/年电锌氧压浸出项目款448.30 万元，累计支付4 041.98 万元；支付锡铁山深部衔接工程款1 845.86 万元，累计支付9 801.98 万元。

（二）青海华鼎募集资金管理及使用情况

2009 年 7 月 7 日，公司非公开发行 A 股股票5 000 万股，融资净额23 450 万元，存入募集资金专用账户中，三方监管协议履行正常。公司 2010 年使用募集资金 17 891.08万元，已累计使用 19 391.08 万元，尚未使用 4 329.74 万元。公司未变更募集资金投资用途，募集资金实际投资进度与计划相符。

（三）青海明胶募集资金管理及使用情况

公司于 2009 年 2 月定向发行普通股 4 660万股，募集资金净额 14 200 万元，存储于募集资金专户中。2010 年使用2 144.09 万元，经临时股东大会审议通过，变更用途为永久性补充流动资金的募集资金总额为 1 538.20万元。截至2010 年 12 月 31 日，募集资金期末余额为零。

四、2010 年青海上市公司治理及规范运作情况

（一）公司治理总体情况

2010 年，青海上市公司能够按照《公司法》、《证券法》、《上市公司治理准则》等有关法律法规及公司章程规定，不断完善公司制度和治理结构，提高规范运作水平。青海国有控股上市公司的规范运作意识及治理水平明显优于民营控股上市公司。

1. 股东大会规范运作情况

各公司能够按照股东大会规范意见要求召集、召开股东大会，履行股东大会职能，安排专人与到访投资者、股东进行良好的沟通。

2. 控股股东行为规范情况

各公司控股股东行为基本规范，公司与控股股东在人员、资产、财务、机构和业务方面保持了独立完整性，董事会、监事会和内部机构独立运作。未发现控股股东及其关联方侵占上市公司利益的行为。

3. 董事会规范运作情况

各公司能够按照公司章程规定的董事选聘程序选举董事。董事会人数和人员构成符合法律、法规要求，董事能够以认真负责的态度出席董事会和股东大会，认真履行董事的权利、义务和责任，上市公司董事会各专业委员会职能作用逐步发挥。

4. 监事会规范运作情况

各公司监事会人员构成符合法律、法规要求，监事能够认真履行职责，本着对股东负责的精神，对公司财务以及董事、总经理和其他高级管理人员履行职责情况进行监督，监事会运行质量逐步提高。

（二）公司治理进一步规范，执行力得到有效提高

通过近3 年的专项治理活动，青海上市公司董事、监事、高管人员对公司治理的认识有了提高，各公司通过补充、修订、完善相关的规章制度，保证了各项决策的规范化

和程序化，进一步规范了青海上市公司控股股东及实际控制人的行为，增强了上市公司的独立性。公司治理层、管理层与经营层之间加强沟通，提高了企业的向心力和凝聚力。截至2010年底，青海上市公司建立了较为规范的治理结构和较为完善的内控体系，并严格执行内部控制制度，科学决策，避免发生违法违规以及高风险事项。

在2010年的年报审计现场检查中，青海证监局通过查阅公司的“三会”纪录，发现公司“三会”运作规范、程序合规，相关会议记录完备、详细，规范运作意识有了明显的提高。通过对内控制度的执行情况进行测试，发现公司的生产、经营、管理活动能够按照规章制度执行，公司的独立性增强。

（三）审计委员会与审计机构的沟通顺畅，独立董事履职能力得到进一步提高

在现场检查中，通过查阅年报审计的沟通纪录，各公司的审计委员会与审计机构在审计的事前、事中、事后均能够保持紧密沟通，就审计中出现问题的处理意见达成一致。独立董事积极关注公司2010年年报的审计工作，对审计计划的制订、审计工作的进展以及审计报告的出具都保持了高度关注，有条件的还赶赴审计现场与公司和审计机构交换意见，有效推进了上市公司年报的编制、审计和披露工作。

（四）内幕信息知情人登记管理工作进一步加强，有效保证了年报审计工作的顺利开展

在2010年年报审计工作开展前，青海证监局召开了由青海上市公司、独立董事和审计机构参加的年报编制、审计及披露工作会议，要求各上市公司按照《上市公司信息披露管理办法》的要求，认真落实《内幕信息知情人登记管理制度》和《外部信息使用人登记制度》，规范重大信息的内部流转通报程序，加强内幕知情人员的登记报备工作，如实、完整记录内幕信息在公开前的报告、传递、编制、审核、披露等各环节所有内幕信息知情人名单，以及知情人知悉内幕信息的时间，并于内幕信息公开披露后3个工作日内将内幕信息知情人名单报送青海证监局备案。同时，还要求公司董事会对备案文件的真实性、准确性、完整性作出承诺。目前，青海上市公司均制定了《内幕信息知情人登记管理制度》和《外部信息使用人登记制度》，各公司在年报的编制、审计及披露过程中，均能够按照《内幕信息知情人登记管理制度》的要求做好内幕信息知情人的登记管理工作。

五、2010年青海上市公司并购重组情况

2010年以来，青海证监局大力推动公司并购重组和再融资工作，指导有关公司彻底解决历史遗留问题，并协调解决相关问题。截至2010年底，三普药业并购重组全部完成，当年度实现净利润3.02亿元，上市公司资产质量及盈利能力实现了脱胎换骨的转变；盐湖集团和盐湖钾肥换股吸收合并、贤成矿业重大资产重组都已获证监会核准通过。2010年度，青海上市公司共实现再融资67.1亿元，是2009年再融资额的3.5倍。

（一）盐湖钾肥以新增股份换股吸收合并盐湖集团

为彻底解决盐湖集团和盐湖钾肥同业竞

争问题，减少双方关联交易，进一步提高公司规范运作水平，集中资源，促进盐湖资源综合开发和循环利用，双方于2008年12月启动了盐湖钾肥以新增股份换股吸收合并盐湖集团暨注销盐湖集团的重大资产重组工作。经中国证监会、青海省人民政府大力支持，于2010年6月12日获得证监会有条件通过。

（二）三普药业向实际控制人定向发行股份购买资产

近年，三普药业盈利能力较弱，2008年亏损5 645万元，2009年盈利200万元。为了促进三普药业主营业务优化转型，寻求新的利润增长点，增强盈利能力，实现可持续发展，2009年4月，公司控股股东——江苏远东控股集团有限公司拟将其电线电缆业务和资产整体注入上市公司，以期做强做大上市公司。三普药业定向发行股份购买资产事项于2010年7月23日获得并购重组审核委员会有条件通过。截至2010年10月中旬，“三普药业”向特定对象非公开发行股票购买资产工作全部完成。公司向大股东远东控股集团有限公司以7.19元/股，发行30 743.2684万股股票，将大股东质量较好、盈利能力较强的主要资产（电缆制造业务，其规模在全国名列前茅）置入了上市公司。定增完成后，公司注册资本及实收资本由1.2亿元增至4.27亿元，公司2010年实现净利润3.02亿元，实现每股收益0.71元，净资产收益率达38.78%，居青海上市公司首位。公司资产质量得到了大幅度提高，盈利能力和可持续发展能力增强。

（三）ST贤成向控股股东定向发行股份购买资产

经过努力，ST贤成主营业务初步转型为煤炭资源开发，但煤炭资源储备严重不足，保有资源储量为2 158万吨，产能低下，年产煤炭45万吨，资产状况和质量仍非常薄弱，很难从根本上改善经营困境。公司只有通过重大资产重组方式，期待增加煤炭资源储备，扩大煤炭产能，增强持续经营能力，同时解决与大股东同业竞争问题。2009年4月，公司正式启动定向发行股份购买资产工作。2010年7月，公司采取积极措施解除了深圳市建新华投资发展有限公司在华夏银行深圳南山支行借款提供的3 600万元担保责任。2010年11月，公司定向增发申请获中国证监会审核通过。

审稿人：闫　勇　肖雪维

撰稿人：李　程

宁 夏 地 区

一、宁夏上市公司整体情况

截至2010年12月31日，宁夏共有A股上市公司12家，其中在上海证券交易所4家，在深圳证券交易所主板7家、中小板1家。12家上市公司总股本31.74亿股，其中流通股29.22亿股，分别占A股市场的0.10%和0.11%；总市值535.66亿元，其中流通市值471.89亿元，分别占A股市场的0.20%和0.24%；总资产合计303.50亿元，净资产合计93.96亿元，分别占A股市场的0.04%和0.08%。12家上市公司分别涉及造纸、建材建筑、有色金属冶炼及加工、仪器仪表、商业、纺织服装、化工、轴承制造等8个行业。

2010年宁夏上市公司基本情况见表1。

表1 宁夏上市公司基本情况

证券简称	证券代码	注册资本（亿元）	股本结构（亿股）		总市值（亿元）	行业及主营产品类型
			总股本	限售股		
大元股份	600146	2.00	2.00	0.00	54.30	化工业。PVC板材、碳纤维及其制品等
宁夏恒力	600165	1.94	1.94	0.00	16.43	金属业。钢丝绳类、钢绞线
赛马实业	600449	1.95	1.95	0.00	70.17	建材业。水泥、熟料
新华百货	600785	2.07	2.07	0.00	60.24	零售业。百货商场、家电零售与连锁
*ST银广夏	000557	6.86	6.86	0.27	48.03	无主业。
西北轴承	000595	2.17	2.17	0.00	18.78	机械业。专用设备与零部件、轴承
英力特	000635	1.77	1.77	0.00	27.00	化工业。催化剂及化学助剂、氮肥、高分子聚合物、火电、无机化工原料、有机化工原料
美利纸业	000815	3.17	3.17	0.01	19.20	纸制品业。胶版纸、书写纸、纸板
银星能源	000862	2.36	2.36	0.00	34.91	机械业。半导体太阳能光伏、电气仪器仪表、发电机及附属设备、风泵机械、风电、调节伐
东方钽业	000962	3.56	3.56	0.00	90.88	金属业。钽粉及相关制品、铌条
中银绒业	000982	2.49	2.49	1.20	36.98	纺织品业。羊绒纱线、绒条、羊绒衫
青龙管业	002457	1.40	1.40	1.05	58.75	水泥制品业。供水管道
合计		31.74	31.74	2.52	535.66	—
平均		2.65	2.65	0.21	44.64	

注：上表数据时点截至2010年12月31日。数据来源：Wind资讯，以下数据来源相同。

二、2010 年宁夏上市公司经营状况

（一）资产规模

截至 2010 年末，12 家上市公司资产总计 303.50 亿元，净资产合计 93.96 亿元，分别较 2009 年增长 26.05% 和 18.64%；平均每股净资产 3.91 元，较 2009 年增长 45.35%，平均每股收益 0.41 元，较 2009 年增长 36.67%；平均净资产收益率 8.55%，较 2009 年减少 2.58 个百分点。

宁夏上市公司最近 3 年资产规模情况见表 2。

表 2　　宁夏上市公司最近 3 年资产规模情况

年度	资产总计（亿元）	净资产合计（亿元）	平均每股净资产（元）	平均每股收益（元）	平均净资产收益率（%）
2010	303.50	93.96	3.91	0.41	8.55
2009	231.13	74.31	2.69	0.30	11.13
2008	194.76	60.20	2.21	0.142	6.41

（二）经营业绩

2010 年，宁夏上市公司共实现主营业务收入 168.08 亿元，较 2009 年增长 34.05%；实现主营业务利润 9.01 亿元，较 2009 年下降 62.28%；实现利润总额 10.92 亿元，较 2009 年下降 3.28%；实现净利润 8.03 亿元，较 2009 年下降 2.90%，扣除银广夏 2009 年资本公积定向转增股份抵偿债务形成债务重组收益 3.57 亿元影响，较 2009 年增长 70.85%。

宁夏上市公司最近 3 年经营情况见表 3。

表 3　　宁夏上市公司最近 3 年经营情况

年度	主营业务收入（亿元）	主营业务利润（亿元）	利润总额（亿元）	净利润（亿元）
2010	168.08	9.01	10.92	8.03
2009	125.39	24.68	11.29	8.27
2008	117.42	22.81	5.07	3.86

注：净利润为归属于母公司的净利润。

（三）现金流量和分红情况

2010 年，宁夏 12 家上市公司共实现经营活动现金净流量 15.45 亿元，较 2009 年增长 39.95%；2010 年，宁夏上市公司派发税前现金红利累计总额 17 401.56 万元，占宁夏上市公司 2010 年净利润总额的 21.67%，低于全国 30.02% 的平均分红水平。

宁夏上市公司最近 3 年现金流量、分红情况见表 4。

表 4　　宁夏上市公司最近 3 年现金流量、分红情况

年度	经营活动现金净流量（亿元）	每股经营活动现金流量净额（元）	年度累计分红总额（万元）
2010	15.45	0.57	17 401.56
2009	11.04	0.40	12 789.92
2008	3.57	0.131	12 339.98

注：每股经营活动现金流量净额为 12 家公司算术平均值。

三、2010 年宁夏上市公司治理与规范运作情况

2010 年是上市公司治理的“攻坚年”，主要任务是解决同业竞争和减少关联交易问题。根据中国证监会上市部《关于开展解决同业竞争、减少关联交易，进一步提高上市公司独立性工作的通知》（上市部函［2010］085 号）要求，宁夏证监局研究制定了《推进辖区上市公司解决同业竞争、减少关联交易工作方案》，明确了分类推进的工作思路，按照摸查摸底、现场调研、座谈交流、制订方案、全面推进、分析总结 6 个步骤具体展开工作，要求宁夏上市公司认真自查，摸清关联交易和同业竞争的底数，对关联交易、同业竞争的成因、症结进行认真分析，区分不同情况提出解决办法。经过努力，2010 年宁夏地区存在关联交易的2 家公司和同业竞争与关联交易并存的 2 家公司，都提出了解决同业竞争和减少关联交易的具体措施，相关工作正在推进中。

同时，宁夏新上市的中小板公司青龙管业按照宁夏证监局《关于开展加强上市公司治理专项活动有关事项的通知》要求，认真开展公司治理专项活动，依据《公司法》、《上市公司治理准则》、《上市公司股东大会规范意见》、《上市公司章程指引》等法律法规以及《关于提高上市公司质量的意见》等文件，认真查找公司治理结构中存在的不足，制订落实整改措施，完善治理结构并规范运作。

2010 年年报中，宁夏上市公司按照年报准则的要求披露了公司治理情况，并进一步深化公司治理专项活动，强化规范运作意识，充分发挥董事会、监事会和股东大会在治理机制中的作用，促进“三会”有效制衡。截至 2010 年末，宁夏公司治理问题全部得到整改，整改率 100%。

四、2010 年宁夏上市公司并购重组情况

（一）赛马实业

2010 年 9 月 28 日，公司公告新增股份换股吸收合并宁夏建材集团有限责任公司并注销宁夏建材集团有限责任公司所持宁夏赛马实业股份有限公司股份暨关联交易的预案，拟通过向中材股份发行股份换股吸收合并建材集团，吸收合并完成后，建材集团全部资产、负债、业务、人员并入赛马实业，其法人资格因合并而注销，赛马实业继续存续；存续公司名称拟变更为“宁夏建材集团股份有限公司”，股票简称拟变更为“宁夏建材”。赛马实业的换股价格为 22.13 元/股，发行股票数量约为 11 469.17 万股，扣除建材集团持有的公司 6 975 万股后，实际增加股份 4 494.17 万股。本次换股吸收合并后，公司将减少负债 14 348.08 万元，新增 55 186.84 万元可利用货币资金。公司计划运用 8 658.24 万元货币资金收购包头市西水水泥有限责任公司 45% 的股权；运用 28 929.83 万元货币资金收购乌海市西水水泥有限责任公司 45% 的股权，对于剩余可利用现金，公司初步计划用于补充流动资金和收购、兼并其他水泥企业。

2010 年 12 月 13 日，国务院国资委下发《关于宁夏赛马实业股份有限公司发行股份吸收合并宁夏建材集团有限责任公司有关问

题的批复》（国资产权［2010］1413 号），同意公司并购重组方案；12 月 16 日，公司 2010 年第五次临时股东大会审议通过了方案；12 月 21 日，公司向证监会上报非公开发行及吸收合并申请文件；2011 年 7 月 8 日，公司并购重组方案经中国证监会上市公司并购重组审核委员会审核并获有条件通过。

（二）西北轴承

2010 年 10 月 19 日，公司发布大股东协议转让公司股权的提示性公告，公司第一大股东中国长城资产管理公司拟将所持有的公司股份 4 336.59 万股股票，占公司总股份的 20%，协议转让给宁夏宝塔石化集团有限公司。2011 年 2 月 15 日，财政部下发批复同意长城资产管理公司将持有西北轴承的 4 336.59 万股股票转让给宁夏宝塔石化集团有限公司。宁夏宝塔石化集团有限公司于 2011 年 2 月 23 日、4 月 7 日、4 月 28 日分三次向长城资产管理公司支付全部股权转让款 4.05 亿元，并完成股权过户手续，公司控股股东变更为宁夏宝塔石化集团有限公司，实际控制人变更为孙珩超。2011 年 5 月 10 日公司召开股东大会，完成董事、监事和高管人员的换届工作。

五、2010 年宁夏上市公司定向增发情况

（一）中银绒业

2010 年 4 月 3 日，公司公告非公开发行预案，拟向不超过 10 名特定对象发行不超过 2 600 万股股份，募集资金（在扣除发行费用后）预计为 29 018.70 万元，分别用于 5 000 吨羊绒采购初加工项目及羊绒制品国内市场营销体系建设项目。2010 年 4 月 20 日，公司股东大会审议通过了非公开发行股票方案；9 月 27 日，公司向证监会上报非公开发行申请文件；12 月 27 日，公司非公开发行股票申请获得中国证监会发行审核委员会无条件审核通过；2011 年 2 月，公司以非公开发行股票的方式向 6 名特定投资者非公开发行人民币普通股（A 股）2 900 万股（2010 年半年度实施资本公积转增股本后发行股本进行调整），实际募集资金 27 424.42万元。发行完成后，公司总股本为 27 800 万股，公司实际控制人不变。

（二）宁夏恒力

2010 年 9 月 28 日，公司公告非公开发行预案，拟向上海新日股权投资股份有限公司定向发行 8 000 万股股份，发行价格为 7.02 元/股（不低于定价基准日前 20 个交易日股票交易均价的 90%）；发行所募集资金预计约为 56 160 万元（含发行费用），计划用于年产 3 万吨特种钢丝绳技改项目后续投资 9 870 万元，偿还银行贷款 16 100 万元，扣除发行费用后剩余部分用于补充流动资金。2010 年 10 月 15 日，宁夏自治区国资委下发《关于宁夏恒力钢丝绳股份有限公司非公开发行 A 股股票的批复》（宁国资发［2010］109 号），同意公司非公开发行 A 股股票方案；10 月 26 日，公司 2010 年度第三次临时股东大会审议通过了非公开发行股票方案；10 月 29 日，公司向证监会上报非公开发行申请材料；2011 年 5 月 23 日，非公开发行股票申请获得中国证监会发行审核委员会无条件审核通过；2011 年 7 月 7 日，公司以非公开发行股票的方式向上海新日股

权投资股份公司定向发行人民币普通股（A股）8 000 万股，实际募集资金 54 804.16 万元。发行完成后，公司总股本为 27 800 万股，公司实际控制人变更为肖家守。

（三）英力特

2010 年 12 月 20 日，公司公告非公开发行股票预案，拟向英力特集团发行 11 420 万股，向战略投资者象屿集团发行 1 000 万股，共计增发 12 420 万股，发行价格为 13.80 元/股（不低于公告前 20 个交易日公司股票交易均价的 90%），拟募集资金总额为 171 396 万元，其中英力特集团以其对公司的 118 700 万元委托贷款及 38 896 万元现金认购股份，象屿集团以 13 800 万元现金认购股份。募集资金现金部分在扣除发行费用后主要用于偿还银行贷款 37 100 万元，其余募集资金不超过 15 596 万元，用于补充公司流动资金。2011 年 1 月 17 日，国务院国资委下发《关于宁夏英力持化工股份有限公司非公开发行股票有关问题的批复》（国资产权［2011］22 号），同意公司非公开发行 A 股股票方案。2011 年 1 月 20 日，公司向证监会上报非公开发行申请材料。截至 2011 年 10 月，公司非公开发行股票的方案正在证监会审核中。

（四）大元股份

2010 年 2 月 3 日，公司公告非公开发行预案，拟以 19.49 元/股（不低于定价基准日前 20 个交易日股票交易均价的 90%）向不超过 10 名特定对象发行不超过 11 000 万股股票，预计募集资金 21 亿元，其中 16.75 亿元用于收购自然人郭文军持有的珠拉黄金 100% 股权，3 亿元用于珠拉黄金低品位含金矿石堆浸二期项目，1.25 亿元用于补充流动资金。2011 年 3 月 25 日，公司公告因收购标的资产的股东结构发生变化、黄金市场价格上涨、珠拉黄金业绩提升、拟收购资产范围发生变化等市场不确定性因素，导致公司非公开发行预案无法继续实施；公司控股股东上海泓泽世纪投资发展有限公司拟自筹资金先行收购珠拉黄金 79.64% 股权及内蒙古大漠矿业有限责任公司 100% 股权，并承诺在收购完成后，将上述资金注入大元股份。截至 2011 年 10 月底，大元股份控股股东上海泓泽未完成对珠拉黄金和大漠矿业的收购工作。

六、2010 年上市公司募集资金使用情况

2010 年，宁夏 12 家上市公司中涉及募集资金的有青龙管业和赛马实业 2 家公司，具体情况如下：

（一）青龙管业

2010 年 4 月 16 日，青龙管业公开发行不超过 3 500 万股人民币普通股（A 股）股票申请通过中国证监会审核；8 月 3 日，公司股票在深圳证券交易所成功挂牌上市，实际募集资金净额为 84 805.23 万元。

2010 年，青龙管业使用募集资金 35 416.94万元，主要用于以下方面：一是使用募集资金投入承诺投资项目 10 016.94 万元，其中，以募集资金置换出预先已投入募集资金投资项目的自筹资金 8 505.56 万元；二是使用募集资金偿还银行借款 20 400 万元；三是使用超募资金暂时性补充流动资金 5 000 万元，承诺使用期限自 2010 年 8 月 16 日起不超过 6 个月。此项资金公司已分

别于2011年1月6日、2011年2月16日、2011年2月18日分次归还至募集资金专用账户。截至2010年12月31日，公司尚未使用的募集资金余额为48 610.48万元，其中，存储在募集资金专用账户上的余额为133.24万元，在募集资金监管银行以定期存款方式存放的余额为47 477.24万元，其他银行账户的余额为1 000万元（该款项为2010年11月26日通过以超募资金投资设立全资子公司——甘肃矿区青龙管业有限公司的投资款，已于2011年2月28日办理了四方监管协议）。

（二）赛马实业

经中国证监会证监许可［2008］558号文《关于核准宁夏赛马实业股份有限公司公开增发的批复》核准，赛马实业于2008年5月向社会公开发行人民币普通股（A股）5 091.76万股，实际募集资金净额为71 453.55万元。2010年，上述募集资金仍在使用过程中。

2010年，赛马实业使用募集资金4 968.24万元；截至2010年12月31日，公司累计使用募集资金68 177万元，尚未使用的募集资金为2 745.59万元，其中，尚未使用募集资金存放于募集资金专户，将继续用于募集资金投资项目的建设。

赛马实业对2008年公开增发募集资金的实际投资项目进行了两次变更，2008年第一次临时股东大会决议将原承诺用于投入“公司本部利用工业废渣建设日产2 500吨新型干法水泥生产线项目”所涉及募集资金用途进行了变更，2009年第一次临时股东大会决议将原承诺用于投入“宁夏石嘴山赛马水泥有限责任公司利用工业废渣建设日产2 500吨新型干法水泥生产线项目”所涉及募集资金用途进行了变更。上述两次变更所涉募集资金为25 565万元，占公司募集资金总额的35.78%。截至2010年末，全资子公司乌海赛马水泥有限责任公司利用工业废渣建设日产2 500吨新型干法水泥生产线及配套纯低温余热发电项目、控股子公司宁夏青铜峡水泥股份有限公司日产2 500吨新型干法水泥熟料生产线项目、宁东能源化工基地建设年产200万吨水泥粉磨站项目一期工程分别建成投产，其余项目尚在建设中。

赛马实业募集资金变更后的新投资项目明细见表5。

表5　　赛马实业募集资金变更后的新投资项目明细

项目名称	投资额（万元）	占募集资金总额比例
全资子公司乌海赛马水泥有限责任公司利用工业废渣建设日产2 500吨新型干法水泥生产线及配套纯低温余热发电项目	10 565.00	14.79%
控股子公司宁夏青铜峡水泥股份有限公司建设一条日产2 500吨新型干法水泥熟料生产线及配套4.5MW纯低温余热发电技改工程项目	10 062.00	14.08%
公司在宁东能源化工基地建设年产200万吨水泥粉磨站项目一期工程	4 938.00	6.91%
合　　计	25 565.00	35.78%

七、2010 年宁夏上市公司司法破产重整情况

北京九知行管理咨询公司通过受让中信银行对 * ST 广夏债权，成为 * ST 广夏最大债权人。2010 年 1 月 25 日，九知行以 * ST 广夏无法偿还到期债务且处于资不抵债状态，完全丧失债务清偿能力为由向法院申请对公司进行重整。2010 年 9 月 16 日，银川市中级人民法院作出裁定，依法受理对 * ST 广夏的重整申请。2011 年 6 月，管理人向法院提交了重整计划，但债权人会议和出资人会议表决未获通过。截至 2011 年 7 月 20 日，32 家债权人申报债权总额为56 223.42 万元，其中公司管理人确认 27 笔债权，金额为 36 219.02 万元。2011 年 8 月，公司管理人向法院提交了依法批准重整计划草案的申请，随后又以收到税收债权申报需要核实为由撤回了上述申请。截至 2011 年 10 月，* ST 广夏公司的司法破产重整工作尚未有实质性进展。

审稿人：哈　达

撰稿人：金国斌　陈　玲　牛　丽　缑丽萍

新 疆 地 区

一、新疆上市公司总体情况

（一）公司数量、市值、资产、股本和控股情况

截至2010年12月31日，新疆共有上市公司37家，其中，A股上市公司在上海证券交易所上市21家，深圳证券交易所上市16家（其中，主板6家，中小企业板8家，创业板2家），上市公司家数位居西北五省前列。总市值为3 703.07亿元。2010年，新疆共新增上市公司3家（西部牧业、光正钢构、新研股份），其中，中小板1家，创业板2家。截至2010年12月31日，新疆上市公司总资产为2 074.92亿元，总股本为205.40亿股，分别较2009年底增长24.43%和20.89%。

从控股类型上看，新疆37家上市公司中，国有控股上市公司27家（其中，中央控股公司6家，地方国有控股公司8家，兵团控股公司13家），民营控股公司9家，外资控股公司1家。其中，兵团控股公司占新疆上市公司总数的35%，总市值为761.35亿元，占新疆上市公司的20.56%。截至2010年12月31日，兵团A股上市公司总资产为428.72亿元，总股本达40.94亿股，分别占新疆上市公司的20.66%和19.93%。

（二）地区分布、行业分布和业务结构情况

新疆上市公司从地域分布来看，乌昌地区26家；石河子4家；南疆的阿克苏地区和巴州地区各2家；博州、克拉玛依和伊犁州各1家。37家上市公司分属于制造业，农林牧渔业，电力、煤气及水生产和供应业，建筑业，采掘业，批发和零售贸易业，金融保险业等7大类。上市公司的主导行业几乎涵盖自治区整体经济体系中的所有重要行业，已成为推动新疆新型工业化建设、加快新农村建设、拉动经济增长的一支重要力量。

新疆上市公司行业分布见表1。

二、2010年新疆上市公司经营状况

（一）总体经营情况

2010年新疆上市公司总资产达2 074.92亿元，同比增长24.43%；营业总收入达1 161.60亿元，同比增加了291.32亿元，增幅为33.47%；同期实现归属于上市公司股东净利润97.70亿元，逼近百亿元，同比增长41.94%。2010年新疆上市公司资产总额、营业总收入、净利润均保持同步增长态势，稳中有升，业绩状况进一步提高。新疆

表 1　　新疆上市公司行业分布

行　业	大类行业	上市公司	小　计
制造业	纺织、服装、皮毛	天山纺织	1
	机械、设备、仪表	特变电工、金风科技、新研股份	3
	金属、非金属	八一钢铁、新疆众和、天山股份、青松建化、国统股份、西部建设	6
	木材、家具	美克股份	1
	石油、化学、塑胶、塑料	新疆天业、天利高新、国际实业、中泰化学、广汇股份	5
	食品、饮料	冠农股份、中粮屯河、新中基、* ST 中葡、啤酒花、伊力特、天康生物	7
	造纸、印刷	新疆天宏	1
小　计			24
农林牧渔业	农业	新农开发、新赛股份、ST 香梨	3
	畜牧业	西部牧业	1
小　计			4
采掘业	石油、天然气采掘及服务	准油股份	1
	煤炭采选、煤化加工	ST 百花	1
小　计			2
电力、煤气及水生产和供应业	电力、蒸汽、热水的生产和供应业	天富热电	1
建筑业	土木工程建筑业	新疆城建、ST 汇通、北新路桥、光正钢构	4
批发和零售贸易业	零售业	友好集团	1
金融、保险业	证券期货业	宏源证券	1
合　计			37

37 家上市公司中有 22 家公布了 2009 年度利润分配方案或公积金转增股本预案，合计派息金额 26.17 亿元，送股 6.19 亿股，转增股本 9.38 亿元，分红派息总额占 2010 年归属于上市公司股东净利润总额的 26.78%，现金分红意愿较 2009 年有所增强。

（二）具体经营指标分析

1. 经营业绩不平衡，两级分化趋势明显

2010 年新疆 37 家上市公司有 30 家业绩实现增长，7 家公司业绩出现负增长，总体业绩状况分布延续 2009 年特征继续呈现分化趋势。从实现利润情况看，2010 年有 18 家公司净利润超过 1 亿元，共计实现净利润 96.08 亿元，占实现盈利公司净利润总额的 94.43%，占新疆净利润总额的 98.34%，利润集中度十分明显。而其余 16 家盈利公司净利润合计仅 5.67 亿元，3 家亏损公司亏损达 4.05 亿元。从营业收入情况看，新疆营业收入前 3 位（八一钢铁、特变电工、金风科技）总和达 590.32 亿元，是后 3 位公司（ST香梨、新研股份、西部牧业）营业收入总和6.09亿元的97倍。业绩分布极不均衡，继续呈现两极分化的特点。

2. 新疆部分上市公司持续盈利能力有限

2010年扭亏的公司中仅天山纺织主业实现微薄利润，* ST汇通、* ST中葡、ST天宏主业仍缺乏盈利能力，依靠非经常性损益扭亏，持续性不强。3家公司扣除非经常性损益后净利润总和为-0.91亿元。其中* ST中葡依靠固定资产出售、银行债务重组实现盈利；ST汇通依靠股权转让实现盈利；ST天宏自2004年以来已连续7年处于主业经营亏损状态，公司持续经营能力受到严峻挑战，2010年依靠股权转让和政府补助实现盈利。

3. 部分上市公司盈利能力下降甚至亏损

新疆34家盈利公司中有4家业绩较2009年下滑，其中冠农股份、ST香梨、新农开发3家公司业绩下滑较大，在83%~92%之间。18家净利超亿元的公司中，有6家公司扣除非经常性损益的净利润增幅有所下降。有12家公司的基本每股收益出现负增长。2010年3家亏损公司（新中基、中粮屯河、准油股份）合计亏损金额达4.05亿元，其中新中基、中粮屯河因番茄酱国际价格低于成本计提大额减值准备导致亏损。上述净利润大幅下滑甚至亏损的公司中农业类公司较多，影响较大。

4. 现金流大幅下降，经营活动收益质量有待提高

截至2010年12月31日，新疆上市公司现金流量净额99.91亿元，较2009年下降23.92%，当年新疆上市公司实施增发、配股募集资金净额121.48亿元，超过2009年增发、配股募集资金净额达88.97亿元。在募集资金大幅增加的同时，现金流量净额反而出现大幅下降，显示上市公司当年现金需求使用量较大，现金流状况趋紧。同时，经营活动现金流量也同比大幅下降，由2009年的161.35亿元下降到64.31亿元，降幅达60.14%。在当年实现归属于上市公司股东净利润较2009年增长近四成，净利总额近百亿元。在经营性收益为主要净利来源的情况下，经营活动现金流量却出现大幅下滑，且远小于净利总额，显示上市公司经营性收益的质量有待进一步提高。

三、2010年新疆上市公司治理与规范运作情况

（一）解决同业竞争、减少关联交易专项活动开展情况

2010年，围绕上市公司治理“攻坚年”活动的总体要求和中国证监会上市部下发的《关于开展解决同业竞争、减少关联交易，进一步提高上市公司独立性工作的通知》（上市部函［2010］085号）精神，新疆证监局积极行动，采取发函督促公司自查、现场走访和个别约谈等方式，结合2009年年报审核和现场检查有关情况，对新疆上市公司的同业竞争和关联交易问题进行了详细梳理，对问题症结和原因进行了深入分析，经过深入分析和详细排查，最终将宏源证券、八一钢铁、新疆天业3家公司确定为新疆同业竞争、关联交易问题的重点公司。为推进上述3家重点公司同业竞争、关联交易问题的彻底解决，新疆证监局按照“一司一策”的原则，结合上市公司实际情况，督促相关

上市公司及其控股股东制订切实可行的解决方案，并进行持续跟踪督导。对于已拿出解决方案的公司，持续跟进；对尚未拿出解决方案的公司，积极采取措施要求公司尽快推出解决方案。截至2010年末，宏源证券协调大股东已拿出具体解决方案，其实际控制人发函承诺在5年宽限期内完成所持证券公司的股权规范工作；八一钢铁于2010年10月26日向新疆证监局上报了关联交易解决方案，拟通过定向增发和公开发行收购控股股东资产，从而实现主业的整体上市；新疆天业解决公司存在的同业竞争和伴随而生的关联性交易问题仅从公司和大股东层面推动了，难度较大，截至2010年底未有实质性进展。

（二）督促上市公司修订完善信息披露事务管理制度，建立内幕信息知情人登记制度和内幕信息知情人档案

随着我国资本市场基础性制度建设的不断完善，资源配置的功能得到有效发挥，上市公司再融资、并购重组趋于活跃，其中不断出现的股价异动和内幕交易现象已经引起了市场的广泛关注和监管部门的高度重视。提高对内幕交易行为的防范能力和打击力度，成为2010年上市公司监管的一项重要工作。作为中国证监会确定的内幕信息知情人登记制度的试点地区，根据新疆实际情况，新疆证监局制定了《新疆上市公司内幕信息知情人登记备案管理办法（试行）》，在新疆上市公司试行，并要求各上市公司严格按照《证券法》、《信息披露管理办法》、《重大资产重组管理办法》等法律法规规定，进一步修订完善信息披露事务管理制度，将内幕信息知情人登记备案工作纳入公司治理制度化体系，建立防范内幕交易的长效机制。内幕信息知情人登记制度中应明确本公司内幕信息、内幕信息知情人的范围、报告程序、保密措施、保密责任以及对违反规定人员的责任追究机制等。在新疆证监局的督导下，各上市公司建立了《内幕信息知情人登记制度》和《内幕信息知情人档案》，并上报新疆证监局备案。同时，新疆证监局还要求各上市公司如实、完整记录内幕信息在公开前的报告、传递、审核、披露等各环节所有内幕信息知情人名单，以及知情人知悉内幕信息的时间等相关档案，供公司自查和相关监管机构查询。其中，属于上市公司涉及并购重组、发行证券、收购、合并、分立、回购股份、股权激励等重大事项的内幕信息，应在内幕信息公开披露后5个交易日内，将相关内幕信息知情人名单报送新疆证监局和证券交易所备案。

为推动工作的顺利开展，新疆证监局通过多次会议、培训对上市公司和控股股东、实际控制人进行了宣传教育，利用新闻媒体提高全社会对防控内幕交易的认识，并将内幕信息管理工作作为现场检查的一项内容，督促各上市公司落实制度的建立和执行。与此同时，新疆证监局从自身做起，对内制定了严格的工作保密和敏感信息登记制度，对于工作中知悉的敏感性信息，要求严格限制局内知情人范围并建档备查，严防监管系统的内幕交易。在此基础上，为有效防控内幕交易，尝试与自治区和兵团的纪检监察、国资委、金融办等部门联合签发关于规范上市公司信息披露行为防范内幕交易的实施意见，旨在建立联动机制，共同推动新疆证券市场规范运行，防范、遏制内幕交易。

四、2010 年新疆上市公司并购重组情况

2010 年，新疆有 5 家上市公司完成或正在进行以股权转让、资产置换为主的重大资产重组。这 5 家上市公司分别为：国际实业、啤酒花、ST 百花、* ST 汇通、天山纺织。具体情况如下：

（一）国际实业

1. 主动调整煤焦化产业经营模式，联手做强钢、焦一体化产业

国际实业自上市以来，依托新疆优势资源，逐步向能源产业转型，成为新疆第一家独立煤焦企业。公司自 2008 年起开始考虑与新兴铸管集团公司战略合作，构建煤、焦、钢一体化的合作经营之路，因为煤焦化产业与下游钢铁企业形成钢焦一体化的循环发展模式是未来产业发展的趋势。经过多方筹划，2009 年下半年，确定了以新兴铸管（新疆）资源发展有限公司为发展平台，对煤焦化公司进行重组的合作方案。重组方案主要为：国际实业出售煤焦化公司 100% 股权，新兴铸管（新疆）资源发展有限公司将持有煤焦化公司 100% 的股权。新兴铸管股份有限公司、新兴铸管集团公司、国际实业分别持有新兴铸管（新疆）资源发展有限公司 40%、30%、30% 的股权。煤焦化公司重组之后，国际实业不再直接经营煤焦化公司及其所属煤矿，将通过新兴铸管（新疆）资源发展有限公司分享收益。本次重组，完成了钢焦产业的结合，实现了上下游产业优势互补，共同做大做强钢焦一体化产业，分享产业增值收益和协同收益。该次重大资产重组于 2010 年 10 月经中国证监会审核通过，并在两个月内完成了重组实施工作。

2. 立足能源产业，加大石油石化产业投入

2009 年 3 月，国际实业以人民币 1 亿元增资控股新疆中油化工集团有限公司，持有其 50% 的股权。作为 2010 年重大资产重组方案的一部分，国际实业通过改选中油化工集团董事会，实现了对中油化工集团的实际控制，进而完成向石油能源产业的转型。2010 年 12 月通过收购剩余股权，使新疆中油化工集团有限公司成为其全资子公司。中油化工是一家集原油、燃料油、成品油、液化石油气及其他石油化工产品的仓储，批发，零售，铁路、公路运输及煤炭加工、销售、对外贸易为一体的企业。国际实业公司通过控股中油化工，实现了主业多元化，拓展了公司盈利空间，形成新的利润增长点。

（二）啤酒花

2009 年，啤酒花的大股东新疆蓝剑嘉酿投资有限公司出资人四川蓝剑投资管理有限公司与嘉士伯啤酒厂有限公司签署了关于转让新疆蓝剑嘉酿投资有限公司股权的协议，协议约定四川蓝剑投资管理有限公司将持有的新疆蓝剑嘉酿投资有限公司 41% 的股权转让给嘉士伯啤酒厂有限公司。股权转让事宜于 2010 年 1 月 21 日得到商务部批准。啤酒花的大股东更名为新疆嘉酿投资有限公司。至此，啤酒花实际控制人变更为嘉士伯，成为外资控股的上市公司。

（三）ST 百花

2009 年，百花村通过向特定对象发行 1.27 亿股股份，购买农六师国有资产经营

有限责任公司拥有的新疆大黄山鸿基焦化有限责任公司 51% 的股权，及新疆生产建设兵团国资公司、新疆生产建设兵团勘测规划设计研究院、兵团建工医院分别拥有的鸿基焦化 27%、7.5%、2.5% 的股权和阿拉尔统众国有资产经营有限责任公司拥有的新疆天然物产贸易有限公司 30% 的股权，购买资产价格总额为 7.14 亿元。2010 年 3 月 23 日，经中国证监会上市公司并购重组审核委员会对百花村非公开发行股票购买资产暨关联交易事项的审核，公司发行股份购买资产暨关联交易事宜获得有条件通过，并于年内实施完成。自此，百花村成功转型为能源类上市公司，主业更为突出，资产质量大幅提高，以鸿基焦化、大黄山豫新煤业为基地，向煤焦化深加工领域延伸，实现具有循环经济特征的煤—焦—化—电产业链。

(四) * ST 汇通

为走出主业不清晰、缺乏可持续盈利能力的困境，* ST 汇通自 2010 年 1 月下旬开始筹划重大资产重组事宜。2010 年 8 月 6 日，公司 2010 年第一次临时股东大会审议通过了“新疆汇通（集团）股份有限公司重大资产置换及发行股份购买资产暨关联交易报告书”，公司拟以其全部资产和负债与海航实业所持有的渤海租赁等值股权进行置换，同时向渤海租赁全体股东发行股份购买其持有的渤海租赁剩余股权。本次交易完成后，公司将彻底剥离原有资产和业务，转为持有渤海租赁 100% 的股权，完成向融资租赁产业的转型，成为国内第一家融资租赁类上市公司。公司已于 2010 年 10 月收到中国证监会对公司提交的《上市公司发行股份购买资产核准》的行政许可申请受理通知书。

(五) 天山纺织

长期以来，天山纺织主业缺乏核心竞争力，经营业绩长期处于微利状态。公司自 2009 年开始筹划重大重组事项，第一步实施股权收购，由自治区国资委实际控制的凯迪投资有限责任公司以划转方式取得自治区国资公司、市国资公司所持有的天山纺织全部国有股，以协议转让方式取得自治区供销合作联社和中国香港天山毛纺织有限公司持有的股份，合计持有天山纺织 56.78% 股份，成为公司的控股股东。第二步拟以发行股份方式购买凯迪投资旗下新疆凯迪矿业投资股份有限公司以及青海雪驰科技技术有限公司合计持有的新疆西拓矿业有限公司 75% 的股权。公司将通过资产重组置入有色金属矿产资源资产的开发、生产、销售等业务，使经营业务由单一毛纺行业向多元化经营转型，改善公司资产质量，提高公司盈利能力。公司已于 2010 年 10 月收到中国证监会对公司提交的《上市公司发行股份购买资产核准》的行政许可受理通知书。

五、2010 年新疆上市公司定向增发情况

2010 年，新疆共有中泰化学、天康生物、新中基、天山股份、百花村、美克股份、国统股份 7 家公司实施了定向增发方案。合计募集资金总额为 84.71 亿元。实施定向增发的公司比 2009 年度增加了 5 家，募集资金额比 2009 年的 24.27 亿元增加了 249.03%，定向增发十分活跃，成为上市公司再融资的主要方式。通过实施定向增发，上市公司的资本结构、财务状况得到改善，

资产结构更加合理。为公司进一步发挥主业优势提供了强有力的保障，同时，部分公司通过增发顺利实现了主营业务转型，提高了市场竞争力。

六、2010 年新疆上市公司募集资金使用情况

（一）募集资金概述

2010 年，新疆上市公司通过资本市场共融资 213.52 亿元（含金风科技在 H 股募集资金 81.73 亿元港币，折合 70.39 亿元人民币），较 2009 年 43.26 亿元融资总额增长了 389.72%。其中，光正钢构、西部牧业和新研股份等 3 家公司分别在中小板、创业板首发上市，共募集资金 14.42 亿元。另有 9 家公司通过增发或配股等方式实现融资 128.71 亿元（分别为：特变电工融资 36.98 亿元；中泰化学融资 38 亿元；新中基融资 5.94 亿元；天山股份融资 15.39 亿元；青松建化融资 7.02 亿元；天康生物融资 2.27 亿元；美克股份融资 11.6 亿元；百花村融资 7.15 亿元；国统股份融资 4.36 亿元）。2010 年，新疆上市公司融资总额约占新疆上市公司 17 年来累计筹资总额的近一半，达到了历史最好成绩。

（二）募集资金使用进度和效果良好

2010 年企业通过资本市场募集的资金已经陆续投入相关募集资金使用项目，目前已经使用募集资金 131.06 亿元，新增就业岗位 5 470 个。光正钢构首发筹集资金 3.43 亿元，主要用于年产 7 万吨钢结构加工基地项目，目前已经投入募集资金 0.93 亿元。西部牧业首发筹集资金 3.57 亿元，主要用于 6 000 头高产奶牛养殖基地和生鲜乳综合服务体系升级改造项目，目前已经投入募集资金 1.22 亿元。新研股份首发筹集资金 7.42 亿元，主要用于新疆农牧机械产品制造及科技成果转化基地项目，目前已经投入募集资金 0.99 亿元。特变电工主要从事输变电设备的生产销售，2010 年通过公开增发筹集资金 36.98 亿元，募集资金已经于 2010 年 8 月到位，主要用于“超高压项目完善及出口基地建设项目”等输变电设备生产项目，目前已经投入募集资金 13 亿元。中泰化学充分利用新疆丰富的煤炭、电石等资源大力发展氯碱化工产业，2010 年通过定向增发筹集资金 37.99 亿元，完成了年产 70 万吨聚氯乙烯树脂、50 万吨离子膜烧碱等项目建设，目前已经投入募集资金 33.15 亿元。通过新项目的建设，公司实现了跨越式发展，由 1999 年的全行业排名第 31 位跃升至前 3 位。新中基主要从事番茄酱的加工业务，2010 年通过定向增发筹集资金 5.94 亿元，主要用于偿还农六师和兵团国资公司债权以及偿还银行贷款项目，目前已经投入募集资金 5.94 亿元。天山股份主要从事水泥的生产销售，为新疆地区重要的水泥生产企业。2010 年天山股份通过定向增发筹集资金 15.39 亿元，主要用于天山股份在塔里木、吐鲁番、哈密等地的分子公司的新型干法水泥生产线和低温余热发电项目，目前已经投入募集资金 14.30 亿元。青松建化通过配股筹集资金 7.02 亿元，主要用于青松建化在巴州、克州、和田、库车等地的分子公司的新型干法水泥生产线和低温余热发电项目，目前已经投入募集资金 6.47 亿元。天康生物定向增发筹集资金 2.27 亿元，主要用于天康阿克苏和奎屯棉籽脱酚蛋白项目，

目前已经投入募集资金2.1亿元。美克股份定向增发筹集资金11.60亿元，主要用于收购美克美家49%股权和扩充美克美家连锁店项目，目前已经投入募集资金6.2亿元。国统股份定向增发筹集资金4.36亿元，主要用于伊犁、中山、天津、大连等国统管道子公司PCCP生产线建设项目，目前已经投入募集资金0.7亿元。金风科技发行H股筹集81亿元港币，主要用于海外业务拓展、海上风电设备制造与研发、主要零部件的加工制造基地，目前已经投入募集资金53亿元港币。

（三）募集资金管理和使用的程序规范

新疆上市公司均已建立了《募集资金管理制度》和相关内控控制制度，能按照募投项目进行投资。上市公司均对募集资金使用情况及时履行了信息披露义务，募集资金的存管账户与招股说明书中一致，无挪用募集资金用于股票及其衍生品种投资的情形。实施募集资金投资项目后，多家上市公司呈现了良好的增长态势，有效提高了上市公司可持续发展能力和盈利能力。

七、中国证监会积极支持新疆经济社会发展

2010年5月17日至19日，中共中央、国务院在北京召开了新疆工作座谈会。此次座谈会全面分析了新疆工作面临的形势和任务，明确了当前和今后一个时期新疆工作的指导思想、目标任务、重点工作和重大政策措施。中央新疆工作座谈会召开后，中国证监会及时传达落实会议精神，专门出台文件，提出了支持新疆企业首次发行股票上市、上市公司再融资和并购重组，支持新疆培育上市后备资源，以及支持新疆证券期货经营机构发展，维护新疆资本市场稳定等一系列政策措施；尚福林同志亲自出席了资本市场支持新疆经济社会跨越式发展报告会，并做了题为《充分发挥资本市场的功能与作用　促进新疆跨越式发展和长治久安》的报告，就资本市场支持新疆经济社会跨越式发展等问题与新疆自治区各级领导交换了意见。2010年度，中国证监会会内各部门、系统各单位认真学习领会中央新疆工作座谈会精神，全面贯彻执行党中央、国务院关于推进新疆实现跨越式发展和长治久安的重大战略，全力支持新疆经济社会发展，主要表现在积极支持新疆企业融资，明确表示在同等条件下对新疆企业首发上市和再融资给予优先考虑，以帮助新疆资本市场进一步提高增量，优化存量，促进企业做大做强，并协同带动了新疆就业岗位的大幅提升；积极支持新疆上市公司并购重组，促进新疆经济结构的改善和经济增长方式的转变；大力培育后备上市资源，增强新疆企业上市融资的后劲。截至2010年年底，各项工作均取得了较大进展，新疆资本市场的活力空前增强。新疆上市公司将把握新一轮西部大开发实施的历史性机遇，借助中国证监会对新疆资本市场的大力支持，进一步完善上市公司治理水平，切实提高公司质量和经营业绩，实现自身的跨越式发展，为新疆资本市场持续健康发展夯实基础，为新疆跨越式发展和长治久安作出贡献。

审稿人：李　瑾
撰写人：董雅娟

大 连 地 区

一、大连上市公司总体情况

（一）公司数量

截至2010年12月31日，大连共有上市公司25家，公司数量占全国上市公司总数的1.21%。其中，上交所上市13家，深交所上市公司12家（其中主板5家、中小板5家、创业板2家）；A股公司21家，B股公司2家，A+B股公司1家，A+H股公司1家。

（二）行业分布

25家上市公司分布于制造业、批发和零售贸易、农林牧渔等8个行业，其中制造业公司12家，占48%。大连上市公司行业分布情况见表1。

表1　大连上市公司行业分布情况

所属证监会行业类别	家数
综合类	1
社会服务业	2
制造业	12
交通运输、仓储业	2
批发和零售贸易	3
电力、煤气和水的生产、供应业	2
农林牧渔业	2
房地产业	1

数据来源：wind，数据来源下同。

（三）股本结构

截至2010年12月31日，大连上市公司总股本279.27亿股，较2009年增长117.3%。其中，总股本在10亿股以上的公司有4家，占大连上市公司总数的16%。具体股本规模情况见表2。

表2　大连上市公司股本规模

股本规模（亿股）	公司家数	具体公司
100以上	1	国电电力
40～100	1	大连港
10～40	2	大连控股、铁龙物流
4～10	4	辽宁成大、亿城股份、獐子岛、瓦轴B
0～4	17	ST大化B、大冷股份、大连国际、大连圣亚、大连友谊、大商股份、大橡塑、大杨创世、华锐铸钢、科冕木业、美罗药业、大连热电、时代万恒、天宝股份、壹桥苗业、易世达、智云股份

（四）资产规模

截至2010年12月31日，大连25家上市公司总资产2 488.33亿元，较2009年增长51.46%；净资产845.38亿元，较2009年增长38.23%；平均每股净资产4.86元，较2009年增长27.56%。

（五）市值情况

截至2010年12月31日，大连上市公司总市值1 952.6亿元，较2009年相比增长28.56%。其中6家公司总市值超过百亿元，分别为国电电力471.07亿元、辽宁成大273.93亿元、獐子岛193.85亿元、铁龙物流144.81亿元、大商股份139.19亿元和大连港132.52亿元。总市值约为大连GDP的37.86%。大连上市公司基本情况见表3。

表3 大连上市公司基本情况

项　目	2010年	2009年	2008年
公司家数	25	20	20
总股本（亿股）	279.27	128.52	122.7
总市值（亿元）	1 952.6	1 518.84	751.48
总资产（亿元）	2 488.33	1 642.9	1 332.91
净资产（亿元）	845.38	611.59	531.92
营业收入（亿元）	1 014.22	705.04	630.14
净利润（亿元）	82.47	60.81	37.09
平均资产负债率（%）	48.71	51.21	49.44
平均每股收益（元）	0.45	0.40	0.37
平均每股净资产（元）	4.86	3.81	3.61
平均净资产收益率（%）	7.85	10.97	12.60
平均每股经营活动净现流（元）	0.58	0.78	0.18

二、大连上市公司经营状况

（一）资产规模稳步增长

截至2010年12月31日，大连25家上市公司总资产2 488.33亿元，较2009年增长51.46%。其中，总资产超百亿元的公司有4家，分别是国电电力1 501.51亿元、大连港226.91亿元、大商股份119.17亿元、辽宁成大102.35亿元，这4家公司总资产合计占25家公司资产总额的78.36%。

25家上市公司净资产总额845.38亿元，较2009年增长38.23%。净资产增长的有21家公司，增幅在50%以上的公司有6家，均为2010年新上市的公司以及实施再融资的公司。

从每股净资产情况看，25家公司平均每股净资产为4.86元，较2009年增长27.56%。

（二）营业收入不断增长

2010年，在面临货币政策和产业政策的调控的大背景下，大连上市公司的营业收入取得稳步增长，全年实现营业总收入1 014.22亿元，比2009年增长49.33%。25家公司中有21家公司营业收入实现增长，增幅在35%以上的有6家公司。4家公司营业收入出现下滑。

（三）总体盈利水平明显提升

2010年，大连25家上市公司中有23家公司实现盈利，2家亏损。累计实现利润总额100.87亿元，较2009年增长38.98%；实现净利润合计82.47亿元，较2009年增长35.62%；实现归属上市公司股东的净利润69.93亿元，较2009年增长32.54%。其中，净利润增长50%以上的公司有7家。国电电力、大连港、辽宁成大等龙头公司继续保持良好的盈利能力，3家公司实现净利润54.78亿元，占25家上市公司净利润总额的66.42%，对提升大连上市公司整体利润贡献较大。

（四）资产负债率整体下降

大连25家上市公司平均资产负债率为48.71%，较2009年下降2.5个百分点。同时，部分公司资产负债率总体水平仍然偏高，有5家公司资产负债率超出了70%的警戒线。除新上市公司外，资产负债率低于20%的公司有2家。资产负债率较低的公司一方面说明其偿债能力较强，另一方面也说明这些公司缺乏好的投资项目，资产利用效率较低。

（五）现金流状况明显好转

2010年，大连上市公司现金及现金等价物净增加额47.88亿元，较2009年同期的38.51亿元增加9.37亿元，增幅27.65%。18家公司的经营活动现金流量净额为正值，占公司总数的72%。结合盈利状况，上述数据表明大连上市公司持续产生现金流量的能力明显提高，资产收益质量较高。

（六）利润分红比例较高

2010年，大连共有17家上市公司公布利润分配方案或公积金转增股本预案，占上市公司总数的68%。17家公布利润分配预案的公司合计分红派息金额24.18亿元，送股4.84亿股，转增股本9.23亿股，分红派息总额占2010年度大连全部公司净利润总额的29.32%。其中新上市5家公司中有4家公司提出了利润分配方案。这表明近年来中国证监会所倡导的回报股东的主导思想正在转化为上市公司的实际行动，同时也是大连上市公司资产质量、持续盈利能力和利润质量不断向好的重要标志。

（七）经营业绩呈两极分化趋势

2010年，大连有13家上市公司净利润超过1亿元，占公司总量的52%，共计实现净利润82.3亿元，占大连上市公司净利润总额的99.79%；国电电力、辽宁成大、大连港3家公司占大连上市公司总量的12%，但2010年实现净利润54.78亿元，占大连上市公司净利润总额的66.42%；国电电力、大商股份2家公司实现营业收入651.15亿元，占大连上市公司营业收入总额的64.2%，是排名后3位公司营业收入总和的137倍。这表明大连上市公司业绩分布不均衡，存在两极分化现象。

三、2010年大连上市公司治理与规范运作情况

2010年，大连上市公司按照中国证监会相关文件要求，在巩固治理整改“回头看”的基础上，继续深化做好公司治理与规范运作的后续工作。大连证监局在中国证监会的领导下，加强对上市公司的现场检查，深化治理整改成果，全年共检查上市公司23家，占大连上市公司总量的92%，发现上市公司存在的涉及公司治理、“三会”运作、内控制度、信息披露等方面的问题

33 项，并针对这些问题及时采取了包括下发整改通知书、监管意见函、约见公司高管谈话等监管措施，督促公司进行整改，强化执行力度，增强规范运作意识，不断提升公司治理水平。

（一）取得的主要成效

1. 上市公司规范运作意识不断提高

2010 年，大连证监局以“增强责任意识和规范运作意识”为目标，建立上市公司董事长和独立董事谈话制度，增强风险防范意识和规范运作意识。大连证监局在 2010 年先后举办 2 期大规模的上市公司董、监事培训班，进一步强化了上市公司高管人员的责任意识和法律意识，推进了上市公司“公司自治、股东自治”的机制建设。

2. 公司治理长效机制逐步建立

各上市公司能够根据最新规定修订完善《公司章程》、“三会”议事规则、内幕信息知情人管理制度、独立董事及董事会专门委员会工作制度等内部规章制度，公司治理制度进一步完善。以五部委联合发布《企业内部控制配套指引》为契机，大连证监局加强内部控制建设现场检查，加大中介机构内部控制审计责任，并与有关部门通力协作，组织上市公司加强学习研讨，推动上市公司不断完善内控管理制度，健全内部控制机制。部分上市公司根据要求健全了内部审计、财务管理等内控制度。

3. 公司运作透明度逐渐提高

大连上市公司信息披露透明度情况总体良好，均按照有关规定建立了信息披露管理、重大信息内部报告、内幕信息知情人管理等有关制度，董事会秘书切实承担了信息披露事务责任。公司定期报告的编制、审议、披露情况较好，均能按照规定期限完成定期报告披露，2010 年年报审计意见类型均为标准无保留意见。

（二）存在的主要问题

大连上市公司在公司治理和规范运作中仍存在需要整改的问题，涉及公司独立性、“三会”运作、内控制度、信息披露等方面。具体表现为：一是个别公司与母公司仍存在潜在同业竞争；二是部分公司存在董事不按规定参加董事会、董事会决策程序不合规、独立董事没有发挥应有作用等现象；三是大连上市公司都建立了相应的内部控制制度，但与《企业内部控制配套指引》要求相比还存在差距，执行的力度和效率仍有待进一步加强，尤其是内审部门的作用有待进一步发挥；四是各上市公司虽然都建立了子公司内部管理制度，但在制度的执行、信息披露、财务核算等方面仍有待进一步加强。

四、2010 年大连上市公司并购重组情况

大连证监局根据中国证监会的统一部署，加大工作力度，推动符合条件的上市公司通过并购重组、定向增发等多种方式实现整体上市，解决同业竞争，减少关联交易。2010 年，大连有 5 家公司启动了整体上市计划。其中：

（一）国电电力

国电电力控股股东国电集团承诺将国电电力作为集团火电和水电业务的整合平台，力争用 5 年左右的时间将集团发电业务资产注入上市公司。2010 年，国电电力通过定向增发方式完成了对国电集团 49.69 亿元资

产的收购；通过公开发行方式将募集资金中的72.07亿元用于收购国电集团的电力资产。

（二）华锐铸钢

2010年，华锐铸钢将集团改制与整体上市相结合，研究制定工作方案，积极推进整体上市进程，于2011年4月12日公布重大资产重组预案，拟通过发行股份购买资产的方式购买重工起重集团拥有的除华锐风电和大重公司股权之外的装备制造业经营性资产和负债，涉及标的资产金额54.42亿元。2011年9月29日获得证监会上市公司并购重组审核委员会有条件通过。本次并购重组的完成，将实现重工起重集团的整体上市，有效解决关联交易问题，增强上市公司独立性，扩大资产规模，提高持续盈利能力，更好地维护中小股东的利益。

五、2010年大连上市公司定向增发情况

2010年，大连共有1家公司实施了定向增发，2家公司公布了定向增发预案。实施定向增发的1家公司为通过定向增发收购资产，2家公布预案的公司为通过定向增发募集现金。

（一）国电电力

本次非公开发行的对象为公司控股股东国电集团，国电集团以其持有的江苏公司80%的股权认购本次发行的144 028.88万股股份，每股面值为1元，每股发行价格为3.45元，此次非公开发行募集资金总额为49.69亿元，扣除发行费用后募集资金净额为49.61亿元。2010年6月，公司完成新增股份登记和资产过户手续。本次非公开发行完成后，国电电力电厂区域分布更加合理，有利于分散公司经营风险，对提升公司的资产质量与核心竞争力，促进公司长期可持续发展具有重要的战略意义。

（二）獐子岛

2010年3月23日，獐子岛2009年年度股东大会审议通过了《关于公司向特定对象非公开发行股票的议案》，拟募集资金8亿元投资于海水养殖及加工业务，并于2011年3月完成非公开发行工作，向6名特定对象发行216.75万股股份，每股面值1元，每股发行价格36.9元，募集资金总额8亿元，扣除发行费用后募集资金净额7.76亿元。本次非公开发行的完成将使公司深海养殖能力进一步提高。

（三）天宝股份

2010年7月27日，天宝股份公布《非公开发行股票预案》，拟募集资金6亿元用于扩大原生产线，并于2011年7月18日完成非公开发行工作，向9名特定对象发行3 636.36万股股份，每股面值1元，每股发行价格16.5元，募集资金总额6亿元，扣除发行费用后募集资金净额5.83亿元。本次非公开发行的完成，将有利于公司进一步扩大主营业务规模，增强盈利能力。

六、2010年大连上市公司募集资金使用情况

（一）2010年度募集资金使用情况

2010年，大连港、易世达、壹桥苗业、

科冕木业、智云股份 5 家公司实现发行上市，募集资金总额分别为 28.95 亿元、8.25 亿元、4.93 亿元、2.90 亿元和 2.91 亿元；募集资金净额分别为 27.72 亿元、7.78 亿元、4.69 亿元、2.64 亿元和 2.64 亿元；2010 年度已使用募集资金分别为 11.93 亿元、0.92 亿元、2.79 亿元、0.57 亿元和 0.19 万元。

2010 年，国电电力通过公开发行股票募集资金总额 95.7 亿元，净额 93.08 亿元；2010 年度已使用募集资金 85.07 亿元，尚未使用募集资金总额 8.01 亿元。

（二）以前年度募集资金使用情况

2010 年，尚有 2 家公司存在以前年度募集资金未使用完毕的情况。天宝股份 2008 年首次公开发行股票募集资金总额 3.07 亿元，净额 2.92 亿元；2010 年度使用募集资金总额 247.64 万元，累计使用募集资金总额 2.2 亿元；尚未使用募集资金 7 251.06万元。华锐铸钢 2008 年首次公开发行股票募集资金总额 5.82 亿元，净额 5.54 亿元；2010 年度使用募集资金总额 3 581.45万元，募集资金已全部使用完毕。

审稿人：丁文圣

撰稿人：曲孝生

宁 波 地 区

一、宁波上市公司总体情况

截至2010年底，宁波共有A股上市公司32家，其中上交所上市公司17家，深交所主板上市公司1家，深交所中小企业板上市公司11家，深交所创业板上市公司3家。

截至2010年12月31日，宁波32家上市公司（上市公司整体的同比数据均为与2009年32家公司的同比数据）合计总资产4 498.23亿元，较上年同比增长46.43%，净资产890.59亿元，较上年同比增长32.04%；总股本288.11亿股，总市值2 345.90亿元，占宁波市2010年GDP的45.77%。

二、2010年宁波上市公司经营状况

（一）经营业绩

2010年，宁波上市公司实现营业总收入800.90亿元，较2009年同比增长29.39%；实现归属于母公司股东的净利润106.76亿元，较2009年同期增长4.55%；每股收益0.371元，比2009年同期的0.398元略降6.78%；净资产收益率11.99%，比2009年同期的15.14%下降3.15个百分点。

（二）资产质量

截至2010年12月31日，宁波32家A股上市公司的平均资产负债率为80.20%，剔除宁波银行后，32家A股上市公司平均资产负债率69.07%，较2009年的62.05%上升了7.02个百分点。

（三）近3年经营状况比较

总体来看，近3年来宁波上市公司资产规模、经营业绩呈增长态势。2009年宁波上市企业总体已走出金融危机的低谷，取得了较好的业绩。2010年，因为准确把握了经济复苏的时机，5家企业首发上市和4家公司的再融资带动了宁波资本市场规模的进一步壮大。近3年主要财务指标见表1。

表1　　宁波上市公司近3年主要财务指标表　　单位：亿元

主要指标	2008年（26家调整后）		2009年（27家调整后）		2010年（32家）	
	总数	平均数	总数	平均数	总数	平均数
总资产	1 939.28	74.59	2 801.75	103.77	4 498.23	140.57
归属于母公司股东的权益	400.79	15.42	520.92	19.29	890.59	27.83
总股本	119.41	4.59	145.91	5.40	288.11	9.0

续表

主要指标	2008年（26家调整后）		2009年（27家调整后）		2010年（32家）	
	总数	平均数	总数	平均数	总数	平均数
营业总收入	546.57	21.02	551.80	20.44	800.90	25.03
归属于母公司股东的净利润	45.04	1.73	81.46	3.02	106.76	3.34
基本每股收益（元）	0.377		0.558		0.371	
净资产收益率（%）	11.24		15.64		11.99	

（四）2010年宁波上市公司主要经营情况分析

2010年，宁波上市公司总体经营业绩稳步增长，年报数据凸显行业变化特征、大盘公司引领优势等特点，具体如下：

1. 制造业上市公司受益于行业复苏

截至2010年底，宁波共有18家制造业上市公司，占总上市公司家数56.25%。2010年制造业产生的营业收入（已扣除其中雅戈尔、维科精华收入中的房地产收入部分）为296.4万元，同比上年增长31.54%，其中增长较快的有东方日升，增长比例达到182.13%，主要得益于光伏行业的复苏。但宁波制造业上市公司总体规模仍较小，合计净利润占宁波上市公司比重不到20%，对上市公司整体业绩影响较小。

2. 房地产业务出现新变化

一是利润所占比重仍然较大。2010年，宁波有7家上市公司实现房地产业务收入（分别为荣安地产、雅戈尔、京投银泰、宁波联合、宏润建设、维科精华、宁波富达，其中龙元建设虽涉及房地产业务但未产生营业收入），实现营业利润46.84亿元，比2009年增长11.37%；占宁波上市公司营业利润总额比重为37.70%，较2009年下降5.12个百分点。二是毛利率有所下降。2010年，宁波上市公司房地产业务实现营业收入合计123.96亿元，同比增长44.95%；但平均毛利率为37.79%，同比下降9.8个百分点。三是收入和利润实现不均衡。房地产业务总体规模较小，收入和利润确认受单个房产项目的影响较大。四是受宏观调控影响，房地产企业面临较大的资金压力。2010年，8家涉足房地产业务的公司“经营活动产生的现金流量净额”合计数为－45.46亿元，较2009年的2.31亿元减少了47.77亿元。五是房地产调控政策对宁波上市公司经营业绩的影响尚未完全体现。由于房地产业务收入和利润确认的滞后性，2010年实现的房地产业务利润，反映的还是房地产调控政策出台前预售的房产项目，房地产调控政策对宁波上市公司经营业绩的影响将在以后年度进一步体现。

3. “三大”公司业绩对宁波上市公司整体影响举足轻重

2010年，雅戈尔、宁波银行和宁波港3家上市公司合计实现净利润71.9亿元，占上市公司净利润总额的65.66%。其中，由于雅戈尔受房地产业务和金融投资收益的影响，业绩出现波动，2010年净利润下降18.13%，对宁波上市公司整体净利润的增长产生较大影响。

4. 金融投资收益对总体业绩的贡献有所下降

2010年，宁波上市公司实现金融投资收益19.85亿元，比2009年减少近9亿元；同时，由于上市公司数量和总体经营规模的扩大，金融投资收益占上市公司净利润总额的比重由2009年的34.41%，下降为18.12%。截至2010年末，宁波上市公司持有的各类金融资产公允价值达215.17亿元。

三、2010年宁波上市公司治理及规范运作情况

（一）宁波上市公司股权结构概况

截至2010年12月31日，宁波32家A股上市公司中，国有控股公司共6家，分别为宁波海运、宁波富达、宁波热电、香溢融通、京投银泰和宁波港；外资控股公司1家，为东睦股份；民营控股公司25家，包括雅戈尔、杉杉股份、龙元建设等。

（二）规范运作情况

2010年，宁波上市公司在公司治理、信息披露、内幕交易防控和股权文化建设等方面取得新的进展，公司规范运作的内生机制逐步形成。

1. 公司治理进一步完善

2010年，中国证监会在三年公司治理专项活动的基础上，继续开展了“解决同业竞争、减少关联交易”专项活动。宁波上市公司通过整体上市、并购重组等多种方式，基本解决了同业竞争和关联交易问题。此外，越来越多的上市公司把建立与实施内部控制作为实现企业可持续发展的自发性要求，共有26家上市公司在披露年报的同时披露了内部控制的自我评估报告，有8家公司披露了由会计师事务所出具的内部控制审计报告。

2. 信息披露质量进一步提高

宁波上市公司通过强化年报工作，提升了年报披露质量：建立了审计委员会年报工作规程，采取沟通见面会等方式，加强与年审会计师事务所的沟通和协调工作；安排独立董事在年报编制、披露过程中就重大事项对公司现场进行了实地考察，听取独立董事意见和建议；建立了年报差错责任追究机制，提高了年报编制和复核工作质量，年报差错更正情况大幅减少。同时，各上市公司临时公告总体上能按照相关规定及时、准确、完整地披露，并能积极应对媒体和市场的评论和质疑，及时发布核查公告或澄清公告，维护正常的信息披露秩序。

3. 内幕交易防控工作取得一定成效

经过各类文件、会议和培训的宣传教育，宁波上市公司管理层已经树立了防控内幕交易的意识。同时，宁波上市公司均建立并披露了内幕信息知情人登记制度，建立了董事、监事、高级管理人员及控股股东董事、监事、高级管理人员及其近亲属的信息档案，内幕信息以“一事一记”的方式对知情人进行了登记，不少公司对外部机构内幕信息知情人采取提示函等合适的方式，提醒其履行保密以及不得进行内幕交易的义务。

4. 诚信建设进一步推进

各上市公司均建立了投资者网络互动平台，利用网络技术强化了投资者关系管理工作的深度和广度。2010年5月，宁波证监局举办了宁波上市公司投资者网上集体见面会，各公司董事长等与投资者积极互动交流，网页点击数超过60万，回答投资者提问2 000余条，取得了较好效果。同时，宁波上市公司更加注重承担相应的社会责任，在守法经营、节能减排、保护员工合法权益、促进社会公益事业等方面走在同类企业前列，并有8家上市公司主动披露了履行社会责任报告。

四、2010 年宁波上市公司并购重组情况

2010 年 9 月 15 日，海通集团收到中国证监会下发的重大资产重组事项的受理通知书，截至 2010 年 12 月 31 日重组方案正待证监会审批过程中。具体方案如下：海通集团拟将其持有的除 600 万股的民生村镇银行股份以外的所有资产及负债（作为置出资产），与亿晶光电股东持有的亿晶光电 100% 股权（作为置入资产）中相应等值部分进行置换，差额部分海通集团以 8.31 元/股的价格向亿晶光电股东非公开发行 2.56 亿股股份作为对价。同时，亿晶光电股东将置出资产直接交付给海通集团实际控制人陈龙海及其一致行动人新设的接受实体，并再支付 3 000 万元现金，陈龙海及其一致行动人将向亿晶光电股东转让其持有的海通集团 5 000 万股股份。

同时，宁波上市公司实施境外并购的情况也逐步增多。2010 年，宁波韵升完成了收购日本日兴电机工业株式会社 79.13% 的股权，带来主营业务收入 4.95 亿元；宁波联合以总投资不超过 450 万美元的计划，在土耳其投资设立了合资公司，主要从事锑矿投资等相关业务。

五、上市公司定向增发情况

2010 年，宁波华翔、东力传动、宁波银行 3 家上市公司实施了定向增发，共募集资金净额 57.61 亿元。其中，宁波华翔以 11.88 元/股的价格非公开发行股份 7 340 万股，募集资金净额 8.51 亿元，主要用于内饰件总成东北生产基地等汽车零部件生产项目；东力传动以 11.92 元/股的价格非公开发行股份 4 281.25 万股，募集资金净额 5.34 亿元，主要用于大型风电齿轮箱产业化项目和 4 万台模块化减速电机技术改造项目；宁波银行以 11.45 元/股的价格非公开发行股份 38 382.05 万股，募集资金净额 43.76 亿元，全部用于补充资本金。

此外，京投银泰、宏润建设 2 家公司也在 2010 年提出了定向增发方案，但最终因方案有效期到期或选择其他融资方式等原因而告终。

六、2010 年宁波上市公司募集资金使用情况

（一）募集资金情况

2010 年，宁波上市公司共募集资金净额 169.67 亿元，占历年宁波 A 股资本市场募集资金总额的 50.73%，刷新了年度融资总额和融资公司家数的新纪录。其中，宁波 GQY、圣莱达、双林股份、东方日升、宁波港 5 家公司首发上市共募集资金 106.06 亿元，宁波华翔、东力传动、宁波银行 3 家公司非公开发行股票募集资金 57.61 亿元，杉杉股份发行公司债募集资金 6 亿元。截至 2010 年底，宁波 32 家 A 股上市公司历年累计募集资金净额 354.77 亿元。此外，在 2010 年首发上市的 5 家公司中，除宁波港外，其余 4 家公司均存在高比例超募资金的情况，超募资金最多的东方日升超募 13.9 亿元，占实际募集资金净额 18.38 亿元的 75.63%。

（二）募集资金使用情况

2010年，宁波上市公司共使用募集资金约104.02亿元，涉及14家公司。其中宁波银行、宁波港使用当年募集资金金额为86.42亿元，占2010年宁波上市公司募集资金使用总额的83.08%，分别用于充实银行核心资本金和集装箱、煤炭码头工程建设项目。截至2010年12月31日，募集资金尚未使用完毕的上市公司有11家，其中2010年度以前募集资金尚未使用完毕的公司有4家，分别为龙元建设、宁波华翔、天邦股份、宁波韵升。2010年，6家公司用募集资金补充流动资金，为公司节省了一定的财务费用。其中理工监测、东方日升、宁波港按照超募资金使用计划和招股说明书的要求永久性补充流动资金共计15.1亿元，东力传动、宁波GQY、双林股份、东方日升用闲置募集资金补充流动资金共计5.35亿元。

七、2010年宁波上市公司股权激励情况

2010年，宁波GQY、双林股份2家公司的董事会通过了股权激励计划（草案），但未正式实施，主要内容如下：

宁波GQY拟向104名激励对象授予500万份股票期权，行权价格为28.88元。激励对象可自首次股票期权授权日起满12个月后，在未来72个月内选择5期行权。行权条件为以2009年净利润为基数，2011～2015年相对于2009年的净利润增长率分别不低于25%、50%、75%、100%、125%，每年可行权比例为20%。

双林股份拟以定向发行新股的方式向32名激励对象以每股20元的价格授予218万股限制性股票，计划有效期60个月，其中锁定期12个月，解锁期48个月。第一批解锁条件为以2009年度为基准年，2010年净利润增长率不低于100%，加权平均净资产收益率不低于12%，解锁比例为25%；第二到四批解锁条件均以上年数据为基准年，当年净利润增长率不低于25%，且加权平均净资产收益率不低于12%，解锁比例均为25%。

审稿人：李立国
撰稿人：方乐乐

厦门地区

一、厦门上市公司总体情况

2010年，厦门新增科华恒盛、三五互联、三维丝、建研集团、易联众、乾照光电6家上市公司，境内上市公司数量增至24家，其中：A股公司23家，B股公司1家；主板15家，中小板5家，创业板4家。截至2010年底，24家上市公司总股本99.57亿股，总市值1 380.84亿元，相当于厦门2010年GDP的67.24%；总资产1 206.82亿元，净资产（归属上市公司股东的所有者权益）307.04亿元，同比分别增长37.09%和44.73%。厦门上市公司主要分布于机械、电子、商贸、造纸、交通运输、金属及综合类等行业。

二、2010年厦门上市公司经营状况

（一）总体业绩增长明显，个别公司盈利超预期

2010年，受益于国民经济平稳度过"复杂期"，厦门上市公司业绩保持增长势头。24家上市公司全年实现营业收入1 633.08亿元，同比增长48.97%，其中建发股份、厦门国贸、金龙汽车分别实现营业收入660.96亿元、339.91亿元、161.56亿元，位列前三甲；实现归属上市公司股东净利润49.91亿元，同比增长34.27%。18家上市公司实现了营业收入和净利润的双增长，其中法拉电子、厦工股份、建发股份、乾照光电等7家上市公司营业收入和净利润的增幅均在40%以上，厦工股份和法拉电子净利润同比大幅增长478.45%和103.03%。按板块分，15家主板上市公司实现营业收入1 546.97亿元，同比增长49.24%，实现净利润44.64亿元，同比增长38.3%；5家中小板上市公司实现营业收入77.85亿元，同比增长45.07%，实现净利润3亿元，同比下降4.9%；4家创业板上市公司实现营业收入8.26亿元，同比增长37.18%，实现净利润2.26亿元，同比增长30.66%。

（二）毛利率略有下降，各项费用控制合理

2010年，通货膨胀压力逐步凸显，上市公司普遍面临原材料、人工等成本上涨压力，厦门上市公司平均毛利率为10.74%，同比下降1.72个百分点。按板块分，4家创业板上市公司平均毛利率较高，达53.89%，远高于主板上市公司的10%和中小板上市公司的18.37%。2010年，厦门上市公司的销售费用、管理费用和财务费用三项费用同比增长25.09%，相当于营业收入的

5.16%，同比下降0.99个百分点。其中：主板上市公司三项费用合计与营业收入之比在2010年全部下降；中小板、创业板上市公司的销售费用、财务费用占比有所增长，但仍处于合理水平。

（三）经营性现金流净额大幅下降，资金压力逐步显现

2010年以来，不断紧缩的经济政策对部分行业上市公司的经营性现金流影响较大，一些上市公司采取增加库存等措施应对生产资料价格上涨以及通胀预期等经济形势变化。厦门上市公司2010年经营性现金流净额同比大幅下降，由2009年的42.04亿元下降为-36.57亿元，经营性现金流为负的公司由2009年的7家增至10家，其中建发股份、厦门国贸的经营性现金流净额分别为-46.04亿元和-27.46亿元。这说明2010年房地产调控、货币紧缩等宏观经济因素对上市公司经营状况的直接影响较大。近三年厦门上市公司主要财务指标见表1。

表1　　近三年厦门上市公司主要财务指标　　单位：亿元

项　　目	2010年（24家）	2009年（18家）	2008年（18家）
总资产	1 206.82	863.44	633.00
归属上市公司股东的所有者权益	307.04	202.22	171.51
营业收入	1 633.08	1 081.85	977.07
归属上市公司股东净利润	49.91	34.09	4.458
经营活动现金流量净额	-36.57	38.29	34.51
每股收益（摊薄）	0.501元	0.440元	0.060元
每股净资产（摊薄）	3.084元	2.608元	2.300元
净资产收益率（摊薄）	16.26%	16.86%	2.60%

数据来源：wind资讯。

三、2010年厦门上市公司募集资金使用情况

（一）募集资金情况

2010年，厦门上市公司累计从资本市场募集资金47.81亿元（已扣除发行费用，下同），为历年之最。其中，6家新上市公司首发募集资金36.27亿元；2家上市公司定向增发募集资金11.54亿元。此外，厦门国贸通过发行短期融资券募集资金10亿元。

（二）募集资金使用情况

2010年，厦门上市公司共使用募集资金23.49亿元，其中：6家新上市公司使用当年募集资金11.22亿元，占年内募集资金总额的30.82%；2家再融资公司使用当年募集资金7.77亿元，占年内募集资金总额的66.72%；7家上市公司使用以前年度募集资金4.5亿元。此外，厦工股份、新华都、合兴包装、安妮股份4家上市公司在按规定履行审批程序后，变更了部分募集资金用途。

截至2010年底，有14家上市公司募集资金未用完，合计金额32.43亿元，其中2010年度之前募集资金未用完的有7家，合计金额3.33亿元，分别为建发股份、厦门国贸、厦工股份、厦门钨业、安妮股份、合兴包装、新华都。

四、2010年厦门上市公司公司治理结构与规范运作情况

（一）开展“解决同业竞争、减少关联交易”专项活动

2010年，根据中国证监会统一部署，厦门上市公司在厦门证监局的督导下，深入开展摸查同业竞争和关联交易活动。根据摸底情况，存在同业竞争的厦门港务、创兴置业和存在关联交易的厦工股份、旭飞投资成为“解决同业竞争、减少关联交易”专项活动的重点公司。在厦门证监局的推动下，4家上市公司积极落实消除同业竞争、规范和减少关联交易的举措。截至2010年底，旭飞投资、厦工股份、创兴置业3家公司已制定解决方案并在积极实施当中，厦门港务同业竞争问题因背景复杂，涉及多方利益，相关方案仍在进一步协商中。其中：旭飞投资2010年11月公告了《关于减少和规范关联交易整改方案》，公开承诺加强公司治理建设，完善关联交易审查程序，减少和规范关联交易，并力争在1～2年时间内改善公司经营业绩；厦工股份拟通过收购厦工三重解决关联交易问题，并已开展收购厦工三重的审计评估工作；创兴置业承诺将采取促销等措施，加快公司尾盘销售，确保在2011年底前消除同业竞争。

（二）继续开展公司治理专项活动

在厦门证监局的监管督导下，2010年厦门6家新上市公司陆续开展了公司治理专项活动，深入挖掘公司治理存在的问题和薄弱环节，制定整改措施，构建有效的公司治理长效机制。截至2010年底，6家新上市公司均完成了自查、公众评议、整改提高三个阶段工作，共整改治理问题34个。

（三）不断健全自我约束机制

一是积极开展内部控制建设。随着《企业内部控制基本规范》的颁布实施，部分上市公司结合自身特点，聘请专业机构或科研机构对内部控制流程进行梳理、诊断和修正，编制内部控制手册，不断完善内部控制。部分上市公司还积极开展内部控制有效性评价工作，披露内部控制自我评价报告。二是规范内幕信息知情人登记管理。根据厦门证监局下发的《关于建立内幕信息知情人报备制度的通知》和《关于进一步做好内幕信息管理相关工作的通知》，厦门上市公司进一步完善信息披露事务管理制度，建立内幕信息知情人档案，加强对内幕信息知情人的管理，并定期向监管部门报备内幕信息知情人登记表。三是推动独立董事勤勉尽责。厦门上市公司更加重视独立董事的作用，积极配合独立董事开展工作。特别是在年报审计期间，积极安排独立董事实地考察上市公司；在重大问题上，积极征询独立董事的意见，保证独立董事的知情权；对独立董事提出的问题以及建议，积极研究和落实。

通过开展上述专项活动，持续深化公司治理，厦门上市公司治理结构更加合理，上市公司独立性进一步增强，信息披露更加透

明，内部控制建设更加健全，规范运作水平不断提高。但是，公司治理中的一些深层次问题需要认真研究和持续关注，公司治理水平的提升仍任重而道远。如上市公司控股股东及实际控制人的行为缺乏有效制衡，一些上市公司“一股独大”的股权结构使得控股股东及实际控制人仍可通过高管任免、重大事项干预、关联交易非关联化等途径影响上市公司的独立性。又如，相比民营上市公司灵活的激励约束机制，国有控股上市公司约束有余、激励不足，大多数公司采用的是注重短期激励的年薪制，采取长期激励的期权、持股经营的很少。激励不透明，约束无效的现象也比较普遍。

五、2010 年厦门上市公司并购重组情况

（一）旭飞投资

2010 年 3 月 8 日，旭飞投资 2010 年第一次临时股东大会审议通过《厦门旭飞投资股份有限公司重大资产置换及发行股份购买资产暨关联交易报告书（草案）》，拟将公司全部资产和负债置出，置入贵州永吉印务股份有限公司 100% 股权，差额部分由公司定向发行股份购买，发行价格为 9.26 元/股，拟发行股份约 13 402 万股。2010 年 3 月 11 日，公司向中国证监会提交《重大资产置换及发行股票购买资产申请材料》。2010 年 5 月 14 日，公司收到中国证监会《行政许可申请受理通知书》。2010 年 8 月 17 日，公司披露《关于终止重大资产重组的公告》称，因海发大厦剥离问题难以解决，决定按相关程序终止此次资产重组。2010 年 9 月 8 日，公司召开 2010 年第二次临时股东大会审议通过《关于厦门旭飞投资股份有限公司重大资产重组终止协议》和《关于公司拟向中国证监会申请撤回重大资产重组行政审批申报材料》的议案，至此，公司本次重大资产重组终止。2010 年 9 月 8 日，公司向中国证监会报送了《厦门旭飞投资股份有限公司关于撤回本公司〈重大资产置换及发行股份购买资产核准申报材料〉》的申请报告。2010 年 11 月 22 日，公司收到中国证监会《行政许可申请终止审查通知书》，中国证监会决定终止对该行政许可申请的审查。

（二）* ST 夏新

2010 年初，根据重整计划的规定和安排，* ST 夏新管理人继续开展债权清偿、资产拍卖及过户等工作。2010 年 3 月 22 日，公司董事会审议通过了《发行股份购买资产方案的议案》，拟发行股份购买厦门象屿集团有限公司、厦门象屿建设集团有限公司持有的厦门象屿股份公司 100% 股权，发行价格 3.71 元/股，拟发行股份约 4.3 亿元。2010 年 4 月 20 日，公司召开 2009 年度股东大会审议通过了该议案。2010 年 4 月 21 日，经厦门市中级人民法院裁定，* ST 夏新重整计划执行完毕。截至 2010 年底，公司发行股份购买资产的申请尚在中国证监会审核中。

六、2010 年厦门上市公司股权激励情况

（一）新华都

根据中国证监会的意见，公司对首期股

权激励计划中的行权条件、激励人员、授予价格等进行了修改，形成了《福建新华都购物广场股份有限公司首期股票期权激励计划（草案）（修订稿）》，并于2010年11月25日由公司董事会审议通过，该修订稿已经中国证监会审核无异议。2010年12月27日，公司2010年第二次临时股东大会审议通过该修订稿。2011年1月，公司向172名激励对象授予了767.85万份股票期权。

（二）三维丝

2010年11月7日，公司董事会审议通过《厦门三维丝环保股份有限公司限制性股票与股票期权激励计划（草案）》，拟向激励对象授予52万股限制性股票和208万份股票期权（预留10%）。相关材料已报送中国证监会进行备案审核。截至2010年底，激励计划草案尚在中国证监会审核中。

七、2010年厦门上市公司定向增发情况

2010年，ST雄震、合兴包装实施了定向增发方案。ST雄震两次实施定向增发：2010年2月非公开发行1 868.24万股，募集资金18 125万元，用于偿还逾期债务、对子公司增资以及补充流动资金，截至2010年底已累计使用18 082.22万元；2010年12月非公开发行6 506.85万股，募集资金64 850.5万元，用于收购锡林郭勒盟银鑫矿业有限公司72%股权，截至2010年底已累计使用51 910.83万元。合兴包装2010年6月非公开发行2 719万股，募集资金32 441.4万元，用于天津、浙江海宁新建纸箱项目，截至2010年底已累计使用7 730.48万元。

审稿人：邱　勇

撰稿人：李延国

青 岛 地 区

一、青岛上市公司总体情况

受国家宏观经济调控政策和持续经济刺激政策的正面影响，青岛18家上市公司（赛轮股份于2011年6月底上市，故未统计在内）2010年总体运行状况良好，经营业绩水平与2009年同期相比有了明显提升，基本面进一步改善，资产规模和收入规模进一步扩大，绝大部分公司的财务状况和现金流量状态稳健，公司治理水平持续提高，规范运作意识得到增强，上市公司的总体质量有所提升。随着特锐德、东软载波等新公司在创业板的成功上市，使得青岛上市公司层次进一步细化。青岛上市公司已经覆盖了我国资本市场的所有板块，也标志着上市公司由原先的国有、大型、制造业企业为主的格局逐步向民营、细分行业龙头和高技术创新企业转变，展现出各种规模、多种所有制经济齐头并进的蓬勃发展势头。

青岛有深市A股公司12家，沪市A股公司6家，其中A+H股公司1家，按上市板块分，主板公司9家，中小板公司5家，创业板4家；按行业分布分，共涉及8个行业，相对集中于家用电器、饮料、轮胎橡胶、机械制造和电气制造业等行业；按控股属性分，第一大股东属国有性质的有6家，占33%，其中实际控制人为地方国资委的有5家，央企控股公司有1家，民营控股的公司有10家，集体所有控股的有1家。

2010年，青岛上市公司资产总额887亿元，同比增长34%；净资产总额367亿元，同比增幅17%；实现收入1 276亿元，同比增长42%，超过全国上市公司平均增幅，相当于青岛市2010年GDP总量的29%；实现净利润59亿元，同比增长36%，略低于全国平均增幅；实现平均每股收益0.65元，同比增长22.87%，超过全国平均每股收益水平。从上述数据看，伴随着上市公司家数的增加，青岛上市公司的营业收入与净利润也取得了历史最高水平，并且营业收入优于全国的增长率，股东每股收益也优于全国平均水平，表现出青岛上市公司较强的市场拓展能力和盈利能力，这也是青岛有多家上市公司成为行业龙头的原因所在。

2010年末，青岛各上市公司总股本合计81亿股，较2010年年初增长22%，其中流通股67亿股，流通股比例占总股本的比例为83%，公司总市值升至1 654亿元，同比增幅21%。

二、2010年青岛上市公司经营状况

（一）资产负债情况

1. 偿债能力

报告期内，青岛上市公司平均资产负债

率为48.29%，同比下降6.8%，主要得益于2010年度存量上市公司基本面持续改善和新上市公司超募资金较多等因素。流动比率较年初增长2.21%，速动比率较年初增长1.9%，短期偿债能力与年初相比略有提升，主要得益于海信电器等公司的流动资金充裕、部分新上市公司如华仁药业、汉缆股份等公司的正向拉动。总体而言，青岛多数上市公司短期和长期偿债风险指标安全可控，无重大偿债风险。但部分公司，尤其是传统制造业公司的偿债能力指标萎靡不振。青岛双星、普洛股份、青岛碱业、澳柯玛和ST黄海的流动比率及速动比率均低于1，其中ST黄海速动比率低于0.5，已处于预警状态。这两家公司资产负债率均已超过70%，财务风险较高。澳柯玛偿债能力较低的问题源于所在行业的特性和原材料总体价格上升。ST黄海经营状态不佳，财务状况困难，既有行业整体的影响，也有自身经营不善的原因。报告期内青岛上市公司财务费用有所增长，同比升高18.57%，管理费用总体大幅度增长，较年初增长31.34%，销售费用也有明显的增长，大部分家电制造类企业的销售费用环比增长了近100%，拉动销售费用总体上扬。

2. 资产负债结构

2010年，青岛18家上市公司资产结构进一步趋向稳健。在流动资产结构中，有如下几个明显的特点：一是受益于宽松货币政策和较好经营形势的影响，上市公司货币资金占流动资产的比重继2009年大幅度增长以来，2010年继续维持较快增长趋势，该比率同比增长2.28%，较年初增长11.64%，表明上市公司流动资金持有量持续增长，资金充裕；各公司应收票额据较年初增长14.66%，表明青岛上市公司上半年的资产流动性伴随着经营业绩的提升而有了相应提高，应收票据总额和增长额最大的两家公司为海信电器和青岛海尔，充分反映了家电企业的迅猛增长势头。二是应收账款、存货等项目的余额分别增长8.19%和3.75%，尚在正常范围之内，但与2009年同期及2010年年初相比，均有所增长，表明货款回笼速度降低，存货库存有所增长，特别是个别企业受季节周期的影响较大，上半年应收款项和存货额度大幅度增长，带动了应收指标的攀升。

3. 采用公允价值计量的金融资产

报告期内，青岛有7家上市公司存在使用公允价值计量的金融资产和投资性房地产，有关资产总额为1.56亿元，较年初值增长7 700余万元。总体来看，青岛各上市公司对交易性金融资产的投资额较少，仅有主业是对外投资的民生投资加大了投资力度，相关资产总额升至8 000余万元，其余各公司均无此投资或大幅度减少了此类投资，显示出青岛上市公司对资本市场下跌行情的主动规避意识较强；投资性房地产数额有所增长，总额为7 560余万元，较年初值增长近五成，主要是青岛海尔增加了一笔此类投资，其余各公司的此项目均略有涨跌，但变动不大，表明房地产市场调控政策在青岛上市公司领域产生了一定的抑制作用。各公司对公允价值计量模式的运用较为谨慎，对“投资性房地产”均采用了成本计量模式，而公允价值变动损益绝对值进一步降为500余万元（主要为民生投资的股票类金融资产的损益变动），对青岛上市公司当期总体经营业绩几乎没有影响，表明青岛上市公司集中于主业经营。

（二）盈利情况

1. 总体收入稳步上升，利润水平随之

趋好，龙头公司业绩表现突出

2010 年，青岛 18 家上市公司共实现营业收入 1 276 亿元，同比大幅度增长 42%；销售毛利率 2010 年再创新高，达到 25%；实现营业利润 74 亿元，同比增长 44%；实现净利润 59 亿元，同比增长 37%。青岛上市公司在实现收入增长、经营规模扩大的同时还较好地维持了价格水平。青岛上市公司销售势头良好，为实现稳定的盈利提供了基础。

青岛上市公司净利润总额主要来自大型工业制造业企业，其中青岛海尔、青岛啤酒、海信电器和软控股份的净利润额均超过 1 亿元，这四家公司的净利润合计为 48 亿元，骨干优势作用非常明显。青岛海尔的经营业绩尤其骄人，净利润总额为 20.34 亿元，其净资产收益率也达到了较高的 25%，不仅在青岛排第一，也远高于全国同行业上市公司的净资产收益率，在同类企业中名列前茅。同为家电生产企业的海信电器销售势头良好，净利润同比增长 67%。上述企业的净利润增长率同比均超过 30%，显示出强劲的盈利能力。

2. 部分公司盈利下滑

民生投资、青岛双星、普洛股份、ST 黄海等 4 家公司净利润总额同比下降。其中民生投资与青岛双星降幅均近 9 成，这与其所处的行业在 2010 年上半年遭遇的整体性不利局面有关。普洛股份利润降幅较小，但其业绩同比下降引发了市场一定的关注。

3. 个别公司亏损面扩大，经营形势严峻

ST 黄海所处的橡胶轮胎业上半年遭遇原材料价格大幅上涨的不利因素，使公司雪上加霜，虽然同期获得了数额较高的营业外收入，但公司仍亏损近亿元。由于其未能走出困局，持续经营能力令人担忧，面临较高的退市风险，需要公司及实际控制人等有关各方继续努力提高自身生存能力，消除退市风险。

（三）经营性现金流量净额情况

2010 年，青岛有 6 家公司的经营性现金流量净额为负，其他 12 家公司为正，正负相抵合计额为正 97 亿元，同比减少 11%。现金流“冰火两重天、贫富不均”现象突出。面临较大资金压力的公司分两种情况：一是由于经营不善、管理无方所致的现金流造血功能不足；二是迫于行业竞争压力，被动进行规模扩张带来的资金压力。资金充足的公司也分两种情况：一是资产运营管控得力、持续盈利能力不断提升带来的现金积累不断增加；二是超预期的再融资和新上市公司的超额募集资金所致。

（四）资本结构

报告期内，青岛上市公司股东结构保持平稳，实际控制人均无变化。除青岛金王的某境外股东之外，青岛上市公司上半年未发生大股东集中大量减持上市公司股票的情况，表明公司股本结构稳固，股东对上市公司较有信心。

三、2010 年青岛上市公司关联交易和资金占用情况

报告期内，7 家改制上市公司发生关联采购金额 232 亿元、关联销售金额 128 亿元；财务公司存款规模 59 亿元；对外担保 2 亿元。经调研与统计分析，青岛 7 家上市公司相关关联交易均履行了相关董事会、股

东大会审议程序，关联公允性较为合理；大部分公司关联交易存在一定的业务必要性。

由于总体上关联采购数额远大于关联销售数额，青岛上市公司实际上通过关联交易对关联方形成了一定程度的占用，从各关联交易数额较大的公司对关联方应收应付数据来看，轧差后净额普遍体现为上市公司应付关联方款项较多。

四、2010 年青岛上市公司对外担保情况

2010 年，青岛有 3 家上市公司新增对外担保事项，分别为青岛碱业、海信电器和软控股份，上半年发生额为 4.36 亿元。目前青岛此类担保总余额为 6.44 亿元，同比增长约 50%。从担保的形式和内容来看，主要是为客户购买本公司的产品提供贷款担保（软控股份较多）及一般相互担保。上述担保行为均按法规履行了审批程序。2010 年末，青岛地区有 8 家公司存在为关联方担保的事项，担保余额合计 10.67 亿元。各类对外担保额合计占青岛上市公司净资产的加权平均比例为 4.03%，软控股份、青岛碱业和澳柯玛的对外担保额占净资产比例较高，均超过 15%，存在一定的潜在风险。

五、2010 年青岛上市公司治理及规范运作情况

（一）ST 黄海公司治理问题依然有待解决

ST 黄海目前仍然存在一系列公司治理方面的问题：一是 ST 黄海的实际控制人中化集团下属公司中车汽修集团公司对 ST 黄海的收购承诺暂时无法兑现。该承诺涉及中车汽修集团公司下属公司中车双喜的经营业务与 ST 黄海之间存在同业竞争问题。收购人中车汽修集团公司 2006 年收购 ST 黄海时曾承诺解决该问题，但迟迟未兑现；二是 ST 黄海的三块土地使用权证仍在其股东黄海集团处，至今未能办理过户，主要原因是黄海集团涉及经济纠纷，其所属土地均被查封，无法按期过户给上市公司。

2010 年 5 月，ST 黄海发布公告称其控股股东将对其进行重大资产重组，届时公司控股股东将发生变更，相关轮胎生产资产置出，同时置入矿业资产，同业竞争问题将得到解决。

青岛证监局已对其实际控制人中车汽修集团公司通过司法拍卖方式取得 ST 黄海直接控股权的行为进行了收购人实地核查，下一步将加强对 ST 黄海收购义务豁免事项和重大资产重组事项的追溯监管、过程监管和持续监管。

（二）民生投资主业不清问题依旧

民生投资长期主业不清。该公司的实际控制人和大股东未给公司明确主业和发展方向，目前公司业务仅为对外投资买卖证券，空壳化的状态未发生改变。围绕该公司重组与否的讨论始终是网上的热门话题，不少投资者对其置入资产后的估价抱有极高期望。虽然该公司股价上半年没有明显异动，但仍存在游资对其进行恶意炒作的风险。青岛证监局多次敦促该公司及其实际控制人务必保持合规运作，严禁利用公司主业不明的状态谋取不正当利益，切实维护投资者合法权益，同时注重发挥协同监管优势，与深圳证券交易所保持紧密合作，对民生投资的财

务、信息披露等重大事项保持高度警惕，严防公司违规。目前，该公司状态平稳，运作正常。

（三）个别公司董监高人员家属违规买卖本公司股票

2010 年年初，青岛某公司某监事的家属在信息披露敏感期内以自己的名义购入 500 股本公司股票，被交易所监控发现后通报青岛证监局和公司。鉴于该公司处在受关注度较高的创业板，青岛证监局立即组织对此事进行了专项调查。经查，此人购入股票行为与敏感信息无关，属无知违规。青岛证监局就此事约谈了公司董事长等高管人员，要求公司加强对董监高人员及其直系亲属的管理力度和关于资本市场法律法规的宣教力度，严防重蹈覆辙。青岛证监局已通过各种形式将此违规案例通报青岛上市公司，警示各公司引以为戒。

六、2010 年青岛上市公司并购重组情况

2010 年，青岛有两家上市公司发生过并购重组行为。

一是青岛海尔收购海尔电器股权与海尔电器收购实际控制人物流平台。2010 年上半年，在股东大会审议通过后，青岛海尔收购了实际控制人控制的海尔电器（香港上市公司）控股权，并通过海尔电器收购了实际控制人物流平台，为提高上市公司独立性迈出了坚实的一步。

二是 ST 黄海控股股东变更与重大资产重组。2010 年 4 月 9 日，ST 黄海公告实际控制人拟就公司重大资产重组进行筹划。同时，根据实际控制人对下属轮胎企业的整合方案，为配合实际控制人拟对公司筹划的重大资产重组，ST 黄海首先通过司法判决手段变更了控股股东，并向中国证监会递交了要约收购豁免申请。2010 年 5 月初，公司公布了“出售资产及发行股份购买资产暨关联交易预案”，进入重大资产重组前期审计与评估程序。2010 年 10 月 15 日，因拟重组方未能如期完成重组资产审计与评估程序，ST 黄海本次重大资产重组失败。

七、2010 年青岛上市公司实施、推出或终止股权激励计划的情况

2010 年度，继海信电器和青岛海尔推出股权激励，提出了首期股票期权股权激励方案后，青岛海尔成功实施第二期股票期权股权激励方案，并获得董事会、股东大会通过。经中国证监会批准后开始实施后，市场反响良好，该公司的股权激励的示范效应开始出现。

八、2010 年青岛上市公司再融资情况

2010 年，青岛上市公司无再融资事项。

审稿人：韩汝俊
撰稿人：姜　岩　叶向辉　王　强

深圳地区

一、深圳上市公司总体情况

（一）公司数量

截至2010年12月31日，深圳共有境内上市公司149家，占全国上市公司总数的7.22%，其中A股公司122家、B股公司1家、AB股公司21家、AH股公司5家；在深圳证券交易所主板挂牌交易64家，在中小企业板挂牌交易56家，在创业板挂牌交易17家，在上海证券交易所挂牌交易12家。2010年新增上市公司36家，分别为新宙邦、朗科科技、英威腾、人人乐、赛为智能、天源迪科、格林美、新纶科技、漫步者、浩宁达、中青宝、卓翼科技、新亚制程、国民技术、海普瑞、和而泰、银之杰、爱施德、天虹商场、达实智能、兆驰股份、兴森科技、欧菲光、万讯自控、长盈精密、立讯精密、汇川技术、广田股份、新国都、英唐智控、大富科技、信维通信、科士达、昌红科技、英飞拓、瑞凌股份。上述公司中，新增中小板公司20家、创业板公司16家，另外，SST华新于2010年7月23日迁出深圳。

（二）股份结构

截至2010年12月31日，深圳149家上市公司股份总额1 380亿股，占全国上市公司股份总额的4.15%。其中，A股1 223亿股，B股62亿股，H股95亿股，分别占深圳上市公司股份总额的88.62%、4.52%、6.86%。股份总额超过50亿股的有5家，分别是万科、招商银行、中信证券、广深铁路、中国平安。在全国超过10亿股的326家上市公司中，深圳有27家占8.28%。

（三）控股类型

截至2010年12月31日，深圳149家上市公司按控股类型划分，国资控股52家，其中中央国资控股26家，广东省属国资控股1家，深圳市属国资控股22家，外地市属国资控股3家；民营控股87家；外资控股5家；其他控股类型（无明显实际控制人、股权分散）5家。

（四）行业分布

截至2010年12月31日，深圳149家上市公司所属行业主要分布在制造业（71家）、房地产业（19家）、信息技术业（19家）、金融业（5家），其他行业（28家）。另外，主业基本停顿或无主业的公司有7家。

（五）资产规模

截至2010年12月31日，深圳上市公

司资产总额56 136.63亿元、归属于上市公司股东的净资产（以下简称净资产）7 467.24亿元，占全国上市公司的6.51%和6.55%。截至2010年12月31日，全国总资产、净资产前50名的上市公司中，深圳各占5名，具体情况见表1。

表1　　全国总资产、净资产前50名的深圳上市公司

证券简称	总资产（亿元）	总资产全国排名	证券简称	净资产（亿元）	净资产全国排名
招商银行	24 025.07	6	招商银行	1 340.06	10
中国平安	11 716.27	14	中国平安	1 120.30	13
深发展	7 276.10	18	中信证券	704.35	22
万科	2 156.38	31	万科	442.33	34
中信证券	1 531.78	35	深发展	335.13	42

数据来源：wind资讯。下同。

（六）市值规模

截至2010年12月31日，深圳149家上市公司总市值为22 800.78亿元，占全国的7.50%，总市值位于北京、上海之后，居全国第三。深圳上市公司总市值超过1 000亿元的公司有3家，分别是招商银行、中国平安、中信证券，占全国38家的7.89%。截至2010年12月31日，在全国总市值前50名的上市公司中，深圳占了4名，具体情况见表2。

表2　全国总市值前50名的深圳上市公司

证券简称	总市值（亿元）	总市值全国排名
中国平安	4 292.95	9
招商银行	2 763.96	11
中信证券	1 252.16	27
万科	903.81	43

二、2010年深圳上市公司经营状况

（一）总体经营情况分析

1. 营业收入、净利润同步增长

2010年，深圳149家上市公司共实现营业收入8 930.45亿元、净利润1 109.81亿元。剔除5家金融类公司，144家非金融类公司共实现营业收入5 799.26亿元、净利润470.77亿元，分别同比增长44.8%、52.3%，涨幅高于全国平均的37.6%、48.3%；平均净资产收益率为12.56%，高出全国12.50%的平均净资产收益率0.06个百分点，具体情况详见表3。

表3　　深圳与全国非金融类上市公司经营状况对比

	深圳非金融类上市公司			全国非金融类上市公司		
	2010年	2009年	同比增幅	2010年	2009年	同比增幅
营业收入（亿元）	5 799.26	4 040.67	44.8%	147 704.09	107 321.25	37.6%
净利润（亿元）	470.77	309.04	52.3%	8 739.24	5 884.72	48.3%
净资产收益率（%）	12.56	10.81	16.2%	12.5	10.33	21.0%

2. 主营业务利润构成盈利主体

2010 年深圳 149 家上市公司实现利润总额 1 497.9 亿元，剔除 5 家金融类公司，144 家非金融类公司实现利润总额 658.59 亿元。其中，营业毛利（营业收入扣除营业成本和营业税金及附加）1 253.62 亿元，同比增长 33.66%；营业毛利率（营业毛利/营业收入）21.62%，与 2009 年同期基本持平，显示深圳非金融类公司来自主营业务活动产生的收益基本稳定。

2010 年深圳上市公司对非经常性损益项目的依赖程度有所降低，公司利润主要来源于主营业务，业绩质量得到提升。2010 年深圳 149 家公司共取得非经常性损益 61.32 亿元，其中 144 家非金融类公司取得非经常性损益 56.42 亿元，对利润总额的贡献率为 8.57%，比 2009 年同期减少 3.27 个百分点；扣除非经常性损益后的净利润占净利润总额的比例为 78.94%，比 2009 年同期增长 4.97 个百分点。此外，从投资收益、公允价值变动收益和营业外收支对利润总额的贡献率来看，2010 年 144 家非金融类公司实现的 658.59 亿元营业利润中，包含投资收益 54.75 亿元、公允价值变动收益 3.74 亿元和营业外利润（营业外收支净额）69.01 亿元，对利润总额的贡献比例分别为 8.31%、0.57% 和 10.48%，合计占比 19.36%，比 2009 年同期减少 3.23 个百分点。

2010 年，深圳共有 8 家公司通过非经常性损益实现盈利。其中，* ST 中华、* ST 科健 2008 年和 2009 年连续两年亏损，2010 年分别通过债务重组、减值准备转回获利；ST 零七、* ST 盛润 2008 年亏损，2009 年和 2010 年通过债务重组、非流动资产处置损益等获利；ST 太光、ST 三星、新都酒店 2009 年亏损，2008 年和 2010 年通过债务重组等非经常性损益实现盈利。

（二）分行业经营情况分析

深圳 149 家上市公司主要分属制造业、房地产业、信息技术业和金融保险业。2010 年度，上述 4 个行业的公司数量、营业收入、净利润分别占深圳公司总数的 76.5%、84.8%、88.3%，具体情况详见表 4。

表 4 深圳公司分行业经营情况

行业类别	公司家数	2010 年营业收入（亿元）	与 2009 年同期同比增长	结构占比	2010 年净利润（亿元）	与 2009 年同期同比增长	结构占比
金融保险类	5	3 131.19	27.76%	35.06%	639.04	28.17%	57.58%
房地产类	19	1 033.84	16.18%	11.58%	145.64	30.81%	13.12%
制造类	71	1 576.09	56.25%	17.65%	149.68	92.84%	13.49%
信息技术类	19	1 829.79	77.12%	20.49%	45.18	18.03%	4.07%
其他类	35	1 359.54	35.26%	15.22%	130.27	60.35%	11.74%
合　计	149	8 930.45	38.49%	100.00%	1 109.81	37.39%	100.00%

1. 金融保险类和房地产类上市公司业绩贡献率高

金融保险和房地产是深圳公司中盈利能力最强的行业。2010 年，深圳 5 家金融保险类公司（分别为中国平安、中信证券、深发展、招商银行、招商证券）、19 家房地产类公司分别实现营业收入 3 131.19 亿元、1 033.84 亿元，比 2009 年同比增长 27.76%、16.18%，合计收入 4 165.03 亿元占深圳收入总额的 46.64%；分别实现净利润639.04亿元、145.64亿元，合计净利润784.68亿元，对深圳整体净利润的贡献率高达70.7%，表明金融保险类和房地产类公司是深圳公司主要的利润来源。

2. 制造类公司业绩和成本增长明显

随着2010年国内宏观经济好转，特别是工业生产和消费的平稳增长，半导体、电子元器件等消费制造业景气度回升，带动深圳制造类公司2010年业绩快速增长。2010年，深圳71家制造业公司实现营业收入、毛利、净利润分别为1 576.09亿元、391.2亿元、149.68亿元，同比增长了56.3%、48.9%、92.8%。

2010年以来，受到通货膨胀处于相对高位，人力成本上涨、人民币升值、出口退税率下降等不利因素的影响，制造类公司在收入上涨的同时，成本出现同比或更大幅度的增长。2010年深圳制造类公司营业成本1 189.18亿元，比2009年的748.71亿元增长58.83%，涨幅高于同期营业收入的涨幅2.33个百分点。因成本大幅增长，2010年深圳制造类公司平均毛利率24.22%，比2009年的25.37%减少1.15个百分点，制造类公司成本上涨的因素不容忽视。

3. 信息技术类公司受成本上涨影响大

2010年，深圳19家信息技术类公司实现营业收入1 829.79亿元，同比增加77.12%。由于原材料价格的快速上涨导致营业成本上升的速度始终快于收入增长的速度，深圳信息技术类公司整体毛利率从2009年的21.53%下降至2010年的15.96%。因毛利率大幅降低，2010年信息技术类公司实现毛利310.84亿元、净利润45.18亿元，同比增长仅为28.02%、18.03%，成本上涨对深圳信息技术类公司影响较大。

（三）创业板公司研发投入高、盈利能力突出，但业绩开始出现分化

2010年度，深圳17家创业板公司发生研究开发费5.25亿元，比2009年同期增加1.62亿元，增长44.71%；2010年深圳主板、中小板、创业板公司研究开发费在营业收入中的占比分别为1.11%、1.73%、8.52%，创业板公司研究开发投入明显高于主板和中小板公司，体现了深圳创业板公司自主创新的高新技术企业的特点。2010年，深圳创业板公司实现营业收入61.61亿元、净利润13.75亿元，分别比2009年同期增长44.54%、47.48%，同期主板公司涨幅分别为38.53%、35.76%；中小板公司涨幅分别为36.38%、40.36%，创业板公司收入和利润的同比涨幅明显高于主板和中小板。

2010年，深圳创业板公司业绩已出现分化的迹象。一方面，少数规模大、盈利能力强的创业板公司保持快速发展趋势。2010年，深圳业绩排名前6名的创业板公司实现收入37.14亿元、占创业板公司总收入的42%，实现净利润9.32亿元，占创业板公司净利润的49.5%，表明少数规模大、盈利能力强的创业板公司是深圳创业板公司主要的利润来源。另一方面，深圳部分创业板公司因主营业务单一、规模小、对大客户依赖性过强等导致风险承受能力差，少量公司业绩甚至出现负增长。如朗科科技2010年营业收入和净利润分别同比下降18.07%、49%，且近3年营业收入和净利润复合增长率为－18.1%、－4.13%，公司2010年业绩出现明显负增长；赛为智能2010年营业收入和净利润同比下降9.69%、19.5%；中青宝2010年营业收入虽与2009年持平，但净利润同比减少13.6%。

三、2010 年深圳上市公司治理与规范运作情况

（一）深圳上市公司自治自律水平进一步提高

2010 年，深圳证监局继续深入贯彻落实以“他治”为主转向“自治”与“他治”并重的监管思路，不断推动深圳上市公司提高自治自律水平。在深圳证监局的督促下，深圳上市公司已基本建立《年报信息披露重大差错责任追究制度》、《财务会计负责人管理制度》等，并予以执行。同时，深圳证监局要求深圳各上市公司对 2010 年以来防止大股东及其关联方资金占用长效机制的建立和落实情况进行全面自查。截至 2010 年底，深圳上市公司均建立并进一步落实了“占用即冻结”等资金占用长效机制，防范化解大股东及其关联方占用上市公司资金的风险。

（二）深圳新上市公司规范意识基础进一步强化

新上市公司因对资本市场法律法规掌握不透，无知违规、惯性违规较为常见。深圳证监局在做好日常监管工作的同时，改进监管思路，确立了对新上市公司“从‘娃娃’抓起、主动服务、重在基础”的监管于服务并重的思路，大力推动新上市公司树立规范意识、知悉法律法规、完善治理和财务基础，使新上市公司从上市起点就形成“要规范、懂规范、能规范”的自律意识。

1. 积极开展新上市公司走访咨询工作

深圳证监局在推动公司“懂规范”上找突破，确定在公司上市两个月内主动到公司进行现场走访、提供咨询服务。2010 年度，深圳证监局先后对 35 家新上市公司进行了现场走访，主动帮助公司梳理公司治理和财务会计基础方面存在的问题，提出规范运作的改进意见和建议，帮助新上市公司减少无知违规、无意违规、惯性违规行为。

2. 专门召开针对深圳新上市公司的治理规范会议

2010 年 6 月 25 日，深圳证监局组织召开了新上市公司治理规范工作会议，35 家上市公司、2 家已过发审会审核尚未上市公司的董事长、总经理、监事会主席、财务负责人、董事会秘书，14 家保荐机构负责人及保荐代表人，13 家会计师事务所负责人及签字注册会计师，4 家创投公司负责人等共 270 余人参加了会议。张云东局长在会上做了题为《树立公众公司意识　提高规范运作水平》的主题讲话。会议通报了新上市公司存在的问题，剖析典型和热点问题，明确监管要求和措施，是深圳证监局在新上市公司监管与服务方面的又一次积极尝试。

3. 新上市公司董事长、总经理参加董事监事培训

为进一步提高上市公司董事监事，特别是董事长、总经理的合规守法及规范运作意识，深圳证监局主动将新上市公司担任董事长或总经理的董事纳入 2010 年度董事监事培训对象范围。2010 年 11 月 4 日、5 日和 11 日、12 日，深圳证监局分别举办了两期深圳上市公司 2010 年董事监事培训班。共 109 家上市公司的 426 位董事监事通过培训并获得培训合格证书，其中包括 42 位新上市公司的董事长、总经理。

四、2010 年深圳上市公司并购重组情况

2010 年度，深圳证监局继续推动深圳上市公司并购重组。中国平安保险（集团）股份有限公司先后通过收购深圳发展银行股份有限公司，以其持有的平安银行股份有限公司 90.75% 股份，以及 26.9 亿元现金全额认购深发展非公开发行股份，并实施深发展与平安银行的整合，实现综合金融战略，发挥中国平安、深发展、平安银行的协同效应，避免同业竞争，提升集团银行板块整体实力和盈利水平的目标。

五、2010 年深圳上市公司募集资金情况

（一）基本情况

2010 年，深圳企业通过资本市场募集资金金额大幅增长，通过首次公开发行、非公开发行、配股等方式募集资金 45 家次，共募集资金净额 700.55 亿元，较 2009 年的 246.95 亿元增长了 183.68%。其中，首次公开发行 36 家，共募集资金 408.80 亿元，同比增长 106.93%；非公开发行 8 家（深纺织、深发展、方大集团、中航三鑫、诺普信、科陆电子、长城电脑、飞亚达），募集资金净额 114.94 亿元；配股（招商银行）1 家，募集资金 176.81 亿元。

（二）募集资金使用情况

在 2010 年存在募集行为的 43 家公司中，有 5 家公司（立讯精密、人人乐、天虹商场、新亚制程、卓翼科技）募投项目发生变更，涉及金额 3.67 亿元，占该 5 家公司预计募集资金总额的 2.72%。募投项目变更的主要原因是公司根据经营战略对拟定募投项目实施地点进行调整。

2010 年深圳 36 家首次公开发行的上市公司募集资金净额 408.80 亿元，其中超募资金 273.69 亿元，是预计募集资金金额的 2.02 倍。截至 2010 年底，已使用的超募资金 66.32 亿元，占超募资金总额的 24.23%，其中用于补充流动资金 28.82 亿元，用于归还银行贷款 38.16 亿元，其余超募资金主要用于新增主业发展项目或在原有项目基础上增加投资。

2010 年首次公开发行股票的上市公司主要投资地点集中在深圳、广州、东莞等广东城市，其中投资在深圳的金额占比为 55.25%，投资在包括深圳在内的广东地区的金额占比为 63.19%。其他主要投资区域集中在江苏、江西和安徽等地，其中安徽占 11.49%、江苏占 11.11%、江西占 10.95%。

六、2010 年深圳上市公司其他情况

（一）股权激励情况

2010 年度，6 家公司（芭田股份、中集集团、拓邦股份、世联地产、顺络电子、金地集团）实施了股权激励，其中，采用限制性股票方式的公司 1 家（顺络电子），采用股票期权方式的公司 5 家（金地集团、拓邦股份、世联地产、中集集团、芭田股份）。

自中国证监会《上市公司股权激励管理办法（试行）》发布以来，截至 2010 年

底，深圳上市公司提出股权激励草案的共有27家次，其中已通过证监会备案无异议的13家，已通过董事会审议、正在备案中的2家，已经终止的12家。

（二）利润分配情况

2010年度，深圳盈利上市公司143家，其中103家公司公布了利润分配方案，家数占比72.02%，高于全国65%的平均水平。自中国证监会《关于修改上市公司现金分红若干规定的决定》（证监会令第57号）发布以来，现金分红（含派现、派现加转增、派现加送股）成为上市公司主要利润分配形式，且现金分红数量呈逐年增长趋势。2010年，深圳公布利润分配方案的103家上市公司中，进行现金分红的公司81家，家数占比79%；派发现金总额215.42亿元，同比上涨9.14%，其中招商银行、中信证券、中国平安、万科、中集集团、海普瑞6家公司派现金额达152.08亿元。

审稿人：邱　健

撰稿人：吴崎右　徐　萌

第五篇

上市公司治理篇

- 中国远洋：国有控股上市公司治理机制改革
- 吉林森工：监事会履职案例
- 广西柳工：内控探索之路
- 海螺水泥：特色内控体系，促进持续发展
- 华新水泥：均衡和谐的治理结构，国际化管控模式
- 青海华鼎公司治理案例
- 人福医药公司治理案例
- 华西村减少关联交易案例
- 永新股份：股权激励促进健康稳定发展

中国远洋：国有控股上市公司治理机制改革

中国远洋控股股份有限公司（以下简称“中国远洋”）于2005年3月3日注册成立，于2005年6月30日在香港联合交易所主板成功上市（股票编号：1919），2007年6月26日在上海证券交易所成功上市（股票编号：601919）。中国远洋通过下属子公司为全球客户提供涵盖整个航运价值链的集装箱航运、干散货航运、物流、码头及集装箱租赁等服务。作为打造资本中远的唯一平台，中国远洋立足中国，面向全球市场，不断提升航运综合服务能力，积极拓宽以航运为依托的物流服务领域，致力于成为全球领先的航运与物流服务提供商。

中国远洋秉承公司经营利润最大化、企业价值最大化及股东回报最大化的经营理念，自上市以来一直严守境内外监管规定，致力于提高公司的企业治理水平。在董事会的领导下，中国远洋不断提高经营管理水平，完善公司治理结构，重视信息披露和投资者关系工作，在国内外资本市场树立了良好形象，并在公司治理、信息披露、市值管理、公司价值等方面获得多个奖项。

中国远洋分别于2006年和2008年获得香港董事学会颁发的“杰出董事会奖”，香港企业信誉协会颁发的“最诚信大奖”，以及“2007年中国上市公司价值百强”第一名和“中国证券市场最具社会责任感上市公司”等多项荣誉。

中国远洋以证监会、上交所发布的公司治理文件为指导，促进公司治理不断走向制度化、严密化和规范化。提高公司治理水平，最困难的是管理者与员工观念的转变。中国远洋董事会成员具有开阔的视野和国际资本市场运作的经验，管理层经验丰富、责任心强，公司员工具有开拓创新的精神和支持变革的素质。这使公司在提高内部治理水平的过程中少走了许多弯路。董事会制定的“经营效益最大化、公司价值最大化、股东回报最大化”三个最大化的目标，是公司管理层勤勉尽责、贯彻始终的行动准则，而要实现这三个最大化，科学完善的公司治理是必不可少的。回顾中国远洋这几年的历程，提高公司治理水平主要有以下几方面的经验。

一、坚持规范运作，做到“五分开、五独立”

规范运作是上市公司利用资本市场做大做强的首要前提。中国远洋始终重视强化控股股东、上市公司、下属子公司三个层面的规范运作意识。控股股东以“五分开、五独立”为宗旨，依法行使股东权利，上市公司及其所属公司不断在公司治理、财务管理、募集资金管理等各方面提升规范运作水平。中国远洋多次邀请证监会、天津证监局和上海证券交易所的相关同志为公司董事、监事、高管以及总部员工进行培训，提高公司规范运作意识。中国远洋自觉遵守法律法规及证监会的有关规定，通过网络投票、视频会议等方式，提高了中小股东参加股东大会的比率，通过现场参会与视频参会相结合，确保了董事会100%的出席率。通过规范运作，中国远洋真正做到了董事会科学、规范决策，监事会有效监督，高管层高效执行。

二、完善内控制度，确保程序合规有效

内部控制制度的建立、完善和执行是企业长期发展的战略选择，不仅是外部监管的要求，更是企业加强管理的内在需求。中国远洋以“确立标准、整合形式、固化程序”为指导思想，把内控制度建设作为重点工作来抓，明确规定了各决策程序的工作步骤、控制点、重要风险、控制活动以及相关的监督检查方法等，先后制定了《业务风险管理程序手册》、《内部控制手册》等系列制度。中国远洋管理层亲自领导和组织内控规范实施工作，以身作则，带动公司上下自觉接受内控制度约束，为公司健康发展提供了长效保障。

三、强化信息披露，严格防范内幕交易

国有企业资产庞杂，分支机构众多，重大事项决策链条长、审批环节多。针对这些特点，中国远洋着重加强公司在信息披露与防范内幕交易方面的制度建设。为确保信息披露公平、及时、准确、完整、有效地进行，重大信息的收集、反映、汇总渠道通畅，中国远洋制定了《信息披露管理办法》，明确了公司在日常经营和重大决策中可能触及信息披露义务的事项，强化了董事、监事、高管以及各相关方的责任。中国远洋以“坦诚开放，把握平衡，统一口径，合理引导”为具体指导原则，坚定不移地坚持有效披露，提升公司的透明度。

为了防范内幕交易，公司严格执行保密制度和内幕信息知情人登记备案制度，积极推进建立防控内幕交易的内部控制机制。公司董事、监事、高级管理人员主动加强对有关法律法规的学习，严格自律，坚决不踏入内幕交易雷区。

四、严格履行承诺，推进公司整合发展

自上市以来，中国远洋董事会始终将规范公司的关联交易作为一项重要的工作严格管理，通过有效的监控措施保证公司与关联方之间所发生的所有关联交易符合公平、公开、公允的原则和境内外上市的相关规定。

为避免控股股东与中国远洋的业务存在任何实际或潜在的竞争，中远（集团）总公司分别在干散货航运业务、集装箱航运业务、集装箱租赁业务、货代、船代及物流业务等方面出具不竞争承诺，并严格履行。

同时，控股股东中远（集团）总公司积极推进“整体上市、分步实施”战略，力争从根本上杜绝与上市公司的同业竞争，减少关联交易。中国远洋2006年完成了中远物流有限公司51%股权项目的收购；2007年收购了中远（集团）总公司散货资

产；2009年收购了中远太平洋持有的中远物流另外49%的股权，中国远洋直接持有中远物流100%股权；同年，还收购了上海远洋100%股权。通过稳步推进整体上市，扩展了中国远洋的产业链，增强了中国远洋抵御风险的能力。

公司治理是一个常讲常新、永无止境的话题。国有控股上市公司从传统的国有企业改制、转换而成，从观念和管理方式上不可避免地存在传统体制下的惯性思维，这些惯性思维的禁锢不会自然消除。提高公司治理水平，要对原来习以为常的东西重新审视，要将原来的思维方式、运作模式重新构建，这必然是一个痛苦的自我否定过程。中国远洋的经营者、领导者，必将勇敢面对，积极探索。

吉林森林：监事会履职案例

吉林森林工业股份有限公司（以下简称“吉林森工”或“公司”）是1998年9月由中国吉林森林工业集团有限责任公司（以下简称“森工集团”，持股占比47%）独家发起，以社会募集方式设立的我国国有森工企业第一家上市公司，是现代化程度较高的人造板及装饰材料生产企业，也是我国重要的人造板生产基地和产量最大的刨花板生产企业。公司主导产品“露水河”牌刨花板、“金桥”牌实木复合地板被评为“中国名牌产品”，在同类商品市场上占有较大份额。公司自主研发生产的E_0级刨花板已达到国际领先水平，填补了国内空白。2010年度公司经营业绩高出行业平均水平27.5%。

在全行业景气度不高的情况下，吉林森工能保持良好的经营业绩，得益于公司相对完善的治理结构和内控体系。吉林证监局在现场检查中发现，吉林森工在董事长柏广新的带领下，构建和完善治理机制，强化监事会和独立董事监督职能，提高信息披露质量和规范运作水平，形成了一套以“明权责，重执行，强制衡”为特点的公司运行和内控机制。尤其是监事会履职方面，通过积极探索建立了一套运行有效的工作程序和机制，切实巩固了监事会对董事和高管人员的监督职能。

一、监事会设置情况

根据《公司章程》的规定，吉林森工监事会由五名监事组成，其中股东代表森工集团派出的监事三名，职工代表监事二名。监事会选任主席一名（与森工集团监事会主席为同一人），由监事会选举产生。

为加强工作力度，更好的履行职责，2010年4月经公司董事会、监事会决议，成立监事会办公室负责监事会日常事务。在监事会的领导下，监事会办公室具体落实组织财务检查，收集整理资料等。

二、监事会履职情况

自吉林森工上市以来，监事会严格按照《公司法》、《证券法》、《公司章程》、《监事会议事规则》等有关法律、规章的规定，本着对公司和股东负责的态度，认真履行监督职责，全力督促公司规范运作。几年来，监事会列席了全部董事会和股东大会，对公司重大决策的提出意见，对分（子）公司经营管理和财务处理情况进行了检查，对董事履职进行监督考核及评价。

（一）严格监督董事会运作，及时掌握重要决策

监事会依据有关法律、法规和《公司章程》赋予的职责，对董事会的召开程序、决议事项、决策过程、董事会对股东大会决议的执行和实施情况、董事和高级管理人员执行职务情况及公司日常经营活动进行了监督。

公司监事会按照有关规定，列席股东大会、董事会会议和重要的总经理办公会议，及时掌握公司重大决策事项，对公司经营管理过程中的重大决策实施监督，督促公司各项决策程序合法、合规，切实维护股东权益，防止公司资产流失。

（二）以关联交易为切入点，防止关联方占用公司资金

监事会以监督检查公司关联方占用资金情况和对外担保情况作为工作重点，特别是对公司与日常经营相关的关联交易、集团财务公司为公司提供金融服务等关联交易事项进行了认真核查和监督，督促公司完善财务管理制度和内控制度。通过定期查阅会计账簿、审阅定期财务报告、了解财务运作情况，对董事会提交股东大会的财务报告、利润分配方案等进行审查并出具审核意见，督促公司采取各种措施杜绝关联方资金占用和对外担保等情况的发生。

（三）组织专业人员，全面检查分（子）公司财务处理

近几年，监事会为履行工作职责，有效监督和评价公司经济运行情况、维护企业利益，促进公司经济工作健康有序发展，聘请了审计专业人员并抽调森工集团部分财务人员组成工作组，陆续对公司所有分（子）公司的财务处理情况进行了全面检查并提出整改建议。近几年监事会共出具报告六万余字，最终形成对高管人员的评价意见集中报送公司董事会，并及时组织对整改问题的回访检查。

检查的主要内容包括公司执行国家相关政策及履行股东大会、董事会决议情况，公司高管人员履行职务情况，财务收支情况，会计信息质量、资产质量情况、内部控制制度建立健全情况和执行效果。监事会还重点调阅了会议记录，审核、分析了会计报表、会计账簿、会计凭证等财务资料，对存货、固定资产等进行了盘点。

（四）完善流程，细化规则，加强对董事履职的评价工作

监事会根据《公司法》、《证券法》和《上海证券交易所上市公司董事选任与行为指引》等相关法律、法规和规范性文件要求，结合《公司章程》和公司运作现状，于2010年3月31日制定了《公司监事会对董事履职评价办法》，具体规定了对董事履职评价的工作内容、评价程序、结果反馈等。

2010年度，监事会依据《公司监事会对董事履职评价办法》，对公司董事执行公务、履行职责进行监督考核及评价，建立董事履职档案，要求董事提交年度履职报告。监事会将每名董事工作情况汇总列表，召开了专题会议，对董事履职情况进行逐一考核，并采取无记名投票的方式评价董事是否称职，出具了评价意见报送森工集团董事会和监事会。

三、监事会履职效果

吉林森工积极推进公司治理建设，尤其是着力发挥了监事会的监督职能，公司治理水平稳步提高。公司的股东大会、董事会和监事会既相互制约，又相互协调。近年来公司没有发生过媒体质疑、股价异动、内幕交易和大股东资金占用等情形，治理机制和内控制度有效运行。

监事会的履职工作起到良好的效果，不仅强化了对董事和高管人员的约束和监督机制，督促董事和高管人员勤勉尽职，促进董事会和经营层规范、高效运作，而且进一步完善了公司治理结构，强化了内部控制，增强了公司透明度和规范运作水平，有效保护了中小投资者权益。

四、关于对监事会履职的思考

与很多上市公司监事会不监事形成鲜明对比，吉林森工监事会切实发挥了监督职能，并取得了明显成效，归因于以下几个方面：

（一）必要的独立性是监事会发挥职能的基础

我国公司法在颁布之初即为上市公司设计了一套完备的以监事会为核心的监督机制，将监事会定位为代表股东监督公司董事会和管理层经营行为的一个公司内部权力组织，赋予监事会很高的地位。在很多上市公司中，监事会只是召开会议表决，没有成为一个有效的职能部门对上市公司的运作进行监督。而吉林森工监事会从实质上具备了必要的独立性，具体表现在监事会主席与大股东森工集团监事会主席是同一人，从身份上来说能更好地站在全体股东的立场上，对董事和高管人员实施监督，独立地发挥监事会作用。

（二）完善的监督机制是监事会发挥职能的关键

监事会以财务监督为核心，对企业财务状况和经营业绩、经营管理情况、内部控制体系、持续发展能力以及企业领导人等方面进行全面评价。为了更好地履行监事会职责，监事会也必须通过多种方式和方法，开展一系列实地监督检查工作，才能真正履行好“出资人监督职责”。吉林森工监事会仅有5人，在人手紧张的情况下，依靠一套有效的机制将财务监督不走过场、落到实处。吉林森工监事会依据《公司章程》和《公司监事会对董事履职评价办法》赋予的职责，建立了一套科学的监督机制对董事履行职务情况进行监督，通过设置合理的指标体系，对董事、高管人员进行考核评价，并建立董事履职档案。

（三）畅通的信息渠道是监事会发挥职能的保障

在实际工作中，企业的经营信息掌握在董事会和经理人员手中，监事会完全依靠经营管理层提供的信息进行监督，如果没有知情权，就谈不上监督权的行使。吉林森工在扩大监事会对企业经营决策及与之相关的知情权，为监事会依法履职创造良好的客观环境方面做了很多工作。吉林森工监事会通过列席参加董事会会议监督公司的重大决策；通过列席经理办公会议对经理层执行公司决策的情况进行监督。只有知情，才能监督董事和经理在履行公司职务职责时是否存在损害企业和股东利益的问题，才能保证公司正常有序有规则地进行经营，保证公司决策正确和领导层正确执行决策。

监事会的积极尽责，不仅有利于提高上市公司的整体质量以及整个证券市场的健康发展，更重要的是，将为保护中小投资者权益起到极其重要的作用。

广西柳工：内控探索之路

广西柳工机械股份有限公司（简称“柳工”，证券代码“000528”）始创于1958年，是一家从事工程机械研发、制造、销售的国有控股企业集团。柳工于1993年在深交所上市，成为中国工程机械行业和广西第一家上市公司。2010年公司销售额突破150亿元，比2009年度增加50%以上。强大的技术开发和制造能力使柳工一直处于行业领先地位，被誉为“中国工程机械行业排头兵”，在世界工程机械50强排名第20位。

一、柳工内部控制工作回顾与简介

（一）内控建设是柳工成就世界级企业愿景的重要基石

柳工近年来保持健康、快速发展，得益于公司一直将规范化管理作为增强企业竞争力的手段给予高度重视和持续强化。自2006年以来，根据国务院国资委《中央企业全面风险管理指引》以及五部委《企业内部控制配套指引》的要求，柳工结合自身特点和管理需要，逐步建立起一套贯穿于经营管理活动各层面和各环节的，比较完善的风险管理体系、内部控制制度和相应的信息系统工作平台。

柳工在公司规范化管理方面以国际一流公司为榜样，在信息系统工作平台的基础上，陆续建立健全有效的风险管理和内部控制体系，以提升自身发展能力，保障柳工进一步生存和发展。

（二）公司治理是内部控制的核心保证

2011年，柳工在中国上市公司董事会金圆桌论坛暨第七届“金圆桌奖”上获得殊荣。该奖项已成为中国上市公司治理水平的重要评价标杆。柳工治理层次清晰、运作透明、信息披露规范，可以有效根据发展需求动态、均衡配置资源，降低整体风险。柳工已建立起完善的内部控制及风险管理体系，确立了决策、管理、执行、监督四层次的管理构架。

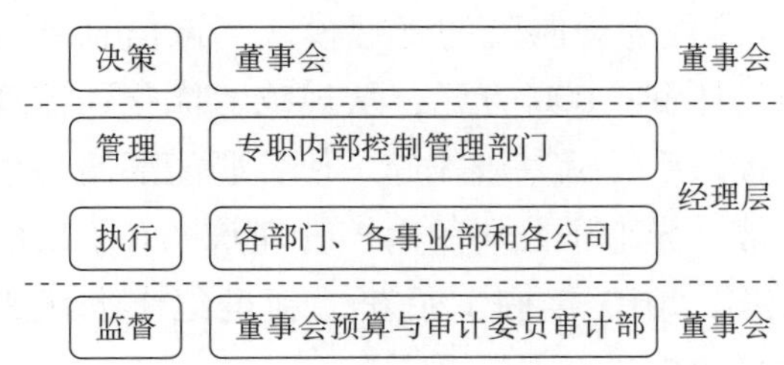

柳工将内部控制与风险管理作为“一把手”工程，组成了从领导层到执行层的多层级内部控制组织管理体系。2010年8月，柳工成立了内部控制管理领导小组及工作小组。领导小组组长由董事长亲自担任，其他公司高层作为成员，负责领导及指导公司的内部控制体系建设。工作小组组长由公司党委副书记担任，审计监察部牵头负责组织协调、部署和汇报公司内部控制工作，总部各部门及柳州本部各事业部设立45名内控专员作为内控建设的骨干力量协助及配合内控建设、流程制度管理。审计监察部拥有国际注册内控师、国际注册内审师、高级审计师、专业律师组成的专业内控团队。

（三）内部控制建设起步早，柳工积极探索内部控制最佳实务

柳工作为广西企业内部控制建设的探路者，秉承积极探索、勇于实践的精神，建立健全公司内部控制与风险防范体系，主要经过了以下几个历程：

1. 2006~2011年，大力发展信息系统自动化控制，建立以流程为导向的管理模式

2006~2011年柳工启动了“数字化柳工创新工程”，先行梳理及再造了整个公司和外埠子公司的所有研发、采购、物流、制造、销售、服务活动的流程，将具有柳工独有的管理模式和业务流程固化在统一的软件系统中。柳工将信息技术从提高效率的工具，转变为流程创新工具，促进企业走向“以流程为导向”的管理模式。该信息系统项目耗资6 000万元，从规范、优化、梳理流程入手，从基础作起，使各职能部门与事业部、异地子公司的内控管理水平有了质的飞跃。2010年柳工荣获“新世纪十大优秀信息化先进企业”称号。

2. 2009~2010年，全面风险管理思维的引入，实施五大关键模块内控提升

2009年4月，鉴于公司自身发展和外部监管的需要，柳工按照建立包括战略风险管理、决策风险管理、投资风险管理、财务风险管理、市场风险管理、运营风险管理和法律风险管理等在内的全面风险管理体系为目标，提高公司经营管理水平和风险防范能力。公司首先选取了总部的五大关键模块：财务、销售、采购、投资和信息技术部作为主线开展了公司的内部控制体系提升工作。2010年开展两次大规模的内部控制自我评价工作并编制了《内控评价手册》。经过1年多的实践，柳工内部控制建设已初步取得成效。

3. 2011年，内控建设全面合规，分模块实施优化

在对内控建设经验进行总结后，柳工提出了内部控制建设五年规划，并按照内部控制“五要素”构建了内部控制框架，该框架对柳工现有的SPA系统控制、ISO质量体系、HSE安全环保体系等进行了融合。按照内控建设的规划，2011年启动“内控合规及优化项目”，在原有内部控制的建设基础上，对照五部委颁布的18项内控指引全面完善柳工内控体系，同时对公司“授权体系”、“人力资源管理”和“研发流程”进行梳理，形成三个亮点。

二、柳工内部控制建设的主要举措

（一）以流程为导向，信息化为内控插上腾飞之翼

在公司成就“国际化柳工”的愿景下，信息系统就显现出不适应性：原有系统支持的是单体企业管理，不适应未来集团式的企业内部流程管控的要求，业务流程仅局限于职能化管理。柳工清楚的认识到，信息技术必须从提高效率的工具转变为流程创新工具，促进企业走向“以流程为导向”的管理模式。2006~2011年柳工耗资6 000万元，通过信息系统固化业务流程与管理模式，信息化成为公司发展战略以及内控落地

与保障执行力的一个重要工具。

根据公司管理模式的分析和多次可行性研究，柳工选择了集团 ERP 系统，并开发、配置出了集团级财务管控平台、制造型业务支持平台和销售服务型业务支持平台，推广实施至柳工总部及所有柳州及异地的事业部，覆盖企业的计划、生产、采购、库存、市场、销售、服务以及财务管理等所有经营管理业务活动，并实现了财务业务一体化，在整个大型企业组织的业务全过程实现了应用集成。

在所选择的 PLM（产品生命周期管理系统）系统上，开发、配置起跨越价值链（概念、开发、采购、制造、销售、服务）的柳工产品生命周期管理平台，按照国际先进的 LPD（集成产品研发）理念进行具有柳工特色的自主创新产品研发管理，以此为纽带实现产品全过程的集成管理和远程协同开发，以及 PLM 与 ERP 系统间紧密的数据集成。

根据“一个企业，一套统一的标准，一套集成的系统”思路，梳理并再造了整个公司的所有研发、采购、物流、制造、销售、服务活动的流程，提炼出柳工经过管理变革的统一、规范、标准的管理模式体系。对柳工独特的管理模式和业务流程进行梳理和再造，运用 IT 系统进行固化，实现人工控制向自动化控制的转变。同时，重视对新建、兼并企业管理、流程和企业文化的多元素输出，流程再造与公司生产经营紧密结合。柳工对机械工程制造业两种模式的生产流程进行归纳总结，将其管理模式提炼固化于信息系统之中。这种固化的管理模式，既有柳工几十年管理的经验总结，更融合有国际先进管理理念，是管理控制科学化和业务流程标准化的具体表现。

通过从内控流程入手，从基础做起进行规范、优化、梳理，经过系列变革，以最短的时间解决了各事业部之间管理水平参差不齐的情况，各事业部的管理水平有了质的飞跃。

（二）以风险为导向，优化五大关键模块内控体系

鉴于企业自身发展及外部监管的需要，柳工于 2009 年初聘请专业风险咨询机构，启动了内控体系咨询项目，以建立健全内部控制与风险管理体系。柳工引入咨询公司对柳工公司层面的风险进行识别与评估，完善公司风险管理组织体系，以财务管理、销售管理、采购管理、投资管理、信息技术五大关键模块为主线，构建以风险为导向的内部控制体系。

建立一套科学、系统的全面风险管理和内部控制体系建设的方法和规范，为公司内部控制体系建设、运行和维护提供指引，并作为建立、运行及评价风险控制和内部控制体系的依据，从而确保公司上下思想上、认识上对风险管理和内部控制体系保持高度统一，最终实现行为上的统一。

项目实施主要经历了以下几个阶段：

1. 成立项目领导及推进小组

2009 年启动的风险管理和内部控制咨询项目，成立了项目领导小组、工作推进小组，董事长和总裁分别担任领导小组组长和副组长，负责项目的组织领导、重大问题的决策及资源保证。董事长和总裁参加每个阶段的汇报会，聆听进度汇报、拍板解决问题，并给予方向性的指导，极大提高了公司对内控及风险管理项目的重视程度。

2. 完善风险管理与内部控制组织体系

构建柳工风险管理和内部控制组织架构，由股东会、董事会、经理层共同构成。柳工明确界定了公司风险管理和内部控制架

构内各机构的职责和权力，形成决策、管理、执行、监督四个层次的管理架构。

3. 加强培训及宣传，培育和提升全员的内控意识

为使内控工作顺利推进，柳工组织培训和交流共计 840 多次、培养内控骨干 50 多人，无论是公司高层领导，还是普通员工都积极参与，形成合力，为全面风险管理体系建设打下了坚实的基础。柳工还通过内部的信息平台发布风险管理体系建设的相关资料及培训教材，使公司员工全面接受教育，树立内部控制理念。

4. 评估公司层面风险，绘制风险热度图

通过对公司高层访谈、收集业务资料，将柳工关键财务指标与工程机械行业其他公司进行对比等方式，形成工程机械行业以及柳工面临的主要公司层面风险，并绘制了风险热度图。

5. 启动以风险为导向的内部控制优化

按照内部控制五要素和“全面风险管理、全部业务流程、全过程控制”的总体要求分阶段推进，对公司财务管理、销售管理、采购管理、投资管理、信息技术五大关键模块进行业务流程的梳理与优化。对五大模块进行流程梳理、辨识风险控制点、制定风险控制措施的工作，共梳理了 295 个末级流程，风险 599 个，规范关键控制 333 项，关键控制文档（KCD）76 个，监督文档（KCTD）76 个，建立了一套比较完整的风险数据库。根据项目组梳理出的业务流程，编制了各模块“流程地图”和各子业务流程图以及“流程关键控制文档”和“流程监督文档”，为公司内部控制体系建设打下良好的基础。经过 1 年多的实践，柳工的五大试点模块内控体系整体运行良好。

6. 开展五大模块内部控制自我评价和独立评价

2010 年 4 月，柳工启动五大模块内控系统试运行，由柳工内控团队与咨询公司合作进行了自我评价和独立评价。从评价结果看，柳工五大试点业务模块的内部控制体系整体上执行良好，在抽样和获取样本的范围内未发现重大控制执行缺陷，针对一般的控制缺陷，均制定了整改跟踪措施。2010 年 11 月，柳工再次组织对五大业务模块最新的重要子流程和关键控制措施展开内部控制有效性进行评价，其中重点对采购模块所有子流程关键控制点的有效性进行评价，并提交了《内部控制试运行评价报告》。

7. 编制柳工《内部控制评价手册》

根据对前两轮内部控制自我评价经验总结，柳工内控团队与咨询公司共同编制完成《内部控制评价手册》，手册中明确了“五要素”评价核心指标、内部控制评价工作底稿、内部控制自我评价问卷模板、内部控制合规报告模板，建立了一套科学、系统的、具有柳工特色的内部控制评价方法和规范。

该项目引入以风险管理为导向的内部控制管理的思想体系，确立了以“目标—风险—控制”的内部控制工作思路。基本确立柳工内控制度中决策、管理、执行、监督的风险管理模式。

（三）内部控制全面合规，内控优化亮点纷呈

柳工于 2010 年 12 月至 2011 年 2 月开展公司“流程制度调研工作”。全面摸底排查现有的流程制度情况。调研组通过调查问卷、调查表、访谈及收集整理流程制度等方式，归纳出现有流程制度的状况，查找出现有流程制度的管控缺失，并制定了缺陷整改

方案及时间安排。

根据对前期内控建设经验总结和流程制度调研的结果中反映内部控制需要解决的主要问题，柳工继续推进内控体系的建设工作。根据柳工内部控制建设五年工作规划，启动了2011年内控合规和优化项目。该项目采取继续聘请咨询公司的方式，但实施方法由原来单纯依靠咨询公司转变为咨询公司仅做指导、主要工作均由柳工团队实施，更加注重柳工内部团队能力的提升和实现内控知识的转移。该项目重点围绕内控合规对标建设，同时根据公司管理需要，梳理出“三个亮点”：公司授权体系手册、优化人力资源管理业务流程和优化研发流程。

该项目是柳工2011年二十四项重点工作之一，项目实施季度监控并在公司高层办公会上报告项目进展情况。项目组成员涵盖柳工总部及各事业部45名领导和内控专员，项目成员主要来至审计监察部、战略发展部、财务部、信息技术部、技改部以及各生产和营销事业部，并在项目期间保持项目成员的相对固定。

柳工审计监察部“流程制度调研”工作完成了与内部控制18项指引的内控合规对标工作。由咨询公司对完成的对标结果和对标底稿进行审阅，并出具《内控合规对标审阅报告》，提出审阅意见供柳工内控团队实施下一步整改工作。柳工内控团队根据咨询公司审阅意见，编制《内控合规整改跟踪表》，对存在的54项合规缺陷进行了风险分级，明确缺陷落实整改部门和责任人以及预计完成整改的时间，并已开始与各业务部门实施具体的整改工作。

柳工授权体系梳理工作是此次项目的重点，根据拟定的项目范围，需要形成总部权限表、营销事业部权限表和以挖掘机事业部为代表的生产事业部权限表，并形成公司授权体系手册。梳理范围包括柳工总部职能部门、国内营销事业部、国际营销事业部、挖掘机事业部。

按照内控18项指引搭建授权体系涵盖的流程范围，在各流程中列示主要的业务活动和审批事项，部分审批事项按照性质、金额等再划分类别。权限表中显示每一类审批事项的发起部门、经过审核/评审部门、最终的审批权限人，以及需要报告或备案的部门或人员，并形成《柳工授权手册》。

通过矩阵的形式，柳工授权体系灵活展现了各层级、各业务部门之间的权限关系，厘清总部与事业部、子公司三级权限分配情况，可筛选、可调整、灵活度高，便于公司领导、部门领导和流程发起人直观了解其负责的业务和审批活动。

本次权限梳理，共查阅公司流程制度594项，访谈管理及业务人员83人次，通过权限梳理已初步整理出公司总部授权体系分册、国际营销事业部授权体系分册、国内营销事业部授权体系分册以及挖掘机事业部授权体系分册。

人力流程优化项目针对柳工人力资源规划、招聘与配置、培训与开发、薪酬福利管理、绩效管理、员工与劳动关系这六大模块，对目前柳工人力资源的一级流程13个、二级流程39个、三级流程73个进行了全面的梳理。项目共查找出人力资源管理风险点77个，人力资源管理控制缺失6项，待完善的控制点26项。研发流程优化则以研发部门的核心流程“产品研发流程”为主线，分析研发立项管理、研发过程管理、研发成果验收、研发成果保护与开发这四个控制环节存在的风险，并对存在缺陷的业务流程实施优化。

海螺水泥：特色内控体系，促进持续发展

一、海螺水泥概况

安徽海螺水泥股份有限公司（以下简称“海螺水泥”或“公司”）分别于1997年在香港联合交易所（股票代码：00914，股票简称：安徽海螺水泥）及2002年在上海证券交易所（股票代码：600585，股票简称：海螺水泥）上市，是国内首家A+H股的水泥行业上市公司。公司主要经营水泥、熟料的生产和销售，目前拥有80多家控股子公司，遍布全国十六个省、市和自治区，是中国和亚洲最大、世界第三大水泥熟料生产商。

海螺水泥上市十几年来，无论是资产规模还是经营效益都保持了持续稳定的增长。截至2010年年底，公司的水泥产能为1.5亿吨，较上市之初增长55倍；公司总资产为604亿元，较上市之初增长24倍；净资产为350亿元，较上市之初增长18倍；2010年实现营业收入340亿元，较上市之初增长44倍；实现净利润61.71亿元，较上市之初增长35倍。

2009年度，公司被纳入恒生A股行业龙头指数（恒生指数有限公司），并分别荣获“福布斯亚洲最佳上市公司50强”第五名，“中国上市公司价值百强”（《证券时报》），“2009年度中国上市公司100强排行榜第42位”（中国上市公司百强高峰论坛等）等荣誉称号。

海螺水泥之所以能够实现持续快速的发展，主要得益于公司上市多年来，一直严格遵循境内外监管要求，不断完善公司治理，规范公司运作，通过制度创新促进经营机制转换，通过规范运作促进内部管理，不断完善公司内部控制建设，注重防范经营风险。

相对完善的法人治理结构和内部控制规范促使公司在纷繁复杂的经营环境和激烈的市场竞争中战胜困难、抓住机遇，成功实施公司发展战略，推进公司不断提高运营质量，为股东创造更大价值。

二、良好的公司治理为内部控制建设和有效运行提供保障

公司在中国香港、上海两地的成功上市增强了公司对公司治理重要性的认识，推进了公司不断健全公司治理的步伐。只有在完善的公司治理环境中，一个良好的内部控制系统才能真正发挥作用，提高企业的经营效率与效果。

根据《公司法》、《证券法》、上海和香

港证券交易所的《股票上市规则》等相关法律法规及《公司章程》的要求，公司设立了股东大会、董事会、监事会和经理层等规范的法人治理结构，并制定了相关的议事规则，股东会、董事会和监事会认真履行各自的职责，高效运作。在法人治理结构上确保了决策、执行和监督的相互分离，形成了相互制衡的机制。

公司的经营机构与控股股东相互分开。公司和控股股东各自独立核算，独立承担责任和风险，控股股东仅通过股东会以法定程序对上市公司行使股东权利。上市公司与控股股东在业务、人员、资产、机构、财务等方面相互分开，各自独立运营。控股股东的内设机构与公司的相应部门没有上下级关系，公司的高级管理人员专职为上市公司工作，从而做到职责清楚，并保证有足够的时间和必要的知识、能力承担公司的运作。

明确决策程序，强化董事责任。董事会是公司的决策机构，有关专门职能机构作为决策补充的下层组织，行使智囊团和参谋部的职能。每项重大决策前，有关职能部门在充分调查研究的基础上为董事会提出若干参考方案或建议，重大决策必须经有关专业机构进行可行性论证后，提交董事会讨论决策。

经理层勤勉尽责。经理层主要负责组织实施董事会决议事项，主持公司的生产经营管理工作，组织实施内部控制的日常运行，不断完善公司的管理架构，持续推进公司的技术创新和管理转型，提高公司内部控制能力和管理水平。在内部组织机构设置上，公司按照科学、高效、透明、制衡的原则，综合考虑企业特点、管理需要和发展战略要求等方面，在总部设立了 16 个专业部室，实行部室、区域、子公司的管理架构，并不断优化调整内部组织机构及权责，基本避免了职责交叉、缺失或权责过于集中，形成了各司其职、各负其责、相互制约、相互协调的管理体系。

多年来，公司致力于完善股东会、董事会、监事会、经理层相互独立、相互制衡的法人治理结构，建立完善行政监督、监事会监督、党组织监督和广大职工监督四位一体的监督制衡体系。实践证明，这种以资本为主要联结纽带的控股公司体制有效地提高了资产的营运效益和管理效益。

三、海螺水泥内部控制基本情况

建立完善的内部控制体系是企业规范管理、防范经营风险、保持可持续健康发展的需要，可以合理保证企业经营管理合法合规、资产安全、财务报告及相关信息真实完整，不断提高经营效率和效果，促进企业实现发展战略。

公司一直把内部控制看成公司治理的有机组成部分，致力于建立完善与公司治理结构相适应的内部控制体系。内部控制涉及公司经营管理的方方面面，贯穿于决策、执行、监督的各个环节。

（一）建立完善的内部控制制度

建立内部控制体系，首先要建立适合公司实际的内部控制制度。公司根据经营管理实际需要建立了一整套共 250 多个涉及各个业务层面的制度规范，并结合境内外监管要求的不断变化，及时对相关内部控制制度作出修订和完善，用以支撑公司整个内部控制体系的有效运行，确保了公司多年来的持续健康快速发展。

在公司治理层面，公司制定了《股东大会议事规则》、《董事会议事规则》、《独立董事工作制度》、《监事会议事规则》、《总经理办公会议事规则》、《独立董事工作制度》、《董事会审核委员会年报工作规程》、《防范控股股东及关联方占用公司资金管理办法》、《防范控股股东及关联方占用公司资金管理办法》等管理制度；在生产经营管理层面，公司制定了《销售管理细则》、《销售发运信息系统管理办法》、《物资供应管理办法》、《加强产品质量投诉与纠纷处理办法》、《辅助材料采购管理暂行规定》、《外购原燃材料管理办法》等管理制度；在财务管理层面，公司制定了《财务管理制度》、《会计核算工作规程》、《票据传递管理办法》、《在建工程暂估及正式转固操作细则》等管理制度；在人力资源管理层面，公司制定了《劳动合同管理办法》、《劳动人事管理办法》《离职人员手续办理办法》、《员工管理实施细则》等管理制度；在投资项目管理层面，公司制定了《投资管理委员会制度》、《投资协议制度》、《开工条件评审制度》等管理制度；在信息披露层面，公司制定了《信息披露事务管理的规定》、《内部信息知情人和外部信息使用人管理办法》、《关于年报信息披露重大差错责任追究的办法》、《投资者关系管理办法》、《投资者关系管理实施细则》等管理制度。

（二）组织实施内部控制活动

1. 风险评估

公司董事会和经理层对内部控制高度重视，风险管理由不同层面风险所对应的组织机构负责实施。董事会确定风险评估的标准，审议重大风险的应对措施。公司经理层、各部室及分子公司负责将风险管理融入公司业务和管理活动中，为风险管理创造运行环境，并具体完成风险识别、分析工作，制定应对措施，完善风险管理体系，有效控制风险。

2. 控制活动

在财务管理方面，公司严格遵守国家会计法规，依据中国会计准则，制定了统一的会计政策和各项管理制度，涵盖会计核算、财务预算编制、资金管理等各管理岗位，明确具体业务操作流程及各项业务的审批权限，确保会计核算规范、准确，财务管理职能得到充分发挥；资金由公司总部统一调度管理，确保资金安全。在物资采购管理方面，公司建立了适应公司发展和经营需要的物资采购管理模式，制定了物资采购的各项规章制度，建立了完善的物资采购管理流程和决策体系。同时，公司使用现代化的物资供应信息系统，准确反映各原材料采购和使用各环节的动态信息，提高了管理效率，亦降低了经营风险。在销售管理方面，公司多年来坚持统分结合的销售管控模式，严格控制资金风险。为了全方位控制销售业务具体环节中的风险，公司制定了关于产品流向管理、销售价格管理、销售业务人员管理、客户管理等各项制度，并根据外部市场变化和公司业务发展需要不断加以完善，实施销售和发货系统信息化管理。在质量管理方面，产品质量是企业的生命，“至高品质、至诚服务”是公司多年来坚持的经营宗旨。公司建立了完善的质量管控体系，做到质量管理从源头抓起、严格过程控制，确保过程规范、结果正确。在人力资源管理方面，公司制定了有利于企业可持续发展的人力资源政策，依据相关法规制定了比较完善的人力资源管理制度、人员招聘流程、用工管理办法等，控制劳动用工风险；建立了规范的工作标准和公平、公正、公开的考核评价体系，采取岗位晋升和薪酬激励相结合的方式，鼓励员工通过提高工作质量和运营指标，在公司增加效益的同时提高工资收入，在为公司创造价值的同时实现自身的成长。在投资项目管理方面，公司建立了集体决策、科学决策的良好的投资管理机制。公司对外投资由总部集中管理和控制，拟投资项目必须经过认真细致的调研和严格论证，提交公司投资管理委员会评审通过后，再报董事会（股东会）审议批准。

3. 信息披露

公司信息披露由董事会统一领导和管理，董事会秘书具体负责组织和协调信息披露事务。董事会秘书室为信息披露的常设机构，负责信息披露事务的日常管理，各部室根据董事会秘书室的需要，负责协助信息披露内容的提供。同时，公司根据需要，对信息披露工作流程进行梳理完善，以建立反应迅速的信息披露工作机制。目前，公司已建立起内部信息的收集、传递、整合和披露的工作体系，形成了有效的信息披露支持系统，并明确设立了信息披露的责任追究制度，实行“零差错”的考核机制。通过信息披露支持系统，公司进一步提高了内部控制的有效性，公司未发生信息披露方面的重大问题。

（三）监督评价内部控制实施情况

公司设立了内部控制的专业管理部门——审计室。审计室的职能是按照国家相关内部审计准则在公司范围内独立履行审计监督、评价和服务职能，开展离任经济责任审计，以及结合公司阶段性管理重点，开展生产经营例行审计，重点对公司财务、供应、销售、项目投资等领域实施监督，做到事前预防、事中监督、事后检查，及时发现公司各关键管理环节的漏洞，有效化解风险。同时，审计室负责对公司及其所属分（子）公司内部控制的实施情况进行检查、监督，根据公司内、外部环境及经营情况的变化，一经识别发现内部控制方面的缺陷，立即采取整改措施。

另外，公司每年开展两次全面的专业管理检查，各专业部门对子公司内部控制实施情况进行现场检查，对发现的问题或缺陷，及时提出整改意见，并督促其落实到位。

四、公司建立内部控制规范体系的经验和体会

根据财政部、证监会等五部委联合颁布的《企业内部控制基本规范》和《企业内部控制配套指引》（以下简称“内控规范”）相关要求，公司作为 A + H 两地上市公司，需要自 2011 年 1 月 1 日起率先实施内部控制规范。为确保内部控制规范的有序实施，建立健全内部控制规范体系，公司董事会、经理层对此高度重视、超前筹划，提前启动这项工作，在国际知名咨询公司的指导下，结合水泥行业特点和公司经营管理实际情况，有序推进内部控制规范体系建设。

（一）加大宣传和培训，营造人人参与内部控制建设的管理氛围；成立内部组织机构，为内部控制建设提供组织保障

为有利于内部控制建设的实施，在内部控制建设项目启动前，公司进行了大量的前期准备工作，通过公司的内网和内部的各种会议进行广泛的宣传；同时公司多次邀请公

司审计机构毕马威和其他国际知名咨询机构专家利用公司召开经营分析会、年终总结会等大会的机会，开展大范围、多层次的内部控制培训，普及内部控制知识，提高内部控制建设意识，营造人人了解内部控制、人人参与内部控制建设的良好氛围。

公司还组织相关专业人员到先行实施的其他公司实地调研学习，了解内部控制建设的推进方法，以及重点关注事项，调研结束后，组织召开交流研讨会，研讨内部控制建设与经营管理实际相结合的工作方法。

公司领导的高度重视和协调部署是内部控制规范体系在公司得以贯彻落实的重要保证。公司成立了内部控制建设领导小组，主要负责内部控制建设的指导工作，协调资源配置，把握内部控制建设的工作进度和质量。领导小组由公司董事长亲自领导。同时，公司还从各个专业部室抽调了骨干力量，成立了内部控制建设工作小组，主要负责协同中介机构，协调各部门落实推进内部控制建设的各项具体工作，定期向董事长汇报内部控制建设工作的开展和实施情况。

通过深入开展大范围、多层次的培训调研，成立领导小组和工作小组，进一步统一了思想和认识，为公司内部控制建设工作的有序开展提供了有力的组织人力保障，奠定了良好的基础。

（二）选好得力中介机构为内部控制建设提供专业支持

为确保内部控制体系建设设计方案科学、合理、实用，达到明晰母子公司管理流程、控制风险和提升管理的目标，选择合适的专业咨询机构十分重要。公司专门制定了中介机构选聘方案，邀请了多家国内外专业技能较强、项目团队素质较高、实践经验较丰富的专业咨询机构进行公开竞标，择优选择专业技能强、服务质量好、费用合理的咨询机构。

在竞标会议上，受邀单位从内部控制体系建设的目标、工作标准、项目具体实施方案及成果、工作团队、服务承诺及内控管理咨询的经验等方面各有侧重地讲解了项目服务方案。与会人员对参加竞标咨询机构提出的实施方案，结合公司的实际情况进行了充分的交流研讨和综合评审，最终选择了在内部控制建设方面既有丰富实践经验，又有国际视野的一家中外合资机构作为中标单位。中介机构选聘工作进一步加深了公司对企业实施内部控制制度的理解和认识，有力推动了公司内部控制建设工作的开展。

（三）制定分阶段实施方案，有序推进内部控制体系建设，确保每个环节和过程的工作质量

海螺水泥下属子公司已达到 80 多家，遍及全国十六个省、市，数量多、分布区域广，必须全面统筹，科学设计实施方案，明确推进时间节点，才能较好地开展内部控制建设工作。在中介机构的指导下，结合公司实际，内部控制建设工作小组制订了详细的《海螺水泥内控体系建设工作实施方案》，建立了项目沟通机制，按照“选择试点、总结经验、逐步推广、稳步推进”的原则，分阶段推进和实施内部控制建设，先期选择公司总部、几家有代表性的子公司和 1 个区域进行试点，再推广到其他区域和子公司。通过稳步推进，公司的内部控制建设在不同层面有序推进，在开展试点单位内部控制建设的同时，依托中介机构的专业指导，使参与内部控制工作的人员得到学习和锻炼，培养了一支能够独立操作的内部控制专业队

伍，为全面推广内部控制建设打好基础。

为确保内部控制体系建设各项工作按期完成，实施方案还明确了各个阶段的工作内容、工作成果和时间节点要求。内部控制领导和工作小组建立了日例会、周例会、月例会工作机制，对当期工作完成情况进行小结，对遇到的问题及时进行协调解决，并对下期工作进行安排，确保各项工作进度和质量受控。为使全体员工都能了解内部控制建设工作进度和开展情况，经内部控制建设小组充分研讨，公司在内部协同办公系统网上开设了“内控建设”专栏，将内部控制建设的工作计划、工作成果、培训学习资料共享。

（四）实事求是开展风险评估，以风险为导向科学设计内部控制体系，进一步完善制度和流程，编制风险手册和内部控制手册

为全面了解公司实际运营管理现状，识别、揭示管理风险，公司与中介机构研讨设计并下发了风险问卷调查，对初步识别的风险进行归类、分析整理，形成包括384个风险点的风险清单，并结合收回的风险调查问卷对高级管理人员和各单位负责人开展了有针对性、多层次的访谈；全面收集了公司各个部门、业务流程已建立的制度规程，全方位、有系统地对公司面临的风险进行分析评估；分部门、分专业进行多次研讨和交流，提出重大风险的应对建议，设计公司风险管理建设方案。

公司对照内部控制应用指引，对主要业务关键控制点进行梳理和开展穿行测试，查找出存在的缺陷与不足并提出改进建议，组织各单位整改落实，完善了管理流程，对4个主要业务流程进行了全面梳理，细化了管理规定。

风险梳理、穿行测试、发现问题、落实整改也是重新梳理公司目前各个业务管理流程的过程，通过填写风险调查问卷、收集制度流程和穿行测试资料、参与访谈，也培养了公司员工的风险管理和内部控制意识。

（五）优化内部控制环境，为内部控制体系的有效运行奠定了基础

公司高层认为，科学、合理的内部组织机构设置有利于工作的开展、信息的沟通、提升决策和权力的制衡，是企业持续快速发展的基础，也是贯彻执行好内控体系的基础。因此，公司聘请国际知名咨询公司在指导公司开展内部控制建设的同时，也帮助公司对管控进行了优化调整。

公司围绕“设置科学合理的内部机构，明确各机构职责，确定具体岗位职责和工作要求”的目标，对现有的内部组织机构、各机构职责范围进行了全面的梳理、分析，与公司董事长、执行董事、总经理及班子成员、部室负责人、子公司负责人等各个管理层级的主要人员开展了多达62场的“一对一”专题访谈、5次跨部门的专题研讨会，通过广泛征求意见，集中大家的智慧，借助中介机构的国际化视野和丰富的管理咨询经验，重新优化了总部—区域—子公司的三级集团管控模式，在总部增加设立了两个专门负责对外发展和矿产资源管理的部室，对部室之间存在交叉、缺失的职责进行了界定，对区域的管理定位、职责进行了明确，对子公司作为法人主体的经营管理职责进行了充实，在将上述资料提交公司年度工作会议讨论通过后，形成了《海螺水泥三级管理架构定位及具体职责》。在此基础上，公司对各机构的职责进行了较为科学合理的分解，在兼顾效率的同时，注重体现不相容职务相互分离的控制要求，组织了多轮次的员工岗位说明书的修订完善，基本确定了具体岗位的名称、职责和工作要求，初步完成了内部控制环境的优化。

经过努力，公司内控规范体系已有效运行，没有发现重要或重大内部控制缺陷，取得了阶段性的工作成果。

华新水泥：均衡和谐的治理结构，国际化管控模式

华新水泥股份有限公司（下称“华新水泥”或“公司”）始创于1907年，几经兴衰，于1946年重建。20世纪50年代，华新水泥曾被一代伟人毛泽东赞誉为“远东第一”；70年代，华新水泥自己设计建造的3号窑被国家命名为“华新型窑”。1994年，华新水泥A、B股先后在上海挂牌上市，成为我国建材行业第一家同时拥有A、B两种上市股票的大型水泥集团。1999年，华新水泥与全球最大的水泥制造商之一的瑞士Holcim集团结为战略伙伴。2008年，华新水泥向Holcim集团全资子公司Holcim B. V. 定向增发A股后，Holcim B. V. 持有华新水泥总股本的39.88%，成为公司第一大股东，华新水泥成为外资控股上市公司。华新水泥在国内水泥行业中首家通过GB/T 19001—ISO9001质量体系认证。

截至2010年年末，公司拥有41家子公司，其中33家从事水泥生产和销售，其他分别从事混凝土生产和销售、建筑骨料生产和销售、机电设备制造维修，水泥包装袋制品、散装水泥和货物储运，水泥技术研发和咨询服务、建筑材料工程设计和水泥技术生产技术服务，环保项目的经营。

截至2010年年末，华新水泥资产总额178.12亿元，归属于上市公司股东净资产50.25亿元，股本总额8.07亿股，分别是1994年末的29倍、15倍和3倍；2010年实现营业收入84.69亿元，归属上市公司股东净利润5.73亿元，分别是1994年的30倍和9.5倍。

华新水泥能以水泥生产销售为依托，向环保等相关行业展开，不断做强做大，与公司引入Holcim集团作为战略投资者后，构建均衡、和谐的治理结构是密不可分的。华新水泥在引入战略投资者后，形成了合理的股权结构，构建了均衡的董事会，逐步形成了平等协商、相互制衡的决策机制，构建起和谐、均衡的治理结构，不断完善公司内部控制，优化公司管理模式，从而提升了管理水平和盈利能力。

一、不断完善公司治理结构，做好顶层设计，规范公司运作

（一）引进国际战略投资者，构建合理的股权结构和董事会制衡机制

1999年，华新水泥在向Holcim B. V. 定向增发B股后，形成两大股东持股数量差别不大的局面。这种股权结构有效地克服了由于企业一股独大、内部人控制等因素造成公司利益被部分股东侵占情况的出现。同

时，公司对董事会进行了改组。公司董事会由9名董事构成，其中第一大股东、第二大股东推荐的董事和独立董事各占3名，使得公司日常决策体现了各方股东的利益，促进了公司重大经营决策的公正、科学，有效地降低了决策风险。2008年，Holcim B. V. 成为公司第一大股东后，董事会的结构继续得到延续。

（二）形成股东平等协商、相互制衡的决策机制

Holcim在进入公司前，就与公司的第一大股东华新集团达成了协议。协议确定公司所有的重大事宜，在提交董事会、股东大会讨论前，公司第一、第二大股东应提前进行沟通和协商，在不违反有关规定的前提下，只有双方意见统一后，方能提交董事会、股东大会讨论。也就是说，公司所有的重大经营决策，都必须建立在两大股东信息充分共享、意见充分交流的基础之上。从1999年以来，上述协议得到很好地贯彻和执行，使得公司所有的重大经营决策，既能满足国家股、法人股等非流通股股东的利益，又能满足流通股股东的利益。

（三）建立与独立董事沟通协商机制，充分发挥独立董事的作用

公司为完善法人治理结构，为独立董事创造了良好的工作环境，使独立董事制度落到实处，确保独立董事客观、公正地决策。为保障独立董事获得充分的决策信息，公司形成日常生产经营及时汇报、重大事项管理层提前专项沟通的机制。在日常工作中，董事会秘书室作为专门的联系沟通部门，负责向独立董事定期提供公司月度经营及财务报告、水泥上市公司年度季度分析报告、行业资料汇编等资料，还为独立董事提供了中国建材信息总网等行业收费网站。同时，董事会秘书室及时上传下达独立董事的要求和咨询，并以书面的形式予以回复，建立了来往资料专项档案。在重大事项深入沟通方面，组织现场考察，多次向管理层、中介机构就财务、法律、收购方案等诸多方面进行咨询，管理层、中介机构就独立董事提出的多个方面的问题均作了书面回复，为独立董事的决策提供了充分的信息和资料。

（四）注重公司治理结构制度的建设及落实，强化公司决策的执行

上市以来，公司股东大会、董事会按照监管部门的要求，结合公司实际，先后通过并修改了《股东大会议事规则》、《董事会议事规则》、《监事会议事规则》、《内部审计条例》等10多项公司治理基础制度。这些制度连同《公司章程》，被编制成一套完整的《公司治理规则汇编》，董事、监事、高级管理层及分公司、子公司主要管理人员每人一册，以便于有关人员学习、掌握，并严格执行。

同时，为保障以上制度在公司实际运作过程中得以贯彻，公司在制定制度时就充分考虑其适用性与约束性，以突出董事会的作用，保障决策的科学性、运作的规范性、执行的可控性。如《经理工作细则》对公司经理人员总数、选聘程序、总经理及副总经理的职权范围等诸多方面进行了明确的规定。

（五）落实董事会专门委员会在法人治理中的作用

公司按照《上市公司治理准则》的要求设立了战略、审计、提名、薪酬与考核等专门委员会。在公司的实践中，董事会各专门委员会充分发挥了作用，使股东充分掌握公司的信息，减少内部人对公司的控制，从而提高公司决策过程的透明度、公平性及公正性。比如，公司薪酬与考核委员会由一名外方董事和两名独立董事组成。薪酬与考核委员会在确定公司管理层的绩效考核指标时，每年根据股东大会批准的公司年度经营预算进行二级量化分解，第一级分解成公司管理层整体的考核指标、第二级分解成管理层每位成员的具体考核指标，并在次年依据会计师事务所审计的财务报告，向董事会提交对管理层及每位成员的经营绩效考核报告；同时，薪酬与考核委员会为确保对管理层考核的公平、公正，还专门聘请外部中介机构，对管理层薪酬体系、激励与约束机制进行策划，使对管理层的考核建立在科学的基础上。

二、借鉴国际先进管理经验，提升公司管理水平，创立华新水泥特色的管理模式

（一）建立具有国际先进水平的战略管理体系，提高公司风险控制管理水平

在发展理念上，Holcim 集团就指出水泥产品既具有良好的市场又无替代品，强调公司应走发展水泥主业的专业化道路，提出“做鼠标的不如做水泥的”的理念。在发展战略上，公司确立了“通过发展先进的技术装备，实施低成本领先，兼顾差异化”的水泥专业化发展总战略。为了落实公司发展总战略，在战略管理工具上，Holcim 集团给予了充分的支持，帮助公司建立了“十年商业计划”。该计划是公司根据市场情况，由管理层全体成员直接参与和领导，Holcim 集团专家组常年现场指导，战略发展部具体管理，其他职能部门和分公司、子公司配合，制定公司未来十年的经营目标、发展项目、营销方案、财务收支、人力资源等，做到了战略管理的系统化、连续化、数字化，最大限度地预测和控制发展风险。公司“十年商业计划”每年滚动修订，并报董事会批准。

（二）建立财务、投资管理与控制系统，形成财务硬约束机制

Holcim 向公司提供了财务管理专业软件，并派财务管理人员协助公司建立起了先进的“财务预算控制与管理系统”（包括预算编制、审批及调整程序、预算分析报表体系、预算控制与考核）、“资本支出及长期财务投资管理系统”（包括基本建设、技术改造、研究开发、零星购置等类别的资本支出和财务对外投资）。

公司制定的年度“财务预算报告”和“资本支出及长期对外投资报告”一经董事会批准，就成为董事会考核公司管理层成员年度工作绩效的指标和标准，决定着公司管理层各位成员的业绩和年薪。这样，管理层一方面要努力完成公司生产经营指标，另一方面又必须严格执行年度资本支出计划，确保了董事会、股东大会意图的贯彻。

公司还参考 Holcim 集团的标准，统一了分公司、子公司的财务核算标准。公司每月向董事会提供中、外两种月度财务报告，就每月及累计经营目标的完成情况与年度预算进行比较。每季度，Holcim 集团派其地区财务总监、工程管理人员来公司至少一次，反馈对公司预算、项目控制情况的意见，为管理层提供决策建议。

（三）加快公司信息化建设，提高生产效率

在 Holcim 的帮助下，公司加快了信息化建设的步伐，首先完成了 TIS 系统建设（TIS 系统将集中采集来自生产一线各个控制系统的数据，对这些数据进行预处理后，形成各种报表，并长期保存采集到的数据，以便对生产情况做长期分析）；接着，在 TIS 系统的基础上，建立了 MIS 系统、ERP 系统及公司 Internet 网络。

目前，公司以先进的 TIS（技术信息系统）为平台，在总部通过微机时时监控各分、子公司的生产状况，形成对各分公司、子公司“产量、成本、质量、消耗、设备效率”的对比控制管理。通过加快信息化建设的步伐，公司在降低维护费用、缩短材料采购期、降低备品备件库存、提高工作效率等方面成效显著。

（四）加强投资管理，完善工程项目管理体制

公司引进了 Holcim 工程建设管理模式，形成了完善的工程项目管理和控制方法。公司设立工程项目管理委员会，主任委员由公司总裁担任，工程管理授权代表为公司工程副总裁，管理委员会下设工程部（项目管理办公室）、财务核算组、工程审计组三个部门。项目的过程控制采用“计划 + 月度进程评估”方法，项目实行进程控制、投资控制、项目技术控制。每个工程项目都必须依据《资本支出及长期财务投资管理办法》，编制资本支出计划，实施工程招标和项目负责制，加强投资管理。公司财务部门在项目建设中致力于财务核算和管理，严守工程结算程序，使企业有效的资金得到灵活调度、合理使用。

（五）开展管理模式的革新，提升公司管理水平

随着华新水泥业务的扩展，公司规模不断扩大，公司原有的管理模式已经不适应公司发展的需要。近几年以来，公司通过消化吸收 Holcim 成功的管理理念和管理技术，不断改革和创新管理模式，逐渐形成了“总部统领、区域管控、业务支持、工厂负责”运行模式。公司由总部、水泥业务五大事业部、混凝土骨料事业部、环保事业部、装备及工程事业部组成。总部职能简化为管理、支持、服务、监督。水泥事业部是公司利润中心，全面履行区域内管理职责。管理模式的革新使公司管理不断理顺，为公司下一步的发展奠定良好的基础。

（六）积极协助开展内部控制制度试点，利用内部控制实施经验，对公司开展培训

华新水泥被选定为内部控制规范实施试点公司后，按照监管部门的要求，积极开展内部控制规范实施试点工作。为保证内部控制规范实施效果，公司成立了内部控制规范实施试点工作领导小组，并专门设立了内控部，同时聘请一家国内知名会计师事务所为公司提供内部控制实施顾问咨询。Holcim 集团就内部控制实施对公司进行了多次培训，传授实施内部控制的经验。

三、中短期激励相结合，激发员工积极性，提高盈利能力

2008 年，华新水泥实施了中期激励计

划，对公司首五层的管理人员732人进行中期激励。2008～2010年3年总花红约为3年EBITDA总量的1.5%左右，不超过8 200万元。2009年和2010年，华新水泥实施了短期激励计划，对公司中方董事、监事长和高级管理人员给与目标奖励。通过中短期激励，公司资产规模扩大，公司盈利能力不断增强。华新水泥2010年年末资产总额和归属于上市公司股东权益分别是2008年初的2.09倍和2.99倍。2010年实现的营业收入和归属于上市公司的净利润分别是2007年的1.78倍和1.97倍。

虽然公司未实施股权激励，但是中长期激励为公司管理层和业务骨干提供了用所得购买股票的机会，提高了公司员工的工作积极性和凝聚力。

青海华鼎公司治理案例

2000年11月20日上市以来，青海华鼎实业股份有限公司（以下简称公司）按照建立现代企业制度的规范要求，不断完善公司法人治理结构，努力提高法人治理水平，确保步入持续、健康、稳定的发展轨道。通过十几年的不断努力，公司的法人治理结构逐步合理规范，控股股东、董事、监事、高级管理人员更加明确其权利和义务，股东会、董事会、监事会和经理层各自的职责明确，相互制衡，基本能做到各负其责、协调运转、有效制衡，不断建立和完善公正透明的董事、监事、高级管理人员的绩效评价体系和激励约束机制，切实维护和处理好相关各方的利益，保证信息披露规范性，提高公司透明度，公司治理得到了监管部门和投资者的认同。2008年，公司跨入了上海证券交易所公司治理板块的行列。

一、2010年公司治理工作情况

2010年青海华鼎进入快速发展年，在做精、做强现有装备制造主业的基础上，逐步介入节能环保、健康产业等新兴产业发展，公司连续七年被评为“青海企业50强”、“AAA”级信用企业、“中国机械工业500强”；子公司青海华鼎重型机床有限责任公司获“中国机床工具工业协会自主创新十佳企业”称号；广东精创机械制造有限公司被评为“广东省制造业100强企业”；广东恒联食品机械有限公司被评为广东省酒店用品行业“国标制定特殊贡献奖”企业。在发展进程中，公司始终严格按照建立现代企业制度的要求，以规范为前提，以制度为保证，在规范中寻求发展，在发展中不断规范，为持续健康发展奠定了基础。2010年度，青海华鼎主要从以下几方面提升公司治理水平。

（一）完善内幕信息管理，确保所有股东和投资者平等享有公司信息的权利

为了进一步规范公司内幕信息管理行为，加强公司内幕信息保密工作，防止内幕交易情况的发生，维护广大投资者利益，根据有关法律、法规及《公司章程》等有关规定，结合公司实际情况，公司制定了《内幕信息知情人登记管理制度》和《外部信息使用人登记制度》，明确了内幕信息及内幕信息知情人范围，逐步完善内幕信息知情人的登记备案工作，从定期报告、重大事项等内幕信息公开披露前记录报告、传递、编制、审核、披露等各环节所有内幕信息知情人名单，供公司自查和相关监管机构查询，尽可能控制未公开披露的内幕信息的扩散和内幕交易情况的发生，确保所有股东和投资者平等享有公司信息的权利。

（二）建立年报信息披露重大差错责任追究制度，提高年报信息披露质量和透明度

为了提高公司的规范运作水平，增强信息披露的真实性、准确性、完整性和及时性，提高年报信息披露质量和透明度，根据有关法律、法规规定，结合实际，制定并经董事会审议通过实施了《年报信息披露重大差错责任追究制度》，遵循实事求是、客观公正、有错必究，过错与责任相适应、责任与权利对等原则，加大对年报信息披露工作中有关人员不履行或不正确履行职责的责任追究与处理力度，切实保证公司、全体股东和利益相关者的利益。

（三）加强对内控制度执行情况的全面检查和评估，完善内部控制评价体系

自2008年年报开始，公司逐步开展内部控制自我评价工作，并聘请审计机构进行内部控制审计，使内部控制制度逐步得到落实和完善。2010年度在内部控制自我评价工作过程中，根据财政部颁发的《企业内部控制基本规范》（财会［2008］7号）及具体规范，遵照上海证券交易所发布的《上海证券交易所上市公司内部控制指引》等文件的要求，结合公司自身特点，对照内部控制制度进行了较全面的检查和评估，在充分考虑合法性原则、成本效益原则、适应性及有效性原则、全面性原则、重要性原则和制衡性原则的基础上，对公司内部控制进行了较全面的自我评价。认为公司目前的制度体系相对比较健全，未发现本公司存在内部控制设计或执行方面的重大缺陷。但随着国家法律法规的逐步完善和公司业务发展的管理需要，公司将进一步强化集团财务集中管理能力，整合资产资源的管理能力，提高企业风险管控水平。

（四）强化内部审计，切实保证出资人及利益相关者的利益

为了加强公司内部管理和审计监督，提高公司运营效率，保障公司经营活动健康、持续发展，公司以聘用顾问并配备公司财务人员或外部审计人员的方式履行内部审计职能。审计工作直接由董事会审计委员会领导，配备审计人员具体负责对生产经营活动和内部控制执行情况的监督、检查，包括进行审计和评价，提出改进建议和处理意见。审计工作组采用现场审计的方法进行审计，通过审计来检查公司的各类管理制度的完善性与有效性，企业经营的效益性以及企业资产质量、资金状况和潜在风险等。审计工作组发现问题后，以通报的形式通知被审计单位并抄送公司管理层。审计工作组负责定期检查各项整改措施的落实情况，切实保证出资人及利益相关者的利益。

（五）强化重点控制活动，不断加强对控股子公司经营管理方面的重点控制

2010年，公司继续加强对控股子公司的全面绩效目标管理，对控股子公司高管人员的任免的备案管理，对资金、担保、贷款、投资和关联交易等达到规定标准的采取集中审批或分别授权的方式，对其进行监管。通过关键绩效指标，对子公司的经营成果进行有效的评价，并依据评价结果实施奖惩，有效地保障了公司经营目标的实现。严格按照公司《关联交易管理办法》，贯彻执行关联交易原则、价格确定、批准程序、信息披露等规定，不断规范关联交易行为。严格按照《对外担保管理办法》，控制对外提供担保，规避担保风险。对控股子公司的担保也严格按照《公司章程》和《对外担保管理办法》中明确的股东大会、董事会审批权限履行审批程序。严格按照《募集资金管理制度》，执行募集资金专户管理、专款专用，未经股东大会批准，不得擅自改变募集资金用途的规定，财务部定期统计募集资金的使用情况，并按规定予以披露。严格按照《公司章程》明确的股东大会、董事会及总经理在对外投资上的基本权限及《对外投资管理制度》、《内部技改审批流程》等文件，在进行对外投资时，严格履行审查和决策程序。按照公司《信息披露管理制度》，进一步强化信息披露的管理责任及重大事项报告责任，确保董事会秘书能够及时了解公司的各类信息，并能够真实、准确、完整、及时地披露有关信息，确保所有股东和投资者平等的享有信息权。截至2010年末，公司没有因信息披露问题被监管部门、谴责等惩戒。

二、对公司治理过程的认识和体会

第一，上市公司要建立合理的法人治理结构，明确股东会、董事会、监事会和经理层各自的职责和相互关系，做到各负其责、协调运转、有效制衡，建立公正透明的董事、监事、高级管理人员的绩效评价体系和激励与约束机制，切实维护和处理好利益相关者的利益，保证信息披露的持续性，提高公司的透明度，才能真正做到规范的公司治理。

第二，国内外公司治理的实际案例已经充分证明，公司治理的难点在控股股东和经理层，核心在董事会。控股股东是否超越股东大会直接或间接干预公司的决策和经营活动，公司与控股股东在人员、资产、财务、机构和业务方面是否做到“五独立”，公司董事会、监事会和内部机构是否能够独立运作，是否存在“内部人”控制，是控股股东行为是否规范的表现，也是公司治理的关键和难点之一。控股股东行为不规范，必将损害其他中小股东的利益，违背“三公”原则。青海华鼎从设立至今，控股股东特别注重不断规范自身行为，从“五分开”、按期解决大股东资金占用、杜绝违规担保和“内部人”控制、到遵守承诺等，赢得相关部门和投资者的认可。

第三，经理层在公司生产经营整个运作过程中是委托执行者，资产所有人希望资产价值越来越大，公司的利润越来越多，但经理人不一定这么想。因为公司所积累的资产、创造的利润，从法律上是不归经理人所有的，所以经理人一旦拥有了相关的权利之后，他是完全有可能来利用资产所有者给他的权利，来谋自己的利益。因此，经理层也就成为公司治理的难点之一。近年来，青海华鼎充分认识到经理层治理的重要性，一直在研究和努力改善公司经理层治理的各种内部机制，包括经理层的选聘机制、经理层的决策执行机制和经理层的激励约束机制，充分发挥经理层的作用，实现投资效益的最大化。

第四，董事会是公司股东大会选聘代表股东利益的董事组成的常设最高权利机构和决策机构，从《公司治理准则》对公司治理提出的要求看，除股东权力外，其他方面全部要董事会去推动，如经理层选聘、经营目标确定、评价考核、审计、保护利益相关者利益等方面，这也符合董事会的职责。董事会对上为股东大会负责，而不是为个别股东负责；不是代表个别股东的利益，而是要考虑全体股东利益。董事会对下代表股东大会行使决策权和监督权，激励约束经理层实现公司经营发展战略目标。在董事会层面，必须按照《董事会议事规则》议事和形成决议，公平对待所有股东，并关注其他利益相关者的利益。因此，公司治理的核心在董事会。监事会对董事会、经理层的监督作用至关重要。

三、下一步公司治理的设想

（一）进一步完善法人治理结构，强化集团管控能力

从2011年开始，借公司开展内部控制试点的机遇，在全面梳理三个试点单位——公司总部、广东恒联食品机械有限公司和青海华鼎重型机床有限责任公司风险的基础上，从内部控制的合法性、有效性和可操作性方面合理调整公司组织架构，完善公司管控体系，进一步完善公司法人治理结构；针对公司目前经营层大都属于对控股子公司管理的实际状况，从人事、资金、投资、审计等方面强化集团管控能力。将子公司董事、监事的委派、考核及重大事项的授权集中到集团公司董事会层面。

（二）强化董事会专业委员会职能，充分发挥独立董事的作用

目前公司董事会下设的战略、审计、提名、薪酬与考核四个专业委员会的作用（除审计委员会外），还局限在专业委员会会议审议议案的层面，其职能未充分发挥。公司将逐步在董事会办公室设各专业委员会的具体办事机构，配合各专业委员会从重大发展战略研究，重大项目调查及可行性研究，重大事项组织审计，高层人才考察、选聘、薪酬及激励约束等方面充分发挥作用，为董事会在重大决策、管理层治理等方面提供科学、合理的决策依据。同时，充分发挥独立董事的作用，增强独立性，为公司的重大决策提供依据。

（三）强化董事会办公室职能，全面行使董事会授权及监督检查权力

公司计划在董事会办公室下设证券法律部、资本运营中心、战略投资中心、人力资源中心、内审部、内控部等六个职能部门，细化和深化董秘办的职能，强化对各专业委员会服务功能和监督检查功能，增加行使董事会授权的功能，全面行使董事会授权及董事会监督检查权力。使董事会合规、高效地发挥作用。

（四）完善对公司经理层和控股子公司的激励约束机制，充分发挥经理层的效能

将进一步完善经理层、子公司董监事等高级管理人员的选聘机制，经理层的决策执行机制和经理层的激励约束机制，逐步采取股权激励、期权激励、奖金荣誉激励等各种激励政策，以及企业行政处罚和经济处罚等处罚约束措施，充分调动经理层的积极性和主动性，使经理层能发挥更大的效能，在保证利益相关者不受伤害的前提下实现股东利益的最大化。

（五）在完善内部控制试点的基础上全面推进内部控制实施，促进公司治理水平不断提升

公司治理的重要内容是内部风险控制。公司把全面推行内控实施作为提升公司治理

水平的契机和手段，通过风险梳理和整改，建立和完善管控体系、风险数据库、编制内控手册和评价手册，形成评价报告，2011年全面完成三个试点单位的内控实施，2012年在全公司全面实施，通过内部风险控制促进公司治理水平的不断提升。

审稿人：闫　勇　肖雪维
撰稿人：李　程

人福医药公司治理案例

武汉人福医药集团股份有限公司（以下简称人福医药或公司）是1993年2月15日由中国人福新技术开发中心、武汉市当代科技发展总公司（以下简称当代集团或控股股东）、武汉东湖新技术开发区总公司（以下简称武汉高科）共同发起并采用定向募集方式设立的股份有限公司。公司于1997年在上海证券交易所挂牌上市。截至2011年9月30日，公司总股本4.93亿股，控股股东当代集团持股比例为16.79%。

自上市以来，人福医药十分注重公司治理和内部控制建设，聘请职业经理人管理公司，构建起良好的公司治理文化氛围，积极利用资本市场做强做大。

一、所有权和经营权分离，建立科学管理层考核和问责机制

民营上市公司治理水平的重要影响因素是实际控制人的规范运作意识。在控股股东持股数量占绝对优势的情况下，人福医药实际控制人和控股股东心态良好，公司实现所有权和经营权的分离，使其生产经营能够保持较高独立性。主要表现在以下几个方面：

一是实际控制人不再直接参与经营管理，公司的日常经营、投资管理等具体事务由公司管理层操作。不同于部分上市公司由控股股东董事长兼任上市公司董事长，人福医药实际控制人和控股股东心态良好，认可并尊重上市公司的制度和经营团队，主动让出董事长和总经理的职位，公司实现所有权和经营权的分离，使其生产经营能够保持较高独立性。

二是聘请职业经理人进行管理，管理层激励约束机制完善。人福医药高层管理团队主要是从社会选聘而来的专业型人才，具有知识化、年轻化的特点，全部为硕士以上学历，其中博士3人，平均年龄仅33岁，是中国上市公司中年轻的高管团队。职业经理人队伍对人福医药的发展起到了不可磨灭的作用。如人福医药董事长王学海，在1998年采用“虚拟经济”理论和品牌经营理论，以较小的投资，创建了安全套行业的领导品牌“杰士邦”。其经营“杰士邦”的事例，被美国的西北大学、澳大利亚的莫纳什大学编为MBA教学案例，也被《福布斯》、《新财经》等专业杂志专题报道。由于在“杰士邦”公司的出色表现，王学海于2003年被任命为公司总裁，当时年仅28岁，2006年被推选为人福医药董事长，成为国内上市公司最年轻的董事长。他上任后，加快了公司的发展步伐。人福医药在2005年8月，在全省率先进行股权分置改革，是湖北省第一家，也是湖北省唯一一家进入全国试点的上市公司。自上市以来，人福科技已经进行了四次融资，原股东的股权已稀释到20%以下，是湖北省融资次数最多的公司，在全

国也居领先地位。

同时，公司建立了科学的领导干部选拔任用机制和内部问责机制。2011 年 6 月，公司实施“首期股权激励计划”，向包括董事、高管及上市公司和经营公司的核心人员共 73 名激励对象发行限制性股票 2 185.8 万股。通过股权激励，确保公司管理层及技术骨干将个人利益与上市公司发展有效结合，有利于公司业绩长期持续发展。

三是机构投资者对公司发展起到积极推动作用。人福医药控股股东持股比例 16.79%，公司股权比较分散。前 10 名股东中，机构投资者占 8 个位置，持股比例合计 32.1%。一方面，机构投资者在调研沟通中均对人福医药“3－3－3”（3 位股东代表，3 位公司经营代表，3 位独立董事）的董事会结构表示赞同并积极配合公司治理工作，多次以现场参加股东大会与公司董事、高管沟通讨论的方式参与公司重大事项的决策，对大股东及高管行为形成有效的监督和约束；另一方面，机构投资者以资本市场的敏锐感觉，从投资者的角度、以研究医药上市公司的经验对人福医药的投资项目进行分析，为管理层提供了借鉴案例和发展思路。

二、建立董事会主导型公司治理模式，加强对子公司的内部控制和管理

作为投资控股型公司，为提高对各控股子公司经营活动的控制，自 2003 年以来，公司董事会授权董秘处，比照上市公司规范运作的要求，对下属控股子公司进行董事会建设工作。各控股子公司设董事会秘书职位，作为公司和子公司的指定联系人，确保上下沟通顺畅，并定期对公司和各控股子公司董监高开展公司治理等方面的培训。

在财务、人事等方面，人福医药对控股子公司实行直线控制。公司高管层人数较多，多数副总裁在子公司兼职，通过向各控股子公司或参股公司派驻董事，以及总裁办公会作出日常经营决策，在管理上实现资本和人的两条纽带共同作用，各控股子公司董事会对公司内部制度建设事项负最终责任，确保子公司在母公司控制下落实各项经营决策，有效控制了经营风险。

公司自 2004 年起开始对控股子公司各项管理职能和内部控制情况开展的全面管理审计，以被审计单位的管理活动为审核检查的内容，具体包括对控股子公司管理层和经营层计划职能、组织职能、控制职能、激励职能等相关内容的审计。通过查明管理上存在的缺陷，优化系统整体的结构，改善管理素质，提高管理水平和效率，公司经营效率得到提高。同时，公司还十分重视后续管理审计，以被审计单位是否严格按照审计意见进行纠正的依据为标志，重点检查整改事项和审计建议的落实情况与运行效果，以确认审计建议是否为管理层采纳，以及管理层是否进行了合适的整改工作并取得理想的效果。

三、上市以来每年分配红利，运用资本市场谋发展

自上市以来，人福医药每年分配红利，树立了良好的市场形象。公司注重充分利用资本市场融资，自 1997 年首发以来，公司于

1999 年、2002 年和 2006 年先后三次配股，2009 年非公开发行，融资金额达 11 亿元，是首发金额（0. 99 亿元）的 11 倍，多次融资为公司的快速发展奠定了坚实的基础。自上市以来，人福医药发展迅速，2005 年至 2010 年五年期间，其资产总额由 20. 45 亿元增加到 42. 28 亿元；营业收入由 7. 5 亿元增加到 22. 1 亿元。

华西村减少关联交易案例

一、基本情况

江苏华西村股份有限公司（以下简称股份公司或上市公司）是一家1999年在深圳证券交易所主板上市的企业。目前股份公司注册资本7.5亿元，控股股东为江苏华西集团公司（以下简称“华西集团”），持股比例为41.01%。

华西村素有“天下第一村”的美誉，是中国社会主义新农村的典范，然而股份公司从事的业务在整个华西村中并不突出，股份公司下属精毛纺厂从事的精纺业务属传统劳动密集型产业，近几年盈利能力逐年下滑；从事电力及蒸汽供应热电厂，受累煤炭价格波动，利润出现下滑；江阴华西特种纺织品有限公司则受制于技术、管理、市场瓶颈，资产盈利能力一直较差。精毛厂、热电厂与华西集团及其下属公司之间的关联交易一直很大，股份公司在资本市场的地位与华西村在全国的形象不相符合。

二、形成关联交易的原因及解决方案

股份公司与控股股东之间的关联交易是历史遗留问题，股份公司改制上市时，是由控股股东以其拥有的精毛纺厂与热电厂等资产合并组建成股份公司并上市的，由此，股份公司与控股股东及其下属企业存在以下关联交易：

一是股份公司下属热电厂生产所需原材料及发电、供汽业务与控股股东及下属企业的关联交易：如热电厂所需原材料为煤炭，主要向江苏华西化工贸易有限公司购买；热电厂生产的电力、蒸汽主要供给控股股东及其下属企业。

二是股份公司下属精毛纺厂与控股股东及其下属企业的关联交易：毛纺的前道工序为洗毛、毛条加工、染整等业务，1999年公司上市时，该块业务归属华西集团下属福利企业，未能将毛纺业务的资产实现整体上市，且该公司的产品质量稳定，运输便利，价格合理，信誉度高，因此与该公司存在关联交易。

2010年5月，公司提出将下属精毛纺厂、热电厂的资产、负债及江阴华西特种纺织品有限公司75%的股权与华西集团拥有的东海证券有限责任公司1亿元股权进行置换的减少关联交易方案。

三、通过资产置换减少关联交易的效果

（一）增强独立性

2009年度置出资产与控股股东及其关

联人的关联交易总额27 301.54万元，占股份公司关联交易总额的比例为87.4%。2010年度置出资产与控股股东及其关联人的关联交易总额30 080.86万元，占股份公司关联交易总额的比例为88%。通过本次资产置换，股份公司与控股股东及其关联人之间的关联交易大幅降低，独立性增强。

（二）增强竞争力

股份公司置出的纺织和热电资产2010年度实现的主营业务收入占公司的比重仅为13.95%，本次交易完成后，对股份公司的主营业务不会带来实质性的影响。置出资产2010年度的加权平均净资产收益率为12.90%，置出资产占股份公司2010年末净资产的比例为16.57%。置入资产为1亿元东海证券股权（占东海证券股权比例为5.99%），东海证券2009年的净资产收益率为22.52%，置入资产质量优良，发展潜力大，股权增值回报率高，注入股份公司，能提高上市公司的整体盈利能力，持续发展能力。

2010年，股份公司柳暗花明，产业转型硕果初显，2010年公司实现营业收入32.46亿元，较2009年年度增长了34%；实现净利润1.82亿元，较2009年年度增长了100%。

（三）增大发展空间

近年来，股份公司逐渐实现向金融领域的渗透：持股江苏银行、华泰证券，现在又通过资产置换的方式置入1亿股东海证券股权。通过置出纺织、热电资产，置入金融资产的方式，股份公司开始了从原有纺织加工、热电、储运为主的“重资产、低回报、大波动”的商业模式，向储运业务、金融服务等“轻资产、抗周期、高收益”的新型商业模式的转变，为公司未来向现代服务业发展打好了基础，使公司有充足的精力、财力和能力向着既定目标去开拓新的发展空间，把公司进一步做大、做强、做优，真正成为主营突出、业绩良好、管理规范的上市公司。

永新股份：股权激励促进健康稳定发展

黄山永新股份有限公司（以下简称公司）位于安徽省黄山市徽州区，成立于1992年5月，于2004年7月在深圳证券交易所中小企业板发行上市，主要生产、经营塑料彩印复合软包装材料、真空镀铝膜、药品包装材料、多功能薄膜等高新技术产品。公司自设立以来，紧紧围绕塑料软包装行业不断做强作大，通过近二十年的发展积累，先后荣获“全国五一劳动奖状”、“全国先进包装企业”、中国“医药包装优秀单位”、“全国守合同重信用企业”等荣誉称号，是中国包装龙头企业、国家重点高新技术企业、国家创新型企业、国家首批资源节约型、环境友好型试点企业。2010年共实现营业收入12.76亿元，各项经济指标均居全国同行业前列。

股权激励一直以来被视为“金手铐”，被企业作为一种长效激励机制来吸引人才和留住人才。为进一步完善公司治理结构，健全公司激励约束机制，有效调动管理者和重要骨干的积极性，吸引和保留优秀管理人才和业务骨干，促进公司长期稳定发展，《上市公司股权激励管理办法》（试行）正式施行后，公司于2006年8月实施了《首期限制性股票与股票期权激励计划（2007～2012)》（以下简称《股权激励计划》），以期通过实现股东、公司和个人利益的一致，来兼顾公司长期利益和近期利益，从而维护股东权益，促进公司更好发展，为股东带来更高效更持续的回报。

一、股权激励计划实施过程

公司于2006年6月13日召开董事会审议通过了《公司首期限制性股票与股票期权激励计划（草案)》，报经中国证券监督管理委员会审核修正无异议后，于2006年10月14日召开股东大会批准实施。

公司股权激励计划由限制性股票激励计划和股票期权激励计划两部分组成：

（一）限制性股票激励计划

在满足激励计划规定的授予条件下，按考核年度净利润净增加额的一定比例提取激励基金，从二级市场购入本公司股票无偿授予激励对象，并锁定一年（每年考核一次，截至2011年已累计实施5次）。

（二）股票期权激励计划

公司授予激励对象400万份股票期权，行权价格为7.70元/股，分三次实施：第一次占获授的股票期权数量的30%、第二次占获授的股票期权数量的30%，第三次占获授的股票期权数量的40%。若在行权前公司有资本公积金转增股份、派送股票红利、股票拆细、配股或缩股等事项，股票期权数量和行权价格进行相应的调整（每二年考核一次，截至 2011 年已累计实施 3 次）。

二、股权激励方案设计所考虑的主要因素

公司属于制造业，对于市场、管理、技术有着全方位的需求，因此，设计股权激励计划方案时，在遵照有关法律法规规定的基础上，结合公司的实际情况，对激励对象、激励方式、激励数量、股票来源、激励期限、实施条件等主要因素予以重点考虑，设计了符合公司发展需求的股权激励计划。

（一）激励对象

公司股权激励对象涉及面较广，包括在公司受薪的董事（不包括独立董事及其他在公司领取董事津贴的董事）、高级管理人员、中层管理人员和由总经理提名的业务骨干和卓越贡献人员。

（二）激励方式

考虑不同激励对象对公司发展的贡献作用及其行权能力，公司将股权激励计划设计成限制性股票激励计划和股票期权激励计划两部分，授予其不同性质的股票激励方式。

（三）激励数量

限制性股票为公司根据激励基金提取额（激励基金以上年度净利润增长率为提取百分比、以上年度净利润净增加额为提取基数进行计提，提取百分比不超过 30%）所购买的股票数量；股票期权数量为公司向激励对象定向发行 400 万股公司股票。同时规定：限制性股票激励计划所涉及的股票总数与首期股票期权激励计划所涉及的股票总数合计不超过公司股本总额的 10%，任何一名激励对象通过全部有效的股票激励计划获授的本公司股票累计不超过公司股本总额的 1%。

（四）股票来源

限制性股票：在年度股东大会审议通过考核年度经审计的财务报告决议公告日提取激励基金，从二级市场购入本公司股票。

股票期权：向激励对象定向发行。

（五）激励期限

为避免经营者的短期行为，公司设计了一个相对较长的激励期限，并将股票期权分成三个相对独立又相互关联的实施期限。

限制性股票：由六个独立年度计划构成，即 2007～2012 年每个授予年为一个计划，每个计划的上一年度为考核年。

股票期权：自股票期权授权日起的六年时间，第一次：自授权日起满一年后的下一交易日起至授权日起满两年的交易日当日止；第二次：自授权日起满三年后的下一交易日起至授权日起满四年的交易日当日止；第三次：自授权日起满五年后的下一交易日起至授权日起满六年的交易日当日止。

（六）实施条件

限制性股票实施条件：考核年度净利润较上一年度增长超过 10%，且考核年度上一年净利润年增长率为正；计划起始年度至考核年度每年加权平均净资产收益率不低于 10%。

股票期权实施条件：除考核年净利润较

上一年度增长超过10%或较上上一年度增长超过20%外，自激励计划起始年度至考核年度每年加权平均净资产收益率不低于10%。

同时，公司股权激励计划还对行权期、锁定期、禁售期、退出机制等情形予以充分的考虑和详细的规定，制定了股权激励计划实施考核办法，以确保股权激励计划的有效实施。

三、股权激励计划实施成效和影响

时至今日，公司《股权激励计划》实施已接近尾声。实施股权激励计划期间，公司营业收入年均复合增长率为12.17%，净利润年均复合增长率为20.73%；管理团队和业务、技术骨干相对稳定，关键人员流失率较低。公司保持着持续、健康的增长态势。

（一）有利于进一步完善公司治理结构

股权激励计划的实施，使经营者能够以股东的身份参与企业决策、分享利润、承担风险，从而勤勉尽责地为公司的长期发展服务；也促进了经营者和股东利益实现渠道的一致性，减少了管理人员的机会主义行为和股东对其进行监督的成本。

（二）有利于公司持续、稳定发展

股权激励计划的实施，保证了公司拥有稳定的管理团队、业务骨干、核心技术人员，为公司发展奠定了基础。同时，公司为实施股权激励计划设置了一定的行权条件，这些行权条件都是以达到目标业绩为前提的，只有达到既定的业绩条件，才能够使股权激励顺利进行下去，从而极大激发了经营层及全体员工的工作热情和积极性。

（三）有利于保护公司利益和股东利益

股权激励计划的实施，有效地避免了经营者的相对短期行为，同时激励计划规定，激励对象在任职期间若出现损害公司利益的，将取消其行权资格，使得经营者的利益与公司的利益捆绑在一起，经营者保护自身利益与保护公司利益的目标得到统一。

四、思考和建议

（一）资本市场的有效性

我国的资本市场尚处于发展阶段，成熟度仍然不够，二级市场股价与经营业绩有时没有必然联系，甚至完全背离。二级市场股价不能真实反应公司经营业绩时将可能导致股权激励计划无法实施或者激励效果不明显。

因此，资本市场的有效性建设，将能有效促进股权激励效果，利于上市公司发展，从而形成良性循环。

（二）税收确认问题

根据国家税务总局《关于股权激励有关个人所得税问题的通知》的规定，股票期权个人所得税征收时点以行权日为计征点。由于股权激励计划中一般有禁售期的存在，在股票期权行权日激励对象不能出售行权购入的股票，待可出售日股价可能远远低于行权日的价格，甚至低于行权价，如此激励对象不仅没有收益还增加了纳税成本，不利于股权激励的实施。

（三）职工代表监事能否成为激励对象

根据有关规定，监事不能作为激励对象，但职工代表监事由职工代表大会选举出，以职工代表的身份进入监事会，代表职工利益，其作为激励对象与其监督职责不存在本质冲突，且职工代表监事一般为企业的核心骨干人员，在为公司工作贡献的同时，还要承担监事会的监督职责，如不能纳入激励对象范围，有悖于股权激励留用人才、激发员工积极性的初衷。

第六篇

上市公司并购重组篇

- **2010** 年上市公司并购市场综述
- 证监会有关部门负责人就发布《关于修改上市公司重大资产重组与配套融资相关规定的决定》答记者问
- 中国平安收购重组深发展案例
- 兖州煤业收购澳大利亚菲利克斯公司案例
- ＊**ST** 张铜“脱胎换骨”式资产重组案例
- 三普药业重大资产重组案例
- 中航黑豹资产重组案例
- 山东高速资产重组案例
- 湖北能源重大资产重组暨整体上市案例
- 友谊股份重大资产重组案例
- 粤传媒整体上市案例
- 欣网视讯重大资产重组案例
- 创业板万顺股份并购案例
- 重庆百货资产重组案例

2010 年上市公司并购市场综述

一、前言

（一）上市公司并购事件分类

上市公司的并购行为分为两大类：主语式并购和宾语式并购。当上市公司以收购者的身份出现在市场上，主动去购买资产和股权，是交易中的主动方，扮演了主语的角色，这类并购行为称之为“主语式并购”；当上市公司会出售资产和股权，是交易中的被收购方，扮演的是宾语的角色，这类并购行为可以称之为“宾语式并购”。

无论上市公司充当主语还是宾语，其目的不外乎是调整企业资产结构，获得更好更优质的资产，以期在严酷的市场竞争中获得更大的生存空间和话语权，实现自身的不断发展壮大。在这种现实下，通过统计中国上市公司并购业务的现状，我们能够从整体上对中国上市公司并购市场的各方主体有个比较清晰的把握，并且我们可以通过对各行为主体的分析，了解上市公司并购市场的走向，为进一步了解、把握中国上市公司并购交易的未来发展提供有益的借鉴和参考。

中国上市公司并购事件分类见图 1。

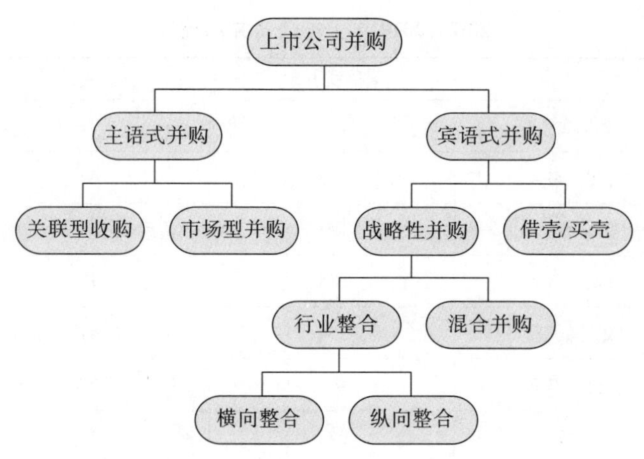

图 1　中国上市公司并购事件分类

主语式并购从交易性质上划分可以分为关联型并购和市场型并购，前者是企业各关联方通过并购重新分配资产和股权，调整企业股权结构，相当于企业内部的调整行为；

后者则是企业对企业外部主体的资产和股权的收购，其目的可能是产业整合，也可能是财务投资，相当于企业对其他市场交易主体施加了外力作用。

宾语式并购从交易意图上划分可以分为借壳上市和战略性并购，前者是企业通过收购一家市值较低的已上市公司的股权，获得控股地位后注入资产获得其上市公司地位，使母公司的资产得以上市的一种上市行为，与IPO相比时间和金钱成本更低，因此受到很多企业的追捧；后者则是上市企业与收购方出于资产重组和产业整合等目的有意识进行的战略性调整行为，相比借壳而言，双方的地位更加对等。

（二）2010年上市公司并购市场概述

2010年是全球金融危机之后世界经济低迷、宏观经济形势复杂多变、跌宕起伏的一年。这一年间，各国为了加速经济恢复的进程、促进国内经济增长，都加大了对经济的宏观调控力度。我国也通过大力开展经济结构调整和积极促进实现经济社会转型，采取并实施了多项宏观调控政策，继续保持了国内经济持续稳定增长的势头。国内A股市场在经历自2007年10月起1年左右的单边下跌行情后，于2008年11月触底反弹。2008年，国家4万亿投资对于经济的短期刺激效果非常明显，股市进入2009年后受到宏观经济形势的影响，探底回升呈现上涨的行情。但是到了2010年，A股全年呈下跌趋势，涨幅全球倒数第三，但IPO募集资金量却创下了全球最高。大量的中小企业、创业板公司上市，表现突出。

2010年国内的上市公司并购延续了2009年的活跃趋势。2010年全年共发生上市公司并购交易365起，较2009年321起的基础上又有了小幅的提升，数量明显高于2006年和2007年，说明我国的并购市场正在逐步走向成熟，越来越多的企业开始利用这一方式促进企业的发展壮大。

2007～2010年上市公司并购统计见表1。

表1　　2007～2010年上市公司并购统计

年份		主语式并购	宾语式并购	总计
2007年	交易数量	138	71	209
	占比（%）	66	34	100
2008年	交易数量	192	33	225
	占比（%）	85	15	100
2009年	交易数量	234	87	321
	占比（%）	73	27	100
2010年	交易数量	275	71	346
	占比（%）	79	21	100

数据来源：Wind及东方高圣投资顾问公司，数据来源下同。

从表1并购类型上看，主语式并购共发生275起，占总交易数量的79%；宾语式并购仅发生71起，占总交易数量的21%。从并购交易类型的占比上看，主语式并购仍为上市公司并购交易的主流，大量上市公司拥有足够的实力和资金，仍然是从未来发展的需要出发，整合市场、调整企业结构，主动出击开展并购。

从市场整体上来看，随着民营企业和国有企业中的佼佼者基本上都已经完成上市，中小型公司也开始登陆资本市场，以求把自身的价值转化为投资能力。充分挖掘发展潜能，在越来越激烈的市场竞争中获得更大的发展空间已经成为企业的当务之急。延续2009年的并购发展趋势，不论是充当交易的主语还是宾语，上市公司在2010年都希望通过并购实现资产的合理分配与增值，迅速做大做强，把握企业发展的机遇期，实现自己的发展战略。

二、主语式并购市场的发展

（一）概述

主语式并购包括市场型并购和关联型并购。市场型并购是指上市公司自主进行的，与不存在控制关系的其他主体进行的并购交易。市场型并购属于外部型交易，而关联型并购属于内部型交易。比较而言，市场型并购更能反映上市公司并购市场的发展趋势。

2007～2010年主语式并购数量统计和金额统计见表2、表3。

表2　　2007～2010年主语式并购数量统计

年份		市场型并购	关联型并购	总计
2007年	交易数量	33	105	138
	占比（%）	24	76	100
2008年	交易数量	86	106	192
	占比（%）	45	55	100
2009年	交易数量	96	138	243
	占比（%）	41	59	100
2010年	交易数量	122	153	275
	占比（%）	45	55	100

表3　　2007～2010年主语式并购金额统计

年份		市场型并购	关联型并购	总计
2007年	总交易金额（万元）	847 277	13 314 207	14 161 484
	金额占比（%）	6	94	100
2008年	总交易金额（万元）	3 953 417	7 097 042	11 050 459
	金额占比（%）	36	64	100
2009年	总交易金额（万元）	9 737 160	26 029 444	35 766 604
	金额占比（%）	27	73	100
2010年	总交易金额（万元）	3 191 416	10 402 797	13 594 213
	金额占比（%）	23	77	100

从表2、表3可以看出，2010年共发生了主语式并购275起，相比2009年增加了13%。从数量构成上看，市场型并购和关联型并购均有增长，市场型并购数量增长稍快，增加了30%。从交易金额来看，总交易金额比2009年下降了62%。其中，市场型交易金额319亿元，和2009年相比下降了67%；关联型交易金额1 040亿元，和2009年相比下降了60%。交易平均金额与2009年相比下降了67%。这可能是因为，随着中国经济逐步走出衰退的阴影，市场对未来经济萧条的隐忧逐步减少，行业整合和产业链整合逐渐成为很多企业的理性选择，而上市公司本身又有融资优势，所以很多上市企业逐步加大了并购步伐，因此主语式并购的数量在2009年的基础上持续增加。同时，2010年的并购行业热点发生了转变，2009年及以前的并购多出现在资本密集型行业，如电力、能源、房地产等传统行业，并购金额较大。而2010年的并购行为则更加的多元化，传统行业的超大型并购不如往年，同时许多中小型公司积极参与并购，大量小型的市场型并购出现，导致市场型并购交易数量的增加，但总交易金额减少。

此外，随着股权分置改革进入尾声，行政色彩浓厚的关联型交易数量虽然绝对数量稳中有升，但是上市公司母公司向上市公司注入资产的行为在减少，交易的金额已经大幅下降，在整个主语式并购市场中的相对数量和占比表现出现下降趋势，也是2010年主语式并购总金额减少的主要原因之一。

（二）关联型并购交易

关联型并购中大部分交易行为可以解读为控股股东通过向上市公司注入资产，实现资产证券化的过程。上市公司的关联型交易的数量从2007年起到2010年基本上处于一个比较稳定的上升过程。2010年关联型并购数量总数相比2009年增长了11%。但是关联型并购总金额却比2009年减少了60%。

2007～2010年上市公司关联型并购交易统计见表4。

表4　　2007～2010年上市公司关联型并购交易统计

单笔交易金额分布	2007年		2008年		2009年		2010年		总计
	交易数量	交易占比	交易数量	交易占比	交易数量	交易占比	交易数量	交易占比	
<2亿元	33	31%	37	35%	66	66%	81	54%	242
2亿～10亿元	48	46%	51	48%	38	24%	46	30%	183
10亿～50亿元	16	15%	16	15%	23	9%	23	14%	78
>50亿元	8	8%	2	2%	11	1%	3	2%	24
总　计	105	100%	106	100%	138	100%	153	100%	516

从表4可以看出，2010年关联型并购中，小额交易数量继续2009年的趋势，持续上涨。特别是2亿元以下的交易，比2007年、2008年大幅增加，相较于2009年也增加了23%。10亿元以上的大额交易基本上呈现出一个比较平稳的状态，与2009年持平。而50亿元以上的特大型交易数量非常少，仅有3起。经历了2009年大量的母公司向上市公司注入资产，以及整块的大额优质资产基本上完成证券化过程，2010年关联型并购市场开始转向零散的小额优质资产。同时，随着中国资本市场发展的不断深化，更多的中小规模的企业也参与到这个并购的过程当中来，这些因素都是导致小额

交易的大量出现的可能。

关联型并购产生的原因在于：

1. 在2009年7月IPO重新开闸之前，由于控股股东在上市公司体外还有大量的关联资产，要把这些资产置入上市公司，所谓的“整体上市”或解决“同业竞争”问题。

2. 2009年7月IPO重新开闸之后，中国证监会要求新申请首发的企业相关资产要全部进入上市公司，这部分上市公司在控股股东名下不再会有相关业务的资产，他们的关联型并购来自于收购控股子公司的少数股东。因此，在2009年大规模的关联型并购交易完成之后，关联型并购交易呈现小型交易（金额2亿元以下）数量上升，大型关联型并购持续减少的特点。

2007～2010年主语式关联型并购交易总额及平均交易金额见表5。

表5　2007～2010年主语式关联型并购交易总额及平均交易金额

年份	关联型并购总交易金额（万元）	关联型并购平均交易金额（万元）
2007年	13 314 207	126 802
2008年	7 097 042	66 953
2009年	26 029 444	188 619
2010年	10 402 797	67 992

2007～2010年上市公司关联型并购金额分布图见图2。

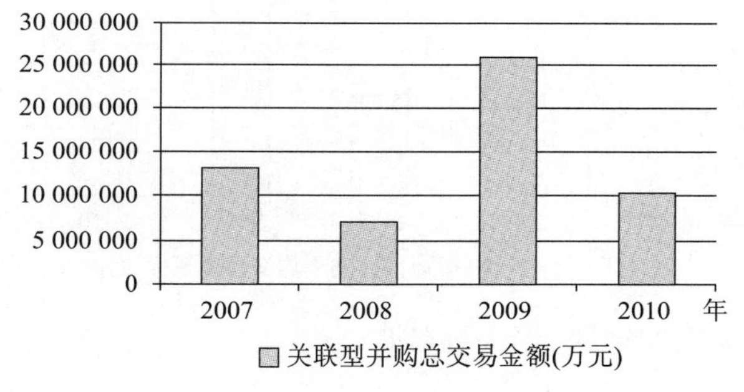

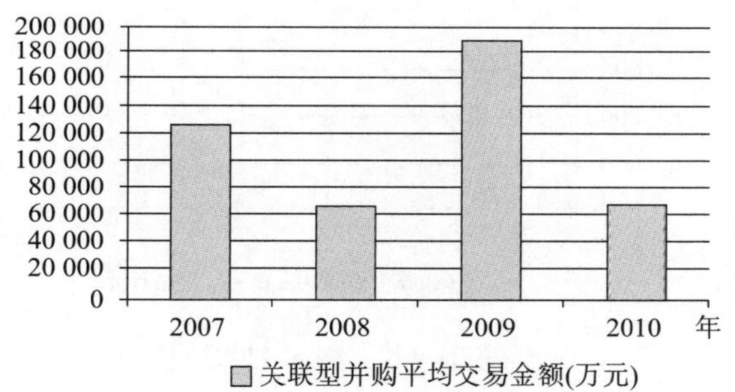

图2　2007～2010年上市公司关联型并购金额分布图

从表5、图2可以看出，2010年关联型并购在总金额和平均金额方面都比2009年有大幅下降。这主要是由于2009年长江电力控股股东注入资产1 073亿元，占总交易金额的41%。如果剔除长江电力，则2009年交易总金额降至15 297 901万元，平均交易金额也会降至111 664万元。也就是说，即使剔除长江电力，2010年平均交易金额相较于2009年也下降了83%，这主要是由于上文所提及的超大型交易的减少和小型交易的增加。所以2010年关联型交易数量增加的同时，交易金额却没有相应地增长。从行业分布上来看，2010年关联型并购的行业较2009年更加分散，并没有集中出现于某几个行业，除了传统的房地产、电力、能源、制造等行业，药品、酒店、金属等行业的关联型并购也在增多。房地产行业虽然仍旧是关联型并购中数量最多的，但是已经从2009年25%的比重下降到了2010年的13%。电力行业的关联型并购也很活跃，央企的内部产业整合非常活跃。例如华电国际、华电能源、华能国际等。

（三）市场型并购交易

从发达国家的经验看来，并购在企业发展过程中起到了非常大的推动作用。随着市场竞争的更加充分，为了实现产业整合企业自发的、以市场为导向打通产业链上下游而进行的市场型并购将成为主语式并购的关键。越是自由、充分竞争的市场，市场型并购行为则越活跃。这里主要对2010年中国上市公司的市场型并购的数量、金额和行业分布进行统计和说明。

1. 市场型并购交易金额和交易数量

相较于2009年，2010年市场型并购虽然数量呈上升趋势，但是在交易的总金额和交易的平均金额上却远低于2009年。其中，总交易金额同比下降了67%，而平均交易金额更是下降了74%。

2007～2010年主语式市场并购交易总额及平均交易金额见表6、图3。

表6　2007～2010年主语式市场型并购交易总额及平均交易金额

年份	市场型并购总交易金额（万元）	市场型并购平均交易金额（万元）
2007年	847 277	25 675
2008年	3 953 417	45 970
2009年	9 737 160	101 429
2010年	3 191 416	26 159

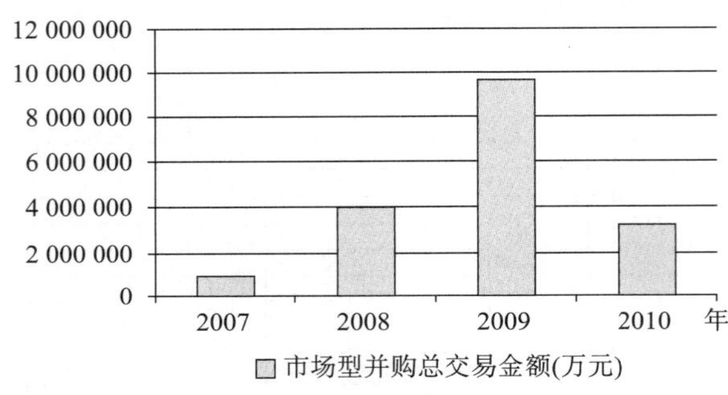

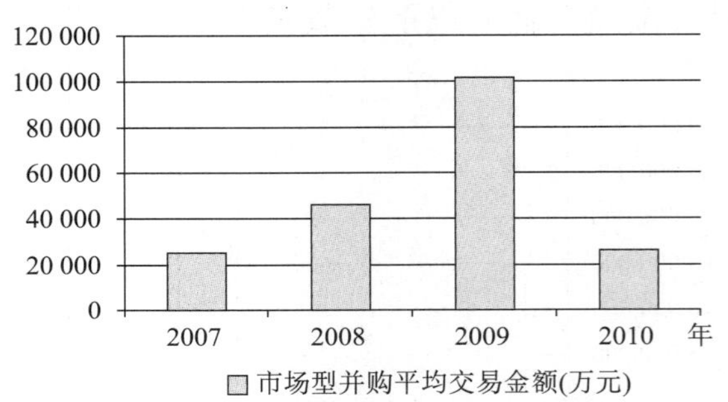

图3　2007～2010年上市公司市场型并购金额分布图

从单笔交易金额分布来看，2009年和2010年市场型并购中，金额在2亿元以下的小型交易较2007年和2008年有了大幅的提升，2010年更是在2009年的基础上增加了90%，达到76起。而交易金额大于50亿元的超大型交易2010年为0。这主要是由于2009年中国石油、兖州煤矿等进行海外并购，能源行业的单笔交易金额相对较大，动辄数十亿、上百亿元。2010年市场上并未出现2009年那样的超大型交易，因此2010年市场型交易虽然在数量上有所提升，但是由于单笔交易的金额都不大，交易的总金额和平均金额均较2009年大幅下降。

2007～2010年主语式市场型并购单笔交易金额见表7。

如果按照以往市场型并购交易的数据和市场发展的趋势，在最近几年，市场型并购交易本来可以迎来一个井喷期，带来交易数量和总交易金额的大幅跃升。但是由于金融危机的余波未了，经济二次探底的风险犹存，加之对外出口深受贸易保护主义和外汇间接升值的冲击，国内经济调结构的步伐依然艰难，诸多不利因素带来的结果造成平均交易金额的大幅下降。企业在本身资金链收紧的同时，对待并购的态度也变得谨慎起来，更倾向于尝试小额交易而不愿意进行动

表7　2007～2010年主语式市场型并购单笔交易额

单笔交易金额分布	2007年		2008年		2009年		2010年		总计
	交易数量	数量占比	交易数量	数量占比	交易数量	数量占比	交易数量	数量占比	
<2亿元	14	39%	28	32%	40	42%	76	62%	158
2亿～10亿元	19	52%	52	60%	41	43%	42	34%	154
10亿～50亿元	1	3%	5	6%	9	9%	4	3%	19
>50亿元	2	6%	2	2%	6	6%	0	0%	10
总　计	20	100%	87	100%	96	100%	122	100%	341

辄几十亿、上百亿的资金投资，所以大额并购交易数量下滑。相信随着经济二次探底的风险逐步降低，出口的各项条件慢慢好转，以及国内消费市场潜力的进一步发掘，市场型并购交易将在不久的将来重新焕发活力。

2010年主语式市场型并购交易金额前10名概况见表8。

表8　2010年主语式市场型并购交易金额前10名概况

标的获得方	交易标的	交易总价值（百万）	所属行业
西单商场	新燕莎控股100%股权	225 000	百货商店
青岛啤酒	山东新银麦啤酒75%股权	140 400	啤酒
同方股份	唐山晶源电子26%股权	129 472	电脑硬件
山东黄金	山东金石矿业75%股权	124 500	黄金
华电国际	鄂托克前旗权辉商贸35%股权	93 883	电力
嘉凯城	海南华航房地产70%股权	81 872	房地产开发
中金黄金	镇安黄金矿业100%股权	79 800	黄金
华电国际	河北华瑞能源集团股份100%股权	76 690	电力
小天鹅A	合肥荣事达洗衣设备制造69%股权	73 210	家用电器
西部资源	银茂矿业80%股权	69 593	金属非金属

从表8可以看出，2010年交易金额最大的10个市场型并购交易所处的行业比较分散，除了传统的资本密集型行业，如房地产，电力、贵金属等行业，还出现了百货、啤酒等消费类行业。从交易金额来看，由于没有如2009年兖州煤业、中国石油那样的超大型海外并购交易，2010年的前10大并购金额也较上一年大幅减少。

2010年，西单商场并购案格外引人注目。西单商场发股收购首旅集团拥有的新燕莎100%股份，帮助新燕莎实现了间接上市。由于西单商场的营业收入还不及新燕莎的一半，而新燕莎旗下拥有新燕莎商场，新燕莎奥特莱斯，贵友大厦等高端百货和大型购物休闲中心，可是说是对西单商场传统百货业务的有力补充，是一场典型的“蛇吞象”式收购。

2. 市场型并购行业分布

从并购行业来看，2010年市场型并购行业百花齐放，既有传统资本密集型行业，也有新兴的轻资产行业。房地产依然是市场型并购最活跃的行业，一方面反映了行业整合的趋势，另一方面也反映出现有企业对于资源的争夺正进愈演愈烈。由于受剩余土地资源的限制，通过股权收购获得土地储备已成为房地产上市公司的横向整合的原动力。由于2010年国家加大对房地产行业的宏观调控力度。2010年房地产行业的市场型并购数量和金额与2009年相比均大幅下降。2010年4月，国务院发布《关于坚决遏制部分城市房价过快上涨的通知》，明确要求"对存在土地闲置及炒地行为的房地产开发企业，商业银行不得发放新开发项目贷款，证监部门暂停批准其上市、再融资和重大资产重组"，房地产行业融资因而受限。此后，证监会于2010年8月公告，暂缓受理房地产开发企业重组申请，致使所有房地产企业重组项目均未被受理。

电力行业并购交易也比较活跃，在并购金额和数量上都较大。华电国际、华电能源在市场型并购中也表现积极，既有收购同行业电力企业的横向并购，也有收购上游矿业的产业链纵向并购。

IT行业的并购依然延续了2009年的活跃状态。IT行业里面的应用软件公司表现尤为突出。东华软件、用友软件已经在并购市场上做过多次交易，而新上市的创业板公司神州泰岳、立思辰也开始试水并购。

药品行业并购也成为市场上新亮点。其中，新上市的创业板莱美药业进行了两次并购，分别收购湖南康源制药100%股权以及四川禾正制药100%股权。

2010年资本密集型行业的大型海外并购案并未出现。食品行业的海外并购初现端倪：光明乳业拟收购新西兰奶粉加工商Synlait Milk Limited51%股权；天宝股份收购日本HOKUDAI公司100%股权；青岛啤酒收购港资山东地区啤酒年产量和利润第二的企业银麦啤酒100%的股权，收购完成后有望对青岛啤酒和银麦带来战略协同效应。收购银麦之后，青岛啤酒在山东市场份额将升至60%～70%，成为山东市场真正的霸主。此外，青岛啤酒与烟台啤酒、济南啤酒实现战略合作，青岛啤酒统一鲁啤，基本完成在山东的战略部署。青岛啤酒并购是通过市场型并购整合地区产业资源，迅速提高市场份额的典型代表。

三、宾语式并购市场的发展

（一）概述

宾语式并购市场主要包括战略性并购和借壳上市两种。

战略性并购是基于并购方发展战略而进行的并购行为，买方购买的上市公司是一个正常运营的、有产品或服务、有资产、有员工、有市场等相关经济要素的公司，而不仅仅是一个拥有上市资格的"壳"。

借壳上市是企业通过IPO实现上市之外的另一种上市手段，指收购方通过控制上市公司，同时（或稍后）对上市公司进行重大重组，剥离原有业务及相关资产、债务、人员，注入的新业务及资产（通常构成上市公司重大重组），间接实现上市目的的行为。借壳上市和IPO作为主要的两种上市手段，对于推动企业完善融资平台起到了重要的作用，是一条资产证券化的通道。近年来，监管层面对借壳上市的监管也越来越重视，越来越规范，其监管规则有向IPO监管规则接近的趋势。

2007～2010年宾语式并购交易见表9。

表 9　　2007～2010 年宾语式并购交易统计表

年份		战略性并购	借壳上市	总计
2007 年	交易数量	28	43	71
	占比（%）	40	60	100
2008 年	交易数量	21	12	33
	占比（%）	64	36	100
2009 年	交易数量	49	38	87
	占比（%）	56	44	100
2010 年	交易数量	53	18	71
	占比（%）	75	25	100

从表 9 的数据可以看出，2010 年全年共发生宾语式并购交易 71 起，其中发生战略性并购 53 起，保持了 2009 年的上升趋势；发生借壳上市 18 起，同比下降 52%。

（二）战略性并购市场发展特点

2010 年共发生战略性并购 53 起，以权益变动的方式来划分，行政划转占了绝大多数，共 47 起，协议转让 4 起，其他方式 2 起（司法裁定等方式）。

战略性并购中通过收购上市公司控股股东的股份（间接收购）实现上市公司收购的共有 15 起（占 28%）。在 2010 年战略性并购中共有 12 起并购是由国务院国资委各地国资委为主导，进行的央企战略整合。

（三）借壳上市并购市场发展特点

2010 年全年共发生了 18 起借壳上市事件，较 2009 年显著下降。2009 年出现大量借壳事件是由于从 2008 年 9 月开始 IPO 被暂停，直到 2009 年 7 月才重启，致使很多有实力的公司选择借壳来达到上市的目的。但是随着借壳上市监管准 IPO 化，同时 2010 年大量公司选择直接 IPO，导致借壳上市数量在 2009 年的基础上大幅回落。

2010 年借壳上市的行业与 2009 年相比呈现更加的广泛性。2009 年房地产行业借壳占据了绝对的主力。由于 2010 年房地产行业的宏观调控，2010 年 8 月起证监会暂停了房地产企业并购重组的受理。以往占借壳上市一半左右的房地产行业借壳受到了极大影响，房地产行业借壳数量急剧下降。

典型案例：恒逸石化借壳 ST 光华

借壳方恒逸石化为恒逸集团持有的子公司。恒逸集团是一家以“石化 + 化纤”类资产为核心资产，以金融和房地产投资为辅助业务的控股型集团公司。截至 2009 年 12 月 31 日，恒逸集团总资产 128.27 亿元，营业收入 127.29 亿元，利润总额 12.29 亿元。

被重组的 ST 光华，前身为世纪光华。其主营业务为铝加工，生产、销售工业及建筑用铝型材、彩色铝型材、中高档门窗等制造业。由于 2008 年和 2009 年连续两个会计年度的审计报告结果显示净利润为负值，公司股票简称由“世纪光华”变更为“*ST 光华”。2010 年度，公司合并净利约 246 万元，但由于 2010 年度扣除非经常性损益后的净利润为负值，相关部门认为，公司仍存在被实行其他特别处理的情形，股票简称变更为“ST 光华”。

2009 年 12 月 24 日，鼎晖旗下的鼎晖一期基金和鼎晖元博基金与恒逸集团签下协议，分别以约2.37亿元和0.67亿元受让恒逸集团持有的恒逸石化6.24%、1.76%的股权。

2010年2月世纪光华（即*ST光华）与原大股东汇诚投资、重组方恒逸集团、鼎晖一期、鼎晖元博、邱建林及方贤水签署了“框架协议”。协议中，世纪光华以发行股份购买资产的方式购买恒逸集团及鼎晖一期、鼎晖元博、邱建林、方贤水（合计）所持有恒逸石化100%的股份，将其所有资产和负债出售给汇诚投资；汇诚投资以协议方式将其所持世纪光华1 223.705万股股份转让给恒逸集团，恒逸集团以现金支付对价。

2011年4月11日，中国证监会通过本次交易。

2011年6月6日晚间公告称，通过非公开增发的方式，恒逸石化股份有限公司完成借壳上市，该股于2011年6月8日起启用新的证券简称“恒逸石化”。

ST光华股票从2010年2月11日即发布重组预案当天的收盘价每股11.41元，涨至最高每股54.50元。而至2011年6月3日，ST光华的收盘价为每股47.1元，公司股东账面盈利达到381.595%，即浮盈161.6亿元。鼎晖以约3亿元的价格获得恒逸石化8%的股权。随着世纪光华股价一飞冲天，持有恒逸石化股权的鼎晖收益巨大，使得这宗交易成为2010年借壳案最引人注目的交易。

四、中小上市公司并购市场的发展

（一）概述

自2004年6月中小企业板、2009年10月创业板市场开放以来，我国证券市场中小上市公司数量迅速增加，截至2010年12月31日，我国中小上市公司数量已达679家（不包括ST类公司），数量较2009年翻了一番。其中，中小板526家，创业板153家，创业板上市公司数量达到2009年的近5倍，中小板上市公司数量也增长了60%。从行业分布特征看，我国中小上市公司呈现多元化发展趋势，涉及农林牧渔、制造业、采掘业、水电煤气、建筑业、运输仓储、信息技术、金融保险、房地产等13大类行业。中小上市公司在我国上市公司中的地位与作用日益突出，在实现资产证券化以后，如何快速成长是许多中小企业的梦想。而如何实现跨越式发展，实现企业规模与市场份额的增加，路径和方法的选择就非常关键。

从19世纪美国洛克菲勒标准石油公司、通用电气公司、福特汽车公司和杜邦化学公司的发展，到20世纪的微软公司和思科公司的快速成长，再到本世纪初美国花旗旅行者集团、时代华纳集团等超巨型公司的诞生，都和并购有着密不可分的关系。可以说，几乎没有一个大型企业不是通过某种程度某种方式的并购成长起来的。纵观2010年中国中小上市公司的动态，并购已然成为中小企业在短时期快速发展的重要方式。2010年A股市场整体呈下跌趋势，大盘蓝筹股萎靡不振，但是中小板却出现了高估值的情况，表现活跃。中小上市公司的并购成为2010年并购市场的新亮点。

（二）中小上市公司并购交易

2010年中国中小上市公司共发生并购64起，其中主语式并购即收购方为中小上市公司的有60起，占绝大多数。宾语式并购即被收购方为中小上市公司仅有7起，且全部是中小板公司，没有创业板公司。这是由于中小上市公司多为最近几年上市的新公司，公司希望能够迅速做大做强，主动出击式的并购能够迅速为企业带来好的优质资源，实现产业整合。特别是创业板公司，在上市时获得了大量的超募资金，同时面对资本市场对于创业板公司业绩高增长的要求，尽管上市时间不足1年，也纷纷试水，拉起了并购的大旗。

2010年中小上市公司并购数量统计见表10。

表10　　2010年中小上市公司并购数量统计

	主语式并购		宾语式并购	
	市场型	关联型	战略型	借壳
中小板	25	25	2	2
创业板	9	1	0	0
合　计	60		4	

在主语式并购中可以看到，市场型并购共发生34起，关联型并购共发生26起，二者差别不大。中小上市公司规模不大，他们的并购多以市场为导向，希望通过公开的方式，在外部市场中寻求到适合自己发展的资源。

从并购的金额来看，中小板和创业板上市公司并购金额明显低于主板上市公司。中小上市公司规模有限，且大多处于新兴行业，并购的对象很多都是轻资产的公司，不同于主板上市公司的资源型和传统型行业，因而并购规模一般较小，小型交易占大多数。特别是创业板公司，90%的单笔交易金额都是在2亿元以下的。

2010年中小上市公司并购金额统计见表11。

表11　　2010年中小上市公司并购金额统计

单笔交易金额分布	中小板		创业板	
	交易数量	数量占比	交易数量	数量占比
<1亿元	20	37%	5	50%
1亿~2亿元	15	28%	4	40%
2亿~5亿元	9	17%	1	10%
5亿~10亿元	6	11%	0	0%
>10亿元	4	7%	0	0%
合　计	54	100%	10	100%

从交易对价支付的方式上看，54家中小板公司的并购交易中，有31家是用现金支付，18家是通过股票的方式支付，1家既有现金也有股票。创业板公司10起并购交易中，9起都是通过现金的方式支付，而交易金额最大的立思辰收购友网则是通过发股的方式。单笔交易金额在2亿元以上的20起交易中，仅有3家是通过现金的方式，1家是股票加现金的方式，其余都是以股票的方式支付。由此可见，对于中小上市公司来说，由于自身资金有限，较大金额的交易都倾向于以股票的方式支付。以非现金方式支

付无疑使中小上市公司的并购更加的便捷和可行。

从并购行业来看，2010 年中小上市公司并购交易发生的行业也是处于分散状态，除了传统的化工、建材行业以外，纺织行业的并购也比较活跃。其中华孚色纺的 2 起并购均为其对关联方的并购，将关联方的资产纳入上市公司体系。

2010 年中小上市公司并购行业统计见图 4。

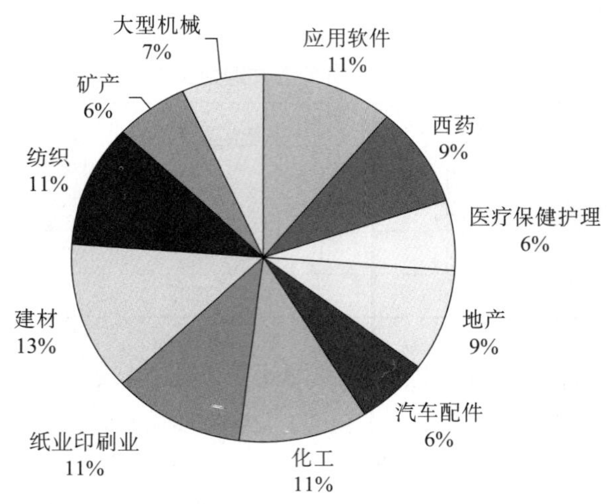

图 4 2010 年中小上市公司并购行业统计

中小上市公司也开始了海外并购的步伐。天宝股份于 2010 年 2 月 5 日与日本 ASTEM. INC 公司签署收购协议，公司拟以 19 亿日元（约合人民币 14 516 万元）收购 HOKUDAI100% 股权。此次收购有助于公司拓宽水产品的采购及销售渠道，有效控制原料质量和成本，收购后可以进一步扩大公司在日本的业务，同时可以保证部分原材料的采购及降低财务费用，并且可以推进公司的冰淇淋技术研发及产品的出口，从而提升公司的盈利能力。

典型案例：立思辰发股收购上海友网

立思辰是中国领先的办公信息系统外包服务提供商，是中国创业板首批上市公司之一。立思辰 2010 年 9 月 15 日发布重大资产重组停牌，公司公告称立思辰拟通过增发方式收购张敏等持有的上海友网科技有限公司 100% 股权。友网科技资产价格最高不超过 2.98 亿元，增发价不低于每股 18.57 元。友网科技作为专业的电子影像解决方案提供商，是该领域少数具备专业的硬件、软件、服务综合影像解决方案提供能力，同时具备专业软件研发能力的本土企业之一，拥有多项软件产品著作权及实用新型专利，在文件生命周期的输入环节中，处于本土领先地位。

通过此次并购，立思辰主要实现如下三个目标：

1. 完善服务链条：立思辰在文件输出环节处于本土领先地位，友网科技在文件输入环节处于本土领先地位，两者的结合打下了立思辰文件生命周期的全过程服务的坚实基础，实现了原有办公信息系统服务的延伸，同时具备为客户提供从文件（影像）输入、文件（影像）管理、到文件（影像）

输出的较为完整的办公信息系统服务。

2. 客户群体协同：立思辰与友网科技的客户均为政府机构、大型企事业单位等企业级客户，两家公司业务可进行交叉销售，将进一步提升市场份额。

3. 增强研发能力：经过多年的专业领域研发，友网科技开发了多种应用于文档影像采集端的嵌入式软件及基于文档影像处理与应用的管理应用软件。双方整合后，上市公司能够与友网科技组成更具实力的软件研发团队，共同开发文件生命周期各环节的相关应用软件，以满足客户在整个文件生命周期的一体化应用需求。

总体上看，此次收购将能有效强化立思辰主业竞争力，符合其“成为中国办公信息系统服务行业领导者”的长期发展规划的战略构思，是一次典型的创业板公司市场型并购。更加特别的是，作为首批上市的创业板公司，立思辰开创了发股收购的先河，对于创业板公司并购的实现方式有重要导向作用。

五、并购市场未来展望

（一）市场型并购迅速增长

在国有大型控股企业的整体上市浪潮过后，以控股股东的大规模资产注入为代表的关联型并购逐渐减少。而以市场为导向、上市公司自发的寻求行业整合、整合优质资源、获得市场份额而进行的市场型并购会逐渐成为并购市场的主体。市场化并购也因其可供选择的范围巨大，在支付工具得到解决的情况下，更可延伸到国际市场，参与国际化发展。

此外，对于管理层而言，股改之后已有数十家上市公司出台了股权激励方案，把上市公司经营者的自身利益和企业发展紧密地联系起来，他们感受到并购成功带来的马太效应后必将更加主动的参与到并购浪潮中去。

（二）中小板和创业板上市公司并购将更加活跃

随着2010年、2011年中小板、创业板上市公司数量的激增，中小型上市公司越来越多。2010年中小型上市公司通过并购带来的业绩高速增长，无疑为其他的中小板、创业板公司并购起了带头和示范作用。中小板公司在中国的资本市场中正处于青春期，在登陆资本市场后，其资本实力、治理水平、行业影响力都比以前上了一个台阶，要想进一步增强核心竞争力，实现跨越式发展，就需要开展多种手段并购。而创业板公司多处于快速发展期，行业内公司规模普遍不大，多数处于完全市场，创业板公司必须利用其资本实力围绕主业进行整合，或者选择有潜力的行业进入。同时，创业板上市公司大量的超募资金，让并购交易有了更多的资金支持。

（三）跨国并购将继续增加

受2008年全球经济危机的持续影响，海外市场出现了越来越多的价值被严重低估的优质资产。同时，大量超募资金增强了上市公司的并购财力，对海外优质资产的兴趣日益浓厚。跨国并购不再只限于以往的购买资产、设备、能源等传统范畴，技术、市场、品牌日益成为中国上市公司海外并购的新热点。而中小企业也将成为跨国并购的生力军。

（四）非现金并购模式应用更广

单纯依靠现金的支付模式是不可能支持大型并购交易的，在资本工具发达的今天，以股份、债券、认股权证加现金的混合认购方式将被大规模运用。支付模式的改进，让并购实现的方式更加多元化，不单是能够促成上百亿元的大额并购，更能加速产业整合、加速优势企业的成长。特别是创业板企业的发股收购，极大的促进了中小企业的大规模并购。

东方高圣投资顾问有限公司
审稿人：龚　林
撰稿人：叶　旭　刘　夏

证监会有关部门负责人就发布《关于修改上市公司重大资产重组与配套融资相关规定的决定》答记者问

日前，中国证监会正式发布了《关于修改上市公司重大资产重组与配套融资相关规定的决定》（以下简称《决定》）及配套发布的《〈上市公司重大资产重组管理办法〉第十三条、第四十三条的适用意见——证券期货法律适用意见12号》，证监会有关部门负责人就新规定的考量、征求意见情况、过渡期安排和执行中的技术问题，接受记者采访并回答相关问题。

问：《决定》出台背景及配套工作考虑是什么？

答：2010年8月，国务院发布《关于促进企业兼并重组的意见》（以下简称国发27号文），明确提出充分发挥资本市场推动企业重组的作用，促进加快转变经济发展方式和调整经济结构。为贯彻落实国发27号文的工作部署和要求，证监会围绕有效发挥资本市场功能，支持促进并购重组，更好服务于国民经济的总体要求，组织开展了推进完善资本市场并购重组的专项工作。在广泛听取意见的基础上，以优先支持符合国家产业政策、有利行业整合、结构优化的并购重组活动为导向，形成规范推进资本市场并购重组的十项工作安排。十项工作安排围绕推进市场化并购重组改革主线，涉及上市公司监管工作各个层面的基础制度建设：既有规范内部规则、程序，也有完善外部政策环境；既涉及近期的工作目标，也涉及远期的工作目标；既涉及治标的措施，也涉及治本的措施，充分体现了远近结合、标本兼治的总体要求。

十项工作安排的落实和实施是一项系统性和长期性的工作，证监会整体部署，逐项制订具体操作方案，统筹配套相关规则，成熟一项推出一项。《决定》是十项工作安排的重要组成部分，涉及规范、引导借壳上市、完善发行股份购买资产的制度规定和支持并购重组配套融资三项内容。《决定》从实际出发，借鉴国际经验和通行做法，综合考虑我国资本市场改革的力度、发展的速度与市场的可承受程度，以及监管标准的适度性和监管措施的有效性，形成了相关规范性要求。

根据十项工作安排，证监会目前还正在研究论证推行并购重组审核分道制。这项工作是加强改进监管工作、淡化和减少行政许可的市场化改革探索，其核心是在审核标准公开、流程透明的基础上，加大中介机构职责，促进各市场主体归位尽责，通过客观、公正、简捷宜行的评价标准，有条件地简化一批重组项目的行政审核程序，提高审核效率和公信力。为进一步推进并购重组行政许可的政务公开工作，促进审核工作标准化、公开化、流程化，去年以来证监会陆续发布了《关于填报〈上市公司并购重组财务顾问专业意见附表〉的规定》，公布了5个法律适用意见，公开了并购重组资产完整性、定价公允性等15个共性问题审核关注要点，公开解答了30个常见问题，这些工作也为推行分道制提供了配套条件。近期，证监会将抓紧改进完善相关配套支持系统，研究草拟出台上市公司并购重组分道制试行办法，在条件成熟时启动实施工作，起步阶段可由具备条件的主体和区域先行实施，在实践中循序渐进。

问：请介绍《决定》主要内容及其政策考量。

答：《决定》主要内容及其政策考量，体现在以下三个方面：

一是规范、引导借壳上市。在监管范围方面明确界定借壳上市是指：自控制权发生变更之日起，上市公司向收购人购买的资产总额，占上市公司控制权发生变更的前一个会计年度经审计的合并财务会计报告期末资产总额的比例达到100%以上的交易行为（含上市公司控制权变更的同时，上市公司向收购人购买资产的交易行为）。在监管条件方面要求，拟借壳对应的经营实体持续经营时间应当在3年以上，最近2个会计年度净利润均为正数且累计超过2 000万元。在监管方式方面，相比较IPO是主体自身的规范上市而言，借壳上市主要关切上市公司与标的资产之间的整合效应、产权完善以及控制权变更后公司治理的规范，因此监管重点更加突出持续督导效果，明确要求在借壳上市完成后，上市公司应当符合证监会有关治理与规范运作的相关规定，在业务、资产、财务、人员、机构等方面独立于控股股东、实际控制人及其控制的其他企业，与控股股东、实际控制人及其控制的其他企业间不存在同业竞争或者显失公平的关联交易。同时强化了财务顾问对实施借壳上市公司的持续督导，要求财务顾问对借壳上市完成后的上市公司的持续督导期限自我会核准之日起不少于三个会计年度，并在各年年报披露之日起15日内出具持续督导意见，向派出机构报告并公告。《决定》要求借壳上市应当符合国家产业政策要求。另外，考虑到某些行业的特殊性，在中国证监会另行规定出台前，属于金融、创业投资等特定行业的企业，暂不适用现行借壳上市规定。

《决定》明确规定借壳上市的监管范围、监管条件和监管方式，有利于遏制市场绩差股投机炒作和内幕交易等问题，有利于统筹平衡借壳上市与IPO的监管效率，有利于市场化退市机制改革的推进和出台。

二是完善发行股份购买资产的制度规定。《决定》在《上市公司重大资产重组管理办法》第五章关于发行股份购买资产的特别规定中，进一步明确上市公司为促进行业或者产业整合，增强与现有主营业务的协同效应，在其控制权不发生变更的情况下，可以向控股股东、实际控制人或者其控制的关联人之外的特定对象发行股份购买资产。为提高市场配置资源的效率，保障拟购买资产具备适当规模，充分体现行业整合和业务协同效应，同时规定向控股股东、实际控制人或者其控制的关联人之外的特定对象发行股份购买资产的，发行股份数量不低于发行后上市公司总股本的5%；发行股份数量低于发行后上市公司总股本的5%的，主板、中小板上市公司拟购买资产的交易金额不低于1亿元人民币，创业板上市公司拟购买资产的交易金额不低于5 000万元人民币。

《决定》进一步健全和完善了发行股份购买资产的制度规定，有利于降低重组成本，提高重组效率，有利于优势上市公司进行行业深度整合和产业升级，有利于国家产业政策的贯彻和落实。

三是支持上市公司重大资产重组与配套融资同步操作。《决定》明确规定，上市公司发行股份购买资产的，可以同时通过定向发行股份募集部分配套资金，其定价方式按照现行相关规定办理。《决定》允许上市公司发行股份购买资产与通过定向发行股份募集配套资金同步操作，实现一次受理，一次核准，有利于上市公司拓宽兼并重组融资渠道，有利于减少并购重组审核环节，有利于提高并购重组的市场效率。为进一步拓宽并购融资渠道，不断创新和丰富并购融资工具进行了有益的探索。

问：关于支持上市公司并购融资的工作安排和考虑是什么？

答：国发27号文明确提出继续支持符合条件的企业通过发行股份、债券、可转换债等方式为兼并重组融资的要求。为此，我会十项工作安排中，提出了上市公司资产重组与通过定向发行股份募集配套资金实行"一站式"审核，即以减少环节，便民高效为原则，支持上市公司资产重组与通过定向发行股份募集配套资金同步操作，实行对外一次受理、内部协作审核、归口一次上会、核准一个批文的审核体制，并将前述部署通过《决定》予以体现。

为提高可操作性和体现公开便民原则，并兼顾阶段性探索的需要，围绕《决定》有关"配套融资"界定的内容，我会发布了《〈上市公司重大资产重组管理办法〉第十三条、第四十三条的适用意见——证券期货法律适用意见第12号》，进一步明确上市公司发行股份购买资产同时通过定向发行股份募集的部分配套资金，主要用于提高重组项目整合绩效，所配套资金比例不超过交易总金额25%的，一并由并购重组委员会予以审核；超过25%的，一并由发行审核委员会予以审核。

不属于发行股份购买资产项目配套资金的上市公司再融资，仍按现行规定办理。

下一步，证监会将按照国发27号文要求，进一步加大资本市场支持并购重组的力度，不断拓宽并购重组融资渠道。

问：《决定》征求意见的情况如何？

答：5月13日至28日，《决定》向社会公开征求意见，共收到电子邮件意见72封，书面意见1封，我会同时收集梳理了主要媒体和专家博客相关意见9件。投资者、上市公司和社会各界对此反响积极，业内主要媒体做了充分报道，舆论普遍认为，《决定》基本符合我国国情和资本市场的实际：一方面规范、引导借壳上市行为，有利于遏制市场绩差股投机炒作和内幕交易等问题，有利于统筹平衡借壳上市与IPO的监管标准，有利于市场化退市机制改革的推进和出台；另一方面完善发行股份购买资产制度，支持并购重组配套融资，有利于发挥资本市场促进企业重组的作用，促进加快转变经济发展方式和调整经济结构，有利于减少并购重组审核环节，降低重组成本，提高并购重组的市场效率。

我们组织力量认真分析了社会各界反映的意见，总体上分为两类，一类是立法理念上的意见，共有22件，约占27%；另一类是要求进一步明确执行的适用性、可操作性意见，共有60件，约占73%。前一类意见主要集中讨论借壳上市规定的宽严问题，其中认为规定过严、限制了公司的重组权利、建议从宽规定的有11条意见；认为规定门槛过低、应当从严监管、甚至严于IPO要求的有11条意见。这一问题涉及立法理念，在《决定》起草制定过程中，也是反复论证的重点问题。借壳上市是成熟市场配置资源的重要方式，境外成熟市场对借壳上市均不予禁止，对于借壳上市的界定也各不相同，例如，在香港市场借壳上市的主要判断标准是上市公司控股权发生变更后24个月内，向新控股股东购买的资产价值超过原资产的100%等；对于借壳上市的监管要求，通常是适用IPO标准和程序，而各国IPO标准不同对于借壳上市的监管要求也不同。《决定》在调研起草过程中，广泛听取了市场人士、境内外专家、并购重组委委员、证监局和交易所一线监管人员等意见，借鉴了境外成熟市场的监管理念和经验，结合了我国经济社会发展和资本市场的实际情况，既统筹考虑了监管标准的适度性和监管措施的有效性，又统筹兼顾调整经济结构和维护社会稳定的现实需求，统筹平衡借壳上市与IPO的监管效率，为推进市场化退市机制改革预留了空间。

针对进一步明确执行的适用性、可操作性意见，我会进行了慎重研究，在三个方面做出了积极回应：一是修订完善《决定》相关内容，进一步明确借壳上市标准的适用范围和计算原则；二是配套发布《〈上市公司重大资产重组管理办法〉第十三条、第四十三条的适用意见——证券期货法律适用意见第12号》，进一步明确配套融资适用标准；三是以答记者问方式介绍《决定》出台背景、政策考量和配套工作考虑，解答执行层面技术问题。实践中，我们将根据市场发展实际和《决定》的实施效果情况，适时予以调整。

问：本次发布的《决定》与征求意见稿比较，有哪些方面调整？

答：根据社会各界反映的意见，我会进一步完善了借壳上市标准的适用范围和计算原则，主要体现在两个方面：一是将征求意见稿中“上市公司向收购人购买的资产总额占上市公司最近一个会计年度经审计的合并财务会计报告期末资产总额的比例达到100%以上”，修改为“上市公司向收购人购买的资产总额，占上市公司控制权发生变更的前一个会计年度经审计的合并财务会计报告期末资产总额的比例达到100%以上”。将“最近一个会计年度”调整为“控制权发生变更的前一个会计年度”，提升了参照值的稳定性；二是将原《上市公司重大资产重组管理办法》第十二条第一款第（四）项修改为：“上市公司在12个月内连续对同一或者相关资产进行购买、出售的，以其累计数分别计算相应数额。已按照本办法的规定报经中国证监会核准的资产交易行为，无须纳入累计计算的范围，但本办法第十二条规定情形除外”，增加了“但本办法第十二条规定情形除外”，是根据借壳上市行为的特殊性，防止化整为零规避监管，为严格执行拟注入资产须符合完整性、合规性和独立性要求预留了操作空间。

问：《决定》实施后，过渡期内相关行政许可事项如何衔接？

答：为做好《决定》实施的过渡期安排，自《决定》向社会公开征求意见始，上海、深圳证券交易所已暂停上市公司公告不符合《决定》基本要求的重组预案。根据国务院《规章制定程序条例》第三十二条的有关规定，《决定》自公布之日起30日后正式实施，自《决定》实施生效之日起，新受理项目适用《决定》。鉴于重组预案具有敏感的价格预期，涉及众多投资者利益，因此，过渡期的安排是：在《决定》向社会公开征求意见前，证监会已经受理的申请项目24家以及已经公告预案但尚未正式受理的项目12家，原则上按照原规定进行审核，但是重组预案被股东大会否决或者方案发生重大变化的除外。

问：《决定》的相关规定在具体执行中是如何掌握的？

答：根据征求意见反映，《决定》在执行中有三个方面技术问题需要进一步明确：

一是关于适用范围及计算原则。《决定》中“上市公司向收购人购买的资产总额，占上市公司控制权发生变更的前一个会计年度经审计的合并财务会计报告期末资产总额的比例达到100%以上”，根据修订后的《上市公司重大资产重组管理办法》第十三条规定以及《〈上市公司重大资产重组管理办法〉第十三条、第四十三条的适用意见——证券期货法律适用意见第12号》的规定，为防止化整为零规避借壳上市监管，在适用范围和计算原则上，严格执行拟注入资产须符合完整性、合规性和独立性要求，即：（1）执行累计首次原则，即按照上市公司控制权发生变更之日起，上市公司在重大资产重组中累计向收购人购买的资产总额（含上市公司控制权变更的同时，上市公司向收购人购买资产的交易行为），占控制权发生变更的前一个会计年度经审计的合并财务会计报告期末资产总额的比例累计首次达到100%以上的。（2）执行预期合并原则，即收购人申报重大资产重组方案时，如存在同业竞争和非正常关联交易，则对于收购人解决同业竞争和关联交易问题所制定的承诺方案，涉及未来向上市公司注入资产的，也将合并计算。

二是关于持续经营和持续盈利标准。《决定》中“上市公司购买的资产对应的经营实体持续经营时间应当在3年以上，最近2个会计年度净利润均为正数且累计超过人民币2 000万元”，其中对应的经营实体可以涉及多个主体，则其分别对应的经营实体均要求持续经营时间在3年以上，合并后最近2个会计年度净利润均为正数且累计超过人民币2 000万元。

三是关于借壳资产资质条件的计算时点。截至上市公司首次召开董事会审议借壳上市事项这一时点，上市公司购买的资产对应的经营实体持续经营时间应当在3年以上，最近2个会计年度净利润均为正数且累计超过人民币2 000万元。

中国平安收购重组深发展案例

2009 年至今，中国平安保险（集团）股份有限公司（以下简称“中国平安”）先后通过收购深圳发展银行股份有限公司（以下简称“深发展”），以其持有的平安银行股份有限公司（以下简称“平安银行”）股份及部分现金全额认购深发展非公开发行股份，以实施深发展与平安银行的整合（以下简称“两行整合”），两行整合致力于实现综合金融战略，发挥中国平安、深发展、平安银行的协同效应，避免同业竞争，提升中国平安和深发展两家金融企业整体实力和盈利水平，实现战略协同。

一、收购重组涉及各方的基本情况

（一）中国平安概况

中国平安成立于 1988 年 3 月 21 日，是中国第一家股份制保险企业，至今已发展成为集保险、银行、投资、证券、基金等金融业务为一体的多元化综合金融服务集团。2004 年 6 月，中国平安在中国香港首次公开发行 H 股并在香港联交所主板上市。2007 年 2 月，中国平安在境内首次公开发行 A 股 11.5 亿股，在上海交易所上市。收购重组前，中国平安持有平安银行 90.75% 的股份，通过其控股子公司中国平安人寿保险股份有限公司（以下简称“平安寿险”）持有深发展 4.68% 的股份。2009 年，中国平安期末净资产 917.43 亿元，实际资本 1 175.60亿元，当年实现营业收入 1 478.35 亿元，归属于上市公司股东净利润为 138.83 亿元。

（二）深发展概况

深发展是中国第一家面向社会公众公开发行股票并上市的商业银行，1987 年 5 月首次公开发售人民币普通股，1991 年 4 月在深圳证券交易所上市。2004 年至 2009 年，NEWBRIDGE ASIA AIV III，L. P.（以下简称“新桥资本”）为深发展控股股东，持有其 16.76% 的股份。2009 年，深发展期末净资产 204.70 亿元，净资本 319.05 亿元，当年实现营业收入 151.14 亿元，归属于上市公司股东净利润为 50.31 亿元。

（三）平安银行概况

平安银行的前身深圳市商业银行，成立于 1995 年 6 月 22 日，是中国第一家城市商业银行。2006 年 11 月，中国平安成为深圳市商业银行第一大股东，持有其 89.36% 的股份。2007 年 6 月 16 日，深圳市商业银行吸收合并原中国平安旗下子公司平安银行，2009 年 1 月更名为平安银行。2009 年，平安银行期末净资产 143.15 亿元，净资本 171.73 亿元，当年实现营业收入 42.82 亿元，实现净利润 11.05 亿元。

二、收购重组主要背景

（一）推进中国平安银行业务的发展

作为集保险、银行、投资业务于一体的综合性金融集团，中国平安的银行业务发展相对较弱，平安银行2009年的营业收入及净利润对中国平安的贡献度分别仅为2.9%和7.6%。平安银行仍属于区域性银行，无论是在资本实力、网点规模、客户资源等方面均落后于其他全国性商业银行。深发展是当时国内唯一有股权转让意向的全国性商业银行。中国平安如果完成对深发展收购，将实现对一家更具规模银行的控股，改变过往银行业务短板劣势，实现保险、银行、投资三大业务均衡发展。

（二）充实深发展资本金，保证股权平稳过渡

新桥资本控股深发展期间，资本金短缺是深发展亟需解决的一个重要问题。2009年，深发展资本充足率仅为8.8%，低于中信、华夏、招商、兴业、浦发等股份制商业银行。由于资本充足率未达到相关监管部门的要求，深发展诸多新业务以及新网点的审批也受到影响，直接制约其进一步发展。新桥资本作为境外财务投资者，2004年收购深发展时关于五年内不出售其股份的承诺已经到期，正在考虑股权退出，无法为深发展提供充足的资金支持。因此，深发展迫切需要通过收购重组，达到既能迅速获得资本金，又能实现其控股权平稳过渡、保障经营运作稳定的目的。

三、收购重组的主要过程

中国平安收购重组深发展及平安银行主要分三个阶段：

（一）中国平安收购深发展

2009年6月12日，中国平安与新桥资本签署了《股份购买协议》，受让新桥资本持有的深发展5.2亿股股份，新桥资本有权按照协议的约定选择以下两种交易方式：（1）中国平安以现金人民币114.5亿元支付；（2）中国平安向新桥资本新发行2.99亿股H股支付。最终新桥资本选择了股权支付方式。2010年5月6日，中国平安向新桥定向增发2.99亿股H股，按照增发当日中国平安H股的收市价（每股62.25元港币）计算，上述交易金额共计186.18亿元港币。

在上述收购交易同时，深发展向平安寿险非公开发行3.7亿股。按照深发展董事会决议公告前20个交易日的每股交易均价18.26元计算，此次发行可为深发展募集资金69.31亿元。深发展注册资本将由交易前的31.05亿元增加到34.85亿元。

2010年1月26日，商务部对中国平安收购深发展出具不构成垄断的批复。2010年3月9日、2010年4月11日、2010年4月30日，中国保监会、中国银监会和中国证监会分别核准中国平安受让新桥资本持有的深发展股权交易。2010年4月2日和2010年6月28日，中国保监会、中国证监会分别核准平安寿险认购深发展非公开发行交易。至此，中国平安和平安寿险合计持有深发展10.45亿股股份，约占其总股份

的 29.99%。

交易前后交易双方的股权架构图见图 1。

交易前:

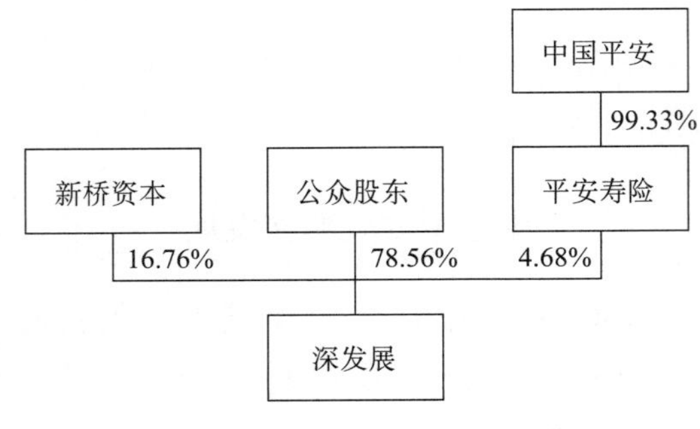

交易后:

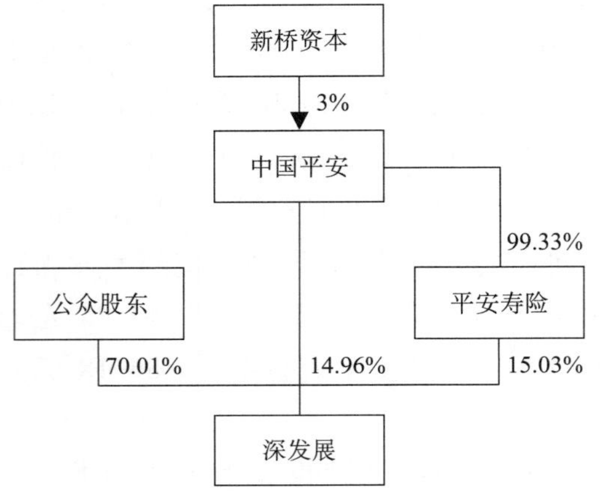

图 1　中国平安第一步收购深发展前后股权结构图

(二) 中国平安将所持平安银行股份注入深发展

中国平安完成对深发展收购后，同时成为深发展和平安银行两家银行的第一大股东，构成同业竞争。根据中国银监会《关于深圳发展银行股权转让及相关股东资格的批复》的要求，为保证同业竞争的公平性，在中国平安受让新桥资本持有的深发展股份以及平安寿险认购深发展非公开发行股份完成后一年内，深发展应与平安银行完成整合。

2010 年 6 月 30 日，中国平安、深发展股票申请停牌，向中国证监会和中国银监会汇报两行整合的交易方案，并启动尽职调查、评估、协商工作。在此次重大资产重组事项筹划过程中，中国平安聘请了中国国际金融有限公司（以下简称“中金公司”）作为财务顾问、聘请了北京德恒律师事务所作为项目律师；中国平安和深发展共同聘请中联资产评估有限公司作为独立评级机构对平安银行进行独立的估值，深发展聘请中信证券股份有限公司作为财务顾问，聘请北京海问律师事务所作为项目律师。中金公司聘请北京君合律师事务所为其提供法律服务。为了确保本次交易定价公允，深发展的独立董事成立了特别委员会，直接全程参与本次交易定价谈判，并专门另行聘请瑞信（香港）证券有限公司为其发表独立董事意见提供顾问服务。

经过充分调查和协商，中国平安和深发展于 2010 年 7 月底达成一致意见，9 月 1 日分别召开董事会审议通过了中国平安《关于以认购深发展非公开发行股份的方式实施重大资产重组暨关联交易的议案》以及深发展《关于发行股份购买资产的议案》。双方协商确定以下方案：(1) 平安银行最终定价为 290.81 亿元，折合每股定价为 3.37 元；(2) 深发展按照董事会批准发行股份购买资产决议公告日前 20 个交易日交易均价 17.75 元，向中国平安非公开发行 16.38 亿股股份；中国平安以其所持平安银行的 78.25 亿股股份（占平安银行总股份的 90.75%）以及等额于平安银行 9.25% 股份评估值的 26.9 亿元现金作为支付对价。

2011 年 1 月 17 日，中国银监会出具《关于深圳发展银行、平安银行重大交易及有关事项的批复》，原则同意上述交易。2011 年 6 月 28 日，中国证监会分别出具

《关于核准中国平安保险（集团）股份有限公司重大资产重组方案的批复》、《关于核准深圳发展银行股份有限公司向中国平安保险（集团）股份有限公司发行股份购买资产的批复》以及《关于核准中国平安保险（集团）股份有限公司公告深圳发展银行股份有限公司收购报告书并豁免其要约收购义务的批复》。本次交易完成后，中国平安直接及间接持有深发展 52.38% 的股份，成为深发展的控股股东；深发展持有平安银行 90.75% 股份，注册资本由 34.85 亿元增加到 51.23 亿元。

交易前后双方的股权架构图见图 2。

交易前：

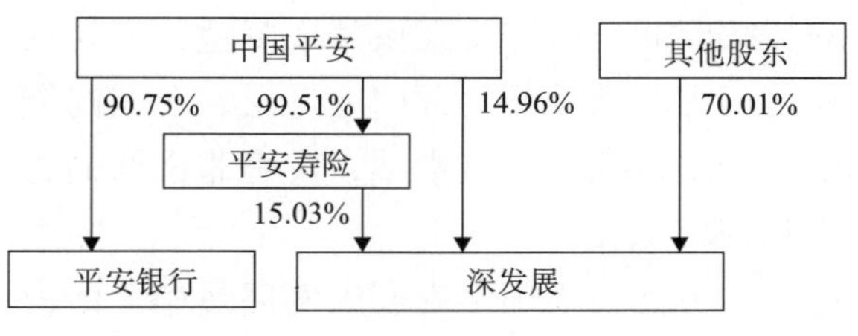

交易后：

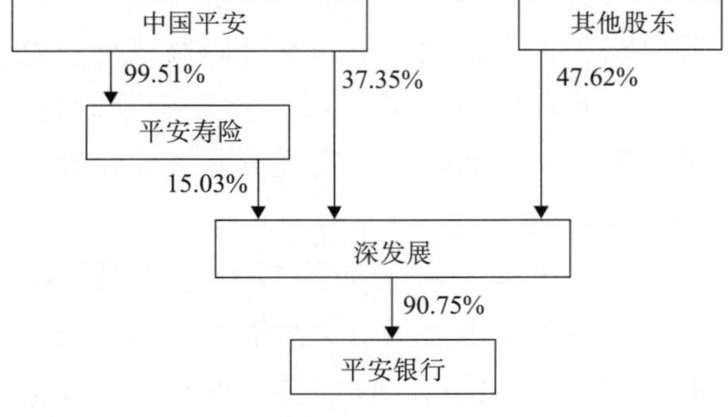

图 2　中国平安第二步收购深发展前后股权结构图

（三）收购重组后的后续工作

目前，深发展正在实施收购平安银行小股东持有的余下 9.25% 股权工作。最终，深发展将吸收合并平安银行。平安银行注销法人资格，其全部资产、负债、证照、许可、业务以及人员均由深发展依法承继，从而完成深发展和平安银行的整合。

此外，为了进一步充实深发展资本金，2011 年 8 月，经中国平安董事会和深发展董事会审议通过，并于 9 月经深发展股东大会审议通过，中国平安拟以每股人民币 16.81 元的价格认购深发展非公开发行的不少于 8.92 亿股但不超过 11.89 亿股股份，认购总金额不超过人民币 200 亿元。上述股份认购交易将进一步提升深发展核心资本实力与融资能力，促进其业务的快速发展。上述股份认购交易仍在中国证监会和中国银监会审批过程中。

四、分析和评价

至 2011 年第三季度，中国平安收购重组深发展工作已取得阶段性进展。此次收购重组是中国平安落实综合金融战略的重要举措，也是对中国综合金融模式的有益探索，同时为深发展引入稳定的具有资金实力的大股东，有利于银行的持续健康发展，具有积极意义。

（一）有效提升两家上市公司的质量

通过收购深发展，中国平安实现对一家全国性商业银行的控股，利润结构更加稳定，盈利可持续性有所增强。此外，平安寿险参与认购深发展定向增发还有助于改善保险资金资产负债匹配，优化资产组合结构，从而进一步提高整个平安集团的核心竞争力。截至 2011 年 9 月 30 日，深发展纳入合并报表后，中国平安总资产为 21 894.06 亿元，较去年末增加 86.9%；实现归属于母公司股东的净利润 145.19 亿元，同比增长

13.8%。深发展及平安银行为中国平安贡献利润共计53.22亿元，利润贡献提升至36%。

2009年以来中国平安及深发展部分财务指标见表1。

表1　2009年以来中国平安及深发展部分财务指标

		2009年	2010年	2011年9月30日
中国平安	营业收入	1 478.35	1 894.39	1 853.29
	归属上市公司股东净利润	138.83	173.11	145.19
	净资产	917.43	1 168.83	1 599.79
深发展	营业收入	151.14	180.22	207.01
	归属上市公司股东净利润	50.31	62.84	76.87
	净资产	204.7	335.13	716.86

另一方面，长期困扰深发展的资本金不足问题得以有效解决，深发展资本充足率由2009年底的8.88%增长到2011年第三季度的11.08%，进而推动公司新业务和新网点的扩展，增强银行综合业务能力和抗风险能力。截至2011年9月30日，平安银行纳入合并报表后，深发展总资产达12 072亿元，同比增长66%，实现净利润76.87亿元，同比增长63%。数据显示，整合后深发展的资本充足率进一步提高，而深发展的整体规模也超过了华夏银行，升至国内上市银行的第12位。

国内部分商业银行资本充足率见表2。

表2　国内部分商业银行资本充足率

	2009年	2010年	2011年9月30日
深发展	8.88%	10.19%	11.08%
兴业银行	10.75%	11.29%	10.92%
华夏银行	10.20%	10.58%	13.06%
中信银行	10.72%	11.31%	12.83%
浦发银行	10.34%	12.02%	11.24%
招商银行	10.45%	11.47%	11.39%

（二）有效发挥资本市场资源配置功能

在中国平安收购深发展、以其持有的平安银行股份及部分现金全额认购深发展非公开发行股份、深发展与平安银行的整合一系列交易过程中，多种资本运作工具得到综合运用，各方股东利益得到充分考虑，两家上市公司有效增强持续发展能力和竞争力，资本市场资本配置功能得以充分发挥。整个交易持续时间之久，方案设计之复杂，交易规模之巨大，涉及相关部门之广泛，在国内资本市场属重大无先例事项，具有非常强的思考和借鉴意义。

一方面，中国平安、深发展及相关中介机构经过多方调研和论证，整个交易方案涉及上市公司收购、定向增发募集资金、发行股票购买资产、境外市场发行以及银行吸收合并等多种资本运营手段，突破行业概念、地域概念和产品概念，实现资源的优化配置和资本增值。

另一方面，由于交易各方包括保险公司、银行和上市公司，本次资产重组涉及到商务部、人民银行、证监会、保监会、银监会等众多行政监管机关，每一阶段的收购和发行方案均需报送相关部门核准；即便证监会内部，仍需要上市部、发行部、国际部、发审委、重组委等二级部门进行沟通协调，最终达成一致意见，这在一定程度上增加了整个交易协调难度，同时也是对我国相关部门监管效率、监管协作的考验。

兖州煤业收购澳大利亚菲利克斯公司案例

一、重组双方基本情况

（一）兖州煤业基本情况

兖州煤业是1997年9月由兖州矿业（集团）有限责任公司（以下简称兖矿集团）作为主发起人成立的股份有限公司，设立时总股本为167 000万元。1998年3月，公司向香港及国际投资者发行面值85 000万元的H股，并于1998年4月1日在香港联交所上市交易。1998年6月，公司发行8 000万股A股，并于1998年7月1日起在上海证券交易所上市交易。后经多次增发、送股，截至2010年12月31日，公司总股本变更为491 840万元。公司主要从事煤炭采选、销售、矿区自有铁路货物运输、公路货物运输、港口经营、煤矿综合科学技术服务、甲醇生产销售等。

（二）菲利克斯公司基本情况

菲利克斯公司原为澳大利亚上市公司，主要从事煤炭开采和勘探业务，其煤炭资产有3个运营中的煤矿、1个在建煤矿及3个煤炭勘探项目，拥有探明及推定储量为5.10亿吨，总资源量为20.06亿吨。煤炭产品为动力煤、高炉喷吹煤和半软焦煤，主要销售至日本、韩国、中国和澳大利亚本土市场。除上述煤炭资产外，菲利克斯公司还持有纽卡斯尔港煤炭基础设施集团（以下简称纽卡斯尔港）15.4%的股权，可按持股比例获得纽卡斯尔港第三码头的吞吐量配额。

二、并购背景及过程

（一）并购背景

该项目启动正逢金融危机开始蔓延全球，大量企业现金流紧张、经营环境困难，增加了实施收购的复杂性和难度。但由于国际煤价下滑导致煤炭公司估值下降，澳元贬值导致澳洲资产价值下降、菲利克斯公司主要股东急于套现等因素，也为公司海外并购提供了宝贵的时间窗口和较好机遇。另外，由于相继发生了力拓“间谍门”、中澳铁矿石谈判失败等事件，在此特殊时期，兖州煤业收购菲利克斯公司，更容易获得两国政府的支持和重视。

（二）并购过程

2008年9月，兖州煤业启动收购菲利克斯公司项目，以公司在澳大利亚的全资子公司澳思达煤矿有限公司（以下简称奥思达煤矿公司）为具体收购实施主体。本次收购大致分为四个阶段：

1. 前期准备，选择投资目标。

自2004年收购澳思达煤矿后，兖州煤业持续关注澳大利亚及其他国家优质煤矿资产的投资机会。菲利克斯公司为澳大利亚上市公司，信息透明，隐性风险较小且具备以下优势：

一是菲利克斯公司部分煤矿具备适用综采放顶煤技术的基本条件，有利于公司专利技术的进一步推广应用。

二是除煤炭资产外，菲利克斯公司按所持股权能够获得纽卡斯尔港的相应吞吐量，有利于与公司的原有澳洲资产实现协同效应。

三是菲利克斯公司资产负债率相应较低，具有后续融资空间。

基于上述原因，公司选择菲利克斯公司作为其海外并购的目标。

2. 充分论证，敲定并购重组方案。

在收购过程中，宏观经济持续低迷，投资决策难度增大，为此，公司充分论证，审慎决策。

一是规范履行决策程序。作为上市公司，在项目进行的各关键环节，公司均按照相关规定，履行董事会、股东大会决策程序，保证公司决策程序的合法性。

二是合理估值，为谈判提供作价依据。公司首先聘请专业财务顾问进行了估值分析，同时还组织内部专业人员，采用净现值法、市净率法、市盈率法等多种评估方法，经对比分析，测算报价区间，为谈判提供合理作价依据。2009年8月，公司与菲利克斯公司签署了《安排执行协议》，确定以33.33亿澳元收购菲利克斯公司100%股权。

三是创新融资方式，解决自有资金不足的问题。在融资安排方面，公司提出“内保外贷”方案，即兖州煤业在境内提供担保，境外公司在澳大利亚全额贷款美元融资。因此，在不动用自有现金储备的情况下完成境外收购，确保境内业务有充足的现金流。

3. 合理安排，做好后续整合工作。

为实现并购后的整合，公司以渐进整合为具体方式开展后续整合工作：

一是合理设置法人治理结构。以实现兖州煤业控股控制为基本前提，在符合澳大利亚政府审批要求和澳大利亚公司运行体制的情况下，充分考虑了平稳接管和整合需要。为保证决策效率、有效控制和便于管理，在兖煤澳大利亚公司、澳思达煤矿公司和菲利克斯公司三个层次建立了结构相同的董事会和经理层。

二是实行属地化管理。依据公司在澳大利亚企业经营管理方面的经验，公司确定了属地管理基本思路。在董事会层面以控制为主，设置7人组成的董事会，公司派出4人，留任原董事总经理，并引入2名独立董事；在经理层层面相应放权，保留了菲利克斯公司原有成熟管理团队和员工队伍。

三是推行规范化、制度化管理。通过修订《章程》，明确股东、董事会、经理层的具体决策、经营权限等内容，将澳洲公司的运行体制与公司总部对接。在具体业务层面，与菲利克斯公司现有监控评估体系、业务流程控制体系进行对接。

四是加强财务管理，控制财务风险。对于菲利克斯公司财务管理，兖州煤业从人员和财务体制两个方面加强控制：一方面实施财务总监委派制，另行聘任并向菲利克斯公司委派了财务总监；另一方面整合财务体系，将澳大利亚业务的财务系统纳入兖州煤业整体财务体系，通过深化计划财务管理系统整合，实现与总部对接。

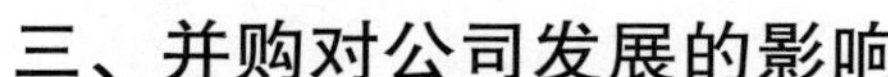

三、并购对公司发展的影响

（一）提高了企业可持续发展能力

对资源开采型企业而言，后备资源不足则难以支撑长期稳定健康发展。华东地区煤炭资源相对紧缺，尤其山东省内新煤炭资源潜力有限，而在国内其他省份获取煤炭资源的条件越来越苛刻、投资成本和实施难度越来越大。收购菲利克斯公司后，兖州煤业控制的煤炭可采储量增加 20% 以上，煤炭产能提升 25% 以上，煤炭主业规模实现突破性增长。对于公司促进公司产业结构调整和优化升级，实现可持续发展具有重要的战略意义。

（二）实现国际化发展的协同效应

成功收购菲利克斯公司，是兖州煤业继 2004 年收购澳大利亚澳思达煤矿之后的第二次海外并购。通过本次收购，进一步构建和完善了公司海外业务开发和资本运作的平台，为未来拓展国际发展空间，参与全球资源竞争和开发奠定了坚实基础。通过对澳思达煤矿和菲利克斯公司资产进行整合，充分发挥协同效应，将有效提高公司在国际市场上的综合竞争能力。

（三）实现了发展模式的重大转变

兖州煤业收购菲利克斯公司，实现了“产业运营和资本运作并重”的发展模式：

一是并购效果显著。通过本次收购，公司的产量规模、资源储量、销售收入等立即实现大幅度提升。

二是创新运营方式。公司统筹考虑交易架构、融资方案和后续整合发展规划，在前无先例可循的情况下，制定了“内保外贷、上市融资还贷”的运营方式，通过资本运作方式获得千万吨级矿业资产。

*ST 张铜"脱胎换骨"式资产重组案例

高新张铜股份有限公司（下称"高新张铜"、"*ST 张铜"或公司）通过定向增发购买优质资产并剥离原有铜加工资产事宜，使公司的业务由铜加工变更为优特钢、中厚板钢铁产品的生产与销售。公司通过此次重大资产重组事项的实施，有效化解了退市风险，妥善解决了债权债务、职工稳定等问题，通过置入江苏沙钢集团有限公司（下称"沙钢集团"）的优质资产，提高了上市公司的盈利能力，增强了公司抵御风险的能力，促进公司的可持续性发展。

一、基本情况

（一）*ST 张铜概况

*ST 张铜成立于 1999 年 9 月 28 日，主要从事空调制冷用铜管、铜水管及管件和铜合金系列产品的生产和销售。公司于 2006 年 10 月 25 日在深圳交易所上市，本次重大资产重组前，公司总股数 39 600 万股，第一大股东中国高新投资集团公司（以下简称"中国高新"）持有公司 11 880 万股法人股，占总股本的 30.00%。2008 年 9 月 12 日，根据国务院国有资产监督管理委员会《关于对中国高新投资集团公司实施托管的通知》，中国高新被国家开发投资公司（下称"国开投"）托管，公司的实际控制人变更为国开投。

截至 2008 年 12 月 31 日，*ST 张铜总资产 90 526.86 万元，归属于母公司的所有者权益 -6 736.59 万元，2008 年度实现营业收入 140 828.53 万元，净利润 -51 201.45 万元。

（二）沙钢集团概况

沙钢集团前身为成立于 1974 年的沙洲县钢铁厂，1996 年 6 月 19 日，根据苏州市人民政府、江苏省现代企业制度试点工作领导小组出具的《关于同意江苏华昌集团公司等 3 家企业实施现代企业制度试点方案的批复》（苏府复［1996］2 号），将沙洲县钢铁厂改组为沙钢集团，注册资本为 101 906万元。2001 年 1 月，沙钢集团以 30 194 万元资本公积金转增注册资本，转增后注册资本变更为 132 100 万元，公司控股股东为沈文荣先生。主要业务涉及钢铁冶炼、钢材轧制、金属结构及其构件制造、加工与销售。

截至 2008 年 12 月 31 日，沙钢集团总资产 781.48 亿元，所有者权益 177.98 亿元，2008 年主营业务收入 846.55 亿元、净利润 37.72 亿元。

（三）淮钢特钢概况

江苏沙钢集团淮钢特钢有限公司（以下简称"淮钢特钢"）前身为始建于 1970 年

的清江钢铁厂，由原清江市政府（淮安市前身）投资 100 万元设立。2006 年 6 月，淮钢特钢的股东珠海国利工贸有限公司、江苏天河冶金物资贸易有限公司、重庆海德实业有限公司、珠海国恒利实业发展有限公司分别与沙钢集团签署《股权转让协议》，分别将其持有的淮钢特钢 22.54%、16.10%、17.71%、8.05% 股权（合计 64.40%）转让给沙钢集团。2008 年 12 月，经淮钢特钢股东会审议通过，增加陈建龙为淮钢特钢新股东，陈建龙出资 1 105 万元入股。同时，沙钢集团、江阴万德、何达平、刘祥、陶俊、唐明兵分别增资 21 896 万元、5 304 万元、2 149.89 万元、2 736.81 万元、1 065.65 万元、662.65 万元，淮钢特钢的总注册资本增至 97 029 万元。沙钢集团持有公司的股权变为 63.79%。淮钢特钢主要从事优钢、特殊钢及中厚板钢铁产品的生产与销售业务。

截至 2008 年 12 月 31 日，淮钢特钢总资产 1 639 790.64 万元，归属于母公司的所有者权益 248 934.89 万元，2008 年度实现营业收入 1 473 749.11 万元，净利润 17 117.83万元。

二、相关背景及资产重组过程

（一）重组背景

自上市以来，因公司原管理层内部人控制、国际铜价巨幅波动等原因，导致公司经营业绩严重下滑，2007 年、2008 年公司连续巨额亏损。此外，由于涉嫌违反证券法律法规，高新张铜于 2008 年 6 月 30 日被江苏证监局立案调查（苏证监立通字［2008］1 号《中国证券监督管理委员会立案调查通知书》）。公司经营陷入困境，资金账户被冻结，主要资产被查封，多家债权银行发起诉讼，自 2008 年 8 月以来，公司基本处于停产状态，持续经营能力存在重大不确定性。

为切实维护公司社会公众股东和国有股东的利益，恢复公司持续经营能力，国开投、中国高新和沙钢集团决定对高新张铜实施重大资产重组。公司拟向沙钢集团定向发行股份购买其持有的淮钢特钢 63.79% 股权，通过引入沙钢集团这样具有较强实力的战略投资者，提供支持尽快恢复原有铜加工业务的生产与销售，并增加沙钢集团具有持续盈利能力的优特钢及中厚板钢铁产品的业务及资产。

（二）资产重组方案

*ST 张铜拟通过向沙钢集团以 1.78 元/股的价格非公开发行 118 026.56 万股购买其持有的江苏沙钢集团淮钢特钢有限公司（以下简称“淮钢特钢”）63.79% 的股权资产，交易完成后，沙钢集团将持有公司 74.88% 的股权，成为公司的控股股东。

（三）资产重组过程

2008 年 11 月 21 日，公司申请股票停牌。2008 年 12 月 19 日，公司召开第三届董事会第九次会议，审议通过《高新张铜股份有限公司发行股份购买资产暨重大资产重组的议案》及《高新张铜股份有限公司发行股份购买资产暨重大资产重组预案》等议案。

2009 年 5 月 20 日，公司召开第三届董事会第十三次会议，审议通过《关于审议〈高新张铜股份有限公司发行股份购买资产暨重大资产重组报告书（草案）》》等议案。2009年6月15日，公司召开2008年年度股东大会，审议通过了本次重组相关议案。2009年6月18日，国务院国资委《关于高新张铜股份有限公司重大资产重组有关问题的批复》（国资产权［2009］416号）核准了本次重组方案。

2010年12月27日，中国证监会出具《关于核准高新张铜股份有限公司重大资产重组及向江苏沙钢集团有限公司发行股份购买资产的批复》（证监许可［2010］1909号）及《关于核准江苏沙钢集团有限公司公告高新张铜股份有限公司收购报告书并豁免其要约收购义务的批复》（证监许可［2010］1910号），核准公司重大资产重组及向沙钢集团发行股份购买相关资产事项。

2010年12月30日，公司披露发行股份购买资产暨重大资产重组实施情况暨股份变动公告书，* ST张铜本次重组所涉及的标的资产转移手续已经办理完毕，非公开发行新增的118 026.56万股已在中国证券登记结算有限责任公司深圳分公司办理完毕登记手续。

三、本次重大资产重组的意义

（一）公司通过“脱胎换骨”式重组，有效化解了退市风险，妥善解决了债权债务、职工稳定等问题

自2008年8月以来，公司基本处于停产状态，2007年、2008年、2009年连续三年亏损，公司股票于2010年5月暂停上市，若2010年继续亏损，公司将面临终止上市。本次重组完成后，沙钢集团成为了公司的控股股东，其持有的淮钢特钢63.79%股权注入公司后，提高了公司的持续经营能力，有效化解了退市风险，妥善解决了债权债务、职工稳定等问题。

（二）增强公司综合竞争力，恢复并改善公司持续经营和盈利能力

本次注入的标的资产为沙钢集团所持有的淮钢特钢63.79%股权。淮钢特钢主要从事优特钢及中厚板的生产与销售业务，具有持续稳定的经营能力。本次交易将具有持续经营能力的优特钢及中厚板钢铁产品的业务注入公司，有利于公司增强综合竞争力，恢复并改善公司持续经营能力。

（三）改善公司治理结构，有利于公司长远发展

本次重组将标的资产置入公司，壮大了公司的资产和业务规模、恢复并改善持续经营能力、改善公司财务状况、增强了公司的抗风险能力。同时，通过引入在金属冶炼加工领域具有丰富生产经营管理经验、成本控制能力较强的沙钢集团作为公司控股股东，有利于在交易完成后进一步形成健全有效的公司治理结构和内控机制，有利于公司的长远发展。

三普药业重大资产重组案例

一、重大资产重组（关联交易）的背景和目的

（一）交易背景

三普药业股份有限公司（以下简称“三普药业”、“公司”）是青海省第一家上市公司，也是青海省重点骨干企业。公司所在的医药行业是国民经济的重要组成部分，与人民群众的身体健康和生活质量等切身利益密切相关。2001 年，远东控股集团有限公司（以下简称“远东控股”）先后两次受让公司股份，成为公司控股股东。为了提高三普药业的资产质量和经营能力，远东控股在规范公司运营、加强内部管理、提高决策科学性、改善资产和业务结构等方面做了大量工作，但是由于受各种因素制约，公司未能完全走上快速、稳定、健康的发展轨道。

远东控股是一家以电线电缆、医药、房地产、投资为主要业务的民营企业集团，其核心业务为下属三家子公司远东电缆有限公司（以下简称“远东电缆”）、江苏新远东电缆有限公司（以下简称“新远东”）和远东复合技术有限公司（以下简称“复合技术”）所从事的电线电缆业务。电线电缆是用于电力、通信及相关传输用途的线材，电线电缆行业的发展与国民经济各行业特别是基础产业的发展密切相关。我国能源、交通、信息通信、建筑、汽车等产业的发展为电线电缆行业的发展提供了广阔的市场空间。

为了促使三普药业多元化发展，战略性调整业务结构，拓展经营范围，寻求新的利润增长点，增强盈利能力，从而实现可持续发展，远东控股确立了以电线电缆业务和资产整体注入上市公司的设想，并积极推进和落实，推动上市公司健康、快速、长久发展，从根本上保障上市公司和全体股东的利益。

（二）交易目的

一是拓展公司经营范围。通过交易，公司成为拥有电力电缆、电气装备用电线电缆、裸导线、碳纤维复合芯软铝导线等四大类电线电缆产品和天然植物药生产销售的上市公司。远东控股将电线电缆业务和资产注入上市公司，优化和调整公司的主营业务，拓展业务范围，给公司带来新的利润增长点，为公司实现健康、稳定、快速增长奠定基础。

二是增强公司盈利能力。重组前公司的业务结构较为简单，集中于医药领域，盈利模式单一。通过本次交易，公司主营业务范围得到拓展，公司的资产规模和盈利能力明显提升，增长方式明显转变，公司的市场竞争能力显著增强。

三是实现公司可持续发展。作为三普药业控股股东，远东控股一直致力于上市公司的长远发展。通过本次交易，上市公司进入具有广阔市场空间的电线电缆业务领域，公司资产规模、业务收入和净利润水平等各项经营指标获得大幅增长，可持续发展能力显著增强，有利于更好地回馈股东和社会。

二、重大资产重组（关联交易）的原则

（一）调整和优化公司业务结构。

（二）提高上市公司资产质量，增强持续盈利能力，保护全体股东的利益。

（三）提高管理效率，增强核心竞争力。

（四）坚持公开、公平、公正的原则。

三、重大资产重组（关联交易）的决策过程

（一）2008 年 9 月 12 日，公司接到远东控股的通知，拟对三普药业进行重大资产重组；公司向上海证券交易所报送停牌申请，9 月 16 日起公司股票停牌。

（二）2008 年 10 月 22 日，公司与远东控股、远东电缆、新远东、复合技术签订《非公开发行股票购买资产框架协议》，对本次重大资产重组相关事项进行初步约定。

（三）2008 年 10 月 22 日，公司召开第五届董事会第十二次会议，审议通过了《三普药业股份有限公司向特定对象发行股份购买资产暨重大资产重组（关联交易）预案》。

（四）2009 年 3 月 10 日，公司召开第五届董事会第十五次会议，审议通过了《关于公司向特定对象发行股份购买资产暨重大资产重组（关联交易）的议案》、《关于公司向远东控股集团有限公司发行股份购买资产构成关联交易的议案》等议案。

（五）2009 年 3 月 27 日，公司召开 2009 年第一次临时股东大会，审议通过了《关于公司向特定对象发行股份购买资产暨重大资产重组（关联交易）的议案》、《关于同意签署〈非公开发行股票购买资产协议〉和〈非公开发行股票购买资产之利润补偿协议〉的议案》、《关于提请股东大会批准远东控股集团有限公司免于以要约方式收购公司股份的议案》等议案。

（六）2010 年 3 月 5 日，公司召开第五届董事会第二十三次会议，审议通过了《关于公司向特定对象发行股份购买资产暨重大资产重组（关联交易）方案决议有效期延期一年的议案》、《关于提请股东大会延长授权董事会全权办理本次非公开发行股票购买资产相关具体事宜期限的议案》、《公司向特定对象发行股份购买资产暨重大资产重组（关联交易）相关盈利预测报告》等议案。

（七）2010 年 3 月 22 日，公司召开 2010 年第二次临时股东大会，审议通过了《关于公司向特定对象发行股份购买资产暨重大资产重组（关联交易）方案决议有效期延期一年的议案》、《关于提请股东大会延长授权董事会全权办理本次非公开发行股票购买资产相关具体事宜期限的议案》等议案。

（八）2010 年 6 月 7 日，公司召开第六届董事会第二次会议，审议通过了《三普药业股份有限公司非公开发行股票购买资产

利润补偿协议之补充协议》的议案。

（九）2010年7月7日，公司召开第六届董事会第三次会议，审议通过了《三普药业股份有限公司非公开发行股票购买资产利润补偿协议之补充协议二》的议案。

四、重大资产重组（关联交易）方案简介

本次重大资产重组（关联交易）事项系三普药业向控股股东远东控股定向发行股份，收购其拥有的电线电缆业务优质资产，具体包括远东电缆100%股权、新远东100%股权、复合技术100%股权。

根据岳华德威出具的岳华德威评报字（2009）第024号《资产评估报告》，以2008年9月30日为评估基准日，本次交易资产定价暨评估价值为221 044.10万元。本次交易发行价为公司第五届董事会第十二次会议决议公告日（2008年10月23日）前二十个交易日公司股票交易均价，即7.19元/股，发行的股份数量为30 743.2684万股。

本次非公开发行股份为30 743.2684万股，发行后公司的总股本增至42 743.2684万股。远东控股持股比例增至79.77%。

2010年9月21日，公司收到中国证监会《关于核准三普药业股份有限公司向远东控股集团有限公司发行股份购买资产的批复》（证监许可［2010］1301号）及《关于核准远东控股集团有限公司公告三普药业股份有限公司收购报告书并豁免其要约收购义务的批复》（证监许可［2010］1302号），核准了本次重大资产重组及豁免了远东控股的要约收购义务。

五、重大资产重组（关联交易）的经验总结

（一）资产重组目标明确，切实实现战略性重组

资产重组从本质上看是企业经营战略的一次变革。三普药业通过本次交易，在继续保留和加强原有的医药业务的基础上，又跨入了电线电缆这一新的领域，为公司发展开拓了新的市场，同时，经营思想、管理模式、组织结构、人才资源、企业文化等无形资产的重新设计与整合，确保了企业的持续发展。经过一年多的运行，公司的运行机制、管理水平、员工技能素质得到了进一步的提高，公司的竞争力和开拓力更强，大大提高了公司的技术水平和盈利能力，增强了公司的发展后劲。

（二）资产重组市场运作法制化，充分体现实质性重组

市场经济是一种法制经济，法制化不仅是资本市场健康发展的客观要求，也是资产重组必然的发展之路，更是实现资产实质性重组的保障。为此，公司在进行重大资产重组时，对拟收购资产的资产总量、经营规模、负债比例、产业发展前景、市场占有率等方面进行了认真的分析研究，并依据评估机构和审计机构的报告鉴定收购资产的真实性和合理性。根据2008年4月16日中国证监会发布的《上市公司重大资产重组管理办法》，公司严格按照制度要求开展各项工作，规范公司重大资产重组行为，维护证券市场秩序和社会公共利益，保护上市公司和

投资者的合法权益，真正实现以建立上市公司核心竞争力为目标，着眼于长远发展的实质性重组。

（三）资产重组信息透明化，规范关联交易行为

针对上市公司的重大资产重组，监管部门在信息披露方面进行了大量的制度建设和法规建设，资产重组的信息披露呈透明化趋势。公司在重组事项的股票交易停牌、重组方案确定、审议并公告、方案核准并实施的各个环节，均按照相关规定履行信息披露义务，让投资者及其他信息使用者及时了解和掌握公司资产重组、关联方及其交易的详细情况，切实遵循关联交易诚实信用、平等自愿、等价有偿、公开、公平、公允的原则，确保了公司的重组行为不损害公司和非关联股东的合法权益。

（四）中介机构是资产重组的重要桥梁，发挥了经济警察作用

在三普药业的重大资产重组事项中，财务顾问、律师、会计师、评估师等各中介机构发挥的作用，不仅仅是简单地完成申报材料的制作，更主要地是体现在协助公司制定发展战略、设计重组方案、设计股本结构、防止内幕交易、规范信息披露等方面。重组之初，公司与控股股东、各中介仔细分析电线电缆行业现状和发展前景，最后确定了控股股东所拥有的三家电缆厂注入上市公司的资产重组思路，实现电线电缆和医药并举的发展战略。经过本次资产重组，公司的资产质量得到迅速提高，为今后的持续发展奠定了基础。

（五）投资者关系有效提升公司价值，有助于实现股东利益最大化

成功的投资者关系管理，有助于上市公司获得合理的股价、增强融资的能力、建立广泛股东基础、实现有效的公司治理。公司审议重大资产重组方案时，分别在 2009 年第一次临时股东大会、2010 年第二次临时股东大会上提供网络投票系统，便于投资者充分行使股东权利。不论是在资产重组还是日常工作中，除指定媒体的信息披露外，公司还会利用报纸、网站、会议、实地考察等多种形式和投资者进行充分沟通交流，使投资者获取的信息更加真实、及时、便利，促进公司与投资者之间的良性关系，并在投资公众中建立公司的诚信度，实现公司价值最大化和股东利益最大化。

中航黑豹资产重组案例

一、基本情况

（一）被重组方中航黑豹股份有限公司基本情况

中航黑豹股份有限公司（以下简称中航黑豹或公司）是由山东黑豹集团有限公司（以下简称黑豹集团）发起，于1993年6月以定向募集方式设立的股份有限公司。1996年8月28日，公司向社会公开发行普通股股票1 344万股，并于当年10月在上海证券交易所上市交易，股票代码600760，简称“山东黑豹”。2003年7月4日，哈尔滨东安实业发展有限公司（以下简称东安实业）和哈尔滨东安建筑工程有限公司（以下简称东安建工）分别与黑豹集团签署《股份转让协议》，分别购买黑豹集团持有的公司法人股股份6 825万股和1 092万股，公司简称变更为东安黑豹。2010年，公司与金城集团有限公司（以下简称金城集团）、中航投资控股有限公司（以下简称中航投资）进行资产重组，重组完成后金城集团持有公司15.97%股权，中航投资持有公司4.88%股权，金城集团和中航投资为中国航空工业集团公司（以下简称中航工业）的全资子公司，公司实际控制人变更为中航工业，公司股票简称亦于2011年1月变更为中航黑豹。

（二）重组方金城集团基本情况

金城集团成立于1996年6月3日，前身为南京金城机械厂，国有独资公司，注册资本14 646.6万元，法定代表人王坚，经营范围主要包括机电液压、轻型动力、车辆、国际贸易和生产服务五大产业。

（三）重组方中航投资基本情况

中航投资成立于2002年9月4日，前身为中航投资有限公司，国有独资公司，中航工业全资子公司。注册资本150 000万元，法定代表人孟祥泰，经营范围为实业投资、股权投资、投资咨询。

二、重组背景

东安黑豹重组前的主营业务为微型和轻型货车的生产和销售。由于外部市场竞争激烈，公司内部面临研发投入不足、生产技术水平不高等问题，导致产销未形成预期规模，盈利水平受宏观经济及行业环境影响较大，盈利能力缺乏连续性和稳定性。2001年、2002年公司连续两年亏损，股票交易从2003年3月起被上海证券交易所实施特别处理，股票简称变更为“ST黑豹”。此后数年公司一直处于亏损或微利的状态。虽然

2007 年度实现盈利后股票交易被撤销特别处理，但公司并未彻底摆脱经营困境。2008 年受金融危机影响，公司成本上升，业绩再度出现大幅亏损。在此状况下，公司仅凭自身力量难以摆脱困境，需要引进实力较强的股东帮助公司发展。中航工业根据自身发展战略需要，拟对旗下公司进行整合。经市场调研，确定东安黑豹为专用车意向平台公司。基于上述背景，双方最终达成了相关资产重组协议。

三、方案要点及主要做法

（一）发行股份购买股权及相关资产

2009 年 3 月 10 日，东安黑豹分别与金城集团和中航投资签署了附生效条件的《发行股份购买资产协议》。2009 年 6 月 26 日，东安黑豹第五届董事会审议通过重组方案：东安黑豹向金城集团和中航投资发行 71 940 417 股股份购买金城集团持有的安徽开乐 35% 股权、柳州乘龙 37.47% 股权、上航特 100% 股权、零部件事业部相关的经营性资产和负债，以及中航投资持有的安徽开乐 16% 股权、柳州乘龙 13.53% 股权。2009 年 8 月 28 日，东安黑豹 2009 年第一次临时股东大会审议通过重组方案。

（二）双方约定拟购买资产期间损益由金城集团承担

2009 年 9 月 18 日，金城集团出具了《金城集团有限公司关于拟购买资产期间损益补偿的承诺函》，明确拟注入资产的期间损益安排：“如拟购买资产及其相关业务在相关期间产生盈利、收益而导致净资产增加的，则增加部分按照原《发行股份购买资产协议》的约定由东安黑豹享有；如于相关期间产生亏损及损失而导致净资产减少的，减少部分由我公司向东安黑豹作出相应补偿。前述应由金城集团向东安黑豹补偿的具体金额应以东安黑豹聘请的具有证券从业资格的审计师所出具的专项审计报告为准。”

四、重组分析与评价

（一）公司资产质量提高，盈利能力改善，可持续发展能力增强

受宏观经济及行业环境影响，公司自 2001 年以来一直处于亏损或微利状态。期间公司曾试图通过加强内部管理、开拓市场等途径提升业绩，但由于行业前景暗淡、技术研发水平不高，最终难以通过自身努力摆脱经营困境。通过重组，公司主业变更为专用车及其零部件制造业务。由于置入资产产业链完整，产品线齐全，在专用车市场占有率排名第四，竞争优势明显，公司未来的盈利能力和可持续发展能力增强。

（二）优良资产置入是重组成功的必备条件

本次资产重组后公司的实际控制人为中航工业。重组方资金雄厚、技术实力强，有能力扭转公司业绩不佳的状况。2010 年，公司实现归属于上市公司股东的净利润 3 783万元，盈利能力大大增强。

（三）反向购买产生的巨额商誉可能对公司以后年度利润产生较大影响

本次重组过程，在法律上是东安黑豹向

金城集团和中航投资发行股份购买股权及资产，东安黑豹为法律上的合并方，中航工业专用车业务为法律上的被合并方，但在会计上应当以中航工业反向购买东安黑豹的方式披露有关信息。由此计算购买成本高于可辨认资产和负债公允价值的差额形成的商誉10 244万元。公司应按《企业会计准则第8号——资产减值》的规定于每个会计年度对其进行减值测试，对于可收回金额低于账面价值的部分，计提减值准备。由此，商誉的确认可能对公司以后年度的利润形成较大影响。

山东高速资产重组案例

一、重组双方基本情况

山东高速公路股份有限公司（以下简称“山东高速”或公司）成立于1999年11月16日，2002年3月18日在上海证券交易所挂牌上市，主营业务为对高等级公路、桥梁、隧道基础设施的投资、管理、养护、咨询服务及批准的收费等。截至2011年9月底，公司总资产2 240 767万元，净资产1 593 131万元，总股本481 116万股，控股股东山东高速集团有限公司（以下简称高速集团）持股比例为71.21%，实际控制人为山东省国资委。

高速集团成立于1997年7月2日，为国有独资有限责任公司，业务范围涵盖了公路运营、铁路运营、工程建设、金融服务、海洋投资等多个领域。截至目前，高速集团注册资本150亿元，资产总额突破1 500亿元；2010年，实现营业收入185亿元，利税总额40亿元。

二、重组方案简要概述

公司以5.19元/股的发行价格，向控股股东高速集团发行股份1 447 365 857股，收购高速集团持有的山东高速公路运营管理有限公司100%股权和山东高速潍莱公路有限公司51%股权，包括京福纳入段及威乳高速和潍莱高速，权益里程超过290公里，资产规模达75.12亿元。

三、重组实施难点

（一）政策环境复杂多变，对重组提出较高要求

自2010年5月27日起，在长达一年多的重组实施过程中，国家先后出台了多项收费公路政策，包括《关于公路经营企业产权（股权）转让有关问题的通知》（交财发［2010］739号），对公路经营企业产权（股权）转让行为作出明确的规定和限制；《关于开展收费公路专项清理工作的通知》（交公路发［2011］283号），要求各省市对收费公路开展专项清理整顿工作。上述政策的出台对公司重组过程的相关事项产生一定影响，必须及时作出调整和优化。特别是2011年6月10日实施的《关于开展收费公路专项清理工作的通知》，要求在清理整顿期间，暂停审批收费公路资产上市融资和境外企业收购国有收费公路资产。而公司重组项目是在2011年5月6日获得中国证监会上市公司并购重组审核委员会有条件审核通过。在暂停审批项目之前获得通过，对重组进展

的衔接和相关事项的处理提出了很高要求，否则可能会极大延后重组项目的实施进程。

（二）信息披露事项繁多，专业性较强

本次重组项目实施时间周期长，项目需要对外披露的事项繁多，不仅包括公司内部董事会、股东大会等决议公告，还包括各级行政主管机关核准的各类行政许可文件，以及各中介机构出具的专业意见等，文件繁多，容易出现信息披露差错。除了一般重大资产重组通常披露的重组预案和报告书、独立财务顾问意见、法律意见书等以外，公司还先后就《关于公路经营企业产权（股权）转让有关问题的通知》和《关于开展收费公路专项清理工作的通知》等政策性文件涉及内容作出相应披露，信息披露涉及财务、法律等专业性文书较多。公司通过建立信息通报机制、组建信息披露小组等有效方式严格把关，明显提高了信息披露质量。

（三）重组事项涉及面广，信息保密难度较大

本次重组事项涉及部门多，行政审批环节复杂，跨度时间长，其中知悉重组信息的主体较多，一旦引起股价异动，会给重组带来不确定性。在重组过程中，公司多次强调并通过签署相关保密协议等方式，严格做好内幕信息知情人的登记和报备工作，缩短决策流程，缩小知情人范围，重组事项停牌前股价未发生异动，为顺利实施重组创造了良好环境。

四、重组意义

（一）全面提升公司核心竞争力

高速运管公司 100% 股权及潍莱公司 49% 股权对应的高速公路权益总里程为 290 公里，通过本次重组，公司所辖收费公路总里程将达到 920 公里，受托管理集团公司现有收费公路后，公司运营管理路桥总里程达 1 452 公里，位居全国公路上市公司首位，行业地位显著提升。

本次重组项目路桥资产的注入，有效扩大了公司主营业务的覆盖区域范围，标的资产下属的威乳高速、潍莱高速是山东半岛蓝色经济区的交通要道，公司通过本次重组，将分享蓝色经济区建设的溢出效应。此外，路产规模的提升还有助于公司发挥在高速公路运营管理方面的经验，实现路网的协同效应及规模经济效应，能提升整体资产的经营效率和核心竞争力。

（二）推动公司长期可持续发展

重组完成后，京福高速突出的盈利能力将较大程度提升公司的收益水平，而威乳高速良好的盈利前景及剩余 22 年的收费期限有助于公司保持长期稳定的净利润增长。潍莱高速现阶段虽然尚未盈利，但长期受益于山东半岛蓝色经济区域的快速发展及周边路网的完善，具备未来盈利能力。本次交易将有效提升公司的盈利水平，为公司持续、健康的发展奠定良好基础。

（三）减少关联交易、避免同业竞争

重组前，高速集团和公司都经营路桥收费业务，存在同业竞争问题。本次重组方案中，高速集团作出减少关联交易、避免同业竞争的有关承诺，有效避免同业竞争，减少关联交易，为高速集团高速公路主业整体上市奠定了基础。

湖北能源重大资产重组暨整体上市案例

一、重大资产重组基本情况

（一）重组各方概况

资产置出方：湖北三环股份有限公司（以下简称“三环股份”，股票代码000883）主要从事专用汽车及汽车零部件和锻压机床的开发、设计、生产和销售业务，于1998年5月在深圳证券交易所上市。控股股东为湖北三环集团公司（以下简称“三环集团”）（持股比例32.27%），实际控制人为湖北省国资委。

资产置入方：湖北能源集团股份有限公司（以下简称“湖北能源”），主营业务为能源投资、开发与管理，控股股东为湖北省国资委（持股比例50.96%）。

（二）重组背景

1. 推动国有企业整体上市

湖北省国资委按照“资产集中、资本集聚、资源集约、资金集成”的要求，以湖北能源整体上市为依托，充分发挥上市公司资本平台的作用，进一步加快发展湖北省能源产业，实现国有资产保值增值。

2. 促进上市公司做大做强

原上市公司三环股份主要经营汽车零部件的生产销售，规模相对较小，盈利能力有限。而湖北能源涉及水电、火电、风电、核电、天然气、煤炭等各板块，是目前所涉能源领域最广的省级能源上市公司。湖北能源资产置入上市公司后，可迅速扩大上市公司资产规模，提高盈利能力，有效促进上市公司做大做强。

3. 支持省属企业整合和重组

原三环股份与其控股股东三环集团均从事汽车及汽车零部件有关业务，三环股份汽车零部件资产置出给其母公司三环集团公司后，三环集团内部产业可进一步整合，从而更好的发挥产业协同效应。

（三）重组方案简介

1. 资产置换

三环股份将截至评估基准日的全部资产与负债与湖北省国资委、长江电力和国电集团持有的湖北能源合计100%的股份进行资产置换。

2. 发行股份购买资产

置入资产交易价格超出置出资产交易价格的差额部分由三环股份按5.77元/股向湖北省国资委、长江电力与国电集团发行1 782 412 018股股份购买。

3. 置出资产整合

长江电力与国电集团将所获置出的三环股份资产让渡给湖北省国资委，湖北省国资委再将该资产转入三环集团。重组完成后，湖北能源实现整体上市，上市公司股票简称更改为“湖北能源”。

二、重组方案特点分析

（一）省属国企，整体上市

资产置入方湖北能源的控股股东为湖北省国资委，持股比例为50.96%。湖北省国资委通过全资企业三环集团间接持有三环股份32.27%的股份，为三环股份的实际控制人。重组完成后，湖北省国资委直接持有上市公司42.96%股权，通过三环集团持有上市公司4.46%股权，仍然为上市公司和三环集团的控股股东和实际控制人。三环股份置出资产份额通过购买和划拨的方式仍由三环集团公司持有，湖北省国资委控制的资产并未发生变化而上市公司主体资格变更。湖北能源是全国首例由省级国资委直接控股，通过借壳实现整体上市的省属控股上市公司。

（二）权益重组，兼顾各方

在本次资产重组过程中，根据湖北省国资委“主业相同、产业相近、行业相关”的资源整合原则，长江电力与国电集团将按其持有湖北能源股份比例换得的置出资产份额让渡给湖北省国资委，湖北省国资委将其享有的资产置换差额中评估价值11 540万元的湖北能源权益按长江电力、国电集团持有湖北能源股份的相对比例让渡给长江电力与国电集团。同时，湖北省国资委同意置出资产中的全部资产由三环集团或三环集团指定的单位接收，置出资产中的全部负债由三环集团或三环集团指定的单位承接。通过权益调整，既实现了湖北省国资委推动省属企业整合的初衷，同时也突出湖北能源的主业，保证了长江电力和国电集团的利益，最终实现多方共赢。

（三）规范上市公司，减少关联交易

本次重组前，由于三环股份与控股股东三环集团从事业务均为汽车零部件的经营，在部分产品的采购和销售上不可避免地存在着关联交易问题。重组后，三环股份汽车零部件相关资产全部置出上市公司，上市公司与三环集团的关联交易得以全面消除，三环集团内部产业得到充分整合。

友谊股份重大资产重组案例

2010年7月19日，百联集团有限公司（以下简称“百联集团”）旗下的上海友谊集团股份有限公司（以下简称“友谊股份”，股票代码600827SH）与上海百联集团股份有限公司（以下简称“百联股份”，股票代码600631SH）双双公告因重大事项停牌。11月2日，两家上市公司同时公告重组预案，由友谊股份吸收合并百联股份，同时向集团定向发行股票，收购集团持有的八佰伴36%股权和百联投资公司100%股权。2011年6月23日，该重组方案获中国证监会并购重组委有条件通过。至此，作为上海乃至全国商业航母的百联集团，在中国证监会“消除同业竞争、减少关联交易”专项活动推动下，历经7年的整合工作，终于取得了标志性成果。

一、重组背景介绍

百联集团由上海市国资委全资持有，注册资本10亿元，主营业务涵盖了综合百货、超市商业、物资贸易、电子商务等各种商业业态。2003年4月，上海市政府将原一百集团、华联集团、物资集团、友谊集团四大国有商业集团（前身为原上海市商业一局、二局等）通过行政方式组建成百联集团，以进一步整合全市商业资源，集中力量做大做强主业。集团旗下先后拥有第一百货、华联商厦、友谊股份、第一医药、上海物贸和联华超市6家境内外上市公司。

2004年11月，第一百货、华联商厦完成了我国股权分置条件下的首例吸收合并重组，产生了百联股份。该重组案例为我国吸收合并重大资产的立法与实践积累了宝贵的经验。集团整合工作取得了阶段性成果。此后，集团主要负责同志多次变更，加上整合牵涉多方利益等因素，集团整合进度放缓，甚至一度停滞。集团内部同业竞争问题一直无法消除。

二、同业竞争情况

百联集团由四大商业集团组成，集团内部不同公司之间同业竞争更加突出，成为亟待规范的主要问题，具体如下：

（一）百货商业

百联股份拥有集团大部分大型百货商店，如东方商厦100%股权、百联中环购物中心100%股权、八佰伴64%股权、奥特莱斯100%股权等，2010年度百货业营业收入约120亿元。而友谊股份持有友谊南方商城100%股权、友谊百货商店100%股权、百联西郊购物中心等，2010年度百货营业收入约10亿元。此外，集团还直接持有八佰伴36%股权。百联股份和友谊股份在大型百货业存在同业竞争。

（二）超市商业

友谊股份持有联华超市（HK）34.03%股权，而集团通过百联投资公司持有联华超市21.17%股权。联华超市在中国香港发行上市，2010年度营业收入约259亿元。该公司股权相对分散，友谊股份以第一大股东相对控股名义将联华超市纳入合并报表范围。

三、重组成效

本次重大重组使各方利益主体实现了“共赢”。

（一）百联集团

通过本次重组，百联集团一是基本消除了友谊股份、百联股份长期存在的同业竞争问题，实现了对百货商业和超市商业的整合，进一步巩固了其在我国零售百强前三甲的地位；二是增加了对上市公司的持股比例，集团此前持有友谊股份仅为27.3%，一直面临被恶意举牌的威胁。重组完成后，集团对新上市公司的持股比例将增加至49.26%，巩固了集团的控股地位。

（二）上市公司

作为集团百货和超商类唯一的产业平台，重组后的新上市公司将成为一家经营业态齐全的商业零售企业，集中了百货商店、购物中心、奥特莱斯、大型超市、标准超市、便利店等优质商业资源。尤其是，新上市公司将持有八佰伴100%股权和联华超市55.2%的控股权。八佰伴是我国营业收入和净利润最高的百货单体门店（连续近3年数据），联华超市则为国内营业网点最多，销售规模最大的超市企业。集团两大核心资产的注入有助于提升上市公司质量。

（三）中小投资者

上市公司质量的提升，也增加了股票的投资价值。重组停牌前，友谊股份、百联股份20日均价分别为15.57元和13.41元；复牌后，两家公司股价均出现连续涨停，最高价分别为23.2元和18.22元，体现了投资者对重组方案和公司价值的认同。

粤传媒整体上市案例

2010年，广州九州阳光传媒股份有限公司（股票代码002181，以下简称“粤传媒”）启动重大资产重组，公司实际控制人广州日报社以文化体制改革为契机，将政策范围内允许的报业盈利性业务注入粤传媒，以发行股份购买资产方式实现整体上市，利用资本平台，做大做强文化产业。

一、基本情况

（一）公司概况

粤传媒前身为1993年设立并在NET系统挂牌的清远建北（集团）股份有限公司，2000年由广州日报社实际控制的广州大洋实业投资有限公司借壳重组，向公司注入11份报刊印刷业务、广州日报招聘广告10年独家代理权、大洋文化连锁店95%股权等资产，2001年该公司股票改到股份代办转让系统（以下简称“三板”）挂牌交易，2007年11月又成功转板至深圳中小企业板发行上市。该公司主要从事广告代理及制作、印刷、书刊零售业务，截至2011年9月底，公司总资产为14.1亿元，净资产为12.06亿元，总股本为3.5亿元。公司实际控制人为广州日报报业集团（以下简称广州日报），主管部门是广州市委宣传部。

（二）交易对方基本情况

广州传媒控股有限公司（以下简称广传媒）是2006年12月28日由广州日报社出资成立的有限责任公司，注册资本为10亿元。2009年5月，广州日报将主报和6家子报印刷及发行、报纸广告、大洋网三类传媒类经营性资产注入广传媒下属三家全资子公司具体经营。

二、收购方案基本情况

粤传媒拟向广传媒发行股份购买其下属3家公司100%股权，收购价格为11.24元/股，标的资产的交易总价约为38.32亿元。广传媒与粤传媒签订了业绩补偿协议，承诺在本次交易完成后，若交易标的中采用收益法评估结果作为定价依据的资产在其后3年每年实现的经审计扣除非经常性损益后的净利润低于本次交易资产评估报告中该年盈利预测净利润数，广传媒将按有关评估报告中所预计的相关资产的收益数与实际盈利之间的差额对粤传媒其他股东进行补偿。2011年10月19日，粤传媒整体上市方案获中国证监会重组委有条件通过。

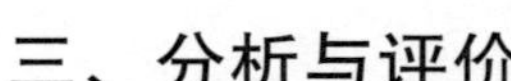

三、分析与评价

本次重组是广州日报社履行做大做强上市公司相关承诺的具体措施，旨在实现广州日报社下属传媒类主要经营性资产整体上市。重组后，广州日报报业集团下属的报刊印刷、发行、广告等上下游产业链将更好地整合，有利于解决上市公司同业竞争和关联交易问题，也有利于公司降低经营成本，提高经济效益，增强核心竞争力和持续盈利能力。

2009 年 9 月，国务院发布《文化产业振兴规划》明确指出：“鼓励已上市文化企业通过公开增发定向增发等再融资方式进行并购重组，迅速做大做强。”如果将中国证监会主导的推进部分改制上市公司整体上市工作比作市场经济建设大海中一股不可逆转的洋流的话，中宣部和新闻出版总署主导的文化产业改制振兴则是海里另一股不可逆转的洋流。粤传媒此次整体上市则是两股洋流交汇推动的产物。重组后上市公司需要在一些新的领域作出改革尝试，包括采编业务和广告业务的磨合、党报事业体制向建立现代市场经济体制的转变等，这些探索将为文化产业利用资本市场平台做大做强之路提供宝贵的经验。

审稿人：胡伏云　聂旺标

撰稿人：钟丽琼

欣网视讯重大资产重组案例

随着资本市场的发展，江苏地区并购重组案例不断涌现，江苏证监局结合重组各方具体情况，认真研究重组方案，采取多种监管措施，切实做好重大资产重组监管工作。

一、重组基本情况

（一）重组概况

南京欣网视讯科技股份有限公司（以下简称“欣网视讯”、“上市公司”或“公司”）是江苏地区一家主要从事电子计算机软件、通信设备产品及配套设备的设计、开发、销售、技术服务、增值服务的上市公司。2010 年 1 月，公司发布公告，启动重大资产重组，重组方案主要内容为控股股东上海富欣投资发展有限公司（简称“富欣投资”）购买上市公司全部资产，使上市公司变为仅存有现金的“净壳”，然后公司向重组方义马煤业集团股份有限公司（简称“义煤集团”）进行定向增发，购买其煤炭资产，实现重组方“借壳上市”。

（二）重组主要过程

2010 年 1 月 4 日，欣网视讯停牌并公告，公司接到大股东富欣投资通知，称其有对公司进行重大资产重组意愿并要求公司停牌。

2 月 2 日公司董事会审议通过重大资产重组暨定向增发预案并于次日复牌。

3 月 29 日公司董事会通过正式方案。

4 月 12 日该方案经股东大会审议通过。

2010 年 12 月 6 日，公司重大资产重组方案获得中国证监会审核通过。

二、重组方案要点

（一）重组前股权结构

本次重组前欣网视讯的控股股东为富欣投资，持有欣网视讯 18.94% 股权（2 413.95 万股），实际控制人为上海贝尔股份有限公司工会。

（二）本次重组方案

1. 富欣投资购买上市公司全部资产，使上市公司变为仅存有现金的“净壳”

（1）富欣投资购买资产范围及价格。根据公司与富欣投资签订的《重大资产出售协议》，富欣投资购买欣网视讯截至 2009 年 12 月 31 日的除货币资金及一幅土地外（另行出售给欣网视讯控股的 4 家子公司）的全部资产、负债、业务及与其相关的一切权利和义务，以上资产评估价为 14 158.12 万元，以评估价为最终交易价格。公司现有人员按“人随资产走”的原则由富欣投资进行安置。

（2）控股子公司的少数股东行使优先购买权。公司6家控股子公司的控股权均由该6家公司的少数股东按评估价格行使优先购买权。

（3）公司成为“净壳”。富欣投资及控股子公司的少数股东购买资产以上资产完成后，公司成为账上有约3亿货币资金的“净壳”。

2. 公司向义煤集团进行定向增发，购买煤炭资产

（1）购买资产范围及作价。本次重组拟向义煤集团购买集团本部7家煤矿及相关资产，以及其持有的5家控股子公司的股权（其中4家煤矿公司，1家配套公司）。以上资产评估价为821 996.97万元，以评估价作为交易价格。

（2）拟发行股份数及重组后股权结构。本次定向增发拟以每股11.66元的价格向义煤集团发行股份70 497.16万股。定向发行暨资产重组后，上市公司股权分布为：第一大股东为义煤集团，持股比例84.69%；第二大股东为富欣投资，持股比例2.89%。

三、重组监管主要措施

停牌并公告后，江苏证监局及时采取多种监管手段，针对中国证监会上市部关注问题、媒体关注焦点，以及重大资产审核意见表相关内容进行了深入检查，按时向上市部上报持续监管意见表，以及重大资产重组审核意见表，收到较好的监管效果。针对本次重组的特殊性，江苏证监局采取了以下监管措施：

（一）加强对并购重组预案审核，做到监管重心适度前移

在对重大资产重组监管中，江苏证监局主动将监管重心适度前移。在公司披露重组预案后，立即组织力量对预案进行深入分析，针对预案涉及的同业竞争等问题，多次约见重组方、上市公司及财务顾问，宣传监管政策和公司治理相关要求，并向发监管关注函，要求公司董事、监事、高级管理人员切实履行勤勉尽责义务。由于监管措施及时到位，重组各方在制定正式方案时对同业竞争等问题提出进一步的解决措施及相关承诺，一定程度上加强了对中小股东利益的保护。

（二）制定周密检查计划，切实做好现场检查

由于本次重大资产重组跨行业、跨地区，重组方拟注入上市公司资产数额巨大，重组受到各方关注。为达到检查效果，江苏证监局考虑多方面因素，在拟定检查计划时制定了针对上市公司、重组方，以及控股股东三方的检查计划。在现场检查中，注重加强检查力量，通过现场查看重组资产、检查财务资料、检查中介机构底稿、约见各方谈话等方式，逐项完成检查计划内容。经过5人6个工作日的检查及后续汇总分析工作，江苏证监局如期完成了检查工作，并将检查报告及时上报证监会上市部。

（三）加强“三点一线”监管协作，切实发挥监管合力

在本次重组中，江苏证监局高度重视发挥“三点一线”监管协作作用。针对上市部关注问题，认真制定检查计划，并就相关

事项要求交易所进行协查。在三方协作的基础上，较为顺利地完成了重组检查，提高了监管效率。

（四）进一步发挥中介机构借力监管作用，强化中介机构责任

在对重组监管中，始终注重发挥财务顾问、审计、评估、律师等中介机构作用，促进归位尽责。对于监管重点问题，通过约见谈话、发询问函、要求出具专项意见等多种方式向中介机构了解情况，并有针对性地检查中介机构工作底稿。通过采取系列监管措施，一方面督促中介机构履行勤勉尽责义务，独立发表中介意见，另一方面也有效的发挥了中介机构借力监管的作用，提高了监管效率。

创业板万顺股份并购案例

汕头万顺包装材料股份有限公司（以下简称万顺股份），发挥资本市场的优势，提高资金利用效率，利用超募资金收购同业资产，进行产业链的延伸拓展。

一、基本情况

（一）公司概况

万顺股份主营烟标、酒标等中高档包装印刷用纸的研发、生产和销售业务，2010年2月在深圳证券交易所创业板发行上市，募集资金9.74亿元，其中超募资金5.66亿元。该公司近3年发展势头良好，2007年、2008年、2009年销售收入分别为4.55亿元、5.72亿元、7.09亿元，呈逐年递增态势。为符合推行环保生态型产品的国际潮流，公司生产的包装印刷材料逐渐由传统纸向环保生态型转移纸进行过渡，同时公司还积极谋划向上下游进行扩张。

（二）收购标的概况

本次收购标的资产为上海亚洲私人有限公司（以下简称“上海私人”）持有的江苏中基复合材料有限公司（以下简称“江苏中基”）75%的股权和江阴中基铝业有限公司（以下简称“江阴中基”）75%的股权。上海私人是上海亚洲控股有限公司在中国所有股权投资的投资持股公司，其全资控股江苏中基和江阴中基。江苏中基和江阴中基两公司主营业务均为高精度铝箔的研发、生产和销售，其生产的铝箔主要应用于食品、饮料、香烟、家庭日用品等的包装材料上，该两家公司均属于万顺股份的上游行业。

二、收购方案基本情况

2010年10月24日，万顺股份与上海私人签订股权收购协议，双方约定以评估价为基础确定交易价格。根据标的公司的评估情况，截至2011年3月31日，江苏中基75%股权的评估值为6.68亿元，评估增值率为124.73%；江阴中基75%股权的评估值为0.86亿元，评估增值率为-23.03%，标的资产的总评估值为7.54亿元。经双方协商确定，交易标的以7.50亿元成交。万顺股份对于该次收购资金，拟使用公司超募资金4.5亿元，剩余资金3亿元由公司自筹解决。该成交金额占万顺股份最近一个会计年度经审计的合并会计报告期末净资产额的比例达到50%以上，且超过5 000万元，构成了重大资产重组行为。

为确保万顺股份在本次收购中上市公司的利益得以保障，万顺股份实际控制人杜成城对收购资产进行了业绩承诺，保证江苏中基和江苏中基2010年至2012年3年净利润总和不低于3亿元。若上述盈利承诺未能实现，杜成城将在万顺股份2012年年报公告之日起30个交易日内，以现金方式一次性向万顺股份补足该期间实际盈利数与承诺业绩之间的差额部分。

三、分析与评价

创业板公司在上市之前一般资产规模较小，营业收入不高。随着公司成功发行上市，一般募投项目产生效益要在1~2年以后，因此上市公司将面临净资产收益率下降的压力。利用超募资金在公司主营业务范围内对同行业或上下游的其他公司进行并购，可以实现整合竞争资源，并迅速产生经济效益，这已成为越来越多创业板公司的共识。万顺股份是广东辖区首家进行并购的创业板公司，也是利用超募资金进行并购的先行者。万顺股份的收购方案没有与原募集资金投资项目的实施计划相抵触，不会影响原募集资金投资项目的正常实施，同时提高了资金的使用效率。

万顺股份产品主要应用于烟标和酒标的印刷，本次交易标的公司从事高精度铝箔的研发、生产和销售，主要应用于烟草、食品、医药、建筑及卫生品等行业。本次交易完成后，公司产业迅速扩大，产品结构更加丰富，竞争优势更趋明显，抵御风险的能力大大增强。同时，此次使用超募资金进行同业并购，拓宽了公司的业务领域，提高了公司的盈利能力，符合全体股东的利益。

审稿人：胡伏云　聂旺标

撰稿人：许小青

重庆百货资产重组案例

重庆百货大楼股份有限公司（以下简称“重庆百货”或公司）成立于1992年6月，1996年7月在上海证券交易所上市交易，属于零售业，公司实际控制人为重庆市国有资产监督管理委员会。2005年，重庆商社（集团）有限公司（以下简称“商社集团”）因受让股权及行政划转成为重庆百货控股股东，商社集团下属的零售业资产与重庆百货构成同业竞争。2010年12月，重庆百货实施重大资产重组，发行股份购买商社集团控股的重庆商社新世纪百货有限公司（以下简称“新世纪百货”）的100%股权，商社集团下属零售业资产实现整体上市，彻底解决了控股股东与上市公司之间的同业竞争，有力提升了上市公司的规模、竞争力和持续盈利能力。

一、重组各方的基本情况

（一）重庆百货基本情况

重庆百货的前身重庆百货大楼成立于1950年，是西南地区成立最早的一家百货公司。2005年通过股权转让及行政划转，重庆百货成为商社集团的控股子公司。

重庆百货是重庆市唯一一家商业上市企业，新中国成立以来的60年中，一直在重庆地区具有相当的市场影响力和品牌知名度。本次重大资产重组前，重庆百货拥有各类门店130个，经营面积77万平方米，年销售规模近百亿元。

重组前，重庆百货主要财务数据见表1。

表1　重庆百货重组前主要财务数据　　单位：万元

项　目	2010年6月30日	2009年12月31日	2008年12月31日	2007年12月31日
资产总额	267 590.59	273 410.74	236 885.09	215 273.60
负债总额	164 614.31	177 391.20	152 488.89	143 199.33
归属于母公司所有者权益	100 856.23	94 062.20	82 469.44	70 286.32
项　目	2010年1~6月	2009年度	2008年度	2007年度
营业收入	449 117.81	731 233.10	642 058.96	548 781.62
利润总额	12 975.10	18 231.94	18 099.78	12 044.06
净利润	11 036.73	15 907.09	16 516.69	10 230.94
归属于母公司所有者的净利润	10 874.03	15 672.76	16 263.13	10 078.53

（二）新世纪百货基本情况

新世纪百货成立于1994年，现发展成为重庆市销售规模最大、拥有较高市场美誉度的百货零售企业，重庆市单店销售金额售前三的门店均归其所有。重组前，商社集团持有新世纪百货61%的股份，新天域湖景投资有限公司（以下简称“新天域湖景”）持有39%的股份。新世纪百货拥有百货商场14家，电器专业商场10个，超市商场86家，年销售规模超百亿元，约为重庆百货的1.3倍。

重组前，新世纪百货主要财务数据见表2。

表2 新世纪百货重组前主要财务数据 单位：万元

项　　目	2010年6月30日	2009年12月31日	2008年12月31日	2007年12月31日
资产总额	420 793.34	408 271.68	393 114.10	381 275.97
负债总额	323 360.66	328 958.28	279 165.13	317 413.29
归属于母公司所有者权益	96 722.76	78 600.82	93 279.49	48 693.04
项　　目	2010年1~6月	2009年度	2008年度	2007年度
营业收入	682 902.01	1 063 772.37	959 359.01	763 768.82
利润总额	21 326.56	34 173.50	29 466.38	22 743.50
净利润	18 119.28	29 075.03	26 074.57	18 990.38
归属于母公司所有者的净利润	18 121.94	24 729.89	20 013.81	13 926.98

二、重组准备工作及重组方案

（一）重组准备工作

1. 新世纪百货引入战略投资者并完善公司治理结构

新世纪百货的快速发展导致其负债率较高，截至2007年6月30日，新世纪百货资产负债率为83.6%。同时，新世纪百货作为商社集团最优质的资产，是资金和银行信用的重要保障。为降低新世纪百货的财务风险，解决新世纪百货注入上市公司后商社集团的资金保障问题，商社集团2008年为新世纪百货引入战略投资者新天域湖景。2008年7月，新世纪百货成为中外合资有限公司。

引入战略投资者的资金，一部分向新世纪百货增资以优化新世纪百货财务结构；另一部分归商社集团，用于增强商社集团自身资金实力，提高信用等级。商社集团用这部分资金，理顺了集团各业务板块的关联担保关系，增强了下属企业的造血能力，强化了投融资能力。

新世纪百货完善了公司治理结构，优化了新世纪百货管理层结构，强化了总部战略协同作用，从供应链、采买体系、品牌定位、网点投资等各个业务环节提升了管理的科学性和成效。同时，新世纪百货清理了与商社集团及下属企业之间的资金往来和担保，规范了关联交易，具备了上市资产的独立性。因减少了资金支持和担保负担，新世纪百货主业扩张和发展更强劲。

2. 收购骨干员工持有的新世纪百货子公司股权

新世纪连锁经营有限公司（以下简称“新世纪连锁”）是新世纪百货控股子公司，约占新世纪百货收入和资产的90%。新世纪百货系统的骨干员工，通过委托投资形式合计持有新世纪连锁29.94%的股权，新世纪连锁其余股权由新世纪百货持有。

2000~2008年期间，新世纪百货发展为年销售超过百亿、年利润数亿、股权价值数十亿的优秀零售百货公司，员工持股起到了重要的激励作用。然而，若将新世纪百货注入上市公司，依据法规要求，必须规范职工持股问题。新世纪百货以引入战略投资者的资产定价基础为基准，并对其至2009年3月31日间的损益进行调整后，收购骨干职工持有的新世纪连锁的股权。2009年8月底新世纪百货完成员工股份收购事宜，具备了成为上市资产的条件。

（二）重组方案及其实施情况

2009年9月，重庆百货停牌。2009年10月，重庆百货发布重大资产重组预案，拟发行股份购买商社集团、新天域湖景分别持有的新世纪百货61%和39%的股份。2009年12月，重庆百货董事会、股东大会审议通过重组方案：重庆百货以22.03元/股的价格，向商社集团发行103 146 985股，向新天域湖景发行65 946 433股，合计发行169 093 418股，收购新世纪百货100%股权，商社集团和新天域湖景认购的重庆百货股份从股权登记之日起锁定36个月；新世纪百货自评估基准日至交割日期间所产生的净利润，由重庆百货享有；若新世纪百货2010~2012三年的实际净利润未达到评估盈利预测，商社集团和新天域分别以重庆百货股份向重庆百货其他股东补偿。

重组前后重庆百货股权结构变动情况见表3。

表3　重组前后重庆百货股权结构变动情况

股东类别及名称	重组前		重组后	
	股份数（股）	股权比例	股份数（股）	股权比例
商社集团	66 329 470	32.51%	169 476 455	45.42%
新天域湖景	—	—	65 946 433	17.68%
其他股东	137 670 530	67.49%	137 670 530	36.90%
合　　计	204 000 000	100.00%	373 093 418	100.00%

2009年12月，重组方案获得重庆市国有资产监督管理委员会批准，并通过了商务部经营者集中审查（反垄断审查）。2009年12月，重庆百货重大资产重组申报文件上报证监会。2010年2月，商务部审核并原则同意新天域湖景战略投资重庆百货。2010年12月，重组方案获得证监会批准并实施完毕。

三、资产重组的意义

（一）消除了同业竞争，减少了关联交易

本次重组彻底解决了重庆百货与商社集团之间的同业竞争，大幅减少重庆百货的关联交易。

重组前后重庆百货关联交易情况见表4。

（二）增强了上市公司资金实力和盈利能力

以2010年6月30日财务数据为基础，重组后重庆百货的资产总额扩为重组前的256.52%，资产规模大增。由于没有长期负债和银行借款，重组后公司盈利能力大幅提升，货币资金从6.92亿元增至29.22亿元，财务实力大为增强，充裕的资金成为后续发展的坚实基础。

重组后公司盈利状况见表5。

表 4　　重组前后重庆百货关联交易情况

项　目	2010 年 1 ~6 月		2009 年度	
	关联采购金额（万元）	比例	关联采购金额（万元）	比例
重组前	11 482.35	3.01%	14 811.54	2.42%
重组后	1 293.83	0.11%	2 491.65	0.17%

表 5　　重组后公司盈利状况　　单位：万元

项　目	2010 年 1 ~6 月		
	重组后	重组前	增长
营业收入	1 121 431.27	449 117.81	149.70%
净利润	29 156.01	11 036.73	164.17%
归属于母公司所有者的净利润	28 995.97	10 874.03	166.65%
净资产收益率（全面摊薄）	14.68%	10.78%	36.18%
基本每股收益（元）	0.78	0.53	47.17%

（三）提高了上市公司的核心竞争力

重组后，重庆百货成为重庆地区网点数量最多、覆盖区域最广的商业连锁企业，在主城五大商圈（解放碑商圈、沙坪坝商圈、江北商圈、南坪商圈、杨家坪商圈）及重庆周边永川、涪陵等相对经济较发达的区县商业中心区均拥有商场，拥有重庆市单店销售额名列前五位的全部门店，门店网络优势超群，市场份额和议价能力将大为提高。

“新世纪百货”和“重庆百货”都是重庆地区声誉良好的公司品牌，“新世纪百货”主要定位于“时尚流行百货”，“重庆百货”主要定位于“大众百货”。两者可以根据不同区域消费群体和各自的优势，制定不同的经营策略，错位经营，进一步巩固和提升品牌优势，并在百货、超市、电器三大类零售业态基础上，推出更加灵活多样的业态组合及新型业态，创造新的发展模式，达到聚集顾客、提升人气、保持市场领先的效果。

两家合并使重庆百货可以加强招商采购、物流配送、网络资源、门店管理等多方面的规模效应和协同作用，在进一步的整合中，将深化专业管理，提升顾客购物体验，充分发挥重组后的规模优势。

（四）优化了股权结构，促进上市公司做优做强

重组前，重庆百货实际上由地方国资单一控制。重组后，新天域湖景成为重庆百货战略投资者，既改善了公司治理结构，也充实和优化了管理层构成。新管理层将进一步引入新的经营理念，激活经营机制，促进上市公司做优做强。

（五）提升了上市公司股权价值，实现了国有资产、公众股东和战略投资者共赢

重组后，重庆百货各项盈利能力指标大幅增长，市场地位和竞争力增强，重组方案得到了投资者的高度认可，获得股东大会 99.94% 同意票数通过。

重组前后公司股价、市值变化情况见表6。

表6　　重组前后公司市值情况

指　标	2009年9月4日	2010年12月29日
收盘价格（元/股）	21.66	44.98
股本总数（股）	204 000 000	373 093 418
市值（亿元）	44.18	167.82

重组完成后比重组前，重庆百货股价上涨了107.66%，公众股东获得良好投资回报。新世纪百货以2007年6月30日为基准日的评估价值为14.09亿元，其对应的上市公司股份至2010年12月29日价值为76.02亿元，国有资产和战略投资者的投资都获得了高额增值，本次重组实现了各方共赢。

第七篇

中国上市公司协会筹备成立专辑

- 关于筹建中国上市公司协会有关情况的报告
- 《民政部关于中国上市公司协会筹备成立的批复》
- 第十届全国人民代表大会代表“关于成立全国上市公司协会的建议”
- 中国证券监督管理委员会《对十届全国人大代表第 8051 号建议的答复》
- 中国上市公司协会发起人中的全国人大代表、政协委员座谈协会发展
- 经济合作与发展组织就中国上市公司协会成立所致贺信
- 德国发行人协会就中国上市公司协会成立所致贺信
- 境外上市公司协会自律监管的特点及主要职能研究
- 中国上市公司发展成果
- 中国上市公司协会筹备成立工作大事记

关于筹建中国上市公司协会有关情况的报告

国务院：

为贯彻落实《国务院批转证监会关于提高上市公司质量意见的通知》（国发［2005］34号，以下简称国发34号文）提出的“充分发挥自律监管的作用”的精神，我会就筹建上市公司自律组织——中国上市公司协会进行了慎重研究，并开展了相关筹建工作。现将有关情况报告如下：

一、筹建上市公司协会是提高上市公司质量的重要举措

国发34号文指出，提高上市公司质量的关键在于上市公司自身，在于公司董事和高管的诚实守信、勤勉尽责，规范自律。筹建中国上市公司协会，是适应股权分置改革后市场环境变化的需要，是构建自律与监管和谐并重的市场约束机制的具体步骤，是推动上市公司提高质量的重要举措。充分发挥自律监督的作用，不仅有利于倡导上市公司诚信尽责、规范自律、创新发展，提升上市公司治理水平，减少无知违规和惯性违规给个人、公司、投资者带来的损害，而且有利于降低上市公司不规范运作产生的高昂的监管成本和社会成本。

从资本市场发展的历史看，自律和监管是促进上市公司规范发展不可偏废的两个重要方面。自律是市场主体通过自律组织实现自我管理、自我约束、自我教育、自我监督。监管虽然具有权威性、强制性和独立性，但自律所体现的公司自治原则及所具有的灵活性、自主性和自觉性则是强制性监管所不能替代的。自律与监管合理分工与合作，是成熟资本市场监管体系的重要特征。在引导上市公司自律的方式上，美国、英国、澳大利亚等国家成立了董事协会，加拿大、新加坡等国家成立了上市公司协会，开展自律管理。

近年来，市场各方一直有成立上市公司自律组织的呼声。在日前我会举办的首届上市公司高峰论坛上，与会者就充分发挥自律组织在提高上市公司质量方面的作用进行了深入研讨，希望证券监管部门加快推动自律组织建设，通过自律组织推进上市公司培育自我约束意识，强化自我约束机制，尽快形成行政监管和自律监管互为补充的监管体系。目前，各省、自治区和直辖市相继组建了区域性上市公司协会、董事协会等上市公司自律组织。在证券市场集中统一监管体制下，有必要成立全国性上市公司自律组织，加强对各地上市公司自律组织的规范、指导，提高地方自律组织的素质，增强其服务能力。

二、上市公司协会筹建的基本情况

为充分发挥中国上市公司协会的桥梁和纽带作用，使其成为行政监管的重要补充，我会就拟筹建的中国上市公司协会的宗旨和职责进行了认真研究。中国上市公司协会将主要承担以下职责：依据有关法律法规制定上市公司、董事和高级管理人员行为指引、职业道德规范等自律性管理规则；传递监管政策信息，反映上市公司呼声；组织对上市公司董事、高级管理人员的证券知识培训；对违规人员依照自律规则进行处理；加强同新闻媒体的沟通和联系，及时有效引导社会舆论，维护上市公司的声誉；指导、协助上市公司加强投资者关系管理；建立上市公司独立董事人才库，依照上市公司提出的具体要求提供备选人选，制定独立董事职业操守，评价独立董事的尽职尽责情况；搜集、整理国内外上市公司资本运作的信息、资料，组织开展相关课题研究，定期出版内部刊物，为会员提供咨询服务。

根据《社会团体登记管理条例》有关要求，我会就筹建中国上市公司协会有关事宜，向民政部门咨询了意见。民政部门认为成立中国上市公司协会不存在法律障碍，协会组织结构在遵循民政部《社会团体章程指引》的前提下，可以依据协会的宗旨、职责自主设定，同意给予筹建工作支持。我们在此基础上，研究制定了《中国上市公司协会章程》，明确了协会的会员构成、职责、组织结构、全国性组织和地方组织的关系等问题。

近期，我会作为主管部门拟同意50家具有市场影响力、行业覆盖面的上市公司作为发起人，向民政部申请筹备中国上市公司协会，并指导筹备组抓紧做好成立中国上市公司协会的工作。

特此报告。

中国证券监督管理委员会
二〇〇七年十一月五日

中华人民共和国民政部

民函〔2011〕46号

民政部关于中国上市公司协会筹备成立的批复

中国上市公司协会发起人：

经审查，你们申请筹备成立中国上市公司协会的条件符合《社会团体登记管理条例》的有关规定，同意筹备成立。请按照《社会团体登记管理条例》第十四条的有关规定，自准予筹备之日起6个月内召开成立大会，通过章程，产生执行机构、负责人和法定代表人，完成筹备工作后向我部申请成立登记。

二〇一一年二月八日

2

中华人民共和国第十届全国人民代表大会第三次会议代表建议、批评和意见纸

第　　号

类别〔　　〕　　2005 年 4 月 20 日

代表姓名：汪爱群　　等　名代表　代表证号码：1603

代表团：湖北团

联系电话：027-82859668　　430021　　邮政编码：

通讯地址：湖北省武汉市江汉路129号中百商厦24-25F

标　　题：关于成立全国上市公司协会的建议

处理意见：

备　　注：

注意事项：

1. 一式一份，如果不需答复，请在备注栏注明，"编号""类别""处理意见"，您请勿填写或者粘贴。
2. "代表姓名""代表证号码""通讯地址"等请用钢笔书写公正，内容可以填写或者贴附。

第　　页（共　　页）

姓名	代表证号码	代表团	通讯地址	邮政编码	联系电话
汪爱群	1603	湖北	武汉市江汉路129号中百商厦25楼	430021	
刘本仁		湖北	武汉市青山区红钢城武钢一招	430083	
[illegible]	1568	湖北	武汉钢铁(集团)公司办公室		
			武汉石油化工厂	430082	
[illegible]	1591		湖北京山轻机	431800	
谭功炎	1664	湖北	湖北福星科技股份有限公司	431608	
[illegible]	1558	湖北	湖北宜化股份有限公司	433000	
[illegible]宝生		湖北	湖北双环化工集团公司	432407	
[illegible]	1623	湖北	湖北安琪生物集团	443000	
刘道明	1575	湖北	[illegible]	100101	
[illegible]		海南	[illegible]		

关于成立全国上市公司协会的建议

中国证券市场经过了十年的发展，取得了令人瞩目的成绩。目前，深沪两地上市公司家数已达 1380 余家。十年来，上市公司通过进入资本市场筹集资金，在加快产业发展，调整资源配置，促进国民经济增长等方面做出了较大贡献。同时，上市公司通过转换经营机制，规范治理结构，提升了经营质量，获得了长足的发展。作为上市公司的经营管理者，同时也作为全国人大代表，对此我们深感欣慰。

上市公司质量的提高是证券市场稳定发展的基石。在当前证券市有待进一步规范的情况下，如何加强公司治理、提升上市公司质量，以进一步维护证券市场的公开、公平、公正，树立广大投资者对证券市场的信心，从而使证券市场更好地发挥促进上市公司和国民经济发展的作用，已是摆在我们面前的重要任务。随着越来越多的企业走向资本市场寻求发展，我们也更加明显地感到：要维护一个健康的证券市场环境，单靠每一家上市公司的自身努力和监管部门的工作是不够的，有必要将各上市公司组织起来，形成一个自律组织，来遵守统一的行为规范，维护大家的共同利益。通过上市公司的自律组织来开展上市公司的自我服务、自我教育、自我监管，并与监管部门之间形成更积极有效的沟通和配合，这将会极大地加快上市公司规范、健康发展的进程。

为深入贯彻温家宝总理的《政府工作报告》、《国务院关于推进资本市场改革开放和稳定发展的若干意见》以及全国证券期货监管会议精神，“推动上市公司完善法人治理结构，维护公众股东合法权益”，“加强自律管理，发挥自律组织的功能与作用”，我们建议成立全国性的上市公司协会，按照《社会团体登记管理条例》的有关规定，在民政部登记注册为非盈利性社会团体法人，全国范围内的上市公司自愿入会，形成由会员单位自愿组成的自律性组织，接受民政部和中国证监局的业务指导和监督管理。

协会的宗旨：遵守国家规范性文件规定，加强会员的自律管理；发挥政府监管部门与会员间的传导和桥梁作用，促进会员间相互交流，为会员服务；维护会员合法权益；坚持上市公司在证券市场的依法规范运作，促进会员诚实、守信、规范运作，保障和促进上市公司和证券市场的健康发展。

协会的主要工作：

一、制定会员应遵守的规则，监督检查会员行为。对违反协会规则和本章程的，依照有关规定给予纪律处分；

二、加强与中国证监局和证券交易所的联系，及时反映会员的意见和建议，依法维护会员的合法权益；

三、组织各种形式的对会员高级管理人员的培训、考试、评比，以提高高级管理人员的职业道德、业务技能和管理水平，保障高级管理人员诚信、勤勉、尽责；

四、搜集、整理国内外上市公司及其监管的信息、资料，编辑出版刊物，为会员提供服务；

五、组织开展上市公司与证券市场发展的理论和实务问题研究，组织有关的学术交流、考察活动。

围绕以上主要工作，通过各种组织形式的运作平台，如网站、会刊等形成的信息交流平台，积极发挥协会自律、传导、服务等多项功能，并配合中国证监局开展工作，促进上市公司健康发展。

尊敬的全国人大代表董明珠同志，您好！

我是第十届全国人大代表，武汉中百集团股份有限公司（证券代码：000759）董事长汪爱群，此函特为向全国人大及国家民政部提交《关于成立全国上市公司协会的建议》事，共邀商榷联签！

随着中国改革开放的不断深入，中国证券市场日渐成熟与规范，目前，国内上市公司已达 1380 家之多，对上市公司的监管主要集中在深 、沪两大交易所及各地区证券监管部门的强制性监管和舆论的监督，上市公司实现与政府、投资者甚至上市公司间的沟通交流仅限于深、沪交易所提供的交流窗口及各地区类似于董秘协会的组织机构，虽然部分上市公司自行开辟了与投资者互动与交流的渠道，但总的来说，目前国内缺乏能代表全国千余家上市公司与政府、广大投资者和上市公司间进行交流沟通的途径和渠道，为此，经过与各上市公司老总间的交流与沟通，并听取中国证监会有关部门的意见和建议后，特拟向全国人大及国家民政部提出成立全国上市公司协会的建议案，全国上市公司协会的设立需报国家民政部备案审批，本人及广大上市公司同仁亦期望该协会的设立能代表全国千余家上市公司的期望，架起上市公司与政府之间的沟通桥梁，并通过该协会实现上市公司的行业自律，推动上市公司治理结构、机制的不断完善与规范，使上市公司与政府、投资者、上市公司间的交流、沟通变强制、被动、单向为主动、多元。

后附《关于成立全国上市公司协会的建议》，敬请您审阅，期望能得到您的宝贵意见和建议！如无异议，请予联名签署该建议案，共同提交全国人大及国家民政部！

联系电话：027-82859668

传真电话：027-82210291

公司地址：湖北.武汉.江汉路 129 号 中百商厦 24-25F

邮政编码：430021

顺致

问候！

第 十 届 全 国 人 大 代 表

武汉中百集团股份有限公司董事长

二〇〇五年四月二十日

B　　（财经类）

中国证券监督管理委员会

证监函[2005]408号　　签发人：屠光绍

对十届全国人大代表第8051号建议的答复

汪爱群等10名代表：

你们提出的《关于成立全国上市公司协会的建议》收悉。经商民政部，现就有关问题答复如下：

经过十余年的发展，我国上市公司已聚集了各行业的龙头企业，形成一个重要群体，不仅成为我国证券市场发展的基石，同时对国民经济发展也有着重要的影响。上市公司与其他企业相比，有其特殊性，其一是现行法律法规对上市公司的治理结构、信息披露和行为规范都有着严格和明确的要求，上市公司的运作具有一定的独特性；其二是上市公司数量在我国企业总数的比例虽然很小，但作为公众公司，其投资者多达数千万，牵涉面十分广泛。考虑到上市公司群体的特殊性，成立上市公司自律组织，为各上市公司及其高级管理人员提供交流经验、提升上市公司整体素质以及规范发展的平台十分必要。

《国务院关于推进资本市场改革开放和稳定发展的若干意见》强调“法制、监管、自律、规范”是我国证券市场发展的方针。我会认为，“自律”不仅是公司个体的自律，通过上市公司的自律组织来推动上市公司及其高级管理人员加强自律管理更为有效。目前大多数上市公司运作是规范的，但也存在一些深层次的矛盾和问题，上市公司违法违规案件仍时有发生，为此，一方面监管部门应加大对上市公司的监管力度，严防、严惩各类违法违规行为；另一方面，监管部门的监管范围和权限仍然有限，如上市公司高级管理人员的勤勉尽责及加强公司内部治理等问题，更有赖于公司自身及行业自律组织来解决。因此，成立上市公司自律组织作为监管体系的重要组成部分和行政监管的重要补充，能有效扩大监管空间，提高监管效力。

近两年来，我会一直在积极与相关部门沟通，推动成立上市公司自律组织，并取得了一定的进展。我会就你们提出的成立全国上市公司协会的建议征询了有关部门的意见，有关部门提出，“以行业为标准划分成立相应的行业协会，有利于开展本领域内的工作，是一种相对科学的分类方式。如果成立上市公司协会，一方面，容易与已成立的行业协会业务职能发生交叉和冲突；另一方面，由于上市公司涉及各行各业，难以确定相应的业务主管单位，不利于管理。因此，目前不宜按照是否上市作为会员的标准成立社会团体。”

《国务院批转证监会关于提高上市公司质量意见的通知》（国发[2005]34号）明确指出，“要充分发挥自律监管的作用，充分发挥自律组织在促进上市公司提高公司治理、规范运作水平等方面的积极作用”。我会将按照国务院指示精神，继续加强与有关部门的沟通和协调，推动成立上市公司自律组织，以强化上市公司自律管理，促进上市公司规范运作，提高上市公司质量等。

感谢你们对资本市场的关心和支持，欢迎继续提出意见和建议。

二〇〇五年十二月二十二日

中国上市公司协会发起人中的全国人大代表、政协委员座谈协会发展

2011 年 3 月“两会”前，中国证监会分别召开中国上市公司协会发起人中的全国人大代表、政协委员座谈会，中国证监会纪委书记李小雪、副主席庄心一出席座谈会，与中国联通常小兵、中国国航孔栋、燕京啤酒李福成、新希望刘永好等 20 位上市公司负责人深入沟通交流，认真听取他们对上市公司规范发展和中国上市公司协会筹备工作的意见和建议。中国证监会上市公司监管部主任杨桦主持会议。

座谈在亲切热烈的气氛中开始。中国证监会副主席庄心一首先介绍了 2010 年中国上市公司的整体发展情况和监管工作。他说，刚刚过去的 2010 年是“十一五”规划的收官之年，也是资本市场建立 20 周年。20 年来，中国资本市场从无到有、从小到大、从区域到全国，逐步发展成为我国经济体制的重要组成部分，在市场培育与建设、规则建立与完善、监管与发展等方面都取得了重大突破。上市公司是资本市场的基石，截至 2010 年末，我国上市公司达到 2 063 家，较 2009 年增加 349 家，增幅超过 20%。经过多年的培育与发展，上市公司股本总额和资产规模大幅增长，盈利能力不断提高，行业结构持续优化，上市公司已经成为支撑国民经济发展的重要力量。他指出，过去的一年，中国证监会按照中央“扩内需、转方式、调结构”的决策部署，在上市公司监管工作中，形成并推进资本市场并购重组的十项工作安排，会同相关部门着力构建内幕交易防控体系，深入开展“解决同业竞争、减少关联交易”专项活动，完善法律制度建设，上市公司规范运作水平和质量正在逐步提高。

庄心一副主席还介绍了中国上市公司协会筹建工作进展情况。他说，自 2008 年协会发起人签署《中国上市公司协会发起人协议书》后，中国证监会党委高度重视，积极与各相关部委沟通，经过不懈努力，民政部已同意协会筹备成立的申请。衷心感谢“两会”代表为推进协会筹备工作所作的努力。

李小雪书记以他亲身参与的国有企业改制、公司海外上市、创建资本市场的经历回顾了我国资本市场建立二十年所走过的历程。他说，中国资本市场在建立初期就借鉴了国际经验，通过上市发行促进了企业规范发展。经过 20 年风风雨雨，现在依然站立在国家和国际舞台上的上市公司是中国企业群体的领头羊。这个群体在规范运作上发挥了重要作用，使国内投资者坚定了信心，在国际上也树立了取信于民的良好形象。他表示，中国上市公司协会是上市公司自律组织，坚持“规范、自律、维权、发展、服

务”的宗旨，充分发挥桥梁纽带的作用，积极创造良好环境，服务于上市公司规范发展，服务于国民经济的发展。希望大家就协会筹备和成立提出宝贵意见和建议。

作为中国上市公司协会的发起人，与会代表一致认为，成立中国上市公司协会是行政监管迈向市场化的重要步骤，是健全完善我国资本市场监管体制的重要举措，是放松管制、归位尽责的具体体现。

关于上市公司规范发展。与会代表一致认为，中国资本市场建立20年来，中国企业改制上市，在融资、并购方面通过市场高效配置资源取得了快速发展，更重要的是通过规范完善法人治理结构，建立健全了现代企业制度，具备了国际竞争力，为所有企业树立了榜样。中国企业的成长与成功过程中，资本市场发挥了重要作用，中国证监会功不可没。与会代表希望，中国证监会继续开拓思路，锐意创新，在积极推动龙头企业上市、公司收购兼并做强做大的同时，继续推广上市公司分立试点，鼓励做专做精。

关于协会的定位。与会代表认为，上市公司荟萃国民经济各行业的龙头企业，是重要的新兴经济群体。中国上市公司协会将最优秀的上市公司团结凝聚起来，是跨地区、跨行业、跨市场，统一资本市场规则的“三跨一统”自律组织，也必将成为我国最有代表性、方向性和影响力的群体典范。协会将通过自律监管，充分发挥上市公司治理健全和运作透明的示范作用，为上市公司科学发展营造和谐的外部环境。协会将倡导积极健康的股权文化，促进资本市场有序、健康、稳定发展。协会在充分利用资本市场这个平台将企业自身做大做强的同时，积极引导企业切实履行社会责任，为促进国民经济发展、改善民生做出应有的贡献。

关于协会的职能。与会代表建议，协会应致力于为上市公司创造宽松的环境，搭建交流沟通的平台，凝集规范发展共识；探索建立上市公司规范发展专家咨询制度，为行政审核提供专业咨询意见；建立上市公司与监管部门的沟通渠道，及时反映上市公司的呼声和诉求；在简化和淡化行政审批领域发挥自律规范作用，借鉴银行间债券市场由银行业协会自律规范的发展经验，促进公司债券市场的发展；加强经营和开拓市场的服务，抓住国际投资机会，发挥优势，协同作战；展现上市公司创新发展成果，先进管理经验，提高上市公司的公信力和美誉度；加强与媒体的沟通和协调，维护上市公司合法权益。

关于协会的筹备工作。与会代表认为，协会的办事机构应该是高效、精干的组织，希望中国证监会在筹备过程中加强组织领导，选派一批年富力强的同志参与协会筹备和成立工作，着力打造一支年轻化、专业化的干部队伍；建议建造协会大厦，创建中国上市公司自己的家。与会代表迫切要求，在中国证监会的领导下，尽早完成筹备工作，推动协会尽快成立。大家一致表示愿尽其所能全力支持中国上市公司协会的成立。

李小雪书记和上市部主任杨桦分别作了总结发言，他们表示，大家提出的建议是具有建设性、前瞻性、开放性的，协会筹备过程中一定认真汲取大家的意见，力争尽快尽早做好中国上市公司协会筹备工作。

经济合作与发展组织

理查德·布彻（Richard BOUCHER）
副总干事

2012年2月9日

尊敬的陈清泰会长：

欣闻中国上市公司协会将于北京成立，本人谨此代表经合组织就计划于2012年2月15日召开的成立大会向阁下致以诚挚的祝贺，并祝愿大会取得圆满成功。

我非常荣幸地曾于2011年11月造访中国证券监督管理委员会（“中国证监会”），并有机会与中国证监会的各位友人就公司治理的最新进展交换意见。你们的工作给我留下了非常深刻的印象。

中国上市公司协会的成立在中国资本市场的发展过程中无疑将具有里程碑意义，并将为进一步推动中国上市企业公司的治理发挥积极作用。

经合组织非常愿意深化国际社会对中国公司治理实践的理解，为这项宏大的事业提供支持，并通过对话、研究和获取、了解国际经验与规范，解决中国面临的其他公司治理挑战。

经合组织期待与贵协会的合作。

此致

敬礼

理查德·布彻

收件人：陈清泰先生
中国上市公司协会 会长

抄送：杨智颖女士 中国证券监督管理委员会国际合作部处长
吴喜林先生 中国驻法国大使馆经济商务参赞

2, rue André Pascal, 75775 Paris Cedex 16 France Tél : +33 (0) 1 45 24 82 00
Ligne directe/Direct line : +(33-1) 45 24 80 20 Fax : + (33-1) 45 24 88 26 - E-mail : Richard.BOUCHER@oecd.org - www.oecd.org

ORGANISATION FOR ECONOMIC CO-OPERATION AND DEVELOPMENT

ORGANISATION DE COOPÉRATION ET DE DÉVELOPPEMENT ÉCONOMIQUES

Richard BOUCHER
Deputy Secretary-General
Secrétaire général adjoint

9 February 2012

Dear Chairman CHEN Qingtai,

It is my great pleasure to learn that the China Association for Public Companies (CAPCO) will soon be founded in Beijing. On behalf of the OECD, I would like to congratulate you on the Inaugural Conference scheduled for 15th February, 2012 and wish it a great success.

I was honoured and pleased to visit the China Securities Regulatory Commission (CSRC) in November 2011, and to have the opportunity to exchange views with CSRC friends about recent corporate governance developments. Your work in certainly impressive.

The establishment of CAPCO will, undoubtedly, mark a milestone in China's move to develop its capital markets and play an active role in enhancing corporate governance of listed companies in China.

The OECD is happy to support this ambition by improving the international understanding of Chinese corporate governance practices and to address the remaining corporate governance challenges in China via dialogue, research and access to international experience and norms.

The OECD looks forward to cooperating with you.

Yours sincerely,

Richard Boucher

Mr. CHEN Qingtai
Chairman
China Association for Public companies (CAPCO)

C .c Ms. YANG Zhiying, Director, Division of International Cooperation, China Securities Regulatory Commission (CSRC)

Mr. Wu Xilin, Minister-Counsellor, Economic and Commercial Affairs, Embassy of the People's Republic of China to France.

2, rue André Pascal, 75775 Paris Cedex 16 France Tél : +33 (0) 1 45 24 82 00
Ligne directe/Direct line : +(33-1) 45 24 80 20 Fax : + (33-1) 45 24 88 26 - E-mail : Richard.BOUCHER@oecd.org - www.oecd.org

DEUTSCHES AKTIENINSTITUT

-1-

德国发行人协会

Deutsches Aktieninstitut e.V. Niedenau 13-19 60325 Frankfurt am Main

收件人：
中国上市公司协会
陈清泰 会长

转交人：
中国证券监督管理委员会国际合作部
杨智颖 处长

2012年1月16日

尊敬的陈清泰会长：

欣闻中国上市公司协会即将在北京成立，作为贵协会的德国同行——德国发行人协会的执行董事，本人谨此就贵协会成立大会这一盛事致以诚挚的祝贺。我相信大会必将取得圆满成功，原本希望值此重大时刻能亲自莅临大会，现一并献上美好祝愿。

作为中德技术合作框架内的交流活动，本人非常荣幸地在2010年7月受邀访问中国证券监督管理委员会（“中国证监会”），并有机会与中国证监会前主席尚福林先生及其他中国专家分享本人对北京和法兰克福两地自律组织的作用和功能的体会及认识。贵协会能在相对较短的时间内组建成立，这一成就彰显了我们的共同努力。

在中国迈向健康的资本市场和监管改革过程中，贵协会的成立和发展必将具有里程碑意义。就个人而言，本人将其视为中国向外界传递的积极信息——中国政府正在坚定不移地推进资本市场监管并培养行业自身的责任感。我坚信贵协会将在强化中国上市企业公司治理和社会责任，保障上市公司合法权益并兼顾股东权利义务方面发挥积极作用。向行业自律组织转移中国证监会的某些职责不仅会带来经济效益，而且将促进并强化中国证券监管体制改革。

Mitglied Europeanlssuers Vereinsregister VR 10739 (AG Frankfurt am Main) USt-ID-Nr. DE 170399408
Deutsches Aktieninstitut e.V.
Niedenau 13-19 60325 Frankfurt am Main
Phone +49 69/9 29 15-21 Fax +49 69/9 29 15-11
E-Mail rosen@dai.de Internet www.dai.de

DEUTSCHES AKTIENINSTITUT

2

此外，我完全赞同贵协会坚持的“服务、自律、规范、提高”八字方针，并将服务会员作为第一要务。正如您所了解，由于上市公司在所有权结构、国际化程度、业务模式和规模方面各有不同，自律在德国公司治理监管中已被证明是更为有效和灵活的方式。因此，看到自律能在贵协会工作中处于核心地位，本人倍感欣慰。同样不言自明的是，对于像德国发行人协会和贵协会这样的自律组织而言，服务会员是最重要的职责。我们都需要通过创新和合理运作持续提高我们的权威和可信度。我有充分的理由相信，上述努力将使中国上市公司在转变经济发展方式、实现社会和谐稳定的过程中成为一股重要的推动力量。

最后，祝愿贵协会未来发展顺利，并期待与贵协会开展合作。由于双方存在许多相同的目标与职责，并拥有类似的会员基础，我们可以在以下方面开展合作：

——就公司治理和其他资本市场规则（包括自律的作用）交流意见并分享经验；

——就如何推广积极健康的股权文化交流意见；

——就协会成员和其他参与者的培训分享经验。

我深信贵协会不仅将有效凝聚并平衡中国上市公司的利益，而且将成为贵协会的会员、监管机构和国内外公众所尊重的协商对象。请贵协会相信，只要贵协会向德国合作机构征求意见，我们的工作人员和我本人均将欣于向贵协会提供德国发行人协会的经验。

此致

敬礼

[签字]
鲁迪格·冯·罗森博士、教授（Prof. Dr. Rüdiger von Rosen）
执行董事

DEUTSCHES AKTIENINSTITUT

Deutsches Aktieninstitut e.V. Niedenau 13-19 60325 Frankfurt am Main

Mr. CHEN Qingtai
Chairman
China Association for Public companies (CAPCO)

C/O: Ms. YANG Zhiying, Director, Division of International Cooperation, China Securities Regulatory Commission (CSRC)

16 January 2012

Dear Chairman CHEN Qingtai,

It is my great pleasure to know that the China Association for Public Companies (CAPCO) will soon be founded in Beijing. As Managing Director of Deutsches Aktieninstitut (DAI) which is CAPCO's counterpart in Germany, I hereby sincerely congratulate you on the great event of the Inaugural Conference. I am sure that it will be a great success. I wished I could have been present to present our good wishes personally at this milestone.

I felt honored and pleased to be invited within the framework of the bilateral Sino-German technical cooperation to visit China Securities Regulatory Commission (CSRC) in July 2010. I had opportunities to share with former Chairman Mr. SHANG Fulin of CSRC and other Chinese experts my experience and understanding on the roles and functions of SROs both in Beijing and in Frankfurt. The great progress in materializing the CAPCO within relatively short period of time underlined our joint efforts.

The establishment and development of CAPCO will, undoubtedly, mark a milestone in China's move to a healthy capital market development and regulatory reforms. I personally take it as a positive message to the outside world that the Chinese government is determined to steer regulation of capital markets and foster the accountability of industries themselves. I am convinced that CAPCO will play an active role in enhancing corporate governance and social responsibilities of the listed companies in China and as a safeguard of the legal rights and interests of the listed companies as well as taking into account rights and obligations of shareholders. It will add value by transferring part of the responsibilities of the CSRC to the SROs, and also to facilitating and deepening the reform of China's securities regulatory system.

In addition, I fully appreciate CAPCO's adhering to "Service, Self-regulation, Compliance and Enhancement" as its future guidelines, emphasizing service to members as its top priority. As you may remember self regulation has proven to be more effective and flexible in regulating corporate governance in Germany since the listed companies differ with respect to ownership base, degree of internationalization, business model and size. So, I am delighted that self regulation

Mitglied EuropeanIssuers Vereinsregister VR 10739 (AG Frankfurt am Main) USt-ID-Nr. DE 170399408 Deutsches Aktieninstitut e.V.
Niedenau 13-19 60325 Frankfurt am Main
Phone +49 69/9 29 15-21 Fax +49 69/9 29 15-11
E-Mail rosen@dai.de Internet www.dai.de

DEUTSCHES AKTIENINSTITUT

- 2 -

will play a central role in CAPCO's work. It is also self-evident that provision of services to its members will be the most important duty of any self-regulatory organization like both of DAI and CAPCO. We both need to continuously improve our authority and credibility through innovation and sound practice. I have every reason to believe that such endeavors shall make Chinese listed companies a significant driving force in the process of transforming China's economic development approach and of achieving social harmony and stability.

Last but not the least, I have an ongoing interest in the bright future of CAPCO and look forward to cooperating with you. As our two associations share a number of goals and responsibilities and have a similar membership base we should co-operate i.a. on:

- the exchange of views and share of experiences on corporate governance and other capital market rules including the role of self regulation
- the exchange of views on how to promote a positive and healthy equity culture
- the sharing of experiences with respect to the provision of training to associations' members and other participants.

I am convinced that CAPCO will not only be effective in uniting and balancing the interests of Chinese listed companies but will also be respected as a responsible discussion partner by its members, regulatory authorities and the general public inside and outside the Peoples' Republic of China. You can be assured that my staff and myself will always feel honored to offer the experiences of Deutsches Aktieninstitut to CAPCO whenever advice from the German partner organization is asked for.

Yours faithfully,

Prof. Dr. Rüdiger von Rosen
- Managing Director -

境外上市公司协会自律监管的特点及主要职能研究

摘要 本文从国际证监会组织（IOSCO）关于证券市场自律监管的定义出发，简要介绍了自律组织的地位和作用，概述了为IOSCO所认可的证券业自律监管的特点以及相关自律组织的主要职能。在此基础上，本文从历史沿革、职能定位、会员组成和组织架构及内部治理等方面，对境外主要证券市场的上司公司协会进行了比较研究。研究表明，上市公司协会符合IOSCO关于自律组织的认定标准，履行自律监管职能，其产生和发展是市场经济发展的必然产物；自律监管是监管机构实现证券监管目标的有益补充，是证券监管体系的重要组成部分；行政监管和自律监管达到平衡、形成合力，提升监管效率，符合市场经济发展的规律。特别在规范上市公司运作方面，政府监管相对介入较少，自律监管相对突出，充分体现了尊重公司自治的原则。

关键词 自律监管 监管目标 监管平衡 市场经济

在国际证券市场上，“自律监管不管在法律上还是实践上，已经有一段很长的历史了”[①]。根据国际证监会组织（IOSCO）认定的标准，“若某一组织被赋予权力或责任，负责监管证券市场或行业的任一部分，则该组织应该属于自律组织（SROs）”。因此，交易所、登记结算公司、自营与经纪商协会、上市公司协会等都属于自律组织的范畴。在有些国家，自律组织的范围还包括为证券市场服务的律师事务所协会和审计事务所协会等。

关于自律组织的地位和作用，IOSCO在其《证券监管目标与原则评估方法》中明确指出，“自律组织可以成为监管机构实现证券监管目标的有益补充……通常，自律组织吸收其私营部门成员的专长，并在适当时候通过要求遵守政府法规之外的准则来扩充监管资源，或者对市场情况作出更加快速、灵活的回应”[②]。国内外学者普遍认为，就金融服务行业而言，自律监管无疑是一种包括私人利益和政府监督的独特组合，是适合市场经济的有效且高效的监管形式。

一、自律监管的特点

IOSCO自律监管组织咨询委员会于2000

① Speech by SEC Staff: *Self - Regulation in the New Era*, Remarks by Lori Richards, Director, Office of Compliance Inspections and Examinations U. S. SEC, NRS Fall 2000 Compliance Conference, Scottsdale, Arizona, September 11, 2000.

② P. 29, *Methodology for Assessing Implementation of the IOSCO Objectives and Principles of Securities Regulation*, International Organization of Securities Commissions, October 2003.

年5月发布了题为《有效监管的模型》[①] 的报告，全面详细地阐述了一个有效的自律监管体系所应当具备的特点：

1. 具备专业知识的自律组织。自律组织的专业技能、经验、权威和承诺对自律监管相关规则、业内最佳的行为规范、实践与标准等的有效设计、实施和评估至关重要。2. 明确的行业目标与激励机制。自律组织及其会员为了自身利益，有动力去寻求一个公平、有效、有竞争力的市场。声誉和竞争机制是维持自律组织适当行为的激励力量。3. 契约关系。自律监管具有不同寻常的力量：可以超出单一国家范围，通过契约关系联结全球各个市场，发挥政府监管所不能替代的作用；同时，可以实施一系列基于道德伦理的行为标准，而不必像政府监管那样受限于法律授权。4. 透明度。自律组织必须保证其透明度和可质询性以免被诟病。必须确保自律组织及其会员的行为遵循行业标准和道德规范，程序合法合规，行为正直诚信、公平勤勉。可通过互联网、大众传媒和出版物等各种方式，将其规则、标准等向社会公布。可将其计划向监管机构备案，向公众公开。5. 灵活的自律组织结构。相对于政府监管来说，灵活性是自律监管的主要优点之一。为此，证券监管体系必须允许自律组织以创新、及时和敏锐的方式对不可避免的变化做出快速反应。6. 监管合作与信息共享。自律组织是一个很理想的平台，可以将不同利益集团联系在一起。监管合作可以在自律组织之间以及自律组织与政府之间展开，而快速发展的通讯技术监管合作和信息共享提供了高质量、便捷和实时的手段。7. 政府监管与自律监管的关系。以政府监管为主导的证券监管体系是目前的主流，有效的自律监管必须在政府监管的框架内定义[②]。政府对自律组织活动的监管为建立有效的自律监管体系提供了必要的检查和平衡，使得后者的活动能够兼顾各方利益。必须明确界定政府监管与自律监管各自所扮演的角色和所需完成的任务，发挥各自的优势。两者之间应加强交流与联系，建立良好、密切的合作关系，避免角色冲突和职能重复，以改善监管质量，提高监管效率。

二、自律组织的主要职能

尽管不同的自律组织具有不同的结构，其职能不应当有统一的模式和严格的标准，但有些基本内容应当考虑在内[③]，主要包括：1. 内部规章制度的制定。2. 授权批准市场中介机构的市场准入及其标准制定。3. 行业标准的制定和实施。4. 对证券市场活动的监管。5. 对违反规则的行为进行调查、惩处和纠正。6. 主持召开行业内的论坛。7. 开展市场参与者和公众投资者教育活动。8. 与其他自律组织及政府监管机构之间的监管合作和信息共享。

三、境外上市公司协会自律监管相关情况

全球各证券市场的自律组织在其演进历

---

① *Model for Effective Regulation*, by IOSCO SROCC, May 2000.

② 2010年6月，作为国际组织应对本轮金融危机的反应和措施之一，IOSCO发布其重新修订的《证券监管目标与原则》，其中原则9表述如下：“监管系统使用自律组织在其各自专长领域履行部分直接监管职责（exercise some direct oversight responsibility for their respective areas of competence）的，这些自律组织应接受监管机构的监督，并在行使权力和代行责任时遵循公平和保密原则。”

③ 详见《有效监管的模型》。

史、法律授权、职能定位、组织架构等方面不尽相同。但各主要证券市场基本上都存在一定形式的上市公司协会（详见附表），最具代表性的包括德国发行人协会（1953）、美国证券行业和金融市场协会（1912）、加拿大上市公司协会（1994）、英国上市公司联盟（1992）等。欧洲等地区还产生发展了地区性的上市公司协会。

（一）历史沿革

以设立依据作为划分标准，全球主要的上市公司协会大致可以分为两类：一类由上市公司自发组织起来，通过某种契约形式进行自律管理。此类自律监管往往历史源远流长，在法定监管机构出现之前就已存在。以意大利股份公司协会为例，该协会成立于1910年，距今已有百年历史，创立者是当时颇具声望的一批工业家和金融家。自成立以来，该协会已成为意大利和欧洲监管分析的领先机构，并成为完善的市场体制的主要倡导者。作为其下属分会，资本市场和上市公司协会对于1974年意大利《证券法》的出台以及后来意大利证监会的成立作出了重大贡献。另一类是由政府和上市公司发起成立，自律监管权限通常源于法定授权，或者来源于行政机构（政府部门）对于非政府实体的授权。在授权基础上，协会会员通过某种契约形式进行自律监管。以德国发行人协会为代表，它们的权限包括但不限于制定、修订、实施和强制执行行业行为准则，提供教育和培训，提供对监管政策、措施和规定等的反馈意见以及通过仲裁或其他方式解决行业内的各类争议等。协会依据法律规定，在其章程或规则中纳入某些最低限度的职能，并可能负有强制执行监管部门规则的责任。

协会的存在和作用依赖于强有力的契约关系，它可以跨越国界，可以触及法定权力未必覆盖的领域，如要求成员提高内部治理和遵守最佳行为操守等[①]。可以有更大的灵活性，使协会更加快速地作出反应。与立法程序相比，协会的契约性协议的修改过程没那么繁琐。协会通过修改其自身规则，对市场变化或其会员需加以规范的行为作出快速反应。这种契约关系正是市场经济和法制社会的基石。

（二）职能定位

以香港上市公司商会为例，该商会对自己的职能定位为：非营利自律组织，为在香港交易所主板及创业板上市的公司及其他相关机构提供服务。从其组织《章程》来看，该商会旨在保障投资者利益，致力于维护香港证券市场有效运作，加强香港上市公司之间的商业联系，促进与其他国家和地区的上市公司的交流合作，提高上市公司的公司治理并促使其履行社会责任。该商会通过以专业知识游说政府部门和监管机构，组织和协助与加强香港公司治理相关的培训教育，参与或影响金融监管规定的制定程序等方式，努力代表其会员的利益和诉求。

（三）会员的组成

各主要上市公司协会的会员大多分为两类：一类是实体会员（如上市公司），另一类为组织会员（如地方性协会）。此外，有些上市公司协会还吸收政府部门、学术机构、拟上市公司和为上市公司服务的中介机构（如会计师事务所、律师事务所）等作

① 正如IOSCO的《证券监管目标与原则》指出，“自律组织可提出遵守道德标准的要求”。而这已超出了政府监管的范围。

为不同形式的会员。以欧洲发行人协会为例，作为泛欧地区性上市公司协会，该协会会员既包括巴黎银行、飞利浦、菲亚特等耳熟能详的欧洲品牌上市公司，也包括来自比利时、德国、法国、意大利和英国等共14个欧洲国家的全国性上市公司协会[①]。该协会的会员公司达到9 200家，所涉市值约计5万亿欧元。

（四）组织架构及内部治理

作为非营利性组织，多数上市公司协会在组织架构方面采用常设管理机构与专业性委员会相结合的模式。一般由全体会员组成的会员大会[②]作为最高权力机构，定期或不定期召开会议，商议协会的重大事宜。理事会作为日常执行机构，由多名理事组成，有些协会由理事会选举产生常务理事会，对理事会负责。理事长/会长为法人代表，也是理事会成员。由首席执行理事/总裁负责领导协会日常行政管理团队，并向理事长/会长汇报。通常，常务理事会的理事成员担任某条汇报线的负责人。以美国证券行业和金融市场协会为例，其常设管理机构由首席执行官负责，5位副总裁级别的管理人员分别负责业务政策、公共政策、会员事务、联络沟通以及内部行政等5条汇报线相关的工作，每个副总裁分管3～5个部门。

上市公司协会通常还设立多个专业性委员会。有些是按照委员会的具体功能来划分，比如香港上市公司商会，其常务委员会[③]下设有会员服务、财经事务及监管政策、公共事务、职业教育及培训、公司治理、企业社会责任、投资者关系以及公司融资事务等8个专业委员会。有些是根据不同的专项事务设立下属委员会，比如美国证券行业和金融市场协会下设近100个专业委员会。其中规则制定监管协调委员会为最新设立的委员会，负责与《多德—弗兰克华尔街改革法案》和《消费者保护法案》相关的规则制定协调事务。资本市场指导委员会则代表在一级和二级市场进行证券及固定收益投资的机构投资者的利益。该协会下设还有股权市场和交易、公司债务市场运作、货币市场、衍生产品、跨境政策和咨询等其他委员会。还有的协会依据上市公司行业属性设立专门委员会，比如电讯行业委员会、汽车行业委员会等。

专业性委员会通常由会员公司推荐的高管组成，利用其自身专业和资源优势，负责本行业或某一领域的专业性研究，对监管政策和政府法规提出反馈意见和建议，制定或建议行业标准、自律规则或最佳行为准则等事务。协会的常设行政管理机构适当参与各专业委员会的工作，并提供相应的服务。

四、启示和思考

近年来，全球证券市场呈现出以下几个明显的发展趋势：1. 全球化和国际化进程不断加快，技术进步使得交易成本大大降低，投资者将面对一个全球性的、24小时实时运作的市场。2. 市场参与者的数量急剧增加，机构投资者越来越成为市场的重要力量。3. 市场创新活动加速，新产品、新技术不断涌现，行政监管相对滞后。4. 市场化程度加剧，要求进一步理顺政府与市场之间

① 本文研究的德国发行人协会、英国上市公司联盟、意大利股份公司协会等均为欧洲发行人协会的组织会员。

② 英语常用 General Assembly/General Council/General Committee 等表示。

③ General Committee，相当于会员大会。

的关系，缓解行政监管与市场自律的矛盾。

上述变化使得证券市场竞争日趋激烈，不再局限于同一市场中的不同市场参与者，更表现为不同市场之间的竞争，而上市资源的争夺尤为突出。这种竞争压力要求缓解行政监管的压力与市场发展的矛盾，使得放松管制成为市场的客观需求。而市场日趋复杂和潜在的巨大风险又要求加强监管，以防止系统性风险的发生。“放松管制、强化监管”的需求，意味着自律监管需要发挥更大的作用，而证券市场主要的自律监管组织——交易所，正在由会员制向股份制/公司制转变，这使得人们对它们能否继续扮演自律角色心存疑虑。面对交易所并购的浪潮，很多人相信证券行业其他自律组织可以逐步替代交易所履行其原有或者部分自律监管的职能。

纵观境外上市公司近 50 年来的发展和建设，我们可以得到如下初步结论：

首先，自律监管在市场经济国家往往先于政府监管而产生，特别是上市公司主要依靠自律监管，各国监管当局均未设置上市公司监管部门。像在美国、英国、德国等市场经济发展较早、较完善的国家，其自律机构（包括上市公司协会）基本都是先于监管机构产生，并在市场经济的自然衍生发展中发挥了重要的作用。当代各国监管当局也均未专门设置上市公司监管部门，上市公司治理规范、诚实守信，主要依靠自律监管来实现。例如由 OECD 来制订公司治理准则，并通过自律组织来督导执行。在规范上市公司运作方面，政府监管相对介入较少，自律监管相对突出，充分体现了尊重公司自治原则。

其次，自律监管的兴衰是市场引导、政府参与及指导的结果。随着市场经济发展到一定程度，金融机构混业经营的蓬勃发展、金融创新的不断产生，自律监管因其本身的限制性（如没有法定强制执行力、利益冲突等）而无法适应市场发展的需要，因此政府干预应运而生。由监管机构的行政监管代替了部分自律监管的职能，因而自律监管被逐步弱化。如二十世纪八九十年代开始，欧美自律组织的一线、自律监管职能逐渐被政府监管机构的行政监管所代替。本轮金融危机后，交易所并购浪潮又引发了市场和监管机构对自律组织职能的重新认识，也为它们再次自我调整和完善自律监管的职能提供了良好机遇。

第三，行政监管和自律监管达到平衡、形成合力，才能体现市场经济的需求，符合市场经济发展的规律。

自律监管可以起到政府监管所无法替代的作用。经验表明，在尊重公司自治的原则下，根据与会员公司的契约关系，上市公司协会最为突出的作用是推动上市公司的公司治理、诚信建设和规范运作，促进信息披露及社会责任。在这些方面，政府监管机构往往显得“心有余而力不足”。

此外，对于政府监管机构而言，囿于行政资源短缺、行政手段有限、立法修法周期长等限制，对于市场在高速发展中涌现出来的各种新问题、新矛盾和新趋势的反应远不及自律组织那么迅速和专业。如果仅依靠一味地增加监管人员、寻求更多的监管权限，监管问责、人员福利等不能相应地跟上，则容易造成监管机构及监管人员对市场干预过多、权限过大、寻租严重，因而导致监管风险无限放大的后果，不利于市场经济的发展和监管机构自身建设。

综上，随着我国市场经济发展到一定程度，监管部门“放松管制、强化监管”是必然趋势。自律组织在法律授权和行政授权下，履行自律监管的职能，与政府监管机构之间通过加强交流和沟通，相互配合，建立良好的协作关系，将有利于提高市场监管水平，提升监管效率。自律监管始终是证券监管体系中不可或缺的重要组成部分。建立和发展上市公司协会及其他与证券市场相关的各类自律性组织，顺应我国市场经济发展和资本市场发展的主要趋势，符合市场经济发展规律。

（杨智颖）

附表：　部分境外上市公司协会名录

国家或地区名称	协会名称
奥地利	Austrian Federation of Equity – Issuers and Investors 奥地利股票发行人和投资者联合会
比利时	The Federation of Enterprises in Belgium（FEB） 比利时企业联合会
加拿大	Canada Listed Company Association（CLCA） 加拿大上市公司协会
塞浦路斯	Cyprus Association of Public Listed Companies（SYDEK） 塞浦路斯公众上市公司协会
欧洲（注册地为布鲁塞尔）	EuropeanIssuers 欧洲发行人协会
芬兰	Finnish Foundation for Share Promotion（Pörssisäätiö） 芬兰股票推介基金会
法国	Association Française des Entreprises Privées（AFEP） 法国私营企业协会 Association Nationale des Sociétés par Actions（ANSA） 法国股份有限公司协会 Middle Next 法国中小上市公司协会
德国	Deutsches Aktieninstitut e. V.（DAI） 德国发行人协会
希腊	The Union of Listed Companies（Eneiset） 上市公司工会
香港	The Chamber of Hongkong Listed Companies（CHLC） 香港上市公司商会
意大利	Associazione fra le società italiane per azioni（ASSONIME） 意大利股份公司协会
荷兰	Vereniging Effecten Uitgevende Ondernemingen（VEUO） 荷兰上市公司协会
波兰	Stowarzyszenie Emitentów Gieldowych（SEG） 波兰上市公司协会

续表

国家或地区名称	协会名称
葡萄牙	Associação de Empresas Emitentes de Valores Cotados em Mercado（AEM） 葡萄牙发行人协会
西班牙	Emisores Españoles 西班牙发行人协会
瑞士	Swiss Holdings 瑞士股份公司协会
英国	The Quoted Companies Alliance（QCA） 英国上市公司联盟
美国	The Securities Industry and Financial Market Association（SIFMA） 美国证券行业和金融市场协会 Association of U. S. Listed Chinese Companies（AUCC） 在美中国上市公司协会

中国上市公司发展成果

中国上市公司协会

尊敬的中国上市公司协会会员：

东风欲来满眼春。值此中国上市公司协会成立之际，一幅中国上市公司改革发展的历史画卷次第展开。雄关漫道真如铁，而今迈步从头越，这是创业辉煌的再现，是创业者辉煌的再现。

万涓成水，汇流成河。二十年弹指一挥间，中国上市公司从无到有，从小到大，终成社会主义市场经济的坚实微观基础。星星之火，可以燎原，中国上市公司二十年的改革发展，终成中国经济社会改革开放的中坚力量。二十年前中国资本市场和股份制经济蹒跚起步，二十年后中国上市公司已成为中国经济可持续增长的中流砥柱。

上善若水，海纳百川。中国上市公司作为现代企业制度的先锋队，夯实了中国特色社会主义市场经济的微观基础。中国上市公司作为国民经济发展的战略引擎，挺起了中华民族伟大复兴的铮铮脊梁。放眼全球，中国上市公司迈出"走出去"的坚实步伐，跻身世界500强。二十年上下求索，博采众长，中国上市公司治理取得历史性跨越，信息披露和内控规范比肩国际标准，并购重组活动日趋活跃，促进"转方式，调结构"。作为国民经济发展中最先进、最透明、最具活力的企业群体和社会公民，中国上市公司承担了大量社会责任，促进了社会和谐发展。

这就是我们，全体上市公司！祥龙纳福兴百业，青柏松树翠满园，灵鹊枝头报好春，瑞雪满天兆丰年。让我们带着希望与收获，带着荣誉与自豪，带着使命与责任，携起手来，共创辉煌成绩，共建美好家园，共迎和谐未来。

一、发展壮大

二十年来，中国上市公司从无到有，从小到大，伴随经济体制改革和对外开放不断发展壮大。截至2011年底，上市公司数量2 342家，总股本3.6万亿元，总市值21.48万亿元，总市值全球第三。累计股票总融资规模约为5.9万亿元。截至2011年9月底，上市公司总资产达到98.39万亿元。

1. 上海"老八股"和深圳"老五股"。二十世纪80年代末90年代初，随着股份制改革的推出，一些公司开始向全国公开发行股票，出现了上海"老八股"和深圳"老五股"。

2. 在资本市场发展的二十多年里，我国上市公司数量稳步增长。上市公司数量年均增加120家，年均增速约为20%。

表 1　　上海“老八股”名单

原　称	现简称
上海申华电工联合公司	申华控股
上海豫园商城股份公司	豫园商城
上海飞乐股份有限公司	飞乐股份
上海真空电子器件股份公司	广电电子
上海延中实业有限公司	方正科技
上海飞乐音响有限公司	飞乐音响
浙江凤凰化工股份公司	ST 博元
爱使电子设备股份有限公司	爱使股份

表 2　　深圳“老五股”名单

原　称	现简称
深圳发展银行股份有限公司	深发展 A
万科企业股份有限公司	万 科 A
金田实业（集团）股份有限公司	PT 金田 A
深圳市蛇口安达实业股份有限公司	国农科技
深圳市原野实业股份有限公司	世纪星源

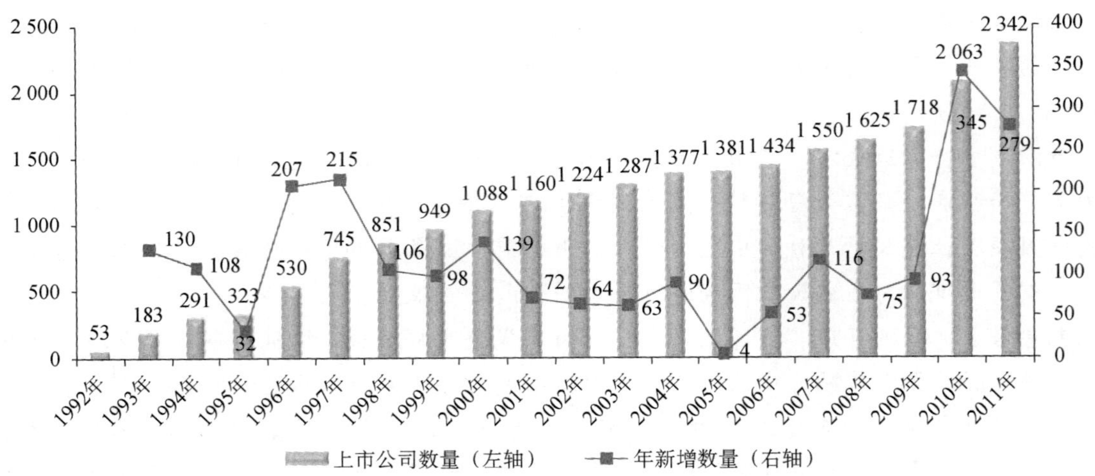

图 1　历年上市公司数量及增量图

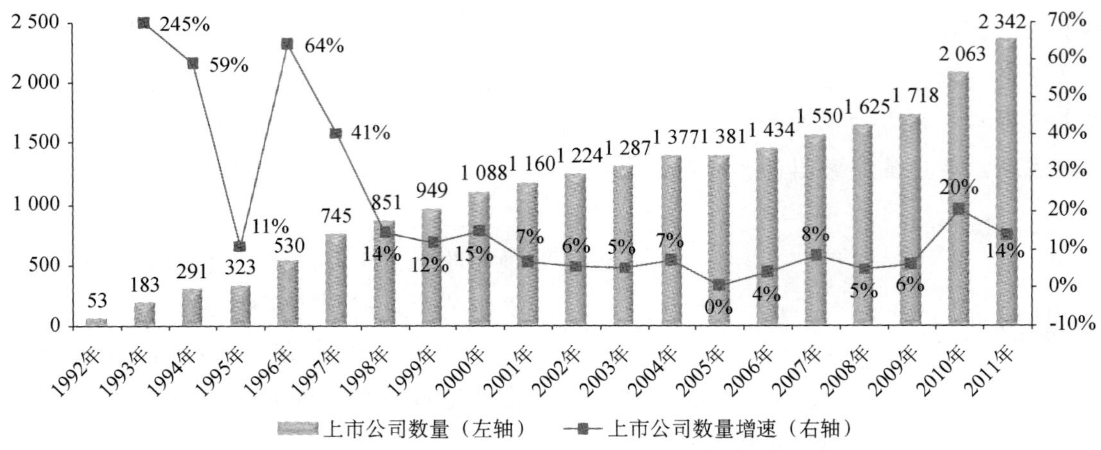

图 2　历年上市公司数量及增速图

3. 上市公司规模呈逐年增加趋势，　增速 28%。
1995～2011 年期间，上市公司总股本平均

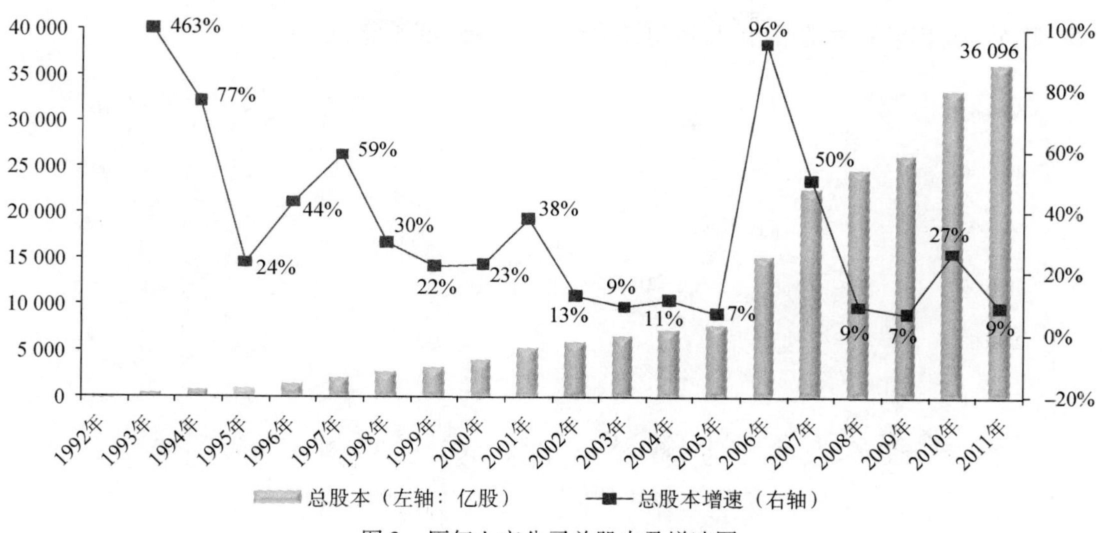

图3　历年上市公司总股本及增速图

4. 截至2011年底，2 342家上市公司　　总市值21.48万亿元，总市值全球第三。

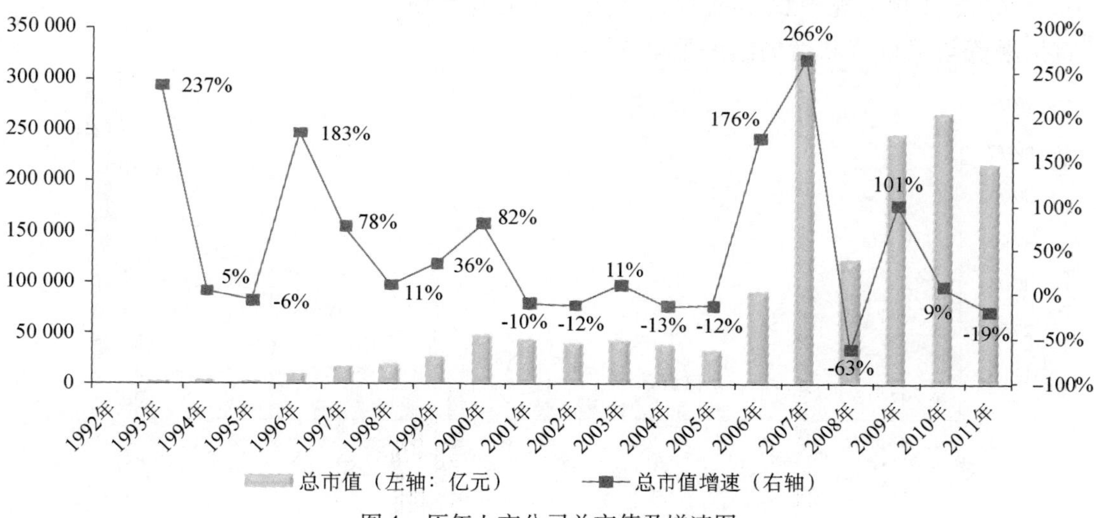

图4　历年上市公司总市值及增速图

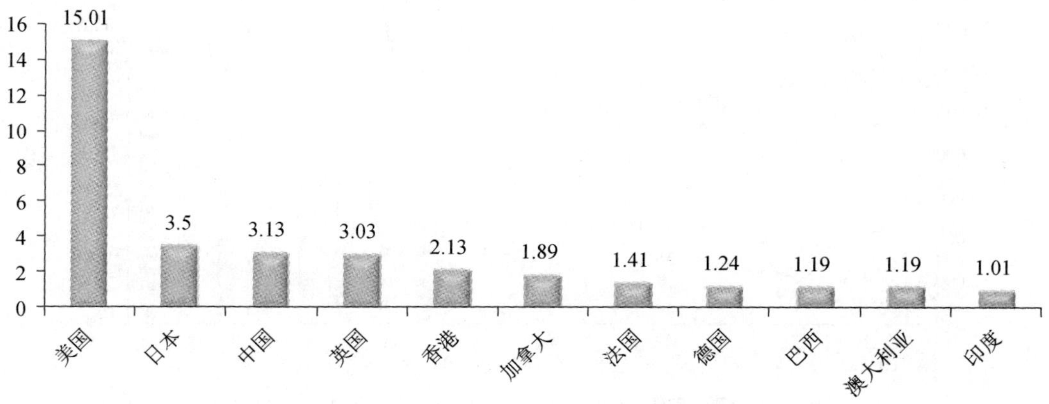

图5　截至2011年底全球重要国家股票市场总市值图（万亿美元）

5. 截至2011年9月底，上市公司总资产98.39万亿元。

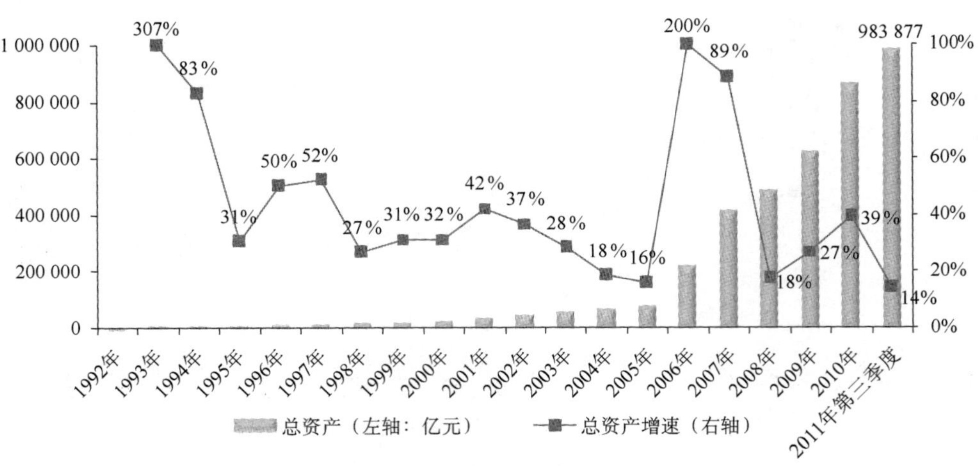

图6　历年上市公司总资产及增速图

6. 上市公司融资规模稳步增长，上市公司直接融资与银行贷款增加额比重呈逐年上升趋势。

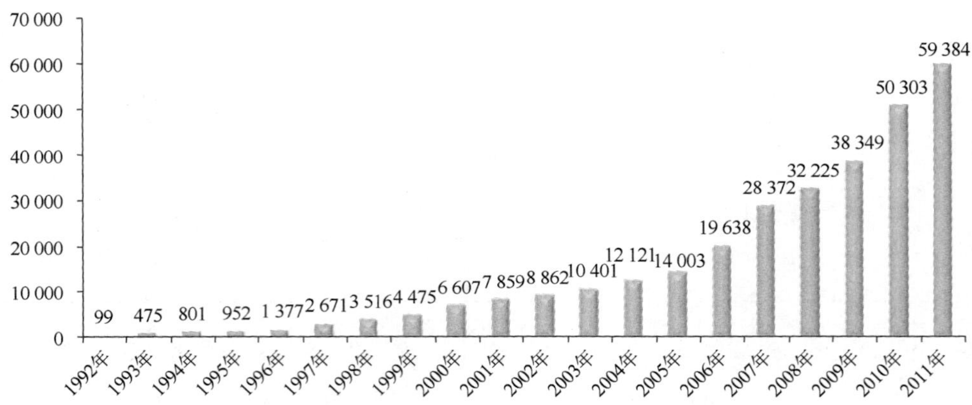

图7　历年上市公司累计股票总融资规模（亿元）

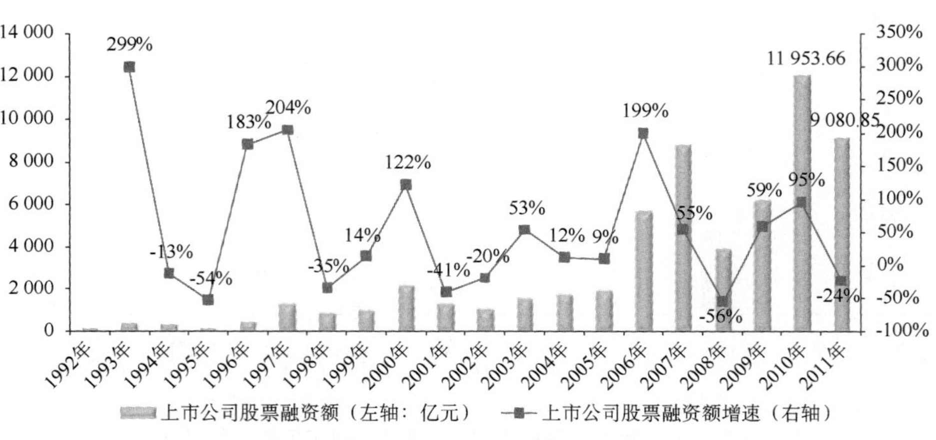

图8　历年上市公司股票融资额及增速图

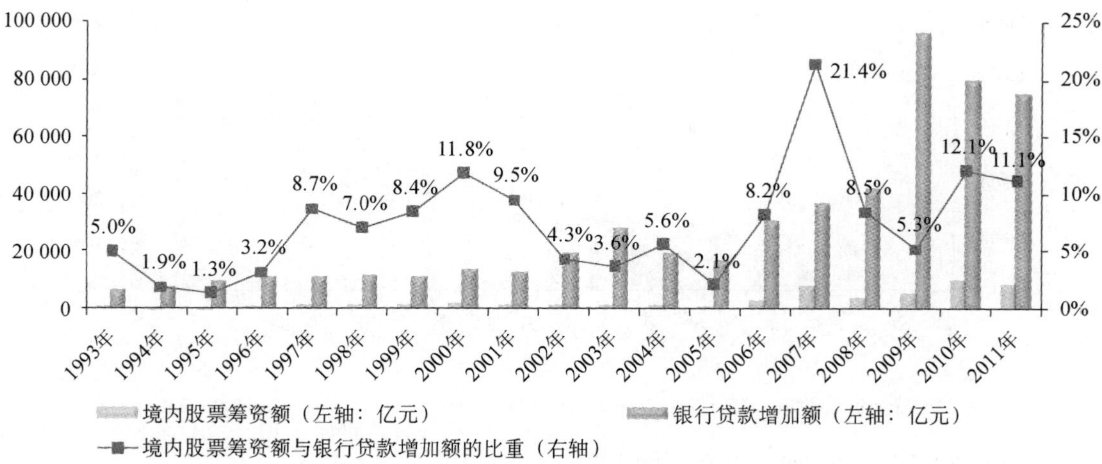

图 9　上市公司境内筹资额与银行贷款增加额的比重图

二、中流砥柱

资本市场快速发展的历史，也是中国上市公司茁壮成长的历史，目前上市公司已经成为国民经济发展的重要力量，为形成世界第二的经济规模和全球瞩目的综合国力做出了巨大贡献。2011 年，上市公司总市值占 GDP 比重为 46%，营业收入占 GDP 的比重为 53%，上市公司利润总额占规模以上工业企业利润总额 42%。2010 年上市公司缴纳的所得税占全国企业所得税的 36%，全部上市公司分红总额占融资总额的 52%。

1. 上市公司已经成为国民经济中最具活力的组成部分。

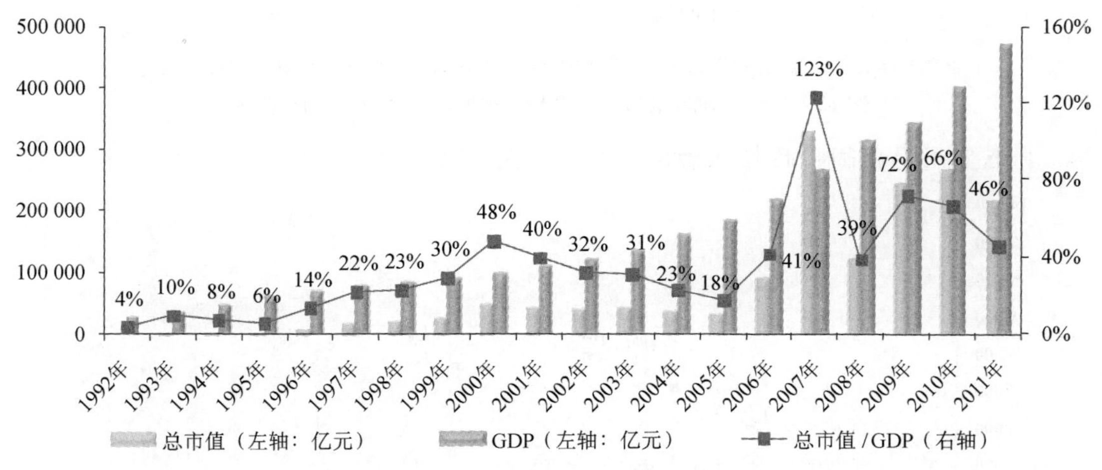

图 10　历年上市公司总市值与 GDP 比重图

2. 上市公司营业收入与 GDP 的比重逐年增加。

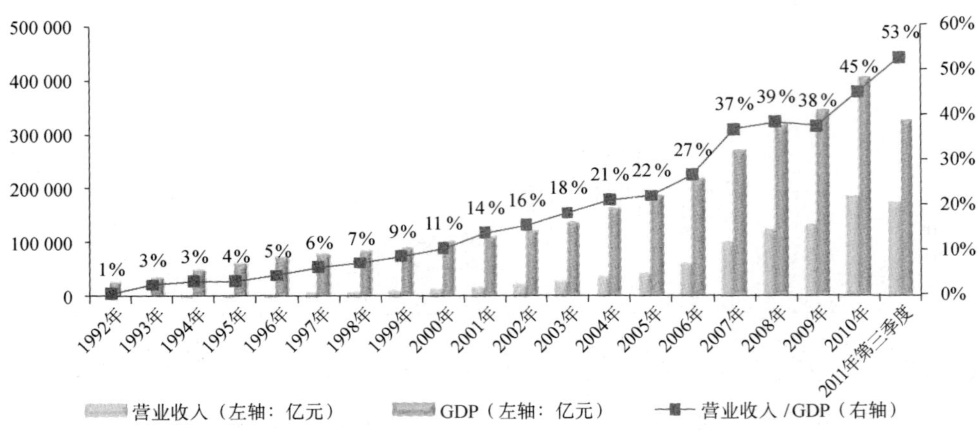

注：2011 年三季度营业收入、GDP 数据截至 9 月底。

图 11　历年上市公司营业收入与 GDP 比重图

3. 上市公司盈利能力强于其他企业。

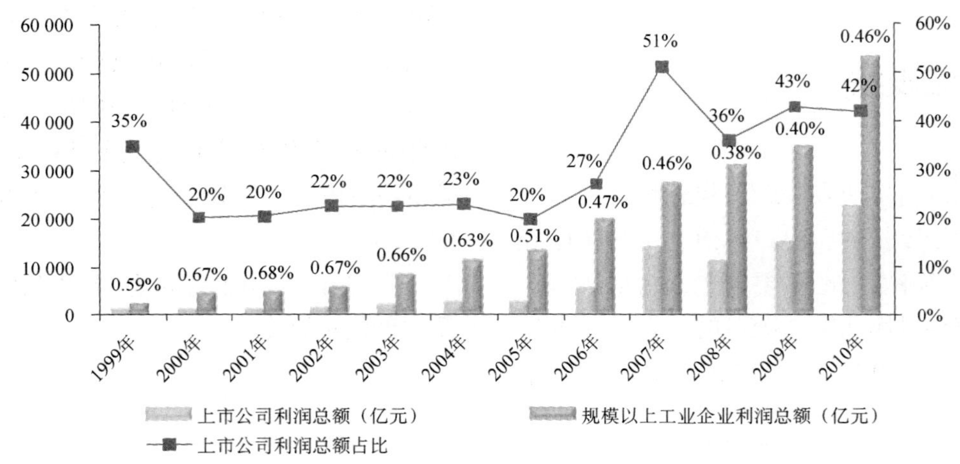

注：红色柱体上方的黑色字体数据代表上市公司数量占规模以上工业企业数量的比例。

图 12　上市公司数量与利润总额占规模以上工业企业比重图

4. 上市公司为我国财政收入做出了巨　　大贡献。

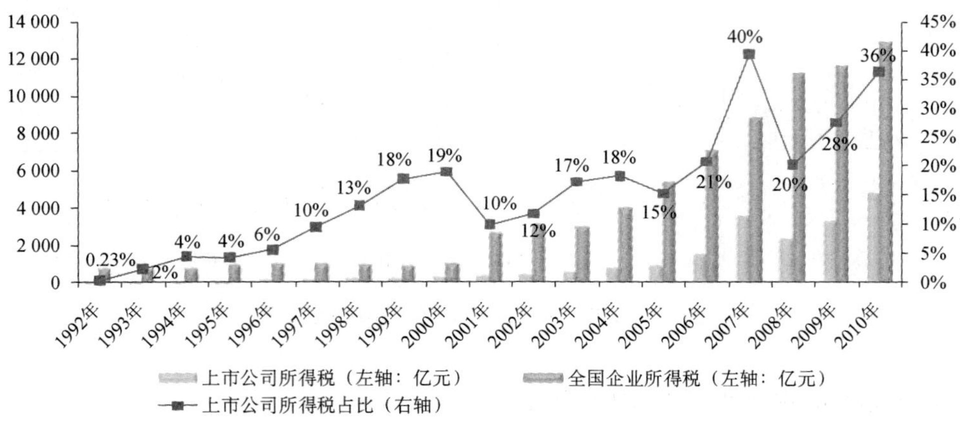

图 13　上市公司缴纳所得税占全国企业所得税的比重图

5. 上市公司回馈投资者的力度呈增加趋势。

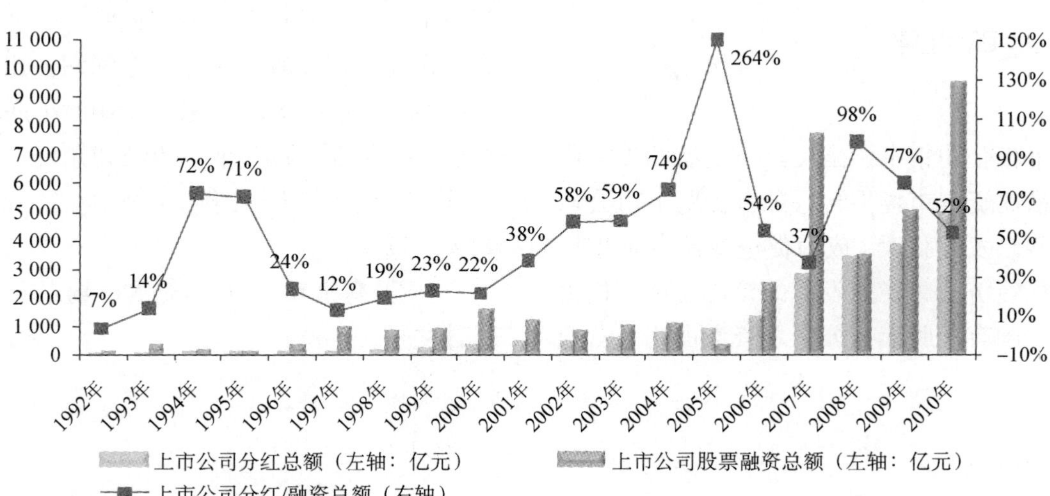

图 14　上市公司分红总额与境内股票融资总额的比重图

从上市公司分红总额与境内股票融资总额的比重来看，2005 年分红总额超过融资总额。2010 年全部上市公司境内股票融资额 9 588. 04 亿元，分红总额 4 995. 57 亿元，分红总额占融资总额的 52%。

从上市公司历年的分红融资比来看，截至 2010 年 12 月 31 日累计分红总额超过累计融资总额的上市公司有 178 家，占 2010 年 2 063 家上市公司数量的 8. 6%。上市后每年分红的上市公司家数为 617 家，约占全部上市公司数量的 26. 4%。

从上市公司连续分红的情况来看，上市后每年分红且连续分红年数在 15 年以上的上市公司有 11 家（见表 3）。上市公司的分红意识逐渐增强，回馈投资者的力度增加，越来越多的投资者能够分享上市公司所创造的财富。

表 3　　上市后连续分红年数 15 年以上的上市公司名单

代码	简称	上市日期	累计分红总额（亿元）	累计分红次数	连续分红年数
000002	万科 A	19910129	55. 11	20	连续 19 年
600655	豫园商城	19920902	8. 04	18	连续 18 年
600642	申能股份	19930416	97. 71	18	连续 18 年
000022	深赤湾 A	19930505	31. 88	18	连续 18 年
600682	南京新百	19931018	5. 45	18	连续 18 年
000541	佛山照明	19931123	27. 14	18	连续 18 年
000539	粤电力 A	19931126	72. 77	18	连续 18 年
000530	大冷股份	19931208	7. 48	17	连续 17 年
000021	长城开发	19940202	20. 11	18	连续 18 年
200053	深基地 B	19950728	2. 60	16	连续 16 年
600782	新钢股份	19961225	5. 63	15	连续 15 年

数据来源：天相投资分析系统

三、战略引擎

上市公司集中了国民经济发展的支柱产业，借助资本市场平台，国有控股上市公司已经日趋发展壮大，成为促进我国资本市场和国民经济健康稳定发展的核心力量。过去五年，国有控股上市公司总资产占比、营业收入占比、净利润占比均在85%以上。截至2011年9月30日，国有控股上市公司总资产占比、营业收入占比、净利润占比分别为90%、86%、86%。截至2011年底，银行业、证券业、保险业上市公司总资产占全行业总资产的比例分别达到64%、42%、72%。

1. 国有上市公司是资本市场最重要的主体之一。

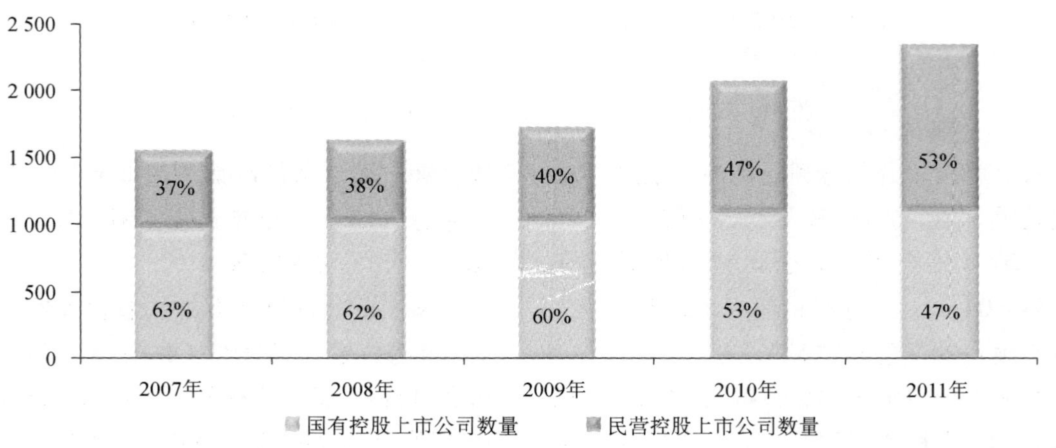

图15　国有及民营控股上市公司数量占比

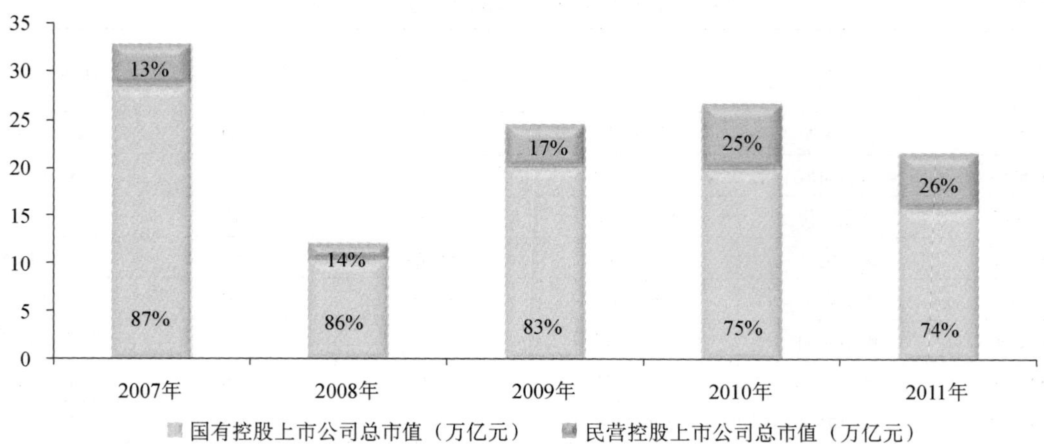

图16　国有及民营控股上市公司总市值占比

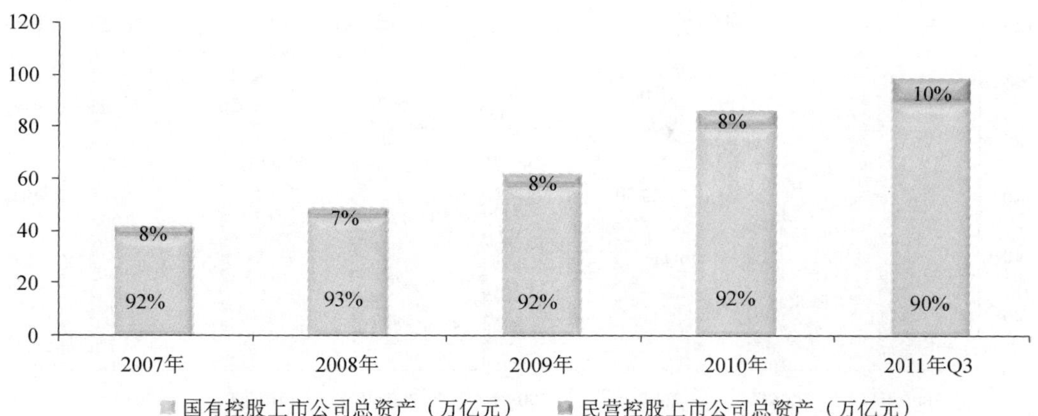

图 17　国有及民营控股上市公司总资产占比

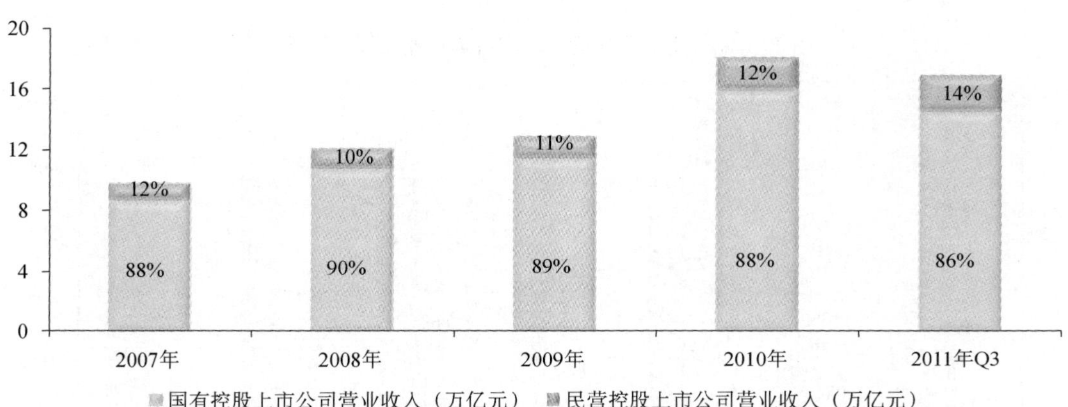

图 18　国有及民营控股上市公司营业收入占比

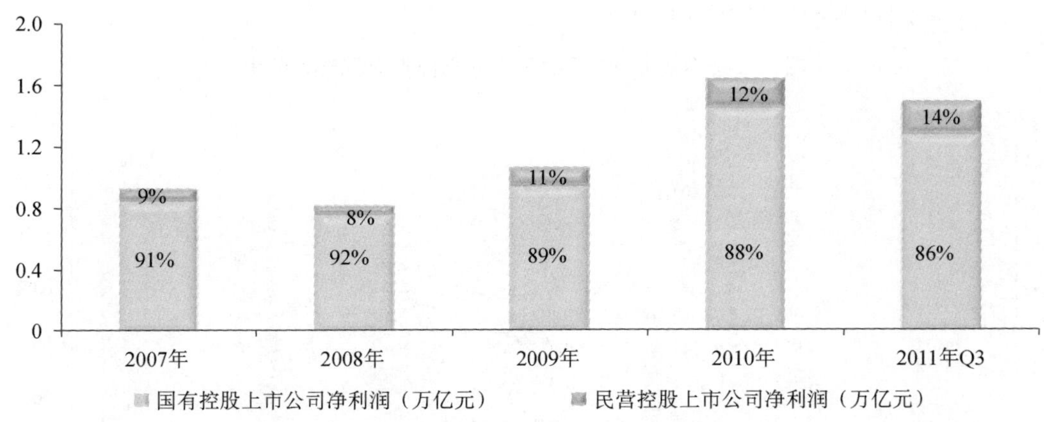

图 19　国有及民营控股上市公司净利润占比

2. 银行、保险等重要金融上市公司资产占据本行业总资产一半以上，券商上市公司总资产占比40%以上。

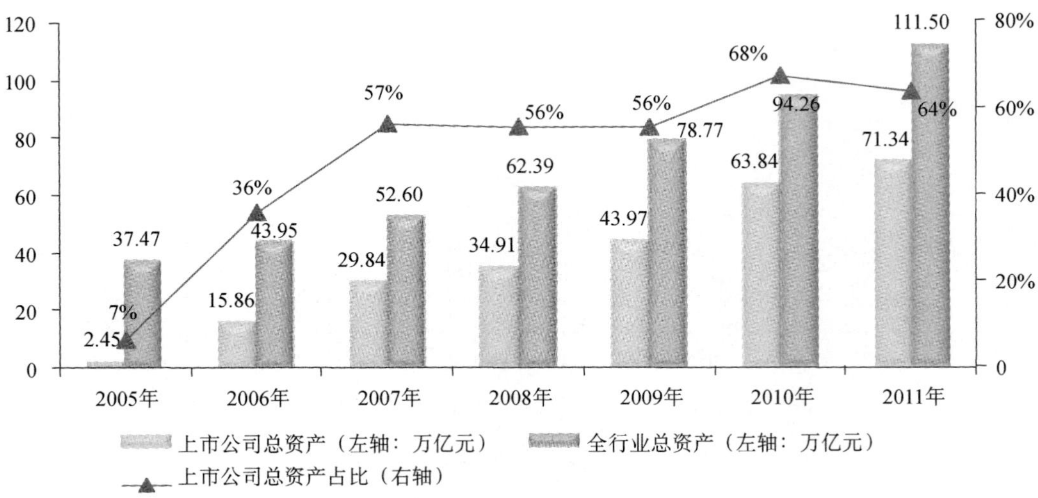

图 20 银行业上市公司总资产占全行业总资产比重图

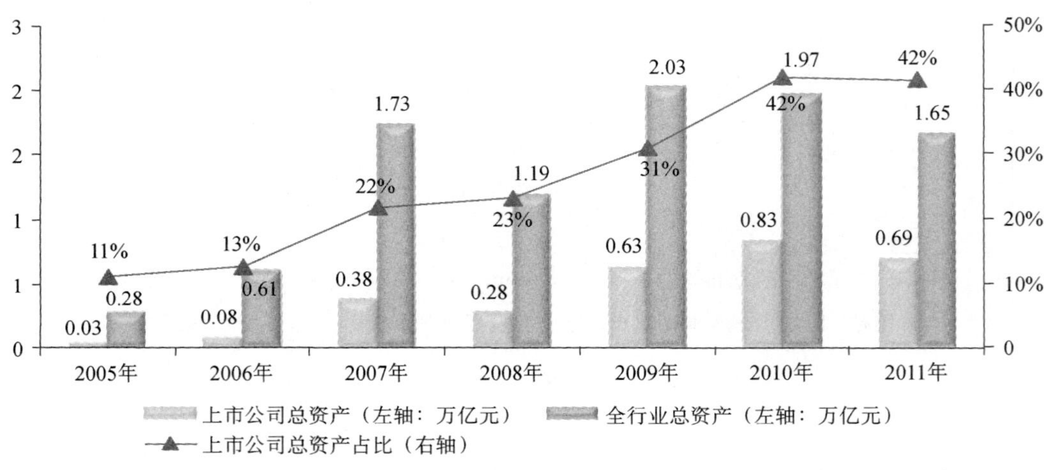

图 21 证券业上市公司总资产占全行业总资产比重图

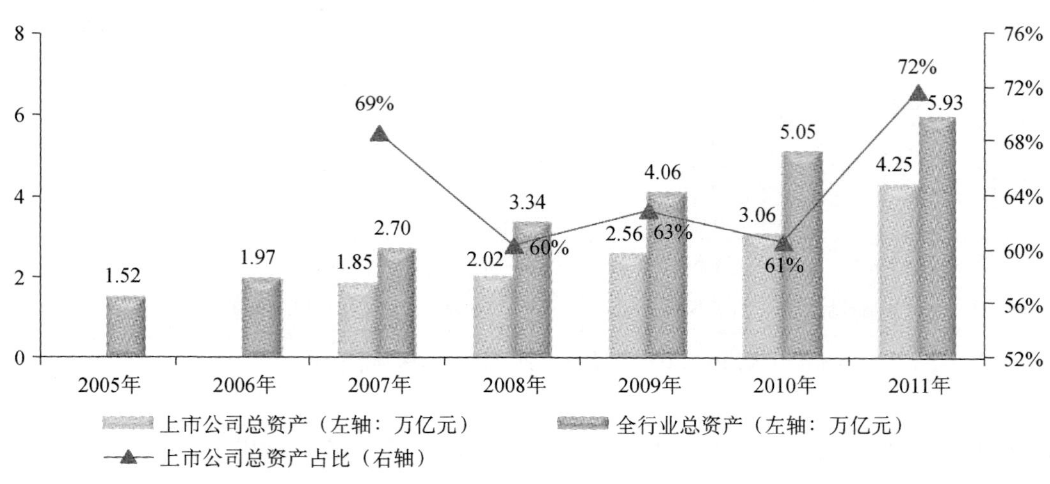

图 22 保险业上市公司总资产占全行业总资产比重图

四、创新发展

按照建设创新型国家的重大战略部署，2004年和2009年，中小企业板和创业板顺利推出并逐渐发展壮大，成为众多创新型中小企业茁壮成长的重要舞台，对支持企业自主创新、推动经济转型、落实国家自主创新战略都具有十分重要的意义。截至2011年底，我国中小企业板和创业板上市公司达到了927家，占全部A股公司的40%。深市创新型企业数量451家，这些公司是转变经济发展方式，实现社会和谐稳定的重要带动力量。

1. 中小板、创业板公司快速崛起。

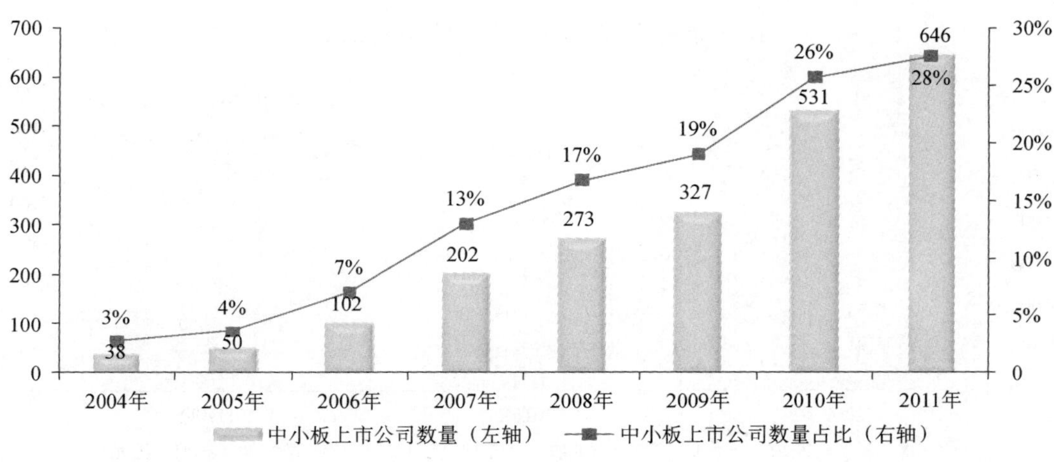

图23　历年中小板上市公司数量及占比图

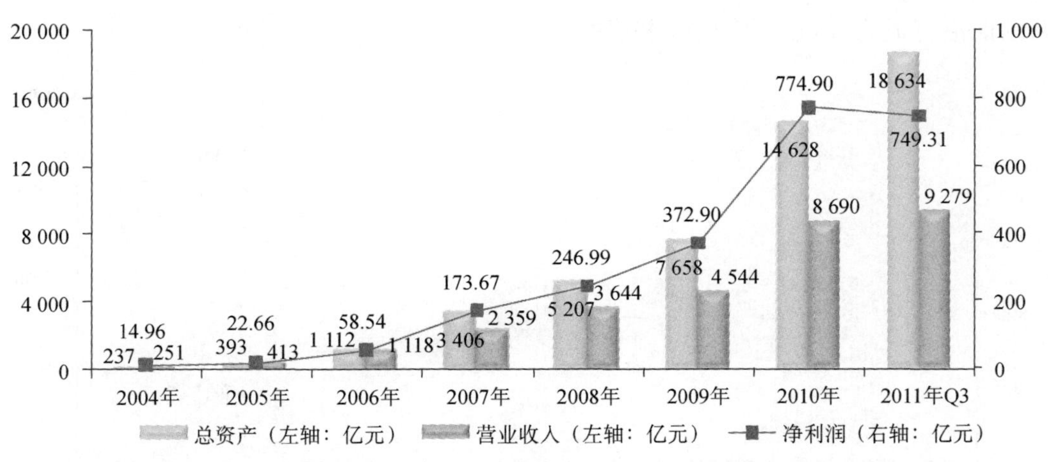

图24　历年中小板总资产、营业收入、净利润情况

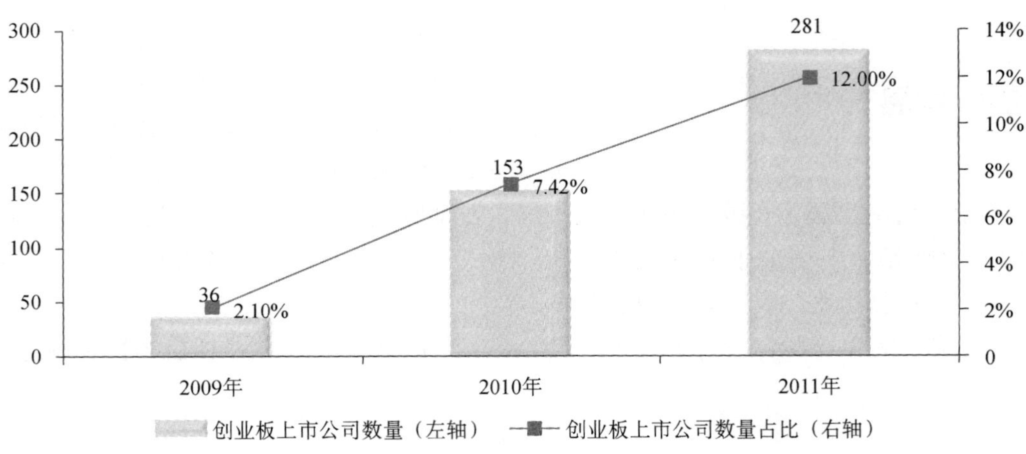

图 25　历年创业板上市公司数量及占比

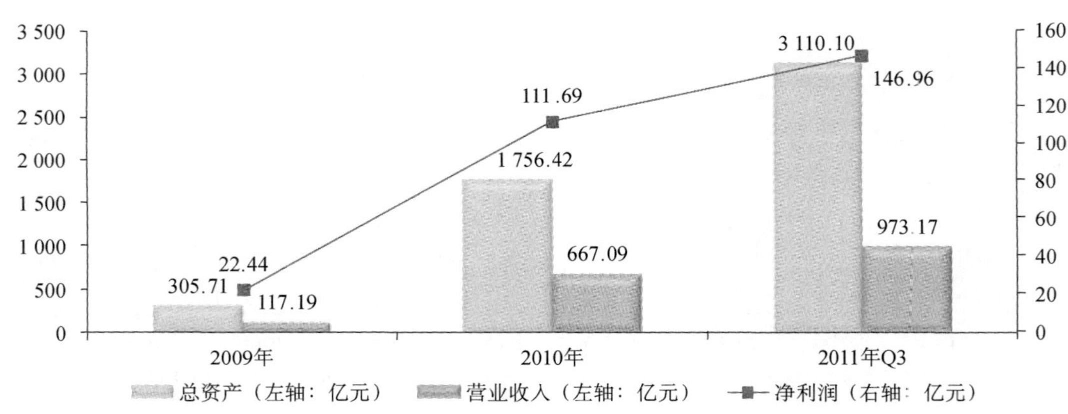

图 26　历年创业板总资产、营业收入、净利润情况

2. 中小板、创业板上市公司活跃在产业创新的前沿，成为促进产业结构调整的主要力量。

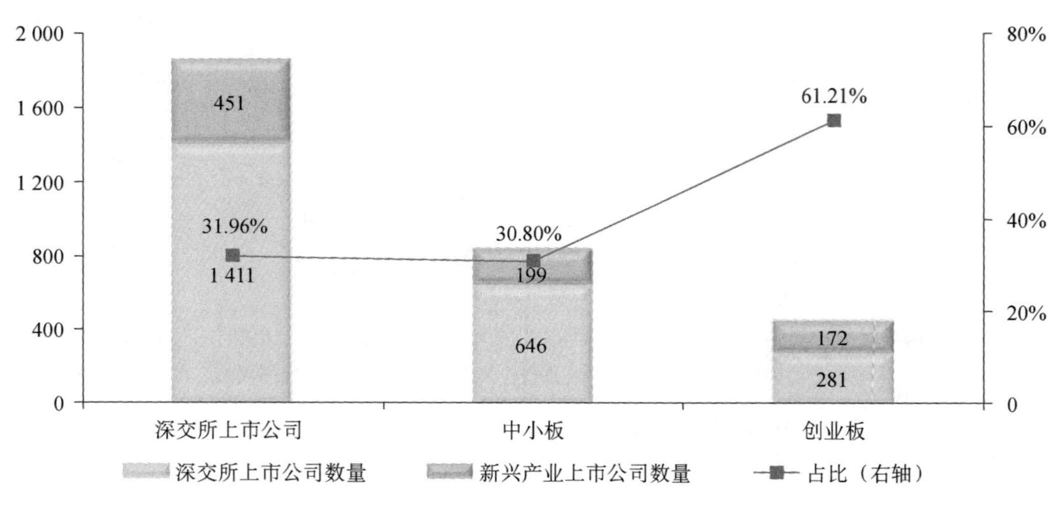

图 27　深交所新兴产业上市公司数量占比

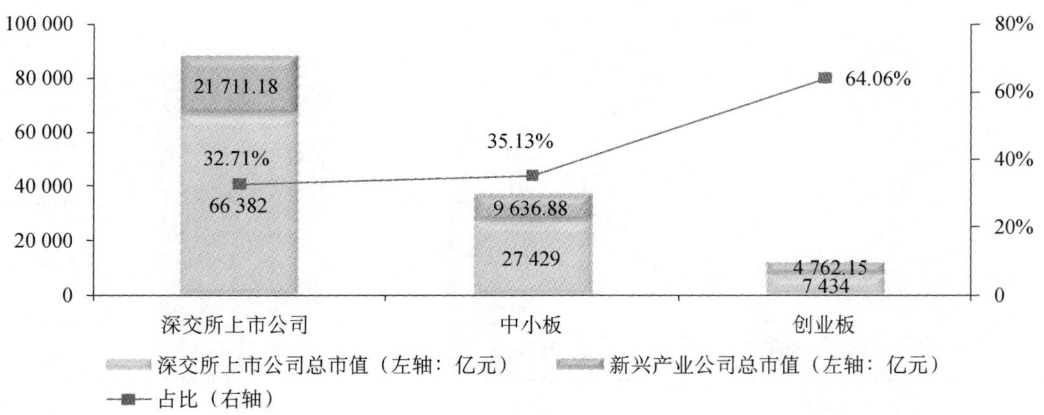

图 28　深交所新兴产业上市公司总市值占比

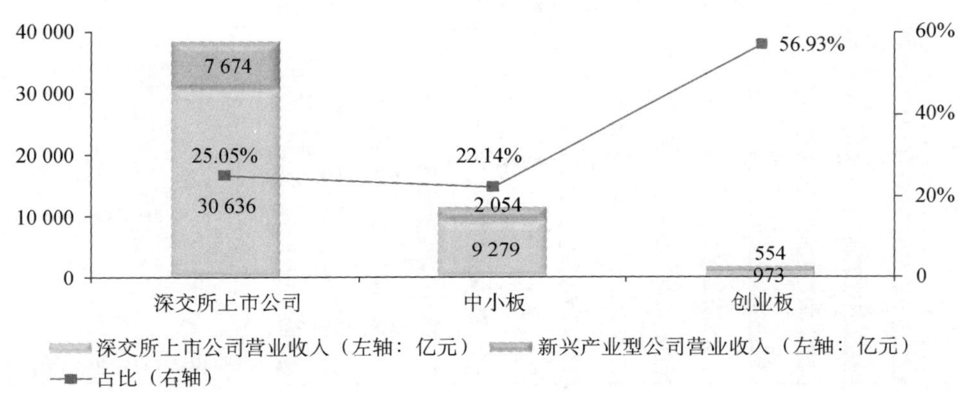

图 29　深交所新兴产业上市公司营业收入占比

五、行业龙头

从上市公司行业发展和布局来看，资本市场已经成为资源合理配置、优化配置的重要舞台。经过多年发展，上市公司通过技术、资源和资本的有效结合，已经成为各行业发展的排头兵，覆盖军工、航天、电信、机场、能源、运输、金融等关系国计民生的支柱行业，资产规模和影响力巨大。

1. 上市公司产业分布与我国产业结构基本吻合。

截至 2010 年底，三大产业的 GDP 占比分别为 10.10%、46.75% 和 43.14%。

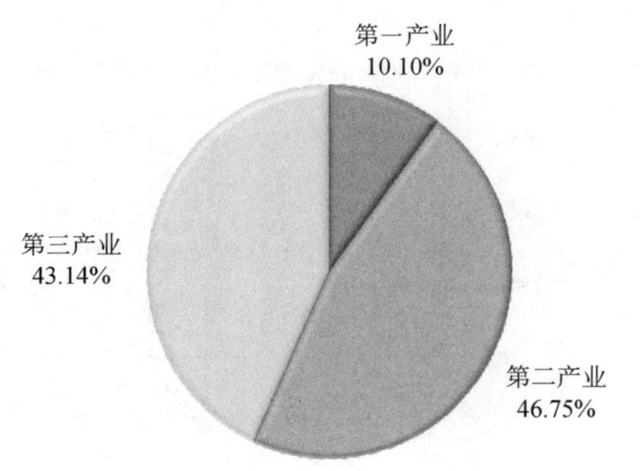

图 30　三大产业 GDP 占比

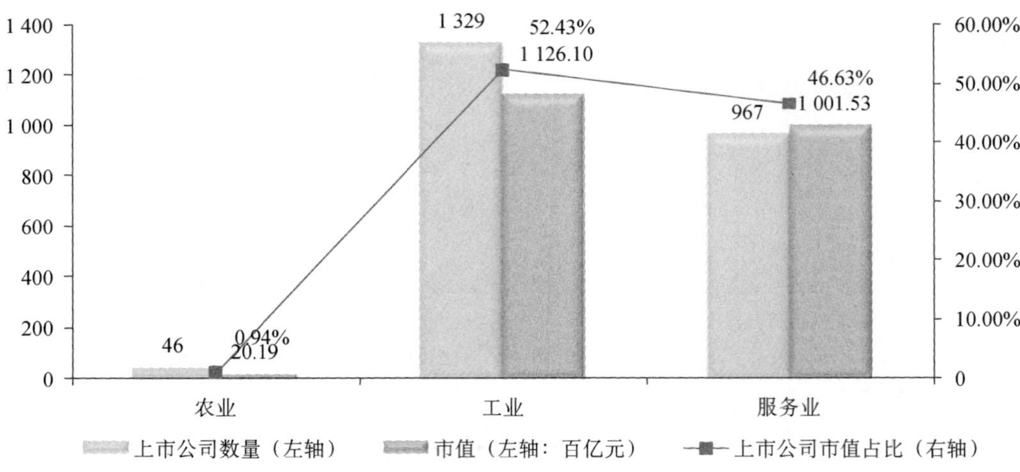

图 31　三大产业上市公司数量及市值占比

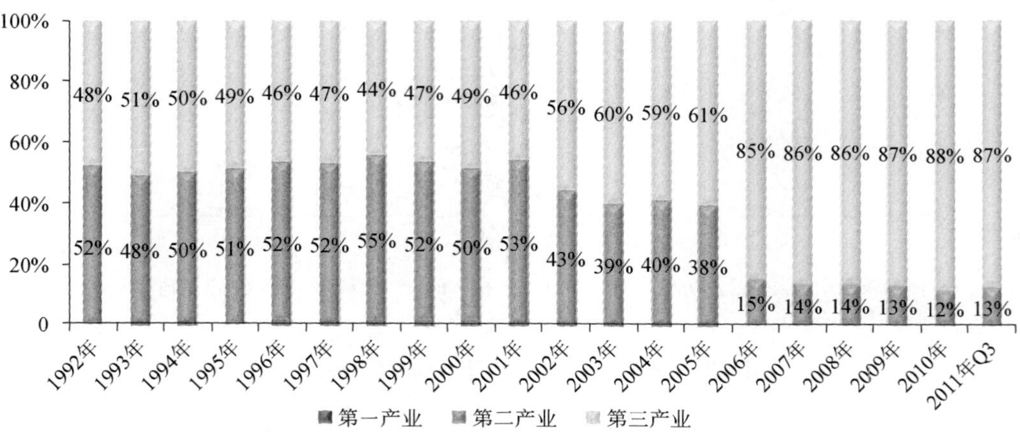

图 32　历年三大产业上市公司总资产占比图

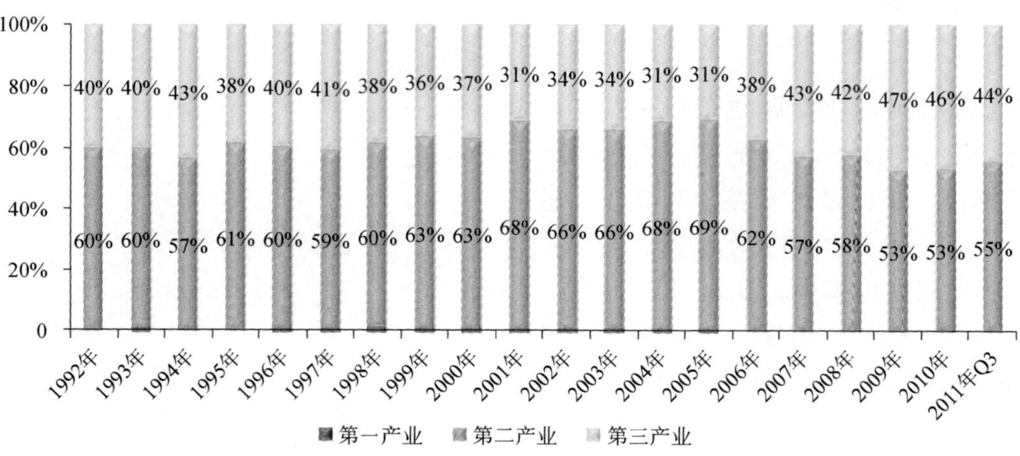

图 33　历年三大产业上市公司营业收入占比图

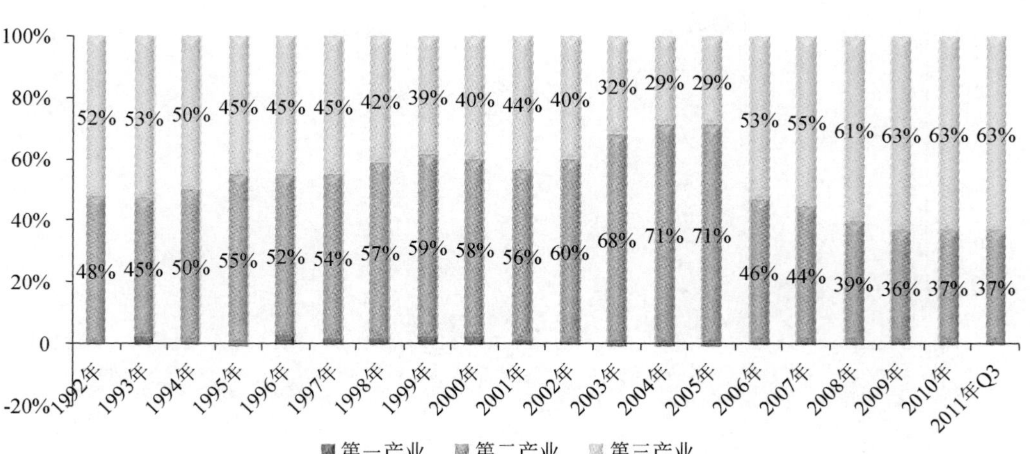

图 34　历年三大产业上市公司净利润占比图

从过去二十年三大产业的财务数据来看，农业上市公司的总资产、营业收入、净利润占比较小，平均约 0.5%。工业上市公司的总资产、营业收入、净利润占比总体呈现下降趋势。服务业上市公司的总资产、营业收入、净利润占比逐年增加，2011 年 9 月 30 日各项占比分别约为 87%、44%、63%。

2. 上市公司行业分布正趋于合理。

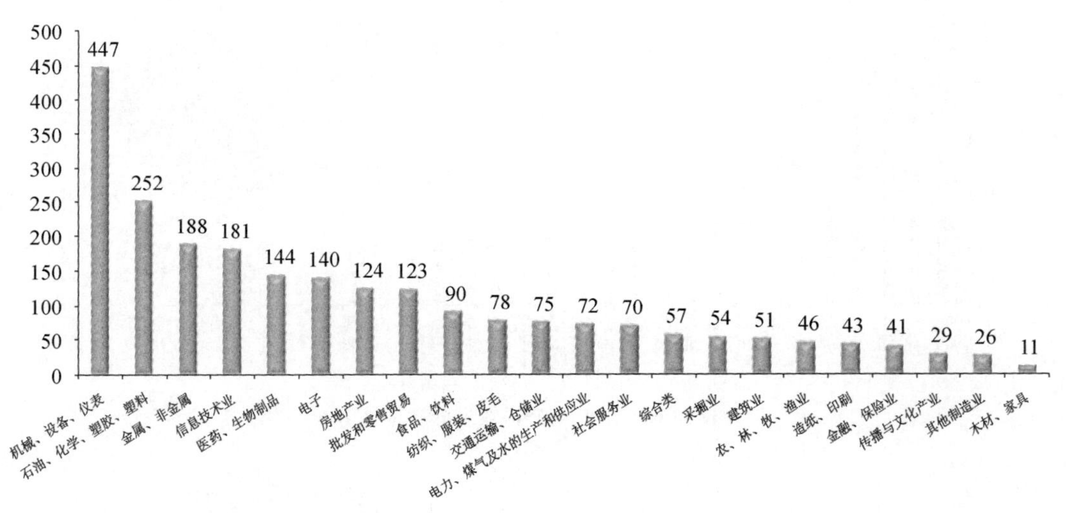

图 35　2011 年各行业上市公司数量

按照证监会的行业分类，截至 2011 年底，机械设备仪器行业的公司数量最多，达 447 家，占比 19.09%；其次是石化行业、金属、非金属行业，占比分别为 10.76% 和 8.03%。公司数量最少的行业是木材、家具行业，仅拥有 11 家上市公司，占比为 0.47%。从总市值来看，金融保险业的上市公司总市值达 5.06 万亿元，占比为 23.51%，其次是采掘业、机械设备业和金属、非金属行业，市值占比分别为 16.13%、11.42% 和 6.31%。

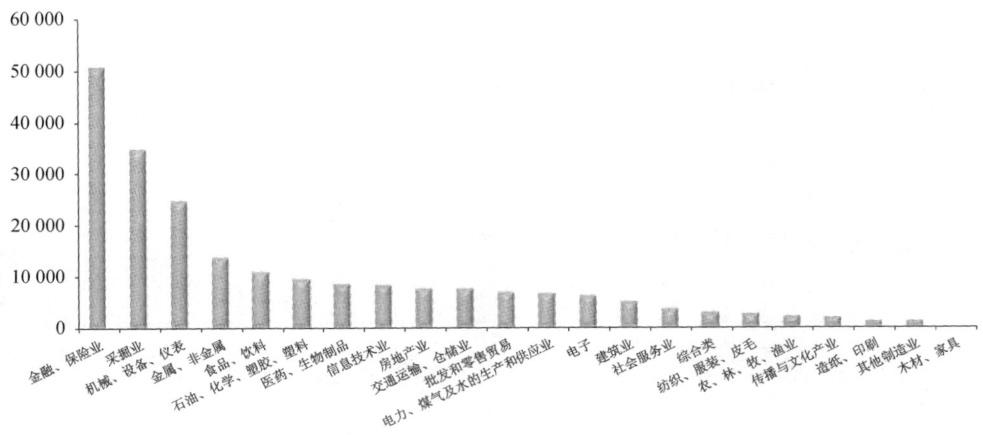

图 36　2011 年各行业上市公司市值

六、中坚力量

各省市、各地区上市公司已经成为带动当地经济发展的中坚力量，并已经将市场经济理念和股份制企业文化播种在祖国大地，推动了当地经济和社会全面发展。

1. 上市公司各省地区分布正向积极的方向发展。

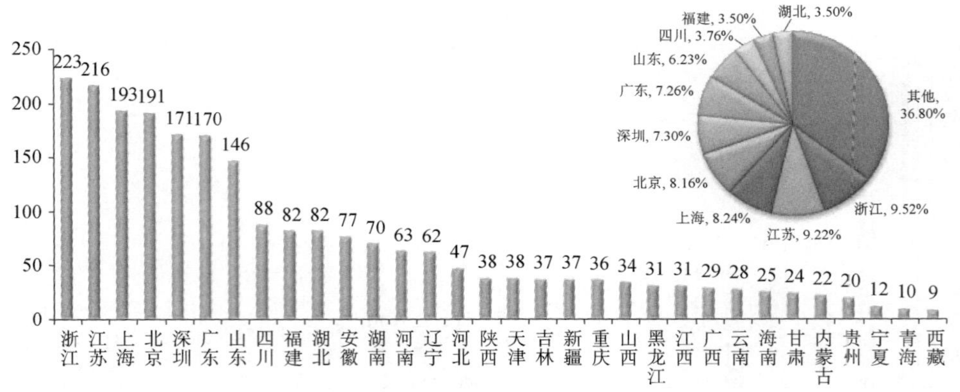

图 37　2011 年上市公司数量分省地区分布

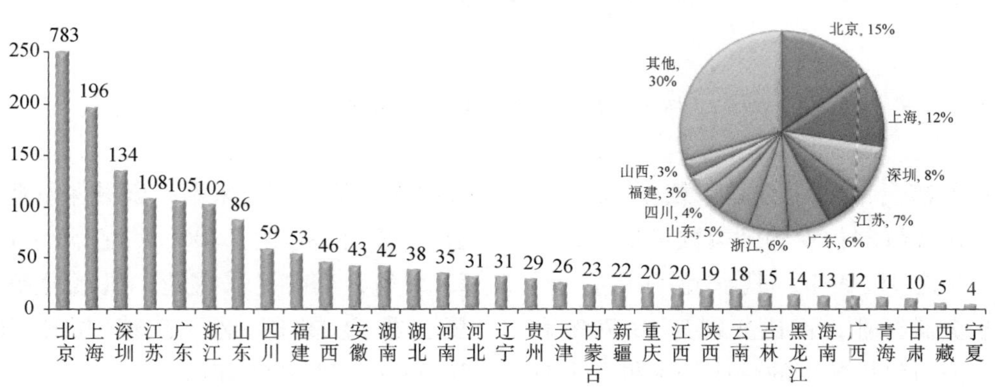

图 38　2011 年上市公司总市值分省地区分布（百亿元）

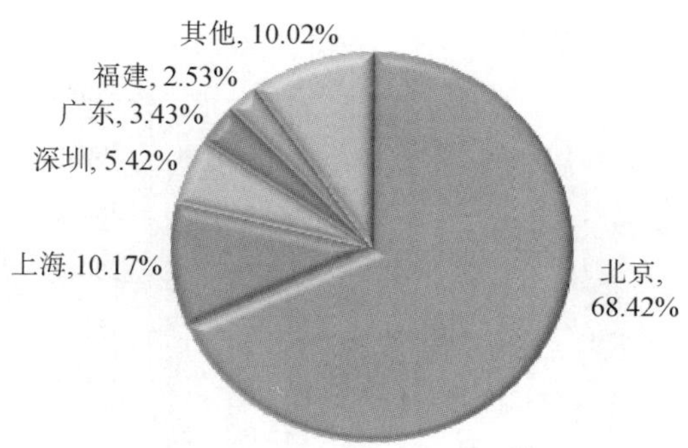

图 39　2011 年上市公司总资产分省地区分布

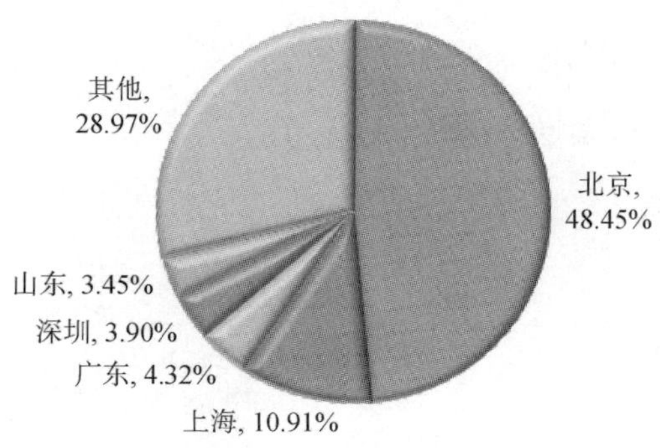

图 40　2011 年上市公司营业收入分省地区分布

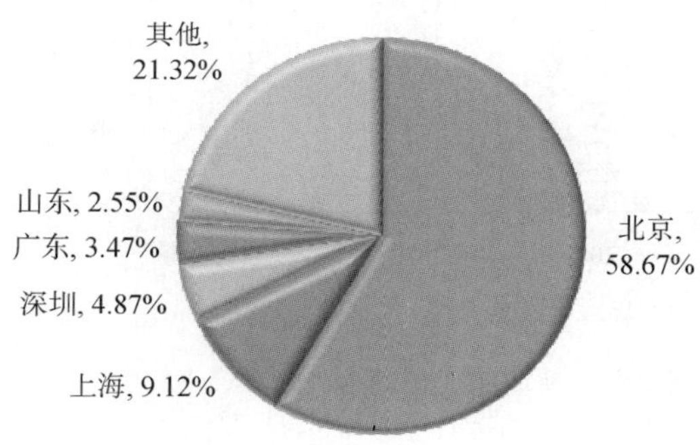

图 41　2011 年上市公司净利润分省地区分布

2. 上市公司区域分布日趋平衡。

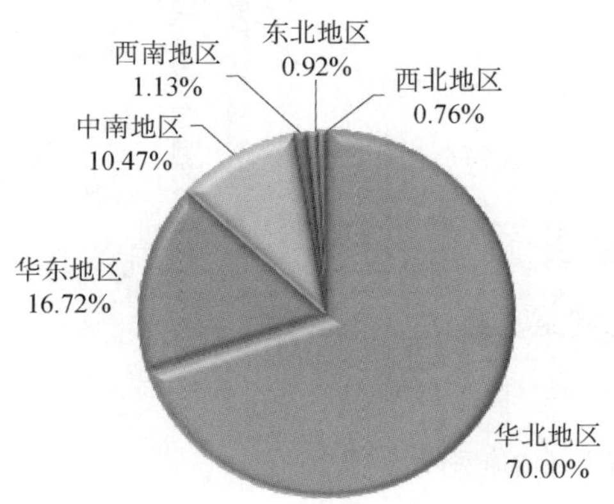

图 42　2011 年上市公司总资产的地区分布

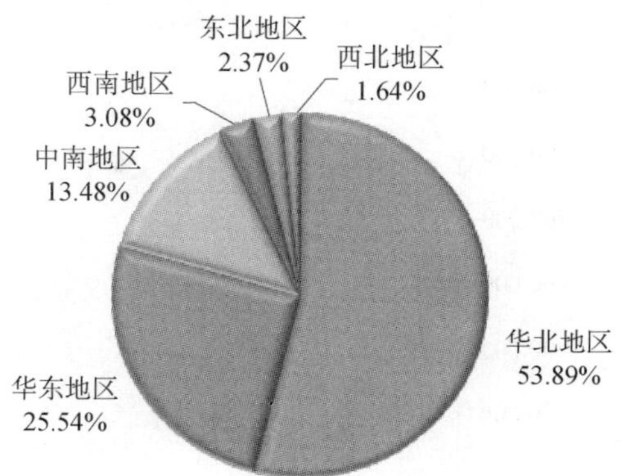

图 43　2011 年上市公司营业收入的地区分布

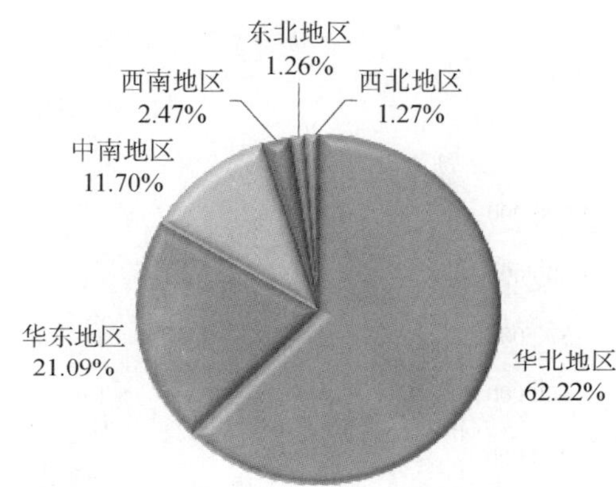

图 44　2011 年上市公司净利润的地区分布

七、分享增长

多年来上市公司整体业绩持续快速增长和不断改善，在为社会创造了大量财富的同时，也开始尝试以各种方式承担社会责任，为广大投资者和社会民众分享经济发展成果提供了均等机会。截至 2011 年 9 月底，全部上市公司资产总额 98. 39 万亿元，营业收入 16. 93 万亿元，归属母公司的净利润 1. 49 万亿元。

1. 上市公司资产持续增加，公司经营规模不断扩大。

从 1995 年到 2010 年，全部 A 股上市公司的总资产与净资产每年均处于增长中。

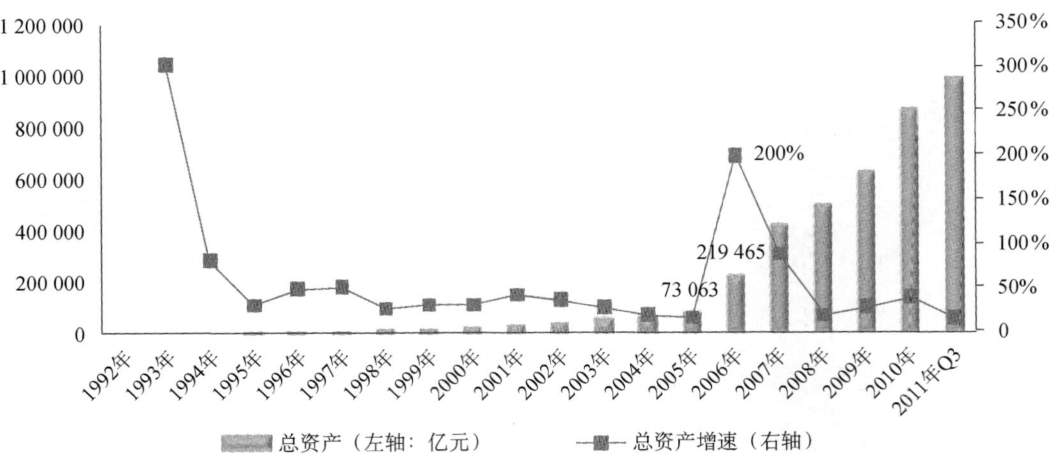

图 45 历年上市公司总资产及增速图

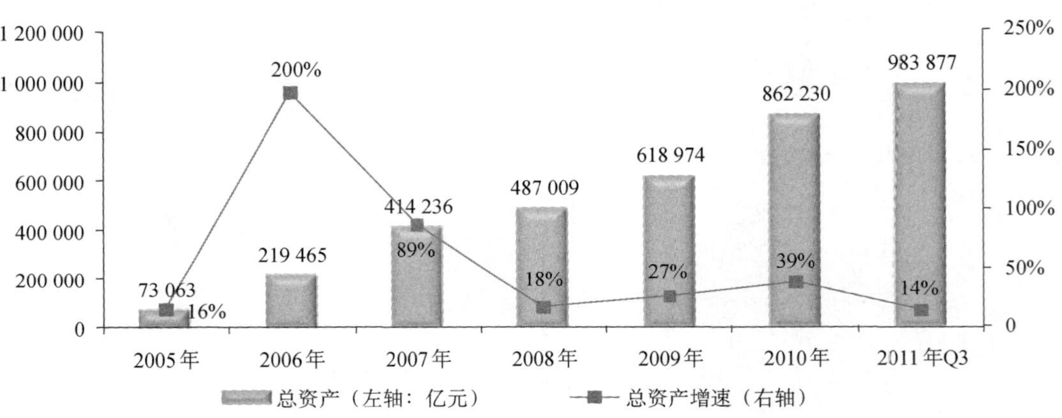

图 46 2005～2011 年上市公司总资产及增速图

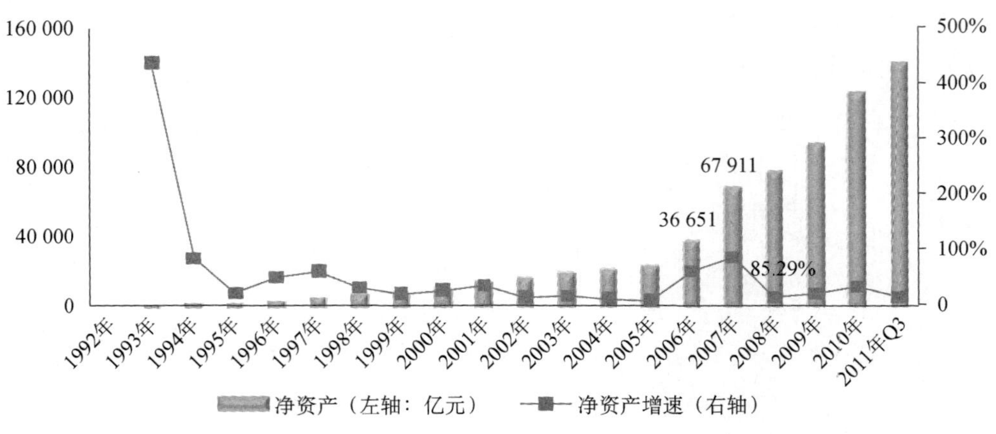

图 47 历年上市公司净资产及增速图

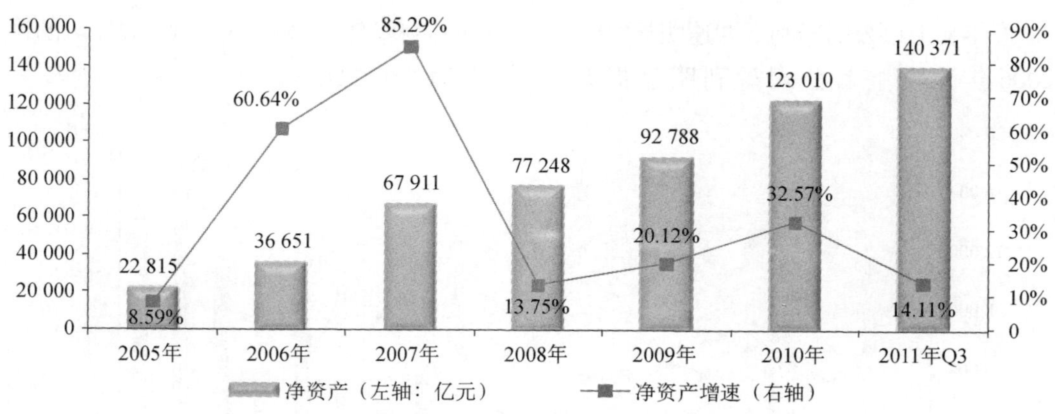

图 48　2005 ~ 2011 年上市公司净资产及增速图

2. 上市公司营业收入持续增长，彰显上市公司核心竞争力。

1995 年至 2009 年，无论宏观经济环境发生怎样的变动，上市公司营业收入始终处于增长中，这表明作为国民经济中最为活跃和最具竞争力的部分，上市公司具有较强的核心竞争力。

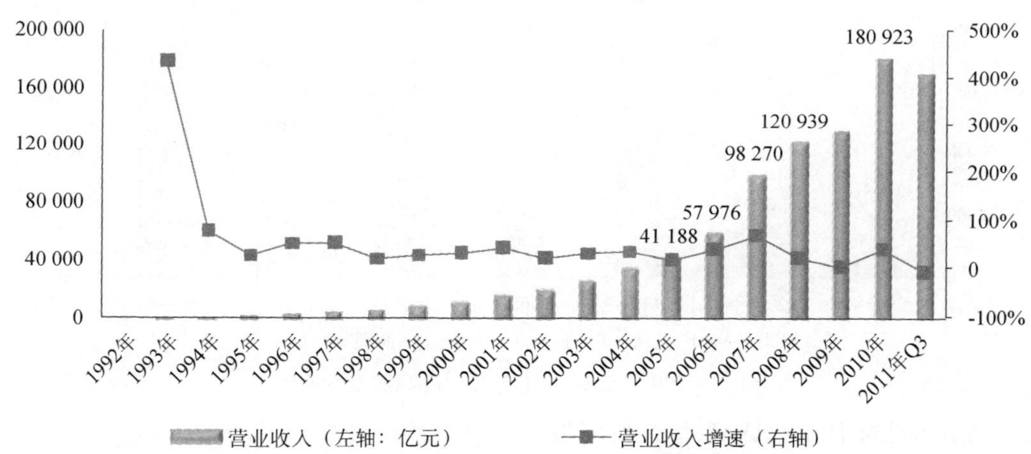

图 49　历年上市公司营业收入及增速图

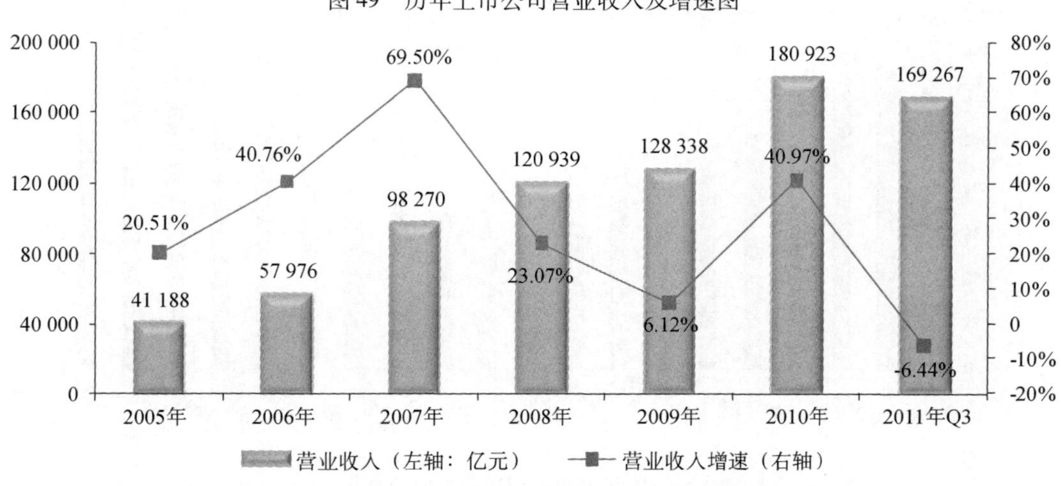

图 50　2005 ~ 2011 年上市公司营业收入及增速图

3. 近年来上市公司净利润增速明显改善。2006年之后上市公司盈利明显提升，其中2006年和2007年，可比公司的净利润增速均超过50%。

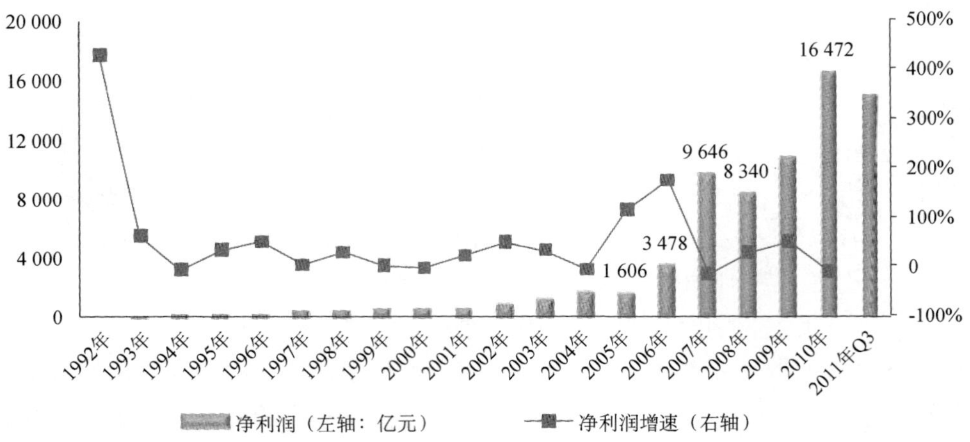

图51　历年上市公司净利润及增速图

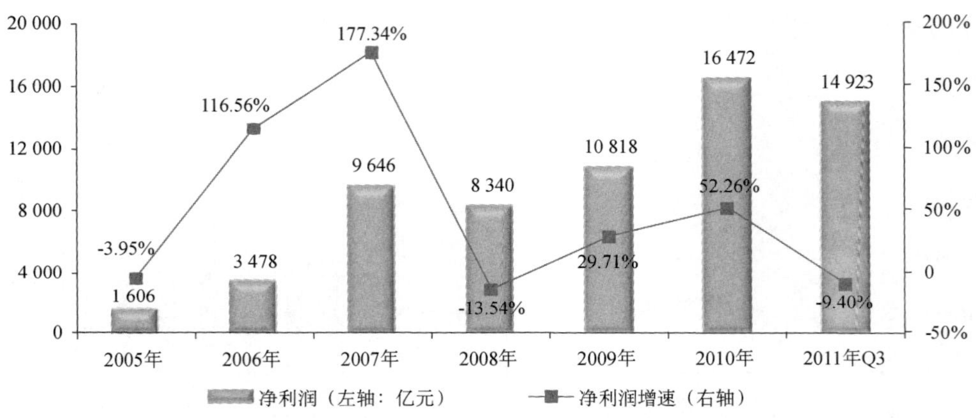

图52　2005～2011年上市公司净利润及增速图

4. 上市公司对股东投入资本的利用效率维持在较高水平。

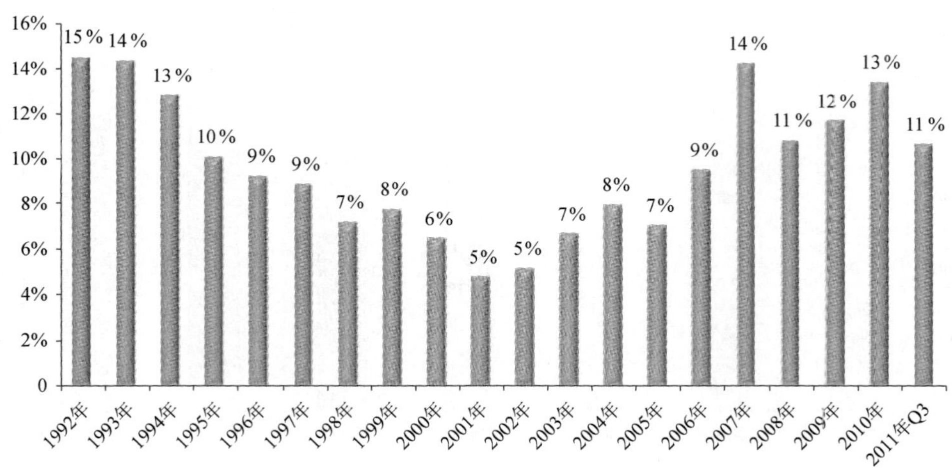

图53　历年上市公司净资产收益率图

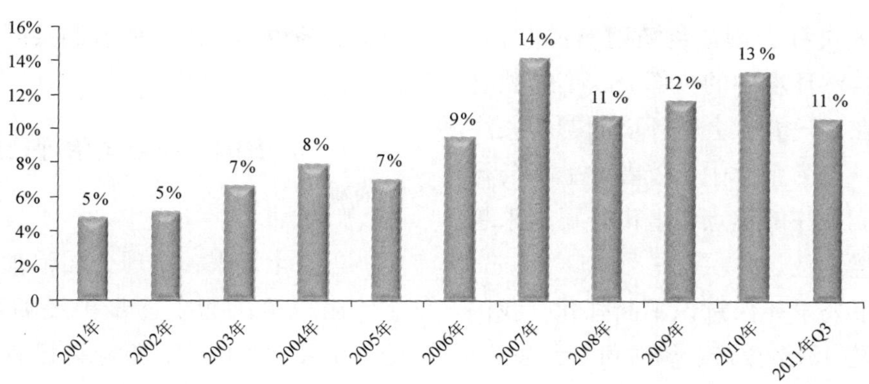

图 54　2001～2011 年上市公司净资产收益率图

5. 上市公司承担社会责任的意识逐步增强。

虽然在现阶段，生存和发展仍是绝大多数中国企业所面临的首要任务，在履行企业社会责任方面更是处于初级阶段。但随着相关制度的逐步建立，越来越多的上市公司已经认识到履行社会责任对企业长期可持续发展的重要影响，已经开始尝试以各种方式承担社会责任，积极向社会公示自身的价值理念、行动方式和社会影响。可持续发展管理理念逐渐形成，社会责任信息披露管理制度化，披露社会责任报告的公司日渐增加。2011 年，共有 538 家上市公司发布社会责任报告。

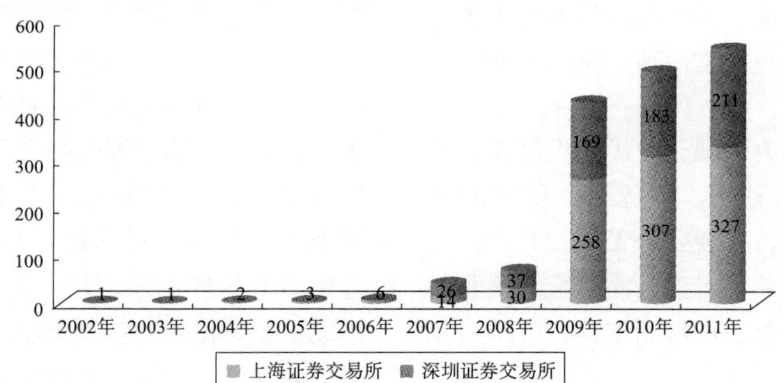

图 55　历年发布社会责任报告的上市公司数量

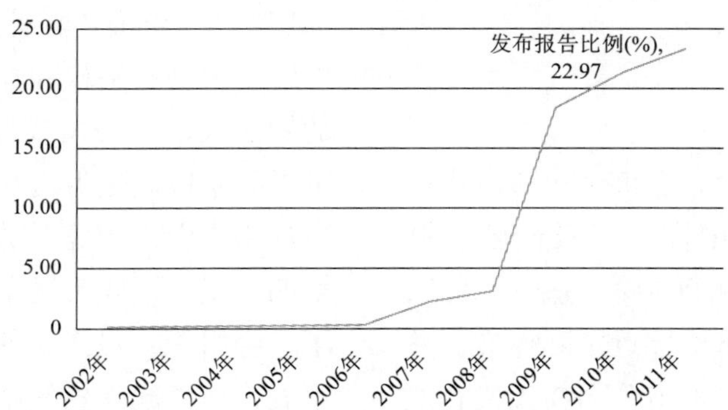

图 56　历年发布社会责任报告的上市公司比例

资料来源：联合评级整理。

企业是人类社会创造物质财富的主体，但同时也是自然环境中的一部分，不能独立于环境而存在。随着社会对环境问题的关注度逐渐提高，作为企业中佼佼者的上市公司更成为了人们关注的焦点，上市公司越来越重视履行环境责任。

一是上市公司环保意识不断强化。我国上市公司在国内清洁生产、资源可持续发展、低碳经济和节能减排等政策推动下环保意识逐渐增强，不再单纯追逐盈利，主要体现为绿色发展战略和绿色企业文化的从无到有。

二是上市公司积极建立环境管理体系。我国上市公司尤其是一些在欧美市场有业务往来的公司越来注重公司内部的环境管理，积极参照和参与 ISO14001—2004 标准、OHSMS18000 体系认证和 GB/T24001：2004 环境管理体系认证，积极与国际市场接轨。

三是主动参与环境治理、应用和推广环境无害化技术。

上市公司作为中国企业优秀类群体，已经成为保护社会利益、创造社会价值的典范。通过带头履行社会公民责任，客户价值得到提升、用工关系得到全面改善、就业情况得到缓解、慈善公益得到支持、可持续发展项目得到广泛关注。

八、制度先锋

借助资本市场平台，上市公司通过股份制改造，在经济社会中推广了股份公司制度，确立了现代企业治理结构的基本框架，信息披露和内控规范基本接近国际标准。并购重组活动日趋活跃，上市公司在现代企业制度改革中充当了先锋模范作用，形成了良好的股权文化和诚信文化，巩固和发展了以公有制为主体、多种所有制共同发展的基本经济制度。

（一）我国上市公司治理已经取得历史性成就

近二十年来，全球公司治理研究的关注主体由以美国为主逐步扩展到英、美、日、德等主要发达国家，近年来已扩展到转轨和新兴市场国家。在经济体制改革和资本市场发展的双重推动下，上市公司在改善公司治理结构方面取得了显著成效，积累了宝贵经验。

首先，上市公司率先探索建立现代企业制度，搭建了股东大会、董事会、监事会和管理层各司其职的治理框架，并逐步加强了股东大会的职权。独立董事制度的引入，加强了对中小股东权益的保护。监事会的设立，强化了上市公司内部检查职能。上市公司经理层的市场化选择机制也逐步优化。其次，上市公司信息披露制度不断完善。1993 年确定了指定媒体的信息披露制度，2001 年推出了上市公司季度报告制度，2009 年又推出了创业板的定期报告披露标准，逐步形成了差异化的信息披露制度安排，并实现了披露规范与国际标准的接轨。第三，强化了中小投资者合法权益的保护。《公司法》、《证券法》明确：在特定条件下，赋予股东以股东大会召集权和临时提案权；扩大股东的知情权；当公司或股东利益受到损害时，赋予股东以派生诉讼权和直接诉讼权，在董事选举中引入了累计投票的表决规则等等。第四，坚持了职工民主管理要求，普遍设立了工会组织，员工被视为公司的宝贵资产。第五，树立起强烈的企业公民意识，许多上市公司定期发布社会责任报告。

1. 我国上市公司治理制度体系逐步建

立和完善。

从法律层面上来看，2005 年 10 月新修订的《公司法》和《证券法》的出台，连同《会计法》、《企业国有资产法》等相关法律，构成了公司治理的基本法律体系。

从行政法规和规范性文件的层面来看，2004 年发布的《关于推进资本市场改革开放和稳定发展的若干意见》明确提出要进一步提高上市公司质量，推进上市公司规范运作。2005 年 10 月国务院批准证监会《关于提高上市公司质量的意见》发布，该文件详细阐述要完善公司治理，提高上市公司经营管理和规范运作水平。

从部门规章和规范性文件来看，2001 年 8 月 16 日中国证监会发布了《关于在上市公司建立独立董事制度指导意见》，提出上市公司应当建立独立董事制度，并对独立董事的任职资格和条件、任职程序等作出了基本规定。2002 年 1 月 7 日证监会联合经贸委发布《上市公司治理准则》，阐明了中国上市公司治理的基本原则、投资者权利保护的实现方式以及上市公司董事、监事、经理等高级管理人员应当遵循的基本行为准则和职业道德。

根据《准则》及《指导意见》，中国证监会先后制订了《关于加强社会公众股股东权益保护的若干规定》、《上市公司股东大会网络投票系统技术管理规范（试行）》、《上市公司高级管理人员培训工作指引》及相关实施细则、《上市公司股权激励管理办法（试行）》、《上市公司股东大会规则》、《上市公司章程指引（2006 年修订）》、《上市公司董事、监事和高级管理人员所持本公司股份及其变动管理规则》等。

2. 上市公司治理水平大幅提升。

一是上市公司独立性有了明显提高，董事会成员的多元化对公司治理和内部控制的不断完善开始发挥重要作用。二是董事会、监事会、股东大会运作的规范性和有效性得到明显提高，股东大会网络投票使用率有所提高，累积投票制得到越来越广泛的使用；董事会议事程序更加规范，决策制度更加科学；董事会专门委员会功能得到强化，很多公司出台了专门委员会工作细则，细化了各个董事会专门委员会的职责权限，进一步明确了董事会专门委员会程序。三是内部控制制度进一步完善，许多上市公司对内控制度进行了系统梳理，对公司治理缓解中存在的制度空白，及时制订了相关制度，健全和完善了符合本公司特点的内部控制机制。四是上市公司信息披露制度不断细化、完善，主动性信息披露增强，信息披露的深度和广度提高；对重大信息敏感度增强，反应更为迅速。五是投资者关系管理有明显改善，绝大部分上市公司制定或修改完善了《投资者关系管理制度》，指定专人负责投资者关系，设立了投资者热线电话，在公司网站设立投资者关系专栏，不定期举办与投资者的互动交流活动，并更加积极地履行社会责任。

3. 上市公司治理框架基本确立，公司治理意识已经深入人心。

目前已经基本形成了较为完善的上市公司治理框架，包括股东大会、董事会、监事会、董事会专门委员会、管理层和利益相关者，具体如图 57 所示。

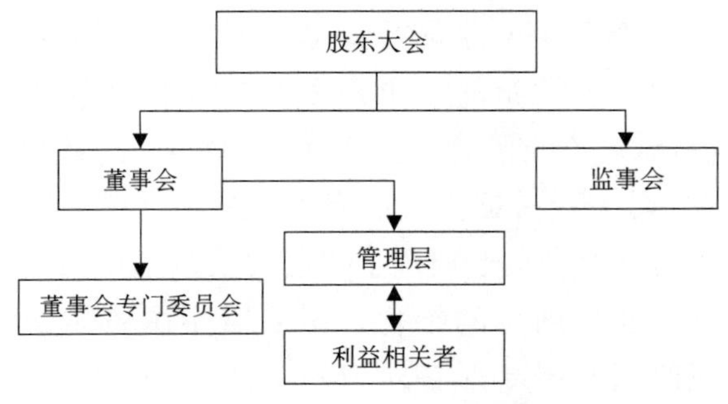

图 57　上市公司治理框架

随着相关法律法规体系的不断建立和完善，公司治理框架的确立及有效运作，公司治理概念已得到社会的广泛接受与认同，上市公司治理结构也得到明显改善，规范运作水平有了很大提高，中国的公司治理改革进入了一个新的阶段。

（二）我国上市公司信息披露水平明显提升

上市公司信息披露制度是世界各国对其上市公司进行规范和管理的最主要制度之一，也是上市公司区别于非上市公司的一个显著特征。上市公司披露的信息已成为上市公司与投资者、市场监管者的主要交流渠道。世界先进市场的监管实践表明，充分、及时、有效的信息披露能够有效防止证券市场的欺诈、不公平现象，增强投资者的信心。

1. 逐步建立了一套较为完善的上市公司信息披露制度体系。

目前，中国资本市场已基本建立了以《证券法》、《公司法》和《上市公司信息披露管理办法》为主体，相关规范性文件和交易所自律规则为补充的全方位、多层次的上市公司信息披露制度。该制度借鉴了国际通行的规范，披露标准较高，从原则性规范到操作性规范，从信息披露的内容、形式到手段，都基本达到了成熟市场水平。

2007 年 1 月 30 日，以中国证监会主席令的形式发布的《上市公司信息披露管理办法》（证监会令［2007］40 号），是对《公司法》、《证券法》有关精神和《国务院批转证监会关于提高上市公司质量意见的通知》相关内容的细化，是适应中国资本市场改革发展新形势对以往规则的修改和完善，是有关信息披露规范性文件的统领性文件，是对上市公司及其他信息披露义务人的所有信息披露行为的总括性规范，涵盖公司发行、上市后持续信息披露的各项要求。与之相配套的有《公开发行股票公司信息披露的内容与格式准则》、《公开发行证券的公司信息披露编制规则》、《公开发行证券的公司信息披露规范问答》、《证券公司公开发行债券信息披露准则》、《上市公司收购管理办法》、《证券交易所股票上市规则》等，2008 年 3 月份中国证监会开始逐步推行上市公司内幕信息知情人登记制度。

2. 充分利用现代科学技术，信息披露效率明显提高。

传统上，上市公司主要通过报刊来进行信息披露。随着信息技术的发展，通过互联网进行信息披露是成熟证券市场信息披露发展的趋势。我国上市公司目前在传统的指定报刊进行披露的同时，也逐渐转向在指定信息披露网站进行披露，以发挥互联网咨询传播高效、便捷的特点，这是上市公司信息披露手段的飞跃。

同时，改进信息披露方式，推广 XBRL 电子化信息披露技术，发挥 XBRL 技术所具有的自动校验、核对功能，实现数据的及时分类汇总和分析，提高信息披露的准确性、完整性，增强信息的时效性，提高信息的经济效用，为投资者和其他利益相关方提供便捷高效的信息服务。

3. 上市公司主动信息披露意识增强，信息披露质量有较大提高。

从实际执行情况看，信息披露总体执行情况较好，信息披露质量逐年提高。各上市公司能够按照《上市公司信息披露管理办法》的要求，结合实际运作情况制定信息披露事务管理制度，规范重大事件的报告、传达、审核、披露程序以及责任明确的追究机制等内容。绝大部分公司能够及时、准确、完整地披露重大信息，按照规定要求编制和披露定期报告。一些上市公司在政策引导下，还主动披露一些信息，披露意识和披露质量都有较大提高，有利于提高市场的透明度。

（三）上市公司并购重组市场得到较快发展

上市公司并购重组作为企业发展、扩张的重要方式和手段，是资本市场资源配置的重要方式之一。随着资本市场的发展与产业结构调整的推进，我国并购市场得到了较快的发展。

1. 上市公司并购重组活动日趋活跃。

一是企业并购重组交易规模增加。2002年我国企业并购重组（包括非上市公司）交易金额仅为340亿美元，交易宗数为1 049宗。到2009年、2010年和2011年，我国企业并购重组交易金额依次为2 004亿美元、2 296亿美元、2 534亿美元，占全球并购重组交易金额的8.69%、8.39%、8.99%，交易宗数依次为3 753宗、4 327宗、4 593宗；2002年至2011年企业并购重组交易金额合计13 909亿美元，累计发生27 406宗。

二是上市公司并购交易额比重大幅提升。2007年到2011年，上市公司并购重组交易金额4 509亿元，是前五年的5倍。上市公司并购重组交易金额在境内并购重组交易总额的平均占比，从2002年到2006年间的27.55%，增加到2007～2011年的42.39%。上市公司境外并购的交易金额占我国企业境外并购金额的平均占比，由前五年的11.68%，增加到后五年的18.62%。

三是并购重组促进经济结构调整成效显著。2006～2011年间，共有146家上市公司完成或者正在进行产业整合式重组，交易金额达到7 579.85亿元。2006年进行的此类重组，完成后上市公司三年平均总资产、总收入和净利润比重组前分别增长了306%、208%和187%。

2006～2011年间，共有67家上市公司通过并购重组进行或者完成了产业升级，交易金额达到3 622.52亿元。2006年进行的此类重组，完成后上市公司三年平均总资产、总收入和净利润分别比重组前增长了332%、318%和595%。

2006～2011年之间，共有82家亏损上市公司通过并购重组，淘汰落后产能，实现扭亏为盈。这些并购重组涉及交易金额1 857.10亿元，保障了245万名中小股东和数万名员工的权益。2006年进行此类重组，完成后上市公司平均总资产、净资产和总收入分别比重组前增长了41%、32%和536%。

2006～2011年共有206家国有控股上市公司进行或者完成战略性并购重组，交易金额为11 246.04亿元。2006年进行的此类重组，完成后上市公司三年平均总资产、总收入和净利润分别比重组前增长了338%、200%和181%（资料来源：中金公司、华泰联合证券）。

2. 并购重组法规体系日益健全。

从上市公司并购重组市场来看，有关并购重组的法律法规不断建立，并随着市场的发展不断得到完善，对规范并购重组活动起到了重要的作用。

根据2005年《公司法》、《证券法》修订精神，适应股权分置改革后市场新变化，证监会修订了《上市公司收购管理办法》。针对外资收购、国有股转让等特定类型的并购活动，证监会还单独或联合相关部委制定了《外国投资者对上市公司战略投资管理办法》、《关于外国投资者并购境内企业的规定》、《国有股东转让所持上市公司股份管理暂行办法》等规章或规范性文件。针对股权分置改革后创新并购重组不断涌现的情况，证监会制定了《上市公司重大资产重组管理办法》。为了充分发挥财务顾问在上市公司并购重组中的积极作用，促使上市公司规范运作，证监会于2008年发布了《上市公司并购重组财务顾问业务管理办法》等。

3. 并购重组审核机制建立。

为适应股权分置改革后市场发展的需要，提高并购重组审核工作的质量和透明度，2007年7月17日证监会发布《关于在发行审核委员会中设立上市公司并购重组委员会的决定》（证监发［2007］93号），并制定《中国证券监督管理委员会上市公司并购重组审核委员会工作规程》（证监发［2007］94号），成立上市公司并购审核委员会，专门负责对上市公司并购重组申请事项进行审核，从而进一步规范了审核制度。资本市场已成为中国企业重组和产业整合的主要场所。

（四）上市公司内控规范取得的成就

1. 一套较为完善的上市公司内部控制指引体系已经建立。

内部控制历史由来已久，在西方经历了内部牵制、内部控制制度、内部控制结构、内部控制整合框架及企业风险管理整合框架等几个阶段，是一个不断完善的过程。在《萨班斯法案》的背景下，企业风险管理整合框架形成。在内部控制规范化成为全球性趋势的大背景下，随着资本市场在我国的迅速发展，我国政府和利益相关者开始日益注重公司的内部控制制度建设问题。

1999年《会计法》第一次以法律形式对建立健全内部控制提出了原则要求。第27条规定，各单位应当建立健全本单位内部会计监督制度。

2001年开始，为落实《会计法》精神，财政部连续制定并发布了《内部会计控制规范——基本规范》在内的七项内部会计控制规范。

2001年1月31日，证监会发布了《证券公司内部控制指引》。

2005年11月，证监会发布了《关于提高上市公司质量的意见》，意见明确提出要加强内部控制制度建设，强化内部管理，对内部控制制度的完整性、合理性，以及实施的有效性进行定期检查和评估，并通过外部审计对公司的内部控制制度及公司的自我评估报告进行核实评价，通过自查和外部审计，及时发现内部控制的薄弱环节，认真整改，堵塞漏洞，有效提高风险防范能力。

2006年6月5日，上海证券交易所出台了《上市公司内部控制指引》。

2006年6月6日，国资委正式对外发布了《中央企业全面风险管理指引》。

2006年9月28日，深圳证券交易所出台了《上市公司内部控制指引》。

2008年6月28日，财政部、证监会、审计署、银监会、保监会五部委联合发布了《企业内部控制基本规范》，标志着我国企业内部控制规范建设取得重大突破。

2010年4月26日，五部委又联合发布了《企业内部控制配套指引》，包括《企业内部控制应用指引》、《企业内部控制评价指引》和《企业内部控制审计指引》，构成了内部控制建设、评价和审计的完整体系。

至此，适应我国企业实际情况、融合国际先进经验的中国企业内部控制规范体系基本建成。该配套指引于2011年1月1日起，分批次、分步骤在上市公司范围内进行强制执行并鼓励非上市大中型企业执行。为推动和指导上市公司做好内部控制工作，2011年1月20日证监会又组织召开了“资本市场实施企业内部控制规范动员部署视频会议”，就上市公司贯彻实施企业内部控制规范体系进行动员，并对实施工作的总体安排和具体要求进行部署。

2011年11月，国资委发布第74号令《关于2012年中央企业开展全面风险管理工作有关事项的通知》，要求中央企业切实加强对未来风险总体形势的研判，进一步健全风险评估常态化机制，真正做到全面风险管理与日常经营管理的深度融合，建立并完善全面风险管理报告制度。

上述内部控制政策、法规和规范文件的出现，为我国企业实施内部控制建立了一套相对完善的标准。

2. 上市公司内部控制意识强化，内部控制体系高效。

一系列企业内部控制及其评价的政策规范紧锣密鼓地出台和上市公司实施内部控制规范工作的有序推进，显示出完善上市公司内部控制和促进资本市场健康发展的迫切要求。实际上，绝大部分上市公司已经认识到实施内部控制体系的重要性，并已展开相应的工作。依据迪博发布的《中国上市公司2011年内部控制白皮书》，2011年沪深交易所共有1 618家上市公司出具了内部控制自我评价报告，占上市公司总量的76.86%，875家上市公司聘请了第三方机构对内部控制体系出具审计报告，占上市公司总量的41.57%。在1 618家披露了内部控制自我评价报告的公司中，1 605家上市公司认为自身的内部控制体系是有效的，占比99.20%；11家上市公司未出具结论，占比0.68%；仅2家上市公司认为自身的内部控制体系未得到有效实施，占比0.12%。在875家披露了第三方机构出具的内部控制审计报告的上市公司中，第三方机构对873家上市公司的内部控制体系出具的为无保留意见，占比99.77%；1家上市公司的内部控制体系被第三方机构出具了保留意见，占比0.11%；1家上市公司的内部控制体系被第三方机构出具了否定意见，占比0.11%。

九、国际视野

全球化已经成为世界经济发展的主要趋势，在对外开放政策的指导下，上市公司正在以境外发行上市、境外并购、全球贸易等多种方式，积极参与全球资源配置和国际竞争，并已经成为国际市场新兴活跃力量。

1. 我国上市公司对外开放步伐稳步加快。

截至2011年底，中国企业境外上市共171家（其中香港168家，新加坡3家），总共筹资12 908亿元。

2. H股在香港市场占据重要地位。

根据港交所数据，截至2011年底168家H股上市公司共筹资11 237.14亿港元。其中在主板上市139家，总市值3.32万亿元，占主板上市公司总市值23.47%，主板H股成交量占主板股份成交量的比例为38.84%。

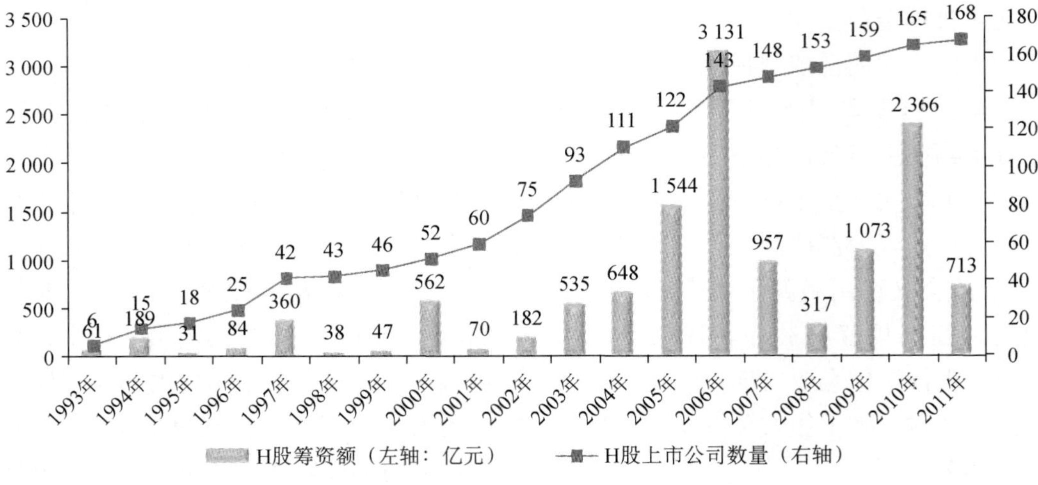

图 58　历年 H 股上市公司数量和筹资额

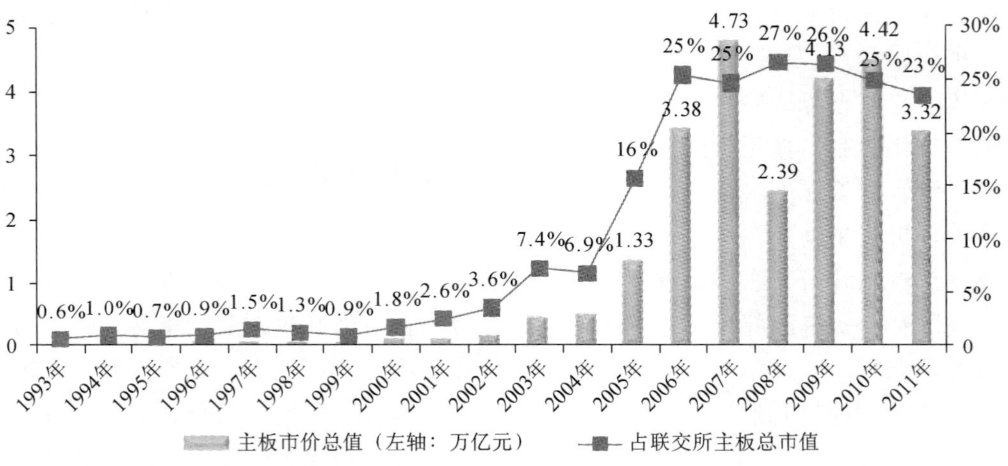

图 59　历年联交所主板市场 H 股市值及占比

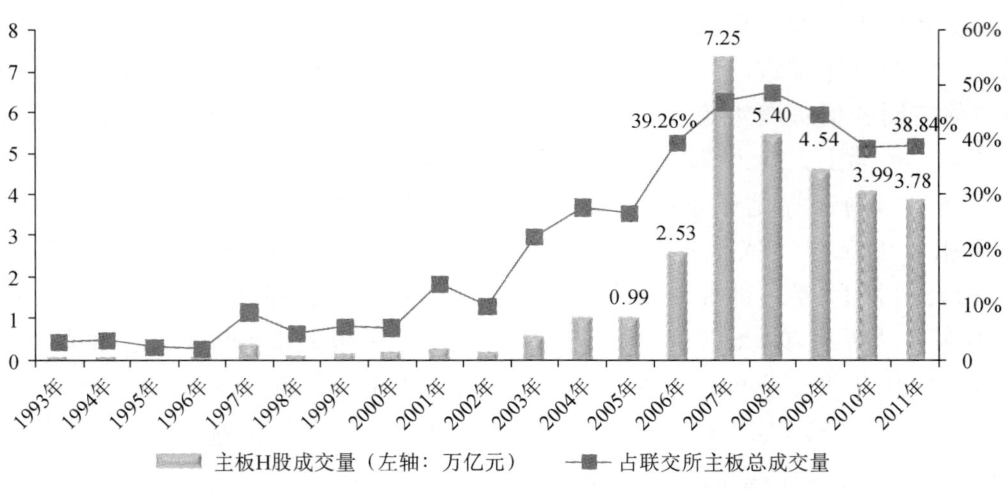

图 60　历年联交所主板市场 H 股成交量及占比

3. 红筹股上市公司在香港市场也发挥重要作用。

根据港交所数据，截至 2011 年底红筹股上市公司 107 家，其中主板 102 家，总市值 3.24 万亿元，占主板上市公司总市值 22.91%，主板红筹股成交量占主板股份成交量的比例为 14.16%。

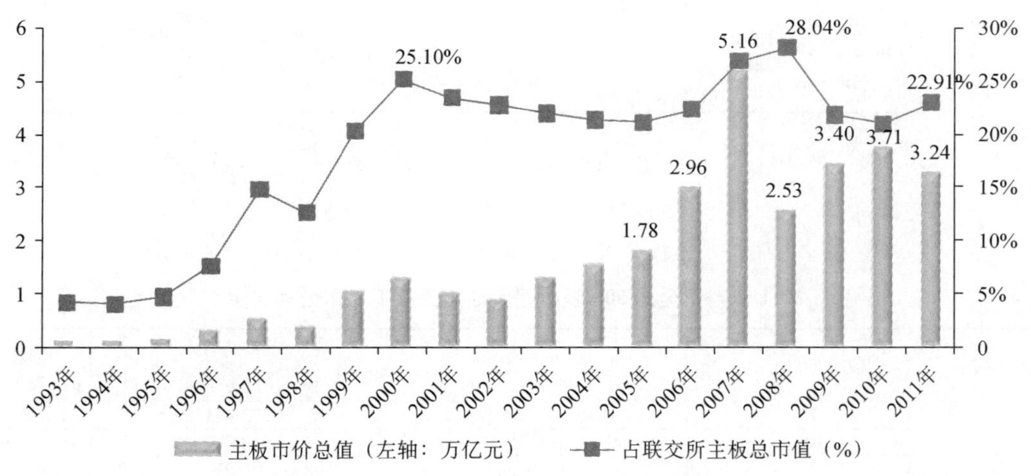

图 61　历年联交所主板市场红筹股市值及占比

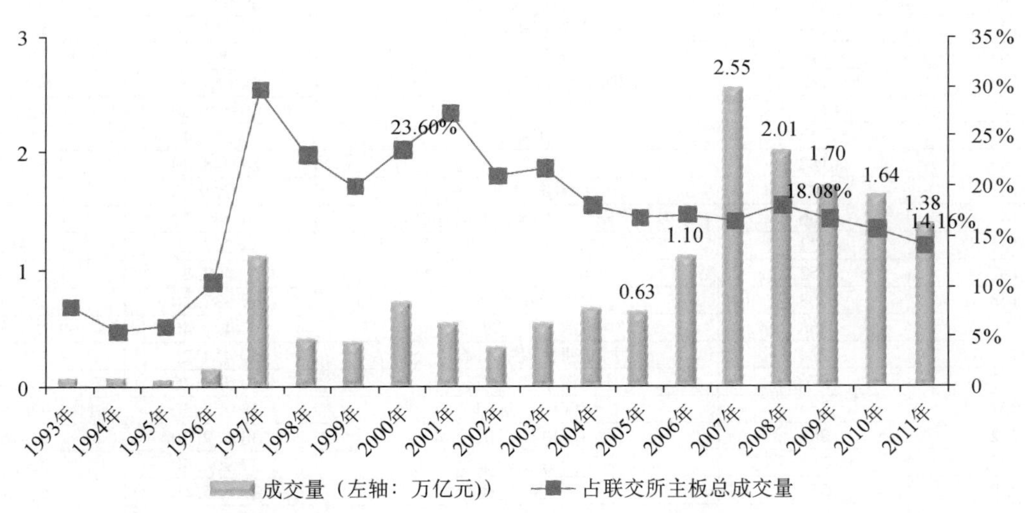

图 62　历年联交所主板市场红筹股成交量及占比

将主板 H 股与红筹股合计，目前两者占主板总市值的 46.39%，占主板总成交量的 52.99%。

4. 中国公司彰显全球经济影响力。

2011 年有 69 家集团公司进入全球财富 500 强，其中具有上市公司的中国大陆集团公司有 48 家。

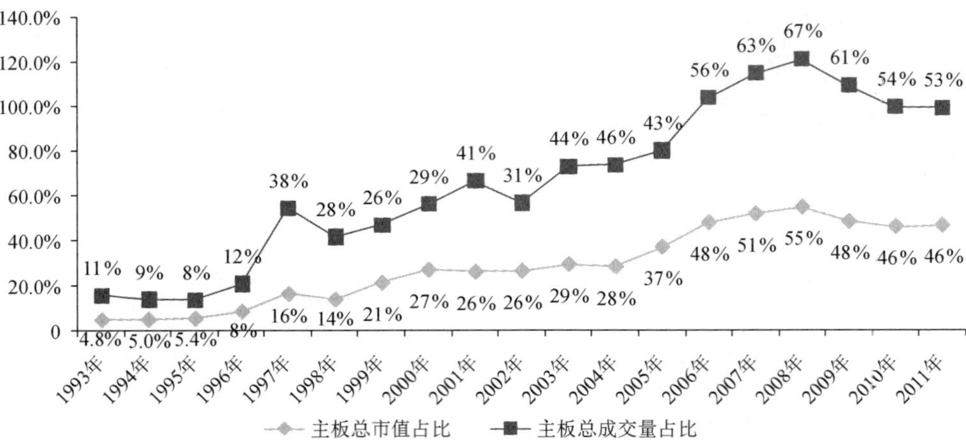

图 63　主板 H 股与红筹股总市值、总成交量占比

表 4　　2011 年财富全球 500 强中国大陆集团旗下上市公司名单

2011 年排名	2010 年排名	公司名称	营业收入（百万美元）	利润（百万美元）
5	7	中国石油化工集团公司	273 421. 90	7 628. 70
6	10	中国石油天然气集团公司	240 192. 40	14 366. 90
7	8	国家电网公司	226 294	4 556. 10
77	87	中国工商银行	80 501. 30	24 398. 20
87	77	中国移动通信集团公司	76 673. 30	9 733. 10
95	137	中国中铁股份有限公司	69 973. 30	1 106. 30
105	133	中国铁建股份有限公司	67 414. 10	627. 3
108	116	中国建设银行	67 081. 40	19 920. 30
113	118	中国人寿保险（集团）公司	64 634. 50	3 505. 40
127	141	中国农业银行	60 535. 60	14 015. 40
132	143	中国银行	59 212. 40	15 425. 50
145	182	东风汽车公司	55 748. 20	2 479. 70
147	187	中国建筑工程总公司	54 721. 10	1 364. 60
149	156	中国南方电网有限责任公司	54 448. 70	1 025. 30
151	223	上海汽车工业（集团）总公司	54 257. 20	1 914
162	252	中国海洋石油总公司	52 408. 30	7 238. 70
168	203	中国中化集团公司	49 537. 20	797. 5
197	258	中国第一汽车集团公司	43 434. 40	2 125. 50
211	224	中国交通建设股份有限公司	40 414. 20	1 394. 10
212	276	宝钢集团有限公司	40 327. 40	2 230. 40
221	254	中国中信集团公司	38 984. 50	4 926. 80
222	204	中国电信集团公司	38 469. 30	443. 5
227	275	中国南方工业集团公司	37 996. 40	224. 7
229	332	中国五矿集团公司	37 555. 10	523. 1
276	313	中国华能集团公司	33 681. 20	28. 6
279	314	河北钢铁集团	33 548. 60	167. 7
289	371	中国人民保险公司	32 579. 40	573. 5
293	356	神华集团	32 446. 10	4 256. 40
297	315	中国冶金科工集团公司	32 076. 30	296. 9
311	330	中国航空工业集团公司	31 006. 40	704. 2
326		首钢集团	29 181. 40	238. 2
328	383	平安保险	28 927. 20	2 557. 30
331	436	中国铝业公司	28 871	-41. 1
341	428	武汉钢铁	28 170. 40	227. 8
346	395	中国华润总公司	27 820. 40	1 620. 50
354	352	中国中钢集团公司	27 265. 60	-216. 7
371	368	中国联合网络通信集团有限公司	26 025	181. 4

续表

2011 年排名	2010 年排名	公司名称	营业收入（百万美元）	利润（百万美元）
375	412	中国大唐集团公司	25 915.40	-447.3
398	440	交通银行	24 264.30	5 767.60
399		中国远洋运输集团	24 249.70	1 161.30
405	477	中国国电集团公司	24 016.40	114
408		中国电子信息产业集团有限公司	23 761.30	133.9
435		中国机械工业集团有限公司	22 486.90	546.1
458		冀中能源集团	21 255.20	136.8
463		中国船舶重工集团公司	21 054.90	762.4
467		中国太平洋保险（集团）股份有限公司	20 878	1 264.10
475		中国化工集团公司	20 715	15.9
485		中国建筑材料集团有限公司	19 995.80	313.2

数据来源：《FORTUNE》。

伴随着越来越多企业以改制上市为目标，中国企业的价值衡量体系也开始由账面评估价值向市值评价转变。从个股看，在英国《金融时报》评选的“2011 年度全球市值500强排行榜”上，53 家中国公司榜上有名，其中中国大陆公司 32 家。这些大市值公司的涌现彰显了我国在全球经济中的影响力。

表 5　2011 年金融时报全球市值 500 强中国大陆公司名单

2011 年排名	2010 年排名	公司中文名	市值（百万美元）	行　业
2	1	中石油	326 199.20	油气开采
4	4	中国工商银行	251 078.10	银行
7	11	中国建设银行	232 608.60	银行
16	10	中国移动	184 842.30	移动通讯
29	26	中国银行	145 977.90	银行
34		中国农业银行	141 363.10	银行
46	75	中海油	112 560.20	油气开采
49	36	中石化	107 906.80	油气开采
58	41	中国人寿	94 680.50	寿险
63	60	中国神华	89 270.60	采矿
107	107	平安保险	65 120.70	寿险
129	101	交通银行	55 027.20	银行
159	121	中国招商银行	48 845.20	银行
178	197	腾讯	44 747.20	软件和电脑服务
198	181	新鸿基地产	40 707.20	房地产
209	289	中国联通（香港）	39 138.10	移动通讯
261	185	中信银行	33 384.40	银行
289	208	太平洋保险	30 960.80	寿险
301	255	浦东发展银行	29 843.50	银行
347	282	兴业银行	26 272.10	银行
351		上海汽车	26 039.90	汽车零件
353	358	贵州茅台	25 920.70	饮料
385		中国光大银行	23 648.90	银行
401	318	中国民生银行	23 075.20	银行
407		兖州煤业	22 719.70	采矿
420		海螺水泥	21 918.20	建筑材料
431		三一重工	21 584.10	工程机械
442	274	中信证券	21 217.20	金融服务
452	357	中煤能源	20 676.20	采矿
462	356	中铝	20 386.60	金属和采矿
470		长江电力	20 081.60	电力
493		大秦铁路	19 433.30	交通运输

数据来源：英国《金融时报》。

十、先进代表

按照代表各行业、代表各地区、代表国民经济发展方向的原则，截至2012年2月8日，共有228家上市公司作为先进代表，积极发动并筹建中国上市公司协会。据统计，截至2011年12月31日，A股发起人总股本合计为22 132.65亿股，占沪深两市全部上市公司总股本36 095.52亿股的61.32%；境内总市值合计为109 390.6亿元，占全部上市公司境内总市值214 782亿元的50.93%。截至2011年9月30日，A股发起人总资产合计为761 625.41亿元，占全部上市公司总资产983 876.9亿元的77.41%；净利润合计为10 853.04亿元，占全部上市公司净利润14 922.85亿元的72.73%。

从控股类型的上市公司数量分布来看：央企控股上市公司61家，地方国有控股上市公司87家，民营及其他控股上市公司77家。

表6　发起人与全部上市公司规模概况

指　标	A股发起人	全部上市公司	占比
总股本（亿股）	22 132.65	36 095.52	61.32%
境内总市值（亿元）	109 390.60	214 782	50.93%
总资产（亿元）	761 625.41	983 877	77.41%
净利润（亿元）	10 853.04	14 923	72.73%

数据来源：中国证券期货统计年鉴、天相投资分析系统

从同一控股类型的总股本占比来看：央企控股发起人占同类型上市公司比重约为81.40%，地方国企、民营及其他控股上市公司总股本占比分别约为30%、24%。

从同一控股类型的总资产、营业收入、净利润占比来看：央企控股的发起人总资产占同类型上市公司比重约为89%、营业收入占比约为74%、净利润占比约92%，地方国企控股的发起人总资产占比约为37%、营业收入占比约为32%、净利润占比约42%，民营及其他控股的发起人总资产占比约为55%、营业收入占比约为36%、净利润占比约为39%。上市公司协会发起人具有很强的代表性。

表7　不同控股类型下的发起人数量、总股本、境内总市值

控股类型	上市公司家数		总股本（亿股）		境内总市值（亿元）	
	发起人	占全部上市公司中同类型的比重	发起人	占全部上市公司中同类型的比重	发起人	占全部上市公司中同类型的比重
央企	61	18.89%	18 498.89	81.40%	72 336.35	81.52%
地方国企	87	11.15%	2 375.87	29.49%	24 244.63	35.06%
民营及其他	77	5.97%	1 255.37	23.65%	12 618.03	22.27%

表8　不同控股类型下的发起人总资产、营业收入、净利润

控股类型	总资产（亿元）		营业收入（亿元）		净利润（亿元）	
	发起人	占全部上市公司中同类型的比重	发起人	占全部上市公司中同类型的比重	发起人	占全部上市公司中同类型的比重
央企	652 270.90	88.52%	70 783.88	73.70%	8 566.46	91.69%
地方国企	56 880.27	37.36%	15 902.59	32.24%	1 505.33	42.29%
民营及其他	52 474.24	55.39%	8 673.30	36.30%	781.25	38.67%

从所属行业的分布看：制造业100家，金融、保险业27家，交通运输、仓储业16家，批发和零售贸易13家，房地产、信息技术、社会服务业各11家，采掘业13家，电力、煤气及水的生产和供应业8家，综合类、农林牧渔业各5家，传播与文化产业、建筑业各4家。

从上市板块的分布看：上海主板127家，深圳主板55家，中小板27家，创业板16家，H股3家。

从发起人的注册地区分布看：北京36家，上海20家，深圳19家，广东17家，浙江15家，江苏14家，四川9家，山东7家，河南、河北各6家，湖南、陕西各5家，湖北、山西、青岛、新疆、重庆、宁波、辽宁、吉林、安徽各4家，广西、云南、天津、黑龙江、大连各3家，福建、贵州、江西、海南、内蒙、甘肃、厦门各2家，宁夏、青海、西藏各1家。

从发起人历年分红情况来看：截至2010年12月31日A股发起人累计分红总额14 752.45亿元，约占全部上市公司累计分红总额的68.85%。

表9　　发起人历年分红情况汇总

分红连续类型	代码	简称	分红连续类型	代码	简称
连续19年	000002	万　科A	连续11年	000402	金 融 街
连续14年	000527	美的电器		600377	宁沪高速
	600079	人福医药		600009	上海机场
	600085	同 仁 堂		600258	首旅股份
	000024	招商地产		000895	双汇发展
	000759	中百集团		000860	顺鑫农业
连续13年	000888	峨眉山A		600089	特变电工
	600177	雅 戈 尔		000559	万向钱潮
	600188	兖州煤业		600300	维维股份
	000630	铜陵有色		600887	伊利股份
	000729	燕京啤酒		000869	张　裕　A
连续12年	600006	东风汽车		600028	中国石化
	600690	青岛海尔		000157	中联重科
	600600	青岛啤酒	连续10年	600519	贵州茅台
	600197	伊 力 特		600383	金地集团
	000538	云南白药		000568	泸州老窖
	000839	中信国安		600000	浦发银行
	600210	紫江企业		600809	山西汾酒
连续11年	600019	宝钢股份		600104	上海汽车
	600269	赣粤高速		600548	深 高 速
	600795	国电电力		000027	深圳能源
	600276	恒瑞医药		600058	五矿发展
	000937	冀中能源		000983	西山煤电
	600362	江西铜业		600588	用友软件
	600754	锦江股份		000063	中兴通讯

续表

分红连续类型	代码	简称	分红连续类型	代码	简称
连续 9 年	600598	北 大 荒	连续 6 年	600016	民生银行
	000488	晨鸣纸业		600704	物产中大
	600018	上港集团		000800	一汽轿车
	600755	厦门国贸		601318	中国平安
	600036	招商银行	连续 5 年	600196	复星医药
	600120	浙江东方		600048	保利地产
	600050	中国联通		601588	北辰实业
	600030	中信证券		600880	博瑞传播
连续 8 年	000039	中集集团		601006	大秦铁路
	600900	长江电力		600635	大众公用
	000962	东方钽业		000046	泛海建设
	000651	格力电器		601398	工商银行
	000709	河北钢铁		600664	哈药股份
	000401	冀东水泥		600585	海螺水泥
	600307	酒钢宏兴		600060	海信电器
	600481	双良节能		000562	宏源证券
	600066	宇通客车		600219	南山铝业
	600320	振华重工		601666	平煤股份
连续 7 年	000625	长安汽车		600031	三一重工
	000596	古井贡酒		000563	陕国投A
	002008	大族激光		000338	潍柴动力
	600037	歌华有线		000400	许继电气
	600068	葛 洲 坝		002060	粤 水 电
	600331	宏达股份		601628	中国人寿
	600189	吉林森工		601857	中国石油
	000600	建投能源		601988	中国银行
	600572	康 恩 贝		600138	中 青 旅
	600644	乐山电力	连续 4 年	000917	电广传媒
	000528	柳　　工		600717	天 津 港
	002003	伟星股份		600674	川投能源
	600096	云 天 化		002011	盾安环境
	600787	中储股份		600166	福田汽车
	600150	中国船舶		600660	福耀玻璃
连续 6 年	000973	佛塑科技		600406	国电南瑞
	600837	海通证券		600221	海南航空
	000069	华侨城A		600325	华发股份
	600685	广船国际		000999	华润三九

续表

分红连续类型	代码	简称	分红连续类型	代码	简称
连续 4 年	601939	建设银行	连续 3 年	000876	新 希 望
	601328	交通银行		601600	中国铝业
	600739	辽宁成大		600737	中粮屯河
	601009	南京银行	连续 2 年	600718	东软集团
	002142	宁波银行		600208	新湖中宝
	000061	农 产 品		000100	TCL 集 团
	002193	山东如意		300015	爱尔眼科
	002024	苏宁电器		300059	东方财富
	002085	万丰奥威		600115	东方航空
	601168	西部矿业		601788	光大证券
	000768	西飞国际		000572	海马汽车
	000425	徐工机械		300024	机 器 人
	002126	银轮股份		300058	蓝色光标
	002181	粤 传 媒		601607	上海医药
	600352	浙江龙盛		300002	神州泰岳
	601088	中国神华		300001	特 锐 德
连续 3 年	600601	方正科技		000762	西藏矿业
	600361	华联综超		600369	西南证券
	002249	大洋电机		300043	星辉车模
	000686	东北证券		002304	洋河股份
	600811	东方集团		600052	浙江广厦
	601958	金钼股份		601111	中国国航
	000560	昆百大A		601919	中国远洋
	002267	陕天然气		601989	中国重工
	600550	天威保变		601158	重庆水务
	000858	五 粮 液		600770	综艺股份

从上市公司分红融资比来看：截至2010年12月31日A股发起人中45家发起人的累计分红总额超过累计融资总额，占比约为20.4%。2010年全部上市公司中178家上市公司分红融资比大于1，占比约为8.6%。

表 10　　累计分红总额超过融资总额的发起人名单

代　码	简　称	代　码	简　称
600377	宁沪高速	600600	青岛啤酒
600028	中国石化	601628	中国人寿
600188	兖州煤业	600120	浙江东方
600177	雅 戈 尔	600258	首旅股份
000869	张 裕 A	600664	哈药股份
600809	山西汾酒	000488	晨鸣纸业
600548	深 高 速	600018	上港集团
000568	泸州老窖	600197	伊 力 特
600660	福耀玻璃	000858	五 粮 液
000895	双汇发展	600588	用友软件
601857	中国石油	600006	东风汽车
000039	中集集团	600685	广船国际
600519	贵州茅台	600009	上海机场
600066	宇通客车	600085	同 仁 堂
000983	西山煤电	000063	中兴通讯
601398	工商银行	600019	宝钢股份
601939	建设银行	000800	一汽轿车
000562	宏源证券	000686	东北证券
600754	锦江股份	600362	江西铜业
601988	中国银行	600269	赣粤高速
000651	格力电器	000999	华润三九
600598	北 大 荒	600880	博瑞传播

表 11　　发起人上市公司名单（按拼音字母排序）

TCL 集 团	长安汽车	电广传媒	峨 眉 山 A	歌华有线
爱 尔 眼 科	长江电力	东北证券	泛 海 建 设	格力电器
奥 克 股 份	晨鸣纸业	东方财富	方 大 炭 素	葛 洲 坝
宝 钢 股 份	雏鹰农牧	东方锆业	方 正 科 技	工商银行
保 利 地 产	川投能源	东方航空	方 正 证 券	古井贡酒
北 辰 实 业	大 连 港	东方集团	佛 塑 科 技	光大证券
北 大 荒	大秦铁路	东方日升	福 田 汽 车	广船国际
北京首都机场	大洋电机	东方钽业	福 耀 玻 璃	广发证券
比 亚 迪	大有能源	东风汽车	复 星 医 药	广田股份
碧 水 源	大 智 慧	东软集团	科 大 讯 飞	贵州茅台
博 瑞 传 播	大众公用	东吴证券	赣 粤 高 速	国电电力
博 威 合 金	大族激光	盾安环境	高 鸿 股 份	国电南瑞

续表

国海证券	金融街	陕国投A	西部矿业	浙江东方
国金证券	金隅股份	陕天然气	西藏矿业	浙江广厦
国民技术	锦江股份	上港集团	西飞国际	浙江龙盛
国星光电	酒钢宏兴	上海机场	西南证券	振华重工
哈药股份	康恩贝	上海汽车	西山煤电	中百集团
海螺水泥	科斯伍德	上海医药	厦门国际港务	中昌海运
海马汽车	昆百大A	深高速	厦门国贸	中储股份
海南航空	蓝色光标	深圳能源	湘鄂情	中国船舶
海通证券	乐山电力	神州泰岳	小商品城	中国国航
海信电器	力帆股份	双箭股份	新湖中宝	中国国旅
河北钢铁	辽宁成大	沈阳机床	新华联	中国建材
恒立油缸	柳工	首旅股份	新希望	中国联通
恒瑞医药	龙源技术	双环传动	兴业证券	中国铝业
恒逸石化	泸州老窖	双汇发展	星辉车模	中国平安
宏达股份	美的电器	双良节能	徐工机械	中国人寿
宏源证券	民生银行	顺鑫农业	许继电气	中国神华
华发股份	南方航空	宋城股份	雅戈尔	中国石化
华联综超	南京银行	苏宁电器	兖州煤业	中国石油
华侨城A	南山铝业	特变电工	燕京啤酒	中国银行
华润三九	宁波银行	特锐德	洋河股份	中国远洋
华泰证券	宁沪高速	天虹商场	一汽轿车	中国重工
汇川技术	农产品	天津港	伊力特	中集集团
机器人	农业银行	天威保变	伊利股份	中联重科
吉林森工	庞大集团	铜陵有色	亿利能源	中粮屯河
冀东水泥	平煤股份	同仁堂	银轮股份	中青旅
冀中能源	浦发银行	万丰奥威	用友软件	中信国安
坚瑞消防	青岛海尔	万科A	宇通客车	中信证券
建设银行	青岛啤酒	万向钱潮	粤传媒	中兴通讯
建投能源	人福医药	维维股份	粤水电	重庆水务
江西铜业	荣盛石化	潍柴动力	云南白药	紫江企业
交通银行	三一重工	伟星股份	云天化	综艺股份
江南化工	山东如意	五矿发展	张裕A	棕榈园林
金地集团	山西汾酒	五粮液	招商地产	
金钼股份	山西证券	物产中大	招商银行	

表 12　部分发起人历年获得主要荣誉（按拼音首字母排序）

简　称	获奖日期	奖　项	颁奖机关
爱尔眼科医院集团股份有限公司	2010 年	中国驰名商标	国家工商行政管理局管理局商标委员会
宝山钢铁股份有限公司	2010 年	科技部颁发的“企业创新奖”	科技部
北京神州泰岳软件股份有限公司	2010 年	国家高技术产业化示范工程	国家发展改革委员会
	1999 年	“TCL”商标被国家工商行政管理局认定为“中国驰名”商标	国家工商行政管理局
北京首都国际机场股份有限公司	2003 年	国家民政部颁发“爱心捐助奖”	民政部
	2002 年	国家税务局颁发“2001 年度纳税百强企业”	国家税务局
	2001 年	世界卫生组织、国家质检监督局颁发“国际卫生机场”	世界卫生组织、国家质检监督局
北京同仁堂股份有限公司	2006 年	被认定为首批“中华老字号”	国家商务部
	2006 年	被列入第一批国家级非物质文化遗产名录	文化部、国务院
	2006 年	授予中国北京同仁堂（集团）有限责任公司领导班子“全国国有企业创建四好领导班子先进集体”称号	中央组织部、国务院国资委
	2004 年	2004 年全国质量管理先进企业	国家质量监督检验检疫总局
	2004 年	全国国有企业重大典型	国务院国资委、中央宣传部
	2002 年	名牌出口商品	国家经贸部
	1998 年	全国五一奖状	全国总工会
	1997 年	集团公司作为全国唯一一家中医药企业被国务院确定为 120 家大型企业集团现代企业制度试点单位	国务院
	1997 年	全国卫生系统文化建设先进单位	卫生部
	1995 年	授予集团公司“中国的脊梁——国有企业 500 强”称号	国家国有资产管理局、中国经济效益纵深行组委会
	1989 年	“同仁堂”商标被国家工商行政管理局认定为驰名商标，受国家特别保护	国家工商行政管理局
雏鹰农牧集团股份有限公司	2008 年	农业产业化国家重点龙头企业	农业部、发改委、财政部、商务部等
福耀玻璃工业集团股份有限公司	2006 年	福耀集团研究院被认定为“国家认定企业技术中心”	国家发改委、科技部、财政部、海关总署、国家税务总局
	2009 年	全国第三批创新型试点企业	国家科学技术部、国务院国资委、中华全国总工会
江西铜业股份有限公司	2011 年	全国先进基层党组织称号	中共中央组织部

续表

简　称	获奖日期	奖　项	颁奖机关
杭州宋城旅游发展股份有限公司	2011 年	十家最具影响力国家文化产业示范基地	文化部
	2010 年	全国首批旅游人才开发示范试点单位	国家旅游局
	2009 年	第十一届精神文明建设“五个一工程”（2007～2009）	中共中央宣传部
	2004 年	文化产业示范基地	文化部、国务院
宁波博威合金材料股份有限公司	2007 年	被认定为国家级企业技术中心	国家发改委、科技部、财政部、海关总署、国家税务总局
宁夏东方钽业股份有限公司	2008 年	创新型企业	科技部、国资委
	2004 年	国家重点高新技术企业	科技部
	2001 年	全国专利工作试点示范企业	国资委
	2000 年	国家高新技术重点产业化基地	科技部
青海盐湖工业股份有限公司	2010 年	国家西部大开发突出贡献集体	人力资源和社会保障部、国家发改委
山东济宁如意毛纺织股份有限公司	2010 年	国家科学技术进步一等奖	国务院
烟台龙源电力技术股份有限公司	2008 年	中国专利金奖	中国知识产权局
	2004 年	国家科学技术进步奖二等奖	国务院
山西西山煤电股份有限公司	2006 年	全国青工技能振兴计划示范单位	共青团中央、劳动和社会保障部、国务院国资委
	2001 年	全国思想政治工作优秀企业	中共中央宣传部、中共中央组织部、国家经贸委员会、中华全国总工会
	1997 年	全国煤炭工业优秀企业（金石奖）	煤炭工业部
	1991 年	全国煤炭系统思想政治工作优秀企业	能源部
深圳能源集团股份有限公司	2002 年	全国内部审计先进单位	国家审计署
潍柴动力股份有限公司	2010 年	被认定为“制造业信息化科技工程应用示范企业”	科技部
	2006 年	被评为“自主创新典型企业”	中共中央宣传部
新疆伊力特实业股份有限公司	2010 年	国家西部大开发突出贡献集体荣誉称号	人力资源和社会保障部、国家发改委
兖州煤业股份有限公司	2007 年	被国家环保总局、中华环保联合会评为“环境友好煤炭企业”	国家环保总局、中华环保联合会
用友软件股份有限公司	2004 年	重点软件企业	国家发改委、信息产业部、商务部、国家税务总局
浙江万丰奥威汽轮股份有限公司	2005 年	被授予“中国出口名牌”荣誉称号	商务部

续表

简 称	获奖日期	奖 项	颁奖机关
中国长江电力股份有限公司	2010 年	国家科学技术进步二等奖	国务院
	2010 年	国家科学技术进步二等奖：《三峡梯级水库优化调度系统的研究与开发项目》	国务院
	2009 年	中央企业思想政治工作先进单位	国资委
	2009 年	典型并购重组案例奖	上海证券交易所、国资委
	2004 年	中央企业劳动模范、先进集体表彰大会中授予“中央企业先进集体”称号	国务院、国资委
中国工商银行股份有限公司	2005 年	中国客户关怀与公众服务标杆企业金奖	信息产业部
中国联合网络通信股份有限公司	2010 年	上海世博会荣誉集体	国资委、中央宣传部
中国铝业股份有限公司	2011 年	“十一五”中央企业节能减排优秀企业	国资委
	2010 年	科技创新特别奖	国资委
	2010 年	节能减排特别奖	国资委
中国神华能源股份有限公司	2010 年	荣获国家西部大开发“突出贡献集体”称号	中共中央、国务院
方大炭素新材料科技股份有限公司	2008 年	国家科技攻关奖	国务院重大技术装备组
中国石油化工股份有限公司	2011 年	2011 年第六届“中华慈善奖”	民政部
	2010 年	中国石化青海石油分公司“全国抗震救灾英雄集体”荣誉称号	中共中央、国务院、中央军委
	2010 年	中国石化上海石油分公司“上海世博会先进集体”荣誉称号	中共中央、国务院
	2009 年	中央企业优秀社会责任实践	国资委
	2008 年	央企信息化水平 A 级企业	国资委
中国石油天然气股份有限公司	2010 年	2007～2009 年任期考核“节能减排特别奖”	国务院国资委
	2010 年	国家西部大开发突出贡献集体	人力资源和社会保障部、国家发改委
	2009 年	全国民族团结进步模范集体奖	国务院
	2005 年	中华慈善奖	民政部
比亚迪股份有限公司	2008 年	华鼎奖 2007 中国经济型轿车满意度调查第一名（F3）	国务院国资委研究中心
	2007 年	2007 全球华商企业 500 强（第 389 位）	世界杰出华商协会、世界杰出华商大会组委会
	2007 年	2007 全球华商高科技 500 强（第 14 位）	世界杰出华商协会、世界杰出华商大会组委会

续表

简　称	获奖日期	奖　项	颁奖机关
招商局地产控股股份有限公司	2009 年	联合国人居最佳范例奖	联合国人居署
	2007 年	国际住协绿色建筑三项大奖：“个人推动奖”、“企业贡献奖”、“示范项目奖”	全国工商联房地产商会
深圳市农产品股份有限公司	2010 年	中国十佳绿色责任企业	联合国环境规划署、中国环境科学学会
	2008 年	全国模范职工之家	中华全国总工会
许继电气股份有限公司	2007 年	国家火炬计划重点高新技术企业	国家科学技术部
唐山冀东水泥股份有限公司	2005 年	中国驰名商标	国家工商总局
沈阳机床股份有限公司	2007 年	中国工业大奖表彰奖	中国工业经济联合会
徐工集团工程机械股份有限公司	2008 年	中华慈善奖	民政部
	2004 年	全国质量管理先进企业	国家质监局
广东美的电器股份有限公司	2011 年	2011 国家技术创新示范企业	工业和信息化部、财政部
广西柳工机械股份有限公司	2004 年	国家科技进步二等奖	国家科技部
泸州老窖股份有限公司	1984 年	国家质量金奖	国家经济委员会
重庆长安汽车股份有限公司	2011 年	成为唯一获得优秀评级的汽车企业	国家发改委
河北钢铁股份有限公司	2008 年	董事长获得全国“五一”劳动奖章	中华全国总工会
西安飞机国际航空制造股份有限公司	2005 年	全国创建和谐劳动关系模范企业	劳动和社会保障部、全国总工会
佛山佛塑科技集团股份有限公司	2003 年	火炬计划优秀高新技术企业	国家科学技术部
广东东方锆业科技股份有限公司	2004 年	国家级火炬计划项目	国家科学技术部
中山大洋电机股份有限公司	2010 年	国家级火炬计划项目	国家科学技术部
棕榈园林股份有限公司	2011 年	农业产业化国家重点龙头企业	农业部
佛山市国星光电股份有限公司	2010 年	国家火炬计划重点高新技术企业	国家科学技术部
深圳市汇川技术股份有限公司	2011 年	国家火炬计划重点高新技术企业	国家科学技术部
郑州宇通客车股份有限公司	2006 年	国家汽车整车出口基地企业	商务部、发改委
	2007 年	BAAV 年度整车制造商营销大奖	世界客车联盟
	2008 年	创新型企业	国家科学技术部、国务院国资委、中华全国总工会

续表

简　称	获奖日期	奖　项	颁奖机关
江西赣粤高速公路股份有限公司	2009 年	2008 年全国交通行业精神文明建设先进单位	交通运输部
江苏恒瑞医药股份有限公司	1999 年	国家火炬重点高新技术企业	国家科学技术部
中兴通讯股份有限公司	2010 年	获“中国专利奖”两项金奖	国家专利局、世界产权组织
维维食品饮料股份有限公司	2008 年	2007 年度中国最大 500 家企业，位第 369 名	国家统计局、中国行业企业信息发布中心
浙江龙盛集团股份有限公司	2006 年	ISO14000 环境体系认证	国际标准化组织
哈药集团股份有限公司	2009 年	中国制造业 500 强	世界制造商协会
东软集团股份有限公司	2009 年	2009 年全球服务 100 强亚洲新兴外包 10 强榜首	全球服务大会
西部矿业股份有限公司	2008 年	第四届中国企业教育先进单位百强	国资委
	2008 年	国家级创新型企业	国家科技部　国资委　中华全国总工会
	2008 年	铅锌矿采选行业全国效益十佳企业第一名铜矿采选行业全国效益十佳企业第一名	国家统计局
一汽轿车股份有限公司	2011 年	中央企业全国青年文明号	国资委　共青团中央
	2011 年	央企先进基层侨联组织	国资委党委统战部中央企业侨联
	2010 年	业绩优秀企业	国资委
	2010 年	一汽红旗班组和先进职工受到国资委表彰	国资委
三一重工股份有限公司	2011 年	百件优秀中国专利	国家知识产权局
	2011 年	中国自主创新杰出贡献奖	科技部　商务部
	2010 年	四度跻身亚洲品牌百强	国资委研究中心
	2010 年	获标准创新贡献奖	国家标准化管理委员会
	2009 年	国家创新型企业称号	科技部　国资委　中华全国总工会
	2008 年	中国通用设备制造业纳税第 8 名	国家税务总局

数据来源：上市公司网站整理。

中国上市公司协会筹备成立工作大事记

● 2005 年

4 月 20 日 在第十届全国人民代表大会第三次会议上，10 名人大代表联名提交了《关于成立全国上市公司协会的建议》（第 8051 号建议）。

10 月 19 日 国务院批转中国证监会《关于提高上市公司质量的意见》（国发［2005］34 号）明确提出“充分发挥自律监管的作用”的工作要求。中国证监会酝酿发起成立中国上市公司协会。

● 2007 年

1 月 16 日 中国证监会起草的《上市公司监管条例》（草案）报送国务院法制办公室，提出建立全国性上市公司自律组织的建议。

1 月 23 日 中国证监会同意《关于启动中国上市公司协会筹建工作的请示》，中国上市公司协会筹建工作启动，向 50 余家在资本市场上具有代表性的上市公司发出发起人邀请函。

8 月 9 日 中国证监会上市部与民政部就筹建中国上市公司协会事宜进行沟通和探讨。

8 月 13 日 中国证监会主席尚福林、副主席范福春、主席助理刘新华听取中国上市公司协会筹建工作情况汇报。

11 月 5 日 中国证监会向国务院上报《关于筹建中国上市公司协会有关情况的报告》（证监发［2007］138 号），就协会的筹备、定位和职能，正式向国务院专题报告。

● 2008 年

1 月 21 日 中国证监会同意《关于启动中国上市公司协会筹备工作有关问题的请示》，确定发起人公司名单、拟定《中国上市公司协会章程（草案）》、拟定《中国上市公司协会筹备成立申请书》。

1 月 24 日 中国证监会上市部副主任安青松主持召开部分发起人单位相关负责人座谈会，就筹建协会各项工作开展磋商，凝聚共识，建立筹备工作机构。

3 月 5 日 十一届全国人大第一次会议，全国人大代表中部分上市公司负责人提交《关于尽快建立中国上市公司协会的建议》（第 4084 号）。

4 月 3 日 经中国证监会上市部与部分发起人单位共同商议，同意组成以发起人单位法人代表、中国证监会上市部主任杨桦、副主任安青松为成员的筹建工作领导小组（暂），设协会筹建办公室，安青松同志负责日常工作，并聘请金黎明律师为筹建期间的法律顾问，批准《中国上市公司协会筹建期间财务管理办法》。

4 月 3 日 中国上市公司协会筹建工作领导小组授权金融街商会托管启动经费。

5月19日 中国上市公司协会筹建工作领导小组向发起人单位正式发出《发起人邀请书》和《发起人协议书》，并就协会章程（草案）征求意见。

8月29日 中国上市公司协会（筹）章程起草工作研讨会议在杭州召开，中国远洋、中国国航、中国人寿、中信证券、金融街等5家发起人单位代表参加会议，民政部相关同志应邀出席会议指导，中国证监会上市部主任杨桦出席会议，安青松副主任主持会议。

9月8日 52家发起人单位完成《发起人协议书》签订工作。

10月17日 中国证监会上市部在河北廊坊召开《中国上市公司协会章程》（草案）专题研讨会，中国证监会法律部应邀出席会议。

12月26日 中国证监会作为业务主管部门批复52家发起人申请筹备成立中国上市公司协会的请示，同意其向民政部提交协会筹备成立申请材料。

● **2009年**

2月5日 中国证监会副主席范福春与民政部副部长姜力，就筹备成立中国上市公司协会有关问题进行会谈。

2月6日 中国证监会就筹备中国上市公司协会的相关事宜分别向国家发展和改革委员会、财政部、商务部、中国人民银行、国务院国有资产监督管理委员会、国家税务总局等六部委发送征求意见函。

2月27日 由中国证监会上市部和中国上市公司协会筹建办公室共同承办的《中国上市公司年鉴》（2008）编纂、出版工作圆满完成。

3月4日 中国证监会副主席范福春、主席助理刘新华与中国上市公司协会发起人单位中的全国人大代表和全国政协委员座谈，共商推动协会筹建工作。

3月19日 中国证监会副主席范福春、主席助理刘新华与国务院副秘书长张勇就中国上市公司协会筹备成立的相关事宜进行会谈。

12月31日 民政部向国务院上报《关于中国上市公司协会筹备成立的请示》（民发［2009］175号）。

● **2010年**

3月4日 中国证监会副主席庄心一、副主席刘新华与中国上市公司协会发起人单位中的全国人大代表和全国政协委员座谈，共商推动协会筹建工作。

12月23日 中国证监会向国务院上报《关于中国上市公司协会筹备成立有关事宜的补充说明》。

● **2011年**

1月15日 国务院副总理回良玉、王岐山批示同意《民政部关于中国上市公司协会筹备成立的请示》。

1月17日 国务院总理温家宝、副总理李克强、回良玉、王岐山，秘书长马凯批示同意《中国证监会关于中国上市公司协会筹备成立有关事宜的补充说明》。

2月18日 民政部下发《民政部关于中国上市公司协会筹备成立的批复》（民函［2011］46号）。

3月4日 中国证监会纪委书记李小雪、副主席庄心一与中国上市公司协会发起人单位中的全国人大代表和全国政协委员座谈，共商推动协会筹建工作。

6月10日 中国证监会党委研究决定，

成立中国上市公司协会筹备组。李小雪同志为负责人，选派杨桦、安青松、杨琳、李为、刘大为、向祖荣、冯增炜参加筹备工作。

6月14日 中国上市公司协会筹备工作组召开第一次工作会议。中国证监会党委委员、纪委书记李小雪同志出席会议并作重要指示，会议宣读了中国证监会党委关于成立中国上市公司协会筹备组的决定，研究部署工作组下一阶段工作，安青松同志主持会议。

7月19日 中国上市公司协会筹备工作组在中国纪检监察学院召开座谈会，中国证监会党委委员、纪委书记李小雪同志、中国证监会主席助理朱从玖、吴利军出席会议，发行部、创业板部、上市部、稽查总队、法律部、处罚委、会计部、人教部、监察局主要负责人参加会议，安青松同志主持会议。经过深入探讨和交流，形成协会开展工作的共识：即协会可以在治理规范、高管培训、政策传导、业务辅导、评价引导、宣传向导、分析研究、联系反映、锻炼干部等方面发挥积极作用。

7月26日 中国证监会党委委员、纪委书记李小雪、上市部主任杨桦拜访国务院国有资产监督管理委员会主任王勇，就中国上市公司协会筹备等事项听取意见。

10月12日 中国上市公司协会筹备组在京召开12家上市公司董事会秘书座谈会，就中国上市公司协会成立后拟开展的工作听取意见和建议，中国证监会党委委员、纪委书记李小雪同志出席会议，安青松同志主持会议。

10月25日 中国上市公司协会筹备组在京召开8家上市公司负责人座谈会，就中国上市公司协会成立后为上市公司做好会员服务等工作听取意见和建议。李小雪同志出席会议，安青松同志主持会议。

11月3日 中国上市公司协会筹备工作组与中国证监会国际部共邀台湾政治大学财管所教授、中华公司治理协会理事长吕东英先生就协会工作开展情况进行了交流。

11月9日 中国证监会主席郭树清主持召开第2次主席办公会，听取中国上市公司协会筹备组关于协会成立工作有关事项的汇报，讨论并原则同意下一步工作安排。

11月16日 中国证监会党委召开会议，会议研究决定成立中国上市公司协会党委。李小雪任书记，杨桦、张新文、范辉、安青松为党委委员。

11月21日 中国证监会主席郭树清、副主席桂敏杰、纪委书记黎晓红、主席助理吴利军与中国上市公司协会党委班子集体谈话见面，郭树清主席作了《规范自主管理 突出服务理念》的重要讲话。

11月22日 李小雪同志主持召开中国上市公司协会第一次党委会议，学习贯彻了郭树清同志讲话精神，明确了协会党委成员临时分工。会议决定，由安青松同志负责分管中国上市公司协会成立大会筹备工作，借调刘燕同志具体负责会务工作，商请杨晓武同志参与规划指导上市公司高管培训工作。

11月23日 中国上市公司协会筹备组邀请8个地方证监局主要负责人，商谈完善发起人代表性和召开会员代表大会相关工作，请各证监局局长就协会成立和开展工作提出了意见和建议。李小雪、杨桦、张新文、范辉等出席会议，安青松同志主持会议。

12月9日 陈清泰同志与协会党委班子座谈，陈清泰同志充分肯定了协会筹备组的前期准备工作，并对协会的职能定位及工作开展提出了指导性意见。

12月19日 中国上市公司协会筹备组邀请9个地方证监局主要负责人，商谈完善发起人代表性和召开会员代表大会相关工作，请各证监局局长就协会成立和开展工作提出了意见和建议。李小雪、杨桦、张新文、范辉等出席会议，安青松同志主持会议。

12月20日 李小雪同志主持召开中国上市公司协会党委会议。会议研究了协会常务理事、副会长、监事、副监事长单位建议名单，审议《中国上市公司协会章程（草案)》。

12月26日 《中国上市公司协会章程（草案)》向中国证监会上市部、法律部书面征求意见。

● 2012年

1月19日 《中国上市公司协会章程（草案)》、《中国上市公司协会会员管理办法（草案)》、《中国上市公司协会会费标准及管理办法（草案)》向各发起人单位书面征求意见。

2月3日 中国上市公司协会筹备组邀请36家派出机构相关负责人在京召开座谈会，通报了中国上市公司协会成立大会筹备工作、议程安排及组织架构情况，介绍了协会会员的登记流程，听取对上市公司协会建设的意见。李小雪同志主持会议。

2月15日 中国上市公司协会第一次会员代表大会暨成立大会于2月15日在北京举行。中国证监会主席郭树清作重要讲话，中国证监会副主席庄心一、刘新华，主席助理吴利军出席会议。中国人民银行行长周小川、中国银监会主席尚福林、中国保监会主席项俊波、财政部副部长李勇、国资委副主任黄丹华、监察部副部长崔海容、全国工商联主席黄小祥、全国总工会副主席张鸣起等领导应邀出席会议，中共中央组织部、国家发改委、商务部、工信部、民政部、人社部、公安部、科技部、国税总局、社保基金理事会、中央汇金公司等十余家部委和单位的有关领导同志到会祝贺。

大会表决通过了《中国上市公司协会筹备工作情况报告》、《中国上市公司协会章程》、《中国上市公司协会会费标准及管理办法》和《中国上市公司协会会员管理办法》等会议文件。选举产生了第一届理事会、常务理事会、监事会以及协会负责人。

中国上市公司协会第一届协会负责人及常务理事名单

会　　长： 陈清泰

执行副会长： 李小雪

副 会 长： 杨　桦　范　辉　于旭波　王文京　王文彪　王功伟　王昌顺　他盛华　刘平春　刘永好　刘晋平　孙树明　李华林　李如成　李福成　吴献东　宋志平　宋丽萍　张近东　张育军　张喜武　张　新　金　颖　姜建清　袁　力　郭广昌　常小兵　董文标　鲁冠球　詹纯新　潘　刚

监 事 长： 刘　森

副监事长： 张新文　丁焰章　王洪章　文剑平　卢志强　冯　戎　刘绍勇　刘洪涛　李　铁　柏广新　姜立军　徐　槟

秘　书　长：安青松

常务理事：于旭波　马元祝　马国强　马　强　马蔚华　王开国　王文京　王文彪
王功伟　王东明　王昌顺　王宝桐　王珠林　牛锡明　方中华　左　祥
卢　锋　他盛华　冯树臣　冯鹤年　司献民　吉晓辉　周洪泽　朱江洪
乔　平　向文波　刘平春　刘永好　刘志辉　刘春旭　刘晋平　安青松
孙利强　孙　波　孙建一　孙树明　孙晓霞　麦伯良　李小雪　李东生
李早航　李华林　李全勇　郭鸿宝　李如成　李连平　李福成　李福祚
李聚合　杨国平　杨绍清　杨　桦　吴永敏　吴献东　邱建林　汪爱群
沈建华　沈　雯　宋志平　宋丽萍　宋　晓　张夕勇　张长虹　张立军
张近东　张育军　张思宁　张晓原　张　娴　张喜武　张　新　陈立军
陈刚明　陈　杰　陈国平　陈爱莲　陈清泰　陈雁升　陈潮钿　苗长兴
范　辉　林俊波　郁　亮　欧阳泽华　罗子发　金　颖　周纪昌　房永斌
孟　凯　赵文权　赵海英　茹英杰　侯为贵　姜建清　姚子平　袁　力
袁仁国　徐小敏　徐浩明　高自民　高振坤　高　康　郭广昌　陶瑞芝
黄　峰　黄慕东　曹广晶　常小兵　彭小海　董文标　董志毅　鲁冠球
童道驰　詹纯新　谭旭光　谭作钧　熊维平　潘功胜　潘　刚

大 事 记

2010年大事记

1月

1月12日 中国证监会批准中国金融期货交易所开展股指期货交易，要求进一步做好上市前的各项准备工作，注意防范和妥善化解可能出现的市场风险，确保股指期货的顺利推出和平稳运行。

1月15日 股指期货投资者适当性制度征求意见稿出台。其中《股指期货投资者适当性制度实施办法（试行）》（征求意见稿）、《股指期货投资者适当性制度操作指引（试行）》（征求意见稿）对投资者参与股指期货交易门槛作出详尽规定。

1月18日 中国人民银行决定从1月18日起上调存款类金融机构人民币存款准备金率0.5个百分点至16%。这是央行时隔一年半后首次上调。

1月22日 中国证监会明确首批申请融资融券业务试点的证券公司，需满足最近6个月净资本均在50亿元以上，最近一次分类评价为A类等七大条件。

2月

2月2日 S延边路定向回购股份暨以新增股份换股吸收合并广发证券申请获中国证监会并购重组委有条件审核通过。

2月22日 股指期货主要制度出齐，中金所开始正式受理股指期货开户申请，融资融券试点初期标的证券与担保品公布。

2月22日 国美电器控股有限公司董事局原主席黄光裕涉嫌内幕交易罪被提起公诉。

2月24日 中国证监会决定建立证券市场交易结算资金监控系统，以保护投资者合法权益，保障客户资金安全。这是我国证券市场首次建立覆盖全市场的结算资金监控系统。中国证券投资者保护基金公司将负责监控系统的建设、维护和日常管理工作。

2月25日 中国人民银行决定从2010年2月25日起上调存款类金融机构人民币存款准备金率0.5个百分点，农村信用社等小型金融机构暂不上调。

3月

3月15日 中国证监会公布了《证券投资基金投资股指期货指引》征求意见稿，对基金投资股指期货的投资策略、参与程序、比例限制、信息披露、风险管理、内控制度作出明确规定。

3月18日 国资委表示，除16家以房地产为主业的中央企业外，78家不以房地产为主业的中央企业正在加快进行调整重组，在完成企业自有土地开发和已实施项目等阶段性工作后，退出房地产业务。

3月19日 中国证监会发布《关于进一步做好创业板推荐工作的指引》，进一步明确了创业板并非“小小板”的功能定位。其中，9类领域企业的推荐得到鼓励，8类企业列入审慎推荐名单。2009年创业板发审通过率为79.73%，未过会企业主要涉及七大类问题。

3月19日 中国证监会公布首批6家融资融券试点券商名单，分别是国泰君安、国信证券、中信证券、光大证券、广发证券、海通证券。

3月26日 中国证监会批复同意中国金融期货交易所上市沪深300股票指数期货合约。

3月28日 中国浙江吉利控股集团和美国福特汽车公司签署正式协议，吉利集团以18亿美元收购沃尔沃轿车100%股权以及相关资产（包括知识产权）。

3月31日 上海、深圳证券交易所正式向6家试点券商发出通知，将于2010年3月31日起接受券商的融资融券交易申报，这标志着经过4年精心准备的融资融券交易正式进入市场操作阶段。

4月

4月8日 中国金融期货交易所股指期货启动仪式在上海举行。

4月16日 中国内地首个金融期货品种沪深300股票指数期货合约正式挂盘上市。

4月20日 中国证监会发布全面修订后的《上市公司现场检查办法》。新办法延伸了现场检查的范围，包括控股股东、重组当事人、证券服务机构等。

4月22日 深圳市海普瑞药业股份有限公司首次公开发行A股的发行价确定为148元/股，对应市盈率为73.27倍，创下A股市场首次发行最高价。

4月23日 中国证监会发布《证券公司参与股指期货交易指引》和《证券投资基金从事股指期货交易指引》。中国证监会相关部门负责人表示，现阶段券商自营业务参与股指期货仅限于套期保值目的，其中自营权益类证券及股指期货合约价值合计额不得超过证券公司净资本的100%。

5月

5月4日 中国证监会第十二届主板发行审核委员会成立。中国证监会主席尚福林出席会议并作了重要讲话。

5月5日 国内首家“券商系”资产管理公司——上海东方证券资产管理有限公司获中国证监会批复开始筹建，此举标志着中国资本市场正式迎来新的机构参与者，由公募基金、阳光私募主导的理财市场，进入了“三足鼎立”的竞争格局。

5月10日 中国人民银行决定从2010

年5月10日起，上调存款类金融机构人民币存款准备金率0.5个百分点至17%，农村信用社、村镇银行暂不上调。

5月18日 最高人民检察院、公安部联合印发《最高人民检察院、公安部关于公安机关管辖的刑事案件立案追诉标准的规定（二）》，对公安机关经济犯罪侦查部门管辖的内幕交易、泄露内幕信息案，以及操纵证券、期货市场案的立案追诉标准等作出了规定。

5月27日 中国长城资产管理公司与天津市人民政府共同发起设立的国内首家金融资产交易所——天津金融资产交易所完成注册登记。

6月

6月1日 创业板价格指数、收益指数正式挂牌，与深成指、中小板指数共同构成反映深交所上市股票运行情况的核心指数。

6月8日 中国证监会宣布，核准申银万国、东方证券、招商证券、华泰证券、银河证券等第二批5家试点券商开展融资融券业务。至此，获试点资格券商达到11家。

6月9日 中国证监会发行审核委员会审核通过中国农业银行首次公开发行申请。

7月

7月2日 中国证监会发布《关于修改〈关于加强上市证券公司公司监管的规定〉的决定》，就上市证券公司信息管理提出了严格要求。

7月8日 国泰君安证券在港子公司——国泰君安国际控股有限公司在香港挂牌上市，成为首家以IPO形式登陆香港交易所的中资券商。

7月15日 中国农业银行在上海证券交易所A股上市，7月16日农行H股在香港上市。

7月29日 中国证监会召开新闻通气会，通报了“山煤国际”股价操纵案以及两起内幕交易案件的查处结果，相关案件责任人遭到证监会的行政处罚。

8月

8月18日 中国光大银行挂牌上市。从2010年7月22日招股书披露到挂牌上市，历时28天，中国光大银行创下了A股IPO最快纪录。

8月20日 中国证监会就《关于深化新股发行体制改革的指导意见》和《关于修改〈证券发行与承销管理办法〉的决定（征求意见稿）》向社会公开征求意见，这标志着新股发行第二阶段改革正式启动。《指导意见》提出进一步完善报价申购和配售约束机制、扩大询价对象范围、增强定价信息透明度、完善回拨机制和中止发行机制等改革措施。

8月31日 上海证券交易所在对上市

公司董秘、独董的资格和后续培训中，增强了内幕交易防控专题培训内容，以从源头抓起，增强高管防范内幕交易意识，从而使严打内幕交易的威力进一步前移。

9月

9月6日 因涉嫌“老鼠仓”交易，景顺长城原基金经理涂强、长城基金原基金经理刘海、长城基金原基金经理韩刚等三人被中国证监会查处，其处罚决定正式对外公布，韩刚被移送公安机关追究刑事责任。这也是我国证券市场首例因涉嫌违反《刑法》利用未公开信息交易罪，被移送公安机关追究刑事责任的案件。

9月7日 国务院办公厅印发《国务院关于促进企业兼并重组的意见》，指出要以汽车、钢铁、水泥等六大行业为重点，推动优势企业强强联合和兼并重组。

9月8日 扬子江船业控股有限公司台湾存托凭证（TDR）正式在台湾证交所上市挂牌，这是首家大陆企业在台湾上市。

9月14日 中国证监会首开“过失泄露内幕信息”罚单。原格力电器董秘况勇因过失泄露格力地产借壳海星科技事宜，被处以3万元罚款。

9月14日 环境保护部对外公布《上市公司环境信息披露指南》（征求意见稿），并向社会公开征求意见，沪深两市三成上市公司不久须强制披露环境报告。

9月16日 中国证监会公布《并购重组共性问题审核意见关注要点》，涉及监管层在审核重组项目时重点关注的十大方面。

9月16日 中国证监会有关部门通报了上海祖龙内幕交易案，该案也是证监会查处的首例法人内幕交易案。

9月30日 中国证监会、中国人民银行、中国银监会联合发布了《关于上市商业银行在证券交易所参与债券交易试点有关问题的通知》。

10月

10月11日 中国证监会第三届上市公司并购重组审核委员会成立大会在北京召开。

10月12日 中国证监会《关于深化新股发行体制改革的指导意见》正式发布。

10月20日 中国人民银行决定上调金融机构一年期人民币存贷款基准利率0.25个百分点，其他各档次存贷款基准利率据此相应调整，这是时隔三年后，央行首度加息。

11月

11月1日 经国务院批准同意，中国证监会决定在上海、广东、深圳证监局等三家派出机构正式开展行政处罚试点工作。试点期间，三家机构将按照规定对自办案件进行审理、听证，实施行政处罚。

11月1日 首批上市的28家创业板上

市公司限售股解禁“开闸”，限售股的解禁市值超300亿元。

11月4日 深交所发布《关于进一步规范创业板上市公司董事、监事和高级管理人员买卖本公司股票行为的通知》，对创业板上市公司的股份管理及高管离任后减持股票的行为提出了进一步的要求。

11月11日 上海证券交易所发布《证券发行上市业务指引》，以进一步加强证券发行上市业务监管。

11月16日 中国人民银行决定从2010年11月16日起，上调存款类金融机构人民币存款准备金率0.5个百分点。

11月26日 摩根士丹利转让34.3%中金股权的交易正式获得中国证监会批准。

11月29日 中国人民银行决定从2010年11月29日起，上调存款类金融机构人民币存款准备金率0.5个百分点。

11月30日 财政部、国家税务总局、中国证监会联合发布《关于个人转让上市公司限售股征收个人所得税有关问题的通知》，进一步明确九种转让上市公司限售股情形，以及限售股在解禁前被多次转让的，转让方对每一次转让所得均应按规定缴纳个人所得税。

12月

12月1日 国务院决定，自即日起我国将统一内外资企业城市维护建设税和教育费附加制度，对外商投资企业、外国企业及外籍个人征收城市维护建设税和教育费附加。至此，内外资企业税制实现了全面统一。

12月12日 中国资本市场20周年成就展在北京展览馆隆重开幕。中共中央政治局委员、国务院副总理王岐山出席开幕式并参观展览。

12月20日 中国人民银行决定从2010年12月20日起，上调存款类金融机构人民币存款准备金率0.5个百分点。

12月27日 中国证监会发布《信息披露违法行为行政责任认定规则（征求意见稿）》，今后上市公司发生信息披露违法，相关董事、监事、高管拟被采取“过错推定”原则。